JN441566

신약개론

개정판

신약개론(개정판)

An Introduction to the New Testament(2nd Edition)

개정판 발행: 2006년 9월 1일
재판 발행: 2010년 3월 31일
저자: D.A. 카슨, 더글라스 무
역자: 엄성옥
발행처: 은성출판사
등록: 1974년 12월 9일 제9-66호
ⓒ2006년 은성출판사
전화: (070) 8274-4404
팩스: (02) 477-4405
주소: 서울시 강동구 성내동 538-9번지
homepage: www.eunsungpub.co.kr
e-mail: esp4404@hotmail.com

출판 및 판매에 관한 모든 권한은 본 출판사가 소유하고 있습니다.
출판사의 사전 서면 허락 없이 상업적인 목적으로 번역, 재제작, 인용,
촬영, 녹음 등을 할 수 없음을 알려 드립니다.

ISBN 89-723-6385-9 33230
Printed in Korea

Originally published in U.S.A.
Under the Title of An Introduction to the New Testament(2nd Edition)
by D. A. Carson & Douglas J. Moo Copyright ⓒ 1992, 2005 by Zondervan, Grand Rapids, Michigan 49530

SECOND EDITION

AN INTRODUCTION TO THE NEW TESTAMENT

D. A. CARSON & DOUGLAS J. MOO

신약개론

개정판

D. A. 카슨 & 더글라스 J. 무 공저

엄성옥 옮김

목차

머리말

본서의 주된 초점은 "특별 개론", 즉 저자, 저작 연대, 자료, 목적, 대상 등에 관한 역사적인 질문에 두었다. 최근에 출판된 책들 중에 문학적 형태, 수사 비평, 역사적으로 유사한 구절들에 본서보다 더 많은 지면을 할애하고 있는 책들이 많다. 이 책에서는 이러한 논제들의 중요성을 과소평가하지 않으며, 준비된 주제와 직접적인 관계가 있는 부분에서 그 논제들을 소개했다. 그러나 우리의 경험에 의하면, 이러한 논제들은 주해 과정, 특히 성경 각 책의 주해 과정에서 상세히 다루는 것이 바람직하다고 생각한다. 더욱이, 개론에 있어서의 전통적인 질문들을 무시한 채 이러한 논제들에만 관심을 쏟는 것은, 신약 성서의 책들을 그 역사적 배경에서 분리하고, 학생들을 초대 교회의 중요한 논쟁으로부터 격리시키는 경향이 있다. 따라서 우리는 종종 원 자료들을 언급했다. 가령, 파피아스(Papias)가 "장로 요한"이라고 칭한 의미에 관한 논의에서는 직접 원문을 인용하고 철저히 연구함으로써, 학생들 스스로 논쟁의 전환점을 파악할 수 있도록 했다.

본서의 강조점은 "특별개론"이지만, 신약 각 책의 간단한 개요를 제시하고, 때로는 우리의 선택의 이론적 근거를 제시했다. 각 책에 대한 최근 연구에 대한 간단한 설명, 그리고 각 문서가 정경에 기여하는 신학적 공헌에 대해서도 기술했다. 이 책의 궁극적인 관심사는 새 세대의 신학생들이 하나님의 말씀을 보다 확실히 파악하게 하는 데 있다.

이 책은 신학교 1, 2학년 학생들을 염두에 두고 집필되었다. 본서의 내용은 강의를 통하여 보충될 수 있을 것이며, 순서를 바꾸어 사용할 수도 있을 것이다(가령, 공관복음을 다루기 전에 마태복음, 마가복음, 누가복음을 다룰 수 있을 것이다). 참고문헌은 주로 영어판이지만, 독일어, 불어, 그리고 다른 언어로 된 문헌들도 일부 삽입했고, 부담스러울 정도로 많거나 소홀할 정도로 너무 적지 않도록 배려했다. 어느 문헌이 어디에 유익한지는 교수들이 지도해 줄 수 있을 것이다.

이 책은 교과서로 사용하기 위해서, 지나치게 방대하지 않도록 집필되었다는 것도 중요한 사실이다. 잘 알려져 있는 한두 가지 개론서들은 지나치게 방대하기 때문에 학생들이 다룰 수 있는 부분은 비교적 적은 부분에 불과하다. 다시 말해서, 신학개론서를 처음부터 끝까지 완전히 읽지 않고도 신학교를 졸업할 수도 있다. 본서에서는 많은 논제들을 상세히 다루지는 않았지만, 간결함을 유지하려 했던 우리 저자들의 노력이 이 책의 가치를 높여 주리라 생각한다.

우리 두 명의 저자는 모두 복음주의자들이다. 이러한 복음주의적 유산 때문에 우리의 해석이 어느 정도 편파적일 수도 있겠지만, 다른 신약학 학자들이 나름의 유산의 영향을 받는 것 이상으로 편향적인 것이 되지 않기를 바란다. 우리는 고의로 모호하게 하려는 난해주의를 피하려 하면서도, 때로는 일부 개론서들이 쉽게 배제하는 질문들과 가능성들을 다루었다. 우리는 방대한 양의 최근의 문헌들 중에서 대표적인 책들을 선별하려 했고, 때로는 전통적인 입장을 취하고, 때로는 새로운 관점을 제시하려 했다. 결론을 내리기 어려운 문제들은 미결 상태로 남겨 두었다.

일부 독자들은 과거에(1992년) 우리 세 사람—카슨, 무, 레온 모리스—이 저술했던 초판과 이 개정판이 어떻게 다른지 알고자 할 것이다. 이 책은 여러 면에서 초판을 새롭게 보강한 것이다. 그럼에도 불구하고, 몇 가지 중요한 변화가 있었다. (1) 세월이 흐름에 따라, 레온 모리스가 이 책에 기고할 수 없게 되었으므로, 그의 동의 하에 그가 맡았던 부분을 우리 두 사람이 나누어 집필하기로 했고, 그 결과 두 사람이 각기 이 책의 절반을 집필하게 되었다. 우리는 자신이 집필했던 부분들을 개정하고 보완했으며, 레온 모리스가 집필했던 부분은 거의 대부분 개정하거나 다시 저술했다. (2) 바울에 대해 다룬 장을 확대하여 "새로운 관점"에 관한 현대의 논의들을 간단히 분석하는 내용을 삽입했다. (3) 기독교인들이 신약성서를 이루는 직접 기록한 문서들을 읽던 데서부터 현대의 신약성서 연구로 움직인 간단한 역사를 제공하기 위한 장을 추가했다. 그러한 종류의 개관은 다소 무모한 것이지만, 우리의 목표는 학생들이 역사적 논의와 논쟁의 흐름 속에서 현대의 경향들의 위치를 정하는 데 도움을 주려는 데 있다. (4) 목회서신을 다룬 장 안의 "가명 사용"이라는 단원을 제거하고, 바울서신에 관한 단원에 확대 추가하여 별도의 장으로 다루었다. (5) 각 장에서는 성경의 각 책의 내용을 보다 착실하게 요약하고, 최근의 신약성서 해석의 문학적 방법과 사회과학적 방법들과의 상호작용에 대한 내용도 삽입했다.

이러한 변화들 때문에 이 책의 분량이 많아졌지만, 이 책이 새 세대의 신학생들에게 한층 더 유익하기를 기대하는 바이다.

우리 두 사람은 각기 상대방의 집필 내용을 비판하고 평가했다. 또 문체 및 다른 상이점들을 최소화하기 위해서도 노력했다. 몇 가지 경우를 제외하고는 독자들이 각 자료의 집필자가 누구인지 분별할 수 있을 것으로 생각되며, 또한 그렇게 분별할 것을 바라는 바이다. 초판과는 달리 이 책에서는 몇 가지 문제에 관해서 견해가 바뀌었음을 알 수 있을 것이다.

D. A. 카슨
더글라스 J. 무

약어표

AB	Anchor Bible
ABD	*Anchor Bible Dictionary*
Achtemeier/Green/Thompson	Paul J. Achtemeier, Joel B. Green, and Marianne Meye Thompson, *Introducing the New Testament: Its Literature and Theology* (Grand Rapids: Eerdmans, 2001)
AGJU	Arbeiten zur Geschichte des antiken Judentums und des Urchristentums
AGSU	Arbeiten zur Geschichte des Spätjudentums und Urchristentums
AJT	*American Journal of Theology*
ALGHJ	Arbeiten zur Literatur und Geschichte des hellenistischen Judentums
AnBib	Analecta Biblica
ANRW	*Aufstieg und Niedergang der römischen Welt*
Ant	*Josephus, Antiquities of the Jews*
ANTC	Abingdon New Testament Commentaries
ASNU	Acta Seminarii Neotestamentici Upsaliensis
ATR	*Anglican Theological Review*
AusBibRev	*Australian Biblical Review*
AUSS	*Andrews University Seminary Studies*
BAGD	Walter Bauer, William F. Arndt, F. Wilbur Gingrich, and Frederick W. Danker, *A Greek-English Lexicon of the New Testament and Other Early Christian Literature*, 2nd ed. (Chicago: University of Chicago Press, 1979)
Barker/Lane/Michaels	Glenn W. Barker, William L. Lane, and J. Ramsey Michaels, *The New Testament Speaks*(San Francisco: Harper & Row, 1969)
BBR	*Bulletin for Biblical Research*
BCBC	Believers Church Bible Commentary
BDAG	Walter Bauer, Frederick W. Danker, William F. Arndt, and F. Wilbur Gingrich, *A Greek-English Lexicon of the New Testament and Other Early Christian Literature*, 3rd ed. (Chicago: University of Chicago Press, 2000)
BECNT	Baker Exegetical Commentary on the New Testament
BETL	Bibliotheca Ephemeridum Theologicarum Lovaniensium

BFCT	Beiträge zur Förderung christlicher Theologie
BGBE	Beiträge zur Geschichte der biblischen Exegese
BI	*Biblical Interpretation*
Bib	*Biblica*
BIP	Biblical Institute Press
BIS	Biblical Interpretation Series
BJRL	*Bulletin of the John Rylands University Library of Manchester*
BL	Bampton Lectures
BNTC	Black's New Testament Commentaries (= HNTC)
Bornkamm	Günther Bornkamm, *The New Testament: A Guide to Its Writings* (London: SPCK, 1974)
Brown	Raymond E. Brown, *An Introduction to the New Testament*(New York: Doubleday, 1997)
BR	*Biblical Research*
BS	*Bibliotheca Sacra*
BTB	*Biblical Theology Bulletin*
BU	Biblische Untersuchungen
BWANT	Beiträge zur Wissenschaft vom Alten und Neuen Testament
BZ	Biblische Zeitschrift
BZNW	Beihefte zur Zeitschrift für die neutestamentliche Wissenschaft
c.	circa
CAH	Cambridge Ancient History
CBET	Contributions to Biblical Exegesis and Theology
CBQ	Catholic Biblical Quarterly
CBQMS	Catholic Biblical Quarterly Monograph Series
CEB	Commentaire Evangélique de la Bible
CGSTJ	*China Graduate School of Theology Journal*
CGTC	*Cambridge Greek Testament Commentary*
Childs	Brevard S. Childs, *The New Testament as Canon: An Introduction* (Philadelphia: Fortress, 1984)
CIL	*Corpus Inscriptionum Latinarum*
CJT	Canadian Journal of Theology
Clogg	Frank Bertram Clogg, *An Introduction to the New Testament* (London: University Press and Hodder & Stoughton, 1940)
CNT	Commentaire du Nouveau Testament
ConBNT	Coniectanea neotestamentica or Coniectanea biblica: New Testament Series
Contra Ap.	Josephus, *Contra Apion* (Against Apion)
d.	died
Davies	W. D. Davies, *Invitation to the New Testament* (London: A Dictionary of Biblical Interpretation Martin Dibelius, A Fresh Approach to the New Testament DLT, 1957)
De Vita Contemp.	Philo, *De Vita Contemplativa* (The Contemplative Life)
DBI	A Dictionary of Biblical Interpretation
Dibelius	Martin Debelius, *A Fresh Apporach to the New Testament and Early*

	Christian Literature (London: Ivor Nicholson & Watson, 1936)
DJG	Dictionary of Jesus and the Gospels
DLNT	Dictionary of the Later New Testament and Its Developments
DLT	Darton, Longman and Todd
DPL	Dictionary of Paul and His Letters
EBC	The Expositor's Bible Commentary
EBib	Etudes bibliques
ECC	Eerdmans Critical Commentary
EFN	Estudios de Filología Neotestamentaria
EGGNT	Exegetical Guide to the Greek New Testament
EGT	The Expositor's Greek Testament
Ehrman	Bart D. Ehrman, The New Testament: A Historical Introduction to the Early Christian Writings, 3rd ed. (New York: Oxford University Press, 2004)
EKKNT	Evangelisch-katholischer Kommentar zum Neuen Testament
Ellis	E. Earle Ellis, *History and Interpretation in New Testament Perspective*, BIS 54 (Leiden: Brill, 2001)
Enslim	Morton Scott Enslin, *Christian Beginnings* (New York: Enslin Harper, 1936)
EphThLov	*Ephemerides Theologicae Lovanienses*
EQ	*Evangelical Quarterly*
ERT	*Evangelical Review of Theology*
EstBib	*Estudios bíblicos*
ET	*English translation*
EuroJTh	*European Journal of Theology*
Exp	*The Expositor*
ExpTim	Expository Times
FRLANT	Forschungen zur Religion und Literatur des Alten und Neuen Testaments
Fs.	Festschrift
GBS	Guides to Biblical Scholarship
GNC	Good News Commentaries
Goodspeed	Edgar J. Goodspeed, *An Introduction to the New Testament* (Chicago: University of Chicago Press, 1937)
GP	*Gospel Perspectives: Studies of History and Tradition in the Four Gospels*, 6 vols., ed. R. T. France, David Wenham, and Craig Blomberg (Sheffield: JSOT, 1980-6)
Grant	Robert M. Grant, *A Historical Introduction to the New Testament* (London: Collins, 1963)
Guthrie	Donald Guthrie, *New Testament Introduction*, 4th ed. (Downers Grove, Ill.: IVP, 1990)
Harrison	Everett F. Harrison, *Introduction to the New Testament*, rev. ed. (Grand Rapids: Eerdmans, 1971)
Hennecke	E. Hennecke, ed., *New Testament Apocrypha*, 2 vols. (ET London: Lutterworth, 1963-65)
Hermeneia	Hermeneia-A Critical and Historical Commentary on the Bible

HNT	Handbuch zum Neuen Testament
HNTC	Harper's New Testament Commentaries (= BNTC)
HTKNT	Herders theologischer Kommentar zum Neuen Testament
HTR	*Harvard Theological Review*
HTS	Harvard Theological Studies
Hunter	A. M. Hunter, Introducing the New Testament (London: SCM, 1945)
HUT	Hermeneutische Untersuchungen zur Theologie
IB	Interpreter's Bible
IBS	Irish Biblical Studies
IBT	Interpreting Biblical Texts
ICC	International Critical Commentary
ICE	Institute for Christian Economics
IDB	Interpreter's Dictionary of the Bible
IDBSup	Interpreter's Dictionary of the Bible Supplement
Int	Interpretation
ISBE	International Standard Bible Encyclopedia
ISCAST Bulletin	Bulletin of the Institute for the Study of Christianity in an Age of Scoence and Technology
IVP	InterVarsity Press
IVPNTC	IVP New Testament Commentary
JASA	Journal of the American Scientific Affiliation
JB	Jerusalem Bible
JBL	*Journal of Biblical Literature*
JBR	*Journal of Bible and Religion*
JCE	*Journal of Christian Education*
JETS	*Journal of the Evangelical Theological Society*
JNES	*Journal of Near Eastern Studies*
Johnson	Luke T. Johnson, *The Writings of the New Testament*, rev. ed. (Minneapolis: Fortress, 1999)
JPTSS	Journal of Pentecostal Theology Supplement Series
JSHJ	*Journal for the Study of the Historical Jesus*
JSNT	*Journal for the Study of the New Testament*
JSNTSup	Journal for the Study of the New Testament: Supplement Series
JSOT	*Journal for the Study of the Old Testament*
JTC	*Journal for Theology and the Church*
JTS	*Journal of Theological Studies*
Jülicher	Adolf Jülicher, *An Introduction to the New Testament* (London: Smith, Elder, 1904)
KBW	Katholisches Bibelwerk
KEK	Meyers Kritish-exegetischer Kommentar über das Neue King James Version
KJV	King James Version
Klijn	A. F. J. Klijn, *An Introduction to the New Testament* (Leiden: Brill, 1967)
Kümmel	Werner Georg Kümmel, *Introduction to the New Testament*, rev. ed. (Nashville: Abingdon, 1975)

Lake	Kirsopp Lake and Silva Lake, *An Introduction to the New Testament* (London: Christophus, 1938)
LCL	Loeb Classical Library
LEC	Library of Early Christianity
LLC	*Literary and Linguistic Computing*
LouvStud	*Louvain Studies*
LSJ	Henry George Liddell, Robert Scott, and Henry Stuart Jones, *A Greek-English Lexicon*, 9th ed. (Oxford: Clarendon, 1940)
LW	*Luther's Works*
LXX	Septuagint
McDonald/Porter	Lee Martin McDonald and Stanley E. Porter, *Early Christianity and its Sacred Literature* (Peabody: Hendrickson, 2000)
McNeile	A. H. McNeile, *An Introduction to the Study of the New Testament*, 2nd ed., revised by C. S. C. Williams (Oxford: Clarendon, 1953)
Martin	Ralph P. Martin, *New Testament Foundations: A Guide for Christian Students*, 2 vols. (Grand Rapids: Eerdmans, 1975-78)
Marxsen	Willi Marxsen, *Introduction to the New Testament* (Philadelphia: Fortress, 1968)
Metzger	Bruce M. Metzger, *A Textual Commentary on the Greek New Testament* (London: UBS, 1971)
MNTC	Moffatt New Testament Commentary
Moffatt	James Moffatt, *An Introduction to the Literature of the New Testament,* rev. ed. (Edinburgh: T. & T. Clark, 1918)
Moule	C. F. D. Moule, *The Birth of the New Testament*, 3rd ed. (San Francisco: Harper & Row, 1981)
MS(S)	manuscript(s)
NA26	Nestle-Aland Greek New Testament, 26th ed.
NA27	Nestle-Aland Greek New Testament, 27th ed.
NABPRDS	The National Association of Baptist Professors of Religion Dissertation Series
NAC	New American Commentary
NAG	Nachrichten der Akademie der Wissenschaften in Güttingen, philologisch-historische Klasse
NCB	New Century Bible
NCBC	New Cambridge Bible Commentaries
NClarB	New Clarendon Bible
NEB	New English Bible
Neot	Neotestamentica
NewDocs	New Documents Illustrating Early Christianity
NIBC	New International Bible Commentary
NICNT	New International Commentary on the New Testament
NIGTC	New International Greek Testament Commentary
NIV	New International Version
NIVAC	New International Version Application Commentary
NovT	*Novum Testamentum*

NovTSup	Supplements to Novum Testamentum
NPNF2	*The Nicene and Post-Nicene Fathers*, ed. Philip Schaff and Henry Wace, 2nd ser., 14 vols. (reprint, Grand Rapids: Eerdmans, 1975)
NRSV	New Revised Standard Version
NRT	La Nouvelle Revue Théologique
NSBT	New Studies in Biblical Theology
NTAbh	Neutestamentliche Abhandlungen
NTC	New Testament Commentary
NTD	Das Neue Testament Deutsch
NTG	New Testament Guides
NTL	The New Testament Library
NTS	*New Testament Studies*
NTT	New Testament Theology (series from Cambridge University Press)
O'stK	*O'stkirchliche Studien*
Penguin	Penguin New Testament Commentaries
Perrin/Duling	Norman Perrin and Dennis C. Duling, *The New Testament: An Introduction,* 2nd ed.; ed. Robert Ferm (San Diego: Harcourt Brace Jovanovich, 1982)
PL	Patrologia Latina (Migne)
PNTC	Pillar New Testament Commentaries
Readings	Readings: A New Biblical Commentary
RevBib	*Revue biblique*
RevQ	*Revue de Qumran*
RHPR Revue	d'histoire et de philosophie religieuses
RNT	Regensburger Neues Testament
Robert/Feuillet	A. Robert and A. Feuillet, eds., Introduction to the New Testament (New York: Desclée, 1965)
RSV	Revised Standard Version
RTR	*Reformed Theological Review*
RVV	Religionsversuche und Vorarbeiten
SacPag	Sacra Pagina
SBET	Scottish Bulletin of Evangelical Theology
SBG	Studies in Biblical Greek
SBL	Society of Biblical Literature
SBLDS	Society of Biblical Literature Dissertation Series
SBLMS	Society of Biblical Literature Monograph Series
SBS	Stuttgarter Bibelstudien
SBT	Studies in Biblical Theology
Schürer	E. Schürer, *The History of the Jewish People in the Age of Jesus* Christ, 3 vols., new ed. (Edinburgh: T. & T. Clark, 1973-87)
SD	Studies and Documents
SE	Studia Evangelica
SIL	Summer Institute of Linguistics
SJLA	Studies in Judaism in Late Antiquity
SJT	*Scottish Journal of Theology*

SN	Studia Neotestamentica
SNT	Studien zum Neuen Testament
SNTSMS	Society of New Testament Studies Monograph Series
SNTU	Studien zum Neuen Testament und seiner Umweltv
SNTW	Studies of the New Testament and Its World
SP	Scholars Press
SPB	Studia Postbiblica
SR	*Studies in Religion = Sciences religieuses*
ST	*Studia Theologica*
SUNT	Studien zur Umwelt des Neuen Testaments
SWJT	Southwest Journal of Theology
TDNT	Theological Dictionary of the New Testament
Theol	*Theology*
THNT	Theologischer Handkommentar zum Neuen Testament
ThR	*Theologische Rundschau*
TLZ	*Theologische Literaturzeitung*
TNIV	Today's New International Version
TNTC	Tyndale New Testament Commentary
TOTC	Tyndale Old Testament Commentary
TrinJ	Trinity Journal
TSAJ	Texte und Studien zum antiken Judentum
TSK	Theologische Studien und Kritiken
TU	Texte und Untersuchungen
TynB	*Tyndale Bulletin*
UBS	United Bible Societies
UBSMS	United Bible Societies Monograph Series
UPA	University Press of America
van Unnik	W. C. van Unnik, *The New Testament* (London: Collins, 1964)
Wars	Josephus, History of the Jewish War
WBC	Word Biblical Commentary
WC	Westminster Commentaries
WdF	Wege der Forschung
WEC	Wycliffe Exegetical Commentary
Weiss	Bernhard Weiss, *A Manual of Introduction to the New Testament,* 2 vols. (New York: Funk & Wagnalls, n.d.)
WH	B. F. Westcott and F. J. A. Hort, *The New Testament in the Original Greek* (London: Macmillan, 1881)
Wikenhauser	Alfred Wikenhauser and Josef Schmid, *Einleitung in das Neue Testament*, 6th ed. (Freiburg: Herder, 1973)
WMANT	Wissenschaftliche Monographien zum Alten und Neuen Testament
WTJ	*Westminster Theological Journal*
WUNT	Wissenschaftliche Untersuchungen zum Neuen Testament
Zahn	Theodore B. Zahn, *Introduction to the New Testament*, 3 vols. (Edinburgh: T. & T. Clark, 1909)
ZNW	Zeitschrift für die neutestamentliche Wissenschaft

ZTK	Zeitschrift für Theologie und Kirche

교부들의 저서들의 약어와 번역본

Chrysostom	
Hom. in Marr.	*Homilies in St. Matthew Hom. in Matt.*
Clement of Alexandria	
Quis div.	*Quis dives salvetur (Who Is the Rich Man That Shall Be Saved?)*
Strom.	*Stromateis (Miscellanies)*
Epiphanius	
Haer.	*Panarion Haereses (Medicine Box of Heresies)*
Eusebius	
H.E.	*Historia Ecclesiastica (History of the Church)*
Ignatius of Antioch	
Eph.	*Pros Ephesious (Letter to Ephesus)*
Magn.	*Magnesieusin (Letter to Magnesia)*
Phil.	*Philadelpheusin (Letter to Philadelphia)*
Rom.	*Pros Romaious (Letter to Rome)*
Smyr.	*Smyrnaiois (Letter to Smyrna)*
Trall.	*Trallianois (Letter to Tralles)*
Irenaeus	
Adv. Haer.	*Adversus Haereses (Against Heresies)*
Jerome	
De vir. ill.	*De viris illustribus (On Illustrious Men)*
Justin Martyr	
Apol.	*Apologia*
Dial.	*Dialogue with Trypho*
Origen	
Comm. on Matt.	*Commentary on Matthew*
Comm. on John	*Commentary on John*
Papias	
	Logion Kyriakon Exegesis (Greek) *Exegesis of the Dominical Logia (Latin)* *(Exposition of the Oracle of the Lord)*
Polycarp	
Phil.	*Epistle to the Philippians*
Tertullian	
Adv. Marc.	*Adversus Marcion (Against Marcion)*
Victorinus	
Apoc.	*Commentary on the Apocalypse*

제1장

신약성서 연구에 관한 고찰

사람들은 현존하는 신약성서의 문서들을 읽고 연구해오고 있다. 27권의 신약성서 정경이 기록되기 전에도, 어떤 사람들은 활용할 수 있는 문서들에 대한 해석이 꽤 매력적이라는 것을 발견했었다(바울에 관한 베드로후서 3:15-16의 논평을 보라). 언어, 문화, 역사 등의 변화는 말할 것도 없고 2,000년이라는 세월은 그 일을 조금도 쉽게 만들어주지 않았다. 수세기 동안 신약의 문서들을 설명하려는 의도로 저술된 많은 주석서, 연구서, 논문 등의 출현은 이 일을 보다 쉽게 만들기도 하고 어렵게 만들기도 한다. 쉽다는 것은 훌륭하고 자극적인 지침서들이 많기 때문이다. 그러나 완전히 혼합된 특징 및 때로는 서로 상반되는 내용이 있는 것, 그리고 엄청나게 많은 자료는 신약성서 연구를 막 시작하는 학생들을 위축시킨다.

이 장에서는 신약성서 연구에 작용해온 사람들, 운동들, 문제들, 그리고 접근방법 등의 선택과 관련된 표면적인 역사를 제공하려 한다. 현대의 신약성서 연구와 타협하기 시작한 학생은 갑자기 당혹스러운 새로운 학문들의 배열(예를 들면, 본문비평, 역사 비평, 성서해석학), 새로운 도구들을 표현하는 용어(예를 들면, 양식비평, 편집비평, 담화 분석, 포스트모던 해석 등), 그리고 중요한 인물들(예를 들면, F. C. Baur, J. B. Lightfoot, E. P. Sanders)을 대면하게 된다. 상상력이 있는 학생이라면 자신이 사도들에게서 직접 신약성서 두루마리를 전달받는 것이 아니라 인쇄되고 번역되고 제본된 한 묶음의 문서들을 대하고 있다는 것을 즉시 파악할 것이다. 또 본문 자체는 2,000년 동안 신자들이나 불신자들 모두가 연구하고 해석해온 것이다.

그러므로 여기에서는 이 책의 나머지 부분에 하나의 틀을 제공해 주며 신약성서를 다룬 많은 책들을 보다 쉽게 이해할 수 있게 해주는 것을 목표로 한다.

1. 본문에 대한 판단

누가는 자신의 복음서 서두에서 예수에 대한 기사를 저술하는 일에 착수한 사람들이 많았다고 말한다(눅 1:1-4). 일부 학자들은 예수님이나 초대 교회에 대해 실질적인 것이 기록되기 전에 오랜 구전 전승이 존재했다고 주장하지만, 실제의 증거는 그와 반대가 된다. 예수께서 태어나신 세계는 글을 쓰고 읽는 수준이 높은 세계였다.[1] 그러한 관점에서 보면, 신약성서 정경을 이루는 문서들이 존재했다는 것은 그리 놀라운 일이 아니다.

이러한 문서들은 원래 별도의 두루마리에 손으로 기록되었다. 기록은 행간을 떼지 않고 구두점도 별로 사용하지 않고 대문자로 기록되었다는 증거가 있다. 인쇄기술은 1,500년 후에나 개발되었으므로, 복사본은 필사에 의해서 만들어졌다. 이론상으로, 이 작업은 전문적인 필사자들에 의해서 이루어질 수 있었다. 필사실에서 한 사람이 구술하고 몇 명의 필사자들이 받아 적은 후에, 또 다른 사람이 각각의 필사본을 원본과 대조하여 점검했을 것이다. 종종 수정하기 위해서 색깔이 다른 잉크를 사용했을 수도 있다. 이처럼 전문적으로 필사본을 만드는 데는 엄청난 노력과 비용이 필요했다. 초기 시대의 신약성서 사본들은 대부분 바울이 쓴 다른 서신이나 예수님의 생애와 사역과 죽음과 부활에 대한 기록을 얻고자 하는 평신도들에 의해 작성되었는데, 그렇기 때문에 비용이 감소되었다: 기독교인들은 전문적인 필사자에게 많은 비용을 지불하지 않고 스스로 시간을 들여 필사본을 만들었다. 반면에, 선의의 평신도들이 만든 사적인 사본은 필사실에서 작성한 후에 대조된 사본보다 오류가 많았을 것이다.

신약성서 정경이 수집된 경위에 대해서는 이 책 마지막 장에서 간단히 논의될 것이다. 여기서는 신약성서 문서들의 사본이 증가함에 따라서 세 가지 공식적인 변화가 등장했다는 사실을 살펴보려 한다. 첫째, 두루마리가 사라지고 사본(codex), 즉 오늘날의 책처럼 제본된 책이 등장했다. 따라서 독자들은 두루마리를 펴지 않고서도 신속하게 책장들을 넘기며 단락들을 찾아볼 수 있게 되었다. 둘째,

---

1) 특히 Alan Millard, *Reading and Writing in the Time of Jesus* (Sheffield: Sheffield Academic Press, 2000)을 보라.

대문자들(학자들은 이것을 "언셜체"라고 부른다) 대신에 다소 산만하지만 훨씬 더 빨리 기록할 수 있는 초서(草書)체가 사용되었다. 셋째, 로마 제국 내에서도 초대 교회는 매우 다양한 집단들로 구성되었기 때문에, 오래지 않아서 신약성서와 성경 전체가 다른 언어들로 번역되었다. 이러한 성경 "역본들"의 질은 다양했다.2) 당시에는 저작권법도 없었고 중요한 출판사도 없었기 때문에, 개인이나 지방 교회들이 자기 회중에게 필요하다고 여겨지는 것들을 번역함에 따라서 곧 많은 라틴어 역본, 시리아어 역본들 등이 등장했다.

오늘날 인쇄기는 수천 권의 동일한 사본들을 대량으로 생산해낸다. 그러나 상당히 두꺼운 책을 한권씩 필사한다면, 연속적으로 복사함으로써 발생하는 우연한 실수가 동일한 곳에서만 발생하지 않을 것이므로, 각각의 복사본은 나머지 복사본들과 약간 다를 것이다. 완전히 원본에 충실한 사본을 만들려는 도전이 곧 증가된다. 얼마 후 기독교인은 필사본을 다시 필사하면서 과거에 만들어진 사본에서 실수라고 판단되는 것을 탐지해내어 수정한다. 그러나 안타깝게도 그가 잘못이라고 생각한 것이 실제로는 원본에 있었던 것일 수도 있다. 예를 들면, 계시록에는 문법적으로 예외적인 것들이 많다는 것은 잘 알려진 사실이다. 그 이유에 대해서는 논란이 있는데, 세 가지 주요한 이론과 몇 가지 하찮은 이론들이 있다. 그러나 후대의 어느 필사자가 이전의 필사자들에 의해서 잘못된 것들이 도입되었다고 생각하고서, 그러한 문법적 잘못을 바로잡으려 했을 수 있으며, 그리하여 새로운 잘못이 삽입되었을 수도 있다.

역사와 지리와 관련된 두 가지 "우연한 사건"이 어떤 자료가 우리에게 전달되어왔는지를 결정하는 데 도움을 주었다. 첫째, (콘스탄틴 대제가 후일 콘스탄티노플이라고 불리게 된 동부 지역의 수도를 세우기로 결정한 데서 비롯되어) 로마 제국이 동서로 나뉜 것처럼, 교회도 둘로 나뉘었다. 서방에서는 라틴어가 로마제국의 공식적인 언어였을 뿐만 아니라 프랑크 어인 그리스어를 몰아내려는 경향을 지녔기 때문에, 곧 교회 안에서 라틴어가 주도적으로 사용되었다. 초기에는 많은 라틴어 역본이 있었지만 4세기 말 경에 로마의 감독 다마수스(Damasus)가 제롬에게 서방 교회 전체에 널리 배포될 공식적인 라틴어 번역본을 만드는 일을 맡겼다. 이 라틴어 역본이 여러 번 개정되어 천년 동안 서방에서 지배적으로 사용된 불가타

2) 이에 대해 가작 훌륭하게 개관한 책은 Bruce M. Metzger, *The Early Versions of the New Testament: Their Origin, Transmission and Limitations* (Oxford: clarendon Press, 1977)이다.

(Vulgate) 역본이 되었다. 반대로, 후일 비잔틴 제국이 된 동방에서는 주로 그리스어가 사용되었다. 따라서 1453년에 콘스탄티노플이 회교도인 투르크족에게 점령되기 전까지 그리스어 사본들이 사용되었고, 이 언어학적 유산 아래서 서방에서보다 더 많이 필사되었다. 당시 많은 동방의 학자들이 그리스어 사본들을 가지고 서방으로 도피했는데, 이것은 종교개혁과 르네상스의 불을 붙이는 데 도움을 준 사태이다.

둘째, 고대에 책이 기록된 재료는 어떤 풍토에서는 다른 풍토에서보다 더 쉽게 부패했다. 가장 비싼 책은 양피지로 만들어졌는데, 상품의 양피지는 벨럼(*vellum*)이라고 불렸다. 일반적으로 책들은 나일 델타에서 많이 자라는 파피루스로 만들었다. 파피루스의 껍질을 벗겨내고 속을 가늘게 찢은 뒤, 엮어 말려서 다시 매끄럽게 하여 종이를 만들었다. 양피지가 파피루스보다 견고하지만, 두 가지 재료 모두 유기적인 것이어서 특히 대기 중에 습기가 있을 때에는 쉽게 부패했다. 따라서 가장 훌륭한 고대 사본들의 저장물들이 덥고 건조한 이집트 지역에서 발견되는 것은 결코 놀라운 일이 아니다.

그리스어 신약성서 전체나 일부를 수록하고 있는 약 오천 권의 사본이나 사본들의 일부가 있으며, 약 팔천 권의 번역본 사본이나 사본의 일부가 있다.

그렇다면, 우리에게 전해진 원문의 증거는 어떤 것이 있는가? 그리스어 신약성서 전체나 일부를 수록하고 있는 약 오천 권의 사본이나 사본들의 일부가 있으며, 약 팔천 권의 번역본 사본이나 사본의 일부가 있다. 이 증거들은 여러 가지 방법으로 분류될 수 있다. 예를 들면, 그것을 필기 재료(양피지나 파피루스)에 따라서 나눌 수 있다. 보다 중요한 것으로는, 언설체(대문자)로 기록된 그리스어 신약성서는 약 삼백 권 이하인데 반해, 소문자로 기록된 것은 거의 삼천 권이다. 게다가, 교회력에 따라서 낭독해야 할 성경 본문들을 선정하여 수록하고 있는 성구집이 이천 권이 있다. 그밖에 3-4세기의 것으로서 초대 교회 교부들에게서 발견되는 성경 인용문과 오스트라카(*ostraca*: 가난한 사람들이 필기 재료로 사용한 토기 조각들)에 기록한 신약성서의 일부, 그리고 부적[3])들을 포함하고 있는 전거들이 있다. 번역에 관한 모든 증거들은 이와 비슷하게 분류될 수 있다. 이 자료의 대부분은 A.D 500년부터 1500년 사이의 것이지만, 가장 초기의 단편들은 2세기 초의 것이다.

고대 세계로부터 우리에게 전해져온 모든 저서들 중에서 신약성서에 대한 원

3) 부적이란 잡다한 악을 피하기 위해서 목에 건 주문이다. 어떤 것은 단순히 "마술적인" 돌에 불과하지만, 파리루스나 벨럼이나 나무나 질그릇조각에 좋아하는 인용문이나 금언을 기록한 것들도 있었다. 기독교 신앙에 미신적인 요소가 도입된 지역에서는 부적에 성경적인 내용이 기록되었다. 도자기 조각이나 부적에 기록된 본문의 증거는 방대하지 못하다.

문의 증거가 가장 풍부하다는 것을 알아두는 것이 유익할 것이다. 예를 들어, 유명한 로마의 역사가 타키투스가 저술한 『연대기』(*Annals*) 1-6권의 사본은 9세기의 것 한 권뿐이다. 그리스의 비극 작가인 유리피데스의 작품들 중 현존하는 것들은 54개의 파피루스와 276개의 양피지 사본으로 보존되어 있는데, 양피지 사본들은 대부분 비잔틴 시대의 것이다. 벨레이우스 파테르쿨루스(Velleius Paterculus)의 『로마사』는 한 권의 불완전한 사본으로 전해졌는데, 그것은 7세기에 한 권이 필사된 이후에 유실되었다. 그와 비교하여, 그리스어 신약성서를 뒷받침해주는 자료는 어마어마하다.

인쇄기의 등장으로 말미암아 손으로 필사한 사본들은 영원히 쓸모없게 되었다. 1514년 1월 10일에 최초로 인쇄된 그리스어 신약성서가 출판되었다. 그것은 스페인의 프란시스코 히메네스 데 시스네로스(Francisco Ximenes de Cisneros, 1437- 1517) 추기경의 후원 하에 인쇄한 수개국어 대역성서 중 5권이었다. 그것은 라틴어로 콤플루툼(Complutum)이라고 불리는 알칼라(Alcala)라는 마을에서 인쇄되었기 때문에 콤플루툼 대역성서(Complutensian Polyglot Bible)라고 알려지게 되었다. 5권에도 처음에 인쇄된 그리스어 용어풀이가 수록되어 있었는데, 이것은 그 이후로 출판된 무수한 어휘사전의 원본이라고 할 수 있다.[4] 콤플루툼 대역성서에 최초로 인쇄된 그리스어 신약성서가 포함되어 있었지만, 그것이 최초로 출판된(즉 인쇄되어 판매된) 그리스어 신약성서는 아니었다. 최초의 그리스어 신약성서는 네덜란드의 로테르담 출신인 데시데리우스 에라스무스(1469-1536)가 간행한 것이었다. 에라스무스는 1516년에 최초의 신약성서를 간행하여 배포했다. 그 역본은 주로 바슬레의 어느 수도원에 보관되어 있던 조악한 12세기의 사본을 토대로 한 것으로서 수백 개의 활자의 오류가 있었다.

에라스무스는 계속해서 몇 권의 그리스어 사본들에 기초를 두고 이전의 활자상의 많은 오식(誤植)을 교정하여 새로운 판을 출판했다. 그것들 중 가장 훌륭한 것은 10세기에 소문자로 인쇄된 것이었다. 그것은 초기의 언설체 사본의 사본이었기 때문에 그가 제작한 다른 사본들보다 훌륭했지만, 그가 소유하고 있는 다른 사본들과 꽤 달랐기 때문에, 그는 그것을 그다지 의지하지 않았다. 에라스무스는 콤플루툼 대역성서를 참조하여 결정적인 제4판을 준비했다. 그것은 그리스어 성

---

4) John A. L. Lee, *A History of New Testament Lexicography*, SBG 8(New York: Peter Lang 2003)을 보라.

경, 불가타 성경, 그리고 에라스무스 자신의 라틴어 역본 등 세 개의 항목으로 되어 있었다. 그는 제5판(1535)에서는 불가타 역본을 포기했지만, 그리스어 본문에 관한한 그가 제작한 제4판과 크게 다르지 않았다.

초기에 출판된 그리스어 신약성서들은 모두 에라스무스의 것을 복사하거나 개작한 것들이었다. 로버트 에스티엔느(Robert Estienne 또는 Stephanus Estienne)는 그리스어 신약성서를 4판 출판했는데, 그중 세 판은 파리에서(1546, 1549, 1550), 나머지 한 판은 그가 개신교인으로서 말년을 보낸 제네바에서 출판했다(1551). 1판과 2판은 에라스무스의 것과 콤플라툼 대역성서를 혼합한 것이었고, 1550년에 출판한 3판은 에라스무스의 4,5판과 흡사했으며, 처음으로 본문비평장치(*critical apparatus*)—즉 그가 기초로 삼은 14개의 그리스어 사본들의 다양한 이문들을 여백에 인쇄했고, 아울러 콤플라툼 대역성서의 이문들—를 포함시켰다.[5] 이 3판은 엄청난 영향력을 발휘했다. 1553년에 장 크리스핀(Jean Crispin)이 제네바에서 그것을 재판하면서 그리스어 본문 중 6곳을 수정했다. 제네바에서 활동한 칼빈의 후계자인 베자(Theodore de Beze)는 그리스어 신약성서를 9번 출판했다. 이 성경들 안에는 베자 자신이 대조하여 확인한 본문에 대한 새로운 증거가 포함되어 있었지만, 그것들은 스테파누스의 3, 4판과 매우 흡사했다. 흠정역 성경의 번역자들은 베자가 1588-89, 1598년에 출판한 인쇄본들을 크게 의존했다(1611).

1624년에 인쇄업자 보나벤투라 엘제비어(Bonaventure Elzevir)와 아브라함 엘제비어(Abraham Elzevir) 형제는 라이덴에서 베자(Beza)의 1565년판을 거의 그대로 취한 그리스어 신약성서를 출판했다.1633년에 엘제비어 형제가 출판한 제2판은 "그러므로 친애하는 독자는 이제 모두에 의해서 수락된 성경을 가지게 되었습니다. 우리는 본문에다 변경되거나 잘못된 것을 결코 넣지 않았습니다." 라고 자랑하는 문구를 넣었다. 여기에서 "수락된 성경"은 라틴어로 *textus receptus*로서 "공인된 본문"(Received Text), 즉 표준이 되는 본문을 언급한다. 이것이 1881년 이전까지 모든 영어 번역본의 배후가 되어온 "공인된 본문"이다. 이 본문에 관한 전통은 당시에 대체로 소수의 소문자 사본들이었던 것에 기초를 두고 있다.

---

5) 14개의 이문들 중 하나가 현재 서방 본문(Western Text)에 대한 중요한 증거로 인정되고 있는 Codex Bezae였다.

그 다음 수세기 동안에 이미 간단히 요약한 바 있는 방대한 분량의 본문에 관한 증거들이 밝혀졌다. 본문비평가의 업무는 이 증거를 면밀히 조사하고, 어떤 이문이 현재 우리가 소유하고 있지 않은 원문에 가장 가까운 것인지를 밝히기 위해서 그 형태들을 찾아내는 것이다.[6] 본문 비평가들은 이 방대한 사본 증거들을 본문 유형별—특별한 지역의 본문 전승을 반영한다고 생각되는 이문들의 형식들—로 체계화하였다. 따라서 만일 어느 사본이 다른 지역으로 이송되어 이 사본과 그 지역에서 사용되던 사본을 사용하여 또 다른 사본이 만들어졌다면, "혼합된 유형들"을 가진 사본을 만들어냈을 가능성이 있다. 때로 강력한 유사성들을 지닌 몇 개의 사본들은 하나의 군(family)이라고 불린다.

학문으로서의 본문비평은 17세기 말에 연구하고 저술한 프랑스인 사제 리처드 사이몬(Richard Simon)의 연구와 더불어 시작된다. 그 후 1707년에 영국의 신학자 존 밀(John Mill)이 임종하기 2주 전에 수십 권으로 이루어진 훌륭한 그리스어 성서를 제작했다. 그것은 "공인된 본문"을 그대로 재현한 것이었지만, 병행구들 뿐만 아니라 이용할 수 있는 모든 사본들과 역본들과 인쇄본들의 이문을 포함하고 있었다. 이 성경에서도 신약성서 정경에 속하는 각 권의 기원과 본문의 전락에 관해서 알려져 있는 모든 자료를 분명하게 요약하여 수록하고 있었고, 아울러 당시에 현존한다고 알려진 모든 신약성서 사본에 대한 묘사와 모든 번역본에 대한 논평이 수록되어 있었다.

그러나 어떤 면에서 본문비평을 주도한 핵심 인물은 슈바벤 지방의 경건주의자 요한 알브레히트 벵엘(Johann Albrecht Bengel)이다. 그가 1735년에 출판한 그리스어 신약성서는 "공인된 본문"과 다른 곳이 무수히 많은 본문뿐만 아니라 실질적인 "본문비평 장치"를 제공했다. 여기에서 벵엘은 중요성에 따라서 본문의 이문들을 다섯으로 분류했다(이것은 오늘날 일부 그리스어 성서에서도 따르고 있는 관습이다). 가장 원본에 가깝다고 여겨지는 것에 대한 그의 평가는 오늘날의 유사한 판단들과 매우 흡사하다. 벵엘은 나름대로 결정하는 데 사용할 원리나 규칙

---

6) 소수의 본문비평가들은 원본을 추적하는 일이 헛수고라고 주장한다: 그 예로 D. C. Parker, *The Living Text of the Gospels*, (Cambridge: Cambridge University Press, 1997)를 들 수 있다. 그들의 주장에 의하면, 사본 전승은 매우 유동적이기 때문에, 원래의 이문을 밝히려는 시도는 헛된 것이다. 또, 그것은 다양한 시대의 교회가 생각한 것에 대해 다양한 본문 전승들이 우리에게 말하고 제시해주는 것에 대한 연구에 시선을 돌리지 못하게 한다. 그러나 파커는 본문 전승의 자유를 지나치게 강조할 뿐만 아니라 모든 책에는 원본이 있다는 사실의 중요성을 생각하지 못하고 있다. 우리가 모든 단어를 아주 확실하게 재현할 수 없다고 해서, 그것을 추구하는 일이 소중한 것이며 어느 정도 그 목표를 달성할 수 있다는 사실이 무효화되는 것은 아니다.

들을 만들었는데, 그것들은 대체로 세월이 흐르면서 인정을 받았다.

예를 들면, 벵엘은 특별한 이문을 가진 사본들의 수효는 그리 중요하지 않다고 여겼다. 결국, 많은 사본들은 대체로 후대의 것이거나 하나의 본문 전통에 속한 것일 수 있다. 중요한 것은 사본들이 언제 기록되었고, 얼마나 많은 유형들이 하나의 (일반적으로 다른 지역의 본문 전통들을 대변하는) 이문을 뒷받침해주는지를 고찰하는 것이다. 벵엘은 본문 비평가가 제시할 수 있는 가장 중요한 질문은 다음과 같다는 것을 이해했다: 어떤 이문이 나머지 이문들 모두를 형성했을까? 또, 전반적으로 필사자들은 감지된 어려움들을 제거하려는 경향이 있었기 때문에, 벵엘은 "쉬운 이문들보다 가장 난해한 이문들을 선호해야 한다"(*Proclivi scriptioni praestat ardua*)는 규칙을 세웠다.

물론, 이러한 규칙들이 절대적인 것은 아니다. 우선, 우리는 필사자들이 범한 우연한 실수와 의도적으로 바꾼 것을 구분하려 해야 한다. 종종 초기의 어느 필사자가 실수했을 것이라는 가정 하에 본문은 "개선하려는" 마음에서 의도적인 수정이 이루어졌다. "어려운 이물일수록 원문일 가능성이 크다"는 벵엘의 규칙은 그러한 가정 하에서 제대로 작용한다. 그러나 우연한 실수가 있을 때, 예를 들면 필사자가 졸려서 우발적으로 앞줄의 단어들을 삽입하였을 경우에는 이 규칙은 적용되지 않는다. "어려운 이문"이란 설명할 수 없는 것이 삽입된 것이며, 그것이 어렵다고 해서 원문일 가능성이 큰 것은 아니다. 본문비평이라는 작업의 복잡성은 사본들을 연구하는 데 많은 시간을 보내어 저술들, 필사자가 교정한 것, 각각의 사본이 지닌 경향 등을 잘 알게 된 학자들만이 그것을 충족시킬 수 있다. 이 학문은 결코 기계적인 것이 아니며, 방대한 지식과 건전한 판단을 요구한다.7)

본래 이러한 주장들에 속한 것이며 그 다음 세기에 점진적으로 형성된 두 가지 구분이 있다. 첫째, 외적인 증거(즉, 어떤 사본들이 어떤 이문들을 뒷받침하는가)와 내적인 증거(즉, 하나의 이문을 옹호하기 위해서 본문에서 어떤 논거들을 끌어낼 수 있는가)를 구분해야 한다. 둘째, 내적인 증거와 관련하여, 본문비평가들은

---

7) 이 주제에 대한 훌륭한 입문서들은 다음과 같다: Bruce Metzer, *The Text of the New Testament: Its transmission, Corruption, and Restoration*, 3rd ed. (Oxford: Oxford University Press, 1992), and Kurt Aland and Barbara Aland, *The Text of the New Testament: An Introduction to the Critical Editions and to the Theory and Practice of Modern Textual Criticism*, trans. Erroll F. Rhodes (Leiden: Brill; Grand Rapids: Eerdmans, 1987). 학생들은 Bruce Metzger, *A Textual Commentary on the Greek New Testament,* 2nd ed. (London/New York: United Bible Societies, 1994)의 표제어들 안에 나타난 추론에 의지해왔다.

본래의 개연성(즉, 관찰된 저자의 성향에 의해서 판단할 때에, 저자가 기록했을 가능성이 있는 것이 무엇인가)과 필사하는 일에서의 개연성(즉, 의도적인 것이든지 우연한 것이든지 필사자가 기록했을 가능성이 있는 것이 무엇인가)을 구분하게 되었다.

본문 비평의 등장에 관한 이 간단한 설명은 특수한 본문들을 부지런히 연구한 무수한 학자들 및 다음과 같은 소수의 선각자들을 제대로 평가하지 못한다: Brian Walton(1600-61), Richard Bentley(1662-1742), Johann Jakob Wettstein (1693-1754), Edward Harwood(1729-94), Johann Kakob Griesbach (1745-1812), Lobegott Friedrich Constantin von Tischendorf (1815-74), Brooke Foss Westcott(1825-1901), Fenton John Anthony Hort(1828-92). 오늘날 신약성서 본문비평의 중심지는 뮌스터의 Institut für Textforschung이다.

오늘날 대다수의 본문비평가들은 절충주의라는 입장을 취한다. 그것은 단순히 내적인 증거와 외적인 증거를 모두 평가한 후에 가장 적합하다고 인식하는 것을 토대로 하여 이문을 선택한다는 의미이다. 그러나 그들과 입장을 달리하는 소수의 두 집단이 있다. 하나는 비록 엘제비르 형제가 출판한 형태가 아니지만 "공인된 본문", 그러므로 최소한 "다수의 본문", 즉 가장 많은 사본들의 지지를 받는 이문들을 지지한다.[8] 또 하나의 소수 집단은 철저한 절충주의를 장려한다. 그들은 외적인 증거를 무시하며(즉, 그들은 어떤 사본들이 어떤 이문을 뒷받침하는지에 관한 논거들을 고려할 필요가 없다고 생각한다), 오직 내적 증거에만 초점을 둔다.[9]

오늘날 대다수의 본문비평가들은 절충주의라는 입장을 취한다. 그것은 단순히 내적인 증거와 외적인 증거를 모두 평가한 후에 가장 적합하다고 인식하는 것을 토대로 하여 이문을 선택한다는 의미이다.

---

8) 이 견해를 가장 훌륭하게 옹호한 것은 Wilbur N. Pickering, *The Identity of the New Testament Text II*, 3rd ed. (Eugene: Wipf and Stock, 2003)이다. 절충주의의 입장에서 이 견해를 가장 훌륭하고 간단하게 다룬 것은 Kurt Aland, "The Text of the Church?" *TrinJ* 8 (1987): 131-44이다. 대중적인 논법으로는 다음을 보라: D. A. Carson, *The King James Version Dabate: A Plea for Realism* (Grand Rapids: Baker, 1979); James R. White, *The King James Only Controversy* (Minneapolis: Bethany House, 1995); Doug Kutilek, *J. Frank Norris and His Heirs: The Bible Translation Controversy* (Pasadena: Pilgrim, 1999).

9) 어떻게 보면, 이 운동은 절충주의의 약점에 대한 일련의 비평이라고 할 수 있다. 이것은 J. K. Elliott와 그의 수제자들의 저서에 의해서 가장 훌륭하게 표현된다. 예를 들어 다음을 보라: J. K. Elliott, ed. *The Principles and Practice of New Testament Textual Criticism: Collected Essays of G. D. Kilpatrick*, BETL 96(Leuven: Leuven University Press, 1990); idem, *Essays and Studies in New Testament Textual Criticism*, EFN 3 (Cordoba: Ediciones el Almendro, 1992); Kent D. Clarke, *Textual Optimism: A Critique of the United Societies' Greek New Testament*, JSNTSup 138(Sheffield: Sheffield Academic Press, 1997). 철저한 절충주의 운동에 대한 가장 훌륭한 반응은 위의 주 7번에 열거된 표준적 본문들 안에 제공된 바 주류 본문비평의 목표와 방법에

현재 진행되고 있는 학문적인 논란과는 관계없이, 오늘날 진지한 기독교인 독자들은 인쇄된 그리스어 신약성서 안에 있는 매우 정확하고 상세한 정보를 가지고 있다. 그리스어 신약성서 본문의 대부분은 확증되어 있다. 아직도 불확실한 부분에 있어서도 교리적인 것이 전혀 문제가 되지는 않는다는 점을 인식해야 한다. 물론, 본문의 이문들은 특정의 교리적인 자세나 역사적 자료가 어느 구절의 뒷받침을 받는지의 여부에 관한 문제를 제기할 수는 있다. 하지만, 우리는 교리적으로나 역사적으로 보다 큰 문제들에 대해 확실히 언급하는 병행 구절에 호소할 수 있다. 19, 20세기에 많은 사본들이 발견되었기 때문에, 본문 증거의 유효성과 범위에 관한 한, 우리는 과거 1900년 동안의 기독교인들보다 비교할 수 없이 좋은 위치에 놓여 있다.[10] 아마, 우리는 하나님의 섭리 안에서 원본이 없이도 잘 지낼 수 있다고 생각하는 것이 좋을 듯하다. 왜냐하면 우리는 사본들이 실제로 말하는 것보다는 단순히 인공적인 가공물에 초점을 두고서 우상을 섬기듯이 그것들을 다루어 왔기 때문이다.

2. 오래 계속되는 해석 전통들

오늘날 신약성서를 연구하는 사람들이 지속적으로 대면하는 한 가지 위험은 이 2,000년 동안 27권의 책들이 만들어낸 논쟁과 해석의 역사를 간과하는 것이다. 혁신적인 것을 존중하는 21세기 서구 문화의 특징적 경향과 결합된 방대한 문헌들을 따르며 전통적인 것을 의심하게 하는 압박은 우리로 하여금 2,000년 동안 활동한 기독교인 독자들과의 관계를 보지 못하게 만든다. 또, 보수적인 학자들과 진보적인학자들 모두 각기 상이한 이유 때문에 가장 최근의 시대에 초점을 두는 경향이 있다. 보수 진영의 (복음주의자들만 아니라) 많은 사람들은 종교개혁과 더불어 진지한 신학적 고찰이 시작되었다고 생각하며, 또 성경을 주의 깊게 해석하기만 한다면 역사신학으로부터 그리 배울 것이 없다고 생각하려 한다. 진보 진영의 많은 사람들은 계몽주의 이전 시대를 미신적이고 비과학적인 해석의 늪으로 간주하며, 이제 우리는 보다 많은 것을 학습한 결과로서 그것을 버렸다고 여긴다.[11]

대한 묘사이다.

10) Parker(*The Living Text of the Gospels*)의 주장－본문비평은 가능한 한 원래의 본문에 근접하는데 관심을 갖는 것이 아니라 단지 성경해석학 훈련이다－은 이해할 수 없는 것이다. *WTJ* 62(2000): 295-302에 수록된 Moises Silva의 통찰력 있는 견해를 보라.

어느 책의 한 장(章) 중 짧은 한 단락에서 이 오랜 전통을 제대로 다룰 수 있다고 주장할 수는 없다. 다음의 내용은 1500년 동안 해석과 관련하여 발달해온 사실들의 포괄적인 목록이 아니라, 신약성서 해석에 영향을 미쳤다고 인정된 몇몇 중요한 인물들과 운동들, 그리고 신약성서 문서들이 역사에서 미친 영향을 간단히 지적하는 것이다.

1. 가장 중요한 사실은 신약성서 문서들을 그룹으로 수집하여(바울의 저술들, 또는 그것들 중 일부가 함께 유포되었는가? 벧후 3:15-16 참조) 신약 성경에 포함시킨 것이다. 그 과정에서 취해진 몇 가지 조처에 대해서는 이 책 마지막 장에서 다루어지므로, 여기에서는 다룰 필요가 없을 것이다. 그러나 초대 시대에 정경에 포함시켜야 하는 책과 관련된 논의에서는 오늘날도 신약개론에서 다루어지는 문제들을 다루었다는 사실은 언급해야 한다. 예를 들어, 교회 교부들은 가명으로 기록되었다고 판단된 책(예를 들어 바울의 이름으로 저술되었지만 실상은 그렇지 않은 것)을 정경에 포함시키기를 거부했으며, 그로 인해 원작자의 문제에 휘말렸다. 간단해 말해서, 처음부터 교회는 해석상의 문제뿐만 아니라, 기술적인 문제에도 관심을 기울였다.

2. 처음부터 기독교는 1세기에 우세했던 유대교의 다양한 형태를 배경으로 자체를 정의할 수밖에 없었다. 오늘날 우리가 "기독교"라고 언급하는 세계적인 운동의 형태가 무척 다양하며, 그중 다수는 그 운동에 소속된 다른 사람들에 의해서 중요하지 않은 기독교인이라고 간주되듯이, 1세기 유대교의 형태도 무척 다양했으며, 어떤 분파는 다른 분파에 의해서 배교자로 규정되기도 했다. 따라서 초기 기독교인들과 유대교의 관계에 대한 논의는 복합적인 것일 수밖에 없다.

물론 초기 기독교인들의 대부분은 유대인이었다. 많은 이방인들이 교회에 들어오고, 하나님께서 예수 그리스도의 죽음과 부활에 의해서 성취하신 것에 대해서 초대 교인들이 깊이 생각함에 따라서, 그러한 문제들을 해결하려고 노력하는 사람들 사이에 긴장 상태가 야기되었다(행 15장과 갈 2:11-14을 보라). 예수가 구원의 충분하고 유일한 근거라면, 할례와 유대교의 본질적인 특징들, 또는 음식규정처럼 유댁교에서 널리 지켜지는 특징들을 모든 신자들에게 요구할 수 없으리라는 것을

11) 예를 들어 큄멜(W. G. Kümmel)은 *The New Testament: The History of the Investigation of Its Problems* (Nashville: Abingdon, 1972), 13에서 다음과 같이 말한다: "신약성서를 역사적 관심을 가진 독립된 문헌들, 구약성서와 분리해서, 교의적인 편견이 없이 고찰할 수 있는 저술들의 수집물로 여겨 연구하지 않는 한, 신약성서에 대한 과학적 견해를 이야기할 수 없다.

기독교인들이 인정하게 된 것과 같은 초기의 발달현상들 중 일부를 신약성서 문서들은 연대순으로 기록한다. 또, 만일 예수의 희생이 우리의 죄를 다루었다면, 성전 제사의 역할이 문제가 될 수 있다. 따라서 기독교인들은, 자기들과 모세 언약의 관계를 철저히 생각하게 되었다. 주 예수께서 자기의 피로 새 언약을 세우셨다면(눅 22:20; 고전 11:25; cf. 고후 3:6; 렘 31:31-34), 모세 언약은 당연히 옛 언약으로 생각되어야 한다(cf. 고후 3:6; 히 8:13).

이미 신약성서에서 희미하게 나타났던 이러한 고찰들은 1세기에 유대인들과 기독교인들 사이의 지속적인 논의를 야기했다. 이러한 논의들 중 가장 훌륭한 것은 순교자 저스틴(Justin Martyr, c. 100-165)의 책 『트리포와의 대화』(*Dialogue with Trypho*)이다. 그 책은 저스틴이 유식한 유대인 트리포 및 몇 명의 친구들과 나눈 대화를 기록하고 있다. 그것은 이방인들뿐만 아니라 유대인들까지도 그리스도께로 인도하려 한 저스틴의 갈망을 보여준다. 또한, 2세기의 기독교 변증가가 완전한 성경신학을 구성하기 위해서 신약성서에 비추어 구약성서를 해석한 방법도 보여준다.[12]

3. 동시에 초대 교인들은 곧 이방인들을 개종시키기 시작했다. 사도행전은 이러한 확장에 대해 보고하면서 안디옥이 여러 인종이 섞여 구성된 최초의 강력한 교회였다고 밝힌다(행 11:19-30; 13:1-3; 15:1-35). 바울은 자신의 역할이 이방인의 사도라고 이해했다(갈 2:7-10). 그는 지방 회당에 참석하는 유대인들 및 다른 사람들에게 복음을 전할 수 있었지만(특히 비시디아 안디옥의 회당에서 복음을 전한 것에 대한 기록을 보라. 행 13:16-43), 그의 소명은 주로 작은 마을에 사는 평범한 사람들(행 14:8-18), 약아빠진 도시인들(행 19), 또는 지성인들(행 17:16-34) 등 이교를 믿는 이방인들에게 복음을 전하는 것이었다. 그러한 상황에서 그는 어쩔 수 없이 다양한 "철학들"에 직면했다. 사도행전 17:18에는 에피쿠로스 학파와 스토아 학파의 사람이 언급되어 있지만, 그 외에도 많은 철학들이 있었다. 그 당시 "철학"이라는 단어는 건설적인 내용을 그다지 가르치지 않고 회의주의

---

12) 『트리포와의 대화』는 실제로 순교자 저스틴이 유대인들과 벌인 논의들에 대한 후대의 기록이다. 그것의 수준과 논조는 일부 후대의 논문들과는 달리 매우 고상하고 공정하다. 1-5세기의 주요 기독교인 작가들은 대부분 유대교를 반대하는 논문을 저술하거나 다른 저서들 안에 그러한 종류의 논거들을 짜 넣었지만, 이것은 그리스도와 기독교의 독특함을 옹호하기 위한 기발한 문학적 비유가 되었다고 대부분의 학자들은 결론짓는다. Jaroslav Pelikan, *The Christian Tradition, The Emergence of the Catholic Tradition (100-600)* (Chicago: University of Chicago Press, 1971), 1:15-16.

를 가르치는 이국적인 학문을 상기시키는 것이 아니었다. 고대 세계에서 철학은 오늘날의 "세계관"과 같은 의미였다. 다양한 교사들이 다양한 세계관을 가르쳤고, 기독교인들은 이와 같이 다양한 이교적 세계관을 신봉하는 사람들에게 복음을 전하려 했다.

어떤 의미에서, 기독교 시대의 처음 3세기 동안의 로마 세계는 매우 다원적이었다. 로마제국은 평화를 유지하기 위해서 신전을 더럽히는 것을 중요한 범죄로 간주했다. 그러나 적어도 한 가지 측면에서 브면, 종교와 세계관의 다원성은 획일적이었다: 이 다양한 종교들은 신에게 이르는 유일한 길은 없다는 데 의견을 같이 했다. 이 점에 관해서는 의견이 완전히 일치했다. 왜냐하면 "우주는 (신들을 포함하여) 절대적이고 완전하고 변함이 없다는 것이 그리스 문화의 통칙이었기 때문이다. 그 조화는 끝없이 반복되었다. 인간적인 오류는 교육에 의해서 바로잡을 수 있었다."[13] 그 결과, 대부분의 그리스인들은 기독교가 매우 괴팍하고 편협하다고 생각했다. 따라서 기독교의 특별한 우월성을 주장한 오리겐과는 달리, 이교도인 셀수스(Celcus)는 고대의 다양한 관습들과 신앙들이 동등하게 유효하다고 주장했다. 포르피리(Porphyry)는 "영혼의 해방을 위한 보편적인 길을 제공하는 가르침은 아직 확립되지 않았다"고 주장했다.[14] 어느 학자는 그것을 다음과 같이 표현한다:

> 고대 기독교를 비평한 사람들은 한결같이 신에게 이르는 유일한 길은 없다고 주장했다…고대 로마에서 종교적 다원주의 논쟁의 원인은 종교적 관습과 감정들의 다양함이 아니라, 기독교의 성공, 그리고 그리스도와 이스라엘에 대한 주장들이었다…기독교 사상가들은 특별한 역사를 하나님에 대한 지식의 근원으로 호소함으로써, 고대 시대의 신학적 담화를 지배해온 관습들을 범했다.[15]

따라서, 처음부터 기독교인들은 자기들의 신학을 만들었고, 불화와 선교와 교차문화적 커뮤니케이션과 경쟁적인 주장들이 존재하는 상황에서 자기들의 신성하고 권위 있는 문서들을 해석했다.

---

13) E. A. Judge, "Ancient Contradictions in the Australian Soul," *JSCAST Bulletin* 33(Winter 2001): 8.

14) Augustine, *City of God* 10.32에 인용됨.

15) R. L. Wilken, "Religious Pluralism and Early Christian Thought," in Remembering the Christian Past (Grand Rapids: Eerdmans, 1995), 42-43.

4. 기독교의 초기 시대에도 여러 가지 이상한 주장들이 등장하였다. 때문에 기독교 지도자들은 사소하게 변형된 것과 철저히 기독교 진영과 상관이 없는 것으로 정죄해야 할 것을 결정해야 했다. 따라서 바울은, 가장 초기의 신약성서 문서에서 실제로 복음이 아닌 "다른 복음"에 대해서 경고하면서, 그것을 가르치는 자에게 저주를 선언한다(갈 1:6-9). 한편 신약성서의 문서들 중 가장 후대의 것에 속하는 문서에서, 요한은 한 때 교회에 속해 있었지만 교리적이고 윤리적인 문제들로 인해 교회를 떠남으로써 실제로 그리스도의 백성에 속하지 않았음을 증명한 사람들의 무리에 대해 묘사한다. 만일 그들이 그리스도의 백성에 속한 사람들이었다면 교회를 떠나지 않았을 것이다(요일 2:19). 초대 교회는 도덕적으로 큰 배덕을 돌이키지 않는 사람들(고전 5:1-13) 뿐만 아니라 하나님을 모독한 자로 판단된 사람들을(딤전 1:20) 출교시킬 준비가 되어 있었다.

그러나, 교리적이고 윤리적인 논쟁들이 교회가 처음부터 견해를 분명하게 하는 데 도움을 주었지만, 교회는 곧 문화적으로 큰 지원을 받아 심각한 위협거리가 된 영지주의 운동의 공격을 받았다. 초기의 영지주의의 대변자들(일부 학자들은 그들을 "원시 영지주의자"라고 부른다)은 후기 신약성서 문서들 중 일부의 배경이 되지만,[16] 그 운동은 2-3세기에 절정에 달했다. 영어 번역본으로 편리하게 이용할 수 있는 영지주의 문서들은 나그함마디(Nag Hamma야)에서 나온 것이다.[17] 이 글들을 한두 시간 동안 읽어보면 신약성서의 세계와는 매우 다른 세계를 발견하게 된다. 영지주의 문서들은 인간의 기원에 대해서 신약성서나 성경 전체 안에 있는 사상들과는 매우 다른 사상들을 나타낸다. 흔히 물질은 본질적으로 악한 것이며 구원은 희생의 대속적 죽음에 의해서 확보되는 것이 아니라 자신의 참된 정체에 대한 지식에 의해서 확보된다고 주장하며, 비밀 의식들이 많다.

이 모든 영역에서 2-3세기의 기독교 변증가들의 소명은 그 시대를 이해하고, 기독교의 성서를 사용하여 정통적 관점에서 볼 때에 지지할 수 없고 위험한 이단들을 논박하는 것이었다. 가장 잘 알려진 변증가는 리용의 주교인 이레내우스(Irenaeus)일 것이다. 그는 다양한 형태의 영지주의를 탐지하고 타도하기 위해서 5권의 책을 저술했다. 그가 저술한 것은 2세기 말의 일이지만, 그는 젊어서 요한의 제자인 폴리캅(Polycarp)의 가르침을 받았다.

---

16) 요한 서신을 다룬 제23장을 보라.

17) James A. Robinson, ed., *The Nag Hammadi Library in English*, 3rd ed. (San Francisco: Harper, 1990).

우리의 목적과 관련하여, 그 주제의 중요성은 본질적인 관심사 안에서만 아니라 관련된 두 가지 문제에서 발견된다. 첫째, 오늘날 월터 바우어(Walter Bauer)[18)]의 영향을 받은 실질적 견해에 의하면 초대 교회 안에는 정통신앙과 이단의 실질적인 차이가 없었다. 신생 기독교는 매우 튼튼하고 포괄적이었기 때문에 그러한 차이점들을 충분히 피할 수 있었다. 그것들을 후대에 도입된 것이었으며, 논거의 본질적인 탁월성에 기인하는 것이 아니라, "정통신앙"이 콘스탄틴 황제의 호의를 얻었다는 사실에 기인하는 다소 불쾌한 현상들이었다. 이 논거는 여러 번 논박되었다. 바우어는 2세기 이후의 본문들만 조사했다. 그는 2세기와 관해서만 실수를 범한 것이 아니라, 2세기를 가장 초기의 기독교 시대라고 언급했다.[19)] 그리고 이미 살펴본 증거에 의하면, 신약성서 중 가장 초기의 책들에서도 기독교인들은 참된 가르침과 거짓된 가르침을 구분하려 했고 또 구분할 수 있었음이 증명된다.

어느 정도 중요한 또 하나의 문제는 매스 미디어에 의해서 널리 유포된 예수 세미나(The Jesus Seminar)의 영향이다. 예수 세미나와 관련된 대부분의 학자들은 바우어의 논제를 인정할 뿐만 아니라, 나아가 가장 초기의 기독교의 가르침은 실질적으로 영지주의를 지지하며 종종예수를 방랑하는 견유주의 설교자와 흡사하게 제시한다고 주장한다. 역사가 필립 젠킨스(Philip Jenkins)는 그것을 다음과 같이 바르게 파악한다:

> 이와 같은 재구성의 문제점은 정통신앙과 영지주의 모두 가장 초기의 기독교에 대한 유서 깊고 유효한 진술들이라고 주장하는 것이다. 그러나 실제로는 그렇지 않다. 정통적인 견해가 된 것들의 기원은 1세기, 그리고 예수 운동과 관련하여 식별할 수 있는 가장 초기의 요소들에 있다. 반대로 영지주의 견해를 지지하기 위해 이용할 수 있는 자료들은 훨씬 후대의 것들이며, 또 그 운동은 정통신앙

---

18) Walter Bauer, *Orthodoxy and Heresy in Earliest Christianity* (Philadelphia: Fortress Press, 1971 [orig. 1934]).

19) I. Howard Marshall, "Orthodoxy and Heresy in Earlier Christianity," *Themolios* 2/1(1976): 5-14역시 그러하다. 이 주제에 관한 유익한 저서들은 다음과 같다: Daniel J. Harrington, "The Reception of Walter Bauer's *Orthodoxy and Heresy in Earliest Christianity* During the Last Decade," *HTR* 77(1980): 289-99; Harold O. J. Brown, *Heresies: The Image of Christ in the Mirror of Heresy and Orthodoxy from the Apostles to the Present* (Garden City: Doubleday, 1984); Graham N. Stanton and Guy G. Strousma, eds., *Tolerance and Intolerance in Early Judaism and Christianity* (Cambridge: Cambridge University Press, 1998); Craig L. Blomberg, "The New Testament Definition of Heresy (or When Do Jesus and the Apostles Really Get Mad?), *JETS* 45 (2002): 59-72.

에 대한 의도적인 반작용으로 출현한다.[20)]

5. 때로 현대 학자들은 신약성서에 대한 순수하게 "비평적인" 사상이 비교적 최근에 출현했다는 인상을 준다. 그보다는 과거 2,000년 동안에 "비평적" 사상을 배출한 틀이 주로 시대의 인식론적이고 문화적인 경향에 의존하여 거듭 변화되었다고 말하는 것이 옳을 것이다. 예를 들어, 기독교인들은 18세기에 비로소 복음서들의 관계를 고찰하게 된 것은 아니다. 이미 2세기에 타티안(Tatian, c. 110-72)은 정경인 사 복음서들의 조화를 다룬 『사복음서 대조』(*Diatessaron*)를 저술했다. 그의 저서는 5세기까지 시리아 교회에서 전례 안내서로 사용되었다.

6. 모든 중요한 교부 신학자나 운동에 의해 채택된 신약성서 해석을 도표화하는 것은 지루한 일이 될 것이다. 결론적으로 이 책은 교회사 책이 아니다. 그럼에도 불구하고, 오늘날 신약성서를 공부하는 학생들은 자기들보다 먼저 신약성서를 공부한 사람들을 어느 정도 의식해야 하며, 계속되는 신약성서 해석의 흐름의 일부를 느껴야 한다. 또 그것과 관련된 것들, 논쟁들, 특정 사건이나 해석 방법과의 관계에 대해서도 어느 정도 알아야 한다.

3세기 말에 알렉산드리아와 안디옥을 중심으로 두 가지 매우 유력한 성경연구 방법이 등장했다. 알렉산드리아 학파는 철학, 특히 플라톤에게서부터 전해져온 철학을 기독교 변증학의 수단으로 채택했다. 알렉산드리아 학파에서는 성경 해석에 있어서 종종 풍유적인 방법을 의지하면서, 때로는 삼위일체에 대해서 삼신론(세 명의 신에 대한 신앙)과 흡사한 견해를 폈다. 반대로, 안디옥 학파는 문자적이고 이성적이고 역사적인 성경해석을 선호했다. 그 결과, 그들은 성경의 몇몇 부분은 교리적으로나 영적으로 다른 부분들보다 더 가치가 있다고 주장했고, 풍유에 의지함으로써 그다지 가치가 없는 부분으로부터 그러한 가치를 끌어낼 필요를 느끼지 않았다. 일반적으로, 그들은 기독론이라는 주제를 다룰 때에 그리스도의 참된 인성에서부터 시작했다. 안디옥 학파 중에서도 보다 진보적인 진영에서는 그리스도를 신인(God-man)으로 보지 않고 하나님이 내주하시는 인간으로 보려는 경향을 나타냈다.

교부 시대에는 주로 성경을 읽고서 정보를 취한 신학자들과 기독교 사상가들이 많이 배출되었다. 순교자 저스틴, 이레내우스, 제롬 등이 기여한 바에 대해서는

---

20) Philip Jenkins, *Hidden Gospels: How the Search for Jesus Lost Its Way*(Oxford: Oxford University Press, 2001), 115-16.

이미 언급한 바 있다. 정통적인 기독론을 가장 용감하게 옹호한 사람은 아타나시우스(Athanasius, c. 296-373)이다. 그는 이집트에서 태어났지만, 그리스 식 교육을 받았다. 그는 특히 그리스도의 완전한 신성을 옹호한 신학적 변증서들 및 성경의 책들에 관한 많은 주석서를 저술했다. 니케아 공의회(325)에서는 니케아 신조를 배출했는데, 그것은 로고스(요한복음 1:1에서 말하는 "말씀")가 "지음을 받은 것"이라는 취지의 아리우스의 가르침을 반대하며, 그리스도가 아버지와 동일한 "존재"라고 주장한다. 콘스탄티노플의 주교 존 크리소스톰(John Chrysostom, c. 344-407)은 해설 설교로 유명한데, 그것의 출판은 그의 영향력을 배가시켰다. 그의 수백 편의 설교와 실천적이고 경건한 저술들과 236편의 서신이 보존되어왔다. 알렉산드리아의 탁월한 신학자 오리겐(Origen, c. 185-254)의 문헌은 거의 전해져오지 않지만, 그가 많은 주석서, 변증적 저술, 본문비평에 관한 저술(어떤 사람들은 벵엘이 아니라 오리겐이 신약성서 본문비평의 시조라고 말한다), 그리고 최초의 조직신학을 저술했다고 알려져 있다. 후일 일부 종교회의(예를 들면 543년의 콘스탄티노플 종교회의)에서 그의 신학의 요소들을 정죄했으며, 그의 알렉산드리아 학파 식의 풍유의 전개는 안디옥 학파의 표준들에 의해 강요된 듯이 보이지만, 그의 저술들 안에는 신선한 생명력이 있다.[21] 가이사랴의 유세비우스(Eusebius of Caesarea, c. 265-339)는 "교회사의 아버지"라고 불린다. 그는 원전들을 방대하게 인용했기 때문에, 그의 저서인 『교회사』(*Historia Ecclesiastica*)는 때로 우리가 중요한 고대 문서들에 접근할 때에 사용할 수 있는 유일한 문서가 된다. 그는 그 외에도 많은 변증서를 저술했다.

북아프리카의 힙포의 어거스틴(Augustine of Hippo, 354-430)은 사도 시대 이후 4세기 동안 가장 영향력 있는 인물이었다고 할 수 있다. 시편과 요한복음에 대한 그의 해설은 지금도 유익하게 사용될 수 있으며, 매우 개인적인 문서인 동시에 성숙한 신학서적인 그의 『고백록』(*Confessions*)은 지금도 기독교 고전의 하나로 자리 잡고 있다. 로마제국이 A.D. 410년의 로마의 약탈 이후 분열하기 시작할 때에, 이교도들은 어거스틴의 『하나님의 도성』(*City of God*)이 궁극적으로 그

21) 그의 방대한 작품들 중에서 남아있는 것은 적지만, 현재 그의 저술들은 영어 번역본으로 접할 수 있다. 그리스어로 저술된 오리겐의 로마서 주석은 유실되었지만, 그것은 라틴어로 번역되었고, 루피누스(Rufinus, 345-410)에 의해 어느 정도 요약되었으며, 최근에 Thomas P. Scheck가 라틴어에서 영어로 번역하였다: *Commentary on the Epistle to the Romans*, 2 vols. (Washington: Catholic Biblical Association of America, 2001-2).

불행에 대한 책임이 있으며, 로마와 기독교의 역사가 두 개의 도시, 즉 나름의 사랑과 목표를 가진 지상의 인간적인 도시와 유일하게 영원한 하나님의 도시를 보여준다고 해석한다고 비난했다. 질서의 기초들이 점진적으로 사라짐에 따라서, 신구약 성서와 당대의 역사에 대한 이 종말론적인 해석은 매우 안정을 부여해주는 요인으로 입증되었다.

기독교인들은 처음부터 매우 성서 본문에 충실한 백성이었다. 그들을 구원하신 특별한 분과 특별한 역사에 대한 그들의 접근은 무엇보다도 성서 본문에 충실한 것이었다.

이 개요의 핵심은 기독교인들은 처음부터 매우 성서 본문에 충실한 백성이라는 사실을 납득시키는 것이다. 그들을 구원하신 특별한 분과 특별한 역사에 대한 그의 접근은 무엇보다도 성서 본문에 충실한 것이었다. 구약 성서는 그리스도를 가리켰고, 신약성서는 그리스도에 대해서 이야기했다. 기독교인 교사들과 목회자들은 이러한 문서들을 연구하는 데 몰두하고, 그것들에 대한 주석을 집필하고, 그것들을 권하고 옹호하려 했다. 이것은 이러한 교부들의 의견이 완전히 일치했다는 의미는 아니며, 또 각각의 교부들이 항상 옳았다는 의미도 아니다. 그러나 이것은 신약성서를 연구하는 학생들이 이 27권의 문서들을 연구하고 해석하고 가르치기 시작하면서 취하는 초기의 유산의 일부이다.

7. 주목해야 할 한 가지 역사적 중심점은 로마제국 최초의 기독교인 황제인 콘스탄틴의 역할이다.

1-3세기에 교회는 그 설교 및 그 구성원들의 삶의 질에 나타나는 바와 같이 성령의 능력에 의해 증가되었다. 교회는 정부의 지원이나 혜택을 누리지 않았다. 종종 교회는 제국의 박해를 받았는데, 기독교인들에게 있어서 그것은 패배가 아니라 승리였다. 왜냐하면 그들은 십자가 위에서 수치스럽게 죽었지만 부활을 통해서 혐의가 풀리신 분을 따르는 사람들이었기 때문이었다. 또한 그들은 그분이 "가이사의 것은 가이사에게, 하나님의 것은 하나님께 바치라"고 가르치신 것을 기억했다(막 12:17; cf. 마 22:21; 눅 20:25). 그 이전에는, 종교의 권위와 국가의 권위가 강력하게 연결되어 있었으며, 때로는 동일시되기도 했다. 고대 이스라엘은 적어도 이론상으로는 신정(神政)정치였다. 그러나 예수는 완성될 때에는 하늘과 땅에 있는 모든 것을 포함하겠지만 그 전까지는 경쟁하게 될 나라를 세우셨다. 세상에 있는 그의 백성들은 모든 지파와 국가로부터 부름을 받겠지만 이 세상에서 지리적인 국경을 가진 국가를 구성하지는 않을 것이었다. 기독교인들은 두 개의 나라의 국민으로서 살 것이며, 두 나라 모두에게 충성해야 할 것이다. 그들은 가이사의 것은 가이사에게 바쳐야 하며 하나님의 것은 하나님에게 바쳐야 한다. 물론, 만일 가이

사가 월권하여 필요 이상의 충성을 요구한다면, 기독교인들은 인간보다는 하나님께 순종해야 할 것이다. 그럼에도 불구하고, 주님은 친히 다음과 같은 원리를 정하셨다: 우리는 두 세계의 시민이며, 두 개의 도시에서 살고 있으며, 하나님의 나라가 완성되기 전까지는 죽을 때까지 긴장상태를 경험해야 한다.

그러나 312년에 콘스탄틴은 로마 북부에 있는 밀비안 다리(Milvian Bridge) 전투에서 막센티우스를 격파하고 승리한 직후, 기독교인들을 위한 완전한 신교자유령을 선포했다. 교회는 제국의 특별한 혜택을 누리기 시작했다. 과거에 몰수되었던 재산을 돌려받았고, 성직자들은 다양한 면제 혜택을 받았으며, 기독교인들에게 경제적인 지원이 주어졌고, 일부 주교들은 세속적인 사법권을 누리기 시작했다. 이미 주교들 중에서 탁월해진 로마의 주교는 이러한 조처들에 의해서 권위를 획득할 수 있었다.

세속 정부와 교회 정부 사이의 긴장은 결코 사라지지 않았고, 1,000년이 넘는 세월동안 각각의 황제와 교황들이 특별히 유능하거나 영향력이 있다고 인정됨에 따라서 그 형태가 계속 변화되었다. 그럼에도 불구하고, 로마의 기독교인들로 하여금 국가의 권위는 하나님이 정하신 것임을 보게 하기 위해서 바울이 발전시킨 것(특히 롬 13:1-7)과 국가가 우상숭배적인 충성을 요구할 수 있다는 것을 깨닫는 것을 돕기 위해서 요한이 전개한 바 가이사의 주장과 하나님의 주장 사이의 근본적인 긴장 상태는 여전히 존재했으며, 때가 되었을 때에 교회와 국가의 구분이라는 다양한 이론으로 발전되었다.[22] 이러한 현상들은 다양한 방식으로 많은 기독교 국가의 종교적 유산과 정치적 유산을 형성해 왔다. 우리의 제자도가 형성되는 배경인 정치적 실체와 종교적 실체들의 기원은 신약성서 안에서 이루어지는 구분들에게서 찾을 수 있다.

8. 처음 몇 세기 동안 발생한 중요한 현상들 중의 하나는 "절대적 권능을 갖는 주교들"의 등장이었다. 신약성서 문서들이 기록된 시대에 "목사"(이것은 "목자"를 의미한다), "장로", "주교"(때로는 "감독") 등의 호칭은 모두 지방 회중의 지도

22) 교회와 국가가 무척 다양하게 서로 관계를 가졌기 때문에 "다양한 이론들"이라고 말한다. 교회와 국가의 분리는 프랑스와 영국과 미국 등과 동일한 것을 의미하는 것이 아니다. 모든 기독교인들은 이 주제에 관한 기독교적 경험은 회교도의 유산과 무척 다르다. 모하메드가 메디나에서 힘을 얻은 후로 종교적 권위와 세속적 권위는 하나였다. 이슬람교는 발흥하여 처음 3세기 동안 군사적 정복에 의해서 급속히 성장했다. 이슬람교에는 "가이사의 것은 가이사에게, 하나님의 것은 하나님께 바치라"는 것과 같은 독창적인 발언이 없다. 마찬가지로, 이슬람은 서방 세계가 인식하는 것처럼 국가를 인식하지 않으며, 또 성직자들도 기독교의 성직자들과 유사하지 않다.

를 맡은 사람들을 언급하는 표현이었다. 그러나 2세기 초에, 일부 주교들이나 목사들이 다른 지방 회중들 위에 군림하는 권위를 소유하게 되었다. 그러한 권한을 획득한 사람들은 주교라고 불리게 되었고, 그렇지 못한 사람들은 장로나 목사라는 호칭을 그대로 유지했다. 절대적 권능을 지닌 주교들이 등장한 데는 복합적인 이유가 있다. 비록 결과는 다소 의심스러운 것이었지만, 그들 중 일부는 선한 동기에서 등장했다. 부분적으로 가르쳐야 할 필요성에 적응하기 위해서 이 교회에서 저 교회로 다니며 순회하는 기독교 설교자들의 계층이 생겨났다.[23] 그러나 누가 그러한 여행자들에게 권한을 부여해 주었는가? 필연적으로, 자격이 없음에도 불구하고 이것이 생계를 유지하는 마음에 드는 방법이라는 것을 발견한 사람들이 등장했다. 또 자신이 교회를 돕고 있다고 생각했지만, 자신의 능력을 과대평가하고 있는 사람들도 있었다. 어떤 사람들은 이단적이었다. 설상가상으로, 대부분의 경우 지방 교회 지도자들은 진정으로 도움이 되는 사람들과 무능하거나 위험한 사람들을 구분할 능력을 갖추지 못하고 있었다. 그러므로 어느 2세기의 문서에는 진실 된 사람으로 받아들여야 할 순회 설교자나 "예언자"와 그렇지 못한 사람에 대한 가르침이 수록되어 있다. 진정한 설교자는 지나치게 오래 머물지 않으며, 돈을 요구하지 않고, 신실한 기독교 교리를 가르쳤다(cf. *Didache* xi).

이러한 상황에서, 일부 지역 목회자들은 이따금 인근에 있는 식견이 있는 주교/장로/목사를 의지했다. 그리하여 그들은 자신의 회중 안에서만 아니라 지역 전체에서 가르치고 설교할 수 있는 권한을 받은 사람들에 대해 거부권을 행사하기 시작했다. 비록 그들은 귀중한 안전장치를 마련했지만, 결국 그러한 주교들은 신약성서에 없는 특별한 역할과 권위를 획득했다.

주교들, 그리고 이따금 유명한 교사들의 역할이 증가한 것을 이해하지 않고서는 사도들이 실제로 가르친 것에 대한 논쟁을 초대교회가 어떻게 해결했는지 이해할 수 없기 때문에, 우리의 목적에 있어서 이것이 중요하다. 가장 중요한 논쟁이 있을 때에는 주로 로마 세계 전체에서 참석하는 주교들로 구성된 "에큐메니칼 공의회"(*oikoumenē*)가 소집되었다. 대부분의 기독교인들에 의해서 참된 "에큐메

---

23) 이 체제가 발달한 부분적인 이유는 로마 세계에는 순회 설교자들이나 강사들이 흔했던 데 있다. 그러한 사람들 중에서 가장 훌륭한 사람들은 넉넉하게 생계를 유지할 수 있었다. 그들의 제자가 되는 특권을 소유하려는 사람들은 그에 대한 대가를 지불했다. 종종 이러한 순회 설교자들 중에는 순회를 중지하고 정착하여 작은 아카데미를 개설하기도 했다. 현대의 대학들과 비슷한 기관은 존재하지 않았다.

니칼" 공의회로 인정받는 7개의 공의회 및 거기서 다루어진 주제 및 연대는 다음과 같다: 제1차 니케아 공의회(325)－아리우스주의; 콘스탄티노플 공의회(381)－아폴리나리우스주의; 에베소 공의회(431)－네스토리우스주의; 칼케돈 공의회(451)－유티커스주의; 제2차 콘스탄티노플 공의회(553)－네스토리우스파의 삼헌장(三憲章)에 대한 논쟁; 제3차 콘스탄티노플 공의회(680-81)－그리스도 단성론(單性論): 제2차 니케아 공의회(787)－성상숭배.[24)]

9. 교리적 문제들을 다룬 이 공의회들은 어떤 문제들의 진실이 어떤 것인지를 결정하려 했다. 니케아 공의회(325)가 그리스도의 신성에 대해 이야기하는 적절한 용어를 결정했을 때, 또는 칼케돈 공의회(451)가 삼위일체에 대한 논의에서 표준이 된 용어들을 제시했을 때, 참석자들은 자기들이 새로운 신학을 만들어내고 있다거나 성경 안에서 지금까지 누구도 보지 못했던 진리를 발견해내고 있다고 생각하지 않았다. 그들은 기독교의 메시지에 대한 상반되는 해석들을 판결하며 성경적인 진리를 공식화하려 했으나, 그것은 오히려 그 분야에서 애매한 것이나 명백한 오류를 한층 더 어렵게 만들었다.

마찬가지로, 16세기에 종교개혁자들은 바울 서신이나 성경의 나머지 부분과 일치한다고 생각하는 이신칭의의 교리를 명시하려 했지만, 그 이전에는 아무도 이신칭의를 믿지 않았거나 그 중요성을 이해하지 못했던 것은 아니다. 그 주제는 교부시대에 항상 되풀이해서 등장하곤 했다.[25)] 그것은 종교개혁 시대에 논쟁의 대상이 되었다. 교리적 논쟁을 발생시킨 원인은 추하고 가슴 아픈 것일 수도 있지만, 하나님은 자기 백성들의 신학적 힘과 분명한 이상과 이해를 회복시키기 위해서 종종 그러한 논쟁들을 사용하신다. 그러므로 그러한 논쟁들은 신약성서, 성경 전체에 대한 해석의 역사의 일부가 된다.

10. 로마제국이 몰락한 후, 서방에서는 교육의 표준들이 쇠퇴했다. 오랫동안 우위를 차지했던 라틴어는 과거 그리스어와 히브리어에 대한 심오한 지식이었던 것의 흔적들을 실질적으로 없애버렸다. 중세 시대가 진행되면서, 지방의 많은 성직자들은 지독하게 무식했고, 많은 통치자들, 심지어 강력한 통치자들도 무식했다. 비록 수도원에서 이루어진 학문의 질은 무척 다양했지만, 가장 큰 학문의 중심

---

24) 이러한 논쟁들의 본질은 예를 들어 다음과 같은 교회사 사전에서 쉽게 발견할 수 있다: F. L. Cross and E. A. Livingstone, *The Oxford Dictionary of the Christian Church*, 3rd. ed. (Oxford: Oxford University Press, 1997).

25) Thomas C. Oden, *The Justification Reader* (Grand Rapids: Eerdmans, 2002)를 보라.

지들은 수도원이었을 것이다. 수백 년 동안 수도원들을 중심으로 하여 필사본들이 제작되고 찬송이 만들어지고, 주석서들과 신학 논문들이 저술되었다.[26]

수세기 동안, 교회는 구조적으로 변화되었고, 많은 중요한 방식으로 그 가르침을 수정했다. 필연적으로 이러한 변화들과 수정은 사람들이 신약성서를 다루는 방법에 반영되었다. 조직상으로, 최초의 대분열은 서방(라틴)교회와 동방(정)교회의 분열이었다. 분열이 시작된 연대를 정할 수는 없지만, 궁극적으로 분열된 연대는 보통 1054년으로 간주된다. 주로 동유럽 국가들에 소재한 정교회는 국가 단위로 조직되며(그리스 정교회, 세르비아 정교회, 러시아 정교회 등), 콘스탄티노플 총대주교라는 명예 대주교직을 인정한다. 그 교회의 특징적인 교리에 대해서는 여기에서 다루지 않겠다.[27] 서방에서는 대주교직이 점진적으로 로마의 주교에게 부여되었다. 로마 가톨릭 교회는 많은 다양성을 포용했고, 실패와 다양한 갱신 운동들의 도전에 직면했는데, 그중 가장 강력한 도전으로 말미암아 종교개혁 시대에 새로운 분파들이 생겨났다.

그럼에도 불구하고, 오늘날 우리가 생각하는 것과 같은 로마 가톨릭 교회는 하루아침에 생겨난 것이 아님을 이해해야 한다. 예를 들어, 죽은 자들을 위한 기도는 300년경에 시작되었다. "하나님의 어머니"(Mother of God)라는 호칭은 (처음에는 그리스도의 신성을 옹호하기 위해서) 에베소 공의회에서 처음으로 마리아에게 적용되었지만, 마리아와 죽은 성인들과 천사들에게 드리는 기도는 600년경에 유행했고, 마리아 몽소승천의 교의(즉 마리아가 육체적으로 승천하셨다는 것)는 1950년이 되어서야 하나의 교의(정통적인 가톨릭 신자들이 반드시 믿어야 하는 가르침)로서 공표되었다. 사제가 축성한 성수에 약간의 소금을 타서 뿌리는 관습은 850년경에 시작되었다. 추기경단(College of Cardinals)은 927년에 제정되었다. 죽은 성인들의 시성은 995년에 교황 요한 15세에 의해서 처음으로 이루어졌다.[28] 화체설은 1215년에 교황 이노센트 3세가 교의로서 선포했다. 평신도들

---

26) 수도원의 역할에 대하여, Thomas Cahill, *How the Irish Saved Civilization* (New York: Doubleday, 1995)를 보라.

27) 그 문제들을 쉽게 접근하려면 다음을 보라: Danial B. Clendenin, *Eastern Orthodox Theology: A Contemporary Reader* (Grand Rapids: Baker, 1995); idem, *Eastern Orthodox Christianity: A Western Perspective* (Grand Rapids: Baker, 1994); Theodore G. Stylianopoupls, *The New Testament: An Orthodox Perspective*, Vol. 1: *Scripture, Tradition, Hermeneutics* (Brookline: Holy Cross Orthodox Press, 1997). Cf. Bradley Nassif, "Eastern Orthodoxy and Evangelicalism: The Status of an Emerging Global Dialogue," *SBET* 18(2000): 21-55.

이 성경을 읽는 것이 금지되었고, 실제로 1229년에 개최된 발렌시아 공의회에서는 성경을 금서목록에 수록했다. 593년에 그레고리 1세가 가르친 연옥은 1439년에 플로렌스 공의회에서 교의로 선포되었다. 성모무염시태의 교의는 1854년에 교황 피우스 9세가 선포했고, 1870년 제1차 바티칸 공의회에서는 신앙과 도덕에 관한 문제에 있어서 교황의 가르침은 무오하다는 교의가 발표되었다.[29)]

오늘날 많은 사람들이 볼 때에 이것들 중 일부는 신약성서에서 크게 벗어난 것처럼 여겨질 것이다. 그러나 그것은 하나의 논점에 불과하다. 만일 우리가 가능한 한 성경 기자들이 언급하는 틀을 파악하려고 노력하면서 자신의 신학적 유산을 멀리하려고 노력하지 않는다면, 일단 확립된 정설로 정착된 항목들은 우리가 신약성서를 읽는 틀이 될 가능성이 크다. 이것이 모든 개혁 운동이 진행되는 동안에 발생하는 일들 중 하나이다.

11. "중세시대"는 매우 다양하고 복합적인 시대와 국가들을 포함하기 때문에, 일반적으로 그 시대를 잘 아는 학자들은 그 시대를 일반화하는 것에 대해 조건부로 동의한다. 한편으로 중세시대에는 십자군 원정 및 이슬람과의 폭넓은 갈등, 매우 부도덕한 교황들, "흑사병"의 창궐, 일반 대중의 제도화된 문맹, 그리고 무서운 미신의 발흥 등(마술적인 능력을 부여받은 기독교 유물들을 맹렬하게 찾아다닌 것 및 면죄부 판매 등을 생각할 수 있다)이 있었다. 반면에, 중세 시대에는 영광스러운 찬송들, 하늘로 치솟아 오르는 하나님에 대한 개념들(이것은 성당들의 설계와 구조에 반영되어 있다), 무척 재능이 있고 박식한 신학자들이 있었다. 중세 시대 말엽에 체코슬로바키아의 후스(Jan Hus, 1373-1415), 영국의 존 위클리프(John Wycliffe, c. 1329-1384)와 같은 용감한 개혁자들은 성경으로 돌아가라고 요구했는데, 이런 사람들은 대부분 순교했다.

일반화의 위험은 있었지만, 중세시대의 신학적 공헌은 통찰력 있는 주석의 영역이 아닌 다른 두 가지 분야에서 이루어졌다. 첫째, 이 시대에 많은 신비가들이 배출되었다(예를 들면, 클레르보의 버나드[Bernard of Clairvaux, 1909-1153], 노리지의 줄리안[Julian of Norwich, c. 1342-1413년 이후]). 이 신비주의는 부분적으로 거의 통제되지 않은 주관주의에 굴복했지만, 지금도 번역

28) 교황 요한 바울로 2세는 64명의 성인을 시성했는데, 이것은 지난 400년 동안 교황들이 시성한 성인들보다 더 많은 것이다. 여기에는 현재 시성 과정이 진행 중인 것은 포함되지 않았다.

29) M. Fiedler and L. Rabben, eds., *Rome Has Spoken: A Guide to Forgotten Papal Statements, and How They Have Changed through the Centuries* (New York: Crossroad, 1998)을 보라.

되어 사용되고 있는 찬송들을 우리에게 제공했다. 예를 들어, 버나드는 "오 거룩하신 주님, 그 상하신 머리", "구주를 생각만 해도 내 맘이 좋거든" 등의 찬송을 지었다.

둘째는 켄터베리의 안셀름, 피에르 아벨라르, 오캄의 윌리엄, 토머스 아퀴나스, 둔스 스코투스 등을 포함하는 많은 신학자들이다.[30] 이들 중에서 가장 영향력이 있는 사람은 토머스 아퀴나스(Thomas Aqunas, 1224-74)이다. 그의 저서 중에서 가장 잘 알려진 『신학대전』(*Summa Theologiae*)은 그가 이해하고 있는 기독교적 계시 자료들을 체계적으로 요약한 것이요, 아리스토텔레스의 노선을 따른 어거스틴의 인식론의 개정판이요, 회교도들을 겨냥한 복음주의적 저서였다. 그의 저서는 특히 가톨릭 교회에서 엄청난 영향력을 발휘했지만, 그가 사용한 범주들은 엄격한 석의(釋義)보다는 철학과 분류학에 속한다. 예를 들어, 비록 교부 시대로 거슬러 올라가는 초기의 기독교 신학자들은 때로 도덕법과 세속법과 예식법을 구분했지만, 이러한 구약성서의 삼중 구분을 발달시켜 신・구약 성서의 연속성과 불연속성의 패턴으로 확립한 사람은 토머스 아퀴나스였다. 후일 존 칼빈을 비롯한 여러 사람들이 채택하고 발달시킨 이 삼중 구분은 많은 유익한 통찰들을 제공하지만, 신약성서 기자들이 옛 언약과 새 언약 사이의 연속성과 불연속성의 패턴들을 만들어낼 때에 사용한 범주들은 아니다. 두 성서의 관계를 어떻게 인식하는가에 대한 질문들은 영원히 계속되며, 이 분야에서 아퀴나스의 영향력은 지금도 우리가 신약성서를 읽을 때에 발휘된다.

중세시대에는 성경해석 방법에 있어서 네 가지 표준에서 이루어져야 했다: 문자적 의미; 풍유적 의미; 도덕적 의미; 유추적 의미

기독교의 처음 몇 세기 동안 알렉산드리아 학파와 안디옥 학파 사이에 큰 논쟁이 있었다는 것은 이미 언급한 바 있다. 알렉산드리아 학파는 성경 해석에서 풍유를 옹호했고, 안디옥 학파에서는 보다 직접적이고 문자적인 해석을 주장했다. 중세시대에는 상이한 성경해석 방법들에 대한 보다 체계적인 분류가 이루어졌다. 성경해석은 네 가지 표준에서 이루어져야 했다(저자들에 따라서 순서는 상이하다): 문자적 의미—이것은 어떤 일이 발생했는지를 가르쳐 준다; 풍유적(비유적) 의미—이것은 무엇을 믿어야 하는지 가르쳐 준다; 도덕적 의미—이것은 무엇을 행해야 하는지 가르쳐 준다; 유추적(때로는 종말론적) 의미—장차 우리가 어디로 갈 것인지 가르쳐준다. 이러한 구분들은 종종 신비적 영성과 결합되었다.[31] 그리하여 그

30) G. R. evans, ed., *The Medieval Theologians: An Introduction to Theology in the Medieval Period* (Blackwell: Oxford, 2001)을 보라.

31) Henri de Lubac, *Medieval Exegesis*, 2 vols. (Grand Rapids: Eerdmans, 1998-2000)을 보라.

것들은 성경을 전문가들을 위한 책, 교회의 당국자들만이 바르게 해석할 수 있으며 평신도들에게는 닫힌 책으로 만드는 효과를 지녔다(인쇄기가 발명되기 전의 일이다).

12. 역사가들이 습관적으로 유럽 역사의 14-16세기에 적용하는 시대인 르네상스 시대는 고전 문화의 "재탄생"을 목격했다. 인쇄기의 발명의 영향은 매우 크다. 1453년에 콘스탄티노플이 회교도인 투르크 족에게 함락될 때에, 많은 학자들이 그리스어 사본들을 가지고 서방으로 갔다. 학문의 발흥과 몇몇 유럽 대학들의 설립으로 인해 *Ad fontes*("근원으로")라는 모토가 등장했다. 그리스어와 히브리어에 대한 연구가 흔해졌고, 라틴어의 권위는 크게 감소되었다. 기독교와 이교의 기본적 문서들에 대한 관심의 부흥으로 말미암아 학식 있는 "인문주의자들"이 많이 배출되었다. 그들은 가톨릭 교회의 거의 모든 부분에 만연해있는 성직자들의 악습을 비판했다. 북유럽의 인문주의자들은 점차 고전적인 이교의 본문보다는 기독교의 고전적 본문들(신약성서와 교부문학)에 관심을 갖게 되었다. 그렇기 때문에 그들은 때로 "기독교 인문주의자"라고 불린다. 이러한 사람들 중에 가장 유력한 사람이 로테르담의 에라스무스이다.

르네상스의 영향을 받은 사람들은 중세시대 신학자들이 정당화했던 네 가지 해석 방법을 의심하게 되었다. 그들은 주요한 원전들을 보다 "문자적으로", 또는 "자연스럽게" 해석하려 했다.[32)]

13. 지금도 학자들은 여전히 르네상스와 16세기 종교개혁의 관계의 본질에 대해 논쟁한다. 분명히 기독교 인문주의자들이 주장한 개혁의 요구는 서방 기독교계의 불안이 증가하는 데 기여했다. 그로 인해 "에라스무스가 알을 낳고 루터가 그 알을 품었다"는 옛 금언이 생겨났다. 울리히 츠빙글리(Ulrich Zwingli, 1531년 사망), 필립 멜랑히톤(Philip Melanchthon, 1560년 사망), 존 칼빈(1564년

---

32) 최근에 Thomas C. Oden("A Patristic Perspective on European Christianity in World Perspective," *ERT* 27[2003]:318-36)은 처음 몇 세기 동안의 기독교는 대체로 유럽 대륙의 현상이 아니었다고 지적했다. 복음은 예루살렘으로부터 오늘날 터키(이곳은 천 년 동안 비잔틴 세계의 중심지였다), 북아프리카 해안, 이집트, 이디오피아, 아라비아, 시리아, 북 메소포타미아, 그리고 동쪽으로는 인더스 계곡으로, 그 다음에는 오늘날의 프랑스와 스페인으로 퍼져나갔다. 로마는 물론이요 중국으로까지 뻗어나갔다는 증거도 있다. 그러므로, 기독교에 우호적인 사람들이나 적대적인 사람들이 기독교를 주로 유럽의 현상으로 여기는 것을 잘못된 것이다. 반면에, 이슬람으로부터 받는 팽창주의적 압박 때문에, 콘스탄티노플의 함락 이후 유럽은 기독교를 보존하고 분명히 표현하고 옹호하고 해석한 주도적 대표자가 되었다. 물론 오늘날 유럽은 이러한 역할들을 벗어버리려 하는 듯하다.

사망), 테오도르 베자(Theodore Beza, 1605년 사망) 등을 비롯한 많은 젊은 인문주의자들이 개신교로 개종했다.

종교개혁에서 강조된 *sola scriptura*("오직 성경")에는 실질적으로 몇 가지 강조점이 있었다. 계시는 교회에게 맡겨진 저장물이며 성경은 그 일부에 불과하다는 가톨릭 교회의 견해에 맞서, 종교개혁자들은 기독교 전통에서 배울 것이 많지만 성경만이 궁극적인 권위를 소유한다고 주장했다. 전승에 의해서 성경을 길들여서는 안 된다. 이러한 강조점은 두 가지 상호보완적인 결과를 지녔다: (1) 이상적으로, 성경은 처음 기록된 언어로 공부해야 한다. (2) 성경은 되도록 널리 유포되어야 하는데, 이것은 각 지방의 언어로 번역본이 마련되어야 한다는 의미였다. 성경을 번역한 윌리엄 틴데일(William Tyndale, 1536년에 화형 당함)의 목표는 쟁기를 끄는 소년이 교회의 고위 성직자들만큼 성경을 알 수 있게 하는 것이었다. 또한 "오직 성경"을 강조한 것은 종교개혁자들로 하여금 다시 성경을 이루는 것이 무엇인지 연구하게 했으며, 그 결과 외경을 정경으로 받아들이기를 거부했다. 가톨릭 교회에서 이 책들을 정경, 또는 제2 정경으로 여겼다는 사실은 그것들에게 열중한 충분한 이유가 되지 못한다. 실제로, 마틴 루터는 자신의 인생의 어느 단계에서 야고보서의 정경으로서의 권위("지푸라기 서신")를 의심했었다.[33]

부분적으로 르네상스의 영향을 받은 종교개혁자들은 자기들이 물려받은 네 가지 성경해석방법을 의심했다. 이것은 그들이 지독한 직역주의자들이 되었다는 의미가 아니다. 그들은 은유들 및 다른 비유적 표현들을 인정할 수 있었다. 그들은 오늘날 유형학(類型學)이라고 불리게 될 것과 씨름했다. 성경에서 종종 일상적이고 세속적인 것들의 범주 안에서 영원한 것들에 대해 이야기한다는 사실은 루터로 하여금 성경을 *litera spiritualis*로 여기게 했다. 이것이 가장 유익한 분석인지 의심할 수 있겠지만, 종교개혁자들은 중세시대에 옹호된 네 가지 성경해석 방법을 인위적인 것으로 간주했지만, 그들은 "자연스러운" 해석이 항상 간단한 것은 아니라는 것을 알고 있었음을 인정해야 한다. 또 루터와 칼빈이 성경 주석서와 기독교 교리 해설집을 저술하려 한 것은 교리를 성경과 연결하는 효과를 낳았다. 실제로, 칼빈의 『기독교강요』(*Institutes of the Christian Religion*)는 성경이 가르치는 것에 대한 일종의 정확한 입문서로 저술된 것이었다. 이 저서에서는 끝없이 성경과 씨름하지만, 칼빈이 저술하던 당시 중요한 문제들과의 상호작용뿐만 아니라

33) 정경의 등장과 정의에 대한 개론으로 이 책 마지막 장을 보라.

역사적으로 유명한 기독교 사상가들과의 상호작용 안에서 교리적 공식들을 결정한다. 『기독교강요』는 칼빈의 주석서들과 협력하여 무엇을 믿어야 하며 어떻게 생각해야 하는지를 가르쳤다. 필연적으로, 이러한 저서들은 성경 해석과 가르침의 모범이 되었다. 그러한 저서에 대해 고찰하지 않고서는 성경 전체는 물론이요 신약성서를 이해하려 할 수 없게 되었다.[34]

3. 성경신학의 등장[35]

지난 4세기 동안의 성경 연구, 특히 신약성서 연구 형태의 변화는 매우 복잡하기 때문에 간단히 요약할 수 없다. 그러므로 이 절(節과) 다음 절에서는 넓은 범주의 발달현상들의 시범 사례가 되기를 바라는 두 분야를 간단히 살펴보려 한다.

만일 신학이 하나님에 대한 훈련된 담화(discourse)라면, 성경 신학은 성경의 기초가 되는 하나님에 대한 훈련된 담화라고 생각할 수 있을 것이다. 물론 그런 의미에서 하나의 성경, 또는 성경의 일부가 존재하는 한 성경신학도 존재해왔다. 그러나 우리가 알고 있는 한 "성경신학"이라는 실질적인 표현은, 크라이스트먼(W. J. Christman)에 의해 1607년에 출판되었으나 지금은 현존하지 않는 책에서 처음으로 만들어졌다. 그 책의 제목은 *Teutsche Biblische Theologie*(독일 성경신학)이었다. 그것은 개신교의 조직신학을 뒷받침하기 위해서 성경에서 취한 표준적 본문들을 모아놓은 간단한 책이었다. 이러한 용도의 "성경신학"은 그 후 150년 동안 일부 계층에서 계속 사용되었다.

머지않아 "성경신학"의 다른 용법들이 등장했다. 필립 스페너(P. J. Spener)는 『경건한 소원』(*Pia Desideria*, 1675)에서, 그리고 후에 그의 영향을 받은 경건주의자들은 성경신학(*theologia biblica;* 스페너 자신의 신학)과 루터가 배격했던 아리스토텔레스주의로 복귀한 당시에 유행하던 개신교 정통신학인 스콜

---

34) 비록 청교도들과 반종교개혁은 근본적으로 상이한 결론들을 가지고 등장했지만, 이것은 청교도들뿐만 아니라 가톨릭 반종교개혁에도 적용된다. 양측 모두 종교개혁의 엄청난 영향을 느꼈다.

35) 다음을 보라: D. A. Carson, "New Testament Theology," in *Dictionary of the Later New Testament and Its Documents* (Downers Grove:IVP, 1997), 796-814; Charles H. H. Scobie, *The Ways of Our God: An Approach to Biblical Theology*(Grand Rapids: Eerdmans, 2003); Gerhard F. Hasel, *New Testament Theology: basic Issues in the Current Debate* (Grand Rapids: Eerdmans, 1978); idem, "The Nature of Biblical Theology: Recent Trends and Issues," *AUSS* 32 (1994): 203-15.

라신학(*theologia scholastica*)를 구분했다. 따라서 "성경신학"은 당시 유행하던 교의학보다 "더 성경적"이며 저항의 의미를 취했다. 18세기 후반에 영국의 이신론과 독일 계몽주의의 영향을 받은 일부 신학자들은 경건주의가 아니라 이성주의를 지지하면서 당시 유행하던 교의학에 이의를 제기했다. 이들의 저서들 중 일부는 성경으로부터 이성과 일치하는 영원한 진리들을 끌어내는 것을 목표로 했으며, 그것들을 교회에서 받아들일 수 있도록 구성했다. 이들 중에서 영향력이 있는 신학자는 요한 가블러(Johann P. Gabler)였다. 그가 알트도르프 대학에 취임하여 처음으로 행한 강의인 *An Oration on the Proper Distinction Between Biblical and Dogmatic Theology and the Specific Objectives of Each*(1787)는 분위기를 고조시켰고 다음 단계를 촉진시켰다. 가블러는 끊임없이 변화되며 영구히 논란의 대상이 되는 교의신학은 성경과 너무 괴리되어 있다고 비판했다. 가블러가 추천한 성경신학은 성경 본문에 대한 귀납적 연구일 것이다. 그의 주장에 의하면, 그러한 연구는 경건하고 유식한 학자들 가운데서 폭넓은 동의를 획득할 것이며, 그 결과 새로운 조직신학이 세워질 기초가 될 수 있었다. 가블러는 성경을 먼저 역사적으로 읽어야 한다거나, 성경의 문서들을 역사적인 순서로 늘어놓아야 한다고 주장한 것이 아니라, 성경신학자들은 교리적인 고찰의 직접적인 속박을 받지 않고서도 자기의 임무를 행할 수 있다고 주장했다.[36] 이것은 그로 하여금 "성경신학의 아버지"라는 별명을 얻게 해준 획기적인 주장이었다.

가블러의 제안의 첫 부분, 성경의 문서들을 교의적 통제에서 벗어나서 귀납적으로 연구하라는 주장은 곧 유럽의 많은 대학에서 채택되었지만, 둘째 부분, 즉 이 새로운 기초 위에 새로운 교의학을 세워야 한다는 주장은 대체로 무시되었다. 실제로, 학자들이 *analogia fidei*("신앙의 유비")의 중요성을 깊이 고찰하지 않고 단순히 설명적인 수준에서 일할수록(이것은 역사적 신앙고백주의의 틀 안에서 성경을 읽는 오랜 관행이었다), 성경 안의 다양성들이 두드러진다. 예를 들어, 그러한 체제 안에서 신약 성서와 구약성서의 차이점들이 명백해졌기 때문에, 1796년에 바우어(G. L. Bauer)는 성경신학이 아니라 구약성서 신학을 출판했고, 1800-1802년에는 2권으로 된 신약신학을 출판했다. 그 후 반세기 동안, 심지어 20세기에도 성경신학 서적들(즉 성경전체를 다루는 신학 서적들)이 계속 저술되

---

36) J. Sandys-Wunsch and L. Eldredge, "J. P. Gabler and the Distinction Between Biblical and Dogmatic Theology," *SJT* 33 (1980): 133-58을 보라.

었다.

성경신학의 원자론을 향하는 경향은 오늘까지도 특정한 학문의 흐름 속에서 계속되고 있다. 따라서 "신약신학"이란 다양한 신약성서 저술들 안에서 발견되는 특징적인 신학들을 의미한다: 바울의 신학, 마태의 신학, 누가-사도행전의 신학 등. 다음과 같은 세 가지 경향을 고려할 때에 원자론은 한층 더 뚜렷해진다. (1) 원자론을 옹호하는 많은 학자들은 신약성서 문서들 중 일부가 가명으로 기록된 것이라고 확신한다. 따라서, 예를 들어 "바울의 신학"은 신약 성서에서 바울의 이름을 달고 있는 13개 서신들 중 네 개의 서신, 또는 일곱 개의 확실한 문서에 기초를 둔다. 한편, 에베소서, 데살로니가후서, 목회서신 등 가명으로 저술되었다고 판단되는 것들에 대한 식별 가능한 신학들이 존재한다. (2) 많은 학자들은 자신이 마태와 마가가 사용한 자료, 종종 "Q자료"라고 지칭되는 것을 분리해낼 수 있다고 확신한다. 이것은 다시 Q 자료의 신학을 저술하려는 시도로 이어진다(이 책 제2장을 보라). (3) 두 번째 경향이 변형되어, 학자들은 신약성서 문서들 중 일부가 동일하지 않거나 상반되는 자료, 또는 편집자가 추가한 것을 반영한다고 확신한다(예를 들어 이 책에서 데살로니가후서와 로마서를 다룬 부분을 보라). 다른 신약성서 문서들에도 이와 비슷한 자료비평이 적용된다. 원자론은 승리를 거두었으며, 이제 신약성서 문서들이 서로 어떻게 관련되어 있는지를 알기가 더욱 어려워졌다.

그리하여 성경신학은 역사비평의 영향을 받게 되었다. 역사비평의 본질에 대해서는 다음 절과 이 책 후반부에서 좀 더 다루려 한다. 그러나 우리는 이미 그 주제에 접했고, 여기에서 그것이 성경신학에 미친 몇 가지 결과를 탐구하는 것도 유익할 것이다. 아마 19세기 중반에 가장 중요한 교차가 발생했을 것이다. 독일의 위대한 신학자 바우어(F. C. Baur)는 바울서신과 사도행전과 복음서들이 저술된 경위를 새로이 조사하기 시작했다. 그는 이 일에 철학적 자연론을 동원했고(즉, 그는 역사적 질문에서 초자연적인 것에게 호소하는 것을 받아들이지 않았다), 자신이 재창조한 초대 교회사가 옳다는 가정 하에 다양한 신약성서의 책들의 연대를 정하는 이유들을 개진했다. 그의 주장에 의하면, 이 초대교회사에서는 교회가 소수의 유대교 분파로서 출현하여 다수의 유대교 분파로 성장했고, 그 다음에는 다양한 조건 하에서 이방인들을 받아들인 특별한 유대교 분파가 되었고, 결국 유대교와 결별하고 나름의 삶을 취했다고 본다. 그의 주장에 의하면, 신약성서의 문서들은 이 궤도의 축에 있는 어느 지점에 적합하다. 교회와 유대교 사이에서 벌어진 논쟁은 점점 치열해졌지만, 일단 분열된 후에는 논쟁은 사라져서 이제는 기억되고 있는 역사적 요소들 안에서만 간신히 입증된다. 바우어는 이러한 기초 위에서 사도행전을 2세기의 것으로 추정한다(이 때에는 싸움이 끝났기 때문에 논조가 갈라디아서와는 매우 다르다). 바우어의 사후 1864년에 그의 저서인 신약신학이 출판되었는데, 거기서 이러한 작업과 성경신학의 관계가 매우 분명히 나타난다. 초대교회사의 발달적인 재구성과 매우 급진적인 자연론을 결합한 것은 신약성서의 문서들을 계시적인 것으로 생각할 수 없다는 것을 의미했다. 그것들이 일관된 신학 체계를 반영한다고 판단할 수 없었다. 오히려 그것들은 역사적이고 신학적인 발달의 증거 및 그 외의 것들에 대한 증거를 제공한다. 다양한 층들은 역사적으로는 흥미롭지만 어떤 면에서는 서로 양립하지 않는다는 것이 증명된다. 같은 이유에서, 그것들이 시학적으로 구속력을 갖는다고 볼 수 없다.[37]

이 역사주의적 욕구는 "종교사학파"(*die religionsgeschicitliche Schule*)라고 불리게 된 것에서 막바지에 도달했다. 여기에서는 모든 종교 운동들과 거기서 만들어진 문서들은 다른 종교운동들과 문서들에 의해서 형성된다는 것, 새로운 종교운동들과 문서들이 선행하는 자료를 이어받는지 수정하는지, 아니면 반대로 작용하는지를 증명하기 위한 시도가 이루어졌다. 이것들은 모두 책임 있는 역사비평, 즉 기독교의 성경을 구성하는 문서들을 설명하기 위해서 초자연적인 원인들에게 호소하기를 거부하는 비판적 이성의 전개라고 판단되었다. 우리는 1세기의 사람들이 초자연적인 사건들과 계시라고 생각한 것이 무엇이었는지 연구할 수 있겠지만, 비평적 연구에 의하면 이 1세기의 판단들이 원시적이고 우직한 것이었음이 드러날 것이다. 신약신학에 관한 이러한 발달현상들의 의미는 브레데(Wrede)의 작은 책, *Über Aufgabe und Methode der sogenannten neutestamentliche Theologie*("신약신학의 임무와 방법에 관하여")에서 두드러지게 나타나는 듯하다.[38] 브레데는 신약의 각각의 책은 해석자로 하여금 저자의 완전한 "신학"을 재구성할 수 있게 해주는 정보를 거의 다루고 있지 않기 때문에, 그것들을 각기 분리해서 다루는 것은 어리석다고 주장했다. 신뢰할 수 있는 유일한 방법은 가능한 한

---

37) Horton Harris, *The Tübingen School* (Grand Rapids: Baker, repr. 1990[1975]); Stephen Neille and N. T. Wright, *The Interpretation of the New Testament 1861-1986*, 2nd ed. (Oxford: Oxford University Press, 1988), 20-34을 보라.

38) Göttingen: Vandenhoeck & Ruprecht, 1897. 이 글의 영역본은 다음과 같다: "The Task and Methods of New Testament Theology," in Robert Morgan, *The Nature of New Testament Theology* (London: SCM, 1973), 68-116.

초기 기독교와 신학의 역사를 구성하는 것이다. 성경신학은 물론이요 모든 획일적인 신약신학이란 터무니없는 것이다.

가장 회의적인 비평의 출발점에 있는 이러한 견해들을 유일한 견해였다고 생각해서는 안 된다. 19세기에 구약성서에 기초를 두고서 신약신학을 세우려 한 가장 통찰력 있는 시도한 사람은 호프만(J. K. von Hofmann)일 것이다.[39] 20세기 초에 활동한 가장 유명한 인물은 아돌프 슐라터(Adolf Schlatter)이다.[40] 이 학자들은 그들보다 한층 더 회의적인 반대자들 못지않게 신약 문서들의 역사적 본질을 인정했지만, 하나님께서 역사 안에서 활동해 오셨기 때문에 철학적 자연주의에 몰두한다면 증거를 공정하게 다룰 수 없다고 주장했다. 그들은 자기들이 내린 결론들이 우직한 비약이 아니라 본문들에 의해 인정받은 정당화된 견해라는 이유에서, 자기들의 저서들이 "비평적"이라고 판단했다.

곧 다른 견해들이 두각을 나타냈다. 첫째, 칼 바르트(Karl Barth)는 역사적이고 자연주의적인 자극에서 근원을 찾을 수 있는 작업들이 완전히 무미건조하며 목회적으로 무익하다는 것을 발견했다. 그는 성경을 이해하는 데 있어서 역사적 연구가 중요하지 않다고 결론짓고, 성경신학보다는 조직신학에 관심을 두고서 신학적 해석에 초점을 두었다.

둘째, 루돌프 불트만(Rudolf Bultmann)은 역사적 이해와 신학적 유익 사이의 틈을 메우기 위해서 또 다른 방법을 시도했다. 그는 브레데의 자연주의와 역사주의적 접근방법을 채택했지만, 브레데처럼 신학적 종합은 문제가 되지 않는다고 결론을 내리지 않았다. 신약성서의 실질적이고 본질적인 핵심이라고 여기는 것을 발견하기 위해서 "현대인"이 더 이상 믿을 수 없다고 판단한 모든 것(근본적으로 모든 초자연적인 것)에 대한 본문들을 "비신화화" 했는데, 이것은 일종의 실존주의의 형태이다. 그 결과, 하나님, 믿음, 계시 등 많은 것들을 재정의하게 되었다. 그 표현은 정통신앙의 것이지만, 내용은 하이데거의 것이었다. 20세기 중반에 큰 영향을 발휘한 불트만의 저서는[41] 현재는 그를 널리 추종하기 때문에 읽혀지는

---

39) *Biblische Theologie des Neuen Testaments* (Nördlingen: Beck, 1886).

40) 그의 많은 저서 중에서 이 논의와 관련하여 가장 중요한 것은 *Die Theologie des Neuen Testaments*, 2 vols.(Stuttgart: Verlag der Vereinsbuchhandlung, 1909-10)이다. 쉴라터는 후일 개정판에서 내용을 크게 수정하였다. Andreas Köstenberger가 1923년 판을 번역하여 2권으로 출판하였는데 그 제목은 다음과 같다: *The History of the Christ: The Foundations of New Testament Theology*; *The Theology of the Apostles: The Development of New Testament Theology*(Grand Rapids: Baker, 1997, 1999).

것이 아니라 역사적인 관심에서 읽혀진다.

셋째는 "성경신학운동"의 발흥이었다. 그 운동의 옹호자들은 제1차 세계대전과 대공황, 그리고 제2차 세계대전으로 말미암아 기진맥진했고, 부분적으로는 바르트와 폰 호프만의 영향을 받아서 신학적으로 타당하기를 갈망했고, 1930년대부터 1950년대까지 점점 더 영향력을 발휘했다. 이러한 학자들 중에서 가장 유력한 사람은 오스카 쿨만(Oscar Cullmann)일 것이다. 그가 "구원사"(*Heilsgeschichte*)를 강조한 것은 그전까지는 흩어져 있던 두 가지 요소, 즉 구원과 역사를 종합하려 한 것이었다. 그는 교훈적인 문체로 저술했는데, 시대를 초월한 발달 현상에 대한 그의 묘사는 중요한 정경적 통일성과 권위를 보존하면서 정경을 역사적으로 해석하는 것을 허용한다.[42] 그러나 성경신학운동은 무척 다양했다. 거기에는 성경이 증거하는 구속사의 커다란 사건들과 함께 주어졌다고 계시가 주장하는 사람들,[43] 그리고 권위 있는 신약성서에 대한 신학사전(*Theological Dictionary of the New Testament*)을 저술한 사람들이 포함되어 있었다.[44] 그럼에도 불구하고 1960년대에 그 운동은 대체로 사라졌다. 비평가들은 그 운동을 지지하는 많은 사람들의 언어학적 순진함을 기각했고 자기들이 정경에서 발견한 통일성이 그곳에 없다고 주장하면서 그 운동을 제거했다.[45]

최근 약 50년 동안은 성서신학에 있어서 놀랄 만큼 다양한 시대였다.

최근 약 50년 동안은 놀랄 만큼 다양한 시대였다. 신앙고백의 측면에서는 게할더스 보스(Geehardus Vos)[46]의 성경신학은 신약성서보다는 구약성서에 초점을 두고 있지만 성경을 한 권의 책으로 읽는 방법을 가르쳐 주었다. 그 당시에는 독창적이었던 조지 엘든 래드(George Eldon Ladd)의 논문은[47] 다소 보수적인

---

41) 특히 그의 저서 *Theology of the New Testament*, 2 vols. (ET London: SCM, 1952-55[1948-53]을 보라. 그의 접근방법에 대해서 알려면 "The Problem of a Theological Exegesis of the New Testament." available in ET in *The Beginnings of Dialetical Theology*, ed. J. M. Robinson(Richmond: John Knox, 1968), 47-72을 보라.

42) 특히 그의 저서 *Salvation in History* (New York: Harper & Row, 1967) 을 보라.

43) 특히, G. Ernest Wright, *God Who Acts: Biblical Theology as Recital*, SBT 8(London: SCM, 1962)을 보라.

44) Gehard Kittel and Gehard Friedrich, eds., *Theologisches Wörterbuch zum Neuen Testament* (Sttutgart: Kohlhammer, 1933-74; ET: Grand Rapids:Eerdmans, 1964-1974).

45) 특히, Brevard Childs, *Biblical Theology in Crisis* (Philadelphia: Fortress Press, 1970)을 보라. 또 James Barr, *The Semantics of Biblical Language* (Oxford: Oxford University Press, 1961), 그리고 그의 최근의 저서인 *The Concept of Biblical Theology: An Old Testament Perspective* (London: SCM, 1999)도 그에 못지않게 훌륭한 저서이다.

46) *Biblical Theology: Old and New Testaments* (Grand Rapids: Eerdmans, 1948)

진영에서 채택되었다. 공관복음서의 신학, 바울의 신학, 히브리서의 신학 등을 통합하려 하지 않고 별도로 다룬 신약신학. 도널드 거스리(Donald Guthrie)는 상이한 신약성서 문서 집성들을 통해서 수십 개의 주제들(예를 들면, "인자", "하나님", "십자가")의 근원을 추적하는 신약신학을 저술함으로써 집성의 문제를 다루려 했다.[48] 물론, 여기에는 이러한 주제들 및 다른 주제들이 하나의 특별한 집성 안에 어떻게 결합되어 있으며, 집성들이 서로 어떻게 관련되는가에 대한 감각이 빠져 있었다. 베르너 퀌멜(Werner Kümmel),[49] 요아힘 예레미아스(Joachim Jeremias),[50] 요아힘 그닐카(Joachim Gnilka),[51] 게오르크 스트레커(Georg Strecker)[52] 등 다소 표준적으로 비평적인 정설들을 따르는 사람들에서부터, 자신의 저서에[53] 역사적 예수를 전제로 포함시킬 필요가 없다고 생각하는 한스 콘첼만(Hans Conzelmann), 브레버드 차일즈의 표준적인 신학,[54] 정신적으로 신약성서의 저자들을 테이블에 둘러앉히고 각자의 공적에 대해 토론하게 한 조지 캐어드(George B. Caird)의 상상적 저서,[55] 그리고 가지 많은 나무라는 상징을 사용하여 1세기에 교회가 서로 배타적인 신학적 공동체들로 발달한 경위에 대한 자신의 근본적이고 상세한 재구성에 따라서 가지가 많은 사변적 신학들을 전개한 클라우스 베르거(Klaus Berger)의 도발적인 저서[56] 에 이르는 신학적 스펙트럼을 가로지르는 입장들의 특징을 나타내는 많은 저서들에 대한 논의는 지면관계상 생략한다.

다양한 학자들에 의해서 사용되는 "성경신학"이라는 명칭은 상이한 방법으로 서로 상호작용하는 몇 가지 상이한 것들을 언급한다. 우리는 다양한 역사비평 도구

---

47) *A Theology of the New Testamen*t (Grand Rapids: Eerdmans, 1974[rev. ed. 1993]).

48) *New Testament Theology* (Downers Grove: IVP, 1981).

49) *The Theology of the New Testament According to Its Major Witnesses* (London: SCM, 1974 [1969]).

50) *New Testament Theology: The Proclamation of Jesus* (New York:Scribner's, 1971).

51) *Neutestamentliche Theologie: Ein Überblick* (Würzburg:Echter Verlag, 1989); idem, *Theologie des Neuen Testaments* (Freiburg: Herder, 1994).

52) *Theology of the New Testament* (Louisville: Westminster John Knox, 2000).

53) *An Outline of the Theology of the New Testament* (New York: Harper and Row, 1967).

54) *Biblical Theology of the Old and the New Testaments: Theological Reflection on the Christian Bible* (Minneapolis: Fortress, 1992).

55) *New Testament Theology*, ed. Lincoln D. Hurst (Oxford: Clarendon Press, 1994).

56) *Theologiegeschichte des Urchristentums* (Tübingen: Francke, 1994)

와 문학비평 도구를 사용하여 성경 본문들을 재구성할 수 있으므로, "성경신학"이라는 명칭은 성경 본문들의 배후에 있는 집단들의 신학을 언급할 수 있다. 또 그것은 성경 본문이나 집성들의 신학, 그리고 시간이 흐르면서 그러한 신학들이 결합된 방법을 언급할 수도 있다. 또, 성경 문서에 대한 이 연구는 주로 본문들이 의미하는 것에 대해 스스로 거리를 두고서 행하는 묘사(역사적 묘사)이거나 본문들이 의미하는 것을 의식을 가지고 씨름하는 것(보다 성경해석학적으로 사려깊은 노력)일 수도 있다. 오늘날 성경신학이 무엇이며 특히 신약신학이 무엇인지에 대한 논의에서는 이것 및 이와 유사한 분석들이 흔히 등장한다.[57]

최근 50년 동안에는 바울의 신학, 요한의 신학 등을 다룬 저서들, 그리고 각각의 집성 안에 있는 개개의 신학적 주제의 형태를 이해하기 위한 많은 논문들이 배출되었다.[58] 물론 이것들 중 일부에 대해서는 이 책 뒷부분에서 묘사된다. 지난 삼십 년 동안, 신약성서 기자들이 구약성서를 어떻게 이용했는가에 대한 새로운 관심으로 인해 많은 논문들이 작성되었는데, 그것들은 어떤 의미에서 신약성서와 성경신학을 다루는 장래의 작품들을 만들 재료가 된다. 이것들 외에도, 매년 신약의 책들에 관한 많은 주석서들과[59] 무수히 많은 전문적 기사들이 출판되었고, 신약성서에 관한 학문이 널리 퍼지기 시작했다.

이 개략적인 요약서의 목적은 오늘날 신약을 연구하는 학생들이 작업해야 할 영역의 경계를 정하는 것이다. 아마 약간 종류가 다른 궁극적인 개관을 포함시켜도 유익할 것이다.

4. 역사비평, 문학적 도구, 그리고 포스트모던주의의 영향

앞에서 지난 150년 동안 어떤 종류의 역사비평의 영향을 받아, 학문으로서의

---

57) 다음을 보라: Peter Balla, *Challenges to New Testament Theology: An Attempt to Justify the Enterprise*, WUNT 95 (Tübingen: Mohr-Siebeck, 1997); Dan O. Via, *What Is New Testament Theology?* GBS (Minneapolis: Fortress Press, 2002); D. A. Carson, "Current Issues in Biblical Theology: A New Testament Perspective," *BBR* 5(1995): 17-41; and many of the essays in T. D. Alexander and Brian S. Rosner, eds., *New Dictionary of Biblical Theology* (Downers Grove: IVP, 2000).

58) 예를 들면 다음과 같다: Brian S. Rosner, *Paul, Scripture and Ethics: A Study of 1 Corinthians 1-7*, AGJU 12 (Leiden: Brill, 1944); Dorothy Lee, *Flesh and Glory: Symbol, Gender, and Theology in the Gospel of John* (New York: Crossroad, 2003).

59) Cf. D. A. Carson, *New Testament Commentary Survey*, 5th ed. (Grand Rapids: Baker, 2001).

성경신학이 양극화 된 몇 개의 진영으로 나뉘었다는 것을 살펴보았다. 신약성서에 접근하는 방법에 대한 논의, 즉 "개론"에 속하는 기술적인 문제들(예를 들면 연대, 저자 문제, 역사적 배경, 원전들, 신빙성 등)이나 역사와 계시의 관계, 또는 문학 이론이나 인식론에서의 발달 현상, 또는 기독교 세계가 성경 연구에 미친 영향 등에 대한 논의 등에 대해서도 같은 말을 할 수 있을 것이다. 이러한 영역 및 다른 영역들에 있어서, 신약성서 연구에 헌신한 사람들은 그 범위가 영구히 확장되는 주장들과 대안들을 다룬다. 이것들은 신약성서 집성이나 각각의 책을 다룰 때에 도표화할 수 있을 것이다.[60] 그러나 신약성서 전체에서 채택한 입장들의 복잡성과 다양성은 처음으로 신약을 다루기 시작하는 학생들을 당황하게 만들 수 있다. 그러므로 다음에서는 문학적 도구들과 접근방법들, 그리고 지난 100여년 동안 좋게든 나쁘게든 신약성서 연구를 형성해온 입장들을 간단히 언급하려 한다.[61]

1) 역사비평(Historical Criticism)

위에서 논의했던바, 바우어(F. C. Baur)가 신약 문서들의 연대를 재편성하기 위해서 전개한 역사적 재구성은 브레데의 역사주의적 환원주의로 이어졌다. 이 운동의 일부는 다양한 비평 "도구들"의 발달을 중심으로 했다. 앞에서 루돌프 불트만의 자료비평에 대해 간단히 살펴보았다. 물론 자료비평(source criticism) 자체를 악마화해서는 안 된다. 결국, 일부 신약 문서들의 본질은 자료비평에 대한 약간의 고찰을 필요로 한다. 아마 베드로후서가 유다서를 이용했거나 유다서가 베드로후서를 인용했을 것이다. 그리고 공과복음서들의 배후에는 어떤 종류의 모방, 문학적 의존, 그리고 자료들의 활용이 놓여있다. 그것들은 매우 관계가 밀접하므로, 완전한 독립을 유지하는 것은 거의 불가능하면서도, 또한 충분히 독립되어 있기 때문에 그것들 사이의 관계의 정확한 본질에 대해 논란이 많다(이에 대해서는 다음 장에서 다룰 것이다). 누가는 분명히 파피루스에 기록하기 전의 성문화된 자료에 접근했었다(눅 1:1-4). 그러나 공관복음에 대한 불트만의 엄청나게 상세한 자료비평—때로는 단어들까지도 하나의 특별한 자료나 층과 결부시킨다—은[62] 부분

60) 예를 들어 다음을 보라: W. Ward Gasque, *A History of the Criticism of the Acts of Apostles*, BGBE 17 (Tübingen: Mohr-Siebeck, 1975).

61) 다음의 문학적 도구들과 신약성서 본문에 대한 접근방법들을 분류하고 정리하는 대부분의 방법은 훌륭하지 않지만. 일부 학자들은 약간 상이한 분류들을 택한다.

62) 특히, 그의 저서 *History of the Synoptic Tradition* (New York: Harper & Row, 1963)을 보라.

적으로는 그 세부내용 때문에 믿을 수 없는 것으로 드러난다. 누군가가 어떻게 어떤 책을 자신의 근원이 되는 이론들이 요구하는 방식으로 종합할 수 있었는지는 상상하기 어렵다. 보다 중요한 것은, 그러한 자료 비평은 어떻게 해서인지 한 곳에 모아진 시간의 영향을 받지 않는 문서들인 표면적인 자료들에는 그리 흥미를 갖지 않았다. 오히려, 실제의 것이거나 상상의 것이거나 각각의 자료는 상이한 공동체들이나 상이한 저자들, 또는 상이한 시대의 동일한 공동체의 신학과 견해를 반영한다고 생각되었다. 분명, 그는 불트만이 요한복음이 아닌 공관복음을 다룬 부분에서 가장 독창적으로 자료 비평을 의지했다.[63]

물론, 공관복음에 대한 것이든지 요한복음에 대한 것이든지 그의 견해가 원전에 관한 유일하게 복합적인 원리는 아니었다. 그러나 특별한 이론의 소유권이나 대중성과는 상관이 없이, 원전들은 다양한 전승의 층들을 반영한다고 생각되었기 때문에, 이것들은 교리의 발달을 설명해줄 궤적들 안에 놓일 수 있었다. 이런 까닭에, "자료 비평"은 "양식비평"과 "전승비평"의 근원이 되었다. 양식비평은 다양한 복음 단위들—예를 들면 기적 이야기들이나 어떤 종류의 비유들—을 형성하거나 존재하게 만든 기독교 공동체들의 역사나 특징들을 추론하기 위해서, 그것들의 표면적인 형태나 특징에 초점을 두었다.[64] 전승비평에서는 전승의 발달을 설명해 줄 것이라고 판단되는 궤적들을 구성하려 했다. 이것은 다시 그러한 이론들은 복음서의 궁극적인 저자들을 단순히 상이한 문서들로부터 단편들을 잘라내고 조합하여 현재의 정경적 복음서들을 만들어낸 사람들, 즉 "가위와 풀"의 역할을 한 사람들로 전락시킨다는 비난을 야기했다. 부분적으로 이러한 반론에 대한 반작용으로서 "편집 비평"이 등장했다. 복음서기자들은 단순히 자신이 가지고 있는 자료들은 잘라서 붙인 것이 아니라, 각각의 복음서기자들의 특징적인 음성과 강조점을 가지게 될 복음서를 만들어내기 위해서 그것들을 "편집"했다. 따라서 복음서기자들은 당연히 진정한 신학자들이었다. 이것들 및 다른 역사적-비평적 "도구들"은 적어도 처음에는 그러한 자료들이 표면적으로 묘사하고 있는 역사적 예수에 관심을 갖기보다는 그러한 자료를 존재하게 만든 기독교 공동체들에 대해 추론하는 데

---

63) 그의 저서 *The Gospel of John* (Oxford Blackwell, 1971)을 보라.

64) 예를 들면, 예레미아스(Joachim, Jeremias, *The Parables of Jesus*[New York: Scribner's. 1963], 113-114)는 상이한 복음서들 안에 기록되어 있는 비유들의 형태를 비교함으로써 소위 "비유 전달의 법칙"이라는 것을 계발했다. 이 저서는 한때 널리 영향을 미쳤지만 지금은 거의 영향력을 상실하였다. 비유 연구의 역사를 다룬 유익한 저서로는 Craig Blomberg, *Interpreting the Parables*(Downers Grove: IVP, 1990)을 보라.

더 관심을 가졌다. 그 결과, 이러한 도구들은 다음 장에서 상세히 묘사될 세 가지 주된 "역사적 예수 탐구"의 방법론의 핵심을 이룬다. 신약성서의 나머지 부분에 관해서도, 약간 상이하지만 관련이 없지는 않은 자료비평과 양식 비평 작업이 이루어졌다.[65]

지금도 불트만처럼 급진적인 학자들이 있지만 그리 많지 않으며,[66] 그들 중 일부는 정치적으로 한쪽으로 치우치게 되었다.[67] 동시에 역사적 예수의 역사적-비평적 재구성의 주류조차도 그 결론에 있어서는 크게 소극적인 자세를 취한다.[68] 따라서 그보다는 덜 회의적인 다른 학자들이 신빙성이라는 기준에 도전하거나,[69] 예수의 추종자들이 잘 보존한 구전의 가르침의 중요성을 지적하거나,[70] 복음서

---

65) 대체로, 자료비평가들과 양식비평가들은 신약의 서신들에 대해서는 복음서에 대한 것만큼 모험적이지 않았지만, 많은 변화가 있었다. 아마 최근에 기억되는 가장 극단적인 자료 비평가는 오닐(J. C. O'Neill)일 것이다. 그는 바울이 갈라디아서의 2/3만 저술했다고 주장했다. 그의 저서 *The Recovery of Paul's Letter to the Galatians*(London: SPCK, 1972)을 보라.

66) 예를 들어 다음을 보라: Gerd Theissen and Dagmar Winter, *The Question of Criteria: The Quest for the Plausible Jesus* (Louisville: Westminster John Knox, 2002); R. T. France, *Theol* 106(2003):272-73).

67) 예를 들어, 여러 가지 조각들의 역사적 개연성을 측정하는 분류된 복음서들을 다룬 The Jesus Seminar의 작업을 생각할 수 있을 것이다. 그 세미나의 작업을 반영하는 몇 권의 책들 중에서 가장 쉽게 접근할 수 있는 것은 다음과 같다: Robert W. Funk, *A Credible Jesus: Fragments of a Vision* (Santa Rosa: Pelebridge, 2002). 부정적인 평가를 보려면 다음을 보라: Philip Jenkins, *Hidden Gospels*; Michael J. Wilkins and J. P. Moreland, eds, *Jesus Under Fire: Modern Scholarship Reinvents the Historical Jesus* (Grand Rapids: Zondervan, 1995).

68) 예를 들면 John P. Meier, A Marginal Jew (New York: Doubleday: 1991). 여러 권으로 이루어진 이 책 중 1-3권에서는 다음과 같이 결론을 내린다: 예수는 1세기 유대교의 다양성에서 출현한 예언적 인물이었다; 그는 어떤 식으로든지 세례 요한과 연결되어 있었고, 하나님의 통치를 기대했으며, 분명치 않은 추종자들을 거느리고 있었다(그중에서 유다와 베드로만 잘 알려져 있다); 그는 병 고침을 행했고 불량배들과 교제했다; 그는 유대의 다른 종교 집단들과 영향을 주고받았다. 불트만의 전통에 속한 마이어는 자신의 역사적 탐구의 결과, 즉 그가 역사의 예수라고 부르는 분으로부터 믿음의 그리스도—기독교인이라면 믿어야 할 대상이신 그리스도—를 보호하려 한다. 물론 이것은 암시적으로 성육신—진정한 역사 안에서의 하나님 자신의 계시—를 부인한다.

69) 예를 들면 다음과 같다: Stanley E. Porter, *The Criteria for Authenticity in Historical -Jesus-Research: Precious Discussion and New Proposals*, JSNTSup 191 (Sheffield: Sheffield Academic Press, 2000). 특별히 역사적-비평적 도구들에 관해 다룬 논문들과 서적들이 많다. 예를 들어 편집비평에 관한 것으로는 다음을 보라: D. A. Carson, "Redaction Criticism: On the Legitimacy and Illegetimacy of a Literary Tool," in *Scripture and Truth*, ed. D. A. Carson and John D. Woodbridge (Grand Rapids: Zondervan, 1983), 115-42; Randall K. J. Tan, "Recent Developments in Redaction Criticism: from Investigation of Textual Prehistory Back to Historical-Gramatical Exegesis?" *JETS* 44(2001): 599-614.

70) 특히 다음을 보라: Birger Gerhardson, *Memory and Manuscript: Oral Tradition and Written Transmission in Rabbinic Judaism and Early Christianity* (Grand Rapids: Eerdmans, 1998).

전승의 형성에 있어서 목격자들의 역할을 지적한다.[71] 또 하나의 작지만 분명한 학자들의 무리는 정경적 복음서들이 결코 개별적인 공동체들(마태의 공동체, 마가의 공동체 등등)을 위해 계획된 것이 아니라 처음부터 모든 기독교인들이 읽을 수 있도록 계획되었다는 많은 유익한 증거를 수집했다.[72] 그런데 그것은 특별한 자료나 양식이나 복음서를 분명한 공동체와 연결할 수 있는 분명한 전승의 "층"과 동일시하는 일반적인 관습에 대해 의문을 제기한다.

이 작업은 약간의 소득이 있었다. 예를 들어, 우리는 공관적 관계들의 복합성들을 과거보다 훨씬 더 많이 의식하고 있다. 우리는 대체로 각각의 정경적 복음의 강조점과 뉘앙스를 더 민감하게 의식하며, 그것들이 마치 긴밀한 "복음서들의 조화" 안에서 우리에게 전해진 것처럼 여겨 읽고 설교하기를 거부한다. 각각의 책들은 각기 독특한 강조점을 지닌다.[73] 그러나 처음으로 이러한 논의에 개입한 독자들은 그 논의의 엄청난 무질서, 오늘날의 학자들이 공유하고 있는 공통의 근거가 지극히 작다는 것에 놀란다.

2) 문학비평(Literary Criticism)

역사-비평적 작업이 지닌 영원한 위험들 중 하나는 원자론이다. 그것은 계속 본문 안에 있는 점점 더 작은 세부 내용에 초점을 두며, 일부 학자들의 본문의 배후에 있다고 생각하는 것을 매우 박식하게 재구성하지만, 본문으로서의 본문에 대한 실질적인 해석에는 그리 관심을 두지 않는다.

오늘날에는 문학적 장치들에 대한 관심이 매우 드물다. 수세기동안 기독교인들은 "은유"와 "예표"라는 범주 하에서 본문의 문학적인 특성들을 다루어왔다.

---

71) 예를 들면 다음과 같다: Samuel Byrskog, *Jesus the Only Teacher: Didactic Authority and Transmission in ancient Israel, Ancient Judaism, and the Matthean Community* (Uppsala: Almqvist & Wiksel, 1994); idem, *Story as History—History as Story: The Gospel Tradition in the Context of ancient Oral History*, WUNT 123(Tübingen: Mohr-Siebeck, 2000). Peter M. Head, "The Role of eyewitnesses in the Formation of the Gospel Tradition," *TynB* 52 (2001): 275-94에 수록된 유익한 평가를 보라.

72) 특히 Richard Bauckham, ed., *The Gospels for All Christians: Rethinking the Gospel Audiences* (Grand Rapids: Eerdmans, 1998)을 보라.

73) 그러나 여기에서도 우리는 Ned B. Stonehouse가 "편집비평"이 귀에 익은 단어가 되기 전에 정경적 복음서들을 그처럼 민감하게 해석하는 것을 옹호하고 있다는 것을 알 수 있다. 특히 그의 저서, *The Witness of the Synoptic Gospels to Christ* (Grand Rapids: Baker, repr. 1979 [1944])를 보라.

지난 수십 년 동안 요한복음에서의 아이러니와 같은 것들을 다룬 많은 논문들이 출현했다. 그러나 보다 중요한 것은 보다 큰 단위의 본문들을 다루는 저서들일 것이다. 그것들은 "복음"이 무엇인지, 그리고 그것이 1세기의 다른 전기 형태들과 어떻게 관련되는지를 묻는다. 그것들은 여러 가지 기사들의 설화적 구조를 조사하며, 줄거리의 전개, 전면에 등장하는 인물과 배후에 등장하는 인물, 이야기의 클라이맥스가 어디인지, 함축된 독자들이 누구인지 등을 알아본다. 바울 시대에 기록된 서신들의 종류 및 그의 서신들이 인식 가능한 양식에 어느 정도 적합한지 등에 관한 참된 연구가 이루어져왔다. 요한계시록과 같은 책은 2-3세기 전에 저술된 유대교의 묵시적 저술들과 비교된다. 바울의 지속적인 논거들 중 하나의 형태는 적어도 아리스토텔레스 시대부터 그리스 사회에서 학습되어온 수사학과 비교된다.

이것들의 대부분은 앞에서 적절한 참고문헌들과 함께 보다 상세하게 소개되었다. 도움이 될 만한 한두 가지의 예를 들면 다음과 같다. 1983년에 컬페퍼(R. Alan Culpepper)는 요한복음을 독창적으로 다룬 책, *Anatomy of the Fourth Gospel: A Study in Literary Design*을 출판했다.[74] 그 책은 여기에서 논의되고 있는 문학적인 접근방법을 훌륭하게 다루었다. 컬페퍼는 자료 비평적 질문이나 역사적인 질문에는 관심을 갖지 않았다. 그는 그러한 질문들은 나름대로 근거가 있다는 것을 인정하지만, 자신은 최종적인 산물의 문학적 줄거리에 초점을 둔다고 주장했다. 가장 놀라운 것은, 그가 19세기 영국 소설을 문학적 모델로 선택한 것이었다. 그의 책에는 암시적인 통찰들이 가득하지만, 사려 깊은 독자라면 다음과 같은 세 가지를 생각하지 않을 수 없다: (1) 특히 요한복음처럼 역사 안에서 발생한 사건들에 대한 증언을 목적으로 하는 문서에 적용된 주도적인 모델의 선정이 크게 시대착오적이다. (2) 전체적인 시도 자체는 고무적이지만 역사적인 질문을 하거나 역사적인 결론을 이끌어내는 일을 회피한다. 본문 외의 참고 사항, 즉 본문이 언급한다고 주장할 수 있는 본문 외의 사건이나 사물이나 사람들에 대한 질문들은 제기하지 않은 채 좁은 의미에서 본문을 연구한다. (3) 적어도 컬페퍼가 하나의 완전한 문헌으로 통합한 본문의 특징들 중 일부는 자료비평가들과 역사-비평 학자들이 자료들의 부자연스러운 결합을 암시하는 "이음매들"의 존재를 정당화하기 위해서 사용하던 것이었다. 그러나 만일 하나의 문학적 이야기에 적합한 방법으로 특정의 문학적 특징들을 설명할 수 있다 해도, 어찌 그것들이 독특한 신학적 공동체

74) Philadelphia: Fortress Press.

들에서 유래한 자료들을 뒷받침하는 증거가 될 수도 있겠는가? 역으로, 만일 본문 안의 어떤 문학적 특징들이 요한복음에 부자연스럽게 결합되어 있으며 상이한 신학을 반영하는 본질적으로 다른 자료들로 이루어져 있다는 것을 정당화한다면, 어떻게 그 증거를 역사와는 관계가 없고 이음매가 없는 이야기에 속하는 것으로 해석할 수 있는가? 다시 말해서, 비록 그리 인정받지 못하는 것이지만, 역사 비평에 대한 몇 가지 접근 방법들과 문학 비평에 대한 몇 가지 접근방법에서는 본문의 증거를 상반되는 방식으로 사용한다.

또는, 특별히 바울의 저술들과 관련하여 수사학적으로 다룬 많은 글들을 생각해 보라. 과거 십 년 동안 바울 서신의 여러 구절의 수사학에 관하여 많은 개관서들과 몇 권의 권위 있는 책들 외에도 수백 편의 논문들이 저술되었다. 그것들은 대부분 퀸틸리안과 키케로와 같은 교육가들과 웅변가들이 수정하고 발달시킨 아리스토텔레스의 범주들에 대한 피상적인 지식을 전제로 한다.[75] 그러나 보다 최근에는 수사학에 관한 고대의 입문서들은 서신 저자들을 위한 것이 아니라 웅변을 위해 준비된 자료를 다루는 웅변가들을 위해 계획되었다는 점이 강력히 지적되어왔다.[76] 바울은 수사학의 범주들을 편지쓰기에 적용했지만, 고대의 자료에서는 바울처럼 수사학의 범주들을 편지 쓰기에 적용하지 않는다. 수사학의 범주들을 엄격하게 사용하는 것을 지지하는 사람들은 고대의 서신들은 공적으로 낭독될 것을 염두에 두고 쓰였으므로 웅변의 원리들이 유지된다는 점을 지적한다. 바울은 연설가로 인정되었음에도 불구하고(행 14:11-12), 수사학이 속임수가 되거나 복음의 본질, 즉 "예수 그리스도와 그의 십자가에 못 박히신 것"(고전 2:1-5)을 가릴 수도 있다고 생각했다.

신약성서 본문에 대한 이 두 가지 문학적 접근 방법은 그 의미, 논거들의 형태, 문학적인 통일성 등에 대한 암시적 통찰들을 낳을 수 있다. 반면에, 역사와 진리에 대한 질문들로부터 발췌된 그러한 접근 방법들은 때때로 엄청나게 큰 비현실감을

75) 수사학 연구에 대한 포괄적인 입문서로는 Heinrich Lausberg, *Handbook of Literary Rhetoric: a Foundation for Literary Study* (Leiden: Brill, 1998)을 보라. 고전시대의 수사학에 초점을 두고 신약학자들이 사용한 대부분의 범주들에 대한 입문서로는 Stanley E. Porter, *Handbook of Classical Rhetoric in the Hellenistic Period 330 BC-AD 400*(Leiden:Brill, 1998)을 보라. 보다 간단한 입문서로는 A. J. Hause and D. F. Watson, *Rhetorical Criticism of the Bible*, BIS 6(Leiden: Brill, 1995), 그리고 바울 연구에 대해 특별히 언급하는 R. D. Anderson, *Ancient Rhetorical Theory and Paul*, CBET 18, 2nd ed. (Leuven: Peeters, 1999)를 보라.

76) Stanley E. Porter and dennis E. Stamps, eds., *The Rhetorical Interpretation of Scripture*, JSNYSup 180 (Sheffield: Sheffield academic Press, 1999)을 보라.

제시하기도 한다. 많은 신학자들은 여러 가지 방법으로 이 방법들을 전개하거나 자기들이 전개하는 것을 다양한 방법으로 정당화한다. 이러한 문학적 방법들은 독립된 중립적 도구들이 아니라 현대의 해석자들이 작업하는 해석적 기반의 일부이다.

3) 새 문학비평과 포스트모던 견해로의 전환

"문학비평"(literary criticism)과 "새 문학비평"(new literary criticism) 사이에는 서로 중복되는 부분들, 그리고 여러 가지 명칭 상의 혼동이 있기 때문에. 어떤 면에서 이 둘을 분명히 구분하기는 어렵지만, 대개 두 가지는 분명히 구분된다.

먼저 한스 프라이(Hans W. Frei)의 책을 다루는 것이 유익할 것이다.[77] 프라이의 주장에 의하면, 18, 19세기에 진보적인 역사비평이 점차 강력해지면서 학자들은 성경이 말하는 것에 관심을 갖기보다는 본문의 배후에 놓여있는 것, 즉 실제로 발생한 것에 관심을 가졌다. 보수적인 항변들도 동일한 덫에 빠졌다. 모든 사람들은 본문 자체의 범주들에 대해서는 생각하지 않고 본문의 배후에 있다고 주장되는 역사에 대해서 논했다. 프라이는 그러한 역사적 질문들이 중요하다는 것을 부인하려 하지 않았고, 본문 안에는 교회가 반드시 해야 하는 일이 파묻혀 있다고 주장했다. 결국, 역사비평이 등장하기 전의 기독교인들은 하나님께서 친히 본문 안에서 그들을 만나고 계시다고 믿었다. 마찬가지로 오늘날의 기독교인들도 자신의 상상력과 이해력이 본문의 조명을 받고 있음을 발견할 것이다. 그들은 역사적 재창조에 대해서는 근심하지 않을 것이며, 하나님을 만날 것이며, 자신을 18세기 이전의 신자들과 연결할 것이다.

프라이의 접근 방법은 매우 본문 중심이다. 그러나 그는 보다 회의적인 역사비평 형태들이 등장하기 이전의 기독교인들은 본문에 몰입했을 뿐만 아니라(이런 의미에서 그의 주장은 옳다: 그들은 본문 중심이었으며, 본문 안에서 하나님을 만난다고 믿었다), 본문이 그들에게 진리를 달해준다고 믿었다는 점을 언급하지 못했다. 따라서 18세기 말과 19세기 내내 보수주의자들과 진보주의자들 모두가 본문 자체가 아니라 본문의 배후에 있는 표면적인 실체에 대한 논의에 지나치게 집중

77) *The Eclipse of Biblical Narrative: A Study in Eighteenth and Nineteenth Century Hermeneutics* (New Haven: Yale University Press, 1974).

했다는 비난은 약간 기만적이다. 보수주의자들은 본문에 대한 관심을 본문의 배후에 있는 것에게로 끌어가려고 노력한 것이 아니라 본문이 본문 밖의 실체에 대한 진리를 말하고 있다는 견해를 정당화하려 했다. 이 비평은 대체로 무시되었다. 결과적으로, 많은 유능한 학자들이 종종 "예일 학파"라고 확인되기도 하는 바 이 본문 중심의 특별한 해석을 옹호하게 되었는데, 그중에 가장 영향력이 있는 사람은 조지 린드벡(George Lindbeck)이다.[78)]

이것이 "새" 문학비평에 속하는 유일한 본문 중심 연구는 아니다. 30-40년 전에 유행했으나 지금은 거의 사라진 구조주의(structuralism)의 특징은 "저자의 의미를 '표현' 하거나 실체를 '반영' 하는 전통적인 관념들을 거부하고, 그 대신에 '본문'은 저자와 독자와 외적인 실체들과는 상관이 없는 다양한 관습들과 규칙들을 활성화하는 객관적인 구조로 간주하는 데 있다." 실제로, 구조 비평은 "문학 작품들이 의미하는 것보다는 그것들이 어떻게 해서 현재의 의미를 의미할 수 있는가에 더 관심을 갖는다. 즉 특정의 작품에서 작용하는 함축적인 규칙들과 관례들을 보여주는 데 관심을 갖는다."[79)]

해체구축주의자들은 확실히 본문 중심이지만, 거기에 급진적 회의주의를 더했다.

이 운동은 해체구축(deconstruction)으로 이어졌다. 해체구축주의자들은 확실히 본문 중심이지만, 거기에 급진적 회의주의를 더했다. 해체구축주의자들은 영속적이고 통일성이 있는 본문은 존재하지 않는다고 확신하고서, 모든 본문들의 의미는 불확실하며 필연적으로 내재적인 모순들을 포함한다고 주장한다. 따라서 사려 깊은 독자는 두 가지 중 하나를 선택하게 된다: 즉, 본문 안에서 의미를 찾으려는 시도를 완전히 포기하거나, 본문에 의해서 발화된 모순적 아이디어들과 독자의 상호작용 안에서 의미를 찾아야 한다. 밴후저(Vanhoozer)가 "해체구축은 해석 방법이 아니라 해석들을 파괴하는 방법, 해석을 다양한 이데올로기적 세력들의 기능으로 표시하는 방법이다"[80)]라고 말한 것은 결코 놀라운 일이 아니다. 실제로, 이것은 해체구축주의자들이 행한 많은 본문들의 해석들 자체가 폐기되어야 할 특별한 이데올로기에 기초를 두고서 불공평하고 불공정한 것들을 타파하는 것들에 대한 관심에 기여해왔다. 그러나 엄격하게 말하자면, 이러한 목적은 본문들이 가

---

78) 린드벡의 가장 독창적인 저서는 *The Nature of Doctrine: Religion and Theology in a Post-liberal Age* (Philadelphia: Westminster, 1984)일 것이다.

79) C. Bladick, ed., *Concise Dictionary of Literary Terms* (Oxford: Oxford University Press, 1991).

80) Kevin J. Vanhoozer, "The Reader in New Testament Interpretation," in *Hearing the New Testament*, ed. Joel B. Green (Grand Rapids: Eerdmans, 1995), 313-14.

르쳐주는 그러한 개혁적 압박들을 발견함에 의해서 성취되는 것이 아니라, 본문 안에서, 그리고 그러한 본문의 현상들과 해체구축 해석자들 사이의 상호작용 안에서 진위가 의심스러운 모순들을 발견함으로써 성취된다. 현재 해체구축은 그 근원지인 프랑스에서는 대체로 쇠퇴했지만 북아메리카의 특정 집단에서는 여전히 널리 신봉되고 있다. 어쨌든, 해체구축은 본문 자체가 아니라 독자들, 또는 독자들과 본문의 상호작용에 더 많은 의미를 부여하며, 그렇기 때문에 본문과 독자 사이의 중간 영역에 더 많은 의미를 부여한다. 역사비평은 본문의 배후에 있는 역사적 실체에 도달하려 하며, 문학 비평은 본문에 초점을 둠으로써 본문을 모든 역사로부터 단절시키는 결과를 초래했다고 본다면, 해체구축의 최종적인 결과는 변하기 쉬운 의미들을 본문의 앞에 둔 것, 독자들을 향하게 한 것이라고 볼 수 있다.

따라서 해체구축은 독자-반응 이론의 배후에 있는 착상들 중의 하나였다. 이 방법은 (대부분의 표준적인 문학-역사 비평처럼) 저자 중심이거나 본문 중심이 아니라, 독자 중심의 방법이다. 실제로, 몇 가지 경쟁적인 독자-반응 이론(reader-response theory)들이 존재한다. 그 중 하나의 이론에서는 개별적인 해석자들에게 의미를 두며 본문은 일종의 자극물에 불과하다. 또 다른 이론에서는 독자들이 처한 사회적 배경에 더 관심을 둘 것을 요구한다. 독자들은 특정의 사회적 집단, 사회적으로 형성되는 능력을 생성하는 공통의 사고방식을 소유하는 집단이 공유하는 문학적 전통과 문화적 전통들을 통해서 해석한다. 따라서 하나의 사회적 집단에 속한 사람들은 본문들에 대해서 독립된 주장을 하지 않고 공통된 의미로 해석하게 되었다. 또 다른 종류의 독자-반응 이론은 개인들과 개인이 속한 집단 사이의 긴장, 또는 독자들과 본문 사이의 상호작용에 초점을 둔다.

이와 같은 방법들은 종종 "포스트모던 해석들"이라고 분류된다. 물론 '포스트모던'이라는 용어는 불확실하기는 하지만, 그럼에도 불구하고 유익한 용어이다. 그것은 우선적으로 인식론—우리가 어떤 것을 알게 되는 방법이나 무엇을 안다고 생각하게 되는 방법에 대한 연구—에 적용할 경우에 유익한 용어이다. 과거의 모더니즘(modernism)은 대체로 인간들은 실체에 대한 완전하고 객관적인 진리를 배울 수 있으며 그렇기 때문에 생각에 대한 분명하고 명료한 생각을 얻을 수 있다는 것, 그리고 이러한 시도가 선한 것이라고 확신했지만, 포스트모더니즘은 그와는 매우 다른 견해를 취한다. 포스트모던주의자들은 인간은 매우 작은 존재이기 때문에 인간의 지식도 소우주적 이며 우리가 언급하는 사회적인 틀도 매우 제한적이며 우리가 추정하는 지식은 기껏해야 잠정적인 것에 불과하다고 확신한다. 가장 강력한 형태의 포스트모더니즘에서는, 모든 인간적인 지식은 어떤 의미에서 하나의 사회적인 개념이며, 그렇기 때문에 객관적인 세계에 대한 분명하거나 객관적인 지식을 제공하지 못한다고 본다. 확실성에 대한 주장은 오만한 편협함으로 간주되어야 한다. 실제로, 포스트모더니즘의 관점에서 보면, 모던주의자들이 소중히 여기는 명료한 의미는 편협하고 제한된 것에 불과하다. 분명, 해석들과 접근방법들의 다양성을 장려하여 그것들 중 어느 것이 반드시 옳거나 그르며, 참되거나 거짓된 것이 아니라, 그것들 모두가 생산적이고 사려 깊고 효과적이며 어느 독자와 본문 사이의 정당한 상호작용의 반영이라고 보는 편이 훨씬 낫다. 포스트모던 독자들은 진리와 오류에 의해서 그어진 강경노선보다는 분명치 않음과 해석 가능성들에 의해 그어진 온건 노선에 더 관심을 갖는다. 그들은 배타적인 태도, 특히 어떤 견해를 그르다고 규정하는 견해를 싫어하며, 서로 양립할 수 없는 개념들일지라도 수용하려 한다. 그들은 가능성들과 예상을 좋아하며, 정설(正說)이라는 것이 있듯이 이단이라는 것이 있다는 주장에 대해서는 의심을 나타낸다.

20세기의 마지막 10년 동안에, 이러한 종류의 신약성서 연구 방법들을 통해서 출판된 책들의 제목은 다음과 같다: *Reading Sacred Texts Through American Eyes*,[81] *Deconstructing the New Testament*,[82] *Mark and Luke in Poststructuralist Perspective*,[83] *Poststructuralism and the New Testament: Derrida and Foucualt at the Foot of the Cross*,[84] *Liberating Exegesis*.[85] 학문적 협의회들은 참석자들이 특별한 해석의 옳고 그름에 구애되지 않고 자신의 경험을 토대로 성경 본문을 해석하는 것을 장려한다. 실제로 그러한 범주들은 구식 모더니즘 방법의 단점을 드러낸다고 주장된다. 그러한 해석은 어느 특정 집단에서는 옳은 것이거나 그른 것일 수 있지만, 모든 사람들이 옳거나 그르다

81) Charles Mabee, *Reading Sacred Texts Through American Eyes: Biblical Interpretation as Cultural Critique* (Macon: Mercer University Press, 1991).

82) David Seeley, *Deconstructing the New Testament*, BIS 5 (Leiden: brill, 1994).

83) Stephen D. Moore, *Mark and Luke in Poststructuralist Perspectives: Jesus Begins to Write* (New Haven: Yale University Press, 1992).

84) Stephen D. Moore, *Poststructuralism and the New Testament: Derrida and Faucault at the Foot of the Cross* (Minneapolis: Fortress Press, 1994).

85) Christopher Rowland and Mark Corner, *Liberating Exegesis: The Challenge of Liberation Theology to Biblical Studies* (Louisville: Westminster John Knox, 1989).

고 여기는 것은 아니다. 이러한 독창성이 만들어낸 흥미로운 현상들 중에는 "포스트 식민주의"(postcolonial) 관점에서 본문을 읽는 것에 관한 서적들과 논문들,[86] 그리고 여권주의 견해에 관한 많은 문헌들이 있다.[87]

간단한 개론으로는 신약성서 해석에 대한 다양한 접근 방법들을 제대로 평가할 수 없다. 여기에서 묘사한 몇 가지 현상들은 장차 영속적인 타당성을 지니지 못한 일시적인 추측으로 드러날 것이다. 예를 들어, 어느 작가는 다음과 같이 평한다: "문학비평과 구조주의의 관계는 제임스 조이스(James Joyce)의 『피네건의 경야』(*Finnegans Wake*)와 소설의 관계와 같은 것—하나의 경험적 종점—으로 드러날 수도 있다. 성경의 책들과 설화들의 구조는 분명히 그것들을 해석하는 데 중요하지만, 구조주의가 그러한 구조들을 확인하기 위한 유익한 발견적 도구라는 것을 확신해야 한다."[88] 반면에, 포스트모던 인식론에는 부정해서는 안 될 중요한 요소가 있다. 우리는 누구도 완전히 중립적인 입장에서 사물을 해석하지는 않는다. 우리가 완전히 객관적인 자세를 취하라면 전지(全知)라는 속성을 지녀야 할 것이다. 우리가 유한하다는 것, 그리고 우리가 발견하는 것들은 어느 정도 항상 우리가 지닌 한계의 제한을 받을 수밖에 없다는 것을 고려할 때, 포스트모던주의는 건전한 발달현상이었다. 그것은 특히 모던주의자들의 오만한 주장들을 억제하는 데 유익했다. 문제는 많은 해석자들의 수중에서 포스트모던주의가 다루기 힘든 안티테제—우리는 자신이 철저히 객관적인 진리를 알 수 있다고 주장하거나, 아니면 우리의 유한성이란 즉 우리가 객관적인 진리를 알 수 없으며 그렇기 때문에 진정으로 실체를 알 수 없다고 주장해야 한다—를 요구한다는 데 있다. 유한한 인간들은 어떤 것도 완전하게 알 수 없으므로, 두 번째 유일한 대안은 방어적인 것이다. 그런 경우에 우리의 "지식"은 완전히 사회적이거나 개인적인 구조물이다. 우리가 알 수 있는 유일한 "실체"는 우리가 구성하는 것뿐이다.

---

86) 예를 들면 다음과 같다: Fernando F. Segovia, *Decolonizing Biblical Studies: A View from the Margins* (Maryknoll: Orbis, 2000); Heikki Räisänen, Elisabeth Schüssler Fiorenza, R. S. Sugirtharajah, Krister Stendahl, and James Barr, *Reading the Bible in the Global Village: Helsinki* (Atlanta: SBL, 2000); R. S. Sugirtharajah, *Postcolonial Reconfigurations: An Alternative Way of Reading the Bible and Doing Theology* (St. Louis: Chalice, 2003).

87) 하나의 예로 The Feminist Companion to the Bible(Sheffield: Sheffield Academic Press, 1993-) 시리즈를 보라.

88) Gordon J. Thomas, "Telling a Hawk from a Handsaw? An Evangelical Response to the New Literary Criticism," *EQ* 71 (1999): 48. Cf. Peter Cotterell and Max Turner, *Linguistics and Biblical Interpretation* (London: SPCK, 1989), 30.

물론, 이 두 번째 주장에는 분명한 의미가 있다: 우리가 알 수 있는 유일한 "실체"는 우리가 구성하는 것이다. 그러나 핵심이 되는 문제는 다음과 같다: 우리가 "아는" 이 "실체"는 객관적인 실체와 굳게 제휴되어 있는가? 다시 말해서, 비록 유한한 인간들은 결코 전지한 지식을 누릴 수 없지만, 비록 객관적인 사물들을 완전하고 철저히 알지는 못하지만, 그래도 안다고 주장할 수 있지 않은가? 결국, 이것은 우리의 경험과 일치한다: 거의 모든 분야에서 우리는 어떤 것들을 과거보다 더 잘 알 수 있으며, 이것은 곧 우리의 지식이 향상되고 있다는 것을 암시해준다. 원칙적으로, 우리가(비록 전지한 지식은 아닐지라도) 어떤 것들을 참으로 안다고 정당하게 주장할 수 있는 지점까지 향상될 수 있다. 또 만일 나중에 더 많은 증거, 또는 상이한 증거가 등장하여 우리로 하여금 생각을 바꾸도록 자극한다면, 그것 역시 향상의 일부, 참된 지식으로의 접근일 것이다.[89] 우리는 분명히 절대적인 안티테제—우리가 완전한 지식을 소유한다, 아니면 우리의 "지식"은 다른 사회적 개념 이상의 의미를 갖지 않는다—를 취하도록 강요되지 않는다.

이 기초적인 반응에 대해서는 여섯 가지 간단한 관찰을 해볼 필요가 있다. 첫째, 우리가 만들어낸 해석들이 객관적인 것들에 대한 지식에 어떻게 접근하며 또 어떻게 접근할 수 있는지를 인식하지 못한 채 모든 인간적인 지식의 상대성을 주장하는 사람들은 스스로를 무서운 딜레마 안에 둔다. 그들은 모든 지식은 단순히 사회적인 개념에 불과하다고 주장하면서, 모든 지식은 단순히 사회적인 구조물이라는 지식 역시 사회적 구조물에 불과하다는 자신의 지식을 인정한다. 그렇다면, 그 주장을 반대의 주장보다 더 신용해야 하는 이유는 무엇인가? 둘째, 자신의 해석적 격자의 독립성을 자신의 인식론적인 권리라고 주장하며 사람들에게 자기들이 옳다는 영향을 주려 하며 다른 견해들을 모독하려는 신약성서 해석자들이 많다는 사실은 꽤 아이러니 한 일이다. 예를 들자면, 닐 엘리오트(Neil Elliott)는 바울 서신들에 대한 자신의 해석이 옳다고 주장하며, 그것이 정치적 행동을 위한 성명서로 사용되어야 한다고 생각한다. 그의 수사학은 바울에 대한 다양한 신학적 이해를 통렬히 비난하는 것이다.[90] 셋째, 성경 자체는 기독교인들의 지식에 대해서 솔직하게 이

---

89) Karl Popper의 표현을 빌자면, 이것은 "asymtotic approach"라고 불렸다. D. A. Carson, *The Gagging of God: Christianity Confronts Pluralism* (Grand Rapids: Zondervan, 1996), 121-22을 보라.

90) Neil Elliott, *Liberating Paul: The Justice of God and the Politics of the Apostle* (Maryknoll: Orbis, 1994), 73 and passim.

야기한다. 요한은 자기의 편지를 읽는 사람들이 영생을 소유하고 있다는 것을 알게 하기 위해서 첫 번째 편지를 쓴다고 말한다(요일 5:13). 누가는 데오빌로로 하여금 "그 배운 바의 확실함을 알게 하려" 하려고 편지를 쓴다고 말한다(눅 1:3-4). 어떤 때는 고려되는 지식이 개인적인 것이며(예를 들면: 빌 3:10, "내가 그리스도와 그 부활의 권능과 그 고난에 참여함을 알려 하여"), 어떤 때는 가설적인 것이다(예를 들면 요 8:32, "진리를 알지니"; 요 20:31. 요한복음은 독자들로 하여금 어떤 것들이 사실임을 믿게 하기 위해서 기록된 것이다). 기독교의 복음, 좋은 소식은 한 신자에게서 다른 신자에게로 전달되어야 하는 가정적인 내용을 가지고 있다. 그렇기 때문에, 그것을 "성도에게 단번에 주신 믿음"(유 3)이라고 언급할 수 있다. 성경에서 "진리"는 가설적 진리 이상의 것을 언급할 수 있지만, 그 안에는 분명히 가설적인 진리가 포함되어 있다. 우리가 진리를 알 수 없다는 강력한 주장은 포스트모던 감수성을 완화할 수도 있지만, 그것은 성경 자체와는 거리가 먼 것이다. 넷째, 같은 이유에서 예일 학파 내에서 가장 강력한 주장들은 우리를 성가시게 만들고 있다. 우리의 정신을 성경적 개념들과 어휘들과 이미지들로 채움으로써 실제로 존재하는 것에 대한 참된 사상들—성경이 실제로 성경 밖에서 살고 있는 사람들과 사건들, 심지어 하나님을 언급한다는 것, 그리고 성경은(비록 그것들에 대한 완전한 증거를 하거나 성경 안에서 그들에 대해 읽는 사람들 가운데서 성경 외적 실체들에 대한 완전한 지식을 만들어내지는 않지만) 그것들에 대한 참된 증거를 지닌다는 것—을 생각하게 되지 않는다면, 우리의 정신에 그러한 것들을 채우는 것으로는 충분하지 못하다. 우리는 성경적 개념들에 의해서 구원받는 것이 아니다: 그것은 편협한 지성주의적 접근방법이다. 우리는 성경이 언급하는 성경적 사건들과 하나님에 의해서 구원을 받는다. 다섯째, 이러한 고찰들은 포스트모던주의가 크게 쇠퇴했음을 암시한다. 다음은 브렌다 왓슨(Brenda Watson)의 말이다:

> [포스트 모던주의자들이] 우리가 주장하는 모든 지식의 잠정적인 본질과 부분성을 분명히 표현해야 할 필요성을 느끼는 곳에서, 나는 본질적인 것이 아니며 정당화되지 않은 교의주의의 개념들을 제거한다는 조건 하에서 기독교 신앙의 확실한 기초로 간주하기 위한 매우 설득력이 있는 근거들이 어떤 것들인지를 분명하게 표현해야 할 필요성을 본다.
>
> 후일 경험들과 새로운 증거에 의해서 크게 수정될 필요가 있다 해도, 우리는 불확실한 것들이 아니라 확실한 것들에 의해서 산다. 또 그러한 경우에도 새로

> 등장한 확실한 것들이 과거의 확실한 것들을 대신하는 유인의 역할을 한다. 자연주의적 전제들 및 그 결과의 폭정을 받아들이는 데서 해방된, 확실성에 대한 보다 대담하면서도 적절히 유연한 접근 방법이 출현할 수도 있을 것이다. 그 때에는 각 사람이 스스로 도달해야 하는 완전한 지식과 무지 사이의 균형을 받아들이며 자신의 삶의 경험에 따라서 항상 검토하고 수정하기 쉬울 것이다.[91]

이러한 공정함을 얻지 못한다는 것은 곧 우리가 자신의 엄격하면서도 때로는 단순히 전통적인 범주들에 의해서 성경을 길들이거나, 아니면 모든 해석의 자세는 다른 해석의 자세와 동일한 장점을 지닌다고 주장함으로써 성경을 길들일 것을 의미한다. 어떤 경우에도, 성경은 그 본연의 변화시키는 일을 행하지 않을 것이다. 여섯째, 이러한 고찰들은 곧 신약성서 및 성경 전체에 대한 책임 있는 접근방법은 단지 이것이 하나의 본문이며 그렇기 때문에 그 본문의 특징들 모두를 이해해야 한다는 사실뿐만 아니라 그것이 하나의 원대한 이야기를 전한다는 것, 그리고 비록 거기에는 예수님의 비유들과 같은 비유나 요담의 우화와 같은 것들을 포함할 수도 있지만 하나님, 그의 백성, 원수들, 우리의 기원과 운명 등에 대한 참된 것들을 말해 주려 한다는 것, 그리고 이 이야기의 흐름은 다른 접근 방법들 가운데서 이 드라마의 구원-역사적[92] 전개에 대해 민감한 상태를 유지할 것을 요구한다는 것을 이해하려고 노력해야 한다.

4) 배경 자료의 선정에 기초를 둔 접근 방법들

현대의 많은 신약학자들은 위에서 묘사한 독자-반응 및 포스트모던주의에 기초를 두고 활동하지만, 몇몇 다른 그룹의 학자들은 역사에서 발생한 것에 더 많은 관심을 기울인다. 이들 중 다수는 1세기의 특별한 운동들을 배경으로 하여 신약성서의 문서들을 해석하고 이해하려 한다. 이러한 종류의 연구는 이상적으로는 유익

---

91) Brenda Watson, "To Know, Or Not to Know? Re-assessing Historical Skepticism," *Theol* 103 (2000): 195-96.

92) 이 용어는 매우 파악하기 어렵지만 여기에서는 해독할 수 없다. 가장 잘 알려진 것은 다음과 같다. Robert W. Yarbrough, "The 'heilsgeschichtlich' Perspective in Modern New Testament Theology" (Ph. d. dissertation, University of Aberdeen, 1985). 이 논문을 요약한 것이 *The Salvation-Historical Fallacy? Re-assessing the History of New Testament Theology* (Leiderdorp: Deo, 2004)이다.

하다. 만일 우리가 1세기에 단어들이 사용되었던 방법 및 어떠한 운동들과 사고 형식들이 기독교의 주장들을 뒷받침하거나 경쟁했는지에 대해 잘 알고 있다면, 신약성서 연구에 희망이 없는 시대착오를 도입하는 일을 피할 수 있을 듯하다. 게다가 그러한 연구가 잘 진행될 경우, 주관적인 접근 방법이 지니는 비현실적이고 불연속적이라는 느낌을 피할 수 있다. 그럼에도 불구하고, 여기에도 조심해서 통과해야 하는 몇 가지 지뢰밭이 있다.

첫째, 1세기의 이스라엘은 거대한 문화적 조류들의 합류점에 처해 있었다. 이스라엘은 히브리 정경과 아람어 석의들(Targums)에 뿌리를 두었으며, 수세기의 역사를 지닌 유대교의 흐름에 속해 있다는 것을 알고 있었으며, 또한 강대한 로마제국의 작은 속주의 일부였다. 로마제국의 공식적, 군사적 용어는 라틴어였고, 공용어는 주로 그리스어였다. 분명히, 신약 성서 기자들은 우리가 구약성서라고 부르는 것을 자주 인용하지만, 바울은 이교도 시인들의 글도 인용할 수 있었다. 어쨌든, 복음이 이방 세계에 전파되고 있었기 때문에, 그러한 환경에서 필연적으로 직면하게 되는 문제들과 도전들은 메시아이신 예수에 대한 좋은 소식이 일관성이 있고 설득력이 있다는 것을 입증할 수 있도록 형성되어야 한다는 것을 확실하게 했다. 따라서 두 가지 조류들 모두 신약성서의 적법한 "배경"의 일부라고 주장할 수 있다. 그러나 그러한 엄청나게 넓은 범위의 참고 자료들 때문에, 일부 학자들은 그레코-로마 자료들에 대한 전문가가 되고, 또 다른 학자들은 유대 자료들에 대한 전문가가 된다. 두 가지 조류 모두에서 동등한 위치를 소유하고 있는 학자는 극히 드물며, 많은 서적들은 한 가지 조류는 소홀히 하고 나머지 조류에 초점을 둔다.93) 또한, 이러한 조류들 중 하나 안에서도, 일부 학자들은 본문 자료에 초점을 두지만 그와 관련된 고고학에 대해서는 그리 알지 못하며, 다른 학자들은 고고학에 대해서는 많이 알고 있지만 본문 자료에 대한 지식은 거의 초보적 단계에 머문다. 설상가상으로, 1세기의 대중, 특히 갈릴리의 주민들 중 일부는 두 세계 모두에 정통했으며, 두 조류는 서로 상대방 조류에 스며들어갔다. 삼십 년 전에 마틴 헹겔(Martin Hengel)은 이것을 효과적으로 지적했다.94)

---

93) F. Gerald Downing, *Making Sense in (and of) the First Christian Century*, ISNTSup 197 (Sheffield: Sheffield Academic Press, 2000)과 Peter J. Tomson, *'If this be from Heaven…'" Jesus and the New Testament Authors in their Relationship to Judaism* (Sheffield: Sheffield Academic Press, 2001)을 비교해 보라.

94) *Juaidsm and Hellenism: Studies in Their Encounter in Palestine During the Early Hellenistic Period*, 2 vols. (LOndon: SCM, 1974). 보다 최근의 것으로는 Treols Engberg-Pedersen이 편

둘째, 각기 유대적 조류, 그레코-로마 조류, 또는 어느 정도 혼합된 조류를 추적하는 이 세 가지 집단 내에도 미묘하게 상이한 견해들이 많다. 예를 들어, 그레코-로마 문화를 추적하는 진영에서, 어떤 사람은 예수의 말들과 가장 밀접한 배경은 견유학파의 사상에 있다고 주장한다. 한두 세대 전, 많은 학자들은 영지주의가 기독교보다 오래되었으며 실제로 기독교는 이 종교운동에서부터 성장해 나왔다고 주장했다. 다른 학자들은 고린도 전・후서를 설명하기 위해서 스토아학파, 또는 스토아적 요소들에 초점을 두었다. 모든 진영에서 바울이 유식한 그레코-로마 세계에서 흔히 사용되었던 수사학의 범주들을 사용한 범위와 씨름한다. 한편, 유대 진영의 일부 학자들은 신약성서 문서들과 구약성서를 연결하며, 다른 사람들은 제2성전 시대의 유대교 문헌의 어느 부분—아마 사해 사본이나 묵시 문학, 또는 필로의 저술들, 또는 방대한 랍비 유대교 문집의 어느 부분—에 초점을 둔다. 어떤 경우에, 연대와 출처에 관한 복합적인 문제들로 말미암아 특정 문집이 적법하게 배경으로 사용될 수 있는 범위에 관해 다양한 견해를 가진 학파들이 생겨났다.

우리가 거쳐야 할 세 번째 지뢰밭은 참고자료에 대한 그러한 연구들이 신약성서가 말하고 있는 것을 조명해주기 위해서 적법하게 사용할 수 있는 방법이다. 다시 말해서, 신약성서 문서를 특별한 표면적 배경이라는 개개의 사정을 무시한 포상(砲床)에 억지로 밀어 넣을 수 있다. 즉 일종의 해석적인 성폭행이 발생한다. 이것이 몇 십 년 전에 사무엘 샌드멜(Sameul Sandmel)이 "parallelomania"(유사한 것에 대한 심취)라고 말한 것이다.[95] 신약성서와 분명히 유사한 것들이 본문들을 받아들여 자기 것으로 만들었기 때문에 "유사한 것"의 의미가 거꾸로 신약성서에 부가됨으로써 신약성서가 실제로 말하는 것을 듣지 못하게 된다. 예를 들면, 한스 디터 베츠(Hans Dieter Betz)[96]의 갈라디아서 주석에서는 관련성에 대해서 논란이 되는 그레코-로마의 "유사한 것들"이라는 기반을 근거로 하여 그 서신을 해석한다. 전반적으로 그들의 사고 형태들과 가정들은 바울의 사상을 왜곡하는 결과를 초래할 뿐이다.[97] 최근 게오르그 스트레커(Georg Strecker)[98]는 기독교 이전

집한 논문집 *Paul Beyond the Judaism/Hellenism Divide* (Louisville: Westminster John Knox, 2001)은 두 가지 유산 사이의 차이점들을 제거하려 한다. 그 책에서 몇 가지 논쟁은 구약성서와 유대교가 기독교를 배출한 근본적인 토양이라는 주장에 대한 분명한 반작용이다.

95) "Parallelomania," *JBL* 81(1962): 2-13.

96) *Galatians: A Commentary on Paul's Letter to the Churches in Galatia*, Hermeneia (Philadelphia: Fortress Press, 1979).

97) 특히, Philip H. Kern, *Rhetoric and Galatians: Assessing an Approach to Paul's Epistle to*

의 영지주의적 대속자 신화를 배경으로 하여 바울의 기독론을 해석하는데, 그것은 기독교 이후의 것으로 간주되어온 범주이다.[99] 샌더즈(E. P. Sanders)는 1세기 팔레스타인의 다양한 유대교들은 모두 그가 "언약의 신율주의"(covenantal nomism)[100]라고 칭한 종교의 형태를 채택했다고 주장함으로써, 소위 "바울에 관한 새로운 관점"(이 책 뒷부분에서 논의될 것임)을 전반적으로 강조했다. 샌더즈가 1세기 유대교의 몇 가지 중요한 요소들을 확인했다는 것, 그리고 이전 학자들의 몇 가지 중요한 잘못된 판단을 바로잡았다는 것에 대해서는 누구도 논박하지 않는다. 그러나 그는 적절한 팔레스타인의 유대교적 배경 모두를 하나의 개념의 틀 안에 담았기 때문에, 특히 영미(Anglo-American) 사회의 바울 해석에서 그의 이론이 주도권을 쥐고 있다. 현재 몇몇 학자들이 1세기 팔레스타인의 유대 사상에는 샌더즈의 틀에 맞지 않는 중요한 요소들이 있다는 것을 증명했기 때문에, 그러한 주도권은 그 세력을 상실하고 있다. 이것은 다시 바울에 대한 해석을 항상 바울 자신에게 집중하지는 않았던 다소 편협하고 답답한 패러다임으로부터 해방시키고 있다.[101] 때때로 표면적인 배경의 본질 자체가 논란이 되기도 하는데, 어쨌든 그것이 신약성서 해석을 주도하는 것을 허용해서는 안 된다.[102] 신약성서 해석자의 우선적 의무는 이 문서들을 나름의 방식으로 이해하려고 노력하는 것이다.

그러나 이러한 경고들은 결코 배경을 연구할 필요가 없다는 것을 의미하는 것이 아니다. 우리는 "유사한 것에 대한 심취"(parallelomania)만큼이나 "유사한

---

the Galatians, SNTSMS 101 (Cambridge: Cambridge University Press, 1998)을 보라.

98) *Theology of the New Testament*. 또 Simon Gathercole, *Themelios* 28/3 (2003): 40-48을 보라.

99) 이 주제에 관한 많은 서적들 중에서 가장 분명한 것을 들자면, Edwin A. Yamauchi, *Pre-Christian Gnosticism: A Survey of the Proposed Evidence*, 2nd ed. (Grand Rapids: Baker, 1983)이 있다. 50년 전에 C. H. Dodd가 *The Interpretation of the Fourth Gospel*(Cambraidge: Cambridge University Press, 1953)에서 요한복음을 Hermetica(2세기의 영지주의 운동)를 배경으로 하여 잘못 해석한 것은 어느 정도 용서할 수 있지만, 오늘날은 그것을 허용할 수 없다.

100) *Paul and Palestinian Judaism* (Philadelphia: Fortress Press, 1988).

101) Seyoon Kim, *Paul and the New Perspective: Second Thoughts on the Origin of Paul's Gospel*(Grand Rapids: Eerdmans, 2002); D. A. Carson, Peter T. O'Brien, and Mark Seifrid, eds., *Justification and Variegated Nomism*, 2 vols. (Tübingen: Mohr-Siebeck/Grand Rapids: Baker, 2002-4)을 보라.

102) 예를 들어 고린도 전후서의 대부분은 고린도의 소피 소피스트 운동을 배경으로 해석되어야 한다고 주장한 Bruce Winter(*Seek the Welfare of the City*[Grand Rapids: Eerdmans, 1995]; idem, *Philo and Paul Among the Sophists*, SNTSMS 96 [Cambridge: Cambridge University Press, 1997)와 그를 분명히 비판한 Jerome Murphy-O'Connor가 *RevBib* 110(2003): 428-33에 기고한 글을 비교해 보라.

것에 대한 기피"(parallelophobia)도 경계해야 한다. 왜냐하면, 신약의 문서들은 하나님의 섭리 안에서 그것들이 뿌리를 내린 구체적인 역사적 상황 속에서 기록되었기 때문이다. 예를 들어, 이러한 연구가 이루어지지 않았다면 우리가 얼마나 메마를 것인지 알기 위해서는, 재능이 있는 학자들이 착수한 배경에 대한 고고학적 본문 탐구가 제공해준 계시록 2-3장의 해석,[103] 1세기 환경에서의 사도행전(The Book of Acts in Its First Century Setting) 시리즈,[104] 또는 최근 라이트(N. T. Wright)가 예수 그리스도의 부활을 철저히 조사하면서[105] 제공한바 부활과 내세와 불멸의 배경에 놓여 있는 사상에 대한 포괄적인 개관 등을 고찰해 볼 수 있다.

5) 사회적-학문적 접근방법들

사회적-학문적 비평은 사회학과 문화인류학의 혜택을 크게 입고 있다. 그것이 독립된 학문들과는 관련이 없이 많은 문헌들을 가진 신흥 분야로서 출현한 것은 불과 3-40년 전의 일이다. 처음 15년 동안, 그것은 신약성서에서 발견되는 운동들의 변천의 형태에 특수한 사회학 이론들을 적용하려는 경향을 나타냈다. 예를 들어, 존 게이저(John Gager)는 신약성서에서의 바울의 회심 및 그가 세운 교회들의 경험들에게 천년왕국운동들에 대한 현대의 이론들, 사회적 갈등의 기능들, 그리고 인식적 부조화 등을 적용했다.[106] 게르트 타이센(Gerd Theissen)은 신약성서에 접근함에 있어서 베버(Weber)의 사회학적인 접근방법들뿐만 아니라, 프로이트의 심리학도 크게 의지했다.[107] 다시 말해서, 이러한 종류의 접근방법들은 주로 유럽의 사회학(Max Weber, Emile Durkheim, Clifford Geertz, Mary Douglas 등의 이론들)에 의해 개진된 세계적인 범주들을 채택했다. 이러한 경향의 서적들 중에서 가장 신중한 것은 웨인 믹스(Wayne Meeks)의 *The First*

---

103) 예를 들어, Colin J. Hemer, *The Letters to The Seven churches in Their Local Settings*, JSNTSup 11 (Sheffield: JSOT Press, 1986[repr. Grand Rapids: Eerdmans, 2002])을 보라.

104) Grands Rapids: Eerdmans, 1993-.

105) N. T. Wright, *The Resurrection of the Son of God* (Minneapolis: Fortress Press, 2003).

106) John G. Gager, *Kingdom and Community: The Social World of Early Christianity* (Englewood Cliffs, N. J.: Prentice-Hall, 1975).

107) Gerd Theissen, *The Sociology of Early Palestinian Christianity* (Philadelphia: Fortress Press, 1978); idem, *Social Reality and the Early Christians* (Edinburgh: T & T Clark, 1993); idem, *Psychological Aspects of Pauline Theology* (Edinburgh: T & T Clark, 1987).

*Urban Christians*일 것이다.108) 그는 그 책에서 "중산층"과 같은 현대의 사회적 범주들을 1세기의 환경에 적용하는 것을 피하고, 그 대신에 신분, 명예, 희사(喜捨)와 같은 범주들을 비롯하여 그 시대에 적용할 수 있는 사회적 원동력들을 분리하려 한다.

어떤 면에서 믹스의 책은 1986년경에 발생한 강조점 및 용어 사용에 있어서의 약간의 변천을 예고해준다.109) 그 이후로 "사회적-학문적 비평"은 유럽의 사회학보다는 문화인류학을 더 의존하는 일련의 접근방법들을 더 이용하게 되었다. 이제는 특정의 역사적이고 문화적인 배경 안에 있는 개인적인 관계와 집단적 관계들이 더 강조된다. 그러한 접근 방법에서는 예를 들어 1세기의 에베소의 가정에서는 아버지나 어머니가 자신의 역할을 어떻게 보았을 것인지, 왜 1세기의 순회 전도자들은 환대를 기대할 수 있었는지, 고용자와 고용인 사이의 의무가 무엇이었는지, 후견인 제도가 어떻게 작용했는지, 그 시대의 명예/수치 문화와 결합된 요소는 무엇이었는지, 지방 회중, 즉 지방 교회는 보다 큰 사회적 기반 내에서 스스로를 어떻게 보았으며 또 어떻게 간주되었는지 등을 알려 한다.110) 크게 말해서, 그러한 질문들은 역사적인 것들이지만, 최근에야 비로소 관심을 끌게 된 것들이다. 그것들은 본문에 기초를 두고서 본문 외의 역사를 완전히 무시하는 유아론(唯我論)을 피한다.

이러한 방법들은 유익한 것들이며, 일부 해석자들의 수중에서 어느 정도 주도적 권위를 획득했다. 대체로 신약성서에서 대표되는 개인들과 집단들의 사회적

---

108) New Haven: Yale University Press, 1983.

109) 그것은 J. H. Elliott의 논문 "Social-Scientific-Criticism of the New Testamemt: More on Methods and Models," *Semeia* 35 (1986):1-33에 의해 초래된 듯하다.

110) 유익한 개관서들은 다음과 같다: David G. Horrell, *Social-Scientific Approaches to New Testament Interpretation* (Edinburgh: T & T Clark, 1999); Anthony J. Blasi, Jean Duhaime, and Paul-Andrè Turcotte,eds., *Handbook of Early Christianity: Social Science Approaches* (Walnut Creek/Lanham: Altamira Press, 2003); Bruce J. Malina, *The New Testament World: Insights from Cultural Anthropology* (Atlanta: John Knox, 1991); idem, *The Social World of Jesus and the Gospels* (London: Routledge, 1996); Jerome H. Neyrey, ed., *The Social World of Luke-Acts: Models for Interpretation* (Peabody: Hendrickson, 1991); idem, *Honor and Shame in the Gospel of Matthew* (Louisville: Westminster John Knox, 1998); Richard L. Rohrbaugh, "Social Location of Thought' as a Heuristic Construct in New Testament Study," *JSNT* 30 (1987): 103-0; idem, ed., *The Social Sciences and New Testament Interpretation* (Peabody: Hendrickson, 1996); Vernon K. Robbins, *Exploring the Texture of Texts: A Guide to Socio-Rhetorical Interpretation* (Valley Forge: Trinity Press International, 1996).

원동력에 초점을 두는 학자들은 우리로 하여금 1세기 생활의 조건들과 전제조건들 및 로마 속주들의 견해를 이해하는 데 도움을 준다. 그러한 연구는 신약성서의 역사적(사회적) 배경 안에서 신약성서를 해석하는 데 도움이 되는 유익한 견해를 제공해준다. 그것들의 가장 좋지 않은 점은, 초자연적이고 계시적인 측면들이 체계적으로 무시되거나 구체적으로 합법성이 무시될 때, 특수한 사회적 이론이 의심의 여지가 없는 초문화적 제어장치로 취급될 때, 엄격한 조사를 하지 않은 채 오늘날 지중해나 팔레스타인 세계의 가치관을 1세기에 적용할 때, 특히 신약성서의 본문이 그러한 연구에 의해 설명 되기는 커녕 외적인 모델을 토대로 하여 무시되거나 부정될 때에는 사회적 원동력의 수평적 축이 신약성서 본문들에 대한 충분한 해석이라는 인상을 주는 것이다.[111)]

6) 언어, 그리고 언어학적인 접근 방법들

지난 세기에는 신약성서를 연구하는 데 중요한 기본적 언어들(그리스어, 히브리어, 아람어, 라틴어, 그리고 최초로 신약성서가 번역된 언어들)에 대한 유익한 지식을 가진 사람들이 감소했지만, 그럼에도 불구하고 몇 가지 현저하게 진보된 것들이 있었다. 19세기말과 20세기 초에, 구어체 그리스어 파피루스의 발견은 신약성서 문서들과 호머(기원전 8세기)의 작품들, 또는 "고대 그리스" 시대(기원전 4-5세기)의 작품들을 구분할 수 있게 해주는 그리스어 구문론과 어휘들의 차이점을 설명하는 데 도움을 주었다. 그 결과로 저술된 많은 저서들 중에서 물(C. F. D. Moule)의 저서가 지금도 가장 널리 유포되는 듯하다.[112)] 그와 비슷한 발견물들로 인해서 최근 아람어 연구가 풍성해졌다.

그러나 여기에서 관심을 끄는 것은 몇 가지 언어학적인 발달현상 및 언어 철학적 발달현상이다. 다음에서 언급하는 세 가지는 완전한 것이 아니며, 단지 무수히 많은 발달 현상들을 대변할 뿐이다.

첫째, 단어들의 연구에 있어서 지속적인 진보가 이루어지고 있다. 단어들은 사전에서 발견되며(사전적 의미론), 구체적인 상황에서 사용된다(어용론[語用論] 분야). 최근에 존 리(John Lee)는 신약성서 사전편집에 대한 훌륭한 역사서를

---

111) 특히 Kenneth Berding, "The Hermeneutical Framework of Social-Scientific Criticism: How Much Can Evangelicals Get Involved?" *EQ* 75 (2003): 3-22을 보라.

112) *An Idiom-Book of New Testament Greek* (Cambridge: cambridge University Press, 1953).

저술했다.113) 특히, 리는 언어학적인 의식이 어떻게 우리로 하여금 영어의 "주석들"(원어를 번역한 영어 단어)의 범주에 속하는 단어들의 의미를 생각하는 태도를 벗어나게 하는지를 보여준다. 이런 점에서 가장 최근의 영어판 바우어 어휘 사전114)은 이전의 것을 개선한 것이다. 호주에서 진행 중인 프로젝트는 신약성서의 단어들에 대한 우리의 이해와 관계가 있을 수도 있는 파피루스 발견물들의 출판물들을 보다 많은 독자들이 이용할 수 있게 할 것이다.115) 또 요한네스 루(Johannes P. Louw)와 유진 나이다(Eugene A. Nida)가 편집한 혁신적인 어휘사전에서는 그리스 단어들을 알파벳 순서뿐만 아니라 의미상의 분야별로, 다시 말해서 서로 중복되거나 유사한 의미 영역을 가진 단어들을 구분하여 정리하고 있다.116)

둘째, 언어학 이론은 본질적으로 상이한 몇 개의 진영으로 구분되지만, 이러한 진영들 중에서 다소 생산적인 진영들 중 하나는 동사의 동작양태(*Aktionsart*)와 애스팩트(aspect: 동사의 뜻의 계속·완료·기동(起動)·종지·반복 등의 구별을 나타내는 문법 형식)를 구분했다.117) 그 결과 전통주의자들의 생각하는 것에 크게 도전하여 그리스어 체계의 각각의 시제가 실질적으로 문법화 되었다. 비록 흔히 학문들 사이에 세워지는 방벽 안에 분기점들이 등장하고 있지만, 우발적인 예외를 제외하고는 이 작업은 아직 신약학의 일반적 흐름을 방해하지 않았다.

셋째, "언행이론" (speech act theory)은 본문 안에서 단어들이 작용하는 방법에 중요한 발전을 가져왔다. 문맥 내에서 단어들은 단순히 어떤 것을 의미하는 것이 아니라 어떤 일을 행할 수도 있다. 언행이론은 오스틴(J. L. Austin)의 독창적인 작업에서부터 시작되었지만,118) 그것은 많은 박식한 문헌들 내에서 발달되었

---

113) John A. L. Lee, *A History of New Testament Lexicography*, SBG 8 (New York: Peter Lang, 2003).

114) Walter Bauer, frederick W. Danker, W. F. Arndt, and F. W. Gingrich, *A Greek-English Lexicon of the New Testament and other Early Christian Literature*, 3rd ed. (Chicago: University of Chicago Press, 2000).

115) 이것은 여러 사람이 편집한 *New Documents Illustrating Early Christiantiy* 시리즈이다. 이 시리즈는 1983년에 시작되어 지금까지 9권이 호주의 Macquarie University에 의해 출판되었다.

116) Johannes P. Louw and Eugene A. Nida, eds., *Greek-English Lexicon of the New Testament Based on Semantic Domains*, 2 vols. (New York: UBS, 1988).

117) 특히 다음을 보라: Stanley E. Porter, *Verbal Aspect in the Greek of the New Testament with Reference to Tense and Mood*, SBG 1 (New YOrk: Peter Lang, 1989); idem, *Idioms of the Greek New Testament* (Sheffield: JSOT Press, 1992); Buist M. Fanning, *Verbal Aspect in New Testament Greek* (Oxford University Press, 1990); K. L. McKay, *A New Syntax of the Verb in New Testamen*t Greek: An Aspectual Approach, SBG 5 (New York: Peter Lang, 1994).

고,[119] 이제 모든 신약학자들의 병기고의 일부가 되었다.[120] 이것은 언행이론가들이 세운 모든 하위 이론들이나 해석의 틀이 논의의 여지가 없이 채택된다는 것을 의미하는 것이 아니다. 전혀 그렇지 않다. 그것은 신약성서를 알고 있는 모든 독자들은 단어들이 기능하는 방법, 그것들이 실제로 수행하는 것, 그리고 의미하는 것 등에 대한 생각의 절박성에 대해 약간은 민감하게 반응한다는 것을 의미한다. 예수께서 바람을 꾸짖으시며 "잠잠하라 고요하라"고 말씀하신 것과 관련하여, 그 단어들이 기본적으로 어떤 심오한 신학적 진리를 전하려는 의도를 지닌다고 생각하는 것은 잘못된 것이다. 우리는 예수께서 그 말씀을 하신 의도를 충분히 생각하고 그 결과에 주목해야 한다. 단어들은 무엇인가를 가르치며, 또한 무엇인가를 행한다. 그 사실은 독자들로 하여금 경험된 이야기 안에서 사람들이 묘사하는 것을 파악하는 동시에 새로운 의미의 차원을 식별할 것을 요구한다.

5. 결론적 고찰

이 장에서는 신약성서의 문서들이 처음 기록된 것에서부터 그것들에 대한 현대의 연구까지 폭넓게 다루려 하기 때문에, 간략하게 묘사하는 데 머물 수밖에 없다. 지난 세기에 발달된 현상들은 몇 가지 놀라운 결과를 초래했다. 첫째, 현재 신약성서 연구에는 무척 다양한 접근 방법들과 가정들과 결론들이 수반된다.[121] 둘째,

---

118) 특히 그의 저서 *How to Do Things with Words*, 2nd ed. (Oxford: Oxford University Press, 1975 [1962]). 오스틴은 발화(發話) 행위를 비발화 행위와 발화(發話)가 가져오는[발화 매개적] 행위를 구분한다.

119) Richard S. Briggs, *Words in Action: Speech Act Theory and Biblical Interpretation* (Edinburgh: T & T Clark, 2001), and Kevin J. Vanhoozer, *Is There a Meaning in This Text? The Bible, the Reader, and the Morality of Literary Knowledge* (Grand Rapids: Zondervan, 1998)을 보라.

120) 예를 들어 Anthony C. Thiselton, *The First Epistle to the Corinthians*, NIGTC (Grand Rapids: Eerdmans, 2000)을 보라.

121) 4권으로 이루어진 Renewing Biblical Interpretation 시리즈를 간단히 살펴보는 것이 유익할 것이다: vol. 1, Craig Bartholomew , Colin Greene, and Karl Möller, eds., *Renewing Biblical Interpretation* (Grand Rapids: Zondervan, 2000); vol. 2, idem, *After Pentecost: Language and Biblical Interpretation* (Grand Rapids: Zondervan, 2001); vol. 3, Craig Bartholomew, Jonathan Chaplin, Robert Song, Al Wolter, eds., *A Royal Priesthood? The Use of the Bible Ethically and Politically: A Dialogue with Olive O'Donovan* (Grand Rapids: Zondervan, 2002); and vol. 4, Craig Bartholomew, C. Stephen Evans, Mary Healy, and Murray Rae, eds., *"Behind" the Text: History and Biblical Interpretation* (Grand Rapids: Zondervan, 2003).

이 장에서 제시한 것들은 어느 정도 도식화 된 것들이다. 어느 정도 명확함을 얻기 위해서, 우리는 몇 가지 방법과 운동을 하나씩 묘사해왔다. 실제로 많은 학자들은 자기들의 접근 방법들을 혼합하여 흥미롭고도 효과적인 혼합물을 만든다. 예를 들어, 사회과학적인 접근방법들이 있고 언어학적 방법들도 있지만, 현재 언어사회학적인 방법들도 있다.[122] 셋째, 몇 가지 예외가 있지만, 이 장에서는 서방의 신약성서 연구에 초점을 두어왔다. 그러나 물론 초대 교회 시대는 서구적이 아니었고, 신약성서도 서구적인 것이 아니었다.[123] 오늘날 세계의 많은 지역에서 교회들이 급속히 증가하고 있으며, 이렇게 급속히 성장하는 지역에서의 학문의 깊이는 여전히 빈약하지만, 매년 주로 대부분의 서구인들이 알지 못하는 언어로 새로운 정기간행물들이 출판되고 있다. 이 문헌을 음미할 수 있는 사람은 비록 지역적인색채를 지니고 있지는 하지만 역사적이고 신앙고백적인 기독교의 공통성, 그리고 때때로 서구적 유산에 제한적으로 노출되어 있는 사람들이 제기하는 신선한 질문들에 감동을 받는다. 넷째, 이 장에서 다룬 대부분의 접근방법들과 역사적인 발달 현상들은 어느 정도 가치를 지니지만, 때때로 무책임하게도 일종의 거의 배타적인 방법론적 통제를 주장하거나, 뿌리 깊은 이성주의나 철학적 자연주의와 결합된다. 그런데 이성주의나 철학적 자연주의는 자체의 방식으로는 신약성서를 호의적으로 해석하기가 어렵다.

이와 같은 접근방법들의 다양성이 지닌 함의(含意)들 중 하나는 과거 10-20년 동안에 저술된 신약개론들은 다양한 강조점들을 취했다는 점이다. 신약개론들은 주로 연대, 저자, 배경, 신빙성, 그리고 그 학문의 간략한 역사 등을 다루어왔다. 물론 이러한 개론서들은 다양한 입장에서 저술되었지만, 전달하는 자료는 거의 유사했다. 그러나 오늘날 그러한 자료들은 일부 개론서들의 초점으로 남아 있지만,[124] 다른 개론서들은 교회의 성장과 배경,[125] 그 역사와 문헌,[126] 또는 역사와

---

122) 이 분야에서 하나의 독창적인 저서는 다음과 같다: Johannes P. Louw, *Sociolinguistics and Communication* UBSMS 1 (London: UBS, 1986).

123) 위의 주 33을 보라.

124) Raymond E. Brown, *An Introduction to the New Testament* (New York: Doubleday, 1997)을 보라.

125) 예를 들면, Arthur G. Patzia, *The Emergence of the Church: Context, Growth, Leadership & Worship* (Downers Grove: IVP, 2001).

126) 예를 들면, Lee Martin McDonald and Stanley E. Porter, *Early Christianity and Its Sacred Literature* (Peabody: Hendrickson, 2000).

신학[127])에 초점을 두거나; 전체를 상당히 포괄적이고 통합적으로 해석하려 하거나;[128]) 다른 판단들이 존재한다는 것을 거의 인정하지 않는 독단적이고 환원주의적인 입장에서 저술된 자료를 비교적 간단히 개관하거나,[129]) 또는 기독교의 기원들과 관련된 중요한 전거들을 간단히 살펴본다.[130]) 이 책에서는 전통적인 개론서들의 역사적 질문들에 관심을 기울이고 있지만, 동시에 성경해석학적이고 신학적인 문제들도 소개한다.

신약성서 연구의 장래를 이해시키려면 이 책의 저자들이 갖지 못한 용기가 필요하다. 어떤 사람들은 그 책임이 포스트모던 접근 방법들에 있다고 확신한다.[131]) 보크뮤엘(Bockmuehl)은 현재 제시되고 있는 강조점들이 자리를 잡아 주도권을 발휘하게 될 경우에 어떤 일이 발생할 것인지를 추정하면서 신약성서 학문들과 관련하여 "가능한 장래들"을 열거한다. 물론 그 결과는 현재의 시도의 대부분의 몰락을 발표하는 것이다. 그는 결론적으로 다음과 같이 관찰한다:

> 현대가 끝날 때에, 독자들은 본문을 이해하는 데 있어서 무관심하거나 신뢰하지 않는 해석자보다 좋은 입장에 설 수도 있다. 아마 아돌프 슐라터(Adolf Schlatter)가 무신론적인 신약 연구 방법들은 본문의 내용을 제대로 인식하지 못한다고 비판한 것이 옳았을 것이다…킹스칼리지 채플(King's College Chapel)에 들어가지 않고서 그 안의 채색유리에 대해 유익하게 말하는 데는 한계가 있다.[132])

---

127) Achtemeir/Green/Thompson.

128) 예를 들면, Johnson.

129) 예를 들면, Gerd Theissen, *Fortress Introduction to the New Testament* (Minneapolis: Fortress Press, 2003); Bart D. Ehrman, *The New Testament: A Historical Introduction to the Early Christian Writings*, 3rd ed. (New York: Oxford University Press, 2004)가 있다. Ehrman의 저서가 지닌 하나의 흥미로운 특징은 초기의 비정경적 저술들에 대한 논문을 포함한다는 점이다. 물론 이것은 역사적으로 유익하지만, 또한 신약성서의 정경적인 책들과 1-2세기의 다른 기독교 문헌들 사이에는 권위나 계시에 있어서의 차이가 없다는 저자의 확신을 반영해준다. 이런 점에서 Ehrman의 저서는 그 이전의 저서인 Helmut Koester, *Introduction to the New Testament*, 2 vols. (Philadelphia: Fortress Press, 1982)를 독자에게 친숙하게 번안한 것이라고 볼 수 있다.

130) 예를 들면, Delbert Burkett, *An Introduction to the New Testament and the Origins of Christianity* (Cambridge: cambridge University Press, 2002).

131) 예를 들면, Robert F. Shedinger, "Kuhnian Paradigms and Biblical Scholarship: Is Biblical Studies a Science?" *JBL* 119 (2000): 453-71. 물론 그는 그의 질문에 대해서 "아니오"라고 대답한다.

132) Markus Bockmuehl, "'To Be of Not To Be': The Possible Futures of New Testament

그러나 크레이그 블롬버그(Craig Blomberg)가 가장 통찰력이 있는 조언을 해준다: 신약성서에 대해서 신앙고백적인 자세를 취하는 사람은 지금까지 전해 내려온 오랜 유산의 일부를 염두에 두고서 성경 본문, 그리고 자신의 세대에서 성경이 논의 되는 방법을 다루어야 한다.[133)]

Scholarship," *SJT* 51 (1998): 271-306.

133) Craig L. Blomberg, "Where Should Twenty-first Century Evangelical Biblical Scholarship Be Heading?" *BBR* 11 (2001): 161-72.

제2장

공관복음

1. 서론

처음 세 복음서를 공관복음(Synoptic Gospels)이라고 한 사람은 18세기 말의 독일 성경신학자인 그리스바흐(J. J. Griesbach)였다. "공관"(synoptic)이라는 단어는 "함께 보다"라는 뜻을 가진 헬라어 συνόψις(*synopsis*)에서 유래된 것으로서, 그리스바흐는 마태, 마가, 누가가 예수님의 사역을 매우 유사하게 소개하고 있기 때문에 이 단어를 선택하였다. 이러한 구조, 내용, 어조의 유사점은 일반 독자들도 쉽게 볼 수 있다. 이것들은 처음 세 복음서를 하나로 묶을 뿐만 아니라, 요한복음과 구분하는 역할도 한다.

마태, 마가, 누가는 예수님의 사역을 갈릴리에서의 사역, 북쪽 지방으로의 이동(베드로의 고백을 전환점과 절정으로 해서), 예루살렘을 향하는 도중 유대와 베레아에서의 사역(누가복음에서는 그다지 분명하지 않다), 그리고 예루살렘에서의 최후의 사역 순으로 지리적 경로에 의해 소개한다. 이러한 경로는 주기적으로 예루살렘을 방문하셨던 예수님의 예루살렘에서의 사역을 집중적으로 다루는 요한복음에서는 찾아볼 수 없다. 내용면에서 볼 때에도 처음 세 복음서의 기자들은 예수님의 병 고치심, 귀신을 쫓아내심, 그리고 비유에 중점을 두면서 많은 사건들을 기록하는 데 반해, 요한은 몇 가지 중요한 치유 사건을 소개하지만 귀신을 쫓아낸 사건이나 예수님의 비유(적어도 마태, 마가, 누가에서 찾아볼 수 있는 종류의)에 관해서는 언급하지 않는다. 또한 열 두 제자를 파송한 사건, 변화산 사건, 감람산 설교, 마지막 만찬 이야기 등 세 복음서의 특징이라고 볼 수 있는 사건들을 요한은 다루지 않는다. 끊임없이 움직이시는 예수님의 모습과 많은 활동—특히 기적—을 간단한 교훈과 함께 나열하는 열렬하고 속사포와 같은 어조를 띠고 있는 세 복음서 기자들보다는 예수님의 활동에 대해 훨씬 더 적게 다루고 간단한 비유나 간결한 가르침보다는 길게 교훈하시는 예수님을 소개하고 싶어 했던 요한은 보다 명상적인 어조를 띠고 있다.

지난 2세기 동안 학자들은 공관복음을 여러 각도에서 다른 결과를 가지고 면밀히 연구해 왔다. 기독교의 신앙과 생활에 있어서 공관복음서들이 지니는 중요성을 고려해볼 때에, 이것은 불가피한 일이다. 공관복음에서는 하나님께서 인간에게 보이시기 위해 선택하신 분의 삶에 대한 이야기를 찾아 볼 수 있다. 이 세 복음서는 역사의 중요성과 각 개인의 운명을 결정하는 사건, 즉 메시아이신 예수님의 죽으심과 부활을 소개한다. 각 책에 관련된 문제들은 따로 다루게 될 것이며, 여기에서는 세 복음서가 모두 관련된 문제들만 다루려 하며, 특별히 다음의 세 가지 질문에 대해 생각해볼 것이다: 공관복음은 어떻게 생겨났는가? 복음서를 문학작품으로 어떻게 이해할 것인가? 복음서는 예수님에 관해 무엇을 말하고 있는가?

2. 공관복음의 발달

공관복음은 어떻게 기록되게 되었는가? 하나님의 영감 속에서 이 책들을 쓴 사람들과 그들이 이 책들을 기록할 때의 배경을 알아보면, 간단하면서도 적절한 답은 찾을 수 있을 것이다. 이 문제들은 네 복음서의 개론에서 다루어질 것이지만, 공관복음의 저자가 누구인지 안다고 해도 풀리지 않는 문제들이 있다. 저자들은 자기들이 사용한 예수님에 관한 자료를 어디에서 수집했는가? 세 기록이 어느 부분에서는 매우 흡사하지만 어느 부분에서는 매우 다른 이유는 무엇인가? 저자들의 역할은 무엇이었는가? 단순히 전해 내려오는 이야기를 기록한 자에 불과한가, 아니면 자신의 주장을 가지고 있는 저자들이었는가? 이 모든 문제들 뒤에 잠복해 있는 더 큰 문제, 즉 왜 복음서는 네 개인가 등, 이와 비슷한 유형의 의문들이 초대교회부터 그리스도인들을 괴롭혀 왔다. 2세기경에 타티안(Tatian)은 『디아테사론』(*Diatessaron*: "넷을 사용하여"라는 뜻의 헬라어로 네 복음서를 조화시킨 것—역자 주)에서 네 복음서를 하나로 묶었다. 어거스틴은 『공관복음서의 조화』(*The Harmony of the Gospels*)[1]라는 논문을 저술했다. 하지만 이 문제를 심각하게 다루기 시작한 것은 현대 성경 비평이 일어나기 시작한 18세기 말이라고 볼 수 있다.

이 때 제기된 문제들 중에 어떤 것들은 지극히 비논리적이고 오답을 제시한 경우도 있지만, 공관복음의 기원과 상호관계에 관한 문제가 있었다는 사실만은 피할 길이 없다. 복음서의 수효와 본질은 이와 같은 문학적, 역사적 질문들을 불러 일으킨다. 더욱이 복음서 기자들 중 한 사람은 복음서의 내용이 자기의 손에 들어오게 된 과정을 다음과 같이 설명한다:

> 우리 중에 이루어진 사실에 대하여 처음부터 말씀의 목격자 되고 일꾼 된 자들의 전하여 준 그대로 내력을 저술하려고 붓을 든 사람이 많은지라 그 모든 일을 근원부터 자세히 미루어 살핀 나도 데오빌로 각하에게 차례대로 써 보내는 것이 좋은 줄 알았노니 이는 각하로 그 배운 자의 확실함을 알게 하려 함이노라.(눅 1:1-4)

누가는 두 권으로 된 그의 '기독교 기원의 역사'의 서론에서 자신의 저작의 유래를 세 단계로 소개한다: 예수님의 진리를 전해준 "말씀의 목격자 되고 일꾼 된 자들", 예수님과 교회의 내력을 저술하려고 붓을 든 "많은" 사람들, 그리고 그 자료들을 자세히 미루어 살핀 후에 "차례대로" 편집한 누가 자신. 누가가 언급하고 있는 조사 과정은 일리가 있는 듯하다. 따라서 우리는 먼저 대체로 목격자들과 일꾼 된 자들이 예수님에 관한 사실들을 구전으로 전해준 첫 단계를 살펴보고, 그 다음에 성문화된 자료들이 생겨나 중요한 위치를 차지하게 된 둘째 단계를 본 후에, 마지막으로 궁극적인 저자 문제를 살펴보도록 하겠다.2)

1) 구전 전승들의 단계: 양식비평

지난 2세기 동안 복음서들의 기원을 조사하면서 여러 가지 독특한 접근 방법이 시도되었으며, 그것들은 각기 상이한 단계나 측면들을 강조했다. 특히 세 가지 접근 방법이 복음의 기원과 발달이라는 문제에 중요한 공헌을 했다: 구전 전달 시대에 초점을 둔 양식비평, 상이한 문학적 구성 단위들이 어떻게 조화되어 복음서를

---

1) *NPNF*2 6.77-236 찾아 볼 수 있다.

2) 마틴은 그의 서론에서 비슷한 방법으로 눅 1:1-4을 사용했다(1.119-21).

양식비평가들은 초대 교인들이 얼마동안 예수님의 말과 행동을 구두로 전했으며, 대략 20년이 지난 후에 그러한 자료가 기록되기 시작했으며, 그 직후에 복음서들이 작성되었다고 주장한다.

형성하는가에 중점을 둔 자료비평, 그리고 복음서 저자들의 신학적·문학적 기여와 영향에 중점을 둔 편집비평이 바로 그것이다. 이 방법들은 대체로 누가가 그의 서론에서 언급한 세 단계와 일치하지만, 서로 용납될 수 없는 것들이다. 최근 대부분의 복음 비평가들이 채택하는 소위 전승 분석, 혹은 전승 비평에서는 이 세 가지 방법을 동시에 사용한다. 그럼에도 불구하고, 이 세 가지 방법은 역사적으로나 방법론적으로 별개의 것이므로, 그것들을 각기 차례로 살펴보려 한다.

양식비평은 자료비평의 전성기 이후에 출현했지만, 복음서들이 형성된 첫 단계, 즉 구전의 단계에 중점을 두고 있기 때문에, 먼저 양식비평에 대해 생각해 본다. 양식비평가들은 초대 교인들이 얼마동안 예수님의 말과 행동을 구두로 전했다고 주장한다. 대략 20년이 지난 후에 비로소 그러한 자료가 기록되기 시작했으며, 그 직후에 복음서들이 작성되었다.

① 설명

양식비평은 처음에는 헤르만 군켈(Hermann Gunkel)과 같은 학자들에 의해 구약성서에 적용되었고, 20세기 들어 20년대와 30년대에 자료비평 방법이 한계에 도달했음을 느낀 세 사람의 학자—칼 루트비히 슈미트(Karl Ludwig Schmidt), 마틴 디벨리우스(Martin Dibelius), 루돌프 불트만(Rudolf Bultmann)—가 신약성서에도 적용했다.[3] 몇 가지 중요한 차이가 있지만, 양식비평의 선각자들인 이들은 양식비평의 기초가 된 다음의 여섯 가지 가정과 신념에 의견을 같이 한다.

1. 예수님의 말과 이야기들은 작은 독립된 단위들로 유포되었다. 초기 양식비평가들은 고난에 관한 이야기만은 예외였다고 보았지만,[4] 대부분의 최근 양식비평가들은 그러한 예외도 받아들이지 않는다.

2. 복음서 자료의 전달은 다른 민간전승이나 종교적 전승들의 전달에 비길 수 있다. 이 전달의 책임은 개인에게 있는 것이 아니라, 그 자료가 형태를 취하고 전달되는 환경인 공동체에게 있다. 그와 같은 구전 전달의 경우에 일반적으로 관찰되는

---

3) 슈미트의 *Der Rahmen der Geschichte Jesu: Literarkritische Untersuchungen zur ältestern Jesusüerliferung* 은 1919년에 Trowitzsch & Son in Berlin 에 의하여 출판되었으며, 번역되지는 않았다. 또한 1919년 마틴 디벨리우스의 *From Tradition to Gospel* (ET New York: Charles Scribner's Sons, n.d.)의 독일어 판에서도 나타난다. 루돌프 불트만의 *The History of the Synoptic Tradition*은 1921년에 출판되었다(ET New York: Harper & Row, 1963).

4) 예를 들면, Dibelius, *From Tradition to Gospel*, pp. 178-79.

전달의 법을 복음서의 전달에도 적용할 수 있다.

3. 예수님의 말과 이야기들은 대체로 복음서에서 쉽게 찾아볼 수 있는 확실한 표준적 양식들을 취한다(그래서 양식비평사 혹은 양식사라 한다). 그러나 양식비평가들은 이러한 양식들의 정확한 수효와 본질에 동의하지는 않는다. 도표 1은 영향력 있는 세 사람의 분류표이다.5)

표 1. 양식비평의 용어

양식	디벨리우스	불트만	테일러
하나의 문맥에서 주어진 예수님의 간단한 말(예. "가이사의 것은 가이사에게 하나님의 것은 하나님께 바치라"는 말에서 절정을 이루는 막 12:13-17)	범례 (Paradigm)	격언들 (Apophthegms)	선언의 이야기 (Pronouncement Stories)
예수님의 이적 행위에 관한 이야기들 (예: 오천 명을 먹이심)	꾸며낸 이야기(Tale)	기적 이야기들 (Miracle Stories)	기적 이야기 (Miracle Stories)
예수님을 영웅으로 부각시키는 이야기들(예: 열두 살 때 성전에서 있었던 일에 대한 누가의 이야기[2:41-52])	전설(Legend)	역사적 이야기와 전설들 (Historical Stories and Legends)	예수님에 관한 이야기 (Stories about Jesus)
하나의 말에서 절정을 이루지 않는 예수님의 가르침(예: 주기도문)	윤리적 권면 (Paranesis)	주님의 말씀들 (Dominical Sayings)	말과 비유 (Sayings and Parables)

4. 특수한 이야기나 말의 양식은 그것의 삶의 정황(*Sitz im Leben*), 혹은 초대교회의 삶의 정황을 결정할 수 있게 해 준다. "양식비평에 대한 바른 이해는 특정 공동체, 심지어 원시 기독교 공동체의 삶을 형성한 문학이 꽤 분명한 문체와 특수한 형태와 범주들이 성장해 나온 근원이 되는 삶의 분명한 조건과 욕구에서 솟아나온다는 판단에서 비롯된다. 따라서 모든 문학의 범주들은 자체의 '삶의 정황'을 소유한다."6)

---

5) 이미 언급된 디벨리우스와 불트만의 연구 외에 Vincent Taylor, *The Formation of the Gospel Tradition*, 2d ed. (London: Macmillan,1935) 을 보라. 테일러는 디벨리우스나 불트만만큼 역사적 회의주의를 사용하지 않으면서 양식비평을 한다.

6) Bultmann, *Synoptic Tradition*, p. 4.

5. 초대 기독교 공동체는 예수님의 말과 이야기를 전달하면서 자료를 특정한 양식에 맞추었을 뿐만 아니라, 나름의 필요와 상황에 따라 수정하기도 했다. 우리는 이러한 관점을 가지고 고유의 양식비평(문학적 기획)에서부터 이러한 학파에서 유래되지 않은 역사적 판단을 소개하는 보다 넓은 개념으로 옮겨 간다.

초대교회가 복음서의 자료를 어떻게 꾸며내고 수정했는가 하는 문제에 있어 양식비평가들의 의견은 매우 분분하다. 예를 들어, 불트만은 그 영향력이 매우 커서 거의 대부분의 자료가 초대교회에서 만들어진 것이고 예수님의 지상 사역에서 시작되었다고 믿을 만한 내용은 매우 적다고 생각한다. 그렇게 생각하는 이유는 다른 많은 양식비평가들처럼 그도 예수님께서 지상에서 하신 말씀과 교회의 삶 속에서 예수님께서 선지자들을 통해 지속적으로 하시는 말씀을 구분하는 일에 초대교회가 관심을 두지 않았다고 믿기 때문이다. 노만 페린(Norman Perrin)이 지적한 대로 "역사적 예수와 부활하신 주님이라는 현대적인 구분은 초대교회에는 생소한 것이었다."[7)]

이와 같은 극단적 역사적 판단들은 양식비평 고유의 것은 아니며, 역사적 평가에 있어서 훨씬 보수적인 입장을 취하는 학자들도 많다. 빈센트 테일러도 그러한 인물이고, 그 외에도 많은 학자들이 초대교회의 영향을 주로 복음서의 자료를 배열하는 데(예를 들면, 논란이 되고 있는 막 2:1-3:6과 다른 복음서에 나타난 같은 내용의 열거) 국한시키는 보수적인 입장을 취한다. 하지만 이 두 가지 모두 예외이고, 양식비평가들의 주류는 역사적 회의주의라는 태도를 가지고서 자신의 일을 행해왔다.

6. 전형적인 양식비평가들은 특별한 부분의 역사적 신빙성이나 연대를 결정하는 데 도움이 되는 여러 가지 기준을 사용해왔다. 이러한 기준들은 구전으로 전해진 자료에 적용될 수 있다고 생각되는 특정한 전달의 법칙에 근거를 두고 있다. 소위 이러한 법칙에 의하면, 사람들은 (1) 이야기를 늘리고, (2) 세부적인 것들을 첨가하고, (3) 자기의 고유의 언어에 맞추려 하고, (4) 일반적으로 자기들의 필요와 신앙에 맞는 것만 만들고 보유하려는 경향이 있다. 양식비평가들은 이러한 법칙에 근거해서 내용이 짧거나, 세부 사항들이 결여되어 있고, 유대 사상을 포함하고 있고, 1세기 유대교나 초대교회의 관심에 부응하지 않는 복음서의 내용들이 역사적으로 신

7) Norman Perrin, *Rediscovering the Teaching of Jesus* (London: SCM, 1967), p. 27; cf. Bultmann, *Synoptic Tradition*, pp. 127-28.

빙성이 있다고 주장해왔다. 특히 부동의 기준(criterion of dissimilarity)이라고 부르기도 하는 마지막 기준은 극단적인 양식비평가들에게 있어서 매우 중요하다. 이 기준은 초대교회에 의해 도입되었거나 유대인의 사회적 배경에서 비롯된 것으로 보이는 것을 모두 배제함으로써 예수님에 대한 역사적 이해의 근거가 될 수 있다고 생각되는 확실한 최소한의 말씀과 활동만 확보할 수 있게 한다. 예를 들어, 이 부동의 기준은 마가복음 13:32—"그 날과 그 때는 아무도 모르나니 하늘에 있는 천사들도, 아들도 모르고 아버지만 아시느니라"—은 예수께서 실제로 하신 말씀이라고 주장하는데, 그 이유는 유대교의 전형적인 표현이 아닌 것("인자")을 사용하며, 초대교회의 입장과는 상충되는 전제(예수님의 무지)가 내포되어 있기 때문이다. 다섯째 기준은 부동의 기준에 의해 엄격히 구분된 내용과 일치하는 것만 신빙성이 있다고 보는 이 기준의 부산물이라고 볼 수 있다.여섯 째 기준 곧 다중증언(multiple attestation)은 하나 이상의 전승의 흐름에서 발견되는 자료(예를 들면 마가복음과 "Q"자료)를 선호한다.

② 평가

대부분의 유력한 양식비평가들의 특징이라고 볼 수 있는 역사적 회의주의 때문에 양식비평은 복음서의 역사성에 대한 공격이라는 비판을 받았다. 그러나 반드시 그러한 것은 아니다. 일종의 문학적 학문으로서의 양식비평은 분석하는 내용에 대한 선험적 비판을 수반하지 않는다. 또한 양식비평이 근거를 두고 있는 많은 전제들은 논리적으로 타당한 듯하다. 복음서 자료가 주로 작은 단위로 구두로 전해지던 시대가 실제로 있었고, 이 자료들은 확실한 표준적 양식을 취하는 경향이 있었고, 초대교회는 분명히 이 자료가 전해지는 방식에 영향을 끼쳤다. 이렇게 좁혀서 정의해 본다면, 복음서 연구에 있어서의 양식비평의 위치에 대해서는 이의가 없다.

그럼에도 불구하고, 이 학설을 제한적으로 적용하는 것에 대해서도 몇 가지 주의해야 할 점들이 있다. 첫째, 아주 초기 시대부터 양식비평가들이 허락하는 것보다 더 많은 자료가 이미 성문화 된 형태로 존재했고, 그것들의 대부분이 결합되어 보다 큰 단위를 형성하고 있었을 가능성이 있다.[8] 예를 들어, 앨런 밀라드(Allan Millard)는 헤롯 시대에 팔레스타인에서는 기록하는 일이 상당히 보편적으로 행해졌다는 것, 그리고 종교 교사의 말을 기록한 선례가 많았다는 것을 증명했다.[9]

---

8) C. H. Dodd는 처음부터 초대 기독교의 설교는 복음서의 내용에 특정한 양식을 부여했다고 제안한다("The Framework of the Gospel Narrative," *ExpTim* 43 [1932]: 396-400).

둘째, 자료를 구체적이고 분명하게 짜여진 양식으로 얽어매지 않도록 주의해야 한다. 소위 혼합된 양식들이 존재한다는 사실은 모든 분류를 일반적이고 일시적인 것으로 간주해야 함을 암시한다. 셋째, 교회 생활 안에서 특정의 양식들의 근원을 확인해낼 수 있다는 양식비평가들의 주장은 건전한 회의주의와 함께 다루어져야 한다. 흔히, 우리는 그것을 확인할 수 있는 충분한 자료를 가지고 있지 못하다. 마지막으로, 아마도 가장 치명적이라고 생각되는데, 전달 과정의 본질에 대한 양식비평가들의 많은 가정들은 의심스럽다. 일부 저자들이 주장하는 대로, 대부분의 양식비평가들은 구두 전달의 본질과 원동력을 충분히 인식하지 못하고 있으며, 자료를 형성하고 전달하는 데 있어서 실제로 목격한 자를 포함하여[10] 개인의 역할에 지나치게 무관심하다.[11]

불트만과 디벨리우스, 그리고 그의 후계자들이 대표하는 양식비평의 반역사적 적용에 대해서는 보다 철저한 비판이 가해져야 한다. 첫째, 초대교회가 지상에서의 예수님과 부활하신 주님을 구분하지 않았고 지상에서 예수께서 직접 하신 말씀과 초기 기독교 선지자들의 말을 동일시했다는 주장은 억측에 불과하다. 불트만은 고린도후서 5:16("비록 우리가 그리스도를 육체대로 알았으나 더 이상은 그를 그렇게 알지 아니하리라")과 같은 구절이 바울을 비롯한 초대교인들이 지상에서의 예수님에게 관심이 없었음을 보여준다고 주장했다. 그러나 그 구절에서 바울은 육체적인(지상의) 예수에게 관심이 없다는 말을 하는 것이 아니라, 더 이상 예수를 "육체적인 관점에서" 보지 않겠다고 말하고 있다. 실제로, 초대교인들이 지상에서의 예수와 부활하신 주님을 구분하지 않았다는 것을 뒷받침해줄 근거가 신약성서에는 없으며, 극단적인 양식비평가들은 주후 42년에 안디옥에서 한 선지자의 말이 어떻게 13년 혹은 그 이전에 갈릴리 어느 지역에서 예수께서 가르치신 것처럼 알려졌는지에 대해 설명하지 못하고 있다. 실제로 기독교의 예언이 이런 식의 기능을 발휘했다는 사실에 대한 의심이 점점 더 증가하고 있다.[12]

---

9) Allan Millard, *Reading and Writing in the Time of Jesus* (Washington Square: New York University Press, 2000).

10) Richar Bauckham, "The Eyewitness and the Gospel Traditions," *JSHJ* 1(2003): 28-60.

11) 특히 Edhardt Güttgemanns, *Candid Questions Concerning Gospel Form Criticism: A Methodological Sketch of the Fundamental Problematics of Form and Redaction Criticism* (ET Pittsburgh: Pickwick,1979)과 Werner H. Kelber, *The Oral and the Written Gospel* (Philadelphia: Fortress, 1983)을 보라.

12) 예를 들어, David Hill, *New Testament Prophecy* (Richmond: John Knox, 1979), pp. 160-85;

둘째, 약20년이 넘는 기간 동안에 이루어진 복음서 자료의 전달을 양식비평가들이 복음서에 대해 결론 내리기 위해서 사용하는 다른 자료와 비교할 수 있느냐 하는 문제이다. 예를 들어, 불트만과 디벨리우스가 복음서와 비교하는 랍비 문헌은 수세기에 걸쳐 수집된 확실하지 않은 자료였다. 더욱이 랍비들은 복음서와 비슷한 것을 만든 적이 없었다.

셋째, 위의 항목과 관련해서, 소위 전달의 법칙이라고 불리는 것의 유효성에 대한 의문들이다. 샌더즈(E. P. Sanders)를 비롯하여 몇몇 학자들은 구두 전달에 의해서 항상 자료가 늘어나는 경향이 있는 것이 아님을 지적했다.[13] 이야기들과 말을 예수님이 아닌 교회의 것으로 간주하기 위해 그런 법칙들을 사용하는 것은 부당하다.[14] 특히 부동(dissimilarity)의 기준이 비판을 받아야 한다. 이 기준의 적용에 대해 많은 오해가 있다. 이 기준을 사용하는 대부분의 학자들은, 그것이 구분할 수 있는 말들만 믿을 만하다고 주장하는 것이 아니라 그것들만이 우리가 확실하게 알 수 있는 것들이라고 주장한다. 그럼에도 불구하고, 이 기준을 사용하는 경우에는 예수님의 유대적 환경이나 초대교회와 대조하여 예수님의 독특성에만 관심을 쏟는 경향이 있으며, 따라서 예수님에 대한 왜곡된 견해를 갖게 하는 경향이 있다.[15] 보다 보수적인 양식비평가들은 이 기준을 단독으로 사용하지 말며, 역사성을 부인하기 위한 부정적인 목적보다는 역사성의 증거를 제시하기 위한 긍정적인 목적으로 사용되어야 한다고 주장한다.[16] 그렇다 해도, 이 기준을 사용할 때에는 질문되어야 할 전달 과정에서 불연속성이 있다고 가정한다.

극단적인 양식비평이 지닌 네 번째 문제는 증인들의 존재, 즉 그들 중에는 복음서의 사건과 말을 꾸며내는 것에 이의를 제기했을 사람들도 있었으리라는 사실을

J. D. G. Dunn, "Prophetic 'I'-Sayings and the Jesus Tradition: The Importance of Testing Prophetic Utterances Within Early Christianity," *NTS* 24(1978): 175-98; David Aune, *Prophecy in Early Christianity and the Ancient Mediterranean World* (Grand Rapids: Eerdmans, 1983), p. 245.

13) E. P. Sanders, *The Tendencies of the Synoptic Tradition*, SNTSMS 11(Cambridge: Cambridge University Press, 1969).

14) Stanley Porter는 헬라어에 초점을 둔 새로운 기준이 논의를 진행하는 데 도움이 될 것이라고 주장한다(*The Criteria for Authenticity in Historical-Jesus Research: Previous Discussion and New Proposals*, JSNTSup 191 [Sheffield: Sheffield Academic Press, 2000]).

15) 예를 들어, M. D. Hooker, "On Using the Wrong Tool," *Theol* 75(1972): 570-81)을 보라.

16) Robert Stein, “The Criteria of Authenticity,” in *GP* 1:225-63; Ben F. Meyer, *The Aims of Jesus* (Philadelphia: Fortress,1979), pp. 85-87을 보라.

인식하지 못한다는 것이다. 맥닐(McNeile)이 지적한 대로, "양식비평가들은 마치 원래의 증인들은 모두 승천했으며, 기독 교회는 황폐한 섬에 살게 되었던 것처럼 기록한다."[17)]

다섯째, 많은 양식비평가들은 1세기의 유대인들이 예수께서 말씀하시고 행하신 일들을 정확하게 기억하고 구두로 전할 수 있었다는 사실을 과소평가하는 오류를 범하고 있다. 특히 비르거 게하르드슨(Birger Gerhardson)의 연구에 의해서[18)] 잘 알려진 소위 스칸디나비아 학파는 초대교회의 지도자들이 복음서 전승의 전달자였다고 보았으며, 문헌의 기록과 신중한 암기가 주요한 역할을 했던 랍비 전승들의 전달 과정과 매우 유사했음을 강조했다. 이 특별한 방법이 랍비들의 학문적 배경과 초대 기독교의 대중적인 배경의 유사성을 전제로 한다는 비판은 정당화된다. 그러나 1세기 유대 사회에서 암기가 중요했다는 것은 부인할 수 없으며, 이것은 복음서 자료의 신중하고 정확한 구두 전달의 충분한 기초를 제공해 준다고 생각하는 것이 정당하다.[19)] 그레코-로마 세계에서의 목격자 증언에 대한 최근의 연구는, 그러한 증언의 가치와 정확성을 확인해준다.[20)] 여기에 예수님의 말과 행동이 처음부터 기록되고 있었을 가능성을 추가한다면, 초대 교인들이 예수님의 말과 행동을 정확하게 전달할 수 있었으며 또 기꺼이 그렇게 하려 했다고 생각할 충분한 이유가 있다.

2) 성문화 된 자료의 단계: 자료 비평(공관의 문제)

① 서론

앞에서 다루었던 공관복음서 발달의 구전 단계에는 예수님의 생애와 가르침에 관한 성문화 된 전승들이 일부 포함되었을 수도 있다. 어떤 사도들은 사역 중에

---

17) McNeile, p. 53.

18) Birger Gehardsson, *Memory and Manuscript: Oral Tradition and Written Transmission in Rabbinic Judaism and Early Christianity*, ASNU 22(Lund: Gleeruo, 1964). 이 논문에 대한 비평으로 Peter Davids, "The Gospels and Jewish Tradition Twenty Years After Gehardsson," in *GP* 1:75-99을 보라.

19) Rainer Riesner, *Jesus als Lehrer*, WUNT 7 (Tübingen; Mohr-Siebeck, 1981); idem, "Jüdische Elementarbildung und Evangelienüberlieferung," in *GP* 1:209-23.

20) S. Bryskog, *Story as History—History as Story: The Gospel Tradition in the Context of Ancient Oral History*, WUNT 123 (Tübingen: Mohr-Soebeck, 2000); Bauckham, "Eyewitnesses"을 보라.

예수님의 활동과 가르침에 주목했을 것이며, 부활 후에 그들 및 다른 목격자들이 그 과정을 촉진했을 수도 있다. 물론, 동시에 자료의 많은 부분이 구두로 전해지고 있었다. 세월이 흐름에 따라, 이러한 초기의 성문화된 단편들이 구전의 증언과 결합하여 보다 긴 성문화된 자료들을 이루었고, 마침내 정경적 복음서들이 형성되었다고 추측할 수 있다. 자료비평은 복음서 형성에 있어서 이 성문화 단계에 대한 조사에 노력을 기울인다. 자료비평은 다음과 같은 질문을 하고 그 질문에 대한 대답을 구한다: 복음서기자들은 복음서를 편집할 때에 어떤 성문화된 자료들을 사용했는가?

자료비평은 다음과 같은 질문을 하고 그 질문에 대한 대답을 구한다: 복음서기자들은 복음서를 편집할 때에 어떤 성문화된 자료들을 사용했는가?

도표2: 공관복음의 병행구절: 중풍병자의 치유

마태복음 9:1-8	마가복음 2:1-12	누가복음 5:17-26
예수께서 배에 오르사 건너가 본 동네에 이르시니 침상에 누운 중풍병자를 사람들이 데리고 오거늘 예수께서 저희의 믿음을 보시고 중풍병자에게 이르시되 소자야 안심하라 네 죄 사함을 받았느니라 어떤 서기관들이 속으로 이르되 이 사람이 참람하도다 예수께서 그 생각을 아시고 가라사대 너희가 어찌하여 마음에 악한 생각을 하느냐 네 죄 사함을 받았느니라 하는 말과 일어나 걸어가라 하는 말이 어느 것이 쉽겠느냐 *그러나 인자가 세상에서 죄를 사하는 권세가 있는 줄을 너희로 알게 하려 하노라 하시고 중풍병자에게 말씀하시되 일어나 네 침상을 가지고 집으로 가라 하시니* 그가 일어나 집으로 돌아가거늘 무리가 보고 두려워하며 이런 권세를 사람에게 주신 하나님께 영광을 돌리니라	수일 후에 예수께서 다시 가버나움에 들어가시니 집에 계신 소문이 들린지라 많은 사람이 모여서 문 앞에라도 용신할 수 없게 되었는데 예수께서 저희에게 도를 말씀하시더니 사람들이 한 중풍병자를 네 사람에게 지워 가지고 예수께로 올쌔 무리를 인하여 예수께 데려갈 수 없으므로 그 계신 곳의 지붕을 뜯어 구멍을 내고 중풍병자의 누운 상을 달아내리니 예수께서 저희의 믿음을 보시고 중풍병자에게 이르시되 소자야 네 죄 사함을 받았느니라 하시니 어떤 서기관들이 거기 앉아서 마음에 의논하기를 이 사람이 어찌 이렇게 말하는가 참람하도다 오직 하나님 한 분 외에는 누가 능히 죄를 사하겠느냐 저희가 속으로 이렇게 의논하는 줄을 예수께서 곧 중심에 아시고 이르시되 어찌하여 이것을 마음에 의논하느냐	하루는 가르치실 때에 갈릴리 각 촌과 유대와 예루살렘에서 나온 바리새인과 교법사들이 앉았는데 병을 고치는 주의 능력이 예수와 함께하더라 한 중풍병자를 사람들이 침상에 메고 와서 예수 앞에 들여놓고자 하였으나 무리 때문에 메고 들어갈 길을 얻지 못한지라 지붕에 올라가 기와를 벗기고 병자를 침상채 무리 가운데로 예수 앞에 달아 내리니 예수께서 저희 믿음을 보시고 이르시되 이 사람아 네 죄 사함을 받았느니라 하시니 서기관과 바리새인들이 의논하여 가로되 이 참람한 말을 하는 자가 누구뇨 오직 하나님 외에 누가 능히 죄를 사하겠느냐 예수께서 그 의논을 아시고 대답하여 가라사대 너희 마음에 무슨 의논을 하느냐 네 죄 사함을 받았느니라 하는 말과 일어나 걸어가라 하는 말이 어느 것이 쉽겠느냐

	중풍병자에게 네 죄 사함을 받았느니라 하는 말과 일어나 네 상을 가지고 걸어가라 하는 말이 어느 것이 쉽겠느냐 *그러나 인자가 땅에서 죄를 사하는 권세가 있는 줄을 너희로 알게 하려하노라 하시고 중풍병자에게 말씀하시되 내가 네게 이르노니 일어나 네 상을 가지고 집으로 가라 하시니* 그가 일어나 곧 상을 가지고 모든 사람 앞에서 나가거늘 저희가 다 놀라 영광을 하나님께 돌리며 가로되 우리가 이런 일을 도무지 보지 못하였다 하더라	그러나 *인자가 땅에서 죄를 사하는 권세가 있는 줄을 너희로 알게 하리라 하시고 중풍병자에게 말씀하시되 내가 네게 이르노니 일어나 네 침상을 가지고 집으로 가라 하시매* 그 사람이 저희 앞에서 곧 일어나 그 누웠던 것을 가지고 하나님께 영광을 돌리며 자기 집으로 돌아가니 모든 사람이 놀라 하나님께 영광을 돌리며 심히 두려워하여 가로되 오늘날 우리가 기이한 일을 보았다 하니라

이 질문은 초기 기독교 운동을 연구하는 역사가가 관심을 갖는 것이며, 또 공관복음을 연구하는 사람이 물어봐야 할 질문이다. 공관복음서들은 일반적인 개요나 특별한 단어 사용에 있어서 흡사한 부분이 많다. 도표2의 중풍병자를 낫게 하신 이야기에서 이탤릭체로 된 부분을 살펴보라.

어법이 거의 같을 뿐만 아니라(헬라어 원어도 거의 같다) 세 복음서 기자들이 예수님의 말씀을 갑자기 나누는 곳도 똑같다. (마 9:6/막 2:10/눅 5:24에서 이처럼 2인칭 복수형의 발언—"너희로 알게 하려 하노라"에서 삼인칭 단수형—"중풍병자에게 말씀하시되"—으로 전환한 것이 위에서 인용한 TNIV에서는 제대로 나타나지 않았다.) 이와 같은 흔치 않은 신기한 구조의 반복은 복음서 기자 세 사람, 혹은 두 사람이 정확하게 같은 단어, 같은 순서로 기록한 구절들 및 여러 곳에서 찾아볼 수 있다. 예를 들어, 도표3에서 예수께서 예루살렘으로 인해 애통하신 것에 대해 마태와 누가가 거의 같은 단어로 기록하고 있음을 보라.[21] 복음서를 연구하는 사람은 단어 사용이 흡사한 것을 어떻게 받아들여야 할지 알고 싶어 한다.

그러나 공관복음의 문제를 더욱 어렵게 만드는 것은 그와 같이 정확하게 일치하는 것들 외에도 당황하게 만드는 차이점들이 많다는 사실이다. 위의 도표2에서 인용한 구절을 보라. 이탤릭체로 기록된 부분에서는 세 구절이 매우 일치하지만,

21) 그리스어 본문에서는 부정사의 시제, 누가복음에 반드시 필요하지 않은 동사가 포함된 것, 그리고 마지막 문장 앞 부분에 서의 분사의 선택 등에서만 상이할 뿐 다른 것은 거의 일치한다. (헬라어 본문의 δέ[de]가 마태복음에서는 "for", 누가복음에서는 "and," "but"으로 되어 있음에 주목하라).

마가와 누가가 기록하고 있는 "내가 네게 이르노니"라는 부분을 마태는 생략하였다. 그 구절 전체를 고찰해 보면, 잠재적으로 더 중요한 차이점들이 드러난다. 예를 들어, 마태복음에는 중풍병자의 친구들이 그의 침상을 예수님 앞으로 가져오기 위해 지붕에 구멍을 뚫었다는 이야기가 생략되어 있다.

이러한 일치와 불일치의 결합은 복음서들의 보다 큰 구조에까지 확대된다. 마가복음의 순서를 따른 도표 4의 사건들의 목록을 살펴보라. (사건의 순서에 있어서 한 복음서가 다른 두 복음서와 상이할 경우에는 굵은 글씨로 표시하였다.) 여기에서 우리는 비록 같은 비율은 아니지만 공관복음서 전체에서 되풀이되는 일치와 불일치의 종류들을 찾아볼 수 있다. 분명한 연대적, 역사적 이유가 없음에도 불구하고 세 복음서는 대체로 사건들을 같은 순서로 기록하지만, 각 복음서 기자는 다른

도표3: 공관복음의 병행구절: 예수께서 예루살렘을 보고 슬퍼하심

마태복음 23:37-39	누가복음 13:34-35
예루살렘아 예루살렘아 선지자들을 죽이고 네게 파송된 자들을 돌로 치는 자여 암탉이 그 새끼를 날개 아래 모음 같이 내가 네 자녀를 모으려 한 일이 몇 번이냐 그러나 너희가 원치 아니 하였도다 보라 너희 집이 황폐하여 버린바 되리라 내가 너희에게 이르노니 이제부터 너희는 찬송하리로다 주의 이름으로 오시는 이여 할 때까지 나를 보지 못하리라 하시니라	예루살렘아 예루살렘아 선지자들을 죽이고 네게 파송된 자들을 돌로 치는 자여 암탉이 제 새끼를 날개 아래 모음 같이 내가 너희의 자녀를 모으려 한 일이 몇 번이냐 그러나 너희가 원치 아니 하였도다 보라 너희 집이 황폐하여 버린바 되리라 내가 너희에게 이르노니 너희가 주의 이름으로 오시는 이를 찬송하리로다 할 때까지는 나를 보지 못하리라 하시니라

두 곳에서 볼 수 있는 사건을 생략하기도 하고 각자 고유의 사건을 기록하며, 어떤 사건은 다른 두 곳에 기록된 것과 다른 순서로 배열한다.

공관의 문제 뒤에 있는 질문은 다음과 같이 재구성될 수 있을 것이다. 세 복음서의 특징을 이루는 정확한 일치와 엄청난 차이점의 결합을 설명할 수 있는 최선의 가정은 무엇인가?

도표4: 공관복음에 기록된 사건들의 순서

사건의 나열	마태	마가	누가
예수님과 바알세블	12:22-37	3:20-30	**11:14-28**
요나의 표적	12:38-45	—	11:29-32
예수님의 모친과 형제들	12:46-50	3:31-35	**8:19-21**
씨 뿌리는 비유	13:1-9	4:1-9	8:4-8
비유로 말씀하시는 이유	13:10-17	4:10-12	8:9-10
씨 뿌리는 비유의 해석	13:18-23	4:13-20	8:11-15
가라지의 비유	13:24-30	—	—
등경위의 등불	—	4:21-25	8:16-18
몰래 자라는 씨의 비유	—	4:26-29	—
겨자씨의 비유	13:31-32	4:30-34	—
누룩의 비유	13:33	—	—
예수님의 비유로 말씀하심	13:34-35	—	—
가라지 비유의 해석	13:36-43	—	—
감추인 보물의 비유	13:44	—	—
진주의 비유	13:45-46	—	—
그물의 비유	13:47-50	—	—
집주인	13:51-52	—	—
폭풍을 잠잠케 하심	**8:18, 23-27**	4:35-41	8:22-25
거라사인의 귀신을 몰아냄	**8:28-34**	5:1-20	8:26-39
야이로의 딸을 고치심	9:18-26	5:21-43	8:46-50
나사렛에서 환영을 받지 못함	13:53-58	6:1-6a	**4:16-30**
열 두 제자를 모내심	**10:1-15**	6:6b-13	9:1-6
세례 요한의 목이 잘림	14:1-12	6:14-29	9:7-9
오천 명을 먹이심	14:13-21	6:30-44	9:10-17
물 위를 걸으심	14:22-36	6:45-56	—

② 주요 해결책들

공관 문제에 대한 해결책들의 수효는 이 문제에 대한 방대한 분량의 연구와 상상력이 풍부한 사고에 비례하지만,22) 여기서는 네 가지만 다루도록 한다.

---

22) 이 연구의 역사에 대한 완전한 기사들은 Werner Georg Kümmel, *The New Testament: The*

하나의 원복음서를 공통적으로 의존함. 1771년에 독일의 작가요 문학비평가인 레싱(G. E. Lessing)은 만일 각각의 공관복음들이 히브리어나 아람어로 기록된 하나의 원 복음서를 사용하였다면 공관복음서들의 관계를 설명할 수 있을 것이라고 주장했다.[23] 이러한 제안은 여러 사람들이 받아들였고, 아이히혼(J. C. Eichhorn)은 이것을 수정하여 공관복음의 자료로서 현재 존재하지 않는 몇 개의 복음서가 존재했으리라고 가정했다.[24] 1933년에 토레이(C. C. Torrey)가 그와 유사한 형태의 주장을 했지만,[25] 이 제안은 20세기에는 큰 호응을 얻지 못했다.

구두로 전해진 자료를 공통적으로 의존함. 레싱이 "원복음"(Ur-gospel)을 공관 문제의 해결책으로 제시한 후, 독일의 비평가 헤르더(J. G. Herder)는 공관복음이 그리스도의 생애에 대한 어느 정도 정리된 구전 자료를 의존한다고 보는 것이 더 타당하다고 주장했다.[26] 이 방법은 1818년에 가이슬러(J. K. L. Geisler)에 의해 더욱 발전되고 옹호되었으며,[27] 오늘날은 19세기만큼 많은 호응을 얻지는 못하지만[28] 아직도 일부 학자들의 지지를 받고 있다.[29]

History of the Investigation of Its Problems (New York: Abingdon, 1970), pp. 74-88, 144-61; Tom Wright, *The Interpretation of the New Testament*, 1861-1986(Oxford: Oxford University Press, 1988), pp. 112-36에서 찾아볼 수 있다. William Baird, *History of New Testament Research,* vol. 1*: From Deism to Tübingen* (Minneapolis: Fortress Press, 1992), 295-310. 최근의 연구에 관한 가장 훌륭한 기사는 다음과 같다: Craig Blomberg, "The Synoptic Problem: Where We Stand at the Beginning of a New Century," in *Rethinking the Synoptic Problem*, ed. David Alan Black and David R. Beck(Grand Rapids: Baker, 2001), 17-40.

23) G. E. Lessing, *Neue Hypothese über Evangelisten als blos menschlichliche Geschichtschreiber betrachtet*, nos. 24-49(1784).

24) J. E. Eichhorn, *Einleitung in das Neue Testament*(1984).

25) C. C. Torrey, *The Four Gospels* (New York: Harper, 1933). X. Léon-Dufour, "The Synoptic Gospels," in Robert/Feuillet, pp. 252-86도 보라. Léon-Dufour는 공관복음 저자들이 문학적인 수준에 있어서 독립적이며, 유사성은 구전과 아람어로 된 마태복음에 대한 의존 때문이라고 주장한다.

26) J. G. Herder, *Von der Regel der Zusammenstimmung unserer Evangelien* (1797).

27) J. K. L. Geisler, *Historisch-kritischer Versuch über die Entstehung und die frühesten Schicksale der schriftlichen Evangelien*(1818).

28) B. F. Westcott는 이 입장의 잘 알려진 대변인이다. 그의 *Introduction to the Study of the Gospels*, 8th ed.(London: Macmillan, 1985), pp.165-212를 보라.

29) John M. Rist는 마태복음과 마가복음의 유사성은 기록된 문서나 상호의존 가능성을 거론하지 않고서도 공통적인 구전전승 사용에 의해 설명될 수 있다고 주장했다(*On the Independence of Matthew and Mark*, SNTSMS 32 [Cambridge: Cambridge University Press, 1978]). Bo Reicke도 공관복음의 유사성은 공통적인 구전 전승의 사용 및 저자들 간의 개인적인 접촉에 기인한다고 했다(*The Roots of the Synoptic Gospels* [Philadelphia: Fortress, 1986]). Eta

점차 발달되어가는 단편 문서들을 공통적으로 의존함. 중요한 인물로서 논란의 대상이 되었던 신학자 슐라이어마허(F. Schleiermacher)는 초대 교회 안에는 복음서 전승의 여러 단편들이 존재하고 있었으며 그것들이 점진적으로 증대되고 통합되어 공관복음서를 이루었다고 주장했다. 이 논제는 현재는 그가 제시한 형태로 논의되고 있지는 않지만, 슐라이어마허는 파피아스(Papias)의 "로기아"(logia)[30]가 그러한 단편들 중 하나—예수님의 말씀 모음집—를 언급한다고 주장한 최초의 인물이다.[31]

공관 문제에 대한 해결책으로 상호의존설은 교회사 초기부터 거론된 것으로, 최근에도 신약학자들의 폭넓은 호응을 얻고 있다.

상호의존. 공관 문제에 대한 마지막 해결책은 복음서 기자들 중 둘이 복음서를 기록하면서 다른 하나의 복음서 혹은 두 복음서를 인용했다는 것이다. 이러한 견해는 현존하지 않는 다른 자료들의 사용 자체를 부인하지 않으면서 마지막 문학 단계에서 다른 복음서를 인용했다고 보는 것이 공관복음서의 유사성을 설명할 수 있다고 주장한다. 이 해결책은 교회사 초기부터 거론된 것으로(예를 들면, 어거스틴), 최근에도 신약학자들의 폭넓은 호응을 얻고 있다. 1세기 유대인들이 전승들을 구두로 정확하게 전할 수 있었던 능력을 경시하지 않더라도, 이미 위에서 예를 들었던 헬라어 원문에서의 일치의 정도를 구전 전승만 의지하여 설명할 수는 없는 듯하다.[32] 이와 관련하여, 로버트 스타인(Robert Stein)은 마가복음 13:14=마태복음 24:15에 관심을 두는데, 여기에서 각각의 복음서 기자들은 독자에게 설명적인 논평을 제공한다.[33] 또한 적어도 누가는 자신이 복음서를 기록하면서 성문화 된

Linnemann은 공관복음서들의 유사성은 실제의 사건들과 말을 생생하고 정확하게 기억한 데 기인하는 것으로 설명할 수 있다고 생각한다(*Is There a Synoptic Problem? Rethinking the Literary Dependence of the First Three Gospels* [Grand Rapids: Baker, 1992]). Robert L. Thomas and F. David Farnell, eds., *The Jesus Crisis: The Inroads of Historical Criticism into Evangelical Scholarship* (Grand Rapids: Kregel, 1998), esp. chap. 1, "The Synoptic Gospel in the Ancient Church," by Thomas and Farnell' chap. 3, "Source Criticism: The Two Source Theory," by Thomas R. Edgar; and chap. 6, "Redaction Criticism," by Thomas을 보라.

30) Eusebius *H.E.*3.39.16, 그리고 이 책 제3장에서 논의되는 것을 참조하라.

31) F. Schleiermacher, über die Zeugnisse des Papias von unseren ersten beiden Evangelien," *TSK* 5(1832):335-68)을 보라.

32) F. Gerald Downing은 요세푸스가 자료들을 문자 그대로 인용한 적이 거의 없음을 주시했다. 만약 이런 경향을 공관복음 저자들에게서 찾아 볼 수 있다면, 설명이 필요한 것은 차이점들이 아니라 유사점들이다("Redaction Criticism: Josephus' *Antiquities* and the Synoptic Gospels," *JSNT* 8 [1980]:33).

33) Robert Stein, *The Synoptic Problem: An Introduction* (Grand Rapids: Baker, 1097), p. 43. 많은 예로 가득 찬 스타인의 이 문제에 관한 논문에서는 많은 예를 들고 있으며, 공관복음의 상호의

자료들을 사용하였음을 분명히 한다(1:1-4).

셈어 원복음설도 복음서의 헬라어 본문의 놀라운 일치를 설명하는 데 있어서 동일한 어려움에 직면한다. 각기 독립된 번역자들이 그렇게 많은 곳에서 똑같은 단어로 번역할 수 있겠는가? 확실히, 이 세 복음서의 자료로서 방대한 헬라어 원복음이 있었다고 가정할 수 있을 것이다. 그러나 이러한 가설도 다음 세 가지 문제에 직면하게 된다. 첫째, 그 가설이 사실이라면 초기 기독교 문헌에서 어딘가에 헬라어로 그와 같이 중요한 작품이 언급되었을 것이라고 기대하게 되는데, 실제로는 그러한 언급이 없다. 둘째, 만일 그렇게 중요한 문서가 이미 존재했다면, 세 공관복음서의 기원을 설명하기가 더욱 어려워진다. 셋째, 하나의 포괄적인 가설로 간주될 때, 이 이론으로는 공관복음서들의 차이점들을 설명하기 어렵다.

③ 상호의존설

공관복음서들의 문학적 상호 의존의 요소를 포함하는 이론으로만 자료들을 설명할 수 있다. 제기되는 이론들의 실행 가능성을 결정하는 데 있어서 중요한 역할

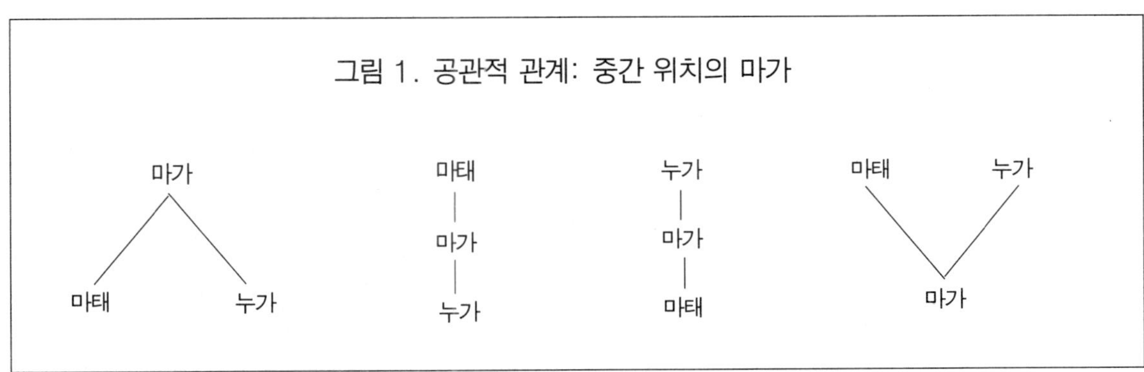

을 하는 것은 사역의 사건들을 기록하는 순서에 있어서의 복음서들의 관계이다. 현 시점에서, 공관복음의 순차적인 배열에 대한 연구는 매우 중요한 사실을 발견하게 해 준다. 사건들의 순서에 있어서 마태복음과 마가복음은 일치하지만 누가복음과는 어긋나는 부분이 자주 있고, 누가복음과 마가복음은 일치하면서 마태복음과

존에 대해 상세하게 변호한다(pp. 29-44).

는 어긋나는 부분이 자주 있지만, 마태복음과 누가복음이 일치하면서 마가복음과 어긋나는 부분은 하나도 없다. 이것은 위의 도표 4를 보면 자세히 알 수 있다. 소위 천국 비유라고 불리는 것 직전에 예수님께서 바알세불의 이름으로 귀신을 쫓아낸다는 비난을 받는 사건을 기록한 순서에 있어서 마태복음과 마가복음은 일치하지만 누가복음과는 일치하지 않는 것, 그리고 이 비유 직후에 폭풍을 잠잠케 하시고 귀신들린 거라사 사람을 고치신 사건을 기록한 순서에 있어서 누가복음과 마가복음은 일치하지만 마태복음과는 일치하지 않는 사실을 주목하라. 그러나 마태복음과 누가복음이 일치하면서 마가복음과는 일치하지 않는 곳이 없다. 다시 말해, 마

그림 2. 공관적 관계: 마태복음과 누가복음의 상호의존

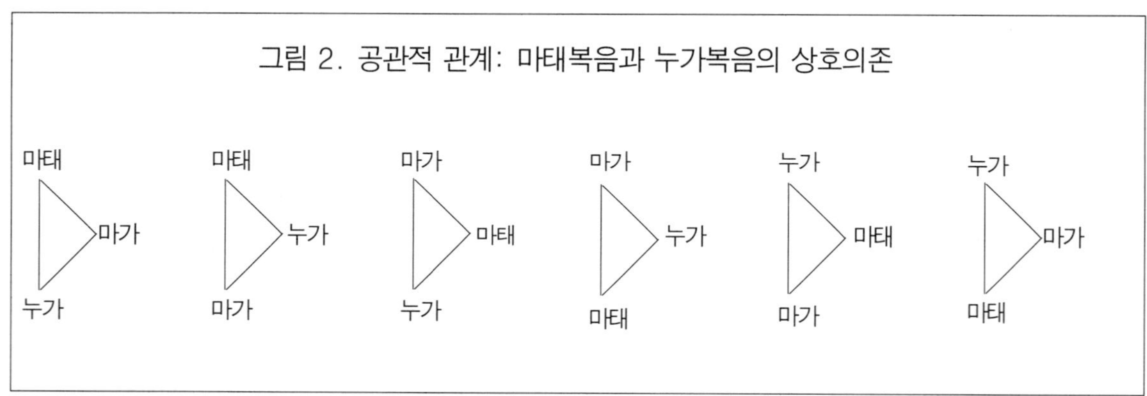

가는 어디에서도 다른 두 복음서와 일치하지 않는 순서를 따른 적이 없다(그러므로 마가복음을 인용한 부분에는 볼드체로 표시된 부분이 없다. 이러한 현상은 공관복음의 관계의 본질에 있어서 중요한 논쟁을 불러일으키는데, 그것은 "순서에 따른 논쟁"이다. 마태복음과 마가복음과 누가복음의 관계의 구조에서 마가복음이 중간 위치를 차지해야 할 것을 요구하는 것처럼 보인다. 다시 말해, 마가복음은 마태복음과 누가복음보다 먼저 기록되었든지, 아니면 그 중간에 기록이 되었는지, 아니면 제일 나중에 기록이 되었든지, 어쨌든 마태복음과 누가복음 모두와 관계를 가지고 있다는 것이다. 그림 1이 네 가지 가능성을 보여준다.

이 각각의 도식들은 순서의 현상을 설명해 줄 수 있다. 또한 각기 마가복음을 사용한 마태복음과 누가복음 사이에 관계가 있을 수 있다는 가능성을 배제할 수 없다. 비록 마지막에 기록한 복음서 기자가 서로 일치하는 한 나머지 두 복음서의 순서를 따랐을 것이라고 전제하지만, 순서에 따른 논쟁은 마태복음과 누가복음이

서로 의존했을 가능성을 배제하지 않는다. 따라서 그림 2에서 보는 대로 여섯 가지의 또 다른 가능성을 생각해 볼 수 있다.

그 질문에 대한 연구의 역사에서 위의 열 가지 도식 중 셋만이 지지를 받아왔다.

어거스틴의 제안. 이 제안의 명칭은 제일 먼저 주장한 북아프리카의 신학자의 이름을 따른 것으로서, 마태복음이 제일 먼저 성문화 된 복음서이고 마가복음이 마태복음을 인용했고, 마지막으로 누가복음이 마태복음과 마가복음을 인용했다고 주장한다.[34] 이것은 19세기까지 공관복음의 문학적 관계를 연구하는 사람들의 표준적 견해였으나, 많은 사람들이 다른 제안들을 선호하기 시작했다. 어거스틴의 제안은 몇 명을 제외하고는 현대 학자들의 지지를 얻지 못하고 있다.[35]

두 복음설. 그리스바흐(J. J. Griesbach)는 공관복음서에 대한 비판적 접근의 일부로서 마태복음이 처음으로 기록되었다는 데 동의하면서도 누가복음이 두 번째로 기록되었으며 마가복음은 마태복음과 누가복음을 의존한다고 주장했다.[36] 두 자료설(two-source hypothesis)과 구분하기 위해서 두 복음설(Two-Gospel hypothesis)이라고 명칭을 붙인 이 제안은 지난 30년 동안 새로운 관심을 상당히 끌어 모았다.[37]

---

34) Augustine, *The Harmony of the Gospels* 1,2, in *NPNF 2* Vol.6.

35) B. C. Butler, *The Originality of St. Matthew: A Critique of the Two-Document Hypothesis* (Cambridge: Cambridge University Press, 1951); D. J. Chapman, Matthew, *Mark, and Luke: A Study in the Order and Interrelation of the Synoptic Gospels,* ed. John M. T. Barton (London: Longmans, Green, 1937)을 보라. John Wenham은 독립성을 강조하지만 비슷한 주장을 한다(*Redating Matthew, Mark, and Luke: A Fresh Assault on the Synoptic Problem* [Downers Grove: IVP, 1992]).

36) J. J. Griesbach, *Commentatio qua Marci Evangelium totum e Matthaei et Lucae Commentariis deserptum esse monstratur*(마가복음은 전적으로 마태복음과 누가복음에 대한 주석에서 비롯된 것임을 보여주는 논문)(1789). Griesbach의 이 주장은 이미 H. P. Owen에 의해 1764년에 주장된 바 있다(*Observations of the Four Gospels*).

37) 특히 William Farmer, *The Synoptic Problem: A Critical Analysis* (New York: Macmillan, 1964); Hans Herbert Stoldt, *History and Criticism of the Marcan Hypothesis* (Macon, Ga: Mercer University Press, 1980); William Farmer, ed., *New Synoptic Studies: The Cambridge Gospel Conference and Beyond* (Macon: Mercer University Press, 1983)를 보라. 이 가정을 지지하는 중요한 논문들과 반대하는 중요한 논문들의 모음은 Arthur J. Bellinzoni, Jr., ed., *The Two Source Hypothesis: A Critical Appraisal* (Macon: Mercer University Press, 1985)에서 볼 수 있다. David Dungan은 두 자료 설이 학문적인 이유보다는 철학적이고 정치적인 이유에서 채택되었다고 주장한다

두 자료설. 두 복음설에서는 마태복음과 누가복음이 마가복음의 기초가 되었다고 보는 반면, 두 자료설은 마태와 누가가 각기 마가복음과 현재 존재하지 않는 예수님의 교훈 모음인 Q자료를 사용하였다는 것이다. 완전한 두 자료설은 1838년 와이즈(C. H. Weise)가 개진했지만,[38] 마가복음 우선설을 처음으로 주창한

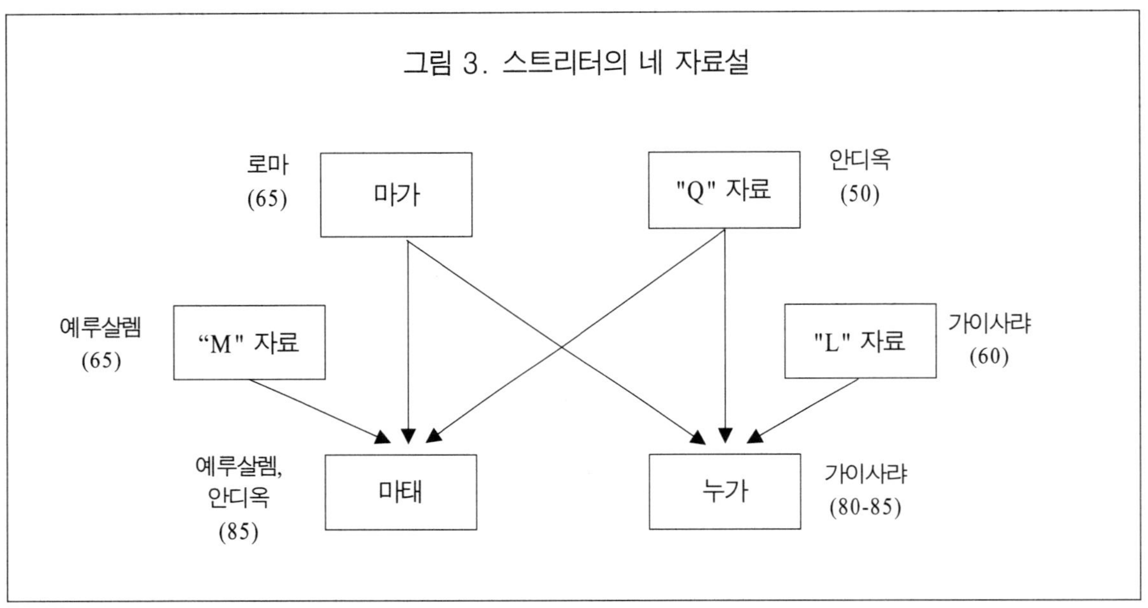

사람은 1830년대에 서로 교류가 없었던 것으로 보이는 라흐만(Karl Lachmann)과 윌키(C. G. Wilke)이다. 현재의 명칭이 주어진 것은 1863년 홀츠만(H. J. Holtzmann)의 논문 제목에서였다.[39] 마침내 자료 비평의 최고점이라고 할 수 있는 『사 복음서: 기원에 대한 연구』(1924)[40]에서, 스트리터(B. H. Streeter)는 마가복음과 Q자료 외에 다른 두 자료, 즉 마태복음에는 "M", 누가복음에는

---

38) Karl Lachmann, "De Ordine narrationum im Evangeliis synopticis," *TSK* 8 (1835): 570-90; C. G. Wilke, *Der Urevangelist oder exegetisch-kritische Untersuchungen über das Verwandtschaftsverhältniss der drei ersten Evangelien* (1838); C. H. Weiss, *Die evangelische Geschichte kritisch und philosophisch bearbeitet* (1838).

39) H. J. Holtzmann, *Die synoptische Evangelien: Ihr Ursprung und ihr geschichtlicher Charakter* (1863).

40) B. H. Streeter, *The Four Gospels: A Study of Origins*(London: Macmillan, 1924).

"L"이라는 자료가 존재할 가능성을 시사했는데, 이 "네 자료설"은 자료비평을 통하여 복음서의 기원에 대한 포괄적인 설명을 제시하기 위한 시도였다. 스트리터는 그의 자료들의 출처와 연대까지 제시했는데, 그의 제안은 그림 3과 같이 그려볼 수 있다.

스트리터는 자료비평을 그 학설이 갈 수 있는 한계까지 끌고 갔으며, 한동안 그의 논문이 이 학파의 마지막 역작이기도 했다. 그의 제안의 세부 항목에까지 모든 사람들이 동의하는 것도 아니며, 대부분의 현대 복음 비평가들은 M자료와 L자료를 기록된 문서로 보는 것이나 그가 도달한 연대적·지리적 결론에 대해 회의적이지만(일부 학자들은 M과 L을 단순히 마태복음과 누가복음의 독특한 자료를 나타내는 데 사용한다), 대부분의 학자들은 스트리터와 그의 선진들이 대체로 두 자료설을 충분히 입증했다고 보았으며, 복음서에 대한 이러한 설명은 일반적으로 편집비평가들처럼 복음서의 다른 면을 연구하는 학자들에 의해서 수용되어왔다.

그러나 위에서 살펴본 대로, 이 가설은 더 이상 지지를 받지 못하고 있다. 두 자료설은 지난 30년 동안 그리스바흐의 제안 혹은 두 복음설"의 지지자들이나 마가복음 우선설을 주장하면서도 Q자료의 본질이나 존재 여부에 의문을 던지는 많은 학자들에 의해 비판을 받아왔다. 이러한 도전들이 복음의 기원에 대한 지나치게 단순하고 교리적인 재구성에 주의를 요하도록 했다는 점에서는 매우 유익한 영향을 끼쳤다고 볼 수 있다. 두 자료설은 "학문의 확실한 결과"라는 명예를 상실했다. 그럼에도 불구하고, 엄격히 말해서 두 자료설은 자료들에 대한 최선의 설명으로 남아 있다. 다음에서는 두 자료설의 두 자료를 뒷받침하는 증거와 반대하는 증거들을 살펴보려 한다.

④ 마가복음 우선설

19세기까지 대부분의 기독교인들은 마태복음이 가장 먼저 기록되었다고 여겼다.[41] 로마 가톨릭 교회의 공식적인 입장이 된 이 전통은 유세비우스에 의해 인용된 2세기의 파피우스의 증언의 지지를 받고 있다는 점에서 존중되어야 한다. 그러나 그것이 문제를 해결하지는 못한다. 많은 사람들은 마태가 공관복음 기자들 중 유일한 사도라는 부적절한 근거에서 마태복음에 우선권을 주었다. 또 마가가 베드로의 설교를 기초로 해서 복음서를 기록했다고 주장하는 강력한 전승(마가복

41) Zahn 2:392-96의 개관과 William Farmer, *Jesus and the Gospel* (Philadelphia: Fortress, 1982), pp.13-110을 보라.

음의 서론을 보라)은 마가가 마태복음을 의존했을 가능성을 더욱 희박하게 만든다. 누가복음 우선설은 거의 논의되지 않으므로,[42] 마태복음 우선설을 대신할 수 있는 것은 마가복음 우선설이다. 많은 학자들은 마가복음이 마태복음과 누가복음의 근거가 된다고 확신한 이유는 무엇일까? 다음은 가장 중요한 논거들이다.[43]

마가복음의 간결성. 마가복음은 누가복음이나 마태복음보다 매우 짧다. 마태복음에 18,293 개의 단어, 누가복음에 19,376 개의 단어가 기록된 반면, 마가복음에는 11,025 개의 단어가 기록되어 있다. 물론 간결성 자체가 마가복음 우선설의 증거가 되는 것은 아니다(짧은 것이 반드시 오래된 것이라고 증명될 수 없다). 그러나 누가복음, 그리고 특히 마태복음과의 긴밀한 관계에서 볼 때는 간결성이 증거가 될 수도 있다. 마가복음의 단어 중 97 퍼센트가 마태복음에 있고, 누가복음의 88 퍼센트가 누가복음에 똑같이 기록되어 있다.[44] 그러므로 마태와 누가가 마가복음의 자료를 차용하여 자신의 자료와 합했다고 보는 것이, 마가가 누가복음과 마태복음의 자료를 생략하고 간추렸다고 보는 것보다 더 논리적이다. 두 복음설의 지지자들이 주장하는 대로, 마가가 마태복음과 누가복음을 정교하게 요약했다고 주장할 수 있다.[45] 그러나 산상수훈, 탄생 이야기들, 부활하신 주님이 나타나신 것 등은 생략하면서 이러한 다른 복음에서 취한 이야기들을 늘여서 기록한다는 것은 이상한 요약일 것이다. 이 논거를 간단하게 표현한다면, "마가복음이 먼저 기록되었다면, 마태복음이 기록된 이유를 알 수 있다. 그러나 마태복음이 먼저 기록되었다면, 마가복음이 왜 필요했는지 알 수 없다."[46]

---

42) R. L. Linsey, "A Modified Two-Document Theory of the Synoptic Dependence and Interdependence," *NovT* 6(1963): 239를 보라.

43) 보다 상세한 내용과 다른 논거들을 보려면, Kümmel, *The New Testament*, 56-63; Stein, *Studying the Synoptic Gospels*, 49-96; Joseph A. Fitzmyer, "The Priority of Mark and the 'Q' Source in Luke," in *Jesus and Man's Hope* (Pittsburgh: Pittsburgh Theological Seminary, 1970), 1:131-70; Scot McKnight, "Source Criticism," in *Interpreting the New Testament*, ed., David Black and David Dockery (Nashville: Broadman and Holman, 2001), 74-105를 보라.

44) 이 통계는 Stein, *Studying the Synoptic Gospels*, 48에 수록된 것이며, 스타인은 다음의 책을 인용하고 있다: Joseph B. Tyson and Thomas R. W. Longstaff, *Synoptic Abstract*, The Computer Bible 15(Wooster, Ohio: College of Wooster,1978), 169-71.

45) 예를 들면, David L. Dungan, "The Purpose and Provenance of the Gospel of Mark According to the Two-Gospel(Owen-Griesbach) Hypothesis," in *New Synoptic Studies*, pp. 411-40.

46) G. M. Styler, "The Priority of Mark," in Moule, p. 231.

복음서들의 문자적 일치. 앞에서 본대로, 세 공관복음의 많은 부분이 문자 그대로 크게 일치한다. 그러나 주의 깊게 살펴보면, 세 복음서의 기사가 모두 일치하는 부분이 있고(도표 2 에서처럼), 마태복음과 마가복음, 누가복음과 마가복음이 일치하는 곳은 있지만 ,마태복음과 누가복음이 일치하는 곳은 거의 없다. 순서를 근거로 하는 논증에서와 마찬가지로, 이 현상은 마가복음이 세 복음서의 중간항일 때에만 설명이 가능하다. 그러나 마가복음이 제일 먼저 기록되지 않았다면, 설명이 더욱 어려워진다. 왜냐하면 다른 가설을 사용하려면, 훨씬 더 정교하고 비현실적인 구성 방법에 의존해야 하기 때문이다.[47] 어거스틴의 이론에 따르면, 누가는 거의 항상 마태복음보다는 마가복음의 단어들을 사용했다고 보아야 하고, 두 복음설에 따르면, 마가는 자기 자신의 단어는 거의 사용하지 않았다고 보아야 한다. 이것은 가능한 견해이기는 하지만, 두 가지 과정 모두 대안보다는 가능성이 희박하다.

사건들의 순서. 공관복음서에서 사건들의 순서를 비교해보면 문자적 일치에 대해서 관찰되는 것과 비슷한 상황이 드러난다: 즉, 마태복음과 누가복음이 일치하면서 마가복음과는 일치하지 않는 곳이 없음을 발견한다. 이러한 현상은 라흐만(Lachmann)에 의해 알려졌는데, 그는 마가복음이 먼저 기록되었다면 이 상황을 가장 훌륭하게 설명할 수 있다고 주장했다. 문자적인 일치와 마찬가지로, 순서의 현상도 다른 가설들에 의해 설명될 수 있다. 예를 들면, 누가는 마태와 의견을 달리하면서 마가복음의 순서를 따르기로 작정했거나(어거스틴 가설의 설명), 아니면 마가는 마태복음과 누가복음이 일치하는 곳에서 절대로 그에 어긋나는 기록을 하지 않기로 결심했으리라는 가설 등이다. 그러나 이 경우도 마가복음 우선설이 복음서 기자 중 한 사람이 가능성이 없는 구성 과정을 취했다고 주장하는 것보다 자연스럽다.

마가복음의 원시적이고 서투른 문체. 마가복음이 마태복음과 누가복음보다 문법적으로 불규칙하고 구성이 어색하다는 데에는 학자들이 대체로 동의하는데, 이것은 마가복음 우선설에 유리하다. 왜냐하면 후대의 저자들이 그러한 불규칙하

---

47) David J. Neville (*Mark's Gospel: Prior of Posterior? A Reappraisal of the Phenomenon of Order*, JSNTSup 222[Sheffield: Sheffield Academic Press, 2002])을 보라. 그는 순서에 대한 논증은 방법론적으로 매우 정확하게 이루어져야 하며 그것이 반드시 마가복음의 우선성을 지지하는 것은 아니라고 주장한다.

고 서툰 부분들을 수정하여 문체를 부드럽게 하는 것이 일반적인 경향이었을 것이기 때문이다(비슷한 기준이 본문비평에서도 사용된다). 또 마가복음은 누가복음이나 마태복음의 비슷한 구절에서 사용하는 것보다 더 많은 아람어를 사용하고 있다. 마가복음에서 자신의 자료에 기초를 두지 않은 채 헬라어를 사용하는 독자들이 이해하지 못할 아람어 표현을 추가한 이유를 이해하기보다는 미태복음과 누가복음에서는 헬라어를 사용하는 독자들이 이해하지 못할 아람어 표현들을 삭제하거나 번역한 이유를 알기가 더 쉽다고 주장된다.

마가의 원시적인 신학. 많은 학자들은 마태복음이나 누가복음보다는 마가복음에 신학적으로 난해한 진술들이 많다고 보는데, 이것은(이것 역시 유사한 본문비평의 원리이다) 마가복음이 가장 먼저 기록되었음을 암시한다. 예를 들자면, 나사렛 사람들의 불신 때문에 예수께서 더 이상 기적을 행하실 수 없었다고 기록한 마가복음 6:5이다. 비슷한 구절에서, 마태는 예수께서 "거기서 기적을 많이 행치 않으셨다"고 기록한다(마 13:58). 마태가 예수님의 기적 능력에 대해 문제를 삼을 수 있는 가능성을 배제했다고 보는 것이 마가가 그것을 더했다고 보는 것보다 더 합리적이다. 이 논거는 어느 정도 비중이 있지만 위의 논거들만큼 결정적인 것은 아니다. 우리는 어느 복음서 기자가 더 어려운 진술을 하는가에 대해서 논의할 뿐만 아니라 각 복음서 기자들의 구성 목적과 신학의 영향도 고려해 보아야 한다. 이것은 누가 누구의 것을 인용하였는가 하는 문제에 대한 확신을 더욱 어렵게 만든다. 편집비평가들이 마태복음이 마가복음을 의존했다고 보는 것이 그 반대로 보는 것보다 더 타당하다고 여기는 논리에 대해서도 똑같은 반론이 제기될 수 있다. 적어도 몇 가지 관점에서 보면, 이에 대해 일치하지 않을 수 있지만,[48] 마태복음 우선설을 전제로 하는 편집에 관한 연구가 거의 없다는 것은 대부분의 자료들이 한쪽으로 치우치게 됨을 의미한다.

이 논거들은 모두가 동일한 비중을 차지하는 것은 아니지만, 이것들을 종합하면 마태와 누가가 각기 자신의 복음서를 기록하면서 마가복음을 사용했다고 생각할 수 있다.

---

48) 예를 들면, David Wenham, "The Synoptic Problem Revisited: Some New Suggestions About the Composition of Mark 4:1-34," *TynB* 23(1972):3-38.

⑤ Q 자료

위에서 본 대로, 슐라이어마허는 복음서들의 자료로서 예수님의 말씀 모음집의 존재를 처음으로 가정한 사람이다. 바이제(Weisse)는 그의 제안을 두 자료설의 두번째 주요 자료로 채택했다. 슐라이어마허와 마찬가지로, 일부 비평가들은 파피아스(Papias)가 로기아(logia)에 관한 그의 유명한 진술에서 이 문서를 언급한다고 생각하지만, 이것은 의심의 여지가 있다. 19세기 말엽에 이 자료는 "Q" 자료로 알려지게 되었는데, 그 방법과 장소에 대해서는 논란이 있다.[49] 마가복음 우선설의 지지자들은 대부분 Q자료와 같은 말씀 모음집이 마태와 누가에 의해 사용되었으리라고 생각한다.

성문화 된 예수님의 말씀 모음집이 있을 것이라고 가정하는 이유는 마태복음과 누가복음에 마가복음에서는 찾아볼 수 없는 대략 250개의 공통된 구절이 있기 때문이다. 이 자료 전체는 아니지만 거의 대부분은 예수님의 가르침에 관한 것들로서, 많은 구절들이 헬라어로 기록된 일반적인 자료가 있었음을 긍정하게 할 만큼 문자적으로 일치한다(도표 3을 참조하라). 이러한 현상에 대한 가장 간단한 설명은 한 복음서가 다른 복음서에 의존했다고 보는 것이다. 이 경우에 문제는 마태복음과 누가복음이 사건들의 순서에 있어 일치하지 않고 일반적으로 문자적으로도 일치하지 않는 부분들이 있다는 것이다. 이러한 요소들은 마태와 누가가 서로 상대방의 것을 사용하지 않았다는 것, 그렇기 때문에 또 다른 문서가 필요함을 강력히 시사하고 있다.[50] 이러한 가설의 자료를 재구성하기 위해 많은 노력이 행해져왔으며, 사람들이 이 가설을 얼마나 확신을 가지고 받아들였는지는 『Q자료의 신학』(*A Theology of Q*)[51]이라는 제목의 책이 출판된 것으로도 측정될 수 있을 것이다. 심지어 어떤 학자들은 Q 자료가 최초의 "복음서"로서 예수님에 대한 가장 신빙성이 있고 오래된 묘사를 제공한다고 주장한다.[52] 이러한 주장들에도 불구하고, Q

---

49) 이 명칭은 종종 독일어 *Quelle* (자료)의 첫 글자에서 비롯된 것이라고 본다. John J. Schmidt, "In Search of the Origin of the Siglum Q," *JBL* 100(1981):609-11을 보라.

50) 특히 James M. Robinson, Paul Hoffmann, and John Kloppenborg, *The Critical Edition of Q* (Minneapolis: Fortress Press, 2000)를 보라. 또 전체적인 개론을 제공하는 A. Polag, *Fragmenta Q: Texthelf zur Logienquellw*, 2nd ed.(Neukirchen-Vluyn: Neukirchener, 1982); Brown, 118-19를 참조하라.

51) Richard A. Edwards, *A Theology of Q* (Philadelphia: Fortress, 1976).

52) 예를 들어, Burton L. Mack, *The Lost Gospel: The Book of Q and Christian Origins* (San Francisco: Harper, 1993)를 보라.

자료에 대해서는 논란이 있다. 다음에서는 이 가설을 찬성하는 논거와 반대하는 논거들 중 몇 가지에 대해 다루려 한다.

비-마가복음 자료 안의 문자적 일치에 대한 논거 외에도 Q자료의 존재를 지지하는 세 가지 주요한 논거가 있다.

순서의 일치. 많은 학자들이 비-마가복음 자료에서 마태복음과 누가복음과 동일한 순서를 발견해 냈다(종종 이중 전승이라고 한다).[53] 이처럼 순서가 비슷한 것은 하나의 성문화 된 문서의 존재를 뒷받침하는 논거가 된다. 그러나 순서의 일치는 아주 분명하지는 않기 때문에 이 논거에는 한계가 있다.[54]

마태복음과 누가복음의 이중 기사. "이중 기사"(doublet)란 한 복음서에 두 번 이상 등장하는 기사를 의미한다. 문제의 복음서 기자가 한 곳에서는 마가복음을 따르고, 다른 곳에서는 Q 자료를 따랐기 때문에 이러한 현상이 발생한다는 주장이다. 그 한 예가 누가복음 8:17과 12:2에 "숨은 것은 장차 드러나지 않을 것이 없고 감추인 것이 장차 알려지고 나타나지 않을 것이 없느니라"라고 하신 예수님의 말씀이다. 누가복음 8:17의 병행 구절은 마가복음 4:22에만 있고, 12:2의 병행구절은 마태복음 10:26에 있는데, 이는 누가가 처음 것은 마가복음에서 취하였고, 두 번째 것은 Q자료에서 취했기 때문이라고 가정된다.[55] 이러한 이중 기사는 마가복음 외에 공통으로 사용된 다른 자료가 존재했음을 암시하지만, Q자료가 성문화된 유일한 자료였다는 것을 보여 주기에는 충분치 못하다.

Q자료의 상이한 배치. 마태복음과 누가복음에 있는 비-마가복음 자료는 각기 다른 문맥에 배치되어 있다. 마태는 주로 다섯 개의 위대한 설교 안에 모아 놓았고, 누가는 복음서 전체에 분산시켜 놓았다(주로 6:20-8:3과 9:51-18:14에). 이 현상은 누가가 마태복음을 사용하고 있다기보다는 두 사람이 각기 하나의 공통된 자료를 사용했다고 보아야 설명이 용이하다.

이러한 논거들은 많은 학자들로 하여금 마태와 누가가 하나의 비-마가복음 전

---

53) 예를 들어, Kümmel, *The New Testament*, 65-66; Joseph A. Fitzmyer, *The Gospel according to Luke* I-IX, AB(Garden City, N.Y.: Doubleday, 1981), pp. 76-81을 보라.

54) Stein, *Synoptic Problem*, p.107.

55) 이 문제에 관해서는 John C. Hawkins, *Horae Synopcticae* (Oxford: Clarendon, 1909), pp. 80-107을 보라.

승에 접했을 것임을 믿게 해준다. 아마 대부분의 학자들은 Q자료가 성문화 된 하나의 문서라고 생각할 것이다.[56] 그러나 이에 동의하지 않는 학자들도 있다. 그들은 Q자료는 성문화 된 단편들의 시리즈, 또는 구전 전승과 성문화 된 전승의 복합체라고 생각하려 한다.[57] 그러나 또 다른 학자들은 누가가 마태복음을 사용했다고 생각하는 것이 훨씬 단순하다고 주장하면서, 그러한 전승의 존재를 가정해야 할 필요성에 대해 의문을 제기한다. 마태복음에 대한 누가의 지식은 마가복음 우선설의 증거들을 많이 해치기 때문에, Q자료의 존재를 부인하는 사람들은 대체로 마가복음 우선설도 부인한다.[58] 그러나 마가복음 우선설과 누가의 마태복음 의존설을 동시에 주장하는 학자들도 있다.[59]

누가가 마태복음을 사용했다는 설을 지지하면서 결과적으로 두 자료설 전체를 부인하는 가장 강력한 논거는 마태복음과 누가복음이 서로 일치하면서 마가복음과는 일치하지 않는 작은 부분들의 존재이다. 그것들은 특정 구절이나 말씀의 순서, 그리고 어법의 일치 등이다.[60] 만일 누가와 마태가 서로 상대방의 것을 사용하

56) 예로, David Catchpole, The Quest for Q(Edinburg: T.&T. Clark, 1993); C. M. Tuckett, Q and the History of Early Christianity(Peabody: Hendricson, 1996)를 보라.

57) 예를 들어 Maurice Casey는 적어도 아람어로 기록된 많은 성문화 된 자료들이 있었다고 가정한다(*An Aramaic Approach to Q: Source for the Gospels of Matthew and Luke*, SNTSMS 122 [Cambridge: Cambridge University Press, 2002]). 비평적 견해로는 Peter M. Head and P. J. Williams, "Q Review," *TynB* 54(2003): 131-44을 보라.

58) 특히 John Drury, *Tradition and Design in Luke's Gospel: A Study in Early Christian Historiography* (Atlanta: John Knox, 1976), 120-73; Allan J. McNicol, David L. Dungan, and David B. Peabody, *Beyond the Q Impasse: Luke's Use of Matthew* (Valley Forge: Trinity Press International, 1996)를 보라.

59) 특히 Mark Goodacre, *The Case Against Q: Studies in Markan Priority and the Synoptic Problem* (Harrisburg: Trinity Press International, 2002); idem, *The Synoptic Problem: A Way Through the Maze* (New York: Sheffield Academic Press, 2001)을 보라. Goodacre를 옹호한 것으로는 Paul Foster, "Is It Possible to Dispense with Q?" *NovT 45* (2003): 313-37을 보라. Michael D. Goulder, *Luke: A New Paradigm*, 2 vols.; JSNTSup 20(Sheffield: JSOT Press, 1989); Austin Farrer, "On Dispensing with Q" in *Studies in the Gospels: Essay in Memory of R. H. Lightfoot*, ed. D. E. Nineham(Oxford: Blackwell, 1955), 55-88도 보라. 일부 학자들은 마태가 누가복음을 의존했다고 주장하기도 하는데, 그 예를 들면 다음과 같다: R. V. Huggins, "Matthean Posteriority: A preliminary Proposal,: *NovT* 34(1992): 1-22; cf. Martin Hengel, *The Four Gospels ad the One Gospel of Jesus Christ* (Harrisburg: Trinity Press International, 2000), 169-207.

60) 이렇게 서로 일치하는 부분들의 수효에 대해서는 논란이 되고 있다. 다음을 보라: Franz Neirynck, *The Minor Agreements of Matthew and Luke Against Mark, with a Cumulative List*, BETL 37(Louvain: Louvain University Press, 1974); Georg Strecker, ed., *Minor Agreements: Symposium Göttingen 1991*(Göttingen: Vandenhoeck & Ruprecht, 1993); Andreas Ennulat, *Die "Minor Agreements": Untersuchungen zu einer offenen Frage des synoptischen*

Q자료와 같은 자료는 비-마가복음 자료 안에 있는 마태복음과 누가복음의 일치에 대한 최선의 설명이 된다.

지 않았다면, 이것들을 어떻게 설명할 수 있겠는가? 이에 대한 설명을 시도할 것인가의 여부는 누가가 마태복음을 알지 못했다는 논거를 우리가 얼마나 확신하는가에 달려 있다. 만일 이러한 논거들의 힘을 인정한다면, 몇 가지 설명이 가능하다: (1) 마태복음과 누가복음의 일치는 Q자료를 공통적으로 사용한 결과이며, 마가복음과 Q자료의 내용이 중복되었다; (2) 마가복음이 동일한 방식으로 우연히 편집되었다; (3) 복음서의 기사들을 일치시키려는 필사자들의 의도에서 비롯된 본문의 개악(改惡); (4) 마가복음과 중복되는 구전 전승의 공통된 사용.[61]

이와 같은 일치점들은 복음서 기원의 역사가 단일 자료설에 의해서 설명할 수 있는 것보다는 훨씬 더 복잡한 것임을 보여준다.[62] 그러나 그것들이 두 자료설을 지지하는 상황의 힘을 파괴하지는 않는다. Q자료와 같은 자료는 비-마가복음 자료 안에 있는 마태복음과 누가복음의 일치에 대한 최선의 설명이 된다. 적어도 Q자료가 어느 정도는 성문화 되어 있었을 것이 거의 확실하다. 그러나 우리는 하나 이상의 성문화 된 자료, 그리고 구전 전승들의 혼합물이 존재했을 가능성도 배제해서는 안 된다.[63]

⑥ 원복음설

부분적으로 두 자료설의 결함을 채우기 위해서, 여러 학자들은 초대 교인들의 증언 때문에, 그리고 내용상의 증거 때문에, 각 공관복음의 원본이 있었을 것이라고 가정한다. 최초로 두 자료설을 주창한 라흐만은 원 복음이 존재한다는 전제하에 마가복음이 원본에 가장 가깝다고 주장했다. 일부 현대 학자들은 마태복음과 누가복음의 기자들이 정경적인 마가복음을 사용하고 있었다고 볼 때에 설명하기 어려운 몇 가지 요소들과 작은 일치점들의 문제가 마태복음과 누가복음에 있음에 주목하면서 이들 중 한 사람, 또는 두 사람 모두가 마가복음의 옛 판을 사용했을 수 있다고 주장했다.[64] 이 가설은 의심의 여지가 있다. 사소한 일치점들은 모두 같은 종류

Problems, WUNT 62 (Tübingen: Mohr-Siebeck, 1994).

61) 이러한 제안들에 대해서 Streeter, *Four Gospels*, pp. 293-331; Stein, *Synoptic Problem*, pp. 123-27; F. Neirynck, "Synoptic Problem," in *IDBSup*, 845를 보라

62) R. E. Brown은 "그 과정은 현대의 가장 복잡한 재구성보다 더 복잡할 수도 있다"고 말한다(115).

63) Hengel, *The Four Gospels*, 169-86.

64) 예를 들면, Günther Bornkamm, *Jesus of Nazareth* (London: Hodder & Stoughton, 1960), p. 217; Vincent Taylor도 매우 조심스럽게 제안한다(*The Gospel According to St. Mark*, 2nd ed. [London: Macmillan, 1966], pp. 67-77).

의 것이 아니며, 많은 것들이 원-마가복음을 의존한다고 가정해도 설명이 불가능하다.[65] 보다 근본적으로, 마태와 누가가 마가복음 자료에 가한 모든 수정과 변화를 설명하기 위해서 다른 자료를 의존해야 한다는 가정에 문제를 제기해야 한다. 자료 비평은 마태복음과 마가복음에 있는 모든 내용을 성문화 된 자료와 관련하여 설명해야 한다는 전제에 너무 집착한다. 증인들의 이야기, 다양한 구전 전승들, 복음서 기자 나름의 신학적 목적 등의 영향도 참작해야 한다. 이 모든 요소들을 고려한다면, 원 마가복음의 필요성은 사라진다.

마태가 그의 복음서의 초판을 기록했었다는 논제가 더욱 널리 알려져 있다. 그러나, 이 경우에 그 동기는 공관적 관계들에 대한 보다 만족한 설명이며, 더 중요한 것은 2세기 파피아스의 기록에서 그러한 초판에 대해 언급한 것이다(유세비우스의 『교회사』 3.39.16에 인용됨): "마태가 히브리어로 된(*Hebraidi dialektō*) 신탁들(*ta logia*)을 수집하여 그것들을 최선을 다해 해석했다(*hērmēneusen*)."[66] 만일 파피우스가 히브리어나 아람어로 기록된 복음서를 가리켜서 한 말이라면, 그는 분명히 우리가 가지고 있는 헬라어 마태복음의 셈어판을 가리킨 것이다. 왜냐하면, 후대의 교부들은 표준적 마태복음의 우선설을 증명하기 위해 파피우스를 언급했기 때문이다. 그 때는 셈어로 된 마태복음이 최초로 기록된 복음서이고 베드로, 혹은 베드로와 마가가 함께 헬라어 마가복음을 기록하는 데 그것을 사용했으며 나중에 헬라어 마태복음은 그 마가복음을 사용했다는 가정이 널리 알려져 있었다.[67] 마태복음이 처음에는 히브리어나 아람어로 기록되었다는 전승과 마태복음이 최초의 복음서였다는 초대교회의 일반적인 신념이 마태복음의 셈어판 가설을 매력적으로 만든다.

그러나 그러한 원본이 존재했다면, 정경적 마태복음은 단순히 이 셈어 판의 번역본이 아닐 것이다. 마태복음은 헬라어 번역본으로 해석되지 않는다. 보다 중요한 것은 마태가 그의 복음서를 기록하면서 헬라어 마가복음을 사용하였을 수도

---

65) Kümmel, p. 62

66) Kirsopp Lake가 *Eusebius: Ecclesiastical History*, vol.1, LCL(Cambridge: Harvard University Press, 1926)을 번역했다.

67) 예를 들면, Zahn 2:601-17. 공관복음의 배후에는 아람어나 혹은 히브리어로 된 마태복음이 존재한다고 주장하는 사람들은 다음과 같다: Westcott, *Introduction to the Study of the Gospels*, pp. 188-89; Chapman, Matthew, *Mark, and Luke*, 90-92; X. Léon-Dufour, "Synoptic Problem," 283-86; J. A. T. Robinson, *Redating the New Testament* (Philadelphia: Westminster, 1976), 97.

있다는 것이다. 또 마가가 셈 어로 된 마태복음을 사용했다는 가정에는 또 다른 문제점들이 있다. 강력한 초기 전승에서는 마가가 베드로의 설교에 근거해서 복음서를 작성했다고 본다(마가복음 서론을 보라). 그렇다면, 마가가 마태복음의 옛판도 사용했다고 상상하기 어렵다. 더 나아가서, 파피우스는 하나의 복음서를 언급하는 것이 아닐 수도 있다(마태복음 서론을 보라). 결국 보다 오래된 셈어 판 마태복음의 가설은 증명될 수도 없고 되지 못할 수도 없다.

원-누가복음을 지지하는 증거는 누가복음 자체에서 볼 수 있으며, 다음 세 가지 고찰에 의존한다: (1) 누가복음에는 마태복음이나 마가복음보다 많은 특별한 자료가 있음; (2) 마태복음 및 마가복음과 동일한 자료에 있어서도 나름의 방법대로 진행하는 누가의 경향(특히 고난 이야기); (3) 누가는 마가복음에서 취한 자료를 그의 복음서 전체에 고르게 분산시키기보다는 한 곳에 모으고 있다는 사실. 이러한 현상들은 누가가 Q자료와 L자료(누가의 특별한 자료)를 사용하여 이 복음서의 초판을 기록했고, 나중에 마가복음을 자신의 첫 작품에 포함했음을 많은 학자들에게 제시해 준다.[68] 이것은 증명되지는 않았지만,[69] 매우 흥미로운 가설이다(제5 장을 보라).

⑦ 결론

두 자료설이 공관복음서들의 관계에 대해 전반적으로 최선의 설명을 제시하지만, 결론을 내리기 전에 두 가지 사항에 유념해야 한다. 첫째, 복음서가 존재하게 된 과정은 매우 복잡하기 때문에, 아무리 정교한 자료비평설도[70] 그 상황에 대한 완전한 설명을 제시할 수 없다. 복음서 기자들 중 한 사람은 목격자였다는 것, 현재는 복원할 수 없는 문서와 구전이 분명히 유포되어 있었다는 것, 그리고 복음서 기자들끼리 자기들의 작품에 대해서 함께 논의했을 수도 있다는 것은 인정하더라도, "남의 책을 오려내어 편집하여" 만든 것이라는 일부 자료비평가들의 가정은 근거가 없다.[71] 실제로 일부 자료비평가들은 수집과 편집 과정들은 우리가 고대

---

68) 특히 Streeter, *Four Gospels*, 199-221; Vincent Taylor, *The Passion Narrative of St. Luke: A Critical and Historical Investigation*, ed. Owen E. Evans, SNTSMS 19(Cambridge: Cambridge University Press, 1972); Friedrich Rehkopf, *Der lukanische Sonderquelle*, WUNT 5(Tübingen: Mohr-Siebeck, 1959)를 보라.

69) Fitzmyer, *Luke I-IX*, pp. 90-91을 보라.

70) L. Vaganay, *Le problème synoptique: Une hypothèse de travail* (Paris: Desclée, 1954)의 복잡한 자료 비평적 제안을 보라. p. 444에 있는 그의 요약을 살펴보라.

세계에 대해 알고 있는 것과는 아주 다르다고 가정한다.[72] 우리는 이러한 복잡성, 그리고 두 자료설이 만족스러운 설명을 제시하지 못하고 있다는 사실을 인정하고, 두 자료설을 하나의 완성된 결론으로 보기보다는 작업 이론으로 취급해야 한다. 특히 중요한 것은 특정한 사건에서는 두 자료설에 기초를 둔 설명이 맞지 않을 수도 있다는 가능성을 수용해야 할 필요성이다. 그러므로 특정 본문에 있어서 마태복음이 마가복음보다 우선일 수도 있고, 누가가 마가복음이 아닌 다른 특별한 목격자의 증언을 따랐을 수도 있으며, 마태가 Q자료가 아닌 자신의 메모나 기억에 의존했을 수도 있다고 결론을 내릴 수 있다.

3) 마지막 구성 단계: 편집비평

지금까지 복음서의 기원을 다루면서 복음서 기자들에게는 별로 관심을 두지 않았다. 앞에서 사도들이나 알려지지 않은 기독교 전도자들과 교사들에 의해 예수에 관한 이야기나 그의 가르침이 보존된 가장 초기의 구두 전달 단계를 다루었고, 또 복음서 기자들이 복음서를 기록하면서 사용했을 성문화 된 자료들을 살펴보았다. 또한 복음서 기자인 마가가 기초적인 자료들 중 하나의 저자라고 주장해왔다. 그러나 자료비평적인 입장에서, 마가에 대한 우리의 관심은 저자로서의 그의 작품에 대한 것이 아니라 마태복음과 누가복음의 자료로서의 그의 복음서에 대한 것이었다. 따라서 양식비평과 자료비평에서는 복음서 기자들에 대한 관심은 뒷전으로 물러선다. 복음서 기자들을 무대 위로 끌어 올린 것이 편집비평이다.

① 설명

편집비평은 복음서 기자들이 자료를 사용한 방법을 분석함으로써 그들의 신학적 목적을 설명하려 한다. 따라서 편집비평가들은 구전 전승들을 연구하려는 양식비평가들의 욕구나 성문화 된 자료들을 자세히 조사하려는 자료비평가들의 욕구를 부인하지 않고서, 복음서 기자들에게 저자로서의 당연한 권리를 인정해야 한다고 주장한다. 즉, 구전 전승과 자료들을 의존한 분량과는 상관없이 나름대로의 신학을 가지고 창조적이고 의도적으로 하나의 문학 작품을 구성한 저자로 취급되어야 한다고 주장한다. 복음서 기자들은 단순히 구전 전승과 자료를 수집해서 붙여

---

71) Robinson은 *Redating*, pp. 93-94에서 바로 강조하였다.

72) Sharon Lee Mattila, "A Question Too Often Neglected," *NTS* 41(1995): 199-217.

놓은 것이 아니라, 그러한 전승들을 나름대로 수정했고, 예수님의 이야기를 나름대로 특별히 강조했다.[73] 그러므로 편집비평은 복음서 연구의 한 방법이며, 다섯 가지 기본 요소를 포함한다.

1. 편집비평은 편집(redaction)과 전승(tradition)을 구분한다. 이러한 의미에서, 전승은 복음서 기자가 복음서를 기록할 때에 가지고 있던 성문화 된 자료에서부터 구두로 전달된 간단한 이야기와 교훈에 이르기까지 모든 것을 의미한다. "편집"은 복음서를 실제로 기록하면서 그 전승을 수정한 과정을 가리킨다. 편집비평은 복음서 기자가 사용한 전승을 알아내는 우리의 능력에 의존하기 때문에(그래야 그가 수정한 것을 알아낼 수 있으므로), 마태복음과 누가복음에 관해서 편집비평이 성공적으로 이루어졌다. 우리는 그것들의 최종판을 그들이 가지고 있던 다른 두 개의 자료—Q자료와 마가복음—와 비교해 볼 수 있다. 같은 이유에서 마가복음에 대한 편집비평은 훨씬 더 어려운 작업이다. 왜냐하면 마가가 사용한 자료들을 우리는 가지고 있지 않기 때문이다.[74]

2. 복음서 기자들의 편집 활동은 다음 몇 가지 면에서 살펴볼 수 있다.

그들이 삽입하거나 삭제하기로 한 자료. 예를 들어, 일반적으로 학자들은 마태복음 5-7장과 누가복음 6:20-49에 있는 비슷한 설교들은 Q자료에서 취한 것이라고 동의한다. 그러나 누가복음에 기록된 설교의 길이는 마태복음의 것의 삼분의 일도 되지 않으며, 누가는 구약성서와 율법에 관한 언급을 거의 모두 생략했음이 분명하다(예를 들면, 마 5:17-19와 마 5:21-48의 대구들). 이것은 마태가 그 당시 율법과 예수님의 관계를 교회에 가르치는 데 관심을 가진 반면, 누가는 그렇지 않았음을 나타낸다.

---

73) 편집비평에 대한 훌륭한 설명은 다음에서 발견된다: Norman Perrin, *What is Redaction Criticism?*(Philadelphia: Fortress, 1969); R. H. Stein, "What is Redaktiongeschichte?" *JBL* 88(1969):45-56; idem, *Studying the Synoptic Gospels*, 262-72; Joachim Rhode, *Rediscovering the Teaching of the Evangelists* (London: SCM, 1968). R. T. France는 "Exegesis in Practice: Two Samples," in *New Testament Interpretation: Essays on Principles and Methods*, ed. I. Howard Marshall(Grand Rapids: Eerdmans, 1977), 253-64에서 실질적인 편집비평의 좋은 예를 제공한다.

74) 마가복음에 적용된 편집비평의 방법론을 위해서는 E. J. Pryke, *Redactional Style in the Markan Gospel: A Study of Syntax and Vocabulary as Guides to Redaction in Mark*, SNTSMS 33(Cambridge: Cambridge University Press, 1978); Stein, Synoptic Problem, 251-63을 보라. 마가복음에 적용된 편집비평 전반에 대한 회의적인 입장을 위해서는 C. Clifton Black, *The Disciples in Mark: Markan Redaction in Current Debate*, JSNTSupp 27(Sheffield: JSOT, 1989)을 보라.

자료의 배열. 표 4를 보면, 다음과 같은 세 가지 중요한 기적 이야기들의 배치에 있어서 마태복음은 마가복음이나 누가복음과 다르다: 예수께서 폭풍을 잠잠케 하심(8:18, 23-27), 귀신 들린 거라사 사람을 고치심(8:28-43), 야이로의 딸을 살리신 것과 혈우병을 앓는 여인을 고치신 일(9:18-26). 마가복음에 기록된 이러한 이야기들의 기원이 주로 마태복음이었으므로, 마태가 그것들을 다른 순서로 기록하기로 작정했음이 분명하다. 마태복음 8-9장에 기록된 다른 기적 이야기들에서도 동일한 일을 행하는 것을 보면, 마태가 예수님을 기적을 행하시는 분으로 강조하기 위해 의도적으로 자료들을 그렇게 배열했다고 결론을 내리게 된다. 이러한 재배열은 동일한 사건 안에서도 발생한다: 예수께서 받으신 시험들을 나열한 순서의 변화(마 4:1-11=눅 4:1-12)는 각 복음서 기자들의 강조점의 차이를 나타내고 있지 않은가?

복음서 기자가 그의 전승을 엮어 이은 자리. 복음서 기자가 여러 자료에서 모은 것을 하나의 이야기로 만들기 위해서 서로 이은 자리가 있다. 이 이은 자리는 종종 저자의 중요한 관심사들을 나타내준다. 예를 들어, 마태는 교훈과 이야기를 매우 효과적인 방법으로 번갈아 제시하면서, 설교의 끝부분에 "예수께서 이 말씀을 마치시매"라는 반복되는 공식으로 이음자리를 표시한다(7:28; 19:1; 11:1; 13:53; 26:1을 보라).

자료에 첨가된 것들. 마가복음 3:7-18을 의존한 것으로 보이는바 열두 제자를 부르신 것과 예수님의 치유 사역에 관한 부분에서, 누가는 "예수께서 기도하러 산으로 가사 밤이 맞도록 하나님께 기도하시고"(6:12)라고 언급하는데, 그것은 마가복음에서는 볼 수 없는 것이다. 여기에서 누가의 관심이 무엇이었는지 엿볼 수 있다.

자료의 생략. 편집비평가들은 복음서 기자가 하나의 전승을 접하고 있었으면서도 그것을 그의 복음서에 포함시키지 않았다고 확신할 수 있는 곳에서는, 그것을 생략한 것이 신학적 관심과 관련이 있는지 질문해야 한다. 예를 들어, 누가는 예수께서 대제사장에게 한 대답에서 "하늘의 구름을 타고 오시리라"라는 구절을 생략했는데(마가복음과 누가복음에는 기록되어 있다), 이는 임박한 재림이라는 개념을 피하기 위한 의도에서였다고 주장된다.

어법의 변화. 마태복음의 산상수훈에서는 예수께서 "심령이 가난한 자에게" 복을 선언하셨는데, 누가복음에서는 "가난한 자에게"(6:20) 복이 있다고 하셨다.

편집비평가들은 이러한 차이는 누가가 사회 경제적 문제에 더 관심이 있었기 때문이라고 본다.

3. 편집비평가들은 하나의 복음서 안에 있는 이러한 종류의 변화 안에서 어떤 패턴을 찾으려 한다. 이러한 패턴이 나타나는 곳에서 저자의 신학적 관심사를 다루게 된다고 말할 수 있다. 예를 들어, 누가가 기도하시는 예수님에 대한 언급을 추가한 것은 그의 복음서 전체에서 계속 시도하는바 기도에 대해 첨가하는 것들의 일부이다. 우리는 기도가 누가의 신학적 관심사였다고 추측할 수 있다. 이러한 과정을 따르면, 각 복음서의 신학적 자세에 대한 일반적인 윤곽이 그려진다.

4. 편집비평가들은 이 일반적인 신학적 윤곽에 기초를 두고서 복음서가 기록된 배경을 형성해 보려 한다. 예를 들어, 누가가 임박한 재림에 대한 언급을 생략한 것은, 그가 재림의 지연이 문제가 된 배경에서 복음서를 기록했음을 보여 준다는 것이다. 예수님의 삶의 배경과 교회의 삶의 배경에 복음서 기자와 그의 공동체의 삶의 배경이 첨가된 셈이다.

5. 어떤 사람들은 편집비평 안에 복음서 기자들이 전승을 수정한 것뿐만 아니라 복음서들의 신학적 · 문학적 특징들에 대한 연구를 포함시킨다. 이것은 구성비평(composition criticism)이라고도 한다. 그것은 어느 정도 무익한 어의 상의 논쟁에 불과하지만, 편집비평을 구성 비평과 구분하려면 편집비평의 의미를 좁은 의미로 제한하는 것이 바람직하다.

② 기원

브레데(William Wrede)는 위에서 정의한 의미에서의 편집비평가는 아니지만 편집비평에서 전형적으로 강조하는 점의 선구자라고 할 수 있다. 브레데는 마가복음 가설이 복음서들에 대한 학문적 연구를 압도하고 있을 때에, 자신의 논문을 발표했다. 마가복음 가설은 단순히 마가복음 우선설을 주장하기 때문만 아니라, 마가가 비신학적이고 역사적으로 신빙성이 있는 예수님의 모습을 묘사했다고 주장하기 때문에 그러한 명칭이 주어졌다. 브레데는 마가복음도 다른 복음서와 마찬가지로 철저하게 신학적이라는 것을 밝힘으로써 그러한 가정을 깨뜨렸다. 특히 브레데는 마가가 예수께서 자신의 메시아 되심에 관해 침묵하라고 하신 많은 부분을 첨가했다고 주장했는데, 이 "메시아 비밀"은 예수가 메시아라는 것이 그의 생전에는 소수의 사람들에게만 알려진 이유를 설명하기 위한 것이었다고 한다.[75] 브레데의 이 구체적인 논증은 일반적으로 받아들여지지 않고 있지만, 마가를 역사가요 신학자로(혹은 역사가가 아니라 신학자)라는 그의 주장은 널리 인정되고 있다.

복음서 기자들을 독창적인 신학자로 여긴 브레데의 이해가 함축하는 의미들은 바로 도입되지 못하였다. 분명한 학문으로서의 편집비평은 1950년대에 들어서 비로소 발달했다. 이 분야에서는 세 명의 독일 비평가들이 선구적 역할을 했다.[76] 폭풍을 잠잠하게 하신 예수님에 대한 마가복음의 기사를 마가복음의 기사와 비교하여 마태의 신학적 입장을 파헤치려 한 군터 보른캄(Gunther Bornkamm)의 논문이 최초의 편집비평적 작품이었다.[77] 그로부터 10년 동안 더욱 중요한 두개의 논문이 발표되었다. 한스 콘첼만(Hans Conzelmann)은 『누가의 신학』(*The Theology of St. Luke*)[78]에서 누가의 신학적 입장을 분석하면서 누가가 그의 복음서에서 구원의 역사를 이스라엘의 시대, 예수님의 시대, 교회의 시대로 구분하려 했다고 주장했다. 콘첼만에 의하면, 이 과정에서 누가는 역사 안에서의 기독교 공동체의 끊임없는 역할의 기초를 제공함으로써 예수께서 기대했던 것처럼 빨리 재림하지 않으심으로 인해 발생한 초대교회의 실망을 해소시키려 했다. 마르크센(Willie Marxsen)은 콘첼만이 누가복음에 대해 시도했던 것을 마가복음에 대해 시도했다. 그의 주장에 의하면, 마가는 재림에 관심을 가지고 있었으며 재림이 임박했다고 믿었기 때문에, 기독교인들로 하여금 갈릴리에 모여 주님을 기다리게 하려는 목적으로 복음서를 기록했다.[79]

최초의 연구서들 이후에 출판된 가장 뛰어난 편집비평 연구서를 추려내는 것은 불가능한 일일 것이다.

이러한 최초의 연구서들 이후에 출판된 가장 뛰어난 편집비평 연구서를 추려내는 것은 불가능한 일일 것이다. 현재 보른캄, 마르크센, 그리고 콘첼만 등이 제시한 결론들은 그리 널리 받아들여지지 않고 있지만, 그들이 시도한 방법은 복음서

75) William Wrede, *Das Messiageheimnis in den Evangelien* (Göttingen: Vanderhoeck & Ruprecht, 1901 [ET *The Messianic Secret in Mark*]).

76) *History and Interpretation in the Gospels* (London: Hodder & Stoughton, 1935)라는 제목으로 출판된 R. H. Lightfoot의 1934년 Bampton Lectures는 Ned B. Stonehouse의 *The Witness of Matthew and Mark to Christ* (1944)와 *The Witness of Luke to Christ* (1951)(이 두 권은 Baker Book House에서 한 권으로 편집되었다)와 함께 편집비평의 많은 강조를 예고했다. Stonehouse의 연구에 대해서는 Moisés Silva, "Ned B. Stonehouse and Redaction Criticism. Part I: The Witness of the Synoptic Evangelists to Christ; Part II: The Historicity of the Synoptic Tradition," *WTJ* 40(1977-78): 77-88, 281-303을 보라.

77) G. Bornkamm, G. Barth, and H. J. Held, *Tradition and Interpretation in Matthew* (Philadelphia: Westminster, 1974)을 보라.

78) Hans Conzelmann, *The Theology of St. Luke* (New York: Harper & Row, 1960). 더 정확한 제목으로 된 독일어판 *Die Mitte der Zeit*("The Center of Time"은 1954년에 출판되었다.

79) Willi Marxsen, *Mark the Evangelist: Stduies onf the Redaction History of the Gospel* (Nashville: Abingdon, 1969). 독일어판은 1956년에 출판되었다.

연구 분야에서 확고한 위치를 차지한다.[80] 편집비평을 사용한 수많은 논문들은 하나의 복음서 전체, 또는 그 복음서 안에 있는 주제들을 분석하기도 하고, 한 주제에 대한 복음서 기자들의 기여도를 비교, 대조하기도 한다. 편집비평을 사용하지 않고서는 복음서에 대한 진지한 연구를 진행할 수 없을 정도이다. 물론 이것은 편집비평이 양식비평이나 자료비평을 종식시켰다는 뜻은 아니다. 현대 학자들은 원래의 자료(전승의 단계)를 이용하여 만들어 낸 최종적인 산물인 복음서를(편집의 단계) 이해하기 위해 이 세 가지를 모두 수용하고 있다.

③ 평가

대중적인 것이 항상 옳은 것은 아니다. 편집비평을 복음서 연구를 위한 하나의 방법으로 인정하기 전에 그것을 주의 깊게 살펴보아야 한다. 이 학문에 대한 다섯 가지 비평에서부터 시작해보자.[81]

1. 우리에게 전승과 편집을 구분할 수 있는 능력이 있어야 편집비평이 가능하다. 우리는 복음서 기자가 자신이 가지고 있는 자료에 어떤 수정을 가했는가에 관해 언급하기 이전에, 그 자료에 대한 충분한 지식이 있어야 한다. 거의 모든 편집비평가들은 연구 과정에서 마태와 누가가 모두 마가복음과 Q 자료를 사용했다는 두 자료설의 정당성을 전제로 한다. 이 가설의 정확성을 의심하는 사람들은 편집비평을 하기 위해서 나름대로의 다른 근거를 세워야 할 것이다. 예를 들면, 두 복음설의 지지자들은 마태가 마가복음을 수정했다는 것보다는 마가가 마태복음과 누가복음을 수정했다는 것에 관해 말해야 할 것이고, 그렇기 때문에 마태복음에 대한 편집비평에 많은 어려움에 직면할 것이다. 그러나 두 자료설의 일반적인 신빙성을 전제한다고 해도, 편집비평에의 어려움이 모두 제거되는 것은 아니다.

첫째, 어떤 부분에서는 두 자료설이 가정하는 의존 방향이 바뀌어야 한다. 마가복음의 어떤 부분이 거의 손상이 되지 않은 상태로 마태복음에 수록된 이야기를

80) 편집비평을 사용하면서도 Marxsen, Conzelmann, Bornkamm 등과 다른 결론에 도달한 보수적 학자들의 세 논문을 특히 주시하라: *Mark: Evangelist and Theologian* (Grand Rapids: Zondervan, 1972); I. Howard Marshall, *Luke: Historian and Theologian*, new enlarged ed. (Grand Rapids: Zondervan, 1989); R. T. France, *Matthew: Evangelist and Theologian* (Grand Rapids: Zondervan, 1989). R. Osborne, "History and Theology in the Synoptic Gospels," *TrinJ* 24 (2003): 5-22도 보라.

81) D. A. Carson, "Redaction Criticism: On the Ligitimacy of a Literary Tool," in Scripture and Truth, ed. D. A. Carson and John D. Woodbridge (Grand Rapids: Zondervan, 1983), 119-42, 376-81을 보라.

의존했을 것이라고 가정해 보자. 그러한 상황에서는 마태가 마가의 것을 수정했다기보다는 마가가 마태의 것을 수정했다고 말해야 할 것이다. 둘째, 누가나 마태가 마가복음에 있는 것과 비슷하지만 다른 이야기를 의존한 부분도 있다고 볼 수 있다. 만일 그렇다면, 소위 편집비평가들이 "마태의 (마가복음) 편집"이라고 주장하는 부분은 단순히 마태가 그대로 전달하는 전승일 수도 있다. 셋째, 우리는 Q자료를 소유하고 있지 않기 때문에, 마태나 누가가 Q자료를 편집했는지에 대한 논증들은 어쩔 수 없이 불확실하다. 학자들은 일반적으로 여러 요소들에 의해서 Q자료의 원본이 어떤 것이었는지 확인할 수 있다고 가정하고, 그러한 가정을 기초로 하여 편집비평적 판단을 한다. 그러나 그 과정은 주관적일 수밖에 없으며, 일치하지 않을 여지가 많다. 예를 들면, 위에서 언급한 적이 있는 누가복음의 "가난한 자"와 마태복음의 "심령이 가난한 자"의 차이점과 관련하여, 마태가 Q자료를 정신적 의미로 해석한 것이 아니라 누가가 그것을 사회적으로 해석했다고 확신할 수 있는가? 이 경우에, 누가 복음의 바뀐 표현은 그 복음서의 명백한 강조점과 일치하므로, 누가에게 책임이 있다고 볼 수 있다. 그러나 이런 결정은 때로는 훨씬 더 어렵고 실수의 가능성이 충분히 있음을 부인할 수 없다. 이 모든 것들은 결국 편집비평가들이 한 복음서 기자가 자신의 자료를 수정했다고 말할 때에 보다 신중해야 할 것을 지적해준다. 우리는 원하는 만큼 확실하고 빈번하게 편집된 요소들을 찾아낼 수 없을지도 모른다.[82)]

2. 편집비평가들은 복음서 기자들이 자신의 전승에 가한 수정이 모두 신학적인 동기에 의해서 이루어졌다고 가정한다. 많은 경우에 그것이 사실이지만, 한두 단어를 바꾼 사소한 변화들은 대부분 본질적으로 문체와 관련된 것들이다. 또 다른 경우, 주요 첨가 부분들도 신학적 동기가 아닌 역사적 관심에서 기인하는 것일 수도 있다. 복음서 기자들의 의도에서 단순한 역사적인 목적들을 배제할 수 없다.[83)]

3. 편집비평가들은 종종 "편집상의 강조점들"을 복음서 기자의 신학과 동일시 한다. 편집이라고 결정된 것은 다른 복음서나 자체의 자료와 비교할 때에 특정 복음서가 지닌 독특한 것이다. 편집이란 복음서 기자가 의도적으로 수정한 것을

---

82) "편집"을 구분하기가 어렵기 때문에, 어떤 학자들은 복음서 내의 주제 연구에 초점을 둔 보다 조심스러운 방법을 주장하게 되었다(예를 들면 "구성비평"). Randall K. T. Tan, "Recent Developments in Redaction Criticism L From Investigation of Textual Prehistory Back to Historical-Grammatical Exegesis?" *JETS* 44(2001): 599-61을 보라.

83) Graham N. Stanton, *Jesus of Nazareth in New Testament Preaching*, SNTSMS 27 (Cambridge: Cambridge University Press, 1974).

가리키므로, 편집된 부분은 복음서 기자가 특별히 중요하게 여긴 부분이라고 결론을 내려도 틀린 말은 아닐 것이다. 그러나 그의 신학 전체가 그러한 것은 아니다. 그렇게 가정하는 것은 복음서 기자가 받아들인 전승은 그에게 별로 관심이 없는 것이거나, 그의 신학의 일부가 아니라고 가정하는 것이 되는데, 이것은 어리석은 일이다. 이는 마치 칼빈과 베자의 저서를 비교하면서 그들 각 사람의 신학이 각자의 독특한 것을 기초로 하여 결정된다고 말하는 것과 같다. 마태복음, 마가복음, 누가복음이 공통적으로 강조하는 것의 비중이 각 복음서의 독특성보다 훨씬 더 비중이 크다는 것, 그리고 각 복음서가 가르치는 전체적인 그림도 염두에 두어야 한다.

4. 저자의 신학에 근거해서 특별한 복음서의 배경을 확인하는 것이 자료가 제시하는 것보다 훨씬 더 구체적이다. 마태가 모세의 율법과 구약의 인용문들을 포함하여 Q자료와 마가복음에는 없는 내용을 첨가한 것은 마태가 그 문제에 대한 가르침을 필요로 하는 상황에서 그러한 독자들을 염두에 두고 복음서를 기록하고 있었다는 것을 보여준다. 또 이렇게 첨가된 것들은 우리로 하여금 복음서를 기록한 마태가 속해 있던 공동체의 특별한 문제들을 추측할 수 있게 해준다. 그러나 일부 편집비평가들이 가정하는 배경의 세부 사항들은 마치 모래위에 세운 성과 같다. 그들은 보통 증거의 일부에만 의존하며(따라서, 같은 복음서를 연구하는 비평가들도 서로 상충하는 배경에 이른다), 결과적으로 증거가 제시하는 것보다 훨씬 더 구체적인 결론에 도달한다.[84)]

5. 종종 편집비평을 수행한 결과로 복음서 자료의 역사적 신빙성에 이의를 제기하게 된다. 물론 편집비평이 복음서 기자들에 의해 행해진 수정의 비역사적 본질을 증명하려 하는 것은 아니다. 오히려 많은 편집비평가들은 복음서 기자들이 이에 대해 별로 관심이 없었음을 전제로 한다. 따라서 마르크센이 말한 대로 "이 접근방법에서는 실제로 무슨 일이 발생했는가에 관한 질문은 처음부터 배제된다."[85)] 이러한 의미에서, 편집비평은 극단적인 양식비평의 진정한 후계자이다. 많은 편집비평가들에 의하면, 불트만과 디벨리우스에 의해 재구성된 바와 같이 마태와 마가와 누가는 역사적 정확성에 대해 초대 교회보다 별로 더 큰 관심을 가지지 않았다.

---

84) Richard Bauckham, "For Whom were the Gospels Written?" in *The Gospels for All Christians* (Grand Rapids: Eerdmans, 1998), 9-49. Hengel, *The Four Gospels*, 106-11도 보라. 보캠의 가설에 대해서 알려면, Koel Marcus, *Mark 1-8: A New Translation with Introduction and Commentary*, AB 27 (New York: Doubleday, 2000), 25-27을 보라.

85) Marxsen, *Mark the Evangelist*, p.23.

양식비평과 마찬가지로, 편집비평도 복음서의 역사적 신빙성을 공격하는 방법이라는 평을 듣게 된 것은 많은 유명한 편집비평가들의 반역사적 편견에 기인한다.

그러나 많은 사람들이 편집비평을 수행하는 방법을 근거로 하여 방법 자체를 일반화하는 것은 불공정한 일이다. 편집비평 자체는 전혀 반역사적이 아니다. 다음에 논의하겠지만, 편집비평은 공관복음 해석에 긍정적인 기여를 했다. 그렇다면, 많은 편집비평가들이 복음서의 역사적 신빙성에 이의를 제기하는 결론에 이른 이유는 무엇인가?

주요한 이유 중 하나는 복음서 기자들이 신학적인 동기를 가지고 있으면서 동시에 역사적으로 정확할 수 없다는 많은 편집비평가들의 가정이다. 우리는 암시적으로나 명시적으로 역사와 신학 중에서 하나를 선택할 것을 요구받는 때가 있다. 그러나 어느 복음서 기자가 이 두 가지에 모두 관심을 가질 수 없었다는 근거가 없다. 마태, 마가, 누가가 자기들의 수중에 들어온 복음 전승들을 편집했음은 의심의 여지가 없다. 일부 편집비평가들의 경우에 이것은 복음서 기자들이 전승을 함부로 고치면서 역사도 수정했다는 결론을 정당화 시킬 수 있는 것처럼 보이게 할 수도 있다. 그러나 그것이 필연적인 것은 아니다. 재배열하고 첨가하고 생략하고 단어를 바꾼다고 해서, 반드시 관련된 가르침과 사건의 역사성을 손상시키는 것은 아니다. 예를 들면, 신문사에서는 통신사로부터 접수된 보고서들을 독자들을 위해 기사용으로 다시 기록하지만, 그러한 과정은 보고서의 정확성에 영향을 주지 않는다. 때로 중요한 연설을 몇 마디로 요약하거나 발췌하기도 할 것이다. 그렇게 하는 과정에서 신문사마다 동일한 연설의 상이한 강조점에 초점을 둘 수 있다. 그러나 우리는 신문사의 보도가 정확하지 않다고 비난하지는 않는다. 마찬가지로, 복음서 기자들이 예수님의 말씀을 요약하거나 발췌하거나 바꾸어 표현했다고 해서 그들이 역사적으로 정확성을 띠고 있지 않다고 비난할 수는 없다. 어느 대조표에서든 복음서 기자들을 비교한 데서 나타나듯이 복음서 기자들이 한 일이 바로 그런 일이다. 그러나 그들이 예수님의 실제 단어(*ipsissima verba Jesu*)를 보존하지 않았음이 예수님의 실제 음성(*ipsissima vox jesu*)을 함부로 고쳤음을 의미하지는 않는다. 비록 복음서들이 선별하고 요약하고 고쳐서 표현했다 하더라도 그들의 편집상의 수정이 실제 사건이나 예수님의 실제 가르침과 일치하는 한, 역사적으로 본래의 상태는 유지된다.[86]

86) 이 문단에서 제기된 문제는 매우 폭이 넓고 중요하다. 이에 관해서는 특히 R. T .France, "The

그렇다면, 문제는 그들의 분명한 진술들과 실제 편집 작업에서 나타난 복음서 기자들의 의도로 좁혀진다. 그들은 역사적 정확성에 대한 관심을 가지고 복음서를 기록했는가? 아니면, 실제로 그런 식으로 발생했는지의 여부에는 관심이 없이 예수님의 메시지를 신학화 했는가? 기본적으로 편집비평은 이러한 질문들에 대답할 수 없다. 그리고 이 문제에 대해서는 편집비평가들도 각기 근본적으로 다른 결론에 이른다. 일부 비평가들은 복음서 기자들이 행한 수정을 신중히 연구해보면 역사성의 변질은 없었다고 확신하는데, 이들은 편집이 전승보다 역사적 기초가 적은 것이 아니라고 가정하지 않고서 복음서의 메시지들을 이해하기 위해서 편집을 전승으로부터 구분한다.87) 따라서 그들은 예를 들어서 마태가 영적인 면을 강조하기 위해서 "심령이 가난한 자는 복이 있나니"라고 한 반면, 누가는 "부요한 자는 화있을진저"라는 말과 짝을 지음으로써 경제적인 초점을 포함시키기 위해 "가난한 자는 복이 있나니"라고 편집했다고 결론을 내릴 수도 있다. 그러나 예수께서 두 가지 모두를 의미하셨다면(구약성서의 가난한 자에 대한 개념을 생각해 볼 때 예수께서 그렇게 했을 가능성이 크다), 둘 중 한 복음서 기자가 예수님의 말씀을 비역사적으로 변질시켰다고 비난하는 것은 공정치 못할 것이다. 물론 많은 경우에 있어서는 이보다 훨씬 더 어려우며, 자료를 하나하나 엄격하게 분석해야만 그 내막이 밝혀질 수 있을 것이다. 여기서 중요한 것은 편집비평이 반드시 복음서의 역사적 정확성을 파괴하는 것은 아니라는 것, 그리고 복음서 기자들이 편집 과정에서 역사에 전혀 관심이 없었다고 가정하는 일부 편집비평가들의 말이 전혀 근거가 없다는 것이다.

그렇다면, 편집비평의 문제들은 과장된 주장, 거짓된 가정, 부적절한 적용에 있다. 바르게 수행된 편집비평은 복음서를 해석하는 데 진정한 도움을 줄 것이다. 특히 편집비평에는 다음과 같은 몇 가지 긍정적인 요소가 있다.

1. 복음서들이 만들어진 최종적인 저작 단계에 초점을 둠으로써 해석자들과 신학자에게 직접적인 도움을 준다. 양식비평과 자료비평은 복음서 전승의 선사(先史)에 관심을 가지고 있으므로 초기 기독교를 연구하는 역사가들에게는 중요하지만, 해석자들에게는 별로 도움이 되지 못한다는 점에서 편집비평이 장점을

Authenticity of the Saying of Jesus," in *History, Criticism, and Faith*, ed. Colin Brown (Downers Grove, Ill.: IVP, 1976), 101-41; Craig Blomberg, *The Historical Reliability of the Gospels* (Downers Grove, Ill.: IVP, 1987), 특히 pp. 35-43, 113-52; I. Howard Marshall, *I Believe in the Historical Jesus* (Grand Rapids: Eerdmans, 1977)을 참고하라.

87) Grant R. Osborne, "The Evangelical and Redaction Criticism: Critique and Methodology," *JETS* 22 (1979):305-22.

가지고 있다. 편집비평은 우리의 관심을 끄는 최종의 문학작품, 복음서를 다룬다.

2. 편집비평은 복음서 기자들이 역사적 관심 이상의 것을 가지고 기록했음을 상기시킨다(그렇다고 역사적 관심이 부족했던 것은 아니다). 그들은 설교가요 교사였으며, 예수의 생애와 교훈의 진리를 당대에 특수한 공동체들에 적용시키려 했다. 때로 복음서 기자들의 이러한 신학적 목적이 상실되고, 그 결과 복음서 기자들이 전하는 역사의 중요성과 적용에 대한 인식도 상실되었다.

3. 편집비평은 복음서들의 다양성을 인정하고, 그에 대한 우리의 이해를 돕는다. 예수님에 관한 이야기는 하나의 커다란 복음서가 아니라 예수님을 이해하는 데 나름대로 중요하게 기여하는 네 복음서를 통해 우리에게 소개되었다. 역사적 차원에서 종종 문제를 야기하기도 하지만, 이 네 복음서가 가져다주는 관점의 다양성은 높이 평가되어야 한다. "예수님은 위대한 인물이므로, 그를 이해하기 위해서는 네 가지 묘사 모두가 필요하며,"[88] 편집비평은 그 네 가지 묘사 각각의 의미와 예술성을 인식하는 데 도움을 준다.

3. 문학작품으로서의 복음서들

지금까지 복음서가 형성된 과정을 간단히 살펴보았다. 이제는 최종적으로 완성된 문학작품으로서의 복음서를 살펴보려 한다. 특히 복음서의 장르의 문제, 그리고 새 문학비평을 구체적으로 다루려 한다.

1) 복음서들의 장르

신약성서 어디에서도 예수님의 사역에 관한 네 기록을 복음(*εὐαγγέλιον: euangelion*)이라고 부른 적이 없다(막 1:1의 서론을 보라). "복음"이라는 단어와 그와 같은 어원의 동사 "복음을 전파하다"(*εὐαγγελίζομαι: euangelizomai*)는 신약성서에서 사용되며, 특히 바울은 아들을 통한 하나님의 구원 사역의 메시지를 언급하면서 이 단어를 자주 사용했다(예: 막 1:14-15; 롬 1:16; 고전 15:1; 갈 1:6-7).[89] 1세기 말이나 2세기 초에 예수님의 사역에 대한 교회의 권위 있는 기록

---

88) Leon Morris, *Studies in the Fourth Gospel* (Grand Rapids: Eerdmans, 1969), p. 107.

89) 신약성서에서 *εὐαγγέλιον*(euangelion; 복음)과 *εὐαγγελίζομαι*(euangelizomai;복음을 전하다)를 사용한 것은 구약에서 유래된 것이다. 이 두 헬라어는 하나님께서 자기 백성에게 약속하신

에 이 명칭이 주어진 듯하다. 이때에 하나의 문학작품을 지칭하기 위해서 "복음서"라는 말이 처음으로 사용되었다.[90] 이러한 명칭들은 "마가에 의한 복음"이라는 표현보다는 "마가가 말하는(혹은 마태, 누가 요한이 본) 복음서"라는 표현을 사용함으로써 복음서의 단일성을 강조한다. 2세기 중엽의 저스틴(Justin)은 예수님의 사역에 대한 표준적인 기사를 복음이라고 부른 최초의 인물이다(*Apol.* 1.66; *Dial.*10.2). 아마 마가가 그의 복음서의 중요한 부분에서(막 1:1, 14) 이 단어를 사용한 것을 하나의 문학적인 명칭으로 사용한 듯하다.[91] 우리의 복음서들 이전의 책에는 이 명칭이 사용된 적이 없었다. 그렇다면, 이것이 복음서들의 문학적 장르에 관하여 함축하는 의미는 무엇인가?

정확한 해석은 어느 정도 장르에 관한 정확한 결정에 달려 있기 때문에, 이것은 복음서를 읽는 독자들에게 매우 중요한 질문이다.

정확한 해석은 어느 정도 장르에 관한 정확한 결정에 달려 있기 때문에, 이것은 복음서를 읽는 독자들에게 매우 중요한 질문이다. 식물학 논문에서 의미하는 "빨간 장미"라는 단어는 로버트 번(Robert Burn)의 "오, 나의 사랑은 빨갛고 빨간 장미와 같다"라는 시구에서와는 전혀 다른 것을 의미할 것이다. 마찬가지로, 예수께서 물위를 걸으신 사건도 복음서를 확실한 역사로 보는 사람이 생각하는 의미와 신화나 미드라쉬(midrash)로 보는 사람이 생각하는 의미가 각기 다를 것이다.

복음서의 장르에 대한 현대의 연구는 복음서를 "문학 작품"(*Hochliteratur*)이 아닌 대중문학(*Kleinliteratur*)으로 분류한 슈미트(K. L. Schmidt)의 결정에서부터 시작되었다.[92] 대중문학으로서의 복음서는 대중문학의 전형적인 전달 규칙을 따랐다고 예상할 수 있다(이것은 양식비평의 선구자들 중 한 사람이었던 슈미트에게는 매우 중요한 점이었다). 이러한 분류는 복음서들이 고대 그레코-로마 세계에서 유행했던 다양한 유형인 문학적 전기(傳記)들과는 달리 취급되어야 함을 의미한다. 약간 다른 관점에서, 다드(C. H. Dodd)는 복음서들을(특히 마가복음) 그리스도에 관한 초대 기독교적 케리그마(*kerygma*)를 반영하는 것이라고 보았다. 이 케리그마가 확대되면서, 복음서들은 자의식이 강한 문학 창작물이 아

구원을 언급하는 히브리어(בשׂר)를 번역한 것이다(사 40:9; 42:7; 52:7; 61:1; 시 95:1).

90) 예를 들어 G. Friedrich, "εὐαγγέλιον" in *TDNT* 2:721-35를 보라.

91) 예를 들면, Martin Hengel, "The Titles of the Gospels and the Gospel of Mark," in *Studies in the Gospel of Mark* (Philadelphia: Fortress, 1985), 64-84.

92) K.L.Schmidt, "Die Stellung der Evamgelien in der allgemeinen Literaturgeschichte," in ΕΥΧΑΡΙΣΤΗΡΙΟΝ: *Studien zur Religion und Literatur der Alten und Neuen Testamnets*, Fs. Hermann Gunkel, ed. K. L. Schmidt, FRLANT 19.2 (Göttingen: Vandenhoeck & Ruprecht, 1923), 59-60.

니라 계속되어온 구두 전승의 마지막 단계로 간주되었다.[93] 복음서들에 대한 이러한 접근방법들은 그것들이 고대의 문학 장르에는 없는 독특한 것이라는 견해로 이어졌다. 복음서의 기원에 관한 슈미트나 다드의 견해를 수용하지는 않더라도, 최근의 많은 학자들은(어쩌면 대다수가) 복음서가 기존의 문학적 범주에 꼭 들어맞지는 않는다고 생각한다.[94]

그러나 어떤 사람들은 복음서들이 독특한 특징들을 가지고 있기는 하지만 고대 세계의 다른 작품들의 장르에 속하기에 충분한 공통 요소들을 소유하고 있다고 주장한다. 복음서의 장르로 그리스 이적사화집(aretalogy)에서부터 유대인의 미드라쉬에 이르기까지 많은 장르들이 제시되었지만, 가장 대중적이고 옹호할 수 있는 제안은 복음서들이 전기(傳記)라는 것이다. 물론 복음서들은 표준적인 현대의 전기와는 현저히 다르다. 복음서에는 예수님의 유아기의 성장 과정이나 교육, 그의 성격, 동기, 연대적 정확성 등이 결여되어 있다. 그러나 고대 그레코-로마 세계의 전기들도 그러한 요소들을 모두 갖추고 있었던 것은 아니다. 실제로, 고대 시대의 전기의 장르는 폭이 매우 넓어서 매우 다양한 작품들을 수용할 수 있었으며, 거기에 공관복음도 포함시킬 수 있다고 주장된다.[95]

복음서들을 분류하는 방식에 대한 결정은 장르라는 개념에 얼마나 유연성을 부여하느냐에 달려 있다. 대부분의 현대 문학비평가들은 장르에 필요한 일련의

---

93) Robert Guelich, "The Gospel Genre," in *Das Evangelium und die Evangelien*, ed. Peter Stuhlemacher (Tübingen: Mohr, 1983), 183-219을 보라.

94) 예를 들어, Kümmel, 37; Guthrie, pp.16-19; Martin 1:20; Robert H. Gundry, "Recent Investigation into the Literary Genre 'Gospel,'" in *New Dimensions in New Testament Study*, ed. Richard N. Longnecker and Merrill C. Tenny (Grand Rapids: Zondervan, 1974), 101-13을 보라.

95) 가장 철저한 변론서는 다음과 같다: R. A. Burridge, *What are the Gospel? A Comparison with Greco-Roman Biography*, SNTSMS 70 (Cambridge: Cambridge University Press, 1992). 또한 다음을 보다: C. W. Votaw, "The Gospels and Contemporary Biographies," *AJT* 19 (1915), 45-71; Charles H. Talbert, *What is a Gospel? The Genre of the Canonical Gospels* (Philadelphia: Fortress, 1977); Philip L. Shuler, *A Genre for the Gospels: The Biographical Character of Matthew* (Philadelphia: Fortress, 1982); Detlev Dormeyer and Hubert Frankemölle, "Evangelium als literarische Gattung und als theologisches Begriff: Tendenzen und Aufgaben der Evangelienfurschung im 20. Jahrhundert, mit einer Untersuchung des Maskusevangeliums in seinem Verhältnis zur antiken Biographie," in *ANRW* 25.2, 1545-81; Albrecht Dihle, "Die Evangelien und die griechische Biographie," in *Das Evangelium und die Evangelien*, 383-411; David E. Aune, *The New Testment in its Literary Environment*, LEC 8(Philadelphia: Westminster, 1987), pp. 17-76; Graham N. Stanton, *The Gospels and Jesus*, 2nd ed. (Oxford: Oxford University Press, 2002), 14-18.

조건들을 엄격하게 제시하지 않고 다만 "융통성이 있는 일련의 기대조건들"을 추정한다.[96] 또한 한 권의 "독특한" 책이라는 것은 존재할 수 없다고 주장한다. 한 권의 책이 이해되려면 어떤 일반적인 관례들과 일치해야 할 것이다. 그러므로 복음서들은 고대 그레코-로마 세계의 전기 범주에 포함시켜야 할 것이다. 심지어 사도행전과 연결되어 있기 때문에 정사(正史)로 분류할 수도 있는 누가복음도 고대 전기의 영역에 포함시킬 수 있다.

그러나 우리는 복음서들의 독특한 특징들도 인정해야 한다. 고대의 대부분의 다른 전기들과는 달리, 복음서들은 익명으로 되어 있다. 복음서에는 대부분의 전기들의 특징은 문학적 허식이 없고, 고대세계의 다른 것들과는 구분되는 설교 지향적인 작품 안에 가르침과 행동을 결합하고 있다.[97] 이 점은 특히 일부학자들이 "복음"이라는 개념을 확대하여 Q 자료, 도마행전(*The Gospel of Thomas*), 진리의 복음(*The Gospel of Truth*)을 포함시키려는 경향을 고려할 때에 중요하다.[98] 필립 젠킨스(Philip Jenkins)의 주장대로, 이러한 경향의 원인은 진지한 학문에 있다기보다 현대의 이데올로기적 추이들에 있다.[99] 어쨌든 이러한 문서들에는 표준적 복음서 장르가 본질적으로 가지고 있는 듯한 설화와 선포적 혼합물들이 결여되어 있다.

2) 문학 비평

① 설명

문학비평(Literary Criticism)이란 복음서들이 문학작품들로서 기능하는 방식에 대한 연구에 초점을 두는 현대적 접근방법에 대한 포괄적인 명칭이다. 물론, 수세기 동안 학자들과 일반인들 모두가 이러한 종류의 복음서 연구를 수행해왔다.

---

96) Burridge, *What are the Gospel?* 62.

97) Patricia Cox는 고대 전기들은 그 대상의 행위(πράξεις; *praxeis*)를 단지 그 대상의 본질이나 "삶의 방식"(ἔθος: *ethos*)을 보여주는 수단으로만 사용했다는 중요한 점을 지적한다(*Biography in Late Antiquity*[Berkeley: University of California, 1983], p.65). 이것은 복음서 기자들의 의도와 맞지 않는다.

98) Helmut Koester, *Ancient Christian Gospels: Their History and Development* (Philadelphia: Trinity Press International, 1990), 1-48을 보라. 또한 John Kloppenborg: *Excavating Q: The History and Setting of the Sayings Gospel* (Minneapolis: Fortress Press, 2000)에 주목하라.

99) Philip Jenkins, *Hidden Gospels: How the Search for Jesus Lost its Way* (Oxford: Oxford University Press, 2001).

그러나 현대의 문학비평의 특징은 1800-1970년까지의 복음서 연구를 지배해왔던 바 복음서들의 선사(先史)에 몰두했던 데서 벗어나서 "있는 그대로의" 본문에 중심을 둔 것이다. 양식비평과 자료비평처럼 공관복음의 선사에 대한 연구조사는 본문을 치명적으로 격리시켜 "성경적 저술들을 현대에는 타당성이 없는 케케묵은 것으로 변화시켜왔다."100) 심지어 편집비평도 전승들에 대한 분석에 기초를 두며 설화로부터 신학을 추출해 내는 데 몰두하는 경향을 지니기 때문에, 비판을 면치 못한다. 따라서 이제 복음서를 연구하는 많은 학자들은 자료나 양식, 또는 저자나 저술 환경 등의 문제에 집착하지 않고, 단지 복음서들이 독립된 문학적 본문들로서 기능하는 방식을 발견하고자 한다. 이러한 학자들은 보다 넓은 문학 세계의 통찰들을 적용하면서 복음서들의 설화들을 분석하며, 줄거리가 어떻게 전개되고 주인공들이 어떻게 드러나는지를 알아내려 한다. 실제로 종종 설화의 진정한 의미는 본문의 단어들의 배후에, 설화가 드러내는 "심층 구조들" 안에 놓여 있는 것으로 간주된다. "구조주의"(structuralism)란 이와 같이 인간적인 생각과 표현이라는 기본 요소들을 알아내고 분류하려는 특별한 방법들을 지칭하는 명사이다.101) 종종 해체구축, 수사 비평(rhetorical criticism), 담화분석(discourse analysis),사회과학비평(social-science criticism), 이데올로기 비평(ideological criticism) 등 여러 가지 관련된 방법들과 관점들이 혼합물에 추가된다.102)

이 대단히 광범위한 운동 내에 있는 특수한 접근방법들은 크게 다양하다. 많은 문학비평가들은 급진적인 포스트모던적 틀에 의해서 연구하며, 우리에게 본문의 "원래의" 의미를 발견해낼 능력이 있는지, 혹시 발견해낼 수 있다고 해도 그것이 무슨 소용이 있는지 의심한다. 그러한 비평가들의 주장에 의하면, 본문은 나름의

---

100) Edgar V. Mcknight, *Post-Modern Use of the Bible: The Emergence of Reader-Oriented Criticism* (Nashville: Abingdon, 1988), p. 14.

101) Tremper Longman III, *Litarary Approaches to Biblical Interpretation* (Grand Rapids: Zondervan, 1987)이 이러한 움직임을 간단하면서도 상당히 비판적으로 요약했다. 이 일반적인 움직임 안에 있는 다양한 접근방법에 대한 중요한 연구서는 다음과 같다: Norman R. Peterson, *Literary Criticism for New Testament Critics* (Philadelphia: Fortress, 1978), Edgar V. Mcknight, *Meaning in Texts* (Philadelphia: Fortress, 1974); idem, *Structural Exegesis for New Testament Critics* (Philadelphia: Fortress:1990); Robert W. Funk, *The Poetics of Biblical Narrative* (Somona, Calif.: Polebridge, 1989). Jack Dean Kingsbury, *Matthew as Story* (Philadelphia: Fortress, 1986)도 참고하라.

102) 이와 같은 다양한 방법들을 마가복음에 적용한 탁월한 예는 다음에서 발견된다: *Mark and Method: New Approaches in biblical Studies,* ed. Janice Capel Anderson and Stephen D. Moore (Minneapolis: Fortress Press, 1992).

생명을 취한다. 본문이 전달하는 의미는 그 역사적 기원과 연결되어 있는 것이 아니라 현대 해석자들이 본문을 읽을 때에 본문이 기능하는 방식과 연결되어 있다. 따라서, 많은 문학비평가들의 주장에 의하면, 우리는 복음서의 특정 본문이나 복음서 전체의 참된 의미나 거짓된 의미에 대해 말할 수 없고, 다만 읽는 사람 자신에게 주는 의미에 대해서만 말할 수 있다. 이런 식으로 복음서들을 연구하는 문학비평가들은 저자에게 기초를 둔 성경해석학에서부터 본문이나 독자에게 기초를 둔 성경해석학으로의 이동을 반영한다.

그러나 모든 문학비평가들이 완전히 저자와 역사에서 등을 돌린 것은 아니다. 많은 비평가들은 복음서의 저자들이 의도했던 의미를 발견하는 기본적인 도구로서 현대의 문학적 방법들을 사용한다. 그들은 급진적인 문학비평가들과 마찬가지로 전승비평은 본문의 의미를 조명하는 데 그다지 도움이 되지 못한다고 여긴다. 그러나 그들은 다양한 형태의 문학비평들은 복음서기자들이 의도했던 의미를 조명해주는 도구라고 본다.

② 평가

문학비평은 복음서의 연구가 종종 복음서들의 배후에 있는 전승의 역사에 초점을 두기 때문에 복음서들 자체를 볼 수 없게 된다는 정당한 관심에 뿌리를 둔다. 본문에 초점을 두는 것은 이러한 경향을 교정해주는 반가운 시도이다. 문학비평가들은 복음서들의 상이한 부분들이 보다 큰 문학적 단위 안에서 기능하는 방식을 조명해주었으며, 주석가들은 문학비평가들이 해석에서 사용하는 서사구조(narrative structures)의 분류법으로부터 많은 혜택을 받을 수 있다. 그러나 많은 문학비평가들이 학문을 수행하는 방식이 지닌 몇 가지 심각한 문제점을 지적해야 한다.

첫째, 많은 문학 비평가들 중에는 지나친 역사적 분석뿐만 아니라 역사 자체를 거부하는 이들이 있다. 문학비평은 역사적 회의주의와 불확실성의 문제를 이용하려 했던 것으로 보인다. 물론, 우리가 예수님에 관해 확실히 알 수 있는 것이 거의 없다는 그들의 말은 사실이다. 그러나 문학 비평가들은 복음서의 진리는 그것들 자체의 서사 세계(narrative world) 안에 있다고 주장함으로써 문제 자체를 무시할 수도 있다. 그러나 복음서 기자들은 현실 세계에 있었던 사건들을 다루기 때문에, 문제는 그렇게 쉽게 사라지는 않을 것이다. 문학비평이 이 문제를 다루는 데 실패한 것은 곧 문학비평은 결코 복음서의 핵심에 접근할 수 없음을 의미한다.[103]

둘째, 많은 문학 비평가들이 가르치는 것처럼, 본문을 저자에게서 분리시킨 것은 곧 본문의 정확한 의미가 존재할 수 없다는 의미이다. 그러나 복음서 기자들은 특수한 상황에서 특수한 독자들에게 기록을 남긴 사람들이었다. 독자가 아니라 이러한 이 역사적 배경이 해석의 배경을 결정해야 한다.[104)]

셋째, 해석의 범주들을 소설과 같은 현대문학에서 유추해 내려는 일반적인 경향에 문제가 있다. 소설 해석에 대한 현대 이론들의 유효성은 제쳐 두고라도, 복음서들을 현대 소설과 비교할 수 있는지 의심스럽다.

넷째, 문학비평에서 많이 사용되는 구조주의에 문제점들이 있다. 이 문제들은 제시된 심층구조가 실제로 존재하며, 그것이 해석에 얼마나 유용한가 등에 관한 것들이다. 우리는 고대의 저술들이 현대적인 사고와 저술 구조에서 기인한 것으로 간주하려 하는가? 모든 작품이 그러한 구조에 들어맞아야 하는가? 이러한 문제들이 모든 형태의 구조주의에 적용되는 것은 아니지만, 우리는 이 학파의 대중적이고 영향력이 있는 진영에서 사용하는 방법들의 유용성에 대해 신중해야 한다.

또, 이러한 비평들은 특정 종류의 문학비평에만 적용된다. 많은 학자들은 복음서에 대한 문학 연구를 역사적이고 철학적인 연구, 그리고 그것들이 지닌 본래의 의미를 분명히 조명하려는 목적과 결합하여 추구한다. 이처럼 전통적인 성경해석과 문학비평을 혼합하는 것은 하나님께서 우리에게 복된 소식을 전달하는 통로로 선택하신 설화들의 메시지를 식별하는 데 있어서 커다란 희망이 된다.

4. 예수님과 공관복음

지금까지 살펴본 두 가지 질문—복음서들은 어떻게 만들어졌는가? 그것들은 문학작품으로서 어떻게 이해되어야 하는가?—은 특히 역사적 문제에 대한 세부적 사항을 이해하는 데 중요하다. 복음서들은 초대교회에 관해서는 많은 것을 언급하지만, 예수에 대해서는 거의 언급하지 않는가(불트만)? 초기 기독교의 여러 형태를 소개하면서, 예수에 대해서는 초기에는 불분명하고 불투명했던 인물로서 언급하는가(일부 편집비평가)? 예수님이 이야기의 주인공 정도인 소설의 세계를 소개

---

103) 이 점에 관해서는 Kevin Vanhoozer, "A Lamp in the Labyrinth: The Hermeneutics of 'Aesthetic' Theology," *TrinJ* 8(1987): 25-26을 보라.

104) E .D. Hirsch, Jr., *Validity in Interpretation* (New Haven, Conn.: Yale University Press, 1967).

하는가(일부 문학 비평가)? 복음서들은 예수에 관해 무엇을 말하는가? 이것은 신약성서 연구의 가장 근본적인 질문이며, 여기에서는 몇 가지 주요 접근방법들을 간단히 살펴보고 우리의 입장을 간략하게 밝힘으로써 이 질문에 답하고자 한다.

18세기 이전의 기독교인들은 복음서들이 예수의 생애에 관한 역사적으로 신빙성이 있는 기록이라는 사실을 거의 의심하지 않았다. 그들이 직면했던 주요 문제는 네 복음서 간의 조화의 문제였다.

1) "역사적" 예수에 대한 질문

18세기 이전의 기독교인들은 복음서들이 예수의 생애에 관한 역사적으로 신빙성이 있는 기록이라는 사실을 거의 의심하지 않았다. 그들이 직면했던 주요 문제는 조화의 문제, 즉 "어떻게 네 복음서를 결합하여 예수의 생애에 관한 부드럽고 원만한 하나의 이야기를 만들어내는가?"였다. 이러한 시도는 초대 시대부터 있었고(예를 들면 2세기의 타티안), 오늘날도 계속되고 있다. 그러나 예수에 관한 복음서 묘사의 역사적 정확성에 대한 전반적인 확신은 18세기에 계몽주의의 공격을 받아 변화되었다. 새로운 비판적 사료 연구에서는 고대의 기사들을 액면 그대로 받아들이려 하지 않았다. 특히 기계적이고 신뢰할 수 있는 우주에 대한 이신론적 입장에는 맞지 않는 기적들에게 이러한 태도가 적용되었다. 복음서의 역사성에 대한 가장 유명한 초기의 공격은 사무엘 라이마루스(Samuel Reimarus)에 의해 이루어졌다. 레싱(Lessing)이 라이마루스의 사후 1774-78년에 출판된 그의 『단편』(Fragments)은 복음서 기사들에 대해 심각한 의심을 불러일으켰다. 라이마루스는 특히 부활이 실제로 발생한 것이 아니며 제자들이 시신을 훔쳐갔다고 주장했다.[105]

복음서들에 대한 라이마루스의 공격은 소위 "최초의 역사적 예수 탐구"라고 불리는 것을 일으켰다. 이러한 탐구를 수행한 19세기의 학자들은 종종 복음서 내의 기적 요소에 대해 라이마루스와 같은 회의적 태도를 나타냈다. 예를 들어, 폴러스(H. E. G. Paulus)는 부활을 의식불명 상태로 무덤에 있다가 소생한 것이라고 설명했고, 예수께서 물위를 걸으신 것은 실제로는 물이 잔잔하게 잠긴 모래 위를 걸으신 것이라고 설명했다. 이러한 이성주의적 접근방법과의 주된 결별은 스트라우스(D. F. Strauss)의 저서 『예수님의 생애』(1835-36)에서 이루어졌다. 스트

---

105) 19세기 중반의 "역사적 예수"에 관한 논쟁의 핵심인 Reimarus와 그 외의 인물들에 대해서는 Colin Brown, *Jesus in European Protestant Thought*, 1778-1860 (Grand Rapids: Baker, 1988)을 참고하라. 좀 더 폭 넓은 개관은 Charles C. Anderson, *Critical Quests of Jesus* (Grand Rapids: Eerdmans, 1969)에서 찾아 볼 수 있다.

라우스는 이성주의 선임자들과 마찬가지로 복음서의 역사성을 받아들이지 않았지만, 복음서들이 종교적이고 철학적인 본질의 진리를 가르친다고 주장했다. 복음서 자료의 대부분은 절대정신(absolute spirit)—당시 유행하던 헤겔 철학에서 취한 개념—에 대한 중요한 증언이었던 신화(종교적 가치를 가진 이야기들)로 구성되어 있다는 것이다. 스트라우스를 비롯한 극단적인 회의론자들에 대한 반작용은 여러 가지 형태로 나타났다. 그 중 하나가 마가복음은 비교적 비신학적이기 때문에 역사적 예수에 대한 신빙성 있는 근거가 된다고 본 마가복음설(Markan hypothesis)이다. 이러한 견해는 많은 예수님에 대한 전기에 스며들어 있었고, 나사렛의 겸손한 교사이신 참 예수에게 도달하기 위해서 그리스의 영향을 받은 초대교회(특히 바울)의 신학적·교의적 층들이 제거된 진보적 관점에서 이야기했다.

영향력 있는 세 저서가 이 첫 번째 탐구를 종식시켰는데, 그중 가장 유명한 것은 라이마루스로부터 그의 시대까지의(1906) 예수의 전기들의 연대기라고 할 수 있는 알버트 슈바이처의 『역사적 예수 탐구』(*Quest for the Historical Jesus*)이다.[106] 슈바이처는 연속적으로 소개된 각각의 "역사적" 예수들은 역사의 수평선에 투영된 저자 나름의 문화적, 철학적 견해의 표현에 불과하다는 것을 증명했다. 그는 요한네스 바이스(Johannes Weiss)의 연구에 기초를 두고서,[107] 종말론이 예수를 이해하는 데 핵심적인 것이라고 보았다. 예수는 세상을 마감할 임박한 하나님의 나라를 선포했고, 그 나라가 임하지 않았을 때 실망하며 죽었다. 이보다는 먼저 저술된 두 권의 책도 예수님의 생애에 대한 비신학적이고 저의가 없는 묘사의 가능성에 대한 질문을 제기했다. 하나는 마틴 켈러(Martin Kähler)의 『소위 역사적 예수와 역사적, 성경적 그리스도』(*The So-Called Historical Jesus and the Historic, Biblical Christ*)[108]이고, 또 하나는 브레데(William Wrede)의 『마가복음 안의 메시아 비밀』(*The Messianic Secret in Mark*)[109]이다. 따라서 엘리스(E. E. Ellis)의 표현처럼 "껍질에서 알맹이를 빼내듯이 복음서에서 역사를 추출해낼 수 있다는 가정에서 탐구가 시작되었으며, 그 과정은 각 층에 역사와

---

106) Albert Schweitzer, *The Quest for the Historical Jesus* (New York: Macmillan, 1961). 독일어 제목은 *Von Reimarus zu Wrede* (*From Reimarus to Wrede*)이다.

107) Johannes Weiss, *Jesus' Proclamation of the Kingdom of God* (Philadelphia: Fortress, 1971); 독일어 원본은 1892년에 출판되었다.

108) Martin Käler, *The So-Called Historical Jesus and the Historic, Biblical Christ* (Philadelphia: Fortress, 1964): 독일어판은 1896년에 출판되었다.

109) 독일 원어 *Das Messiageheimnis in den Evangelien*은 1901년에 처음으로 출판되었다.

해석이 혼합되어 있는 양파 껍질을 벗기는 것과 흡사하다는 인식의 증가로 끝났다."[110]

루돌프 불트만은 거의 아무것도 남지 않을 때까지 계속 껍질을 벗겼다. 그는 복음서에 대한 양식-비평적 연구를 통해서 우리가 예수에 관해 확실히 알 수 있는 것은 거의 없고, 기사들은 초대교회에 의해 철저하게 재해석되었다고 확신했다. 그러나 중요한 것은 역사 속에서 예수에 대해서 발견할 수 있는 것이 아니라 지금 여기서 개인적으로 그를 만나고 경험하는 것이기 때문에, 이것은 불트만에게는 중요하지 않았다. 역사적 사실들은 신조들을 증명할 수 없다: " 호칭은 어떤 것이든지 간에, 예수 안에서 하나님이 결정적으로 인간을 만나신다는 것을 인정하는 것이…역사적 질문에 대한 대답과 관계가 없는 순수한 믿음의 행위이다…개인적 결단인 믿음은 역사가의 수고에 의존할 수 없다."[111] 실존주의 철학을 지표로 사용하는 불트만은 현대인들이 참 진리를 발견하기 위해서 복음서의 신화들을 뚫고 들어가는 도구인 "비신화화" 프로그램을 수행한다.

불트만이 기독교 신앙을 역사적 지주들로부터 너무 멀리 격리했다는 제자들의 근심은 역사적 예수에 대한 "두 번째 탐구"로 이어졌다. 에른스트 캐제만(Earnst Käsemann)이 1953년에 이 새로운 탐구를 시도했고, 그 후에 일부 유력한 독일 신학자들이 동조했다.[112] 그러나, "새로운 탐구가들"이 예수에 관해 확실히 알 수 있다고 결정한 것은 지극히 일부에 불과하기 때문에 얻은 것이 거의 없었다.

역사적 예수에 대한 연구는 세월이 흘러도 시들지 않았고, 접근방법들의 수효와 다양성은 간단히 분류할 수 없을 정도이다. 예수 세미나(Jesus Seminar)에서는 계속 첫 번째 탐구와 두 번째 탐구의 특징이었던 부정적이고 역사적인 판단들을 계속 유지한다. 1985년 이래로 존속해온 예수 세미나의 회원들은 정기적으로 모여 복음서 자료의 신빙성에 대해 투표했는데, 결과는 주로 복음서에 반대하는 것이

---

110) E. E. Ellis, "Gospel's Criticism: A Perspective on the State of th Art," in *Das Evangelium und die Evangelien*, p.30.

111) Rudolf Bultmann, *Theology of the New Testament*, 2 vols.(New York: Charles Schribner's Sons, 1951-55), 1:26.

112) Ernst Käsemann, "The Problem of the Historical Jesus," in *Essays on New Testament Themes*(Philadelphia: Fortress, 1964), pp.15-47; Bornkamm, *Jesus of Nazareth*, 특히 pp.13-26;또한 James M. Robinson, *A New Quest of the Historical Jesus*, SBT 25 (London: SCM, 1959)도 참고하라. 부수적인 비판을 위해서는 Ralph Martin, "The New Quest of the Historical Jesus," in *Jesus of Nazareth: Savior and Lord*, ed. Carl F. H. Henry (Grand Rapids: Eerdmans, 1966), pp. 31-45.

었다. 예를 들어, 예수의 말씀 중 20퍼센트만이 신빙성이 있다고 받아들여졌다.[113] 그 세미나는 미디어 캠페인에 의해서 과분하게 큰 관심을 끌어왔다. 일부 학자들이 지적하듯이, 그 세미나는 성경적 학문의 대표자가 아니며, 거기서 내린 결론들은 보장되지 않은 가정들에 의해 이끌어낸 것들이다.[114] 그 세미나의 회원 두 사람이 출판한 예수의 "전기"들은 그 세미나 전체의 일반적인 경향을 드러내준다. 그 두 사람은 여러 가지 중요한 점에서 의견을 달리하지만, 주로 Q 자료와 예수의 반체제적 설교를 강조하며 그의 기적과 대속의 죽음과 부활을 무시하는 도마행전에 기초를 두고 예수에 대한 묘사를 제시한다는 점에서 일치한다.[115]

여기에서 언급하려는 두 번째 운동은 "역사적 예수에 대한 세 번째 탐구"라는 별명으로 불려왔다. 여기에 속하는 학자들의 특수한 관점들의 폭은 매우 다양하지만, 일반적으로 예수를 1세기 유대교라는 기반에 두려 하며 복음서의 역사성에 대해 비교적 긍정적인 접근방법을 사용하려 한다는 점에서는 일치한다.[116]

여기에서 우리 시대에 예수의 생애에 대해서 학계에서 통용되고 있는 해석의 다양성을 열거할 수 없을 것이며,[117] 우리는 지금까지 역사적인 표면을 긁적였을 뿐이다. 실제로, 우리가 엉성한 관찰을 통해서 다룬 묘사는 다소 보수적인 접근방법의 많은 훌륭한 새로운 진술들을 버리고 새롭고 진기한 것에 초점을 두기 때문에 심각하게 잘못된 것일 수 있다. 그러나 그것은 최소한 우리로 하여금 복음서들이 어느 정도까지 믿을 수 없는 것으로 간주되어왔는지를 볼 수 있게 해준다.

그러나 그러한 회의론은 근거가 없는 것이다. 복음서 기자들은 자기들이 분명히 역사를 기록하고 있다고 주장한다. 그들은 그 역사에 대한 특정한 해석을 열정을

---

113) 그 세미나의 작업의 결과는 다음의 저서에 수집되어 있다: *The Five Gospels*, ed. R. W. Funk and R. W. Hoover (Sonoma: Polebridge, 1993).

114) 특히 L. T. Johnson, *The Real Jesus* (San Francisco: Harper, 1996)을 보라.

115) J. D. Crossan, *The Historical Jesus: The Life of a Mediterranean Jewish Peasant* (San Francisco: Harper, 1991): M. Borg, *Jesus: A New Vision* (San Francisco: Harper, 1987).

116) 예를 들어 다음을 보라: E. P. Sanders, *Jesus and Judaism* (Philadelphia: Fortress Press, 1985); J. P. Meier, *A Marginal Jew: Rethinking the Historical Jesus*, 4 vols. (New York: Doubleday, 1991-); N. T. Wright, *Jesus and the Victory of God* (Minneapolis: Fortress Press, 1996).

117) 도움이 되는 개관서는 다음과 같다: Ben Witherington III, *The Jesus Quest* (Downers Grove: IVP, 1995). N. T. Wright, *Who Was Jesus?* (Grand Rapids: Eerdmans, 1993)도 보라. 역사적인 문제들을 상세히 다룬 두 권의 책은 다음과 같다: Markus Bockmuehl, ed., *The Cambridge Companion to Jesus* (Cambridge: Cambridge University Press, 2001); Gerd Theissen and Annette Merz, *The Historical Jesus: A Comprehensive Guide* (Minneapolis: Fortress Press, 1998[1996]. Darrell L. Bock, *Jesus According to Scripture: Restoring the Portrait from the Gospels* (Grand Rapids: Baker, 2002)에서 네 복음서에 대한 개관을 보라.

가지고 기록하면서 그에 맞도록 자기들이 가지고 있던 사실들을 선정하고 배열했다. 그러나 편집비평에 대해 다루면서 살펴본 대로, 당파심이 강하다고 해서 반드시 옳지 않은 역사가라고 생각할 이유는 없다. 마틴 헹겔(Martin Hengel)이 지적했듯이, 학자들은 자신이 설교와 역사적 서술 중 하나를 택해야 한다고 생각하는 데서 오류를 범하고 있다. "실제로, 복음서 기자의 '신학적' 공헌은 이 둘을 구분하지 않고 결합한다는 사실에 있다. 그는 서술에 의해서 설교하고, 역사를 기록하면서 선포한다."118) 편견이 없는 접근방법은 복음서 기자들이 주장하는 상황에 공감하고 경청하며, 그것이 타당한 것인지 보기 위해 그들의 세계로 들어가는 것이다. 우리는 그것이 우리가 만들어 놓은 세계들보다 더 타당하다는 것을 발견하게 될 것이다.119)

2) 역사적 개요의 가능성

이 책에서는 복음서의 역사성과 관련된 견해를 증명하려 하지 않았다. 그러나 비록 증명된 견해는 아니더라도(절대적인 의미에서 이 문제에 있어서는 증명이란 없다), 복음서를 역사적으로 신빙성이 있는 것으로 받아들일 수 있게 하는 확실한 근거를 제시한 사람들이 있음을 인정한다면,120) 복음서들 안에서 예수에 대해 어떤 종류의 정보들을 얻을 수 있을까? 역사적으로 일관성 있는 예수의 생애를 재구성하는 것이 가능한가? 어떤 학자들은 그러한 시도의 타당성을 부인한다. 가령 브레버드 차일즈(Brevard Childs)는 넷으로 이루어진 복음서라는 일반적 형태를 존중해야 한다고 주장한다. 그는 이러한 표준적 형태를 무시하는 역사적 구성 안에서 복음서의 의미를 찾으려 하는 전통적인 요람들을 비난한다.121) 네 가지 기사들 모두를 가정에 의해 조합한 것에서 의미를 찾기보다는 우리가 가지고 있는 본문들에서 찾아야 한다는 그의 주장은 옳지만, 조화의 중요성을 완전히 부인한 것은 옳지 못하다. 왜냐하면 복음서 기자들이 말하고 있는 진리는 그들이 서술하는

---

118) Martin Hengel, "Literary, Theological and Historical Problems in the Gospel of Mark," in *Studies in the Gospel of Mark* (Philadelphia: Fortress, 1985), p.41.

119) Royce Gorden Gruenler, *New Approaches to Jesus and the Gospels: A Phenomenological and Exegetical Study of Synoptic Christology* (Grand Rapids: Baker, 1982)의 접근 방법을 참고하라.

120) Marshall, *I Believe in the Historical Jesus*; Blomberg, *Historical Reliability of the Gospels*. 을 보라.

121) Childs, pp. 154-56.

역사적 현실과 불가분의 관계에 있기 때문이다. 따라서 역사적 현실, 즉 나사렛 예수님의 생애와 사역을 종합하려는 시도는 필요한 일이요 중요한 일이다.

그러나 과연 그것이 가능한가? 이 일에 있어서 주된 장애는 역사적인 세부 사항과 관련하여 복음서들이 서로 상충하는 것처럼 보이는 곳들이다. 가장 골치 아픈 본문들은 터무니없는 듯이 보이는 것에서부터 그럴 듯해 보이는 것까지 조화를 추구하는 많은 해석의 주제가 되어왔다. 이 문제에 대한 우리의 접근은 우리가 복음서 기자들의 정확성에 대해 어떻게 생각하는가에 의존할 것이다. 본서의 저자들처럼 그들의 정확성에 깊이 감동될수록 만족스러운 설명을 찾게 될 것이다. 그러나, 완전히 만족스러운 해답을 찾지 못하는 부분들도 있다. 그런 경우에는 루터의 말대로 터무니없는 의미를 본문에 부여하기보다는 있는 그대로 두는 편이 낫다.[122)]

이러한 어려움들 때문에 공관복음서가 예수의 사역의 일반 과정 및 그 사역에서 일어난 많은 사건들에 대해 상당한 일관성을 나타낸다는 사실이 가려져서는 안 된다. 일부 상이한 부분들은 서로 상충되는 것들을 암시하는 것이 아니라 서로 공통점이 적은 기사들을 암시한다(예를 들면 마태복음과 누가복음에 기록된 유년 시절의 이야기들). 그러한 상황에서는 역사적인 차원에서의 일관성을 찾는 것은 비교적 쉽다. 그럼에도 불구하고, 예수의 생애에 대한 완전히 만족스러운 역사적 조화는 불가능하다. 우리가 그러한 일을 하는 데 필요할 자료를 제공하는 것이 복음서 기자들의 의도가 아니었다. 그들은 정확한 연대 표시를 거의 하지 않을 뿐만 아니라, 그러한 표시도("이 일 후에", "…할 때", 그리고 마가의 "즉시" 등 일반적인 표현) 역사가들이 실제로 사용하기에는 너무 일반적이다. 복음서 기자들은 역사적 사실들을 서술하지만, 그 사실들을 선별하고 배열하여 제시하기 때문에 예수의 상세한 생애를 종합하는 데 이용할 수 있는 정보는 거의 없다.

공관복음서에서 일반적으로 각각의 일화들의 연대 순서는 비슷하지만 항상 일치하는 것은 아니다. 그러한 경우에, 문제는 연대 상의 오류가 아니라 연대에 대한 무관심이다. 복음서 기자들, 혹은 복음서 기자들이 사용한 자료들은 때로는 그 내용을 주제별로 배열하고 있으므로 예수의 사역 중 특정 사건이 발생한 시기를 알 수 없는 경우도 종종 있다. 그 하나의 예가 마가가 2:1-3:6에서 서술하는 일련의 논쟁 이야기들이다. 특히 그 일화들 중에는 다른 일화와 특별한 연대적인 관계가

---

122) Craig Blomberg, "The Legitimacy and Limits of Harmonization," in *Hermeneutics, Authority, and Canon*, ed. D. A. Carson and John D. Woodbridge (Grand Rapids: Zondervan, 1986), pp. 135-74, 388-97.

있는 것이 없다는 점을 고려해보면, 마가나 그의 자료에서는 이 이야기들의 주제(즉 유대인들과 논쟁하신 예수)가 비슷하기 때문에 함께 모아 다룬 듯하다. 그렇다면, 예수께서 안식일에 회당에서 손 마른 자를 고치신 사건은 언제 일어났는가(막 3:1-6)? 마가가 연대순으로 기록했다고 결론을 내린다면, 예수님의 사역 초기인가? 아니면, 마태복음의 사건 배열이 암시하는 것처럼 사역 후기인가(12:9-14)? 몇 가지를 추측할 수 있지만 확실히 알 수 없다: 복음서 기자들은 충분한 정보를 제공하지 않는다. 따라서, 공관복음에 기초를 두고서는 예수의 생애를 상세하고 구체적으로 재현할 수 없다는 사실 때문에 복음서를 정확한 역사적 자료로서 신용할 수 없는 것은 아니다. 복음서들이 우리에게 말해주지 않는 것에 의해서가 아니라 말해주는 것에 의해서 복음서들을 판단해야 한다.

3) 복음서의 연대기

헤롯 대왕(마 2장), 가이사 아구스도(눅 2:1), 헤롯 안티파스(눅 23:6-12), 본디오 빌라도(마 27장) 등의 유명한 역사적 인물들을 언급함으로써 복음서에 기록된 사건들을 세속 역사를 배경으로 쉽게 배열할 수 있다. 이러한 지표를 사용하면, 복음서들을 1세기 팔레스타인 및 로마 제국의 역사 안에 놓을 수 있다. 그러나 좀 더 정확하게 할 수는 없을까? 다음의 몇 가지 중요한 사건들이 보다 정확한 연대기적 자료를 제공할 수 있을 것이다.

① 예수의 탄생

예수의 탄생 연대를 정하기 위해 다음과 같은 세 가지 자료가 사용되어왔다: 헤롯대왕의 관여(마 2장), "구레뇨가 수리아 총독 되었을 때에" 발표한 가이사 아구스도의 칙령(눅 2:1-2), 베들레헴의 별의 출현(마 2:1-12). 헤롯 대왕은 마태복음 2장에서 언급된 왕이며, 주전 4년 3월말이나 4월초에 사망했음이 거의 확실하다.[123] 따라서, 헤롯이 두 살 미만의 아이들은 모두 죽였으므로(2:16) 예수님은 주전 4년 이전에 태어나셨지만, 그보다 크게 앞서지는 않을 것이다. 아구스도는 주전 31년부터 주후 14년까지 로마제국을 통치했다. 안타깝게도 세속 자료에서는 누가가 언급한 인구조사를 확인할 수 없다. 요세푸스는 주후 6년에 있었던 지역

123) Herold Hoehner, *Chronological Aspects of the Life of Christ* (Grand Rapids: Zondervan, 1977), pp. 12-13.

적인 인구조사를 언급하는데, 일부 학자들은 누가가 요셉과 마리아를 베들레헴으로 가게 했던 인구조사와 이것을 혼동한 것일 수도 있다고 생각한다. 설상가상으로, 고대 자료에서 구레뇨에 대한 유일한 언급에서는 그가 주후 6-8년까지 총독으로 있었다고 이야기한다. 그러나 역사적으로나 지리적인 세부 내용을 정확하게 다룬 누가가 그처럼 엄청난 실수를 했을 리 없다. 우리는 구레뇨가 이전에 수리아에서 직책을 맡은 적이 있거나,[124] 또는 누가복음 2:2은 "이것은 구레뇨가 수리아의 총독으로 있을 때 있었던 첫 번째 인구조사였다"라고 번역될 것이 아니라 "이 인구조사는 구레뇨가 수리아의 총독으로 있을 때 행한 인구조사 이전의 인구조사였다"[125]라고 번역되어야 한다고 추측할 수 있다. 어쨌든 인구조사는 예수의 탄생 연대를 정하는 데 도움이 되지 못한다. 별의 출현도 별로 도움을 주지 못한다. 이 별을 이미 알려진 천문학적 현상과 일치시키려는 시도가 몇 번—주전 5년에 보고된 혜성이라든지, 주전 7-6년의 목성과 토성, 수성의 근접과 동일시하려는 시도—있었지만, 확실한 것은 전혀 없다. 특히 별이 "문득 앞서 인도하여 가다가 아기 있는 곳 위에 머물러"(2:9) 섰다는 마태의 기록에 비추어 볼 때, 그 별을 자연적인 천문 현상과는 동일시할 수 없을 듯하다. 모든 것을 고려하면, 예수는 주전 6-4년에 탄생했다고 추정할 수 있을 뿐이다.

② 예수의 사역 시작

누가복음 3:1에 의하면, 예수는 "디베료 가이사가 위에 있은 지 15년 되는 해에" 공적 사역을 시작하셨다. 여기에 정확한 연대를 제시하는 암시가 있다고 생각할 수도 있지만, 문제가 그리 간단하지 않다. 디베료는 주후 14년 8월에 아구스도가 죽은 후 황제가 되었는데, 이때가 누가가 말하는 15년이 되는 해라면 예수님의 사역은 주후 28 또는 29년에 시작되었을 것이다.[126] 그러나 디베료는 주후 11-12년에 아구스도와 함께 섭정을 시작했으므로, 이때부터 계산한다면 예수님의 사역은 25-26년이나 26-27년에 시작되었을 것이다.[127]) 확신할 수는 없지만, 디베료

---

124) William Ramsay, *The Bearing of Recent Discovery on the Trustworthiness of the New Testament*, reprint ed.(Grand Rapids: Baker, 1953), pp. 238-300.

125) Nigel Turner, *Grammatical Insights into the New Testament* (Edinburgh: T. & T. Clark, 1965), pp. 23-24.

126) 예를 들면, Paul Barnett, *Jesus and the Rise of Early Christianity: A History of New Terstament Times* (Downers Grove: IVP, 1999), 21. 어느 달력을 사용했느냐에 따라 정확한 달과 날짜에 대한 여러 가능성들이 있다. George Ogg, *The Chronology of the Public Ministry of Jesus* (Cambridge: Cambridge University Press, 1940), pp. 174-83을 참고하라.

의 통치의 시작을 계산하는 데 전자의 방법이 훨씬 자연스럽기 때문에 누가가 말한 예수님의 사역의 시작은 28-29년이었다고 보는 것이 옳다. 어느 연대든, 예수님이 사역을 시작하실 때 "30세쯤 되셨다는"(3:23) 누가의 짐작은 틀린 것이 아니다.

공관복음 기자들은 예수의 사역 기간을 결정하는 데 사용할 수 있는 정보를 거의 제공하지 않는다.

③ 예수의 사역 기간

공관복음 기자들은 예수의 사역 기간을 결정하는 데 사용할 수 있는 정보를 거의 제공하지 않는다. 공관복음에 기록된 사건들을 일 년 미만으로 압축할 수 있다는 주장도 있었지만, 그것은 지나친 것이다. 또 마가는 예수께서 오천 명을 먹이실 때 잔디가 푸르렀다고 했는데(6:39), 이것은 팔레스타인의 봄철을 가리킨다. 그러나 예수께서 봄에 십자가에서 죽임을 당하셨기 때문에, 마가복음은 예수님의 사역이 적어도 일 년 이상 지속되었음을 암시한다.

요한은 더 많은 정보를 제공한다. 그는 예수님의 사역에 관한 이야기에서 유월절을 세 번 언급한다: 성전을 청결하게 하실 때(2:13), 오천 명을 먹이실 때(6:4), 그리고 예수님의 십자가의 처형 때(11:55). 또 5:1에서 유월절이었을 수도 있는 명절을 언급한다. 만일 요한이 언급하는 세 번의 유월절이 각기 다른 것이라면,[128] 요한복음에서 말하는 예수님의 사역기간은 적어도 2년 이상이다.[129]

④ 예수의 죽음

앞에서 다룬 두 가지를 근거해서 볼 때, 예수의 죽음은 주후 30년이나 그 이후에 발생했다. 정확한 연대를 결정하기 위해 역법적/천문학적인 증거와 역사적 증거가 사용되어왔다. 예수께서는 유대력으로 니산(Nisan)월 금요일에("예비일"[막 15:42]) 십자가에 달리셨다. 니산월은 새 달이 보이는 때에 시작된다. 따라서 만일

---

127) F. Godet, *A Commentary on the Gospel of St. Luke* (Edinburgh: T.& T. Clark, n.d.), 1:166-67.

128) 대부분의 복음주의 학자들은 요한복음에 기록된 성전 정결은 공관복음에 기록된 것과는 다른 사건이라고 주장한다. 그러나 만일 그것들이 같은 사건이라면 요한은 두 개의 유월절을 언급하는 셈이 된다.

129) 현재 우리가 가지고 있는 대로의 요한복음에서 예수님의 사역 기간은 3년 이상이라는 Hoehner의 주장은 4:35에 기록된 예수님의 말씀이 1월이나 2월을 가리킨다고 보았기 때문인 듯하다(*Chronological Aspects*, pp. 56-63). 그러나 이것은 가능성이 없으며(Leon Morris, *The Gospel According to John*, NICNT [Grand Rapids: Eerdmans, 1971], pp. 278-80을 보라), 또 Hoehner는 요한의 성전 정결이 공관복음의 것과 같은 것일 수도 있다는 가능성을 지지하게 고려하지 않았다. 특히 C. H. Turner, "Chronology of the New Testament," in *A Dictionary of the Bible*, ed. James Hastings, 5 vols.(Edinburgh: T.&T. Clark, 1898-1904), 1:407-9와 G.B.Gaird, "Chronology of the New Testament,"in IDB 1:602을 보라.

예수께서 십자가에 달리신 날짜를 안다면, 그 날짜가 금요일이 되는 해를 찾기 위해 천문학적 계산을 하면 된다. 안타깝게도 예수께서 돌아가신 날짜는 아직도 논란이 되고 있는데, 니산월 14일과 15일일 가능성이 높다. 이러한 불확실성은 공관복음의 자료와 요한복음의 자료가 서로 상충하는 것처럼 보이는 데서 기인한다. 공관복음에서는 최후의 만찬을 유월절 식사였던 것처럼 보여주는데, 그러면 금요일이 니산월 15일이 된다(막 14:12을 보라). 그러나 요한복음에서는 예수님이 재판을 받으실 때 유월절 만찬이 아직 시작되지 않았다고 암시한다(18:28). 이는 예수께서 죽으신 날이 니산월 14일이었음을 의미한다. 이를 조화시키려는 많은 시도가 있었는데, 가장 그럴듯한 것은 공관복음의 기자들과 요한이 1세기 팔레스타인에서 사용되고 있던 다른 달력을 사용했다는 것,[130] 또는 요한복음 18:28에서 요한은 공식적인 유월절 만찬이 아직 남아있음을 의미한 것은 아니었을 것이라는 제안이다.[131] 어쨌든 예수께서 사망한 날짜는 아직 확실하지 않다. 니산월 14일은 주후 30년 금요일이었을 수도 있고 33년이었을 수도 있다. 니산월 15일은 주후 30년이나 31년이었을 수도 있다.[132] 하지만 니산월의 시작에 대한 계산은 인간의 관찰에 의존하기 때문에 확실치 않을 가능성이 많으므로, 결과에 지나치게 의존해서는 안 된다. 가장 그럴 듯한 것은 주후 33년 니산월 14일(=4월 3일)과 주후 30년 니산월 15일(=4월7일)이다.

역사적 논증은 팔레스타인의 로마 총독이었던 빌라도가 예수님의 재판 때에 유대인 지도자들의 압력에 굴복할 수밖에 없었던 시기를 측정한다. 예를 들어, 회너(Hoehner)는 유대인 지도자들을 수용하려 했던 빌라도의 욕망은 주후 31년 이후에만 신빙성이 있다고 주장했는데, 이는 그해 10월에 디베료 밑에 있던 통치자로서 반유대파였던 세야누스(Sejanus)가 처형을 당했기 때문이다.[133] 천문학적 논증과 함께 살펴볼 때 가능성은 주후 33년으로 좁혀진다.

---

130) Morris, *John,* pp. 774-86.

131) D. A. Carson, "Matthew," in *EBC* 8:528-32.

132) 일부 학자들의 주장과는 상이한 이 결론에 대해서는 다음을 보라: Rainer Riesner, *Paul's Early Period: Chronology, Mission Strategy, Theology* (Grand Rapids: Eerdmans, 1998), 57-58.

133) 가장 최근의 계산법은 다음에서 발견된다: Colin J. Humphreys and W. Graeme Waddington, "The Date of the Crucifixion." *JASA* 37 (1985): 2-10. J. K. Fothneringham, "The Evidence of Astronomy and Technical Chronology for the Date of the Crucifixion" *JTS* 35(1934): 146-62; Joachim Jeremias, *The Eucharistic Words of Jesus* (London: SCM, 1966), 36-41도 보라.

그러나 이러한 상황들이 빌라도의 행동을 설명하는 데 필요한지 의심의 여지가 있다. 왜냐하면 로마 정부는 책임자가 누구였든지 상관없이 각 속주의 안정 유지에 관심이 있었고, 그러한 면에서 볼 때 빌라도는 이미 어느 정도 실패했다고 볼 수 있기 때문이다. 그러나 이 논증을 떠나서 많은 학자들은 점차 천문학적 자료가 주후 33년을 지지하고 있다는 데 의견을 모으고 있다. 반대로 만일 복음서 기자들이 제시하는 대로 예수님이 니산월 15일에 죽으셨다면 주후 33년은 전혀 가능성이 없다. 또 십자가 처형이 주후 33년 이후에 일어났다면, 예수님의 죽음과 바울의 회심 사이의 시간이 충분하지 못할 수도 있다(제7장을 보라). 그렇다면 이런 여러 자료들을 가지고는 아직은 문제를 해결할 수 없다는 결론에 도달하게 된다. 주후 30년 4월 7일과 주후 33년 4월 3일 모두 가능한 십자가 처형일이라고 볼 수 있다.

참고문헌

Charles C. Anderson, *Critical Quests of Jesus* (Grand Rapids: Eerdmans, 1969).

Janice Capel Anderson and Stephen D. Moore, eds., *Mark and Method: New Approaches to Biblical Studies* (Minneapolis: Fortress Press, 1992).

David E. Aune, The New Testament in Its Literary Environment, LEC 8 (Philadelphia: Westminster, 1987); idem, *Prophecy in Early Christianity and the Ancient Mediterranean World* (Grand Rapids: Eerdmans, 1983).

Paul Barnett, *Jesus and the Rise of Early Christianity: A History of New Testament Times* (Downers Grove: IVP, 1999).

Richard Bauckham, "For Whom were the Gospels Written?" in *The Gospels for All Christians* (Grand Rapids: Eerdmans, 1998), 9-48; idem, "The Eyewitnesses and the Gospel Traditions," *JSHJ* 1 (2003): 28-60.

Arthur J. Bellinzoni Jr., ed., *The Two-Source Hypothesis: A Critical Appraisal* (Macon: Mercer University Press, 1985).

C. Clifton Black, *The Disciples in Mark: Markan Redaction in Current Debate,* JSNTSup 27 (Sheffield: JSOT Press, 1989).

Craig Blomberg, *The Historical Reliability of the Gospels* (Downers Grove: IVP, 1987); idem, "The Legitimacy and Limits of Harmonization," in *Hermeneutics, Authority, and Canon*, ed. D. A. Carson and John D. Woodbridge (Grand Rapids: Zondervan, 1986), 135-74, 388-7; idem, "The Synoptic Problem: Where We Stand at the Beginning of a New Century," in *Rethinking the Synoptic Problem*, ed. David Alan Black and David R. Beck (Grand Rapids: Baker, 2001), 17-40.

Darrell L. Bock, *Jesus According to Scripture: Restoring the Portrait from the Gospels* (Grand Rapids: Baker, 2002).

Markus Bockmuehl, ed. *The Cambridge Companion to Jesus* (Cambridge: Cambridge University Press, 2001).

M. Borg, Jesus: A New Vision (San Francisco: Harper, 1987).

Güther Bornkamm, *Jesus of Nazareth* (London: Hodder & Stoughton, 1960).

G. Bornkamm, G. Barth, and H. J. Held, *Tradition and Interpretation in Matthew* (Philadelphia: Westminster, 1974).

Colin Brown, *Jesus in European Protestant Thought*, 1778-1860 (Grand Rapids: Baker, 1988).

Rudolf Bultmann, *The History of the Synoptic Tradition* (New York: Harper & Row, 1963); idem, *Theology of the New Testament*, 2 vols. (New York: Charles Scribner's Sons, 1951-55).

R. A. Burridge, *What are the Gospels? A Comparison with Greco- Roman Biography*, SNTSMS 70 (Cambridge: Cambridge University Press, 1992).

B. C. Butler, *The Originality of St. Matthew: A Critique of the Two-Document Hypothesis* (Cambridge: Cambridge University Press, 1951).

S. Byrskog, *Story as History-History as Story: The Gospel Tradition in the Context of Ancient Oral History*, WUNT 123 (Tübingen: Mohr-Siebeck, 2000).

G. B. Caird, "Chronology of the New Testament," in *IDB* 1.599-607 .

D. A. Carson, "Matthew," in *EBC* 8 (Grand Rapids: Zondervan, 1984); idem, "Redaction Criticism: On the Legitimacy and Illegitimacy of a Literary Tool," in *Scripture and Truth*, ed. D. A. Carson and John D. Woodbridge (Grand Rapids: Zondervan, 1983), 119-42, 376-81.

Maurice Casey, *An Aramaic Approach to Q: Sources for the Gospels of Matthew and Luke,* SNTSMS 122 (Cambridge: Cambridge University Press, 2002).

David Catchpole, *The Quest for Q* (Edinburgh: T. & T. Clark, 1993).

D. J. Chapman, *Matthew, Mark, and Luke: A Study in the Order and Interrelation of the Synoptic Gospels*, ed. John M. T. Barton (London: Longmans, Green, 1937).

Hans Conzelmann, T*he Theology of St. Luke* (New York: Harper & Row, 1960).

Patricia Cox, *Biography in Late Antiquity* (Berkeley: University of California Press, 1983).

J. D. Crossan, *The Historical Jesus: The Life of a Mediterranean Jewish Peasant* (San Francisco: Harper, 1991).

Peter Davids, "The Gospels and Jewish Tradition: Twenty Years After Gerhardsson," in *GP* 1:75-79.

Robert A. Derrenbacher Jr., and John S. Kloppenborg Verbin, "Self-Contradiction in the IQP" A Reply to Michael Goulder," *JBL* 120 (2001): 57-76.

Martin Dibelius, From Tradition to Gospel (ET: New York: Charles Scribner's Sons, n.d.).

Albrecht Dihle, "Die Evangelien und die griechische Biographie," in *Das Evangelium und die Evangelien*, ed. Peter Stuhlmacher, WUNT 28 (Tübingen: Mohr-Siebeck, 1983), 383-411.

C. H. Dodd, "The Framework of the Gospel Narrative," *ExpTim* 43 (1932): 396-400 .

Karl P. Donfried, "Chronology, New Testament," in *ABD* 1.1011-22 .

Detlev Dormeyer and Hubert Frankemölle, "Evangelium als literarische Gattung und als theologisches Begriff: Tendenzen und Aufgaben der Evangelienforschung im 20. Jahrhundert, mit einer Untersuchung des Markusevangeliums in seinem Verhältnis zur antiken Biographie," in *ANRW* 25.2, pp. 1545-81.

F. Gerald Downing, "Redaction Criticism: Josephus' *Antiquities* and the Synoptic Gospels,"

JSNT 8 (1980): 29-48; 9 (1980): 46-65.

David L. Dungan, *A History of the Synoptic Problem* (New York: Doubleday, 1999); idem, "The Purpose and Provenance of the Gospel of Mark According to the Two-Gospel (Owen-Griesbach) Hypothesis," in *New Synoptic Studies: The Cambridge Gospel Conference and Beyond*, ed. William Farmer (Macon: Mercer University Press, 1983), 411-40.

J. D. G. Dunn, "Prophetic 'I' Sayings and the Jesus Tradition: The Importance of Testing Prophetic Utterances Within Early Christianity," *NTS* 24 (1978): 175-98; idem, *Jesus Remembered, Christianity in the Making*, vol. 1 (Grand Rapids: Eerdmans, 2003).

Richard A. Edwards, *A Theology of Q* (Philadelphia: Fortress Press, 1976).

J. G. Eichhorn, *Einleitung in das Neue Testament* (1804).

E. E. Ellis, "Gospels Criticism: A Perspective on the State of the Art," in *Das Evangelium und die Evangelien*, 27-54.

Andreas Ennulat, *Die "Minor Agreements": Untersuchungen zu einer offenen Frage des synoptischen Problems*, WUNT 62 (Tübingen: Mohr-Siebeck, 1994).

William Farmer, *Jesus and the Gospel* (Philadelphia: Fortress Press, 1982; idem, *The Synoptic Problem: A Critical Analysis* (New York: Macmillan, 1964).

Austin Farrer, "On Dispensing with Q," in *Studies in the Gospels: Essays in Memory of R. H. Lightfoot*, ed. D. E. Nineham (Oxford: Blackwell, 1955).

Joseph A. Fitzmyer, *The Gospel According to Luke I-IX, AB* (Garden City: Doubleday, 1981; idem, "The Priority of Mark and the 'Q' Source in Luke," in *Jesus and Man's Hope*, ed. Donald G. Miller (Pittsburgh: Pittsburgh Theological Seminary, 1970), 1:131-70 (reprinted in Bellinzoni, The Two-Source Hypothesis).

J. K. Fotheringham, "The Evidence of Astronomy and Technical Chronology for the Date of the Crucifixion," *JTS* 35 (1934): 146-62.

R. T. France, "The Authenticity of the Sayings of Jesus," in *History, Criticism, and Faith*, ed. Colin Brown (Downers Grove: IVP, 1976), 101-41; idem, "Exegesis in Practice: Two Samples," in *New Testament Interpretation: Essays on Principles and Methods*, ed. I. Howard Marshall (Grand Rapids: Eerdmans, 1977), 253-64; idem, *Matthew: Evangelist and Theologian* (Grand Rapids: Zondervan, 1989).

G. Friedrich, "εὐφαγγέϖλιον," in *TDNT* 2.721-35.

Robert W. Funk, *The Poetics of Biblical Narrative* (Sonoma: Polebridge, 1989).

Robert W. Funk and Roy W. Hoover, *The Five Gospels* (Sonoma: Polebridge, 1993).

Birger Gerhardsson, *Memory and Manuscript: Oral Tradition and Written Transmission in Rabbinic Judaism and Early Christianity*, ASNU 22 (Lund: Gleerup, 1964).

J. K. L. Gieseler, *Historisch-kritischer Versuch über die Entstehung und die frühesten Schicksale der schriftlichen Evangelien* (1818).

F. Godet, *A Commentary on the Gospel of St. Luke*, 2 vols. (Edinburgh: T. & T. Clark, n.d.).

Mark Goodacre, *The Case Against Q: Studies in Markan Priority and the Synoptic Problem* (Harrisburg: Trinity Press International, 2002; idem, *the Synoptic Problem: A Way through the Maze* (New York: Sheffield Academic Press, 2001).

Michael D. Goulder, *Luke: A New Paradigm*, 2 vols., JSNTSup 20 (Sheffield: JSOT Press, 1989); idem, "Self-Contradiction in the IQP," *JBL* 118 (1999): 506-17; idem, "The Derrenbacher-Kloppenborg Defense," *JBL* 121 (2002): 33-36 .

J. J. Griesbach, *Commentatio qua Marci evangelium totum e Matthaei et Lucae commentariis decerptum esse monstratur* (Treatise in which is demonstrated that the gospel of Mark has been wholly derived from the commentaries of Matthew and Luke) (1789).

Royce Gordon Gruenler, *New Approaches to Jesus and the Gospels: A Phenomenological and Exegetical Study of Synoptic Christology* (Grand Rapids: Baker, 1982).

Robert Guelich, "The Gospel Genre," in *Das Evangelium und die Evangelien,* 183-219.

Robert H. Gundry, "Recent Investigations into the Literary Genre 'Gospel,'" in *New Dimensions in New Testament Study*, ed. Richard N. Longenecker and Merrill C. Tenney (Grand Rapids: Zondervan, 1974), 101-13.

Erhardt Güttgemanns, *Candid Questions Concerning Gospel Form Criticism: A Methodological Sketch of the Fundamental Problematics of Form and Redaction Criticism* (ET Pittsburgh: Pickwick, 1979).

John C. Hawkins, *Horae Synopticae* (Oxford: Clarendon Press, 1909).

Peter M. Head, *Christology and the Synoptic Problem: An Argument for Markan Priority*, SNTSMS 94 (Cambridge: Cambridge University Press, 1997).

Peter M. Head and P. J. Williams, "Q Review," *TynB* 54 (2003): 119-44.

Martin Hengel, "Literary, Theological, and Historical Problems in the Gospel of Mark," in *Studies in the Gospel of Mark* (Philadelphia: Fortress Press, 1985), 221-65; idem, "The Titles of the Gospels and the Gospel of Mark," in ibid., 64-84; idem, *The Four Gospels and the One Gospel of Jesus Christ* (Harrisburg: Trinity Press International, 2000).

J. G. Herder, *Von der Regel der Zusammenstimmung unserer Evangelien* (1797).

David Hill, *New Testament Prophecy* (Richmond: John Knox, 1979).

E. D. Hirsch Jr., *Validity in Interpretation* (New Haven, Conn.: Yale University Press, 1967).

Harold Hoehner, *Chronological Aspects of the Life of Christ* (Grand Rapids: Zondervan, 1977).

H. J. Holtzmann, *Die synoptische Evangelien: Ihr Ursprung und ihr geschichtlicher Charakter* (Leipzig: W. Engelmann, 1863).

M. D. Hooker, "On Using the Wrong Tool," *Theol* 75 (1972): 570-81.

Colin J. Humphreys and W. Graeme Waddington, "The Date of the Crucifixion," *JASA* 37 (1985): 2-10.

Philip Jenkins, *Hidden Gospels: How the Search for Jesus Lost its Way* (Oxford: Oxford University Press, 2001)

Joachim Jeremias, *The Eucharistic Words of Jesus* (London: SCM, 1966).

Luke T. Johnson, The Real Jesus (San Francisco: Harper, 1996).

Martin Kähler, *The So-Called Historical Jesus and the Historic, Biblical Christ* (Philadelphia: Fortress Press, 1964).

Ernst Käsemann, "The Problem of the Historical Jesus," in *Essays on New Testament Themes* (Philadelphia: Fortress Press, 1964), 15-47.

Werner H. Kelber, *The Oral and the Written Gospel* (Philadelphia: Fortress Press, 1983).

Jack Dean Kingsbury, *Matthew as Story* (Philadelphia: Fortress Press, 1986).

John Kloppenborg, *Excavating Q: The History and Setting of the Sayings Gospel* (Minneapolis: Fortress Press, 2000).

W. L. Knox, *The Sources of the Synoptic Gospels,* 2 vols. (Cambridge: Cambridge

University Press, 1957).

Helmut Koester, *Ancient Christian Gospels: Their History and Development* (Philadelphia: Trinity Press International, 1990)

Werner Georg Kümmel, *The New Testament: The History of the Investigation of Its Problems* (New York: Abingdon, 1970) .

Karl Lachmann, "De Ordine narrationum im evangeliis synopticis," *TSK* 8 (1835): 570-90.

G. E. Lessing, *Neue Hypothese über die Evangelisten als bloss menschliche Geschichtschreiber betrachtet* (1784).

R. H. Lightfoot, *History and Interpretation in the Gospels* (London: Hodder & Stoughton, 1935).

R. L. Lindsey, "A Modified Two-Document Theory of the Synoptic Dependence and Interdependence," *NovT* 6 (1963): 239-63.

Eta Linnemann, *Is There a Synoptic Problem? Rethinking the Literary Dependence of the First Three Gospels* (Grand Rapids: Baker, 1992).

Tremper Longman III, *Literary Approaches to Biblical Interpretation* (Grand Rapids: Zondervan, 1987).

Harvey K. McArthur, ed., *In Search of the Historical Jesus* (New York: Charles Scribner's Sons, 1969).

Edgar V. McKnight, *Meaning in Texts* (Philadelphia: Fortress Press, 1974; idem, *Post-Modern Use of the Bible: The Emergence of Reader-Oriented Criticism* (Nashville: Abingdon, 1988).

Scot McKnight, *Interpreting the Synoptic Gospels* (Grand Rapids: Baker, 1988; idem, "Source Criticism," in *Interpreting the New Testament*, ed. David Black and David Dockery (Nashville: Broadman and Holman, 2001), 74-105.

Allan J. McNicol, David L. Dungan, and David B. Peabody, *Beyond the Q Impasse: Luke's Use of Matthew* (Valley Forge: Trinity Press International, 1996).

Burton L. Mack, *The Lost Gospel: The Book of Q and Christian Origins* (San Francisco: Harper, 1993).

Joel Marcus, *Mark 1-8: A New Translation with Introduction and Commentary*, AB 27 (New York: Doubleday, 2000).

I. Howard Marshall, *I Believe in the Historical Jesus* (Grand Rapids: Eerdmans, 1977); idem, *Luke: Historian and Theologian,* new, enlarged ed. (Grand Rapids: Zondervan, 1989).

Ralph Martin, *Mark: Evangelist and Theologian* (Grand Rapids: Zondervan, 1972); idem, "The New Quest of the Historical Jesus," in *Jesus of Nazareth: Savior and Lord*, ed. Carl F. H. Henry (Grand Rapids: Eerdmans, 1966), 31-45.

Willi Marxsen, *Mark the Evangelist: Studies on the Redaction History of the Gospel* (Nashville: Abingdon, 1969).

Sharon Lee Mattila, "A Question Too Often Neglected," *NTS* 41 (1995): 199-217.

J. P. Meier, A Marginal Jew: Rethinking the Historical Jesus, 4 vols. (New York: Doubleday, 1991-.

Ben F. Meyer, The Aims of Jesus (Philadelphia: Fortress Press, 1979).

Alan Millard, *Reading and Writing in the Time of Jesus* (Washington Square: New York University Press, 2000).

S. D. Moore, *Poststructuralism and the New Testament* (Minneapolis: Fortress Press, 1994).

Leon Morris, *The Gospel According to John,* NICNT (Grand Rapids: Eerdmans, 1971; idem, *Studies in the Fourth Gospel* (Grand Rapids: Eerdmans, 1969).

Stephen Neill and Tom Wright, The Interpretation of the New Testament, 1861-1986 (Oxford: Oxford University Press, 1988).

Franz Neirynck, *The Minor Agreements of Matthew and Luke Against Mark*, with a Cumulative List, BETL 37 (Louvain: Louvain University Press, 1974).

David J. Neville, *Mark's Gospel: Prior or Posterior? A Reappraisal of the Phenomenon of Order*, JSNTSup 222 (Sheffield: Sheffield Academic Press, 2002).

George Ogg, *The Chronology of the Public Ministry of Jesus* (Cambridge: Cambridge University Press, 1940).

Grant R. Osborne, "The Evangelical and Redaction Criticism: Critique and Methodology," *JETS* 22 (1979): 305-22; idem, "History and Theology in the Synoptic Gospels," *TrinJ* 24 (2003): 5-22.

H. P. Owen, *Observations of the Four Gospels* (1764).

Daniel Patte, *Structural Exegesis for New Testament Critics* (Philadelphia: Fortress Press, 1990); idem, *What Is Structural Exegesis?* (Philadelphia: Fortress Press, 1976).

Norman Perrin, *Rediscovering the Teaching of Jesus* (London: SCM, 1967); idem, *What Is Redaction Criticism?* (Philadelphia: Fortress Press, 1969).

Norman R. Peterson, *Literary Criticism for New Testament Critics* (Philadelphia: Fortress Press, 1978)

A. Polag, *Fragmenta Q: Texthelf zur Logienquelle*, 2nd ed. (Neukirchen-Vluyn: Neukirchener Verlag, 1982).

Stanley E. Porter, *The Criteria for Authenticity in Historical-Jesus Research: Previous Discussion and New Proposals*, JSNTSup 191 (Sheffield: Sheffield Academic Press, 2000).

E. J. Pryke, *Redactional Style in the Marcan Gospel: A Study of Syntax and Vocabulary as Guides to Redaction in Mark*, SNTSMS 33 (Cambridge: Cambridge University Press, 1978).

William Ramsay, The Bearing of Recent Discovery on the Trustworthiness of the New Testament (repr., Grand Rapids: Baker, 1953) .

Friedrich Rehkopf, *Der lukanische Sonderquelle*, WUNT 5 (Tübingen: Mohr-Siebeck, 1959).

Bo Reicke, *The Roots of the Synoptic Gospels* (Philadelphia: Fortress Press, 1986).

Rainer Riesner, *Jesus als Lehrer*, WUNT 7 (Tübingen: Mohr-Siebeck, 1981; idem, "Jüdische Elementarbildung und Evangelienüberlieferung," in *GP* 1.209-23.

John M. Rist, *On the Independence of Matthew and Mark*, SNTSMS 32 (Cambridge: Cambridge University Press, 1978).

J. A. T. Robinson, *Redating the New Testament* (Philadelphia: Westminster, 1976) .

James M. Robinson, *A New Quest of the Historical Jesus,* SBT 25 (London: SCM, 1959).

Joachim Rohde, *Rediscovering the Teaching of the Evangelists* (London: SCM, 1968).

E. P. Sanders, Jesus and Judaism (Philadelphia: Fortress Press, 1985) .

F. Schleiermacher, "Uber die Zeugnisse des Papias von unseren ersten beiden Evangelien,"

TSK 5 (1832): 335-68.

Karl Ludwig Schmidt, *Der Rahmen der Geschichte Jesu: Literarkritische Untersuchungen zur ältesten Jesusüberlieferung* (Berlin: Trowitzsch & Son, 1919; idem, "Die Stellung der Evangelien in der allgemeinen Literaturgeschichte," in *ΕΥΧΑΡΙΣΤΗΡΙΟΝ: Studien zur Religion und Literatur des Alten und Neuen Testaments*, Fs. Hermann Gunkel, ed. K. L. Schmidt, FRLANT 19.2 (Göttingen: Vandenhoeck & Ruprecht, 1923).

John J. Schmitt, "In Search of the Origin of the Siglum Q," *JBL* 100 (1981): 609-11.

Albert Schweitzer, *The Quest for the Historical Jesus* (New York: Macmillan, 1961).

Philip L. Shuler, *A Genre for the Gospels: The Biographical Character of Matthew* (Philadelphia: Fortress Press, 1982).

Moisés Silva, "Ned B. Stonehouse and Redaction Criticism. Part I: The Witness of the Synoptic Evangelists to Christ; Part II: The Historicity of the Synoptic Tradition," *WTJ* 40 (1977-78): 77-88, 281-303.

Graham N. Stanton, *Gospel Truth? New Light on Jesus and the Gospels* (Valley Forge: Trinity Press International, 1995); idem, *The Gospels and Jesus*, 2nd ed. (Oxford: Oxford University Press, 2002); idem, *Jesus of Nazareth in New Testament Preaching*, SNTSMS 27 (Cambridge: Cambridge University Press, 1974).

Robert Stein, "The 'Criteria' of Authenticity," in *GP* 1.225-63; idem, *Studying the Synoptic Gospels: Origin and Interpretation*, 2nd ed. (Grand Rapids: Baker, 2001; idem, "What Is Redaktionsgeschichte?" in *JBL* 88 (1969): 45-56.

Hans-Herbert Stoldt, *History and Criticism of the Marcan Hypothesis* (Macon: Mercer University Press, 1980).

Ned B. Stonehouse, *The Witness of the Synoptic Gospels to Christ* (Grand Rapids: Baker, 1979).

Georg Strecker, ed., *Minor Agreements: Symposium Göttingen 1991* (Göttingen: Vandenhoeck & Ruprecht, 1993).

B. H. Streeter, *The Four Gospels: A Study of Origins* (London: Macmillan, 1924).

G. M. Styler, "The Priority of Mark," in *The Birth of the New Testament*, ed. C. F. D. Moule, 3rd ed. (San Francisco: Harper & Row, 1982), 285-316.

Charles H. Talbert, *What Is a Gospel? The Genre of the Canonical Gospels* (Philadelphia: Fortress Press, 1977).

Randall K. T. Tan, "Recent Developments in Redaction Criticism: From Investigation of Textual Prehistory Back to Historical-Grammatical Exegesis?" *JETS* 44 (2001): 599-614.

Vincent Taylor, *The Formation of the Gospel Tradition*, 2nd ed. (London: Macmillan, 1935); idem, *The Gospel According to St. Mark*, 2nd ed. (London: Macmillan, 1966); idem, *The Passion Narrative of St. Luke: A Critical and Historical Investigation*, ed. Owen E. Evans, SNTSMS 19 (Cambridge: Cambridge University Press, 1972).

Gerd Theissen and Annette Merz, The Historical Jesus: A Comprehensive Guide (Minneapolis: Fortress Press, 1998 [1996]).

Robert L. Thomas and F. David Farnell, eds., *The Jesus Crisis: The Inroads of Historical Criticism into Evangelical Scholarship* (Grand Rapids: Kregel, 1998).

C. C. Torrey, *The Four Gospels* (New York: Harper, 1933).

C. M. Tuckett, *Q and the History of Early Christianity* (Peabody: Hendrickson, 1996).

C. H. Turner, "Chronology of the New Testament," in *A Dictionary of the Bible*, ed. James Hastings, 5 vols. (Edinburgh: T. & T. Clark, 1898-1904), 1.403-25.

Nigel Turner, *Grammatical Insights into the New Testament* (Edinburgh: T. & T. Clark, 1965).

Joseph B. Tyson and Thomas R. W. Longstaff, *Synoptic Abstract, The Computer Bible* 15 (Wooster: College of Wooster, 1978).

L. Vaganay, *Le problème synoptique: Une hypothése de travail* (Paris: Desclée, 1954).

Kevin Vanhoozer, "A Lamp in the Labyrinth: The Hermeneutics of 'Aesthetic' Theology," *TrinJ* 8 (1987): 25-56.

C. W. Votaw, "The Gospels and Contemporary Biographies," *AJT* 19 (1915): 45-71.

Johannes Weiss, *Jesus' Proclamation of the Kingdom of God* (Philadelphia: Fortress Press, 1971).

C. H. Weisse, *Die evangelische Geschichte kritisch und philosophisch bearbeitet* (1838).

David Wenham, "The Synoptic Problem Revisited: Some New Suggestions About the Composition of Mark 4:1-34," *TynB* 23 (1972): 3-38 .

John Wenham, *Redating Matthew, Mark, and Luke: A Fresh Assault on the Synoptic Problem* (Downers Grove: IVP, 1992).

B. F. Westcott, *Introduction to the Study of the Gospels,* 8th ed. (London: Macmillan, 1895).

C. G. Wilke, *Der Urevangelist oder exegetisch-kritische Untersuchungen über das Verwandtschaftsverhältniss der drei ersten Evangelien* (1838) .

William Wrede, *Das Messiasgeheimnis in den Evangelien* (Göttingen: Vandenhoeck & Ruprecht, 1901).

N. T. Wright, *Jesus and the Victory of God* (Minneapolis: Fortress Press, 1996).

제3장

마태복음

1. 내용

마태가 솜씨 좋은 문학적 장인(匠人)이었다는 것은 아무도 부인하지 않는다. 이 복음서의 구조에 대해 의견이 일치하지 않는 것은 중복되는 부분들과 상대적 중요성에 대해 의견이 일치하기 어려운 것처럼 보이는 구조적인 부분들이 많기 때문이다.

따라서 몇 가지 특이한 제안들[1]과는 별도로, 전반적인 본서의 구조를 생각해 본다면, 다음의 세 가지 유력한 학설을 생각해 볼 수 있다.

1. 어떤 사람들은 마가복음과 관련된 지리적 구조를 발견해냈다(공관적 문제에 관한 제2장을 보라).[2] 마태복음 1:1-2:23은 머리말로서, 3:1-4:11(예수님의 사역 준비)과 합하여 마가복음 1:1-13에 버금가는 서론을 이룬다. 마태복음 4:12-13:58에서는 갈릴리에서 사역하시는 예수님을 볼 수 있다(막 1:14-6:13 참조). 이 사역은 북쪽의 다른 지역에까지 확장되며(마 14:1-16:12; 막 6:14-8:26), 그 후에 예수께서는 예루살렘을 향해 이동하기 시작하셨다(마

---

1) C. H. Lohr는 엄청나게 큰 교차배열법을 제시하지만(“Oral Techniques in the Gospel of Matthew," *CBQ* 23[1961]: 403-35), 마태가 그것을 염두에 두고 있었다고 설득시키기에는 그 짝들이 너무 빈약하다. M. D. Goulder는 이 복음서의 구조를 예배용 성구집에 맞추려 했다(*Midrash and Lection in Matthew* [London: SPCK, 1974]). 그러나 Goulder가 제안하는 성구집으로써는 너무 길다는 것은 언급하지 않더라도, 1세기 예배용 성구집에 대해서 우리가 아는 바가 너무 적기 때문에 이 제안은 지나친 추측에 불과하다(cf. L. Morris, "The Gospels and the Jewish Lectionaries," in *GP* 1:129-56).

2) A. H. McNeile, *The Gospel According to St .Matthew* (London: Macmillan, 1915).

16:13-20:34; 막 8:27-10:52). 예루살렘에서의 대결(마 21:1-25:46; 막 11:1-13:37)은 예수의 고난과 부활을 초래한다(마 26:1-28:20; 막 14:1-16:8).

이러한 분석은 예수님의 사역을 연대순으로 폭넓게 전개한 것을 제대로 반영하며 지리적인 특성들도 잘 유지하지만, 특별히 추려낸 주제에 관한 고찰을 철저히 의지하며 마태가 남긴 문학적 표지(標識)는 반영하지 않는다. 이러한 분석은 조금 수정하면 어느 공관복음서에나 적용될 수 있기 때문에, 마태만의 유일한 목적들을 파악하는 데는 별로 도움이 되지 못한다.

2. 킹스베리(Kingsbury)는 스톤하우스(Stonehouse), 로마이(Lohmeyer), 크렌츠(Krentz)[3] 등의 제안을 따라서 기독론적 전개와 깊은 관련이 있는 중요한 세 단원이 있다고 주장했다.[4] 그는 첫 단원을 "메시아이신 예수의 인격"이라고 칭하였고(1:1-4:16), 두 번째 단원은 "메시아이신 예수님의 선포"라고(4:17-16:20), 그리고 셋째 단원은 "메시아이신 예수님의 고난과 죽으심과 부활"(16:21-28:20)이라고 칭했다. 두 단원이 끊어진 직후에는 결정적인 단어 ἀπὸ τότε(*apo tote*; "그 때부터")를 사용하여 줄거리의 진행을 알려주었다. 세 단원 중 마지막 두 단원에는 각각 세 개의 요약 단락이 포함되어 있다(4:23-25; 9:35; 11:1과 16:21; 17:22-23; 20:17-19).

이러한 대요를 지지하는 사람들도 있지만(예를 들면 컴멜), 여기에는 몇 가지 약점이 있다. ἀπὸ τότε("그 때부터")가 마태에게 있어서 그의 전반적인 구조를 좌우할 만큼 편집상 중요한 용어였는지 분명하지 않다. 사실, 마태는 26:16에서 이야기의 흐름을 끊지 않고서 그 표현을 사용했다. 또 세 번째 단원에서 수난에 대한 요약이 셋이 아니라 넷이라고 주장하는 사람도 있다(26:2를 첨가한다). 두 번의 구조적 전환점에서, 마태는 다른 의도가 있었던 것이 아니라 마가복음을 따른 것일 수도 있다. 어쨌든 위의 개요는 마태복음 16장에 있는 베드로에 관한 중요한 구절을 납득하기 어려운 방법으로 나누고 있다. 심지어 기독론적 전개도 킹스베리가 주장하는 것처럼 분명하지 않다: 예수님의 인격(제1 단원)은 둘째 단원과 셋째 단원에서도 초점이 되며(16:13-16; 22:41-46), 예수님의 선포도 둘째 단원에 국

---

3) Ned B. Stonehouse, *The Witness of Matthew and Mark to Christ* (Grand Rapids: Eerdmans, 1944), pp. 129-31; Ernst Lohmeyer, *Das Evangelium des Matthäus*, ed. W. Schmauck (Gottingen: Vandenhoeck & Ruprecht, 1956); E. Krentz, "The Extent of Matthew's Prologue," *JBL* 83(1964): 409-14.

4) J. D. Kingsbury, *Matthew: Structure, Christology, Kingdom* (Philadelphia: Fortress, 1975).

한될 수 없다. 왜냐하면 셋째 단원에도 두 번의 설교와(18장과 24-25장) 몇 가지 중요한 교훈(21-23장)이 기록되어 있기 때문이다.

3. 가장 자주 제안되는 구조들은 마태가 구체적인 문맥에서 시작하여 다른 곳에서는 찾아 볼 수 없는 공식("예수께서 이 말씀을 마치시매…"[마 7:28-29; 11:1; 13:53; 19:1; 26:1])으로 끝나는 다섯 가지 설교를 소개한다는 관찰을 의지한다. 다섯 곳에서 설교와 이야기를 연결하는 것이 흥미롭다. 베이컨(Bacon)은 이 다섯 단원을 "권"(Books)이라고 불렀다.[5] 제1권은 제자도를 다루고(이야기 3-4장; 설교 5-7장), 제2권은 사도직(이야기 8-9장; 설교 10장), 제3권은 계시의 감추임(이야기11-12장; 설교 13장), 제4권은 교회 행정(이야기 14-17장; 설교 18장), 그리고 제5권은 심판(이야기 19-22장; 설교 23-25장)을 다룬다고 보았다. 이 경우에 마태복음 1-2장은 서론이 되고, 26-28장은 결론이 된다. 베이컨은 이것이 모세 오경의 완성이요 그에 대한 마태의 의식적인 반응이었다고 생각했다.

오늘날 마태가 이 다섯 단원과 모세오경을 연결하려는 의도를 가지고 있었다고 생각하는 사람들은 거의 없다. 그 둘 사이의 관계는 극히 희박하다고 주장된다. 각 이야기와 연결된 설교의 관계가 항상 튼튼한 것은 아니며, 고난과 부활에 관한 기록을 결론 부분으로 분류하는 것은 신중하게 재고되어야 한다.

그러나 이러한 도식 중에는 유익한 것들도 있다. 마태가 다섯 개의 설교 외에도 광범위하게 예수님의 가르침을 소개한다는 것은 위의 개요에 대한 비판이 될 수는 없다. 다섯 번에 걸친 설교와 이야기가 다섯 번 연속된다고 해서, 이야기 부분에서는 예수께서 아무 말씀도 하지 않으신 것으로 묘사된다고 가정하는 것은 아니다. 마태는 그 부분에서 예수님의 가르침을 더 폭넓게 소개하려 했을 수도 있다(예를 들면 11, 21장). 중요한 것은 문학적인 관점에서 볼 때 이 다섯 설교는 확실하게 구분되어 있기 때문에, 마태가 그것을 의도적으로 구상한 것이 아니라고 믿는 것이 거의 불가능하다는 것이다. 1-2장은 서론이나 서언으로 볼 수 있다. 네 개의 표준적 복음서 모두 공통적으로 취하고 있는 첫 단계, 즉 세례요한의 사역에 대해 언급하기 전에(마태복음에서는 3:1) 독자적인 모두(冒頭) 형태를 취한다. 마태복음 26-28장은 단순한 결론으로 보아서는 안 된다. 그러나 마태가 이 부분을 절정이 되는 여섯 째 단원으로 보고 이에 준하는 설교 부분은 제자들에게 맡기는(28:18-20)

5) B. W. Bacon, "The Five Books of Moses Against the Jews," *Exp* 15(1918):56-66. 이 사상은 그 후 *Bacon's Studies in Matthew*(London: Constable, 1930)에서 상세하게 연구되었다.

방식을 취했을 가능성은 있다.

이러한 문학적 구분에 분명한 줄거리의 전개를 겹치면, 다음과 같은 일곱 부분으로 이루어진 개요에 도달한다.

서언(1:1－2:23). 이 부분은 다시 예수님의 족보(1:1-17), 그의 탄생(1:18-25), 동방박사들의 방문(2:1-12), 애굽으로의 도피(2:13-15), 베들레헴에서의 대학살(2:16-18), 나사렛으로의 귀환(2:19-23) 등 여섯 부분으로 나눌 수 있다. 이 마지막 다섯 부분의 특징은 예언의 성취라는 형태로 소개된 구약의 인용문이다.

천국 복음(3:1－7:29). 이야기 부분에는 기초 단계들(3:1-4:11)—세례 요한의 사역(3:1-12), 예수의 세례(3:13-17), 예수의 시험(4:1-11)—과 갈릴리에서의 초기 사역(4:12-25)이 포함된다. 첫 번째 설교는 산상수훈이다(5:1-7:29). 배경을 소개한 후에(5:1-2), 천국 및 그 기준과(5:3-12) 증인됨(5:13-16)을 소개한다. 5:17-7:12은 설교의 본론으로서 천국을 "율법과 선지자"인 구약성경과 관련짓는 방식으로 시작하고 끝맺는다. 이것은 특히 최초의 설명과(5:17-20) 그에 의존하는 대구들(네가 들었으나… 이제 내가 말하노니[5:21-48])을 지닌 5:17-48의 주제가 된다. 온전함에 대한 요구(5:48)는 유대인들의 전통적인 경건의 세 가지 표현인 구제(6:2-4)와 기도(6:5-15)와 금식(6:16-18)을 행하는 올바른 방법들을 집중적으로 다루면서 위선에 대해 경고한다. 그러한 자세를 유지하기 위해서는 천국적인 관점들을 추구해야 하는데, 이에는 천국의 가치 기준에 대한 확고부동한 충성(6:19-24), 하나님께 대한 타협할 줄 모르는 신뢰(6:25-34) 등이 포함된다. 구약의 기대를 완성하는(7:1-12) 균형과 온전함을 요구한 데 이어서, 독자들이 선택해야 할 두 길(7:13-14), 두 나무(7:15-20), 두 가지 주장(7:21-23), 그리고 두 건축자(7:24-27)를 제시하는 결론 부분이 소개된다. 끝맺음 구절은(7:28-29) 다섯 설교의 끝 부분에 나타나는 공식을 처음으로 보여줄 뿐만 아니라, 예수님의 권위를 재확인함으로써 8-9장의 주류를 이루는 권세 있는 기적들의 시리즈를 준비한다.

예수의 권위 아래 확장된 천국(8:1-11:1). 이야기 부분에는(8:1-10:4) 천국과 천국의 왕을 묘사하는 상징들을 지닌 많은 기적들뿐만 아니라, 마태를 부르신 것(9:9), 죄인들과의 식사에 대한 예수님의 주장(9:10-13), 예수 자신의 현존 안에 분명히 나타난 그 나라의 도래가 기쁨의 때임을 공포하신(9:14-17) 것이 포함된다. 기적들과 예수님의 담대하심이 어두움의 영역을 몰아내지만, 이 이야기는 더 많은 일꾼들을 요청하라는 기도의 요구(9:35-38), 그리고 열두 제자의 임명으로(10:1-4) 끝난다. 이것은 자연스럽게 선교와 순교에 관한 두 번째 설교로 이어지는데(10:5-11:1), 이 설교는 당면한 계획(10:5b-16)에서부터 장래 고난에 대한 경고(10:17-25), 아버지의 섭리의 빛 안에서 두려워하지 말 것(10:26-31), 참 제자도에 대한 일반적인 묘사(10:32-39) 등으로 전개된다. 선하든지 악하든지 그러한 제자들에 대한 반응은 곧 예수님에 대한 반응이다(10:40-42). 과도적인 결론은(11:1) 예수님의 사역의 확장을 보여준다.

천국 복음을 가르치고 선포하심, 그리고 그에 대한 반대(11:2-13:53). 이야기 부분은(11:2-12:50) 구속사의 흐름에서 예수님과 세례 요한의 상대적인 역할을 확립할 뿐만 아니라(11:2-19), 예수께서 (두로나 시돈과 같은 이방 마을들과 별로 다르지 않고 소돔과 같은 악의 본산지와 동일하다고 생각하신) 갈릴리 지방의 종교적이고 선한 유대인 마을들을 강력하게 정죄하신 것을 보고함으로써, 그리고 수고하고 무거운 짐진 자들이 인자의 "멍에" 안에서 쉼을 얻을 것이라고 선언함으로써(11:20-30), 사람들의 일반적인 기대를 뒤집어 놓는다. 안식일로 인한 마찰(12:1-14)이 생기고, 예수께서 가시적으로 다스리는 왕이 아니라 고난 받는 온유한 종이심을 증거하심으로, 그리고 예수님과 바리새인들 사이에서 뿐만 아니라(12:22-45), 예수님과 가족들 사이에서도(12:46-50) 대립이 시작되면서 긴장이 고조된다. 그 다음 일련의 비유로 이루어지는 설교의 주제는 기대의 전도(顚倒)이다(13:1-53).

영광과 그림자: 점진적인 양극화(13:54-19:2). 이야기(13:54-17:27)는 증대되는 양극화를 반영하는 일련의 사건들(예를 들면, 나사렛에서 배척을 받으심, 13:54-58; 헤롯과 예수, 14:1-12; 표적을 요구함, 16:1-4), 또는 예수님의 사역의 능력이 나타났음에도 불구하고 그것의 본질과 핵심을 바로 이해하지 못한 일들(예를 들면,오천 명을 먹이심, 14:13-21; 물 위를 걸으심, 14:22-33, 예수님과 장로들의 유전, 15:1-20; 변모, 17:1-13; 간질병자를 고치심, 17:14-20)로 점철되어 있다. 이야기 부분의 절정은 베드로의 신앙고백이지만(16:13-20), 그 결과는—고난에 대한 첫 번째 예고(16:21-23; 17:22-23의 두 번째 예고를 참고하라) 그가 얼마나 형편없이 이해하고 있었는가를 보여준다. 네 번째 설교(18:1-19:2)는 천

국 권세 아래에서의 삶을 묘사한다. 위대함이 겸손과 밀접하게 연결되며(18:3-4); 믿는 자들, 즉 예수님의 소자들을 실족하게 하는 죄보다 악한 죄가 많지 않다는 것(18:5-9); 안전하게 우리에 있는 양들을 먹이는 것보다 잃어버린 양을 구원하는 것이 훨씬 더 중요하다는 것(18:10-14); 용서가 우선적으로 중요하다는 것 및 메시아적 공동체에서 훈련의 중요성이(18:15-35) 이 설교에 강조되어 있다. 과도적 결론(19:1-2)은 유대에서의 사역을 소개하는 역할을 한다.

반대와 종말론: 은혜의 승리(19:3-26:5). 이야기는(19:3-23:39) 예수를 따르려는 자들에게 기대되는 놀라운 행위를 강조하는 많은 비유와 논쟁(19:3-20:34)을 거쳐 고난주간의 사건들로 연결된다(21:1-23:39). 예루살렘 입성(21:1-11), 성전을 깨끗하게 하심(21:12-17), 그리고 무화과나무를 저주하신 사건(21:18-22) 등은 예수의 메시아 주장을 가리키고 강조하는 성정에서의 일련의 논쟁의(21:23-22:46) 전주곡들이다. 노하신 예수는 율법 교사들과 바리새인들에게 화를 선포하시고(23:1-36), 예루살렘으로 인해 슬퍼하신다(23:37-39). 그 다음에 해석하기 어려운 감람산(혹은 종말론) 설교가(24:1-25:46) 예루살렘 성전을 내려다보는 배경에서 시작되며(24:1-3), 재림 전 시기의 해산의 고통(24:4-28)과 인자의 오심(24:29-31), 해산의 고통의 중요성(24:32-35), 인자의 오실 날과 시간을 알지 못하므로 준비하고 있어야 할 것 등을(24:36-41) 설명한다. 일련의 비유들은 깨어 있어야 한다는 주제의 변형물들을 제공한다(24:42-25:46). 과도적 결론에는 이 복음서의 네 번째 고난 예고 및 예수님을 해치려는 몇 가지 음모들이 포함되며, 이것은 마태복음의 마지막 부분으로 이어진다.

예수의 고난과 부활(26:6-28:20). 고난에 관한 이야기에서는 베다니에서의 기름부음(26:6-13)과 유다가 예수를 팔기로 협의한 일(26:14-16)을 기록한 후에 마지막 만찬(26:17-30)이 이루어지며, 성찬 제정의 말(26:26-30), 버림받고 부인 당할 것에 대한 예고(26:31-35), 겟세마네(26:36-46), 붙잡히심(26:47-56), 산헤드린 앞에서의 예수님(27:1-2), 베드로가 예수를 부인한 것(26:69-75), 산헤드린의 공식적 결정(27:1-2), 가룟 유다의 죽음(27:3-10), 빌라도 앞에서의 예수님(27:11-26), 로마 군인들이 예수님을 다룬 태도(27:27-31), 십자가 처형과 조롱(27:32-44), 예수님의 죽음(27:45-50) 및 그 즉각적인 영향(27:51-56), 예수님을 장사 지냄(27:57-61), 무덤을 지키는 자(27:62-66) 등에 관한 이야기들이 빠르게 전개된다. 부활 이야기(28:1-17)는 지상명령에서 절정에 달하며, 복음과 예수의 가르침의 내용을 전하는 일이 작은 증인들의 무리에게 맡겨진다. 이들은 세상 끝날까지 예수께서 자기들과 함께 하실 것을 확신했다(28:18-20).

어떤 개요도 본문에 전개되어 있는 수많은 소구조들을 공정하게 다룰 수는 없다(Kümmel, pp. 106-7 참고).[6] 그럼에도 불구하고, 본문으로부터 크게 비약한 것들이 많다. 특히 이 복음서에서는 산상수훈뿐만 아니라,[7] 복음서 전체에[8] 셋이 한 벌을 이루는 구조들이 가득하다. 예를 들어, 비유 설교(마 13장)에서, 마태복음 13:23까지는 마가복음과 일치하지만, 13:24부터는 마태복음 특유의 내용이 전개되면서 삼중구조가 시작된다. 성장에 관한 세 가지 비유가 제시된다: 13:24-30; 13:31-32; 13:33. 각각의 비유는 "또 비유를 베풀어 가라사대"라는 말에 의해 도입된다. 그리고 해석적인 설명에 이어 또 다시 삼중구조가 등장한다.

실제로, 마태복음의 소-구조들을 선별하는 일은 짧거나 긴 단원들을 고려함으로써 다중 구조들을 드러낼 수 있기 때문에 한층 더 도전적이다. 다양한 형태의 대구법을 사랑하는 문화에서는 이것은 그리 놀라운 일이 아니겠지만, 때로 놀라운 결과를 초래한다. 하나의 예를 들어보면, 세 번째 설교인 천국의 비유들은 하나의 커다란 교차대구법으로 해석될 수 있다.

무리에게(13:3b-33)

1. 씨 뿌리는 비유(13:3b-9)

  2. 간주곡(13:10-23)

    (a) 비유의 이해에 관하여(13:10-17)

    (b) 씨 뿌리는 비유의 해석(13:18-23)

      3. 가라지 비유(13:24-30)

        4. 겨자씨 비유(13:31-32)

          5. 누룩의 비유(13:33)

---

6) Kümmel, 106-7 참조. 그것은 Robert H. Gundry가 마태복음은 분명한 구조를 소유하고 있지 않으며 다만 불분명한 계획을 따르고 있다고 주장한 이유이다(*Matthew: A Commentary on His Literary and Theological Art* [Grand Rapids: Eerdmans, 1982], 30).

7) D. C. Allison Jr., "The Structure of the Sermon on the Mount," *JBL* 106)1987): 423-45을 보라.

8) 특히 W. D. Davies and Dale C. Allison Jr., *The Gospel According to Saint Matthew*, ICC (Edinburgh: T.&T. Clark, 1988-68)을 보라.

이야기의 중단(13:34-43)

—예언의 완성으로서의 비유들(13:34-35)

—가라지 비유의 해석(13:36-43)

제자들에게(13:44-52)

5'. 감추인 보물의 비유(13:44)

4'. 값비싼 진주의 비유(13:45-46)

3'. 그물의 비유(13:47-48)

2'. 간주곡(13:49-51)

(a)' 그물의 비유 해석(13:49-50)

(b)' 비유의 이해에 관하여(13:51)

1'. 서기관에 대한 비유(13:52)[9)]

2. 저자

다른 세 복음서와 마찬가지로 일반적으로 마태의 것으로 명명된 이 복음서도 종종 저자 미상일 것이라고 주장되기도 한다. 만일 본문의 시작 부분에서 저자와 최초의 독자들을 밝히는 로마서가 비교의 표준이라면, 그 주장은 형식적으로는 맞다. 마태복음, 마가복음, 누가복음, 또는 요한복음에는 그러한 구절이 없다. 그럼에도 불구하고, 이 복음서들이 "마태에 따른"(*kata Matthaion*)과 같은 적절한 명칭이 없이 유포되었다는 증거는 없다. 이 명칭들은 과연 얼마나 오래 된 것일까?

최근까지 대부분의 학자들은 네 복음서가 저자 미상으로 유포되다가 주후 125년경에 처음으로 현재의 명칭이 붙여졌다고 가정해 왔다. 이 연대가 결정적인 전환점이라고 볼 수 있는 근거는 매우 희박하다. 그것은 단지 복음서들이 원래는 저자 미상이었는데 주후 140년이나 그 이전에 큰 변화 없이 전통적으로 전해 내려오는 명칭을 붙이는 것이 유행했었다는 전제에 근거를 둔 경험적인 추측에 불과하다. 그러나 현재 이러한 견해는 마틴 헹겔의 도전을 받고 있다.[10)] 헹겔은 언급되는 작품을 확인하기 위해서 제목을 필요로 했던 고대세계에서의 서적 배포 관습을 조사

9) D. A. C arson, Matthew, *EBC* 8:303-4, 331-33 및 거기에 인용된 자료들을 보라.

10) Martin Hengel, *Studies in the Gospel of Mark* (Philadelphia: Fortress, 1985), pp. 64-84. Cf. R. T. France, *Matthew-Evangelist and Teacher* (Grand Rapids: Zondervan, 1989), pp. 50-80.

했다. 이 과정에서 그는 2세기 저자들이 복음서를 언급한 방법들, 특히 마르시온(Marcion)이 자신의 복음서를 저자의 이름도 없이 출판한 것(거의 누가복음의 축약판)에 대한 터툴리안의 비판을 연구했다. 터툴리안은 "표제가 바로 서지 않고…완전한 명칭과 저자의 정당한 고백에 기인하는 신빙성을 약속하지 않는 책은 인정해서는 안 된다"고 주장한다.[11] 헹겔은 어느 교회에서 둘, 혹은 그 이상의 복음서가 읽히면서(그는 이러한 현상이 주전 100년 이전에 나타났다고 생각한다), 그것들을 제목과 같은 방법에 의해서 구분해야 할 필요가 생겼다고 주장한다.[12] 2세기에 주어진 명칭이 일치한다는 것은 그 명칭이 처음부터 복음서의 일부였다고 가정하는 것 외에는 달리 설명할 길이 없다. 또한 그는, 복음서들이 60년 동안 익명으로 유포되다가 2세기에 갑자기 만장일치로 특정한 저자의 것으로 인정되었다고 생각할 수는 없다고 주장한다. 만일 그것들이 원래 저자 미상이었다면, 2세기경에는 저자에 대한 이견이 있었어야 한다(2세기의 일부 외경의 경우처럼). 따라서 헹겔은 네 개의 정경적 복음서들은 공식적으로 익명이었던 적이 없다고 결론짓는다.

다음과 같은 네 분야에서 이 제안에 대한 반론이 제기되었다.

1. 헹겔의 논거들 중 일부는 일종의 "분명히 당시의 상황이었던 것"의 다양성에 관한 것이라는 반론이다. 이것은 정당한 공격이다. 그러나 당시 유포되고 있던 복음서들에 대한 교회의 언급에서 "분명히 당시의 상황이었던 것"은 증명할 수 있는 2세기의 관습에 기초를 두고 있다. 확실히 헹겔의 재구성은 2세기의 명칭 부여의 통일성을 설명하려는 어떤 이론보다 타당하다.

2. 헹겔의 논거들은 가명 사용에 대해서는 아무런 대책이 없다는 것이다. 이것도 옳은 지적이다. 그러나 대부분의 학자들은 네 개의 정경적 복음서가 가명을 사용한 것이 아니라 저자 미상이라고 생각한다. 어쨌든 1세기에는 묵시적 저술에만 가명이 사용되었을 뿐만 아니라, 교회가 그 문제를 논의하기 시작하면서 가명의 저술이라는 의심을 받는 저서의 권위가 거부되었다.

3. 저자 불명이라는 사실이 헹겔이 주장하는 것만큼 위협적인 것은 아니었다는 것이다. 히브리서도 저자 불명이 아닌가? 터툴리안이 논거를 과장한 것은 사실이다. 그럼에도 불구하고, 히브리서는 독특한 명칭(가정된 수신인들)에 의해서 다른

11) Tertullian, *Against Marcion,* 4.2.

12) 이것은 아직 많은 저자들에 의해 채택되거나 평가되지 않았다. 예를 들어, Donald A. Hanger는 *Matthew*, WBC (Dallas: Word Books, 1993-95), 1.lxxvi에서 단지 2세기의 어느 시기에 κατὰ μαθθαῖον 라는 제목이 복음서에 첨부되었다고 주장한다.

서신들과 구분된다. 또 히브리서가 교회에 의해 정경으로 채택되는 데 있어서 저자의 정체에 대한 의심이 장애물이 되었다. 이것이 사도 바울과 관련된 것이라고 믿고 있었던 동방 교회에서 먼저 정경으로 채택된 것도 우연은 아니다. 헹겔은 이 문제를 상세하게 다루었다.[13)]

4. 헹겔의 해석은 κατὰ μαΘΘαῖον(*kata Matthaion*; "마태에 따른")이 저자에게 귀속된다고 가정하지만, 병행구절들은 "따른"(*kata*)이라는 표현이 다른 목적으로 사용될 수 있음을 보여 준다. 예를 들어, "히브리인에 따른 서신"이라든지 "애굽인에 따른 서신"이라는 명칭에서는 이 표현이 저자를 가리키지 않는다. 플러머(Plummer)는 "그것은 유형의 일치를 암시하는 것이며 '아무개의 가르침에 따라 작성한'이라는 것 이상을 의미하지는 않는다"라고 말한다.[14)] 플러머를 비롯한 여러 학자들은 파피아스 시대에 "따른"(κατά)은 저자를 가리키는 것으로 이해되었음을 인정하지만, 그 표현이 그리 중요한 의미를 갖지는 않는다고 주장한다. 헹겔은 κατά +대격(對格) 자체가 저자를 가리키는 것도 아니고, 당시 헬라 문학에서는 그렇게 사용된 경우가 드물었음도 인정한다. 그러나 그는 현저한 유사성에 주의를 기울인다. 헬라 교부들은 구약성서를을 "70인에 따른", "아킬라에 따른", 또는 "심마쿠스(Symmachus)에 따른"이라고 언급했는데, 이 경우에 "따른"이라는 전치사는 관련된 번역본을 만들어 내는 책임을 졌던 사람이나 단체를 소개하는 데 사용된다. 마찬가지로, 하나의 복음이 "마가에 따른", "마태에 따른" 등 네 가지 특징적인 형태로 유포되어 있었는데, 거기에서 전치사적 표현은 특별한 형태를 만들어냈다고 생각되는 사람을 소개한다.

파피아스가 그러한 관계를 확인하는 어려운 단어를 쓰기 휠씬 전에 마태가 첫 번째 복음서의 저자로 이해되고 있었다는 것은 공격의 여지가 없는 것은 아니지만 매우 강력한 논거인 듯하다.

간단히 말해서, 파피아스가 그러한 관계를 확인하는 어려운 단어를 쓰기 훨씬 전에 마태가 첫 번째 복음서의 저자로 이해되고 있었다는 것은 공격의 여지가 없는 것은 아니지만 매우 강력한 논거인 듯하다.

논란이 되는 파피아스의 말을 살펴보기 전에, 파피아스 자신의 신뢰성에 대해 의문이 많음을 먼저 인식하는 것이 중요하다. 2세기 후반에 이레내우스(Irenaeus)는 파피아스와 폴리캅이 개인적으로 사도 요한을 알고 있었다고 주장하지만, 4세기의 교회 역사가 유세비우스는 파피아스의 경우에 대해서는 반론을 제기한다(*H.E.* 3.39). 이에 근거해서, 현대 학자들은 파피아스를 주후 140년이

---

13) Hengel, *Mark,* pp.170-72 n. 57.

14) Alfred Plummer, *An Exegetical Commentary on the Gospel According to St. Matthew* (London: Robert Scott, 1909), p. vii.

나 그 후의 인물로 보려는 경향이 있다. 그러나 만일 이레내우스의 주장이 맞고 유세비우스의 주장이 틀리다면, 파피아스가 정확한 정보를 가지고 현대 학자들의 생각보다는 20년 정도 일찍 저술했을 수도 있다. 최근에는 유세비우스가 여러 가지 점에서 파피아스를 오해했고, 파피아스의 천년왕국설에 동의할 수 없었기 때문에 그의 중요성을 감소시키려고 노력했음이 거듭 나타난다(증거와 논거들은 제6장에서 요약했다).[15] 파피아스에 대한 평가에 있어서 유세비우스보다는 이레내우스가 옳았을 가능성이 크다.

파피아스에 관한 정확한 지식과 연대와는 상관없이, 그가 실제로 쓴 것들은 유세비우스에 의해 보존된 인용문들 안에 남아 있다. 파피아스의 다섯 권의 주해서 *Logion Kyriakon Exegesis*(Exegesis of the Dominical Logia)는 중세 시대까지 유럽의 일부 도서관에 보존되어 있었으나, 지금은 남아 있지 않다. 복음서의 저자에 관해 현재 남아 있는 파피아스의 두 가지 논평은 유세비우스가 이 저서에서 인용한 것들이다(*H.E.*3.39.14-16). 네 번째 복음서에 관한 것은 이 책 뒷부분에서 논의되었고, 마태복음과 직접 관련이 있는 것은 번역하기가 매우 어렵다. "마태가 τα λόγια(*ta logia*; '말씀', '복음?')을 Ἑβραΐδι διαλέκτῳ(*Hebraî dialektō*; '히브리[아람]어로', 히브리[아람] 문체로) συνετάξετο(*synetaxeto*; '작성했다?', '편집했다?', '배열했다')고, 각자가 최선을 다해 그것들을 ἡρμήνευσεν(*hērmēneusen*; '해석했다?' '번역했다?' '전했다?')."[16]

초대교회는 이것을 마태가 처음에 그의 복음서를 히브리어나 아람어(이 두 언어를 표기하는 데 같은 헬라 단어가 사용되었다)로 기록했고 나중에 다른 사람들에 의해 번역되었다는 뜻으로 이해했다. 그러나 이러한 견해에는 심각한 문제들이 있다. 일부 현대 학자들이 마태의 복음서 전체가 처음에는 아람어로 기록되었다고 주장하지만,[17] 실질적인 언어학적 증거는 이들의 주장을 지지하지 않는다. 우선,

---

15) 요한복음과 관련되어 인용된 것 외에 마태복음과의 관계에 초점을 맞추고 유세비우스에 반대하는 주장을 한 다음의 연구들을 보라. C. Stewart Petrie, "The Authorship of 'The Gospel According to Matthew': A Reconsideration of the External Evidence," *NTS* 14(1967-68):15-32; France, *Matthew-Evangelist and Teacher*, pp. 53-56; Robert H. Gundry, *Matthew: A Commentary on His Literary and Theological Art* (Grand Rapids: Eerdmans, 1982), pp. 609ff. Gundry는 특히 유세비우스가 주후 110년 이전에 죽은 파피아스가 이레네우스와 관련이 있었다고 했음을(*H.E.*3.36.1-2) 지적했다.

16) 공관복음의 문제에 관한 파피아스의 구절에 관해서는 위의 제2장을 보라.

17) 예를 들면 다음과 같다: C. F. Burney, *The Poetry of Our Lord* (London: Oxford University Press, 1925); C. C. Torrey, *Our Translated Gospels* (London: Hodder & Stoughton, n.d.);

구약성서에서 취한 많은 인용문들은 동일한 본문 형태를 반영하지 않는다. 어떤 것들은 확실하게 70인 역의 것이고, 어떤 것들은 원래 셈 어 원본을 번역한 것처럼 보이며, 또 쉽게 분류할 수 없는 것들도 있다.[18] 만일 복음서가 처음에는 아람어로 기록되었다면, 구약성서를 인용한 부분들은 번역자가 아람어로 번역했거나 아니면 초대교회가 받아들인 성경, 즉 70인 역에서 인용한 것이라고 기대할 수도 있다. 본문의 형태들이 혼합되어 있는 것은 저자가 헬라어로 기록했지만 셈 어를 어느 정도 알고 있었기 때문에 형태를 변형시킬 수 있었음을 보여준다.

둘째, 마태복음이 마가복음을 의존했다고 가정할 때(제2장을 보라), 마태복음과 마가복음 사이의 상세한 문자적인 관계들을 보면 마태복음이 처음에 아람어로 기록되었을 가능성은 거의 없다. 물론, 마가복음 우선설을 받아들이지 않거나 아람어 판 마태복음이 헬라어판 마태복음에 중추적인 역할을 한 마가복음보다 먼저 출판되었다고 주장하는 사람들은 여기에서 아무런 문제도 인식하지 못할 것이다.

마지막으로, 마태복음의 헬라어 본문을 읽어보면 헬라어 번역본 같은 느낌을 받지 않는다. 물론 셈 어 어법이 있고 셈 어 어법이 강화된 곳이 자주 나타나지만,[19] 이것들은 대체로 예수님의 말씀에 국한되어 있고, 또 헬라어의 관용적인 표현을 사용할 수 있는 저자에 의해 효과적으로 사용되었다.[20] 훌륭한 번역가라면 그런 효과를 연출해낼 수 있었을 것이라고 주장할 수 있지만, 그렇다면 그는 매우 훌륭한 번역가였어야만 한다.

그렇다면, 파피아스의 기록은 어떻게 받아들여야 하는가? 유력한 제안들 중에 다음과 같은 것들이 있다(Guthrie, pp. 44-49를 참조하라).

1. 어떤 사람들은 λόγια (*logia*; 말씀)를 어쩌면 Q 자료일 수도 있는(이에 대하여는 제2장을 보라) 독자적인 예수님의 말씀 모음집과 동일시한다.[21] 그렇게 되

A Schlatter, *Der Evangelist Matthäus Seine Sprache, sein Ziel, seine Selbständigkeit*, 6th ed. Stuttgart: Calwer, 1963); P. Gaechter, *Die Literarische Kunst im Matthäusevangelium* (Stuttgart: Katholisches Biblewerk, 1966); J. W. Wenham, "Gospel Origins: *TrinJ* 7(1978): 112-34. 최근에는 극소수의 학자들이 히브리어(혹은 아람어)가 표준적인 복음서에 사용된 언어였다고 주장하는데, 이 주장은 그 문제를 연구한 대부분의 학자들에 의해서 제대로 부인되었다.

18) Davies and Allison, *Matthew*, 1.34-57을 보라.

19) 현대 언어학 이론에서는 "셈어 어법"(Semitism)이 셈어적인 배경에 호소해야만 그 의미를 찾을 수 있는 헬라어 신약성경에만 적용되는 현상으로 바로 이해되고 있다. "셈어 증대"(Semitic Enhancement)는 순수 헬라어 원문에도 나타나지만 일부 신약성경에 자주 나타나는 특수한 표현들은 그러한 구성이나 표현이 셈어에서는 일반적인 것이라고 밖에 볼 수 없는 문학적 현상을 가리킨다.

20) Moule, pp. 176-80.

면, 마태가 예수님의 말씀에 관한 자료의 저자가 되며(만일 그것이 Q자료라면 마태복음과 누가복음에 공통으로 있는 250구절), 파피아스는 이 자료를 정경적인 마태복음과 혼동한 것이다. 그러나 어떻게 이처럼 중요한 사도적 자료가 전혀 사용되지 않아서 후대에 분실될 수 있었는지는 도무지 이해할 수 없다. 아무리 합리적이라도 Q-가설은 가설에 불과하다. 마태복음과 누가복음에 공통적으로 수록된 자료에 대해서 아무리 많은 말을 해도, 그러한 자료가 하나의 공통된 자료에서 작성되었는지는 분명하지 않다. 게다가, 파피아스는 단지 말씀만을 언급하기 위해서 *λόγια*를 사용한 것이 아니다.

2. λόγια가 구약성서 "Testimonia"를 언급한다는 견해, 즉 그것이 기독교 변증학자들에 의해 사용되었으며 현재 정경적 마태복음에 삽입된 것으로서 마태가 히브리어 정전으로부터 모아서 편집한 구약성서 교정판을 가리킨다고 보는 견해에 대해서도 같은 비판을 가할 수 있다.[22] 그러한 책들이 독자적으로 존재했는지는 확실하지 않다. 어쨌든, 그것은 마태복음 안에 있는 구약 인용문의 다양한 본문 형태들을 설명해주지 못하며, 마태가 마가복음과 비슷한 구절에서는 거의 70인역을 따르고 있다는 사실에 대해서도 설명하지 않는다.

3. 퀴르진거(J. Kürzinger)[23], 그리고 그의 뒤를 이어 건드리(Gundry)[24]는 τὰ λόγια(*ta logia*)가 정경적인 마태복음을 가리키지만 Ἑβραΐδι διαλέκτῳ(*Hebraīdi dialektō*)는 히브리어나 아람어를 가리키는 것이 아니라 셈어의 문체나 문학 양식을 가리킨다고 생각한다. 마태는 셈어 어투의 주제와 제목들이 주를 이루는 셈어(즉, 유대-기독교)의 문학 양식으로 그의 복음서를 배열하거나 편집했다고 생각했다. 이것은 가능성은 있지만, 설득력이 있는 제안은 아니다(LSJ 1: 401을 보라). 이 견해에 따르면, 파피아스의 진술 중 마지막 절이 번역을 가리킨다고 볼 수 없다. 왜냐하면 그것이 셈어로 기록되었을 가능성을 이미 배제했기 때문이다. 즉, 모든 사람이 능력대로 본문을 해석했다는 말이 된다. 퀴르진거는 이 구절

21) 이 견해는 T. W. Manson, *The Sayings of Jesus* (London: SCM, 1949), pp. 18ff에 의해서 유명해졌다.

22) J. R. Harris, *Testimonies,* 2 vols. (Cambridge: Cambridge University Press, 1920); F. C. Grant, *The Gospels: Their Origin and Their Growth* (New York: Harper, 1957), pp. 65,144.

23) J. Kürzinger, "Das Papiaszeugnis und die Erstgestalt des Matthäusevangelium," *BZ* 4(1960):19-38; idem, "Irenäus und sein Zeugnis zur Sprache des Matthäusevangeliums," *NTJ* 10(1963):108-15.

24) Gundry, *Matthew,* pp. 619-20.

바로 앞에서 파피아스가 마가를 베드로의 ἑρμηνευτής(*hermēneutēs*)라고 묘사했음을 지적하면서, 이것은 마가가 베드로의 번역가였다는 의미가 아니라, 그가 베드로를 해석해서 그의 메시지를 세상에 전했다는 의미였다고 주장한다. 만일 마태복음에 관한 파피아스의 진술에 있는 같은 어원의 동사에 동일한 논리가 적용된다면, 퀴르진거의 해석은 가능한 것이 된다.

그러나 그것은 본문을 해석하는 자연스러운 방법이 아니며, 후대의 교회의 교부들은 그 구절을 그렇게 이해하지 않았다. 그들은 모두 사도 마태가 정경적인 마태복음을 기록했으며, 그 복음은 처음에는 셈어로 기록되었다고 주장했다. 예를 들어, 이레내우스(*Adv. Haer.*3.1.1, 유세비우스에 의해 인용됨, *H.E.* 5.8.2), 터툴리안(*Against Marcion*, 4.2), 오리겐(유세비우스에 의해 인용됨, *H.E.* 3.24.5-6), 그리고 제롬(*De vir.* ill.3)이 그렇게 믿었다.[25]

τὰ λόγια(*ta logia*)의 의미에 대해서는 점차 의견이 일치하는 듯하다. 현재로서는 그것이 하나님에 관한 구약성서의 기록, 따라서 구약성경 전체를 말하거나, 아니면 예수님의 말씀을 말한다고 보는 것이 가장 자연스러운 해석이지만, 파피아스가 예수님의 말과 행위—간단히 말해서 복음서의 일부분이 된 내용들—을 나타내기 위해 이 단어를 사용했음을 보여주는 두 가지 증거가 있다. 첫째, 다섯 권으로 된 그의 저서의 제목이 *Exegesis of the Dominical Logia*이지만, 그의 저서가 단지 예수님의 말씀만 해석한 것이 아니라, 예수님이 행하셨다고 주장되는 행위들에 대한 해석도 포함하고 있다는 사실은 이미 알려져 있다. 더욱이, 유세비우스의 기록에 나타난 순서에 의하면, 파피아스는 마태가 기록한 방법에 대해 말하기 직전에 마가가 베드로의 가르침을 받아서 "주님이 말하거나 행하신 것들"을 기록했다고 말한다. 그러나 이 가르침은 필요에 따라서 주어졌고, 베드로가 "주님의 가르침(τὰ κυριακὰ λόγια[*ta kiriaka logia*])을 순서대로 수집(σύνταξις[*syntaxis*])하는 것처럼" 말하고 있지 않았다. 분명히 마가가 기록한 것은 "주님이 말씀하시거나 행하신 것들"을 수집하여 자기의 이름을 붙인 복음이었다. 이 구절과 τὰ λόγια(*ta logia*) 사이의 유사성은 후자가 말씀뿐만 아니라 행위도 포함할 수 있음을 보여준다. 바로 몇 줄 뒤에 마태가 τὰ λόγια συνεταξετο(*ta logia synetaxeto, "logia*

---

25) 이 구절들 및 다른 구절들은 France, *Matthew-Evangelist and Teacher*, pp. 60-62에 잘 요약되어 있다. 초대교회에서의 마태복음 사용에 대한 철저한 연구를 위해서는 Edouard Massaux, *Influence de l'éangile de Saint Matthieu sur la Littérature chrétienne avant Saint Irénée*, BETL 75(Louvain: Louvain University Press, 1986)를 보라.

를 순서대로 배열했다")는 내용이 나오는데, 적어도 파피아스의 생각에는 마태가 자기의 이름을 붙인 복음을 만들었다고 결론을 내리는 것이 자연스럽다. 따라서 τὰ λόγια(*ta logia*)가 Q 자료나 구약의 증거의 책들을 가리킨다고 보는 것은 타당하지 않다.

간단하게 말해서, 증거는 어려운 결론에 도달하게 한다. 만일 우리가 퀴르진거의 해결안을 받아들이지 않는다면, 마태복음이 처음에 아람어로 기록되었다는 파피아스의 주장이 옳지 않다는 결론을 받아들여야 한다. 만일 이 시점에서 만일 그의 주장이 옳지 않다고 가정한다면, 마태가 저자였다는 그의 주장이 틀린 것이 아니었다는 보장이 어디에 있는가?

겉으로는 그럴 듯해 보이는 이러한 회의론은 조금은 극단적으로 보인다. 이 두 문제가 완전히 연결되어 있는 것은 아니다. 저자들이 한 곳에서 실수했다고 다른 모든 곳에서 실수했다고 볼 수 있는가? 또, 파피아스가 셈어 원본에 관한 문제에 있어서 실수한 이유를 암시해주는 그럴듯한 이유들이 제기되고 있는데, 그것들은 일리가 있지만 잘못된 추측일 수도 있다. 초대 교부들은 마태복음이 처음으로 기록된 복음서라고 추정했다. 예수님과 그의 사도들은 히브리 사회에서 생활하고 일했으므로, 첫째 복음서가 히브리[아람어] 방언으로 기록되었다고 보는 것은 자연스러운 결론이다. 만일 헬라 문화권에서 살았던 파피아스가 1세기의 팔레스타인, 특히 갈릴리에서 얼마나 많은 헬라어가 사용되었었는지에 대해 아는 바가 없었다면, 더욱 그러하다. 더욱이 파피아스는 정경적인 마태복음을 2세기에 이미 널리 알려져 있던 히브리어나 아람어로 기록된 다른 복음서와 혼동했을 수도 있다. "히브리인들에 따른 복음서", "나사렛인들에 따른 복음서", "에비온파(Ebionites)의 복음서" 등에 대한 기록이 우리에게 전해져온다. 이것들이 각기 다른 세 권의 책을 가리키는 것인지, 아니면 그것들 중 둘 이상의 명칭이 한 권의 책은 가리키는 것인지는 분명하지 않다.[26] 에피파니우스(Epiphanius)의 주장에 의하면, 그가 이단으로 간주하는 에비온파에서는 히브리어로 기록되어 있었기 때문에 "히브리인에 따른 복음"이라고 부른 마태복음에 신앙의 근거를 두었는데 그들이 마태복음을 변질시키고 일부분을 삭제했고, 그리하여 첫 부분의 예수님의 족보를 삭제하고 세례 요한의 사역에서부터 시작했다고 한다. 이레내우스는 에비온파에서는 마태복음만 사용했지만 동정녀 탄생을 부인했다고 말하는데, 이것은 그들의 마태복

26) 자료들을 철저히 다룬 것으로는 P. Vielhauer in Hennecke 1:118-39가 있다.

음에는 마태복음 1-2장이 빠져 있었음을 암시한다. 훌륭한 번역가 제롬은 자신이 "히브리인들에 따른 복음"을 헬라어와 라틴어로 번역했다고 주장한다. 그는 마태에 따른 복음의 히브리어 원본을 복사하도록 허락해준 나사렛 사람들과 이 책을 연결지었다. 그가 자주 언급하고 있는 구절들을 볼 때, 실제 내용은 정경적인 마태복음과 매우 다르다. 이 모든 것은 "히브리인들에 따른 복음서"와 마태복음을 혼동했을 가능성이 충분히 있고, 그래서 마태복음이 원래 히브리어나 아람어로 기록되었을 것이라는 이론이 생겨났다고 암시해준다.

마태복음의 저자에 대한 현대의 논쟁에서 다루어지는 몇 가지 요소들은 다음과 같다:

1. 이 복음서에서만 유일하게 "세리 마태"(10:3)를 언급한다. 사도가 저자라고 가정할 때, 이것은 은혜의 자유에 대한 감사의 표현을 암시하는(9:9-13) 완만한 자기 비하라고 볼 수 있다. 이 책의 사도 저자설을 부인하는 사람들은 동일한 증거를 달리 해석해서, 그것이 미지의 저자(혹은 저자들이)가 이 책을 다른 사도와는 대조되는 마태와 관련지으려 했던 이유라고 주장한다.

2. 마가복음 2:14와 누가복음 5:27에서, 예수께서 부르신 세리는 레위였다. 분명히 동일한 이야기인 마태복음 9:9-13에서는 그 사람을 마태라고 밝힌다. 공관복음서들은 각기 사도들의 이름을 열거한 부분에서(마 10:2-4; 막 3:16-18; 눅 6:13-16; 참고 행 1:13) 마태라는 사람을 지명하고, 마태복음 10:3은 이 마태가 세리였다고 밝힌다. 그러므로, 마태와 레위가 동일 인물이라고 가정하는 것이 합리적이다. 그러나 다른 주장들도 있다. 페쉬(Pesch)[27]와 그의 뒤를 이른 베어(Beare)[28]의 주장에 의하면, 세리를 부른 일은 레위라는 사람과 관련되어 있지만 미지의 첫 번째 복음서 기자가 어느 미지의 지혜로운 제자를 다른 사도와 동일시하기로 마음먹고서 그 당시 비교적 알려져 있지 않았으며 세리라는 별명을 지니고 있던 사도 마태의 이름으로 대치했다고 한다. 반면에 알브라이트(Albright)와 만(Mann)은 "마태"는 개인의 이름이고, "레위"는 그가 속한 지파의 이름이라고 주장한다(즉, 원래 호칭은 레위 지파 사람 마태였는데 초기 전승 과정에서 명칭에 혼동이 생겨서 레위라는 흔한 개인의 이름이 되었다는 것이다).[29] 이 이론은 저자

---

27) R. Pesch, "Levi-Matthäus(Mc 2^{14} / Mt 9^{9} 10^{3}): Ein Beitrag zur Lösing eines alten Problems," *ZNW* 59(1968): 40-56.

28) F. W. Beare, *The Gospel According to Matthew* (Oxford: Blackwell, 1981), pp. 224-25.

29) W. F. Albright and C. S. Mann, *Matthew,* AB 26(Garden City, N.Y.: Doubleday, 1981), pp.

가 구약성서를 자유자재로 구사할 수 있었던 이유를 설명해 줄 수 있다. 레위인이 어찌 멸시의 대상인 세리가 될 수 있었겠느냐는 반대에 대해, 알브라이트와 만은 당시에는 성전을 운영하는 데 필요한 인원 이상의 레위인들이 있었기 때문에 일부 레위인들은 다른 곳에서 일자리를 구해야 했었다고 주장한다. 이 과정에서 레위인 마태는 가장 엄격한 지파였던 자기 지파와 민족의 명예를 버리고 배신자일 뿐만 아니라(당시 세리들은 간접적으로 멸시의 대상인 헤롯 가문을 섬기고 있었기 때문에; Schurer 1:372-76을 보라) , 부도덕하고 탐욕스러운 자로 여겨지던(세금 징수 제도가 부정과 부패를 조장했으므로) 세리가 되는 길을 택했다는 것이다. 그러나 레위인(Levite)을 레위(Levi)로 변형했다는 것은 개연성이 없고, 또한 "레위인 마태"라는 호칭이 보존된 문서는 하나도 없다. 전반적으로 볼 때, "마태"와 "레위"는 한 사람을 지칭하는 두 개의 셈 어 이름이라는 간단한 설명이 아직은 가장 설득력이 있다. 이 현상은 시몬/게바에서 뿐만 아니라, 비문(碑文)의 증거에서도 찾아볼 수 있다.30)

3. 마태가 세리요(본래 운송하는 물품에 대한 관세를 징수하는 조그만 세관의 직원) 이 복음서의 저자라는 가정의 많은 세부적인 내용은 일리가 있다.31) 그러나 인용된 모든 증거들이 동일하게 설득력이 있는 것은 아니다. 마태복음 특유의 많은 짧은 경구들이 경제적인 거래에 대해 묘사하는데(17:24-27; 18:23-35; 20:1-16; 26:15; 27:3-10; 28:11-15), 그 중 어느 것도 관세제도에 관한 전문가들의 지식을 드러내지 않는다. 마태의 위치에 있던 세관 관리는 분명히 아람어와 헬라어를 유창하게 할 수 있어야 했고, 복음서가 처음으로 인종의 장벽을 뛰어넘는 데에는 그와 같이 유창한 언어 실력이 매우 중요했을 것이다. 실제로, 이것은 복음서가 헬라어로 기록되었음에도 불구하고 셈어 자료들이 많이 사용되었다는 사실과 일치한다. 모울(C. F. D. Moule)은 13:52이 저자 자신을 미묘하게 언급한 것이라고 주장한다. 그에 의하면, 제자가 되는 서기관(γραμματεύς [*grammateus*], TNIV "율법 선생")은 랍비로서의 서기관이 아니라 세속적인 의미에서의 서기관, 즉 교육을 제대로 받은 작가로 이해되어야 한다.32) 굿스피드(Goodspeed)는 로

177-178, 183-184.

30) W. L. Lane, *The Gospel According to Mark*, NICNT(Grand Rapids: Eerdmans, 1974), pp. 100-101 n.29.

31) Gundry, *Matthew,* pp. 620-21.

32) C. F. D. Moule, "St. Matthew's Gospel: Some Neglected Features," *SE* 2(1964): 90-99;

마제국에서 속기가 성행했음을 보여주는 자료들을 수집한 후에, 마태가 받은 훈련과 직업 때문에 그는 예수님의 사역 중에도 제자들을 위한 서기나 기록자가 되기에 적합했다고 강조했다.[33] 이 설은 그럴 듯하지만 확실한 증거는 전혀 없다

4. 마가복음 우선설의 가정에 관련해서, 어떤 학자들은 한 사도가 마가복음과 같은 부차적인 증인의 저서를 스스럼없이 사용했다는 것은 불가능한 일이라고 생각하며, 이것이 저자가 사도가 아니었음을 증명한다고 믿는다. 그러나 현대적인 의미에서의 표절 및 이와 관련된 수치는 인쇄기의 발명과 다량 출판을 통해 얻어질 재정적 이득의 결과로서 발전되었다. 다른 사람의 문학 작품을 변질시키든 변질시키지 않든, 허락 없이 대폭 표절하는 것이 고대 세계의 관행이었으며, 그것은 불명예스러운 일이 아니었다. 그렇다면, 어느 사도가 그러한 관습을 적합하다고 생각하지 않았을 이유가 없으며, 특히 그가 마가복음 뒤에는 베드로의 증언이 있음을 알았다면 더욱 그러하다.

5. 큄멜(Kümmel)는 사도 마태가 저자일 수 없다고 주장하는데, 그 이유 중 하나는 이 복음서는 "체계적이며, 그렇기 때문에 전기가 아니다"라는 것이다. 이것은 두 가지 면에서 불합리한 추론이다. 왜냐하면 (1) 주제별(체계적) 기록도 철저하게 연대순으로 된 기록만큼 일대기에 관한 정보를 제공할 수 있고,[34] (2) 사도들이 어떤 이유 때문에 연대순의 형태 외에 다른 형태는 취할 수 없다고 가정하는 것은 잘못된 것이기 때문이다.

6. 오늘날 사도의 저작 가능성을 부인하는 가장 강력한 이유는 복음서 전승의 발달, 1세기 교회의 역사의 상태, 편집상의 수정에 대한 증거들 등에 관한 과거의 판단들과 관련이 있다. 이러한 선행 판단들로부터 이끌어낸 결론은, 마태를 최초의 증인들 중 한 사람으로 보기에는 시기적으로 너무 늦고 신학적으로 너무 발달되어 있다는 것이다.

여기에서 이 문제들을 모두 다룰 수는 없으며고, 몇 가지는 제2장에서 간략하게 다루었다. 우리는 이러한 연결된 이론들이 외적 증거들을 고려하지 않을 뿐만 아니라 흔히 생각하고 있는 것보다는 훨씬 불확실한 지지를 받고 있다는 사실을 인식해야 한다. 가령, 이 복음서에 반영된 신학이 얼마나 발달되었는지는 마태의

Moule, pp. 94-95.

33) E. J. Goodspeed, *Matthew: Apostle and Evangelist* (Philadelphia: J.C.Winston, 1959).

34) 현대 전기들도 주인공의 생애 중 특정한 부분을 주제별로 다룬다. 예를 들면, Antonia Frazer, *Cromwell: Our Chief of Men* (St. Albans: Panther, 1975), pp. 455ff.

기독론을 기초로 하여 판단된다. 그러나 바울의 서신들에 등장하는 그리스도에 대한 찬송이 증거해 주듯이(빌 2:5-11; 골 1:15-20) 높은 수준의 기독론이 일찍이 발달되어 있었고, 또 마태는 최초의 제자들이 예수님의 사역 기간 동안에 이해했던 것과 몇 십 년 후에 마태 자신이 알고 있었던 것을 계속해서 신중하게 구분했음이 지적되고 있다.[35] 이러한 증거들은 사도의 저작권을 지지하는 것으로 간주되어야 할 것이다. 즉, 처음부터 예수님과 함께 했던 자들만이 그러한 특징들을 보존하고 있었을 것이며, 최초의 제자들이 초기에는 얼마나 이해하지 못했던가를(마 16:21-23) 예리하게 지적할 수 있다. 마태복음이 후기 문서라는 주장과 관련된 요소들은 다음 소단원에서 간단하게 다루어질 것이다.

7. 일부 학자들은 다음과 같은 두 가지 근거에서 저자가 유대인이 아니었고 사도도 아니었다고 주장한다: (1) 유대인의 풍습과 문화에 대해 무척 무지하다는 증거가 매우 많다; (2) 또 어떤 이들은 유대인이 기록했다고 보기에는 너무 반유대적이라고 주장한다.[36] 그러나 유대인의 문화에 대해 무지했다는 주장은 신랄하게 반박된다. 예를 들어, 마태가 마치 바리새인의 가르침과 사두개인의 가르침에 차이가 없는 것처럼 그것들을 한 덩어리로 취급했다고 주장되는데(16:12), 마태는 다른 곳에서는 그들의 몇 가지 차이점을 강조했다(22:23-33). 마태복음 16:12이 보여 주고자 하는 것은, 메시아가 왔으나 바리새인들과 사두개인들 모두 이것을 깨닫지 못했다는 것이다. 서로 다른 집단이라고 해서 모든 것에 관해서 의견을 달리하는 것은 아니다. 다른 집단—이 경우에는 초대 기독교인들—과 비교해보면, 그들이 생각했던 것보다 더 많은 공통점을 가지고 있을 수도 있다. 오월동주(吳越同舟)라는 말도 있지 않은가! 오류라고 추정되는 것들(예를 들면, 마 21:4-5에서 슥 9:9을 사용한 것: 여기에서 마태는 두 짐승을 언급한다)은 주해서들이 더 잘 다루고 있다.[37]

마태복음이 반유대적이라고 비판하는 사람들은 이 복음서가 예수님을 단지

---

35) D. A. Carson, "Christological Ambiguities in the Gospel of Matthew," in *Christ the Lord, Fs* Donald Guthrie, ed. Harold Rowdon (Leicester: IVP, 1982), pp. 97-114.

36) 예를 들면 다음과 같다: John P. Meier, *The Vision of Matthew: Christ, Church, and Morality in the First Gospel* (New York: Paulist, 1979), 17-23; G. Strecker, *Der Weg der Gerechtigkeit* (Göttingen: Vandenhoeck & Ruprecht, 1962), 34; Sjef van Tilborg, *The Jewish Leaders in Matthew* (Leiden: Brill, 1972), 17. 이 주제는 Davies and Allison, *Matthew,* vol. 1, passim에 잘 다루어져 있다.

37) 특히 이 구절에 대해서는 Barnabas Lindars, *New Testament Apologetics* (London: SCM, 1961), 14; Carson, *Matthew,* pp. 436-440을 보라.

이스라엘로 보냄을 받은 것으로 묘사하며(15:24), 제자들이 이스라엘이 아닌 지역으로 사역을 확장하는 것을 금하신 것(10:6-6)을 상기하면서, 동시에 복음을 온 세상에 전파하라고 명하신 것에 대해 기록하며(28:18-20), 동서로부터 많은 사람들이 유대인의 메시아의 잔치에 참여하기를 고대했음(8:11-12)도 상기해야 한다. 진술 내의 긴장은 다음의 두 가지 요소에서 비롯된다: (1) 마태는 예수님 사역 당시에 일어났던 일과 마태가 기록할 당시에 발생하고 있는 일을 구분하려 했다; (2) 마태가 유대인들을 취급하는 데 있어서 이중적인 태도를 취한 것은 부분적으로 복음서를 기록할 당시의 유대교와 기독교의 반목 상태를 혼동한 데서 비롯되었다. 당시에도 일부 유대인들은 개종하고 있었으며, 마태는 그들을 설득하며 새로 개종한 유대인들의 믿음을 견고하게 만들기를 원했다. 반면에, 다른 사람들, 특히 보수적인 지도자들은 그들의 갑작스러운 믿음에 두려움을 느끼면서 이를 반대했고, 마태로 하여금 독자들에게 유대인들의 견해, 특히 그들이 메시아이신 예수님을 배척한 것에 대해 경고해줄 것이라고 보장했다.[38)]

어떻게 보면, 이 복음서의 저자에 관한 문제에 집착하는 사람들이 거의 없다. 전반적으로 저자가 사도가 아니었다고 결정해도 이 복음서의 의미나 권위가 크게 바뀌는 것은 아니다. 그러나 이것들 및 관련된 문제들을 평가하는 사고의 기반은 바뀐다. 이 복음서가 어느 사도와도 직접적으로 연결될 수 없는 후대의 전승을 반영한다는 견해에 대한 강력한 확신은 외적 증거들을 포함한 모든 증거들을 평가하는 방법에 해석상의 어려움을 준다. 그와는 정반대로, 마태 사도가 이 복음서의 저자일 가능성이 크다는 판단은 초대 교회 역사를 재구성하는 데 있어서 해석상의 어려움을 준다. 이렇게 서로 맞물려있는 판단들은 결국 신약성서의 다른 부분에 있는 증거들을 평가하는 데 영향을 끼친다. 이러한 문제들은 대대적인 이론적 도전들로서, 그리고 그것들을 구성하는 세부 사항들의 차원에서 다루어질 수 있다. 이 책과 같은 개론서에서 시도할 수 있는 것은 단지 증거를 해석하는 방법 및 그것들을 중요하게 여기는 이유를 피상적으로 진술하는 일이다.

3. 기록장소

킬패트릭(Kilpatrick)[39)]의 영향력 있는 연구 이후로, 많은 사람들은 이 복음

---

38) France, *Matthew-Evangelist and Teacher*, 70-73.

서가 한 사람에 의해 기록된 것이 아니라, 어느 기독교 공동체의 산물이라고 주장해 왔다. 이것을 기록한 사람이 누구이든 간에, 그것은 단지 그 사람이 속한 교회에서 전례용이나 다른 용도로 회람되던 자료들을 기록한 것에 불과하다. 이 미지의 저자가 다양한 방법으로 자료를 정리했다는 데는 의심이 없지만, 이 복음서 전체는 한 개인의 신학적이고 문학적 작품이라기보다는 공동체의 사상과 교리의 산물로 보아야 한다. 실제로, 킬패트릭은 이 복음서가 교회에서 보다 널리 받아들여질 수 있게 하기 위해서 공동체가 의도적으로 이 일을 마태에게 가명으로 작업하도록 맡겼다고 주장한다.

스텐달(Stendahl)도 양식비평에 기초를 두고서 이 복음서가 개인의 저작이라는 주장은 받아들여질 수 없다고 주장한다. 그러나 그는 킬패트릭과는 달리 마태복음을 만든 집단은 어느 교회 전체가 아니라, 공동체 안에서 연구와 교육에 주력했던 사람들, 특히 고대 히브리 성서들이 기독교인의 삶과 사상에 미치는 영향을 연구했던 사람들이었다고 생각한다.[40)]

이러한 주장들은 이제는 과거와 같은 영향력을 발휘하지는 못한다. 부분적으로, 그것은 복음서 기자들이 전통적인 자료를 취하여 거기에 자기들의 독특한 신학을 부여했다고 주장하는 편집비평 때문이다(1, 2장을 보라). 저자에 대한 전통적인 견해의 근거에 대해서는 앞에서 이미 다루었다. 그러나 이 복음서를 한 개인의 작품으로 이해하든지, 아니면 어떤 사상을 가진 공동체의 작품으로 이해하든지의 여부와는 상관없이, 그것의 지리적 출처를 추정해 보아야 한다.[41)]

교부들은 이 복음서가 처음에는 아람어로 기록되었다고 믿었기 때문에, 당연히 그것이 팔레스타인에서 기록되었다고 주장한다. 실제로, 제롬은 구체적으로 그것을 유대와 연결했다(*De vir. ill.*3). 팔레스타인에 기원을 두는 것은 여러 면에서 일리가 있다. 번역을 하지 않고 아람어를 삽입한 것(5:22; 6:24; 27:6), 몇 가지 유대 관습이 등장하는 것, 구약성서를 인용할 때에 본문의 형태가 이중 언어의 특성을 가지고 있는 사실, 헬라어보다는 셈어에서 흔히 볼 수 있는 연설 형태를 문학적인 의도에서 채택한 사실 등이 이를 뒷받침해준다.

---

39) G. D. Kilpatrick, *The Origins of the Gospel According to St. Matthew* (Oxford: Clarendon, 1946).

40) K. Stendahl, *The School of St. Matthew*, 2d ed.(Philadelphia: Fortress, 1968).

41) W. D. Davies and Dale C. Allison, Jr., *The Gospel According to Saint Matthew*, ICC 1 (Edinburgh: T. & T. Clark, 1988), pp. 138-47을 보라.

그러나 오늘날 대부분의 학자들은 시리아(Syria)를 기록장소로 여기는데, 그것은 근본적으로 다음의 두 요소에 의존한다: (1) 거의 대부분의 팔레스타인 지방이 파괴된 주후 70년 이후를 저작 연대로 채택한 것; (2) 안디옥이 이 복음서의 기록장소라고 주장한 스트리터(Streeter)[42]의 영향. 첫째 요소는 너무 주관적이고, 둘째 요소가 훨씬 더 중요하다. 스트리터의 논거들이 모두 중요한 것은 아니지만, 안디옥은 갈릴리 지방으로 뻗어나가기 위한 첫 번째 중심지였고, 유대인들이 많이 살고 있었다. 이 두 가지 사실이 "유대적인 분위기를 풍기면서도 동시에 이방인 선교를 호의적으로 보는"[43] 마태복음에 강하게 결합되어 있다. 더욱이, 마태복음의 신빙성에 대한 최초의 설득력 있는 외적 증언이 2세기 초에 안디옥의 감독이었던 이그나티우스의 저술에 수록되어 있다(에베소 서신 19:1-3과 마 2;서머나 서신 1:1과 마 3:15; Polyc. 2:2과 마 10:16을 보라). 어느 논거도 결정적인 것은 아니며, 제시되는 다른 논거들은 물론이요 어느 논거도 결정적인 것이 아니지만, 반드시 안디옥이 아니더라도 시리아를 마태복음의 기록장소로 보는 것이 가장 개연성이 있다.

알렉산드리아, 가이사랴 마리티마(Caesarea Maritima), 에뎃사, 베니게 등을 출처라고 주장하는 학자들도 있다. 슬링거랜드(Slingerland)는 시리아 다음으로 개연성이 있는 것은 요단 저편(Transjordan)이라는 견해를 지지한다.[44] 그는 4:25과 19:1이 예수님이 요단 동쪽에 있는 팔레스타인에 거하셨다고 여기는 듯하다는 점에 주목한다. 데이비스(Davies)와 앨리슨(Allison)은 본문을 그렇게 해석하는 것을 반박하지만,[45] 그것이 불가능한 것은 아니다.

요컨대, 이 복음서의 지리적 출처에 대해서는 확실히 알 수 없다. 시리아가 가장 유력한 주장이지만, 지리적 출처를 결정하는 것이 그렇게 중요한 것은 아니다.

4. 기록 연대

이그나티우스의 글에 마태복음이 인용되어 있다는 사실은 이 복음서의 출판

42) B. H. Streeter, *The Four Gospels* (London: Macmillan, 1930), 500-23.

43) Davies and Allison, *Matthew,* 1.144.

44) H. D. Slingerland, "The Transjordanian Origin of St. Matthew's Gospel," *JSNT* 3 (1979):18-29.

45) Davies and Allison, *Matthew*, 1.142, 420.

연대의 최종 한계를 설정해 준다. 현대 연구에서도 한결같이 그 한계에 접근하고 있다. 대부분의 학자들은 마태복음이 주후 80-100년 사이에 기록되었다고 주장한다. 그러나 이 연대를 옹호하기 위해 거진된 대부분의 논거들은 논란이 많은 일련의 판단들에 의존하고 있다.

1. 오늘날 대부분의 학자들은 마태복음이 마가복음을 표절한 것이라고 주장한다. 마가복음의 저작 연대는 일반적으로 주후 50-70년까지로 추정되며, 주후 70년경으로 보는 경향이 더 크다. 이런 까닭에 마태복음의 연대를 주후 80년 이전으로 보는 것은 비현실적이다. 이러한 추론에는 몇 가지 논쟁점이 있다. 일부 학자들은 마태복음이 첫 번째로 기록되었다는 초대교회의 일치된 견해를 지지한다.[46] 본서에서는 마가복음 우선설이 설득력이 있다고 주장했지만, 단순하게 의존했다는 이론은 극단적으로 단순화한 것이며 어쨌든 우리는 논거들이 매우 빈약하기 때문에 그것들에 지나치게 의존하는 것은 바람직하지 못하다. 더욱이, 마가복음 우선설이 우세하고 마가복음이 주후 60년에 기록되었다 해도, 예루살렘과 성전이 파괴된 주후 70년 이전에 마태복음이 기록되었다고 보기에 충분한 시간적 여유가 있다.

2. 많은 사람들은 마태복음 안에 있는 시대착오들은 그것이 70년 이후에 기록되었음을 가리킨다고 주장한다. 가장 흔히 인용되는 것 두 가지는 도시의 멸망에 관한 기록과 교회에 관한 기록이다. 혼인 잔치의 비유에서, 임금은 "군대를 보내어 그 살인한 자들을 진멸하고 그 동네를 불살랐다"(22:7). 이 구절은 유대 전쟁(주후 66-70) 말기의 예루살렘의 멸망을 완곡하게 언급하는 것으로 간주되어야 하며, 불살랐다는 표현은 이 복음서를 기록할 때에 이미 발생했던 일에 대한 지식을 암시한다. 이 발언은 예언으로 한 말이지만 역사적 지식에 의존하고 있다. 이 판단은 온 동네를 철저히 파괴한 것은 부당하다는 것, 즉, 혼인잔치에 참석하라는 초대를 거절한 어설픈 핑계에 대한 벌로는 적절하지 않다는 사실에 의해 확인된다고 여겨진다. 그러나 예수께서 미래를 예언할 수 있었느냐 하는 문제를 떠나서, 마가복음이 70년 이전에 기록되었다고 생각하는 대부분의 학자들은 마가가 예루살렘의 멸망을 예언했음을 인정한다(막 13:14; 참고 마 24:15). 그들은 만일 마가가 65년경에 복음서를 기록했다면 그 사건들을 잘 알고 있었기 때문에 정치적 상황이 어떤

46) 어떤 사람들은 파피아스가 마태복음을 다루기 전에 마가복음을 다룬 것은 마가복음이 먼저 기록되었다고 생각했음을 지적한다고 주장한다.

양상을 띠게 될지 알 수 있었을 것이라고 주장한다. 그런 논리라면, 비록 마태가 마가복음을 표절했다 해도, 주후 66년에 동일한 일을 했을 수도 있다. 더욱 중요한 것은 마을을 불태우는 것을 포함해서 마태복음 22:7의 표현은 반란을 일으킨 도시를 징벌하기 위한 군사 원정을 묘사하는 구약성서와 로마 세계의 상투적인 표현이다. 예수께서 예루살렘의 멸망을 예견하셨다 하더라도(예수님 이전에 다른 선지자들도 그랬듯이), 그가 사용한 언어는 주후 70년에 실제로 어떤 일이 일어났는가에 대한 구체적인 지식에 의존하고 있지 않다.[47] 로빈슨은 마태복음 22:7을 포함하여 예루살렘의 멸망에 대한 공관복음의 예언들은 지나치게 억제되어 있어서 그것들이 70년 이전에 기록되었음을 보여준다고 주장한다.[48] 만일 그렇지 않다면, 예언들이 실제로 성취되었음을 보여주는 기록들이 있어야 한다고 주장한다. 이 비유에서 임금의 혼인잔치 초대를 거절한 것이 사회적인 실수에 불과하다면, 그러한 징벌을 내린 것은 지나친 행위이다. 그러나 이것이 중죄라고 생각할 이유도 있다. 왜냐하면 1세기에는 이것이 주인에 대한 반역을 연상하게 해주는 것이었기 때문이다. 더욱 중요한 것은, 예수님의 많은 비유들이 일상적인 것에서 시작하여 청중들이 기대하는 세계를 파괴하는 요소들을 소개한다는 점이다. 이 비유에서 임금으로 비유된 군주는 하나님이요 혼인은 하나님의 아들의 혼인이다. 그의 초대—실제로는 그의 명령—를 거절하는 것은 엄청난 벌을 자초하는 반역이다.

"교회"(ἐκκλησία [*ekklēsia*], 마 16:18; 18:17-18)에 대한 명백한 언급은 후에 발달된 교회 질서에 대한 관심을 나타낸다고 이해된다. 그러나 이 본문들은 교회 질서에 대해서는 전혀 언급하지 않으며, 감독이나 집사에 관한 언급도 없다(그러나 주후 70년 이전에 기록된 빌 1:1에는 그러한 기록이 있다). 여기서 묘사하고 있는 교회는 단순히 메시아적 공동체이다. 마태복음 18장에 기록된 교회의 권징은 아주 초기 기독교에서도 적용될 수 있었던 폭넓은 원칙들이다. 마이어(Meyer)는 마태복음 16:18의 신빙성을 훌륭하게 변호했다.[49]

---

47) K. H. Rengstorf, "Die Stadt der Mörder(Mt 22[7])," in *Judentum Urchristentum, Kirche, Fs.* J. Jeremias, ed. Wlatyher Eltester (Berlin: Töpelmann, 1960), 106-29; Reicke, "Synoptic Prophecies on the Destruction of Jerusalem," in Studies in *New Testament and Early Christian Literature, Fs.* A. P. Wikgren, ed. D. E.Aune (Leiden: Brill, 1972), 121-34을 보라.

48) J. A. T. Robinson, *Redating the New Testament* (Philadelphia: Westminster, 1976), chap. 2.

49) Ben F. Meyer, *The Aims of Jesus* (Philadelphia: Fortress, 1979), 189-91. 또 France, *Matthew-Evangelist and Teacher*, 242ff.를 보라.

3. 마태복음에서 어떤 것이 "오늘날까지" 계속되었다는 취지의 언급들은(마 27:8; 28:15)[50] 예수님 시대의 사건들과 마태복음이 기록된 시기 사이에 오랜 간격이 있음을 증거하는 데 사용되기도 한다. 그러나 그 오랜 간격이란 도대체 얼마나 오랜 시간을 의미하는가? 삼십 년이면 충분하겠는가? 만일 닉슨 대통령의 사임의 여파가 "오늘날까지" 계속된다고 말한다면, 대통령의 사임이 30년 전에 발생했다는 이유 때문에 그것을 부당한 판단이라고 생각할 수 있겠는가?

4. 이 책이 기록될 당시에는 유대인과 기독교인 사이의 긴장이 고조되어 있었다. 그처럼 긴장이 고조된 시기는 소위 비르카트 하-미님(*Birkath ha-Minim*, "이단자들에 반대하는 축도")이라는 것을 유대 회당 의식에 처음으로 도입했다고 주장되는 얌니아 공회(Jamnia Council; 주후 85년) 전후였다고 주장된다. 그것은 모든 경건한 유대인들이 매일 세 번씩 암송하도록 되어 있던 18개의 축도의 한 구절이었다. 카이로 게니자(Cairo Geniza)[51]에서 발견된 역본에는 다음과 같이 기록되어 있다. "나사렛인들(Nazarenes=기독교인)과 *minim*(=이단들)을 한순간에 죽게 하소서. 그들의 이름은 모두 생명책에서 지워지게 하시고, 의로운 자들과 함께 기록되지 말게 하소서." 이것은 회당에서 기독교인들을 쫓아내는 결과를 초래했고, 1세기에 기독교인과 유대인 사이의 적대감이 절정에 달했다고 주장된다. 그러나 사도행전과 바울의 서신들이 증거하듯이 유대인과 기독교인 사이의 의심과 적대감은 훨씬 오래 전부터 있었다. 그러한 적대감이 그 절정을 지적할 수 있을 만큼 꾸준하게 계속 증대되었는지는 분명하지 않고, 시간과 장소에 따라 그 차이가 심했을 것이다. 더욱이 최근에는 비르카트 하-미님(*Birkath ha-Minim*)을 얌니아 시대라고 보는 상황적 재구성은 어느 면에서 보나 문제가 있다는 강력한 증거들이 제시되고 있다(제6장의 "연대" 단원을 보라).

그렇다면, 마태복음을 비교적 후기의 문서로 보는 논거들은 앞에서 다루었던 판단들에 의존하고 있는 것으로 보이는데, 이에 대해 하나씩 이의를 제기해 보자. 많은 학자들은 적어도 신자들의 두 세대가 흘러야 신학적인 발달이 가능하다고 생각하지만, 그러한 발달이 빨리 발생할 수도 있다(로마서는 부활 후 30년 이내에

50) 어떤 이들은 마 11:12도 언급하지만, 이것은 본문을 시대착오라고 해석할 때에만 적합하다. Carson, *Matthew,* pp. 265-68을 보라.

51) 이 역본은 1세기 말엽 팔레스타인에서 사용되었던 듯하다. 오늘날까지 사용되고 있는 바벨론 역본(여기에서는 행악하는 자를 밝히지 않는다)을 포함한 여러 다양한 역본에 대해서는 Schürer 2:455-63을 보라.

기록되었다).[52] 마태복음 22:7의 예언은 실제로는 사건 이후의 예언이라는 논쟁과 같은 일부 주장들은 주전 70년 이전을 저작 연대로 보는 주장을 지지하는 논거로 역이용될 수도 있다. 다음의 다섯 논거도 주전 70년 이전을 저작 연대로 보는 데 이용될 수 있다.

1. 연대 문제는 최소한 저자 문제와 연결되어 있다. 만일 결국 사도 마태가 저자라고 판단된다면, 저작 연대는 주후 70년 이전이라고 보는 것이 바람직하다(사도 요한이 70년 이후에도 20년 이상 활동했다는 것이 탁월한 증거이다).

2. 초대 교부들은 한결같이 마태복음의 초기 저작설을 주장한다. 이것은 오늘날 대부분의 학자들이 인정하지 않는 마태복음 우선설과 연결되어 있기 때문에 오늘날 논쟁에서는 별로 큰 비중을 차지하지 못한다. 그러나 반드시 연관지어 생각할 필요가 없는 두 가지 문제가 있다. 이레내우스가 주장하는 대로(*H.E.* 3.1.1)[53] 60년대 중반 베드로가 죽은 직후에 마가복음이 기록되었든지, 알렉산드리아의 클레멘트가 가정하는 대로(*H.E.* 2.15.1-2;6.14.6) 베드로가 살아있는 동안 마가복음이 기록되었든지, 마태가 70년 이전에 기록했을 시간적인 여유가 있다. 그러나 클레멘트가 추정하는 연대에 대해서는 흔히 생각하는 것보다 더 깊이 재고해 볼 필요가 있다.[54]

3. 예수님의 말씀 중 일부는 마태복음이 기록되었을 때에 성전이 건재했음을 지적하는 것으로 여길 수 있다(마 5:23-24; 12:5-7; 23:16-22; 참고 26:60-61). 이에 대해서 마태가 역사적으로만 정확했다고 반론을 제기할 수도 있다: 즉, 마태가 기록할 때에 성전이 건재했는지 여부와 상관없이 이것들은 예수님의 생전에 하신 말씀들이었다. 그러나 마태가 그의 독자들과 상관이 없는 이야기를 한 이유에 대해 질문해볼 수 있을 것이다. 성전세를 내는 것에 관한 이야기는(17:24-27) 강력한 증거가 된다. 주후 70년 이전에 이 이야기는 이스라엘과의 유대를 강화하는 의사표시로 받아들여졌을 것이다. 그러나 유대인들이 로마의 주피터 신전을 위해서 계속 세금을 내야 했던 70년 이후에는 같은 이야기가 우상과의 결속을 의미할 수도 있다.[55] 비록 마태가 다른 이유로 이 짧은 경구를 보존하려 했다 해도, 만일

---

52) 주후 70년 이전이 "가장 개연성 있는" 마태복음의 저술 연대라고 주장하는 Moule(p. 242)을 보라.

53) 베드로와 바울의 ἔξοδος(exodos; 출애굽)는 그들의 죽음을 가리킨다.

54) Robinson, *Redating*, 107-15; contra Hengel, *Mark,* 2-6.

55) Josephus, *Wars* 7.218; Dio Cassius, 65.7.2; Suetonius, *Domitian Hist. Rom*. 12. Cf. E. M. Smallwood, *The Jews Under Roman Rule* (Leiden: Brill, 1976), 371-76.

그가 70년 이후에 기록했다면, 어떻게 아무런 논평도 없이 그와 같은 함축된 의미를 허용할 수 있었는지 납득할 수 없다.

4. 많은 사람들이 마태복음이 70-100년 사이에 기록되었다고 보지만, 현재 그 시기에 작성된 중요한 자료들이 거의 없기 때문에 그 주장들을 확인하기 어렵다. 건드리(Gundry)는 그 시기에 존재했던 것으로 알려진 특징들을 기초로 하여 마태복음에서 70년 이전 기록설을 제시한다고 생각되는 구절들의 목록을 작성했다.[56] 그의 제안들이 모두 설득력이 있는 것은 아니지만, 많은 것들은 중요한 것으로 여겨진다(예를 들면, 예루살렘으로부터 도피하기에 합당치 못한 시기로 겨울과 안식일을 삽입한 것[24:20]; cf. 가르침 전에 세례를 언급한 것[28:19; *Didache* 7:1및 후기의 다른 자료들]).

5. 킬패트릭은 그보다 이른 연대인 90년 이전 저작설을 주장하면서, 사도 시대의 교부들이 바울의 서신에 대해서는 많은 지식을 가지고 있었지만 마태복음에는 바울을 의존한 흔적이 없다는 사실에 주목한다.[57] 실제로, 킬패트릭은 만일 바울 서신의 구절들을 알고 있었다면 마태복음에 있는 어떤 구절들은 기록될 수 없었을 것이라고 주장한다(예를 들면, 마 28장, 고전 15장에 있는 부활 후 나타나셨던 때를 열거한 것). 따라서 킬패트릭은 바울주의(Paulinism)의 영향을 받지 않고 바울의 서신을 알지 못했던 교회는 마태복음의 저작 연대를 90년 이후로 추정하는 것이 불가능하다고 결론을 내린다. 우리는 그의 결론에 동의하지만, 왜 최종적인 연대를 그처럼 늦게 잡아야 하는지(주후 90년) 의아스럽다. 만일 마태가 70년 이전에 기록했다면, 바울에 전혀 의존하지 않았다는 설을 이해하기가 훨씬 수월할 것이다.

지금까지 다룬 어떤 논거들 중에 결정적인 것은 없다. 다른 논거들은 평가가 불가능하기 때문에 한층 더 결정적이지 못하다. 가령, 건드리는 63년 이전이라고 저작 연대를 구체적으로 제시하지만, 이것은 누가가 마태복음을 표절했고 누가복음-사도행전은 바울의 생전에 출판되었다는 그의 주장에 의존한 것이다. 후자에 동의하는 사람은 극히 드물고, 전자에 동의하는 사람은 더욱 드물다.

모든 증거들을 종합해 보면, 마태복음은 70년 이전에, 70년으로부터 그리 멀지 않은 시기에 저술되었다고 볼 수 있다.

결국, 모든 증거들을 종합해 보면, 마태복음은 70년 이전에, 70년으로부터 그리 멀지 않은 시기에 저술되었다고 볼 수 있다.

---

56) Gundry, *Matthew,* 602-6.

57) Kilpatrick, *Origins*, 129-30.

5. 대상

일반적으로, 복음서 기자는 자기 지역 신자들의 욕구를 충족시키기 위해 이 복음서를 기록했다고 가정된다. 만일 마태가 팔레스타인이든지 시리아든지 유대인들이 많이 거주하는 곳에서 사역했다고 본다면, 이 가정은 현실성이 있다. 마태복음에는 많은 유대적 요소들이 있기 때문에, 저자가 주로 이방인들을 염두에 두고 기록했다고 생각하기는 어렵다. 그러나 마태가 특정 지역의 독자들보다는 특정 부류의 독자들을 염두에 두고 복음서를 썼다고 주장할 수도 있다. 또, 보캄(Bauckham)을 비롯한 여러 사람들이 주장하는바 복음서들이 처음에는 모든 기독교인들을 위해 기록되었다는 강력한 논거들은 간단히 무시해서는 안 된다.[58)]

6. 목적

마태는 복음서에 기록 목적을 직접적으로 진술하지 않았기 때문에, 마태복음의 윤곽을 묘사하려는 모든 시도들은 그가 다룬 주제들 및 특정의 주제들을 다루는 방법을 다른 복음서에서 비슷한 주제들을 다룬 방법과 비교하여 추론한 것들이다. 이런 까닭에, 그의 목적을 찾아내려는 탐구에 주어져야 할 몇 가지 한계를 인식해야 한다. 마태복음의 지배적인 주제들은 여러 가지요 복합적이며 어느 정도 논란이 된다. 따라서 범위가 한정된 하나의 목적을 묘사하려는 시도는 실패할 수밖에 없다. 또한 다른 학자들이 보완적인 주제들을 강조하여 목적을 다른 방향으로 유도할 수도 있다. 비록 바울서신의 대부분은 실제로 본문에 분명히 표현할 수 있는 특별한 목적으로 기록되었지만, 일부 서신의 목적에 관해서 의견이 일치한다는 것이 얼마나 어려운 일인지 신약성서를 연구하는 사람들은 잘 알고 있다. 하물며, 하나의 복음서의 독특한 목적을 가려내는 것은 얼마나 더 어렵겠는가!

그러나 마태가 서신의 기자들과는 달리 다른 복음서의 기자들처럼, 역사적 예수의 사역과 수난 기간에 발생한 것을 묘사하면서 자기 시대의 당면한 문제들을 언급하려 했다고 인정한다면, 어려움은 증가된다. 이것은 일부 주해가들로 하여금 어떤 상황이 마태로 하여금 어떤 사건은 포함시키고(예를 들면 변화산 사건), 그것

---

58) Richard Bauckham, ed., *The Gospels for All Christians: Rethinking the Gospel Audiences* (Grand Rapids: Eerdmans, 1998). Craig S. Keener, *A Commentary on the Gospel Matthew* (Grand Rapids: Eerdmans, 1999), 45-51을 보라.

을 그렇게 기록하도록 자극했는지를 추론하게 만든다. 그러나 그가 이전에 발생한 일과 당시 그의 회중들 안에서 일어나고 있는 일 사이에서 직접적인 관계를 보지 못했을 가능성도 있다. 가령, 그는 때때로 이미 복음서 기자의 시대에는 받아들여진(혹은 논란이 되었던) 신념들과 관습들과 관련하여 예수님의 사역의 기초를 설명하는 데 관심을 가지고 있었을 수도 있다. 이것은 이러한 추론들은 너무 동떨어진 것이며 그렇기 때문에 피상적인 것일 수밖에 없다는 것을 의미한다.

마태는 구약성서를 많이 인용했기 때문에, 일부 학자들은 그가 기독교인들에게 성경—여기서 성경은 구약을 가리킨다—을 읽는 법을 가르쳐 주기 위해서 복음서를 기록했다고 주장한다. 또 다른 학자들은 그것이 유대인들에게 복음을 전하기 위해서였다고 추론한다. 또는 마태가 기독교인들로 하여금 그 시대의 바리새주의 유대교와 겨룰 때에 분명하게 기독교를 옹호할 수 있도록 훈련하는 것이 그의 목적이었다고 보는 사람들도 있다. 마태는 율법에 대한 예수님의 가르침을 많이 언급하기 때문에, 어떤 학자들은 그가 새롭게 발생한 도덕률폐기론이나 바울주의를 공박하는 데 목적을 두었다고 생각한다. 또 다른 사람들은 같은 증거를 가지고 마태는 독특한 기독교적 윤리 구조를 발전시키며 율법에 민감한 유대인들에게 상처를 주지 않으면서 예수님의 독특한 지위를 유지하기 위해서 노력한 교회 지도자라고 주장한다. 반대로, 어떤 사람들은 마태는 교회가 급속히 제도화되어 가는 것을 방지하고 몇 십 년 동안의 교회의 경험을 통해 얻은 것을 보존하면서도 과거처럼 카리스마적인 면을 강조하려 했다고 생각한다. 또 마태가 지도자들을 교육하기 위해 복음서를 기록했는지, 아니면 새 신자들의 교리문답용으로 기록했는지 하는 문제도 거론되고 있다.

이것들 및 그 밖의 많은 것들이 마태복음의 목적으로 제시되어 왔다. 그러나 어떤 사람들은 마태복음에서 상반되는 요소들—예를 들면, 유대의 배타주의와 세계선교, 율법의 위치에 대한 인식과 그리스도 안에서 율법이 완성되었다는 가정 사이의 모순—을 찾아내고, 단일의 목적을 찾는 것은 불가능하다고 결론을 내린다. 왜냐하면 강조점들이 일치하지 않는 것은 능력이 없는 편집자들이 조합한 상이한 전승의 요소들을 반영하기 때문이다.

이렇게 견해가 다양하다고 해서, 마태복음의 목적에 대해서 아무 말도 할 수 없는 것은 아니다. 만일 널리 받아들여지고 있는 주제들에 국한하여 살펴본다면, 특히 마태가 다음과 같은 몇 가지를 증명하려 했다고 추론할 수 있다. (1) 예수는 약속된 메시아, 다윗의 아들, 인자, 하나님의 아들, 임마누엘, 구약성서가 가리키는 분이시다. (2) 많은 유대인들, 특히 유대 지도자들은 예수가 사역하시는 동안 예수를 알아보지 못했다(부활 후에도 이런 상태를 유지하면 매우 위험하다는 것을 암시한다). (3) 약속된 종말론적 왕국은 예수의 생애, 죽으심, 부활, 승천과 함께 이미 시작되었다. (4) 유대인이든지 이방인이든지 신자들이 예수님의 권위에 복종하고, 시험을 이기고, 핍박을 견디고, 전심으로 예수님의 가르침을 받아들이고, 하나님의 백성의 참된 소재지임을 증명하고, 천국 복음을 세상에 전하는 참된 증인들이 될 때, 메시아의 통치는 이 세상에서 계속된다. (5) 메시아의 통치는 구약의 소망의 성취일 뿐만 아니라, 메시아이신 예수께서 다시 오실 때에 임할 완성된 천국을 미리 맛보는 것이다.

이렇게 복잡하게 주제들을 열거한 것은 다양한 욕구를 충족시키기 위해서였다. 이러한 주제들은 교회를 지도하고 교리를 가르치는 데 효과적으로 이용될 수 있을 것이며(많은 부분들을 신중하게 주제별로 배열하고 정리하면 용이하게 사용할 수 있을 것이다), 또 기독교인들이 유대인들의 복음화라는 임무를 수행할 수 있게 해주는 유용하고 효율적인 도구가 될 수 있을 것이다.

7. 본문

사도행전과 비교해보면, 마태복음의 본문은 비교적 안정되어 있는 편이다. 그러나 다른 공관복음서들과 비교해보면, 마태복음의 본문에는 공관복음의 문제와 연결되어 있는 많은 이문(異文)들이 있다. 이것은 전달 과정에서 변형을 조화시키거나 조화를 깨뜨리는 개조의 기회를 제공해 준다(예:12:47; 16:2-3; 18:10-11에 나타난 이문들). 그러나 가능한 조화의 경우를 액면 그대로 받아들여 부차적인 것이라고 가정해서는 안 된다(12:4, 47; 13:35는 이러한 주의를 요하는 좋은 예가 된다). 데이비스와 앨리슨은 이러한 본문상의 문제에 대한 좋은 참고 문헌들을 제공한다.[59)]

59) Davies and Allison, *Matthew*, pp. 147-48 n.127, 여기에 C. M. Martini, "La problematique generale du texte de Matthieu," in L'évangile selon Matthieu: Réaction et Thélogie, *BETL* 29, ed. M. Didier (Gembloux: Duculot, 1972), pp. 21-36을 추가해야 한다.

8. 정경으로의 채택

마태복음은 출판되자마자 널리 받아들여졌고, 오랫동안 가장 많이 인용되어 왔다. 마르시온이 이 복음서를 부인한 것은 중요하지 않다. 왜냐하면 그는 유대인에 관련된 모든 것을 혐오했기 때문이다. 우리가 가지고 있는 자료에 따르면, 이 복음서는 히브리서처럼 교회를 좌파와 우파로 나눈 적이 없다.

9. 마태복음에 대한 최근의 연구

25년 까지만 해도 영어권의 주석가들은 복음서 중에서 마태복음을 가장 소홀히 대해 왔다. 이러한 경향은 많은 주요 주석서들의 출판에 의해 시정되었다.[60] 그러나 이 여섯 권의 주석서들 중 둘은 약간 편파적이다. 베어(Beare)의 주석서에 수록된 참고문헌과 논의(1981)는 그 책이 출판된 시기보 15년 전의 것이다. 건드리의 저서(1982)는 헬라어 본문에 대한 세밀한 편집비평적 연구서이지만, 모든 학파의 학자들로부터 환영받지 못하는 개연성이 없는 결론을 많이 제시한다. 특히 그의 주장 중에 다음과 같은 것들이 비판의 대상이 된다: (1) Q자료는 일반적으로 250구절 정도로 이루어져 있다고 보는데, 사실은 그보다 훨씬 더 많은 구절을 포함한다; (2) 마태가 그의 자료들에 가한 첨가와 수정은 관련된 역사적 사항을 고려하지 않은 채 신학적인 동기에서 이루어졌다(예를 들면, 마 1-2장의 탄생에 관한 이야기도 포함된다); (3) 초기 독자들은 마태의 기록의 문학적 장르를역사적 고찰과 반역사적 고찰의 혼합물로 간주했다(건드리는 그것을 "미드라쉬"라고 본다) . 세 번째 점과 관련하여, 1세기에 "미드라쉬"는 많은 상이한 종류의 주석을 언급할 수 있었다는 사실이 거듭 관찰되어왔다: 그것은 독자들이 단번에 인식할 수 있는 분명히 정의된 장르가 아니었으며, 따라서 그것의 비지시적 본질에 대한 결론들을 끌어낼 수 있었다.[61] 최근의 마태복음 연구서들 중에서 단순한 주석 이상의 훌륭한 연구서는 스탠튼(Stanton)과[62] 프랜스(France)[63]에 의해서 발표된 것이 있다.

---

60) Albright and Mann(1981), Beare(1981), Gundry(1982), Carson(1984), France(1985), Davies and Allison(1988-97), Harrington(1991), Blomberg(1992), Keener(2003)의 주석들을 참고하라.

61) 매우 상세한 논박서인 Charles L. Quarles, *Midrash Criticism: Introduction and Appraisal* (Lanham: University Press of America, 1998)도 매우 편파적이다. Peter Enns in *WTJ* 62 (2000): 303-6을 보라.

지난 오십 년 동안 많은 학자들은 마태복음에 대한 편집비평적 연구에 심혈을 기울여 왔다. 보른캄(Bornkamm), 바르트(Barth), 헬드(Held)[64]의 선구적인 작업을 필두로 하여 많은 학자들이 마태복음의 독특성을 찾기 위해 마태복음과 마가복음의 차이, 마태복음과 Q자료에서 발췌된 것의 차이를 집중적으로 연구해 왔다. 이들의 연구내용 중 상당수는 암시적이지만, 편파적인 것에 기초를 두고 있는 것도 적지 않다. 예를 들어, 롤프 워커(Rolf Walker)는 마태복음이 이스라엘은 완전히 버림받았음을 보여주기 위해 기록되었다고 주장하면서, 마태복음의 지상 명령은 복음이 이방인에게만 전파되어야 함을 확증한다고 주장한다.[65] 해석상 워커의 주장은 설득력이 없다. 28:19의 "모든 나라들"(πάντα τὰ ἔθνη: *panta ta ethnē*)에 대한 그의 해석에 동조하는 사람이 거의 없고, 어디에서도 모든 제자들과 초기 개종자들이 유대인이었다는 사실과 씨름한 흔적이 없다. 또 후버트 프랑케묄레(Hubert Frankemölle)의 주장에 의하면, 마태복음은 마가복음과 너무 다르기 때문에 그것을 참된 의미에서 복음서라고 부를 수 없고,[66] 신명기나 역대기처럼 역사—예수님의 역사가 아닌 공동체의 역사—를 다룬 책이라고 보아야 한다. 그 이유는 이 "문학적 허구"에서 예수님은 신학자 마태와 의도적으로 뒤섞여 융화된 이상적인 인물로 묘사되기 때문이다. 그러나 프랑케묄레는 마태복음과 마가복음의 외형적인 차이는 지나치게 강조하는 한편 마태복음과 신명기나 역대기와의 실질적인 차이를 무시하는 오류를 범했다. 그가 마태복음을 하나의 단일화 된 책으로 본 것은 옳으나, 마태가 그의 복음서의 대부분을 마가복음과 Q자료에 의존하고 있다는 사실은 제대로 반영하지 않았다.

보른캄의 것을 비롯하여 몇 가지 연구서들이 널리 받아들여져 왔다.[67] 마가복음에서는 제자들이 예수께서 은밀하게 설명하기 전에는 예수님의 말씀을 이해하지 못한 것으로 기록된 반면, 마태복음에서는 제자들이 어느 정도 즉각적으로 이해

---

62) Stanton, "The Origin and Purpose of matthew's Gospel: Matthean Scholarship from 1945 to 198o," in H. Temporini and W. Haase, eds., *ANRW* 2.25.3. pp. 1889-1951.

63) France, *Matthew-Evangelist and Teacher.*

64) G. Bornkamm, G. Barth, H. J. Held, *Tradition and Interpretation in Matthew* (ET London: SCM, 1963).

65) R. Walker, *Die Heilgeschichte im ersten Evangelium* (Göttingen: Vandenhoeck & Ruprecht, 1967).

66) Hubert Frankemolle, *Jahwebund und Kirche Christi: Studien zur Form-und Traditionsgeschichte des "Evangeliums" nach Matthäus* (Münster: Aschendorff, 1974).

67) Bornkamm, Barth, and Held, *Tradition and Interpretation*, 105-16.

한 것으로 기록되어 있다고 그는 주장한다. 실제로, 이것, 즉 제자들이 이해했다는 사실이 제자들과 군중들을 구분해준다. 제자들이 여러 곳에서 흔들린 것은 이해의 부족 때문이 아니라 믿음의 부족 때문이다. 그러나 이 이론에도 문제가 있다. 보른캄은 마가복음 안에 있는 소위 "메시아적 비밀"에 지나치게 의존하고 있다는 사실은 차치하더라도, 제자들이 따로 가르쳐 주기를 요구한 사실(13:36), 예수께서 설명하신 후에도 고난에 대한 가르침을 이해하지 못한 것(예: 16:21-26;1 7:23;2 6:51-56), 또는 그들의 "실수"와 "배반" 등과 관련된 구절 등을 제대로 다루지 못했다. 이것은 하찮은 실패가 아니다. 본질적으로 보른캄은 제자들의 실패가 구속사의 흐름 속에서 그들의 위치에 의해 어느 정도 결정되었는지를 다루지 않았다. 고난과 부활 이전의 그들은 패배할 수 있고 로마 사회의 찌꺼기로서 창피하고 추한 죽음을 당할 수도 있는 메시아를 이해할 준비가 되어 있지 않았다. 이런 점에서 볼 때 제자들이 보다 깊은 이해와 믿음에 도달한 것은 대단한 일이었다. 부분적으로 그것은 구원사 안에서 그들의 지위가 지닌 기능, 예수의 부활의 승리에 의해 영원히 쓸모없게 된 지위가 지닌 기능이었다. 오늘날이나 마태의 시대에 사람들이 믿음과 이해에 이르는 것은 최초의 제자들이 믿음과 이해에 이른 것과 같을 수는 없다. 마태가 여러 가지 방법으로 이 사실을 분명히 밝히지만, 보른캄은 마태의 교회를 최초의 제자들에 대한 마태의 묘사로 해석하는 데 관심을 갖기 때문에 억지 해석이 된다.[68]

소수의 학자들은 마태복음의 저자나 최종 편집자가 이방인이었다고 주장해왔지만,[69] 최근의 신약성서 전체와 마태복음 연구의 가장 두드러진 경향들 중 하나는 신약성서의 문서들 중 다수가 본질적으로 유대적임을 강조하는 경향이다. 그러나 마태복음의 경우에는 종종 이러한 경향이 한도를 넘어서곤 했다. 일부 학자들은 마태복음이 전혀 기독교적이라고 할 수 없고 일종의 유대교라고 여겨야 할 정도로 유대적이라고 주장해왔다. 그렇게 해석한다면, 이 복음서의 기자는 배교자, 개혁자, 또는 혁명가로 간주될 수 있지만, 실제로 그의 문서를 순수히 기독교적이라고

---

68) Andrew H. Trotter, "Understanding and Stumbling: A Study of the Disciples' Understanding of Jesus and His Teaching in the Gospel of Matthew" (Ph. D. diss. Cambridge University, 1987)을 보라.

69) Wolfgang Trilling, Georg Strecker, and others; see the review of such literature in Boris Repschinski, *The Controversy Stories in the Gospel of Matthew: Their Redaction, Form and Relevance for the Relationship between the Matthean Community and Formative Judaism*, FRLANT 189 (Göttingen: Vandenhoeck & Ruprecht, 2000), 13-61.

공관복음서들 간의 밀접한 관계 때문에, 어느 한 복음서의 기여도는 세 복음서 모두의 기여도에 의해서 평가되어야 한다.

판단할 수 없다.[70] 그러나 도널드 해그너(Donald Hagner)는 그러한 저자들이 마태복음 5:17 이하 및 몇 가지 다른 본문들에 대한 기이한 해석을 중요시하는 것은 정당하지 못하다는 것을 증명해왔다.[71] 또, 모든 민족들에게 복음을 전하는 데 대한 관심은 지상명령에 한정되는 것이 아니라(28:18-20), 이방인들이 아브라함과 이삭과 야곱과 함께 천국에 앉을 것이라는 발언(8:11-12) 및 비슷한 목적을 지닌 비유들(특히 21:28-22:14) 안에 들어 있다.[72] 반면에 예수의 죽음을 묘사하는 대속의 말은 분명히 마가복음에서 취한 것이다(막 10:45; 마 20:28).

그러나, 최근의 연구에서는 마태복음을 통전적으로 해석하는 데 큰 관심을 나타내왔다. 즉, 공관복음 및 다른 곳의 병행구들을 주의 깊게 살펴보면서도 마태복음을 그 자체로서 연구하는 데 더 많은 관심을 보이고 있다. 최초의 복음서를 마가복음의 수정판이 아닌 마태복음 자체로 볼 때, 그 복음서의 주제와 통일성과 본질적인 힘이 분명해진다. 이것은 물론 다른 접근방법의 유효성을 부인하려는 것이 아니라, 전통적인 역사적 비평 방법이 문학적 감수성에 의해 보완되어야 함을 주장하려는 것이다. 마태복음에서 제자들의 이해라는 주제를 다시 생각해보자. 최근의 어느 저서에서는 서사비평 (Narrative Criticism)을 사용하는 사람들과 역사 비평 방법을 사용하는 사람들 간에 보다 긴밀한 대화가 필요하다고 주장한다. 그러한 대화는 마태복음에서 제자들은 어느 차원에서는 예수가 메시아이심을 이해하면서도 예수가 어떤 종류의 메시아인지에 대해서는 끊임없이 오해한다는 결론에 이른다.[73]

---

70) See Andrew Overman, *Matthew's Gospel and Formative Judaism: The Social World of the Matthean Community* (Minneanpolis: Fortress, 1990); idem, *Church and Community in Crisis: The Gospel According to Matthew, The New Testament in Context* (Velley Forge: Trinity Press International, 1996); Anthony Saldarini, *Matthew's Christian-Jewish Community* (Chicago: University of Chicago Press, 1994); David sim, *The Gospel of Matthew and Christian Judaism: The History and Social Setting of the Matthean Community* (Edinburg: T. & T. Clark, 1998).

71) Donald A. Hanger, "Matthew: A Apostate, Reformer, Revolutionary?" *NTS* 49 (2003): 193-209.

72) 특히 Wesley G. Olmstead, *Matthew's Trilogy of Parables: The Nation, the Nations and the Reader in Matthew* 21.28-22.14, SNTSMS 127 (Cambridge: Cambridge Unversity Press, 2003)을 보라.

73) Jeannine K. Brown, *The Disciples in narrative Perspective: The Portrayal and Function of the Matthean Disciples* (Atlanta: SBL, 2002).

10. 마태복음의 기여

공관복음서들 간의 밀접한 관계 때문에, 어느 한 복음서의 기여도는 세 복음서 모두의 기여도에 의해서 평가되어야 한다. 만일 마태복음이 갑자기 없어져 버린다 해도, 그 자료의 대부분은 거의 손상되지 않은 채 마가복음과 누가복음에서 찾을 수 있다. 그러한 의미에서, 마태복음이 히브리서나 요한계시록처럼 독자적인 기여를 한다고는 말할 수 없다.

그러나 공관복음은 전체적으로 무엇과도 바꿀 수 없는 기여를 한다. 그것들은 요한복음과 함께 메시아이신 예수님의 인격, 사역, 가르침, 고난, 부활 등에 대한 근본적인 증언이 된다. 세 공관복음서를 단순히 중복되는 증언으로 보아서는 안 된다. 각각의 복음서는 나름대로의 관점을 가지고 있으며, 모두 합하여 거의 완전히 상실될 수밖에 없었을 입체적인 심원함을 제공해준다. 또 부차적인 차원에서, 각 복음서는 그 복음서가 기록되던 때의 교회의 생활을 들여다 볼 수 있는 창(窓)을 제공해 준다. 그러나 이 창은 투명한 창이 아니라 좋게 보아도 반투명한 창이기 때문에 이를 통해 보이는 영상들은 신중하게 해석되어야 한다.

이러한 틀 안에서 마태복음이 강조하는 몇 가지, 그리고 이 복음서가 독특하게 정경에 기여하는 바를 살펴보자.

1. 마태복음은 이미 열거한 설교들 안에 많은 분량의 예수님의 말씀을 보존하고 있다. 이것이 이 복음서가 초대교회에 널리 보급되었던 중요한 이유 중 하나였다.[74] 그것들이 이런 형태로 보존된 경위가 무엇이든지 간에, 만일 마태복음에 수록된 산상수훈, 예수님의 비유들, 그리고 마태의 종말론적 설교가 없었다면 교회는 크게 무척 메마르고 허약했을 것이다.

2. 마태복음은 요셉의 관점에서 본 예수의 동정녀 탄생 이야기를 제공함으로써 다른 복음서들, 특히 누가복음의 기록을 보완해준다. 다른 곳에서는 찾아볼 수 없는 예수님의 탄생에 관한 여러 사건들을(예를 들면, 동방박사의 방문, 애굽으로의 피신) 소개해 줄 뿐만 아니라, 기사 전체가 우리가 지금 구약이라고 부르는 이전의 계시와 밀접하게 연관되어 있다.[75]

3. 보다 일반적으로, 마태복음에서는 특히 구약성서를 많이 인용한다. 가장

---

74) 특히 Massaux, *Saint Matthieu*를 보라.

75) 가장 자세한 연구서는 Ramond E. Brown, *The Birth of the Messiah* (Garden City: N.Y.: Doubleday, 1977)이다.

주목할 만한 독특성은 마태복음에서만 발견할 수 있고 πληρόω(*plēroō*: 성취하다)의 수동 형식으로 특징을 이루고 있는 "성취 공식"에 의해 도입된 구약성경의 인용문들이다(10-14개로 추정된다). 이러한 "공식 인용문들"(formula quotations)은 모두 복음서 기자의 방백(傍白), 즉 그의 고유의 의견(그것들을 표현하기 위해 널리 사용되고 있는 독일어는 *Reflexionszitate*이다)이다. 특히 마태복음에서 그것들은 칠십인 역보다는 셈 어에 가까운 본문 형태를 취한다. 이러한 특징들의 정확한 의미에 대해서는 논란이 계속되고 있다.[76] 분명한 것은 옛 언약과 새 언약의 관계에 대한 마태의 이해는 무언가 특이한 것을 생각하게 만든다. 예를 들어, 예언과 성취에 관한 그의 견해는 단순히 말로 예언한 것이 사건 자체를 통해서 역사적으로 성취되었다는 것으로 그치는 것이 아니다. 그는 근본적으로 구약성서를 기독론적으로 해석하며, 여러 형태의 예표론과 점증적 논법(a fortiori argument)을 사용한다. 따라서 예를 들어 예수님이 받으신 시험들은(마 4:1-11) 하나님의 아들이신 예수는 하나님의 말씀에 의해 결정되었기 때문에 완전히 승리하신 것을 제외하고는 하나님의 "아들"(출 4:22-23)인 이스라엘 백성이 광야에서 받았던 시험들의 재현이다. 앨리슨은 이 책에서 출애굽이라는 예표론이 얼마나 큰 역할을 하는지 증명했다.[77]

4. 마태가 율법을 다룬 것도 시사하는 바가 많다. 많은 사람들은 마태가 율법을 내면화했다거나 극단화했다거나, 사랑의 계명아래 포함시켰다거나, 도덕적인 측면만 절대화했다거나, 사람들을 그리스도에게로 인도하는 몽학선생으로(바울과 같이) 취급했다고 생각하지만, 그보다는 마태 자신의 범주, 즉 예수는 율법을 "완성하기" 위해 오셨다는 것(5:17)을 사용하는 것이 가장 바람직하다. 마태의 용법에서, "완성하다"라는 동사는 율법 자체도 목적론적, 예언적 기능을 지니고 있음을 전제한다.[78]

5. 마태의 복음서는 옛 언약에 대한 성서를 되돌아보는 책일 뿐만 아니라, 교회가 장차 교회가 어떻게 될 것인지를 내다보는 근본적인 책이다. 이스라엘과 교회의 관계에 대한 후기 논쟁들의 기원은 마태복음, 요한복음, 로마서, 히브리서 등에서

76) Doeve, France (*Jesus and the Old Testament*), Gundry, McConnell, Moo, Rothfuchs, Soarés-Prabhu, Stanton("Matthew"), Stendahl, Westerholm의 참고문헌들을 보라.

77) Dale C. Allison Jr., *The New Moses: A Matthean Typology* (Minneapolis: Fortress Press, 1993).

78) 특히 Meier(*Law*), Banks, and Carson(*Matthew*, pp. 140ff.). 아래의 참고문헌들을 보라.

발견된다. 많은 논쟁들은 마태가 유대인 지도자들을 다룬 것에 초점을 두고 있다.[79]

6. 마지막으로, 예수님에 대한 마태의 묘사에는 그의 복음서의 핵심이라고 할 수 있는 독특한 명암이 있다. 거듭 말하지만, 이 점에 있어서 마태의 생각의 중심이 되는 것은 독특하지 않다.[80] 마태복음에서만 예수가 그리스도요 다윗의 아들이요 인자요 주의 종인 것은 아니다. 이러한 호칭들이 마태복음에서 어떤 특별한 색채를 띠고 있든 간에, 그 용법에 있어서 다른 복음서와의 의미론적으로 중복된다. 이 복음서에 있는 모든 호칭들을 해석상 관장하고 설명해 주는 특정한 기독론적 호칭을 분리해 내려는 것도 바람직하지 못하다.[81] 그러나 이러한 점들에 주의하는 한에서 마태복음에 독특한 색채가 있음은 인정해야 한다. 그가 예수님의 치유 사역과 관련하여 "다윗의 아들"이라는 명칭을 연결한 것처럼, 특별한 호칭을 어떤 주제와 연결함으로써 그의 복음서의 특색을 나타내려 했을 수도 있다.[82] 또 예수를 임마누엘, 즉 "하나님이 함께 하시다"(1:23)라고 주장할 때처럼, 다른 복음서 기자들은 언급하지 않는 호칭을 소개함으로써 그리하려 했을 수도 있다.

참고문헌

W. F. Albright and C. S. Mann, *Matthew*, AB 26 (Garden City: Doubleday, 1981).

Willoughby C. Allen, A *Critical and Exegetical Commentary on the Gospel According to S. Matthew*, ICC (Edinburgh: T. & T. Clark, 1912).

Dale C. Allison Jr., *The New Moses: A Matthean Typology* (Minneapolis: Fortress Press, 1993); idem, "the Structure of the Sermon on the Mount," *JBL* 106 (1987): 423-45.

W. Bacon, "The 'five Books' of Moses Against the Jews," *Exp* 15 (1918): 56-66; idem, *Studies in Matthew* (London: Constable, 1930).

Robert Banks, *Jesus and the Law in the Synoptic Tradition* (Cambridge: Cambridge University Press, 1975)

---

79) D. A. Carson, "Jewish Leaders in Matthew's Gospel: A Reappraisal," *JETS* 25(1982): 161-74을 보라.

80) G. M. Styler, "Stages in Christology in the Synoptic Gospels," *NTS* 10(1963-64): 398-40. 이 중요한 논문에서 이 점을 충분히 지적하지 못했다.

81) 가장 잘 알려진 예로는 "하나님의 아들"이 마태에게는 핵심적인 주제였고 다른 모든 것들은 그 아래 놓여 있다고 한 Kingsbury(*Matthew*)의 주장이다. 이에 대한 중요한 반론으로 David Hill의 Son and Servant: An Essay on Matthean Christology," *JSNT* 6(1980): 2-16이 있다.

82) David Duling, "The Therapeutic Son of David: An Element in Matthew's Christological Apologetics," *NTS* 24(1978):392-410.

B. W. Beare, *The Gospel According to Matthew* (Oxford: Blackwell, 1981).

Richard Beaton, *Isaiah's Christ in Matthew's Gospel*, SNTSMS 123 (Cambridge: Cambridge University Press, 2003).

Craig L. Blomberg, *Matthew*, NAC 22 (Nashville: Broadman, 1992).

Pierre Bonnard, *L'evangile selon Saint Matthieu* (Neuchâtel: Delachaux et Niestlé, 1970).

G. Bornkamm, G. Barth, and H. J. Held, *Tradition and Interpretation in Matthew* (ET London: SCM, 1963).

Jeannine K. Brown, *The Disciples in Narrative Perspective: The Portrayal and Function of the Matthean Disciples* (Atlanta: SBL, 2002).

Raymond E. Brown, *The Birth of the Messiah: A Commentary on the Infancy Narratives* (Garden City: Doubleday, 1977).

Steven M. Bryan, *Jesus and Israel's Traditions of Judgement and Restoration*, SNTSMS 117 (Cambridge: Cambridge University Press, 2002).

C. F. Burney, *The Poetry of Our Lord* (Oxford: Oxford University Press, 1925).

D. A. Carson, "Christological Ambiguities in the Gospel of Matthew," in *Christ the Lord,* Fs. Donald Guthrie, ed. Harold Rowdon (Leicester: IVP, 1982), 97-114; idem, "Jewish Leaders in Matthew's Gospel: A Reappraisal," *JETS* 25 (1982): 161-74; idem, "Matthew," in *EBC* 8 (Grand Rapids: Zondervan, 1984).

W. D. Davies and Dale C. Allison Jr., *The Gospel According to Saint Matthew*, ICC, 3 vols. (Edinburgh: T. & T. Clark, 1988-97).

J. W. Doeve, *Jewish Hermeneutics in the Synoptic Gospels and Acts* (Assen: Van Gorcum, 1954).

David Duling, "The Therapeutic Son of David: An Element in Matthew's Christological Apologetic," *NTS* 24 (1978): 392-410.

R. T. France, *Jesus and the Old Testament: His Application of Old Testament Passages to Himself and His Mission* (London: Tyndale, 1971); idem, *Matthew*, TNTC (Grand Rapids: Eerdmans, 1985); idem, *Matthew's evangelist and Teacher* (Grand Rapids: Zondervan, 1989).

Hubert Frankemölle, *Jahwebund und Kirche Christi: Studien zur Form- und Traditionsgeschichte des "Evangeliums" nach Matthäus* (Münster: Aschendorff, 1974).

P. Gaechter, *Die literarische Kunst im Matthäusevangelium* (Stuttgart: Katholisches Bibelwerk, 1966).

E. J. Goodspeed, *Matthew: Apostle and Evangelist* (Philadelphia: J. C. Winston, 1959).

M. D. Goulder, *Midrash and Lection in Matthew* (London: SPCK, 1974).

F. C. Grant, *The Gospels: Their Origin and Their Growth* (New York: Harper, 1957).

Robert H. Gundry, *Matthew: A Commentary on His Literary and Theological Art* (Grand Rapids: Eerdmans, 1982); idem, *The Use of the Old Testament in St. Matthew's Gospel* (Leiden: Brill, 1967).

Donald A. Hagner, *Matthew*, WBC 33, 2 vols. (Dallas: Word Books, 1993-95); ldem, "Matthew: Apostate, Reformer, Revolutionary?" *NTS* 49 (2003): 193-209.

Daniel J. Harrington, *The Gospel of Matthew*, SacPag 1 (Collegeville: Liturgical Press, 1991).

J. R. Harris, *Testimonies*, 2 vols. (Cambridge: Cambridge University Press, 1920).

Martin Hengel, *Studies in the Gospel of Mark* (Philadelphia: Fortress Press, 1985).

David Hill, *The Gospel of Matthew*, NCB (Grand Rapids: Eerdmans, 1972); idem, "Son and Servant: An Essay on Matthean Christology," *JSNT* 6 (1980): 2-16.

Craig S. Keener, *A Commentary on the Gospel of Matthew* (Grand Rapids: Eerdmans, 1999).
G. D. Kilpatrick, *The Origins of the Gospel According to St. Matthew* (Oxford: Clarendon Press, 1946).
J. D. Kingsbury, *Matthew: Structure, Christology, Kingdom* (Philadelphia: Fortress, 1975).
Richael Knowles, *Jeremiah in Matthew's Gospel: The Rejected Profit Motif in Matthean Redaction*, JSNTSup 68 (Sheffield: Sheffield Academic Press, 1993).
E. Krentz, "The Extent of Matthew's Prologue," *JBL* 83 (1964): 409-14
J. Kürzinger, "Irenäus und sein Zeugnis zur Sprache des Matthäusevangeliums," *NTS* 10 (1963): 108-15; idem, "Das Papiaszeugnis und die Erstgestalt des Matthäusevangeliums," *BZ* 4 (1960): 19-38.
M.-J. Lagrange, *Evangile selon Saint Matthieu* (Paris: Lecoffre, 1948).
W. L. Lane, *The Gospel According to Mark*, NICNT (Grand Rapids: Eerdmans, 1974).
B. Lindars, *New Testament Apologetic* (London: SCM, 1961).
Ernst Lohmeyer, *Das Evangelium des Matthäus, ed. W. Schmauck* (Göttingen: Vandenhoeck & Ruprecht, 1956).
C. H. Lohr, "Oral Techniques in the Gospel of Matthew" *CBQ* 23 (1961): 403-35.
Ulrich Luz, *Matthew: A Commentary*, 3 vols. (Minneapolis: Augsburg/Fortress Press, 1989-).
Richard S. McConnell, *Law and Prophecy in Matthew's Gospel* (Basel: Friedrich Reinhardt, 1969).
A. H. McNeile, *The Gospel According to St. Matthew* (London: Macmillan, 1915).
T. W. Manson, *The Sayings of Jesus* (London: SCM, 1949).
C. M. Martini, "La problématique généale du texte de Matthieu," in *L'évangile selon Matthieu: Rédaction et Théologie*, BETL 29, ed. M. Didier (Gembloux: Duculot, 1972).
Edouard Massaux, *Influence de l'évangile de Saint Matthieu sur la littérature chrétienne avant Saint Irénée*, BETL 75 (Leuven: Leuven University Press, 1986).
John P. Meier, *Law and History in Matthew's Gospel: A Redactional Study of Mt.* 5:17-48 (Rome: BIP, 1976); idem, *Matthew* (Wilmington: Glazier, 1980); idem, *The Vision of Matthew: Christ, Church, and Morality in the First Gospel* (New York: Paulist, 1979).
Ben F. Meyer, *The Aims of Jesus* (Philadelphia: Fortress, 1979).
Douglas J. Moo, *The Old Testament in the Gospel Passion Narratives* (Sheffield: Almond Press, 1983).
L. Morris, "The Gospels and the Jewish Lectionaries," in *GP* 1.129-56.
C. F. D. Moule, "St. Matthew's Gospel: Some Neglected Features," *SE* 2 (1964): 90-99.
Wesley G. Olmstead, *Matthew's Trilogy of Parables: The Nation, the Nations and the Reader in Matthew* 21.28-22.14, SNTSMS 127 (Cambridge: Cambridge University Press, 2003).
Andrew Overman, *Matthew's Gospel and Formative Judaism: The Social World of the Matthean Community* (Minneapolis: Fortress Press, 1990); idem, *Church and Community in Crisis: The Gospel According to Matthew, The New Testament in Context* (Valley Forge: Trinity Press International, 1996).
Daniel Patte, *The Gospel According to Matthew* (Philadelphia: Fortress Press).
R. Pesch, "Levi-Matthäus (Mc 2^{14} /Mt $9^{9}10^{3}$): Ein Beitrag zur Lösing eines alten Problems," *ZNW* 59 (1968): 40-56.
Alfred Plummer, *An Exegetical Commentary on the Gospel According to S. Matthew* (London: Robert Scott, 1909).

B. Reicke, "Synoptic Prophecies on the Destruction of Jerusalem," in *Studies in New Testament and Early Christian Literature*, Fs. A. P. Wikgren, ed. D. E. Aune (Leiden: Brill, 1972).

H. Rengstorf, "Die Stadt der Mörder (Mt 22[7])," in *Judentum, Urchristentum, Kirche*, Fs. J. Jeremias, ed. Walther Eltester (Berlin: Töpelmann, 1960), 106-29.

Boris Repschinski, *The Controversy Stories in the Gospel of Matthew: Their Redaction, Form and Relevance for the Relationship between the Matthean Community and Formative Judaism*, FRLANT 189 (Göttingen: Vandenhoeck & Ruprecht, 2000).

H. N. Ridderbos, *Matthew* (Grand Rapids: Zondervan, 1987).

J. A. T. Robinson, *Redating the New Testament* (Philadelphia: Westminster, 1976).

Wilhelm Rothfuchs, *Die Erfülulungszitate des Matthäus-Evangeliums* (Stuttgart: Kohlhammer, 1969).

Anthony Saldarini, *Matthew's Christian-Jewish Community* (Chicago: University of Chicago Press, 1994).

Alexander Sand, *Das Gesetz und die Propheten: Untersuchungen zur Theologie des Evangeliums nach Matthäus* (Regensburg: Friedrich Pustet, 1976).

A. Schlatter, *Der Evangelist Matthäus: Seine Sprache, sein Ziel, seine Selbständigkeit,* 6th ed. (Stuttgart: Calwer, 1963).

Eduard Schweizer, *The Good News According to Matthew* (Atlanta: John Knox, 1975).

David Sim, *The Gospel of Matthew and Christian Judaism: The History and Social Setting of the Matthean Community* (Edinburgh: T. & T. Clark, 1998).

H. D. Slingerland, "The Transjordanian Origin of St. Matthew's Gospel," *JSNT* 3 (1979): 18-29

E. M. Smallwood, *The Jews Under Roman Rule* (Leiden: Brill, 1976).

George M. Soarès-Prabhu, *The Formula Quotations in the Infancy Narrative of Matthew* (Rome: BIP, 1976).

G. N. Stanton, "Matthew," in *It Is Written: Scripture Citing Scripture, Fs.* Barnabas Lindars, ed. D. A. Carson and H. G. M. Williamson (Cambridge: Cambridge University Press, 1988), 205-19; idem, "The Origin and Purpose of Matthew's Gospel: Matthean Scholarship from 1945 to 1980," in H. Temporini and W. Haase, eds., *ANRW* 2.25.3, pp. 1889-1951; idem, *A Gospel for a New People: Studies in Matthew* (Edinburgh: T. & T. Clark, 1992).

K. Stendahl, *The School of St. Matthew*, 2nd ed. (Philadelphia: Fortress Press, 1968).

Ned B. Stonehouse, *The Witness of Matthew and Mark to Christ* (Grand Rapids: Eerdmans, 1944).

G. Strecker, *Der Weg der Gerechtigkeit* (Göttingen: Vandenhoeck & Ruprecht, 1962).

B. H. Streeter, *The Four Gospels* (London: Macmillan, 1930).

G. M. Styler, "Stages in Christology in the Synoptic Gospels," *NTS* 10 (1963-64): 398-409

C. C. Torrey, *Our Translated Gospels* (London: Hodder & Stoughton, n.d.).

Wolfgang Trilling, *Das wahre Israel: Studien zur Theologie des Matthäus-Evangeliums* (Munich: Kösel, 1964).

Sjef van Tilborg, The Jewish Leaders in Matthew (Leiden: Brill, 1972).

R. Walker, *Die Heilsgeschichte im ersten Evangelium* (Göttingen: Vandenhoeck & Ruprecht, 1967).

J. W. Wenham, "Gospel Origins," *TrinJ* 7 (1978): 112-34.

Stephen Westerholm, *Jesus and Scribal Authority* (Lund: Gleerup, 1978).

제4장

마가복음

1. 내용

예수님의 사역에 관한 마가의 이야기는 행위 지향적이다. 마가는 예수님의 가르침을 약간 상세하게 언급한 후에 재빨리 장면을 바꾼다(마가복음에서는 "즉시"[εὐθύς[*euthys*]가 거의 표준적인 연결어이다). 예수께서는 끊임없이 이동하시면서 병자를 고치시고, 귀신을 쫓아내시고, 원수들을 대적하시고, 제자들을 가르치신다. 이렇게 빨리 전개되는 이야기는 여섯 개의 과도적 문단이나 진술들에 의해 일곱 개의 문단으로 나누어진다.

사역을 위한 준비(1:1–3). 복음서 전체의 제목이 될 수도 있는 마가복음 1:1은 사역 준비에 관한 기록 즉, 1:1-13의 표제라고 볼 수 있다. 예수 그리스도에 대한 복음의 "시작"(ἀρχή[*archē*])은 종말론적인 예비자 세례 요한의 사역(1:2-8), 요한에게 세례를 받으신 예수(1:9-10), 광야에서 시험을 받으시는 예수(1:12-13) 등으로 구성되어 있다.[1)]

갈릴리 사역의 첫 부분(1:16–3:6). 1:14-15의 중요한 요약—예수께서 갈릴리로 들어가셔서, 성취의 때가 임하였고 천국이 가까왔다는 복음을 선포하심—은 여섯 개의 과도적 단락들 중 첫째 단락이다. 이것은 갈릴리에서의 예수의 사역을

---

1) 다른 아홉 개의 견해와 함께 막 1:1에 대한 이 견해에 관해서는 C. E. B. Cranfield, *The Gospel According to St. Mark*, CGTC (Cambridge: Cambridge University Press, 1966), 34-35를 보라.

소개하며(1:16-8:26), 사역 초기에 발생한 사건들을 직접적으로 소개한다. 마가는 예수께서 네 제자를 부르신 사건 후에(1:16-20), 회당에서 가르치신 것, 귀신을 쫓아내신 것, 병자를 고치신 것 등 예수님의 사역 기간 중의 전형적인 하루 일과를 얼핏 보여준다(1:21-34). 이러한 사건들의 특별한 본질 때문에 많은 사람들이 따랐지만, 예수께서는 (이러한 사건들이 발생한) 갈릴리 바닷가의 가버나움에서 다른 마을로 옮겨갈 것을 주장하신다(1:35-36).마가는 또 다른 치유 이야기를 다룬 후에(1:40-45), 예수님의 유대 지도자들과의 논쟁에 초점을 둔 다섯 사건을 서술한다. 죄를 사하여 줄 수 있다는 주장에 대한 논쟁(2:1-12), 세리와 죄인들과 교제하는 데 대한 논쟁(2:13-17), 정기적으로 금식을 하지 않은 제자들로 인한 논쟁(2:18-22), 안식일에 대한 논쟁(2:23-28과 3:1-6). 이 단락은 예수의 생명을 해하려는 헤롯당원들의 음모에서 절정에 이른다.

갈릴리 사역의 둘째 부분(3:13−5:43). 마가복음의 둘째 과도적 단락은 예수님의 폭발적인 인기에 초점을 두며 치유와 귀신을 쫓아내신 사역을 강조한다(3:7-12). 그것은 이 복음서의 세 번째 중요한 단락—여기에서도 예수님은 계속 갈릴리에서 사역하신다—을 소개한다(3:13-5:43). 여기에서 마가는 특히 천국에 초점을 둔다(3:13-5:43). 둘째 단락과 마찬가지로, 이 단락도 제자들에 대한 이야기—이 경우에는 그들 중 열두 명을 사도로 임명하신 것(3:13-19)—로 시작해서 점점 심해지는 예수님의 가족들과(3:20-21, 31-34) "율법 교사들"의(3:22-30) 반대로 이어진다. 예수께서는 이 반대가 "하나님 나라의 비밀"의 일부임을 설명하시기 위해서 비유를 사용하신다(4:1-34). 이 단락은 전형적인 예수님의 기적들을 나타내는 네 가지 기적—폭풍을 잠잠케 하심(자연을 통한 기적, 4:35-41); 거라사 지방의 "군대" 귀신을 쫓아내심(축사, 5:1-20); 혈우병에 걸린 여인을 고치심(치유, 5:25-34); 죽었던 야이로의 딸을 살리심(부활, 5:21-24, 35-43)—을 행하심을 기록함으로써 절정에 이른다.

갈릴리 사역의 결론 부분(6:7−8:26). 예수께서 1:16-5:43에 기록된 많은 일들이 발생한 갈릴리 바닷가 지방을 떠나 갈릴리 산지에 있는 고향 나사렛으로 옮겨가는 이야기가 마가복음의 세 번째 과도적 본문이다(6:1-6). 마가는 그의 복음서의 넷째 단락에서(6:7-8:26) 이전의 두 단락에서 다루었던 문제—예수님의 놀라운 능력의 역사, 일부 유대 관습에 대한 예수님의 비판, 예수께 대한 반대의 증가—들을 확대하여 다루며, 그의 복음에서 중요한 주제가 될 것, 즉 "제자들의 이해 부족"이라는 주제를 다루기 시작한다. 이 단락도 제자들에 관한 이야기, 즉 예수께서 열두 제자들을 전도하러 내보내시는 이야기로 시작된다(6:7-13). 예수에 관해 널리 알려진 평가들 및 예수가 죽었다가 살아난 세례 요한이라는 소문은 마가로 하여금 헤롯 안티파스에 의해 처형당한 세례 요한의 죽음을 회고하며 설명하게 만든다(6:14-29). 열두 제자들이 전도 여행에서 돌아온 후에 예수님과 제자들은 밀려드는 군중을 피하여 광야로 갔는데, 거기서 오천 명을 먹인 사건이 발생했다(6:30-44). 그 후에 예수께서 갈릴리 바다를 건너는 제자들을 만나기 위해 물위를 걸으신 기적이 발생했다(6:45-52). 예수께서는 갈릴리 서쪽 해안에 있는 게네사렛에서 많은 병자들을 고치신 후에(6:53-56), 유대인들의 비판에 대한 응답으로 부정(不淨)의 진정한 본질을 설명하신다(7:1-23). 그러고 나서 예수는 갈릴리(그리고 이스라엘)를 떠나 북쪽의 두로와 시돈 지방으로 가셨고, 그곳에서 이방 여인의 믿음을 칭찬하신다(7:24-30). 그러나 주님은 곧 갈릴리 바다 주변 지역으로 돌아오셔서 병자들을 고치시고(7:31-37), 사천 명을 먹이시고(8:1-13), 눈이 있어도 보지 못하는 제자들을 가르치셨으나 별 성과도 없었고(8:14-21), 실제로 눈 먼 자를 고치셨다(8:22-26).

영광과 고난의 길(8:27－10:52). 마가복음은 베드로가 예수님을 메시아로 인정하는 사건에서 절정에 이른다(8:27-30). 그것은 마가복음의 네 번째 중요한 과도기를 이루며, 군중 및 기적을 행하신 예수님의 능력에서 제자들과 십자가로 강조점이 옮겨간다. 이어지는 다섯 째 단락(8:27-10:52)의 핵심은 여기에서 마가의 중심적 목적을 구성하는 사건들을 세 번 반복한 것이다:

예수께서 자신의 죽음을 예고하심	8:31	9:30－31	10:32－34
제자들의 오해	8:32－33	9:32(33－34)	10:35－40
제자가 되기 위해 치러야 할 대가에 대한 가르침	8:34－38	9:35－37	10:41－45

마가는 예수를 따르는 자들은 자신을 낮추고 이웃을 섬김으로써 주님을 본받

아야 한다고 주장한다. 또 이 단락에는 변화산 사건(9:1-13), 어린 아이에게서 귀신을 쫓아내신 사건(9:14-29), 그리고 다른 사람들을 우위에 두는 것(9:38-50), 이혼(10:1-12), 겸손(10:13-16), 그리고 부자가 제자가 되는 것이 매우 어렵다는 것 등에 대한 교훈들이 기록되어 있다. 이 단락은 예수께서 예루살렘으로 가는 길에 여리고에서 바디매오의 눈을 뜨게 해 주신 사건(10:46-52)으로 종결된다.

예루살렘에서의 마지막 사역(11:1−13:37). 예루살렘 입성은 이 복음서의 다음 단계—고난을 받으시기 전에 다양한 유대인의 집단들과 권위자들과 충돌한 기간—의 출발점이 된다(11:1-13:37). 메시아적 성격을 띤 예수님의 예루살렘 입성은(11:1-11) 충돌의 무대를 이루며, 유대교의 핵심을 공격한 성전을 청결케 한 사건은(11:12-19) 사태를 더욱 심각하게 만든다. 무화과나무를 마르게 한 사건은 믿음에 관한 교훈인 동시에 이스라엘에 임할 심판을 나타내는 비유이다(11:20-25). 따라서 이 단락에서 "대제사장과 서기관과 장로들이" 예수님의 권위에 도전하거나(11:27-33), 예수께서 유대 지도자들이 하나님께 반역한다는 내용이 주제가 되는 비유들을(12:1-12) 말씀하시는 것은 그리 놀라운 일이 아니다. 계속해서 바리새인들과 헤롯당원들은 이방인 통치자에게 세금을 내는 것이 합당한가에 대한 질문을(12:13-17), 사두개인들은 부활 교리에 관한 질문을(12:18-27), 그리고 서기관은 율법 중에서 최고의 계명이 무엇이냐는 질문을(12:28-34) 한다. 마침내, 예수님은 유대인들로 하여금 자신이 메시아라는 주장을 생각하게 하려고 시편 110:1의 해석에 관하여 질문하신다(12:35-40). 과부의 희생적인 헌금에 대한 예수님의 칭찬이 있은 후에(12:41-44), 영광중에 임할 승리의 재림을 고대하면서 다가올 환란 중에도 충성하라고 격려하시는 감람산 설교(13:1-37)가 제시된다.

고난과 빈 무덤 이야기(15:1−16:8). 마가복음의 마지막 단락은 고난 이야기(14-15장)와 빈 무덤에 관한 이야기로(16장) 구성된다. 마가는 정확한 날짜에 대한 유일한 언급("대제사장과 서기관들이 예수를 잡아 죽이려 할 때가 유월절 이틀 전이라")으로 고난 이야기를 시작한다(14:1-2). 여기에서는 원칙적인 이유 때문에 베다니에서 한 여인이 예수님께 향유를 부은 사건이 등장한다(그 사건은 "유월절 엿새 전에" 발생했다. 요한복음 12:1-8을 보라). 예수님의 머리에 기름을 부은 것은 왕으로서의 권위를 가리킨다(14:3-9). 유다가 예수님을 팔려는 음모를 암암리에 진행하는 동안, 예수께서는 제자들과 자신을 위하여 유월절 만찬을 준비하신다(14:12-26). 이 만찬에서 예수님은 자신의 죽음을 언급하기 위해서 유월절 의식에 사용되는 떡과 포도주를 사용하셨다. 만찬 후에, 예수님과 제자들은 감람산의 겟세마네로 갔고, 그곳에서 예수님은 고민하면서 기도하신 후에 체포되셨다(14:27-52). 그 후에 예수께서는 여러 번 재판을 받으신다. 유대인의 최고의 공회인 산헤드린 앞에서 한밤중에 심문을 받는 동안(14:53-65) 베드로는 예수를 부인한다(14:66-72); 산헤드린 앞에서 이른 아침에 다시 심문을 받으시고(15:1), 로마 총독 본디오 빌라도 앞에서 결정적인 재판을 받으신다(15:2-15). 빌라도는 예수님에게 십자가 처형을 선고하고; 예수는 군인들에 의해 조롱을 받은 후에 골고다에서 처형되신다(15:16-41). 같은 날 예수님은 무덤에 묻힌다(15:42-47). 그가 묻히는 것을 본 두 여인의 절망은 빈 무덤, 그리고 부활하셨다는 천사의 소식 앞에서 놀라움으로 바뀐다(16:1-8).

2. 저자

마가복음도 다른 세 복음서와 마찬가지로 익명으로 되어 있다. "마가에 따른"(κατὰ Μάρκον [*kata Markon*])[2)]이라는 제목은 정경적 복음서들이 수집되고 마가복음을 다른 복음서들로부터 구분해야 할 필요가 생겼을 때 첨가된 듯하다. 일반적으로 복음서의 제목들은 2세기에 붙여졌다고 보지만 더 일찍 붙여졌을 가능성도 있다.[3)] 이 제목은 A.D. 125년경에 초대 교회의 일부에서는 마가라는 사람이 둘째 복음서를 썼다고 생각했음을 보여준다고 말할 수 있다.

초기의 많은 기독교 저술가들은 마가가 둘째 복음서와 관계가 있다고 주장하거나 가정했다. 아마 최초의 증언(가장 중요한 것이다)은 주후 130년경까지 소아시아의 브리기아에 있는 히에라폴리스(Hierapolis)의 감독이었던 파피아스(Papias)의 증언일 것이다. 둘째 복음서에 대한 그의 진술은 325년에 저술된 유세비우스의『교회사』에 기록되어 있다.

---

2) 또는 "마가복음"—사본전승에 의하면 긴 것이 원형인지 짧은 것이 원형인지 확실히 알 수 없다. NA26는 짧은 것을 택하지만, 헹겔은 긴 것을 택한다("The Titles of the Gospels and the Gospel of Mark," in *Studies in the Gospel of Mark* [Philadelphia: Fortress, 1985], 66-67).

3) Ibid., pp. 64-84.

> 장로는 이렇게 말하곤 했다. "마가는 베드로의 통역(*hermēneutēs*)이 되어 그가 기억하고 있는 것을 정확하게, 그러나 주님이 말하거나 행하신 순서를 따르지는 않고 기록했다. 마가는 예수님을 따라 다닌 적도 없고 예수님의 말씀을 직접 들은 적도 없었고, 이미 언급한 대로 예수님의 행적을 정리하기보다는 필요에 따라 가르친 베드로를 따라다녔기 때문에, 마가가 자신이 기억하고 있는 대로 기록한 것은 전혀 잘못된 것이 아니다. 예를 들면, 그는 들은 것을 하나도 빼지 않고 바르게 기록하는 데 전력을 기울였다(*H.E.*3.39.15).[4]

이 진술에서 둘째 복음서에 대한 세 가지 중요한 주장이 등장한다.

1. 마가는 유세비우스의 시대에도 현재의 이름을 가지고 있었던 복음서를 기록했다.

2. 마가는 목격자가 아니며, 베드로에게서 정보를 얻었다.[5]

3. 마가의 복음서는 상황에 따라 행한 베드로의 설교의 특성 때문에 순서대로 기록할 수 없었다.[6]

파피아스가 언급하는 장로가 사도 요한이라고 추정되는 장로 요한임을 알게 될 때, 이 주장들의 중요성은 더욱 확대된다. 만일 파피아스의 말을 믿을 수 있다면, 마가를 둘째 복음서의 저자로 여긴 기원은 첫 세대 기독교인들에게로 거슬러 올라간다.

2세기와 3세기의 기독교 작가들도 마가가 둘째 복음서의 저자로서, 베드로에게서 정보를 얻었다고 확인한다: 순교자 저스틴(*Dialogue with Trypho* 106); 이레내우스(*Adversus Haereses* 3.1.2); 터툴리안(*Adversus Marcion* 4:5); 알렉산드리아의 클레멘트(*Hypotyposes,* 유세비우스의 *H.E.* 6.14.5-7에 의하면); 오리겐(*Commentary on Matthew,* 역시 유세비우스에 따르면 *H.E.* 6.25.5); 무라토리 정경(Muratorian canon).[7] 어떤 학자들은 이러한 증언들의

---

4) Kirsopp Lake *in Eusebius: Ecclesiastical History*, vol. 1, LCL(Cambridge: Harvard University Press, 1926)에서 인용했다.

5) 마가를 베드로의 *Hermēneutēs*로 볼 때 파피아스는 그가(아람어를 헬라어로 번역한) 베드로의 "번역가"였음을 의미했을지도 모른다.(H. E. W. Turner, "The Tradition of Mark's Dependence upon Peter," *ExpTim* 71 [1959-60]: 260-63을 보라). 아니면 베드로의 설교를 반복하고 전승시킨 그의 "해석가"로 보았을 가능성이 더 크다.(Zahn 2:442-44).

6) 이는 마가가 장로에 대한 판단에서 연대적인 순서를 따르지 않았음을 의미할 수도 있다(Martin Hengel, "Literary, Theological and Historical Problems in the Gospel of Mark" in *Studies in the Gospel of Mark*, p. 48). 또는 수사학적/예술적 순서가 결여되었다고 보는 것이 더 그럴듯할 수도 있다(Robert A. Guelich, *Mark* 1-8:26, WBC [Waco, Tex.:Word, 1989], p. xxvii).

기원을 파피우스로 간주하며, 파피우스가 반대자들로부터 이 복음서를 지키기 위해서 마가와 베드로의 관계에 관한 주장을 꾸며냈다고 생각한다.[8)] 그러나 파피우스는 마가가 저자라는 사실이나 마가와 베드로의 관계를 변호하기보다는 마가복음에 "순서"가 없다는 비판으로부터 마가복음의 신빙성을 변호하려 한 듯하다. 더욱이 둘째 복음서의 저자에 대한 다른 의견이 초대교회에는 없었다. 초대교회에는 신약성경의 책들을 기록한 일을 사도들과 연관시키려는 경향이 있었음을 감안할 때, 마가가 저자라는 주장에 이견이 없다는 것은 매우 놀라운 일이다. 신약성서의 기원에 대한 초기 기독교 저술가들의 말을 비판 없이 무조건 받아들이는 것도 바람직하지 않지만, 정당한 이유도 없이 부인해서도 안 된다. 마가가 베드로의 가르침에 근거해서 둘째 복음서를 썼다는 주장은 초기부터 의심 없이 받아들여졌으며, 복음서 자체가 그와 반대되는 증거들을 제시할 때에만 번복될 수 있다.[9)]

신약성서의 기원에 대한 초기 기독교 저술가들의 말을 비판 없이 무조건 받아들이는 것도 바람직하지 않지만, 정당한 이유도 없이 부인해서도 안 된다.

이러한 내재적 증거들을 평가하려면, 먼저 파피아스를 비롯한 초기 기독교 작가들이 의도하는 "마가"가 누구인지 알아야 한다. 그들이 사도행전(12:12, 25; 13:5, 13; 15:37)과 신약의 네 서신(골 4:10; 몬 24; 딤후 4:11; 벧전 5:13)에서 언급된 (요한) 마가를 언급하고 있음이 거의 확실하다.[10)] 초기 기독교인들 중에 상세한 묘사나 소개 없이 언급될 만큼 잘 알려진 마가가 그 외에는 없다.[11)] 초대

---

7) 이 정경은 무라토리 라는 이름의 단편에서 발견되는 신약성서 책들의 목록이다. 그것은 7, 8세기의 불완전한 라틴어 사본으로서 신약성서 목록을 수록한 유일한 사본이다. 1740년에 L. A. 무라토리 추기경이 발견하여 출판했다. 전통적으로 그 단편의 기원은 2세기 말로 간주되어왔지만, 최근에는 4세기의 것이라는 주장이 설득력을 얻고 있다(A. C. Sundberg Jr., "Canon Muratori: A Fourth Century List,: *HTR* 66[[1973]: 1-41; G. M. Hahneman, *The Muratorian Fragment and the Development of the Canon* [Oxford: Clarendon, 1992]을 보라). 그러나 2세기 연대설도 지지할 수 있다(예를 들면, Everett Ferguson, "Canon Muratori: Date and Provenace," *Studia Patristica* 18[1982]: 677-83; C. E. Hill, "The Debate Over the Muratorian Fragment and the Development of the Canon,: *WTJ* 57[1995]: 437-52]).

8) 예를 들면, Kümmel, 95: Rudolf Pesch, *Das Markusevangelium,* 2 vols., HTKNT (Freiburg: Herder, 1976-80), 1:4-7.

9) 파피아스의 이른 연대와 신빙성을 지지하는 것으로 다음을 보라: Robert W. Yarbrough, "The Date of Papias: A Reassessment," *JETS* 26[1983]: 181-91; Robert H. Gundry, *Mark: A Commentary on His Apology for the Cross* (Grand Rapids: Eerdmans, 1993), 1026-34. 초대교회의 전승들을 존중해야 할 필요성에 대해서는 Richard T. France, *The Gospel of Mark: A Commentary on the Greek Text,* NIGTC (Grand Rapids: Eerdmans, 2002), 37-41을 보라. 브리운은 "베드로"가 전반적으로 사도적 전승을 전달한 일종의 속기사였을 수도 있다고 생각한다 (159-61).

10) 소수의 학자들은 알려지지 않은 마가라는 사람이 복음서를 기록했다고 본다(예를 들면 Pesch, *Markusevangelium*, 1:9-11).

11) 제롬은 제2복음서의 마가를 신약성서에 언급된 요한 마가와 동일시한 최초의 인물이다.

예루살렘 교회에서 영향력 있던 여인(베드로가 감옥에 갇혀 있는 동안에 교인들은 그녀의 집에 모여 있었다[행 12:12])의 아들, 바나바의 조카(골 4:10), 마가라고 불리는 요한은 제1차 전도여행에서 소아시아의 밤빌리아까지 바울과 바나바와 동행했었다(행 13:5, 13). 어떤 이유에서였는지, 마가는 제1차 전도여행이 끝나기 전에 바울과 바나바를 떠났고, 그래서 바울은 제2차 전도여행에 그를 데려가기를 거부했다. 바울의 결정에 동의하지 않은 바나바는 바울과 헤어져 마가를 데리고 따로 여행을 떠났다(행 15:36-40). 그러나 결국 마가와 바울은 화해했다. 바울은 자기가 로마 감옥에 갇혀 있을 때 마가가 함께 있었다고 말한다(몬 24; 골 4:10). 베드로도 로마에서 편지를 쓰면서 마가가 자기와 함께 있다고 했으며, 그를 아들이라고 불렀는데(벧전 5:13), 이는 마가가 베드로의 사역을 통하여 회심했음을 암시하는 듯하다.[12)] 마가는 예수께서 체포되실 때 겟세마네에서 벗은 몸으로 도망을 갔던 청년이라고 밝혀졌다(막 14:51-52). 마가복음에만 기록되어 있는 이 수수께끼 같은 내용은 자서전적 회상이라는 주장이 있다.[13)] 이 주장이 옳다면, 마가는 목격자가 아니었다고 한 파피아스의 주장이 문제가 된다.[14)]

신약성서에서 마가 요한이라는 인물에 대한 정보를 거의 얻을 수 없다는 것이 그를 둘째 복음서의 저자로 보는 데 어려움을 주는가? 어떤 학자들은 유대인들의 관습에 대한 무지와 팔레스타인의 지리에 대한 실수를 지적하면서 그렇다고 생각한다.[15)] 그러나 면밀히 살펴보면 그런 어려움들은 사라진다. 문제가 있다고 주장되는 구절들을 신중하게 그리고 호의적으로 해석해보면, 전혀 오류가 없음을 발견하게 된다. 오히려, 신약성서에 제시되어 있는 마가와 그의 경력의 두 가지 특징은 둘째 복음서의 저자에 잘 들어맞는다. 마가복음의 헬라어 문체는 간결하고 직선적이며, 예루살렘에서 태어나 성장한 기독교인에게서 기대할 수 있는 셈 어 어법이 다분히 들어 있다.[16)] 또 마가와 바울의 친분은 많은 학자들이 둘째 복음서에서 발

---

12) Zahn 2:427을 보라.

13) A. B. Bruce, “The Synoptic Gospels" in *EGT* 1:441-42. 초기 전승도 마가와 그의 어머니의 집이 최후의 만찬 장소였다고 본다.

14) Kümmel은 이와 같이 동일시하는 것을 “이상하고 불가능한 억측”이라고 주장하지만 마가복음에 이런 구절들이 있는 것에 대해 그럴듯한 설명은 제시하지 않는다.

15) 예를 들면, ibid., pp. 96-97.

16) Martin Hengel의 평을 주시하라, “나는 제2복음서만큼 짧은 서신에 그토록 많은 아람어와 히브리어 단어들과 숙어들이 들어있는 헬라어 저서를 본 적이 없다”(Literary, *Theological, and Historical Problems*, p. 46).

견할 수 있는 바울 신학의 영향을 설명하는 데도 도움이 된다. 이 두 가지 특징은 너무 일반적인 것이어서 구체적으로 저자가 누구인지를 알려줄 긍정적인 증거는 되지 못한다. 그러나 중요한 것은 마가 요한을 저자로 보는 가장 초기의 전승을 받아들이지 못하게 하는 요소가 마가복음에는 없다는 사실이다. 그렇다면, 저자에 대한 결정은 거의 완전히 외적 증거, 특히 이름이 밝혀지지 않은 장로로부터 파피아스와 유세비우스를 거쳐 우리에게 전해진 전승에 의존해야 할 것이다. 파피아스의 신빙성에 회의적인 사람들은 이 복음서의 저자를 알 수 없다고 추정한다.17) 그럼에도 불구하고, 신약성서에는 마가가 둘째 복음서를 기록했다는 파피아스의 주장과 일치하지 않는 부분이 전혀 없다. 또 초대교회에 파피아스의 주장에 이의를 제기한 사람이 없었다면, 우리가 그것을 받아들이지 않을 이유도 없다.

그러나 마가가 베드로의 설교에 의존했다는 전승을 받아들일 수 있는가? 물론 여기에도 회의(懷疑)가 무성하다. 복음서들에 대한 최근의 접근방법들은 복음서 자료가 길고 복잡한 전승사의 산물이라고 보기 때문에, 파피아스가 제안한 마가와 베드로의 직접적인 관계를 수용하는 데 어려움이 있다.18) 이것이 문제가 된다고 인정하더라도, 그것을 완화시켜 줄 수 있는 두 가지 요소를 생각해 볼 수 있다. 첫째, 전승의 기원과 발달에 대한 비평가들의 확신이 항상 정당한 것인지의 여부를 질문해보아야 한다. 많은 경우에, 그러한 판단들의 기초가 확실해 보이지 않을 뿐만 아니라, 특정 단화(pericope)가 베드로에게서 유래했다고 보는 것이 증거들을 만족시켜 줄 수 있음도 생각해 봐야 한다. 공론적(空論的)인 양식 비평가들만이 모든 복음서 전승이 정체불명의 공동체에 의해 전승되어왔다고 주장하려 한다.19) 둘째, 마가가 베드로 외에 다른 자료도 사용했을 가능성을 인정해야 할 것이다. 그러나 베드로가 이 복음서의 주요 자료인 한, 파피우스의 주장이 유효하다.

이 가로장의 반대편에는 베드로가 이 복음서와 관련이 있음을 보여주는 데 사용될 수 있는 요소들이 있다. 둘째 복음서의 생동감과 자세한 묘사는 직접 목격한

---

17) 예를 들면, Kümmel, 95-97; Joachim Gnilka, *Das Evangelium nach Markus*, EKKNT (Neukirchen-Vluyn: Neukirchener, 1978; Zürich: Benziger, 1979), 1:32-33' W. R. Telford, *The Theology of the Gospel of Mark* (Cambridge Cambridge University Press, 1999), 10-12.

18) 따라서 Guelich는 파피아스가 마가를 저자로 본 것은 옳지만 그의 복음서가 베드로의 설교에 기준한 것이라는 생각은 틀린 것이라고 결론을 내렸다(Mark 1-8:26, pp. xxvi-xxix); cf. also Joel Marcus, *Mark 1-8: A New Translation with Introduction and Commentary*, AB 27 (New York: Doubleday, 2000), 17-24.

19) Martin 1:204-5.

사람을 암시한다고 간주된다. 예를 들면, 마가복음만이 오천 명이 앉았던 잔디가 푸르렀다고 언급한다(6:39). 그것이 타당하다 할지라도(일부 학자들은 전승에 그런 세부 사항들을 덧붙이는 경향이 있었다고 주장한다), 이 사실은 마가복음의 배후에 목격자의 증언이 있었음을 보여준다.

이러한 초점은 마가복음의 다른 특징, 특히 열두 제자를 비판적인 시각에서 묘사한 것에 의해서 더 좁혀질 수 있다. 비겁하고, 영적으로 눈이 멀고, 마음이 완악한 제자들의 모습은 네 복음서 모두에서 발견할 수 있지만, 마가복음에는 특히 생생하게 묘사되어 있다. 이것은 열두 제자를 단호하게 비판할 수 있었던 유일한 사도인 베드로의 견해라고 주장된다. 이 사도적 증언이 베드로의 것임을 암시하는 또 다른 두 요소가 있다. 첫째, 마가복음에서는 베드로가 가장 두드러지게 묘사되어 있고, 어떤 언급들은 베드로의 것으로 보아야 가장 자연스럽게 설명된다(예를 들면, 베드로가 "생각이 나서"라는 언급들[11:21;14:72]).[20] 둘째, 다드(C. H. Dodd)가 지적한 대로, 마가복음이 사도행전 10:36-41과 같은 본문들에서 발견되는바 예수님의 생애의 중요한 사건들을 복음적인 목적으로 열거하는 방식, 베드로가 기본적 케리그마를 선포한 데서 발견되는 것과 비슷한 양식을 따른다는 것이다.[21] 마지막으로, 베드로가 첫째 서신에서 마가를 "나의 아들"이라고 언급한 것이 파피아스에 의해 언급된 베드로와 마가의 관계와 조화가 된다는 것을 추가할 수 있다. 이것은 파피아스가 그러한 관계를 날조해냈다고 생각하지 못하게 한다.

이 각각의 요인들은 마가복음이 베드로의 설교에 기초를 두고 있다는 전승과 상응하며, 그중 하나, 또는 두 가지 요인은 그러한 방향을 지적한다. 그러나 어느 것 하나나도, 또 이 모든 요소들을 다 합해도 마가복음과 베드로의 관계를 형성하기에는 불충분하다. 그러나 이 문제에 관한 초대교회의 일반적인 견해를 거부할 설득력 있는 이유도 없는 듯하다.

3. 기록장소

고대 전승이 마가가 그의 복음서를 기록한 장소에 대해서 모두 일치하는 것은 아니지만, 로마를 선호한다. 마가복음의 반-마르시온주의(anti-Marcionite) 서

20) Ibid., 1:204.

21) C. H. Dodd, "The Framework of the Gospel Narrative," *ExpTim* 43(1932):396-400.

론에서는(2세기 후반?) 마가가 그의 복음서를 이탈리아 지방에서 기록했다고 주장한다. 이레내우스(*Adv. Haer*. 3.1.2)와 (유세비우스의 *H.E*. 6.14.6-7에 의하면) 알렉산드리아의 클레멘트도 같은 주장을 한다. 기록장소를 로마로 보는 주장을 뒷받침해 준다고 생각되는 몇 가지 근거가 있다: (1) 복음서에 많은 라틴어풍이 많이 사용된 것;[22] (2) 알렉산더와 루포의 아버지인 구레네 사람 시몬을 언급한 것—적어도 이들 중 한 사람은 마가가 로마에서 알게 된 사람인 듯하다(바울은 로마교회에 편지를 쓰면서 루포에게 문안한다[16:13]); (3) 이 복음서의 독자들이 이방인인 것처럼 보이는 것; (4) 로마교회가 핍박을 받을 때에 이 복음서가 기록되었다고 가정할 때에 적합한 고난에 대한 암시들; (5) 베드로전서 5:13에서 60년대 초에 마가가 베드로와 함께 로마에 있었다고 말한 사실; (6) 이 복음서가 빨리 받아들여질 수 있었던 이유를 설명해 줄 수 있는 기독교의 초기 중심지와의 관련성.

이것들 중 몇 가지는 설득력이 약하다. (1)과 (3)은 이방인들과 라틴의 영향력이 왕성했던 곳이라면 어디라도 적용될 수 있고, (2)는 초대 교회에 루포라는 사람이 하나뿐이었다고 가정한다. (6)은 타당성이 문제인데, 설령 그대로 받아들여진다 해도 가능한 장소가 여러 곳이다(예루살렘, 안디옥, 에베소). 그러나 (4)와 (5)는 어느 정도 중요하다. 마가복음의 연대는 확실하지 않지만, 만일 60년대 중반에 기록되었다면 고난에 초점을 둔 것을 네로 황제 시대의 박해에 의해 설명할 수 있을 것이다. 마가복음이 기록될 무렵에 마가가 베드로와 함께 로마에 있었을 수도 있다는 점이 매우 중요하다. 또 마가복음에는 그것이 로마에서 기록되었다는 사실과 양립하지 않는 것이 전혀 없다.

초기 전승의 지지를 받는 다른 유일한 기록장소는 이집트이다(크리소스톰의 *Hom. Matt*.1.3[400년경]). 만일 몰톤 스미스(Morton Smith)의 주장이 옳다면, 알렉산드리아의 클레멘트도 마가복음을 알렉산드리아의 교회와 관련시켰을 수도 있다. 스미스에 의하면, 그가 이집트의 말-사바(Mar-Saba) 수도원에서 발견한 편지는 분명히 클레멘트의 편지이다. 그 편지에서 클레멘트는 마가가 로마에서 베드로와 함께 복음서를 기록한 후에 알렉산드리아로 와서 더 심오하고 영지주의적인 복음서를 집필했다고 말한다.[23] 이 편지의 신빙성도 논란이 되지만, 어쨌

---

22) 특히, 마가가 과부의 동전 두 렙돈을 로마의 동전 κοδράντης(kodrantēs: 12:42)와 동등한 것으로 본 것과 뜰(αὐλή[aulē])을 독특한 로마/라틴어인 πραιτώριον(praitōrion: 15:16)이라고 설명한 것을 보라. 로마제국의 동부 지방에 살던 독자들은 이러한 헬라 용어들을 알고 있었을 것이다. 마가복음에 사용된 라틴어 어법의 완전한 목록을 보려면, Kümmel, 97-98을 보라.

든 정경으로서의 마가복음의 기록장소를 로마로 보는 견해를 확증해준다. 크리소스톰이 마가복음의 기록 장소를 이집트로 본 것은 유세비우스의 그릇된 추론 때문인 듯하다.[24)]

그 밖에도 현대 학자들의 지지를 얻고 있는 기록장소가 세 곳이 있다. 학자들은 시리아, 구체적으로는 안디옥이 팔레스타인과 근접해 있다는 점(이것은 마가가 자기의 복음을 읽는 독자들이 팔레스타인의 지명들을 알 것이라고 가정한 이유를 설명해준다), 그곳에 대규모 로마인 거류지가 있었다는 것, 베드로와 안디옥의 관계, 그리고 파피아스가 인용하는 장로가 동방 출신이라는 사실 등에 근거하여 그곳을 마가복음의 기록 장소로 본다.[25)] 다른 학자들은 장소를 구체적으로 제시하지는 못하지만 마가복음이 동양의 어디에선가 기록되었을 것이라고 생각하는 경향이 있다.[26)] 윌리 마르크센(Willi Marxsen)은 마가복음에 대한 철저한 편집비평 연구를 통해서 갈릴리가 기록장소라고 주장한다. 그는 마가복음에서 갈릴리에게 부여된 긍정적인 의미에 역점을 두면서, 마가에게 있어서 갈릴리는 계시의 장소였다는 것, 예수께서 제자들보다 "너희보다 먼저 갈릴리로 가리라"고 하신 말씀들은 (14:28; 16:7) 기독교인들로 하여금 갈릴리에 모여 그리스도의 재림을 기다리라는 권고였다는 논리를 전개한다.[27)] 그러나 마르크센의 이론에는 문제가 많고, 마가복음의 기록장소를 갈릴리로 볼 수 있는 그럴 듯한 이유가 없다. 확신할 수는 없지만, 초기 전승들의 설득력 및 신약성경 안에 반대되는 증거가 없는 점을 감안하면 로마를 기록장소로 보는 것이 가장 무난하다.

확신할 수는 없지만, 초기 전승들의 설득력 및 신약성경 안에 반대되는 증거가 없는 점을 감안하면 로마를 기록장소로 보는 것이 가장 무난하다.

---

23) Morton Smith, *The Secret Gospel: The Discovery and Interpretation of the Secret Gospel According to Mark* (New York: Harper & Row, 1973). Scott G. Brown, "On the Composition History of the Longer ('Secret') Gospel of Mark," JBL 122 (2003): 89-110을 보라.

24) *H.E.* 2.16.1: "마가는 애굽으로 건너간 최초의 인물로 알려졌으며 거기서 그는 자신이 직접 기록한 복음을 전파했다." 예를 들면. Vincent Taylor, *The Gospel According to St. Mark*, 2d ed. (London: Macmillan, 1966), 32; Martin 1:215.

25) J. Vernon Bartlet, *St. Mark* (London: Thomas Nelson & Sons, n.d.), 5-6; Marcus, *Mark 1-8*, 33-37.

26) E. G., Kümmel, 98. Bo Reike는 팔레스타인 지방의 위치가 이 복음서의 근원에 대한 그의 가정에 맞고, 로마 색채(로마 행정 중심부)가 라틴어의 사용에 맞는다는 이유로 가이사랴를 주장한다(*The Roots of the Synoptic Gospels* [Philadelphia: Fortress, 1986], 165-66.

27) Willi Marxsen, *Mark the Evangelist* (Nashville: Abingdon, 1969).

4. 기록연대

마가복음의 저작 연대는 40년대, 50년대, 60년대, 70년대로 추정되어 왔다.

1) 40년대로 보는 견해

역사적 고찰과 파피루스 사본 연구에 근거한 고찰에 토대를 두고서 마가복음이 40년대에 기록되었다는 주장이 제기되어왔다. 토레이(C. C. Torrey)는 마가복음의 "멸망의 가증한 것"(13:14)은 칼리굴라(Caligula) 황제가 예루살렘 성전에 그의 동상을 세우려 했던 사건을 가리킨다고 주장하면서, 마가복음은 그 직후에 기록되었다고 주장한다.[28] 그러나 이 학설은 그리 타당성이 없다. 호세 오칼라간(Jose O'Callaghan)은 쿰란에서 발견된 주후 50년경의 것으로 추정되는 세 파피루스 단편(7Q5; 7Q6, 1, 7Q7)에 각기 마가복음 6:52-53; 4:28; 12:17이 포함되어 있다고 주장하면서 마가복음의 저작 연대가 40년대일 것이라고 추정한다.[29] 그러나 대부분의 학자들은 이 주장에 반대해왔다.[30] 비록 그것이 타당하다 해도, 그것은 마가복음에 삽입된 전승이 그 시기에 존재했다는 것을 증명해주는 데 그칠 것이다.[31] 또 다른 학설은 40년대에 베드로가 감옥에서 출옥한 후 로마로 갔다는 것(행 12:17 참조), 그리고 그때 마가가 그의 복음서를 기록했을 것이라고 주장한다.[32] 그러나 마가복음의 저작연대를 너무 이르게 잡으면, 바울을 비롯한 다른 신약성서 기자들이 마가복음에 대해 침묵하고 있다는 사실을 설명하기 어렵고, 마가

---

28) C. C. Torrey, *The Four Gospels*, 2d ed. (New york: Harper, 1947), pp. 261-62. 더욱이 토레이의 이론은 초기 아람어 마가복음을 가정한다. 최근에 비슷한 제안이 Günther Zuntz에 의해 제기되었다("Wann wurde das Evangelium Marci geschrieben?" in *Markus-Philolgie: Historische, Literargeschichtliche, und stilistische Untersuchungen zum zweiten Evangelium*, ed. Herbert Cancik, WUNT 33 [Tübingen: Mohr-Siebeck, 1984], 47-71).

29) José O'Callaghan, "Papiros neotestamentarios en la cuere 7 de Qumran," *Bib* 53(1972): 91-100. 요약과 논의에 대해서 알려면, William Lane, *The Gospel According to Mark*, NICNT (Grand Rapids: Eerdmans, 1974), 18-21을 보라.

30) 예를 들면, Pierre Benoit, "Note sur les Fragments grecs de la Grotte 7 de Qumran," *RevBib* 79 (1972): 321-24; Lane, *Mark*, 19-21.

31) Maurice Casey는 비슷한 맥락에서 사해사본을 토대로 하여 마가복음 안에 있는 아람어 자료들을 재구성하며, 그 복음이 40년경에 저술되었을 것이라고 결론짓는다(*Aramic Sources of Mark's Gospel*, SNTSMS 102 [Cambridge: Cambridge University Press, 1998]).

32) J. W. Wenham, "Did Peter go to Rome in A.D. 42?" *TynB* 23(1972): 97-102; idem, *Redating Matthew, Mark and Luke: A Fresh Assault on the Synoptic Problem* (Downers Grove: IVP, 1992), 146-82.

복음의 배경이 되는 전승이 발달하기에도 시간적으로 충분하지 못하다.

2) 50년대로 보는 견해

만일 마가복음이 베드로의 설교를 기초로 해서 로마에서 기록되었다는 전승들을 신뢰한다면, 마가복음의 저작연대를 40년대로 추정하는 데 있어서 또 다른 문제가 발생한다. 베드로가 40년대 초에 로마로 갔다고 보기는 무척 어렵다.[33] 그러나 베드로가 50년대 중반에 로마에 있었다는 증거가 있기 때문에 이 복음서의 기원에 대한 기존의 전승과 상반됨이 없이 마가복음의 연대를 50년대로 볼 수 있다.[34] 마가복음의 50년대 저작설의 가장 강력한 근거는 마가복음 자체에 있는 것이 아니라 마가복음과 누가복음-사도행전의 관계에 있다. 이 논거는 사도행전이 로마 감옥에서 고생하는 바울의 이야기로 끝나는데, 이는 그때(62년경) 누가가 사도행전을 출판했기 때문이라고 가정한다. 그렇다면, 누가의 첫 번째 작품인 누가복음은 그와 동일한 시점이나 조금 일찍 기록되었다는 논리가 성립된다. 만일 누가가 마가복음을 주요 자료로 이용했다는 학자들의 의견을 수용한다면, 마가복음은 분명히 50년대 말에 기록되었을 것이다.[35] 이 논거는 사도행전이 62년경에 기록 되었다는 것, 그리고 누가가 정경적 마가복음을 자료로 사용했다는 것 등 두 가지 중요한 가정에 기초를 두고 있다.[36] 이 두 가지 중 후자는 인정할 수 있지만, 전자는 그리 분명치 않다. 사도행전의 종결 부분이 반드시 실제로 그것이 출판된 연대를 반영하

---

33) Wenham은 베드로가 행 12장에 기록된 대로 감옥에서 기적적으로 풀려나온 후에 로마로 갔다고 보는 자들을 대표한다("Did Peter go to Rome?" 97-99). 그럼에도 베드로는 주후 48년이나 49년경의 예루살렘 공회 때에는 예루살렘에 돌아와 있었으며(행 15장), 바울과 바나바가 제1차 전도여행 때 로마에서 베드로와 몇 년 동안 함께 사역하던 한 사람을 동행시켰다고 보기도 어렵다. 베드로의 행적에 관한 연구로는 Oscar Cullmann, *Peter: Disciple, Apostle, Martyr,* 2d ed. (Philadelphia: Westminster, 1962), 38-39를 보라.

34) 베드로는 바울이 고린도전서를 기록한 주후 55년 이전에는 고린도에 있었고(1:12;2:22을 보라), (베드로전서가 기록되었다고 추정되는) 63년경에는 로마에 있었을 수도 있다. 유세비우스는 54년에 죽은 클라우디우스 황제의 통치 기간에 베드로가 로마에 있었음을 암시했다(*H.E.* 2.14 6). 로마서에 베드로에 관한 언급이 없는 것은 베드로가 57년에는 로마에 없었음을 암시한다.

35) 특히 Adolf Harnack, *The Dates of Acts and of the Synoptic Gospels* (New York: Putman's, 1911)을 보라. Reike의 주장도 비슷하기는 하지만, 그는 마가복음이 누가복음과 거의 같은 시기에 기록되었다고 생각한다(*Roots of the Synoptic Gospels*, 177-80). C. S. Mann은 마가가 그의 복음서 초고(草稿)를 주후 55년에 기록했다고 본다(*Mark*, AB [Garden City: Doubleday, 1986], 72-83).

36) Gundry, *Mark,* 1026-45를 보라.

는 것은 아니며, 사도행전을 거기서 끝낸 데에는 누가 나름의 다른 이유들이 있었을 수도 있다(제7장을 참조하라.)

3) 60년대로 보는 견해

대부분의 현대 신학자들은 세 가지 이유 때문에 마가복음의 기록 연대를 60년대 중반으로 추정한다. 첫째, 가장 오래된 전승들은 마가복음의 기록 연대를 베드로의 사후로 보고 있다.[37] 둘째, 마가복음의 내재적 증거가 기록연대를 로마에서 핍박이 시작된 시기나 그 직후로 보는 쪽을 선호한다는 것인데, 이것이 가장 중요한 이유인 듯하다. 마가복음은 제자들이 주님이 걸어가신 십자가의 길을 따라가는 것의 중요성을 강조한다. 이것은 주후 65년에 있었던 네로의 핍박 도중이나 직후에 기독교인들이 순교를 각오해야 했던 상황에 어울린다.[38] 셋째, 마가복음 13장은 유대인들의 반란 및 로마 군인들이 예루살렘으로 진입하기 직전의 상황을 반영하므로, 기록연대는 분명히 67년부터 69년 사이이다.[39] 이것들은 모두 결정적인 증거는 아니다. 마가복음의 기록연대에 대한 전승은 특별히 초기의 것도 아니고 널리 전파되어 있지도 않으며, 다른 전승들은 마가복음의 기록연대를 베드로가 생존해 있을 때로 여긴다.[40] 60년대 중반에 기독교인들은 로마 외에도 많은 이유

37) 반-마르시온 서론(2세기 후반?), 이레네우스(주후 185; *Adv. Haer*. 3.1.2.을 보라), 그리고 파피아스의 장로에 대한 언급(시제에 주목하라: "베드토의 해석가였었던 마가").

38) 특히 Cranfield, *Mark,* 8; Hugh Anderson, *The Gospel of Mark*, NCB (London: Marshall, Morgan & Scott, 1976), 26; Martin 1:213; James R. Edwards, *The Gospel According to Mark*, PNTC (Grand Rapids: Eerdmans, 2002), 7-8을 보라. Martin Hengel은 후기 저작을 지지하는 다른 논거들도 언급한다: (1) 마가의 기록의 명료함; (2) 마가복음이 Q자료보다 후기의 저작이다; (3)세계적인 선교에 대한 마가의 암시(13:10; 14:9); (4) 야고보와 요한의 순교에 대한 예언("The Gospel of Mark: Time of Origin and Situation" In *Studies in the Gospel of Mark*, 12-28).

39) Hengel, "Time of Origin," pp. 2-28; Augustine Stock, *The Method and Message of Mark* (Wilmington: Glazier, 1989), 6-8; Guelich, *Mark* 1-8:26, xxi-xxxii.

40) 알렉산드리아의 클레멘트는 다음과 같이 말한다: "베드로가 로마에서 공적으로 말씀을 전파하면서 성령에 의해 복음을 알리기 시작했을 때, 그곳에 있던 사람들이 마가에게 그 말을 기록해 달라고 부탁했다. 왜냐하면 마가는 오랫동안 그를 따라다녔고 그의 말을 기억하고 있었기 때문이다. 마가는 그들의 부탁을 받아들여 그들에게 복음을 전해주었다. 베드로는 이것을 알았을 때에 적극적으로 방해하지도 않고 장려하지도 않았다"(Eusebius in *H,E*.6.14.6-7; the translation is from Taylor, *Mark,* 5-6). 터툴리안도 이 전승을 입증한다(*Adv. Mark*. 4.5.3). 이레내우스가 사용한 ἄξοδος(*exodos*) 라는 단어가 그들의 죽음을 언급하는 것이 아니라 로마를 떠난 것을 언급한다고 이해함으로써 초기의 중요한 전승들을 일치시킬 수 있다는 주장도 있다(T. W. Manson, *Studies in the Gospel and Epistles*, ed. Matthew Black [Philadelphia: Westminster, 1962]. 34-40; France, *Gospel of Mark*, 37). 어떤 학자들은 마가가 베드로가 살아있는 동안에 복음서를 기록하

때문에 고난을 당했다. 또 조엘 마커스(Joel Marcus)가 지적한 것처럼, 마가는 고난을 다루면서 네로 황제의 박해의 특징이라고 기대할 수도 있는 몇 가지 특징을 생략한다.[41] 마가복음 13장과 관련해서도 비슷한 지적을 할 수 있다: 담화의 세부 내용이 특수한 역사적 상황을 암시하기에는 그리 구체적이지 못하다.

4) 70년대로 보는 견해

마가복음의 기록연대를 70년대로 보는 주장의 주요 논거는 마가복음 13장이 로마가 예루살렘을 약탈한 실제 경험을 반영한다는 것이다.[42] 그러나 이 논거에는 심각한 결점이 있다. 일부 학자들이 증명했듯이, 마가복음 13장에는 주후 70년에 발생한 일련의 사건들의 영향을 받았다는 증거가 거의 없다. 예수님의 예언은 예루살렘 멸망의 구체적인 상황보다는 도시들의 포위 공격과 관련된 구약성서와 유대인들의 비유적 표현을 반영한다.[43] 이 논거에 한층 큰 타격을 주는 것은 예수께서는 70년에 발생한 일련의 사건들을 정확하게 예언하실 수 없었을 것이라는 비평가들의 가정이다. 그러나 예수께서 정확하게 예언하실 수 있었다고 인정하는 한, 마가복음 13장은 마가복음의 저작 연대를 추정하는 데 전혀 도움이 되지 않는다.

5) 결론

마가복음의 저작 연대를 50년대와 60년대 중 하나로 결정할 수는 없으며, 50년대 말이나 60년대이라고 보는 데 만족해야 할 것이다.

기 시작하여 그의 사후에 출판했다고 가정함으로써 상충되는 전승들의 조화를 이루려 한다(Zahn 2.433-34). 마가복음의 저작 연대에 대한 이 전승은 특별히 초기의 것도 아니고 널리 퍼져 있었던 것도 아니다. 다른 전승들은 마가복음이 베드로가 살아있는 동안 기록되었다고 말한다.

41) Joel Marcus, *Mark* 1-8, 32-33.

42) Kümmel, p. 68; Pesch, *Markusevangelium* 1:14; Gnilka, *Das Evangelium nach Markus* 1:34.

43) Bo Reike, "Synoptic Prophecies of the Destruction of Jerusalem" in *Studies in New Testament and Early Christian Literature*, ed. David E. Aune, SuppNovT 33(Leiden: Brill, 1972), 121-33; John A. T. Robinson, *Redating the New Testament* (Philadelphia: Westminster, 1976), 13-30.

4. 독자와 저술 목적

마가는 자기를 내세우지 않는 해설자이다. 그는 편집상의 논평을 최소화하며 저술 목적이나 자신이 의도한 독자들에 대해서는 일체 언급하지 않은 채 이야기를 전개한다. 그러므로 그의 독자들과 목적에 관한 정보를 얻기 위해서는 마가복음에 관한 초기 증언들과 복음서 자체의 특성에 의지하는 수밖에 없다.

1) 독자

성경 외의 자료들은 마가복음의 독자들이 로마에 있는 이방 기독교인들이었을 것이라고 지적한다. 마가복음이 의도한 수신지가 로마였다는 주장은 순전히 마가복음의 기록장소가 로마였다는 추론에서 비롯된 것이다. 만일 마가가 로마에서 그의 복음서를 썼다면, 아마 로마인들에게 썼을 것이다. 이것은 이 복음서에 대한 초기 전승들, 즉 마가가 로마에서 베드로 사도의 설교를 들은 사람들을 위하여 베드로의 설교를 기록했다는 전승들 안에 진술되었거나 함축되어 있다. 앞에서 살펴보았듯이, 마가복음에 있는 많은 라틴어는 독자들이 로마인이었을 것이라는 주장과 어느 정도 부응한다. 마가가 이 복음을 이방인들에게 썼다는 것은 아람어 표현들을 번역한 것, 식사 전에 손을 씻는 것과 같은 유대인들의 관습에 대한 설명(7:3-4), 그리고 모세의 율법에 나타나 있는 의식(儀式)적인 요소들이 폐지된 것에 대한 그의 관심 등에 분명히 나타나 있다(7:1-23을 보라. 특히 19절; 12:32-34). 마가복음의 "독자"는 낭독해주는 그 복음서를 듣는 기독교인이었을 것이다.[44]

2) 목적

마가복음의 목적을 규정하는 일은 더욱 어렵다. 이 질문에 대한 관심이 큰 이유는, 저자나 편집자가 전승을 다룬 것을 토대로 하여 복음서들의 전반적인 요점을 발견하려 하는 편집비평 때문이다. 편집비평가들은 전형적으로 복음서들을 기록한 신학적 목적들을 강조하는데, 마가복음에도 이것이 적용된다. 그러나 마가복음이 기록된 최초의 복음서였다는 견해는 마가복음에 대한 편집비평적 연구를 어느 정도 불확실한 것으로 만든다. 그러므로 최근의 연구에서는 가능성이 있는 자료들

편집비평가들은 전형적으로 복음서들을 기록한 신학적 목적들을 강조하는데, 마가복음에도 이것이 적용된다

44) Robert H. Stein, "Is Our Reading the Bible the Same as the Original Audience's Hearing It?" A case Study in the Gospel of Mark," *JETS* 46(2003): 63-78을 보라.

을 무시하고, 일련의 문학적 도구들을 사용하여 마가복음의 목적을 탐구해왔다. 이러한 편집비평적 연구와 문학적 연구의 결과로서 출현한 많은 특수한 제안들은 완전한 개관서에 근접한 것을 제시하지 못하게 한다. 여기에서는 네 가지 대표적인 해석을 언급한다. 첫째 해석은 종말론에 초점을 두고, 둘째 해석은 기독론, 셋째 해석은 변증학, 넷째 해석은 정치학에 초점을 둔다.

마가복음에 대한 최근의 편집 연구를 주도한 윌리 마르크센(Willi Marxsen)은, 마가가 원한 것은 그리스도인들이 곧 갈릴리에 임하실 예수님의 재림(*parousia*)을 준비하는 것이었다고 생각했다.[45] 그는 마가가 예수님을 배척하고 죽인 예루살렘 대신에 갈릴리를 예수님이 제자들을 만날 장소로 여겼다고 주장했다. 그는 제자들에게 갈릴리에서 자기를 만나리라고 하신 예수님의 명령(14:28; 16:7)을 마가의 공동체에게 주시는 예수님의 영광스러운 재림 예고로 이해했다. 그러나 이 구절에서 언급하는 예수님과의 만남은 재림이 아니라 부활 후의 만남이다.[46] 더욱이 마르크센이 찾아낸 지리적 대조는 마가가 신학적인 동기에서 만들어낸 것이라기보다는 예수님의 사역의 실제 과정을 반영하는 것이라고 설명하는 것이 훨씬 설득력이 있다.

테오돌 위든(Theodore Weeden)은 마가복음에서 예수님을 이적을 행하는 영웅으로 보지만 그의 고난과 죽음을 부인하는 입장 즉, 예수님의 신성만 강조하는 기독론에 대한 반론을 발견했다.[47] 마가는 이러한 경향을 반박하기 위해서 예수님의 인성과 고난을 강조하는 복음서를 기록했다는 것이다. 마가가 예수님의 고난에 초점을 두고 있다는 위덴의 주장은 옳지만, 마가가 대적한 사람들을 예수님이 신인(divine-man)이었음에 초점을 둔 기독론을 주장하는 사람들과 동일시한 것은 지나친 비약이다. 마가복음이 논쟁적인 입장에서 기록되었다는 분명한 증거가 없다. 그가 어떤 이단도 염두에 두지 않았을 수도 있다.[48] 또 초대 교인들이 예수님이 속한다고 분류하려 한 헬라적인 신인 개념이라는 범주가 실제로 존재했는지도 의문이다.[49]

마가복음에 특별한 종류의 변증학이 있다고 주장한 사람은 브랜든(S. G. F.

45) Marxsen, *Mark the Evangelist.*

46) Robert H. Stein, "A Short note on Mark XIV.28 and XVI. 7," *NTS* 20 (1974): 445-52.

47) Theodore Weeden, *Mark: Traditions in Conflict* (Philadelphia: Fortress Press, 1971).

48) Jack Dean Kingsbury, *The Christology of Mark's Gospel* (Philadelphia: Fortress, 1983).

49) David Tiede, *The Charismatic Figure as Miracle Worker* (Missoula, Mont.: SP, 1972).

Brandon)이었다. 그는 마가가 예수님의 생애, 특히 죽음에 함축되어 있는 정치적 의미를 감추려 했다고 생각했다. 브랜든에 의하면, 예수는 유대인 혁명주의자들이었던 열심당에 동조했기 때문에 정치범들에게 적용되던 십자가의 처형이라는 방법으로 로마인들에 의해 처형되셨다. 예수에게 로마에 대적한 반역자라는 오명을 씌웠기 때문에, 그의 십자가 처형은 그리스도인들이 로마 대중을 설득하는 것을 더욱 어렵게 만들었다. 브랜든에 의하면, 특히 마가가 그의 복음서를 기록하던 시기에 팔레스타인 지방에는 유대인 반란의 여파가 남아 있었다. 이 어려움을 극복하기 위해서, 마가는 가능한 한 예수님의 죽음의 책임을 로마인들이 아닌 유대인에게 전가했는데, 그 과정은 산헤드린과 로마 총독 앞에서 받은 재판의 많은 비역사적인 특징들에 의해 드러난다.[50] 그러나 이 재판에 비역사적인 허구와 가상이 포함되어 있음을 발견했다 하더라도 브랜든을 따를 필요는 없다.[51] 일반적으로 브랜든의 이론은 아무런 증거도 없이 마가가(그리고 그 후의 모든 작가들이) 예수님의 가르침과 사역에서 정치적 요소를 제거했다고 주장함으로써 유지될 수 있다.

마가복음의 저술 목적에 대한 또 다른 가정은 정치에 초점을 둔다. 리처드 홀슬리(Richard Horsley)는 해석자들이 자신이 물려받은 기독교의 신학적 범주들과 관심사들을 마가복음에 도입했다고 비판하면서, 마가복음의 주요 목적은 예수가 특별한 정치적/사회적 프로그램을 옹호했다는 것을 제시하는 데 있다고 주장한다. 마가복음에서 예수와 유대 지도자들의 대립은 종교 문제들보다는 이스라엘의 회복과 왕국의 프로그램에 대한 상반되는 견해와 관련이 있다.[52] 기독교 해석자들이 마가복음의 정치적인 측면을 지나치게 무시했다는 홀슬리의 주장은 정당화될 수 있을 것이다.[53] 그러나 그는 종교적 범주 안에서 자명하게 이야기하는 복음에 억지

---

50) S. G. F. Brandon, *Jesus and the Zealots* (Manchester: Manchester University Press, 1967).

51) 복음서 기록의 역사성을 변호하는 예수님의 재판들에 관한 연구서로는 다음을 보라: David R. Catchpole, *The Trial of Jesus: A Study in the Gospels and Jewish Historiography from 1770 to the Present Day* (Leiden: Brill, 1971); Joseph Blinzler, *Der Prozess Jesu*, 2d ed.(Regensburg: Pustet, 1955); Darrell L. Bock, *Blasphemy and Exaltation in Judaism and the Final Examination of Jesus*, WUNT 110 (Tübingen: Mohr-Siebeck, 1998); James P. Sweeney, "The Death of Jesus in Contemprary Life-of-Jesus Historical Research," *TrinJ* 24 (2003): 221-41. See further, Raymond E. Brown, *The Death of the Messiah. From Gethsemane to the Grave: A Commentary on the Passion Narrative in the Four Gospels* (New York: Doubleday, 1994).

52) Richard A. Horsley, *Hearing the Whole Story: The Politics of Plot in Mark's Gospel* (Louisville: Westminster John Knox Press, 2001).

53) N. T. Wright, *Jesus and the Victory of God,* vol. 2 of *Christian Origins and the Question*

로 정치적 범주들을 적용하는 듯하다. 더욱이, 마가복음에 대한 홀슬리의 견해와 현대의 해방신학의 유사성에 비추어볼 때, 해석자들이 마가복음을 기독교의 신학적 비망록으로 해석했다고 비판한 것은 약간 얄궂게 보이기도 한다.

마가복음의 목적에 대한 이 네 가지 구체적인 제안은 최근에 쏟아져 나오는 제안들 중 일부에 불과하지만, 이것들은 다른 많은 제안들과 마찬가지로 지나치게 구체적이고 일부 선별된 자료에만 의존하는 오류를 범하고 있다. 마가복음의 목적을 규명하려면 그 복음서를 전체로 볼 수 있어야 하며 증거가 없는 논증을 삼가야 한다.

마가복음에 나타난 다음의 특성들은 특별히 이 복음서의 목적을 탐구하는 데 도움이 된다: 예수님의 활동, 특히 기적을 행하신 것에 초점을 둔 것,[54] 예수님의 수난에 대한 관심(마틴 캐흐러는 "마가복음은 긴 서론을 가진 수난 이야기이다"라고 말한다), 8:26-10:52에서 예수께서 예고하신 고난과 "제자도의 대가"의 상호 관계가 반복됨. 랠프 마틴(Ralph Martin)이 지적한 대로, 이러한 특성들에서 기독론과 제자도라는 두 가지 일반적인 관심사가 출현한다.[55] 마가는 예수님의 기적을 행하시는 능력과(1:16-8:26) 예수님의 고난과 죽으심(8:27-16:8)을 나란히 놓음으로써 균형 잡힌 기독론을 소개한다. 복음서의 서두에서 하나님의 아들이라고 확인된 예수님이[56] 고통과 수치 속에서 십자가에서 돌아가실 때 로마 백부장은 그 분이 하나님의 아들이라고 고백한다(15:39). 마가는 독자들이 예수님을 하나님의 아들, 특히 고난 받는 하나님의 아들로 이해하기를 원한다. 더욱이 신자들은 예수님을 따라가야 할 사람들이다. 그래서 마가는 예수께서 걸어가신 길—수치와 고난과 죽음도 각오해야 할 길—을 기독교인들도 가야 한다는 것을 보여준다. 마가는 "아무든지 나를 따라 오려거든 자기를 부인하고 자기 십자가를 지고 나를 좇을 것 이니라"(8:34)고 하신 주님의 말씀을 독자들의 마음에 새겨주려 한다.

따라서 마가는 예수님은 누구이며, 제자가 된다는 것은 무엇을 의미하는지를

---

of God (Minneapolis: Fortress Press, 1996)에서도 정치적 문제들을 무시했다는 것이 주제로 다루어진다.

54) 예를 들어, 피터 볼트(Peter Bolt)는 마가가 독자들이 예수 안에서 죽음을 이길 수 있다고 확신하게 만드는 수단으로써 그들 자신을 예수님의 치유의 기적과 축사 사역의 혜택을 받은 사람들과 동일시하라고 요구한다고 주장한다 (*Jesus' Defeat of Death: Persuading Mark's Early Readers*, SNTSMS 125 [Cambridge: Cambridge University Press, 2003]).

55) Martin, *Mark,* esp. 156-62.

56) 본문상의 문제를 위해서는 아래의 "본문" 단원을 보라.

독자들이 이해하는 데 도움을 주려 한다. 그러나 마가가 이 범주에 쉽게 포함시킬 수 없는 것들도 많이 기록했음을 인정해야 한다. 최근의 연구에서는 복음서들의 기록 배후에 있는 신학적 목적들을 강조해왔고, 또한 복음서 기자들이 당대의 기독교인들에게 전하려는 특별한 목적이 있었다는 것을 인정한다. 그러나 마가복음을 기록하는 데 작용한 보다 일반적인 두 가지 다른 목적, 즉 역사적 관심과 복음 전도를 간과해서는 안 된다. 마가는 당시 독자들의 신앙과 행동을 격려하고, 예수님의 행위와 말씀도 기록한다. 베드로와 같은 최초의 증인들이 무대에서 사라져감에 따라, 마가의 시대에는 이러한 기록들이 점점 더 필요하게 되었다. 마가복음이 기독교인이 아닌 사람들을 위해서 기록되었을 가능성은 희박하다. 예수님의 행동에 초점을 둔 것, 마가복음의 구조와 초기 기독교의 복음주의적 설교의 유사성, 그리고 "복음"에 대한 책을 쓰려 한 마가의 의도(1:1) 등은 마가가 기독교인 독자들을 "구원의 좋은 소식"에 관한 지식으로 무장시키기를 원했음을 암시해 준다.[57)]

5. 자료

마가가 복음서를 기록하면서 사용한 자료를 찾아내는 능력은 공관 문제에 대한 설명에 달려 있다.

마가가 복음서를 기록하면서 사용한 자료를 찾아내는 능력은 공관 문제에 대한 설명에 달려 있다. 만일 그리스바흐(Griesbach)의 견해나 두 복음설이 옳다면, 마태복음과 누가복음은 마가복음의 자료가 되고, 우리는 마가가 이 두 자료를 요약한 방법을 확인하려고 시도할 수 있을 것이다. 그러나 만일 두 자료설이 옳다면, 마태복음과 누가복음이 마가복음을 의존한 것이 되므로, 우리는 마가가 사용한 성문화된 자료를 소유하지 못하고 있다는 결론에 이른다. 제1 장에서 언급한 대로, 두 자료설이 옳을 가능성이 더 크다. 만일 그렇다면 마가복음의 자료에 대한 지식은 마가복음 자체에서 추정한 것에 기초를 두어야 할 것인데, 많은 재구성들이 일치하지 않는 데서 증명되듯이, 이것은 매우 의심스러운 작업이다.[58)]

가장 안정된 이론은 마가복음 이전에 성문화된 예수님의 고난 이야기가 있었다고 보는 것인데,[59)] 이 이론은 현재 과거처럼 지지를 받지 못하고 있다.[60)] 마가가

---

57) Guthrie, 57-58; Cranfield, *Mark*, 14-15; Moule, 122.

58) Kümmel, 84-85에서 여러 가지 제안들을 열거한다.

59) Martin Dibelius, *From Tradition to Gospel* (New York: Charles Scribner's Sons, n.d.), 178-217을 보라.

60) 특히 Eta Linnenmann, *Studien zur Passionsgeschichte*, FRLANT 102 (Götingen:

자기의 복음서를 구성하면서 사용한 성문화된 자료들을 우리는 알지 못한다. 어쩌면 전형적인 양식비평가들의 주장처럼, 마가는 비교적 짧은 전승들과 다소 긴 구전들, 또는 이것들이 결합된 것들 및 다른 성문화된 자료들을 입수했을 수도 있다. 어쨌든 마가복음의 기원이 베드로라는 전승들이 옳다면, 베드로가 대부분의 마가복음 자료의 직접적인 출처가 된다.

6. 본문

마가복음에서 가장 중요한 본문상의 두 가지 문제점은 마가복음의 서두와 마지막에 있다. 1:1의 "하나님의 아들"(υἱοῦ Θεοῦ [*huiou theou*])이라는 표현은 몇 개의 중요한 초기 사본에 빠져 있다(언셜체 사본 ℵ의 원문, 언셜체 사본 Θ, 그리고 소문자로 된 사본들). 그 표현이 우연히 생략되었을 수도 있다.[61] 대부분의 초기 중요 사본들과(언셜체 사본 A, B, D, L, W), 방대한 양의 후기 사본에는 이 표현이 기록되어 있고, 또 이 표현을 포함시키는 것이 마가의 기독론에 더 잘 어울린다. 한편, 그 표현은 후대의 필기사가 삽입한 것일 수도 있다.[62] 어느 것이 옳은지 결정하기 어렵지만, 그 표현을 포함시키는 것을 뒷받침하는 증거가 약간 더 강력하다.[63]

마가복음의 종결부분은 전혀 다르면서도 한층 더 심각한 문제를 제기한다.[64] 대부분의 사본에는 소위 긴 결말이라고 불리는 부분이 있는데, 이 부분에는 예수께서 부활 후 여러 번 나타나신 것, 제자들에게 하신 부탁, 그리고 승천에 관한 이야기들이 언급된다. 이 긴 결말은 흠정역 성경에서는 9-20절에 기록되어 있고, 현대의

Vandenhoeck & Ruprecht, 1970)을 보라. 영어로 된 요약은 John R.Donahue, "Introduction: From Passion Traditions to Passion Narrative" in *The Passion in Mark: Studies on Mark 14-16*, ed. Werner H. Kelber (Philadelphia: Fortress, 1976), 8-16에서 찾아 볼 수 있다. 또 Marion L. Soards, "Appendix IX: The Question of a Premarcan Passion Narrative," in Brown, The Death of the Messiah, 2.1492-1524를 보라.

61) 필기자의 시선이 Χριστοῦ(*Criotou*, 문자적으로, "그리스도의")의 끝에 있는 ου(*ou*)에서 바로 θεοῦ(*theou*, 문자적으로 "하나님의")의 끝에 있는 같은 문자로 옮겨져서 중간에 있는 것들 즉, υἱοῦ θέοῦ(*huiou theou*, 문자적으로 "하나님의 아들의")을 빠뜨렸을 수도 있다.

62) 예를 들어 Marcus, *Mark*, 141을 보라.

63) J. K. Elliott은 1:1-3은 필기사가 유실된 첫 장 대신에 첨가한 것이라고 주장했다("Mark 1:1-3–A Later Addition to the Gospel?" *NTS* 46[2000]: 584-88).

64) 해석사에 대해서 알려면, Stephen Lynn Cox, *A History and Critique of Scholarship Concerning the Markan Ending* (Lewiston: Edwin Mellen, 1993)을 보라.

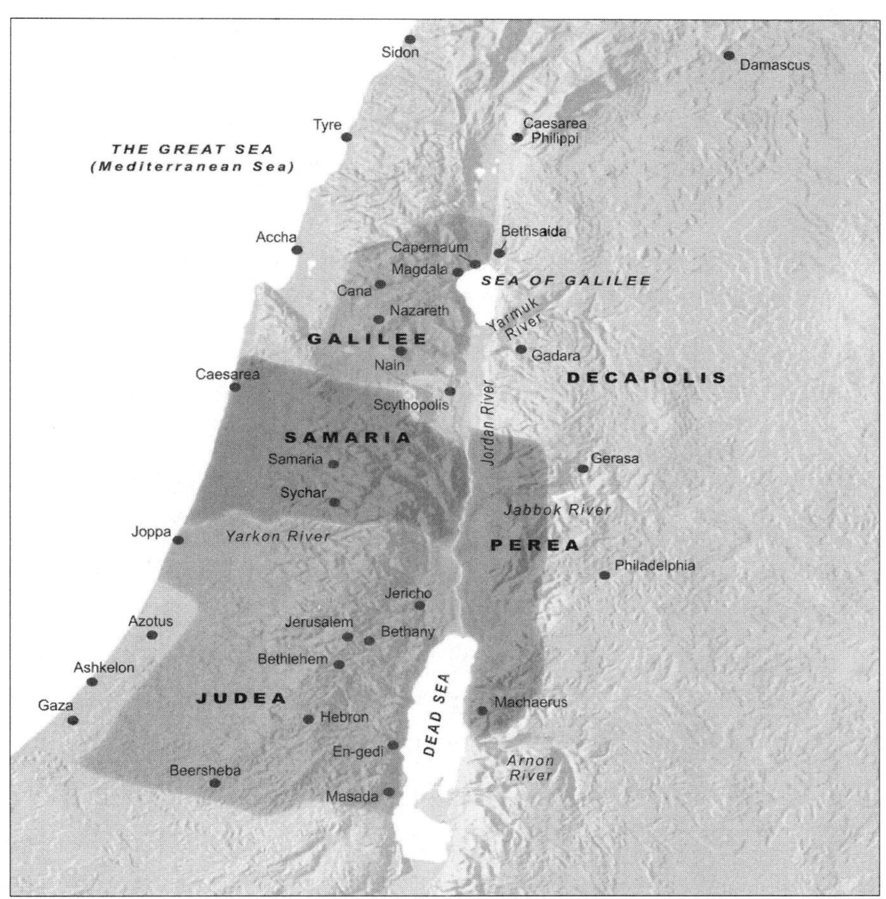

예수님 시대의 이스라엘의 지명

영어성경에서는 주로 난외주나 각주에 기록되어 있다. 이 부분은 대부분의 사본에서 발견되며, 또 그 기원을 2세기 초까지로 거슬러 올라갈 수 있기 때문에 마가복음의 원래의 끝부분으로 보아야 한다고 주장할 수 있다.65)

그러나 이 결말 부분이 원문에는 없었다는 강력한 논거들이 있다. 첫째, 일반적으로 가장 중요하게 생각되는 두 사본(언셜 대문자 사본 א와 B) 및 몇 개의 사본에 이 부분이 빠져 있다. 둘째, 제롬과 유세비우스는 자기들이 활용할 수 있는 가장

65) 최근에 William R. Farmer는 마가가 9-20절을 복음서를 기록하기 전에 미리 기록했다가 복음서를 마친 후에 추가했다고 주장했다(*The Last Twelve Verses of Mark*, SNTSMS 25 [Cambridge: Cambridge University Press, 1974]).

훌륭한 사본에 이 부분이 포함되지 않았다고 진술한다. 셋째, 마가복음의 결말 부분은 짧은 것(언셜 대문자 사본 L, Ψ, C, 009, 0112 및 여러 증거들이 이를 뒷받침한다)과 (멋대로 자구를 써 넣어 원문을) 개찬(改竄)한 긴 것(언셜 대문자 사본 W와 제롬에 의해 뒷받침된다) 등 두 종류이다. 이렇게 두 종류가 존재한다는 것은 마가복음의 결말부분에 관하여 불확실했던 때가 있었음을 암시한다. 넷째, 마가복음의 긴 결말에는 마가의 것이 아닌 듯한 표현과 단어들이 있다. 다섯 번째, 긴 결말의 16:8 이후는 문맥상 흐름이 자연스럽지 못하다. 8절에서 주어가 "여자들"이지만, 9절에서는 갑자기 "예수"가 주어가 된다(헬라어는 주어를 명시하지는 않는다). 마치 마리아가 1절에서 소개되지 않았었던 것처럼 9절에서 다시 소개된다. 또 "안식 후 첫날 매우 일찌기 해 돋은 때에"(2절) 뒤에 "안식 후 첫날 이른 아침에"(9절)라는 표현이 다시 나온 것은 몹시 어색하다. 우리도 대부분의 현대 주석가들이나 본문비평가들처럼 9-20절이 마가가 기록한 마가복음의 결말부분이라고 생각하지 않는다. 이 부분에서 이야기되는 것과 다른 복음서에서 부활 후에 나타나신 예수에 대한 이야기의 유사성으로 미루어볼 때, 마가복음의 긴 결말은 마가복음의 결말로서 적절하지 못하다고 생각된 부분을 보완하기 위해서 다른 복음서의 이야기들을 기초로 하여 작성되었다고 볼 수 있다.[66]

만일 9-20절이 마가복음의 원래의 결말부분이 아니라면, 원래의 결말 부분은 무엇이었는가? 세 가지 가능성이 존재한다. 첫째, 원래 마가가 기록하고 했다가 기록하지 못한 것일 수 있다(죽었거나 체포되었기 때문에?).[67] 둘째, 마가는 부활 후의 사건을 한두 개 포함시켜서 끝부분을 길게 기록했는데, 전달 과정에서 이 부분이 유실되었을 가능성도 있다. 예를 들어, 이 복음서가 두루마리 형태가 아니라 사본(codex) 형태나 여러 쪽으로 이루어진 책의 형태로 되어 있었다고 가정하면, 마가복음의 마지막 장이 우발적으로 찢어졌을 수도 있다.[68] 셋째, 마가는 그의 복음서를 8절에서 종결지으려 했을 수도 있다. 이 세번째 가능성이 가장 유력하고 널리 받아들여지고 있다. 마가는 자신이 이야기하는 역사의 중요성에 대해 많은 편집상의 논평을 하지 않는다, 그는 자기의 역사서로 하여금 스스로 이야기하게

66) 긴 결말의 부차적인 특징은 Joseph Hug, *La finale de l'évangile de Marc*, EBib (Paris: Gabalda, 1978)의 논문에서 주장되었다.

67) 예를 들면, Zahn 2:479-80.

68) C. F. D. Moule은 마지막 장을 분실했기 때문에, 이 복음서의 결론과 서론을 모두 분실하게 되었고, 1:1 역시 16:9-20과 마찬가지로 후대에 삽입되었다고 추측했다(pp. 31-32n).

하며, 예수에 대한 많은 이야기의 궁극적인 의미를 독자 스스로 발견하게 한다. 약간 불가해한 이 복음서의 결말은 이러한 정책과 완벽하게 조화를 이룬다. 독자는 예수께서 부활하셨다는 것을 알고 있다(6절). 그러나 우리는 여자들이 놀라고 혼란을 느낀 것이(8절) 무엇을 의미하는지 의아하게 여긴다. 바로 이것이 마가가 우리에게 묻고 대답하기를 원하는 것이다.[69)]

7. 마가복음에 대한 최근의 연구

수세기 동안 마가복음은 무척 소홀하게 다루어져 왔다.[70)] 초대교회는 마태복음을 복음서 중 최고의 위치에 놓고, 마가복음은 마태복음을 발췌한 대수롭지 않고 열등한 복음서로 취급했다. 마가복음이 우세한 위치를 차지하게 된 것은 19세기부터이다. 홀츠만(H. J. Holtzmann)과 같은 학자들이 주도한 자유주의적 해석학파는 마가복음의 문체가 간결하고 신학적 윤색이 비교적 적다는 사실을 근거로 하여 다른 복음서에서 제시된 예수님의 생애에 관한 기록들보다 훨씬 더 오래되고 사실적으로 기록한 증거들을 발견했다. 그러나 마가복음의 이러한 우월성과 순수성은 브레데(W. Wrede)에 의해 여지없이 무너졌다. 그는 마가가 메시아 비밀이라는 개념을 전승에 덧붙였다고 주장했다. 브레데의 주장에 의하면, 이 복음서에서 예수께서 자기의 신분에 대해서 침묵하라고 여러 번 명령하신 것은 예수께서 생전에 메시아로 인식되지 못했던 이유를 설명하기 위해서 마가가 만들어낸 이야기였다.[71)] 오늘날은 이와 같이 메시아 비밀이라는 개념을 주장하는 사람들이 드물다.[72)] 그러나 그 주제 자체는 후대에 만들어진 것이 아니라 예수님의 삶의 실제

---

69) Joel F. Williams는 "마가는 그의 복음서 16:7의 회복의 약속과 16:8에서 실패의 본보기를 나란히 제시하며 복음서를 마친다"라고 주장한다("Literary Approaches to the End of Mark's Gospel," *JETS* 42 [1999]: 21-35[33]). 이 일반적인 접근 방법에 대해서는 다음을 보라: Donald H. Juel, *A Master of Surprise: Mark Interpreted* (Minneapolis: Fortress Press, 1994), 107-21; Andrew T. Lincoln, "The Promise and the Failure: Mark 16:7, 8," *JBL* 108(1989): 283-300; cf. also Ned B. Stonehouse, *The Witness of Matthew and Mark to Christ*, reprint ed., *With the Witness of Luke to Christ* (Grand Rapids: Baker, 1979), 86-118; Kümmel, 100-101; Lane, *Mark*, 590-92; Pesch, *Markusevangelium,* 1.40-47.

70) 마가복음의 해석사에 관해서는 Sean Kealy, *Mark's Gospel: A History of Its Interpretation from the Beginning Until 1979* (New York: Paulist, 1982); Martin, *Mark,* 29-50을 참고하라.

71) William Wrede, *The Messianic Secret* (London: J. Clark, 1971);독일어 원본은 1901년에 출판되었다.

72) David E. Aune, "The Problem of Messianic Secret," *Novt* 11(1969):1-31. 일반적인 주제에

상황을 반영한다고 보아야 할 듯하다.73) 그러나 당시 브레데의 연구는 마가복음도 다른 복음서들과 마찬가지로 신학적 관심과 편견을 가지고 기록되었음을 지적한다고 간주되었다.

20세기 초에 양식비평이 우위를 차지하면서, 복음서로서의 마가복음보다는 마가복음 이전의 전승에 더 많은 관심을 쏟게 되었다. 그러다가 1950년대에 편집비평이 등장하면서 상황이 바뀌어 마가복음의 신학, 목적, 공동체 등에 대한 연구서들이 쏟아져 나왔다. 윌리 마르크센, 테오돌 위덴, 브랜든, 랠프 마틴의 공헌에 대해서는 이미 언급한 바 있다. 이외에도 마가복음 전체에 대해서나 마가복음 안에 있는 특별한 주제들을 다룬 연구서들이 무수히 많다. 이러한 연구서들이 관심을 두는 두 가지 주제는 마가복음의 기독론,74) 그리고 제자들에 대한 묘사이다.75)

복음서, 특히 마가복음을 해석하는 방법론도 논쟁의 주제가 되어왔다. 학자들은 마가복음에 적용하기 위해 편집비평의 기술을 정교하게 다듬었다.76) 한편 최근의 어느 연구서에서는 마가복음 연구에 있어서 그 방법의 효과에 대해 질문한다.77) 이와 관련하여, 최근의 마가복음 연구에 사용되고 있는 두 가지 방법을 언급할 수 있을 것이다. 첫째, 하워드 키(Howard Clark Kee)의 『새 시대의 공동체』(*Community of the New Age*)에서 나타나는 사회학적 분석이다.78) 키는 마가의 공동체를 분석하면서 마가의 공동체는 종말론적 관점에 의해 형성되었고, 마가는 역사 안에서의 하나님의 목적에 비추어 그 공동체의 윤곽을 다시 정의하고 장려했다고 주장한다. 또 복음서에 현대의 문학적 기법들을 적용하려는 최근의 관심에 의해서 또 다른 방향이 결정된다. 이러한 연구서들은 최근 마가복음 연구를 주도해왔다. 그것들은 마가복음이 하나의 설화가 된 방법 및 현대 독자들에 의해서 어떻게

관해서는 다음을 보라: Neil Elliot, "The Silence of the Messiah: The Function of 'Messianic Secret' Motifs Across the Synoptics," *SBL 1993 Seminar Papers,* ed. Eugene H. Lovering Jr. (Atlanta: SP, 1993), 604-22; Paul Danove, "The Narrative Rhetoric of Mark's Ambiguous Characterization of the Disciples," *JSNT* 70 (1993): 21-38.

73) Hengel, “Literary, Historical, and Theological Problems,” 41-45를 보라.

74) Kingsbury, *Christology.*

75) Ernst Best, *Following Jesus: Discipleship in the Gospel of Mark*, JSNTSupp 4 (Sheffield: JSOT, 1981).

76) E. J. Pryke, *Redactional Style in the Marcan Gospel: A Study of Syntax and Vocabulary as Guide to Redaction in Mark*, SNTSMS 33 (Cambridge: Cambridge University Press, 1978).

77) C. Clifton Black, *The Disciples According to Mark: Marcan Redaction in Current Debate,* JSNTSupp 27 (Sheffield: JSOT, 1989).

78) Howard Clark Kee, *Community of the New Age* (Philadelphia: Westminster, 1977).

이해되어야 하는가에 관심을 기울인다.79) 이러한 연구서들 중 일부는 마가복음 이야기의 표면에 놓여 있는 심층 구조들을 찾으려 하거나, 독자-반응 해석학을 채택하거나, 또는 이데올로기적 접근방법을 추구하기 때문에, 마가복음의 본문을 이해하는 데 있어서 그 가치가 한정된다. 그러나 현재 형태의 마가복음 본문에 유익한 문학적 도구들을 적용한 연구서들은 마가복음의 구조와 목적을 이해하는 데 크게 공헌한다. 물론 새로운 방법이 옛 방법들을 대신해왔다는 인상을 주지 않도록 조심해야 한다. 전통적인 비평적 · 주석적 · 신학적 연구는 마가복음에 대한 이해를 계속 풍요롭게 해주고 있다. 이런 면에서 마틴 헹겔(Martin Hengel)이 쓴 일련의 논문들은 주목할 만하다. 그는 마가가 초기 기독의 역사가로서 받아들여져야 한다는 것, 그리고 그의 분명한 신학적인 관심 때문에 마가복음의 내용을 역사적으로 무가치한 것으로 간주하고 무시해서는 안 된다는 것을 보여준다.80)

8. 마가복음의 기여

초대교회가 그러했듯이, 마가복음에 관심을 기울일 필요가 있느냐고 생각하려는 사람도 있을 수 있다. 마가복음을 마태복음이나 누가복음의 내용을 발췌해서 엮은 열등한 것으로 생각하지 않는 사람들은, 마가가 다른 복음서들의 기초 자료를 제공했다는 사실에서 마가복음의 중요성을 발견해도 좋을 듯하다. 이러한 관점에서 보면, 마가복음의 중요성은 주로 역사적인 것으로 간주할 수 있을 것이다. 즉, 마가가 복음서를 기록한 최초의 인물이라는 것, 그레코-로마의 전기 장르를 특별하게 수정한 양식으로 예수님의 사역 이야기를 제시한 최초의 인물이라는 것이다.

마가는 인류 역사에서 독특한 인물인 하나님의 아들 나사렛 예수의 의미를 완벽하게 전달하는 전기(傳記)적 주제와 케리그마적 주제를 엮은 문학적 형태로 복음서를 창작한 사람이다.

그러한 업적은 본질상 과소평가 되어서는 안 된다. 마가는 인류 역사에서 독특한 인물인 하나님의 아들 나사렛 예수의 의미를 완벽하게 전달하는 전기(傳記)적 주제와 케리그마적(kerygmatic) 주제를 엮은 문학적 형태로 복음서를 창작한 사

---

79) 마가복음을 다루는 이러한 접근방법들의 탁월한 예는 Janice Capel Anderson and Stephen D. Moore, eds., *Mark and Method: New Approach to Biblical Studies* (Minneapolis: Fortress Press, 1992)에게 발견된다. 또한 다음을 보라: Elizabeth Struthers Malbon, *Narrative Space and Mythic Meaning in Mark* (San Francisco: Harper & Row, 1986); B. L. Mack, *A Myth of Innocence: Mark and Christian Origins* (Philadelphia: Fortress, 1988); Mary Ann Tolbert, *Sowing the Gospel: Mark's World in Literary-Historical Perspective* (Mineapolis: Augsburg/Fortress, 1989).

80) Hengel의 논문들은 *Studies in the Gospel of Mark* (Philadelphia: Fortress, 1985)에 수록되어 있다.

람이다. 문학 작품으로서의 마가복음에 대한 보다 새로운 접근방법들은 마가복음 이야기의 예술성과 힘을 드러내주었다. 더욱이, 마가는 교회에 있어서의 예수님의 중요성을 기원후 30년경에 팔레스타인에서 발생한 일련의 특별한 역사적 사건들과 긴밀하게 연결함으로써, 정경적인 문서들에 충실한 교회는 그리스도의 참된 인성을 결코 버리지 않는다고 보증한다. 마가는 기독교인들의 구원은 그리스도의 죽음과 부활에 달려 있음을 상기시킴으로써 기독교 신앙을 역사적 사건들의 실체와 뗄 수 없이 연결했다.

마가의 이러한 역사의 구성은 이런 점에서 일리가 있다. 마가복음의 구조는 여러 가지 방법으로 이해되어 왔다. 필립 캐링턴(Philip Carrington)은 회당에서 사용하는 성구집(lectionary)의 순서가 마가복음의 구조의 기초가 된다고 주장했지만,[81] 그것은 터무니없는 주장이다.[82] 또 구약에 상응하는 것들이 있다는 오스틴 파러(Austin Farrer)의 주장 역시 개연성이 없다.[83] 대부분의 학자들은 이 복

표 5. 마가복음과 베드로의 설교의 비교

사도행전 10장	마가복음
"복음"(36절)	"복음의 시작"(1:1)
"하나님이 나사렛 예수에게 성령과 능력을 기름 붓듯 하셨으매"(38절)	예수님에게 성령이 임함(1:10)
"갈릴리에서 시작되어" (37절)	갈릴리 사역(1:16-8:26)
"저가 두루 다니시며 착한 일을 행하시고 마귀에게 눌린 모든 자를 고치셨으니" (39절)	예수님의 사역이 치유와 귀신을 쫓는 일에 중점을 둠
"우리는 …예루살렘에서 그의 행하신 모든 일에 증인이라" (39절)	예루살렘에서의 사역(11-14장)
"그를 저희가 나무에 달아 죽였으나" (39절)	예수님의 죽으심에 초점을 둠(15장)
"하나님이 사흘 만에 다시 살리사" (40절)	그가 살아나셔서 여기 계시지 아니하리라(16:6)

81) Philip Carrington, *The Primitive Christian Calendar* (Cambridge: Cambridge University Press, 1952).

82) 유대인들의 예배용 성구와 복음서에 관해서는 Leon Morris, *The New Testament and the Jewish Lectionaries* 를 참고하라.

83) Austin Farrer, *A Study in St. Mark* (Westminster: Dacre, 1951).

음서의 구조에서 중요한 역할을 하는 것은 지리라고 생각하는데, 이것은 타당한 주장이다. 그러나 지리의 중요성은 마가복음의 특별한 신학적 구조에 있는 것이 아니라 예수님의 사역의 실제 순서에 있다. 다드(C. H. Dodd)가 관찰한 대로, 마가복음의 순서는 초대교회의 설교의 순서와 동일하다.[84] 도표 5에서 사도행전 10:36-40에 기록된 베드로의 설교와 마가복음의 구조를 비교해 보라.

도표 5에 제시된 순서는 사건들의 실제 순서를 반영하고 있지만, 직선적이고 활동 지향적인 마가복음의 기록은 그 순서를 다른 복음서들보다 더 분명하게 보존하고 있다. 마가복음의 케리그마적 구조는 읽는 사람들로 하여금 기본적인 구원 사건들을 이해하고, 그들 자신이 복음을 전할 때에 이러한 사건들을 상술할 수 있는 준비를 갖추는 데 도움을 준다.

이 이야기의 가장 기본적인 순서에서 두드러진 것은 가이사랴 빌립보의 구조적 분리이다. 마가복음의 구조에 대해 여러 가지 견해가 있지만, 주석가들은 이 사건에서 마가복음의 중심점을 발견한다. 예수님의 기적에 중점을 둔 1:1-8:26은 예수의 기적들을 강조하면서 인간이신 나사렛 예수의 참된 본성에 대해서 베드로가 하늘로부터 받은 지혜로 이어진다. 그러나 베드로의 신앙고백 직후 및 마가복음의 나머지 부분들은 예수님의 고난과 죽음을 강조한다. 이렇게 두 가지 강조점을 결합한 것은 마가복음의 기독론적 목적을 드러내준다: 예수는 고난 받는 하나님의 아들이며, 이 고난에 의해서만 이해될 수 있다.

마가복음의 목적을 다루면서 이미 지적했듯이, 마가복음의 또 다른 주제는 제자도이다. 열두 제자는 마가복음에서 매우 중요한 위치를 차지하며, 마가가 그의 복음서를 통해 교훈을 주고자 하는 모든 제자들을 위한 모형이 된다. 열두 제자가 항상 좋은 귀감으로 소개되는 것은 아니다. 그들의 분명한 실패는 다른 복음서들에도 어느 정도 제시되지만, 특히 마가복음에서 두드러지게 제시된다. 마가는 제자들을 마음이 둔하고(6:52), 영적으로 나약하고(14:32-42), 우둔한 자들로(8:14-21) 묘사한다. 귤리히(Guelich)가 표현한 대로, 마가는 제자들을 "특권을 부여받았으면서도 당황하는"[85] 자들로 소개한다. 천국에 속하는 특권을 부여받았으면서도 기독교인들이 고난을 받을 때 바로 그 천국 때문에 고난을 받는다는

---

84) Dodd, "Framework of the Gospel Narrative." D. E. Nineham (*Studies in the Gospel* [Oxford: Blackwell, 1955], 223-39)은 Dodd의 연구를 비판했으나 다른 사람들은 받아들였다(예: Lane, *Mark,* pp. 10-12).

85) Guelich, *Mark* 1-8:26, p. 17.

분명한 역설로 인해 당황한다는 이 두 가지 면에서 그들은 마가의 시대의 제자들 뿐만 아니라 우리에게도 좋은 본이 된다. 다시 말해, 마가는 은근히 십자가와 부활 앞에서 예수님을 따르기를 원하는 열두 제자들의 상황과 마가가 복음서를 기록할 당시의 제자들의 상태를 비교하기를 원한다. 그러나 후자는 이미 시작된 구원의 새 시대의 권세들의 도움을 받아 예수님을 따른다.

참고문헌

Hugh Anderson, *The Gospel of Mark*, NCB (London: Marshall, Morgan & Scott, 1976).

Janet Capel Anderson and Stephen D. Moore, eds., *Mark and Method: New Approaches to Biblical Studies* (Minneapolis: Fortress Press, 1992).

David E. Aune, "The Problem of the Messianic Secret," *NovT* 11 (1969): 1-31.

J. Vernon Bartlet, *St. Mark* (London: Thomas Nelson & Sons, n.d.).

Pierre Benoit, "Note sur les fragments grecs de la Grotte 7 de Qumran," *RevBib* 79 (1972): 321-24.

Ernest Best, *Following Jesus: Discipleship in the Gospel of Mark*, JSNTSup 4 (Sheffield: JSOT Press, 1981); idem, "Mark's Narrative Technique," JSNT 37 (1989): 4358.

Gilbert Bilezikian, *The Liberated Gospel: A Comparison of the Gospel of Mark and Greek Tragedy* (Grand Rapids: Baker, 1977).

C. Clifton Black, *The Disciples According to Mark: Markan Redaction in Current Debate,* JSNTSup 27 (Sheffield: JSOT Press, 1989).

Josef Blinzler, *Der Prozess Jesu*, 2nd ed. (Regensburg: Pustet, 1955).

Darrell L. Bock, *Blasphemy and Exaltation in Judaism and the Final Examination of Jesus,* WUNT 110 (Tübingen: Mohr-Siebeck, 1998).

Peter Bolt, *Jesus' Defeat of Death: Persuading Mark's Early Readers*, SNTSMS 125 (Cambridge: Cambridge University Press, 2003).

Raymond E. Brown, The Death of the Messiah, from Gethsemane to the Grave: A Commentary on the Passion Narratives in the Four Gospels, 2 vols. (New York: Doubleday, 1994).

Scott G. Brown, "On the Composition History of the Longer ('Secret') Gospel of Mark", *JBL* 122 (2003): 89-110.

A. B. Bruce, "The Synoptic Gospels," in *EGT* 1.

T. A. Burkill, *Mysterious Revelation: An Examination of the Philosophy of St. Mark's Gospe*l (Ithaca: Cornell University Press, 1963).

Herbert Cancik, "Die Gattung Evangelium: Das Evangelium des Markus in Rahmen der antiken Historiographie," in *Markus-Philologie*, ed. H. Cancik, WUNT 33 (Tübingen: Mohr-Siebeck, 1984).

Philip Carrington, *The Primitive Christian Calendar: A Study in the Making of the Marcan Gospel* (Cambridge: Cambridge University Press, 1952).

Maurice Casey, *Aramaic Sources of Mark's Gospel*, SNTSMS 102 (Cambridge: Cambridge University Press, 1998).

David R. Catchpole, *The Trial of Jesus: A Study in the Gospels and Jewish Historiography from 1770 to the Present Day* (Leiden: Brill, 1971).

Stephen Lynn Cox, *A History and Critique of Scholarship Concerning the Markan Endings* (Lewiston: Edwin Mellen, 1993).

C. E. B. Cranfield, *The Gospel According to St. Mark*, CGTC (Cambridge: Cambridge University Press, 1966).

Oscar Cullmann, *Peter: Disciple, Apostle, Martyr*, 2nd ed. (Philadelphia: Westminster, 1962).

Paul Danove, "The Narrative Rhetoric of Mark's Ambiguous Characterization of the Disciples," *JSNT* 70 (1993): 21-38.

Martin Dibelius, *From Tradition to Gospel* (New York: Charles Scribner's Sons, n.d.).

C. H. Dodd, "The Framework of the Gospel Narrative," *ExpTim* 43 (1932): 396-400.

James R. Edwards, *The Gospel According to Mark*, PNTC (Grand Rapids: Eerdmans, 2002).

Neil Elliot, "The Silence of the Messiah: The Function of 'Messianic Secret' Motifs Across the Synoptics," *SBL* 1993 Seminar Papers, ed. Eugene H. Lovering Jr. (Atlanta: SP, 1993), 604-22.

William Farmer, *The Last Twelve Verses of Mark's Gospel,* SNTSMS 25 (Cambridge: Cambridge University Press, 1974).

Austin Farrer, A Study in St. Mark (Westminster: Dacre, 1951).

Everett Ferguson, "Canon Muratori: Date and Provenance," *Studia Patristica* 18 (1982): 677-83.

Richard T. France, *The Gospel of Mark: A Commentary on the Greek Text,* NIGTC (Grand Rapids: Eerdmans, 2002).

Joachim Gnilka, *Das Evangelium nach Markus*, 2 vols., EKKNT (Neukirchen-Vluyn: Neukirchener, 1978; Zürich: Benziger, 1979).

Robert A. Guelich, *Mark* 1-8:26, WBC (Waco: Word, 1989).

Robert H. Gundry, *Mark: A Commentary on His Apology for the Cross* (Grand Rapids: Eerdmans, 1993).

Ernst Haenchen, *Der Weg Jesu: Eine Erklarung des Markusevangelium und der kanonischen Parallelen* (Berlin: Töpelmann, 1966).

G. M. Hahneman, *The Muratorian Fragment and the Development of the Canon* (Oxford: Clarendon Press, 1992)

Adolf von Harnack, *The Date of Acts and of the Synoptic Gospels* (New York: Putnam, 1911).

Martin Hengel, *Studies in the Gospel of Mark* (Philadelphia: Fortress Press, 1985).

C. E. Hill, "The Debate Over the Muratorian Fragment and the Development of the Canon," WTJ 57 (1995): 437-52.

Morna Hooker, *The Gospel According to Saint Mark* (Peabody: Hendrickson, 1991).

Richard A. Horsley, *Hearing the Whole Story: The Politics of Plot in Mark's Gospel* (Louisville: Westminster John Knox, 2001).

Joseph Hug, *La finale de L'évangile de Marc*, EBib (Paris: Gabalda, 1978).

Donald H. Juel, *A Master of Surprise: Mark Interpreted* (Minneapolis: Fortress Press, 1994).

Sean Kealy, *Mark's Gospel: A History of Its Interpretation from the Beginning Until 1979* (New York: Paulist, 1982).

Howard Clark Kee, *Community of the New Age: Studies in Mark's Gospel* (Philadelphia: Westminster, 1977).

Werner H. Kelber, *Mark's Story of Jesus* (Philadelphia: Fortress Press, 1979); idem, ed., *The Passion in Mark: Studies in Mark 14-16* (Philadelphia: Fortress Press, 1976).

Jack Dean Kingsbury, *The Christology of Mark's Gospel* (Philadelphia: Fortress Press, 1983).

Helmut Koester, *Ancient Christian Gospels: Their History and Development* (Philadelphia: Trinity Press International, 1992).

William L. Lane, *The Gospel According to Mark*, NICNT (Grand Rapids: Eerdmans, 1974).

Andrew T. Lincoln, "The Promise and the Failure: Mark 16:7, 8," *JBL* 108 (1989): 283-300.

Eta Linnemann, *Studien zur Passionsgeschichte*, FRLANT 102 (Göttingen: Vandenhoeck & Ruprecht, 1970).

Ernst Loymeyer, Galiläa und Jerusalem, *FRLANT* 34 (Göttingen: Vandenhoeck & Ruprecht, 1936).

B. L. Mack, *A Myth of Innocence: Mark and Christian Origins* (Philadelphia: Fortress Press, 1988).

Elizabeth Struthers Malbon, *Narrative Space and Mythic Meaning in Mark* (San Francisco: Harper & Row, 1986)..

C. S. Mann, *Mark,* AB (Garden City: Doubleday, 1986)..

T. W. Manson, *Studies in the Gospels and the Epistles*, ed. Matthew Black (Philadelphia: Westminster, 1962).

Joel Marcus, *Mark 1-8: A New Translation with Introduction and Commentary*, AB 27 (New York: Doubleday, 2000).

Ralph P. Martin, *Mark: Evangelist and Theologian* (Grand Rapids: Eerdmans, 1972).

Willi Marxsen, *Mark the Evangelist* (Nashville: Abingdon, 1969).

Frank J. Matera, *What Are They Saying About Mark?* (New York: Paulist, 1987).

G. Minette de Tillesse, *Le secret messianique dans L'évangile de Marc* (Paris: Cerf, 1968).

Francis J. Moloney, *The Gospel of Mark: A Commentary* (Peabody: Hendrickson, 2002).

Leon Morris, *The New Testament and the Jewish Lectionaries* (London: Tyndale, 1964).

D. E. Nineham, *Studies in the Gospels* (Oxford: Blackwell, 1955).

José O'Callaghan, "Papiros neotestamentarios en la cuere 7 de Qumran," *Bib* 53 (1972): 91-100.

David Barrett Peabody, *Mark as Composer* (Macon: Mercer University Press, 1987).

Rudolf Pesch, *Das Markusevangelium*, 2 vols., HTKNT (Freiburg: Herder, 1976-80).

E. J. Pryke, *Redactional Style in the Marcan Gospel*, SNTSMS 33 (Cambridge: Cambridge University Press, 1978).

Quentin Quesnell, *The Mind of Mark: Interpretation and Method Through the Exegesis of Mark* 6,52, AnBib 38 (Rome: Pontifical Biblical Institute, 1969).

Gottfried Rau, "Das Markusevangelium: Komposition und Intention der ersten Darstellung christliches Mission," *ANRW* 25.3 (1985): 2036-57.

Bo Reicke, *The Roots of the Synoptic Gospels* (Philadelphia: Fortress Press, 1986); idem, "Synoptic Prophecies of the Destruction of Jerusalem," in *Studies in New Testament and Early Christian Literature*, ed. David E. Aune, *NovTSup* 33 (Leiden: Brill, 1972), 121-33.

J. A. T. Robinson, *Redating the New Testament* (Philadelphia: Westminster, 1976).

Eduard Schweizer, *The Good News According to Mark* (Richmond: John Knox, 1970).

Morton Smith, *The Secret Gospel* (New York: Harper & Row, 1973).

Robert H. Stein, "A Short Note on Mark XIV.28 and XVI.8," *NTS* 20 (1974): 445-52; idem,

"Is Our Reading the Bible the Same as the Original Audience's Hearing It? A Case Study in the Gospel of Mark," *JETS* 46 (2003): 63-78.

Augustine Stock, *The Method and Message of Mark* (Wilmington: Glazier, 1989).

Ned B. Stonehouse, *The Witness of Matthew and Mark to Christ, reprint ed., with The Witness of Luke to Christ* (Grand Rapids: Baker, 1979).

A. C. Sundberg Jr., "Canon Muratori: A Fourth Century List," *HTR* 66 (1973): 1-41.

James P. Sweeney, "The Death of Jesus in Contemporary Life-of-Jesus Historical Research," *TrinJ* 24 (2003): 221-41.

Vincent Taylor, *The Gospel According to St. Mark*, 2nd ed. (London: Macmillan, 1966).

C. P. Thiede, *The Earliest Gospel Manuscript? The Qumran Fragment 7Q5 and Its Significance for New Testament Studies* (Guernsey: Paternoster, 1992).

David Tiede, *The Charismatic Figure as Miracle Worker* (Missoula: SP, 1972).

Mary Ann Tolbert, *Sowing the Gospel: Mark's World in Literary-Historical Perspective* (Minneapolis: Augsburg/Fortress, 1989).

C. C. Torrey, *The Four Gospels* (New York: Harper, 1947).

Etienne Trocmé The Formation of the Gospel According to Mark (London: SPCK, 1975).

H. E. W. Turner, "The Tradition of Mark's Dependence upon Peter," *ExpTim* 71 (1959-60): 260-63.

Theodore J. Weeden, *Mark: Traditions in Conflict* (Philadelphia: Fortress Press, 1971).

J. W. Wenham, "Did Peter Go to Rome in A.D. 42?" *TynB* 23 (1972): 97-102.

Joel F. Williams, "Literary Approaches to the End of Mark's Gospel," *JETS* 42 (1999): 21-35.

William Wrede, *The Messianic Secret* (London: J. Clarke, 1971).

N. T. Wright, *Jesus and the Victory of God*, vol. 2 of Christian Origins and the Question of God (Minneapolis: Fortress Press, 1996).

Günther Zuntz, "Wann wurde das Evangelium Marci geschrieben?" in *Markus-Philologie*, ed. H. Cancik, WUNT 33 (Tübingen: Mohr-Siebeck, 1984).

제5장

누가복음

1. 내용

누가복음은 신약성서에서 가장 긴 책이다. 누가도 마태처럼 마가가 확립한 예수의 사역에 대한 기본 윤곽을 따른다: 사역 준비, 갈릴리에서의 사역, 예루살렘으로의 이동, 고난, 그리고 부활. 그러나 누가는 이 기본적 순서를 마태보다 더 많이 수정했다. 특히 놀라운 것은 예수께서 예루살렘으로 이동하신 것에 많은 지면을 할애한 것이다. 그 항목의 분량은 마가복음에서는 1장(10장), 마태복음에서는 2장(19-20장)인 데 반해, 누가복음에서는 거의 10장(9:51-19:27)을 할애하고 있다. 또 이렇게 상술하기 위해서, 누가는 갈릴리 사역 부분을 요약했다(눅 4:14-9:19; 막 1:14-8:26; 마 4:12=16:12). 그러나 누가는 사역의 기본 구조와 관련하여 누가 나름으로 전개했을 뿐만 아니라, 다른 복음서에서는 발견되지 않는 약간의 새로운 자료를 도입한다. 선한 사마리아인의 비유(10:25-37), 탕자의 비유(15:11-32), 불의한 청지기의 비유(16:1-9) 등은 누가복음에서만 발견된다. 누가는 예수께서 삭개오를 만난 것(19:1-10), 나인 성 과부의 아들을 살린 것(7:11-17), 또 십자가에서 자기를 처형하는 사람들을 용서해달라고 하나님께 부탁하신 것(23:34)과 죽어가는 강도가 낙원에 들어갈 것이라고 보장한 것(23:43)도 누가복음에만 기록되어 있다. 이런 점에서 누가복음이 마태복음과 마가복음과 다른 이유는 앞으로 누가복음을 고찰하면서 탐구해야 할 문제이다. 지금은 예수님에 대한 누가복음의 이야기를 전반적으로 개관하는 데 만족하려 한다.

서언(1:1－4). 복음서 기자들 중에서 누가만이 헬라 문학에서 발견되는 형식을 따르는 공식적인 서언을 소개한다.

세례 요한과 예수의 탄생(1:5－2:52). 누가복음의 "유년기 이야기"는 특히 예수의 선구자인 세례 요한과 예수님의 유사한 기적적 탄생에 초점을 둔다. 천사들이 요한의 탄생(1:5-25)과 예수의 탄생(1:26-38)을 예고한다. 친척 사이인 임산부인 엘리사벳과 마리아가 만난다(1:39-45). 마리아의 노래(1:45-56)와 세례 요한의 아버지 사가랴가 부른 노래가 비교된다(1:57-79). 누가는 "아이가 자라며 심령이 강하여졌다"(눅 1:80)는 말로 요한의 탄생 이야기를 끝맺으며, 2장에서는 "예수는 그 지혜와 그 키가 자라가며"(2:52)라는 말로 끝낸다. 누가는 2장에 예수가 베들레헴에서 탄생한 것(2:1-7), 목자들이 찾아온 것(2:8-20), 아기 예수를 데리고 성전에 간 것(2:21-40), 그리고 소년 예수의 이야기(2:41-52)를 기록한다.

사역 준비(3:1－4:13). 누가는 마가가 정한 양식을 따르지만, 마태와는 달리 세례 요한의 사역(3:1-20), 예수의 세례(3:21-22), 예수님이 받으신 시험(4:1-13) 등을 매우 상세하게 이야기한다. 누가도 마태처럼 예수님의 족보를 포함시킨다. 마태복음과 누가복음에 기록된 족보들의 차이점은 상이한 가계(家系)를 추적할 수 있음을 암시한다(3:23-38).

예수님의 갈릴리 사역(4:14－9:50). 누가는 주제와 관련된 이유 때문에, 예수께서 나사렛에서 설교하신 것과 배척받으신 이야기로 예수님의 공생애 이야기를 시작한다(4:16-30). 그렇게 함으로써, 자신이 이사야가 예고한 기름부음을 받은 자라는 예수님의 주장을 강조한다. 그 다음에는 예수님의 전형적인 활동에 대해 기록한다: 귀신을 쫓아내심, 병 고침, 하나님 나라의 선포(4:31-44). 그 다음에는 제자들을 모으신 것과 유대 권위자들의 반대를 다룬다. 예수님은 기적적으로 물고기를 잡게 하시고 시몬을 불러 사람을 낚는 어부가 되라고 하시고(5:1-11), 문둥병자를 낫게 하시고(5:12-16), 중풍병자를 고쳐주신다(5:17-26). 예수님이 죄인들과 교제하는 것으로 인한 논쟁들(5:27-32), 예수님의 제자들이 금식(5:33-39)과 안식일(6:1-11)에 대한 바리새인들의 규정을 따르지 않은 것. 이 부분은 열두 제자를 임명하는 것으로 끝난다(6:12-16). 열두 제자를 부르신 것에 적절한 후속 기사로서, 누가는 제자도에 대한 예수님의 가르침을 제공한다

(6:17-49). 7장에는 백부장의 하인을 낫게 해주신 것(1-10절), 나인 성 과부의 아들을 살려주신 것(11-17절) 등 기적들 및 세례 요한에 대한 가르침(7:18-35)과 죄 많은 여인이 예수님에게 향유를 부은 것(7:36-50)이 기록되어 있다. 누가는 장면의 전환을 알리는 간주곡으로서 예수님을 따른 여인들에 대해 기록한 후(8:1-3), 씨 뿌리는 자의 비유에 의해서 하나님의 말씀에 응답하는 것의 중요성을 강조한다(8:4-15). 그 다음에는 등경에 대한 가르침과 주의 깊게 들어야 할 필요성에 대한 가르침(8:16-18), 그리고 하나님의 말씀을 듣고 행하는 것에 의해서 "가족"의 의미를 다시 정의하신 것(8:19-21)을 기록한다.

다음 단락에서는 예수께서 행하신 특징적 기적의 네 가지 예를 제시한다: 자연과 관련된 것—폭풍을 잠잠하게 하신 것(8:22-25); 귀신을 쫓아내심—거라사 귀신들린 사람을 고쳐주신 것(8:26-39); 혈우병에 걸린 여인을 고쳐주신 것과 죽은 야이로의 딸을 살려주신 것(8:40-56). 갈릴리에서 행한 예수님의 사역 이야기는 예수님의 신분과 제자도의 본질에 초점을 둔 부분에서 끝난다. 예수님은 열두 제자를 파송하시고(9:1-9), 오천 명을 먹이시고(9:10-17), 베드로는 예수님을 "하나님의 그리스도"라고 고백한다(9:18-27). 그 다음에는 변화산 사건(9:28-36), 귀신 들린 소년을 고쳐주신 것(9:37-45), 그리고 제자도에 대한 가르침(9:46-50)이 제공된다.

예루살렘을 향한 예수님의 여정(9:51－19:44). 갈릴리를 떠나 예루살렘으로 가신 예수님의 여정에 관한 이 긴 단원에서는 여행의 노정을 따라가거나 대부분의 이야기들이 예수님이 여정의 어느 지점에 적절한 것인지 분별하기 어렵다. 누가는 정확한 장소를 알려 주기보다는 여정이라는 주제를 강조하려 한 듯하다. 그는 예수께서는 세상에 오셔서 성취하려 하신 일의 완성을 위해 끊임없이 예루살렘을 향해 이동하셨다는 점을 강조한다.[1] 이 부분에서는 예수님의 가르침이 주류를 이룬다. 누가는 계속 제자도에 초점을 두는 내용을 제공한다(9:51-11:13). 예수님은 일부 사마리아인들로부터 배척당하신 후에 자기를 따를 때에 치러야 하는 대가에 대해 경고하신다(9:51-62). 그 다음에는 72명의 전도자들을 파송하시고 그들이 성공했다는 보고를 받고 기뻐하신다(10:1-24). 예수님은 율법 교사와의 논쟁에서 이웃을 향한 참된 사랑을 가르치기 위해 선한 사마리아인의 비유를 사용

1) "그는 예루살렘에 관련된 것을 제외하고는 지형적인 자료들을 중요시 하지 않는데 그 결과는 참으로 놀라운 것이다"(Robert/Feuillet, p. 230).

하신다. 두 자매가 벌인 논쟁 때문에 예수님은 다시 자기의 말을 경청하는 것의 중요성을 강조하신다(10:38-42). 이 단원은 기도의 패턴과 우월함에 대한 가르침으로 끝난다(11:1-13).

이 시점에서 누가는 예수님을 따른 사람들이 아니라 반대한 사람들에 대해 기록한다. 11:14-54에서, 예수님은 자신이 사탄의 이름으로 귀신들을 쫓아낸다고 비방한 적들을 책망하시며(11:14-28), 회개하지 않는 그 세대를 정죄하시고(11:29-32) 불신앙에 대해 경고하시며(11:33-36), 자기를 반대하는 사람들에게 화를 선포하신다(11:37-54). 12-14장에는 반대자들에 대한 책망과 제자들을 가르치신 일이 섞여 있다. 예수님은 자기를 반대하는 것은 곧 하나님을 반대하는 것이라고 경고하신다(12:1-12). 그 다음에는 재물을 바르게 사용하는 것이 주제가 된다. 예수께서는 오만한 부자를 책망하기 위해 비유를 사용하시며(12:13-21), 하나님의 섭리적 돌보심을 상기시킴으로써 제자들을 위로하신다(12:22-34). 예수님은 계속해서 세월을 분별하고 상황에 따라서 적절하게 행동해야 할 필요성을 강조하신다(12:35-13:9). 안식일에 예수께서 병자를 고쳐 주신 일로 인해 논쟁이 벌어지며(13:10-17; 14:1-6), 예수님은 하늘나라의 궁극적인 확장(3:18-21) 및 그 나라에 들어가는 방법에 대해 가르치신다(13:22-30). 예수께서 예루살렘으로 인해 슬퍼하신 것은 많은 유대인들이 예수님의 가르침에 응답하지 않은 것을 강조하며(13:31-35), 같은 의도가 영광의 자리를 구하는 자들에 대한 경고(14:7-14)와 큰 잔치의 비유(14:15-24)에서도 반복된다. 이 단락은 제자도의 대가에 대한 또 다른 경고로 끝난다(14:25-35; cf. 9:57-62).

15장에 기록된 "잃어버린" 양(15:1-7)과 동전(16:8-10)과 탕자(15:11-32)에 대한 세 가지 비유의 주제는 하나님의 은혜이다. 16장에 기록된 정직하지 못한 청지기의 비유, 부자와 나사로의 비유의 주제는 재물을 바르게 사용해야 한다는 것이다. 누가는 충성된 봉사에 대한 가르침(17:1-10) 뒤에, 예수님의 다양한 가르침을 포함시키는데, 그것들의 대부분은 하나님의 나라 및 그에 대한 적절한 반응(17:11-19:27)에 초점을 둔다. 여기에는 사마리아인의 믿음을 칭찬하신 것(17:11-19), 하나님 나라의 본질 및 그 나라의 궁극적인 확립(17:20-37), 끈질긴 믿음(18:1-8)과 겸손으로의 부름(18:9-17), 재물의 위험에 대한 경고(18:18-30), 수난의 예고(18:31-34), 소경의 눈을 뜨게 하심(18:35-43) 등이 포함된다. 이 단락은 예수께서 삭개오를 만나신 이야기에서 절정에 달한다. 세리 삭개오는 제자들에게 재물을 사용하는 방식에 있어서 성실하게 회개하라는 누가의 외침을 구체화한다. 그리스도께서 우리에게 맡기신 자원을 사용해야 할 필요성에 대한 비유로 이 단락이 끝난다(19:11-27). 예루살렘을 향한 예수님의 여정을 마무리하는 단락은 예루살렘 입성이다(19:28-44).

예루살렘에서의 예수님(19:45-21:38). 이 단락은 예수께서 수난을 당하시기 전에 예루살렘에서 행하신 것과 가르치신 것을 중점적으로 다룬다. 누가는 성전을 깨끗하게 하신 일(19:45-46), 예수님 자신의 권위에 관한 가르침(20:1-8)을 포함한 예수님의 교훈(19:47-48)을 기록한다. 악한 농부들의 비유(20:9-18), 예수님을 함정에 빠트리려는 시도(20:19-44), 서기관들에 대한 경고(20:45-47)에 이어 과부의 헌금에 대해 언급한다(21:1-4). 예수께서 영광중에 다시 오실 것에 대한 가르침(21:5-36)이 묘사되고, 성전에서의 교훈으로 종결된다(21:37-38).

예수님의 십자가 처형과 부활(22:1-24:53). 누가는 9:52-19:44에서 마가가 확립했고 마태가 따른 예수님의 사역에 대한 이야기 방식에서 크게 벗어난다. 그러나 22-23장의 수난 이야기에서는 누가 특유의 기법을 추가하면서도 마가와 마태의 방식을 매우 가까이 따른다. 누가는 유다가 예수님을 유대 지도자들의 수중에 넘겨주기로 합의한 경위를 이야기함으로써 따라야 할 행동을 보여준다(22:106). 그 다음에는 마지막 만찬 및 관련된 가르침(22:7-38), 예수께서 겟세마네에서 체포되신 것(22:39-54), 수제자 베드로가 예수님을 부인한 것 및 로마 군인들이 예수님을 조롱한 것(22:55-65)이 다루어진다. 이어 일련의 재판이 등장한다: 유대 산헤드린 앞에서(22:66-71), 빌라도 앞에서(23:13-25), 헤롯 안티파스 앞에서(23:6-12), 다시 빌라도 앞에서(23:13-25). 그 다음에 예수님의 십자가 처형과 매장이 이야기된다(23:26-56). 누가는 다시 특유의 방법으로 부활 이야기를 다룬다. 그는 빈 무덤에 대한 이야기(24:1-12) 뒤에, 엠마오로 가는 두 제자와 예수님의 대화에 초점을 둔다(24:13-35). 누가는 예수님이 또 다른 제자들에게 나타나신 이야기(24:36-49)에 이어 간단한 승천 기사로 그의 복음서를 끝맺는다(24:50-53).

2. 누가복음-사도행전

누가복음과 사도행전의 관계의 본질을 결정하지 않고서는 누가복음에 대한 분석을 진행할 수 없다. 이 두 책의 서언들은 그것들 사이에 어떤 관계가 존재함을 알려준다. 누가복음과 사도행전 모두 데오빌로에게 보낸 것이다. 또 사도행전 1:1에 언급된 "먼저 쓴 글"은 분명히 누가복음이다. 학자들은 이 두 책의 관계를 인정해왔지만, 1927년에 캐드베리(H. J. Cadbury)가 *The Making of Luke-Acts*를 출판하면서 그 관계가 그 책들의 장르와 목적과 신학에 미치는 영향에 관심을 두게 되었다. 그 이후로, 누가복음과 사도행전이 한권의 책이지만 어떤 논리적인 이유 때문에(하나의 파피루스에 담을 수 없는 분량이기 때문에) 두 권으로 나뉘었다고 주장하는 경향이 있다. 정경이 형성되는 과정에서 이 두 권의 책이 분리됨으로써 그것들을 따로 고찰하는 불행한 경향이 등장했다. 그러므로 오늘날 일반적으로 누가복음과 사도행전이라는 명칭을 하이픈으로 연결함으로써 두 책의 긴밀한 관계를 나타낸다.

실제로 오늘날 모든 학자들은 두 책의 저자가 동일인이라고 여기며, 또 많은 학자들은 두 책의 주제가 상당히 일치한다고 여긴다.

그럼에도 불구하고, 누가복음-사도행전의 통일서의 본질과 범위는 탐구되어야 한다.[2] 실제로 오늘날 모든 학자들은 두 책의 저자가 동일인이라고 여기며,[3] 또 많은 학자들은 두 책의 주제가 상당히 일치한다고 여긴다. 누가복음-사도행전은 하나님께서 이스라엘에게 주신 약속들을 성취하고 유대인들과 이방인들로 구성된 세계적인 신자들의 집단을 만들기 위해서 하나님이 역사 안에서 어떻게 행동하셨는지를 보여준다. 누가복음과 사도행전 모두 예루살렘에 초점을 둔 것은 이러한 움직임을 전달해준다. 누가복음에서는 예루살렘을 향한 움직임을 강조하고(예를 들면 9:51; 13:33; 17:11), 사도행전에서는 예루살렘을 떠나는 움직임을 묘사한다.[4] 이렇게 함으로써, 누가는 예수께서 이스라엘을 향한 하나님의 계획을 성취하신 방법이 이스라엘에게서 나와 온 세상을 포함하는 움직임의 기초라는 것을 보여준다. 그밖에 구원, 성령의 활동, 하나님의 말씀의 능력 등의 주제가 두 책 모두에 흐르고 있다.

그러나 장르, 목적, 이야기의 발달 등의 문제와 관련하여 의견들이 달라지기

---

2) 특히 J. Verheyden, "The Unity of Luke-Acts: What Are We Up To?" in *The Unity of Luke-Acts*, ed. J. Verheyden, BETL 12 (Leuven: Leuven University Press, 1999), 3-56을 보라.

3) Albert C. Clark, *The Acts of the Apostles: A Critical Edition with Introduction on Selected Passages* (Oxford: Clarendon Press, 1933), 393-408에서는 이에 대해 이의를 제기한다.

4) 예를 들어 Johnson, 220을 보라.

시작한다. 만일 누가복음 및 다른 복음서들이 헬라세계의 일반적인 전기의 범주에 속한다면, 누가복음-사도행전에 대해서는 어떻게 말할 수 있겠는가? 아무리 일반적으로 정의해도 사도행전을 전기라고 묘사할 수는 없을 것이다.[5] 대부분의 학자들은 사도행전을 "역사서"의 범주에 두려 한다. 또 누가복음도 역사적 논문으로 간주될 수 있을 것이다.[6] 그러나 누가복음은 사도행전보다는 마태복음이나 마가복음과 더 비슷하므로, 나머지 복음서들과 같은 범주에 속하는 것으로 분류해야 할 것이다. 누가복음과 사도행전의 장르에 통일성이 부족한 것은 두 책이 얼마나 긴밀한 관계가 있는가에 대한 질문들을 제기한다. 두 책의 이야기의 통일성에 대해서도 같은 점을 지적할 수 있다. 최근 설화비평의 인기를 끌면서 누가복음-사도행전의 전반적인 설화 구조를 드러내는 데 초점을 둔 저서들이 많이 출판되었다.[7] 두 책 사이에 어느 정도 유사한 것들이 존재한다는 것은 분명하다. 두 책 모두 성령 강림으로 시작하여, 기적들과 설교에 대해 이야기하며, 여행을 강조하고, 마지막 부분에서는 재판 장면들을 크게 다룬다. 그러나 설화의 통일성에 대한 보다 상세한 주장들은 일반적으로 설득력이 없으며, 많은 반대되는 제안들로 인해 자멸하는 경향이 있다.[8] 결국, 누가복음과 사도행전은 긴밀한 관계에 있는 두 권의 책이라고 간주해야 할 듯하다.[9] 누가는 저술을 시작했을 때에 거의 확실히 두 권을 염두에 두고 있었다. 그리고 두 권 사이에는 공통된 주제들과 목적들이 있다. 그러나 우리는 두 권의 정경으로서의 지위를 존중해야 하며, 장르와 구조와 목적과 신학의 문제

---

5) Charles H. Talbert는 달리 주장한다(*Literary Patterns, Theological Themes, and the Genre of Luke-Acts*, SBLMS 20(Missoula: SP, 1974).

6) 예를 들어 다음을 보라: Daryl D. Schmidt, "Rhetorical Influences and Genre: Luke's Preface and the Rhetoric of Hellenistic Historiography," in *Jesus and the Heritage of Israel*, ed. David P. Moessner (Harrisburf: Trinity Press International, 1999), 27-60; Gregory E. Sterling, *Historiography and Self-Definition: Josephus, Luke-Acts, and Apologetic Historiography*, NovTSup 44(Leiden: Brill, 1992); David Aune, *The New Testament in its Literary Environment* (Philaelphia: Westminster, 1987), 77; Ben Witherington III, *The Acts of the Apostles: A Socio-Rhetorical Commentary* (Grand Rapids: Eerdmans, 1998), 12-24; Francois Bovon, *Luke 1: A Commentary on the Gospel of Luke 1:1-9:50*, Hermeneia (Minneapolis: Augsburg/Fortress, 2002), 8.

7) 다음을 보라: Robert C. Tannehill, *The Narrative Unity of Luke-Acts: A Literary Interpretation*, 2 vols. (Minneapolis: Fortress Press, 1990); and the commentraries on Luke(*The Gospel of Luke*, NICNT [Grand Rapids: Eerdmans, 1997]. 6-10) and Acts by Joel B. Green.

8) 특히 Mikeal C. Parsons and Richard I. Pervo, *Rethinking the Unity of Luke-Acts* (Minneapolis: Fortress Press, 1993)을 보라.

9) 비켄하우저(Wikenhauser)는 누가가 이 두 책이 따로 고찰될 수 있게 하기 위해서 누가복음을 기록하고 나서 오랜 후에 사도행전을 기록했다고 생각한다(pp. 352-54).

와 관련해서 생각하면 그것들을 각기 분리하여 생각해야 할 것이다.

3. 저자

학자들은 누가복음과 사도행전이 동일한 저자에 의해 기록되었음에 동의한다. 두 책의 서언들뿐만 아니라 언어와 문체와 신학도 두 책의 저자가 동일인임을 지적해준다. 내재적 증거와 외적 증거 모두 바울의 "사랑을 받는 의원 누가"(골 4:14)가 저자임을 강력히 지적한다.

누가복음의 서언(눅 1:1-4)은 저자가 예수님의 사역을 목격한 사람이 아님을 분명히 한다.[10] 그는 "우리 중에 이루어진 사실"이 "처음부터 말씀의 목격자 되고 일군 된 자들"에 의해 전해졌다고 주장한다(1:1, 2). 누가복음은 이방인들에게 상당한 관심을 나타내 보이며, 이방인 저자를 지적할 가능성도 있다. 그는 교육을 받은 사람이었으며, 헬라어로 능숙하게 기록한다(사도행전 1:19의 "본 방언"을 언급한 것에 주목하라. 누가는 아람어로 기록하지 않았다). 누가복음 1장의 첫 단락은 고전 시대의 헬라어 문체로 기록되어 있다(1:1-4). 1-2장의 나머지 부분에서는 셈 어법이 강력하게 나타난다.[11] 누가복음 3장 이하는 칠십인 역의 독자를 상기시켜주는 헬레니즘 시대의 헬라어로 기록되어 있다. 이와 같은 다양한 어법은 저자가 매우 유능한 인물임을 시사해준다.[12]

그러나 가장 중요한 내재적 증거는 사도행전에 있다. 사도행전 후반부의 몇 구절은 일인칭 복수형으로 기록되어 있다. "우리"로 서술된 이 구절들은 그 시기에

---

10) 누가복음 1:3의 *parēkolouthēkoti*라는 단어의 의미에 대해서 큰 논란이 제기되어 왔다. 캐드베리는 그것이 "…와 접촉을 유지해왔다"는 의미라고 주장하며, 저자가 최소한 서술되는 사건들 중 일부에 개인적으로 개입되어 있음을 암시한다("The Tradition," in *The Beginning of Christianity*, Part 1: *The Acts of the Apostles*, by F. J. Foakes Jackson and Kirsopp Lake[London: Macmillan, 1920-33], 2.501-3). 또 다른 학자들은 그것이 단지 "조사했다"는 의미이며, 개인적인 개입을 암시하지 않는다고 주장한다(예를 들면, Joseph A. Fizmyer, *The Gospel According to Luke I-IX*, 2nd ed. [New York: Doubleday 1983], 297-98.

11) 1-2장, 특히 찬송부분에서 사용된 셈어 어법의 중요성에 대해서는, Stephen Farris, *The Hymns of Luke's Infancy Narratives: Their Origin, Meaning and Significance*, JSNTSup 9 (Sheffield: JSOT Press, 1985)을 보라.

12) "그는 헬레니즘 양식의 고대 역사가로서, 성경적인 틀 안에서 저술한 초대교회의 신학자로서, 그리고 로마 시대의 의식 있는 학자로서 그의 설화를 저술했다"(Fitzmyer, *Luke I-IX*, 92). X. Léon-Dufour는 "헬라인들에게 있어서 누가복음은 세련된 동시에 종종 저속한 것이었다"고 생각한다(Robert/Feuillet, 223).

사도행전의 저자가 바울과 함께 여행하고 있었음을 확인해주는 듯하다. 바울서신에 등장하는 바울의 동반자에 대한 언급들과 비교해보면 누가복음의 저자라고 추정할 수 있는 인물은 누가를 포함하여 몇 사람으로 축소된다. 누가복음과 사도행전에 의학 용어가 많이 사용되고 있다는 논거에 따라서 이러한 확인 작업을 보강하기 위해서 헬라어 누가복음과 사도행전의 분석이 사용되어왔다.[13] 그러나 H. J. 캐드베리는 의학 용어라고 주장되는 것들의 대부분이 그 시대에 헬라어로 된 일상적인 저술들에 등장한다는 점에 주목하면서 이 논거에 대해 의심을 제기했다.[14] 그러나 만일 그러한 표현들이 저자가 의사였다는 사실을 증명해주지 못한다면, 그것은 분명히 가설에 불과할 뿐이다. 또 어떤 구절들은 의사의 특별한 견해를 지적해준다. 예를 들면 누가는 "중한 열병"(눅 4:38)이라고 표현한 것을 마태복음과 마가복음에서는 단순히 "열병"(마 8:14; 막 1:30)이라고 표현한다.[15]

그러나 누가를 누가복음-사도행전의 저자로 결정하는 주된 이유는 외적 증거에서 온다. 2세기 중엽에 이단자인 마르시온(Marcion)은 누가가 이 두 책의 저자라고 확인했다. 거의 같은 시기에, 순교자 저스틴(Justin Martyr)은 누가가 " 예수의 전기"를 저술한 것에 대해 말하면서, 저자가 바울의 동료였다는 점에 주목한다(*Dialogue with Trypho* 103.19). 얼마 후 무라토리 정경에서도 역시 누가를 저자라고 확인한다(c.180-200?[16]). 이레내우스(Irenaeus)는 「이단 논박」(*Adversus Haereses*)에서 바울의 동료인 의사 누가가 복음서를 기록했다고 주장했다(3.1.1, 3.14.1). 소위 반-마르시온주의 누가복음 서언에서는 안디옥 출신의 의사 누가가 저자라고 주장한다.[17] 2세기 초에 터툴리안(Tertullian)은 누가복

---

13) 특히 W. K. Hobart, *The Medical Language of St. Luke* (Dublin: Hodges, Figgis, 1882)와 Adolf von Harnack, *Luke the Physician* (New York: Putnam, 1907)을 보라.

14) H. J. Cadbury, *The Style and Literary Method of Luke*, HTS 6 (Cambridge: Harvard University Press, 1919).

15) 비켄하우저(Alfred Wikenhauser)는 그 표현은 저자가 의사라는 사실을 증명해주지 않는다고 동의하면서도 "그럼에도 불구하고 그 전승을 버릴 필요가 없으며, 저자가 의학용어를 잘 알고 있다는 것을 나타내므로 그 전승이 유지될 수 있을 것이다.(cf. 눅 4:38; 5:12; 8:44; 행 5: 5, 10; 9: 40). 또 그는 의사의 관점에서 질병들 및 치료법에 대해 묘사한다(예를 들면 눅 4:35; 13:11; 행 3:7; 9:18)"고 덧붙여 말한다(*New Testament Introduction* [ET New York: Herder, 1963], 209). Loveday Alexander는 누가복음 서문과 아주 비슷한 것들이 헬레니즘 시대의 산문이나 의사들을 위해 저술된 "학문적 논문들"에서 발견된다고 주장했다(*The Preface to Luke's Gospel*, 176-77).

16) 모라토리 단편의 연대에 대해서는 제 4장의 주 7번을 보라.

17) 그 서언의 헬라어 형태와 라틴어 형태가 Kurt Aland, *Synopsis Quattuor Evangeliorum* (Stuttgart: Württemebergische Bibelanstalr, 1964), 533에 있다. R. C. Hread는 헬라어 본문과

음의 특징은 바울의 복음의 요약이라고 규정했다(*Against Marcion* 4.2.2; 4.5.3). A.D. 175-225년의 것으로 추정되는 가장 오래된 누가복음 사본인 보드머 파피루스(Podmer Papyrus XIV, P^{75})는 그 책을 누가의 것으로 간주한다.[18] 어떤 학자들은 이와 같은 증명들은 내재적 증거를 세밀하게 조사한 결과에 불과하다고 주장하지만, 그것은 바람직하지 못한 주장이다.[19] 그 전승을 진지하게 받아들여야 할 이유는 세 가지이다. 첫째, 누가와 사도행전 모두 익명의 책이지만(저자에 관한 분명한 언급이 없다), 그 책들이 어떤 식으로든 제목이 없이 유포되었을 가능성은 없다. 마틴 디벨리우스(Martin Dibelius)의 지적처럼, 헌정된 사람의 이름을 달고 있는 책에 저자의 이름이 없을 가능성은 희박하다.[20] 둘째, 초대교회에는 누가가 저자라는 데 대해 논란을 제기하는 사람이 없었다. 이레내우스와 터툴리안은 이 두 책의 저자가 누가라는 데 대해 전혀 의심이 없는 듯이 기록한다. 셋째, 처음부터 누가라는 이름이 없었다면, 누가의 이름이 그 복음서에 부여되었을 이유를 이해하기 어렵다. 초대교회에는 신약성서의 책들을 사도들과 결부하는 경향이 있었다. 신약성서의 거의 ¼을 점유하는 부분의 저자를 사도가 아닌 사람이라고 확인한 것은 전승의 신빙성을 강력하게 뒷받침해준다.

골로새서 4:10-14에 기초를 두고 볼 때, 누가는 이방인 신자였다고 생각된다. 그 중 10-11절에서 바울은 세 사람의 문안을 전하고 나서 "저희는 할례당이라 이들만 하나님 나라를 위하여 함께 역사하는 자들이니 이런 사람들이 나의 위로가 되었느니라"고 말한다. 그 후에, 에바브라와 누가의 안부를 전한다. 본문은 누가가 "할례당"에 속하는, 즉 유대인 동역자들 중 하나가 아님을 암시한다. 일부 학자들은 이 결론에 이의를 제기하며 다양한 이유 때문에 누가가 유대인이라고 주장해왔다.[21] 그러나 이것은 설득력이 없다. 누가가 하나님을 경외하는 사람—유대교에

영역본을 인용한다("The Old Gospel Prologues," *JTS* 6 [1955]: 7).

18) Fitzmyer, *Luke-IX*, 35-36.

19) E. Earle Ellis는 2세기 중반 이전에 어떤 사람이 알려지지 않은 이 복음서의 저자를 발견하기 위해서 "빈틈없이 추리적인 작업"을 사용했다는 견해를 "개연성이 없는 활동"이라고 부른다(*The Gospel of Luke*, 2nd ed. [London: Marshall, Morgan & Scott, 1974], 42).

20) M. Dibelius, *Studies in the Acts of the Apostles* (ET: London: SCM. 1956), 148. "누가복음과 사도행전은 처음부터 저자인 누가의 이름 아래 글을 아는 대중에게 제공되었다"는 주장에 주목하라.

21) 예를 들면, Ellis, *The Gospel of Luke*, 52-53. Fitzmyer는 누가가 셈족이지만 유대계 셈족이 아니었다고 주장한다(*Luke I-IX*, 41-47). 누가는 바울의 친척이요 칠십 문도 중 한 사람인 구레네 사람 루기오와 동일인이라고 보아야 한다는 존 웬험(John Wenham)의 주장은 허구이지만 그것을

크게 공감하지만 개종하지 않은 이방인—이라는 주장은 한층 탁월한 주장이다.[22] 이러한 가설은 골로새서 4:10-14 및 누가의 저술이 이방인에 초점을 두고 있는 점을 설명해주며, 또 저자가 (헬라어) 구약성서와 유대교를 잘 알고 있었다는 점을 설명해준다.

4. 기록 장소

초기의 전승(175년경의 반-마르시온주의 서언이 가장 초기의 것이다)에서는 누가복음이 안디옥에서 기록되었다고 주장하지만,[23] 확신할 수 있는 증거가 희박하다. 그 전승에서는 누가가 아가야 지방에서 복음서를 기록했다고 주장한다. 일부 학자들은 이 전승에 동의하는 경향이 있으며,[24] 만일 누가가 로마에 머물다가 바울이 감옥에서 석방된 후에 그리스로 가서 복음서를 기록했다면, 그것은 우리가 알고 있는 것과 일치할 것이다. 그러나 이를 뒷받침해주는 증거가 희박하다. 또 다른 전승들(예를 들면 몇 개의 후기의 누가복음 사본들)은 어떤 근거에서인지 알 수 없지만 로마를 기록 장소로 제시한다. 결국, 누가복음을 분명하게 특정 지역과 연결할 수 있는 충분한 증거는 존재하지 않는다. 누가복음이 아가야에서 기록되었다고 보는 것이 타당한 추측이라는 것 외에 다른 말을 할 수 없다.

5. 기록 연대

누가복음이 기록된 연대는 마가복음과 사도행전의 기록 연대와 밀접하게 뒤얽혀 있다.

누가복음이 기록된 연대는 마가복음과 사도행전의 기록 연대와 밀접하게 뒤얽혀 있다. 제2장에서 주장한 것처럼, 누가가 마가복음을 주된 자료로 사용하여 자기의 복음서를 기록했다면, 누가복음은 마가복음보다 조금 늦게 기록되었을 것이다. 또 누가복음이 사도행전보다 일찍 기록되었을 것이다. 왜냐하면 사도행전은 누가복음이 존재한다는 것을 전제로 하기 때문이다(행 1:1). 누가복음의 기록 연대와 관련하여 선택할 수 있는 두 가지 주요 대안—60년대 설과 75-85년 설—은 학문적

반대하는 많은 자료에 기초를 두고 있다.

22) Darrell Bock, *Luke 1:1-9:50*, vol. 1, BECNT (Grand Rapids: Baker, 1994), 5-7을 보라.

23) 안디옥 설을 지지하는 또 다른 증거는 D 및 몇 개의 다른 전거들은 사건들을 안디옥에서 발생한 것으로 여기며 사도행전 11:28을 일인칭 복수형으로 만든다는 것이다.

24) 예를 들면 Brown, 270-71.

문헌들 안에 존재하고 있다.[25] 먼저 누가복음이 60년대에 기록된 것으로 보는 몇 가지 이유를 살펴보려 한다.

1. 사도행전은 네로 황제의 박해, 베드로와 바울의 죽음, 예루살렘이 로마에 의해 멸망한 것 등 65-70년에 있었던 몇 가지 중요한 사건들을 전혀 언급하지 않는다. 62년 이후의 사건들은 전혀 언급되지 않는다.

2. 누가는 사도행전의 마지막 부분은 대체로 바울이 체포되어 재판을 받고 로마로 호송된 것 등을 묘사하는 데 할애한다. 누가가 최종적으로 바울에게 발생한 일을 이야기함으로써 이야기를 마무리 할 것이라고 기대할 수도 있겠지만, 누가는 바울이 로마 감옥에 갇힌 이야기로 사도행전을 마친다. 이것은 누가가 사도행전을 출판한 연대를 지적하는 것일 수 있다(대략 A.D. 62년).

3. 누가는 세계적인 기근에 대한 아가보의 예언이 어떻게 성취되었는지 이야기 한다(행 11:28). 우리는 그가 예루살렘의 멸망에 대한 예수님의 예언(눅 21:20)이 어떻게 성취되었는지 보다 자세히 이야기하여 주기를 기대할 수도 있을 것이다. 그러나 우리는 그 때까지 아직 그 예언이 성취되지 않았다고 추론할 수 있다.

4. 목회서신들에 대한 가장 개연성이 있는 해석은 바울은 사도행전 마지막에 묘사된 로마 감옥에서 석방되어 에베소에서의 사역 및 더 많은 사역을 위해 지중해 동쪽 지역으로 돌아갔다고 보는 것이다. 그러나 사도행전 20:25, 38에서 바울은 자신이 에베소 사람들을 다시 보지 못할 것이라고 말한다. 만일 나중에 그가 다시 에베소를 방문했다면, 누가는 그 사실을 어떤 식으로든지 반영했을 것이다.

5. 초대 교회에서는 바울 서신들을 소중히 여겨졌지만 사도행전은 무시되었다. 사도행전의 기록 연대를 후대로 잡을수록, 이러한 이유를 설명하기 어려워진다.

6. 네로 황제의 박해 이후의 기독교인이 누가복음-사도행전에 묘사된 것처럼 로마에 대해 친근하게 묘사할 수 있었을지 의심스럽다.

위의 이유들이 모두 동등하게 강력한 이유가 되는 것은 아니다. 그러나 이것들의 누적 중요성은 60년대 기록설에 상당한 개연성을 제공한다. 특히 누가복음이

---

25) 일부 학자들은 이 두 연대의 범위를 넘어서는 연대를 옹호한다. 예를 들어, 존 웬험은 누가복음을 A.D. 57-59년의 것으로 보며(*Redating Matthew, Mark, and Luke*, 230-38), J. C. O'Neil(*The Theology of Acts in Its Historical Setting* [London: SPCK, 1961]과 John Drury는 2세기초의 것으로 본다(*Tradition and Design in Luke's Gospel: A Study in early Historiography* [Atlanta: John Knox, 1976], 15-25).

나 사도행전에서 예루살렘의 멸망이 언급되지 않았다는 점이 중요하다. 이스라엘과 하나님의 백성의 신학적 통일성과 본질에 초점을 둔 책에서 유대인들의 역사에서 발생한 대격변의 사건을 전혀 언급하지 않고 지나칠 수는 없을 것이다.[26] 그러므로, 우리는 다른 많은 학자들과 견해를 같이하여 누가복음의 60년대 저작설을 선호한다.[27] 그럼에도 불구하고, 누가복음의 저술 연대를 초기로 보는 데에는 몇 가지 문제점이 있으며, 이러한 문제점들 때문에 많은 학자들은 누가복음의 저술 연대를 70년 대 이후, 주로 75-85년으로 여긴다.[28] 이제 이러한 논거들에 대해 살펴보기로 하자.

1. 누가복음에서 예루살렘 멸망에 대한 예수님의 예고는 실제의 사건들을 반영한다. (누가복음의 출처라고 가정되는) 마가복음에서, 예수님은 성전에 "멸망의 가증한 것"이 서는 것에 대해 언급하신다(막 13:14). 그러나 누가는 "예루살렘이 군대들에게 에워싸이는 것"이라고 바꾸어 표현하는데(눅 21:20), 이것은 예루살렘이 로마 군대에 포위된 실제 상황을 보다 정확하게 묘사한다. 그밖에도 누가가 편집한 비슷한 부분들은 "사건이 발생한 이후"의 자세를 반영한다고 주장된다(눅 13:35a; 19:43-44).[29] 이러한 주장에 대해 두 가지로 반응할 수 있다. 첫째, 그 주장은 초자연적인 것을 반대하는 편견을 반영하며, 실제로 예수께서 예루살렘의 멸망의 상황을 앞질러 정확하게 예고하실 수 있었을 것이라는 사실을 부인한다. 복음서에 제시된 예수님의 본성을 이해한 사람이라면 결코 그분의 예언 능력을 의심할 수 없을 것이다. 둘째, 누가복음에 기록된 예루살렘의 멸망에 대한 예수님의 예언은 실제로 매우 모호하며, 1세기의 포위 기법들을 반영하는 일반적인 표현을 사용하고 있다.[30] 필립 에슬러(Philip Esler)는 이 주장에 반대하면서 누가복

---

26) J. A. T, Robinson (*Redating the New Testament* [Philadelphia: Westminster, 1976])이 주장하는바 거의 모든 신약성서 문서들의 초기 저작설의 핵심이 바로 이것이다.

27) 다음을 보라: Leon Morris, *The Gospel According to St. Luke: An Introduction and Commentary*, TNTC (Grand Rapids: Eerdmans, 1974), 22-26; I. Howard Marshall, *The Gospel of Luke: A Commentary on the Greek Text*, NIGTC (Grand Rapids: Eerdmans, 1978), 33-35; Bock, *Luke 1:1-9:50*, 16-18.

28) 이것은 비판적 학자들의 지배적인 견해이다. 예를 들어 Brown, 273-74; Fitzmyer, *Luke I-IX*, 53-57을 보라.

29) Fitzmyer, *Luke, I-IX*, 54를 보라.

30) Bo Reicke 은 이것이 사건이 발생한 후의 예언이라는 주장은 "신약학에서 판단력이 없는 독단주의의 본보기"라고 규정하며, 공관복음에서 그 예언은 실제로 예루살렘 멸망에 대해 우리가 알고 있는 것과 정확하게 일치하지 않는다는 점을 지적한다("Synoptic Prophecies of the Destruction of Jerusalem," in *Studies in New Testament and Early Christian Literature*, ed. D. E.

음에는 포위 공격과 관련이 없는 세부 내용들이 포함되어 있다고 주장한다.[31] 그러나 이러한 세부내용들 중에는 언약에 충실하지 못한 데 대한 하나님의 심판을 묘사하는 구약성서의 표현을 반영하는 것들이 많다.[32] 예루살렘 멸망에 대한 누가복음의 예고들이 그 사건 이후의 상세한 지식을 반영할 필요가 없다.

2. 학자들은 누가가 복음서를 저술하면서 마가복음을 사용했다는 데 대체로 의견이 일치하고 있다. 그러나 만일 마가복음의 저술 시기를 60년대 중반이나 그 이후로 여긴다면, 누가복음은 아무리 빨라도 70년 이전에는 저술되었을 수 없다. 물론 이 논거가 설득력을 지니려면, 누가는 최종적 형태의 마가복음을 사용했어야 하는데, 많은 학자들은 이에 대해 의심을 제기한다. 그럼에도 불구하고, 대부분의 학자들은 누가가 마가복음을 사용했다고 확신하며, 이 책 제2장에서도 그것을 지지하는 입장을 취했다. 그러나 마가복음의 저술 시기의 문제는 여전히 남는다. 대부분의 학자들은 마가복음이 60년대 중반이나 그 이후에 기록되었다는 견해를 택하지만, 이 책 제4장에서는 50년대 말일 수도 있다고 주장한 바 있다. 마가와 누가는 바울과 관련된 집단에 속해 있었으므로, 누가는 마가복음이 기록된 직후에 그 사본을 입수했을 수도 있다.

3. 누가는 그의 복음서 서언에서 예수의 생애와 중요성에 대한 "내력을 저술하려고 붓을 든 사람이 많은지라"(1:1)라고 말한다. 이러한 이야기들이 저술되어 누가가 그것들에 대해 알고 평가할 수 있을 정도로 보급되려면 꽤 많은 세월이 흘렀어야 한다. 그렇다면, 어느 정도의 세월이 흘렀을까? 복음서의 최후의 사건의 연대를 A.D. 30년경으로 보고 누가가 60년대에 복음서를 기록했다면, 누가복음이 기록되기 30년 이상 전에 많은 사람들이 그러한 기사들을 저술했어야 하며, 그 정도의 기간이면 충분히 그러한 기사들을 저술할 수 있다.

4. 누가의 신학의 몇 가지 특별한 강조점에 관심을 갖는 보다 광범위하고 주관적인 논거가 있다. 초기 기독교의 발달에 대한 대중적 해석에서는 교회가 예수님이 영광중에 곧 재림하신다는 믿음에서부터 예수님의 재림이 무기한으로 연기되었다는 체념으로 이동했다고 주장한다. 초대 교인들의 수정된 종말론적 예정표에는 상당한 신학적인 수정과 새로운 현상들이 따른다. 특히 "재림의 지연"이라는 문제

Aune[Leiden: Brill, 1972], 121).

31) Philip F. Esler, *Community and Gospel in Luke-Acts*, SNTSMS 57 (Cambridge: Cambridge University Press, 1987), 27-30.

32) 예를 들어, Darrell Bock, "Gospel of Luke," in *DJG*, 499를 보라.

는 "초기 공교회주의"(early Catholicism)라는 별명을 지닌 신학적 운동으로 이어졌다. 이 명칭은 세상에서 지내는 오랜 기간을 고려해야 하기 시작했던 기독교인들은 최기의 카리스마 지향적 교회를 제도적 교회로 대치하게 되었다는 사실을 반영한다. 또 누가복음은 초기 공교회주의를 향한 움직임을 반영한다고 주장된다. 그는 복음서에서 예수의 재림에 대한 언급들을 경시하며, 사도행전에서는 종종 교회와 그 지도력에 대해 언급한다. 누가의 종말론에 대해서는 뒤에서 다룰 것이다. 여기에서 "초기 공교회주의"라는 문제 전체를 탐구할 수는 없으므로, 초기 공교회주의의 기초가 되는 균형 잡힌 발달 구조가 있을 법하지 않다는 것, 그리고 "재림의 지연"은 어떤 사람들이 만족할 수 있는 문제가 아니라는 것을 지적하는 데 그쳐야 한다. 누가복음은 마가복음이나 마태복음과는 상이한 신학적 견해를 나타내며, 분명히 그리스도의 재림에 그리 많은 관심을 기울이지 않는 경향이 존재한다. 그러나 이렇게 재림을 덜 강조하는 것이 반드시 후대에 나타난 새로운 현상이라고 생각할 이유가 없다. 사도행전도 "제도적" 교회에 대한 실질적인 관심을 나타내지 않는다.[33] 많은 비평가들은 신약성서 책들 내의 상이한 신학적 강조점들을 오랜 세월이 흐르면서 나타난 새로운 현상들로 간주하는데, 실제로 그것들은 단시 상이한 환경과 목적을 반영할 뿐이다.

누가복음이 A.D. 70년 이후에 기록되었다는 것을 지지하는 유일하게 중요한 논거는 마가복음이 아무리 빨라도 60년대 중반에 기록되었다는 주장에 있다. 그러나 마가복음의 기록 연대를 그렇게 늦게 잡아야 하는지 의심해야 할 이유를 살펴본 바 있다. 또 마가복음이 60년대 초에 기록되었다면, 누가복음은 충분히 60년대 중반이나 말에 저술될 수 있었을 것이다.

6. 수신자

누가는 헬레니즘 시대의 문학적 관습을 따라서 서언에서 자신의 전임자들에게 인사하고 자기의 목적을 진술하고 수신인—데오빌로—을 밝힌다. "데오빌로"라는 단어는 "하나님을 사랑하는 자"를 의미하는 헬라어의 자역(字譯)이므로, 일부 학자들은 그것이 일반적인 명칭이라고 주장해왔다. 누가는 하나님을 사랑하는 사

---

33) I. Howard Marshall, *Luke: Historian and Theologian*, 2nd ed. (Grand Rapids: Zondervan, 1988), 81-83, 212-15을 보라.

람의 범주에 어울리는 모든 사람을 대상으로 기록한다는 것이다. 그러나 누가가 특정한 개인을 염두에 두고 있었다는 것이 더 자연스러운 해석이다.[34] 그 사람의 이름이 데오빌로였거나, 누가가 그의 신분을 보호하기 위해서 별명을 사용했을 수도 있다.[35] 누가는 "데오빌로 각하"라고 부름으로써 그 사람이 높은 지위의 사람, 아마 로마의 귀족이라는 것을 암시했을 수도 있다(행 24:3과 26:25을 비교하라).[36] 실제로 데오빌로는 누가의 후견인, 누가의 저술 비용을 대준 사람이었을 수도 있다. 누가는 데오빌로로 하여금 "그 배운 바의 확실함을 알게 하려고" 복음서를 저술하므로(눅 1:4), 데오빌로는 최근에 개종한 사람일 수도 있다.

그러나 누가가 한 사람에게 이 글을 쓰고 있지만 실제로는 보다 많은 대중을 염두에 두고 있다는 것이 거의 확실하다. 데오빌로는 실제 인물일 수도 있지만 누가가 저술한 두 권의 책의 수신인이 되는 계층의 사람들의 대표자 역할을 한다.[37] 누가가 염두에 두고 있는 보다 넓은 범주의 수신인들이 반드시 데오빌로와 같은 사회적 지위를 소유하지는 않았겠지만, 아마 데오빌로처럼 이방인들이었을 것이다.[38] 누가는 여러 방식으로 그러한 수신인들을 암시한다: 복음의 사건들을 세속 역사의 상황에 둔 것(예를 들면, 눅 2:1; 3:1-2), 복음이 함축하는 보편적 의미들을 강조한 것(예를 들어, 아브라함에서부터 시작하는 마태복음과는 달리 그의 족보는 아담에서부터 시작된다), 유대인의 법을 강조하는 자료들을 생략한 것(예를 들면, 마태복음 5장의 대조법들, "부정함"에 대한 논쟁들[막 7:1-23]), 유대식 호칭들을 헬라어로 바꾸어 사용한 것(예를 들면 "랍비" 대신에 "주"나 "교사"를 사용한 것), 사도행전에서 이방인 개종자들에게 초점을 둔 것.[39] 일부 학자들은 이방

---

34) Alexander, *The Preface to Luke's Gospel*, 188을 보라.

35) Martin Hengel, *The Four Gospels and the One Gospel of Jesus Christ* (Harrisburg: Trinity Press International, 2000), 102.

36) Ibid.; contrast Alexander, *The Preface to Luke's Gospel*, 188-93.

37) "공식적으로 '각하'라는 호칭을 지닌 데오빌로에게 이 저서를 헌정한 것은 그가 로마 정부에서 고위직을 맡고 있었다는 것을 보여주며, 그 책이 출판하려는 의도로 저술되었으며 그렇기 때문에 주로 외부 세계를 대상으로 하고 있다는 것을 강력하게 암시한다"(G. B. Caird, *The Gospel of St. Luke* [Harmondsworth: Penguin, 1963], 14). 누가가 데오빌로를 언급한 것은 그가 누가가 의도하는 수신인들을 대표하기 때문이 아니라 누가의 후견인이기 때문이었을 수도 있다 (Achtemeier/Green/Thompson, 155을 보라).

38) 이 결론에 반대하는 사람들은 극소수였다. 예를 들어 제이콥 저벨(Jacob Jervell)은 누가복음-사도행전이 유대교와 기독교의 관계에 초점을 둔 것은 그것들의 유대인-기독교인이라는 것을 암시한다고 생각한다(*The People of God: A New Look at Luke-Acts* [Minneapolis: Augsburg, 1972], esp. 173-77).

인에게 초점을 둔 것과 독자들이 구약성서와 유대교에 대해 알고 있다는 가정이 결합된 것은 수신인이 하나님을 경외하는 사람들이라는 것을 지적한다고 주장하기도 한다.[40] 이것은 있음직 하지만 개연성이 없는 주장이다. 또 누가복음의 수신지도 확실하지 않다. 일부 학자들은 그곳이 그리스라고 밝히는 전승에 동의하지만,[41] 그 전승은 초기의 것도 아니고 널리 전파되지도 않았다. 어쨌든, 누가복음도 다른 복음서들처럼 특정 장소로 보내기 위해 기록된 것이 아니라 특별한 부류의 독자들에게 보내기 위해 기록되었을 가능성을 인정해야 할 것 같다.[42]

7. 목적

누가는 분명히 누가복음과 사도행전이 분량을 고려하여 둘로 나누어진 하나의 이야기로 다루어지지 않고 서로 연관이 있는 책들로서 읽혀지기를 원했다.

누가복음의 저술 목적에 대한 평가는 그 복음서와 사도행전의 관계에 대한 질문과 연결되어야 한다. 앞에서 어느 정도 중재적인 견해를 제시한 바 있다. 누가는 분명히 누가복음과 사도행전이 분량을 고려하여 둘로 나누어진 하나의 이야기로 다루어지지 않고 서로 연관이 있는 책들로서 읽혀지기를 원했다. 독자들은 각각의 책의 독립성을 인정하면서 둘 사이의 공통점들을 염두에 두어야 한다. 이러한 자세가 누가복음의 저술 목적을 고찰하는 데 알맞은 자세이다.

먼저, 누가복음 서언에 기록된 누가 자신의 주장을 살펴보자. 누가는 데오빌로로 하여금 “ 그 배운 바의 확실함을 알게 하려고” 복음서를 기록한다. “확실함”(ἀσφάλεια)이라는 단어에는 확신이라는 개념이 포함되어 있다. 누가는 데오빌로 및 그와 비슷한 다른 개종자들이 그리스도 안에서 하나님께서 행하신 것의 궁극적 의미에 대해 정신으로나 마음으로 확신하기를 원했다. 누가가 복음서를 기록한 무렵, 초대 교회는 이미 유대교와 분리되어 있었으며, 실제로 많은 유대인들의 적대감을 경험하고 있었다. 동시에 이 작고 새로운 기독교 운동은 그레코-로마 세계의 여러 가지 혼란스러운 종교적/철학적인 대안들과 경쟁하고 있었다. 데오빌로가 이러한 여러 가지 대안들 중에서 기독교를 “옳은” 종교라고 생각한 이유는 무엇

---

39) Fitzmyer, *Luke I-IX*, 58-59을 보라.

40) 예를 들면, Walter L. Liefeld, "Luke," in EBC 8.802; Nolland, Luke *1-9:20*, pp. 32-33, Bock, *Luke 1:1-9:50*, 14-15.

41) Brown, 270-71.

42) Richard Bauckham, "For Whom Were the Gospels Written?" in *The Gospels for All Christians* (Grand Rapids: Eerdmans, 1998), 9-48을 보라.

인가? 유대인들이 아니라 기독교인들이 참 하나님의 백성, 구약성서에 기록된 하나님의 약속의 참된 상속자라고 생각한 이유는 무엇인가? 하나님께서 나사렛 예수 안에 결정적으로 자신을 계시하셨다고 데오빌로가 믿은 이유는 무엇인가? 누가복음과 사도행전은 이러한 질문들에 대해 대답하며, 새로운 개종자들에게 "그들 안에 있는 소망의 근거"[43]를 제공하려는 의도를 지닌다.

8. 구성

제2장에서 살펴보았듯이, 누가복음은 마가복음과 마태복음에 대해 복합적인 관계를 지닌다. 이 세 복음서 기자들이 사용한 어휘의 유사성 때문에 대부분의 학자들은 세 복음서 사이에 어떤 문학적 관계가 존재한다고 확신하며, 또 셋 중에서 마가복음이 매명사(媒名辭)라고 추정한다. 여기에서 마가복음이 마태복음과 누가복음 사이의 매명사라는 사실뿐만 아니라, 마가복음이 마태복음과 누가복음보다 앞선 것이며 두 복음서의 주된 자료라는 전반적인 견해에 우리로 하여금 동의하게 만든 논거들을 다시 거론하지는 않겠다. 그러나 누가복음보다는 마태복음이 마가복음을 더 많이 의존하고 있다. 마태는 마가복음 자료의 90 퍼센트를 사용하고, 누가복음의 자료는 55퍼센트만 사용한다.[44] 누가복음의 40 퍼센트는 마가복음의 자료이다. 따라서 누가복음의 반 이상은 마가복음이 아닌 다른 자료에서 온 것인데, 이 자료의 약 20퍼센트는 마태복음에 있는 것과 유사하다.

제2장에서 살펴보았듯이, 일부 학자들은 누가가 마태복음을 사용했다는 것이 이러한 유사성에 대한 가장 간단한 설명이라고 생각한다.[45] 그러나 이 견해와 관련된 문제들을 다루기가 매우 어렵기 때문에, 대부분의 학자들은 누가와 마태가 각기

43) 누가복음을 다루는 최근의 주석가들은 이 중요한 목적에 대해 대체로 의견이 일치한다. 예를 들어 Bock, *Luke 1:1-9:50*, 14, 15; Green, *The Gospel of Luke*, 21-25를 보라.

44) 이 통계는 B. H. Streeter, *The Four Gospels: A Study of Origins* (London: Macmillan, 1924), 160에서 취한 것이다.

45) 특히 다음을 보라: Mark Goodacre, *The Case Against Q: Studies in Markan Priority and the Synoptic Problem* (Harrisburg: Trinity Press International, 2002); idem, *The Synoptic Problem: A Way through the Maze* (New York: Sheffield Academic Press, 2001); Michael D. Goulder, *Luke: A New Paradigm*, 2 vols.; JSNTSup 20 (Sheffield: JSOT Press, 1989); Allan J, McNicol, David L. Dungan, and David B. Peabody, *Beyond the Q Impasse: Luke's Use of Matthew* (Valley Forge: Trinity Press International, 1996). Farrer, "On Dispensing with Q," in *Studies in the Gospels*, ed. D. E. Nineham (Oxford: Oxford University Press, 1955), 55-58; Drury, *Tradition and Interpretation*, 120-73도 보라.

"Q 자료"라는 실전(失傳)된 자료를 사용했다고 생각한다(문서인지, 구전인지? 하나의 문서인지 여러 개의 문서인지? 등). Q자료의 정확한 본질은 알 수 없지만, 우리는 이 가설이 그럴 듯하다고 생각한다. 그렇다 해도, 우리는 여전히 누가복음의 40퍼센트에 대해서 설명해야 한다. 전통적으로 "L"이라는 명칭으로 분류된 이 자료는 자료비평의 전성기에는 하나의 자료로 간주되었다. 그러나 오늘날 대부분의 학자들은 그것이 개인적인 인터뷰에서부터 성문화된 간단한 문서들로 구성된 일련의 자료들이라고 생각하려 한다. 예를 들어 누가복음의 중심이 되는 몇 가지 비유들이 사용한 자료와, 셈 어법이 사용된 아기 예수 이야기가 사용한 자료가 다를 수 있다.[46] 이 시점에서 누가가 복음서를 저술하기 위해서 자료를 수집할 기회가 많았으리라는 점을 상기해야 한다. 사도행전의 "우리"를 주어로 하는 구절들을 보면, 바울이 감옥에 갇혀 있는 동안, 누가는 팔레스타인에서 2년을 보냈다(행 21:8; 24:27; 27:1). 그 동안에 그가 기록된 증거를 수집할 뿐만 아니라, 기독교 공동체들 안에서 전해 내려온 구전의 가르침들을 듣고 증인들을 인터뷰했을 것이라고 상상할 수 있다.

그러나 누가가 사용한 자료들과 관련한 또 다른 문제는 원-누가복음(Proto-Luke) 가설이다. 누가는 마태보다 마가복음을 적게 사용했을 뿐만 아니라, 예수께서 갈릴리를 떠나 예루살렘으로 가신 것을 크게 다룬 중요한 부분과 비슷한 것이 마태복음이나 마가복음에는 없다. 누가복음의 수난 이야기는 마테복음과 마가복음에 기록되어 있는 사건들의 기본적인 윤곽과 비슷하지만 여러 가지 특이한 면을 가지고 있다. 가장 놀라운 것은 누가가 마가복음 자료들을 몇 개의 덩어리로 다루는 것이다. 이러한 고찰들은 누가가 Q 자료와 L 자료를 사용하여 초기의 복음서를 저술했으며 나중에 마가복음에서 취한 자료를 추가했을 것이라고 생각하게 한다.[47] 심지어 다음과 같은 그럴 듯한 역사적 시나리오를 만들 수도 있다: 누가는 팔레스타인에서 연구한 것에 기초를 두고서 복음서의 초판("원-누가복

46) 후자와 관련해서는 Farris, *The Hymns of Luke's Infancy Narrative*를, 전자와 관련해서는 Craig Blomberg, "Midrash, Chiasmus, and the Outline of Luke's Central Section," in *Gospel Perspectives*, vol. 3, ed. R. T. France and David Wenham (Sheffield: JSOT Press, 1983), 217-61을 보라.

47) 다음을 보라: Streeter, *Four Gospels,* 199-221; Vincent Taylor, *The Passion Narrative of St. Luke: A Critical and Historical Investigation*, ed. Owen E. evans, SNTSMS 19(Cambridge: cambridge University Press, 1972); Friedrich Rehkoph, *Der lukanische Sonderquelle*, WUNT 5 (Tübingen: Mohr-Siebeck, 1959).

음")을 편집했다; 그 후 로마에 도착하여 (얼마 전에 로마에서 기록된) 마가복음 사본을 발견하고서 그 자료들을 추가하여 완성본을 만들었다.[48] 물론 원-누가복음설은 많은 비판을 받았으며, 원-누가복음의 존재를 긍정적으로 가정하는 이유들 모두가 그 가설을 필요로 하지 않는다.[49] 우리는 원-누가복음을 하나의 복음서로 생각하지 말고 누가복음의 초고라고 생각해야 한다. 그 제안은 증명되지 않은 가설이지만, 나름의 장점이 있다고 생각된다.

물론 누가가 독창성이 없이 자료들을 받아들인 것은 아니다. 그가 수정한 것들 중에는 마가복음보다 문체를 개선한 것들이 많으며, 그 중 하나의 예를 살펴볼 수도 있을 것이다. 셈 어의 영향 때문인지 마가는 병렬(접속사 없이 절·구 따위를 나란히 늘어놓기)을 많이 사용하지만, 누가는 병렬 대신에 독립 소유격이나 종속절을 사용하는 경향이 있다. 따라서 누가가 Q 자료도 같은 식으로 다루었을 것이라고 추측할 수 있을 것이다.[50] 누가는 자신의 목적에 반드시 필요하지 않은 내용들을 생략함으로써 마가가 기록한 것을 단축했다. 예를 들어, 씨 뿌리는 사람의 비유에서 마가는 150개의 단어를 사용했지만, 누가는 90개만 사용했다(눅 8:4-8; 막 4:1-9). 종종 누가는 자신이 사용한 다른 자료에서 취하여 자기의 복음서의 다른 곳에 포함시킨 사건들은 생략한다. 그러나 누가가 때로 두 개의 이야기에서 취한 자료를 포함시킴으로써 한 쌍의 이야기를 만들어내기도 하므로, 상황은 매우 복잡하다. 그러므로 누가복음 9:23-24의 십자가를 지고 주님을 따르라는 주님의 말씀은 마가복음 8:34-35에서 취한 듯하지만, 마태복음 10:38-39과 비슷한 14:27과 17:33은 Q 자료에서 취한 것일 가능성이 있다.

또 누가복음은 마태복음이나 마가복음보다는 요한복음과 많은 자료를 공유한다. 예를 들어, 누가복음과 요한복음에서는 마리아와 마르다, 안나, 그리고 가룟 유다 외에 유다라는 이름의 제자를 언급한다. 두 복음서 모두 예루살렘과 성전에 관심을 갖고, 가룟 유다가 예수를 배반한 원인이 사탄의 활동에 있다고 말한다(눅 22:3; 요 13:27). 두 복음서 모두 베드로가 겟세마네에서 베어버린 대제사장의 종의 귀가 오른쪽 귀라고 말하며(눅 22:50; 요 18:10), 또 빌라도는 세 번 예수가 무죄하다고 선언했다고 말한다(눅 23:4, 14, 22; 요 18:38; 19:4, 6). 요한복음과

48) 항해 중에 배가 파선했는데도 그 사본이 남아 있었을까?

49) 예를 들어, Guthrie, 203-7; Fitzmyer, *Luke I-IX*, 90-91을 보라.

50) 누가복음과 마가복음의 문체에 대해서는 Fitzmyer, *Luke I-IX*, 107-8을 보라.

공관복음서들의 관계는 복잡한 주제이다. 대부분의 학자들은 요한복음이 누가복음을 사용했다는 데 대해서는 회의적이다. 그러나 요한이 누가복음을 읽어본 적이 있을 수 있으며, 위에서 살펴본 유사성들 중 일부는 그것 때문일 수 있다.

9. 본문

대부분의 신약성서의 책들에서는 본문의 변화가 비교적 적지만, 누가복음과 사도행전에서 소위 "서방 사본"(western text)은 다소 복잡한 상황을 제시한다. 대표적인 서방 사본들은 베자 사본(Codex Bazae; D)과 고대 라틴어 사본들이며, 여기에는 다른 사본 전승들에서 발견되지 않은 많은 자료가 포함되어 있다. 예를 들어, 누가복음에서 D(베자 사본)에는 안식일에 일하는 사람의 이야기(6:4) 뒤에 "그가 말씀하시기를, 너는 네가 무슨 영에 속해 있는지를 알지 못하노라 이는 인자가 사람의 생명을 멸하러 온 것이 아니라 구원하러 왔음이라"(9:55)고 하신 말씀", 주님의 기도에 추가된 구절(11:2-4), 예수께서 동산에게 고민하신 것(22:3), 십자가에 달린 죄패의 내용(23:38), 예수님의 두덤을 막아놓은 바위가 "이십 명이 간신히 굴릴 수 있는"(23:53) 것이었다는 정보 등이 포함되어 있다. 2세기에 저스틴과 타티안 등 여러 사람이 서방 사본을 사용했으므로, 그 사본은 분명히 오래 된 것이다. 때때로 그 사본은 다른 사본에서 발견되는 구절들을 생략하지만, 자주 자료를 추가한다. 수정한 것과 추가된 것들은 필사자가 분명하지 않다고 여긴 구절들을 분명하게 해준다. 그것은 여러 구절들의 조화를 이루어주며 "난제"들을 제거한다.[51] 서방 사본에 추가된 것들 중에는 원본을 반영하는 것이 거의 없는 듯하지만, 진지하게 다루어져야 한다(서방 사본과 사도행전에 대해서는 제7장을 보라).

누가복음과 관련하여 보다 중요한 것은 다른 곳에서 충분히 입증된 이문들을 서방 사본에서는 생략한 구절들이다. 웨스트콧(Westcott)과 호르트(Hort)는 이러한 구절들을 "변개되지 않은 서방 사본"(Western non-interlopations)라고 부르는데, 이것은 그들이 소중히 여기는 중립 계열의 본문(neutral text)에 대한 의심을 피하려는 의도로 만들어진 표현이다. 그들은 그러한 구절들은 서방 사본이 보다 훌륭한 이문(異文)을 보존하고 있는 진기한 경우라고 간주했다. 그들은 서방

51) J. F. J, Klijn, *A Survey of the Researches in to the Western Text of the Gospels and Acts*, part 1 (Utrecht: Kemink & Zoon, 1949); part 2, NovTsup 21 (Leiden: Brill, 1969)을 보라

사본에는 추가 자료와 보다 긴 이문들을 포함되어 있으므로, 서방사본에서 생략된 구절이 있는 곳에 특별히 주목해야 한다고 추론했다. 서방 사본에서 생략된 구절들의 예를 들어보면 다음과 같다. "마르다야 마르다야 네가 많은 일로 염려하고 근심하나 그러나 몇 가지만 하든지 혹 한 가지만이라도 족하니라"(10:41-42); 떡에 대한 말씀 다음에 잔에 대한 말과 주님의 만찬을 기념하여 행하라는 명령(22:19b-20); 예수님을 십자가에 못 박은 사람들을 용서해 달라는 기도(23:34); "여기 계시지 않고 살아나셨느니라"라는 말(24:6); 베드로가 무덤에 간 것(24:12); 예수께서 손과 발을 보여주신 것(24:40); 승천(24:51).

물론 이 본문들은 각기 독립해서 고려되어야 한다. 그러나 현대 본문비평의 전반적인 경향은 웨스트콧과 호르트보다 이 구절들의 신빙성에 대해 더 호의적인 태도를 취한다.[52] P^{75}(가장 오래된 누가복음 사본으로서 2세기 말이나 3세기 초의 것이다)과 P^{45}(거의 같은 시기의 것) 같은 파피루스 사본들, 그리고 교부들의 본문에 대한 세심한 연구에 의하면 웨스트콧과 호르트의 "중립적" 사본—오늘날은 알렉산드리아 사본이라고 불린다)이 2세기의 것임을 나타내준다. 또 바티칸 사본(B)처럼 이 기본적인 사본이 대문자 사본으로 보존된 것은 그것이 여러 해 동안 충실하게 필사되었음을 보여준다. 그것은 서방 사본에서처럼 훌륭하게 마무리되지 않고 간소한 형태를 유지한다. 대부분의 본문비평가들은 웨스트콧과 호르트가 부여했던 것과 같은 순수한 위치를 부여하지는 않지만 그것이 가장 훌륭한 형태의 사본이라고 간주한다. 서방 사본에 보존되어 있는 이문들을 진지하게 고려해야 하지만, 다른 증거가 없으면 그것들이 원래의 본문을 대변한다고 간주할 수는 없을 것이다. 특히 "D"가 하나의 이문을 입증해주는 유일한 헬라어 사본일 경우에 그러하다. 어쨌든, 누가복음을 증명해주는 많은 사본상의 증거들은 우리가 가지고 있는 본문이 실질적으로 누가가 기록한 것이라는 확신을 준다.

누가복음을 증명해주는 많은 사본상의 증거들은 우리가 가지고 있는 본문이 실질적으로 누가가 기록한 것이라는 확신을 준다.

10. 정경으로의 채택

초대 교회에서 누가복음이 처음으로 분명히 언급된 시기를 확정하기는 어렵다. 교부들은 종종 분명한 언급이 없이 어떤 자료를 인용했다. 그러므로 현재 누가복음에서 발견되는 것과 비슷한 표현의 기원이 그 복음서인지, 누가가 사용한 자료

52) Klyne Snodgrass, "Western Non-interpolations," *JBL* 91 (1972): 369-79; Metzger, 191-93.

인지, 또는 다른 전승인지 구분하는 것은 쉬운 일이 아니다. 로마의 클레멘트(*1 Clem*. 13:2; 48:4), 폴리캅(*Phil*. 2:3), 이그나티우스(*Magn*. 10) 등의 글의 여러 부분에서 이러한 불확실성에 대면하게 된다. 이 부분들은 누가복음의 구절들과 비슷하지만, 누가복음을 인용한 것인지 확신할 수는 없다. 「디다케」(*Didache*, 1세기말이나 2세기 초)와 「베드로 복음」(*Gospel of Peter*, 2세기 중반?)이 누가복음을 인용했을 가능성이 더 크다. 순교자 저스틴은 분명히 누가복음을 사용했고, 「클레멘트 2서」(*2 Clement*)도 마르시온처럼 정경에서 누가복음을 삭제한 듯하다. 일부 학자들은 마르시온이 사용한 것은 현재 우리가 소유하고 있는 누가복음이 아니라 누가와 마르시온이 채택한 보다 초기의 자료라고 주장하지만, 그것은 증거가 부족한 주장이며, 마르시온의 저서의 기초가 된 것이 이 세 번째 복음서임이 확실한 듯하다. 어쨌든, 이 때 이후로 누가복음이 교회에서 정경으로 받아들여졌음이 분명하다.

11. 누가복음에 대한 최근의 연구

기독교 운동이 유대에서 시작되어 로마제국의 수도에 도착할 때까지의 역사를 추적하는 두 권의 책을 저술한 누가는 역사가로서 학자들의 논의의 주된 주제가 되어왔다.[53] 특히 사도행전과 관련하여 누가의 역사가로서의 능력과 성공에 대한 관심은 사라지지 않았지만, 최근 사십 년 동안 누가의 신학자요 해설가로서의 솜씨에 관심이 기울여지고 있다.

1950년대 말에 시작된 편집비평은 작가로서의 복음서기자들, 그리고 그들의 저술하게 된 신학적 동기에 관심의 초점을 두었다. 누가복음에 대한 최초의 중요한 편집비평 저서인 한스 콘첼만(Hans Conzelman)의 「누가의 신학」(*The Theology of Saint Luke*)은 누가의 신학에 대한 최근의 논의를 위한 안건을 제시했다. 독일어 원서의 제목, *Die Mitte der Zeit*(*The Middle of Time*)은 이 저서의 중심이 되는 요점들 중 하나를 드러내준다. 콘첼만은 누가복음 16:16을 인용하면서, 누가가 다음과 같은 세 단계의 구원사를 소개한다고 생각했다: 이스라엘의 시대, 예수님의 사역 시대, 교회 시대. 물론 누가복음은 세 단계 중 둘째 단계에 초점을

53) "1950년 이전에는 대체로 누가를 역사가로 간주했다"(W. C. van Unnik, "Luke-Acts, a Storm Center in Contemporary Scholarship," in Studies in *Luke-Acts*, ed. Leander Keck and J. Louis Martyn [Philadelphia: Fortress, 1966], 19).

둔다. 이 구조는 본질적으로 문제가 되지 않으며 특별히 주목할 가치가 있는 것도 아니다. 그러나 콘첼만의 제안은 이 구원사의 기원과 결과들에 대한 설명 때문에 중요하다. 콘첼만의 주장에 의하면, 누가는 역사에 대한 그러한 개념을 제시한 최초의 인물이었다. 또 그는 재림의 지연에 의해 야기된 문제에 대해 응답한 최초의 인물이기도 하다. 예수님과 초기 기독교인들은 예수님이 언제라도 영광중에 재림하실 것을 기대했다. 시간이 흐르고 재림이 이루어지지 않으면서, 그러한 믿음에 대한 의심들이 생겨나기 시작했다. 이러한 어려움에 대한 반응으로, 누가는 하나님 나라에 대한 현재의 경험에 초점을 두기 위해서 종말론을 재해석하고 기독교인들이 세상에서의 자신의 위치를 발견하는 데 도움을 주는 역사의 개념을 전개한다. 예수님의 사역은 선포를 위한 기초에서 나름의 의미를 지닌 역사로 변화된다. 또 그 역사에 의미를 부여하기 위해서, 그것은 이전의 역사, 즉 이스라엘 시대에 정박한다. 예수님의 사역 시대는 교회 시대를 일으키는데, 이 시대는 누가의 독자들이 자기들의 위치를 발견해야 하는 시대이다. 그들이 지연된 그리스도의 재림 이전에 무한히 연장된 시대의 의미와 보증을 발견하는 데 도움을 주기 위해서, 누가는 교회에 새로운 힘과 의미를 부여한다. 사도행전에서 교회는 성례전을 통해서 구원을 베풀어주는 기관이 된다. 교회 시대를 이런 식으로 보는 견해는 "초기 공교회주의" 라고 알려져 왔다.

"초기 공교회주의"에 대해서는 사도행전과 목회서신과 베드로후서를 다룰 때에 상세히 다루게 될 것이다. 여기에서는 예수께서 곧 재림하시지 않았을 때에 초대 교회의 믿음이 흔들렸다는 기본 전제는 의심스러운 것이라는 점만 지적하려 한다. 장래에 나타날 천국보다는 현존하는 천국에 초점을 두는 점에서 누가복음은 분명히 마태복음과 마가복음을 능가한다. 그러나 누가가 장래의 종말론을 포기한 것은 아니며, 그의 접근 방법은 "지금"(now)과 "아직"(not yet)이라는 신약성서 종말론의 전형적인 긴장의 요소들과 조화를 이룬다.[54]

누가복음에 대한 콘첼만의 편집비평적 접근방법은 본질적으로 유사한 많은 연구가 이루어지는 계기가 되었다. 실제로, 콘첼만의 논문은 누가복음-사도행전이 1960년대와 70년대에 운닉(W. C. van Unnik)의 표현대로 "신약학의 연구에 있어 태풍의 눈"이 되게 한 중요한 요인들 중 하나였다.[55] 누가를 역사가나 아니라

54) E. Earle Ellis, *Eschatology in Luke* (Philadelphia: Fortress Press, 1972)을 보라.

55) "Luke-Acts, a Storm Center in Contemporary Scholarship"은 1966년에 출판된 *Studies in Luke-Acts* 에 반 운닉이 기고한 글의 제목이다.

신학자로 보는 콘첼만의 뒤를 이어 많은 연구서들이 배출되었다.[56] 그러나 누가복음에 대한 다른 편집비평적 접근방법들은 누가의 역사적 관심사들을 버리지 않은 채 누가의 신학적 공헌을 분석하는 편집비평 방법을 사용했다.

편집비평 방법들을 사용하기 시작한 것이 누가복음-사도행전을 학문에서의 "태풍의 눈"으로 만들었다면, 최근에 서사 분석(narrative analysis)의 인기는 접근방법의 "완전한 변화"를 초래했다.[57] 편집비평가들은 누가복음을 자료들과 전승들, 그리고 다른 복음서들과 비교했다. 서사비평가들은 일반적으로 자료와 전승이라는 문제는 무시하고, 누가복음을 사도행전과 밀접하게 관련지어 연구한다. 그들은 누가복음-사도행전이라는 두 권으로 이루어진 문학작품의 가르침과 신학을 밝히기 위해서 서사분석을 사용하는 데 관심을 둔다. 그들은 두 책의 핵심 주제들과 단어들을 추적하고, 구성 요소들을 분석하고, 고대 세계의 다른 유사한 문학작품들과 비교한다.[58] 서사분석으로의 전환은 누가복음이 주도면밀한 문학작품으로 해석되어야 한다는 것을 인정하는 것이다. 누가복음을 사도행전과 지나치게 밀접하게 연결하는 것을 삼가야 하지만, 이 두 책은 서로 관련지어 해석되어야 한다. 서사비평의 위험은 때때로 누가복음에 대한 결정적인 해석에 작용해야 하는 다른 접근방법들로부터 분리되어 행해진다는 점에 있다. 누가가 자료들을 사용한 것이 우리에게 완전한 이야기를 전해 주지는 않지만, 그가 마가복음을 사용한 것을 분석하고 마태복음과 비교하면 누가복음이 무엇에 대한 것인지 이해하는 데 도움이 될 수 있으며, 예수님 시대에 대한 진지한 역사적 연구를 포기하지 않을 수 있다. 누가는 소설가처럼 완전한 천으로 문학작품을 만들고 있는 것이 아니다. 그는 특정 시대와 장소에서 발생한 사건들을 이야기하고 있으며, 이러한 "역사적 속박들"(historical constraints)은 반드시 인정되어야 한다.

---

56) I. Howard Marshall, *Luke: Historian and Theologian*은 이 운동을 분석하고 비판한다.

57) 이 표현은 다음에서 유래된 것이다: David P. Moessner and David L. Tiede, "Introduction: Two Books but One Story?" in *Jesus and the Herritage of Israel: Luke's Narrative Claim upon Israel's Legacy* (Harrisburg: Trinity Press International, 2000), 103.

58) 대표적인 저서들의 예를 들면 다음과 같다: Tannehill, *The Narrative Unity of Luke-Acts*; Green, *The Gospel of Luke*.

12. 누가복음의 공헌

누가복음이 믿음에 대한 우리의 이해에 가장 크게 공헌한 부분은 그리스도의 삶에 대한 철저한 역사적 개관이다. 오로지 누가만이 우리를 "예수 이야기"의 출발점, 세례 요한의 탄생에서부터 종착점인 예수의 승천으로 이끌어간다. 도중에 다른 복음서에서는 발견되지 않는 예수님의 이야기들과 가르침을 포함시킨다. 누가가 마가복음과 Q 자료에서 취한 전승에 이러한 자료를 추가함으로써 우리에게 가르쳐주는 것은 무엇인가? 누가가 공헌한 것들 중에서 특별히 언급해야 할 것이 네 가지가 있다.

첫째, 일부 학자들이 강조해왔듯이, 누가복음-사도행전에서 차지하는 하나님의 계획의 중요성이다.[59] 예수님의 유년기 이야기에 포함된 찬송들은 예수님의 이야기 전체를 구약성서에서 하나님께서 이스라엘 백성에게 주신 약속들이라는 배경 안에 둔다(특히 1:54:55, 68-79; 2:29-32을 보라). 예수께서는 나사렛 회당에서 선포하신 말씀에서도 동일한 주제를 취하신다(4:18-19). 예수께서 사역하시는 동안에 발생하는 일들은 하나님께서 오래 전에 세우신 계획을 실천하고 계시기 때문에 발생한다. 누가가 δεῖ("it is necessary")라는 단어를 자주 사용한 것은 이 점을 강조한다. 예수는 아버지의 집에 있어야 했고(2:49), 여러 동네에서 하나님의 나라를 전해야 했고(4:43), 선지자로서 예루살렘에서 죽어야 했고(13:33), 삭개오의 집에서 묵어야 했고(19:5), 십자가에서 죽어야 했다(9:22; 17:25; 22:37; 24:7). 누가복음 마지막 정점을 장식하는 부분에서 예수님은 "모세의 율법과 선지자의 글과 시편에 나를 가리켜 기록된 모든 것이 이루어져야(δεῖ) 하리라"고 요약하여 말씀하신다(24:44). 예수의 탄생, 삶, 죽음, 그리고 부활 등의 사건 속에서 하나님은 하나의 계획을 수행하신다. 그 계획은 구약성서에 계시되어 있으며 예수의 죽음과 부활에서 이루어지지만 모든 민족에게 복음이 선포될 때에 최종적으로 성취될 것이다. 하나님의 계획이라는 주제는 누가복음과 사도행전을 연결해준다.[60]

---

59) 예를 들면 다음과 같다: Joel Green, *The Theology of the Gospel of Luke* (Cambridge: Cambridge University Press, 1995), 47; Robert C. Tannehill, "The Story of Israel within the Lukan Narrative," in *Jesus and the Heritage of Israel*, ed. David P. Moessner (Harrisburg: Trinity Press International, 1999), 325-39; D. L. Bock, "Gospel of Luke," *DJG*, 502-3; John Squires, "The Plan of God in the Acts of the Apostles," in *Witness to the Gospel: The Theology of Acts*, ed. I. Howard Marshall and David Peterson(Grand Rapids: Eerdmans, 1997), 20.

하나님의 계획의 성취는 누가복음의 지배적 구조를 제공한다. 그 계획은 세상을 위해 구원을 예비하는 것을 목표로 한다. 이처럼 구원에 초점을 두는 것이 누가복음의 두 번째 중요한 공헌이다. 종종 누가복음의 중심이 되는 주제 구절로 간주되는 구절은 19장 10절, 삭개오 이야기의 마지막을 장식하는 예수님의 말씀이다: "인자의 온 것은 잃어버린 자를 찾아 구원하려 함이니라." 누가는 공관복음서 기자들 중에서 유일하게 "구원"(*sōtēria*를 4번[1:69, 71, 77; 19:9]; *sōtērion*를 2번[2:30; 3:60])과 "구주"(*sōtēr*[1:47; 2:11])라는 명사를 사용한다. 또 그는 "구원하다"(*sōdzō*)라는 동사를 신약성서의 다른 책에서보다 더 많이 사용한다. 구원은 누가복음의 중심 주제이다.[61] 위에 인용된 것들에서 "구원"이라는 단어가 탄생 이야기에서 많이 사용된다는 것을 알 수 있을 것이다. 또 누가는 이어질 예수님의 사역 분위기를 나타내기 위해서 이 부분의 찬송들을 사용한다. 하나님은 예수 안에서 자기 백성의 구주로 오실 것이다. 누가는 "오늘"(11번)과 "이제"(14번)라는 표현을 자주 사용함으로써 예수를 통해서 현세에 구원이 가능하다는 점을 강조한다. 누가복음에서 구원은 특히 마리아의 찬송에 요약되어 있는 역할의 전도(顚倒)에 초점을 둔다: "그의 팔로 힘을 보이사 마음의 생각이 교만한 자들을 흩으셨고 권세 있는 자를 그 위에서 내리치셨으며 비천한 자를 높이셨고 주리는 자를 좋은 것으로 배불리셨으며 부자를 공수로 보내셨도다"(눅 1:51-53). 마리아가 권세 있는 자와 주리는 자와 부자를 언급한 것은 구원을 제시하는 누가의 중요한 양상과 관계가 있다: 천국의 도래는 세상에서의 지위를 역전시킨다. 그러나 누가복음의 구원 이야기는 궁극적으로 사회적이거나 경제적인 위상과 관련된 것이 아니라 영적인 것과 관련이 있다: 예수는 죄 사함을 제공함으로써 "멀리" 있는 사람들과 잃어버린 사람들을 구원하기 위해 오셨다(예를 들면, 1:77; 5:17-26; 7:48-50; 19:1-10; 24:46-47). 누가복음 1-2장의 찬송들은 이 구원을 하나님의 약속들의 성취 안에 있는 이스라엘의 구원으로 제시한다(cf. 1:68-75). 그러나 이 구원이 "주의 백성 이스라엘의 영광"일 뿐만 아니라 "이방을 비추는 빛"이라고 선포되기도 한다(2:29-32). 3장 6절에서는 같은 내용을 한층 더 강력하게 제시한다. 복음서 기자들 중에서 오로지 누가만이 이사야 40:3에서 인용한 내용에 "모든 육체가 하나님의 구원하심을 보리라"는 약속을 추가한다.

---

60) Tannehill, "Story of Israel"을 보라.

61) 특히 Marshall은 "구원이라는 개념이 누가의 신학의 핵심이 된다는 것이 우리의 논제이다"라고 말한다(Marshcll, *Luke: Historian and Theologian*, 92; cf. also 116-18).

주목할 만한 누가의 세 번째 공헌은 이방인이 하나님의 구원의 궁극적인 수혜자라고 강조한 것이다. 누가는 결코 유대인들을 무시하지 않는다. 이스라엘에게 주신 하나님의 약속들의 성취에 두어진 초점은 사라지지 않는다. 그러나 이스라엘과 이방인들에게 있어서 그 성취의 의미는 복음서가 전개됨에 따라서 변화된다. 예수님의 계보를 (마태복음에서처럼) 아브라함이 아니라 아담에게로 거슬러 올라가는 누가의 족보에서는 예수의 전 세계적인 의의가 암시된다. 예수께서는 나사렛 회당에서 가르치실 때에 마을 사람들을 책망하시고 사렙다의 과부와 수리아 사람 나아만에게 주어진 하나님의 은혜를 상기시키신다(4:25-27). 예수께서는 이방인 백부장의 믿음을 칭찬하시며(7:1-10), 유명한 선한 사마리아인의 비유에서는 사마리아 사람을 영웅으로 만드신다(10:30-37; 17:16). 이 복음서에서 하나님의 은혜가 이방인들에게 미친다는 것을 암시하는 언급들은 누가가 사도행전에서 관심을 갖고 강조한 것, 즉 이방인들이 하나님의 백성에 포함될 수 있는 길을 마련해준다.

누가복음의 네 번째 주제는 사회적으로 쓸모없는 사람들에 대한 예수님의 관심이다. 예수님은 항상 유대 사회의 한계인들과 교제하시는 모습으로 제시된다: 가난한 사람들(1:46-55; 4:18; 6:20-23; 7:22; 10:21-22; 14:13, 21-24; 16:19-31; 21:1-4), 죄인들(예를 들면, 바리새 의식들을 완전히 지키지 않은 사람들—5:27-32; 7:28, 30, 34, 36-50; 15:1-2; 19:7), 여자들(7:36-50; 8:1-3, 48; 10:38-42; 13:10-17; 24:1-12). 누가는 종종 이와 같은 사회적으로 쓸모없는 사람들이 특별히 예수님의 메시지를 잘 받아들인 것으로 묘사한다. 그는 하늘나라의 메시지를 거리낌 없이 전심으로 받아들이기 위해서 이 세상과 얽혀 있는 것들을 버리는 것이 중요하다는 것을 명시적으로, 그리고 암암리에 언급한다.[62] 일부 신학자들, 특히 해방신학자들은 하나님께서 가난한 사람들과 학대받는 사람들에게 은혜를 베푸시고 부자와 권세 있는 사람들을 거부하신다고 주장하기 위해서 이 메시지를 사용해왔다. 예수께서 가난한 사람들을 축복하시고 부자들에게 "화"를 선포하신 구절들(6:20, 24)이 그러한 견해를 암시한다고 볼 수도 있다. 그러나 예수께서는 구약성서를 배경으로 하여 "가난"과 "부"라는 표현을 사용하신다는 점을 기억해야 한다. 구약성서에서 그 표현들은 경제적인 의미만 아니라 사회적

---

62) Craig, L. Blomberg, *Neither Poverty Nor Riches: A Biblical Theology of Material Possesions*, NSBT (Grand Rapids: Eerdmans, 1999), 111-46, 160-74을 보라.

의미와 영적 의미를 소유한다. "가난한 사람"이란 많은 돈을 소유하지 못한 사람일 뿐만 아니라 하나님을 의지하는 사람이며, "부자"는 돈이 많은 사람일 뿐만 아니라 자신의 돈과 권세를 사용하여 가난한 사람들을 학대하는 사람이다. 누가가 사용한 "가난한 사람"과 "부자"라는 범주를 우리의 문화적 범주에 적용할 때에는 이러한 뉘앙스들을 참작해야 한다.[63)]

누가가 사회-경제적 문제에 기울인 관심의 또 다른 양상은 제자들이 돈을 다루는 방식에 의해서 예수님을 성실하게 따르고 있다는 것을 드러내야 한다는 점을 강력하게 가르친 것이다. 누가가 복음서 전승에 추가한 것들 중 일부는 청지기 직분에 초점을 둔다: 요한의 권면(3:10-14), "어리석은 부자"의 비유(12:13-21), 불의한 청지기의 비유(16:1-13), 부자와 나사로의 비유(16:19-31), 예수님과 삭개오의 만남(19:1-10). 누가복음의 상황이나 수신인들의 어떤 특별한 요인 때문에 이러한 문제에 대해 많이 다루었는지는 알 수 없다. 그러나 현재 선진국들에서 교회의 상태는 그러한 가르침이 계속 필요하다는 것을 훌륭히 증거해준다.

참고문헌

Loveday Alexander, *The Preface to Luke's Gospel: Literary Convention and Social Context in Luke 1:1-4 and Acts 1:1*, SNTSMS 78 (Cambridge: Cambridge University Press, 1993).

C. K. Barrett, *Luke the Historian in Recent Study* (London: Epworth, 1961).

Richard Bauckham, "For Whom Were the Gospels Written?" in *The Gospels for All Christians* (Grand Rapids: Eerdmans, 1998).

O. Betz, "The Kerygma of Luke," *Int* 22 (1968): 131-46.

Craig Blomberg, "Midrash, Chiasmus, and the Outline of Luke's Central Section," in *Gospel Perspectives*, vol. 3, ed. R. T. France and David Wenham (Sheffield: JSOT Press, 1983), 217-6; idem, *Neither Poverty Nor Riches: A Biblical Theology of Material Possessions*, NSBT (Grand Rapids: Eerdmans, 1999).

Darrell L. Bock, "Gospel of Luke," in *DJG*; idem, *Luke 1:1-9:50*, BECNT (Grand Rapids: Baker, 1994); idem, *Proclamation from Prophecy and Pattern: Lucan Old Testament Christology*, JSNTSup 12 (Sheffield: Sheffield Academic Press, 1987).

F. Bovon, Luc le Théologien: Vingtcinq ans de recherches (1950-75) (Neuchâel: Delachaux & Niestlé 1978; idem, *Luke 1: A Commentary on the Gospel of Luke* 1:1-9:50, Hermeneia (Minneapolis: Augsburg/Fortress, 2002).

Schuyler Brown, *Apostasy and Perseverance in the Theology of Luke*, AnBib 36 (Rome: Pontifical Biblical Institute, 1969).

63) Charles H. Talbert, *Reading Luke* (New York: Crossroad, 1984), p. 70; Green, *Theology*, 79-94을 보라.

F. F. Bruce, *The Acts of the Apostles* (London: Tyndale, 1951).

Henry J. Cadbury, *The Making of Luke-Acts* (London: Macmillan, 1927); idem, *The Style and Literary Method of Luke,* HTS 6 (Cambridge: Harvard University Press, 1919).

G. B. Caird, *The Gospel of St Luke* (Harmondsworth: Penguin, 1963).

J. Bradley Chance, *Jerusalem, the Temple, and the New Age in Luke-Acts* (Macon: Mercer University Press, 1988).

Hans Conzelmann, "Luke's Place in the Development of Early Christianity," in *Studies in Luke-Acts*, ed. Leander E. Keck and J. Louis Martyn (Nashville: Abingdon, 1966), 298-316; idem, *The Theology of St Luke* (London: Faber & Faber, 1961).

J. M. Creed, *The Gospel According to St. Luke* (London: Macmillan, 1950).

M. Dibelius, *Studies in the Acts of the Apostles* (ET London: SCM, 1956).

J. Drury, *Tradition and Design in Luke's Gospel* (London: Darton, Longman & Todd, 1976).

E. Earle Ellis, *Eschatology in Luke* (Philadelphia: Fortress Press, 1972); idem, *The Gospel of Luke*, 2nd. ed. (London: Marshall, Morgan & Scott, 1974).

Philip F. Esler, *Community and Gospel in Luke-Acts*, SNTSMS 57 (Cambridge: Cambridge University Press, 1987.

A. Farrer, "On Dispensing with Q," in *Studies in the Gospels*, ed. D. E. Nineham (Oxford: Oxford University Press, 1955), 55-58.

Stephen Farris, *The Hymns of Luke's Infancy Narratives: Their Origin, Meaning, and Significance*, JSNTSup 9 (Sheffield: JSOT Press, 1985).

Joseph A. Fitzmyer, *The Gospel According to Luke*, 2 vols. (New York: Doubleday, 1983-85).

Helmut Flender, St Luke, *Theologian of Redemptive History* (London: SPCK, 1967).

E. Franklin, *Christ the Lord: A Study in the Purpose and Theology of Luke-Acts* (London: SPCK, 1975).

David Gooding, *According to Luke: A New Exposition of the Third Gospel* (Grand Rapids: Eerdmans, 1987).

Michael D. Goulder, *Luke: A New Paradigm*, 2 vols., JSNTSup 20 (Sheffield: JSOT Press, 1989).

Joel B. Green, *The Gospel of Luke*, NICNT (Grand Rapids: Eerdmans, 1997); idem, *The Theology of the Gospel of Luke* (Cambridge: Cambridge University Press, 1995).

Adolf von Harnack, *Luke the Physician* (New York: Putnam, 1907).

R. G. Heard, "The Old Gospel Prologues," *JTS* 6 (1955): 1-16.

Martin Hengel, *The Four Gospels and the One Gospel of Jesus Christ* (Harrisburg: Trinity Press International, 2000).

W. K. Hobart, *The Medical Language of St. Luke* (Dublin: Hodges, Figgis, 1982).

J. Jervell, *The People of God: A New Look at Luke-Acts* (Minneapolis: Augsburg, 1973).

Luke T. Johnson, *The Literary Function of Possessions in Luke-Acts,* SBLDS 39 (Missoula: SP, 1977).

Donald Juel, *Luke-Acts: The Promise of History* (Atlanta: John Knox, 1985).

Robert J. Karris, *Luke: Artist and Theologian. Luke's Passion Account as Literature* (New York: Paulist, 1985).

E. Käsemann, *Essays on New Testament Themes* (London: SCM, 1964).

Leander E. Keck and J. Louis Martyn, *Studies in Luke-Acts* (Nashville: Abingdon, 1966).

J. F. J. Klijn, *A Survey of the Researches in the Western Text of the Gospels and Acts: Part One* (Utrecht: Kemink & Zoon, 1949), and *Part Two* (1949-1969), NovTSup 21 (Leiden: Brill, 1969).

William L. Lane, *The Gospel According to Mark*, NICNT (Grand Rapids: Eerdmans, 1974).

A. R. C. Leaney, *The Gospel According to St Luke*, BNTC, 2nd ed. (London: Black, 1966).

Walter L. Liefeld, "Luke," in *EBC*.

J. B. Lightfoot, *Notes on Epistles of St Paul* (London: Macmillan, 1904).

Allan J. McNicol, *David L. Dungan, and David B. Peabody, Beyond the Q Impasse: Luke's Use of Matthew* (Valley Forge: Trinity Press International, 1996).

R. Maddox, *The Purpose of Luke-Acts* (Edinburgh: T. & T. Clark, 1982).

I. Howard Marshall, *The Gospel of Luke: A Commentary on the Greek Text*, NIGTC (Grand Rapids: Eerdmans, 1978); idem, *Luke: Historian and Theologian*, 2nd ed. (Grand Rapids: Zondervan, 1988).

Donald G. Miller, ed., *Jesus and Man's Hope*, vol. 1 (Pittsburgh: Pittsburgh Theological Seminary, 1970).

David P. Moessner, ed., *Jesus and the Heritage of Israel: Luke's Narrative Claim upon Israel's Legacy* (Harrisburg: Trinity Press International, 2000).

Leon Morris, "Luke and Early Catholicism," in *Studying the New Testament Today, I*, ed. John H. Skilton (Nutley: Presbyterian & Reformed, 1974), 60-75; idem, *Luke: An Introduction and Commentary*, 2nd ed., TNTC (Leicester: IVP/Grand Rapids: Eerdmans, 1988).

John Nolland, Luke 1-9:20, WBC (Dallas: Word, 1989).

Mikeal C. Parsons and Richard I. Pervo, *Rethinking the Unity of Luke and Acts* (Minneapolis: Fortress Press, 1993).

Alfred Plummer, *A Critical and Exegetical Commentary on the Gospel According to S. Luke* (Edinburgh: T. & T. Clark, 1928).

Friedrich Rehkopf, *Der lukanische Sonderquelle*, WUNT 5 (Tübingen: Mohr-Siebeck, 1959).

Bo Reicke, "Synoptic Prophecies of the Destruction of Jerusalem," in *Studies in New Testament and Early Christian Literature*, ed. D. E. Aune (Leiden: Brill, 1972), 121-33.

M. Rese, *Alttestamentliche Motive in der Christologie des Lukas* (Gütersloh: Gerd Mohn, 1969).

J. A. T. Robinson, *Redating the New Testament* (Philadelphia: Westminster, 1976).

Leopold Sabourin, *The Gospel According to St Luke: Introduction and Commentary* (Bombay: St. Paul, 1984).

Daryl D. Schmidt, "Rhetorical Influences and Genre: Luke's Preface and the Rhetoric of Hellenistic Historiography," in *Jesus and the Heritage of Israel*, ed. David P. Moessner (Harrisburg: Trinity Press International, 1999), 27-60.

David Peter Seccombe, *Possessions and the Poor in Luke-Acts* (Linz: SNTU, 1982).

Robert B. Sloan Jr., *The Favorable Year of the Lord: A Study of Jubilary Theology in the Gospel of Luke* (Austin: SP, 1977).

Klyne Snodgrass, "Western Non-Interpolations," *JBL* 91 (1972): 369-79.

Gregory E. Sterling, *Historiography and Self-Definition: Josephus, Luke-Acts, and Apologetic Historiography*, NovTSup 44 (Leiden: Brill, 1992).

B. H. Streeter, *The Four Gospels* (London: Macmillan, 1930).

Charles H. Talbert, *Literary Patterns, Theological Themes, and the Genre of Luke-Acts*, SBLMS

20 (Missoula: SP, 1974); idem, *Reading Luke* (New York: Crossroad, 1984); idem, ed., *Perspectives on Luke-Acts* (Edinburgh: T. & T. Clark, 1978).

Robert C. Tannehill, *The Narrative Unity of Luke-Acts: A Literary Interpretation*, 2 vols. (Minneapolis: Fortress Press, 1990); idem, "The Story of Israel within the Lukan Narrative," in *Jesus and the Heritage of Israel,* ed. David P. Moessner (Harrisburg: Trinity Press International, 1999), 325-39.

V. Taylor, *Behind the Third Gospel* (Oxford: Clarendon Press, 1926); idem, *The Passion Narrative of St. Luke: A Critical and Historical Investigation*, ed. Owen E. Evans, SNTSMS 19 (Cambridge: Cambridge University Press, 1972).

M. M. B. Turner, "The Sabbath, Sunday, and the Law in Luke/Acts," in *From Sabbath to Lord's Day*, ed. D. A. Carson (Grand Rapids: Zondervan, 1982), 99-157.

W. C. van Unnik, "Luke-Acts, a Storm Center in Contemporary Scholarship," in Studies in Luke-Acts, ed. Leander Keck and J. Louis Martyn (Philadelphia: Fortress Press, 1966), 15-32.

J. Verheyden, "The Unity of Luke-Acts: What Are We Up To?" in *The Unity of Luke-Acts,* ed. J. Verheyden, BETL 142 (Leuven: Leuven University Press, 1999), 3-56.

John Wenham, *Redating Matthew, Mark, and Luke: A Fresh Assault on the Synoptic Problem* (Downers Grove: IVP, 1992).

Michael Wilcock, *Savior of the World: The Message of Luke's Gospel* (Leicester: IVP, 1979).

Ben Witherington III, *The Acts of the Apostles: A Socio-Rhetorical Commentary* (Grand Rapids: Eerdmans, 1998).

제6장

요한복음

1. 내용

요한복음도 다른 복음서들과 마찬가지로 예수님의 태생, 사역, 죽으심, 부활에 관한 이야기를 다루며 중립적 태도를 취하려 하지 않는다. 요한복음 기자는 믿음을 일으키려는 의도를 가졌고(20:30-31), 그 목적을 위해서 독자들의 욕구를 염두에 두고 복음서를 기록하였다.[1)]

요한복음의 기본 구조는 그 구조에 관해 깊이 생각하지 않는 한 상당히 단순하다. 이 단순성에 둘러싸인 복잡성 때문에 최근 수십 년 동안 요한복음에 대한 연구서들이 쏟아져 나왔다.

표면적으로 보면, 요한복음은 서론과(1:1-18) 결론이 있고(21:1-25), 그 사이에 1:19-12:50과 13:1-20:31의 두 단락이 있다. 두세 명의 영향력 있는 학자들은 이 두 단락을 표적의 책(Book of Signs)과 영광의 책(Book of Glory),[2)] 또는 표적의 책과 고난의 책(Book of Passion)[3)]이라 부른다.

"표적의 책"이라는 명칭은 마치 표적이 1:19-12:50에만 국한되어 있는 듯한

---

1) 이 장 여러 곳에서 D. A. Carson, *Gospel According to John,* PCNT (Grand Rapids: Eerdmans, 1990)에 있는 내용을 사용하였다.

2) R. E. Brown, *The Gospel According to John* (Garden City, N.Y.: Doubleday, 1966-70), pp. 138-139

3) C. H. Dodd, *The Interpretation of the Fourth Gospel* (Cambridge: Cambridge University Press, 1953), p. 289.

인상을 주지만, 20장 30-31절을 보면 요한복음서 기자의 관점에서는 요한복음 전체가 표적의 책이다: 예수의 고난과 부활이 가장 위대한 표적이다. 또한, 13-17장에 예수님의 고난이 서술되지만, 고난 이야기 자체는 18장에서 시작된다. 만일 주제에 있어서 고난과 관련이 있다는 이유에서 13-17장을 고난 이야기에 포함시킬 수 있다면, 1-12장에 있는 많은 구절들도 포함시킬 수 있다(예를 들면, 1:29, 36; 6:35ff.; 11:49-52).

전혀 다른 구조를 주장하는 학자들도 있다. 예를 들어, 와일러(Wyller)[4]는 10장 2-29절이 영웅의 운명이 바뀌는 구조적 절정이고, 나머지 자료는 이 절정을 중심으로 엮어졌다고 주장한다. 이 주장은 피상적으로 그럴 듯하지만, 주제를 놓고 볼 때 이 구절들은 와일러가 주장하는 것처럼 구조적인 중요성을 소유하고 있으며 플라톤의 동굴의 비유가 복음서의 구조를 위한 최상의 본보기라고 믿기 어렵다. 또 어떤 학자는 서언의 집중적인 구조를 모방한 집중적 구조를 발견해 내기도 했다.[5] 그러나 직관적으로 분명하게 판단할 수 없는 복잡하고 논란이 되는 구조는 신빙성이 없다.

요한복음의 구조에 관한 최근의 어느 연구서에서 저자인 조지 믈라쿠실(George Mlakushil)은 요한복음의 모든 복잡성을 설명하려고 노력하면서 교차대칭구조(chiasm)들과 자신이 연결 장절(bridge-pericopes), 혹은 연결 단락(bridege-sections)—두 개나 혹은 그 이상의 구조적 단위에 적용되며 그것들을 서로 묶어주는 것—이라고 부르는 것을 발견한다.[6] 예를 들면, 그는 2:1-12:50은 "예수님의 표적에 관한 책"이라고 부를 수 있고, 11:1-20:29는 "예수님의 성시(盛時)에 관한 책", 그리고 중복되는 11-12장은 연결 부분이 될 수 있다고 주장한다. 물론 세부 사항에서는 논란의 여지가 있지만, 그는 요한복음이 얼마나 통합되고 빈틈없이 구성되었는지를 잘 보여준다. 예를 들어, 길이가 상이한 각각의 단락들이 완벽하게 조화를 이루고 있음을 여러 학자들이 지적해왔다(예를 들면, 1:18; 4:42; 4:53-54; 10:40-42; 12:44-50; 20:30-31;21:25).

비평가들이 요한복음에서 서로 양립할 수 없는 많은 구조들을 발견하는 이유

4) Egil A. Wyller, "In Solomon's Porch: A Henological Analysis of the Architectonic of the Fourth Gospel," *ST* 42 (1988): 151-67.

5) Jeffrey Lloyd Staley, *The Print's First Kiss: A Rhetorical Investigation of the Implied Reader in the Fourth Gospel*, SBLDS 82 (Atlanta: SP, 1985).

6) George Mlakushyl, *The Christocentric Literary Structure of the Fourth Gospel*, AnBib 117 (Rome: Pontifical Biblical Institute, 1987).

중 하나는 요한이 몇 개의 주제를 반복해서 다루기 때문에 온갖 종류의 교차대칭구조들과 대구법을 가정할 수 있다는 것이고, 또 다른 이유는 다양한 구조들이 다른 구조들을 덮고 있는 것처럼 보인다는 것이다. 예를 들어, 2:1-4:54은 지리적 "감싸기 구조"(*inclusio*, 같은 문학적 묘사에 의해 구절을 소개하고 결론짓는 배열방법)를 반영한다. 즉, 활동 영역이 가나에서 다시 가나로 옮겨진다. 그러나 이 방법은 이 단락의 경계를 보는 데는 도움이 되지만, 요한의 사상에서 가나가 독자들로 하여금 본문을 읽어내려 가는 데 도움을 주기 위한 사소한 역할 이상의 신학적인 중요성을 부여할 만큼 중요한 것이었는지는 분명하지 않다.[7]

서언(1:1-18) 다음에, 예수께서는 말씀과 행동으로 자신을 나타내신다(1:19-10:42). 이 큰 단원은 예수님의 공적 사역을 위한 준비행위를 소개하는 것으로 시작된다(1:19-51). 공관복음서들처럼, 세례 요한이 먼저 소개되고, 예수님과 그의 관계(1:19-28), 예수님에 관한 그의 공적 증언(1:29-34)에 이어서 예수께서 어떻게 최초의 제자들을 얻게 되셨는가를 기록한다(1:35-51).

이 첫째 큰 단원(1:19-10:42)의 나머지 부분은 세 개의 소단원으로 나눌 수 있다. 첫째 소단원은 예수님의 초기 사역—표적, 사역, 말씀—을 기록한다(2:1-4:54). 여기에는 물을 포도주로 만드신 첫 번째 기적(2:1-11), 성전 정화(2:12-17), 예수께서 성전을 대신하실 것이라는 말씀(2:18-22) 등이 포함되어 있다. 이 시기에 그를 믿는 많은 사람들의 잘못된 믿음은 예수님과 니고데모의 대화로 연결되며(3:1-15), 이 대화는 곧바로 독백으로 바뀐다. 이 장에서 요한은 두 번, 즉 니고데모와의 대화 직후(3:16-21)와 예수님에 관한 세례 요한의 증거를 소개한 후(3:22-30, 3:31-36)에 자신의 논평을 제공한다. 예수께서는 갈릴리로 가시는 도중에 사마리아에 들리셔서 사마리아 여인 및 그 동네 사람들을 믿음으로 인도하신다(4:1-42). 이 단원은 왕의 신하의 아들을 고치는 두 번째 표적으로 막을 내린다(4:43-54).

다음 단원에는(5:1-7:53), 점점 심해지는 반대 속에서 더 많은 기적과 사역, 말씀이 나타난다. 안식일에 베데스다 연못에서 중풍병자를 고치신 사건이 벌어지는데(5:1-15), 이 사건은 죄와 질병을 연결해준다. 이 일로 인해 야기된 반대를 예수님은 재빨리 자신이 하나님의 아들이라는 것과 관련된 기독론적인 질문으로

7) Raymond E. Brown, *An Introduction to the Gospel of John*, ed. Francis J. Moloney (New York: Doubleday, 2003), 298-316을 보라.

변화시키신다(5:16-30). 이러한 기독론적 주장들은 예수님에 관한 증거들을 다루게 만든다(5:31-47). 오천 명을 먹이신 것(6:1-15)과 물 위를 걸으신 것은(6:16-21) 예수님 자신을 참된 만나요(특히 6:27-34) 반드시 먹어야 할 생명의 떡(6:35-48)이라고 주장하시는 설교(6:22-58)를 소개하는 역할을 한다. 이것은 더 많은 망설임을 일으킨다. 예수님에 관한 의견이 분분해지고, 심지어 제자들 중에도 예수께 등을 돌리는 사람들이 생기지만, 예수는 누가 참 제자인지를 결정하는 우선권이 자신에게 있다고 가르치신다(6:59-71). 예수께 대한 회의와 반신반의는 예수의 가족들에게서도 계속된다(7:1-13). 결국 예수께서 영광을 받은 후에(7:37-44) 마지막 때에 성령을 부어 주시리라는 약속에서 절정을 이루는 초막절에서의 첫 번째 대결은(7:14-44) 유대 권력자들로부터의 최초의 체계적인 반대를 야기한다(7:45-52).

원문에는 없었던 것으로 보이는 간음하는 현장에서 잡힌 여인의 이야기 다음에(7:53-8:11), 마지막 소단원에서는 극단적인 대결 상황에서 행해지는 결정적인 표적, 사역, 말씀을 다룬다(8:12-10:42). 초막절의 두 번째 대결은(8:12-59) 예수님 자신은 "나는 스스로 존재하는 자"요 유대 권세자들은 마귀의 자녀들이라고 말씀하심으로 종결된다. 이 때 그들은 예수님을 돌로 쳐 죽이려 하지만 실패한다. 죄와 인간의 상태는 전혀 상관이 없음을 가르쳐 주는 바, 날 때부터 소경인 사람을 고쳐 주신 사건은(9:1-41) 스스로 본다고 생각하는 자들을 책망하는 데서 절정에 이른다. 10장에서 예수님은 자신을 양의 선한 목자라고 소개하신다. 그 결과 그의 메시아적 양 무리를 하나님의 백성들의 중심지로 만들고, 이미 예상된 유대인들의 반응을 불러일으킨다(10:1-21). 수전절에 자신이 메시아요 하나님의 아들이라는 예수님의 주장은 노골적인 반대를 불러일으키고(10:22-39), 예수께서는 전략상 세례 요한이 전에 세례를 베풀던 지방으로 후퇴하신다. 이 후퇴는 독자들로 하여금 세례 요한의 참된 증거를 상기시키며, 심한 반대에도 불구하고 예수님을 믿는 많은 사람들이 동행했다(10:40-42).

많은 학자들은 다음 단원, 즉 11:1-12:50을 "표적의 책"에 포함시키지만, 이 두 장은 과도적 부분으로 보아야 할 듯하다. 나사로의 죽음과 부활 사건은(11:1-44) 예수님의 죽으심과 부활을 기대하고 돋보이게 만드는 사건으로서 예수님을 죽이려는 법적 결정을 내리는 계기가 되었다(11:45-54). 다음 단원에서는(11:55-12:36), 유대인의 유월절에(11:55-57) 진정한 유월절 양의 죽음을 예기하면서 마리아가 예수께 기름 붓는 사건이 발생한다. 마리아는 이 사건을 통해 예수님을 향한 헌신적인 사랑을 보여준다(12:1-11). 승리의 예루살렘 입성은 그의 왕 되심을 선포하지만, 이 왕권은 세상의 것과는 다를 것이라는 불길한 징조가 보이기 시작한다(12:12-19). 이방인들의 도착은 예수님이 죽어 영광스럽게 될 때가 가까왔음을 알린다(12:20-36). 이 과도적 단원은 불신앙의 신학, 즉 불신의 본질과 불가피성을 보여주는 신학적 고찰로 종결된다(12:20-36).

요한복음의 마지막 대단원은 예수님의 십자가 안에 드러난 예수님의 자기 계시와 승천하여 영광을 받게 될 것을 묘사한다(13:1-20:31). 이 단원은 마지막 만찬으로 시작된다(13:1-30). 요한은 성찬식 제정에 관한 언급보다는 제자들의 발을 씻어주신 것(13:1-17)을 상기시키는데, 이것은 그의 임박한 죽음에 의해 이루어질 독특한 씻음을 예시하는 동시에 제자들이 따라야 할 본보기가 된다. 유다가 배반할 것이라는 예수님의 예언은(13:18-30) 그가 아버지의 뜻에 순종해서 자신의 운명을 스스로 결정하고 있음을 확실하게 보여준다. 그 뒤에 이어지는 소위 고별 설교—일부는 대화체이고 일부는 독백이다—는 편의상 두 부분으로 나눌 수 있다(13:31-14:31과 15:1-16:33). 어떻게 보면, 이 고별 설교는 마지막 기적—예수님 자신의 죽으심과 승천—이 일어나기 전에 그 기적의 중요성을 설명한다고 볼 수 있으며, 따라서 이 설교는 구속사의 흐름 속에서 예수님과 그의 죽으심과 영광의 위치, 예수께서 승천하시면서 신자들에게 보내주시겠다고 약속하신 보혜사의 역할과 기능에 대한 신학이 된다. 그 다음에 예수께서 자기의 영광을 위하여(17:1-5), 제자들을 위하여(17:6-19), 나중에 믿을 자들을 위하여(17:20-23), 그리고 결정적으로 예수님의 영광을 볼 수 있도록 모든 신자들의 완전함을 위하여 드리는(17:24-26) 기도가 기록된다. 이어 예수님의 재판과 고난이 다루어지는데, 특히 예수님의 왕권의 본질이 강조된다(18:1-19:42). 예수님의 부활(20:1-31)에 관한 기록에는 부활 후에 나타나신 사건뿐만 아니라 성령의 은사와 죄 사함에 관한 놀라운 말씀(20:19-23)과 "나의 주 나의 하나님이여!"(20:28)라는 도마의 놀라운 고백도 포함되어 있다. 이 대 단원은 정확하게 요한복음의 목적에 대한 간결한 진술로 막을 내린다(20:30-31).

에필로그(21:1-25)는 몇 가지 미결 부분들을 마무리할 뿐만 아니라(예를 들면 베드로의 회복), 상징적인 방법으로 교회의 성장과 교회 안에서의 은사와 소명의 다양성을 보여준다. 그리고 특별하게 예수님의 위대하심으로(21:25) 끝맺는다.

2. 저자

요한복음은 저자의 이름을 명시하지 않는다. 공관복음과 마찬가지로 요한복음은 공적으로는 익명의 책이다. 우리가 증명할 수 있는 바에 의하면, "요한에 따른"(According to John)이라는 명칭은 네 복음서가 "사중 복음"(the fourfold gospel)으로서 함께 보급되기 시작하면서 붙여진 듯하다. 부분적으로 이것은 그 책을 나머지 세 복음과 구분하기 위한 것이었지만, 처음부터 제목이었을 가능성도 있다. 그러나 "요한에 따른"이라는 것이 그 책이 출판되고 나서 20년, 또는 30년 후에 추가되었다 해도, 브루스(F. F. Bruce)의 다음과 같은 관찰은 상당히 설득력이 있다: "네 개의 정경적 복음서가 익명으로 출판될 수 있었던 반면, 2세기 중반부터 나타나기 시작한 출처가 의심스러운 복음서들은 사도들이나 주님과 교제했던 사람들에 의해서 기록되었다고 (거짓되게) 주장했다는 사실에 주목할 필요가 있다."[8)]

1) 외적 증거

정통주의나 영지주의의 초기 문서들 중에 네 번째 복음서를 암시하거나 인용한 듯이 보이는 것들이 있지만, 확실하게 네 번째 복음서에서 인용하고 그것을 요한의 것으로 간주한 최초의 인물은 안디옥의 데오빌로이다(A.D 181년경). 그러나 그 전에도 저스틴 마터의 제자인 타티안(Tatian), 히에라폴리스의 감독 클라우디우스 아폴리나리우스(Cladius Apolinaris), 아테나고루스(Athenagorus) 등이 네 번 째 복음서를 권위 있는 자료로 인용했다. 그렇다면, 외적 증거의 기원을 폴리캅과 파피아스에게로 거슬러 올라갈 수 있는데, 이들에 대한 정보는 이레내우스(2세기 말)나 초대교회의 역사가 유세비우스(4세기)에게서 얻을 수 있다. 폴리캅은 156년에 86세의 나이로 순교했다. 따라서 그가 아시아에서 사도들(요한, 안드레, 빌립)과 교제했고 주님을 실제로 목격했던 사역자들로부터 서머나의 교회를 돌보라는 명령을 받았다는 주장의 진실성을 부인할 이유가 없다(*H.E.* 3.36).

이레내우스는 폴리캅을 개인적으로 알고 있었는데, 네 번째 복음서에 대한 가장 중요한 정보를 전달해 주는 사람은 폴리캅이다. 이레내우스는 플로리누스(Florinus)에게 보내는 글에서 다음과 같이 회상했다:

---

8) F. F. Bruce, *The Gospel of John* (Basingstoke: Lickering & Inglis, 1983), p. 1.

> 나는 최근의 사건들보다 그 시대에 발생한 사건들을 더 분명히 기억하고 있습니다. 왜냐하면 우리가 어릴 때 배운 것은 영혼과 함께 자라 영혼의 일부가 되기 때문입니다. 따라서 나는 폴리캅이 앉아서 토론하던 장소, 그가 그곳에 들어오고 나가던 태도, 그의 외모와 삶의 특징, 그의 설교, 요한을 비롯하여 예수님을 만났던 사람들과 나눈 대화에 관한 증언, 예수님의 기적과 가르침[9]을 포함하여 그들에게서 듣고 기억하고 있는 내용, 그리고 폴리캅이 생명의 말씀의 산 증인들로부터 받은 모든 것을 어떻게 성경과 일치되게 증거하였는지 알고 있습니다.(*H.E.* 5.20.5-6)

대부분의 학자들은 세베데의 아들인 사도 요한을 가리키는 이 "요한"이 이레내우스가 네 번째 복음서의 기자라고 강조한 요한이라고 인정한다. 이레내우스가 볼 때에, 네 개의 복음서가 있는 것은 네 종류의 바람이 있는 것처럼 자연스럽고 당연한 것이었다. 그는 네 번째 복음서에 관하여 "주님의 가슴에 기대었던 제자 요한이 아시아의 에베소에 있는 동안에 이 책을 썼다"고 기록했다(*Adv. Haer.* 2.1.2). 다시 말해, 네 번째 복음서 기자의 이름은 요한이며 요한복음 13:23의 사랑받은 제자와 동일인물이다.

파피아스의 증거도 부차적인 자료에 의존한다. 파피아스는 폴리캅과 동시대의 인물이었으며, 요한의 제자였을 수도 있다(이레내우스의 *Adv. Haer.* 5.33.4는 이것을 인정하고, 유세비우스의 *H.E.* 3.39.2는 부인한다). 파피아스가 네 번째 복음서를 인용했음을 유세비우스가 언급하지 않은 것은 요한복음의 저자 문제와는 무관하다. 유세비우스의 분명한 목적은 "인정된" 책들과 관련된 인용문들의 목록을 제공하려는 것이 아니라, 신약성서의 논란이 되는 부분들 및 1세기를 그 이후와 연관 지으려 했던 사람들에 관해 논하려는 것이었다.[10]

파피아스에 관해서 평가하기 어려운 또 하나의 증거가 있다. 140년경에 마르시온(Marcion)이라는 사람은 바울의 가르침을 엉뚱하게 받아들여, 바울만 예수님의 가르침을 바르게 이해하여 따랐고, 나머지 제자들은 다시 유대교로 돌아갔다

---

9) 이 번역은 유세비우스에 대한 Loeb 판에서 인용했다. 이 구절을 제외하고는 Loeb 판에는 분명히 문제가 있다.

10) 그러나 이와 관련하여 일반적으로 인정되어 널리 받아들여졌던 요한일서가 언급되어야 했다는 것이 놀랍다. 일부 학자들의 주장처럼, 그것이 소위 일반서신, 혹은 보편 서신이라고 하는 다소 예외적인 서신들에 포함되어 있기 때문인지도 모른다.

고 확신했다. 그는 교회에게 자신의 견해를 납득시키기 위해 로마로 갔다. 그는 신약 정경은 바울의 서신 열 개와 일부 문장이 삭제된 누가복음뿐이라고 주장했다. 이 주장은 매우 위험한 것으로서 강한 반발을 불러일으켰다. 특히, 복음서들에 대한 반-마르시온 서언들은 이러한 반작용에서 비롯된 것이라고 간주되어왔다(일부 학자들은 이 서언들이 후대에 기록된 것이라고 생각하기도 한다). 요한복음에 대한 반-마르시온 서언은 다소 개악(改惡)된 라틴어판으로 전해져왔다. 이 서언이 주장하는 바는, 요한복음은 요한의 생전에 기록되었으며, 요한의 친밀한 제자였던 히에라폴리스 출신의 파피아스가 요한이 부르는 대로 받아 적었다는 것이다. 마르시온은 요한에 의해 쫓겨났다. 이 서언에 의하면, 이 정보는 파피아스 자신이 기록한 다섯 권의 주해서에서 얻은 것이다: 이것은 중세까지는 유럽의 도서관들에 보존되어 있었으나 안타깝게도 지금은 존재하지 않는 파피아스의 『주님의 말씀에 대한 주해』(*Exegesis of the Dominical Logia*)를 가리킨다.

반-마르시온 서언이 제공하는 정보들 중에는 분명히 잘못된 것들이 있다. 요한이 마르시온을 출교했다는 것은 대단히 의심스럽다: 그것의 연대의 전후관계에 신빙성이 없다. 더욱이 파피아스에 관한 부분은, 교회나 요한의 제자들이 요한이 말한 것을 받아썼다는 파피아스의 말이 잘못 이해되어 "내가 받아썼다"는 말로 인용되었다고 주장하는 견해도 있다. 왜냐하면 헬라어에는 "내가 썼다"는 말과 "그들이 썼다"는 말이 구분되지 않기 때문이다.[11] 그렇다 할지라도, 이 문서에 의하면, 요한이 네 번째 복음서에 대한 책임이 있음은 의심할 여지가 없다.

이레내우스뿐만 아니라, 알렉산드리아의 클레멘트와 터툴리안도 요한이 이 복음서를 기록했다는 확실한 증거를 제시한다. 유세비우스에 의하면(*H.E.* 6.14.7), 클레멘트는 "표면에 나타난 사실들이 복음서들에 이미 기록된 것을 알고 있었던 요한은 마지막으로 제자들의 권유와 성령의 감동으로 영적 복음서를 기록했다"고 저술했다. 주후 170-180년경의 것으로서 가장 오래된 정통적 신약정경 목록인 무라토리 정경(Muratorian Canon)에는 매우 불가해하고 세부 내용들에서는 신빙성이 훨씬 더 적은 역본이 보존되어있다. 그것은 요한의 제자들과 감독들

11) ἀπέγραφον(*apegraphon*)은 미완료시제(imperfect)로는 "내가 기록했다" 혹은 "그들이 기록했다"는 의미이지만, 부정과거 시제로는 구분이 있다: "내가 기록했다"는 ἀπέγραφ(*apegrapsa*)이고 "그들이 기록했다"는 ἀπέγραψαν(*apegrapsan*)이다. 그러나 이 구분도 불분명할 수 있다; J. B. Lightfoot, *Essays on the Work Entitled "Supernatural Religion"* (London: Macmilan, 1889), p. 214를 보라

이 요한에게 복음서를 쓰라고 권유했을 뿐만 아니라, 안드레가 꿈이나 예언을 통해 요한이 자신의 이름으로 복음서를 기록하고 다른 사람들은 그의 복음서를 검토해야 한다는 계시를 받았다고 말한다. 대부분의 학자들은 이것은 어떤 사람이 요한복음 21:24에서 추론해낸 것이라고 생각한다.

어떻게 보면 간접적인 증거들이 훨씬 더 인상적이다. 순교자 저스틴의 제자였던 타티안은 처음으로 네 복음서의 요람(要覽)을 작성했다. 그는 복음서를 모두 분해해서 다시 엮어 하나의 계속적인 이야기를 편집하여 『사복음서 대조』(*Diatessaron*)라는 책을 만들었다. 처음에 헬라어로 작성된 이 요람은 시리아 역본에 막대한 영향을 주었다. 여기에서 짚고 넘어가야 할 중요한 것은 요한복음이 다른 복음서들을 끼워 맞추는 일종의 틀 역할을 했다는 것이다. 요한복음의 신빙성에 대해 의심이 있었다면, 그것은 있을 수 없는 일이었다.

실제로 2세기 말엽 제4 복음서의 저자가 요한이라는 것을 부인한 유일한 사람들은 소위 반 로고스주의자(*Alogoi*)—이 형용사는 네 번째 복음서에 설명된 로고스(요 1:1의 "말씀") 교리를 부인하고 결과적으로 요한복음을 부인한 사람들을 언급하기 위해서 정통주의자들이 사용한 용어로서 "어리석은 자들"이라는 의미가 있다—뿐이었다(*Haer.* 51.3에 의하면 에피파니우스가 그들에게 이 명칭을 부여했는데, 그들은 *Adv.Haer.* 3.11.9에서 이레내우스가 언급한 무리일 가능성이 높다). 그러나 여기에도 복잡한 문제들이 있다. 가령, 반로고스주의자의 일원으로서 로마교회의 장로였던 가이오Gaius)는 요한복음과 요한계시록을 부인하는 것을 제외하고는 모든 면에서 정통교리를 인정했다. 그 동기는 몬타누스주의(Montanism)에 대한 반대에 있다. 몬타누스주의는 2세기 중반의 카리스마 운동으로서, 그 지도자인 몬타누스가 약속된 보혜사의 대언자라고 주장했다. 성령을 가리키는 보혜사에 관한 구절들은 모두 요한복음에서 발견되므로(14:16, 26; 15:26; 16:7-15), 이 점에 있어서 가이오가 반로고스주의와 의견을 같이하는 데는 별다른 설득이 필요 없었다.

2세기 말부터는 요한복음의 정경성, 권위, 저자에 대해 교회는 의견을 같이했다. 이 경우 침묵에 의한 논쟁이 매우 인상적인 증거를 한다:

2세기 말부터는 요한복음의 정경성, 권위, 저자에 대해 교회는 의견을 같이했다. 이 경우 침묵에 의한 논쟁이 매우 인상적인 증거를 한다: "지금은 실전된 많은 작품에 관해 언급했던 유세비우스가 네 번째 복음서를 요한의 작품으로 보는 데 대해 이의가 없었다는 것이 매우 중요하다."[12] 유세비우스의 관심사는 의심스러

12) B. F. Westcott, *The Gospel According to St. John: The Greek Text with Introduction and*

운 문제를 다루는 데 있었기 때문에, 그가 함구했다는 자체가 매우 중요하다.

네 번째 복음서의 기자가 사도 요한이라고 주장하는 외적 증거는 비록 시기적으로 초기에 속하지는 않지만 압도적이라고 할 수 있다. 비록 최초의 확실한 증언들 중 하나를 찾기 위해서 2세기 말의 이레내우스까지 거슬러 올라가야 하지만, 요한을 알고 지낸 폴리캅과 그의 개인적인 관계는 개인적인 기억이라는 점에서 거리가 그렇게 먼 것은 아님을 의미한다. 심지어 사도 요한이 네 번째 복음서를 썼다는 입장을 지지하지 않는 다드(Dodd)도 그 외적 증거가 강력하다고 여기며, "그처럼 설득력이 있다고 생각되는 반대 입장의 외적 증거를 발견하지 못했다"[13]라고 말했다.

금세기에 소수의 주요한 학자들과 많은 유명한 저술가들이 요한의 저작설을 주장하고 있지만, 대부분의 현대 학자들은 이 견해를 거부한다. 그들의 전제와 결론은 대체로 내재적 증거의 해석에 의존하는데, 이 경우 실질적으로 외적 증거를 무시해야 한다. 이는 매우 가슴 아픈 일이 아닐 수 없다. 신약 학자들이 아닌 대부분의 고대 역사 연구가들은 이처럼 풍부하고 일관성 있는 외적 증거를 그리 쉽게 무시하지 않는다.

외적 증거의 힘을 회피하는 한 가지 방법은 두 명의 요한이 있었다는 가설을 지지하는 파피아스의 말을 의존하는 것으로서, 그것은 유세비우스가 기록하고 해석한 것이다. 유세비우스에 의하면, 파피아스는 다음과 같이 기록했다: "만일 실제로 장로들을 추종했던 사람을 우연히 만난다면, 나는 그에게 장로들의 설교에 관해서 질문할 것이다. 안드레가 말한 것, 베드로가 말한 것, 빌립이 말한 것, 도마나 야고보가 말한 것, 혹은 요한이나 마태, 아니면 다른 주님의 제자들이 말한 것, 그리고 주님의 제자인 아리스티온과 장로 요한이 무엇을 말했는지 물어볼 것이다." 유세비우스는 "그가 이렇게 열거하면서 요한을 두 번 언급한 것에 주목할 필요가 있다. 처음 요한은 베드로, 야고보, 마태, 그리고 다른 사도들과 함께 열거한 것으로 보아 복음서 기자 요한을 가리키고, 두 번째 요한은 다른 절(節)에서 사도들과는 별도로 아리스티온과 함께 열거했으며 분명히 장로라고 언급했다"라고 논평했다 (*H.E.* 3.39.4-5).[14] 이 구절 때문에, 많은 사람들은 네 번째 복음서의 저자가 세베

Notes (London: John Murray, 1908), 1:lix.

13) C. H. Dodd, *Historical Tradition in the Fourth Gospel* (Cambridge: Cambridge University Press 1963), p. 12; cf. J. A. T. Robinson, *The Priority of John* (London: SCM, 1985), 99-104.

14) 이 경우에는 H. J. Lawlor and J. E. L. Oulton, E*usebius: The Ecclesiastical History and the*

대의 아들 요한의 제자였던 제2의 요한이라고 주장한다. 이레내우스와 데오빌로를 비롯한 초기 교부들은 이 두 요한을 혼동했을 수도 있다.15)

그러나 최근의 연구는 다음의 네 가지 이유에서 파피아스의 이 말에 의존하는 것은 무모한 일임을 보여준다.

1. 유세비우스는 장로와 사도를 구분하여 장로들은 사도들의 제자들로서 2세대 기독교인이라고 여긴 데 반해, 파피아스는 그러한 구분을 하지 않았음이 널리 인정되고 있다. 파피아스가 사용한 "장로들의 설교"라는 용어는 안드레와 베드로 및 여러 사도들의 가르침을 의미한다. 유세비우스는 다른 곳에서 "우리가 지금 말하고 있는 파피아스는 자신이 사도들을 다르던 추종자들에게서 사도들의 교훈을 받았음을 인정한다"고 말한다(*H.E.* 3.39.7). 그러나 그것은 분명히 파피아스가 한 말이 아니다.16)

2. 파피아스가 요한을 "장로"라고 지칭한 것은 그가 바로 앞에서 언급한 장로들, 즉 사도들 중에 속했기 때문이다. 베드로전서 5:1에서는 "장로"와 "사도"가 같은 의미로 취급되었음을 주목할 필요가 있다. 파피아스가 사용한 헬라어 문장을 보면 "아리스티온과 장로 요한"은 "아리스티온과 이미 언급한 장로 요한"을 의미한다고 보는 견해를 선호하게 된다.17) 또 유세비우스의 교회사(*H.E.* 3.39.14)에서도 장로라는 명칭은 아리스티온이 아니라 요한에게 주어졌다. 파피아스가 사도들을 장로라고 부르기로 한 것은 요한삼서의 언어를 반영하려는 의도인 것 같다(파피아스는 요한삼서가 사도 요한에 의해 기록되었다고 믿었다는 전제하에).18)

3. 파피아스가 그의 두 명단에서 구분하려 했던 것은 첫 사도들과 다음 세대의 장로들이 아니라 첫 세대의 증인들 중에 이미 죽은 사람들과(그들이 말한 것) 아직 살아있는 사람들(그들이 말하는 것)이었다. 그렇다면, 아리스티온이 요한과 함께

Martyrs of Palestine (1927; reprint, London: SPCK, 1954), 1:89 의 번역을 따랐다. 왜냐하면 이 번역본은 Loeb 판에서 간과하는 헬라 원어에서의 구분을 지키기 때문이다.

15) Ben Witherington Ⅲ, *John's Wisdom: A Commentary on the Fourth Gospel* (Louisville: Westminster John Knox Press, 1995), 16; Francis J. Moloney, *The Gospel of John*, Sac-Pag 4 (Collegeville: Liturgical Press, 1998), 8; D. Moody Smith, *John,* ANTC (Nashville: Abingdon, 1999), 26-27.

16) J. B. Lightfoot, *Biblical Essays* (London: Macmillan, 1893), 58ff.를 보라.

17) C. S. Petrie, "The Authorship of 'The Gospel According to Matthew': A Reconstruction of the External Evidence," *NTS* 14(1967-68): 21.

18) Richard Bauckham, "The Eyewitnesses and the Gospel Traditions," *HSHJ* 1 (2003): 31-32을 보라.

열거된 것은 두 사람 모두 사도가 아니기 때문이 아니라 두 사람 모두 주님의 일세대 제자들이기 때문이라고 보아야 한다. 이러한 견해는 파피아스도 폴리캅 못지않게 "요한의 가르침을 직접 들었다"는 이레내우스의 증언을 뒷받침해 준다.

4. 어쨌든 유세비우스도 자기 나름대로의 입장이 있었다. 그는 요한계시록의 종말론적 언어를 못마땅하게 생각했기 때문에, 그것의 저자를 사도가 아닌 다른 요한으로 볼 수 있다는 것을 발견하고서 기뻐했고, 그래서 파피아스를 등에 업고 장로 요한을 붙들었다.[19]

최근에 마틴 헹겔은 그의 논문의 한 부분을 네 번째 복음서가 완성되기 직전의 초고(장로 요한이 죽은 후에여기에 21:24-25이 추가되고 약간 편집되었다)의 저자가 사도 요한이 아니라 장로 요한이라는 주제로 논문을 썼다.[20] 그러나 헹겔이 저자로 언급하는 장로는 현대 학자들이 재구성해서 주장하는 2세기의 고령의 사도의 제자가 아니다. 헹겔은 장로 요한은 사랑받은 제자(13:23; 19:26-27; 20:2-9; 21:24), 즉, 세베대의 아들 요한은 아니지만, 최소한 예수님과 동시대의 팔레스타인 출신 유대인으로서 예수님의 생전의 사건들을 직접 목격한 사람이었다고 주장한다. 헹겔 자신도 "이와 같은 가설은 터무니없다"[21]고 인정한다. 그는 "세베대의 아들 요한과 (장로 요한이라고 그가 가정하는) 어느 학파의 선생이 교묘하게 중복되어 있음"을 인정하면서, "사랑받은 제자라는 말과 함께, 장로 요한이 그에게는 가장 이상적인 인물이었고, 베드로와는 달리 가장 이상적인 제자이기도 했던 세베대의 아들 요한과 동일시되기를 원했고 결국 그의 추종자들이 그들의 선생을 저자로 만들어 이 복음서를 가능한 한 예수님과 가까운 시대의 것으로 만들기 위해 그들의 선생의 얼굴을 불가사의한 인물의 얼굴에 덮어 씌우는 것이 충분히 가능한 일"[22]임을 강조한다. 사도가 저자임을 인정하면서도 동시에 그것을 부인하는 데 이 학설보다 완벽한 것이 어디 있겠는가![23]

헹겔이 사도 요한보다는 요한과 동시대의 인물로 요한이라는 이름을 지닌 팔

---

19) Cf. G. M. Lee, *SE* 6:311-20.

20) Martin Hengel, *The Johannine Question* (ET Philadelphia: Trinity Press International, 1989).

21) Ibid., p. 130.

22) Ibid., pp. 131-32.

23) Richard Bauckham ("The Beloved Disciple as Ideal Author," *JSNT* 49[1993]: 21-44)의 유사한 견해와의 상호관계를 알려면, D. A. Carson, *The Letters of John*, NIGTC (Grand Rapids: Eerdmans, forthcoming)을 보라.

레스타인 지방의 잘 알려지지 않은 유대인을 더 선호한 이유는 분명하지 않다. 예를 들어, 그는 네 번째 복음서가 유대인에 초점을 두고 있는 것은 저자가 사도 요한처럼 갈릴리 출신이 아님을 보여 준다고 주장한다. 또한 파피아스가 사용한 "장로"와 요한이서 1장과 요한삼서 1장에 등장하는 "장로" 사이의 문자적 관계가 중요하다고 생각한다(실제로 사도들이 때때로 자신을 장로라고 부른 적이 있다; 벧전 5:1을 보라).[24] 그는 파피아스는 장로 요한이 이 복음서를 기록했다는 확실한 증거를 가지고 있었을 것이라고 가정하면서, "유세비우스가 때로는 자신의 입장과 일치하지 않는 정보를 감추거나 부주의로 빼먹을 가능성이 있음을 참작해야 한다"[25] 고 주장했는데, 그의 이 견해에 따르면 초대 교회는 실수를 계속 범한 셈이 된다.

이 모든 논증은 매우 빈약하다. 유세비우스의 증거를 토대로 하며, 사도 요한이 아닌 장로 요한이 존재했을 가능성이 극히 희박하고, 설령 장로 요한이 있었다고 해도 그가 어떤 기록을 남겼을 가능성은 더욱 희박하다.[26] 만일 이 외적증거를 인정하지 않고 유세비우스가 해석한 파피아스의 증거를 인정한다면, 제4 복음서는 사도 요한이 썼고, 요한계시록은 장로 요한이 썼다고 볼 수 있다. 대부분의 성경학자들은 어느 것도 사도 요한이 기록했다고 보지 않는다. 따라서 사랑받은 제자가 사도 요한이 아니라는 헹겔의 주장은 그리 큰 비중을 차지하지 못한다. 현대 신학자들은 내재적 증거에 더 큰 관심을 기울이므로, 우리도 내재적 증거들을 다루어야 한다.

2) 내재적 증거

모리스(Morris)[27]와 블롬버그(Blomberg)[28]에 의해 수정된 웨스트콧의 전형적인 접근 방법은 다섯 가지 요점을 제시 한다. 제4 복음서의 저자는 (1) 유대인이고, (2) 팔레스타인 출신이며, (3) 목격자이고, (4) 사도이고 (즉, 열두 사도 중 한 사

---

24) Hengel, *The Johannine Question,* 132.

25) Ibid., 21.

26) 최근의 요한복음 개론서들은 대체로 교부의 증거에 대해 논하지 않는다. Achtemeier/Green/Thompson; Johnson; Brown, *Introduction to the Gospel of John*. 그와 반대되는 것으로 Craig L. Blomberg, *The Historical Reliability of John's Gospel: Issue and Commentary* (Leicester: IVP, 2001), 23-26을 보라.

27) Leon Morris, *Studies in the Fourth Gospel* (Grand Rapids: Eerdmans, 1969), 218-92.

28) Blomberg, *Historical Reliability*, 27-30.

람), (5) 사도 요한이다. 처음 두 가지 요점은 오늘날 거의 논란이 되지 않으므로 여기에서 자세히 다룰 필요가 없고, 나머지 세 가지에 대해서 다루려 한다.

1. 사해 두루마리의 발견으로 말미암아 요한의 특이한 표현들을 설명하기 위해서 헬레니즘 시대를 의존할 필요가 없게 되었다. 이에 관해서는 "기록장소"에 관한 단원을 보라. 더욱이 팔레스타인의 지형 및 보수적 유대인들의 논쟁의 특징들에 대한 복음서 기자가 상세한 지식을 소유한 것은 그가 단순히 믿을 만한 유대 자료들을 의존한 것이 아니라 개인적으로 접촉이 있었기 때문일 가능성이 크다.

2. 19세기에 라이트풋(Lightfoot)에 의해 주장된 대로,[29] 최소한 몇 가지 경우에 요한의 인용문들의 양식은 헬라어보다는 아람어나 히브리어에 더 가깝다는 사실도 잊지 말아야 한다(특히 12:40; 13:18; 19:37).

3. 사랑받은 제자가 이방인 신자였다는 마가렛 팜멘트(Margaret Pamment)의 주장은 21장 1절 이하가 이방 선교에 관한 것이라는 논거에 의존하고 있다(부분적으로는 그녀의 주장이 옳다). 그녀는 "이것은 (21장에 등장하는) 사랑받은 제자가 이방인임을 가리킨다"[30]고 말하는데, 이것은 전형적으로 불합리한 추론이다. 최초의 신자들이 모두 유대인이었음을 인정한다면, 적어도 이방인에게 전도한 최초의 증인들 중 일부는 유대인이었어야 한다.

다른 세 가지 요점들은 모두 논란이 되고 있으며 "사랑받은 제자"(13:23)의 정체와 관련되어 있다. 이 사랑받은 제자는 마지막 만찬 때에 처음으로 등장하여 예수님 옆에 기대어 앉았다가 베드로 대신에 주님께 질문한다(13:23). 그는 십자가 앞에서 예수님으로부터 자신의 어머니를 보살펴 달라는 특별한 부탁을 받으며(19:26-27), 빈 무덤을 향해 베드로보다 앞서 뛰어 가지만 들어갈 용기가 없어 망설이는 모습으로 표현되기도 한다(20:2-9). 결론에서는(21장) 바로 그가 "이 일"을 기록했다고 한다. 만일 "기록했다"는 말이 (어떤 사람들이 주장하는 대로, 단순히 그 내용들이 기록되도록 유도한 것이 아니라) 그가 직접 그 내용들을 썼다는 뜻이고, "이 일"이 21장뿐만 아니라, 요한복음 전체를 의미한다면, 사랑받은 제자가 복음서 기자이다. 그렇다면, 직접 그렇게 기록되지는 않았지만 예수님의 옆구리에서 흐르는 물과 피를 목격한 사람이 사랑 받은 제자라고 보아야 한다.

그러나, 과연 누가 사랑받은 제자인가? 여러 가지 이유에서 세베대의 아들 요

---

29) Lightfoot, *Biblical Essays,* pp. 20-21.

30) Margaret Pamment, "The Fourth Gospel's Beloved Disciple," *ExpTim* 94 (1983): 367.

한이었을 것이라는 전통적인 견해가 지배적이다. 사랑받은 제자가 최후의 만찬에 참석했다는 데에는 논란의 여지가 없다(13:23). 공관복음은 사도들만 만찬에 참석했다고 주장하므로(막 14:17), 사랑받은 제자는 당연히 열두 사도 중 한 사람이라는 결론에 도달하게 된다(위에 언급한 헹겔의 가정과는 반대로). 그는 거듭 베드로와 구분되고(요 13:23-24; 20:2-9; 21:20), 게다가 요한복음 13-16장에 거론된 제자들과 혼동되지 말아야 한다. 그가 21장에서 고기 잡으러 간 일곱 제자 중 하나이면서도 베드로나 도마나 나다나엘은 아니라는 것은 결국 그가 세베대의 아들 중 하나이거나, 아니면 이름이 밝혀지지 않은 두 제자 중 한 사람이라는 말이 된다(21:2). 사랑 받은 제자는 죽지 않을 것이라는 소문이 날 만큼 오래 산 반면(21:23), 야고보는 사도들 중 최초의 순교자였으므로(헤롯 아그립바의 통치 말년인 주후 41-44년경에 순교한 듯하다. 행 12:1-2을 보라), 세베대의 아들 야고보는 사랑받은 제자일 수 없다. 네 번째 복음서에서 베드로나 안드레와 같은 중요한 위치에 있는 사도들의 이름뿐만 아니라 상대적으로 덜 알려졌던 빌립이나 유다(가룟 유다가 아닌)와 같은 사도들의 이름도 언급하면서(14:22), 요한과 야고보의 이름이 한 번도 기록되지 않은 것은 특별한 이유가 없는 한 매우 이상한 일이다. 따라서 사랑 받은 제자는 다른 사람이 아닌 사도 요한이며, 그는 의도적으로 자신의 이름을 기록하지 않았다는 전통적인 견해가 개연성이 있다. 특히 사랑받은 제자는 항상 베드로와 동행했는데, 바울은 물론이요(갈 2:9) 공관복음과(막 5:37; 9:2; 14:33) 사도행전이(3:1-4:23; 8:15-25) 베드로와 요한은 매우 가까운 사이였고 많은 것을 함께 체험했다고 증언하고 있음을 생각할 때, 전통적인 견해가 더 그럴 듯하게 된다. 또한 요한복음에서는 시몬 베드로, 디두모라 하는 도마, 시몬의 아들 가룟 유다, 그 해의 대제사장인 가야바 등 중요한 인물들의 이름을 완전하게 표현하면서, 이상하게도 세례 요한은 처음 소개할 때부터 단순히 요한이라고 부른다(1:6; 막 1:4과 비교하라). 세베대의 아들 요한은 자신을 다른 요한과 구분해야 할 필요를 느끼지 않았다는 것이 가장 간단한 설명이다.

이 증거는 완전히 결정적인 것은 아니다. 가령 사랑받은 제자는 요한복음 21:2에서 이름이 밝혀지지 않은 다른 제자 둘 중 한 사람일 수도 있다. 그러나 논리적인 가능성을 따져볼 때, 그것은 많은 내재적 증거와 외적 증거의 힘을 반대하기 위한 억지에 불과하다.

이외에도 여러 주장들이 개진되어왔다. 예수께서 나사로를 사랑한다고 말씀하신 적이 있다는 사실에 근거해서(11:5, 36) "사랑받은 제자"가 나사로일 것이라고 주장하는 견해도 있고, 같은 근거에서 마가복음 10: 21의 부자 청년일 것이라고 주장하는 견해도 있다. 또 예수님의 가슴에 기댈 수 있는 사람은 주인으로서 예수님 다음의 높은 자리를 차지할 수 있었던 다락방의 주인, 즉 마가 요한이었을 것이라는 주장도 있다.

이것들은 모두 설득력이 없는 지나친 추측에 불과하다. 공관복음의 증거에 의하면, 마지막 만찬에는 열두 사도만 참석했으며, 그 사실만으로도 위의 세 가지 주장을 일축할 수 있다. 처음 두 가지 주장의 경우, 예수께서 그들을 사랑하셨다는 것 외에는 아무런 근거도 없는데, 그러한 근거에서 사랑받은 제자를 찾으려는 시도는 예수께서 사랑하셨던 사람들의 범위를 지나치게 제한하는 결과를 초래할 뿐이다. 두 번째 주장의 경우에, 요한복음에 등장하는 사랑받은 제자를 마가복음에서 찾으려 하는 것은 의심스러운 방법인 듯하다. 만일 다락방의 주인이 마지막 만찬을 베푼 주인으로서 참석했다면, 왜 네 복음서 모두 마치 예수께서 주인인 것처럼 식사를 주도하셨다고 기록했는가 하는 의문이 남는다. 더욱이 교부들의 기록에서는 세베대의 아들 요한과 마가 요한이 혼동된 적이 한 번도 없다.

브라운은 이미 살펴보았던 논거에 근거해서 사랑받은 제자가 세베대의 아들 요한이라고 강력히 주장한다(물론 그 제자가 복음서 기자라고 주장하지는 않는다). 그러나 요한의 공동체의 역사에 대한 이해를 다룬 널리 알려진 책에서는 아무런 언급도 하지 않았다.[31] 브라운은 자신의 증거에 대한 대답을 하지 않고 생각을 바꾸어,[32] 사랑받은 제자가 열두 제자 중 하나가 아니라 외부 사람으로서 대제사장의 뜰까지 갈 수 있었던 유대인이며(18:15-16), 1:35-40에 기록된 이름이 알려지지 않은 제자일 것이라고 생각한다. 다른 학자들은 사랑받은 제자가 세베대의 아들 요한이 아닐 것이라고 여기는 이유들을 열거해왔다.[33] 그 목록들은 매우 다양하지만, 다음과 같은 것들이 포함되어 있다: 세베대의 아들 요한은 갈릴리 사람이었는데, 네 번째 복음서의 이야기는 대체로 유대 지방에서 발생한다; 요한과 베드로는 다른 곳에서는 교육을 받지 못한 사람이라고 기록되어 있으므로(행 4:13) 요한이

---

31) Brown, *An Introduction to the Gospel of John*, 192-99.

32) R. E. Brown, *The Community of the Beloved Disciple* (New York: Paulist, 1979), 33-34.

33) 예를 들면, Pierson Parker, "John the Son of Zebedee and the Fourth Gospel," *JBL* 81(1962):35-43. Domingo Léon ("Es el apostol Juan el discipulo amado?" *EstBib* 45 [1987]; 403-92)을 보라. 그는 그것들을 반박하기 위해 이의들을 제기한다.

그처럼 깊이 있고 치밀한 책을 기록했을 것이라고 기대할 수 없다; 요한과 야고보는 다른 곳에서 "우레의 아들들"(막 3:17)이라고 묘사되는데, 이는 그들의 혈기와 무절제와 성급함을 나타내는 것임에도 불구하고 요한복음은 네 복음서들 중에서 가장 고요하고 심지어 신비롭기조차 하다; 요한은 사마리아인들에 대해서 심한 적대감을 가지고 있었으므로(눅 9:54), 그가 사마리아인들을 친절하게 다루는 글(요 4장)을 썼다고 보기 어렵다.

이 논거들은 반대 입장을 압도할 만큼 큰 비중을 차지하고 있지는 못하다.

1. 세베대의 아들 요한은 갈릴리 사람이었지만, 요한복음을 기록하기 전까지 유대에서 여러 해 동안 살았을 뿐만 아니라(교회의 초창기에), (전통적인 견해에 의하면) 에베소의 대도시 지역에 살고 있었다. 요한이 고향을 떠난 지 몇 십 년 후에 요한복음을 기록했다면, 요한의 관심의 초점을 고향에 두었다고 한정하는 것은 매우 비현실적인 듯하다.[34)]

2. 사도행전 4:13은 베드로와 요한이 글도 읽을 줄 모르는 무식한 사람이라는 의미가 아니라, 현대 신학 교육적인 측면에서 볼 때, 예수님과 마찬가지로(요 7:15) 교육을 받지 않은 평신도라는 의미라는 점이 오래 전부터 지적되어왔다. 권세 있는 자들을 놀라게 한 것은 베드로와 요한이 무식한 줄로 알았는데 (비교적) 실력이 있었다는 것이지, 그들이 더 실력이 있는 줄 알았는데 무식했다는 것이 아니었다. 유대 소년들은 글 읽는 법을 배웠다.[35)] 요한은 분명히 가난한 가정에서 성장하지 않았다(그의 가정은 최소한 한 척의 배를 소유하고 있었고[눅 5:3, 10], 사람들을 고용하고 있었다[막 1:20]). 따라서 그는 보통 이상의 교육은 받았다고 볼 수 있다. 교회가 세워지고 나서 몇 십 년 후에 교회의 지도자들 중 몇 명이 진지한 연구에 몰두한 것은 그리 놀라운 일은 아니다.

3. "우레의 아들"이 사랑의 사도가 될 수 없다거나, 사마리아 사람에 대한 인종적 편견을 가진 사람이 요한복음 4장을 기록했을 리 없다는 주장은 복음의 능력

---

34) 이 견해는 다소 아이러니하다. Maurice Casey (*Is John's Gospel True?* [New York: Routledge, 1996], 172-74)는 이스라엘 내의 장소와 관습에 대한 정확한 지식이 네 번째 복음서 저자가 팔레스타인에 거주하는 유대인이라는 증거라고 여기는 견해를 냉소적으로 기각한다. 그러나 Craig Blomberg(*The Historical Reliability of John's Gospel* [Leicester: IVP, 2001], 34n. 25)는 다음과 같이 지적한다: "Casey의 논거는 바로 이 정보는 저자의 고향이 갈릴 리가 아니라 유대라는 것을 증명해준다는 일치된 의견을 약화시키는 결과를 초래한다."

35) Alan Millard, *Reading and Writing in the Time of Jesus*, The Biblical Seminar 49 (Sheffield: Sheffield Academic Press, 2000), esp. 146, 157-58을 보라.

및 성령의 변화시키는 능력이 강하게 나타났던 시대에 기독교 지도자들이 초래한 원숙한 효과를 부인하는 것이다. 이 논거는 교회를 핍박하던 사울이 이방인의 사도가 될 수 없다는 견해와 마찬가지이다.

4. 베드로로 하여금 대제사장의 집 뜰에 들어갈 수 있게 해준 "다른 제자"(18:15-16)가 사랑 받은 제자라고 분명히 언급되지 않으며, 다른 제자일 가능성도 있지만, 그 제자를 요한이라고 보는 것이 훨씬 더 일리가 있다. 이 "다른 제자"는 예수께서 잡히시던 날 밤에 예수님과 함께 있었던 사람들 중 하나인 듯하다. 따라서 그는 다락방에서 나와 감람산 기슭까지 동행한 열한 제자 중 한 사람이다. 그가 베드로와 가깝게 교제했다는 사실은 그가 요한일 것이라는 견해를 지지해준다. 생선 장수가 아무런 제제도 받지 않고 국무총리의 접견실로 들어갈 수 없다는 전제 아래, 갈릴리 출신 어부가 대제사장의 뜰에 들어갈 수 없었을 것이라고 주장하는 사람들도 있다. 실제로 사회적 모범이 모두 잘못 되었다. 요한의 가족이 상당한 재산을 소유하고 있었음은 이미 살펴본 바 있다. 그의 가족이 부자였을 수도 있고, 많은 사회에서 돈은 사회적 지위의 장벽을 무너뜨릴 수 있다. 1세기 팔레스타인 지방의 사회적 장벽은 그리 높지 않았을 수도 있다. 랍비들은 연구 이외에 전문직을 갖도록 되어 있었으므로(그렇기 때문에 바울은 피혁공이었다), 헬라 세계의 스토아학파나 다른 집단에서처럼 교사와 노동자를 엄격하게 구분하는 것이 팔레스타인 지방에서는 그리 중요한 요소가 아니었다. 갈릴리는 해안 지방을 제외한 전 지역에 생선을 공급했고, 어문을 통하여 예루살렘에도 공급했다(느 3:3; 습 1:10). 로빈슨이 지적한 대로, 요한이 대제사장의 가족들 및 문에서 만난 여종을 알고 있었던 것은 상인들의 출입에 대해 잘 알고 있었던 데서 비롯된 것이라는 내용의 전승은 허황된 것이 아니다.[36] 그는 도시에 거처를 두고 종종 아버지의 대리인 역할(13:16에 나타난 역할)을 했을 수도 있다. 거래할 때 주로 사용되었던 요리된 생선(ἀψάριον: *opsarion*)을 가리키는 특별한 용어가 신약성경 다른 곳에는 한 번도 나타나지 않는데, 요한복음에만 다섯 번 기록되어 있다는 사실(6:9, 11; 21:9, 10, 13)도 지적되어왔다.

5. 과거에는 팔레스타인 사람이 능숙한 헬라어를 구사할 수 없다고 주장되었지만, 지금은 그렇게 생각하는 사람들이 없다. 지금은 적어도 갈릴리, 혹은 1세기경 팔레스타인 지방 전역에서는 사람들이 두 가지 언어, 또는 세 가지 언어를 사용했을

---

36) Robinson, *Priority,* 117.

것이라는 의견이 지배적이다. 적어도 작은 마을에서는 아람어가 일상용어로 사용되었다(공식적이고 제의적인 행사에서는 히브리어를 사용했을 가능성도 있지만 얼마나 많은 사람들이 히브리어를 사용했는가는 분명치 않다). 헬라 주화의 숫자나 지금까지 발견된 헬라어 비문들의 증거를 볼 때, 헬라어가 지중해 연안뿐만 아니라 유대인 디아스포라와 갈릴리의 데가볼리 지방에서 일상적으로 사용된 언어였음을 알 수 있다. 군대와 밀접한 관계를 가지고 일한 사람들은 어느 정도 수준의 라틴어 실력을 갖추고 있었다. 어쨌든, 요한이 복음서를 쓰기 전에 여러 해 동안 해외에서 생활했다면, 헬라어를 사용할 시간이 충분했을 것이다. 더욱이 요한복음의 헬라어는 능숙하지만 아주 훌륭한 것은 아니며, 셈 어에 가까운 표현들이 꽤 많다.[37] 대체로 요한복음의 헬라어는 70인 역의 헬라어에 가깝다.[38] 이러한 증거들은 우리가 세베대의 아들 요한의 배경에 대해 알고 있는 것과 일치한다.

간단히 말해, 사랑받은 제자가 세베대의 아들인 사도 요한임을 보여주는 내적 증거는 절대적인 것은 아니지만 매우 강력하다. 그렇다면, 이 사랑받은 제자와 네 번째 복음서의 저자 사이에는 어떤 관계가 있을까?

전통적으로 그들이 동일인이라고 주장되어왔지만, 현재 그러한 견해가 부인되고 있다. 어떤 사람들은 세베대의 아들 요한이 제4 복음서의 전승의 배후에 있지만, 자료가 크게 개작되었으며, 마침내 ("장로" 요한이라는 것 외에는 알려진 것이 없는) 복음서 기자에 의해 기록되고, 요한복음 21:24-25에 나타난 편집자에 의해서 재편집되었다고 생각한다. 또 다른 사람들은 세베대의 아들 요한의 영향력이 훨씬 더 직접적이고 강했다고 생각한다. 그가 직접 기록하지는 않았지만 기록하도록 다른 사람에게 부탁했거나, 아니면 어느 정도 표현의 자유를 가지고 기록할 수 있었기 때문에 저자라고 할 수도 있었던 필기자를 통하여 요한복음을 기록했다고 주장한다. 다음과 같은 중요한 요소들을 주의 깊게 살펴볼 필요가 있다:

그렇다면, 이 사랑받은 제자와 네 번째 복음서의 저자 사이에는 어떤 관계가 있을까? 전통적으로 그들이 동일인이라고 주장되어왔지만, 현재 그러한 견해가 부인되고 있다.

1. 사랑받은 제자가 저자라는 것을 강력히 부인하기 위해서 가장 많이 사용되는 이유는 "사랑받은 제자"라는 용어 자체에 있다. 자기 자신을 "예수님이 사랑하신 제자"라고 부를 신자는 하나도 없을 것이며, 이러한 표현은 신자가 자기 자신을

37) 셈어법(Semitism)과 셈 어 증대(Semitic Enhancements)의 차이에 대해서는 제3장의 주19를 보라. 요한복음은 아람어와 히브리어의 증대를 나타내지만 아람어법이나 히브리어법이 있는가는 논란이 되고 있다.

38) G. D. Kilpatrick, "The Religious Background of the Fourth Gospel," in *Studies in the Fourth Gospel,* ed. F. L. Cross (London: Mowbray, 1957), 43.

부르는 데 사용하는 용어라기보다는 다른 제자에 관해 말할 때 사용하는 표현이라고 보는 것이 더 타당하다고 주장된다. 이와 비슷하게 예수께서 "아버지의 품 안에 있다"(εἰς τὸν κόλπον τοῦ πατρός[*eis ton kolpon tou patros*], 1:18)고 기록한 사람은 자신에 관해 "예수님의 품 안에 있다"(ἐν τῷ κόλπῳ τοῦ Ἰησοῦ[*en tō kolpō tou Iēsou*], 13:23)고 말하기를 주저했을 것이라고 주장하는 사람도 있다.

그러나 이런 논거들은 일고의 가치도 없다. 어느 신약성서 기자가 자신을 예수께서 사랑하시는 자라고 생각한다고 해서 예수께서 다른 제자들을 사랑하지 않거나 덜 사랑하셨다는 것을 의미하는 것은 아니다. 따라서 바울은 하나님의 아들의 구원 사역을 묘사하면서 갑자기 그 사역을 개인적인 것으로 만들어 그가 "나를 사랑하사 나를 위해 자기 몸을 버리셨다"(갈 2:20)고 말할 수 있었다. 이 말은 결코 갈라디아 사람들이 바울보다 덜 사랑을 받았다는 의미일 수 없다. 그러한 주장은 기독교적 경험의 정신 역학을 모르고 하는 말이다. 자신의 죄와 궁핍함을 절실히 깨닫고, 자기를 구원해준 놀라운 하나님의 은혜를 깊이 느끼는 사람은 자신이 예수 그리스도 안에서 하나님의 사랑의 대상이라고 말할 수 있다. 그렇게 생각하지 않는 자들은 반드시 그렇게 생각해야 한다(엡 3:14-21). 만일 "우레의 아들"이 사랑의 사도가 되었다면, 그가 자신을 예수님의 사랑을 받은 특별한 사람으로 생각하는 것이 놀라운 일이 아니다. 그것은 오만의 표시가 아니라 상한 심령의 표시이다. 이것은 기독교인들의 흔한 경험이며, 비록 표현 형식에서 특정인을 지적하는 듯이 보이지만 그리스도의 사랑이 편협함에 대한 말이 아니다. 왜냐하면 기독교인들은 스스로에 대해서 말할 때에 그러한 표현을 흔히 사용하기 때문이다.

따라서 만일 우리가 예수의 품에 의지하여 누운 요한에 관한 묘사에서(13:23) 1:18을 연상시키는 의미를 보게 되는 것은 제4 복음서에 반복해서 나타나는 모형—예수님은 그의 아버지의 사랑과 심판과 구속과 지식과 언약의 중재자이시다—의 예를 보여줄 뿐이다.

2. 복음서 기자가 자신의 이름을 밝히지 않은 이유도 이와 비슷한 맥락에서 생각해 볼 수 있다. 그는 자기가 섬기는 분에게 시선이 집중되도록 하기 위해 자신을 감추려 했고, 자신이 복음서를 기록하는 목적을 이루기 위해 공공연하게 사도적 권위를 내세울 필요가 없었다. 그는 이미 독자들에게 잘 알려져 있었고(21:24-25), 바울이 강력한 논쟁적인 의도가 없이 편지를 쓸 때처럼 자신을 사도라고 부를 필요가 없었다(빌 1:1; 갈 1:1). 많은 학자들이 동의하는 대로, 사랑받은

제자는 이상화한 인물이 아니라 역사적 인물이며, 그럼에도 불구하고 어떤 점에서 독자들이 본받아야 할 모범이 된다. 독자들도 진리의 증인들이 되어야 하며 삶에서 예수님의 사랑을 중요시해야 한다.

어떤 학자들은 이러한 논법은 사랑받은 제자가 자신을 밝히지 않은 적절한 이유를 제공하지 못한다고 주장한다. 그러나 만일 복음서 기자가 세베대의 아들 요한이 아닌 다른 사람이었다면 그가 다른 사람들의 이름을 언급하면서 사도 요한을 언급하지 않은 것은 한층 더 설명하기 어렵다는 것을 인정해야 한다.[39] "예수께서 사랑하신 제자"라는 표현은 자신보다는 다른 사람에 관한 표현이라는 주장은 근거가 없을 뿐만 아니라 스스로 모순에 빠지는 주장에 불과하다. 그것은 결국 복음서 기자(이들의 견해에 따르면, 사랑받은 제자가 아닌 다른 사람)가 예수께서 특정 제자들을 사랑하시고 다른 사람들은 사랑하지 않았다고 생각했다는 의미를 함축하기 때문이다. 공관복음에 따르면, 예수께서 세 제자(베드로, 요한, 야고보)들을 가까이 두신 이유와 상관없이, 예수께서 나머지 아홉 명을 사랑하지 않았다고 보기는 매우 어렵다.

3. 어떤 사람들은 사랑받은 제자가 기록했다는 "이 일"(21:24)은 책 전체가 아니라 21장을 의미한다고 생각한다. 이 견해는 21장에 대한 특정의 해석에 의존하고 있을 뿐만 아니라, 분명히 사도 요한을 지칭하는 "사랑받은 제자"가 21장 훨씬 이전에 나타남에도 불구하고 그가 21장만 기록했고, 나머지는 다른 사람이 기록했다는 억측을 낳는다.

4. 사랑받은 제자가 베드로와 함께 나타날 때면 언제나 그의 탁월한 통찰력이 강조되었다고 주장되기도 한다. 가령, 요한복음 13장에서 베드로는 사랑받은 제자에게 머릿짓을 하여 신호를 보냈고, 사랑받은 제자는 실제로 중요한 질문을 예수께 했고, 요한복음 20장에서도 사랑받은 제자는 베드로보다 먼저 무덤에 도착했을 뿐만 아니라 믿었다고 언급된다. 요한이 자기 자신에 관해 그렇게 기록할 수 있겠는가?

그러나 신중한 주해가들은 이러한 묘사들은 우월함과 열등함에 관한 문제보다는 상이한 성격과 다른 은사의 문제를 다룬다고 주장한다. 예를 들어, 배럿(Barrett)은 21장 24절은 앞 구절들과 연결하여 읽어야 한다고 설득력 있는 주장

39) Herman Ridderbos, *The Gospel of John: A Theological Commentary* (Grand Rapids: Eerdmans, 1997), 675-76을 보라.

을 한다. 즉, 베드로에게는 하나님의 양을 먹이고 죽음으로 하나님께 영광을 돌리는 일이 주어졌고, 오래 살면서 이 책을 기록하고 진리의 증인으로 봉사하는 일은 사랑받은 제자에게 주어졌다는 것이다.[40] 사랑받은 제자가 먼저 무덤에 도착했지만 베드로가 먼저 무덤 안으로 들어갔다. 사랑받은 제자는 믿었는데, 베드로는 믿지 않았다는 기록이 없다. 이러한 진술은 그가 이 책의 저자임을 확실하게 보여주는 묘사의 일부이다.

5. 어떤 사람들은 21장 22-23절은 제4 복음서가 출판되었을 당시 사랑받은 제자가 이미 죽었으며, 이 책을 출판한 이유 중 하나는 그 결과 발생한 문제를 줄이기 위해서였다는 의미로 해석해야 한다고 주장한다. 그러나 이미 고령이 된 사도가 널리 퍼진 소문을 듣고서, 자기가 죽은 후에 예수님의 말씀에 대한 거짓된 해석을 믿고 있는 사람들의 믿음에 어떤 일이 발생할 것인가를 염려했다고 가정하는 것도 그리 어려운 일이 아니다.

6. 사랑받은 제자는 단지 "이 일"이 기록되도록 했고, 다른 제자가 실제로 이 책을 썼다는(일반적으로 더디오가 언급된다; 롬 16:22을 보라) 주장은 요한복음 19장 19-22절에 의해서 약간의 지지를 받는다. 빌라도가 직접 십자가 위의 팻말을 쓴 것이 아니라 그렇게 쓰도록 명령했을 가능성이 크다. 고대 시대에 필기자가 어느 정도의 재량권을 가지고 있었는지는 확실하지 않다.[41] 그럼에도 불구하고, 빌라도는 자신이 원하는 것을 쓰게 했고, 21장 24절의 "증거하다"라는 동사는 사랑받은 제자의 영향력이 지대했음을 암시한다.[42] 요한이 필기자를 사용할 수 없었다거나 사도 요한이 저자라는 사실만이 내적 증거와 외적 증거와 일치한다고 주장되지도 않는다. 그러나 다소 전통적인 이 견해는 이 모든 증거들과 가장 잘 부합하며, 다른 모든 가설들이 직면하는 난제들에 대해 가장 무리 없는 설명을 제시한다고

---

40) C. K. Barrett, *The Gospel According to St. John* (London: SPCK, 1978), pp. 118-19, 587-88.

41) R. N. Longenecker, "On the Form, Function, and Authority of the New Testament Letters," in *Scripture and Truth*, ed. D. A. Carson and John D. Woodbridge (Grand Rapids: Zondervan, 1983), 101-14.

42) Andreas Kőstenberger는 οἶμαι(*oimai,* "I suppose") 가 고대 역사가들이 자기의 견해를 주장할 때에 개인적으로 저자의 겸손함을 표현하기 위해서 사용한 표현이며 주로 하나의 문학적 단위의 처음이나 끝부분에서 사용된다고 주장한다. 후대의 편집자들이 원래의 증인의 메시지의 신빙성을 입증하기 위해서 그 동사가 사용된 예는 없다. Köstenberger, "'I Suppose'[*οἶμαι*]": The conclusion of John's Gospel in Its Literary and Historical Context," in *The New Testament in Its First Century Setting: Essays on Context and Background, Fs.* Bruce W. Winter, ed. P. J. Williams et al. (Grand Rapids: Eerdmans, 2004), 72-88을 보라.

말할 수 있다.

증거에 의하면, 사랑받은 제자가 사도 요한이지만 요한복음 기자는 아니라고 주장하는 브라운이나, 사랑받은 제자가 복음서 기자이지만 사도 요한은 아니라고 주장하는 쿨만[43]보다는, "이 두 사람은 각기 그 주장하는 부분은 옳고, 부정하는 것은 틀리다"[44]고 말한 로빈슨의 견해가 옳다. 또 지난 이십 년 동안 대다수의 주석가들은 사도 요한이 어떤 식으로든지 요한복음의 배후에 있을 것이라고 판단해왔다. 그러므로 사도 요한이 요한복음에 어느 정도 작용했는지가 문제가 된다. 일부 학자들은 그가 요한복음에 그리 영향력을 미치지 않았기 때문에 본문을 이해하는 데 있어서 목격자의 권위 등의 문제가 그리 크게 작용하지 않는다고 여긴다. 그들은 사도 요한이 배후에 있음을 인정하는 것은 외적・내적 증거를 과소평가하는 문제에 불과하다고 여긴다. 또 다른 학자들은 사도 요한이 실제로 복음서를 기록했든지 기록하지 않았든지 본문과 아주 거리가 멀지는 않다고 주장하며, 또 다른 학자들은 요한이 이 복음서의 저자라고 여긴다.[45]

큄멜(Kümmel)[46]은 요한의 저작설이 확실하다고 주장하며, 베럿은 세베대의 아들 요한이 제4복음서를 기록하지 않았다는 것은 "개연적으로 확실한 사실"이라고 주장한다.[47] 그들은 현대의 다양한 견해를 대변한다. 그들의 독단적인 말은 사람들을 당황하게 할 것이다. 배럿은 이렇게 말한다:

> 사도 저작설은 모리스(L. Morris)에 의해 강력히 변호되었다…그의 논거들은 신중하게 고찰되어야 한다. 사도 요한이 복음서를 썼을 가능성도 있다는 점은 인정되어야 한다. 그렇기 때문에 나는 "개연적으로 확실한 사실"이라는 용어를 사용한다. 사도는 분명히 고령이 될 때까지 살았을 것이며, 자신의 기억에 다른 자료들을 첨가하는 것이 적절하다고 여겼을 수도 있다. 그는 헬라어를 정확하게 쓰는 법을 배웠을 수도 있고, 자신의 새로운 환경(에베소, 안디옥, 알렉산드리아에서)의 언어뿐만 아니라 사고방식도 배웠을 것이다. 그는 오랫동안 예수님의 말씀을 깊이 생각해왔기 때문에 그 말씀이 그의 개성적인 표현방식이

---

43) O. Cullmann, *The Johannine Circle* (London: SCM, 1976), 74-85.

44) J. A. T. Robinson, *Redating the New Testament* (Philadelphia: Westminster, 1976), 310.

45) 이 세 가지 견해 중에서 브라운과 스미스의 주석서들은 첫째 견해를 대변하며, Keener, Ridderbos, Schnackenburg는 두 번째 견해, Carson과 Morris는 세 번째 견해를 대변한다.

46) Kümmel, 245.

47) Barrett, *St. John*, 132.

> 되었을 수도 있고, 또 세상에 알려지지 않은 인물이었기 때문에 한 때는 정통 기독교인들이 그의 저작에 거의 관심을 기울이지 않았을 수도 있다. 이것들은 모두 가능한 추측이지만, 개연성의 균형을 볼 때 실제로 그런 일이 발생했을 가능성은 매우 희박하다.48)

위의 글에는 여러 가지 내용이 섞여 있다. 이미 다룬 바 있는 헬라어 실력의 습득 문제를 제외한 다른 도전들에 대한 설명은 아주 불가능하지는 않다.

1. "고령"에 대한 논쟁은 요한복음의 기록연대 문제와 관련이 있다. 만일 이 책의 연대를 주후 80년으로 본다면, 요한은 75세 정도였어야 한다. 도드(Dodd)는 나이가 80대가 되어서 『제4복음서의 역사적 전통』(*Historical Tradition in the Fourth Gospel*)이라는 책을 썼고, 굿스피드(Goodspeed)는 90세 때에 마태복음에 관해 책을 저술했다. 80대의 존 스토트는 지금도 저술 활동 중이다. 어쨌든, 제4복음서가 70년 이전에 기록되었을 가능성도 없지 않다.

2. 어느 사도가 자신이 기억하는 것 외에 다른 자료들을 의존했다고 생각하기 어렵다는 것이 전혀 개연성이 없는 생각인지 그 이유를 이해하기가 어렵다. 어쨌든, 요한복음에 나타난 자료들을 확인하는 것은 매우 불확실한 일이다("다음 단원, 문체적 일치와 요한의 공동체"를 보라).

3. 특히 이(異)문화 간의 사역에서 예수님의 말씀을 사도의 개성적인 표현으로 삼는 것은 설교자의 장기(*métier*)이다. 린다스(Lindars)의 주석의 장점들 중 하나는 제4복음서의 여러 부분은 여러 해 동안 사역을 행하면서 다양한 기회에 행해진 설교의 골격들이라는 주장이다.49) 이 기본적 논제의 개연성을 평가하기 위해서 그가 주장하는 세부 내용들을 그대로 수용할 필요는 없을 것이다.

4. 사도 시대 이후의 교회에서 제4복음서의 저자가 익명이거나 무명의 인물이었다는 주장은 지나치게 과장된 것이다. 『바나바 서신』(*Epistle of Barnabas*)이나 『디다케』(*Didache*), 그리고 『헤르마스의 목자』(*Shepherd of Hermas*)에(모두 2세기 초의 문서들이다) 요한이 언급이 되었는지는 학자들마다 의견이 다르지만, 이그나티우스(Ignatius: 주후 110년경)의 글에 제4복음서가 반영되어 있다는 데는 대부분 동의한다. 순교자 저스틴은 다음과 같은 글을 남겼다: "그리스도께서는 '네가 거듭나지 않으면 하나님 나라에 들어가지 못하리라'

---

48) Ibid., p. 132 n. 2.

49) Barnabas Lindars, *The Gospel of John* (London: Oliphants, 1972).

고 말씀하셨다. 사람은 당연히 다시 어머니의 뱃속으로 들어 갈 수 없다"(*Apol.* 1.61.4-5). 이것은 요한복음 3:3-5을 언급하는 것이며, 특히 어머니의 '뱃속"이라는 언급을 고려해보면, 저스틴이 이 말을 구전 전승에서 발견했다고 생각할 수 없다. 만일 요한복음이 1세기 말에 출판되었다면, 초대교인들이 요한복음을 인정한 방식은 그리 놀라운 것이 아니다. 따라서 로마의 클레멘트(주후 95년경)의 글에서 요한복음의 흔적을 찾으려 해서는 안 된다. (모리스나 로빈슨의 주장처럼) 제4복음서가 70년 이전에 출판되었다면, 문제는 더 심각해진다. 설령 그렇다 할지라도, 특히 만일 파피아스와 폴리캅에 대한 이레내우스의 증거를 호의적으로 해석한다면, 이 복음서에 "정통 기독교인들이 관심을 갖지 않았다"는 견해는 신빙성이 없다.

더욱이 지금처럼 그 시대의 기독교인들에게도 좋아하는 책들이 있었다. 마태복음은 초기에 애독된 반면, 요한복음은 그렇지 못했다. 요한복음이 애독되지 못한 것은 그것이 초기에는 영지주의자들에 의해서 사용되었다는 사실과 상관이 없을 수도 있다. 영지주의자였던 바실리데스(Basilides: 주후 130년경)는 요한복음 1:9을 인용했고(이 정보는 힙폴리투스의 『이단에 대한 반박』 [*Refutation of Heresies*] 7.22.4에 근거한다), 우리가 알고 있는 요한복음에 관한 최초의 주석은 영지주의자 헤라클레온(Heracleon)의 것이다. 그러나 찰스 힐(Charles Hill)은 이러한 사상을 단호하게 거부한다. 그는 현대 학자들의 견해와는 달리 2세기에 요한의 복음이 얼마나 널리 알려지고 사용되었는지를 보여준다.

그러나 요한의 저작설을 인정하는 데 가장 큰 걸림돌은 이 복음서가 요한 학파나 공동체에 의해서 편집되었을 것이라는 애매한 가정, 그리고 이 복음서와 공관복음서들의 관계일 것이다.

3) 문체의 통일성과 요한 공동체

과거에 불트만,[50] 포르트나(Fortuna)[51] 등 몇몇 학자들이 제4복음서에 대한 구체적인 자료비평 분석을 시도했지만, 이 복음서에서 자료들을 검색해 내는 것은 문제가 많은 시도라는 것이 인정된다.[52] 요한이 자료들을 사용했다는 것을 의심한

50) R. Bultmann, *The Gospel of John* (ET London: Blackwell, 1971).

51) R. T. Fortna, *The Gospel of Signs*, SNTSMS 11 (Cambridge: Cambridge University Press, 1970).

이유가 없다. 그의 동료인 복음서 기자 누가도 다른 자료들을 사용했고(눅 1:1-4), 제4 복음서의 기자는 다른 방법을 사용했으리라고 생각할 필요도 없다. 그럼에도 주의해야 할 점은, 누가는 목격자로서 증언을 한 것이 아니지만, 요한은 목격자였다는 것이다. 제4 복음서의 저자가 누구이든 간에 저자가 성문화 된 자료들을 사용했다는 가정과 우리가 그것들을 검색해낼 수 있다는 가정은 근본적으로 다른 것이다.

모든 사람들이 동의하는 요한복음의 특징 중 하나는 그 문체가 하나의 배경을 나타낸다는 점이다.

모든 사람들이 동의하는 요한복음의 특징 중 하나는 그 문체가 하나의 배경을 나타낸다는 점이다. 즉, 예수님의 말씀에 사용된 어휘와 제4 복음서의 나머지 부분에 사용된 어휘 사이에는 차이점들이 있지만 그리 중요한 것이 아니기 때문에 "만일 예수께서 요한처럼 말씀하셨다면, 요한이 과연 얼마나 정확하게 예수님의 말씀을 전달했는가?" 하는 매우 다른 질문을 제시한다. 그것이 문제라는 사실은 이 복음서 안에 들어 있는 상이한 자료들을 구분할 수 있다고 생각하는 사람들에게 경고판이 되어야 할 것이다. 이 복음서의 문체의 통일성은 이런 저런 자료 학설들을 반박하는 구체적인 증거로 사용되어왔다.[53] 심지어 서언(1:1-18)과 결론(21장)의 문체도 이 복음서의 나머지 부분과 크게 일치한다.[54]

소위 기적 자료(signs source)에 대한 묘사도 어려움에 직면한다.[55] 몇몇 학자

---

52) 제4 복음서에 대한 자료비평의 적용에 관한 유용한 요약을 위해서는 D. Moody Smith, *Johannine Christianity: Essays on Its Setting, Sources, and Theology* (Columbia: University of South Carolina Press, 1984), 39-93; Gilbert van Belle, *The Signs Source in the Fourth Gospel: Historical Survey and Critical Evaluation of the Semeia Hypothesis* (Leuven: Leuven University Press, 1994)를 보라.

53) E. Schweizer, *Ego Eimi: Die religionsgeschichtliche Bedeutung der johanneischen Bildreden, zugleich ein Beitrag zur Quellenfrage des vierten Evangeliums* (Göttingen: Vandenhoeck & Ruprecht, 1939); E. Ruckstuhl, *Die literarische Einheit des Johannesevangeliums* (Freiburg: Paulus, 1951; slightly enlarged ed., Freiburg: Universitä tsverlag, 1987); idem, "Johnnanine Language and Style," in *L'évangile de Jean: Sources, rédaction, théologie*, ed. M. de Jonge (Louvain: Louvain University Press, 1977), 125-47; G. van Belle, *De Semeia-bron in het vierde evangile: Ontstaan en groei van een hypothese* (Louvain: Louvain University Press, 1975); D. A. Carson, "Current Source Criticism of the Fourth Gospel: Some Methodological Questions," *JBL* 97 (1978): 411-29; Hans-Peter Heekerens, *Die Zeichen-Quelle der johanneischen Redaktion* (Stuttgart: KBW, 1984).

54) 전자에 관하여는 Jeff Staley, "The Structure of John's Prologue: Its Implications for the Gospel's Narrative Structure," *CBQ* 48(1986): 241-63을 참고하고, 후자에 관해서는 Paul S. Minear, "The Original Functions of John 21," *JBL* 102(1983): 85-98을 참고하라.

55) Robert T. Fortna가 최근 저서에서 단지 그의 전제된 자료를 가정하고 이에 대한 무수한 비판들에 대해 아무런 언급도 하지 않았다는 것은 매우 충격적이다(*Fourth Gospel and Its Predecessor* [Philadelphia: Fortress, 1988]을 보라).

들은 기적 이야기들을 다룬 자료가 존재한다고 가정하는데, 그것은 처음 두 기적(2:11; 4:54)에 숫자를 열거한 것에 의해 암시되며 20:30-31에 의해 절정에 달한다고 주장한다. 그러나 숫자의 열거("처음", "두 번째")는 본문 자체의 수사학적 특징이라고 설명할 수 있다. 비록 초대교회 내에서 유포되던 기적 이야기들에 관한 문서들이 있었다 해도, 그것들 중 하나가 "기적들의 복음서"[56]로 간주되었다고 보기는 어렵다. 왜냐하면 우리가 아는 바로는 1세기의 복음서 양식은 예수님의 가르침을 포함하며 그의 죽으심과 부활에서 절정을 이루는 예수님의 사역에 대한 균형 잡힌 기사와 결합되었기 때문이다. 헹겔은 복음서 기자가 기적 자료라고 주장되는 것, 복음서 기자의 신학과는 근본적으로 다른 신학을 나타내는 자료를 취하여 오늘날 신학자들이 검색해낼 수 있을 만큼 기술적으로 통합하는 것이 가능한가에 대한 질문을 제기한다.[57] 최근에 일부 학자들은 기적 자료의 존재와 검색 가능성뿐만 아니라 그 자료가 요한 공동체의 역사를 재구성하는 적절하다고 주장하면서 공개적으로 그 연구계획을 허용해왔다.[58]

최근에 포이트레스(Poythress)는 문체의 특징들을 사용하여 제4 복음서의 통일성을 연구하면서 접속사 생략(asyndeton)이라는 구문론적 현상, 그리고 헬라어 접속사 δέ (*de*), καί (*kai*), οὖν (*oun*) 등을 통계학적으로 연구했다.[59] 요한복음에서는 접속사의 사용이 유난히 적고, 접속사가 생략되는 경우가 유난히 많다. 그는 이러한 증거들이 제시하는 바는 제4 복음서의 저자가 한 사람이며, 요한 서신을 쓴 사람과 일치한다는 것이라고 주장한다.

이러한 종류의 증거는 브라운, 린다스(Lindars), 핸첸(Haenchen), 키너(Keener) 등의 주석가들로 하여금 제4 복음서 안에서 독립된 자료들을 찾으려는 것은 실패할 것이 뻔한 시도임을 확신하게 해주었다.[60] 그래서 브라운은 신학적

---

56) Cf. Fortna, *The Gospel of Signs.*

57) Martin Hengel, "The Wine Miracle at Cana," in *The Glory of Christ in the New Testament, Fs*. G. B. Caird, ed. L. D. Hurst and N. T. Wright (Oxford: Clarendon, 1987), p. 92.

58) 다음을 보라: Robert Kysar, "The de-Historicizing of the Gospel of John," presented as a paper in the "Jesus, John, and History Consultation" of SBL 2002.

59) Vern Poythress, "The Use of the Intersentence Conjunctions De, Oun, Kai, and Asyndeton in the Gospel of John," *NovT* 26(1984), 312-40; idem, "Testing for Johannine Authorship by Examining the Use of Conjunctions," *WTJ* 46(1984):350-69

60) Brown과 Lindars에 의한 주석들에 대해서는 이미 언급했다. E. Haenchen, *A Commentary on the Gospel of John,* 2 vols. (ET Philadelphia: Fortress, 1984); Craig S. Keener, *The Gospel of John: A commentary* (Peabody: Hendrickson, 2003), esp. 1.79-80을 보라.

발달의 궤도 안에서 성장해온 독립된 전승들을 찾으려 했고, 린다스는 요한복음을 오랜 기간에 걸쳐 수집되고 편집된 설교의 모음으로 보려 했다. 그러나 브라운의 5 단계설[61]도 결국 각 자료의 삶의 정황(*Sits im Leben*)에 관한 고찰이 혼합된 일종의 자료설임을 인정해야 한다. 그의 주장에서는 자료들이 포르트나(Fortna)가 주장한 것보다 불투명하고 애매하다. 브라운은 자료들에 대해 서술하기보다는 전승들의 발전에 대해 언급하려 한다. 하지만 누군가 문학적인 메스를 들고 요한복음으로 들어가 그 전승들을 꺼내야 한다. 그 전승들 중의 일부는 특정 단어들이나 표현들과 결합되어 표면에 놓여 있고(이 경우 문학적 자료들과 흡사해진다), 또 어떤 것들은 브라운이 본문의 어느 부분을 만들어냈다고 생각하는 것을 설명하기 위해서 제공하는 재구성들이다.

다시 말해, 불트만과 포르트나의 자료비평이 어려움을 겪는 것은 그들이 제시하는 증거들이 훨씬 더 쉽게 설명될 수 있기 때문이다. 포르트나의 연구보다 더 사변적이고 정교하지 못한 브라운의 전승 연구가 더 많은 지지를 받는 이유는 그것이 일관성이 있기 때문에 만족스러우며 분석이 불가능하기 때문일 것이다. 브라운이 요한복음에서 제시된다고 생각하는 여섯 개의 증거 그룹은 복음서의 본문에서 추론된 것, 거울에 비치는 글자를 읽듯이 추론한 결과라는 사실을 기억해야 한다. 물론 다른 추론도 가능하다. 또한 브라운의 추론에 불과한 여섯 그룹은 모두 선행(先行) 추론에 근거한 것들이다. 즉, 예수님에 관한 내용을 다루는 본문에서 그 문서를 만들어낸 집단의 삶과 환경 및 반대자들을 알아내는 것은 비교적 쉬운 일이다. 따라서 카이자(Kysar)가 다음과 같은 결론을 내리는 것은 그리 이상한 일은 아니다: "만일 이 복음서가 브라운이나 린다스가 제시하는 것과 동등한 방식으로 발전해 왔다면, 요한복음을 연구하는 학자들과 역사가들은 그것을 입증하는 가설을 제시할 수 없을 것이다."[62]

이러한 추론에서 비롯된 또 다른 추론의 연속이 요한복음의 저자에 관한 최근의 연구를 혼란하게 만들고 있다. 요한 공동체의 역사는 각자 나름대로의 삶의 정황

---

61) 브라운은 사후에 출판된 *An Introduction to the Gospel of John*에서 자신이 다섯 단계를 세 단계로 줄였다고 주장한다. 그러나 우리는 그가 몇 개의 호칭만 바꾸었음을 알 수 있다. 그는 자신이 새로 설정한 첫 단계에 원래 두 단계로 되어 있던 것, 즉 예수님의 활동과 제자의 증언을 포함시킨다. 또 새로 설정한 셋째 단계에서는 복음서 기자와 편집자가 활동하게 한다. Moloney's "Raymond Brown's New Introduction to the Gospel of John: A Presentation－And Some Questions," *CBQ* 65(2003): 15을 보라.

62) R. Kysar, *The Fourth Evangelist and His Gospel* (Minneapolis: Augsburg, 1975), p. 53.

을 가지고 있는 요한복음 전승들을 주의 깊게 분석함으로써 윤곽을 나타낼 수 있다는 것이 공통된 생각이다. 이러한 전승들은 교회가 현재 요한복음에 다소 반영되어 있는 회당과의 격론을 벌인 1세기 말의 상황에서 절정에 이르렀다는 것이 지배적인 견해이다. 이 견해에 대해서는 다음 단원에서 다룰 것이다. 여기에서는 만일 이러한 재구성을 수용한다면, 독자들이 이 책의 주장들이 예수님에 대한 사랑받은 제자 사도 요한의 증언으로 받아들일 수 있는지 이해하기 어렵다는 것만 언급하는 것으로 족하다. 서로 맞물려 있는 재구성들의 비교적 불확실한 추론적인 증거가 확실한 문학적, 역사적 증거를 대신한다. 역사적 재구성 자체를 반대하는 것이 아니라 그것이 실제적인 문학적, 역사적 증거들을 무더기로 제쳐 놓는 경향이 있는 것을 염려하는 것이다.

일부 현대 신학자들에게 있어서, 제4 복음서의 기록 장소에 대에 유전되어온 믿음과 판단, 언질 등의 기반은 전해 내려온 것들을 포기하지 않고는 사도가 저자라고 주장하기 어렵게 만든다. 그 기반은 요한의 공동체나 학교가 존재했고,[63] 이 공동체의 존재와 역사의 핵심은 이미 드러난 전승으로부터 끌어 낸 추론들에 의해서 어느 정도 서술이 가능하다는 데 근거를 두고 있다. 그러나 표면상의 대구(對句)들에 기반을 둔 일련의 추론들은 안전할 수 없다. 예를 들면, 컬페퍼(Culpepper)는 피타고라스 학파, 헬라 아카데미, 리시움(Lyceum:아리스토텔레스가 아테네 근교에서 가르쳤던 학교), 쿰란에 있는 학교, 힐렐 학파, 필로(Philo)의 학파 등 고대 세계의 다양한 학파들을 열거하려 한다. 그러나 "학파"에 대한 컬페퍼의 이해는, 학파는 배우고 공부하고 가르치고 쓰는 특징을 가지고 있다는 것 외에는 분파(sect)와 구분되지 않는다.[64] 여기에서도 그가 제시한 모형이 어려움을 직면한다. 즉, 컬페퍼는 다음과 같이 인정하지 않을 수 없었다. "필로가 연구했던 회당-학파의 역사에 관해서는 알려진 것이 없고, 그의 생도들의 이름도 알려진 것이 없다. 그의 저술들이 계속 연구되었다는 추론은 후일 알렉산드리아에서 기독교인들이 그것들을 사용했다는 것 및 그곳에서 풍유적 해석이 유행했다는 것에 기인한다… 우리가 가지고 있는 자료들이 필로의 학파의 역사에 관해 침묵하고 있는 것은 그가 실제로 자기 공동체에게 영향을 끼치지 못했기 때문일 수도 있다."[65]

---

63) Cullmann, *Johannine Circle*; Alan R. Culpepper, *The Johannine School* (Missoula, Mont.: SP, 1975).

64) Culpepper, *Johannine School,* 213.

65) Ibid.

그렇다면, 후대의 유대인 저술가가 이전의 유대인 저술가의 언급에서 추론하여 존재 여부를 추론한 학파와 관련하여 자료들이 침묵하는 이유가 여기에 있다. 사랑받은 제자가 요한복음에서 보혜사와 같은 역할을 하며 지도자로 활동하는 요한 공동체라는 개념은 이러한 방식으로 출현했다.[66] 그러나 컬페퍼는 이 학파를 단순히 복음서 기자의 글이 좋아서 읽고 다른 사람들에게 추천한 기독교인의 무리와 구분하는 기준을 제시하지 않는다. 그는 요한 공동체의 역사는(그는 학파와 공동체를 구분 없이 사용한다) 제4 복음서의 구성 역사(composition-history)에 대한 의견이 보다 일치할 때에 알 수 있을 것이라고 확신한다.[67] 그의 가정은 다소 낙관적이다. 그는 또한 동일한 전승들, 어휘, 교리, 윤리적 원칙 등을 가지고 있는 신자들의 공동체가 하나 이상 존재했음을 요한 서신이 증거한다고 주장한다. 물론 요한 서신들은 저자가 자신이 알고 있는 몇 개의 공동체에게 몇 개의 편지를 써 보냈다는 증거가 된다는 것이 보다 단순한 추론이므로, 표면적으로 이것 역시 저술에 참여한 공동체에 대한 중요한 가정을 제시한다. 그들이 한 지도자를 중심으로 교회들의 모임을 만들었을 가능성은 충분히 있다. 그러나 이러한 가설도 제4 복음서를 작성하는 책임을 맡았던 학생들과 기록자들의 학파에 대해 묘사하기에는 부족하다. 요한복음 21:24에 사용된바 어떤 견해에서 보아도 이해하기 어려운 "우리"라는 대명사는[68] 저술가들의 학파를 주장하는 것이 아니라, 증거를 제공해준 장로들을 가리킨다고 볼 수 있다.

물론 제4 복음서 안에 발전에 대한 자각이 없었다고 논하는 것이 아니다. 복음서 기자의 관점에서 볼 때, 예수님이 누구이신가에 대한 제자들의 이해에 놀라운 발전이 있었고, 그 발전은 대체로 주님의 부활과 승천 후에 일어났다. 그러나 그것은 이해의 발전이지(2:22; 12:16; 20:9), 새로운 신학적 발견은 아니다. 요한은 예수님의 사역 중에 제자들과 군중들의 잘못된 이해에 끊임없이 관심을 집중시킴으로써 자기를 비롯한 다른 사람들이 원래 이해했던 것과 나중에 이해하게 된 것을 구분할 수 있음을 보여준다. 요한은 그러한 차이점을 강조하는데,[69] 이 사실은 복

---

66) Ibid., pp. 261-90.

67) Ibid., p. 279.

68) Carson의 책 *John*에서 이 구절에 대한 논의를 보라. 특히 Howard M Jeckson, "Ancient Self-Referential Conventions and Their Implications for the Authorship and Integrity of the Gospel of John," *JTS* 50(1999): 1-34을 보라.

69) D. A. Carson, "Understanding Misunderstandings in the Fourth Gospel," *TynB* 33 (1982): 59-89.

음서 기자가 시대착오의 가능성을 자각하고 있었고, 나름대로의 이유 때문에 그것을 피하려 했음을 보여주는 강력한 증거가 된다. 그러한 증거에도 불구하고, 복음서 기자가 의도적으로든지 그렇지 않든지 간에 당시의 교회의 상황과 환경을 30년대로 끌고 감으로써 발생할 시대착오를 무시한 채 그것들을 예수님과 그의 가르침에 투입했다고 가정하는 것도 설득력이 있다.

이것은 제4 복음서에 있는 모든 문제들은 순전히 구경꾼의 관점에 따른 것이라고 주장하려는 것이 아니다. 단지 포괄적인 자료와 전승 이론들을 수용할 수 없을 정도로 지나치게 사변적이고 우리가 실제로 가지고 있는 본문의 증거와 상반되는 결론에 도달하는 일이 너무 많다고 주장할 뿐이다. 본문의 전위(轉位)에 관한 몇 가지 유력한 이론들은 어떤 문제—이 경우는 신속한 지리적 이동—들은 해결하지만, 결과적으로 다른 문제들을 야기한다. 모든 것들을 종합하여 생각해 볼 때, 기독교 전도자였던 복음서 기자가 여러 해 동안 복음을 전했다고 믿는 것이 가장 무난하다. 분명히 그가 기록했고, 다른 사람을 통해서 알았고, 다른 사람들의 것과 통합했다. 그러나 그는 다른 자료에서 취한 것을 자신의 것으로 만들었다. 결국 그는 자료를 종합하여 한 권의 책으로 출간했다. 그가 여러 단계에 걸쳐 책을 만들었다고 생각할 수 있지만, 특히 오랜 기간에 걸쳐 책을 출판했을 가능성은 거의 없다. 왜냐하면 초기에 출판된 것과 후기에 출판된 것의 차이점을 보여주는 본문의 증거가 없기 때문이다. 어쨌든 요한복음에는 확실한 특징, 단순한 어법, 주제의 통일성, 그리고 수사비평이 찬사를 보내고, 저자가 성숙한 기독교 증인이요 신학자임을 증거하는 사태의 진전이 있다.

물론, 반대되는 문제도 있다. 왜 복음서 기자는 자신이 기록한 것과 예수께서 살아계신 동안에 하신 말씀을 거의 구분하지 않았는가?

1. 제4 복음서의 문체가 매우 일관성이 있지만, 그것을 지나치게 과장해서는 안 된다. 레이놀즈(Reynolds)는 복음서 기자가 요한복음에서 예수님의 말씀에는 사용하지만 다른 곳에서는 사용하지 않은 150개의 단어를 열거했다.[70] 그것들 중 다수는 예수님의 가르침뿐만 아니라 복음서 기자의 서술 부분에도 사용할 수 있을 만큼 보편적인 단어들이었다.

2. 많은 사람들이 주장하는 대로, 축어적으로 인용하지 않아도 공정한 보고가

---

70) H. R. Reynolds, *The Gospel of St. John,* 2 vols. (London: Fink & Wagnalls, 1906), 1.cxxiii-cxxv.

가능할 수도 있다. 변호까지 해야 하는 다재다능한 작가들은, 특히, 다른 문화권의 사람에게 메시지를 전해야 할 때에 보고문학이라는 방법을 선택할 것이다. 이 자료의 대부분이 설교 형식이었음을 전제할 때, 그것은 더욱 확실해진다. 요한복음의 많은 특징들은 우리가 어느 설교가의 수정된 설교를 듣고 있다고 가정하면 이해하기 쉽다. 예를 들면, 요한복음에서만 발견되는바 예수께서 중복해서 "아멘"이라고 말씀하신 것은 단순한 설교 기법이며, 고대 설교가들이 축어적인 인용문만 선호했다는 터무니없는 전제를 하지 않는 한 어색할 것이 없다. 내적, 외적 증거들을 재구성해 보면, 요한복음에 삽입된 내용이나 삭제된 내용들은 복음서 기자가 자신이 알고 있는 모든 것을 포함시키거나 다른 복음서의 잘못된 것을 바로잡으려 한다거나 다른 곳에 보존되어 있는 중요한 사실을 알지 못했다고 설명하기보다는 설교가로서의 복음서 기자가 처한 상황을 반영한다고 보아야 한다. 이야기체의 비유, 특히 천국에 대한 비유의 부재는 이 설교자의 독자들이 종말론에 빠져 있지 않고 언어학적으로는 셈 어를 사용하는 사람들이 아니었음을 암시한다. 또 보편적인 종교적 호소력을 지닌 용어가 많은 것은 복음서 기자가 가능한 한 언어의 장벽을 최소화할 수 있는 언어를 사용하려고 노력하고 있음을 암시한다.

이것은 요한이 하나님의 나라에 관심이 없었다는 의미가 아니다. 그가 "하나님 나라"라는 표현을 사용한 몇 개의 중요한 구절 외에(3:3, 5; 18:36), 어떤 구절에서는 하나님 나라라는 주제가 강력하게 제시된다(18-19장의 핵심도 이 주제이다). 게다가 공관복음에서 하나님 나라는 엄청나게 많은 의미가 함축되어 있는 "긴장감을 주는 상징"이다.[71] 따라서 어떤 구절에서는 천국에 들어가는 것과 생명으로 들어가는 것을 구분할 수 없으며(마 7:14, 21), 요한은 생명에 관해 많은 언급을 했다. 간단히 말해, 제4 복음서 기자는 특정 진리를 특정한 사람들에게 전하는 데 관심을 가지고 있었으며, 설교자의 특권을 활용하여 적절한 메시지를 작성했다.

또 요한복음이 심오하지만 그 초점은 공관복음보다 훨씬 좁다. 이처럼 초점을 좁힐 때에, 다른 방법으로는 드러나지 않는 것이 드러나며, 독자가 느끼는 전위(轉位) 의식을 이해할 수 있다. 일단 설교자(곧 복음서 기자)가 의도하는 바가 분명해

---

71) J. Jeremias, *New Testament Theology I: The Proclamation of Jesus* (London: SCM, 1971), pp. 32-34; Norman Perrin, *Jesus and the Language of the Kingdom* (Philadelphia: Fortress, 1976), 특히 pp. 29-34; R. T. France, "The Church and the Kingdom of God: Some Hermeneutical Issues," in *Biblical Interpretation and the Church: Text and Context,* ed. D. A. Carson (Exeter: Paternoster, 1984), 30-44.

지면, 다시 말해, 그의 비전의 범위가 확실히지면, 전위 의식은 대체로 사라진다.

3. 물론 이 설교자는 단순히 설교자가 아니다. 그는 자신을 사건 자체와 그 사건에 대한 이야기를 들어야 하는 사람들을 연결해주는 믿을 만한 중개자로 소개한다. 또 그는 혼자가 아니다. 그는 기독교 진리의 연속성(1:14-18) 및 자신이 이 임무를 완수할 수 있도록 인도하는 성령의 역할(15:26-27; 16:12-15)을 의식하고 있다(1:14-18). 자신의 임무에 대한 요한의 이해와 관련하여, 우리는 그가 느끼고 있었던 언어 사용의 자유, 자료 선정에 적용한 원칙, 그가 상상하고 있는 독자들의 특성, 관심의 초점, 문제의 핵심을 파고드는 놀라운 습관 등에 관해 말할 수 있을 것이다. 그러나 증언에 있어서 신빙성의 중요성을 강하게 느낀 사람이(10:40-42) 이야기와 대화를 만들어 내어 역사서로서 넘겨주었다고 가정할 수도 있다.

4. 설교들 중 일부는 그 시대의 랍비들의 주석이나 미드라쉬를 모방한 것으로 간주되는데, 이것은 어느 정도 가능한 일이다. 이 설교들은 긴밀하게 짜여져 있기 때문에, 독립된(혹은 분리가 가능한) 예수님의 말씀에 요한이 주석을 붙인 것에 불과하다고 보기 어렵다. 따라서 다음과 같은 두 개의 결론 중 하나에 이르게 된다. 보르겐(Borgen)은 생명의 떡에 관한 설교(6:26-59)를 출애굽기 16장에 대한 해설의 일부로서 훌륭하게 짜여진 본질을 입증하려 했다. 그는 이 설교의 통일성을 주장하면서도, 그것을 예수님의 설교라고 주장하지는 않았다.[72] 헌터(Hunter)도 통일성은 인정하지만, 그것이 예수님의 설교였다고 결론짓는 것을 방해할 증거가 없다고 말한다.[73] 그러나 이 설교의 신빙성을 고려해볼 때, 독특한 문체를 가지고 있던 복음서 기자가 이 설교에 나름대로의 형태로 부여하여 복음서 맞추어 넣었을 것이다. 요한복음 12장의 미드라쉬적 특징을 가진 부분들, 5:19-30의 교차배열 구조, 니고데모와의 대화의 일관성 등에 대해서도 비슷한 말을 할 수 있다.

증거를 해석하는 가장 간단한 방법은 전통적인 방법이다. 세베대의 아들 요한이 제4 복음서를 썼을 가능성이 매우 높다.

요컨대, 증거를 해석하는 가장 간단한 방법은 전통적인 방법이다. 세베대의 아들 요한이 제4 복음서를 썼을 가능성이 매우 높다. 물론 이것은 본질적으로 그 책의 권위에 영향을 미치지 않는다(실제로, 누가복음도 목격자가 기록한 것이 아니며, 히브리서의 작가는 익명이다). 그러나 이 책이 어떤 경위로 기록되었고, 어떤 상황에서 누구에게 어떤 목적으로 기록되었는가를 연구하는 데는 엄청난 영향을 미친다.

72) P. Borgen, *Bread from Heaven*, SuppNovT 10(Leiden: Brill, 1965).

73) A. M. Hunter, *According to John* (London: SCM, 1968).

3. 출처

제4복음서의 출처에 관한 연구는 지리적인 것과 개념적인 것으로 나누어 생각하는 것이 효과적일 수 있다.

1) 지리적 출처

대체로 네 곳이 주장되어 왔다.

1. 알렉산드리아. 요한복음이 필로의 글과 유사점이 많다는 근거로 알렉산드리아를 주장하는 사람들이 있다. 그러나 이것은 지나친 비약이며, 필로의 글이 알렉산드리아 외의 지방에서도 읽혀졌다고 가정해야 한다.

2. 안디옥. 제4복음서가 안디옥에서 출판되었다고 추정되는 시리아어로 된 『솔로몬의 송시』(*Odes of Solomon*), 그리고 안디옥의 감독 이그나티우스와 유사한 점들이 있다는 근거에서 안디옥이 요한복음의 출처라고 주장된다. 그러나 문학 작품이 원래 저술된 지역에서만 영향력을 발휘할 수 있다는 가정은 설득력이 없다.

3. 팔레스타인. 팔레스타인의 특징적인 지형과 문화적 세부 사항을 잘 알고 있었다는 이유에서 제4 복음서가 팔레스타인에서 기록되었을 것이라는 견해는 역사적 예수에 관한 모든 책은 분명히 팔레스타인에서 기록되었다는 표면상 이상한 견해를 수반하게 된다. 그때나 지금이나 작가들은 여기저기 자주 옮겨 다니는 것으로 알려져 있다.

4. 에베소. 전통적인 견해는 제4 복음서가 에베소에서 기록되었다는 것이다. 이 견해는 대체로 통일성이 있지만 때로 난해한 교부들의 증언에 의존한다. 유세비우스는 유대 전쟁이 발발하면서(주후 66-70) 사도들이 흩어질 때, 요한에게는 소아시아(현대 터키의 서쪽 지방 삼분의 일)를 맡겼다고 말한다(*H.E.* 3.1.1). 유세비우스가 열거하는 지역 분배 중 일부는 전설일 수도 있지만, 신빙성이 있다. 왜냐하면 그것은 "주님의 제자 요한은 아시아의 에베소에 머물면서 복음서를 기록했다"고 말한 이레내우스(*Adv. Haer.* 3.1.2)의 증언과 같은 다른 자료들과 일치하기 때문이다. 그러나 어떤 이들은 이레내우스가 사도 요한을 계시록을 기록한 요한

과 혼동했다고 주장한다. 에베소에서 그리 멀지 않은 브리기아에 기반을 두고 있던 몬타누스파에서 요한복음을 인용했다는 사실이 이 복음서의 출처가 에베소라는 것을 뒷받침하기 위해 언급되기도 하지만, 요한복음은 처음으로 출판된 장소와 상관없이 50년 이상 지난 후에야 브리기아에서 유포되었을 것이다. 옳든 그르든 교회 교부들의 지지를 받는 장소는 에베소뿐이다.

2) 개념상의 출처

① 요한의 종교적 세계

제4 복음서의 배경에 관하여 많은 학자들이 제시한 제안들은 요한복음의 표면상의 배경인 예수님 시대의 팔레스타인과 예수님의 메시지를 보고 이해하는 데 중요한 역할을 한다. 19세기 말부터 1960년대까지 종교사 운동(history-of-religions movement)은 요한복음을 헬라 세계에 결부시켰다. 복음서가 예루살렘에서부터 유대인 디아스포라를 거쳐 헬레니즘 문화의 흐름 속으로 퍼져 나가면서, 그 어휘와 내용이 점차 변화되었다. 이 헬레니즘 문화는 다음과 같은 네 가지 요인들이 결합된 것으로 판단되었다.

필로. 학자들은 특히 요한복음 1:1에서 요한이 λόγος(*logos*; 말씀)를 사용한 것은 필로의 영향을 받은 것이라고 생각한다. 필로는 실재의 원리, 창조와 통치의 수단으로서 로고스라는 스토아 학파의 개념을 도입했다. 이 외에도 많은 예를 찾아볼 수 있다.

신비적 저술들(Hermetic writings). 영지주의 전통에서 헤르메스 트리스메기스토스(Hermes Trismegistos=애굽의 신 토트[Thoth])의 교훈으로 간주되는 이 저술들은 영지주의의 이원론을 완화함으로써 몇 가지 독특한 특징을 나타낸다. 우주가 하나님과 연관되어 하나님의 아들이라고 불린다. 어느 논문에서는 중생이 주제가 되기도 한다. 사람이 하나님에 관한 바른 지식을 얻으면 다시 태어나서 하나님이 된다는 것이다. 도드(Dodd)는 요한복음에 신비 문학의 영향력이 강하게 나타나 있음을 가장 강력히 주장했다.[74]

---

74) Walter Scott, ed., *Hermetica: The Ancient Greek and Latin Writings Which Contain Religious of Philosophic Teachings Ascribed to Hermes Trimegistus,* Vol. 1: *Introduction; Text and Translation;* Vol. 2: *Notes on the Corpus Hermeticum;* Vol. 3: *Notes on the Latin Asclepius and the Hermetic Excerpts of of Stobaeu;* Vol. 4: *Testiminia* (Oxford: Clarendon,

영지주의. 때로는 무형의 "신지학(神知學)적 잡동사니"라고 묘사되기도 하는 영지주의는 선한 것은 이상적이거나 영적인 것과 연결하고 나쁜 것은 물질적인 것과 연결한 신플라톤주의의 이원론에서 발생했다. 완전히 성숙한 영지주의에서는, 자기들의 근원에 대하여 들을 능력이 있는 자들을 가르치기 위해 영지적 구원자가 세상에 오는데, 이 "지식"(γνῶσις: *gnōsis*)은 영접하는 자들에게 해방과 구원을 가져다준다.

만다이즘(Mandaism). 이것은 특수한 형태의 영지주의로서, 그 기원에 대해 많은 논란이 있다. 이것은 세례를 베풀던 유대 분파중 하나에서 유래된 듯하다. 자주 행해지는 세례 예식이 "생명의 지식"의 하강이라는 신화가 재연되고 귀신의 세력들로부터의 자유가 보장되는 핵심 단계를 이루는 형태는 매우 후대의 것이다.[75]

연대에 관한 고찰을 떠나서(처음 것을 제외한 나머지는 2세기나 3세기, 혹은 그 이후의 것임이 자료들에 의해 판명되었다), 요한복음과 이러한 문서들의 개념상의 차이는 엄청나게 크다. 더욱이 1947년에 사해 두루마리가 발견됨으로써 적어도 어휘에 있어서 제4 복음서와 가장 가까운 종교적 운동은 극단적으로 보수적인 유대 은둔 공동체였음이 드러났다. 이것은 요한이 사해 두루마리가 나타낸다고 여겨지는 엣세네 파 출신이라는 말이 아니라, 헬라 자료들을 크게 의존하는 것은 60년 전에 비해서 훨씬 설득력이 없어졌다는 말이다. 따라서 다른 경향의 학자들은 요한을 랍비 운동, 사마리아 종교, 에세네파, 여러 종류의 종말론 운동을 포함하여 다양한 팔레스타인 운동과 연결 지으려 해왔다. 요한과 이러한 운동들은 모두 오늘날 구약성경이라고 부르는 것에 근거를 두고 있다.

구약성서에 대한 요한의 의존도는 단순히 구약의 성경 구절 몇 개를 인용하는 수준 이상이다. 구약성서를 빗대어 인용한 것들(성막에 대한 언급, 야곱의 사다리, 야곱의 우물, 만나, 광야의 뱀, 안식일, 여러 절기들)은 저자와 독자 모두가 구약성서를 잘 알고 있다는 사실을 전제로 한다.[76]

1924-63)을 보라.

75) 이것들 및 다른 운동들에 대한 유용한 자료로는 G. R. Beasley-Murray, *John,* WBC 36; 2nd ed. Waco, Tex.: Word, 1999), liiiff를 보라. 일반적인 영지주의와 특히 만다이즘(Mandaism)에 대한 가장 뛰어난 연구서는 E. Yamauchi, *Pre-Christian Gnosticism: A Survey of the Purposed Evidence*, 2nd. ed. (Grand Rapids: Baker, 1983)이다.

76) D. A. Carson, "The Use of the Old Testament in John and the Johannine Epistles," in *It Is Written: Scripture Citing Scripture, Fs.* Barnabas Lindars, ed. D. A. Carson and H. G. M.

그러나 기독교의 것이 아닌 다양한 요소들이 이 복음서와 결합되어 특별한 강조점과 형태를 제공한다고 주장하는 배럿(Barret)이나 슈나켄베르그(Schnackenberg)의 접근 방법에 호감을 느끼는 학자들이 많다. 이것은 부분적으로는 옳지만, 잠재적으로 잘못될 가능성이 있다. 해석가들이 요한복음과 유사한 것들을 여러 다른 문학 형태에서 찾아볼 수 있는 이유 중 하나는 요한복음의 어휘와 간결한 진술에 있다. 빛, 어두움, 생명, 죽음, 영, 말씀, 사랑, 믿음, 물, 빵, 정결, 탄생, 하나님의 자녀 등은 어느 종교에서나 찾아볼 수 있는 단어들이다. 이것들은 각각의 종교에서 각기 다른 의미를 갖지만, 단어 자체는 종교만큼이나 잘 알려져 있다.[77] 그리 잘 알려지지는 않았지만 카이저(Kysar)의 논문은 이러한 현상의 중요성을 분명히 제시한다.[78] 그는 서언(요 1:1-18)에 관한 불트만과 도드의 연구를 비교하면서, 이 두 학자가 이 부분에서 생각할 수 있는 표현과 흡사하다고 생각한 것들의 목록에 주목했다. 불트만과 도드는 각기 삼백 개 이상의 유사점을 열거했으나 두 사람의 목록에서 공통되는 것은 7퍼센트밖에 되지 않았다. 샌드멜(Sandmel)이 "유사한 것에 대한 심취"(parallelomania)이라고 칭한 것의 위험이 적나라하게 드러났다.[79]

제4 복음서에는 다른 형태의 종교의 영향이 전혀 없다는 말이 아니다. 초대교인들은 자기들이 종종 적대적인 세계관을 가진 세계로 확장되어나감을 분명히 인식하고 있었다. 복음서 기자는 팔레스타인에서 멀리 떨어진 곳에 있는 사람들에게 복음의 진리를 전달하려고 노력했으므로, 그가 받은 전승들을 앵무새처럼 그대로 전하기보다는 가장 이해가 쉬운 방법으로 전달하려 했을 것이다. 문제는 그러한 시도가 의식적으로든 무의식적으로든 고의적으로 역사적 복음과는 본질적으로 무관한 사고의 흐름을 인정한 당시의 혼합주의에 굴복했는가, 아니면 단순히 복음을 조옮김하여 바꾸어 표현했는가에 있다. 요한은 분명히 충실한 증인일 뿐만 아니라 재능이 있는 설교자였다.

Williamson (Cambridge: Cambridge University Press, 1988), 245-64; 많은 학자들이 이 분야에서 연구하였다. 특히 Andrew C, Brunson, *Psalm 118 in the Gospel of John: An Intertextual Study on the New Exodus Pattern in the Theology of John*, WUNT 158 (Tübingen: Mohr-Siebeck, 2003)을 보라.

77) Keener, *The Gospel of John: A Commentary*, 1.324-30을 보라.

78) Robert Kysar, "The Background of the Prologue of the Fourth Gospel: A Critique of Historical Methods," *CJT* 16(1970): 250-55.

79) Samuel Sandmel, "Parallelomenia," *JBL* 81 (1962): 2-13.

② 공관복음과의 관계

제4 복음서와 공관복음의 관계를 고려하지 않고서는 이 복음서의 개념상의 출처에 관해 제대로 언급하기 어렵다. 요한은 공관복음 기자들을 얼마나 의존했는가?

요한복음과 공관복음의 차이점은 대체로 상세하게 다루어져왔다. 요한복음에는 여러 비유, 변화산 사건, 성찬 제정에 관한 기록, 그리고 예수님의 간단한 교훈 등 공관복음의 특징적인 것들이 많이 생략되어 있으며, 공관복음의 중심이 되는 주제들도 많이 빠져 있다(특히 천국에 관한 주제). 반대로 요한복음에는 공관복음에서 전혀 언급하지 않는 자료가 많이 포함되어 있다: 요한복음 1-5장의 자료, 예수께서 자주 예루살렘을 방문하신 것 및 그곳에서 발생한 일들, 죽었던 나사로가 다시 살아난 것, 긴 대화와 설교 등.

이것들 중 일부는 지리적 관심이 다른 데서 기인한다고 설명할 수 있다. 요한은 공관복음 기자들과는 달리 갈릴리보다는 유대와 사마리아와 같은 남쪽 지방에서의 예수님의 사역을 주로 취급하기 때문이다. 그러나 모든 차이점들을 지리적인 문제로 규정하는 것은 합당치 않다. 요한복음에서 예수는 공공연하게 하나님과 동일시된다(1:1, 18; 20:28). 또 "나는…이다"(I am)라는 진술이 때로는 서술 구문과 함께(6:35;8:12;15:1-5), 때로는 독립 구문으로(8:28, 58) 등장한다. 세례 요한이 자기는 엘리야가 아니라고 한 것(1:21; 막 9:11-13)이나 성령의 임함(요 20:22; 행 2장)처럼 신약성경의 다른 본문들과 쉽게 융합할 수 없는 구절들도 기록되어 있다. 요한복음 1장은 제자들이 예수님을 하나님의 아들, 인자, 메시아, 이스라엘의 왕, 랍비 등으로 고백하는 데서 시작하는 데 반해, 공관복음에서 예수님의 사역의 중반기라고 할 수 있는 시기에 가이사랴 빌립보에서 예수를 메시아로 고백한 사건은 커다란 전환점이 된다(막 8:27-30). 제4 복음서의 연대적인 어려움도 언급하지 않을 수 없다. 예를 들어, 고난 받으신 날짜는 공관복음의 날짜와 잘 조화되지 않는다. 14:31의 마지막 행은 어색하게 편집된 부분이라는 증거로 여겨지고, 회당의 출교 위협(9:22)은 예수님 사역 시대가 아니라 80년대 말의 상황을 반영하는 시대착오적인 것으로 간주된다.

반면에, 비교가 가능한 부분들도 많다.[80] 그 중에는 세례 요한이 증거한 대로 예수님께 성령이 임하신 사건(막 1:10과 요 1:32), 세례 요한의 물세례와 메시아

---

80) Craig Blomberg, *The Historical Reliability of the Gospels* (Leicester: IVP, 1987), 156-57.

의 성령 세례의 대조(막 1:7-8과 요 1:23), 오천 명을 먹이신 사건(막 6:32-44와 요 6:1-15), 물위를 걸으심(막 6:45-54와 요 6:16-21) 등이다. 문자적으로 의존한 것이 완전히 증명되지는 않지만, 많은 예수님의 말씀들이 부분적으로나마 공관복음과 유사하다(마 9:37-38과 요 4:35;막 6:4와 요 4:44; 마 25:46과 요 5:29; 마 11:25-27과 요 10:14-15; 막 4:12와 요 12:39-40 등). 더욱 중요한 것은 매우주 미묘한 병행 구절들이다: 요한복음과 공관복음 모두 예수님을 자연세계에서 끌어낸 다채로운 은유와 격언을 말씀하신 분으로 묘사한다(4:37; 5:19-20; 8:35; 9:4; 11:9-10; 10:1ff.; 12:24; 15:1-16; 16:21). 네 복음서 모두 예수님을 하늘 아버지의 아들이라는 독특한 의식을 가진 분으로 묘사하며, 예수님의 가르침에 나타난 특별한 권위에 주목하며, 예수님이 다른 어떤 사람도 사용하지 않은(요 12:34도 예외는 아니다) 인자라는 명칭을 자신에게 쓰고 있다고 증거한다.

더욱 인상적인 것은 요한복음과 공관복음이 서로 연결되어 있는 전승을 반영하는 곳, 다시 말해서 명백한 문자적 의존을 나타내지 않지만 상호 보충 설명하고 뒷받침해주는 부분들이 상당히 많다는 것이다.[81] 완전하지는 못하지만 그것들을 열거해보면 다음과 같다: 유대에서의 폭넓은 사역에 대한 요한의 기록은 예수께서 성전 주변에서 "날마다" 가르치셨다는 마가복음 14:49의 가정, 남쪽으로의 마지막 여행에 대한 두려움과 동요(막 10:32), 나귀를 데려오고(막 11:1-7) 다락방을 예약할 수 있는(막 14:12-16) 예수님의 능력 등을 설명하는 데 도움이 된다. 또 예수께서 성전이 멸망할 것이라고 위협했다는 비난(막 14:58; 15:29)에 대한 설명도 요한복음 2:19에서 찾아볼 수 있다. 마가는 유대 지도자들이 예수님을 빌라도에게 데려간 이유를 언급하지 않지만, 요한은 그 이유를 설명한다(18:31). 또 요한만이(18:15-18) 베드로가 대제사장의 뜰에 들어갈 수 있었던 이유를 설명해준다(막 14:54, 66-72). 요한복음 1장에서처럼 예수께서 제자들을 이미 만난 적이 있었고 그들의 충성이 요한에게서 예수에게로 옮겨졌다고 가정하면, 공관복음에서 제자들을 부르신 사건도 훨씬 이해하기 쉽다.

더욱 인상적인 것은 요한복음과 공관복음이 서로 연결되어 있는 전승을 반영하는 곳, 다시 말해서 명백한 문자적 의존을 나타내지 않지만 상호 보충 설명하고 뒷받침해주는 부분들이 상당히 많다는 것이다.

반대로, 요한복음의 많은 부분은 공관복음에 기록된 자세한 내용에 의해서만 설명된다. 예를 들면, 요한복음 18-19장에서 재판이 급하게 로마 법정으로 옮겨지기 때문에 유대인들이 어떤 법적 절차를 밟았는지 이해하기가 어려운데, 공관복음이

---

81) Morris, *Studies,* 40-63; Robinson, *John,* chaps. 4-6; Carson, *John*, "Introduction," III(3)을 보라.

이에 대한 답을 제공한다. 요한복음 12:21-22에서 빌립이 이방인들을 예수께로 데려오기를 주저하면서 먼저 안드레와 의논한 것은 예수께서 이방인에게 가는 것을 금하신 적이 있기 때문일 것인데(마 10:5), 이것은 요한복음에는 기록되지 않았다.

이제, 요한복음과 공관복음의 관계에 대한 학자들 간의 복잡한 논쟁들을 요약하여 잠정적인 결론을 내려 보자.

1. 대다수의 현대 학자들은 요한복음이 공관복음을 의존했다는 증거가 없다고 주장하는 도드의 견해[82]에 동의하지만, 많은 학자들[83] 및 최소한 두 명의 저명한 주석가들은[84] 요한이 적어도 마가복음과 누가복음, 그리고 마태복음—또는 적어도 실질적인 공관적 전승을 읽었을 것이라고 주장한다. 만일 요한이 공관복음 중 어느 한 복음서에 의존했다 할지라도, 그것은 마가복음과 마태복음, 혹은 유다서와 베드로후서의 의존도와는 전혀 다를 것이라는 데에는 모두 동의한다. 제4 복음서의 기자는 자신의 책을 기록하기를 원했다.

2. 요한복음과 공관복음의 관계에 관한 문제는 이 네 복음서의 연대 및 저자에 관한 복잡한 논쟁과 얽혀 있다. 예를 들어, 복음서들을 다른 기독교 공동체들과는 별로 관계가 없던 기독교 공동체에 속한 익명의 사람들의 작품—실제로 목격자들의 압박을 받지 않는 오랜 전승의 산물—으로 생각한다면, 한 복음서의(이 경우는 요한복음) 저자가 다른 복음서를 읽었는지의 여부를 알아볼 수 있는 유일한 수단은 직접적인 문학적 의존이 있는가를 시험해 보는 것뿐이다. 만일 그렇다면, 대부분

---

82) Dodd, *Historical Tradition*.

83) 예를 들면 다음과 같다: F. Neirynck in M. de Jonge, *L'évangile de Jean*, pp. 73-106; idem, in collaboration with Joël Delobel, Thierry Snoy, Gilbert Van Belle, and Frans Van Segbroeck, *Jean et les synoptiques: Examen critique de l'exégèse de M.-E. Boismard* (Louvain: Louvain University Press, 1979); Mgr. de Solages, *Jean et les synoptiques* (Leiden: Brill, 1979); J. Blinzler, *Johannes und die Synoptiker* (Stuttgart: KBW, 1965); E. F. Seigman, "St. John's Use of the Synoptic Material," *CBQ* 30(1968): 182-98; M. E. Glasswell, "The Relationship Between John and Mark," *JSNT* 23 (1985): 99-115; Gerhard Maier, "Johannes und Matthäus—Zweispalt oder Viergestalt des Evangeliums?" in *GP* 2: 267-91; Thomas M. Dowell, "Jews and Christians in Conflict: Why the Fourth Gospel Changed the Synoptic Tradition," *LouvStud* 15(1990): 19-37; Thomas L. Brodie, *The Quest for the Origin of John's gospel: A Source-Oriented Approach* (New York: Oxford University Press, 1993). Cf. Smith, Essays: Blomberg, *Historical Reliability*, p. 159.

84) Barrett, *John*; Thomas L. Brodie, *The Gospel According to John: Literary and Theological Commentary* (New York: Oxford University Press, 1993).

의 학자들은 의존도를 증명할 만한 증거가 충분하지 못하다고 생각한다. 따라서 전혀 의존하지 않았다고 가정하거나, 해결할 수 없는 문제로 남겨 두어야 한다. 소수의 학자들은 의존했을 가능성이 있다고 주장한다.

지금까지 살펴본 여러 가지 내용들을 종합해 볼 때, 세베대의 아들 요한이 제4복음서를 기록했고, 마가가 베드로의 도움을 받아 마가복음을 기록했다고 생각하게 되는데, 그렇다면 몇 가지를 더 고찰해야 한다. 베드로와 요한이 친밀한 관계를 유지했다고 가정할 때, 이들 중 한 사람이 썼거나 관여한 책에 대해서 나머지 한 사람이 오랫동안 알지 못하고 지내는 것이 과연 가능할까? 그렇다면, 저술 연대가 중요한 문제가 된다. 만일 마가복음이 주후 64년에 기록되었고, 1-2년 후에 그의 복음서이 기록되었다면, 상호 의존하지 않았을 가능성이 커진다. 그러나 마가복음이 50년부터 64년 사이에 기록되었고, 요한복음이 80년경에 기록되었다면, 요한이 마가복음을 읽지 않았을 것이라고 생각하기 어렵다. 19세기까지의 인류 역사에 있어서 통신 수단이 가장 발달되어 있던 로마제국에 해석학적으로 폐쇄된 공동체가 존재했다는 것은 개연성이 없는 생각이다.[85] 사도들이 친교에 대한 기억을 가지고 친교를 나누며 생존해 있었을 때에는 그러한 공동체의 존재는 더욱 불가능했을 것이다. 이 경우에 요한이 마가복음을 읽었을 가능성 여부에 관한 문제를 직접적이고 문자적인 의존도를 시험한 것만으로 해결하려는 것은 너무 편협한 생각이다. 결국 요한이 마가복음과 누가복음, 그리고 어쩌면 마태복음까지 읽었으며, 그럼에도 불구하고 자신의 책을 쓰기를 원했다고 볼 수 있을 듯하며, 따라서 직접적인 문학적 의존성을 증명하는 것은 어려운 짐으로 남는다.

3. 요한복음과 하나 이상의 공관복음 사이의 맞물려 있는 것들의 부차적인 본질은 의존도를 증명하는 데는 사용할 수 없지만, 그렇기 때문에 역사가에게는 매우 귀중한 것이 된다. 즉, 공관복음을 읽어야만 요한복음의 고난 이야기와 관련된 신학적 요점들을 이해할 수 있는 것이 아니며, 각각의 공관복음서 기자들이 제자들을 부르신 사건을 묘사하면서 지적한 신학적 의미는 요한복음에서 그 일에 대해 말한 것을 참고로 해야만 이해할 수 있는 것도 아니다. 오히려 이처럼 서로 맞물려 있는 것들은 역사적 차원에서 볼 때 실제로 일어난 사건이 한 복음서가 공표하는 것보다 훨씬 더 크고 복잡한 사건이었음을 보여준다. 여러 복음서의 다양한 진술들의 맞물

85) Richard Bauckham, ed., *The Gospels for All Christians: Rethinking the Gospel Audiences* (Grand Rapids: Eerdmans, 1998).

려 있는 본질을 호의적으로 살펴봄으로써 이와 같은 복합성을 어느 정도 묘사할 수 있을 것이며, 모든 것을 분리시켜 생각하려는 경향이 있는 사람들이 무시해온 구절들의 역사성을 회복할 수 있다.

4. 이것은 요한복음과 공관복음 몇 가지 차이점을 평가하는 것과 실질적인 관계가 있다. 예를 들면, 요한복음 1장에 열거된 기독론적 고백들은 가이사랴 빌립보에서 절정에 이르는 공관복음의 기독론적 인식과 상충하는 것으로 평가되어 왔다. 그래서 이러한 차이의 이유는 1세기 말에 기록한 요한은 첫 장에서 소개하는 기독론적 호칭들이 적절한 것이라고 가정했지만 나아가 교회로 하여금 예수님이 하나님이시라는 고백을 받아들이게 하는 데 관심을 갖게 되었기 때문이라고 주장되어 왔다. 이러한 해석은 예수께 신성을 부여한 것이 매우 후대의 일이고 요한복음 1장의 표면상의 배경은 순전히 허구적이라고 전제할 때 가능하다.

그러나 신학적 · 역사적 관심을 가지고 요한복음과 공관복음을 살펴보면, 보다 간단한 해답이 드러난다. 요한복음의 기사는 독립적으로 보아도 역사적으로 충분히 이해된다. 세례 요한의 제자들이 요한의 영향력과 세력이 절정에 이르렀을 때에 그를 떠나 알려지지 않은 갈릴리 사람에게로 옮겨간 이유는, 복음서 기자가 설명하는 대로, 세례 요한이 예수님에 대해 증거했고 자신은 예수님의 길을 예비하는 자라고 주장했기 때문이다. 세례 요한을 추종하며 그의 메시지에 귀를 기울이던 사람들은 예수님을 따르는 자들이 되었을 것이며, 그렇기 때문에 그들은 예수님을 약속된 메시아, 이스라엘의 왕, 하나님의 아들(우리가 가지고 있는 자료에 의하면 메시아에 대한 명칭으로 사용될 수 있는 칭호)로 믿었다. 이것은 예수님의 이러한 칭호들을 초기의 추종자들이 완전히 이해했다는 뜻이 아니다. 네 복음서 기자 중에 요한은 초기 제자들이 얼마나 이해하지 못했고 잘못 이해했는가를 집요하게 증거한다. 이 모든 것이 하나도 이치에 어긋나지 않는다.

공관복음의 기록도 마찬가지이다. 공관복음은 예수님이 누구이신가에 대한 제자들의 이해가 성장할 것이라고 기대할 뿐이다. 제자들은 예수께서 나타내시는 메시아의 모습에 놀라지만, 세월이 흐르면서 예수님이 이스라엘의 희망인 메시아라는 확신을 갖게 되었다. 물론 이것도 완전히 기독교적인 확신은 아니었다. 베드로가 취한 다음 단계는 예수님의 임박한 죽음에 관한 예언은 그들이 따르는 메시아에게 적합하지 않다고 말하는 것이었다(막 8:31-34). 따라서 공관복음은 예수님에 대한 제자들의 이해가 성장한다고 묘사하면서도, 동시에 예수님의 죽으심과 부활 전에 제자들이 지녔던 예수님에 대한 신앙의 중심에 자리 잡고 있던 엄청난 오해를 드러낸다.

이 두 가지 견해를 겹쳐 놓고 보아도 본질적으로 모순되는 것이 없다. 서두에서 기독론적 호칭들을 소개하는 복음서 기자는 예수님의 제자들의 이해 부족과 오해를 예리하게 지적하고, 제자들이 점진적으로 예수님을 이해했음을 강조하는 복음서 기자들은 제자들의 초기 오해에 대해서는 그리 언급하지 않지만 그들의 오해가 오래 지속되는 것의 심각성을 지적한다. 요한의 표현은 비역사적인 것이 아니며, 역사적 현실을 보충해 주는 것들의 일부이다.

5. 이것은 요한복음을 이해하기 위해서는 언제나 공관복음을 참고해야 한다는 의미가 아니라, 두 가지 시각을 종합해서 보면 확실한 역사적 현실에 접근할 수 있다는 의미이다. 제대로 다룬다면, 요한복음의 특징을 식별해서 요한이 말하려는 것이 무엇인지를 찾을 수도 있다. 복음서 기자가 이런 식으로 묘사하는 구조를 택하여 끊임없이 제자들을 비롯한 사람들의 오해에 관심을 두고 나중에 이해된 것을 설명했기 때문에(2:19-22; 3:3-5, 10; 6:32-35, 41, 42; 7:33-36; 8:18-20, 27-28; 10:1-6; 11:21-44, 49-53; 12:12-17; 13:6-10, 27-30; 16:1-4, 12-15; 18:10-11; 19:14; 20:3-9), 그는 독자들로 하여금 제자들은 스스로 생각하는 것보다 잘 믿었고, 가야바가 자신이 생각했던 것보다는 제대로 예언을 했고, 빌라도도 자신이 상상했던 것보다는 의로운 판결을 내렸다는 것을 이해하게 한다. 이야기는 그리스 비극처럼 전개되어 등장인물은 자신이 무엇을 고백하는지 이해하지 못할 때에도 독자들은 모든 것을 이해한다. 그러나 그리스 비극과는 달리, 여기에는 승리와 영광이 존재한다. 가장 역설적인 것은 십자가의 수치와 패배 안에서 하나님의 계획이 성취된다는 것, 즉 세상이 만들어지기 전에 계획된 하나님의 승리가 이루어진다는 것이다.

6. 요한복음의 기독론적 특성은 부인되어도 안 되고 과장되어서도 안 된다. 이 복음서만 공공연하게 예수님을 "하나님"이라고 지칭하지만(1:18; 20:28), 또한 예수님의 인성 및 아버지께 복종하신 것을 강조한다(5:16-30).[86] 반대로, 공관

---

86) 요한복음에서 예수님의 인성에 관한 논의로는 다음을 보라: D. A. Carson, *Divine Sovereignty and Human Responsibility* (Atlanta: John Kncx, 1981), 146-60; Marianne M. Thompson, *The Humanity of Jesus in the Fourth Gospel* (Philadelphia: Fortress, 1986); Leon Morris, *Jesus is the Christ: Studies in the Theology of John* (Grand Rapids: Eerdmans, 1989), 43-67. cf. E. Käsemann, *The Testament of Jesus* (Et London: SCM, 1968).

복음은 예수님을 인간으로 묘사하면서도 동시에 죄를 사해주는 권세가 있는 분(막 2:1-12)으로 묘사하고 비유들을 제공하는데, 그 비유에서 예수님은 구약성서에서 일반적으로 하나님에게 주어지는 은유적 역할을 취하신다. 공관복음은 나중에야 꽃피게 될 성육신에 대한 이해를 씨앗의 형태로 소개한다. 나중에 성장하게 될 유전인자를 모두 갖춘 씨앗이 분명히 있다.[87] 만일 요한이 우리로 하여금 꽃이 피는 것을 조금 더 보게 했다면, 그 부분적인 원인은 요한이 독자들에게 실제로 어떤 일이 전개되는지 분명히 알려주는 설명에 몰두한 데 있다.

"나는 …이니라"라는 진술들도 역사적으로 별 문제가 없다. 그러한 진술들은 매우 다양하다.[88] 공관복음의 여러 곳에서 볼 수 있는 완곡어법이나 상징적인 표현들과는 달리, 4:26("네게 말하는 내가 곧 그니라")의 예수님의 메시아 신분에 대한 확언은 예수님과 대화를 나눈 사람에게 흥미를 갖게 만드는데, 그는 사마리아 여인, 1세기 유대교의 많은 요소들 안에 있는 메시아에 대한 사상들과 결합된 것과 동일한 정치적 기대들을 품고 있다고 볼 수 없는 인물이다. 결국, 요한은 예수께서 유대에서는 신중한 표현을 사용하셨다고 기록한다(7:28-44; 10:24-29). 요한복음에서 "나는…이니라"라는 진술들은 대부분 생명의 떡, 선한 목자, 포도나무(6:35; 10:11; 15:1) 등의 보어를 지닌다. 그것들은 은유적이며, 후대 독자들에게는 비교적 뜻이 쉽게 전달되지만, 처음 듣는 사람들에게는 매우 어렵고 혼동이 되는 것들이었다(6:60; 10:19; 16:30-32). 이는 당시의 종교 지도자들은 그런 것들을 말하지 않았기 때문이다.[89] 하나님을 지칭하는 것으로서 같은 표현을 사용한 이사야에게서 그 근원을 찾아볼 수 있는(사 43:10; 47:8, 10, 특히 70인 역) "나는…이니라"라는 독립적 형태와 유사한 것은 마가복음 6:50과 13:6에서 찾아볼 수 있다.[90] 만일 요한복음에서 가장 극적인 표현이라고 할 수 있는 "아브라함이 태어나

---

87) 기독론의 이러한 유기적인 성장에 대한 믿을 만한 연구로는 I. Howard Marshall, *The Origins of New Testament Christology* (Leicester: IVP, 1976); C. F. D. Moule, *The Origin of Christology* (Cambridge: Cambridge University Press, 1977); H. H. Rowdon, ed., *Christ the Lord, Fs.* D Guthrie (Leicester: IVP, 1982)에 수록된 많은 논문들이 있다.

88) Philip B. Harner, *The "I Am" of the Fourth Gospel* (Philadelphia: Fortress, 1970).

89) 유사한 구절이라고 주장되는 것들의 대부분은 2-3세기(혹은 그 이후)의 영지주의 자료들과 헬메스(Hermetic) 자료들로부터 비롯된 것들이다. 1세기 초반에 나타난 것으로서 시기적으로 요한복음과 가장 가깝다고 할 수 있는 것들은 헬라어를 사용하는 지역에서 잘 알려져 있던 이집트의 여인 이시스의 주장들이다. "나는 남성들을 위한 열매를 발견한 자이다"; "나는 여자들 중에 여신이라고 불리는 자이다"(*NewDocs* 1.2를 보라). 그러나 이것들은 매우 직설적이고, 요한복음에서처럼 구약성서를 반영한 것이 아니다.

기 전에 내가 있었다"(8:58)는 구절과 비슷한 구절을 공관복음에서 찾아볼 수 없다면, 그것이 어떤 의미에서 율법이 예수에 의해 완성되었다고 주장하면서도(마 5:17ff.) 예수를 유대인들의 율법 해석을 판단할 뿐만 아니라 율법의 일부를 폐지할 수 있는 분(막 7:15-19), 죄를 사해 주시며(마 9:1ff.) 한 개인의 영원한 운명이 자기에 대한 순종에 달려있다고 주장하시는 분(마 7:21-23), 가족의 유대를 초월하는 충성을 요구하고(마 10:37-39; 막 10:29-30), 아들의 소원대로 계시를 받은 자 외에는 아버지를 아는 자가 없다고 주장하신 분(눅 10:22), 피곤한 자들에게 쉼을 제공하고(마 11:28-30), 길 잃은 자에게 구원을 주시는 분(눅 15장), 자연을 다스리며(막 4:39) 죽은 자를 살리시는 분(마 9:18-26)으로 묘사하는 공관복음의 묘사보다 근본적으로 우월한 주장인지 이해하기 어렵다. 위에 열거된 행위들과 비슷한 것들을 선지자들이나 사도들에게서 찾아볼 수 있지만, 이 모든 것이 결합된 것은 하나님에게서만 찾을 수 있을 것이다.[91)]

지면상 요한복음에서 드러나는 다른 난제들 및 그것들과 공관복음의 관계를 상세히 다루지 못하지만, 역사와 신학을 분리하지 않으려 하는 주석서들(예를 들면, 웨스트콧, 모리스, 칼슨)과 보다 상세한 신약개론들이 도움이 될 것이다.[92)]

4. 기록 연대

과거 150년 동안 제4 복음서의 기록 연대는 주후 70년에서부터 2세기 후반까지 다양하게 제안되어왔지만, 사본들이 발견되면서 2세기경으로 연대를 추정했던 주장들은 거의 사라졌다. 그러나 연대에 대해서 절대적으로 신빙성이 있는 주장은 없으며, 55년과 95년 사이라고 보는 것이 가장 무난하다. 요한복음 21:23은 "이 기간 중 초기보다는 후기 쪽에 가깝다는 제안을" 지지한다고 볼 수 있다.[93)]

어떤 연대는 지나치게 이르다. 요한복음 21:19을 보면, 요한복음 21장이 기록되었을 때에 베드로는 이미 죽어 하나님께 영광을 돌렸을 것이라고 추정된다. 베드

---

90) Cartin H. Williams, *I am He: The Interpretation of* 'Anî Hû *in Jewish and Early Christian Literature*, WUNT 113 (Tübingen: Mohr-Siebeck, 2000)을 보라.

91) 요한복음에 있는 "나는…이니라"의 신빙성에 대한 훌륭한 변호로는 E. Stauffer, *Jesus and His Story* (London: SCM, 1960), 142-59를 보라.

92) 예를 들면., Guthrie, 248ff.

93) J. Ramsey Michaels, *John* (San Francisco: Harper & Row, 1983), xxix.

로는 주후 64년이나 65년에 죽었으므로, 이 복음서가 그 전에 기록되었다고 볼 수 없을 듯하다. 기록 연대를 70년 이전으로 추정하는 사람들은 팔레스타인에 대한 세부 묘사에서 예루살렘과 성전 주변이 그대로 있는 것처럼 표현한 것을 지적한다. 예를 들어, 복음서 기자는 "예루살렘 양문 곁에 연못이 있는데"(요 5:2)라고 기록한다. 요한이 때때로 과거의 일을 헬라어 현재시제로 표현한 것을 제외하고는 이 논거는 결정적인 것이라고 볼 수 있다. 일부 학자들은 제4 복음서에서 성전 멸망을 언급하지 않고 침묵한 것은 기록 연대를 70년 이전으로 추정하는 결정적인 증거가 된다고 주장한다. 그러나 침묵을 근거로 한 논증에는 함정이 있다. 만일 성전 멸망이 언급되었다면 2:19-22의 주제가 더욱 확실하게 드러났을 듯하므로, 언뜻 보면 이러한 논거도 설득력이 있는 듯하지만, 이것은 결코 강력한 증거가 되지 못한다. 흩어져 있던 디아스포라 유대인들의 생각에서 성전이 얼마나 중요한 위치를 차지했는지는 상황과 장소에 따라 많은 차이가 있었다.[94] 만일 성전이 파괴되고 제4 복음서가 기록되기까지 적어도 10년 정도의 세월이 흘렀기 때문에 그로 인한 충격이 사라졌다면, 복음서 기자가 그 사실을 다시 언급해야 했다고 생각할 이유가 없다. 게다가 요한은 교묘한 인유(引喩)를 즐겨 사용한 작가이다. 만일 그가 80년에 기록했다면, 성전 멸망을 기정사실로 여기고, 그것이 자신의 신학적 논증에 나름대로 기여하기를 원했을 수도 있다. 70년 이전 저작설을 지지하는 다른 논거들은 별로 신빙성이 없는 듯하다.

요한복음의 기록연대를 1세기 말, 즉 85년에서 95년 사이로 추정하는 사람들은 다음과 같은 네 가지 논거를 의지한다.

1. 많은 신학자들은 이 복음서가 도미티안(Domitian)황제 시대(81-96년)에 기록되었다는 전승을 의존한다. 그러나 로빈슨은 이 전승이 근거가 없음을 증명한 바 있다.[95] 사도 요한이 장수하여 트라얀 황제 때 (98-117년)까지 살았다는 초기의 전승이 있다(*H.E.* 3.23.3-4에 인용된 이레내우스의 *Adv. Haer.* 2.22.5; 3.3.4를 보라). 4세기에 제롬은 요한이 "주님의 고난 후" 68년(*De vir. ill.* 9) 또는 98년경에 죽었다고 보았다.[96] 또 요한이 자기의 복음서를 기록한 마지막 복음서 기자였

---

94) Jörg Frey, *Die Johanneishe Eschtologie*, 3 vols., WUNT 96, 110, 117 (Tübingen: Mohr-Siebeck, 1997-2000).

95) Robinson, *Redating*, 256-58.

96) 거의 일반적으로 받아들여지지 않고 있는 사도 요한이 일찍 순교를 당했다는 설에 대한 아주 희박한 증거에 대해서는 *Guthrie,* 272-75를 보라. 놀랍게도 Hengel (Johannine Question)이 이 설을

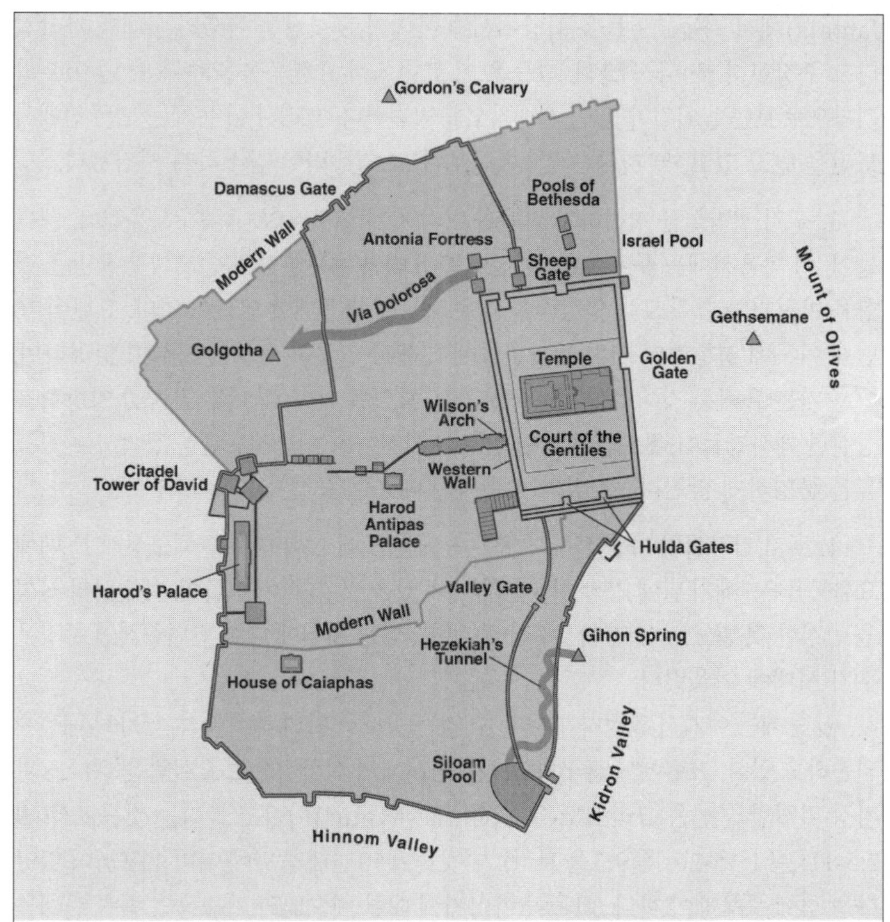

예수님 시대의 예루살렘

다는 교부들의 증언도 있다(이레내우스[*Adv. Haer.* 3.1.1]; 클레멘트[*H.E.* 6.14.7]; 유세비우스[*H.E.* 3.24.7]). "그러나 그가 노년에 기록했다는 것은 후대에 요한복음이 신빙성이 없고 덜 중요한 것이었음을 보여주는 진술들과 함께 등장한 추론에 불과하다."97)

2. 일부 학자들은 "회당으로부터의 출교"를 의미하는 용어와 개념(9:22; 12:42; 16:2; ἀποσυάγωγος[*aposynagōgos*])은 얌니아 공회(Council of

---

주장한다.

97) Robinson, *Redating,* 257.

Jamnia)에서 기독교인들을 회당에서 쫓아내기로 결정한 이후의 시대를 가리킨다고 주장한다.[98] 다시 말해, 그들은 이 표현에서 요한복음을 주후 85년 이후의 기록으로 보는 돌이킬 수 없는 시대착오를 발견한다. 그러나 이 논제는 모든 점에서 도전을 받고 있고,[99] 지금은 몇 년 전보다 그 영향력이 감소하기 시작했다.

3. 후기 저작설을 지적하기 위해서 여러 가지 세부적인 내용이 사용된다. 예를 들어, 이 복음서에는 주후 70년 이전에는 유대와 예루살렘의 종교생활에 많은 영향을 미쳤지만 그 후로는 영향력을 잃은 사두개파에 대한 언급이 없다. 요한이 70년대 이후에 영향력이 커진 서기관들에 대해서 언급하지 않은 사실이 없었다면, 이 논거는 유력한 것이라고 할 수 있다. 또 요한은 70년대 이후 급속히 영향력을 상실한 제사장들이 예수님이 고난 받으신 시기까지는 산헤드린을 장악하고 있었음을 분명하게 밝힌다. 그 밖의 세부적인 내용들은 설득력이 없다.

4. 후기 저작설의 가장 설득력 있는 근거는 초대 교회 역사를 재구성해 볼 때에 요한복음은 1세기 말에 가장 어울린다는 데 있을 것이다. 예를 들어, 예수님의 신성을 인정한 것 및 그분이 창세전부터 존재하셨다는 사실에 대한 반변증적인 주장은 후기 시대에 어울린다.

이 문제는 여기서 완전하게 다룰 수 없는 방대한 양의 해석학적, 역사적 내용에 의존하고 있다. 그럼에도 불구하고, 신약성서에서 신학적으로 요한복음 1:1-18과 가장 밀접한 구절은 그리스도-찬송(Christ-hymns)이라고 불리는 것들로서(빌 2:5-11; 골 1:15-20; 롬 9:5을 보라), 이것들이 50년대 중반에 이미 유포되어 있었다는 점에 주목해야 한다. 더욱이 아버지께 대한 예수님의 기능상의 종속 관계를 요한복음보다 더 강조한 복음서는 없다. 다시 말해, 제4 복음서에서 그리스도의

---

98) J. Louis Martyn, *History and Tradition in the Fourth Gospel* (Nashville: Abingdon, 1979)이 주축이 된다.

99) 다음을 보라: R. Kimelman, “Birkat ha-Minim and the Lack of Evidence for an anti-Christian Jewish Prayer in Late Antiquity," in *Jewish and Christian Self-Definition*, vol. 2 of *Aspects of Judaism in the Greco-Roman Period*, ed. E. P. Sanders (Philadelphia: Fortress, 1981), 226-44, 391-403; W. Horbury, "The Benediction of the Minim and Early Jewish-Christian Controversy," *JTS* 33(1982): 19-61; Robinson, *John,* 72ff.; Beasley-Murray, *John,* lxxvi-lxxviii; Ridderbos, *The Gospel of John*, 72ff.; and discussion in Carson, *John*; David E. Aune, "On the Origins of the 'Council of Jevneh ‘ Myth," *JBL* 110 (1991): 491-93. David Wenhem("The Enigma of the Fourth Gospel: Another Look," *TynB* 48[1997]: 149-78)은 제4복음서에 반영되어 있는 논쟁들 모두가 A.D. 85년보다 훨씬 이전에 존재했을 수 있다는 것을 상세히 지적한다.

신성을 강조한 것 때문에 보충적인 강조점들의 중요성이 간과되어서는 안 된다. 기독론적 궤적들을 도표화함으로써 제4복음서의 연대를 측정하는 것은 바람직하지 못하다.

제4 복음서의 저작 연대를 제안해야 한다면, 다음과 같은 이유에서 주후 80-85년을 제안한다.

1. 요한복음을 초기에 기록된 것으로 보아야 할 설득력이 있는 근거가 없다. 그러나 비교적 후기에 기록된 것으로 보게 만드는 약간의 근거가 있는데, 이는 그 시대의 교부들이 요한복음을 인용했기 때문이다.

2. 신학적인 궤적들을 근거로 한 논거들은 비교적 설득력이 약하지만, 그것들에게 어느 정도 비중을 두어야 한다면, 요한복음에서 사용한 언어는 이그나티우스의 그다지 억제되지 않은 언어에 가깝다. 특히, 이그나티우스가 부담 없이 자주 예수님을 하나님이라고 부르는 것, 성례적인 언어(그가 요한을 매우 오해하고 있다고 생각되는 부분이다), 그의 예리한 대조법 등을 볼 때 그런 확신이 든다.

3. 예루살렘 멸망이 디아스포라에는 팔레스타인 지방의 유대교에 미친 것만큼 큰 영향을 미치지 못했지만, 만일 제4 복음서가 70년 이후에 기록되었다면, 제국 내의 유대교인들과 기독교인들의 집단에서 그 여운을 느낄 수 있었던 70년 직후에 기록되었다고 보기 어렵다.

4. 만일 요한 서신들이 부분적으로 초기 형태의 영지주의와의 논쟁에 관심을 가지고 있었고, 부분적으로 제4 복음서의 영지주의적 오해에 관해 서술했다면, 요한복음의 출판 시기와 요한 서신의 출판 시기 사이에 어느 정도 세월이 흘렀어야 한다. 따라서 90년대라고 보는 설도 합당치 못하다.

5. 수신인

제4 복음서는 구체적으로 수신인을 언급하지 않는다. 따라서 저자와 저작 목적과 관련하여 끌어낸 결론에 따라 수신인을 추정할 수 있다. 만일 세베대의 아들 요한이 에베소에서 제4 복음서를 기록했다면, 그는 그 지방 사람들을 위해 복음서를 기록했으며, 가능한 한 널리 유포되기를 희망했다고 추정할 수 있다. 어쨌든, 그러한 추론이 저자에 관한 가정보다 더 분명할 수는 없다. 요한이 복음서를 저술하면서 드러낸 목적들을 근거로 몇 가지 일반적인 것들을 추론할 수 있을 것이다. 그러나 이러한 목적들도 논란이 되고 있으므로, 그것들을 다루어야 한다.

6. 저술 목적

20세기에 이루어진 이 주제에 대한 논의들은 대부분 의심스러운 많은 가정들과 과정들에 의존했는데, 그중에 널리 알려진 것들은 다음의 네 가지이다.

1. 20세기 초의 여러 시도들은 요한이 공관복음에 기생했다는 가정에 많이 의존했다.[100] 즉, 요한복음의 주된 목적은 요한복음의 기록과 공관복음의 기록을 대조함으로써 찾을 수 있다는 것이다. 요한은 "영적 복음서"를 기록했거나, 아니면 이미 기록된 것들을 보완하거나 교정하기 위해서 기록했다고 주장된다. 이러한 이론들은 요한복음을 요한복음 자체로 보는 것이 아니라, 마가복음이나 다른 복음과 비교된 요한복음으로 이해한다. 최근에 공관복음과 요한복음의 관계에 대한 평가가 새로워지면서 이러한 접근방법은 사라지는 추세이다.

2. 현대의 많은 제안들은 이 복음서를 배출했다고 추정되는 요한 공동체의 재구성을 근거로 한다. 따라서 어느 정도 연속적인 추론이 불가피하다: 제4 복음서에서 추론된 것들에 의해서 요한 공동체가 재구성 된다; 일단 이러한 배경이 널리 받아들여지면, 다음 세대의 학자들은 제4 복음서가 그 상황을 설득력 있게 소개함으로 어떻게 그의 목적을 성취하는가를 보여줌으로써 이미 가정된 공동체의 배경을 계속 발전시키거나, 약간 수정한다. 추론의 연속이 반드시 나쁜 것은 아니지만, 마지막에 추론된 것은 처음에 가정했던 것보다 훨씬 동떨어진 것일 수 있다. 즉 애초에 공동체를 설명하기 위해 추론되었던 설득력 있는 가정과는 거리가 먼 온갖 가능성들이 무성하게 된다.

예를 들어, 미크스(Meeks)는 요한 공동체가 당시 강력한 회당과 대적했던 비밀 조직이었다고 주장한다.[101] 그렇다면, 제4 복음서는 이러한 논쟁술의 요약서가 되고, 심지어 새로운 개종자들을 위한 안내서, 계속되는 충돌 속에서 공동체를

100) 이러한 가정의 어느 형태는 알렉산드리아의 클레멘트처럼 오래된 것도 있다(Eusebius, *H.E.* 6. 14.7). 20세기에는 이 가정이 Hans Windisch, *Johannes und die Synoptiker* (Leipzig: J. C. Hinrichs'sche Buchhandlung, 1926)에 의해 유명해졌다.

101) Wayne A. Meeks, *The Prophet-King: Moses Traditions and the Johannine Christology*, SuppNovT 14 (Leiden: Brill, 1967).

강화하기 위한 책일 수도 있다. 마틴(Martyn)의 재구성은 이것을 약간 수정한 것이다: 교회는 적극적으로 유대인들에게 복음을 전했는데, 요한복음은 그 과정에서 발생한 마찰을 기록할 뿐만 아니라 교회가 그 임무를 수행하는 데 도움을 준다.[102] 그러나 이러한 재구성들 중 어떤 요소들은 의심의 여지가 있다.[103] 요한의 공동체를 하나의 분파로 보는 것은 요한의 기독론이 소위 그리스도-찬송이라고 불리는(빌 2:5-11; 골 1:15-20) 신약성서의 구절들—그것들은 복음서 기자가 교회와 폭넓게 접촉하고 있었음을 암시한다—과 유사하다는 사실뿐만 아니라, 요한복음 17장의 큰 비전을 무시하는 것이다.

3. 요한복음의 목적에 대한 많은 진술들은 하나의 주제나 특징, 아니면 문학적 도구에 의존한다. 예를 들어, 무스너(Mussner)는 지식, 예수님의 말씀을 듣는 것 등에 관한 모든 표현들을 조사한 후에 복음서 기자가 예수님의 시대에 있었던 일을 자기 시대의 일로 옮겨 놓으려 했다고 주장하는데,[104] 이처럼 융합된 시각에서는 과거가 완전히 배제되는 것은 아니지만 보는 시각이 현재로부터 시작된다. 무스너의 견해에 의하면, 이러한 시각이 너무 강해서 역사적 예수의 특유의 말씀을 전혀 구분할 수 없다.

그렇다면, 복음서 기자가 예수님의 제자들이 예수님을 따라 다닐 때 이해했던 것과 나중에 이해한 것을 항상 구분하는 이유는 무엇인가? 제4 복음서의 목적을 고찰하려기 위해서 시작한 일이 결국 요한복음에 있어 엄청나게 중요한 많은 특징들의 합법성을 인정하지 않는 일로 끝나는 경우가 많다.

프리드(Freed)는 요한복음 4장이 제4 복음서가 사마리인들을 전도하기 위해서 저술되었다는 증거가 된다고 주장한다.[105] 어떤 방법이 표면상으로 예수님 시대로 설정되어 있는 배경에서 복음서기자 시대의 상황으로 뛰어넘는 것을 정당화해줄 수 있는지 질문해볼 수도 있을 것이다. 말리나(Malina)는 사회언어학이 제공하는 두 가지 방식의 틀 안에서 제4 복음서를 해석함으로써 요한 공동체의 위치를 결정하려 한다.[106] 그러나 사회언어학적 방식의 적합성도 문제이지만, 거울을

---

102) Martyn, *History and Theology*.

103) Tobias Hägerland, "John's gospel: A Two-Level Drama?" *JSNT* 25 (2003): 309-22을 보라.

104) F. Mussner, *The Historical Jesus and the Gospel of St. John* (ET London: Bruce & Oates, 1967).

105) E. D. Freed, "Did John Write His Gospel Partly to Win Samaritan Converts?" *NovT* 12(1970): 241-56.

보듯이 본문을 읽고서 그 안에 반영되는 것만 봄으로써, 요한 공동체에 대한 자료를 과연 얼마나 획득할 수 있는지도 문제이다. 데이비드 렌스버거(David Rensberger)의 해석에 따르면, 제4 복음서 기자는 해방신학자의 원형(原型)이다.[107] 이 복음서의 본문은 온갖 추론들로 말미암아 어디에선가 침몰한다.[108]

4. 마지막으로, 일부 주석가들은 소위 종합적 혹은 혼합적 접근 방법을 채택한다. 이것은 다른 사람들의 제안들 중 가장 좋은 것처럼 보이는 것들을 모아 혼합하는 것이다. 따라서 요한복음의 목적은 유대인들을 전도하고, 헬라인들을 전도하고, 교회를 튼튼하게 하고, 새로운 개종자들을 교육하고, 유대인들에게 전도하기 위한 자료를 제공하기 위한 것 등이다.[109] 이 경우에 문제 는 목적과 그럴듯한 결과를 혼동하는 것이다. 21세기에 사랑하는 사람을 잃은 사람에게 위로를 주기 위해서 요한복음을 사용할 수 있다고 해서, 그것이 요한복음의 목적이었다고 볼 수는 없다. 마찬가지로, 유대인 신자들이 근처 회당에서 개종하지 않은 유대인들과 개종자들에게 복음을 전하는 데 요한복음이 도움이 되었다고 해서, 그것을 요한복음의 기록 목적이었다고 볼 수는 없다. 이 복음서의 여러 부분이 초래할 수 있는 좋은 결과들을 모두 고려해보아도, 그것들 중 하나 혹은 그것 모두가 복음서 기자가 이 복음서를 기록할 때의 목적이었다고 생각할 적절한 이유를 찾아낼 수 없다.

다른 목적들을 제안한 사람들도 있지만, 가장 적절한 출발점은 요한복음을 기록한 목적에 대한 요한 자신의 진술이다: "예수께서 제자들 앞에서 이 책에 기록되지 아니한 다른 표적도 많이 행하셨으나 오직 이것을 기록함은 너희로 예수께서 하나님의 아들 그리스도이심을 믿게 하려 함이요, 또 너희로 믿고 그 이름을 힘입어 생명을 얻게 하려 함이니라"(요 20:30-31). "너희로 믿게 하려 함이니라"라고 번역된 본문의 철자에는 이형(異形)이 있다: ἵνα πιρτεύητε([*hina pisteuēte*], 가정법 현재)이거나 ἵνα πιρτεύσητε([*hina pisteusēte*], 부정 과거 가정법) 중

---

106) Bruce J. Malina et al., *The Gospel of John in Sociolinguistic Perspective*, ed. Herman C. Waetjen, Protocol of the Forty-Eighth Colloquy (Claremont: Center for Hermeneutical Studies in Hellenistic and Modern Culture, 1984).

107) David Rensberger, *Overcoming the World: Politics and Community in the Gospel of John* (London: SPCK, 1988).

108) 렌스버거의 비판에 대해서는 *Themelios* 17/1(1992): 27-28을 보라. 일반적인 것에 대해서는 다음을 보라: Marinus de Jonge, "Christology, Controversy and Community in John," in *Christology, Controversy and Community*, ed. David G. Horrell and Christopher M. Tuckett, NovTSup 99 (Leiden: Brill, 2000): 229.

109) Beasley-Murray, *John,* lxxxvii-xc도 이 범주에 가깝다.

하나일 것이다. 어떤 학자들은 후자가 "너희가 믿게 하기 위한"이라는 복음서 기자의 목적을 지지해준다고 주장한다. 그렇다면, 전자는 "너희들이 계속 믿게 하기 위한"이라는 교훈적 목적을 지지한다. 사실상, 요한복음에는 믿음의 시작과 믿음의 지속에 관해 두 시제가 함께 사용되기 때문에, 어느 것을 취하든 크게 달라지는 것은 없다.

이 구절을 "내가 하나님의 아들의 이름을 믿는 너희에게 이것을 쓴 것은 너희로 하여금 너희에게 영생이 있음을 알게 하려 함이니라"(요일 5:13)는 요한 일서의 목적과 비교해 볼 가치가 있다. 이 구절은 분명히 기독교인들을 격려하기 위한 것이다. 그 표현 방식을 비교해보면, 요한복음 20:30-31이 복음적이다.

이러한 느낌은 20:31의 첫 번째 목적절을 "너희로 하여금 하나님의 아들 그리스도가 예수님이신 것을 믿게 하려 함이라"라고 해석해야 한다는 확실한 구문상의 증거에 의해 확인된다. 따라서 제4 복음서의 기본적인 질문은 "예수님이 누구인가?"가 아니라 "누가 하나님의 아들, 그리스도, 메시아인가?"이다.110) 문맥상 후자는 종류가 아닌 정체와 신분에 관한 질문이다. 즉 "그리스도가 누구인가?"하는 질문은 "당신은 어떤 종류의 그리스도에 대해 말하고 있는가?"가 아니라 "당신은 그리스도가 누구인지 안다고 주장하는데, 그가 누구인지 증명해 보라"는 뜻으로 이해되어야 한다.

기독교인이라면 이미 대답을 알고 있기 때문에 그런 질문을 하지 않을 것이다. 그러한 종류의 질문을 할 가능성이 있는 사람들은 "그리스도"의 의미를 알고 있으며, 메시아를 기다리고 있고, 기독교인들과 대화를 나누고 있으며 좀 더 많은 것을

110) D. A. Carson, "The Purpose of the Fourth Gospel: John 20:30-31 Reconsidered," *JBL* 108(1987): 639-51. Gordon D. Fee는 이 논거에 대해 의심을 제기했다. 그는 요한복음에서 고유관사가 고유명사와 함께 사용된 변칙적인 용법에 대한 자신의 이전의 연구("The Use of the Definite Article with Personal Names in the Gospel of John," *NTS* 17[1970-71]: 168-83)를 참조하여 요한복음 20:30-31을 "예수는 그리스도, 하나님의 아들이시다"라고 번역해야 하며, 따라서 제4복음서는 기독교인을 위해 기록되었다고 생각해야 한다고 추론한다("On the Text and Meaning of John 20.30-31," in *The Four Gospels, Fs*. Frans Neirynck, ed F. van Segbroeck, C. M. Tuckett, G. van Belle, and J. Verheyden; vol. 3[=BETL 100] [Leuven: Leuven University Press, 1992], 2193-205을 보라). 그러나 Fee는 요한이 관사와 명사를 변칙적으로 함께 사용했기 때문에 20:31의 구문을 위에서 제시된 것처럼 해석해야 할 필요가 없다는 것을 증명하는 데 성공했다. 구문론적으로 유일하게 근접한 병행구는 요한복음 5:15이다. 거기서 병 고침을 받은 사람은 자신을 낫게 해준 사람이 예수라고 증언한다. 다시 말해서, 여기에서도 우리는 신분에 관한 질문을 다루게 된다. 그 문제는 다음에서 상세히 다루어진다: D. A. Carson, "Syntactical and Text-Critical Obserbations on John 20:30-31: On e More Round on the Purpose of the Fourth Gospel"(forthcoming).

요한복음의 목적은 복음전도뿐만 아니라, 특히 디아스포라 유대인들과 유대인 개종자들에게 복음을 전하는 데 있다고 보아야 한다.

알고 싶어 하는 유대인이거나 유대인 개종자들일 것이다. 간단히 말해서, 요한복음의 목적은 복음전도뿐만 아니라(이것은 비교적 소수의 사람들이 변호했음에도 21세기까지 압도적인 지지를 받았다),[111] 특히 디아스포라 유대인들과 유대인 개종자들에게 복음을 전하는 데 있다고 보아야 한다. 이 견해에 관한 기사는 소수에 불과하지만,[112] 많은 지지를 받을 수 있다. 또 요한복음을 일종의 선교 문서로 보려는 최근의 연구서들도 간접적으로 지지한다. 이러한 연구서들 중 일부는 전반적으로 탁월한 해석을 제공하지만,[113] 그 주해가 요한복음이 신자들에게 선교에 대해 이야기하기 위해 기록된 것이 아니라 외인들에게 선교를 행하기 위해 기록된 것이라는 주제를 정당화하는 데도 사용될 수 있다는 사실에는 관심을 기울이지 않는다.

이렇게 명백히 규정된 복음서 기자의 목적이 어떻게 그의 복음서의 나머지 부분에 큰 영향을 미치는지를 보여주는 일은 간략한 개론서에서는 다룰 수 없는 일이다. 그것을 다루는 것은 주석서에서 행해야 할 일이다. 지속적으로 구약 성서를 빗대어 인용한 것들은 요한이 염두에 둔 독자들이 성경에 대한 지식이 있다는 것을 보여주며, 그가 셈어 표현을 번역한 것을 참작하면(1:38, 42; 4:25; 19:13, 17), 헬라어에 능숙한 사람들을 상대로 기록한 듯하다. 그러나 그가 "유대인들"을 강력하게 비난한 것은 이 주제에 반하는 특징으로 간주할 수 없다. 요한은 일반 유대인과 일부 지도자들을 분명히 구분하는 데 관심이 있었을 수도 있다. 제4 복음서는

---

111) 예를 들면,: W. Oehler, *Das Johannesevangelium, eine Missionsschruft für die Welt* (Gütersloh: Bertelsmann, 1936); idem, *Zum Missionscharackter des Johannesevangeliums* (Gütersloh: Bertelsmann, 1941); Dodd, *Interpretation*, 9; Moule, 136-37; Morris, *John*, 855-57; Andreas Köstenberger, *The Mission of the Fourth Gospel's Purpose and the Mission of the Contemporary Church* (Grand Rapids, Eerdmans, 1998). Guthrie, 283ff. 을 보라.

112) K. Bornhäuser, Das Johannesevangelium: Eine Missionsschrift für Israel (Gütersloh: Bertelsmann, 1928); W. C. van Unnik, "The Purpose of St. John's Gospel," in *SE* 1:382-411; J. A. T. Robinson, *Twelve New Testament Studies* (London: SCM, 1962), 107-25; David D. C. Braine, "The Inner Jewishness of St. John's Gospel as the Clue to the Inner Jewishness of Jesus," *SNTU* 13 (1988): 101-55, esp.105-11; George J. Brooke, "Christ and the Law in John 7-10," in *Law and Religion: Essays in the Place of the Law in Israel and Early Christianity*, ed. Barnabas Lindars (London: SPCK, 1988), 101-12; Carson, *John.*

113) Teresa Okure, *The Johannine Approach to Mission*, WUNT 2.31 (Tübingen: J. C. B. Mohr-Siebeck, 1988)을 보라. Miguel Rodrigues Ruiz, *Das Missionsgedanke des Johannesevangeliums: Ein Beitrag zur johanneischen Soteriologie und Ekklesiologie* (Würzburg: Echter Verlag, 1987)에 대해서도 비슷한 말을 할 수 있다. Cf. Köstenberger, The Missions of Jesus and the Disciples. 같은 맥락에서 요한복음에 대한 최근 연구로는 R. Schnackenburg, *Das Johannesevangelium,* 4 vols. (Freiburg: Herder, 1965-84), 4:58-72가 있다.

어떤 사람들이 생각하는 것처럼 반유대적인 것이 아니다. 구원은 아직도 유대인에게서 비롯된다고 했으며(4:22), "유대인"에 대한 언급은 대체로 유대 지방의 유대인이나 유대인 지도자들을 칭하는 경우가 많다. 반유대주의라는 범주를 제4 복음서에 적용하는 것은 잘못된 것이다. 만일 이 복음서에 그런 적대감이 나타나 있다면, 그것은 인종에 관한 것이 아니라 계시를 받아들이거나 거부하는 것과 관련된 신학적 문제이다.114) 최초의 그리스도인들이 모두 유대인이었고, 제4 복음서의 기자와 그의 주된 독자들이 모두 유대인이거나 유대인 개종자들이었는데, 어찌 그렇지 않겠는가? 유대인이든, 사마리아인이든, 아니면 예수님의 우리에 들어온 다른 양(10:16)이라도, 예수님의 음성에 응답한 사람들은 복된 사람들이며, 그를 거부하거나 무시하는 것은 불신과 불순종(3:36), 그리고 소경됨(9:29-41)으로 인한 것이다.

이러한 틀 안에서 요한의 저술 대상 및 그들이 관심을 가졌던 주제들에 대한 것들을 그의 복음서의 내용으로부터 추론해낼 수 있을 것이다. 그러나 이러한 추론들은 부차적인 것으로서, 원칙적으로 다른 추론들의 끊임없는 도전을 받아야 하며, 다른 근거에서 형성된 이 복음서의 목적을 확인해 주는 역할밖에 할 수 없다.

7. 본문

우리에게 알려진 가장 초기의 신약성서 단편은 주후 130년경으로 추정되는 것으로서 요한복음 18장 중 일부를 보유하고 있는 요한복음의 단편 P^{52}이다. 다른 두 개의 파피루스 사본은 2세기 말의 것으로 P^{75}와 P^{66}이다. P^{66}에는 요한복음 1-14장의 대부분 및 나머지 부분의 일부가 기록되어 있고, P^{75}에는 누가복음 대부분과 요한복음 1-11장, 그리고 12-15장의 일부가 기록되어 있다. P^{45}는 3세기 초의 것으로서 네 복음서의 일부와 사도행전이 포함되어 있다. 이 사본의 훼손 상태는

---

114) 많은 학자들이 제4복음서가 반셈족주의, 또는 반유대주의라고 주장해왔지만, 가장 강력하게 주장한 사람은 Maurice Casey일 것이다. 그는 이 복음서가 매우 반 유대적이며 불성실하기 때문에 정경에서 배제되어야 한다고 주장한다(*Is John's Gospel True?* esp. 229). 보다 신중한 분석은 다음에서 발견된다: Ridderbos, *The Gospel of John: The Theological Commentary*, 324-30; Reimund Bieringer, Didier Pollefeyt, and Frederique Vandecasteele-Vanneuville, eds., *Anti-Judaism and the Fourth Gospel: Papers of the Leaven Colloquium, 2000* (Louisville: Westminster John Knox Press, 2001); Stephen Motyer, *Your Father the Devil? A New Approach to John and "the Jews"* (Carlisle: Paternoster, 1997).

완전한 책이 존재하지 않음을 보여준다. 그 이후에는 사본 자료들이 점점 많아지며, 4세기에는 대문자로 기록된 사본들이 나오고, 뒤이어 소문자로 기록된 많은 사본들이 등장한다.

슈나켄부르그(Schnackenburg)는 번안된 증거와 교부들의 증거 및 학문적 논의의 개요까지 포함하는 대부분의 중요한 사본 증거들을 열거했다.115) 전반적으로 본문이 잘 보존된 셈이지만, 아직도 논란이 되고 있는 난해한 구절들이 몇 개가 있다. 그 중에 가장 잘 유명한 것은 1장 18절일 것이다. 원래는 μονογεὴς Θεός(*monogenēs theos*) 같은데, 두 번째 단어가 동격으로 이해되어 "독생자 하나님"보다는 "독특하신 분이신 하나님"이 되어야 할 듯하다.

제인 핫지스(Zane Hodges)는 간음하다가 현장에서 잡힌 여자의 이야기(7:53-8:11)가 원래 요한복음의 일부였음을 주장하려 했지만,116) 증거 자료들은 이를 부인하는 듯하다. 따라서 현대의 영어 성경에서처럼 그것을 본문에서 제외하거나(TNIV), 각주로 따로 기록하는 것(RSV)이 옳다. 이 부분은 대부분의 중세 그리스어 소문자 사본에는 포함되어 있지만, 우리에게 전해져온 초기 헬라어 사본에서는 찾아볼 수 없다. 주목할 만한 예외가 있다면, 다른 부분에서도 독자적인 요소를 많이 가지고 있는 것으로 알려진 서방 대문자 사본 D(Western uncial D)뿐이다. 이 부분은 가장 오래된 시리아어 복음서와 콥트 복음서에서도 찾아볼 수 없고, 많은 고대 라틴어 사본, 고대 그루지아어 사본, 아르메니아어 사본에서도 찾아볼 수 없다. 모든 초대 교부들도 요한복음에 대해 주해하면서 이 부분은 생략하고 7:52에서 8:12로 건너뛴다. 10세기 이전에는 동방교회 교부들 중에서도 이 부분을 인용한 사람이 없었다. 장님 디두모(Didymus the Blind: 4세기에 활동한 알렉산드리아 출신의 주해가)가 이 이야기와 비슷한 것을 기록하지만,117) 현재 우리가 가지고 있는 이야기는 아니다. 더욱이 이 이야기를 포함하고 있는 후대 사본들도 이 이야기를 별표나 의구표(疑句標)로 표시하여 이 이야기의 권위를 인정하기를 주저한다는 것을 나타내며, 분명하게 이 이야기를 포함하는 사본들도 그 내용에 많은 차이가 있다. 이 사건을 기록하고 있는 대부분의 사본들이 7:53-8:11에

---

115) R. Schnackenburg, *The Gospel According to St. John*, 3 vols. (London: Burns & Oates, 1968-82), 1: 173-91.

116) Zane Hodges, "The Woman Taken in Adultery (John 7:53-8:11)," *BS* 136 (1979): 318-72; 137(1980): 41-53.

117) Bart D. Ehrman, "Jesus and the Adulteress," *NTS* 34(1988): 24-44을 보라.

이 이야기를 기록하지만, 누가복음 21:38 뒤에 기록한 사본도 있고, 요한복음 7:44, 요한복음 7:36, 아니면 요한복음 21:25 뒤에 기록한 사본들도 있다.[118] 이처럼 위치가 다른 것은 이 이야기가 신빙성이 없음을 확인해준다. 마지막으로, 이 이야기의 내용이 신빙성이 있고, 위치도 신빙성이 있다고 믿는다 할지라도, 그 자료가 요한의 것이라는 견해를 입증하기 어렵다. 왜냐하면 이 이야기에는 요한복음에서는 발견되지 않지만 공관복음, 특히 누가복음의 특징이 되는 구조나 표현들이 많이 포함되어 있기 때문이다.

8. 정경으로의 채택

2세기 말에 네 복음서 모두 신빙성을 인정받았을 뿐만 아니라 구약성서와 함께 성경으로 인정되었다. 그 이전에도 타티안의 『디아테사론』(*Diatessaron*)이 요한복음을 다른 세 복음서를 위한 연대적 틀로 사용했다는 사실은 이 복음서의 권위를 증명한다. 초대교회에서는 마르시온과 반 로고스주의자(*Alogoi*)를 제외하고는 제4 복음서의 신빙성과 정경으로의 채택에 대해 의문을 제기했던 적이 없었다.

9. 요한복음에 대한 최근의 연구

과거 20-30년 동안 요한복음을 연구하는 대부분의 학자들은 표면상의 요한 공동체에 접근하는 수단으로서 제4 복음서의 특정 주제들을 연구하는 데 정력을 쏟았다.[119] 이에 관해서는 이미 충분히 살펴보았다.

두 번째 관심은 요한복음의 특별한 주제들을 새로운 각도에서 연구하는 것이다. 예를 들어, 제4 복음서에서의 보혜사 성령의 역할에 관한 책들과 논문들이 계속

---

118) Metzger, 219-22를 보라

119) 요한복음에 대한 최근연구에 관한 개요로는 R. Schnackenburg, “Entwicklung und Stand des Johanneischen Forschung seit 1955," in *L'évangile*, 19-44; H. Thyen, "Aus der Literatur des Johannesevangeliums," *ThR* 39 (1974): 1-69, 222-52, 289-330; 42(1977); 211-70; 44(1979): 97-134; Jüngen Becker, "Aus der Literatur des Johannesevangeliums," *ThR* 47 (1982): 279-347; James McPolin, "Studies in the Fourth Gospel—Some Contemporary Trends," *IBS* 2 (1980): 3-26; D. A. Carson, "Recent Literature on the Fourth Gospel: Some Reflections," *Themelios* 9 (1983): 8-18;14 (1989): 57-64등을 유용한 것들로 들 수 있다.

나오고 있으며,[120] 요한복음의 다른 주제들도 비슷하게 다루어지고 있다. 종종 다양한 역사적인 사건—예수님의 재판, 요한복음과 공관복음의 관계, 또는 지형적인 내용—에 대해서도 지속적으로 연구되고 있다.[121]

그러나 제4 복음서에 관한 최근의 연구에서 가장 중요한 현상은 다양한 형태의 문학비평, 사회과학적 분석, 포스트모던 해석 등을 적용한 것이다. 처음에 이것들은 소위 "신비평"(new criticism)의 초기단계를 반영했다. 따라서 어떤 부분에서는 구조주의적인 접근방법,[122], 요한복음 내의 방백(傍白)들, [123] 또는 아이러니와 같은 문학적 기법에 대한 고찰[124] 등이 제공된다. 이 모든 방법들은 본문을 공시(共時)적으로 다루는 경향, 다시 말해서 본문을 하나의 완성된 산물로 다루며 그것의 역사적 발달이나 지시대상들에 대해서는 전혀 질문하지 않는 경향을 지닌다. 이것은 현대 소설들에게 적용하는 범주들 안에서 요한복음을 분석하는 컬페퍼의 도발적인 저서에서 가장 잘 드러난다.[125]

이러한 연구들은 얻는 것도 있고 잃는 것도 있었다. 어떤 연구에서는 구조주의의 공식적인 범주들이나 새로운 문학비평에 비중을 두고서 분명한 것에 대해서만 언급했다. 가장 독창적인 학자들은 요한복음을 하나의 본문, 통일된 작품으로 다루는 것을 선호한다. 이것은 주로 현재의 본문에서 자료들이나 전승들을 제거해내는 것을 주된 목표로 삼는 과거의 방법들보다 새롭고 참신하다.

그러나 잃는 것도 있었다. 이러한 연구들은 종종 복음서들이 역사에 뿌리를 두고 있다는 것을 무시한다. 즉, 단순히 추상적인 개념들을 감정하는 것보다는 입증하는 데 관심을 가진다. 이러한 연구서들의 순수한 통찰들은 종종 비현실성, 단

---

120) 참고문헌 목록에 수록된 Johnston, Franck, Burge의 저서들을 보라.

121) 안타깝게도 겨우 몇몇 학자들만이 초기 저서들의 매우 가치 있고 상세한 내용들과 교류를 가졌다: J. Armitage Robinson, *The Historical Character of the Fourth Gospel* (London: Longmans-Green, 1908); E, H, Askwith, *The Historical Value of the Fourth Gospel* (London: Hodder & Stoughton, 1910); H. Scott Holland, *The Fourth Gospel* (London: John Murray, 1923); A. C. Headlam, *The Fourth Gospel as History* (Oxford: Blackwell, 1948).

122) B. Olsson, *Structure and Meaning of the Fourth Gosepl* (Lund: Gleerup, 1974), on John 2-4; Hendrikus Boers, *Neither on This Mountain nor in Jerusalem*, SBLMS 35 (Atlanta: SP, 1988), on John 4.

123) G. van Belle, *Les Parenthèses dans l'évangile de Jean: Apercu historique et classification* (Louvain: Louvain University Press, 1985).

124) P. Duke, *Irony in the Fourth Gospel* (Atlanta: John Knox, 1985).

125) R. A. Culpepper, *Anatomy of the Fourth Gospel: A Study in Literary Design* (Philadelphia: Fortress, 1983).

순히 본문의 비교적(秘敎的)인 정식이라는 분위기에 의해 상쇄된다.

그러나 최근의 가장 혁신적인 연구서들은 요한 공동체의 사회적 역학,[126] 또는 (제4 복음서에서 표면적으로 입증하는 역사적 예수보다는) 그 공동체의 신학,[127] 이 복음서의 상징 사용에 대한 무엇인가를 환기시키면서도 때로는 사변적인 고찰[128](때로는 성 문제와 연결된[129]), 그리고 모든 "역사"는 사회적-본문적 창조물이므로 "과거에 발생한 것"들과 관련된 문제들은 논의되어야 한다고 주장하는 포스트모던적 해석에 초점을 둔다.[130] 이러한 저서들 중 다수는 자극적이고 도움이 되지만, 혹자는 그것들이 요한이 관심을 갖지 않은 것들에 초점을 두며 실제로 강조하는 것, 즉 그가 입증하는 것은 실질적으로 무시하지 않을까 염려한다.

10. 요한복음의 공헌

요한의 사상은 매우 일관성이 있기 때문에 그것을 구성요소들에 의해 구분하려는 시도는 어쩔 수 없이 그것을 어느 정도 잘못 해석하게 된다. 배럿, 슈나켄부르그, 키너(Keener)가 가장 좋은 신학적 개요를 제공한다.[131] 요한복음의 중요한 공헌에는 다음과 같은 것들이 있다.

1. 요한복음은 공관복음이 제공하는 예수님의 사역, 죽으심, 부활에 대한 묘사에 입체적인 깊이를 더해준다. 요한복음은 공관복음에 기록되어 있는 것을 삭제하

---

126) 예를 들면, Bruce J. Malina and Riched L. Rohrbaugh, *Social-Science Commentary on the Gospel of John* (Minneapolis: Fortress Press, 1998).

127) John Painter, r. Alan Culpesper, and Fernando F. Segovia, eds., *Word, Theology, and Community in John* (St. Louis: Chalice, 2002).

128) Craig R. Koester, *Symbolism in the fourth Gospel: Meaning, Mystery, Community*, 2nd ed. (Minneapolis: Fortress, 2003).

129) 예를 들면, Dorothy Lee, *Flesh and Glory: Symbolism, Gender and Theology in the Gospel of John* (New York: Crossroad, 2002).

130) 예를 들어 Colleen M. Conway, "The Production of the Johannine Community: a New Historical Perspective," *JBL* 121(2002): 479-95을 보라. Conway는 "역사적 예수"에 대해 "새로운 역사주의적 관점"에서 말하면서 개인들이 본문들에 의해서 계속 입증하는 시공(時空)의 역사에 속한 예수를 언급하지 않고, 본문 들 안에 있는 역사적 재구성을 언급한다. 우리는 본문에서 언급되지 않은 예수에 대해서 아무 것도 말할 수 없다. 물론, 우리는 본문들을 통해서만 예수에게 접근할 수 있다는 Conway의 견해는 어느 면에서는 옳다. 그러나 포스트모던 적 전제들에 입각하여 그러한 본문들이 결코 본문 외의 지시대상을 제공해주지 못한다고 추론하는 것은 본문 자체의 기대를 저버리는 것이다.

131) Barrett, *John,* 67-99; Schnackenburg, *John,* 특히 많은 부기(附記)를 보라.

기도 하고, 별로 다루지 않는 부분을 상세히 다루기도 하면서 같은 이야기를 다른 각도에서 이야기함으로써 훨씬 다채로운 묘사를 제공한다.

2. 요한복음의 특징적인 모든 것의 핵심에는 예수님이 누구이신가에 대한 표현이 들어 있다. 이것은 하나님의 어린양, 말씀, "나는…이니라"처럼 요한복음에서만 발견되는 것이든지 인자, 그리스도, 왕처럼 네 복음서 모두에서 발견되는 것이든지, 특정의 기독론적 호칭들에게 주어지는 미묘한 차이에 관한 문제만은 아니다. 예수에 대해 언급되는 다른 모든 것에서 중요한 것은, 예수님은 하나님의 아들, 또는 인자이라는 것이다. "인자"는 대략적으로 "메시아"의 동의어로 사용될 수 있지만, 그것은 하나님의 아들이신 예수가 자기 아버지에게 이야기하는 독특한 태도에 의해서 보강된다. 예수님은 기능적으로 아버지께 종속되며, 아버지께서 명하신 것들만 말하고 행하시지만, 아버지께서는 자신이 행하시는 모든 것을 아들에게 보여주시기 때문에 그는 아버지가 행하시는 모든 것을 행하신다(5:19ff.). 예수님의 완전한 순종과 무조건적인 의존은 예수께서 하나님의 말씀과 행위를 드러내시는 중심이 된다.

3. 예수님을 아버지를 계시하는 분으로 강조하지만, (영지주의에서 주장하듯이) 구원은 단순히 계시에 의해서만 임하는 것이 아니다. 요한의 작품은 복음서이며, 그 줄거리는 십자가와 부활을 향해 움직인다. 십자가는 단순한 계시적 요소가 아니라,[132] 양들을 위한 목자의 죽음이요(요 10장), 자기 나라를 위한 한 사람의 희생이요(요 11장), 세상을 위해 버린 생명이요(요 6장), 하나님의 어린 양의 승리요(요 1장), 순종하여 자기의 생명과 평화와 기쁨과 영(요 14-16장)을 남겨준 인자의 승리이다.

4. 요한복음에서 독특하게 종말론을 강조한 것은 "때"(hour)라는 주제를 사용한 것과 밀접한 관계가 있다(2:4; 7:6). 신약성서의 모든 주요한 자료들은 예수님의 사역과 죽음과 부활과 승천 안에 하나님의 약속된 "마지막 때"가 이미 도래했다는 놀라운 진리를 표현하는 동시에 완전한 소망이 아직 도래하지 않았다는 것을 강조하려는 노력의 긴장을 나타낸다. 저자들마다 각기 다른 방식으로 긴장을 설명한다. 요한복음에서 때는 "오고 있으며, 이미 임했다"(4:23; 5:25); 예수님은 자

132) Contra J. T. Forestell, *The Word of the Cross: Salvation as Revelation in the Fourth Gospel*, AnBib (Rome: BIP, 1974).

기의 평안을 주셨지만 우리는 이 세상에서 환란을 당할 것이다(16:33). 무엇보다도, 예수님의 승천 및 성령을 보내주심의 결과로서 우리는 지금도 영생을 소유할 수 있다. 이것이 종말론적 축복을 현재에도 누릴 수 있음을 강조하는 요한복음의 특징이다. 그렇다고 해서 미래의 희망을 완전히 무시하는 것은 아니다. 죽은 자들이 무덤에서 나와 아버지에 의해 권한을 받으신 분의 심판을 받을 날이 올 것이다(5:28-30). 요한은 예수께는 그의 성령으로 제자들 가운데 현존하신다고 주장하며(14:23), 동시에 자기 백성들을 예수님 자신이 예비하신 처소로 모으기 위해 다시 오실 것을 주장한다(14:1-3).

5. 성령에 관한 요한의 가르침은 공관복음에서 강조하는 것과 흡사한 점들이 있지만(예를 들면, 요 3:34과 4:14-21), 요한복음 특유의 특징들도 많다. 예수님은 성령을 소유하고 나누어 주실 뿐만 아니라, 마지막 때에 성령을 보내 주심으로써 새 언약 아래서의 특징이 되는 것들을 소개하는 역할을 행하신다(3:5; 7:37-39). 고별 설교에서(요 14-16), 예수님의 죽음과 승천의 결과로서 보혜사 성령이 주어진다. 삼위일체의 교리의 요소들이 신약성서 안에, 요한복음에 분명하게 표현되어 있다.

6. 요한은 마태처럼 빈번하게 구약성서를 인용하지는 않지만, 그가 구약성서를 사용한 것의 특징은 많은 인유(引喩), 그리고 예수님은 옛 언약에서 존경받던 상징과 제도들(예를 들면, 성전, 포도나무, 성막, 구리뱀, 유월절)을 대신하신다는 주장이다. 이러한 해석에 대해서는 보다 깊이 연구할 필요가 있다.

7. 제자들을 포함하여 예수님 시대의 사람들이 어떤 식으로 예수님을 잘못 이해하고 있었는지를 요한복음보다 잘 기록된 복음서는 없다. 이것은 여러 가지 역사적 질문들에 접근할 수 있게 해줄 뿐만 아니라, 그 자체가 옛 언약과 새 언약의 관계를 반영한다. 이 복음서는 예수께서 많은 구약성서의 내용들을 성취하시고 어떤 면에서는 대신한다고 주장하면서, 동시에 예수님이 승천하신 후에도 제자들이 이 사실을 바로 이해하지 못했다고 주장한다.

8. 하나님의 백성에 속하는 것에 대해서도 많은 관심을 보인다. 본질적으로 교회의 질서에 대해서는 언급이 없지만, 예정, 생명, 근원, 본성, 증인, 고난, 결실, 기도, 사랑, 하나님의 백성들의 연합 등에 대해서 많이 언급한다.

9. 이미 살펴본 대로, 요한복음은 비교적 한정된 주제들에 대해서 공관복음보

다는 더 깊은 차원에서 다룬다. 그것이 그의 어휘가 제한되어 있고, 특정한 단어와 표현이 거듭 사용된 주요 이유이다. 이렇게 반복하여 사용된 것은 그에게 중요한 것들의 색인이 된다. 가령, 그는 πιστεύω (*pisteuō*; "믿다")라는 동사를 98번, "사랑"이라는 단어를 57번, κόσμος (*kosmos*; "세상")라는 단어를 78번, "보내다"라는 동사(πέμπω [*pempō*]와 ἀποστέλλω [*apostellō*])를 60번, "아버지"(대부분 하나님을 가리킨다)라는 단어를 137번 사용한다. 단어 연구를 통해 저자의 신학에 접근하는 것은 위험한 일이지만, 요한복음의 경우에, 이러한 연구는 매우 중요한 몫을 차지한다.

10. 예정, 믿음, 이적의 기능 등을 묶는 복잡함이 거듭 다루어진다. 만일 이적을 통해 계시된 것의 결과로 믿음이 생긴다면, 그것은 좋은 현상이다. 이적은 정당하게 믿음의 기초가 된다(10:38). 대조적으로, 이적을 의존하는 자들을 비난하기도 한다(4:48). 보고 믿는 것보다 듣고 믿는 것이 좋은 믿음이다(20:29). 그러나 결국 믿음은 아들의 주권적인 예정에 의존하는데, 그것은 아버지가 아들에게 주신 선물로 주신 것이다(6:37-44). 이 진리가 복음적인 요한복음의 핵심이 된다.

참고문헌

Mark L. Appold, *The Oneness Motif in the Fourth Gospel*, WUNT 1 (Tübingen: J. C. B. Mohr [Paul Siebeck], 1976).

John Ashton, ed., *The Interpretation of John, Studies in New Testament Interpretation*, 2nd ed. (Edinburgh: T. & T. Clark, 1997).

E. H. Askwith, *The Historical Value of the Fourth Gospel* (London: Hodder & Stoughton, 1910).

David E. Aune, "On the Origins of the 'Council of Javneh's Myth," *JBL* 110 (1991):491-93.

C. K. Barrett, *The Gospel According to St John* (London: SPCK / Philadelphia: Westminster, 1978).

Richard Bauckham, "The Eyewitnesses and the Gospel Traditions," *JSHJ* 1 (2003):28-60; idem, ed., *The Gospels for All Christians: Rethinking the Gospel Audiences* (Grand Rapids: Eerdmans, 1998).

G. R. Beasley-Murray, *John,* WBC 36, 2nd ed. (Waco: Word, 1999).

J. Becker, "Aus der Literatur des Johannesevangeliums," *ThR* 47 (1982): 279-347; idem, *Das Evangelium des Johannes*, 2 vols. (Gütersloh: G. Mohn, 1979-81).

Cornelis Bennema, "The Power of Saving Wisdom: An Investigation of Spirit and Wisdom in Relation to the Soteriology of the Fourth Gospel"(Ph.D. diss., London Bible College, 2001).

J. H. Bernard, *The Gospel According to St John,* 2 vols., ICC (Edinburgh: T. & T. Clark, 1928).

Reimund Bieringer, *Didier Pollefeyt, and Frederique Vandecasteele-Vanneuville,* eds., Anti-Judaism and the Fourth Gospel: Papers of the Leuven Colloquium, 2000 (Louisville: Westminster John Knox Press, 2001).

Josef Blank, *Krisis: Untersuchungen zur johanneischen Christologie und Eschatologie* (Freiburg: Lambertus, 1964).

J. Blinzler, *Johannes und die Synoptiker* (Stuttgart: KBW, 1965).

Craig L. Blomberg, *The Historical Reliability of the Gospels* (Leicester: IVP, 1987).

Hendrikus Boers, *Neither on This Mountain nor in Jerusalem*, SBLMS 35 (Atlanta: SP, 1988).

P. Borgen, *Bread from Heaven*, NovTSup 10 (Leiden: Brill, 1965).

K. Bornhaüser, *Das Johannesevangelium: Eine Missionsschrift für Israel* (Gütersloh: C. Bertelsmann, 1928).

David D. C. Braine, "The Inner Jewishness of St. John's Gospel as the Clue to the Inner Jewishness of Jesus," *SNTU* 13 (1989): 101-55.

Thomas L. Brodie, *The Quest for the Origin of John's Gospel: A Source-Oriented Approach* (New York: Oxford University Press, 1993); idem, *The Gospel According to John: A Literary and Theological Commentary* (New York: Oxford University Press, 1993).

George J. Brooke, "Christ and the Law in John 7-10," in *Law and Religion: Essays in the Place of the Law in Israel and Early Christianity*, ed. Barnabas Lindars (London: SPCK, 1988), 34-43.

Raymond E. Brown, *The Community of the Beloved Disciple* (New York: Paulist, 1978); idem, *The Gospel According to John*, 2 vols. (Garden City: Doubleday,1966-70); idem, *An Introduction to the Gospel of John*, ed. Francis J. Moloney (New York: Doubleday, 2003).

F. F. Bruce, *The Gospel of John* (Basingstoke: Pickering & Inglis, 1983).

Andrew C. Brunson, *Psalm 118 in the Gospel of John: An Intertextual Study on the New Exodus Pattern in the Theology of John*, WUNT 158 (Tübingen: Mohr-Siebeck, 2003).

R. Bultmann, *The Gospel of John: A Commentary* (ET Oxford: Blackwell, 1971).

Gary M. Burge, *The Anointed Community: The Holy Spirit in the Johannine Tradition* (Grand Rapids: Eerdmans, 1987).

D. A. Carson, "Current Source Criticism of the Fourth Gospel: Some Methodological Questions," *JBL* 97 (1978): 411-29; idem, *Divine Sovereignty and Human Responsibility* (Atlanta: John Knox, 1981; idem, *The Gospel According to John*, PNTC (Grand Rapids: Eerdmans, 1990); idem, "The Purpose of the Fourth Gospel: John 20:30-31 Reconsidered," *JBL* 108 (1987): 639-51; idem, "Recent Literature on the Fourth Gospel: Some Reflections," *Themelios* 9 (1983): 8-18; 14 (1989): 57-64; idem, "Understanding Misunderstandings in the Fourth Gospel," *TynB* 33 (1982): 59-89; idem, "The Use of the Old Testament in John and the Johannine Epistles," in *It Is Written: Scripture Citing Scripture*, *Fs.* Barnabas Lindars, ed. D. A. Carson and H. G. M. Williamson SSF (Cambridge: Cambridge University Press, 1988), 245-64.

D. A. Carson and John D. Woodbridge, eds., *Scripture and Truth* (Grand Rapids: Zondervan, 1983).

Maurice Casey, *Is John's Gospel True?* (New York: Routledge, 1996).

Colleen M. Conway, "The Production of the Johannine Community: A New Historicist Perspective," *JBL* 121 (2002): 479-95.

O. Cullmann, *The Johannine Circle* (ET London: SCM, 1976).

R. Alan Culpepper, *Anatomy of the Fourth Gospel: A Study in Literary Design* (Philadelphia:

Fortress Press, 1983); idem, *The Johannine School* (Missoula: SP, 1975).

R. Alan Culpepper and C. Clifton Black, eds., *Exploring the Gospel of John, Fs*. D. Moody Smith (Louisville: Westminster John Knox Press, 1996).

M. de Jonge, "The Beloved Disciple and the Date of the Gospel of John," in *Text and Interpretation, Fs*. Matthew Black, ed. E. Best and R. M. Wilson (Cambridge: Cambridge University Press, 1979), 99-114.

Ignace de la Potterie, *La vérité dans Saint Jean*, 2 vols. (Rome: BIP, 1977).

Mgr. de Solages, *Jean et les synoptiques* (Leiden: Brill, 1979).

C. H. Dodd, *Historical Tradition in the Fourth Gospel* (Cambridge: Cambridge University Press, 1963); idem, *The Interpretation of the Fourth Gospel* (Cambridge: Cambridge University Press, 1953).

Thomas Dowell, "Jews and Christians in Conflict: Why the Fourth Gospel Changed the Synoptic Tradition," *LouvStud* 15 (1990): 19-37.

P. Duke, *Irony in the Fourth Gospel* (Atlanta: John Knox, 1985).

Bart D. Ehrman, "Jesus and the Adulteress," *NTS* 34 (1988): 24-44.

Gordon D. Fee, "The Use of the Definite Article with Personal Names in the Gospel of John," *NTS* 17 (1970-71): 168-83; idem, "On the Text and Meaning of John 20, 30-31," in *The Four Gospels,* Fs. Frans Neirynck, ed. F. van Segbroeck, C. M. Tuckett, G. van Belle, and J. Verheyden, Vol. 3 [=BETL 100] (Leuven: Leuven University Press, 1992), 2193-2205.

J. T. Forestell, *The Word of the Cross: Salvation as Revelation in the Fourth Gospel*, AnBib 57 (Rome: BIP, 1974).

R. Fortna, *The Fourth Gospel and Its Predecessor* (Philadelphia: Fortress Press, 1988); idem, *The Gospel of Signs*, SNTSMS 11 (Cambridge: Cambridge University Press, 1970).

Robert T. Fortna and Tom Thatcher, ed., *Jesus in Johannine Tradition* (Louisville: Westminster John Knox Press, 2001).

R. T. France, "The Church and the Kingdom of God: Some Hermeneutical Issues," in *Biblical Interpretation and the Church: Text and Context*, ed. D. A. Carson (Exeter: Paternoster, 1984), 30-44.

E. Franck, *Revelation Taught: The Paraclete in the Gospel of John* (Lund: Gleerup, 1985).

Edwin D. Freed, "Did John Write His Gospel Partly to Win Samaritan Converts?" *NovT* 12 (1970): 241-56.

Jörg Frey, *Die johanneische Eschatologie*, 3 vols., WUNT 96, 110, 117 (Tübingen: Mohr-Siebeck, 1997-2000).

M. E. Glasswell, "The Relationship Between John and Mark," *JSNT* 23 (1983): 99-115.

Ernst Haenchen, *A Commentary on the Gospel of John*, 2 vols. (ET Philadelphia: Fortress Press, 1984).

Tobias Hägerland, "John's Gospel: A Two-Level Drama?" *JSNT* 25 (2003): 309-322.

Philip B. Harner, *The "I Am" of the Fourth Gospel* (Philadelphia: Fortress Press, 1970).

A. E. Harvey, *Jesus on Trial: A Study in the Fourth Gospel* (London: SPCK, 1976).

A. C. Headlam, *The Fourth Gospel as History* (Oxford: Blackwell, 1948).

Hans-Peter Heekerens, *Die Zeichen-Quelle der johanneischen Redaktion* (Stuttgart: KBW, 1984).

William Hendriksen, *Exposition of the Gospel According to John*, 2 vols. (Grand Rapids: Baker, 1953-54).

Martin Hengel, *The Johannine Question* (Philadelphia: Trinity Press International, 1989).

Charles E. Hill, *The Johannine Corpus in the Early Church* (Oxford: Oxford University Press, 2004).

Zane Hodges, "The Woman Taken in Adultery (John 7:53-8:11)," *BS* 136 (1979): 318-72; 37 (1980): 41-53.

H. Scott Holland, *The Fourth Gospel* (London: John Murray, 1923).

W. Horbury, "The Benediction of the Minim and Early Jewish-Christian Controversy," *JTS* 33 (1982): 19-61.

David G. Horrell and Christopher M. Tuckett, *Christology, Controversy and Community*, NovTSup 99 (Leiden: Brill, 2000).

E. C. Hoskyns, *The Fourth Gospel*, ed. F. N. Davey (London: Faber & Faber, 1954).

A. M. Hunter, *According to John* (London: SCM, 1968).

Howard M. Jackson, "Ancient Self-Referential Conventions and Their Implications for the Authorship and Integrity of the Gospel of John," *JTS* 50 (1999): 1-34.

Joachim Jeremias, *New Testament Theology I: The Proclamation of Jesus* (London: SCM, 1971).

George Johnston, *The Spirit-Paraclete in the Gospel of John*, SNTSMS 12 (Cambridge: Cambridge University Press, 1970).

Ernst Käsemann, *The Testament of Jesus: A Study of the Gospel of John in the Light of Chapter 17* (ET London: SCM, 1968).

Craig S. Keener, *The Gospel of John: A Commentary*, 2 vols. (Peabody: Hendrickson, 2003).

G. D. Kilpatrick, "The Religious Background of the Fourth Gospel," in *Studies in the Fourth Gospel*, ed. F. L. Cross (London: Mowbray, 1957), 36-44.

R. Kimelman, "Birkat ha-Minim and the Lack of Evidence for an anti-Christian Jewish Prayer in Late Antiquity," in *Jewish and Christian Self-Definition*, vol. 2 of *Aspects of Judaism in the Greco-Roman Period*, ed. E. P. Sanders (Philadelphia: Fortress Press, 1981), 226-44, 391-403.

Craig R. Koester, *Symbolism in the Fourth Gospel: Meaning, Mystery, Community*, 2nd ed. (Minneapolis: Fortress Press, 2003).

Andreas Köstenberger, *The Missions of Jesus and the Disciples According to the Fourth Gospel: With Implications for the Fourth Gospel's Purpose and the Mission of the Contemporary Church* (Grand Rapids: Eerdmans, 1998); idem, "'I Suppose?[οἶμαι]: The Conclusion of John's Gospel in Its Literary and Historical Context," in *The New Testament in Its First Century Setting: Essays on Context and Background*, Fs. Bruce W. Winter, ed. P. J. Williams et al. (Grand Rapids: Eerdmans, 2004), 72-88.

Joachim Kügler, *Der Jünger, dem Jesus liebte* (Stuttgart: KBW, 1988).

Robert Kysar, "The Background of the Prologue of the Fourth Gospel: A Critique of Historical Methods," *CJT* 16 (1970): 250-55; idem, *The Fourth Evangelist and His Gospel: An Examination of Contemporary Scholarship* (Minneapolis: Augsburg, 1975).

M.-J. Lagrange, *Evangile selon Saint Jean* (Paris: Gabalda, 1925).

Dorothy Lee, *Flesh and Glory: Symbolism, Gender and Theology in the Gospel of John* (New York: Crossroad, 2002).

Domingo León, "Es el apóstol Juan el discípulo amado?" *EstBib* 45 (1987): 403-92.

J. B. Lightfoot, *Essays on the Work Entitled "Supernatural Religion"*(London: Macmillan, 1893).

B. Lindars, *The Gospel of John*, NCB (London: Oliphants, 1972).

R. N. Longenecker, "On the Form, Function, and Authority of the New Testament Letters," in *Scripture and Truth*, ed. D. A. Carson and John D. Woodbridge (Grand Rapids: Zondervan, 1983), 101-14.

James McPolin, "Studies in the Fourth Gospel—Some Contemporary Trends," *IBS* 2 (1980): 3-26.

Gerhard Maier, "Johannes und Matthäus—Zweispalt oder Viergestalt des Evangeliums?" in *GP* 2.267-97.

Bruce J. Malina and Richard L. Rohrbaugh, *Social-Science Commentary on theGospel of John* (Minneapolis: Fortress Press, 1998).

I. Howard Marshall, *The Origins of New Testament Christology* (Leicester: IVP, 1976).

J. L. Martyn, *History and Theology in the Fourth Gospel* (Nashville: Abingdon, 1979).

Wayne A. Meeks, *The Prophet- King: Moses Traditions and the Johannine Christology*, NovTSup 14 (Leiden: Brill, 1967).

J. Ramsey Michaels, *John* (San Francisco: Harper & Row, 1983).

Paul S. Minear, "The Original Functions of John 21," *JBL* 102 (1983): 85-98.

George Mlakushyil, *The Christocentric Literary Structure of the Fourth Gospel*, AnBib 117 (Rome: Pontifical Biblical Institute, 1987).

Francis J. Moloney, *The Gospel of John, SacPag 4* (Collegeville: Liturgical Press, 1998).

Leon Morris, *The Gospel According to John* (Grand Rapids: Eerdmans, 1971); idem, *Jesus Is the Christ: Studies in the Theology of John* (Grand Rapids: Eerdmans, 1979); idem, *Studies in the Fourth Gospel* (Grand Rapids: Eerdmans, 1969).

Stephen Motyer, *Your Father the Devil? A New Approach to John and "the Jews"*(Carlisle: Paternoster, 1997).

C. F. D. Moule, *The Birth of the New Testament* (London: Black, 1982); idem, *The Origin of Christology* (Cambridge: Cambridge University Press, 1977).

F. Mussner, *The Historical Jesus in the Gospel of St John* (ET London: Burns & Oates, 1967).

F. Neirynck et al., *Jean et les synoptiques* (Louvain: Louvain University Press, 1979).

W. Oehler, *Das Johannesevangelium, eine Missionsschrift für die Welt* (Gütersloh: Bertelsmann, 1936); idem, *Zum Missionscharackter des Johannesevangeliums* (Gütersloh: Bertelsmann, 1941).

Teresa Okure, *The Johannine Approach to Mission*, WUNT 31 (Tübingen: J. C. B. Mohr [Paul Siebeck], 1988)

B. Olsson, *Structure and Meaning of the Fourth Gospel* (Lund: Gleerup, 1974).

John Painter, R. Alan Culpepper and Fernando F. Segovia, eds., *Word, Theology, and Community in John* (St. Louis: Chalice, 2002).

Margaret Pamment, "The Fourth Gospel's Beloved Disciple," *ExpTim* 94 (1983): 363-67.

Pierson Parker, "Johnthe Son of Zebedee and the Fourth Gospel," *JBL* 81 (1962): 35-43.

Norman Perrin, *Jesus and the Language of the Kingdom* (Philadelphia: Fortress Press, 1976).

C. S. Petrie, "The Authorship of 'The Gospel According to Matthew' A Reconsideration of the External Evidence," *NTS* 14 (1967-68): 15-32.

David Rensberger, *Overcoming the World: Politics and Community in the Gospel of John* (London: SPCK, 1988).

H. R. Reynolds, *The Gospel of St. John*, 2 vols. (London: Funk & Wagnalls, 1906).

H. Ridderbos, *Het evangelie naar Johannes*, 2 vols. (Kampen: J. H. Kok, 1987-).

J. A. T. Robinson, *The Priority of John* (London: SCM, 1985); idem, *Redating the New Testament*

(Philadelphia: Westminster, 1976); idem, *Twelve New Testament Studies* (London: SCM, 1962).

J. Armitage Robinson, *The Historical Character of the Fourth Gospel* (London: Longmans-Green, 1948).

H. H. Rowdon, ed., *Christ the Lord*, Fs. Donald Guthrie (Leicester: IVP, 1982).

Samuel Sandmel, "Parallelomania," *JBL* 81 (1962): 2-13.

R. Schnackenburg, *Das Johannesevangelium*, 4 vols. (Freiburg: Herder, 1965-84), vol. 4 only in German, subtitled *Ergänzende Auslegungen und Exkurse* (Freiburg: Herder, 1984); idem, *The Gospel According to St John*, 3 vols. (ET London: Burns & Oates, 1968-82).

Walter Scott, ed., *Hermetica: The Ancient Greek and Latin Writings Which Contain Religious or Philosophic Teachings Ascribed to Hermes Trismegistus*: Vol. 1, *Introduction: Texts and Translation*; Vol. 2, *Notes on the Corpus Hermeticum*; Vol. 3, *Notes on the Latin Asclepius and the Hermetic Excerpts of Stobaeus*; Vol. 4, *Testimonia* (Oxford: Clarendon Press, 1924-36).

E. F. Seigman, "St. John's Use of the Synoptic Material," *CBQ* 30 (1968): 182-98.

S. S. Smalley, *John: Evangelist and Interpreter* (Exeter: Paternoster, 1978).

D. M. Smith, *Johannine Christianity: Essays on Its Setting, Sources, and Theology* (Columbia: University of South Carolina Press, 1984); idem, *John*, ANTC (Nashville: Abingdon, 1999).

Jeffrey Lloyd Staley, *The Print's First Kiss: A Rhetorical Investigation of the Implied Reader in the Fourth Gospel*, SBLDS 82 (Atlanta: SP, 1988); idem, "The Structure of John's Prologue: Its Implications for the Gospel's Narrative Structure," *CBQ* 48 (1986): 241-63.

E. Stauffer, *Jesus and His Story* (London: SCM, 1960).

Marianne M. Thompson, *The Humanity of Jesus in the Fourth Gospel* (Philadelphia: Fortress Press, 1988).

H. Thyen, "Aus der Literature des Johannesevangeliums," *ThR* 39 (1974): 1-69, 222-52, 289-330; 42 (1977): 211-70; 44 (1979): 97-134.

G. van Belle, *Johannine Bibliography, 1966-1985*, BETL 82 (Louvain: Louvain University Press, 1988); idem, *Les parenthèses dans L'évangile de Jean: Aperçu historique et classification* (Louvain: Louvain University Press, 1985); idem, *The Signs Source in the Fourth Gospel: Historical Survey and Critical Evaluation of the Semeia Hypothesis* (Leuven: Leuven University Press, 1994).

W. C. van Unnik, "The Purpose of St. John's Gospel," in *SE* 1:382-411.

Herman C. Waetjen, ed., *The Gospel of John in Sociolinguistic Perspective, Protocol of the Forty-eighth Colloquy* (Claremont: Center for Hermeneutical Studies in Hellenistic and Modern Culture, 1984).

David Wenham, "The Enigma of the Fourth Gospel: Another Look," *TynB* 48 (1997): 149-78.

B. F. Westcott, *The Gospel According to St John: The Greek Text with Introduction and Notes*, 2 vols. (London: John Murray, 1908).

Catrin H. Williams, *I am He: The Interpretation of 'Anî Hû' in Jewish and Early Christian Literature*, WUNT 113 (Tübingen: Mohr-Siebeck, 2000).

Hans Windisch, *Johannes und die Synoptiker* (Leipzig: J. C. Hinrichs'sche Buchhandlung, 1926).

Ben Witherington III, *John's Wisdom: A Commentary on the Fourth Gospel* (Lousiville: Westminster John Knox Press, 1995).

Egil A. Wyller, "In Solomon's Porch: A Henological Analysis of the Architectonic of the Fourth Gospel," *ST* 42 (1988): 151-67.

Edwin A. Yamauchi, *Pre-Christian Gnosticism: A Survey of the Proposed Evidences*, 2nd ed.

(Grand Rapids: Baker, 1983).

제7장

사도행전

1. 내용

사도행전이라고 불리는 책은 누가복음의 제2권으로서 초기 기독교 역사서에 속한다. 누가는 이 제2권에 독립된 제목을 부여하지 않았을 것이다. 그의 역사서에서 복음서가 분리되어 다른 복음서들과 같은 위치를 차지하게 되면서, 그 역사서의 제2부에 제목을 붙여야 할 필요성이 생겼다. 2-3세기에 활동한 저자들은 이 책에 "누가의 비망록"(터툴리안), "모든 사도들의 행적"(무라토리 정경) 등과 같은 여러 가지 제목을 제안했다. "사도행전"이라는 명칭은 반 마르시온적 누가복음 서언(2세기 말?)[1]과 이레내우스(*Adv. Haer*. 3.13.3)[2]에 의해 처음으로 사용되었다. "행전"(*praxeis*)이라는 단어는 고대 세계에서 사람들이나 도시들의 위대한 행위들을 묘사하는 책들의 특징을 나타내는 문학적 장르를 가리킨다. 사도행전이 교회의 설립 사건을 다루고 있으며 대부분의 내용이 사도들에 관한 것이라는 점에서 이 명칭은 부적절한 것이 아니지만, 누가가 나름대로 강조하고자 하는 것에 비추어 판단해보면, 누가는 "성령행전"(The Acts of the Holy Spirit), 또는 "예수께서 계속 행하시며 가르치신 것"이라는 명칭을 더 선호했을지도 모른다(1:1을 보라).

사도행전에서 누가는 독자들을 30년 동안의 교회 역사를 다루는 유람 여행으

---

1) 전통적으로 마르시온에 반대하는 의도였다고 생각된 세 번째 복음서의 서언의 연대에 대해서는 F. F. Bruce, *The Book of Acts*, rev. ed., NICNT (Grand Rapids: Eerdmans, 1988), 5 n. 6을 보라 이 서언에 대한 최근 학계의 입장에 대한 요약을 위해서는 Joseph A. Fitzmyer, *The Gospel According to Luke I-IX*, AB (New York: Doubleday, 1982),39를 보라.

2) Frederick Fyvie Bruce, "The Acts of the Apostles: Historical Record or Theological Reconstruction?" *ANRW* 25.3(1985): 257을 보라.

로 안내한다. 우리는 예루살렘, 유대, 사마리아, 시리아, 구부로, 소아시아의 많은 도시들, 마케도니아, 그리스, 그리고 마침내 로마까지 방문하게 된다. 또 설교와 감옥 문이 열리는 기적에서부터 배의 파선에 이르는 모든 일들을 목격한다. 이 여행에 많은 사람들이 동행하는데, 특히 두 사람이 거의 항상 우리와 동행한다. 한 사람은 예루살렘, 유대, 사마리아에서 종종 우리와 동행하는 베드로이고, 또 한 사람은 시리아에서부터 로마까지 거의 항상 동행하는 바울이다. 실제로, 이 두 사람의 탁월함에 기초를 두고서 1-12장과 13-28장으로 나눌 수 있다. 이 두 단락은 다시 핵심이 되는 요약 진술들에 의해 세 부분으로 나누어진다. 누가는 이 짧은 글을 통해서 일련의 사건들이 하나님의 말씀이나 교회의 성장을 주도해 왔음을 강조한다(6:7; 9:31; 12:24; 16:5; 19:20). 사도들에게 "예루살렘과 온 유대와 사마리아와 땅 끝까지 이르러 증인이 되라"고 하신(1:8)[3] 예수님의 명령의 성취되는 것을 누가가 묘사함에 따라, 각 단락은 복음 전파의 새로운 지리적, 문화적 단계를 소개한다.

머리말: 교회의 기초와 선교(1:1－2:41). 누가는 교회와 선교의 뿌리를 예수님의 행적과 말씀에 두고 시작한다. 부활하신 예수님은 제자들에게 성령 강림을 기다리라고 명하시고(1:4-5), 세계 선교의 사명을 주신다(1:8). 그 다음에 예수님의 지상 사역은 복음서와 사도행전의 고리 역할을 하는 이야기, 즉 승천에 관한 두 번째 이야기로 막을 내린다(1:9-11; 눅 24:50-51을 참고하라). 그 후에 누가는 가룟 유다 대신에 맛디아를 뽑은 것(1:12-26), 오순절의 성령 강림(2:1-13), 그리고 최초의 선교적 설교 등에 대해 묘사한다(2:14-41).

예루살렘 교회(2:42－6:7). 누가는 이 단원을 초기 예루살렘 교회의 특징을 요약하는 것으로 시작해서(2:42-47), 베드로가 성전 경내에서 앉은뱅이를 고친 것(3:1-10), 그리고 그 사건으로 인한 베드로의 두 번째 선교적 설교(3:13-26)를 묘사한다. 산헤드린이 반대하지만, 요한과 베드로는 "예수의 이름으로" 말하지 말라는 요구를 담대히 거부한다(4:1-22). 성령의 능력을 받은 교회는 사도들의

3) 이 요약 진술들에 기초를 두고서 사도행전을 여섯 단원으로 나눈 것은 C. H. Turner("The Chronology of the New Testament," in *A Dictionary of the Bible, ed. James Hastings*, 5 vols. [Edinburgh: T. & T. Clark, 1898-1904], 1:421)에 의해 제안된 것이며, 이 제안을 채택한 사람들 중에는 McNeile, 97-98과 Richard N. Longnecker, "The Acts of the Apostles," in *EBC* 9: 234가 있다.

지도 아래 담대히 복음을 전하게 해달라고 기도하고 하나님의 말씀을 전파한다(4:23-31). 그러나 교회생활이 활발했던 이 초기시대에도 모든 것이 완전했던 것은 아니다. 초기 공동체의 자발적인 나눔에 동참했던 아나니아와 삽비라 부부의 거짓말은 신속한 심판을 초래했다(5:1-11). 사도들의 병고침과 설교 사역은(5:12-16) 유대 지도자들의 반대를 야기했고, 사도들은 다시 체포되어 산헤드린 공회에 소환되었다가 당시 영향력 있는 랍비였던 가말리엘의 중재로 풀려난다(5:17-42). 그 후 사도들은 말씀 전파에 전념하기 위해서 구제 업무를 맡을 일곱 집사를 임명한다(6:1-6). 누가는 "하나님의 말씀이 점점 왕성하여"(6:7)라는 첫 번째 요약 진술로 단원의 막을 내린다.

교회의 영역을 넓힘: 스데반, 사마리아, 그리고 사울(6:8–9:31). 누가는 지금까지는 초대 교인들이 모두 독실한 유대인이라고 묘사해왔지만, 이 단원부터는 교회가 어떻게 전통적인 유대교의 범주를 벗어나기 시작했는지를 보여준다. 이러한 면에서 스데반은 중추적인 인물이다. 많은 사람들의 추종을 받은 카리스마적 인물인 스데반은 성전과 율법을 모욕하는 말을 했다는(6:8-15) 모함을 받았다. 그는 자신의 가르침에 대한 죄목에 답변하기 위해 산헤드린 앞에 소환되었을 때에 이스라엘의 역사를 간략하게 소개하면서 하나님의 계시가 한 장소에 국한될 수 없음을 강조하면서 산헤드린 회원들이 성령을 거역하고 있다고 담대히 증거하다가(7:1-53) 돌에 맞아 죽는다(7: 54-60).

스데반의 과격한 자세로 인해 초기 기독교 운동은 반대에 직면하게 되어, "사도 외에는 다" 예루살렘을 떠난다(8:1-3). 예루살렘을 떠난 사람들 중 한 사람인 빌립은 대부분의 유대인들이 변절한 유대인들로 간주하는 사람들이 거주하는 유대 땅 북쪽의 사마리아로 복음을 가지고 간다. 사마리아인들은 빌립의 메시지를 믿었고, 그들이 정말로 하나님의 나라로 영접되었는가를 확인하기 위해 베드로와 요한이 파송된다(8:4-25). 빌립은 천사의 지시를 받아 남쪽으로 여행하다가 이디오피아 여왕의 내시를 만나 회심시킨다(8:26-40). 드디어, 누가는 이방인 선교의 선구자로 하나님께서 택하신 다소 사람 사울의 회심과 초기 사역에 관해 이야기한다(9:1-30). 그는 이 단원을 "그리하여…교회가 평안하여 든든히 서 가고 주를 경외함과 성령의 위로로 진행하여 수가 더 많아지니라"(9:31)라고 요약한다.

베드로와 최초의 이방인 개종자(9:32–12:24). 이 단원은 베드로에 초점을 두며, 특히 이방인들을 그리스도인으로 만드는 길을 여는 역할에 초점을 둔다. 베드로는 예루살렘 북서쪽에 있는 유대 도시 룻다와 욥바에서 기적을 행한다(9:32-43). 그 후에 하나님은 베드로를 로마 군인 고넬료를 교회로 인도하는 도구로 사용하신다. 환상과 성령의 직접적인 명령을 통하여 고넬료와 베드로는 서로 만난다(10:1-23). 하나님께서 분명하게 고넬료에게 성령을 주셨기 때문에 하나님께서 진실로 이방인을 교회에 받아들이셨다는 것을 깨닫게 되면서, 베드로의 복음 전파는 하나님의 주권적인 역사에 의해 중단된다(10:24-28).

다음 이야기에서 베드로가 고넬료의 회심에 관해 회의적인 예루살렘 교회의 유대인 신자들을 설득할 때 이처럼 분명한 증언의 중요성이 드러난다(11:1-18). 유대인들과 이방인들이 혼합되어 있어 예수를 믿는 자들에게 그리스도인이라는 새 이름을 주었던 안디옥 교회에 대한 누가의 언급도 매우 중요하다(11:19-30). 이 단원은 베드로의 기적적인 탈옥(12:1-19), 그리고 베드로를 핍박하여 체포한 헤롯 아그립바 1세의 죽음으로 끝난다. 여기에서도 단락이 바뀌는 부분에 요약 진술이 제시된다: "하나님의 말씀은 흥왕하여 더하더라"(12:24).

이방인을 향하는 바울(12:25–16:5). 누가는 이제 관심의 초점을 베드로에게서 이 책의 나머지 부분의 주인공인 바울에게로 돌린다. 누가에게 있어서 바울의 중요성은 그가 이방인들을 향한 사역을 선도하고 복음을 땅 끝까지 전파한 것, 또 복음이 로마 정부에게 직접적인 위협이 되지 않는다는 것을 보여주기 위해서 하나님께서 바울을 사용하셨다는 데 있다. 바나바는 바울을 안디옥의 활발한 기독교 공동체로 데려갔다. 안디옥 교회는 성령의 인도하심을 받아 바울과 바나바와 요한 마가를 제1차 전도여행에 파송한다(12:25-13:3). 이들은 우선 바나바의 고향인 구브로로 가서 로마 군인을 회심시키고(13:4-12), 배를 타고 소아시아 남쪽 해안을 따라 항해하여 비시디아 안디옥이라는 주요 도시로 향한다. 바울은 그곳 회당에서 복음적인 설교를 하는데, 누가가 요약한 이 설교는 바울이 유대인에게 설교한 방식을 보여준다(13:13-43). 여기에서 하나의 전형적인 경향이 처음으로 나타난다: 유대인들의 전반적인 복음 거부가 바울과 그의 동료들로 하여금 곧바로 이방인을 향하게 만들고, 이어서 유대인들의 박해가 그들로 하여금 계속 다른 곳으로 이동하게 만든다(13:44-52).

바울과 그의 동료들은 이고니온(14:1-7), 바울이 돌에 맞은 루스드라(14:8-20), 더베로 옮겨 가면서 각 도시에 교회를 세우고 해안을 따라 다시 돌아오면서 새 신자들의 믿음을 강하게 해준다(14:21-28). 그들은 안디옥으로 돌아오자마자 이방인들에게 복음을 전하는 문제로 심각한 논란에 직면한다. 이 문제를 논의하기 위해 예루살렘에서 열린 공회는 율법에 매이지 않은 복음을 이방인들에게 전하기로 결의하는데, 이 결정은 교회의 특징을 형성하고 교회가 계속 성장하는데 중추적인 역할을 한다(15:1-29). 바울과 바나바는 다시 안디옥 교회에 좋은 소식을 전하고 새로운 전도 여행을 계획한다. 그러나 두 사람은 제1차 전도여행 때 끝까지 동행하지 못하고 중도에 돌아간 요한 마가를 데리고 가는 문제로 크게 다투고 갈라졌다. 바나바는 마가를 데리고 구브로로 돌아가고, 바울은 실라를 데리고 육로로 시리아와 시실리아를 거쳐 제1차 전도여행 때 세운 교회들을 돌아본다(15:30-41). 여기에서 바울은 디모데를 선발하였다(16:1-4). 이 단원에서도 누가는 "이에 여러 교회가 믿음이 더 굳어지고 수가 날마다 더하니라"(16:5)는 말로 끝맺는다.

이방 세계로의 깊숙한 침투(16:6-19:20). 누가의 이야기를 여기에서 나누는 것은 조금 어색해 보일지도 모른다. 그럼에도 불구하고 누가는 이 단원에서 마게도니아에 복음을 전하도록 바울을 인도하신 성령의 방법을 신중하게 보여주면서(16:6-10), 이제 결정적인 단계에 이르렀음을 암시한다. (이것은 "우리"로 시작하는 구절의 시작이기도 하다[10절을 보라]). 그들의 첫 번째 방문지는 마게도니아 내의 로마 식민지인 빌립보이다. 이곳에서 바울과 실라는 귀신을 쫓아냈다가 감옥에 갇힌다. 그들은 과거 베드로처럼 기적적으로 구출되고(누가가 베드로와 바울을 비교하는 많은 예 중 하나이다), 바울은 석방되기 위해 로마 시민권을 유용하게 사용한다(16:16-40). 바울과 실라는 데살로니가로 가지만 핍박을 받아 밤을 이용해 비교적 잘 알려져 있지 않은 베뢰아로 피신한다(17:1-9). 그러나 여기에서도 어려움이 있었기 때문에 바울은 결국 아테네로 피신한다(17:10-15).

여기에서 우리는 바울의 두 번째 설교를 대하게 되는데, 이번에는 아테네의 아레오바고에서 철학적이고 회의적인 이방인 청중들을 향해 외친 설교이다(17:16-34). 아테네에서의 결과는 별로 흡족한 것이 아니어서, 바울은 좁은 해협을 건너 펠로폰네스(Peloponnese)의 주요 도시인 고린도로 향한다. 바울은 이곳에서 일 년 반 동안 머물면서 복음을 전하고, 로마 관리 갈리오 앞에서 재판을 받으면서 자신을 변호하고, 복음 사역에 로마에 거주하던 유대인 부부 브리스길라와 아굴라의 도움을 받는다(18:1-17). 이 세 사람은 고린도를 떠나 에베소로 갔고,

바울은 두 사람을 그곳에 남겨두고 가이사랴, 안디옥, 그리고 소아시아 남방에 있는 교회들을 둘러본다(18:18-23). 한편 에베소에서는 브리스길라와 아굴라가 알렉산드리아 출신의 재능 있는 청년 아볼로를 더욱 믿음에 굳게 세운다(18:24-28). 바울은 에베소에 도착하여 약 2년 반 동안 머물면서 세례 요한의 제자들 몇을 회심시키고(19:1-7), 두란노 서원과 회당에서 복음을 전하고(19:8-10), 기적을 행하고(19:11-12), 그 도시의 강력한 귀신숭배 경향을 대적한다(19:13-19). 이 단원은 "이와 같이 주의 말씀이 힘이 있어 흥왕하여 세력을 더하더라"(19:20)는 말로 끝맺는다.

로마를 향하여(19:21−28:31). 바울이 에베소에 머문 기간의 중간을 나누는 것이 다소 인위적이라고 느껴질 수도 있다. 누가는 바울이 로마로 가기로 결심했음을 처음으로 암시함으로써 그러한 구분을 제안한다(19:21-22). 여기에서부터는 이 결정이 누가의 이야기를 이끌고 가지만, 바울이 로마에 가기까지 어느 정도 시간이 소요된다. 바울은 에베소에서 그를 몰아내려는 소동 때문에 에베소를 떠나(19:23-41), 다시 마케도니아와 그리스에 있는 교회들을 방문하고, 그를 죽이려는 음모 때문에 같은 경로를 통해 유대로 돌아가기로 결심한다(20:1-6). 돌아가는 길에 바울은 드로아에서 복음을 전하고, 에베소 교회의 장로들을 만나기 위해 밀레도에 잠시 머문다(20:7-38). 그는 예루살렘에서 자신이 체포될 것이라는 경고를 듣고서 두로와 가이사랴를 거쳐 예루살렘에 도착한다(21:1-16). 이 경고는 곧 현실이 된다.

바울은 예루살렘에 있는 유대인 신자들에게 자신이 유대인임을 나타내기 위해서 결례를 행하고 성전에서 들어간다(21:17-26). 그러나 일부 유대인들은 바울이 이방인들을 성전으로 데리고 들어왔다고 생각하여 소동을 일으켰고, 로마 군인들이 개입한다(21:27-36). 바울은 체포되지만 끌려가기 전에 군중들에게 이야기하는 것이 허용된다(21:37-22:22). 여기서도 바울의 로마 시민권이 도움이 되어 유대 산헤드린 앞에서 그의 입장을 밝히는 것이 허용된다(22:30-23:10). 그를 죽이려는 유대인의 음모에도 불구하고, 주님은 바울이 살아서 로마에서 복음을 전할 것이라고 확인시키신다(23:12-15). 이러한 위협 때문에 바울은 가이사랴로 이송되어, 로마 총독 벨릭스 앞에서 자신을 변호한다(23:16-24:27). 바울이 2년 동안 가이사랴 감옥에서 지낸 후에, 베스도가 벨릭스의 뒤를 이어 총독이 되고, 바울은 자신의 사건을 로마 황제에게 항소한다(25:1-12). 바울은 로마로 떠나기 전에 베스도와 그의 손님 아그립바 2세, 그리고 버니게 앞에서 다시 한 번 자신의 신앙을 변호한다(25:13-26:32). 그 후 바울은 로마로 호송되는데, 도중에 폭풍을 만나 바울 및 그와 함께 배에 탔던 사람들은 멜리데라는 섬에 석 달 동안 머물게 된다(27:1-28:10). 마침내 로마에 도착한 바울은 자기의 집에 거하면서 로마 간수의 감시 아래 자유롭게 복음을 전한다(28:11-31). 2년 동안 자기 집에 연금 되어 있는 바울에 대한 묘사와 더불어 누가의 복음 전파 여행은 끝이 난다.

2. 저자

1) 전통적인 주장

엄밀하게 말해서, 누가복음과 사도행전은 모두 작자 미상이다. 이 복음서와 사도행전을 소개할 목적으로 기록된 듯한 누가복음의 서론을 근거로 하여, 저자가 상당한 교육을 받았고(눅 1:1-4의 헬라어는 매우 수준이 높고 문학적인 헬라어이다), 그리스도의 최초의 제자는 아니지만(그는 "처음부터 말씀의 목격자 되고 일꾼 된 자들의 전하여 준 그대로" 내력을 저술한다), 그가 서술하는 사건들 중 일부에 직접 참여했음을 알 수 있다("우리 가운데 이루어진").[4] 그는 칠십 인 역 구약성서를 알고 있었고, 1세기 중엽의 정치적 · 사회적 상태를 잘 알고 있었으며, 사도 바울을 높이 평가했다.

저자에 대한 다른 추론들은 사도행전의 "우리"라는 구절들에서 비롯된다. 이것은 저자가 3인칭으로 이야기하다가 1인칭 복수로 바꾸어 이야기하는 네 구절을 가리킨다. 그 첫 구절을 주목해 보라: "무시아를 지나 드로아로 내려갔는데 밤에 환상이 바울에게 보이니 마게도냐 사람 하나가 서서 그에게 청하여 가로되 마게도냐로 건너와서 우리를 도우라 하거늘 바울이 이 환상을 본 후에 우리가 곧 마게도냐로 떠나기를 힘쓰니 이는 하나님이 저 사람들에게 복음을 전하라고 우리를 부르신 줄로 인정함일러라"(16:8-10). 저자는 16:17에서도 일인칭 복수를 사용하고, 20:5-15, 21:1-18, 27:1-28:16에서 다시 사용한다. 이 구절들에서 이야기하는 사건들이 발생했을 때에 사도행전의 저자가 현장에 있었으며, 일기나 여행보고서로 작성하였던 것을 사도행전에 포함시켰다는 것이 가장 자연스러운 설명인 듯하

---

4) 서언에 대한 보다 상세한 것을 보려면 제5장의 "저자" 부분을 보라.

다. 그렇다면, 저자는 드로아에서 빌립보까지 여행하는 동안, 그리고 제1차 전도여행 중 빌립보에서 처음 복음을 전할 때 바울과 함께 있었다(16:10-17). 제3차 전도여행이 끝날 무렵, 바울이 빌립보를 통과할 때 저자는 바울과 합류하여 밀레도까지 같이 갔고, 밀레도에서 예루살렘까지 동행했다(20:5-15; 21:1-18). 마지막으로, 바울이 로마로 항해할 때에도 저자는 바울과 함께 있었다(27:1-28:16).

저자는 이 구절들에서 이름이 언급된 바울의 동행자들 중 하나는 아닐 것이다. 더욱이 저자가 바울과 로마까지 동행했고, 2년 동안 바울이 로마에 갇혀 있는 동안 함께 있었을 것이라고 추측해 볼 때, 바울이 그 기간에 쓴 빌레몬서, 골로새서, 에베소서, 어쩌면 빌립보서에 저자의 이름을 언급했을 것이라고 기대할 수 있다.[5] 이 바울의 편지들에 언급된 동반자들은 마가, 예수 유스도, 에바브라, 데마, 누가, 두기고, 디모데, 아리스다고, 에바브로 디도 등이다. 이런 식의 추론이 절대적인 것은 아니다. 사도행전의 저자는 로마에 도착한 직후에 바울에게서 떠났을 수도 있고, 바울이 저자의 이름을 그의 편지에서 전혀 언급하지 않았을 수도 있지만, 이 추론은 일리가 있다. 저자와 관련하여 누가복음과 사도행전에서 취할 수 있는 내재적 증거는 이 정도이다.[6]

누가가 제3복음서와 사도행전의 저자라는 주장은 전혀 도전을 받지 않다가, 18세기 말에 신약성서에 대한 비평적 접근방법이 가속화되면서 그 전승에 대한 의심이 급속도로 퍼져 나갔다.

외적 증거에 의하면, 누가가 저자일 가능성이 가장 크다. 바울의 동료였던 누가가 제3복음서와 사도행전의 저자라는 전승은 초기의 것으로서 아무런 이의도 제기된 적이 없다. 무라토리 정경(c. A.D. 180-200?),[7] 이레내우스(*Adv. Haer.* 3.1; 3.14.1-4), 반 마르시온주의 서론(2세기 말), 알렉산드리아의 클레멘트(*Strom.* 5.12), 터툴리안(*Adv. Marc.* 4.2), 그리고 유세비우스(*H.E.* 3.5; 3.24.15)[8]가 모두 이 전승을 지지한다. 누가가 이 두 책의 저자라는 주장은 전혀 도전을 받지 않다가, 18세기 말에 신약성서에 대한 비평적 접근방법이 가속화되면서 그 전승에 대한 의심이 급속도로 퍼져 나갔다. 이제 이러한 의심들의 근거를

---

5) 골로새서, 빌레몬서, 에베소서, 그리고 빌립보서는 바울이 로마에서 갇혀 있을 때에 저술되었다고 가정한다.

6) Rendal Harris는 원래 서방 사본의 사도행전 20:13은 "그러나 나 누가와 나와 함께 있었던 사람들이 배에 올랐다"라고 번역된다고 주장했다. 그렇다면, 그것은 누가복음이 A.D. 120년경에 저술되었다는 증거가 된다(cf. F. F. Bruce, *The Acts of the Apostles: The Greek Text with Introduction and Commentary*, 2nd ed.[Grand Rapids: Eerdmans, 1952], 5).

7) 무라토리 정경의 연대에 대해서 제4장 주 7번을 보라.

8) C. K. Barrett, *A Critical and Exegetical Commentary on the Acts of the Apostles*, 2 vols., ICC (Edinburgh: T. & T. Clark, 1994, 1998), 1.30-48을 보라.

살펴보자.

2) 전승에 반대하는 주장

외적 증거. 전승을 비판하는 사람들은 초대교회의 증언의 가치에 대해 의문을 제기한다. 초대 교인들은 신약성경의 책들의 기원에 관하여 많은 기발한 이론들을 만들어냈다고 한다. 더욱이 문헌에서 거듭 나타나는 논거에 의하면 전승 자체도 신약성서의 본문에서 추론된 것에 불과하며 독립된 역사적 가치를 지니지 못한다고 한다.[9] 내재적 증거를 다루면서 살펴본 것처럼, 신약성서는 누가가 사도행전의 저자라고 주장할 만한 충분한 자료를 제공하지 않는다. 외적 증거는 초대 기독교인들의 추론에 의존하고 있기 때문에 기각되어야 한다는 견해에 대한 피츠마이어(Fitzmyer)의 비평은 일리가 있다. "2세기에 한 사람,혹은 여러 사람이 그런 식으로 추론했을 수도 있지만, 신약성서 본문에 근거한 그러한 추론들이 논쟁의 여지가 없거나 분명한 전승의 유일한 기초라는 주장은 받아들이기 어렵다."[10] 따라서 우리는 초대 교회의 증언에 중요성을 부여해야 한다. 특히, 이 증언은 사도가 아닌 사람을 저자로 지목하는 형식에 반대하기 때문에 더욱 그러하다.

"우리" 구절. 전통적인 논증에 의하면, "우리" 구절은 사도행전의 저자의 존재를 드러내준다. 어떤 사람들은 저자가 사건이 발생했을 때에 일인칭 복수형으로 기록한 여행일지를 문학 작품에 포함시켰다고 생각하며, 또 다른 사람들은 저자가 기록하다가 이 부분에서 일인칭 복수로 기록하는 실수를 범했다고 주장한다. 어쨌든 "우리" 구절들은 이 책의 저자를 가리킨다고 생각된다.

그러나 저자에 관한 문제와 관련하여 이 자료의 가치를 제거해줄 두 가지 설명이 개진된다. 하나는 저자가 자신의 역사서에 일인칭 복수로 기록된 자료를 삽입했다는 것이다.[11] 그렇다면, 저자가 그 자료를 그러한 형태로 남겨둔 이유가 문제가 된다. 비평가들이 끊임없이 지적하는 바에 의하면, 누가는 자기 나름의 문체로 자료를 바꾸어 표현하면서 저술한다. 하르낙(Harnack)은 "우리" 구절들의 문체가

9) Gerhard Schneider, *Die Apostelgeschichte*, 2 vols., HTKNT(Freiburg: Herder, 1980-82), 1:108-10.

10) Fitzmyer, *Luke I-IX*, p. 41.

11) 예를 들면, Barrett, *The Acts of the Apostles*, 2.xxv-xxx; Stanley E. Porter, *The Paul of Acts*, WUNT 115(Tübingen: Mohr-Siebeck, 1999), 10-42; Kümmel, 184.

그 전후의 문맥의 문체와 다르지 않다는 것을 입증했다.[12] 그렇다면, 오해의 여지가 많음에도 불구하고 저자가 이 구절들을 일인칭 복수 형태로 남겨 둔 이유는 무엇인가?

두 번째 설명은, 일인칭 복수를 사용한 것은 역사적 의도보다는 수사학적 의도였다는 것이다.[13] 그러나 "우리"를 수사학적으로 사용했다는 증거가 뚜렷하지 않고, 또 그 부분에서 저자가 그러한 방법을 써야 했던 이유도 분명하지 않다.[14] 이 네 개의 본문에서 "우리"라는 표현을 사용한 것을 저자가 함께 있었음을 보여주는 것이 아닌 다른 것으로 설명하려는 시도들은 잘못된 것이다.

사도행전과 바울. 위의 두 가지 설명은 전통적인 견해를 반대하는 것이 아니라, 자료들을 누가가 사도행전의 저자가 아니라는 견해와 일치시키려는 시도이다. 오늘날 많은 학자들이 누가가 사도행전의 저자가 아니라고 주장하는 이유는 사도해언이 제시하는 바울에 대한 묘사 때문이다. 사도행전에서는 "역사적인 바울"을 여러 면에서 심각하게 왜곡시켰기 때문에 바울의 동역자가 그 책을 기록했다고 볼 수 없다고 주장된다. 그들이 말하는 왜곡에는 역사적인 것과 신학적인 것 두 가지가 있다.

가장 빈번하게 지적되는 역사적 모순들 중 하나는 바울이 예루살렘에 간 횟수와 관련하여 사도행전과 바울 자신의 주장이 다르다는 것이다. 그러나 이것은 해결할 수 있는 문제로서, 이 장 끝부분에서 다룰 것이다. 사도행전에서는 바울이 예루살렘에서 교육을 받았다고 주장하는 반면(22:3), 바울은 그의 서신에서 이 문제에 대해 침묵하는 것과 같은 역사적 모순들도 바울서신과 사도행전의 목적의 차이를 살펴봄으로써 해결할 수 있다. 바울은 그의 서신에서 자신의 배경에 대해 거의 언급하지 않으므로, 누가가 언급한 내용들이 바울서신에 없다는 것이 그리 놀라운 일은 아니다.

보다 심각한 것은 신학적 모순이라고 주장되는 것들이다. 이 주제에 관해 권위

---

12) Adolf von Harnack, *The Date of the Acts and of the Synoptic Gospels* (New York: Putnam, 1911), pp. 1-89.

13) Vernon K. Robbins, "The We-Passages in Acts and Ancient Sea Voyages," *BR* 20(1975): 5-18.

14) Porter는 고대 문헌에서 "우리" 구절들과 비슷한 것을 발견하지 못한다(*The Paul of Acts*, 10-42); cf. Colin J. Hemer, *The Book of Acts in the Setting of Hellenistic History*, WUNT 2.49(Tübingen: Mohr-Siebeck, 1989), pp. 316-21.

있는 논문을 저술한 필립 필하우어(Philipp Vielhauer)15)는 사도행전의 바울과 바울서신의 바울이 상이하게 드러나는 중요한 네 부분을 지적한다.

1. 사도행전 17장의 아레오바고 연설에서 바울은 하나님과 세상, 인간과 하나님의 관계에 대한 스토아 학파의 개념을 이용하여 자연 신학을 증명한다. 여기서 바울은 자연과 세상은 복음을 위한 준비 역할을 하도록 만들어졌다고 주장한다. 반면에, 로마서 1장에 나타난 대로, 바울서신의 바울은 자연 계시의 목적이 부정적인 것, 즉 인간으로 하여금 자신의 죄에 대한 책임을 느끼게 하는 데 있다고 본다.

2. 사도행전의 바울은 율법에 충실하다. 그는 이방인 신자들도 의식적인 조건들을 실천해야 한다는 데 동의했고(15:22-35), 아버지가 이방인이었던 디모데에게 할례를 행했고(16:3), 자신을 독실한 바리새인이라고 주장하며(23:6), 예루살렘 성전에서는 유대인의 결례 의식에 참석했다(21:17-26). 이러한 바울의 모습을 그의 서신에 나타난 바울의 모습과 비교해 보라. 바울은 그의 서신에서 그리스도인들은 서로 의식적인 구속을 강요하지 말아야 한다고 주장했고(고전 8-10; 골 2), 갈라디아 교인들에게는 할례를 받는 것이 그리스도에게서 끊어지는 것을 의미할 수도 있다고 했고(갈 5:2-4), 자신의 바리새인적인 배경을 배설물로 여겼으며(빌 3:5-8), 그리스도인은 더 이상 "율법 아래" 있지 않다고 강조했다.

3. 사도행전의 바울에게는 그의 서신의 핵심이라고 할 수 있는 그리스도와의 연합과 그리스도의 죽으심의 대속 사역에 대한 강조가 결여되어 있다.

4. 사도행전에 나타난 바울의 설교는 종말론적이 아니니다. 즉, "진정한 바울"에게서 전형적으로 볼 수 있는바 그리스도 안에서의 성취가 임박했다는 의식이 결여되어 있다. 이러한 종말론적 긴박감의 결여와 관련된 것이 사도행전의 바울에게서 볼 수 있는 체계적인 교회 정치에 대한 관심이다(예를 들어, 제1차 전도여행에서 바울과 바나바는 새로 세운 교회에 장로들을 임명한다[14:23]). 서신에서 교회를 다스리는 데 있어서 성령이 주권적인 자유를 가지고 있다고 주장하는 바울과 비교해 보라(고전 12장).

이러한 반론들에 충분히 답변하려면, 바울의 서신과 사도행전의 신학에 대한 별개의 논문이 필요할 것이다. 여기서는 위의 네 가지 반론에 대해 간략히 논평을 하는 정도로 만족할 수밖에 없다.

---

15) Phillip Vielhauer, "On the 'Paulinism' of Acts," in *Studies in Luke-Acts*, ed. Leander E. Keck and J. Louis Martyn (Nashville: Abingdon, 1966), 33-50.

사도행전 17장과 로마서 1장에서 드러나는 자연 계시에 대한 태도는 분명히 다르지만, 문제는 이 둘이 서로 상충하는가 하는 데 있다. 로마서 1장을 기록한 바울이 아테네에서 현학적인 이방인들과 논쟁을 벌일 때, 복음을 전하기 위한 준비로서 어떤 공통된 근거를 세우기 위해서 그들의 문화와의 접촉점들을 가능한 한 많이 이용했을 가능성은 없을까? 로마서 1장의 신학에는 이를 반대하는 내용은 하나도 없다. 로마서 1장에서 바울은 자연 계시의 궁극적인 결과는 부정적이라고 가르친다. 즉, 사람들은 그것을 통해 구원을 받는 것이 아니라 심판을 받는다고 가르친다. 그러나 사도행전 17장에서 바울은 "알지 못하는 신"에 대한 지식이 구원할 수 있다고 주장하지 않으며, 예수 그리스도의 부활 안에 계시된 하나님에 대한 믿음과 회개에 의해서 구원이 올 수 있다고 가르친다(30절을 보라). 더욱이 사도행전 17장에 기록된 바울의 연설은 복음 전파로 보기보다는 복음을 위한 준비로 보아야 한다. 본문은 바울이 부활을 언급했기 때문에 서둘러 설교를 마쳐야 했다고 암시한다.[16]

율법과 관련하여 두 가지를 언급해야 한다. 첫째, 율법에 대해서 바울서신에서 발견되는 바울의 견해는 흔히 실제보다 훨씬 더 부정적인 것으로 다루어지고 있다. 현재 율법에 관한 바울의 가르침을 새롭게 이해하기 시작했고, 이 새로운 이해는 종전의 이해와는 상반된 것으로서 바울 서신에 나타난 율법에 관한 어떤 견해는 바울의 입장과 조화를 이루지 않는다는 가정이 옳지 않음을 강조한다. 둘째, 사도행전에서 바울이 결례를 행한 것은 율법에 대한 바울의 가르침에 대한 일반적인 해석에 어긋나지 않는다. 유대인과 이방인이 섞여 있던 기독교 공동체에 적용된 듯 한 예루살렘 공회의 규정에 바울이 동의한 것은, 그리스도인은 다른 사람에게 걸림돌이 되지 말아야 한다는 그의 원칙과 일치한다(고전 8-10; 롬 14:1-15:13). 어머니가 유대인이었기 때문에 유대인으로서의 권리를 지녔던 디모데가 할례를 받은 것은 하나님의 백성이 되기 위해서가 아니라(갈라디아에서의 문제), 효과적으로 선교 사명을 완수하기 위해서였다(갈 6:15). 자신이 바리새인이라는 바울의 주장은 부활을 부인하는 사두개인들에 반대해서 바리새인들의 부활 교리를 고수하려 한 것으로 이해되어야 한다. 그리고 기꺼이 유대인의 결례 의식에 참여하려 한 것은 모든 사람을 위해 무슨 일이든지 하려는(고전 9:19-22) 바울의 의지와

16) 이 설교가 바울 자신의 것이라는 가능성 쪽으로 기울어 이 설교를 다룬 사람은 Bertil Gärtner, *The Areopagus Speech and Natural Revelation*, ASNU 21(Uppsala: Geerup, 1955)이다.

일치한다. 바울의 서신에는 유대인의 의식이 구원의 필수 조건으로 요구되거나 다른 신자들에게 걸림돌이 되지 않는 한 그가 유대인의 의식에 반대했다고 암시하는 내용이 전혀 없다.17)

바울의 독특한 기독론적 요소와 종말론적 요소 몇 가지가 사도행전에는 등장하지 않는다. 그러나 이것은 사도행전에 포함되어 있는 바울의 설교가 철저히 복음적이고, 문맥상 그러한 요소들이 적합하지 않기 때문일 수도 있다. 게다가, 필하우어(Vielhauer)를 비롯하여 다른 학자들이 사도행전의 바울과 바울서신의 바울에 대한 묘사를 대조한 것은 왜곡되고 균형을 잃은 것이다. 그들은 바울이 에베소서와 목회 서신의 저자라는 사실을 부인함으로써 바울의 독특하고 중요한 가르침들을 제거한다. 만일 바울에 대한 전체적인 묘사에 이 부분을 더했다면, 서신의 바울을 사도행전의 바울에 훨씬 더 근접하게 만들 수 있었을 것이다.

바울서신에 묘사된 바울을 왜곡하는 일은 다른 식으로도 이루어진다. 울리히 윌킨스(Ulrich Wilckens)가 지적한 대로, 많은 사람들이 서신의 바울과 사도행전의 바울 사이에 커다란 간격이 있다고 여기는 것은 바울에 대한 실존적 해석 때문이다.18) 바울에 대한 편협하고 왜곡된 이해가 사도행전의 바울과의 엄청난 간격을 초래한다.

사도행전의 바울과 그의 서신의 바울 사이의 차이는 실제로는 참된 바울이라고 가정된 모습과 사도행전의 바울에 대한 일방적인 해석 사이의 차이일 뿐이다.

사도행전의 바울과 그의 서신의 바울 사이의 차이는 실제로는 참된 바울이라고 가정된 모습과 사도행전의 바울에 대한 일방적인 해석 사이의 차이일 뿐이다. 물론 이 두 모습 사이에 어느 정도 차이가 있지만, 그것은 어떤 사람의 자화상과 특별한 목적을 가지고 절친한 친구가 그린 초상화의 차이에 불과하다.19)

3) 결론

사도행전의 저자가 바울의 동반자였음을 부인할 만한 설득력 있는 근거가 없음을 지금까지 살펴보았다. 저자가 바울의 동반자였다는 것이 "우리" 구절에 대한

---

17) 이 문단의 주제에 관해서는 특히 Richard N. Longenecker, *Paul, Apostle of Liberty*, reprint ed. (Grand Rapids: Baker, 1976), 245-63을 보라.

18) Ulrich Wilckens, "Interpreting Luke-Acts in a Period of Existentialist Theology," in *Studies in Luke-Acts*, 60-83.

19) F. F. Bruce, Paul: *Apostle of the Heart Set Free* (Grand Rapids: Eerdmans, 1977), 17에 의해 사용된 유추법을 이용하기 위해서는 Bruce의 논문, "Is the Paul of the Acts Real Paul?" *BJRL* 58 (1975-76): 205-206을 보라.

가장 자연스러운 이해이며, 그 동반자가 "사랑하는 의원 누가"였다는 것이 초대 교회의 통일된 견해였다. 그러므로 누가가 사도행전의 저자였다고 결론지을 충분한 근거가 있다.

누가의 배경에 대해서는 알려진 것이 거의 없다. 골로새서 4:10-14의 바울의 유대인 동역자 명단에 누가가 빠진 것으로 보아 그는 이방인이었을 것이다. 일부 학자들은 누가가 "하나님을 경외하는 사람," 즉 유대인이 되지 않고서 유대교를 신봉하는 이방인이었을 수도 있다고 추측한다.[20] 누가가 처음부터 그리스도의 추종자가 아니었음은 누가복음 서론에서 드러난다. 윌리엄 램지(Willian Ramsey)는 환상 중에 바울에게 나타난(행 16:9) 마게도냐 사람이 누가였을 것이라는 추측했다.[21] 또한 사도행전과 로마 시대의 문서들의 유사성에 근거해서 누가가 로마 출신이었다고 주장하는 사람들도 있다.[22] 그러나 가장 유서 깊고 신빙성이 있는 전승은 누가를 시리아의 안디옥 출신으로 보며,[23] 여러 학자들이 이 전승을 신빙성 있는 것으로 받아들이고 있다.[24] 그러나 증거가 결정적인 것이 아니기 때문에, 누가의 배경에 대해서는 잘 모른다고 인정하는 것이 가장 나을 듯하다.

3. 저술 연대

사도행전의 저술 연대로 주장되는 시기는 이 책의 마지막 사건이 일어난 주후 62년에서부터 이 책이 처음으로 분명히 언급되는 2세기 중반까지이다.[25] 대부분의 학자들은 62-70년, 80-95년, 115-130년 중 하나를 주장한다.

---

20) 예를 들면, Darrell Bock, *Luck, vol. 1:1:1-9:50,* BECNT (Grand Rapids: Baker, 1994), 5-7; Jacob Jervell, *Die Apostelgeschichte*, KEC (Göttingen: Vandenhoeck & Ruprecht, 1998), 79-84.

21) William Ramsay, *St. Paul, The Traveller and the Roman Citizen* (London: Hodder & Stoughton, 1897), 200-205.

22) F. J. Foakes Jackson and Kirsopp Lake, eds., *The Beginnings of Christianity*, 5 vols. (London; Macmillan, 1920-33), in "The Internal Evidence of Acts," 2:200-204.

23) The anti-Marcionite Prologue to the Gospel of Luke(2세기 후반), Eusebius, *H.E.* 3.4, Jerome, *De vir*. ill. 7. 사도행전의 서방 사본 본문은 안디옥에서 일어난 사건을 언급하고 있는 사도행전 11장 28절을 사도행전의 첫 번째 "우리"구절을 만듦으로 간접적으로 같은 전승을 제시한다.

24) 예를 들면, Zahn 3:2-3; Fitzmyer, *Luke* I-IX, 45-47.

25) Justin's *Apology* 1.50.12 (Ernst Haenchen, *The Acts of the Apostles: A Commentary* [Philadelphia: Westminster, 1971], 3-8.

1) 2세기 저작설

사도행전의 2세기 저작설은 특히 튀빙겐 학파와 관련이 있다. 이 학파는 독일 튀빙겐 대학 출신의 비슷한 생각을 가진 학자들로 구성되며, 가장 잘 알려진 사람은 바우어(F. C. Baur)이다. 이 학자들은 사도행전에 뚜렷한 신학적 경향, 즉 베드로가 대표하는 유대인 기독교와 바울이 대표하는 이방인 기독교의 반목을 화해시키려는 소원이 있다고 주장한다. 사도행전의 저자는, 베드로는 실제보다는 이방인 쪽으로, 바울은 보다 유대인 쪽으로 만들어 그들의 차이를 최소화하려 한다. 따라서 그는 "옛 공교회"(old catholic church)의 중립적 입장을 위한 길을 마련한다. 이러한 화해의 시도는 충분한 세월이 흘러 이러한 분열이 심각해진 후에야 가능했을 것이므로, 튀빙겐 학파는 사도행전의 저작 연대를 2세기 중반으로 본다.[26]

이러한 시도의 잔재가 아직 남아 있기는 하지만, 초대 교회의 역사와 사도행전의 위치에 대한 튀빙겐 학파의 해석은 더 이상 설득력이 없다. 라이트풋(J. B. Lightfoot)와 같은 학자들은 1세기 말의 사도 교부들은 바우어나 그의 제자들이 1세기 말의 교회사에 있었다고 주장한 분쟁이나 논쟁에 대해 언급한 적이 없었음을 입증했다. 튀빙겐 학파의 접근 방법은 매우 관념론적인 것으로서 역사적 기초가 결여되어 있었다. 그러나 여전히 사도행전을 2세기에 저작되었다고 주장하는 사람들이 있는데, 그 근거 중 하나는 사도행전의 저자가 요세푸스의 『고대 문물기』(*Antiquities*:주후 94년에 저술됨)를 의존했다고 믿기 때문이다.[27] 그러나 사도행전이 요세푸스에 의존했을 가능성은 매우 희박하다.[28] 오닐(J. C. O'Neill)은 『클레멘트 1서』(*I Clement*), 목회 서신, 특히 저스틴과의 신학적인 유사성에 근거해서 사도행전이 115-130년 사이에 기록되었을 것이라고 주장한다.[29] 그러나 오닐이 발견한 신학적 유사성들은 의심스러울 뿐만 아니라, 달리 해석할 수도 있다. 최근에는 사도행전의 2세기 저작설을 주장하는 사람들이 거의 없다.

---

26) 사도행전에 대한 이와 같은 접근에 관해서는 W. Ward Gasque, *A History of the Criticism of the Acts of the Apostles*, BGBE 17(Tübingen: Mohr-Siebeck, 1975), 21-54을 보라.

27) F. C. Burkitt, *The Gospel History and Its Transmission*, 3d ed.(Edinburgh: T. & T. Clark, 1911), 105-10.

28) 이것은 Zahn 3:94-100; Bruce, *The Acts of the Apostles: The Greek Text*, 24-25에 설득력 있게 논증되었다.

29) J. C. O'Neill, *The Theology of Acts in Its Historical Setting* (London: SPCK, 1961).

2) 80-95년 저작설

오늘날 대부분의 학자들은 사도행전의 저작 연대를 80년대, 또는 그보다 약간 후대로 본다.30) 이들은 누가복음이 이보다 더 이른 시기에 기록되었을 가능성이 없다고 주장한다. 왜냐하면 사도행전은 누가의 저서의 제1권인 누가복음보다 몇 년 후에 기록되었다는 증거를 보여주는데, 누가복음은 70년 이전에 기록되었다고 볼 수 없기 때문이다.31) 더욱이, 사도행전이 95년 이후에 기록되었을 가능성도 없다. 이는 사도행전의 로마 정부에 대한 낙관적인 태도, 90년대 중반의 도미티안 황제의 박해 이후로는 상상할 수 없는 태도 때문이며, 또 사도행전의 저자가 1세기 말에는 수집되어 일반적으로 이용할 수 있었던 바울 서신에 대해 알지 못하고 있기 때문이다.

이러한 이유들은 모두 설득력이 없다. 누가복음의 저작 연대를 70년대 이후로 보는 것은 이 복음서가 70년에 로마 군대가 예루살렘을 공격했던 실제 상황을 반영하고 있다는 가정, 그리고 누가가 사용한 것으로 보이는 마가복음이 60년대 중반이나 그 이후에 기록되었다는 가정에 근거한다. 그러나 이 두 가정 중 어느 것도 확실하지 않다(위의 제5장과 제9장의 "연대"를 보라). 사도행전에서는 바울서신이 언급되지 않으며, 저자는 이 책을 저술하면서 바울 서신을 사용하지 않은 듯하다. 그것은 사도행전이 먼저 기록되었기 때문이거나, 단순히 서신들을 언급하는 것이 누가의 목적이 아니었기 때문일 수도 있다. 사도행전은 교회에 대한 로마 정부의 태도에 대해서 전반적으로 낙관적이다. 이것을 기초로 하여 사도행전의 저작 연대를 64-65년에 있었던 네로 황제의 핍박 이전이라고 주장할 수도 있다. 따라서 사도행전의 저술연대를 80년 이후로 보는 것은 설득력이 없는 반면, 100년 이전이라는 논거는 60년대 초나 중반을 암시할 수도 있다.

3) 70년 이전 저작설

신약성경의 각 책들의 확실한 저작 연대를 아는 것은 결코 쉽지 않다. 판단의

---

30) 예를 들면, Kümmel, 185-87; Schneider, *Apostelgeschichte* 1:118-21; Joseph A. Fitsmyer, *The Acts of the Apostles: A New Translation with Introduction and Commentary*, AB 31 (New York: Doubleday, 1988), 51-55.

31) 일부 학자들은 사도행전이 누가복음의 초판—그들은 원 누가복음이라고 주장한다—이 기록된 후에 기록되었다고 주장하지만, 이 제안은 바람직하지 못하다.

근거가 되는 확실한 자료가 거의 없을 뿐만 아니라, 많은 논거들이 서로 상충되거나 너무 주관적이어서 다른 근거에서 도달한 결론을 확인해주는 정도의 역할만 행할 수밖에 없다. 그럼에도 많은 저명한 학자들은 사도행전이 비교적 정확하고 확실한 연대를 결정하는 한 가지 증거를 제시한다고 생각해왔는데, 그것은 사도행전의 갑작스런 끝맺음이다.

사도행전은 바울이 로마에서 자택에 연금되어 2년 동안 지내는 데서 끝나는데, 이러한 결말은 다소 불완전하고 어색하게 보인다. 누가가 그 시점에서 그의 저서를 출판할 필요가 있다고 결정했다는 것이 이러한 결말에 대한 가장 좋은 설명이 아니겠는가? 누가는 바울의 재판 과정을 여덟 장에 걸쳐 자세하게 설명했다. 그렇다면, 그가 이 과정의 결과에 대해서 우리에게 긴장감을 남겨주려 했을 수도 있지 않을까? 바울이 2년의 연금 생활이 끝날 때에 처형되지 않은 것은 거의 확실하다. 누가가 이 사실을 알고 있었다면, 왜 그는 로마인들은 기독교 운동이 무죄하다고 여겼다는 것을 최종적으로 보여주기 위해서 바울이 감옥에서 석방되었음을 이야기하지 않았을까? 만일 누가가 64년이나 65년에 있었던 바울의 처형에 대해 알고서 사도행전을 기록했다면, 그것을 독자에게 알리지 않은 이유는 무엇인가? 바울의 처형이 사도행전 앞부분에 기록된(12:2) 야고보의 처형과 조화를 이루고, 누가복음에서처럼 예수님의 죽음 이야기로 사도행전을 절정에 이르게 할 수 있지 않았을까? 또한 만일 바울이 에베소로 돌아와 사역한 사실을 누가가 알고 있었다면(디모데전서에 의하면, 바울은 63-64년에 에베소에서 사역한 듯하다), 바울이 에베소 교회 장로들에게 다시는 그들을 보지 못하리라고 확신에 차서 한 말을(20:25, 38) 그대로 전했겠는가? 이러한 질문들에 대답이 어렵다는 사실은, 바울이 2년 동안 로마에 있을 때(가장 신빙성이 있는 연대 연구에 의하면 약 62년경)에 누가가 사도행전의 저술을 완성했다는 것이 사도행전의 갑작스런 끝맺음을 설명하는 가장 단순하고 자연스러운 설명이라고 암시한다.[32]

이러한 논리는 객관적이고 단순하고 설득력이 있는 듯하다. 그러나 사도행전의 갑작스런 끝맺음에 대한 이러한 논거를 무력하게 만들 수 있는 다른 설명들이

---

32) 이러한 논쟁을 옹호하는 가장 중요한 인물은 다음과 같다: Harnack, *Date of Acts*, 90-116; Richard Belward Rackham, *The Acts of the Apostles*(London: Methuen, 1901), l-lv (또한 A. J. Mattill, Jr., "The Date and Purpose of Luke-Acts: Rackham Reconsidered," *CBQ* 40[1978]: 335-50; J. A. T. Robinson, *Redating the New Testament* (Philadelphia: Westminster, 1976), 88-92. 또한 John Wenham, *Redating Matthew, Mark, and Luke: A Fresh Assault on the Synoptic Problem* (Downers Grove: IVP, 1992), 223-30을 보라.

있다. 그 중에는 누가가 제3 권을 집필한 의도로 독자들에게 제3 권을 위한 긴장과 스릴을 여운으로 남겨 놓았을 것이라는 설명도 있다.[33] 누가가 제3 권을 저술하려 했다는 것을 보여주는 증거는 사도행전 1:1에서 누가복음을 묘사하기 위해서 "처음"(πρῶτος; *proōtos)*이라는 단어를 사용한 데서 찾을 수 있다. 이 단어는 문법적으로 최상급 형용사이므로, 두 권 중에서 제1 권을 가리키기보다는 세 권이나 혹은 그 이상 중에서 제1 권을 가리킨다. 그러나 헬레니즘 시대의 그리스어에는 형용사의 비교 단계에 많은 혼동이 있기 때문에 이 단어에 지나치게 의존하는 것은 무리가 있다. 누가가 제3 권 저술을 염두에 두고 있었음을 암시하는 다른 증거는 없으며, 끝맺음에 대한 이 설명은 가상적인 것에 불과하다.

오늘날 사도행전의 끝맺음에 대해 널리 받아들여지고 있는 설명은 바울이 로마에 도착하여 제국의 수도에서 방해를 받지 않고 복음을 전할 수 있었기 때문에 이 책이 의도된 결론에 이르게 되었다는 것이다.[34] 누가의 관심은 전기(傳記)가 아니라 신학에 있었고, 바울의 생애가 아니라 복음 전파에 있었다. 로마에서 복음을 전하는 것을 "금하는 사람이 없었다"는 사실은(행 28:31) 기독교 운동의 성장과 발전에 대한 누가의 장엄한 이야기를 자연스러운 결론에 이르게 한다. 따라서 바울의 항소 결과나 궁극적인 운명에 대해 언급하지 않는다고 해서 사도행전이 미완성의 글이라고 주장하는 것은 누가가 실제의 바울보다 본질적인 바울에 더 관심이 있었다고 가정하는 것이다. 누가는 로마에서 이루어진 바울의 재판 결과가 부정적이라는 것이나 바울이 이미 로마에서 처형을 당했다는 것을 알고 있었지만, 그러한 정보를 제공하는 것이 자신의 낙관적인 결론을 손상시킬 것이라고 여겨 의도적으로 그것을 알리지 않았을 수도 있다. 누가는 바울이 로마에서의 첫 번째 재판에서 석방되었다는 것을 알고 있었지만, 그의 이후 사역의 상세한 내용을 발표함으로써 바울에게 곤란을 초래하는 것을 원하지 않았을 수도 있다.[35] 또는, 누가는 바울이 아시아의 교회들에서 계속 사역한 것을 알고 있었지만, 그러한 정보를 포함시키는 것은 로마에서의 바울의 전도 사역만큼 완벽하게 그의 글을 절정으로 끌어가지 못하기 때문에 그 사실을 기록하지 않았다고 볼 수 있으며, 이것이 가장

---

33) Zahn 3:57-61; Ramsay, *St. Paul,* 23, 27-28.

34) 예를 들어, Bruce, *Book of Acts*, 11; Longenecker, "Acts," 234-35; Floyd V. Filson, "The Journey Motif in Luke-Acts," in *Apostolic History and Gospel, Fs*. F. F. Bruce, ed. W. Ward Gasque and Ralph P. Martin (Grand Rapids: Eerdmans, 1970), 68-77; Fitzmyer, *Acts,* 52를 보라.

35) Hemer, *Book of Acts*, 406-8.

그럴듯한 설명인 듯하다. 어쨌든, 사도행전의 자연스러운 절정이라고 볼 수 있는 끝맺음은 이 책의 연대를 결정하는 데 도움이 되지 못한다고 주장된다.

이 논거는 상당히 중요하다. 누가가 로마에서 복음을 전한 2년이라는 기간을 구체적으로 언급한 것도 중요하다. 이것은 이 2년 후에 바울의 상황이 바뀌었음을 누가가 알고 있었음을 암시한다. 확신하기는 어렵지만, 사도행전의 결말이 결정적으로 그 책이 기록되거나 출판된 연대를 가리키는 것이 아니라고 생각된다.

그러나 A.D. 62년 직후의 연대를 암시하는 몇 가지 근거가 있다: (1) 누가가 분명히 바울 서신에 대해 알지 못한 것; (2) 누가가 유대교를 합법적인 종교로 묘사한 것인데, 이 상황은 66년에 유대인들이 로마에 대항하여 반란을 일으키면서 급격히 변화되었다; (3) 만일 네로의 박해가 누가가 사도행전을 저술할 때에 발생했다면 어떤 식으로든지 그의 이야기에 영향을 미쳤을 텐데, 누가는 그 박해에 대해서 언급하지 않는다; (4) 로마로 항해하는 중에 배가 파선한 것에 대한 생생한 묘사(27:1-28:16)는 그것이 아주 최근의 경험이었음을 암시한다. 이런 이유들 때문에 사도행전은 60년대 중반에 기록된 것으로 간주되어야 한다.[36]

4. 장르, 수신인, 목적

1) 장르

사도행전의 장르에 대한 최초의 확인은 그것을 누가복음의 제2권이라고 부르기 시작한 2세기의 저술들에 반영되어 있다.

사도행전의 장르에 대한 최초의 확인은 그것을 누가복음의 제2권이라고 부르기 시작한 2세기의 저술들에 반영되어 있다. 위에서 살펴본 대로, 일부 고대 역사가들은 개인이나 도시의 영웅적 행위를 열거하는 설화문학을 묘사하기 위해서 "행전"(acts)이라는 단어를 사용했고(예를 들면, 폴리비우스, 1.1.1; 디오도루스 시쿨루스, 1.1.1), 초대 교회는 누가의 이야기가 그 범주에 맞는다고 생각했을 수 있다. 그러나 "행전"은 전문적인 장르의 명칭이 아니었으므로,[37] 그 제목은 사도행전을 문학적으로 분명하게 분류하는 데 도움이 되지 못한다. 대부분의 학자들은

36) 특히 위의 책 376-90과 Longenecker, "Acts," 236-38; McDonald and Porter, 296을 보라. E. Earle Ellis는 사도행전 1:8의 "땅끝"은 스페인을 언급하며, 바울이 결국 그곳에서 복음을 전했음을 언급한다고 주장한다. 누가가 바울의 스페인 전도를 언급하지 않은 것은 바울이 아직 스페인에서 복음을 전하지 않았다는 것을 암시하므로, 사도행전은 그 이전에 기록된 것으로 보아야 한다 ('The Ends of the Earth' (Acts 1:8)," *BBR* 1 [1991]: 123-32).

37) David E. Aune, *The New Testament in Its Literary Environment*, LEC 8 (Philadelphia: Westminster, 1987), 78.

사도행전을 "역사서"로 보아야 한다는 데 동의한다.[38] 그러나 최근에 일부 학자들은 사도행전과 고대의 다른 역사서들의 차이가 매우 크기 때문에 그것들이 동일한 범주에 속한다고 여길 수 없다고 주장한다. 탈버트(C. H. Talbert)는 사도행전을 "연속적인 이야기"로 보았고,[39] 리처드 퍼보(Richard Pervo)는 사도행전을 역사 소설로 보아야 한다고 주장했다.[40] 이 두 학자는 사도행전의 중요한 특징들을 상기시키는데, 탈버트는 사도행전과 누가복음의 관계를, 퍼보는 사도행전의 설화체 문체를 상기시킨다. 그러나 그들의 이러한 장르 구분을 뒷받침해 줄 만한 자료들이 그리 없다.[41] 이러한 차이점들을 인식한 일부 학자들은 사도행전은 특정 장르에 속할 수 없는 독특한 책이라고 주장한다.[42] 그러나 사도행전의 독특한 특징들을(예를 들면, 그것의 신학적 관점이나 누가복음과의 관계) 무시해서는 안 되지만, 과연 그러한 특징들 때문에 사도행전이 고대 역사서의 부류에 속할 수 없는지는 의문이다. 고대 역사서들도 서로 다른 점들이 많고, 거의 대부분은 나름대로의 독특한 특징들을 가지고 있다.[43]

2) 수신인과 저술 목적

누가복음과 마찬가지로, 사도행전의 수신인도 누가의 저술이 출판될 수 있도록 재정적으로 지원해준 후원자 데오빌로이다(1:1). 그러나 누가복음이나 사도행전으로부터 그 사람에 대해 그 이상의 정보를 발견할 수 없고 추론할 수도 없다. 더욱이, 누가가 한 개인이 아니라 폭넓은 독자층을 염두에 두고 있었음이 거의 확실

---

38) Martin Hengel, *Acts and History of Earliest Christianity* (Philadelphia: Fortress, 1979), 36-37; W. Ward Gasque, "A Fruitful Field: Recent Study of the Acts of the Apostles," *Int* 42 (1988): 129; Fitzmyer, *Acts,* 47-49; Darryl W. Palmer, "Acts and the Ancient Historical Monograph," in *The Book of Acts in its First Century Setting*, vol. 1, *The Book in its Ancient Library Setting*, ed. Bruce W, Winter and Andrew A. Clarke (Grand Rapids: Eerdmans, 1993), 1-29; Ben Witherington Ⅲ, *The Acts of the Apostles: A Socio-Rhetorical Commentary* (Grand Rapids: Eerdmans, 1998), 12-24; Jervell, *Apostelgeschichte*, 76-79.

39) Charles H. Talbert, *Literary Patterns, Theological Themes, and the Genre of Luke-Acts*, SBLMS 20 (Missoula, Mont: SP, 1974).

40) Richard I. Pervo, *Profit with Delight: The Literary Genre of the Acts of the Apostles* (Philadelphia: Fortress, 1987).

41) Aune, *The New Testament in Its Literary Environment*, 78-80.

42) Wikenhauser, 351-52; Kümmel, 165; Schneider, *Apostelgeschichte* 1:73-76.

43) Aune, *The New Testament in Its Literary Environment*, 80.

하다. 누가가 의도한 독자들이 누구인지는 그의 집필 목적을 확인한 후에 결정할 수 있다.

누가가 사도행전을 기록한 목적을 확인하는 일은 누가복음과 사도행전의 관계 때문에 매우 복잡하다. 대부분의 학자들은 누가복음과 사도행전이 하나의 문학적 통일체—"누가복음-사도행전"—를 이룬다고 강조한다. 또 대부분의 학자들은 이 누가복음의 서론에(눅 1:1-4) 제2 권까지 포함된다고 생각한다.[44] 고대 저술가들은 하나의 파피루스 두루마리에 내용을 압축해야 했기 때문에 장황하게 설명할 수 없었다. 누가복음과 사도행전은 각각 보통 규모의 파피루스 두루마리를 필요로 했을 것이다. 따라서 누가의 저서를 두 권으로 나누는 것이 현실적으로 불가피했으며, 누가는 제2 권의 서두를 제1 권의 서론과 연결하는 데 사용하였다.[45] 그러나 누가복음의 서론을 당면한 문제에 적용할 수 있다고 해서, 모든 문제가 해결되는 것은 아니다. 예를 들어, 그 서론이 어느 정도 사도행전에 적용되는지 분명하지 않다. 적어도 누가 이전에 저술한 사람들이 많다는 언급과 같은 몇 가지 진술은 누가복음에만 적용되는 듯하다. 그럼에도 불구하고, 누가복음 1:4에 진술된 목적, 즉 "그 배운 바의 확실함을 알게 하려 함"은 복음서와 사도행전에 동일하게 적용되어야 한다고 결론지을 수 있다. 이러한 저자의 진술은 사도행전의 목적에 대한 모든 논의의 기초가 되어야 한다. 그러나 독자들에게 확신을 부여한다는 것은 대단히 광대한 목표이며, 누가가 염두에 두었던 모든 목적들을 포함하지 못할 수도 있다. 게다가 누가가 사도행전에서는 누가복음에서와는 다른 목적들을 추구했을 수도 있다. 오늘날 일부 학자들은 누가복음과 사도행전의 통일성을 주장하기도 한다. "누가는 자신의 저서의 제1 권과 제2 권을 분명히 구분하므로, 제1 권에서 자기의 목적들을 거의 성취하고 나서 제2 권에서는 나머지 목적들을 성취하기 위해서 예수님께서 행하고 가르치기 시작하신 모든 것의 이야기를 계속했다고 볼 수는 없을 것이다."[46] 그럼에도 불구하고, 사도행전에서의 누가의 목적에 대한 궁극적으로

44) 예를 들면, Fitzmyer, *Luke* I-IX, p. 9; I. Howard Marshall, "Luke and His Gospel," in *Das Evangelium und das Evangelien*, ed. Peter Stuhlmacher, WUNT 2.28(Tübingen: Mohr-Siebeck, 1983), 289-308. 반대되는 견해로는 다음을 보라: Loveday Alexander, *The Preface to Luke's Gospel: Literary Convention and Social Context in Luke 1:1-4 and Acts 1:1*, SNTSMS 78 (Cambridge: Cambridge University Press, 1993), 146; Witherington, *Acts of the Apostles*, 5-8.

45) A. J. B. Higgins, "The Preface to Luke and the Kerygma in Acts," in *Apostolic History and the Gospel*, 78-83.

46) Liefeld, "Luke," in *EBC* 8.801.

만족스러운 평가를 하려면 누가복음을 고찰해야 한다. 따라서 사도행전의 목적이라고 주장되는 것들 중 일부를 살펴보고, 그것들을 누가 자신의 주장과 본문의 자료와 비교하여 검증해볼 필요가 있다.

① 화해

위에서 본 대로, 튀빙겐 학파는 사도행전을 2세기의 유대 기독교와 이방 기독교의 화해를 조성하기 위한 하나의 시도로 보았다. 사도행전의 저자는 특히 베드로와 바울이라는 두 명의 핵심 인물을 묘사함으로써 이 일을 성취하려 한다. 고린도전서 1:10-17이나 갈라디아서 2:11-14과 같은 본문들은 베드로와 바울 사이에 뚜렷한 분열, 보수적인 유대교적 신학 사고와 1세기 말과 2세기 초에 교회의 분쟁을 초래한 진보적 이방인 중심의 사고 사이에 구분이 있었음을 보여준다. 그러나 사도행전에서는 베드로와 바울 사이의 적대 관계가 사라진다. 사도행전의 저자는 베드로를 이방인화해서 이방인에게 최초로 복음을 전한 자요(10장), 이방인의 변호인으로(11:1-18; 15:6-11) 묘사한다. 반면에, 바울은 유대화 된다. 그는 공회의 결정을 받아들이고(15:22-35), 디모데에게 할례를 행하고(16:3), 유대인의 서원을 하고(18:18; 21:17-26), 독실한 바리새인이라고 주장한다(23:6). 사도행전의 저자는 이렇게 초대 교회의 역사를 고쳐 씀으로써 2세기에 등장한 파당들을 화해시키려 했다.

사도행전에 대한 튀빙겐 학파의 이러한 접근방법은 라이트풋(J. B. Lightfoot)이나 알브레히트 리츨(Albrecht Ritschl)과 같은 학자들의 비난을 면치 못한다. 1세기말과 2세기 초에 교회가 파당들에 의해 갈라졌다는 가정은 근거가 없음이 드러났다. 더욱 중요한 것은, 튀빙겐 학파의 비평가들은 베드로와 바울의 차이점들을 지나치게 강조하는 심각한 오류를 범했다는 것이다. 베드로와 바울은 분명히 이따금 의견을 달리했다(갈 2:11-14). 그러나 그들이 초대교회 내의 상반되는 신학 경향의 지도자들이었다는 근거는 신약 성서 어디에서도 찾아볼 수 없다. 그러므로 사도행전의 저자가 비역사적이고 편향적인 시나리오를 만들어 냈다고 비난할 근거도 없고, 2세기 교회가 화해를 필요로 했다고 믿을 근거도 없다. 그러나 화해가 누가의 이차적인 목적이었다고 생각해 볼 수는 있을 것이다. 누가는 유대인 신자들과 이방인 신자들 사이의 계속되는 긴장감을 알고 있었고, 베드로와 바울이 믿음의 기초에 관한 문제에 있어서 근본적으로 동의하고 있음을 보여 주려 했을 수도 있다.

② 복음전도/변증학

여러 개의 복음적 설교를 포함시킨 것이나 초대 교회 전도자들이 기적적으로 신임을 얻은 것을 강조한 것은, 누가가 믿음을 일깨우기 위해서 이 책을 썼을 수도 있다는 생각을 하게 한다. 많은 학자들은 복음전도가 적어도 (누가복음과) 사도행전의 이차적인 목적이었다고 생각한다. 특히 사도행전은 로마인들의 시각에서 기독교를 변증하기 위한 것이었다는 견해가 유력하다.

사도행전에서 우리를 당황하게 만드는 한 가지 특징은 바울의 재판과 변론을 상세히 묘사하는 데 많은 지면을 할애하고 있다는 점이다. 사도행전의 거의 4분의 1이 이 주제를 다루고 있다(22-28장). 누가가 세상의 여러 지역에서의 복음 전도나 바울의 선교 사역에 대해서도 할 이야기가 많았을 텐데, 왜 그 문제에 집착했을까? 누가가 기독교는 용인되어야 할 종교—공식적인 용어로 *religio licita*(합법적 종교)—임을 로마 시민들에게 입증하려 했다는 것이 전통적인 대답이다. 로마는 동방의 종교들에 대해 매우 회의적이었고, 심지어 국민들에게 미칠 해로운 영향을 두려워했다. 기독교 선교사들이 로마 시민들과 효과적으로 일하기 위해서는, 이러한 두려움을 제거해야 했고, 로마인들이 국가에 대한 반역자가 되지 않고서도 기독교인이 될 수 있다는 인식을 심어 주어야 했다. 누가는 로마의 관리들이 하나같이 이 새로운 운동을 방해하기를 거부했다는 것을 보여줌으로써 그 일을 해냈다. 빌립보의 관원들은 바울을 감옥에 가둔 것을 사과했고(16:38-39), 아가야 속주를 다스리던 로마 총독 갈리오는 고린도에서 복음 전하는 것을 금지했던 것을 철회했고(18:12-17), 아그립바 왕과 유대의 총독 베스도는 바울에게 잘못이 없으며 가이사에게 상소하지 않았다면 풀려날 수 있었음을 인정했다(26:31-32).

대부분의 학자들은 사도행전에서 이러한 변증이 어떤 역할을 한다고 생각하지만, 일부 학자들은 그것이 사도행전의 중요한 관심사라고 보기도 한다.[47] 이미 언급한 대로, 어떤 사람들은 누가는 재판을 받는 바울이 소송 사건 적요서, 즉 바울이 로마 총독이나(데오빌로?) 황제에게 자신의 변호를 위한 문서로 제출하기 위해서 사도행전을 기록했다고 주장하지만, 이 주장은 거의 가능성이 없다. 만일 그것이 목적이었다면, 누가가 그렇게 장황하게 기록했을 이유가 없다. 일부 학자들은 로마인들을 향한 변증이 과연 누가의 목적이었는지도 의심한다. 그들은 누가복음-

---

47) Johannes Weiss, *Absicht und literarischer Charackter der Apostelgeschichte* (Marburg: Vandenhoeck & Ruprecht, 1897); O'Neill, *Theology of Acts*, 166-177; cf. Bruce, *Book of Acts*, 8-13.

사도행전은 하나로 취급되어야 하는데, 로마인에게 주는 변증이 누가복음에는 분명하지 않다고 주장한다. 더욱이 누가는 자기가 기독교인이 아닌 사람들을 위해서가 아니라 기독교인을 위해 기록한다고 여러 번 지적했다.[48] 어떤 학자는 전통적인 이해와는 상반되는 입장을 취하여 누가가 로마 앞에서 교회를 정당화하는 것이 아니라, 교회 앞에서 로마를 정당화하고 있다고 주장하기도 한다.[49] 이러한 학자들의 주장에도 몇 가지 중요한 점이 있다. 누가복음-사도행전은 원래 기독교인들을 대상으로 한 것이며, 다른 주제들을 무시하고 로마인들을 향한 변증이라는 주제를 지나치게 강조하기 쉽다는 것이다. 그럼에도 불구하고, 특히 사도행전 뒷부분에서 볼 수 있는 대로 누가가 로마가 교회를 받아들인 것을 분명히 하기 위해서 각별히 노력한 것은 변증이 누가의 목적 중 하나였음을 강력히 시사한다. 어쩌면 누가는 주로 기독교인들을 위해서 사도행전을 기록하면서도 기독교인이 아닌 로마인들이 그 책을 읽을 수도 있다는 것을 알았기 때문에 이 자료를 삽입했을 수도 있다. 또는 누가는 로마라는 배경에서 새로 개종한 사람들이 그들의 새로운 믿음과 로마 시민으로서의 정치적 사회적 신분의 관계를 이해하는 데 도움을 주려 했을 수도 있다.

마틸(A. J. Matill, Jr.)은 사도행전에서 다소 다른 변증적 목적을 식별해낸다. 그는 마티아스 슈네켄부르거(Matthias Schneckenburger)의 논제를 되살려, 사도행전이 로마에 거주하는 유대인 신자들을 향해 기록되었으며, 주목적은 사도 바울을 변호하려는 것이었다고 주장한다. 누가는 베드로와 바울의 유사성을 강조하고 바울이 자기 민족에게 계속 충성하는 것을 보여주는 사건들을 선별하여 바울이 유대인의 배신자라는 소문을 일축시키려 했다.[50] 이 제안에 대해서는 아직 할 말이 많다. 바울이 누가의 중심인물이었다는 것, 그리고 누가가 바울의 유대인 됨을 강조한 것은 유대인 신자인 독자들에게 가장 적합한 것이었음에는 의심의 여지가 없다. 그러나 누가복음-사도행전의 많은 특징들은 이방인 신자들을 대상으로 하고 있음을 암시한다. 그렇다면, 유대인 신자들을 향한 변증이 누가의 목적 중 하나가 될 수는 있지만, 주요 목적은 아니다.

---

48) Schneider, *Apostelgeschichte* 1:139-45.

49) Paul W. Walaskay, "And So We Came to Rome,": *The Political Perspective of St. Luke*, SNTSMS 49 (Cambridge: Cambridge University Press, 1983).

50) A. J. Mattill, Jr., “The Purpose of Acts: Schneckenburger Reconsidered," in *Apostolic History and the Gospel*, 108-122.

③ 신학적 논쟁

오늘날 누가가 신학적 목적을 가지고 기록했다는 것을 의심하는 사람은 없다. 그러나 어떤 학자들은 누가에게 분명한 신학적 속셈이 있었고, 그러한 신학적 논쟁이 사도행전의 주요 목적이라고 생각한다. 예를 들어, 찰스 탈버트(Charles Talbert)는 누가가 영지주의에 대적하기 위해서 사도행전을 기록했다고 주장한다.[51] 그러나 그 시대에 영지주의가 논박되어야 할 운동으로 존재했을 가능성이 희박하고, 또 누가복음과 사도행전에는 그 목적과는 상관없는 내용들이 많다. 한스 콘첼만(Hans Conzelmann)을 비롯한 일부 학자들은 누가가 재림의 지연이라는 문제에 대처하기 위해 구원사에 대한 새로운 개념을 전파하고 있다고 주장한다.[52] 이 신학적 문제에 대해서는 뒤에 다루게 될 것이고, 여기에서는 단지 누가가 구원사에 대한 우리의 이해에 크게 기여했지만 그의 기록이 재림의 지체와 상관이 있다든지, 누가가 그러한 견해의 주창자였다는 증거가 매우 희박하다는 것을 언급하는 데 그치려 한다. 따라서 일반적으로 누가가 신학적인 목적을 가지고 기록했으며 특별한 신학적 관심사를 가지고 있었지만 그의 목적의 중심이 되는 특별한 신학적 논쟁이 결여되어 있다고 추론할 수 있다. 이러한 주장들은 누가의 복잡하고 다면적인 작품을 지나치게 단순화하는 오류를 범한다.

④ 덕의 함양

누가는 여러 특수한 목적을 가지고 기록했는데, 이 모든 목적들은 기독교인들의 덕을 함양하려는 하나의 커다란 일반적인 목적의 일부라고 생각하는 학자들이 점차 증가하고 있으며, 우리도 그들에게 동의한다.[53] 누가는 그의 복음서 서론에서 복음의 확실함을 알게 하는 것이 그의 주목적이라고 말하며,[54] κακηχέω (*katēcheō*; 가르치다)라는 단어를 사용함으로써 자신이 최근에 개종한 신자들을 염두에 두고 있음을 암시했다. 어쩌면, 누가가 의도한 독자들은 유대인이 아니면

51) Charles H. Talbert, *Luke and the Gnostics: An Examination of the Lucan Purpose* (Nashville: Abingdon, 1966).

52) Hans Conzelmann, *The Theology of St. Luke* (New York: Harper & Row, 1961).

53) Ernst Haenchen, "The Book of Acts as Source Material for the History of the Earliest Christianity," in *Studies in Luke-Acts*, 258-278; I. Howard Marshall, *The Acts of the Apostles*, TNTC (Grand Rapids: Eerdmans, 1980), 20-21; idem, Luke and His 'Gospel,'" 289-308; Fitzmyer, *Luke* I-IX, p. 9.

54) 특히 W. C. van Unnik, "The Book of Acts' the Confirmation of the Gospel," *NovT* 4(1960): 26-59의 논문을 보라.

서도 적극적으로 이스라엘의 하나님을 섬기던 고넬료와 같은 사람(행 10장), 전부터 하나님을 경외하던 이방인들이었을 수도 있다.55) 그러한 사람은 그 시대의 그레코-로마 세계에서 이용할 수 있는 잡다한 종교적이고 철학적인 대안들 안에서 자신의 새로운 신앙의 위치에 대해 알고 싶었을 것이다. 특히, 기독교인들의 주장과 유대인들의 주장의 차이점에 대해서 알고 싶었을 것이다. 기독교의 "길"과 유대교 중에서 어느 운동이 구약성서의 하나님의 백성을 계승한 후계자라고 주장할 수 있었을까?56) 누가는 기독교 신앙의 역사적 토대를 묘사하고 이 역사적 개관을 통해서 자신과 데오빌로 시대의 교회가 성경적 역사의 정점이라는 것을 증명함으로써 그러한 사람들의 완전한 신앙과 헌신을 확보하려 한다.57) 하나님의 구원은 그의 아들 예수 그리스도 안에 계시되었고, 그로 말미암아 유효해졌다. 그리스도는 이 구원의 메시지를 사도들에게 맡겼고, 사도들은 성령의 인도하심과 능력 주심을 통해서 그 메시지 및 그 메시지가 전하는 구원을 땅 끝까지 전파했다.58) 이처럼 폭넓은 목적만이 누가복음-사도행전의 심오함과 방대함을 수용할 수 있다. 물론 누가는 이 일반적인 목적의 일부로서 로마인들의 시각에서 본 교회의 합법화, 유대인 신자의 입장에서의 바울에 대한 변호, 복음전도 등과 같은 많은 부수적인 목적들을 추구한다.

5. 자료

사도행전에 사용된 누가의 자료들을 찾는 일은 누가의 이야기의 역사적 신빙성은 물론이요 문학적 기법들을 설명하는 데 도움을 주기 때문에 중요하다.

사도행전에 사용된 누가의 자료들을 찾는 일은 누가의 이야기의 역사적 신빙성은 물론이요 문학적 기법들을 설명하는 데 도움을 주기 때문에 중요하다. 누가는 그의 복음서 서론에서 자기가 "모든 일을 근원부터 자세히 미루어 살폈다"고 말하며(1:3), 기록된 것(1:1)과 구전된 것(1:2, "전하여진 것")에 대해 언급한다. 여기에서 누가가 주로 복음서를 염두에 두었다고 볼 수도 있지만, 제2권을 저술하면서도 그가 자세히 미루어 살피고 손에 넣을 수 있는 모든 자료들을 사용했다고 가정할

55) Walter L. Liefeld, "Luke," in *EBC* 8:802.

56) 이러한 관점들은 Green, *Gospel of Luke*, 21-25(또한 Achtemeier/Green/Tompson, 266을 보라); Johnson, 218-19에서 강조되고 있다.

57) Walter T. Wilson, "Urban Legends: Acts 10:1-11:18 and the Strategies of Greco-Roman Foundation Narratives," JBL 120 (2001): 77-99을 보라.

58) 이 주제는 C. K. Barrett, *Luke the Historian in Recent Study* (London: Epworth, 1961), 56-61; Marshall, *Acts of the Apostles*, 20-21; Gasque, "Recent Study," 120-21에 강조되어 있다.

수 있다. 어쨌든, 당연히 사도행전의 배경에 어떤 문서들이 있는가 하는 질문이 제기된다. 사도행전 16장 이후에 등장하는 "우리" 구절들, 그리고 같은 시점에서 배경이 팔레스타인 지방에서 지중해 지방으로 바뀌는 것 때문에, 사도행전의 자료를 연구하기 위해서는 1-15장과 16-28장을 나누어야 한다.

1) 사도행전 1-15장

19세기 말과 20세기 초에 사도행전을 연구하던 학자들은 그 시대에 공관복음을 연구하던 학자들과 마찬가지로 성문화 된 자료들에 집착했다. 사도행전 1-15장에 대한 하르낙(Harnack)의 제안은 이러한 현상의 절정을 이룬다. 하르낙의 시대 및 오늘날의 대부분 학자들과 마찬가지로, 하르낙은 누가가 자신이 사용한 자료들을 독특한 문체로 수정했기 때문에 문체나 언어를 통해서는 그가 사용한 자료들을 구분해 낼 수 없음을 인식했다.[59] 그래서 하르낙은 사도행전 1-15장을 구성하고 있는 여러 개의 자료를 분석하기 위해서 지리적 배경, 신학적 경향, 그리고 특히 중복 표현의 존재 여부 등에 더 많은 관심을 쏟았다. 중복 표현이란 같은 이야기를 두 번 반복한 것을 가리키는데, 하르낙은 사도행전 1-5장에서 다섯 개를 발견했다고 주장했다: 베드로의 설교 둘(2:14-39; 3:12-26), 사도들이 체포된 사건의 반복(4:3; 5:18), 산헤드린 공회 앞에 선 사도들에 관한 이야기(4:8-20; 5:27-40), 회개한 자들의 숫자(2:41; 4:4), 예루살렘 교회에서 물건을 통용했다는 기록(2:44-45; 4:32). 자료비평가들은 이러한 중복 표현들은 한 사건을 각기 다르게 기록한 두 자료를 합병했음을 가리킨다고 본다. 하르낙은 사도행전 1-5장에 나타난 이러한 중복 표현들을 출발점으로 해서, 사도행전 1-15장에 다음과 같은 세 개의 성문화 된 자료가 존재한다고 가정한다: 3:1-5:16, 8:5-40, 그리고 9:31-11:18의 배경에 있는 "예루살렘 A" 자료, 2:1-47과 5:17-42에 나타나 있는 "예루살렘 B" 자료, 그리고 6:1-8:4, 11:19-30, 12:25-15:35에서 볼 수 있는 "안디옥" 자료.[60] 이러한 하르낙의 도식은 막대한 영향을 끼쳐왔고, 많은 학자들은 그것을 그대로 받아들이거나 약간의 수정을 거쳐 받아들였다.

하르낙의 제안은 인기가 있었지만 바람직하지 않다. 사도행전 1-5장에 나타나

---

59) Henry J. Cadbury, *The Making of Luke-Acts*, 65-70; Jacques Dupont, *The Sources of the Acts* (New York: Herder & Herder, 1964), 88; Haenchen, *Acts,* 81.

60) Adolf Harnack, *The Acts of the Apostles* (London: Williams & Norgate, 1909), 162-202.

는 중복 표현을 뒷받침하는 증거들이 강력하지 않기 때문에 기초도 튼튼하지 않다. 즉, 관련된 이야기들이 서로 다르거나(예를 들면, 베드로의 설교), 사건들의 흐름에 반드시 필요한 이야기들이며(예를 들면, 사도들의 체포와 심문), 누가의 계획에 반드시 필요한 것이기 때문에(예를 들면, 물건을 통용한 것이나 구원받은 사람들의 숫자) 단순히 중복된 표현일 가능성이 없다.61) 더욱이 사도행전 1-15장의 자료를 구분하는 것은 근거가 희박하고 분명한 배경을 넘어서는 일이며, 여러 가지 다른 방법으로 설명이 가능하다. 사도행전 1-15장의 배후에 있는 이러한 종류의 성문화된 자료를 확인할 수 있는 자료가 불충분하다.

토레이(C. C. Torrey)는 전혀 다른 종류의 자료설을 제안했다. 그는 사도행전 1:1-15:35에 셈어 어법이 존재한다는 것을 근거로 하여 그 부분이 아람어로 된 하나의 자료를 번역한 것이라고 주장했다.62) 현재 토레이의 이 이론은 보편적으로 거부되고 있다. 그의 제안은 유효한 증거들과는 거리가 먼 것으로 인식되고 있지만, 사도행전의 전반부에 나타나 있는 셈 어 요소 및 그것과 누가가 사용한 자료들의 관계에 대한 논의는 계속되고 있다. 이 전반부에 셈 어 요소가 나타나는 것은 아람어 자료들을 여기저기서 사용했음을 가리킨다고 생각할 수 있는 이유가 있지만,63) 특정한 자료들을 밝혀내거나 결정적으로 결론을 내리기에는 증거가 불충분하다.

사도행전 1-15장 배후에 있는 자료들을 정확하게 집어낼 수는 없다. 누가가 이 부분, 특히 설교 부분을 저술하기 위해서 아람어 자료들을 의존하였고, 현재 분리할 방법이 없는 다른 성문화된 자료들도 사용했다고 생각할 수 있다. 그러나 누가의 이야기의 기초로서 구전된 자료도 성문화 된 문서 못지않게 강조되어야 한다.64) 바울이 가이사랴에서 감옥에 갇혀 지낸 2년 동안 누가는 팔레스타인에 머물면서(이것은 "우리" 구절들로부터 추론된 것이다) 빌립, 마가, 베드로 등과 면담할 수 있는 충분한 기회를 가졌을 것이다.65) 또 만일 누가가 안디옥 출신이었

61) Joachim Jeremias, "Untersuchungen zum Quellenproblem der Apostelgeschichte," *ZNW* 36 (1937): 205-21; Bruce, *Acts of the Apostles*, 23.

62) Charles Cutler Torrey, *The Composition and Date of Acts*, HTS 1 (Cambridge: Harvard University Press, 1916), 3-41.

63) Max Wilcox, *The Semitisms of Acts* (Oxford: Clarendon, 1965).

64) Haenchen, *Acts,* 82.

65) Hemer, *Book of Acts*, 336-64.

로마제국

다면, 그는 그 교회에서 파송한 바울과 바나바의 선교 사역에 대한 정보, 그리고 그 교회의 개척과 성장에 관한 정보를 직접 얻을 수 있었을 것이다.

2) 사도행전 16-28장

이 부분의 관심은 "우리" 구절의 중요성에 있다. 디벨리우스(Dibelius)는 이 구절들이 누가가 기록하는 데 사용한 여행과 관련된 자료가 존재했음을 보여준다고 생각했다.[66] 위에서 주장한 대로 "우리" 구절들에 대한 가장 좋은 설명은 이때에 누가가 바울과 동행했다는 것이다. 누가 자신이 직접 목격한 것들에 대한 회상(어쩌면 그가 기록해 놓은 메모와 함께), 그리고 바울과의 가까운 친분 관계가 사도행전 16-28장에 기록된 내용의 자료이다.[67]

66) Martin Dibelius, "Style Criticism of the Book of Acts," in *Studies in the Acts of the Apostles, ed. Heinrich Greeven* (London: SCM, 1956), 4 (독일 원어는 1923년에 출판되었다); Kümmel, 184-85을 보라.

67) M.-E. Boismard and A. Lamouille, *Le texte occidental des Acts des Apôtres: Reconstitution et rehabilitation*, 2 vols. (Paris: Editions Recherche sur les civilization, 1984) (for a convenient summary in English, see J. Taylor, "The Making of Acts: A New Account," *RevBib* 97 [1990]: 504-24)을 보라.

6. 본문

사도행전의 본문은 신약성서의 다른 책의 본문과 마찬가지로 하나의 흥미로운 문제를 제시한다. 왜냐하면 사도행전의 본문은 두 개의 독특한 형태로 보존되어왔기 때문이다. 즉, 현대의 모든 헬라어 사본과 영어 번역판의 기초가 되는 언설체 대문자 사본으로서 시내 사본(א)과 바티칸 사본(B)이 대표하는 양식과 언설체의 베자 켄터브리지언 사본(D)이 대표하는 양식으로 보존되었기 때문이다. 후자는 지리적 기원 때문에 종종 서방 사본(Western text)이라고 불리는 것으로서, 일반적으로 받아들여지고 있는 사본보다 약 10% 정도 더 긴데, 그 이유는 단어의 첨가에서부터 문장의 삽입까지 매우 다양하기 때문이다.

첨가된 것들 중에는 매우 흥미로운 것들이 있다. 예를 들어, 서방 사본은 11:28에 "기쁨이 충만했고, 우리가 모두 모여…"라는 말을 삽입함으로써 누가를 안디옥 출신이라고 밝힌다. 서방 사본은 바울이 에베소에서 "오전 11시부터 오후 4시까지", 즉 두란노가 사용하지 않는 더운 한낮에 두란노의 숙소를 세내어 사용했다는 그럴 듯한 정보를 제공한다(19:9). 또한 서방 사본에 수록된 사도들의 명령에서는 윤리적 경향을 찾아볼 수 있다(15:20, 29). 짧은 사본은 우상에 의해 더럽혀진 음식, 음행, 목매어 죽인 것과 피를 금하라고 기록하고 있는 반면(의식적인 것과 윤리적인 것이 혼합되어 있다), D 사본이나 같은 부류의 사본들은 우상숭배, 음행, "피"를 열거한 후에 "자신이 당하기를 원하지 않는 일을 다른 사람에게 행하지 말라"고 첨가한다.

사도행전의 서방 사본을 평가하는 데 있어서, 학자들은 세 가지 기본적인 관점을 취한다. 일부 학자들은 이 서방 사본이 원래 누가의 본문이고, א, B 등의 사본은 그것을 요약한 것이라고 주장한다.68) 다른 학자들은 서방 사본은 누가 자신이 기록한 별개의 교정판이라고 생각해 왔다.69) 그러나 대부분의 학자들은 사도행전의 서방 사본을 일반적으로 받아들여지던 사본의 수정판으로 본다.70) 이 입장이 거의 옳다고 여겨진다. 서방사본을 א과 B 사본과 비교해 보면, 서방 사본은 문법적으로 난해한 것을 쉽게 풀어주고, 애매한 부분을 분명하게 해주며, 그리스도에 관한 언

---

68) 가장 주목할 만한 것은 Clark의 *Acts of the Apostles*이다.

69) F. Blass, "Die Textüberlieferung in der Apostelgeschichte," *TSK* 67 (1894): 86-119; Zahn 3:8-41.

70) James Hardy Ropes, *The Text of Acts*, vol. 3 *of Beginning of Christianity*, ccxv-ccxlvi; Bruce, *Acts of the Apostles*, 40-47; Kümmel, 187-88.

급을 늘리고, 역사적 세부 사항과 관심에 대한 내용을 추가한다.[71] 사본 비평의 원칙에 의하면, 이것들은 부차적인 사본의 전형적인 특징이다. 물론 그렇다고 해서 서방 사본의 몇 부분은 원래의 본문을 보존하지 않을 수도 있다는 말이 아니다. 그러나 전체적으로 그 사본은 3,4세기에 원래의 사도행전을 수정한 축약본으로 보아야 한다.[72]

7. 사도행전에 대한 최근의 연구

1) 연구에 대한 개관

사도행전에 대한 최근의 연구는 19세기와 20세기 초를 배경으로 하여 이해되어야 한다.[73] 사도행전은 교회 초기 단계에 대한 정직한 역사적 이야기를 제공한다는 가정에 대해 처음으로 의심을 제기한 사람은 19세기 초에 활동한 독일의 비평가 데 베테(W. M. L. de Wette)이다.[74] 그의 뒤를 이은 바우어(F. C. Bauer)와 그의 추종자들(튀빙겐 학파)은 사도행전이 특정한 신학적인 "경향"(*Tendenze*: 그래서 경향비평[tendenzkritik]이라고 불린다)을 추구한다고 주장했다. 2세기의 분열된 교회를 화해시키려는 목적으로 형성된 이 경향이 사도행전에 포함된 내용들을 결정한다. 따라서 누가는 사건들을 "실제로 일어난 그대로" 말해주지 않는다.[75] 예상할 수 있는 대로, 이와 같은 새롭고 극단적인 논제는 강한 반발을 일으켰고, 19세기 내내 튀빙겐 학파는 신학적 입장을 달리하는 여러 학파의 학자들로부터 비판을 받았다. 20세기에 접어들면서 두 명의 훌륭한 사도행전 연구가들이 사도행전의 근본적인 역사성을 강력히 주장했다. 독일의 역사가요 신학자인 아돌프 하르낙(Adolf von Harnack)은 무엇보다도 사도행전은 교회 초창기에 의원이었

---

71) Eldon Jay Epp도 역시 베자(Bezae) 사본에서 반-유대적인 편견을 구분한다(*The Theological Tendency of Codex Bezae Cantabrigiensis in Acts*, SNTSMS 3 [Cambridge: Cambridge University Press, 1966]).

72) 이 원문의 연대에 관해서는 Kurt Aland and Barbara Aland, *The Text of the New Testament*, rev. ed. (Grand Rapids: Eerdmans, 1989), 69를 보라.

73) 이 역사는 Gasque, *History*에서 철저하게 다루어졌다. Haenchen, *Acts,* 14-50; I Howard Marshall, "Acts in Current Study," *EspTim* 115 (2003): 49-52도 참고하라.

74) Gasque, *History,* 24-26.

75) Tübingen 학파의 접근 방법에서 사도행전을 가장 완벽하게 취급한 것은 Eduard Zeller, *The Contents and Origin of the Acts of the Apostles, Critically Investigated*, 2 vols. (London: Williams & Norgate, 1875-76); 독일어 원본은 1854년에 출판되었다.

던 누가가 기록한 것으로서 역사서로 취급되어야 한다고 역설했다.[76] 고고학자였던 윌리엄 램지는 한걸음 더 나아간다. 그는 처음에는 회의적이었지만 1세기 중엽의 로마제국의 상황에 일치하는 사도행전의 내용들을 계속 확인하면서 누가에 대한 역사적 신빙성을 확신했다. 램지는 누가가 고대 역사가 중 최고 수준에 속한다고 결론지었다.[77]

거의 같은 시기에 학자들은 사도행전의 자료들에 깊은 관심을 보이기 시작했다. 하르낙은 이런 운동의 선구자였다. 에른스트 핸첸(Ernst Haenchen)이 말한 대로, 이제 학문적 관심은 "누가가 무엇을 말하려고 했는가?"(경향 비평)에서 "누가가 무엇을 말할 수 있었는가?"(자료 비평)로 바뀌었다.[78] 그 직후인 1920년대에는 새로운 형태의 양식비평이 사도행전에 적용되기 시작했다. 사도행전에 대한 양식비평가로 가장 잘 알려진 디벨리우스(Martin Dibelius)는 일련의 논문을 통해 영향력 있는 방법론적 요점들과 결론을 발표했다.[79] 디벨리우스는 사도행전은 복음서들과는 달리 비교할 수 있는 성문화된 자료들이 없으므로 사도행전에 대한 비평은 문체에 초점을 두어야 한다고 주장했다. 그는 사도행전의 문체를 분석함으로써 누가가 기록하면서 사용한 특정 형태나 이야기들과 누가가 창작해낸 나머지 부분을 분리할 수 있다고 믿었다. 디벨리우스가 특별히 강조한 것은 사도행전의 설교들이 누가가 만들어낸 창작물임을 보여준다는 것이다. 공관복음에서보다는 분명하지 않지만, 사도행전의 독특한 특징들은 양식비평적인 접근으로부터 편집비평적 접근으로의 이동을 유도했다. 따라서 한스 콘첼만이나 에른스트 핸첸은 누가의 신학에 약간 더 깊은 관심을 보이면서 디벨리우스의 연구에 기초를 두고 계속 발전시켰다.[80] 이 두 학자는 사도행전의 역사성에 대해서는 회의적이었으며, 교회의 덕을 함양하고(핸첸), 재림이 지연되는 것을 설명하려는(콘첼만) 누가의 바램은 결국 실제로 발생한 것에 대한 관심을 소멸시켰다고 주장했다.

---

76) Adolf Harnack, *Luke the Physician* (New York: Putman, 1907), *The Acts of the Apostles*, and *Date of Acts*.

77) Ramsay's *Bearing of Recent Discovery on the Trustworthiness of the New Testament*, reprint ed. (Grand Rapids: Baker, 1953), and *St. Paul: The Traveller and Roman Citizen*.

78) Haenchen, *Acts*, 24.

79) 이와 관련된 논문들이 Martin Dibelins, *Studies in the Acts of the Apostles*, ed. Heinrich Greeven (London: SCM, 1956)에 수록되어 있다.

80) Conzelmann, *Theology of St. Luke*, 그리고 그의 주석 Acts of the Apostles, *Hermeneia* (Philadelphia: Fortress, 1987). Haenchen의 주요 저서는 그의 주석 *The Acts of the Apostles*이다.

2) 최근의 연구

사도행전에 대한 최근의 연구는 역사성, 문학적 현상, 신학적 경향 등 세 분야에 초점을 둔다.

① 역사성

사도행전은 신약성서의 책들 중에서 역사적 서술에 가장 근접한 책이고, 그 책이 서술하고 있는 내용을 알 수 있는 유일한 자료이다. 따라서 학자들 간에는 사도행전의 역사적 정확성에 대해서 오랫동안 논쟁을 벌여왔는데, 사도행전에 기록된 내용이 "실제로 일어난 일"임을 의심하는 사람들도 있었고,[81] 사도행전은 신중하고 신빙성 있는 역사적 자료로 취급되어야 한다고 주장하는 사람들도 있었다.[82] 이러한 구분은 현대 학자들에게서도 볼 수 있다. 게르트 뤼데만(Gerd Lüdemann)은 사도행전을 완전히 역사적 자료로 간주하지는 않지만 전반적으로 회의적이다.[83] 그는 최근 사도행전 연구의 주축을 이루는 신학적 접근의 중요성을 인정하면서도, 역사적 자료로서의 사도행전 연구가 다시 시작되어야 한다고 주장한다. 그는 자신이 물려받은 학문적 전승들에서 누가가 편집한 것들을 구분하고, 이에 근거해서 사도행전의 역사적 신빙성을 평가한다.

뤼데만의 결론이 전반적으로 부정적인 데 반해, 사도행전의 역사적 정확성에 관해 훨씬 더 긍정적이었던 두 명의 학자들이 있다. 마틴 헹겔(Martin Hengel)은 사도행전에 역사적 오류가 있다는 것을 인정하지만, 누가를 신중한 역사가로 보지 않으려는 현대 학계의 경향에 대해 비판적이다. "오늘날 널리 보급된 '극단적인 편집-비평적' 접근 방법은 누가를 단순히 창의력이 풍부한 신학자로 여기는데, 이는 기독교 '역사가'로서 신앙과 발전의 기초를 제공한 과거의 사건들을 기록하려는 누가의 참 목적을 오해한 처사이다. 그는 근본적으로 자신의 '신학'을 소개하기 위해 기록한 것이 아니다."[84] 헹겔은 누가를 다른 고대 역사가들과 마찬가지로 신빙성 있는 인물로 간주해야 한다고 결론짓는다.

---

81) Tübingen 학파와 많은 최근 편집 비평적인 시도들(예: Conzelmann, *Acts*).

82) Harnack, Ramsay. 이 관점에서 본 전형적인 두 논문을 보라: Eduard Meyer, *Ursprung und Anfänge des Christentums*, 3 vols.(Stuttgart: J. G. Cotta, 1921-23); Alfred Wikenhauser, *Die Apostelgeschichte und ihr Geschichtswert*, NTAbh 8.3-5(Münster: Aschendorff, 1921).

83) Gerd Lüdemann, *Early Christianity According to the Traditions in Acts: A Commentary* (Philadelphia: Fortress, 1989).

84) Martin Hengel, *Acts and the History of Earliest Christianity*, 67-68.

사도행전의 역사성을 변호한 대표작이라고 할 수 있는 콜린 헤머(Colin Hemer)의 『헬레니즘 역사의 배경에서의 사도행전』(*The Book of Acts in the Setting of Hellenistic History*)』은 헹겔의 연구보다 훨씬 더 구체적이다. 헤머는 누가복음을 최고 수준의 고대 정사(正史)와 비교한다. 그는 누가가 1세기의 정치적 · 사회적 · 지리적 세목들에 대한 자신의 지식 및 정확성을 증명하는 부분들의 목록을 확대하고 경신한다. 또 누가복음에서 정확하지 않다고 간주되어온 부분들에 대해 변호하고, 누가의 신학적 관심이 역사적 정확성을 무효화 했다고 생각하는 학자들을 공격한다. 헤머의 연구는 누가의 역사적 신빙성을 가장 확실하게 변호해 준다. 이것들 외에도 여러 권으로 구성된 『헬레니즘 역사의 배경에서의 사도행전』(*The Book of Acts in the Setting of Hellenistic History*)』은 다양한 문제들과 관련하여 사도행전을 그 역사적 배경에 위치하게 해준다.

② 문학적 접근 방법들

학자들은 특히 성경의 책들을 고대 문학 장르에 맞추거나, 성경 본문을 이해하고 새로운 접근방법들을 개발하기 위해서 당대의 문학 기법들을 사용하는 데 관심을 기울여왔다.

지난 20년 동안, 성경의 문학적인 측면들에 대한 연구가 폭발적으로 이루어졌다. 학자들은 특히 성경의 책들을 고대 문학 장르에 맞추거나, 성경 본문을 이해하고 새로운 접근방법들을 개발하기 위해서 당대의 문학 기법들을 사용하는 데 관심을 기울여왔다. 누가복음-사도행전은 그러한 연구의 대상이 되어왔다. 전반적으로 누가복음과 사도행전의 통일성을 강조하며 다양한 문학적 방법들을 사용하는 것, 특히 두 책의 관계 및 두 책들이 함께 말하는 이야기를 조명하는 추세이다.[85] 대표적인 인물이라고 할 수 있는 탈버트(Charles H. Talbert)는[86] 누가가 복음서와 사도행전을, 그리고 사도행전 1-12장과 13-28장을 비교하고 있다고 강조했다. 즉, 누가는 예수님의 역사와 교회의 역사, 그리고 베드로의 행적과 바울의 행적을 비교할 수 있도록 사건들을 선별해서 순서대로 기록했다는 것이다. 이러한 방식은 누가의 저서 두 권을 하나로 묶고, 누가복음-사도행전의 핵심인 구속사적 드라마의 일관성을 강조한다. 또 탈버트는 누가복음-사도행전을 디오게네스 라에르티우

85) 통일성을 강조하는 학자들의 예를 들면 다음과 같다: Green, *The Theology of the Gospel of Luke*, 47-48; I. Howard Marshall, "Former 'Treatise,'" in *The Book of Acts in Its First Century Setting*, 163-82; Robert C. Tannehill, *The Narrative Unity of Luke-Acts: A Literary Interpretation,* 2 vols. (Minneapolis: Fortress Press, 1990). David P. Moessner and David L. Tiede in the introduction to *Jesus and the Heritage of Israel: Luke's Narrative Claim upon Israel's Legacy* (Harrisburg: Trinity Press International, 2000), 1-3도 보라.

86) Talbert, *Literary Patterns.*

스(Diogenes Laertius)의 『저명한 철학가들의 생애』와 비교할 수 있다고 주장한다.

사도행전을 다른 고대 문학 작품과 비교하는 것은 전혀 새로운 것이 아니지만, 과거에는 주로 역사적 작품들과 비교되었다. 최근 학계에서는 여행 이야기, 기적 이야기, 폭풍에서의 위험 등과 함께 사도행전의 드라마틱하고 소설적인 면들을 강조한다. 리처드 퍼보(Richard Pervo)는 이러한 특징들을 들어 누가가 역사를 기록하려고 했던 것이 아니라 소설을 쓰려고 했다고 주장한다.87) 물론 이것은 지나친 주장이지만, 누가가 독자들로 하여금 흥미를 가지고 읽도록 사도행전을 기록했다는 것을 생각하게 하는 조언은 높이 평가해야 한다.

③ 신학적인 주제들

1960년대 중반에 반 우닉(W. C. van Unnik)은 누가복음-사도행전이 갑자기 현대 학계의 태풍의 눈이 되었음을 지적했다.88) 그는 이것은 대체로 누가복음에 편집비평 기법들을 적용함으로써 누가를 신학자로 보려고 한 새로운 관심 때문이라고 지적한다. 누가에 대한 새로운 신학적 접근의 길을 열고 주도한 것은 한스 콘첼만의 제안이었다.89) 콘첼만은 "누가"가(그는 의원 누가가 저자였다고 생각하지 않는다) 재림이 지체되는 것을 그 시대의 교회에게 설명하기 위해서 사도행전을 기록했다고 주장했다. 예수님의 사후 얼마 동안 초대 교회는 그들이 생존해 있는 동안에 예수께서 영광중에 재림하실 것이라고 믿었다. 그러나 어느 정도 세월이 흘러도 예수께서 재림하시지 않았으므로, 교회는 예수께서 가까운 미래에 재림하지 않을 것을 깨닫게 되었다. 이러한 종말론적 기대의 근본적인 변화는 기독교 신학에 대한 전면적인 재해석을 요구했는데, 누가가 이 재해석을 제공했다. 따라서 누가의 구상의 핵심은 초대 교회의 종말론적 기대를 구속사로 대신하는 것이었다. 누가는 하늘로부터 재림하시는 주님을 기다리는 교회 대신에, 구원 사건들의 흐름의 역사적 윤곽을 이스라엘의 시대, 예수님의 사역 시대, 교회의 시대로 구분하여 제시했다. 누가의 두 권으로 된 저서가 제공하는 구조 자체가 구원 사를 단계별로 구분한 것이다. 누가는 그 시대의 신자들에게 막연하게 계속되는 세상의 질서 속에

87) Richard Pervo, *Profit with Delight*; Vernon K. Robbins, "The We-Passages in Acts."

88) W. C. van Unnik, "Luke-Acts, a Storm Center in Contemporary Scholarship," in *Studies in Luke-Acts*, 15-32.

89) Conzelmann, *The Theology of St. Luke*.

사는 신자로서 겪는 어려움을 참고 견디라고 격려한다. 따라서 누가는 교회의 역할을 확립하려 하고, 예수께서 그러한 역할을 사도들에게 일임하신 것임을 강조함으로써 그 권위를 강조한다. 또한 그는 장로와 감독들을 통한 교회 조직을 강조함으로써 효과적인 사역을 제시했다. 교회 및 그 권위와 조직에 대한 이러한 관심은 2세기의 조직적인 공교회(catholic church)로 이어졌기 때문에 "초기 공교회주의"(*Frühkatholizismus*)라고 불리게 되었다.

이러한 콘첼만의 제안에 대한 반응은 강력하고 다양하다. 그 중에서 다음과 같은 특히 중요하다. 첫째, 오스카 쿨만을 비롯한 여러 학자들이 주장하는 대로, 하나님께서 이 세상에서 구원을 성취하시는 일련의 단계라는 의미에서 "구속사"는 신약성서와 예수님 자신의 메시지의 핵심이며,[90] 누가에 의해 만들어진 것이 아니다. 둘째, 초대 교회가 예수께서 몇 년 안에 분명히 재림하실 것이라고 믿었던 때가 과연 있었는지도 의문이다. 최초의 사도들이 살아있는 동안에 예수께서 영광 중에 올 것이라고 말씀하셨다고 생각되는 예수님의 말씀들(마 10:23; 막 9:1; 막 13:30)은 결코 그런 의미가 아니었을 것이다.[91] 게다가 재림이 지연될 수도 있다고 가정하는 본문들이 있다(예를 들면, 눅 19:11-27; 요 21:20-23). 초대교인들은 (주님이 언제라도 재림하실 수 있다는) 재림의 긴박성에 몰입되어 있었지만 재림의 임박성(예수께서 조만간에 재림하실 것이라는 것)을 믿지는 않았다. 콘첼만과 그의 동료들이 제시한 시나리오에 대한 세 번째 중요한 반응은 누가에게 "초기 공교회주의"가 존재하는지 질문한다. 이 학자들이 주장하는 대로 누가는 재림이 긴박성이라는 교리를 저버린 적이 없었고, 따라서 그는 교회가 이 세상에 정착했다고 보기보다는 하늘로부터의 주님의 재림을 고대하며 말세에 존재하는 교회로 보았다.[92]

누가의 구속사와 "초기 공교회주의"는 계속 논란의 대상이 되지만, 최근에 더 많은 관심과 논쟁의 대상이 되는 다른 두 가지 신학적 문제가 있다. 그 중 하나는

---

90) Oscar Cullman, *Christ and Time: The Primitive Christian Conception of Time and History* (Philadelphia: Westminster, 1950).

91) A. L. Moore, *The Parousia in the New Testament* (London: Brill, 1966).

92) Kümmel, 170-73. 이것과 이 문단의 주제에 관하여 특히 다음을 보라: E. Earle Ellis, *Eschotology in Luke* (Philadelphia: Fortress, 1972); A. J. Mattill, Jr., *Luke and the Last Things* (Dillsboro: Western North Carolina Press, 1979); I. Howard Marshall, *Luke: Historian and Theologian*, rev. ed. (Grand Rapids: Zondervan, 1989), 77-88; Leon Morris, "Luke and Early Catholicism," in *Studying the New Testament Today*, vol. 1, ed. John H. Skilton (Nutley: Presbyterian & Reformed, 1974), 60-75.

누가의 사회적, 정치적 교훈이다. 누가복음이 가난하고 소외된 사람들에게 특별한 관심을 보이고 있고, 다른 복음서보다는 누가복음에서 예수께서 제자도의 경제적인 측면에 대해 더 많은 말씀을 하셨음은 잘 알려져 있는 사실이다. 해방신학의 주장과 서구 사회의 물질만능주의에 대한 새로운 인식에 의해 자극을 받은 학자들이 이러한 문제들에 대한 누가의 가르침에 상당한 관심을 보여 왔다. 거의 대부분의 연구가 복음서에 초점을 두고 있지만 사도행전에 대한 중요한 연구도 여럿 있다.[93]

최근에 누가의 신학에서 가장 논란이 되고 있는 것은 모세의 율법에 대한 견해, 그리고 이스라엘과 교회의 관계에 대한 견해일 것이다. 이러한 논란의 시작은 제이콥 저벨(Jacob Jervell)의 저서들이라고 볼 수 있다.[94] 누가복음-사도행전에 나타나 있는 교회에 관한 주제는 새 이스라엘—이스라엘을 대신한 하나님의 새 백성—이라고 보았던 학자들과는 달리, 저벨은 누가복음-사도행전에서 이스라엘은 회심한 유대인을 가리키고 이방인 신자들은 "준(準) 백성"(associate people)으로서 이스라엘에 속한다고 주장했다. 저벨은 이스라엘의 연속성에 역점을 두면서 누가가 신약성경에서 모세의 율법에 대해 가장 보수적인 입장을 취한다고 주장한다.[95] 유대인 신자들은 율법을 지켜야 하며, 이방인 신자들은 그들과 관계된 율법의 일부를 지켜야 한다. 저벨의 논제는 많은 사람들의 지지를 받았지만,[96] 심각한 비판도 받고 있다.[97] 누가는 교회에게 "이스라엘"이라는 명칭을 부여하지는 않지만, 교회를 유대인과 이방인들로 구성된 새로운 통일체로 묘사한다.[98] 모세의 율

93) L. T. Johnson, *The Literary Function of Possessions in Luke-Acts*, SBLDS 39 (Missoula: SP, 1977); Richard J. Cassidy and Philip J. Scharper, eds., *Political Issues in Luke-Acts* (Maryknoll: Orbis, 1983); P. F. Esler, *Community and Gospel in Luke-Acts: The Social and Political Motivations of Lucan Theology* (Cambridge: Cambridge University Press, 1987).

94) Jacob Jervell, "The Divided People of God" and "The Law in Luke-Acts," in *Luke and the People of God* (Minneapolis: Augsburg, 1972), 41-74, 133-51을 보라.

95) Jervell, "The Law in Luke-Acts," 141.

96) Robert L. Brawley, *Luke-Acts and the Jews: Conflict, Apology, and Conciliation*, SBLMS 33 (Atlanta: SP, 1987); Fitzmyer, *Luke* I-IX, 58-59.

97) 특히 다음을 보라: Jack T. Sanders, "The Jewish People in Luke-Acts," in *Luke-Acts and the Jewish People: Eight Critical Perspectives,* ed. Joseph B. Tyson (Minneapolis: Augsburg, 1988), 51-75; M. M. B. Turner, "The Sabbath, Sunday, and the Law in Luke/Acts," in *From Sabbath to Lord's Day*, ed. D. A. Carson (Grand Rapids: Zondervan, 1982), 99-157; Joseph B. Tyson, *Luke, Judaism, and the Scholars: Critical Approaches to Luke-Acts* (Columbia: University of South Carolina Press, 1999).

98) 예를 들어 I. Howard Marshall, "'Israel' and the Story of Salvation," in *Jesus and the Heritage of Israel,* 255-57을 보라.

법에 대한 저벨의 견해도 비판의 대상이 되고 있으며, 누가복음-사도행전의 율법에 관한 견해는 저벨이 생각하고 있는 것보다 훨씬 연속성이 결여되어 있다고 생각하는 학자들도 있다.[99]

8. 사도행전의 공헌

1) 역사적인 측면

사도행전의 주목적은 신자들의 덕을 함양하기 위한 것이라는 것, 그리고 사도행전의 신학적 공헌도 중요하다는 것을 부인하지 않는 동시에, 사도행전은 역사적 서술을 목적으로 한다는 사실 또한 잊어서는 안 된다. 이 역사적 사건들—바울의 사역에 역점을 둔 교회의 설립과 성장—에 대한 서술은 다른 곳에서 찾아볼 수 없는 소중한 자료를 제공한다. 사도행전이 없었다면, 우리는 오순절 성령 강림, 스데반의 순교, 초기 예루살렘 교회의 생활, 복음이 처음에 사마리아와 이방인들에게 전파된 경위에 대해 전혀 알지 못했을 것이다. 또한 바울의 서신과 신학을 이해하는 데 도움을 줄 바울의 생애와 전도여행에 대해서도 거의 알지 못했을 것이다. 그러나 이러한 사건들에 대하여 사도행전이 제공하는 정보가 믿을 만한 것들인가? 이미 살펴본 대로, 사도행전의 역사적 신빙성에 대해서는 많은 의문이 제기되어 왔다. 누가의 정확성에 대한 의심은 주로 다음과 같은 세 가지 문제에 중심을 둔다: 누가와 고대의 역사적 표준, 사도행전과 다른 자료들과의 비교, 그리고 사도행전에 나타난 설교들.

① 고대의 역사적 표준

고대 역사가들은 사실에 충실하지 않았으므로 누가가 사실 그대로의 정확한 기록을 제공하리라고 기대해서는 안 된다는 주장이 있다. 고대 역사가들은 교화를 위해서, 또는 도덕적 교훈을 위해서 역사를 기록했고, 자신의 목적에 부합하거나, 사실에 접근할 수 없을 때에는 사건이 실제로 발생한 방식을 자유자재로 다룰 수

---

99) S. G. Wilson, *Luke and the Law*, SNTSMS 50 (Cambridge: Cambridge University Press, 1983); Craig L. Blomberg, "The Law in Luke-Acts," *JSNT* 22(1984): 53-80; idem, "The Christian and the Law of Moses," in *Witness to the Gospel: The Theology of Acts*. ed. I. Howard and Davie Peterson (Grand Rapids: Eerdmans, 1998), 397-416; M. A. Seifrid, "Jesus and the Law in Acts," *JSNT* 30(1987):39-57.

있다고 느꼈다. 따라서 역사적 정확성을 주장하는 것은 역사에 대한 현대 기준을 고대 역사가에게 적용하려는 불공평한 처사일 수 있다.

고대 세계의 역사적 저술의 표준들은 오늘날처럼 사실적 정확성을 획일적으로 강조하지 않았다. 역사가라고 주장하는 많은 작가들은 사실보다는 소설을 저술했다. 그러나 최고의 고대 역사가들은 사실에 관심이 있었고, 그런 점에서는 현대 역사가들과 별 다른 점이 없었다. 특히 사도행전이 호의적으로 다루는 소위 "학술적인 역사서들"이 그러했다.[100] 예를 들어, 폴리비우스(Polibius)는 도덕적 교훈이나 선정주의에 관심을 가지고 극적인 장면을 연출하려는 역사가들을 비난하면서, 역사가는 "비록 진부하더라도 실제로 일어난 일과 실제로 한 말"만 기록해야 한다고 역설했다(2.56.10).[101] 루시안(Lucian)도 『역사서 저술에 관하여』(*On Writing History*)라는 논문에서 비슷한 입장을 취한다. 다른 입장을 입증하기 위해서 종종 투키디데스(Thucydides)의 말이 인용된다. 그는 펠로폰네소스 전쟁의 역사를 기록한 과정을 다음과 같이 묘사했다.

> 전쟁을 막 시작하려 할 때나 이미 전쟁을 시작했을 때에 여러 사람들이 연설을 한다. 내가 직접 들은 것이든지 다른 사람들이 여기저기서 들은 이야기를 나에게 전해준 것이든지, 실제의 연설문을 정확하게 기억하기가 어렵다. 그러므로 내가 볼 때 실제로 무슨 말을 했는가에 대한 감을 잡으려고 아무리 애를 써도 연설은 여러 연설가들이 그 상황에 가장 잘 맞는 느낌을 표현할 수 있는 언어로 표현된다.(1.22)

고대 역사가로 높이 평가되고 있는 투키디데스는 자기의 모든 연설이 문자 그대로 기록되는 것이 아님은 인정했지만, 그의 진술에는 두 가지 주목해야 할 사실이 있다. 첫째, 그가 직접 들은 정보가 아닐 때에만 "상황에 맞는" 일반적인 의미를 부여하려 했다는 것이다. 둘째는 자기의 목적에 맞추기 위해서 수사학적 과장을

---

100) Loveday C. A. Alexander, "Acts and Ancient Intellectual Biography," in *The Book of Acts in Its Ancient Setting*, ed. Bruce W. Winter and Andrew D. Clarke, vol. 1 of *The Book of Acts in Its First Century Setting* (Grand Rapids: Eerdmans, 1993), 31-63.

101) W. R. Paton, Polybius: *The Histories*, vol. 1, LCL(Cambridge: Cambridge University Press, 1922)에서 인용함. 이 점들에 관해서는 특히 A. W. Mosley, "Historical Reporting in the Ancient World," *NTS* 12(1965-66): 10-26; Hemer, *Book of Acts*, 43-44, 75-79; W. C. van Unnik, "Luke's Second Book and the Rules of Hellenistic Historiography," in *Les Actes des Apôtres: Traditions, rédaction, théologie*, ed. J. Kremer, BETL 48 (Lauvain: Lauvain University Press, 1979), 37-60을 보라.

하지 않고 실제 상황에 충실하려고 노력했다는 것이다.

사도행전의 설교와 연설에 대해서는 후에 다시 다루겠지만,[102] 여기서는 고대 작가들이 현재 우리가 가지고 있는 표준과 그리 다르지 않은 높은 표준을 가지고 역사적 사실을 증언했음을 지적하고 싶다. 그렇다면, 고대 역사가들은 실제로 사건이 발생한 방식에 별로 관심이 없었다고 말하는 것은 공정하지 못하다.

② 사도행전과 다른 자료들과의 비교

누가도 오늘날의 역사 편찬의 표준만큼 엄격한 표준을 이용할 수 있었다. 문제는 누가가 그 표준을 충족시킬 수 있었는가의 여부에 있다. 같은 사건과 관련하여 누가와 다른 자료들을 비교함으로써만 이 문제에 대한 답을 제시할 수 있다. 하지만 사도행전과 유사한 자료가 없기 때문에, 비교해 볼 만한 자료들이 충분하지 않다. 그럼에도 다음과 같은 세 가지 점에서 누가를 평가해 볼 수 있다: 1세기의 사회, 정치, 지리에 대한 그의 지식; 다른 역사가들에 의해 기록된 사건들에 대한 누가의 보고; 바울의 역사와 신학에 대한 누가의 묘사의 정확성.

윌리엄 램지(William Ramsay),[103] 셔윈-화이트(A. N. Sherwin-White),[104] 그리고 콜린 헤머(Colin Hemer)[105]는 로마의 속주 행정, 1세기의 지리적 경계, 사회-종교적 관습, 항해의 절차[106] 등에 관한 누가의 세부적인 지식의 정확성을 증명했다. 이 정확성은 누가가 1세기의 로마 세계에 대해서만 아니라 그의 이야기의 배경이 되는 지역에 대해서 잘 알고 있었음을 보여준다.

누가는 종종 다른 역사가들이 언급한 사건들에 대해서는 기록하지 않으며, 기록할 때에도 비교할 만큼의 충분한 자료를 제공하지 않는다. 헤롯 아그립바의 죽음(12:19-23), 40년대 중반의 심각한 기근(11:27-30), 유대인들을 로마에서 추방한 클라우디우스의 칙령(18:2), 총독 벨릭스의 후임인 베스도, 50년대 중반에 활동하던 애굽의 테러분자들 등에 관한 누가의 언급은 일반 역사 자료에서 모두 확인

---

102) 투키디데스(Thucydides)에 관하여는 *Hemer, Book of Acts,* 421-26을 보라.

103) Ramsay, *Bearing of Recent Discovery and St. Paul.*

104) A. N. Sherwin-White, *Roman Society and Roman Law in the New Testamen*t (London: Oxford, 1963).

105) Hemer, *Book of Acts.*

106) 항해 중 배가 파선한 것에 관해서는 James Smith, T*he Voyage and Shipwreck of St. Paul*, 4th ed. (London: Longman, Brown, Green & Longmans, 1880; reprint, Grand Rapids: Baker, 1978)을 보라.

된다. 일반 역사와 비교할 때에 누가가 정확하지 못하다고 주장되는 곳은 두 곳뿐이다. 5장 36-37절에서 누가는 유다의 랍비 가말리엘이 드다 및 그 이후에 활동한 갈릴리 유다를 거짓 메시아라고 언급했다고 말한 것으로 기록하는데, 요세푸스는 드다라는 반역자가 활동한 것은 주후 44-46년으로 갈릴리 유다보다는 약 40년 후, 그리고 사도행전 5장에 기록된 사건보다는 10년 후라고 기록했다(*Ant*. 20.5.1). 그러나 브루스(F. F. Bruce)가 "누가와 요세푸스의 말이 서로 다르지만, 누가의 기록도 요세푸스의 기록과 마찬가지로 옳은 것일 수 있다"[107]라고 지적한 것처럼, 가말리엘이 언급하는 인물은 다른 드다일 수도 있다. 또 한 곳은 애굽인이 사천 명의 자객을 거느리고 반란을 일으켰다는 천부장의 언급인데(행 21:38), 요세푸스는 이들이 삼만 명이라고 기록했다(*Ant*. 20.8.6). 그러나 여기에서도 누가가 요세푸스보다 정확했다고 보아야 한다. 왜냐하면 요세푸스는 다른 곳에서도 종종 숫자를 크게 과장하는 경향을 나타내기 때문이다.

누가의 정확성에 대한 가장 큰 도전은 바울에 대한 그의 이야기와 사도 바울 자신의 기록을 비교할 때 발생한다. 앞에서 일치하지 않는다고 주장되는 부분들을 살펴보고, 사도행전의 바울과 바울서신의 바울 사이에 쐐기를 박아야 할 이유가 없다고 결론을 내렸듯이, 역사적으로 일치하지 않는다고 주장되는 부분들은 대부분 바울 자신의 증언이 불충분하거나 모호한 부분들인데, 그것은 놀라운 일이 아니다. 왜냐하면 바울서신의 목적과 본질을 고려할 때에 바울이 사도행전에 기록된 역사적 세항들을 일일이 편지에 기록했을 것이라고 기대할 수 없기 때문이다.

바울과 사도행전을 비교하는 데서 발생하는 가장 잘 알려진 문제 중 하나, 즉 바울이 회심한 후에 예루살렘을 방문한 횟수에 대해서 여기서 언급해야 할 듯하다. 바울서신에서는 세 차례의 예루살렘 방문을 언급한다: 회심하고 삼 년 후(갈 1:18), 첫 번째 방문이나 회심하고 나서 14년 후, (갈2:1), 그리고 로마서를 기록할 때 계획했던 방문(15:24). 그러나 사도행전에서는 다섯 번이 언급된다: 회심 후의 방문(9:26), 기근 구제를 위한 방문(11:27-30), 사도들의 공회를 위한 방문(15장), 제2차 전도여행과 제3차 전도여행 사이의 방문(18:22), 제3차 전도여행 후의 방문(21:17). 사도행전에 언급된 첫 번째 방문은 바울이 갈라디아서 1:18에서 언급한 방문과 일치하고, 마지막 방문은 로마서에서 언급된 것과 일치한다. 그러나 한두 번의 예루살렘 방문은 누가가 꾸며낸 것이라고 주장하는 사람들이 있는데,

---

107) Bruce, *Acts of Apostles,* 18.

특히 갈라디아서 2:1에 언급된 것은 사도들의 공회를 위한 방문이 분명하기 때문에(행 15장), 사도행전 11:27-30의 기근 구제 방문은 꾸며낸 이야기라고 누가를 공박한다. 그러나 갈라디아서 2:1은 기근 구제를 위한 방문을 묘사하는 것일 가능성이 크다. 그렇다면, 언급된 방문 횟수를 제외하고는 바울의 서신과 사도행전이 상충하는 부분이 없다는 결론이 된다. 그러나 바울이 자신이 예루살렘에 방문한 일을 모두 이야기할 것이라고 기대할 이유가 없으므로, 문제점은 완전히 사라진다. 따라서 사도행전에 나타난 바울의 생애와 그의 서신에 나타난 그의 생애에 대한 구체적인 기록들 사이에 서로 상충하는 듯이 보이는 부분들도 문제가 되지 않는다.

③ 사도행전의 설교들

많은 학자들은 사도행전의 설교들에 대한 누가의 기록을 매우 믿을 수 없다고 생각한다. 그들은 그 설교들이 모두 사도행전의 이야기 부분에서 발견되는 것과 동일한 일반적인 문체로 되어 있다는 것을 지적한다. 또한 이 설교들에 나타난 신학이 베드로나 바울의 신학이 아니라 누가의 신학이라고 주장한다. 그러므로, 누가는 투키디데스의 방식을 따라 상황에 적절하다고 생각하는 소감이나 감정을 설교자의 입을 통해서 표현한다고 추론한다.[108)]

이 논박에 대해 몇 가지 지적해야 할 것이 있다. 첫째, 투키디데스는 자신이 활용할 수 있는 정보가 없을 때에만 연설문을 실제대로 보고하지 않았다고 주장했다. 물론 일부 고대 역사가들은 거리낌 없이 연설문을 만들어냈지만, 누가를 설교나 연설을 정확하게 기록하려 했던 사람들(예를 들어 폴리비우스; 12.25b.1,4를 보라)이 아니라 오히려 그 반대의 사람들과 비교해야 할 이유가 없다. 둘째, 설교의 문체의 통일성은 단지 누가가 문자대로 보고한 것이 아니라, 자기의 말로 쉽게 바꾸어 기록한 것을 의미할 뿐이다. 누가가 아람어로 된 많은 연설이나 설교문을 번역했을 것이므로, 이것은 지극히 당연한 일이다. 또한 누가는 모든 설교를 요약하여 기록했을 수도 있다. 그러나 설교를 의역하거나 요약해도 내용을 정확하게 전달할 수 있다. 셋째, 설교의 신학에 차이가 있다고 주장된다. 예를 들어, 사도행전 2장과 3장에 기록된 베드로의 설교는 사도행전 13장과 17장에 기록된 바울의 설교에서

---

108) 특히 다음을 보라: Dibelius, “The Speeches of Acts and Ancient Historiography," in *Studies in the Acts of the Apostles*, 138-85; Cadbury, "The Speeches in Acts," in *The Beginnings of Christianity*, 5:405-27; Ulrich Wilckens, *Die Missionsreden der Apostelgeschichte*, WMANT 5 (Neukirchen-Vluyn: Neukirchener, 1961); Eduard Schweizer, "Concerning the Speeches in Acts," in *Studies in Luke-Acts*, 208-16.

발견되는 공식들과는 다르고 초대 교회에는 부합하는 기독론적 공식과(예를 들면 2:36) 종말론(예를 들면 3:19-20)이 포함되어 있다.[109] 어떤 경우에도 설교에 표현된 감정이나 신학이 경우에 맞지 않거나 설교자가 한 말이 아님을 증명할 수 없다. 긍정적으로 볼 때, 누가가 복음서에서 그의 자료(마가복음, Q자료)에 충실했던 것은 사도행전에서도 자료들에도 충실했음을 암시해준다. 물론 이 논거에 대해서는 종종 이의가 제기된다. 누가는 사도들의 말보다는 예수님의 말씀을 훨씬 더 존중했을 것이라고 주장되지만, 누가가 예수님의 말씀과 사도들의 말씀을 구분했을 것이라고 생각되지는 않는다. 그는 독자들로 하여금 "그 배운 바의 확실함"(눅 1:4)을 알게 하려는 의도가 있음을 강조했고, 사도행전에서도 복음서에서처럼 사람들이 실제로 말한 것을 정확하게 기록하려 했다고 생각할 수 있다.[110]

2) 신학적인 측면과 목회적 측면

위에서 지적한 대로, 누가의 주목적은 예수님 안에서 완성된 하나님의 계획이 초대 교회 역사 안에 어떻게 지속적으로 전개되었는가를 보여줌으로써 기독교인들의 덕을 함양하는 데 있다. 아마 누가의 가장 큰 공헌은 사도들의 하나님 말씀 선포와 예수께서 가르치시고 성취하신 말씀을 조심스럽게 연결한 것인 듯하다. 예수께서 탄생하시던 밤에 유대 언덕에서 천사들이 처음으로 전한 구원이(눅 2:10-12) 마침내 로마 제국의 수도에서 전파됨에 따라, "하나님의 말씀"이 누가의 두 권의 책을 하나로 묶는다.[111] 따라서 누가는 "우리 중에 이루어진 사실"(눅 1:1)을 구약성서의 구속사의 연속으로 소개하면서, 이 역사가 어떻게 그리스도 안에서 절정을 이루고, 그리스도에게서 흘러나와 성령의 인도하심을 받은 사도들을 거쳐 하나님의 종말론적 백성인 교회에게 흘러 들어가는지를 보여준다.[112] 누가는 그렇게 함으로써, 믿음은 역사 안에서의 하나님의 행위에 견고하게 기초를 두며 우리가 믿는 메시지는 하나님에게서 온 것이라는 확신을 데오빌로에게 주었

누가는 믿음은 역사 안에서의 하나님의 행위에 견고하게 기초를 두며, 우리가 믿는 메시지는 하나님에게서 온 것이라는 확신을 데오빌로에게 주었고, 또 이 두 권의 저서를 읽는 모든 독자들에게 준다.

109) 기독론에 관해서는 C. F. D. Moule, "The Christology of Acts," in *Studies in Luke-Acts*, 159-85; Richard N. Longenecker, *The Christology of Early Jewish Christianity* (London: SCM, 1970)을 보라.

110) 설교들에 관해서는 Hemer, *Book of Acts*, 415-26을 보라.

111) Haenchen, *Acts*, 98; Longnecker, "Acts," 218.

112) 이 주제에 관해서는 특히 Marshall의 Luke, *Historian and Theologian*; idem, *Acts*, 20-21; Gasque, "Recent Study," 120-21을 보라.

고, 또 이 두 권의 저서를 읽는 모든 독자들에게 준다.

누가는 구원의 메시지의 연속성을 분명히 하면서도, 동시에 그 메시지로부터 새로운 함축된 의미들이 점진적으로 전개되는 것을 보여 준다. 누가의 역사적 진실성은 초기 예루살렘의 신자들의 공동체와 후일 바울이 세운 이방인 교회들의 차이를 분명히 보여주는 방식에 나타나 있다. 최초의 신자들, 즉 예수님은 약속된 메시아였으며 메시아 시대가 시작되었다고 믿었던 유대인들은 계속 성전에서 예배를 드렸고, 율법과 그 제도에 충실했다. 하나님께서 율법이 더 이상 중추적인 역할을 하지 않고 이방인들도 유대인들과 똑같이 하나님의 축복을 누릴 수 있는 새 역사를 시작하셨음을 분명히 나타내심에 따라, 교회는 점차 이러한 유대적 사고방식을 버리고 보편적인 견해를 취했다. 사도행전의 주요 공헌은 바울이 믿지 않는 이스라엘을 향한 엄격한 심판을 선포하고 이방인들에게는 구원을 제공하는 데서 절정에 이르는 이 운동의 발전 과정을 묘사한 데 있다(28:25-29).

바울은 교회가 이처럼 보편화되는 데 사용된 가장 중요한 도구였으며, 또한 누가의 중심인물이기도 하다.[113] 차일즈는 누가가 일종의 "표준적인 바울", 역사적인 바울과 반드시 일치하지는 않지만 후대를 위한 대표적인 사도의 기능을 할 수 있는 인물을 묘사한다고 주장한다.[114] 그러나 누가가 바울을 미래의 대변자로 제시하고 있는지는 의심스럽다. 오히려 누가는 바울이 구원사의 새 시대의 기초를 놓는 데 결정적인 역할을 한다고 암시하며, 그런 의미에서 바울의 중요성은 교회의 현재나 미래보다는 과거에 있다. 또 이미 주장한 대로, 사도행전에서는 바울 사도를 실제의 모습과 다르게 묘사했다고 생각할 근거가 거의 없다. 게다가, 우리는 누가처럼 바울을 지나치게 중시하지 않도록 조심해야 한다. "모든 것을 바울의 사역의 권위와 신빙성을 확립하는 데 유익하도록 해석한다면, 예수님이 아니라 바울이 누가복음-사도행전의 중심인물이 될 것이다."[115]

사도행전의 기본적인 신학적 · 목회적 취지는 다음과 같은 여섯 가지 주요 주제들을 세밀하게 살펴봄으로써 구체화할 수 있을 것이다.

하나님의 계획. 하나님의 계획의 성취는 누가복음과 사도행전에서 가장 중요

---

113) 예를 들면, Martin Hengel, *Between Jesus and Paul* (Philadelphia: Fortress, 1983), 2.

114) Childs, 225-27.

115) David Peterson, "Luke's Theological Enterprise: Integration and Intent," in *Witness to the Gospel*, 533.

한 주제이다(제5장을 보라). 누가복음의 모두(冒頭)에서는 이스라엘을 향한 하나님의 약속이 예수님의 사역과 죽음과 부활이라는 사건들 안에서 성취될 것이며, 궁극적으로는 마지막 때의 하나님의 백성의 창조 안에서 성취될 것이라고 예고한다(1:32-33, 54-55, 68-79). 사도행전에서 누가는 "땅 끝까지" 구원하려는 하나님의 계획이 하나님의 종-메시아의 죽음, 그리고 종의 기능을 하는 교회의 증언 안에서 어떻게 성취되는지 보여준다("땅 끝까지"라는 표현은 이사야 49:6에서 취한 듯하다).[116] 누가복음에서 하나님의 계획을 선포하는 데 사용된 특수한 기법들은 사도행전에서도 사용된다: 신적 불가피성(1:16, 21; 3:12; 4:21; 9:16; 14:21: 17:3; 19:21; 23:11; 27:24); 천사들의 개입(5:19, 21; 12:7-11, 23; 27:23-24); 환상들(10:10-16; 16:9; 18:9; 22:17-21); 성경의 성취(1:20; 2:16-21, 25-28, 34-35; 3:22-23; 4:11, 25-26; 7:48-49; 8:31-35; 13:33-37, 40-41, 47; 15:15-18; 17:2-3; 26:22-23; 28:25-27).[117]

누가는 특히 예수님이 십자가 처형(예를 들면 2:23; 13:27)과 이방인들이 하나님의 백성에 포함됨(예를 들면 10:1-16; 13:47; 15:15-18)이라는 두 가지 중요한 사건이 하나님의 계획에 뿌리를 두고 있다는 것을 보여주는 데 관심을 기울인다. 이 두 가지 사건은 초기 기독교인들의 구원사 해석에서 중요하면서도 논쟁이 되는 요소들이었다.

미래의 현존. 초대 교인들의 자기 이해의 또 하나의 핵심적인 특징은 그리스도와 성령의 강림과 더불어 "마지막 날"이 시작되었다는 확신이었다. 예언서에서, 이 표현은 하나님께서 자기 백성을 구원하시고 원수들을 심판하심으로써 약속을 성취하실 때를 가리킨다. 누가는 분명히 심판 날과 궁극적인 구원이 미래에 있다는 것을 인정하지만(cf. 3:21; 10:42), 특별히 초대 교인들이 그 "마지막 날"에 살고 있었다는 것을 보여주는 데 관심을 가졌다. 이 확신은 오순절에 방언으로 말한 현상은 요엘이 "마지막 날에" 발생할 것이라고 예고한 것이라는 베드로의 주장에 나타난다(2:16). 많은 구약성서 인용문들이 드러내주는 것처럼, 그러한 관념이 이야기

116) 이에 대해서는 David W. Pao, *Acts and the Isaianic New Exodus*, WUNT 130(Tübingen: Mohr-Siebeck, 2000), 91-93 passim을 보라.

117) 물론 누가는 단순히 성서를 인용하는 데 그치지 않는다. 다른 신약성서 기자들처럼, 누가도 구원의 시대의 개막을 예고하는 사건들의 패턴들을 드러낸다. Cf. Darrell Bock, *Proclamation from Prophecy and Pattern: Lucan Old Testament Christology*, JSNTSup 12 (Sheffield: Sheffield Academic Press, 1987).

전체에 가득하다.

구원. 제5장에서 살펴보았듯이, 학자들은 누가복음과 사도행전의 신학적 중심 주제는 "구원"이라고 간주한다.118) 많은 주요한 구절들을 보면, 사도행전이 누가복음의 주제를 그대로 사용한다는 사실이 확인된다:

"누구든지 주의 이름을 부르는 자는 구원을 얻으리라"(2:21[=욜 2:32])
"주께서 구원 받는 사람을 날마다 더하게 하시니라"(2:47b)
"다른 이로서는 구원을 얻을 수 없나니 천하 인간에 구원을 얻을 만한 다른 이름을 우리에게 주신 일이 없음이니라"(4:12)
"이스라엘로 회개케 하사 죄 사함을 얻게 하시려고 그를 오른손으로 높이사 임금과 구주를 삼으셨느니라"(5:31)
"하나님이 약속하신 대로 이 사람의 씨에서 이스라엘을 위하여 구주를 세우셨으니 곧 예수라"(13:23)
"형제들 아브라함의 후예와 너희 중 하나님을 경외하는 사람들아 이 구원의 말씀을 우리에게 보내셨거늘"(13:26)
"주께서 이같이 우리를 명하시되 내가 너를 이방의 빛을 삼아 너로 땅 끝까지 구원하게 하리라 하셨느니라"(13:47[=사 49:6])
"가로되 주 예수를 믿으라 그리하면 너와 네 집이 구원을 얻으리라 하고"(16:31)
"그런즉 하나님의 이 구원을 이방인에게로 보내신 줄 알라 저희는 또한 들으리라"(28:28)

처음에 제자들이 기대한 구원은 이스라엘에 세상 나라가 회복되는 것을 의미했을 것이다(1:6). 예수님은 그것을 분명하게 부인하지는 않지만, 누가가 사도들의 증언을 강조한 것은 하나님 나라의 구원하는 능력은 복음 선포 안에서 제공되는 죄 사함 속에서 실현된다는 것을 암시한다.

하나님의 말씀. 사도행전에서 간과되기 쉬운 중요한 주제는 하나님의 말씀의 능력이다.119) 누가는 거듭 교회의 힘과 성장의 원인을 하나님의 말씀의 역동적인

---

118) Joel Green은 구원이 사도행전을 통일시켜주는 주제라고 주장한다("'Salvation to the Ends of Earth'[Acts 13:47]: God as Savior in the Acts of Apostles," in *Witness to the Gospel*, 83-106).

활동에 둔다. 하나님의 말씀을 전파하는 것은 사도들이 가는 곳마다 행하는 일이다. "하나님 말씀을 받았다"(11:1)는 것은 "기독교인이 되었다"는 표현이다. 특히 놀라운 것은 누가가 주로 다른 단원으로 넘어가는 요약 부분에서 하나님의 말씀이 "왕성하여", "두루 퍼지니라" "흥왕하여 세력을 얻으니라"라고 주장한 것이다(6:7; 12:24; 13:49; 19:20). 누가에게 있어서 하나님의 말씀은 예수 그리스도를 통한 하나님의 은혜로우신 구속에 대한 메시지이다. 그러므로 누가는 사도들의 전파의 중요성을 강조하면서도, 그들이 말씀을 신실하게 증거할 때에 영적 변화가 발생한다는 것을 분명히 한다. 배럿(C. K. Barret)의 말처럼 "누가가 말씀의 선포를 강조한 것은…말씀 자체가 결정적인 요인이라는 것", 그리고 "교회는 말씀 전파가 발생하는 틀을 제공할 때에만" 구원의 대리인이 된다는 것을 보여준다.[120] 탈버트의 주장에 의하면, 누가가 말씀의 능력을 강조한 것은 누가가 "초기 공교회 신자"(early Catholic)가 아니라 "원-개신교 신자"(proto-Protestant)임을 드러내준다.[121]

성령. 성령의 역사에 대한 관심은 누가복음과 사도행전을 연결해주는 또 하나의 주제이다. 실제로, 많은 사람들은 이 지점에서 누가복음과 사도행전의 유사성들을 지적한다: 예수님이 공생애를 시작하시면서 성령으로 기름부음을 받으신 것처럼, 교회도 사역을 시작할 때에 성령의 능력을 부여받은 것; 예수께서 성령의 능력으로 표적과 기사를 행하신 것처럼, 사도들도 성령의 능력으로 사람들을 고치신 것; 성령께서 복음서들에 등장하는 사건들을 인도하신 것처럼 사도행전의 사건들을 인도하신 것. 학자들은 종종 사도행전에서 누가가 특히 성령의 예언 활동에 집중한 것; 초기 신자들에게 용기를 주어 증거하게 하며(예를 들면 4:8, 31; 7:55; 13:9) 사도들의 사역의 흐름을 인도하신 것(8:29, 39; 11:12; 13:2; 16:6, 7; 20:22) 등에 주목한다.[122] 물론, 여기에서 핵심이 되는 것은 베드로가 요한일서

---

119) 특히 Pao, *Acts and the Isaianic New Exodus*, 147-80; Brian S. Rosnes, "The Progress of the World," in Witness to the Gospel, 215-33을 보라.

120) Barret, *Luke the Historian in Recent Study*, 72, 74.

121) Charles H. Talbert, "The Redactional Critical Quest for Luke the Theologian," in *Jesus and Man's Hope*, vol. 1, ed. Donald G. Miller (Pittsburgh: Pittsburgh Theological Seminary, 1970), 220. 그는 "*sola fide*는 누가의 신학적 강령의 주요한 조목이다"라고 덧붙여 말한다.

122) 예를 들어, Max Turner, *Power from on High: The Spirit in Israel's Restoration and Witness in Luke-Acts*, JPTSS 9(Sheffield: Sheffield Academic Press, 1996)를 보라.

2:28을 인용한 것이다. "말세에 내가 내 영으로 모든 육체에게 부어 주리니 너희의 자녀들은 예언할 것이요…"(행 2:17). 분명히 사도행전에서는 이것이 성령의 중요한 기능이다. 그러나 성령의 사역의 또 다른 중요한 측면을 무시해서는 안 된다.[123] 누가는 자신이 서술하는 이야기의 중요한 부분들에서 성령이 임했다거나 충만했다고 언급한다: 오순절에 베드로가 전하는 메시지에 응답하는 사람들(2:38); 회심한 사마리아인들(8:15-17); 고넬료와 그 가족(10:44). 성령을 소유하는 것은 믿음과 회개와 물세례와 더불어 어떤 사람이 마지막 날에 등장할 하나님의 백성에게 속한다는 것을 지적해준다(특히 11:15-17; 15:8-9을 보라).[124]

하나님의 백성. 사도행전에서 누가의 가장 근본적인 목적은 기독교인들이 "우리는 누구인가?"라는 질문에 대답하는 것을 도와주는 데 있는 듯하다. 이천 년의 기독교 역사는 때때로 최초의 신자들에게 이 질문이 얼마나 기본적인 것이었는지를 우리가 보지 못하게 방해하기도 한다. 유대인들만 신자였을 때에는, 이 새로운 집단이 메시아에 대한 광적인 견해를 고유한 유대인 분파라고 생각할 수 있었을 것이다. 그러나 사마리아인들과 이방인들이 등장하면서, 유대교 내의 한 분파라고 생각할 수 없게 되었다. 무엇인가 옛것과 밀접하게 관련되는 동시에 분명히 구분되는 새로운 것이 존재하게 되었다. 물론, 누가는 이방인들이 포함되어 성전과 모세오경에서 풀려나게 된 것이 하나님이 명하신 것인지의 여부에 대해서 의심의 여지를 두지 않는다. 그리하여 이 새 집단을 밝히기 위해 새로운 이름, 그리스도를 따르는 자들, "그리스도인들"이라는 이름을 만들어야 했다(11:26).

참고문헌

Kurt Aland and Barbara Aland, *The Text of the New Testament*, rev. ed. (Grand Rapids: Eerdmans, 1989).

Loveday C. A. Alexander, *The Preface to Luke's Gospel: Literary Convention and Social Context in Luke 1:1-4 and Acts 1:1*, SNTSMS 78 (Cambridge: Cambridge University Press, 1993); idem, "Acts and Ancient Intellectual Biography," in *The Book of Acts in Its Ancient Setting*, ed. Bruce W. Winter and Andrew D. Clarke, vol. 1 of *The Book of Acts in Its First Century Setting* (Grand Rapids: Eerdmans, 1993), 31-63.

David E. Aune, *The New Testament in Its Literary Environment*, LEC 8 (Philadelphia: Westminster,

123) Green, *Theology*, 45-47을 보라.

124) James D. G. Dunn은 사도행전은 이 네 가지가 "회심-입문식"을 이룬다고 주장한다.

1987); idem, *Studies in New Testament and Early Christian Literature* (Leiden: Brill, 1972.

C. K. Barrett, *A Critical and Exegetical Commentary on the Acts of the Apostles*, 2 vols., ICC (Edinburgh: T. & T. Clark, 1994, 1998); idem, *Luke The Historian in Recent Study* (London: Epworth, 1961).

F. Blass, "Die Textüberlieferung in der Apostelgeschichte," *TSK* 67 (1894): 86-119.

Craig L. Blomberg, "The Christian and the Law of Moses," in *Witness to the Gospel: The Theology of Acts*, ed. I. Howard Marshall and David Peterson (Grand Rapids: Eerdmans, 1998), 397-416; idem, "The Law in Luke-Acts," *JSNT* 22 (1984): 53-80.

Darrell Bock, *Luke, vol. 1: 1:1-9:50*, BECNT (Grand Rapids: Baker, 1994); idem, *Proclamation from Prophecy and Pattern: Lucan Old Testament Christology*, JSNTSup 12 (Sheffield: Sheffield Academic Press, 1987).

M.-E. Boismard and A. Lamouille, *Le texte occidental des Actes des Apôtres: Reconstitution et rehabilitation*, 2 vols. (Paris: Editions Recherche sur les civilizations, 1984).

François Bovon, *Luke the Theologian: Thirty-three Years of Research* (1950-1983) (Allison Park: Pickwick, 1987).

Robert L. Brawley, *Luke-Acts and the Jews: Conflict, Apology, and Conciliation*, SBLMS 33 (Atlanta: SP, 1987).

F. F. Bruce, *The Acts of the Apostles: The Greek Text with Introduction and Commentary*, 2nd ed. (Grand Rapids: Eerdmans, 1952; idem, "The Acts of the Apostles: Historical Record or Theological Reconstruction?" *ANRW* 25.3 (1985): 2569-2603; idem, *The Book of Acts*, rev. ed., NICNT (Grand Rapids: Eerdmans, 1988); idem, "Is the Paul of Acts the Real Paul?" BJRL 58 (1975-76): 282-305; idem, *Paul: Apostle of the Heart Set Free* (Grand Rapids: Eerdmans, 1977).

F. C. Burkitt, *The Gospel History and Its Transmission*, 3rd ed. (Edinburgh: T. & T. Clark, 1911.

Henry J. Cadbury, *The Making of Luke-Acts* (New York: Macmillan, 1927); idem, *The Style and Literary Method of St. Luke*, HTS 6 (Cambridge: Harvard University Press, 1919.

Richard Cassidy and Philip J. Scharper, eds., *Political Issues in Luke-Acts* (Maryknoll: Orbis, 1983).

Albert C. Clark, *The Acts of the Apostles: A Critical Edition, with Introduction and Notes on Selected Passages* (Oxford: Clarendon Press, 1933).

Hans Conzelmann, *Acts of the Apostles, Hermeneia* (Philadelphia: Fortress Press, 1987); idem, *The Theology of St. Luke* (New York: Harper & Row, 1961.

Oscar Cullmann, *Christ and Time: The Primitive Christian Conception of Time and History* (Philadelphia: Westminster, 1950).

Martin Dibelius, *Studies in the Acts of the Apostles*, ed. Heinrich Greeven (London: SCM, 1956.

James D. G. Dunn, *Baptism in the Holy Spirit,* SBT 15 (London: SCM, 1970).

Jacques Dupont, *The Sources of the Acts* (New York: Herder & Herder, 1964.

E. Earle Ellis, "The Ends of the Earth?(Acts 1:8)," *BBR* 1 (1991): 123-32; idem, *Eschatology in Luke* (Philadelphia: Fortress Press, 1972).

Eldon Jay Epp, *The Theological Tendency of Codex Bezae Cantabrigiensis in Acts*, SNTSMS 3 (Cambridge: Cambridge University Press, 1966).

P. F. Esler, *Community and Gospel in Luke-Acts: The Social and Political Motivations of Lucan Theology* (Cambridge: Cambridge University Press, 1987).

Floyd V. Filson, "The Journey Motif in Luke-Acts," in *Apostolic History and the Gospel*, *Fs.* F. F. Bruce, ed. W. Ward Gasque and Ralph P. Martin (Grand Rapids: Eerdmans, 1970), 68-77; idem, *Three Crucial Decades: Studies in the Book of Acts* (London: Epworth, 1964).

Joseph A. Fitzmyer, *The Acts of the Apostles: A New Translation with Introduction and Commentary*, AB 31 (New York: Doubleday, 1998); idem, *The Gospel According to Luke I-IX*, AB 28 (New York: Doubleday, 1982).

F. J. Foakes Jackson and Kirsopp Lake, eds., *The Beginnings of Christianity, Part 1: The Acts of the Apostles*, 5 vols. (London: Macmillan, 1920-33).

Bertil Gärtner, *The Areopagus Speech and Natural Revelation*, ASNU 21 (Uppsala: Gleerup, 1955).

W. Ward Gasque, "A Fruitful Field: Recent Study of the Acts of the Apostles," *Int* 42 (1988): 117-31; idem, *A History of the Criticism of the Acts of the Apostles*, BGBE 17 (Tübingen: Mohr-Siebeck, 1975).

Beverly Roberts Gaventa, *The Acts of the Apostles,* ANTC (Nashville: Abingdon, 2003).

M. D. Goulder, *Type and History in Acts* (London: SPCK, 1964).

Joel Green, "Salvation to the Ends of Earth?(Acts 13:47): God as Saviour in the Acts of the Apostles," in *Witness to the Gospel: The Theology of Act*s, ed. I. Howard Marshall and David Peterson (Grand Rapids: Eerdmans, 1998), 83-106; idem, *The Theology of the Gospel of Luke* (Cambridge: Cambridge University Press, 1995).

Ernst Haenchen, *The Acts of the Apostles: A Commentary* (Philadelphia: Westminster, 1971); idem, "The Book of Acts as Source Material for the History of Earliest Christianity," in *Studies in Luke-Acts*, ed. Leander E. Keck and J. Louis Martyn (Nashville: Abingdon, 1966), 258-78.

Adolf von Harnack, *The Acts of the Apostles* (London: Williams & Norgate, 1909); idem, *The Date of Acts and of the Synoptic Gospels* (New York: Putman, 1911; idem, Luke the Physician (New York: Putman, 1907).

Everett F. Harrison, *Interpreting Acts* (Grand Rapids: Zondervan, 1986).

Colin J. Hemer, *The Book of Acts in the Setting of Hellenistic History*, WUNT 49 (Tübingen: Mohr-Siebeck, 1989).

Martin Hengel, *Acts and the History of Earliest Christianity* (Philadelphia: Fortress Press, 1979); idem, *Between Jesus and Paul: Studies in the Earliest History of Christianity* (Philadelphia: Fortress Press, 1983).

A. J. B. Higgins, "The Prologue to Luke and the Kerygma of Acts," in *Apostolic History and the Gospel*, 78-91.

W. K. Hobart, *The Medical Language of St. Luke* (Dublin: Hodges, Figgis, 1882).

Joachim Jeremias, "Untersuchungen zum Quellenproblem der Apostelgeschichte," *ZNW* 36 (1937): 205-21.

Jacob Jervell, *Luke and the People of God* (Minneapolis: Augsburg, 1972); idem, *The Theology of the Acts of the Apostles* (Cambridge: Cambridge University Press, 1996); idem, *Die Apostelgeschichte*, KEK (Göttingen: Vandenhoeck & Ruprecht, 1998).

L. T. Johnson, *The Literary Function of Possessions in Luke-Acts*, SBLDS 39 (Missoula: SP, 1977).

J. C. Lentz, *Luke's Portrait of Paul*, SNTSMS 77 (Cambridge: Cambridge University Press, 1993).

Walter L. Liefeld, "Luke," in *EBC* 8.

Richard; N. Longenecker, "The Acts of the Apostles," in *EBC* 9; idem, *The Christology of Early Jewish Christianity* (London: SCM, 1970); idem, *Paul, Apostle of Liberty*, reprint ed. (Grand Rapids: Baker, 1976).

Gerd Lüdemann, *Early Christianity According to the Traditions in Acts: A Commentary* (Minneapolis: Fortress Press, 1989).

Robert Maddox, *Commentary on Acts* (Minneapolis: Fortress Press, 1989; idem, *The Purpose of Luke-Acts*, FRLANT 126 (Göttingen: Vandenhoeck & Ruprecht, 1982).

I. Howard Marshall, "Acts and the "Former Treatise," in *The Book of Acts in Its First Century Setting*, Vol. 1: *The Book in Its Ancient Literary Setting*, ed. Bruce W. Winter and Andrew D. Clarke (Grand Rapids: Eerdmans, 1993), 163-32; idem, *The Acts of the Apostles*, TNTC (Grand Rapids: Eerdmans, 1980; idem, "'Israel' and the Story of Salvation," in *Jesus and the Heritage of Israel: Luke's Narrative Claim upon Israel's Legacy*, ed. David P. Moessner (Harrisburg: Trinity Press International, 2000), 255-57; idem, *Luke: Historian and Theologian*, rev. ed. (Grand Rapids: Zondervan, 1989; idem, "Luke and His 'Gospel,'" in *Das Evangelium und die Evangelien*, ed. Peter Stuhlmacher, WUNT 28 (Tübingen: Mohr-Siebeck, 1983), 289-308; idem, "Acts in Current Study," *ExpTim* 115 (2003): 49-52.

I. Howard Marshall and David Peterson, eds., *Witness to the Gospel: The Theology of Acts* (Grand Rapids: Eerdmans, 1998).

A. J. Mattill Jr., "The Date and Purpose of Luke-Acts: Rackham Reconsidered," *CBQ* 40 (1978): 335-50; idem, *Luke and the Last Things* (Dillsboro: Western North Carolina Press, 1979; idem, "The Purpose of Acts: Schneckenburger Reconsidered" in *Apostolic History and the Gospel*, 108-22.

Eduard Meyer, *Ursprung und Anfänge des Christentums,* 3 vols. (Stuttgart: J. G. Cotta, 1921-23).

David P. Moessner, ed., *Jesus and the Heritage of Israel: Luke's Narrative Claim upon Israel's Legacy* (Harrisburg: Trinity Press International, 2000).

A. L. Moore, *The Parousia in the New Testament* (Leiden: Brill, 1966).

A. W. Mosley, "Historical Reporting in the Ancient World," *NTS* 12 (1965-66): 10-26.

C. F. D. Moule, "The Christology of Acts," in *Studies in Luke-Acts,* 159-85.

J. C. O'Neill, *The Theology of Acts in Its Historical Setting* (London: SPCK, 1961).

Darryl W. Palmer, "Acts and the Ancient Historical Monograph," in *The Book of Acts in its First Century Setting*, vol. 1 of *The Book in its Ancient Literary Setting*, ed. Bruce W. Winter and Andrew D. Clarke (Grand Rapids: Eerdmans, 1993), 1-29.

David W. Pao, *Acts and the Isaianic New Exodus*, WUNT 130 (Tübingen: Mohr-Siebeck, 2000).

Richard I. Pervo, *Profit with Delight: The Literary Genre of the Acts of the Apostles* (Philadelphia: Fortress Press, 1987).

Eduard Plümacher, *Lukas als hellenistischer Schriftsteller*, SUNT 9 (Göttingen: Vandenhoeck & Ruprecht, 1972).

Stanley E. Porter, *The Paul of Acts*, WUNT 115 (Tübingen: Mohr-Siebeck, 1999).

Richard Belward Rackham, *The Acts of the Apostles*, WC (London: Methuen, 1901).

William Ramsay, *The Bearing of Recent Discovery on the Trustworthiness of the New Testament*, reprint ed. (Grand Rapids: Baker, 1983; idem, *St. Paul, the Traveller and the Roman Citizen* (London: Hodder & Stoughton, 1897).

Vernon K. Robbins, "The We-Passages in Acts and Ancient Sea Voyages," *BR* 20 (1975): 5-18.

J. A. T. Robinson, *Redating the New Testament* (Philadelphia: Westminster, 1976).

Brian S. Rosner, "The Progress of the Word," in *Witness to the Gospel: The Theology of Acts*, ed. I. Howard Marshall and David Peterson (Grand Rapids: Eerdmans, 1998), 215-33.

Gerhard Schneider, *Die Apostelgeschichte*, 2 vols., HTKNT (Freiburg: Herder, 1980-82).

Eduard Schweizer, "Concerning the Speeches in Acts," in *Studies in Luke-Acts,* 208-16.

M. A. Seifrid, "Jesus and the Law in Acts," *JSNT* 30 (1987): 39-57.

A. N. Sherwin-White, *Roman Society and Roman Law in the New Testament* (London: Oxford University Press, 1963).

James Smith, *The Voyage and Shipwreck of St. Paul,* 4th ed. (London: Longman, Brown, Green & Longmans, 1880; reprint, Baker, 1978).

Marion L. Soards, *The Speeches in Acts* (Louisville: Westminster/John Knox, 1994).

Charles H. Talbert, "The Redactional Critical Quest for Luke the Theologian," in *Jesus and Man's Hope*, vol. 1, ed. Donald G. Miller (Pittsburgh: Pittsburgh Theological Seminary, 1970; idem, *Literary Patterns, Theological Themes, and the Genre of Luke-Acts*, SBLMS (Missoula: SP, 1974); idem, *Luke and the Gnostics: An Examination of the Lucan Purpose* (Nashville: Abingdon, 1966).

Robert C. Tannehill, *The Narrative Unity of Luke-Acts: A Literary Interpretation*, 2 vols. (Minneapolis: Fortress Press, 1990).

J. Taylor, "The Making of Acts: A New Account," *RevBib* 97 (1990): 504-24.

Charles Cutler Torrey, *The Composition and Date of Acts*, HTS 1 (Cambridge: Harvard University Press, 1916).

C. M. Tuckett, ed., *Luke's Literary Achievement: Collected Essays*, JSNTSup 116 (Sheffield: Sheffield Academic Press, 1995).

C. H. Turner, "The Chronology of the New Testament," in *A Dictionary of the Bible*, ed. James Hastings, 5 vols. (Edinburgh: T. & T. Clark, 1898-1904), 1.403-25.

Max Turner, *Power from on High: The Spirit in Israel's Restoration and Witness in Luke-Acts*, JPTSS 9 (Sheffield: Sheffield Academic Press, 1996; idem, "The Sabbath, Sunday, and the Law in Luke/Acts," in *From Sabbath to Lord's Day*, ed. D. A. Carson (Grand Rapids: Zondervan, 1982), 99-157.

Joseph B. Tyson, ed., *Luke-Acts and the Jewish People: Eight Critical Perspectives* (Minneapolis: Augsburg, 1988); idem, *Luke, Judaism and the Scholars: Critical Approaches to Luke-Acts* (Columbia: University of South Carolina Press, 1999).

W. C. van Unnik, "The 'Book of Acts' the Confirmation of the Gospel," *NovT* 4 (1960): 26-59; idem, "Luke-Acts, a Storm Center in Contemporary Scholarship," in *Studies in Luke-Acts,* 15-32; idem, "Luke's Second Book and the Rules of Hellenistic Historiography," in *Les Actes des Apôtres: Traditions, Rédaction, Théologie*, ed. J. Kremer, BETL 48 (Louvain: Louvain University Press, 1979).

Philipp Vielhauer, "On the 'Jaulinism' of Acts," in *Studies in Luke-Acts,* 33-50.

Paul W. Walaskay, *"And So We Came to Rome": The Political Perspective of St. Luke*, SNTSMS 49 (Cambridge: Cambridge University Press, 1983).

Johannes Weiss, *Absicht und literarischer Charakter der Apostelgeschichte* (Marburg: Vandenhoeck & Ruprecht, 1897).

John Wenham, *Redating Matthew, Mark, and Luke: A Fresh Assault on the Synoptic Problem* (Downers Grove: IVP, 1992).

Alfred Wikenhauser, *Die Apostelgeschichte und ihr Geschichtswert*, NTAbh 8.3-5 (Münster: Aschendorff, 1921).

Ulrich Wilckens, "Interpreting Luke-Acts in a Period of Existentialist Theology," in *Studies in Luke-Acts*, 60-83; idem, *Die Missionsreden der Apostelgeschichte: Form- und Traditionsgeschichtliche Untersuchungen*, 2nd ed., WMANT 5 (Neukirchen-Vluyn: Neukirchener, 1961.

Max Wilcox, *The Semitisms of Acts* (Oxford: Clarendon Press, 1965).

David John Williams, *Acts* (San Francisco: Harper & Row, 1985).

S. G. Wilson, *Luke and the Law*, SNTSMS 50 (Cambridge: Cambridge University Press, 1983).

Walter T. Wilson, "Urban Legends: Acts 10:1-11:18 and the Strategies of Greco-Roman Foundation Narratives," *JBL* 120 (2001): 77-99.

Ben Witherington III, *The Acts of the Apostles: A Socio-Rhetorical Commentary* (Grand Rapids: Eerdmans, 1998).

Eduard Zeller, *The Contents and Origin of the Acts of the Apostles Critically Investigated*, 2 vols. (London: Williams & Norgate, 1875-76).

제8장

신약 서신서

신약성서의 26권의 책들 중 21권이 서신이며, 분량은 전체 본문의 35%를 차지한다. 13개의 신빙성 있는 서신의 저자인 바울이 가장 유명한 서신 기자이다.[1] 바울, 야고보, 베드로, 요한, 유다, 그리고 알려지지 않은 히브리서 저자가 이런 형식으로 메시지를 전달하려 한 이유는 무엇인가? 유대 사회에서 서신이 전형적인 종교적 교훈 방법이 아니었다는 것을 감안할 때에, 이것은 특히 적절한 질문이다.

이 질문에 대한 대답을 두 가지일 것이다. 첫째, 초기 기독교 운동은 순회 선교사들이 활동하여 급속히 성장했기 때문에 멀리서도 의사를 전달할 수 있는 수단이 필요했는데, 서신이 분명한 해결책이었다. 표준적이고 권위 있는 문서라는 의미에서 서신들의 종교적 중요성은 그것들을 기록할 당시의 의도가 아니라 후대에 결정된 것이었다. 초기의 사도들은 필요하고 편리했기 때문에 편지로 자신의 가르침을 전달했으며, 의도적으로 새로운 종교적 교훈의 수단을 만들어내지 않았다. 사도들이 서신이라는 방법을 선택한 두 번째 이유는 편지가 지닌 개인적인 친밀성 때문이다. 바울 시대의 사람들은 편지란 멀리서 개인적인 현존을 확립하는 수단으로 여겼고,[2] 이것은 멀리 떨어진 곳에 있는 신자들을 양육해야 하는 사도들의 상황에 완벽

1) 이 주장에 대해서 간단하면서도 설득력 있게 변호한 것으로 다음을 보라: Bo Reicke, *Re-examining Paul's Letters: The History of the Pauline Correspondence* (Harrisburg: Trinity Press International, 2001).

2) 예를 들면, Seneca, *Epist. Mor.* 75.1-2; and Robert W. Funk, "The Apostolic Parousia: Form and Significance," in *Christian History and Interpretation*, ed. W. R. Farmer, C. F. D. Moule, and R. R. Niebuhr (Cambridge: Cambridge University Press, 1966), 249-68.

하게 이바지했다.

오늘날 대부분의 학문적 연구는 고대 편지들의 형식과 기능에 초점을 두어왔지만, 1세기의 편지들이 어느 정도까지 가명으로, 즉 실제로 편지를 쓴 사람이 아닌 다른 사람의 이름으로 기록되었는지에 더 많은 관심을 기울여왔다. 따라서, 우리는 1세기의 필기자(amanuenses)의 역할을 평가해야 한다. 따라서 이 장에서는 서신학(epistolography)의 다양한 특성에 초점을 둔다.

1. 그레코-로마 세계에서의 신약 서신들

고대 근동 세계에 편지가 알려져 있지 않은 것은 아니지만(예를 들어 삼하 11:14-16; 스 4-5장), 편지는 그레코-로마 세계에서 대중적인 의사소통 방법으로 자리 잡았다. 따라서 학자들은 신약성서 서신들을 설명하기 위해서 고대의 편지를 쓰는 이론과 관습을 의지해왔다.

전형적인 그레코-로마 세계의 편지는 수신인, 인사말, 본문, 그리고 결론으로 구성되었다.[3] 수신인과 인사말은 대체로 매우 짧으며, "A가 B에게 문안드립니다[χαίρειν, *chairein*]"의 형태를 취한다. 이 단순한 공식은 사도 시대의 공회가 교회들에게 보낸 편지(행 15:23)와 야고보서 1:1에서 발견된다. 일부 신약 서신들은(히브리서, 요한일서) 시작하는 말이 없이 시작되기 때문에 장르에 대한 의문들이 제기된다. 그러나 대부분의 신약 서신들은 수신인 부분을 확대하며, 단순한 인사말을 은혜를 기원하는 말로 변화시킨다(예를 들면, 바울 서신 전체, 베드로 전후서, 요한 2서). 이 변화는 분명히 편지의 목적과 관련이 있으며 χαίρειν(*chairein,* greeting)과 χάρι(*charis,* grace)의 유사성 때문에 촉진되었다. 또한 고대의 편지들은 종종 건강을 기원하는 말로도 시작된다(요한 3서를 보라). 감사(갈라디아서, 고린도후서, 디모데전서, 디도서 등을 제외한 바울 서신 전체)나 축복(고린도후서, 에베소서, 베드로전서)을 편지의 서두에 기록하는 신약성서의 경향은 이러한 관습을 반영한다.

일부 학자들은 편지의 머리말에서 본문으로 전환하기 위해 사용된 표준화된

3) 고대 편지들의 예문들은 Stanley K. Stowers, *Letter Writing in Greco-Roman Antiquity* (Philadelphia: Westminster, 1986), 58-73에 수집되어 있다. 고대 시대의 편지쓰기에 관한 이론에 대해서는 Abraham J. Malherbe, *Ancient Epistolary Theorists* (Atlanta: SP, 1988)을 보라.

공식들을 확인할 수 있다고 주장해왔다.[4] 그러나 이러한 시도들은 보편적인 동의를 받지 못했으며, 어느 공식도 이러한 경향의 결론을 이끌어내는 것을 정당화할 만큼 표준화 되지 못했다. 또 그레코-로마 시대의 편지의 본문의 전형적인 순서를 확인하려는 시도들도 성공하지 못했다.[5] 편지를 쓰는 다양한 목적에 따라서 다양한 종류의 본문이 생겨났다. 그러나 많은 신약의 서신들은 길이에 있어서 그 시대의 일반적인 편지들을 능가한다. 키케로(Cicero)는 776편의 편지를 썼는데, 사용된 단어는 22개부터 2,530개에 이르며, 세네카(Seneca)가 쓴 124편의 편지에서는 149개에서부터 4,134개에 이르는 단어가 사용되었다. 바울이 사용한 단어는 평균 1,300개이며, 로마서는 7,114개의 단어가 사용되었다. 고대의 편지들은 끝인사로 끝맺는 경향이 있으며, 신약의 편지들도 전형적으로 이러한 경향을 나타낸다. 게다가 신약의 편지들은 보통 송영이나 축복을 추가한다.

이 간단한 요약은 신약의 편지들이 고대시대의 편지들과 흡사하며 유사성들은 매우 일반적인 본질을 지닌다는 것을 드러내준다. 실제로, 널리 보급된 유사한 것들에는 모든 편지에 있어야 할 요소들이 포함된다. 신약의 편지들과 고대의 다른 편지들 사이에는 차이점들도 있는데, 그것은 유대교의 영향,[6] 그리고 특히 편지를 쓴 특별한 상황과 목적의 산물인 듯하다. 이러한 차이점들은 바울의 서신에 가장 많은 듯하다. 데이비드 언(David Aune)의 주장에 의하면, "특히 바울은 독창적이고 하나의 견해에 얽매이지 않는 작가였다."[7]

고대 시대의 편지들의 분류는 아돌프 다이스만(Adolf Deissmann)이 "서신들"(공적인 문헌)과 "편지들"(사적인 전언)을 구분하는 데서 시작되었다. 다이스만은 바울의 서신 전체를 "편지들"의 범주에 넣으며, 그것들이 그리스의 파피루스 편지에서 발견되는 것처럼 문학적 주장이 결여되어 있으며 성급하게 작성된 흔적들이 있다고 주장한다.[8] 다이스만의 구분은 인위적인 것이었으며, 현재는 개인적인 편지와 공적인 편지를 엄격하게 구분할 수 없다는 것이 일반적으로 일치된 견해

4) 예를 들면, John Lee White, *The Form and Function of the Body of the Greek Letter*, SBLDS 2, 2nd ed. (Missoula: SP, 1972).

5) Stowers, *Letter Writing*, 22을 보라.

6) Ibid., 25.

7) David E. Aune, *The New Testament in Its Literary Environment* (Philadelphia: Westminster, 1987), 203.

8) Adolf Deissmann, "Prolegomena to the Biblical Letters and Epistles," in *Bible Studies* (Edinburgh: T. & T. Clark, 1901), 1-59.

이다. 그레코-로마 세계의 편지들은 널리 보급하기 위해서 저술된 세심한 수사학적인 걸작들에서부터 단순히 "돈을 보낸다"는 메모에 이르기까지 그 폭이 넓다. 신약의 편지들은 전체적으로 이 범주의 중간에 위치하며, 일부 편지들은 문학적인 목적을 지향하며(예를 들면, 로마서와 히브리서) 다른 편지들은 일반적인 목적을 지향한다(예를 들면 빌레몬서와 요한3서). 많은 학자들은 종종 그레코-로마 세계의 편지들에 대한 연구를 통해 확립된 범주들을 근거로 하여 보다 정확한 분류를 시도해왔지만,9) 그러한 연구들은 아직 확실한 결론에 이르지 못했다.10) 또 다른 학자들은 바울의 여러 가지 편지들은 그레코-로마 세계의 유명한 수사학 학교에서 세운 수사학 패턴들을 따른다고 주장한다.11) 그러나, 바울이 그레코-로마 세계에 널리 퍼져 있던 수사학 개념들의 영향을 받은 것은 분명하지만, 그의 서신들을 엄격한 수사학 모델들에 의해 분류하려는 시도들은 모두 실패한다.12) 따라서, 신약성서의 각각의 편지들이 지닌 특징들 중 일부를 확인하며 특별한 지점에서 다른 그레코-로마 세계의 편지들과의 유사성을 끌어내는 데 만족해야 할 듯하다.

---

9) 예를 들어 Stowers, *Letter Writing*, 51-173을 보라.

10) 예를 들면, Stowers는 그레코-로마 세계의 편지들 안에 자신의 범주들을 세운 후에 신약성서의 편지들 중 그 범주에 정확하게 일치하는 것이 없다는 것을 발견한다. 그는 신약 서신들 안에서 다양한 범주들과 유사한 것들을 발견한다. Aune은 신약 편지들을 분류하는 것이 어렵다는 것을 인정한다(*Literary Environment*, 203). 다음을 보라: Jerome Murphy- O'Connor, *Paul the Letter-Writer: His World, His Options, His Skills* (Collegeville: Liturgical Press, 1995), 95-98; Jeffrey T. Reed, "Using Ancient Rhetorical Categories to Interpret Paul's Letters: A Question of Genre," in *Rhetoric and the New Testament: Essays from the1992 Heidelberg Conference*, ed. Stanley Porter and Thomas H. Olbricht, JSNTSup 90 (Sheffield: JSOT Press, 1993), 292-324.

11) Frank W. Hughes, "The Rhetoric of Letters," in *The Thessalonians Debate: Methodological Discord or Methodological Synthesis?* ed.Karl P. Donfried and Johannes Beutler (Grand Rapids: Eerdmans, 2000), 194-240을 보라. 가장 유명한 시도는 Hans Dieter Betz의 시도일 것이다. 그는 갈라디아서 주석에서 이 편지가 "변증적" 편지 장르에 속한다고 주장했다(*Galatians: A Commentary on Paul's Letter to the Churches in Galatia*, Hermeneia [Philadelphia: Fortress Press, 1979], 14-25).

12) 특히 다음과 같은 학자들은 수사학 학파들이 바울과 그의 서신들에 미친 영향력에 대해 의심을 표현한다: R. Dean Anderson Jr., *Ancient Rhetorical Theory and Paul* (The Hague: Kok Pharos, 1996); Martin Hengel and Anna Maria Schwemer, *Paul between Damascus and Antioch: The Unknown Years* (Louisville: Westminster John Knox, 1997) 169-71; Jeffrey A. D. Weima, "The Function of 1 Thessalonians 2:1-12 and the Use of Rhetorical Criticism: A Response to Otto Merk," in *The Thessalonians Debate: Methodological Discord or Methodological Synthesis?* ed. Karl P. Donfried and Johannes Beutler (Grand Rapids: Eerdmans, 2000), 124-30; and, with respect to Galatians particularly, Phillip H. Kern, *Rhetoric and Galatians: Assessing an Approach to the Epistle*, SNTSMS 101 (Cambridge: Cambridge University Press, 1999).

2. 필기자들의 효용

파피루스가 귀했고 읽고 쓰는 능력이 저급했다는 것은 고대의 많은 편지들이 전문 필기자에게 구술하여 기록되었음을 의미한다. 신약성서의 저자들이 그러한 필기자를 사용했다는 것은 더디오가 "이 편지를 대서하는 나 더디오"라고 확인하는 로마서 16:22에서 분명히 지적된다. 필기자가 편지를 대서할 때에는 편지를 쓴 사람이 친필로 마지막 인사말을 썼다(살후 3:17과 갈 6:11을 보라). 확실히 알 길이 없지만, 바울의 서신들을 포함하여 신약의 대부분의 서신들이 이런 식으로 저술된 듯하다.[13)]

편지를 쓰는 사람이 대서하는 사람에게 과연 어느 정도 표현의 자유를 주었는지가 논란이 되는 중요한 문제이다.[14)] 필기자들의 솜씨, 그리고 편지를 쓰는 사람과 필기자의 관계의 본질에 따라서 필기자들에게 부여하는 표현의 자유의 분량이 달랐다는 것이 합리적인 결론이다.[15)] 예를 들면, 바울이 신뢰하는 가까운 동료를 필기자로 사용할 때에는 그 사람에게 편지의 정확한 표현을 선택할 수 있도록 어느 정도의 자유를 주었으며, 항상 그 편지를 검토하고 마지막 인사말로써 자기의 생각이 정확하게 표현되었음을 입증했을 것이라고 가정할 수 있다. 많은 학자들은 바울 서신들의 헬라어 문체가 상이하기 때문에 그러한 기준에 기초를 두고서 저자 문제에 대한 결론을 끌어내기 어려운 것은 다양한 필기자들의 영향력 때문이라고 생각한다.[16)]

편지를 쓰는 사람이 대서하는 사람에게 과연 어느 정도 표현의 자유를 주었는지가 논란이 되는 중요한 문제이다.

3. 바울 서신들의 수집

바울은 적어도 15년 이상 동안 수천 마일 떨어져 있는 교회들과 개인들에게 편지를 썼다. 그것들이 언제 어떻게 수집되어 한 권의 문집으로 집성되었으며, 표

13) 특히 E. Randolph Richards, The Secretary in the Letters of Paul, WUNT 42 (Tüingen: Mohr-Siebeck, 1991); John White, *ANRW* 2.52.2, 1741을 보라.

14) Otto Roller는 필기자들에게 엄청난 자유가 주어졌다고 주장했다 (*Das Formular der paulinischer Briefe: Ein Beitrag zur Lehre vom antiken Briefe* [Stuttgart: Kohlhammer, 1933]), esp. 333); 그러나 그의 결론들에 대해서 심각한 의심이 제기되어왔다(예를 들면, Kümmel, 251).

15) 다음을 보라: Richards, *The Secretary in the Letters of Paul*; and also Richard N. Longenecker, "On the Form, Function, and Authority of the New Testament Letters," in *Scripture and Truth*, ed. D. A. Carson and John D. Woodbridge (Grand Rapids: Zondervan, 1983), 101-14.

16) Murphy-O'Connor, *Paul the Letter-Writer*, 34-35.

준적인 편지들의 형태와 관련하여 그 과정은 어떤 의미를 지니는가? 이 과정에 대한 두 가지 기본적인 학설을 확인할 수 있을 것이다.

(1) 갑작스런 수집이라고 주장하는 학설들

많은 학자들은 바울의 편지들이 수신인들에게 보내진 후에는 등한시되었으며 어느 정도 세월이 흐른 후에 누군가가 주도하여 그것들을 수집했다고 생각한다. 바울 서신들의 실질적인 집성에 대해 최초로 분명히 언급한 사람은 마르시온(Marcion)이므로, 어떤 학자들은 마르시온이 그 과정과 어느 정도 관계가 있을 것이라고 주장한다. 마르시온이 수집한 바울의 편지는 10편이었다(그는 목회서신들은 포함시키지 않았다). 후대의 "정통적인" 서신 모음집(예를 들면 2세기말의 무라토리 정경[17])은 마르시온에 대한 반작용이었을 수 있다.

또 하나의 대중적인 학설은 최초의 수집 시기를 50년 정도 더 이르게 본다. 굿스피드(Goodspeed), 그리고 그의 뒤를 이은 존 낙스(John Knox)와 미튼(C. L. Mitton)은 교회는 바울의 편지들을 무시했으며, 사도행전이 출판되면서(대략 90년 경) 바울을 추종하는 사람이 주도하여 그 편지들을 수집했다고 주장한다. 굿스피드의 주장에 의하면, 이 추종자가 오네시모(빌레몬의 도망친 종)이며 그가 수집된 전집의 표제 역할을 하는 것으로서 에베소서를 썼다고 한다.[18]

굿스피드의 학설에 대해서 많은 반론이 제기된다: 에베소서는 바울이 썼을 것이다(제13장을 보라); 사도행전의 기록 연대는 A.D 90년보다 훨씬 빠를 것이다; 가장 심각한 것은 바울의 편지들이 1세기 말 이전에 교회들에서 회람되었다고 생각할 충분한 근거가 있다는 것이다. 바울은 자신의 편지들 중 몇 편을 다른 교회들이 읽도록 권장했고(골 4:16을 보라), 또 초기 신자들의 이동성을 감안한다면 서신 왕래는 꽤 일찍 시작되었을 것이다.[19] 베드로후서 3:16도 같은 경향을 지적한다. 그 구절은 바울 서신들의 완전한 집성에 대해서 말하지는 않지만 많은 바울 서신들을 언급한다. 베드로후서의 기록 연대를 2세기 초로 보는 견해가 유력하지만, 64년이나 65년에 기록된 것으로 여길 만한 충분한 근거가 있다(제22장을 보라). 그

---

17) 이 정경의 연대에 관해서는 제4장 주 7을 보라.

18) Goodspeed, 210-21; C. Leslie Mitton, *The Formation of the Pauline Corpus of Letters* (London: Epworth, 1955); John Knox, *Philemon Among the Letters of Paul* (London: Collins, 1960), 63-93.

19) F. F. Bruce, "Paul the Apostle," in *ISBE* 3.706.

러므로, 교회의 역사에서 보다 이른 시기에 다른 인물이 바울의 편지들을 수집했을 수 있다. 예를 들어, 거스리(Guthrie)는 그 인물이 디모데일 수 있다고 주장한다.[20]

(2) 점진적으로 수집되었다고 주장하는 학설들

바울의 편지들을 수집한 사람을 확인하는 일은 지극히 불확실하며, 그 과정에서 누구도 결정적인 역할을 하지 않았을 수도 있다. 실제로, 만일 바울의 편지들이 저술된 직후에 유포되기 시작했다면, 편지들의 수집은 점진적으로 이루어졌을 가능성이 크다. 그러나 그것을 알 수 있는 정보가 충분하지 못하다. 이 수집이 얼마나 빨리 완성되었는지도 알 수 없다. 일부 학자들은 『클레멘트 1서』(*1 Clement*, A.D. 96년 경)가 완성된 수집물이라고 가정하며, 다른 학자들은 그렇지 않다고 생각한다. 그러나 잔(Zahn)은 그것들이 바울의 사후에서부터 1세기말 사이에 수집되었다는 것을 확실히 증명했다.[21] 연대와는 상관없이, 여기에서 우리가 상상하는 수집 과정에서는 어떤 사람들의 생각하듯이 바울의 서신들이 수집되는 동안에 방대한 편집 작업이 진행되었다고 볼 수 없다. 편집자나 편집자들이 바울의 편지들을 결합하고 그 집성을 재배열했다기보다는, 단순한 수집과 필사 과정으로 생각해야 할 것이다.

4. 익명 사용과 가명 사용[22]

익명을 사용한 것(pseudonymity)과 거짓 기자[저자] 이름을 붙인 것(pseudepigraphy)은 기록된 작품을 저자가 아닌 다른 사람의 것으로 간주하는 관습을 나타낸다. 이것을 저자가 자신에 공식적인 주장을 하지 않는 필자 불명(anonimity)과 혼동해서는 안 된다(예를 들면 마태복음, 요한복음, 히브리서 등

---

20) Guthrie, 998-1000. C. F. D. Moule은 누가가 바울 서신들을 수집하고 그 전집을 보강하기 위해서 목회서신을 저술했을 수 있다고 가정한다(264-65).

21) Theodor Zahn, *Geschichte des neutestamentlichen Kanons* (Erlangen: A. Deichert, 1888-92), 2.811-39.

22) 이 단락은 원래 *The Dictionary of New Testament Background*, ed. Craig A. Evans and Stanley E. Porter (Downers Grove: IVP, 2000), 856-64를 위해 준비했던 논문을 개작하고 보충한 것이다.

은 공식적으로 필자 불명이다). 또 가명의(pseudepigraphcal) 책들과 출처가 의심스러운 경외서(apocryphal)들을 구분해야 한다. 외경(apocrypha)이라는 단어는 신빙성이라는 개념보다는 정경이라는 개념과 더 긴밀하게 연결되어 있다. 기독교계의 어느 진영에서는 "외경"들의 수집물을 정경에 포함시켜야 한다고 주장해왔다. 외경을 이루는 14-15권이나 그중 일부(로마 가톨릭 교회에서는 이것들의 대부분을 제2 정경이라고 간주한다)를 확인하는 데 있어서 출처를 거짓으로 밝힌 것은 그리 큰 비중을 차지하지 않는다. 가명을 사용했든지 사용하지 않았든지, 하나의 책은 정경이거나 외경이다.

오늘날은 "익명 사용"과 "가명 사용"이 거의 동의어로 사용되지만, 오직 "가명사용"이라는 용어만이 그 근원이 고대에 있다(프리에네[Priene]에서 발굴된 기원전 2세기의 비문). "학자들은 어떤 기준에 의해서 하나의 문서가 저자에 관하여 거짓 주장을 한다고 결정하는가?"라는 주제에 대한 본질적인 관심은 별문제로 하고, 대다수의 현대 학자들이 신약성서의 책들 중 일부가 가명을 사용하고 있다고 주장한다는 사실에서부터 그것과 신약성서 해석의 관계가 발생한다. 분명히 가명을 사용한 책들의 목록은 매우 다양하지만, 에베소서와 목회서신들, 그리고 베드로후서가 가명을 사용했다고 널리 인정되고 있다. 어떤 학자들은 골로새서, 데살로니가후서, 베드로전서도 포함시키려 한다.

1) 성경 외의 증거

① 예비 관찰

가장 넓게 정의할 때에, 익명 사용은 일부 학자들이 생각한 것보다 더 광범위한 현상이다. 거기에는 동기가 선한 것이든지 악한 것이든지, 그리고 실제 저자에 의해서 개진되었든지 후대의 역사건 사건에 의해서 개진되었든지 간에 저자에 관한 모든 거짓된 주장이 포함된다. 거기에는 어떤 이유에서든지 저자가 필명을 채택한 모든 예가 포함된다. 예를 들면 조지 엘리오트라는 이름으로 글을 쓴 메리 앤 에반스, 또는 "Poems by Currer, Ellis, and Acton Bell"이라는 제목으로 시집을 출판한 세 명의 브론테 자매들(샤롯테, 에밀리, 앤), 또는 에드문드 크리스핀이라는 이름으로 탐정 소설을 쓴 영국의 학자 거바스 펜(Gervas Fen) 이 있다. A.D. 2세기의 갈렌(Galen)의 주장에 의하면, 알렉산드리아와 페르가뭄(Pergamum)

이 경쟁적으로 도서관에 소장된 장서를 증가시키면서 위조된 문학작품들이 유포되기 시작했다. 이집트의 프톨레미 왕조와 페르가뭄의 유네메스 왕은 고대 저자들의 작품 사본들을 확보하기 위해서 막대한 자금을 사용했다. 갈렌은 무엇보다도 자기 자신과 히포크라테스가 저술한 의학 서적들의 원문이 개악되고 개찬(改竄)된 것으로 인해 격분했다.[23]

여기에서 가명을 사용한 작품들과 위조 작품들을 구분할 필요가 있다.[24] 위조 작품이란 속이려는 의도로 기록하거나 수정된 작품을 말한다. 모든 위조 작품들은 가명을 사용하지만, 가명을 사용한 작품들 모두가 위조 작품은 아니다. 전해지는 과정에서 어떤 인물과 결부된 작품들이 있다. 바울에 관한 펠라기우스의 주석서들이 어떤 경위로 (펠라기우스를 크게 반대한) 제롬과 결합되었는지 알 수 없지만, 실제로 그러한 일이 발생했다. 『포세이돈 찬가』(*Hymn to Poseidon*)는 일반적으로 아리온(Arion)의 것으로 간주되지만, 많은 학자들은 기원전 3세기에 아르고스의 로본(Lobon of Argos)이 그것을 저술했다고 주장한다. 그러나 그 작품이 아리온의 것으로 간주되는 데 로본이 관련되어 있는지 의심스럽다. 이러한 구분이 중요한 까닭은 신약성서의 책들의 신빙성에 관한 논의들은 실제 저자들의 동기와 연관이 있기 때문이다. 이는 본문들이 아주 고대의 것이요 또 안정되어 있으므로 추정되는 저자의 이름은 처음부터 있었던 것이기 때문이다. 이 책의 목적상, 증명할 수 있는 의도가 개입되어 있는 사례에만 초점을 두며, 돌이킬 수 없는 역사의 사건들에 불과하기 때문에 가명을 사용한 저서들은 모두 배제하는 것으로 충분하다.

옛날이나 오늘날이나 가명을 사용하는 작가들의 다양한 동기들에는 다음과 같은 것들이 포함된다:

(1) 때때로 순전한 악의에서 위조 작품들이 만들어졌다. 파우사니우스(Pausanius)[25]와 요세푸스[26]의 주장에 의하면, 기원전 4세기에 람프사쿠스의 아낙시메네스(Anaximenes of Lampsacus)는 그 시대의 유명한 역사가였던 키오스의 테오폼푸스(Theopompus of Chios)의 경쟁자의 이름으로 그리스의 세

---

23) *Hipp. de nat. hominis* 1.42.

24) Bruce M. Metzger, "Literary Forgeries and Canonical Pseudepigrapha," *JBL* 91 (1972): 4을 보라.

25) *History of Greece 6.18.*2ff.

26) *Contra. Ap*. 1.24 (§221).

도시(아테네, 스파르타, 테베)에 대한 독설을 저술하여 유포시킴으로써 그의 명성을 파괴했다고 한다. 유세비우스의 기록에 의하면, A.D. 4세기에 예수님의 도덕적 특성을 비난하는 내용이 가득한 『빌라도의 행적』(배교자 테오텍누스[Theotecnus]가 저술했을 것이다)이 유포되기 시작했다고 한다.[27] 현대에 제정 러시아는 "시온의 박식한 장로들의 의정서"(Protocols of the Learned Elders of Zion)라는 문서를 만들어냈다.

(2) 종종 경제적인 보상의 약속 때문에 위조 문학작품들이 만들어진다.

(3) 종종 가명을 사용하는 작가는 자신이 거짓이라고 알고 있는 입장을 뒷받침하기 위해서 고대인의 이름을 사용함으로써 자신의 작품에 신빙성을 부여하려 했다. 기원전 6세기의 스트라보(Strabo)[28]의 주장에 의하면, 솔론(Solon)이나 피시스트라투스(Pisistratus)는 아테네의 살라미스 섬에 대한 소유권 주장을 지원하기 위해서 호머의 『일리아드』(*Iliad*)[29]에 한 구절을 삽입했다고 한다. 헤로도투스의 말에 의하면, 오노마크리투스(Onomacritus)는 렘노스(Lemnos)에서 떨어져 있는 섬들이 바다에 빠질 것이라고 예언한 무사이우스의 신탁(Oracles of Musaeus)에 한 단락을 삽입해 넣은 것이 발각되어 아테네에서 추방되었다고 한다.[30] 이 세 번째 모티프는 첫 번째 모티프가 함축한 것과 같은 의미를 지닌다.

(4) 가명을 사용한 작가는 종종 자신이 참이라고 판단한 입장을 지지하기 위해서 자기의 저술에 신빙성을 부여하기 위해서 옛 사람의 이름을 사용했다. 이것은 특히 창시자가 크게 존경을 받는 고대 "학파들"에게서 발생한 현상이었다. 신-피타고라스주의자들 중에는 자기의 이름으로 저서를 출판한 사람이 거의 없었다. 피타고라스가 수세기 전에 사망했음에도 불구하고, 그들은 자기의 저술에 피타고라스의 이름을 부여했다.[31] A.D. 6세기에는 훨씬 후대의 신플라톤주의 논거를 취하고 있음에도 불구하고, 아레오파고의 디오니시우스(Dionysius the Areopagite)가 저술했다고 주장하는 몇 권의 책들이 출판되었다(cf. 행 17:34).

(5) 색다른 사례는, 어떤 사람이 겸손 때문에 자기의 이름을 감추고 다른 사람의

27) *H.E.* 9.5.1.

28) *Geog.* 9.1.10.

29) Book B, line 258.

30) *Hist.* 7.6.

31) Iamblichus, c. A.D. 250-325: *De vita Pythagorica* §198, following the 1937 Teubner edition by Ludwig Deubner.

이름을 사용한 것이다. 가장 유명한 예는 자신을 "지극히 작은 하나님의 종 디모데" 라고 자신을 밝힌 사람이 기록하여 A.D. 440년에 유포되기 시작한 회칙일 것이다. 살로니우스 주교는 그 문서의 저자가 마르세이유의 사제 살비안(Salvian)이라고 추측했다. 주교의 예리한 질문을 받은 살비안은 아무 것도 인정하지 않으면서 저자들이 겸손함 때문에 자신의 영광을 구하지 않기 위해서 다른 사람의 이름을 사용하는 것은 정당한 일일 것이라고 대답했다.32) 이것이 사소한 거짓말이라고 생각하는 것을 용납될 수도 있을 것이다. 자신의 저술이 고대의 성경적 영웅의 것이라고 주장할 수 있을 정도로 훌륭하다고 생각하는 것은 이상한 겸손이다. 이러한 동기가 다른 동기와 충돌하리라는 것은 쉽게 상상할 수 있다.

(6) 개인적인 이유와 이데올로기적인 이유 때문에 자신의 저술이 출판되어 널리 읽히기를 원하는 강력한 갈망이 가장 강력했던 작가들은 브론테 자매들일 것이며, 또 그것이 살비안의 가명을 사용한 동기의 배후에 깔린 동기일 것이다.

(7) 특수한 장르에 속하는 많은 저술들이 가명을 사용한 이유를 규명하는 것은 한층 더 어렵지만, 분명히 위에서 언급한 동기들 중 하나 이상이 포함되어 있었다. 그러나 장르 유인(genre incentive)이라고 부를 수 있는 것을 간과하기 어렵다. 아리스토텔레스 이후 시대에, 위대한 아테네 웅변가들의 등장으로 말미암아 수사학과 웅변술에 대한 관심이 고조되었다. 학생들은 고대 웅변가들이 남긴 연설문을 기초로 하여 연설문을 작성하는 교육을 받았다. 이렇게 작성된 것들 중 매우 훌륭한 것은 원본과 구분하기 어려웠는데, 역사가들은 이것을 자기들의 주제에 맞는 연설문으로 재구성했다. 물론 그러한 관습에 대해서 다른 사람들보다 사려 깊은 역사가들도 있었다.33) 알렉산더는 이소크라테스 이후로 보다 정확한 역사편찬과 보다 독창적이고 부정확한 역사 편찬을 구분할 수 있으며, 누가복음은 적어도 전자의 범주에 속한다는 것을 증명했다.34) 가명의 연설문을 작성하는 데 복합적인 동기들이 포함되었다면, 편지에 대해서도 같은 말을 할 수 있을 것이다. 최소한 고대 그리스 시대에는 많은 중요한 편지들이 위대한 지도자들과 사상가들의 것으로 여겨졌다. 기원전 6세기의 폭군 팔라리스(Phalaris)의 것으로 간주되는 148편의 편지들

---

32) Alfred E. Haefner, "A Unique Source for the Study of Ancient Pseudonymity," *ATR* 16 (1934): 8-15을 보라.

33) Cf. Thucydides, *Hist*. 1.22.

34) Loveday Alexander, *The Preface to Luke's Gospel: Literary Convention and Social Context in Luke 1.1-4 and Acts 1.1*, SNTSMS 78 (Cambridge:Cambridge University Press, 1993).

은 그를 관대하고 자비로운 사람이며 예술을 후원한 사람으로 묘사한다. 그러나 7세기 말 이후로 학자들은 이 편지들이 A.D 2세기에 어느 소피스트가 작성한 것이라고 간주해왔다.35) 헬레니즘 시대에는 이러한 현상이 감소되었다.

(8) 마지막으로, 철학적-종교적-신화적 인물, 특히 오르페우스, 시빌, 헤르메스 트리스메기스투스의 것으로 간주되는 저술들이 있다.36)

② 유대 문헌에서의 예

유대 문헌들은 B.C 3세기 중반부터 A.D 3세기까지 가명을 사용한 작품들이 꽤 많이 등장했음을 보여주는데, 그 중 많은 문헌들은 묵시문학에 속한다. 솔로몬의 시편(*Psalms of Solomon*), 에녹1서(*1 Enoch*), 에녹2서(*2 Enoch*), 에녹3서(*3 Enoch*), 에스라 시대의 저서들(예를 들면 에스라 4서), 셈의 논문(*Treatise of Shem*), 스바냐의 묵시록(*Apocalypse of Zephaniah*), 아브라함의 묵시록(*Apocalypse of Abraham*), 아담의 묵시록(*Apocalypse of Adam*) 등을 생각할 수 있다. 여기에 묵시적인 단락들을 포함하고 있는 다양한 유언서들을 포함시킬 수 있다(예를 들면, 열두 족장의 유언, 욥의 유언, 모세의 유언, 솔로몬의 유언). 그러나 다른 장르에서도 가명이 사용된다(예를 들면, 솔로몬의 지혜). 어떤 작품들은 장르가 혼합되어 있기 때문에 다양하게 분류되기도 한다. 예를 들어, 시빌라의 신탁서들(*Sybylline Oracles*)은 이상하게도 다양한 이교 국가의 신탁들, 여러 시대의 유대교 저술들, 그리고 도덕적인 교훈을 위해 기독교에서 삽입한 것들 등이 섞여서 이루어져 있지만, 이 혼합물은 고대의 여자 예언자로서 종종 노아의 며느리라고 간주되는 시빌라의 발언이라고 주장되는 문서이다. 이렇게 혼합하여 배열한 것은 분명히 신탁들이 신빙성 있는 예언이라는 신빙성을 부여하기 위한 것이다.

구약성서 이야기들을 "부연한 것들"은 정상적으로 가명의 글이 아니지만, 그런 것들 중에는 가명의 글이라는 범주에 속하는 기도문들이 있다. 예를 들면, 므낫세의 기도(*Prayer of Manasseh*), 요셉의 기도(*Prayer of Joseph*), 솔로몬의

---

35) Richard Bentley, *Dissertations upon the Epistles of Phalaris*⋯, ed. with Introduction and Notes by Wilhelm Wagner (Berlin: S. Calvary, 1874 [first published 1697-99])을 보라.

36) 특히 다음을 보라: Joseph A. Sint, *Pseudonymität im Altertum, ihre Formen und ihre Gründe* (Innsbruck: Universitätsverlag, 1960); W. Speyer, *Die literarische Fälschung im heidnischen und christlichen Altertum: Ein Versuch ihrer Deutung* (München: Beck, 1971); and some essays in Norbert Brox, ed., *Pseudepigraphie in der heidnischen und jüdischchristlichen Antike*, WdF 484 (Darmstadt: Wissenschaftliche Buchgesellschaft, 1977).

송가(*Odes of Solomon*)가 있다. 종종 성경적 문헌이 아닌 다른 작품을 저술한 후대의 인물의 이름이 위조되기도 한다. 오늘날 학자들은 필로뿐만 아니라 위-필로(Pseudo-Philo: 실제의 필로처럼 1세기에 활동했다)의 글도 해석한다.

이러한 환경에서 출현한 가명의 편지들의 예들은 입수하기 어렵다. 모든 사람이 인용하는 두 가지 예는 아리스테아스의 편지(*Letter of Aristeas*)와 제레미의 편지(*Epistle of Jeremy*)인데, 두 가지 모두 실제로는 편지가 아니다. 후자는 설교와 비슷하고, 전자는 구약성서를 그리스어로 번역한 데 대한 보고서이다. 구약성서 정경의 문헌들 중에는 서신이 없기 때문에, 본받아야 할 권위 있는 선례가 없었다. 따라서 묵시록을 저술했다는 거짓 주장을 탐지하는 것보다 편지를 저술했다는 거짓 주장을 탐지해내기가 쉬울 것이다.

③ 성경 이외의 기독교적 예

A.D. 2세기 중엽에, 가명을 사용한 기독교의 저술들이 증가하기 시작했으며, 종종 위대한 기독교 지도자들의 이름을 사용하기도 했다. 여기에서는 저자라고 주장하지 않은 존경받는 기독교의 인물들에 대해 말하려 하는 작품들보다는 분명히 가명을 사용한 작품들에 대해 다루려 한다. 그것들 중 일부는 묵시록이고(예를 들면, 베드로의 묵시록, 바울의 묵시록), 일부는 복음서이다(예를 들면 베드로의 복음과 도마의 복음인데, 실제로 이것은 복음이 아니라 예수님의 말씀이라고 간주되는 것들을 모아 놓은 것이다). 바울이 썼다고 주장되는 편지들도 있다: 고린도 3서(*3 Corinthians*), 알렉산드리아서(*Epistle to the Alexandrians*), 라오디게아서(*Epistle to the Laodiceans*). 라오디게아서는 골로새서 4:16에 언급된 문서를 마련하기 위해 저술된 듯하다. 그것은 (주로 빌립보서에 수록된) 바울의 글들을 간단하게 요약하여 편찬한 것이다. 교회사의 초기에 출현한 가명의 서신들을 모은 것 중에서 가장 규모가 큰 것은 사도 바울과 세네카가 주고받은 14편의 서신들이다. 제롬(*De vir. ill*. 12)과 어거스틴(*Epist*. 153)이 그것들을 언급한다. 무라토리 정경(A.D. 170-200)에서는 알렉산드리아서와 라오디게아서는 "바울의 이름으로 위조된" 것들이므로(*Mur. Can*. 64-65), 정경에 포함시킬 수 없다고 언급한다.

2) 교회 교부들의 자세

신약 문서들에 영향을 주는 주제를 다룬 것은 서신 장르이다. 신약성서에서도 가명이 사용되고 있는가?

고대에는 가명으로 글을 쓰는 것이 일반적인 현상이었다는 데에는 모두가 동의한다. 그럼에도 불구하고, 유대교 진영과 기독교 진영에서는 서신왕래가 그리 흔하지 않았으며, 신약 문서들에 영향을 주는 주제를 다룬 것은 서신 장르이다. 신약성서에서도 가명이 사용되고 있는가?

단순히 가명을 사용한 전거들을 열거한 것을 근거로 하면, 경솔하게도 신약성서에서 가명의 편지들을 기대해야 한다고 추론할 수도 있을 것이다. 그러나 도넬슨(Donelson)의 주장에 의하면 그렇지 않다. "그리스인들과 로마인들은 자기들이 수집한 과거의 저술들의 신빙성을 주장하는 데 큰 관심을 나타내지만, 가명을 사용한 많은 문서들은 그 일을 어렵게 만들었다."[37] 더프(Duff)는 다음과 같이 주장한다: "초대 교인들을 에워싸고 있는 이교 문화 안에 문학적 특성에 대한 의식이나 신빙성에 대한 관심이 없었다고 주장할 수 없다."[38] 도넬슨은 기독교의 전거들과 비기독교적 전거들을 언급하면서 "누구도 위조되었다고 알려진 문서가 종교적으로나 철학적으로 타당하다고 인정하지 않는 듯하다. 내가 아는 한 그러한 문서는 하나도 없다"[39]고 말한다.

초기 기독교 사회의 상황이 이러했다. 앞에서 무리토리 정경과 살로니우스 주교의 입장에 대해 살펴본 바 있다. 아시아의 장로들은 가명으로 된 고린도 3서(*3 Corinthians*)를 포함하고 있는 『바울 행전』(*Acts of Paul*)의 저자를 심문하고서, 고린도 3서가 교회 일부에서 크게 존중되어왔으며 바울이 썼다는 느낌 때문에 시리아 교회와 아르메니아 교회의 정경으로 포함되었음에도 불구하고, 바울의 이름을 도용한 죄목으로 그를 정죄했다. 일단 가명을 사용했다는 것이 인정된 후에는 그 책의 교훈적인 내용도 그 책이 인정받는 데 도움이 되지 못했다. A.D. 200년경에 안디옥의 감독 세라피온(Serapion)은 『베드로 복음』(*Gospel of Peter*)

---

37) Lewis R. Donelson, *Pseudepigraphy and Ethical Argument in the Pastoral Epistles*, HUT 22 (Tübingen: Mohr-Siebeck, 1986), 11.

38) J. Duff, "A Critical Examination of Pseudepigraphy in First-and Second-Century Christianity and the Approaches to It of Twentieth-Century Scholars"(D.Phil. dissertation; University of Oxford, 1998).

39) *Pseudepigraphy and Ethical Argument*, 11. Philip Carrington도 비슷한 주장을 한다(*The Early Christian Church* [Cambridge: Cambridge University Press, 1957],1.259: "그러한 공문서들(즉 서신들)이 그 시대에 사망한 지 얼마 되지 않은 사람의 이름으로 자유로이 작성되었다는 것을 입증하는 증거는 전혀 없는 듯하다.

을 읽고서 처음에는 그 책을 실제로 베드로가 저술한 것이라고 생각했다. 그러나 자세히 조사한 결과, 그것이 베드로의 저술이 아니라고 결론짓고 길리기아의 로수스(Rhossus) 교회에게 그 이유를 설명했다: "형제여, 우리는 베드로와 다른 사도들을 그리스도처럼 받아들입니다. 그러나 우리는 [전승으로부터]그러한 것들을 받지 않았다는 것을 알고 있기 때문에 그들의 이름을 도용한 위작들을 거부합니다."[40] 터툴리안은 『바울과 테클라의 행전』(*Acts of Paul and Thecla*)을 저술했다고 고백한 아시아의 장로를 신랄하게 비난했다. 모든 장로들은 그가 바울을 크게 사랑했기 때문에 그의 이름을 도용했다고 항의했지만, 그가 장로직에서 해임되는 것을 막지 못했다.[41] 또, 예루살렘의 키릴(Cyril)은 정경 목록을 마련하면서 네 개의 복음서들만 인정했다. 왜냐하면 나머지 복음들은 "거짓으로 기록되어 해롭기"(*pseudepigrapha kai blabera*) 때문이었다.[42]

이 증거에 대한 예외, 이 간단한 요약이 암시하는 것보다 훨씬 더 방대한 증거는 존재하지 않는다. 표면적으로 보면 예외인 것들도 자세히 살펴보면 설득력이 없는 것으로 드러난다. 예를 들어, 카일리(Kiley)는 무라토리 정경이 『솔로몬의 지혜』(*Wisdom of Solomon*)가 "솔로몬을 존경하는 친구들"에 의해 저술되었다고 주장하면서 그것을 신약성서 목록에 덧붙인 것에 주목하며, 그것이 "초대 교회에서는 가명으로 저술하는 과정을 탐지해낼 수 있는 사람이 극히 적었다"[43]는 것을 증명해준다고 주장한다. 그러나 가명으로 집필하는 과정을 발견한 교부들은 한결같이 그것을 정죄한다. 이런 경우에 카일리가 관찰한 것처럼 무라토리 정경에서 언급한 것은 현재 우리가 알고 있는 『솔로몬의 지혜』가 아니라, 그 시대에 종종 『솔로몬의 지혜』라고 언급되던 잠언일 수도 있다. 그렇다면, 그 책은 상이한 저자들의 잠언들의 다양한 수집물을 분류하고 있으므로, 가명을 사용한 것은 문제가 되지 않는다. 마찬가지로, 어떤 학자들은 터툴리안의 말은 적어도 어떤 종류의 가명 사용이 합법적이라고 인정하는 것이라고 주장해왔다: "학생들이 출판한 것을 스승의 작품으로 간주할 수 있다."[44] 그러나 이것은 터툴리안의 말을 오해한 것이라는 거스리(Guthrie)의 주장은 옳다. 터툴리안은 마가복음의 배후에 베

40) Eusebius, *H.E.* 6.12.3; cf. 2.25.4-7.
41) *De baptismo* 17.
42) *Catech.* 4.36.
43) Mark Kiley, *Colossians as Pseudepigraphy* (Sheffield: JSOT Press, 1986), 17-18.
44) *Adv. Marc.* 4.5.

드로가 있게 된 경위, 그리고 바울이 누가의 저술에 정보를 제공한 경위에 대해 논하는 것이지, 두 번째 복음서가 실제로 마가에 의해 기록되었음에도 불구하고 교회가 그것을 베드로에 의해 저술된 것처럼 받아들였다고 주장하는 것이 아니다.[45]

신약성서에 몇 권의 위서(僞書)가 포함되어 있다는 견해는 지금으로부터 2세기 전에 비로소 논의되었으며,[46] 바우어(F. C. Baur)의 저서로 인해 널리 보급되었다. 그러나 교부들의 증거에 관한 한, 그들이 한 작품의 신빙성을 평가할 때에, 정경성과 익명성은 상호 배타적인 것으로 증명되었다. 신약 서신들 중 하나, 또는 몇 편이 위서라고 주장하는 사람들은 현재보다 더 세밀하게 증거를 관찰해야 할 것이다. 우리는 신약 시대의 기독교인들이 가명을 사용할 수 없었을 것이라고 말하지 않는다. 바울이나 베드로가 특정 상황에서 말한 것을 안다고 확신하는 어느 초대 교인이 하나의 작품을 저술하고서 그 작품에 사도의 이름을 붙일 수 있었을 것이라고 쉽게 상상할 수 있다. 우리는 바울을 사랑하기 때문에 "바울의 이름이 붙은" 글을 저술한 2세기의 장로의 생각에 공감하며, 그런 식의 사고방식이 그 이전에도 존재했을 것이라고 생각할 수 있다. 어려운 점은 가명사용이라는 개념이 아니라, 신약 시대 기독교인들이 그 개념을 은근히 장려했다는 증거가 부족하다는 데 있다.

3) 신약성서 문서들 안의 증거

성경 밖에서 가명을 사용한 예들이 신약성서 문서들의 가명사용을 확증할 수 없다는 것은 모든 진영에서 인정한다. 그러한 자료는 신약성서에 위서를 받아들일 수 있는 개연성의 사회적 세계를 제공할 뿐이다. 그러나 신약성서 외에도 초대 교회의 시종일관된 증거가 있음에도 불구하고, 많은 학자들은 다른 사람의 이름으로 편지를 쓰는 것이 흔한 관습이었다고 주장한다. 경건한 신자가 어느 사도의 이름으로 글을 저술하고 그것이 받아들여지기를 기대할 수 있다는 생각을 신약 시대 교회의 구성원이 받아들였다는 증거는 어디에도 없다. 예를 들어, 해리슨(P. N. Harrison)은 목회서신을 쓴 위-바울(pseudo-Paul)은 "결코 허위로 바울 사도를 대표하려는 생각을 갖지 않았다. 그는 누구도 의식적으로 속이려 하지 않았다. 실

---

45) Donald Guthrie, "Tertullian and Pseudonymity," *ExpTim* 67 (1955-56): 341-42.

46) E. Evanson에 의해서(*The Dissonance of the Four Generally Received Evangelists* [Ipswich: G. Jermyn, 1792]).

제로 그가 누군가를 속였다고 가정할 필요가 없다. 그의 완성된 작품을 본 사람들은 분명히 그가 그 책의 저자임을 알았을 것이다."[47] 그러나 해리슨은 그러한 관습이 있었다고 말할 뿐 그것을 입증해줄 증거를 제시하지 않는다. 책임은 가명으로 편지를 쓰는 것은 초대 교인들이 자신의 견해를 입증하는 증거를 만들어내기 위해 받아들였던 관습이라는 견해를 지지하는 사람들에게 있다. 우리는 그러한 저술은 어느 정도 확실히 확인할 수 있을 때마다 거부되었다는 증거를 가지고 있다.

이것은 많은 학자들이 순수히 내적인 근거에 입각하여 특정 문서가 가명을 사용한 것인지를 확인하려 한다는 것을 의미한다: 연대의 오기(誤記), 이미 알려져 있는 저자의 글에서는 발견되지 않은 단어나 구절이 많이 사용된 것, 저자의 저술에서 발견되지만 현재는 전혀 다르게 사용되는 단어나 구절들, 저자의 것으로 인정된 저술의 주도적 흐름과 상이한 것처럼 보이는 사상이나 강조 형식 등.

일부 학자들은 그러한 증거는 개연성의 균형에 영향을 줄 정도의 중요성을 지닌 것으로 여기지만, 많은 학자들은 그것이 매우 강력한 증거이므로 몇 권의 신약성서의 책들이 위서라고 확신한다.[48] 어떤 경우에는 그들은 자기들과 의견이 같지 않은 사람들을 자격이 없고 무능한 반대자들로 간주한다. 그러나 실제로 문제들은 복잡하게 서로 얽혀 있다. 링컨(Lincoln)과 오브라이언(O'Brien)[49]이 저술한 에베소서 주석서의 머리말뿐만 아니라, 본문에 대한 이해가 저자 문제에 영향을 주거나 영향을 받는 부분에 대한 해석까지 읽어보면 논쟁의 본질을 파악할 수 있을 것이다. 목회서신과 관련해서는 포터(Porter)와 월(Wall)[50]이 벌인 논쟁에 대한 글을 읽거나 표준적인 "개론서들"[51]을 읽는 것이 도움이 될 것이다. 신학과 세계관은

---

47) P. N. Harrison, *The Problem of the Pastoral Epistles* (London: Oxford University Press, 1921), 12.

48) 예를 들면 다음과 같다: Donelson, *Pseudepigraphy and Ethical Argument*; Metzger, "Literary Forgeries"; W. Speyer, *Die literarische Färschung*; James H. Charlesworth, "Pseudonymity and Pseudepigraphy," ABD 5.540-41; David G. Meade, *Pseudonymity and Canon: An Investigation into the Relationship of Authorship and Authority in Jewish and Early Christian Tradition*, WUNT 39 (Tübingen: Mohr-Siebeck, 1986).

49) Andrew T. Lincoln, *Ephesians*, WBC 42 (Dallas: Word Books, 1990); Peter T. O'Brien, *The Letter to the Ephesians*, PNTC (Grand Rapids: Eerdmans, 1999).

50) Stanley E. Porter, "Pauline Authorship and the Pastoral Epistles: Implications for Canon" *BBR* 5 (1995): 105-123; R. W. Wall, "Pauline Authorship and the Pastoral Epistles: A Response to S. E. Porter," *BBR* 5 (1995): 125-28; Stanley E. Porter, "Pauline Authorship and the Pastoral Epistles: A Response to R. W. Wall's Response," *BBR* 6 (1996): 133-38.

51) Kümmel; Guthrie (see esp. the latter's "Appendix C: Epistolary Pseudepigraphy," 1011-28).

물론이요 전문적인 학문과 역사적 비평의 완전한 복합체가 신약성서 문서들 중에 위서가 있는지의 여부에 대한 질문과 관련하여 서로 얽혀있는 판단들에 영향을 미친다. 신약성서에 위서가 있다고 대답하는 학자들은 예를 들어 에베소서는 지나치게 실현된 종말론을 표현하므로 바울의 것으로 볼 수 없다고 주장한다. 한편 위서가 없다고 주장하는 학자들은 미래학적 종말론을 담고 있는 구절들을 강조하며, 차이점은 사도 바울 자신이 특정의 목회적 필요성을 충족시키기 위해서 상이한 방법으로 적용한 것인바 바울의 스펙트럼에서의 위치의 차이에 불과하다고 주장한다. 위서가 있다고 여기는 학자들은 에베소서 안에 있는 저빈도 단어(*hapax legomena*)들을 모두 열거하며, 그렇지 않다고 여기는 학자들은 에베소서에 있는 저빈도 단어는 확실한 바울 서신들에 있는 것 정도에 불과하다고 지적한다. 여기에서는 그러한 문제들에 대해서는 언급할 수 없지만, 그것들이 우리의 주제에 영향을 미친다는 것, 그리고 학자들은 다양한 방식으로 증거를 만들고 상이한 비중을 부여한다는 것을 알아야 한다.

논의와 관련이 있는 세 가지 상이한 내적 증거들이 있다: (1) 데살로니가후서의 저자는 자기의 이름으로 저술된 위서들을 알고 있었다. 그렇기 때문에 그는 독자들에게 "혹 영으로나 혹 말로나 혹 우리에게서 받았다 하는 편지로나 주의 날이 이르렀다고 쉬 동심하거나 두려워하거나 하지 아니할 그것이라"(살후 2:1-2)고 경고하며, 자기가 보낸 것이라고 주장하는 편지들의 진위를 구분할 수 있게 하기 위해서 그들에게 어떤 서명이나 표식을 제공한다(3:17). 만일 (많은 학자들이 생각하는 것처럼) 바울이 저자가 아니라면, 가명을 사용한 이 서신의 저자가 가명을 사용하는 저자들을 정죄하는 특이한 위치에 서게 된다. 즉, 위서가 위서들을 저주하게 된다. 반대로, 만일 바울이 저자라면, 바울은 자신이 가명을 사용하는 관습을 알고 있다는 것을 분명히 하고, (적어도 사람들이 바울의 이름을 사용할 때) 그 관습을 정죄할 것이다. (2) 바울과 다른 신약성서 기자들은 필기자를 사용했다(예를 들면 롬 16:22). 고대 세계에서 필기자들이 얼마나 자유롭게 기록했는지에 대한 복합적인 문헌이 있다. 편지의 저자가 자신의 서기에게 상세하게 구술해주는 경우가 있고, 단순히 편지를 저술할 방향만 지적해주고 서기가 나름대로 기록한 것을 읽고서 저자가 서명하는 경우가 있다. 이러한 질문들은 많은 비판적 논의와 관계가 있으며, 신빙성에 대한 논의에서 간과해서는 안 된다. (3) 초대 교인들은 자신이 소중히 여기는 저술에 사도들의 이름을 붙이려는 욕구가 그리 크지 않았던 듯하다. 신약성서의 반 이상은 저자의 이름이 명시되지 않은 책들이다(4 복음서, 사도행전, 히브리서, 요한 일서; 그리고 요한 2, 3서의 "장로"도 그리 분명하지 않다). 분명히 문서들 안에 있는 진리 및 사람들이 그 문서를 저술할 때에 성령께서 역사하셨다는 증거가 확신을 주었으며, 저자로서 사도들의 이름을 붙일 필요가 없다고 판단되었다. 그러나 마가복음의 배후에 베드로가 있듯이, 어느 사도와 어느 정도 자유로운 관계를 갖는 것은 분명히 도움이 되었다.[52] 익명을 사용하는 이 강력한 전통이 자신이 기록한 것에 자신의 이름을 붙인 저자들이 아니라 다른 사람의 이름을 붙인 것을 지지하기 위해서 폐기된 이유를 설명하는 일은 가명의 저자 이론을 지지하는 사람들이 감당해야 할 의무이다.

마가복음의 배후에 베드로가 있듯이, 사도들의 이름을 붙일 필요가 없다고 판단되었다. 그러나 마가복음의 배후에 베드로가 있듯이, 어느 사도와 어느 정도 자유로운 관계를 갖는 것은 분명히 도움이 되었다.

4) 현대의 학설들

1. 어떤 학자들은 신약 성서에 많은 문학적 위서들의 본보기가 담겨 있지만, 그것 때문에 당황하지 않는다고 확신한다. 이 견해에 의하면, 베드로후서의 저자는 분명히 독자들로 하여금 베드로가 그 문서를 썼다고 생각하려 만들려 한 위선자였다.[53] 도넬슨도 목회서신에 관해 비슷한 견해를 취한다: 가명의 저자가 "독자들을 속이기 위해서…편지에 수록된 모든 개인적인 메모와 깊은 경건의 요소들, 그리고 부주의하지만 효과적인 상투어들을 만들어냈다…그는 독자들을 속이기 위해서 의도적으로 가명을 사용하고 있다."[54] 믹스(Meeks) 도 골로새서에 대해 비슷한 말을 한다.[55]

2. 반면에, 위서에서 속이려는 의도가 얼마나 자주 작용하는지를 지적하면서도 교회가 보편적으로 그처럼 속이려는 의도를 거부했음을 상기시키는 학자들이 있다.[56] 이것은 다양한 형태의 위서들의 배후에 놓인 복잡한 동기들을 부인하는

52) 또한 서방에서 히브리서가 정경으로 받아들여진 이유들 중의 하나는 바울이 그것의 저자라고 판단했기 때문이라는 것을 기억해야 한다(제19장을 보라). 그럼에도 불구하고, 그것은 후대에 전개된 현상이며, 히브리서를 기록한 사람은 자기의 저술을 바울의 것으로 제시하려 하지 않았다. 초대 교인들은 가명을 사용하기보다는 익명을 사용하는 것을 더 편안하게 여겼다.

53) Charlesworth, "Pseudonymity."

54) *Pseudepigraphy and Ethical Argument*, 24.

55) Wayne A. Meeks, "'To Walk Worthily of the Lord': Moral Formation in the Pauline School Exemplified by the Letter to the Colossians," in *Hermes and Athena: Biblical Exegesis and Philosophical Theology*, ed. Eleonore Stump and Thomas P. Flint, University of Notre Dame Studies in the Philosophy of Religion 7 (Notre Dame: University of Notre Dame Press, 1993), 37-58.

것이 아니다. 그것은 가명이 사용되었다고 주장되는 신약성서의 편지들은 고대 그리스 시대의 웅변가들의 수사학 양식들을 모방하기 위해 고안된 교육 과정이었다는 말이다. 또 그것들은 세상에 존재하지 않는 위대한 인물(바울이나 베드로)을 지도자로 삼는 사상적 "학파들"의 저술들도 아니다. 신약의 문서들은 사도가 저자라고 구체적으로 주장한다. 표면적으로 가명을 사용하고 있다는 주장의 본질을 고려하여, 그 문서들이 실제로 가명을 사용한 것이라면 저자들은 도덕적으로 비난할 수 있는 방식으로 속이려 했다고 결론지어야 하는데, 문서들의 본질을 고려하면 그것은 신뢰할 수 없다. 따라서 에베소서에서 저자는 자신이 과거에 문서로나 구두로 사역한 것(3:3-4), 옥에 갇힌 것, 바울의 사역에 동참하는 다른 사람들(예를 들면 두기고, 6:21-22)의 사역을 위해 준비한 것 등을 언급한다. 실제로 그는 바울이 이미 죽었음에도 불구하고 그의 이름을 사용하면서 독자들에게 자기를 위해서 기도해달라고 권면한다(6:19-20). 또 그는 독자들에게 거짓을 버리고 참되게 말하라고 권면한다(4:25; cf. 4:15, 24; 5:9; 6:14). 표면적으로 위작이라고 간주되는 신약성서의 모든 문서들에 대해서 비슷한 말을 할 수 있다. 문서들을 문자 그대로의 의미로 받아들이며, 그 점에 있어서 교부들의 견해를 존중하고, 역사적이고 비판적인 분별력을 가지고 역사적이고 비판적인 가명사용의 증거를 해석해야 할 듯하다.

3. 최근에 몇 가지 중재적 견해들이 개진되어왔다. 알란트(Aland) 및 여러 학자들은 성령이 표면적인 저자와 실제 저자 사이의 틈을 깼다고 주장했다.[57] 만일 성령이 본문을 감화했다면, "어떤 사람이 저자인가?"라는 사실은 어떤 차이를 만들어내는가? 그러나 이 해답은 매우 어색하다. 그것은 거짓 예언과 같은 것이 있다는 초기 기독교 내에 널리 퍼진 인식을 무시한다. 게다가, 그것은 이처럼 "영감을 받은" 예언자들이 참이거나 참이 아닌 역사적인 주장들을 하고 있다는 사실을 간과한다.

미드(Meade)는 신약의 위서들의 가장 믿을 만한 배경은 그레코-로마 세계의 비슷한 위서들이나 제2 성전 시대의 유대교 위서들의 집성이 아니라, (구전이든지

56) 예를 들면, E. Earle Ellis, "Pseudonymity and Canonicity of New Testament Documents," in *Worship, Theology, and Ministry in the Early Church*, ed. Michael J. Wilkins and Terence Paige (Sheffield: JSOT Press, 1992), 212-24.

57) Kurt Aland, "The Problem of Anonymity and Pseudonymity in Christian Literature of the First Two Centuries," in *The Authorship and Integrity of the New Testament*, by Kurt Aland et al.; Theological Collections 4 (London: SPCK, 1965), 1-13.

기록된 것이든지) 원래의 자료를 증보하면서 후대의 자료를 최초의 저자의 것으로 간주하는 유대인들의 저술 과정이라고 주장한다.[58] 그의 주장에 의하면, 이 방식은 구약성서에서 시작되었다: 이사야서, 솔로몬의 저술 전집, 다니엘서. 그러나 모든 경우에 표면적인 유사성들은 무너진다. 미드의 가정에 의하면, 예루살렘에 대한 이사야의 예언은 1세기 이상 뒤에 그의 경향을 따른 사람들에 의해 증보되었다. 그러나 에베소서나 데살로니가후서는 한 권의 책에 추가된 것, 오래 전에 사망한 사람의 예언적인 말을 현대화하려고 추가한 것이 아니다. 그것들은 사도가 사망하고 나서 약 10년쯤 뒤에 기록된 독립된 문서들이다. 또 이사야서 40장 이하에는 에베소서나 목회서신들을 생각하게 하는 개인적 주장이나 역사적 사건이 없다. 제2 성전 시대의 유대교와 교부 시대에 발달한 현상들의 증거가 있지만, 유대인들과 초기 기독교인들이 가명으로 묵시록과 행적들을 기록했다는 것과 그 시대에 어떤 사람의 편지를 실제로는 다른 사람이 기록했다는 것은 전혀 다른 것이다. 미드는 그것을 뒷받침해주는 증거를 제공하지 못한다. 미드의 학설은 이미 하나의 이론이 지배적인 역사적-비평적 가설이 된 후에 결과들을 결정하려는 시도처럼 보인다.[59]

마샬(Marshall)은 세 번째 중재적 주장을 제공한다. 그는 가명사용의 문제점을 인정하지만,[60] 세밀하게 가다듬는 작업이 있을 수 있다고 주장한다. 우리는 이미 필기자들의 역할에 대한 논의에 익숙해져 있다. 또한 얼마 전에 사망한 저자의 작품을 누군가가 편집하여 출판했을 수도 있다. 오늘날 출판물에서 이러한 사실을 찾아볼 수 있을 것이며, 고대 세계에서 가장 비근한 예는 집회서 서문에서 발견된다. 마샬은 다음과 같이 추정한다: "그것은 죽은 사람과 가까웠던 사람이 죽은 사람이 쓴 것처럼 계속 저술하는 상황으로의 지나친 도약이 아니다. 미완성의 작품을 다른 사람이 완성할 수 있지만, 현대의 상황에서도 이것은 분명히 드러날 것이다.

58) Meade, *Pseudonymity and Canon*.

59) Meade는 다음과 같은 여러 가지 진술을 한다: "편지에 바울과 베드로의 이름을 붙인 위서들은 주로 문학적 기원을 주장하는 것이 아니라 권위있는 전통과 관련된 주장으로 간주되어야 한다"(ibid., 193). 그러나 그것은 증명되어야 할 문제이다. 증거가 없이 강력하게 주장하는 것만으로는 충분하지 못하다. 미드는 에녹1서 91-103을 "에녹의 편지"로 말하고 있지만, 그 문서에는 신약성서에서 접할 수 있는 서신 형식과 같은 것이 존재하지 않는다. 그것은 "내 아들 메트셰라야, 네 형제들을 모두 불러 오너라…에녹은 그의 모든 아들들에게 정의에 대하여 이렇게 말하였다"라는 말로 시작된다(에녹 1서 91:1, 3). 가명의 서신들은 미드의 생각처럼 널리 보급되지 않았다.

60) I. Howard Marshall, *A Critical and Exegetical Commentary on the Pastoral Epistles*, ICC (Edinburgh, T. & T. Clark, 1999), 79-83.

(여기에서 마샬은 '철학자의 제자들이 자기들의 작품을 스승의 것으로 돌리는 예가 여기에 속할 수 있을 것이다'라고 주석을 붙인다). 이것과 이전의 가능성의 구분은 비교적 유동적이며, 사망한 저자의 글을 얼마나 사용했는가에 따라서 달라진다."[61] 이 제안은 가명 사용을 지지하는 낡은 논거인 것처럼 보인다. 앞에서 피타고라스 "학파"의 추종자들이 정당하게 유사한 것들을 만들어내지 못했다는 점에 대해 살펴본 바 있다. 만일 마샬의 말은 바울의 추종자 한 사람이 바울이 죽은 직후에 실제로 완성된 원고를 마무리하였다는 말이라면, 상황은 달라진다. 실제로 마샬은 디모데후서를 준비하는 단계에서 발생한 것과 비슷한 것을 주장하는 듯하다. 그러나 마샬의 주장에 의하면, 비록 바울의 가르침을 토대로 했지만 디모데전서와 디도서는 새로운 작품들이다. 만일 이 학설이 옳다면, 적어도 고귀한 동기에서 바울의 이름으로 작성된 것이지만 디모데전서와 디도서는 당연히 위서이며, 그것들이 정경에 포함된 유일한 원인은 그것들이 위서라는 것을 초대교회가 인식하지 못했기 때문일 것이다. 이것은 그다지 그럴듯한 재구성인 것 같지 않다. 또, 바울에 대한 개인적인 언급들은 분명히 가명을 사용한 저자에게 모든 속임의 책임을 전가하기 어렵게 만든다.

목회서신에 속이는 사람들에 대한 경고가 포함되어 있다는 것은 문제를 한층 더 어렵게 만든다(딤전 4:1; 딤후 3:13; 딛 1:10). 또 저자 자신이 과거에 속이는 자였으나 이제 변화되어 구원을 받았다고 말하는 구절이 있다(딛 3:3). 속임에 대해서 말하는 사람이 과연 자기가 쓴 편지에 바울의 이름을 붙이려 하였겠는가?[62] 과연 그가 확고하게 "내가 전파하는 자와 사도로 세움을 입은 것은 참말이요 거짓말이 아니라"(딤전 2:7)고 말할 수 있었겠는가?[63]

오늘날 폭넓게 받아들여지는 중재적 학설은 일종의 "학파" 이론 형태이다.[64]

---

61) Ibid., 84, and also n. 106. Harrison(*The Problem of the Pastoral Epistle*, 12)과 같은 사람들이 이미 이 학설의 변형을 제공해왔다는 마샬의 지적은 옳다.

62) 존슨(Johnson)은 다음과 같이 지적한다: "처음 세대의 기독교인들은…영적 가르침의 전거들, 그리고 참 교사와 거짓 교사를 구분하는 데 많은 관심을 가지고 있었다. 그들은 카리스마적이니 안개 속에서 살 것이 아니다(고전 7:10-12; 14:29; 고후 11:13-15; 살후 2:2을 보라)."((p. 393). 그는 고대 시대에 가명이 사용되었다는 데 동의하지만, 우리가 초대 교인들의 관습에 대해 고려할 때에 그의 말은 우리를 주저하게 만든다.

63) 이 구절이 "속임수를 포함하는 기법을 사용함으로써 바울의 권위와 가르침의 진리를 확인하는 일의 어려움을 증명해준다"는 데에는 미드도 동의한다(*Pseudonymity and Canon*, 121). I만일 그 지접에 속임수가 포함되어 있다면, 가명사용은 독자들로 하여금 진행되고 있는 것을 깨닫게 해주는 평이한 방법이라는 그의 주장은 어떻게 되는가?

64) 예를 들면 다음과 같다: James D. G. Dunn, "Pseudonymity," *DLNT*, 977-84; Denis

이 학설을 주장하는 사람들은 특정 신약성서 문서들이 가명을 사용하고 있다는 다수의 의견에는 동의하지만, 그러한 교회들이나 작가들의 "학파" 안에서 알 필요가 있는 모든 사람들은 저술이 실제로 표면상의 저자의 것이 아니라는 것을 이해했기 때문에 속임수가 포함되어 있지 않다고 주장한다. 당시에는 이런 식으로 확대되는 것을 허용하는 일종의 "살아있는 전승"이 있었고, 그것을 신봉하는 사람들은 그 과정을 이해했다.

오늘날 폭넓게 받아들여지는 중재적 학설로서 일종의 "학파" 이론 형태이다. 그러나 실제로 그것은 해결책보다는 문제점을 제시한다.

만일 이 주장이 유지될 수 있다면, 나름의 매력을 가지고 있을 것이다. 그러나, 실제로 그것은 해결책보다는 문제점을 제시한다. 신 피타고라스주의자들에게 적합한 "학파"라는 용어는 교회에는 적합하지 않다. 신 피타고라스 주의자들은 폐쇄적이고 통제된 사회를 이루었다. 게다가 새로운 출판물이 피타고라스가 저술한 것이 아니라는 것을 신 피타고라스주의자들이 이해한다 해도, 외부인들 중에는 실제로 피타고라스의 글이라고 생각하는 사람이 있을 것이다. 만일 "학파"라는 전달 방식이 도처에 존재하였고 쉽게 이해되었다면, 신빙성과 관련된 질문을 제기하는 교회의 교부들 중에 그것이 신약성서 문서들을 이해하는 데 적절한 본보기라고 간주한 사람이 하나도 없음은 어찌된 일인가? 게다가, 신 피타고라스 주의자들이 출판한 새로운 논문들에는 신약성서 기자들이 제시하는 것과 같은 개인적인 주장이나 인유(引喩)가 포함되어 있지 않다. 그들이 주장하는 "새로운 진리들"은 산수(算數)에 대한 통찰들과 관련된 것이었을 뿐, 피타고라스가 갇혔던 감옥의 상태나 독자들이 그를 위해서 탄원한 것에 대한 논평이 아니었다. 우리는 증거를 회피해서는 안 된다. 예를 들어 던(Dunn)은 다음과 같이 기록한다: "기원전 2세기부터 기원후 2세기 사이에 기록된 에녹서(Enoch corpus), 열두 족장의 유언(*Testaments of the Twelve Patriarchs*), 또는 아담의 묵시록(*Apocalypse of Adam*)과 같은 문서와 관련하여 사려 깊은 독자들이 그러한 관습을 인식하지 못했다고 생각하기는 어렵다."[65] 그러나 실제로 사려 깊은 독자들"은 다양한 문서들의 신빙성에 대해 논의하면서 하나의 문서가 위서라고 확실하게 될 때에는 그것이 정경에 포함된 것이 부적당하다고 판단된다.

간단히 말해서, 어떤 신약성서 문서의 예정된 독자들이 그 문서가 가명을 사용

Farkasfalvy, "The Ecclesial Setting of Pseudepigraphy in Second Peter and its Role in the Formation of the Canon," *The Second Century* 5 (1986): 3-29 (with an important response by William R. Farmer, 30-46); Richard Bauckham, *Jude, 2 Peter*, WBC (Waco: Word, 1986).

65) Dunn, "Pseudonymity," 978.

한 것임을 이해했을 것이므로 속은 것이 아니라는 견해를 정당화하기 위해서 비근한 예들을 찾으려는 시도는 결국 실패로 끝났다. 확실한 증거에 의하면, 우리는 일부 신약성서 문서들이 가명을 사용한 위서라는 것, 그리고 실제의 저자들이 예정된 독자들을 속이려 했다는 것,[66] 또는 실제의 저자들은 진리를 말하려 했으며 가명을 사용한 것이 신약성서에서 입증되지 않는다고 결론지어야 한다.[67]

참고문헌

K. Aland, "The Problem of Anonymity and Pseudonymity in Christian Literature of the First Two Centuries," *JTS* 12 (1961): 39-49, repr. in *The Authorship and Integrity of the New Testament*, by Kurt Aland et al., *Theological Collections* 4 (London: SPCK, 1965), 1-13.

Loveday Alexander, *The Preface to Luke's Gospel: Literary Convention and Social Context in Luke 1.1-4 and Acts 1.1*, SNTSMS 78 (Cambridge: Cambridge University Press, 1993).

R. Dean Anderson Jr., *Ancient Rhetorical Theory and Paul* (The Hague: Kok Pharos, 1996).

David E. Aune, *The New Testament in Its Literary Environment* (Philadelphia: Westminster, 1987).

Margaret Barker, "Pseudonymity," in *A Dictionary of Biblical Interpretation*, ed. R. J. C. Coggins and J. L. Houlden (Philadelphia: Trinity Press International, 1990), 568-71.

Richard Bauckham, *Jude, 2 Peter*, WBC (Waco: Word, 1986).

Richard Bentley, *Dissertations upon the Epistles of Phalaris*…, ed. with Introduction and Notes by Wilhelm Wagner (Berlin: S. Calvary, 1874 [first published 1697-99]).

Hans Dieter Betz, *Galatians: A Commentary on Paul's Letter to the Churches in Galatia, Hermeneia* (Philadelphia: Fortress Press, 1979).

Norbert Brox, *Pseudepigraphie in der heidnischen und jüdisch-christlichen Antike*, WdF 484 (Darmstadt: Wissenschaftliche Buchgesellschaft, 1977).

F. F. Bruce, "Paul the Apostle," in ISBE 3.706; idem, *Tradition Old and New* (Grand Rapids: Zondervan, 1970).

P. Carrington, *The Early Christian Church,* 2 vols. (Cambridge: Cambridge University Press, 1957; idem, "The Problem of the Pastoral Epistles: Dr. Harrison's Theory Reviewed," ATR 21 (1939): 32-39.

D. A. Carson, "Pseudonymity and Pseudepigraphy," in *The Dictionary of New Testament Background*, ed. Craig A. Evans and Stanley E. Porter (Downers Grove: IVP, 2000), 856-64.

James H. Charlesworth, "Pseudonymity and Pseudepigraphy," *ABD* 5.540-41.

Adolf Deissmann, "Prolegomena to the Biblical Letters and Epistles," in *Bible Studies* (Edinburgh: T. & T. Clark, 1901), 1-59.

Lewis R. Donelson, *Pseudepigraphy and Ethical Argument in the Pastoral Epistles*, HUT 22

---

66) 이에 대해서는 특히 Ellis, 17-29을 보라.

67) "골로새서와 에베소서의 경우처럼, 목회서신의 저자 문제에 관해서도 실질적으로 두 가지 결론이 있다: 그것들은 가명의 저술이거나, 실제로 바울의 서신들이다."(McDonald/Porter, 497).

(Tübingen: Mohr-Siebeck 1986).

J. Duff, "A Critical Examination of Pseudepigraphy in First- and Second-Century Christianity and the Approaches to It of Twentieth-Century Scholars"(D. Phil. dissertation; University of Oxford, 1998).

James D. G. Dunn, "Pseudonymity," *DLNT*, 977-84.

E. Earle Ellis, "Pseudonymity and Canonicity of New Testament Documents," in *Worship, Theology, and Ministry in the Early Church*, ed. Michael J. Wilkins and Terence Paige (Sheffield: JSOT Press, 1992), 212-24; idem, "The Authorship of the Pastorals: A Résumé and Assessment," EQ 32 (1960): 151-6; idem, *History and Interpretation in New Testament Perspective*, BIS 54 (Leiden: Brill, 2001).

E. Evanson, *The Dissonance of the Four Generally Received Evangelists* (Ipswich: G. Jermyn, 1792).

Denis Farkasfalvy, "The Ecclesial Setting of Pseudepigraphy in Second Peter and its Role in the Formation of the Canon," *The Second Century* 5 (1986): 3-29 (with an important response by William R. Farmer, 80-86).

Robert W. Funk, "The Apostolic Parousia: Form and Significance," in *Christian History and Interpretation*, ed. W. R. Farmer, C. F. D. Moule, and R. R. Niebuhr (Cambridge: Cambridge University Press, 1966), 249-68.

Conrad Gempf, "Pseudonymity and the New Testament," *Themelios* 17 (1992): 8-10.

Donald Guthrie, "Tertullian and Pseudonymity," *ExpTim* 67 (1955-56): 341-42.

Alfred E. Haefner, "A Unique Source for the Study of Ancient Pseudonymity," *ATR* 16 (1934): 8-15.

P. N. Harrison, "The Authorship of the Pastoral Epistles," *ExpTim* 67 (1955-56): 77-81; idem, *Paulines and Pastorals* (London: Villiers, 1964); idem, *The Problem of the Pastoral Epistles* (London: Oxford University Press, 1921).

Martin Hengel and Anna Maria Schwemer, *Paul between Damascus and Antioch: The Unknown Years* (Louisville: Westminster John Knox, 1997).

Frank W. Hughes, "The Rhetoric of Letters," in *The Thessalonians Debate: Methodological Discord or Methodological Synthesis?* ed. Karl P. Donfried and Johannes Beutler (Grand Rapids: Eerdmans, 2000), 194-240.

M. R. James, *The Apocryphal New Testament* (Oxford: Clarendon, 1926).

Phillip H. Kern, *Rhetoric and Galatians: Assessing an Approach to the Epistle*, SNTSMS 101 (Cambridge: Cambridge University Press, 1999.

Mark Kiley, *Colossians as Pseudepigraphy* (Sheffield: JSOT Press, 1986).

John Knox, *Philemon Among the Letters of Paul* (London: Collins, 1960).

Andrew T. Lincoln, *Ephesians*, WBC 42 (Dallas: Word Books, 1990).

Richard Longenecker, "On the Form, Function, and Authority of the New Testament Letters," in *Scripture and Truth*, ed. D. A. Carson and John D. Woodbridge (Grand Rapids: Zondervan, 1983), 101-14; idem, *Paul, Apostle of Liberty*, reprint ed. (Grand Rapids: Baker, 1976).

Abraham J. Malherbe, *Ancient Epistolary Theorists* (Atlanta: SP, 1988).

I. Howard Marshall, *A Critical and Exegetical Commentary on the Pastoral Epistles*, ICC (Edinburgh: T. & T. Clark, 1999); idem, "Recent Study of the Pastoral Epistles," Themelios 23/1 (1997): 3-29.

David G. Meade, *Pseudonymity and Canon*, WUNT 39 (Tübingen: Mohr-Siebeck, 1986).

Wayne A. Meeks, "'To Walk Worthily of the Lord': Moral Formation in the Pauline School Exemplified by the Letter to the Colossians," in *Hermes and Athena: Biblical Exegesis and Philosophical Theology*, ed. Eleonore Stump and Thomas P. Flint, University of Notre Dame Studies in the Philosophy of Religion 7 (Notre Dame: University of Notre Dame Press, 1993), 37-58.

B. Metzger, "Literary Forgeries and Canonical Pseudepigrapha," *JBL* 91 (1972): 3-24; idem, "A Reconsideration of Certain Arguments Against the Pauline Authorship of the Pastoral Epistles," *ExpTim* 70 (1958-59): 91-94.

C. Leslie Mitton, *The Formation of the Pauline Corpus of Letters* (London: Epworth, 1955).

Leon Morris, *Apocalyptic*, 2nd ed. (Grand Rapids: Eerdmans, 1973.

Jerome Murphy-O'Connor, *Paul the Letter-Writer: His World, His Options, His Skills* (Collegeville: Liturgical Press, 1995).

Peter T. O'brien, *The Letter to the Ephesians*, PNTC (Grand Rapids: Eerdmans, 1999).

Stanley E. Porter, "Pauline Authorship and the Pastoral Epistles," *BBR* 5 (1995): 105-123; idem, "Pauline Authorship and the Pastoral Epistles: A Response to R. W. Wall's Response," *BBR* 6 (1996): 133-38.

Jeffrey T. Reed, "Using Ancient Rhetorical Categories to Interpret Paul's Letters: A Question of Genre," in *Rhetoric and the New Testament: Essays from the 1992 Heidelberg Conference*, ed. Stanley Porter and Thomas H. Olbricht, JSNTSup 90 (Sheffield: JSOT Press, 1993), 292-324.

Bo Reicke, *Re-examining Paul's Letters: The History of the Pauline Correspondence* (Harrisburg: Trinity Press International, 2001).

E. Randolph Richards, *The Secretary in the Letters of Paul,* WUNT 42 (Tübingen: Mohr-Siebeck, 1991).

M. Rist, "Pseudepigraphy and the Early Christians," in *Studies in New Testament and Early Christian Literature*, ed. D. E. Aune (Leiden: Brill, 1972), 75-91.

Joseph A. Sint, *Pseudonymität im Altertum, ihre Formen und ihre Gründe* (Innsbruck: Universitätsverlag, 1960).

W. Speyer, *Die literarische Fälschung im heidnischen und christlichen Altertum: Ein Versuch ihrer Deutung* (München: Beck, 1971).

J. Stevenson, *A New Eusebius* (London: SPCK, 1963.)

Stanley K. Stowers, *Letter Writing in Greco-Roman Antiquity* (Philadelphia: Westminster, 1986.

R. W. Wall, "Pauline Authorship and the Pastoral Epistles," "A Response to S. E. Porter," *BBR* 5 (1995): 125-28.

Jeffrey A. D. Weima, "The Function of 1 Thessalonians 2:1-12 and the Use of Rhetorical Criticism: A Response to Otto Merk," in *The Thessalonians Debate: Methodological Discord or Methodological Synthesis?* ed. Karl P. Donfried and Johannes Beutler (Grand Rapids: Eerdmans, 2000), 114-31.

John Lee White, *The Form and Function of the Body of the Greek Letter*, SBLDS 2, 2nd ed. (Missoula: SP, 1972); idem, *Light from Ancient Letters* (Philadelphia: Fortress Press, 1986).

Theodor Zahn, *Geschichte des neutestamentlichen Kanons*, 4 parts in 2 vols. (Erlangen: A. Deichert, 1888-92).

제9장

사도이자 신학자인 바울

바울은 기독교의 제2 창시자라고 불릴 만큼 신약성서와 교회사에서 매우 중요한 인물이다. 물론 바울을 제2 창시자라고 부르는 것은 옳지 않다. 왜냐하면 이는 예수님과 바울의 연속성을 무시한 것이요, 베드로와 요한과 누가와 같은 사람들의 공헌을 무시하는 표현이기 때문이다.[1] 그러나 교회의 설립과 성장, 그리고 그리스도 안에 있는 하나님의 은혜의 해석과 적용에서 바울이 중요한 역할을 했음은 부인할 수 없는 사실이다. 또한 바울은 오늘날까지도 정경의 일부가 된 열세 개의 서신을 통하여 우리에게 영향을 미치고 있다. 이 서신들은 신약성경의 약 ¼ 을 차지하며, 바울은 누가 다음으로 신약성경 중 많은 분량을 기록한 사람이 된다. 게다가 거의 바울에 관한 이야기로 점철된 사도행전의 16장(13-28)을 더한다면, 바울은 신약성경의 거의 ⅓을 차지하는 셈이 된다.

1. 바울의 배경

바울은 어떤 사람이었는가? 그의 배경을 살펴보는 것이 그를 이해하고 그의 말들을 정확하게 해석하는 데 도움이 될 것이다. 바울은 자기의 배경에 대해서 대충 소개하는데, 그 자료는 그의 서신들에 산발적으로 흩어져 있다. 기본적인 역사적 내용들은 바울이 성전 층대에 서서 분노한 유대인 무리들에게 한 설교(행 22:1-21)와 아그립바 2세와 로마 총독 베스도 앞에서 행한 설교(행 26:2-23)에서

---

1) 특히 David Wenham, *Paul: Follower of Jesus of Founder of Christianity?* (Grand Rapids: Eerdmans, 1995)을 보라.

찾아볼 수 있다(바울의 선교사역 연표에 대해서는 제7장을 보라).

1) "길리기아 다소에서 났고" (행 22:3)

다소는 소아시아 남동쪽에 위치한 길리기아 지방의 주요 도시이며,[2] 바울의 시대에는 로마의 속주인 시리아-길리기아의 수도였다(갈 1:21을 보라). 이 도시는 부유했고, 특혜를 받았으며(로마 세금이 면제되었다), 문화 수준이 높고, 유명한 학교들이 있었다.[3] 바울은 다소에서 출생했을 뿐만 아니라, 이 "특별한 도시"의 시민이기도 했다(행 21:39).

더욱 중요한 것은 그가 로마의 시민이었다는 사실이다. 로마는 아무에게나 시민권을 부여하지 않았으며, 로마 제국에 사는 극소수의 사람만이 이 특권을 소유했다. 바울은 나면서부터 로마 시민권을 가지고 있었는데(행 22:28), 이는 그의 아버지나 할아버지가 로마를 위해 어떤 공헌을 했기 때문에 얻은 특권이었던 것 같다.[4] 로마 시민권은 그가 로마제국에서 선교할 수 있게 해준 하나님의 섭리에 의한 중요한 자격을 부여해주었다. 이 시민권은 사람들이 그의 설교를 좋아하지 않아 그를 잡아 가두려 할 때 피할 수 있게 해 주었고(행 16:37-39), 형벌을 면하게 해 주었으며(행 22:23-29), 로마 황제에게 항소할 수 있게 해주었다(행 25:10-12).

바울은 로마 시민으로서 이름(*praenomen*), 성(*nomen*), 그리고 별명(*cognomen*) 등 세 가지 이름이 있었다. 우리가 아는 것은 바울(*Παῦλος*; *Paulo*s)이라는 별명뿐이다. 바울은 고향에서 그의 직업 기술을 배운 듯하다. 그 지방의 산물인 길리기움(*cilicium*)이 장막을 만드는 재료로 사용되었고, 누가는 바울이 "장막 짓는 사람"이었다고 증거한다(행 18:3).[5] 바울이 교회에 부담을 주지 않기

---

2) 다소에 관해서는 William M.Ramsay, *The Cities of St. Paul: Their Influence on His Life and Thought* (London: Hodder & Stoughton, 1907), 85-244; Colin J. Hemer, "Tarsus" in *ISBE* 4: 734-36을 보라.

3) Strabo, *Geog.* 14.5.14.

4) F. F. Bruce, *Paul: Apostle of the Heart Set Free* (Grand Rapids: Eerdmans, 1977), 37-38. 일부 학자들은 바울이 실제로 로마 시민이었는지 의심하지만(예를 들면, Calvin Roetzel, *Paul: The Man and the Myth* [Columbia: University of South Carolina Press, 1998], 19-22), 그 전승은 확실하다(Rainer Riesner, *Paul's Early Period: Chronology, Mission Strategy, Theology* [Grand Rapids: Eerdmans, 1998], 147-56을 보라).

5) 이것이 *σκηνοποιός*(*skēnopoios*: god 18:3 참조)라는 단어의 뜻일 것이다. 그러나 Ronald F. Hock과 다른 사람들은 그 뜻이 단순히 "무두장이"(The Social Context of Paul's Ministry [Philadelphia: Fortress, 1980])를 의미한다고 주장하며, BDAG에서 "maker of stage proper-

위해(살전 2:9) 선교 사역을 하면서도 계속했던 생업이 이것이었다고 생각된다.

2) "이 성에서 자라" (행 22:3)

성전 층대에서 행한 바울의 설교 중 이 구절은 바울이 어린 시절을 다소에서 보냈는지, 또는 예루살렘에서 보냈는지에 관한 논란을 불러 일으켰다. 이 문제가 많은 관심을 불러 모은 것은 바울의 사고 세계에 관한 논의에 중요한 역할을 하기 때문이다. 바울의 가르침은 헬라 세계의 영향을 많이 받았는가, 아니면 유대 세계의 영향을 많이 받았는가? 이 구절의 중요성은 다음의 두 가지 문제에 달려 있다. 첫째, 이 "성"은 현재 바울이 연설하고 있는 도시(예루살렘)를 가리키는가, 아니면 그가 얼마 전에 언급한 도시(다소)를 가리키는가? 나이젤 터너(Nigel Turner)는 후자를 강조하지만,[6] 설교의 정황을 고려할 때 전자일 가능성이 더 높다. 두 번째 문제는 마침표에 관한 것으로서 두 가지 가능성이 TNIV와 NRSV에 분명히 나타나 있다:

> TNIV: I am a Jew, born in Tarsus of Cicilia, but brought up in this city. I studied under Gamaliel and was thoroughly trained in the law of our ancestors…
>
> NRSV: I am a Jew, born at Tarsus in Cicilia, but brought up in this city at the feet of Gamaliel, educated strickly according to our ancestral law…

TNIV는 "this city"("이 성") 다음에 마침표를 찍음으로써 "brought up"("자라")와 "under Gamaliel"("가말리엘의 문하에서")라는 말과 분리한다. 이것은 "자라"가 바울이 어려서 부모들의 양육을 받은 것을 가리킨다. 그렇다면 바울은 다소에서 태어났지만 예루살렘에서 자랐음을 암시한다고 볼 수 있다.[7] 반면에 NRSV는 "brought up"("자라")를 "at the feet of Gamaliel"("가말리엘의 문하에서")와 연결하기 때문에 "brought up"(자라)는 십대 초반에 시작되었을 바울의 랍비 교육을 언급한다. 이렇게 해석할 경우에 바울은 다소에서 자랐으며, 공

---

ties" (928)라고 주장하였다.

6) Nigel Turner, *Grammatical Insights into the New Testament* (Edinburgh: T. &T. Clark, 1965), 83-84.

7) W. C. van Unnik, *Tarsus or Jerusalem: The City of Paul's Youth* (London: Epworth, 1962)을 보라.

부하기 위해서 예루살렘으로 왔다는 말이 된다.[8)]

그러나 TNIV에 사용된 마침표를 인정해야 할 듯하다. 태어나고 자라서 교육을 받은 세 단계는 자연스러운 자서전적인 순서이다. 그럼에도, 이것이 바울의 배경에 관한 논쟁에 결정적인 역할을 하거나 문제를 해결하지는 못한다. 바울은 예루살렘에서 교육을 받는 동안(예루살렘에서 헬레니즘이 전혀 생소한 것은 아니었다), 또는 회심 후 10년간 다소에서 사역하는 동안에 헬라 사상을 접할 수 있는 다양한 기회를 가졌을 수도 있다. 반면에, 바울이 10살쯤 될 때까지 다소에서 살았다고 해서 그가 헬라 사상에 물들었다고 볼 필요는 없다. 바울은 자기가 "히브리인 중에 히브리인"(빌 3:5)이라고 강조하는데, 이것은 그의 부모와 자신이 문화적으로나 언어상으로나 팔레스타인 유대인식의 사고를 가지고 있었다는 것이다(고후 11:22과 행 6:1의 히브리인과 헬라인의 대조를 보라). 다소든지 예루살렘이든지 그가 자란 고향은 아람어를 사용하는 곳이었고, 전통적인 팔레스타인 유대인의 관습이 보존되어 있는 곳이었다.[9)] 따라서 주로 팔레스타인 유대인으로서의 바울의 배경이 그의 신학에 영향을 미쳤다. 그러나 우선은 "헬레니즘적 배경"과 "팔레스타인의 배경" 혹은 "헬레니즘적 배경"과 "유대적 배경"을 엄격한 구분 짓지 않도록 주의해야 한다. 바울 자신의 주장이 암시하듯이, 둘 사이에 차이가 있었지만, 이 차이가 과장될 수 있으며 때로 과장되어왔다. 1세기의 팔레스타인과 유대교에는 헬라 사상이 스며들어 있었다.[10)] "고대에는 사상들이 관(管)을 통해 흐르지 않았으며,"[11)] 바울의 세계는 다양한 영향력들 및 그것들의 결합에 노출되어 있었다.

---

8) E. g., Richars N. Longnecker, *Paul, Apostle of Liberty*, reprint ed. (Grand Rapids: Baker, 1976), 25-27; Calvin Roetzel, *Paul: A Jew on the Margins* (Louisville: Westminster John Knox Press, 2003), 11-19.

9) Longenecker, *Paul, Apostle of Liberty*, 21-64; Bruce, *Paul: Apostle of the Heart Set Free*, 42.

10) Martin Hengel, *Judaism and Hellenism*, 2 vols. (Philadelphia: Fortress, 1974); cf, also Troels Engberg-Pedersen, ed., *Paul Beyond the Judaism/Hellenism Divide* (Louisville: Westminster John Knox Press, 2001)을 보라.

11) Leander E. Keck, *Paul and His Letters, Proclamation Commentaries* (Philadelphia: Fortress, 1979), 11.

3) "우리 조상들의 율법의 엄한 교육을 받았고 하나님께 대하여 열심하는 자라" (행 22:3)

바울은 태어나면서부터 "히브리인 중에 히브리인"이었을 뿐만 아니라, 철저한 유대교 신봉자요, 가장 "엄격한 분파"에 속해 있었고, 바리새인이었음을 강조한다(행 26:5; 갈 1:14; 빌 3:5-6). 학자들은 1세기 바리새주의의 많은 양상에 대해 의견을 달리하지만, 비교적 분명한 사실이 몇 가지 있다. 바리새인들은 "구전의 율법", "장로들의 유전"(막 7:3), 기록된 모세의 법을 보완하고 해석하기 위해 만들어진 일련의 규정들에 많은 관심을 기울였다. 그들은 모세오경에 명시되지 않은 교리들도 수용하려 했기 때문에 사두개인들과 근본적인 차이가 있었다(예를 들면 몸의 부활; 행 23:6-8을 보라). 그들은 자기들의 신앙에 대한 열심과 생활 전반을 성화시키려는 의지를 존중했던 일반인들에게 막대한 영향력을 행사했다.[12] 바울은 힐렐 학파의 바리새인이었던 가말리엘 1세 문하에서 교육을 받았다(행 26:3). 초대교회에 대해 산헤드린에게 행한 가말리엘의 조언에 드러난 것처럼, 힐렐과 그의 추종자들은 관대한 태도를 지닌 것으로 잘 알려져 있었다(행 5:34-39). 이 점에 있어서 바울은 그의 스승과 달랐던 듯하다. 바울이 자주 고백한 것처럼, 유대교에 대한 열심 때문에 그는 초대교회 운동을 핍박했다(행 22:4a; 26:9-11; 갈 1:13; 빌 3:6). 그러나 바울은 결국 그의 스승과 크게 다르지는 않았을지도 모른다. 스데반의 사건이 있기 전에 행한 가말리엘의 조언은 적어도 일부 기독교인들이 어느 정도까지 율법과 성전이 없이 지내려 했는지를 드러내주었다. 이러한 현상이 바울이나 다른 바리새인들로 하여금 막 자라나기 시작한 기독교 운동을 박해하게 만들었을 것이다.[13]

4) "다메섹에 가까이 왔을 때에" (행 22:6)

기독교인들을 박해하던 사람이 다메섹으로 가는 도중에 갑자기 부활하신 예수님을 만남으로써 가장 유능한 그리스도의 전도자로 변신했다. 다메섹 도상에서의

---

12) 이 문제에 대한 간결한 요약에 관해서는 다음을 보라: Anthony J. Saldarini, "Pharisees," in *ABD* 5.289-303, and esp. Ronald Deines, "The Pharisees between 'Judaisms' and 'Common Judaism,'" in *Justification and Variegated Nomism,* vol: *The Complexities of Second Temple Judaism*, ed. D. A. Carson, Peter T. O'Brein and Mark A. Seifrid, *WUNT* 140 (Tübingen: Mohr-Siebeck / Grand Rapids: Baker, 2001), 443-504.

13) Longnecker, *Paul,* 33-37.

바울의 경험은 누가가 한 번 묘사했고(행 9:3-6), 사도행전에서 바울이 두 번(22:6-11과 26:12-15), 그리고 그의 서신에서 한 번 묘사했다(갈 1:15-16). 이러한 분명한 묘사 외에도, 이 사건을 암시하는 기록들은 바울에게서 자주 찾아볼 수 있다.[14] 일부 학자들은 이 사건이 바울의 신학을 형성하는 데 기본적인 역할을 했다고 주장했다.[15] 바울이 경험한 그리스도와의 만남은 단순한 심리적인 경험이 아니고, 영적 환상도 아니었다. 바울과 동행하던 사람들은 빛을 보았으나 예수님은 보지 못했고(행 9:7과 22:9를 보라), 소리를 들었으나 그 음성을 이해하지 못했다(행 9:7과 22:9).[16] 더욱이 바울은 이 부활하신 예수님의 나타나심이 예수께서 부활하시고 승천하시기까지 베드로와 여러 제자들에게 나타나신 것과 동등한 것이라고 주장했다(고전 15:5-8;또는 9:1을 보라).

그리스도의 "계시"(ἀποκάλυψς [*apokalypsis*])는 바울에게 전혀 준비 없이 임했다. 그전까지 바울은 자신이 유대교 신앙에 만족을 느끼지 못했다든지 하나님에 관한 더 깊은 체험을 추구했다고 암시한 적이 없다. 이러한 준비 기간을 지적한다고 생각되기도 하는 본문들은 달리 해석하는 것이 훨씬 더 바람직하다. 바울에게 들려온 "가시채를 뒤발질하기가 네게 고생이니라"(행 26:14)라는 하늘의 경고는 바울이 성령의 역사를 거부해왔다는 것이 아니라 이제 하늘로부터 온 계시 안에 표현된 하나님의 뜻을 거부하지 말아야 한다는 의미이다.[17] 로마서 7:14-25도 회심 이전의 바울의 심리적 갈등을 가리킨다고 보기 어렵다.[18] 오히려 사도행전에서의 그 체험에 대한 묘사나 빌립보서 3:3-11에 기록된바 그 사건에 대한 바울의 암시는 열심 있는 유대교인이요 교회를 핍박하는 사람이 갑자기 예수의 제자로

---

14) Seyoon Kim, *The Origin of Paul's Gospel* (Tübingen: Mohr-Siebeck, 1981), 3-31.

15) 특히 Kim, *Origin, and Christian Dietzfelbinger, Die Berugung des Paulus als Ursprung seiner Theologie*, WMANT 58 (Neukirchen-Vluyn: Neukirchener, 1985). *The Road from Damascus: The Impact of Paul's Conversation on his Life, Thought, and Ministry*, ed. Richard N. Longenecker (Grand Rapids: Eerdmans, 1997)도 보라.

16) 이 차이는 아마도 9:7의 소유격 *τῆς φωνῆς*(*tēs phōnēs*, "소리"[the sound])가 22:9에서는 목적격 τὴν φωνὴν(tēn phōnēn, "음성"[the voice])으로 바뀐 것에 의해서 나타난 듯하다. 하지만 이 변화의 중요성은 아직도 논란이 되고 있다(Maxmillian Zerwick, *Biblical Greek* [Rome: Pontifical Biblical Institute, 1963]. §69; C. F. D. Moule, *An Idiom Book of the New Testament Greek* [Cambridge: Cambridge University Press, 1971], 36을 보라).

17) Johannes Munck, *Paul and the Salvation of Mankind* (London: SCM, 1959), 20-21. "가시채를 뒤발질하기"는 하나님을 거부함을 의미하는 유명한 격언이다(Longnecker, Paul, 98-101을 보라).

18) 바울은 중생한 사람으로서의 자신의 경험을 가리키거나 아니면 율법 아래 있는 모든 유대인들의 전형적인 인간으로서의 자신의 경험을 가리키는 듯하다.

변했음을 강조한다.

다메섹 도상에서의 만남은 바울을 예수의 추종자로 만들었을 뿐만 아니라, 예수님을 전하는 사람으로 만든 사건이었다. 둘의 관계가 모든 기록에 동일하게 진술되지는 않았지만, 모든 기록이 바울의 회심을 사역으로의 부르심과 동일시했음은 분명하다(행 9:15; 22:15; 26:15-18; 갈 1:16). 어떤 사람들은 이 계시가 "회심의 경험이 아니라 "소명"의 경험이라고 지나친 주장을 한다.[19] 유대교와 기독교 사이에 어떤 연관성이 있었던 간에, 신약성경은 이 둘은 다른 것이고 기독교에만 구원이 있음을 분명히 한다. 따라서 전자에서 후자로 변화하는 것은 회심이라고 불러야 한다.[20] 그러나, 바울의 경우에는 회심과 소명이 서로 얽혀 있었다. 요하네스 뭉크(Johannes Munck)가 강조한 대로, 바울은 자신을 구약 시대인 이사야나 예레미야처럼 구속사에서 중요한 역할을 감당할 하나님의 특수한 도구라고 보았다.[21] 이러한 면에서 볼 때, 바울의 소명에는 유대인을 향한 사역이 포함되어 있었지만(행 9:5), 바울이 종종 자신의 소명이 특히 이방인들에게 복음을 전하는 것이었음을 강조했음이 중요하다(갈 1:16; 살전 2:4; 롬 1:1, 5; 15:15-16). 복음을 이방인에게 전하는 사명이 하나님께서 바울을 부르시고 사용하실 그릇으로 선택하신 것의 근본 목적이었다.

이러한 면에서 볼 때, 바울의 소명에는 유대인을 향한 사역이 포함되어 있었지만, 바울이 종종 자신의 소명이 특히 이방인들에게 복음을 전하는 것이었음을 강조했음이 중요하다.

2. 바울의 선교 사역과 연표

1) 자료의 문제

바울의 서신들은 그의 어린 시절, 과거의 여행들, 미래의 계획 등을 언급하지만, "바울의 생애"를 재구성하는 데 필요한 정보를 제공하지 않는다. 그것은 당연히 예상되는 일이다. 바울은 특수한 문제들을 다루기 위해 편지들을 썼고, 그러한 문제들을 다루는 데 필요하다고 생각되거나 특별한 상황으로 인해서 기도를 부탁할

19) 예를 들면, Krister Stendahl, *Paul Among Jews and Gentiles, and Other Essays* (Philadelphia: Fortress, 1976), 7-12.

20) Alan Segal, who sees Paul's experience as typical of "conversions" in sectarian Judaism (*Paul the Convert* [New Haven: Yale University Press, 1990], 72-114)을 보라. Cf. also Peter T. O'Brien, "Was Paul Converted?" in *Justification and Variegated Nomism, vol. 2: The Paradoxes of Paul*, ed. D. A. Carson, Peter T. O'Brien, and Mark A. Seifid (Tübingen: Mohe-Siebeck / Grand Rapids: Baker, 2004), 361-91.

21) Munck, *Paul,* 24-33.

때에만 자신의 경력을 언급한다. 따라서 전통적으로 바울의 선교 사역의 개요는 사도행전이 제공하는 상세하고 순차적인 자료, 그리고 일부 학자들은 그러한 방법의 정당성에 대해 이의를 제기한다. 그들의 주장에 따르면, 바울의 서신들은 바울의 생애를 재구성하는 데 우선적인 자료를 제공하고, 역사적 정확성에 의문이 많은 사도행전은 정확성을 증명할 수 있는 곳이나 서신 연구로부터 얻은 정보를 확증해 줄 때에만 사용되어야 한다.22)

이러한 조건을 기초로 하여 구성된 개략적인 바울의 이력과 연표는 전통적인 것과 꽤 다른 모습을 갖게 된다. 수정된 모델들은 사도행전에 근거한 전통적인 모델과 두 가지 점에서 차이를 보인다. 첫째는 사도들의 공회의 배치이다. 누가는 그것을 제2차 전도여행 앞에 두지만, 바울 서신의 자료들은 공회가 제2차 전도여행 후에 있었다고 기록한다고 주장된다. 또 하나는 바울이 예루살렘을 방문한 횟수이다. 바울 서신은 단지 세 번의 방문—회심하고 삼년 후, 사도들의 공회 때, 제3차 전도여행을 마치고 모금한 헌금을 전달할 때—만 언급한다. 따라서 사도행전에 언급된 다른 두 번의 방문—11:27-30의 기근 구제를 위한 방문과 18:22의 제2차 전도여행과 3차 전도여행 사이의 방문—은 비역사적이라고 본다. 일부 수정된 도식들은 사도행전의 순서에 기초를 둔 바울의 생애에 대한 전통적인 모델과 여러 점에서 다르다.23)

그러나 그러한 수정본들이 과연 도움이 되고 필요한 것인지 의심스럽다. 바울의 생애를 연구하는 데에는 바울 자신의 저술들이 가장 중요한 자료가 된다. 그러나 그의 저술들은 그의 생애의 연대표를 작성하는 데 필요한 자료를 제공하지 않으므로, 당연히 다른 자료들을 살펴보아야 한다. 사도행전이 그러한 정보를 얻을 수 있는 신빙성 있는 자료라고 보아야 한다. 제7장에서 살펴본 대로, 사도행전은 바울의 동행자였던 누가에 의해 기록되었으므로, 바울의 움직임에 대한 그의 정보가 신빙성이 있다고 볼 수 있다. 게다가 우리는 누가의 역사적 정확성을 존중해야 할

---

22) John Knox, *Chapters in a Life of Paul* (London: Adam & Charles Black, 1954), 13-43; Robert Jewett, *A Chronology of Paul's Life* (Philadelphia: Fortress, 1979), 7-24; Gerd Lüdemann, Paul, *Apostle to the Gentiles: Studies in Chronology* (Philadelphia: Fortress, 1984), 21-29.

23) 예를 들어, 바울 서신에 나타나 있는 그의 신학과 모금에 관한 바울의 언급에 상당히 의존하고 있는 Lüdemann은 바울이 마케도니아에 처음 교회를 세우기 위해 방문했던 때를 40년대초나 중반으로 보며, 바울이 모금한 것을 가지고 예루살렘으로 돌아간 때를 주후 52년경으로 본다(*Paul*, 262-63을 보라). 예루살렘 방문과 예루살렘 공회에 관해서는 Charles Buck and Greer Taylor, *Saint Paul: A Study of the Development of His Though*t (New York: Charles Scribner's Sons, 1969), 7-8을 보라.

이유도 발견했다. 이것은 바울 서신과 사도행전의 기록이 다를 경우에 사도행전을 선호해야 한다는 의미는 아니다. 그러나 발견된 많은 차이점들은 특수한 해석들의 산물로서, 그러한 해석들만 가능한 것은 아니다. 바울의 이동에 대한 바울 자신의 진술들과 사도행전에 기록된 바울의 이동은 놀랄 만큼 일치한다.[24] 바울의 생애를 구성하는 데 있어서 사도행전을 부차적인 것으로 취급하는 것은 부당하다. 그러므로 앞으로 바울의 선교 사역과 그 연표를 살펴보는 데 있어서 우리는 사도행전을 중요한 자료로 사용할 것이다. 사도행전과 바울서신에 근거를 둔 바울의 사역의 상대적인 연표를 일단 작성한 후에 절대적인 연표를 구성해 보도록 한다.

2) 바울의 선교 사역 개요

① 회심에서부터 제1차 전도여행까지

이 시기의 상대적인 연표를 작성하는 데 작용하는 결정적인 자료는 갈라디아서 1:13-2:10에 있다. 이 단락에서 바울은 자신의 사도적 권위가 예루살렘의 사도들에게서 비롯된 것이 아님을 증명하기 위해서 예루살렘의 사도들과 자기의 관계를 자세히 이야기한다. 그는 회심하고 나서 3년 후에 베드로를 "심방하려고"(1:18) 처음으로 예루살렘에 방문했고, 14년 후에 이방인들에게 전한 복음을 예루살렘의 사도들에게 알리기 위해서 다시 예루살렘을 방문했다고 말한다(2:1). 이 순서는 두 가지 중요한 문제를 제기한다. 여기에서 바울이 언급하고 있는 두 번의 방문은 사도행전에 기록된 것 중 어느 것을 가리키는가? 그리고 "삼년 후"와 "십사 년 후"의 순서를 어떻게 이해해야 하는가?

바울이 언급하는 첫 번째 예루살렘 방문은 사도행전 9:26-30에서 누가가 언급하는 것과 동일한 것이다. 그러나 갈라디아서 2:1의 방문은 사도행전 11:27-30의 기근 구제를 위한 방문과 동일한 것인가, 아니면 사도행전 15장의 사도들의 공회의 방문과 동일한 것인가? 많은 학자들은 후자일 것이라고 주장해왔다. 바울이 이 방문의 특징을 이방인을 향한 그의 복음에 대한 심문이 포함되어 있다고 규정한 것이 사도행전 15장의 공회의 상황과 일치한다는 것이다. 그러나 바울의 묘사에는 사도행전 15장의 상황에 맞지 않는 세부적인 내용들이 있을 뿐만 아니라 갈라디

---

24) T. H. Campbell, "Paul's Missionary Journeys' As Reflected in His Letter," *JBL* 74(1955): 80-87; Ben Witherington III, *The Paul Quest: The Renewed Search for the Jew of Tarsus* (Grand Rapids: Eerdmans, 1998), 327-31.

아서의 배경은 그것이 공회 이전에 기록되었을 것임을 암시한다(제12장를 보라). 그렇다면, 갈라디아서 2:1은 사도행전 11:27-30의 기근 구제를 가리킨다고 볼 수 있다.

이렇게 가정할 때, 바울이 이 단락에서 제시하는 구체적인 시간에 관한 언급은 바울의 생애에 대한 상대적 연표를 작성하는 데 있어 중요한 위치를 차지한다. 갈라디아서 1:18의 "삼 년"은 바울의 회심과 첫 번째 예루살렘 방문 사이의 기간이라는 데는 일반적으로 동의한다.[25] 그러나 2:1의 "14년"은 회심에서부터 시작되는가, 아니면 첫 번째 예루살렘 방문에서부터 시작되는가?[26] 전자를 따르면 순서 A,

그림 4. 바울의 생애: 두 가지 제안

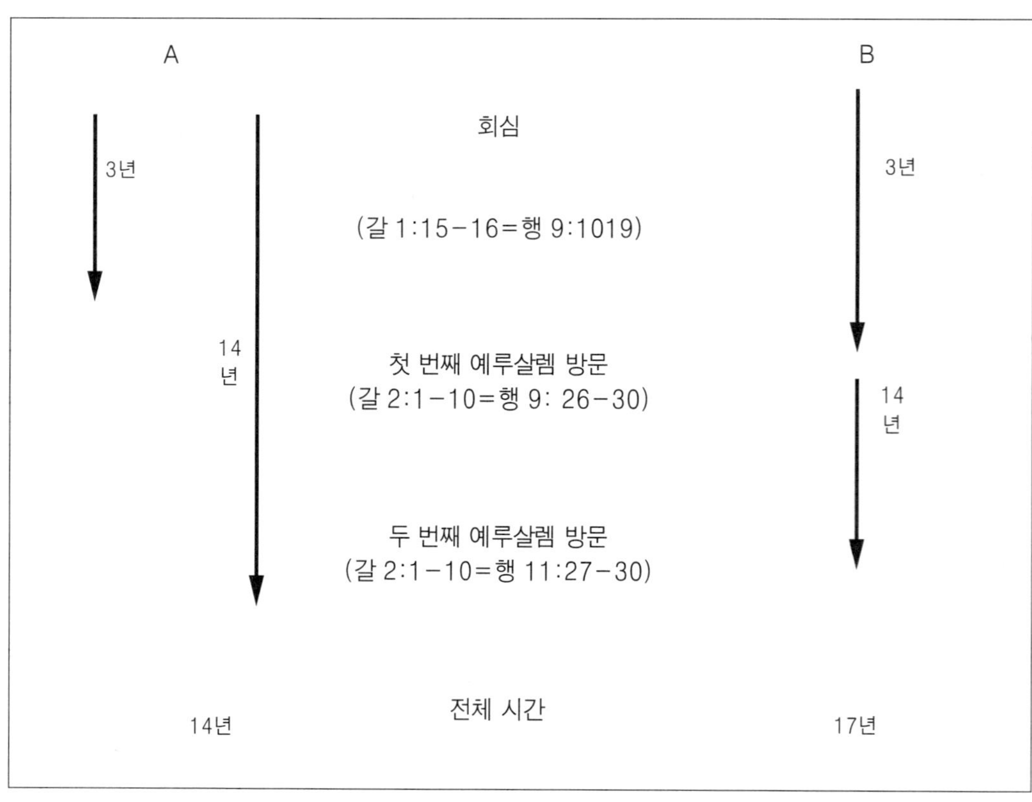

25) 그러나 Lüdemann은 "삼 년"이 바로 전에 있었던 일 즉 바울이 다메섹으로 돌아간 일(1:17)을 가리킨다고 본다(*Paul*, 63).

26) 여기서도 Lüdemann은 "14년"을 바울이 수리아와 길리기아로 여행한 시기로부터(1:21) 계산한다(ibid.).

후자를 따르면 순서 B가 된다(도표 4를 보라).

두 가지 이유에서 순서 A가 타당한 듯하다.[27] 첫째, 갈라디아서 1장에서 바울의 회심이 두드러지게 표현된 것은 그가 시간을 말하면서 이 사건을 염두에 두고 있었음을 암시한다. 둘째, 이 순서는 앞으로 다룰 다른 연대에 관한 암시들과 가장 잘 부합된다.

한 가지 더 결정해야 할 문제는 여기서 바울이 연대를 포괄적으로 계산하고 있는가 아니면 배타적으로 계산하고 있는가이다. 배타적 방법은 우리에게 매우 친숙한 방법으로서 X라는 사건과 Y라는 사건 사이의 기간은 사건들이 발생한 연도 사이의 기간을 가리킨다. 만일 바울의 회심이 주후 33년에 발생했다면, 삼년 후에 있었던 그의 첫 예루살렘 방문은 주후 36년이 된다. 사건 X와 사건 Y 사이의 기간을 포괄적인 방법으로 계산하게 되면, 두 사건 사이의 연도뿐만 아니라, 두 사건이 일어난 연도도 함께 계산에 포함시킨다. 그렇다면, 바울의 회심과 예루살렘 방문까지의 기간은 짧게는 일 년 반일 수도 있고(회심이 33년 후반에 있었고, 35년 초반에 예루살렘을 방문했을 경우), 그의 회심과 두 번째 예루살렘 방문까지는 짧게는 12년 4개월일 수도 있다. 계속 논란이 되고 있지만 고대에는 포괄적인 방법이 전형적인 방법이었던 것처럼 보이므로, 우리도 갈라디아서 1-2장을 해석하는 데 그 방법을 선호한다.

사도행전 9-11장과 갈라디아서 1-2장의 자료들을 사용해서 바울의 선교 사역의 초기를 재구성할 수 있다. 바울은 회심 후에 "아라비아"로 떠나기 전에(갈 1:17) 잠시 다메섹에 머물렀다(행 9:19). 바울은 여기서 아라비아 반도가 아니라 사해 북동쪽에 위치한 나바테 왕국을 언급한다. 어떤 사람들은 다메섹 도상에서의 경험에 의한 갑작스런 변화를 생각해 볼 때 바울이 아라비아에서 묵상하고 신학을 정립하면서 지냈다고 생각하는데, 다메섹 도상의 경험에 의해 초래된 극적인 관점의 변화를 감안해보면 얼마 동안은 그렇게 지냈을 가능성이 있다. 그러나 이 기간을 단순히 수양의 기간으로 보기는 어렵다. 후일 바울이 나바테의 아레다 왕에게서 당하는 어려움들은(고후 11:32) 바울이 이 기간에 그곳에서 적극적으로 사역을 했음을 강하게 암시한다.[28] 바울은 이 불확실한 기간이 지난 후에 다메섹으로 돌아

---

27) J. Louis Martyn은 갈라디아서 1-2장의 시간에 대한 언급을 해석하면 이 단락의 의도와 어울린다고 주장한다(*Galatians: A New Translation with Introduction and Commentary*, AB 33A [New York: Doubleday, 1997], 180-82). 반대 견해로는 Jerom Murphy-O'Connor, *Paul: A Critical Life* (Oxford: Clarendon Press, 1996), 6-8을 보라.

오지만(갈 1:17; 행 9:20-22?), "아레다 왕의 방백"과 유대인들의 그를 잡아 죽이려 했기 때문에 그의 사역은 중단되었다(고후 11:32; 행 9:23-24). 그는 성벽에 있는 창문을 통하여 광주리를 타고 탈출했고(고후 11:33; 행 9:25), 아마 그로부터 2년이 조금 지난 후에 처음으로 예루살렘을 방문했다. 예루살렘의 제자들은 처음에는 악명 높은 교회의 핍박자를 경계했지만, 바나바가 설득했기 때문에 그를 받아들였다(행 9:26-27). 바울은 거기서 주님의 형제 야고보 외에는 아무도 만나지 않고 보름 동안 베드로와 지냈다(갈 1:18-19). 바울은 기독교인 형제들의 영접을 받았지만, 옛 동료들의 미움을 받게 되었다. "헬라파 유대인들"이 그를 죽이려 했기 때문에 그는 다소로 피신했다(행 9:28-30; 갈 1:21을 보라).

그로부터 얼마 후에 안디옥에서 많은 헬라인들이 기독교인이 되고 있다는 소문을 확인하기 위해 예루살렘으로부터 파송된 바나바가 다소에 있는 바울을 불러 안디옥에서 동역을 하게 된다(행 11:25-26). 누가는 바울과 바나바가 거기서 일 년간 머물렀다고 말하며, 그 해에 기근 구제를 위한 방문(행 11:27-30)이 있었으므로, 바울이 안디옥에 도착한 것은 회심 후 12년이나 13년 후일 것이다. 따라서 바울은 다소에서 거의 십 년쯤 머문 셈이 되며, 그 동안에 사도행전에서는 언급되지 않지만 바울이 언급하고 있는 사건들이 발생한 것으로 보인다(고후 11:22-27).[29]

② 바울의 제1차 전도여행에서 그의 죽음까지

바울은 그의 사역의 첫 단계에 한 정보를 갈라디아서 1-2장에서 제공하지만, 그의 사역의 두 번째 단계—제2차 전도여행에서부터 그의 생애의 마지막까지—에 대해서는 사건의 순서나 연대에 대한 언급이 없다. 따라서 이 부분에 대해서는 사도행전에 전적으로 의존할 수밖에 없다. 안타깝게도 누가는 바울의 생애 중 이 단계에 대해서는 비교적 솔직하며 바울 자신의 자서전적 회상과 상충되지 않은 기사를 제공해주지만, 예외적으로 연대와 관련하여 매우 모호한 것들이 몇 가지 있다. 누가는 "오랜 시간 후에", "여러 날이 지난 후", "이때쯤" 등의 표현을 즐겨 사용하는데, 이것은 경과된 시간을 추정하는 데 전혀 도움이 되지 못한다.

예를 들어, 누가는 사도행전 13:1-3에서 자신이 이야기해온 다른 사건들과의

---

28) 다음을 보라: Kirsopp Lake, "The Conversion of Paul," in *The Beginning of Christianity, Part I: The Acts of the Apostles*, ed. F. J. Foakes Jackson and Kirsopp Lake.(London: Macmillan, 1920-33), 5.192-94; Martin Hengel and Anna Maria Schwemer, *Paul between Damascus and Antioch: The Unknown Years* (Louisville: Westminster John Knox, 1997), 106-77.

29) Bruce, Paul, *Apostle of the Heart Set Free*, 127-28.

시간적 관계를 지적하지 않은 채 제1차 전도여행을 소개한다. 그럼에도 불구하고, 그 이야기를 11:19-30에서 시작된 안디옥 이야기의 연속으로 보는 것이 옳을 듯하다. 만일 그렇다면, 11:26에서 언급된 일 년이라는 안디옥에서의 사역 기간은 바울이 바나바의 사역에 동참한 때부터 제1차 전도여행을 시작한 때까지의 기간이 된다. 이 여행에는 바나바와 바울에 동참했고, 부분적으로 요한 마가가 바나바의 고향인 구브로와 갈라디아 남부의 도시들, 즉 비시디아, 안디옥, 이고니온, 루스드라, 그리고 더베까지 함께 했다(행 13:4-14:26). 약 1,400 마일[30]쯤 되는 이 여행에 소요된 기간은 일 년에서 오 년까지 다양하게 추정된다.[31] 가장 그럴 듯한 추측은 18개월이지만[32] 확실하게 알 길이 없다.

제1차 전도여행을 마친 바울과 바나바는 안디옥에서 "오래" 지낸 후(행 14:28; 갈 2:11-14), 사도들의 공회에 참석하기 위해 예루살렘으로 갔다(15:29). 그들은 안디옥으로 돌아와서 얼마쯤 지내다가(15:30-33), 계속될 선교여행에 요한 마가를 데리고 가느냐 하는 문제로 다투었고, 결국 두 사람은 결별하여 각기 다른 길로 여행을 떠났다(15:36-41). 바울의 제2차 전도여행은 소아시아 지방을 통과하여 갈라디아 남단을 경유해서 마케도니아 지방—특히 빌립보(살전 2:2), 데살로니가(살전 2:2; 빌 4:15-16), 베레아(행 17:10-15)—을 거쳐 아덴(살전 3:1)과 고린도(고후 11:7-9), 아가야 지방을 포함한다. 누가는 바울이 고린도에 이르기 전까지는 구체적인 시간을 전혀 언급하지 않다가, 고린도에서는 18개월 동안 체류했다고 언급한다(행 18:11).[33] 이 언급은 갈리오 사건(18:12-17)이 있기 전까지 바울이 고린도에 체류한 기간만 가리킬 수도 있고, 바울이 고린도에서 보낸 기간 전체를 가리킬 수도 있다.[34] 거리가 약 2,800 마일이 되는 제2차 전도여행에 소요된 시간은 정확하게 계산하기 어렵지만, 바울이 고린도를 제외한 다른 곳에서는 오래 머문 곳이 없는 점으로 보아 약 2년 정도로 보는 것이 옳을 듯하다.

---

30) 바울의 전도여행에 관한 모든 거리 계산은 Barry J. Beitzel, *The Moody Atlas of Bible Lands* (Chicago: Moody, 1985), 177에서 인용했다.

31) Jewett, *Chronology*, 57-62의 설명을 보라. 그는 46개월을 택했다. 바울 시대에는 하루에 배로 약 100 마일 정도, 걸어서는 많아야 15-20마일 정도 밖에는 여행할 수 없었다고 추정된다(Wayne A. Meeks, *The First Urban Christians: The Social World of the Apostle Paul* [New Haven, Conn.: Yale University Press, 1983], 18).

32) George Ogg, *The Odyssey of Paul* (Old Tappan, N J.: Fleming H. Revell, 1968), 65-71.

33) Ogg, *Odyssey*, 114-15.

34) Richard Longnecker, "Arts," in *EBC* 9:484.

예루살렘으로 돌아온 후에(행 18:22에 "교회"라는 말로 암시되어 있다), 바울은 안디옥에 가서 "얼마" 동안 머물었다(18:23). 그러나 에베소에 남겨둔 브리스길라와 아굴라에 대한 염려 때문에 바울은 안디옥에 오래 머물지 못한 듯하다(18:19). 그럼에도 불구하고 바울은 에베소에 이르기 전에(19:1; 고전 16:8), "갈라디아와 브리기아 지방을 차례로" 돌아보았다(18:23). 바울이 에베소에서 얼마 동안 지냈는지는 분명하지 않다. 사도행전 20:31에서 바울은 에베소 교회의 장로들에게 자신이 그들과 삼년을 함께 지냈다고 말한다. 그러나 이것은 19:8-10에 구체적으로 언급된 2년 3개월을 반올림해서 계산한 것이라고(포괄적으로 계산함) 볼 수 있다. 그러나 누가는 에베소에서의 체류를 이 두 구절로 요약하려는 의도가 아니었을 수도 있다. 따라서 바울이 에베소에서 머문 기간은 2년 3개월에서 3년 사이라고 결론을 내리는 것이 가장 안전하다. 바울은 에베소를 떠나 북쪽 마케도니아로 갔고, 거기서 고린도에서 돌아온 디도를 만났다(행 20:1; 고후 2:12-13). 사도행전이나 바울 서신에는 이 여행에 대한 언급이 없지만, 어떤 학자들은 이때 바울이 일루리곤(지금의 알바니아나 유고슬라비아; 롬 15:19를 보라)에서 사역했을 것이라고 추정한다.[35] 바울은 고린도에서 겨울을 보낸 후(그리스에서 석 달 동안 체류 [행 20:2-3; 고후 9:4]), 온 길로 되돌아서 가이사랴를 거쳐 예루살렘으로 돌아간 듯하다(20:3-21:16). 약 700마일에 달하는 이 여정에 소요된 기간은 3년 반에서 4년, 혹은 5년인 듯하다.

누가의 기록은 그 후 바울이 이년 간 로마의 어느 집에 연금되는 것으로 끝맺는다. 많은 사람들은 바울의 일생이 여기서 끝났다고 생각한다. 그러나 이때부터 바울이 사망할 때까지 얼마간의 시간이 있었음을 알 수 있다.

바울은 예루살렘에 도착한 직후에 성전에서 폭동을 일으킨 장본인이라는 의심을 받아 로마 당국에 체포되었다(행 21:27-36). 바울은 곧 가이사랴로 이송되어 2년을 지냈다(행 24:27). 그 후 바울은 배로 로마로 이송되었는데, 그 항해는 가을에 시작하여(27:9의 "금식하는 절기"는 속죄일이 틀림없는 듯하다), 파선으로 석 달간 멜리데에서 지낸 후 다음 해 봄에 로마에 도착했다(28:11). 누가의 기록은 그 후 바울이 이년 간 로마의 어느 집에 연금되는 것으로 끝맺는다(28:30-31).

많은 사람들은 바울의 일생이 여기서 끝났다고 생각한다. 그러나 다음의 두 가지 점을 고려해보면, 이때부터 바울이 사망할 때까지 얼마간의 시간이 있었음을 알 수 있다. 첫째, 신빙성 있는 초대교회의 기록에 의하면, 바울의 죽음은 주후 64-65년에 있었던 네로 황제의 박해와 관련되어 있다. 그러나 바울이 2년 동안

35) Riesner (*Paul's Early Period*, 321)는 바울이 고린도로 떠나기 전에 빌립보에서 겨울을 보냈을 수도 있다는 이론을 주장한다.

로마에 머물었다는 사실 때문에 그가 이 시기에 사망했다고 생각할 수는 없을 듯하다. 둘째, 목회 서신은 사도행전 28:30-31의 로마에서 갇혀 지낸 후에 지중해 동부 지역에서 사역했음을 증거해준다(제17장을 보라). 그렇다면, 바울은 첫 번째로 로마의 감옥에서 석방 된 후에도 한 동안 사역했음이 분명하다. 이 기간에 그가 원래 계획했던 대로 스페인까지 갔었는지는 확실치 않다(롬 15:24를 보라).[36]

3) 바울의 선교 사역 연표

사도행전의 증거와 바울의 서신들의 내용들을 종합해 보면, 바울의 생애에 관한 어느 정도 정확한 연표를 만들 수 있다. 하지만 누가나 바울 모두 바울의 사역에 대한 정확한 날짜를 제시하지 않기 때문에, 정확한 날짜를 결정하는 것은 사도행전과 바울 서신에서 입증할 수 있는 날짜와 함께 언급된 사건들의 상호관계에 의존하는 수밖에 없다. 그러한 사건들 중에서 가장 중요한 것은 제2차 전도여행 중 고린도에서 바울이 아가야 지방의 총독 갈리오 앞에 섰던 사건이다.[37] 갈리오가 51년 7월부터 52년 7월까지 아가야의 총독이었음을 확인해주는 비문들이 있다.[38] 누가는 바울이 갈리오를 만나고 나서 곧 고린도를 떠났다고 주장한다. 사도행전에서 "여러 날"(18:18)은 비교적 짧은 기간을 가리킨다(9:23, 43; 27:7). 그렇다면, 바울이 고린도에서 18개월 동안 머물었을 가능성이 있는 기간은 49년 봄부터 51년 가을까지, 또는 50년 봄부터 52년 가을까지이다. 만일 유대인들이 새 총독에게 바울을 송사하려 했다면, 전자일 가능성이 높다. 이 두 연대 모두 49년경에 공포되었으리라고 짐작되는 글라우디우스의 칙령에 대한 누가의 언급에(18:2) 잘 들어맞는다.[39]

---

36) 중요한 언급은 클레멘트 1서 5:1-7에 있다. 거기서는 바울이 "서방의 끝"(τὸ τέρμα τῆς δύσεως [*to termaa tēs dyseōs*])에 도착했다고 했다. 많은 사람들은 로마인이었던 클레멘트가 로마의 서쪽이라는 뜻으로 이 말을 했다고 생각하며(무라토리 정경도 참고하라), 따라서 바울이 스페인에 갔었을지도 모른다고 생각한다(예: John J. Gunther, *Paul: Messenger and Exil* [Valley Forge, Pa. : Judson, 1972], 188-92). 하지만 다른 사람들은 클레멘트가 로마를 가리킨 것이었다고 생각하거나, 전통의 신빙성을 의심해서 바울이 스페인에 갔었다는 주장에 이의를 제기한다(Ogg, *Odyssey*, 188-92). 목회서신에 나와 있는 동쪽 지방에서의 사역에 필요한 시간은 바울이 스페인에 갔을 가능성을 희박하게 해준다.

37) Lüdemann은 이 사건의 역사성을 의심하기 때문에, 그의 재구성에 갈리오 사건의 연대적 암시들를 사용하지 않는다(*Paul*, 157-64).

38) Jewett, *Chronology,* 38-40; Bruce, *Paul: Apostle of the Heart Set Free*, 253. 갈리오의 임기를 일 년 후로 보는 것은 가능성은 거의 없다.

바울의 선교 활동 중반기에 위치한 비교적 신빙성이 있는 이 연대는 앞뒤의 연대를 추정하는 기준이 된다. 우선 그 이전을 살펴보면, 바울이 49년 봄에 고린도에 도착한 것을 기준으로 하면 제2차 전도여행은 48년 여름이나 가을쯤에 시작한 것으로 추정되며, 따라서 사도들의 공회는 그 직전인 48년에 있었을 것이고, 제1차 전도여행은 46-47년이나 47-48년이었을 것이다. 그렇다면, 바울이 기근 구제를 위해 예루살렘을 방문한 것은 45-47년이 된다. 이 연대는 45년이나 46년에 심한 기근이 있었다는 요세푸스의 기록과 일치한다.[40] 이 기근 구제를 위한 방문 연대의 한 가지 문제점은 누가는 44년에 죽은 헤롯 아그립바 I세의 죽음을 그 다음 장에서 다룬다는 것이다(12:19-23). 하지만, 여기에서는 누가가 주제별로 기록했다는 것, 그리고 아그립바의 죽음은 그가 신자들을 박해한 이야기(12:1-19)의 자연스러운 결말이기 때문에 여기에서 그의 죽음에 대해서 묘사했다고 볼 수 있다.

만일 기근 구제를 위한 방문이 주후 45-47년에 있었고, 갈라디아서 2:1의 "십사년"을 바울의 회심으로부터 포괄적인 방법으로 계산한다면, 바울이 회심한 연대는 32년에서 35년 사이가 된다. 바울의 회심 연대에 관해서 다음과 같이 두 가지를 더 고려해 볼 수 있다. 첫째, 사도행전 1-8장의 사건들을 참작해보면, 예수께서 십자가에 달리신 때부터 바울의 회심 사이에는 적어도 일 년 이상의 기간이 있었다.[41] 만일 예수께서 주후 30년에 돌아가셨다면, 바울의 회심은 32-35년 중 어느 시기에 발생했을 것이다. 그러나 예수께서 주후 33년에 돌아가셨다면, 35년만 가능해진다. 둘째, 다메섹에서 아레다 왕이 바울을 체포하려 했다는 언급을 고려하면 이 사건은 주후 37년 이후에 발생했다고 보아야 한다(고후 11:32). 왜냐하면

---

39) 이 칙령은 Suetonius의 *Life of Claudius* 25. 4에 언급되지만, 역사가인 Orosius에 의하면 주후 49년으로 추정된다(*Hist*. 7.6.15-16). 일부 학자들은 이 연대를 문제시하면서 Dio Cassius, *Hist. Rom.* (40.6.6) 에 제시된 연대를 선호한다(예를 들면, Lüdemann, *Paul*, 164-71). 그러나 Orosius의 주장이 옳은 듯하다(E. Mary Smallwood, *The Jews Under Roman Rule*, SJLA 20 [Leiden: Brill, 1976], 210-15; Riesner, *Paul's Early Period*, 157-201을 보라).

40) Jos., Ant. 20. 2. 5. 연대에 관하여는 Kirsopp Lake, "The Chronology of Acts," in *Beginning of Christianity*, 5:452-55를 보라. 이 당시에 세계적인 하나의 엄청난 기근이 없었기 때문에 "전 로마 제국"(ὅλην τὴν οἰκυμένην*; holēn tēn oikoumenēn*)에 영향을 끼친 기근에 대한 누가의 언급은 지나친 과장이거나 아니면 꾸며낸 이야기로 간주되어 왔다. 하지만 로마제국 전반에 걸쳐 있었던 몇 번의 기근은 누가의 일반화를 합리화시킨다(K. S. Gapp, "The Universal Famine Under Claudius," in *HTR* 28 [1935]: 258-65).

41) 초기 영지주의 전승에서는 예수님의 부활 이후의 나타나심이—바울에게 나타나신 것까지 포함에서—18개월 동안 지속되었다고 주장했고(Irenaeus, *Adv. Haer.* 1.30.14; *Ascension of Isaiah* 9:16을 보라), 일부 학자들에게는 이 전승을 존중하는 경향이 있다.

이 연대 이후에만 아레다가 다메섹에 영향을 끼쳤다고 볼 수 있기 때문이다.[42] 그리고 바울이 다메섹에서 탈출한 것은 그가 회심하고 2년쯤 후의 일이다. 예수께서 처형되신 연도가 매우 불확실하지만, 이 두 가지 요소는 바울이 회심한 해를 34-35년으로 생각하게 한다. 바울이 아레다를 언급한 것을 해석하는 데에는 어려움이 있어 속단할 수 없으므로, 바울의 회심이 좀 더 일찍 발생했을 가능성도 배제할 수는 없다.[43]

갈리오의 연대 이후의 사건들을 추정해 보면, 바울이 51년 늦여름이나 가을에 제2차 전도여행을 끝내고, 곧 바로 52년 봄에 제3차 전도여행을 시작한 것을 발견하게 된다. 바울이 얼마 후에 에베소에 도착했는지는 확실하지 않지만, 그가 52년 중반이나 말부터 55년 중반이나 말까지 그곳에 체류했다고 가정할 수 있다. 바울이 에베소를 떠난 후에 마케도니아에서 얼마 동안 지냈거나 일루리곤으로 갔을 가능성이 있다.[44] 어쨌든 그는 57년 봄에 비로소 팔레스타인으로 돌아가는 여행을 시작했을 것이다. 이러한 결론은 베스도가 59년에 벨릭스의 후임으로 유대 총독으로 부임했다는 학자들의 거의 일치된 견해에 근거한다.[45] 벨릭스의 후임으로 베스도가 부임한 직후에 바울의 가이사랴에서의 2년간 감옥 생활이 끝났으므로 (행 25:1-12), 그는 분명히 57년 봄에 팔레스타인으로 돌아왔을 것이다. (그가 무교절에 여행 중이었고[20:6], 오순절 전에 예루살렘에 도착하기를 원했던 것으

---

42) Ogg, *Odyssey,* 16-23, and Jewett, *Chronology*, 30-33; W. P. Armstrong and J. Finegan, "Chronology of the New Testament," in *ISBE* 1:689-90을 보라.

43) 특히 Reisner, *Paul's Early Period*, 75-89를 보라. Bruce는 바울을 잡으려고 했던 방백은 아레다 왕의 수하에 있던 관리가 아니라 다메섹에 있는 유대인들의 우두머리였다는 흥미로운 제안을 했다 (*Paul: Apostle of the Heart Set Free*, 81-82).

44) Colin Hemer, *The Book of Acts in the Setting of Hellenistic History*, WUNT 2. 49(Tübingen: Mohr-Siebeck, 1989), 258-61.

45) Gunther, *Paul: Messenger and Exile*, 140-41; G. B. Caird, "Chronology of the New Testament", in *IDB*, 1:604-5; Jewett, *Chronology*, 40-41; Hemer, *Book of Acts*, 171; F. F. Bruce, *New Testament History*, 2nd ed. (Garden City, N.Y.: Doubleday, 1971), 345-46; Riesner, *Paul's Early Period*, 219-24. 어떤 학자들은 55년이나 56년경에 해임된 로마의 관리 발라스가 벨릭스의 해임에 크게 작용했다는 사실에 근거하여, 훨씬 이전인 55년이나 56년경으로 주장하기도 한다(Lake, "Chronology," 464-67을 보라). 그러나 요세푸스가 네로 황제 시대에 벨릭스의 주도로 발생했다고 요세푸스가 네로가 황제로 있는 동안에(주후 54년이나 그 이후) 벨릭스에 의해 이루어졌다고 기록한 모든 사건들을 그렇게 짧은 기간 안에 압축시키는 것은 불가능하다. 발라스는 그의 직책에서 물러난 이후에도 계속 영향력을 발휘했을 것이다. 이 점에 관해서는 다음을 보라: Emil Schürer, *The History of the Jewish People in the Age of Jesus Christ (175 B.C.- A.D.135)*, new ed., vol.1, rev. ed. by Geza Vermes and Fugus Millar (Edinburgh: T. &T. Clark, 1973), 465-66n). 대조적으로 Schürer는 벨릭스가 주후 60년에 해임되었다고 주장하고(*History*, 465-66n), Ogg는 61년이라고 주장한다(*Odyssey*, 146-70).

로 보아[20:16] 바울은 봄에 예루살렘으로 돌아왔다.)

만일 이 추리가 옳다면, 바울은 59년 가을에 로마를 향한 항해를 시작했고("여러 날이 걸려 금식하는 절기가 지났으므로 행선하기가 위태한지라"라고 기록한 행 27:9은 그때가 가을이었음을 보여준다),[46] 60년 봄에 로마에 도착했다. 누가가 사도행전 28:30-31에서 언급한 2년간의 감옥 생활을 마치고 바울이 석방되었다고 가정할 때, 그는 62-64년 사이에 동방(예를 들면 에베소[디모데전서를 보라]와 그레데[디도서를 보라])에서 사역했다. 바울은 네로의 박해 때 다시 체포되어

표 6. 바울의 선교사역 연대기

사건	가능한 연대
회심	주후 34–35(혹은 좀 더 일찍)
다메섹과 아라비아에서의 사역	35–37
첫 번째 예루살렘 방문	37
다소와 길리기아에서의 사역	37–45
기근 구제 방문	45, 46, 혹은 47
제1차 전도여행	46–47, 혹은 49
사도 공회	48 혹은 49
제2차 전도여행	48 혹은 49–51
제3차 전도여행	52–57
가이사랴에서의 감옥생활	57–59
로마로의 항해	59–60
로마에서의 연금생활	60–62
동방에서의 사역	62–64
죽음	64–65

46) 이 언급은 바울이 로마를 향해 출발한 시기가 주후 59년임을 확증해줄 수도 있다. W. P. Workman은 사도행전 27장 9절의 구문은 그 해에는 속죄일이 항해를 끝낸 다음에 있었음을 제시한다고 주장했다("A New Date-Indication in Acts," *ExpTim* 11 [1899-1900]: 316-19). 만일 9월 24일이 안전한 항해의 마지막 날이라는 전승이 옳다면, 바울이 항해한 해의 속죄일은 이 9월 24일 이후였다. 57년, 59년, 62년이 그러한 해였다. 학자들은 62년은 너무 늦고 57년은 너무 이르다고 주장한다. 그러나 Workman이 추정한 항해의 마지막 날은 너무 늦게 잡은 것일 수도 있다; Vegetius(*De Re Militari* 4.39)는 그 날을 9월 14일로 보았다(Ogg, *Odyssey*, 174).

바로 처형되었을 것이다(64년이나 65년). 표 6은 바울의 선교 사역의 연표를 요약한 것이다.

3. 바울의 권위와 그의 사상의 근원

1) 바울의 권위

바울의 사역의 기초는 그가 자신을 사도르 인식한 것이다. 그도 다른 사도들처럼 주님을 보았고(고전 9:1), 주님이 그를 사도로 부르셨다(갈 1:1). 바울은 하나님의 부르심으로 사도가 되었기 때문에, 그를 대적하는 일부 사람들이 지극히 "큰 사도"라고 부른(고후 11:5) 베드로, 야고보, 요한, 그리고 열두 사도들 중 나머지 사람들과 동등한 권위를 가지고 있다고 주장할 수 있었다. 바울의 모든 편지들은 이러한 사도의 권위를 의식하면서 쓴 것이다. 바울은 때때로 자신의 가르침과 주님의 가르침을 구분할 수 있었으며(예를 들면, 고전 7:6, 10, 12; 고후 11:17), 어디에서도 자신의 편지가 영감을 받은 것임을 분명히 하지 않았다. 그럼에도 불구하고, 그는 자신의 가르침을 주님의 가르침과 구분하면서 자신의 권위가 약함을 암시하지는 않는다. 그는 자신이 "주의 명령"을 기록한다고 주장할 수 있었다(고전 14:37). 바울은 예수님의 지상 사역에 대해서 자신이 알고 있는 가르침과 이제 주님이 자기 백성들에게 요구하신다고 생각하는 것을 구분한다. 또한 바울은 자신이 영감 된 성경을 기록하고 있음을 의식하지는 못했지만, 그의 사도적 자세는 그로 하여금 구약성경을 주권적으로 자유로이 해석하게 하고, 성경에 기록된 것과 같이 구속력이 있다고 생각하는 것을 교인들에게 요구를 할 수 있게 했다.

2) 바울의 가르침의 근원

① 계시와 전통

바울의 가르침에 영향을 준 근원들에 대한 논의에서는 자신의 복음이 "예수 그리스도로부터 받은 계시"에서 비롯되었다는 바울의 주장을 다루어야 한다(δι' ἀποκαλύψεως Ἰησοῦ Χριστοῦ [*di' apokalypseōs Iēsou Christou*], 갈 1:12). 이 "계시"는 다메섹 도상에서 바울에게 나타나신 그리스도를 가리킨다(1:16을 보라). 바울은 자신이 갈라디아인들에게 가르친 복음이 인간에게서 비롯된 것이 아니라 계시를 통하여 왔음을 분명히 한다. 바울의 복음은 초자연적인 복음이었다. 우리는 바울의 이 주장을 결코 잊어서는 안 되지만, 이 주장을 그대로 인정하면서 바울이 다른 곳에서는 이전의 그리스도인들에게서 그의 교훈을 받았다고 말하고 있음을 알아야 한다. 예를 들면, 고린도전서 15:1-3에서 바울은 자신이 고린도교인들에게 전한 복음에 관해 언급하면서 "내가 받은 것(παρέλαβον; *parelabon*)을 너희에게 전하였다(παρέδωκα; *paredka*)"라고 말한다. 바울이 여기서 사용하는 "받다"(παραλαμβάνω; *paralambanō*)라는 단어는 랍비들이 전승의 전달을 묘사할 때 주로 사용하는 단어이다. 바울이 주장하는 것은 그리스도의 죽음과 매장과 부활(고전 15:3-5) 등 그의 복음적 가르침의 요소들은 다른 사람들이 그에게 전해주었다는 것인 듯하다.

어떤 학자들은 바울의 이러한 주장에서 모순을 발견하지만, 그 모순에 대한 답변은 어렵지 않게 발견된다. 우리는 본질과 형태를 구분해야 한다. 나사렛 예수가 참으로 하나님의 아들이었으며 죽은 자들로부터 살아났고 하나님의 목적을 위해서 하나님의 계획에 따라서 십자가에 달리셨다는 복음의 본질이 다메섹 도상에서 바울에게 계시되어 그의 삶을 변화시켰다. 이 진리는 폭넓은 의미들을 함축하고 있다. 그중 하나는 결국 바울이 지금까지 핍박해온 그리스도인들이 옳았다는 것이고, 또 하나는 이제 메시아가 오셨기 때문에 율법은 더 이상 하나님의 목적의 중심이 될 수 없다는 것이다. 특히 율법이 예수에게 저주를 선고했고, 그래서 그가 "나무에 달렸기 때문에"(갈 3:13과 신 21:23) 그러하다. 따라서 바울은 이제 율법은 하나님의 백성의 자격 조건이 될 수 없다는 결론을 내린다(갈라디아서를 보라).47) 그러나 바울 이전의 사람들은 많은 역사적인 세목들, 새로운 진리를 표현하기 위해 사용된 용어, 그리고 초기에 복음의 사건들을 성경에 비추어 해석한 것들 등을 바울에게 전해 주었다.48)

② 초기 기독교 전승들

바울이 이용할 수 있었던 예수에 대한 초기 기독교 전승들이 어떤 것이었는지

---

47) Peter Stuhlmacher, "'The End of the Law': On the Origin and Beginnings of Pauline Theology" in *Reconciliation, Law, and Righteousness: Essays on Biblical Theology* (Philadelphia: Fortress, 1986), 134-54을 보라.

48) F. F. Bruce, *Tradition Old and New* (Grand Rapids: Zondervan, 1970); George Eldon Ladd, *A Theology of the New Testament* (Grand Rapids: Eerdmans, 1974), 386-94; Kim, *Origin*, pp. 67-70을 보라.

확인할 방법이 없지만, 사도행전 1-8장의 연설들에서 발견되는 역사적 사실들과 신학적 강조점들은 바울이 회심하고 삼년 후에 베드로와 함께 보름을 지내는 동안 베드로 및 다른 신자들이 바울에게 전해준 것이라고 가정할 수 있다(갈 1:18). 이미 살펴본 대로 고린도전서 15장 3절 이하에서는 전승들을 전하고 받는 것을 가리키는 용어를 사용한다.

바울이 이용할 수 있었던 예수에 대한 초기 기독교 전승들에 대해서 확인할 방법이 없지만, 바울이 회심하고 삼년 후에 베드로와 함께 보름을 지내는 동안 베드로 및 다른 신자들이 바울에게 전해준 것이라고 가정할 수 있다

그러나 바울의 서신들이 그가 사용한 전승들에 대해 더 많은 정보를 제공해줄 수도 있다. 문체와 신학의 분석을 통하여 바울의 서신 안에 있는 초대교회의 다양한 신조나 찬송, 전통적인 교리문답 자료를 확인할 수 있다는 주장도 있다. 특이한 단어, 운율이 있는 시적인 양식, 비-바울적인 신학적 강조점 등은 바울이 인용했을 법한 초대교회의 전승들을 확인하는 기준이 된다.[49] 이러한 인용문들 중에 가장 유명한 빌립보서 2: 6-11에는 몇 개의 특이한 단어들이 있고, 찬송 양식으로 나열될 수 있는 비슷한 길이의 행들로 구분되며, 바울 서신의 다른 곳에서는 찾아볼 수 없는 기독론 사상이 소개된다.[50]

그렇다면, 빌립보서 2:6-11은 바울이 인용한 초대교회의 찬송일 수도 있다(바울이 저자였을 가능성도 있다). 바울 서신에 이와 비슷한 다른 인용문들이 있을 수도 있다. 오늘날 설교자들이 초대 기독교의 신조나 찬송 등을 인용하듯이, 바울이 독자와의 공감대를 형성하기 위해서, 그리고 초기 기독교의 가르침에 일반적으로 동의한다는 사실을 보이기 위해서 그러한 자료들을 인용한 것은 지극히 자연스러운 일이다. 그러나 이러한 자료들에 대해서 두 가지 조심해야 할 점이 있다. 첫째, 그러한 구절들을 식별할 수 있는 우리의 능력을 지나치게 강조해서는 안 된다. 이미 존재하던 전승의 인용문과 자신의 구성에 전통적인 용어를 사용한 것 사이의 구분은 어려울 뿐만 아니라 때로는 불가능하다. 둘째, 해석학적 결론이나 신학적 결론을 끌어내기 위해서 이러한 전승들에 대해서 출처나 신학적 경향과 같은 추상적이고 막연한 자료들을 사용하지 않도록 조심해야 한다. 그렇게 하기에는 우리가 아는 것이 너무 미흡하다.

---

49) 훌륭한 개요를 Martin 2:248-75에서 찾아볼 수 있다.

50) 영어로 가장 포괄적으로 다룬 것은 Ralph P. Martin, *Carmen Christi: Philippians 2:5-11, in Recent Interpretation and in the Setting of Early Christian Worship*, rev. ed. (Grand Rapids: Eerdmans, 1983)이다. N. T. Wright, "ἁρπαγμός and the Meaning of Philippians 2:5-11," *JTS* 37(1987): 321-52를 보라. 이 본문이 바울 이전의 찬송이라는 것에 대한 의심에 대해서는 Gordon D. Fee, "Philippians 2:5-11: Hymn or Exalted Pauline Prose?" BBR 2 (1992): 29-46을 보라.

③ 지상에서의 예수님

초기 기독교의 전승의 배후에는 예수님의 가르침이 놓여있다. 지상에서의 예수님의 가르침이 얼마나 바울의 교훈의 자료를 이루는가? 어떤 이들은 예수님이 전혀 기여하지 않는다고 주장한다. 이러한 견해를 대표하는 가장 잘 알려진 인물이 루돌프 불트만이다. 그는 고린도후서 5:16을 바울이 "역사적 예수"에 전혀 관심이 없었다는 의미로 해석한다.[51] 그러나 이 구절은 분명히 그러한 의미가 아니다. 바울은 자신이 더 이상 그리스도를 "세상적인 관점에서" 보지 않는다고 주장하고 있다. 그러나 실제로 바울은 예수님의 죽으심과 부활이 아닌 예수님의 사역 중에 있었던 사건을 거의 언급하지 않으며, 예수님의 가르침도 거의 인용하지 않는다. 그러나 이것은 바울의 가르침이 예수님의 가르침의 영향을 받지 않았다는 의미가 아니다. 예를 들어, 데살로니가전서 4-5장과 데살로니가후서 2장에 기록된 바울의 종말론적 교훈이 어느 정도 감람산에서의 설교(막 13장)를 의존하고 있다고 생각할 수 있다.[52] 로마서 12장의 윤리적 교훈이 산상수훈과 흡사한 점이 많음도 오래 전부터 인식되어 왔다.[53] 그렇다면, 바울은 분명히 그가 인용한 교훈들의 수효가 제시하는 것보다 훨씬 더 많이 예수님의 교훈에 대해서 알고 있었고, 그 교훈을 사용했음이 분명하다.[54] 실제로 데이비드 웬험(David Wenham)은 "바울이 예수님의 전승들에 대해 알고 있었다는 엄청난 증거가 있다"고 결론짓는다.[55] 더욱 중요한 것은 증명할 수는 없지만, 바울신학의 중요한 면들이 예수님의 가르침을 의존하고 있으며 일치한다는 것이다.[56]

---

51) Rudolf Bultmann, "The Significance of the Historical Jesus for the Theology of Paul" in *Faith and Understanding* (New York: Harper & Row, 1969), 241. Graham Stanton, *Jesus of Nazareth in New Testament Preaching*, SNTSMS 27 (Cambridge: Cambridge University Press, 1974)도 보라.

52) David Wenham, *The Rediscovery of Jesus' Eschatological Discourse*, in *GP* 4:372-73; idem, "Paul's Use of the Jesus Tradition: Three Samples" in *GP* 5:7-37을 보라.

53) 특히 Michael Thompson, *Clothed with Christ: The Example and Teaching of Jesus in Romans 12.1-15.13*, JSNT 59 (Sheffield: Sheffield Academic Press, 1991)을 보라.

54) Arnold Resch는 바울에게서 1,158개의 예수님의 가르침에 대한 암시를 찾아냈다(Der Paulinismus und die Logia Jesu, TU 27 [Leipzig: Akademie, 1904]). 이 숫자는 상당히 과장된 것이지만 이 문제에 대한 바른 관점을 갖게 하는 데는 도움이 된다.

55) David Wenham, *Paul: Follower of Jesus or Founder of Christianity?* (Grand Rapids: Eerdmans, 1995), 381.

56) F. F. Bruce, *Jesus and Paul* (Grand Rapids: Baker, 1974), 55-67.

④ 구약성경

바울이 그의 교훈을 형성하는 데 있어서 구약성경을 많이 의존했음은 그가 그의 서신에서 90번 이상 구약을 인용했다는 사실에서 잘 알 수 있다.[57] 더 중요한 것은 바울이 명백하게 인용하지 않으면서도 구약의 용어를 사용함으로써 구약성서를 암시적으로 인용한 것, 그리고 바울의 사고 세계를 형성하는 데 미친 구약성서의 막대한 영향일 것이다. 물론 바울은 "율법과 선지자"를 완성하신 예수님의 시각으로 구약성서를 선별하여 읽고 확실한 문맥에서 해석한다.

⑤ 헬라 세계

19세기 학자들은 종종 자신들이 가지고 있는 고전적인 헬라 문학과 철학에 대한 지식을 배경으로 하여 바울 서신을 읽었다. 따라서 바울이 그가 성장하고 일한 헬라 세계의 혜택을 보았다고 가정했다. 20세기 초에는 종교사학파가 바울이 헬라의 신비종교에 의존했음을 강조함에 따라 그 초점이 좁혀졌다. 바울 시대에 성행했던 신비종교들은 신과의 신비적인 관계를 가질 수 있는 인간의 능력, 비밀의 신비의식(儀式), 종교적 열정과 무아지경 등을 강조했다. 리차드 라이첸슈타인(Richard Reitzenstein), 빌헬름 부셋(Wilhelm Bousset), 루돌프 불트만(Rudolf Bultmann) 등의 학자들은 바울의 서신에서 이러한 특징들을 많이 발견하고, 바울은 그리스도에 관한 그의 교훈을 이러한 종교들이 제공하는 범주에 다양하게 적용하려 했다는 결론을 내렸다.[58] 가장 극단적으로는 바울이 단순하고 윤리적인 예수님의 메시지를 사변적이고 신비적인 종교로 급격하게 변질시켰다고 생각하기도 한다.

바울은 어디에서 성장했든지 헬라 세계를 잘 알고 있었을 것이며, 그리스도의 중요성을 표현하기 위해 헬라 세계의 언어를 사용했을 뿐만 아니라 복음의 요소들

---

57) 정확한 숫자는 "인용"을 어떻게 정의하느냐에 달려 있다. E. Earle Ellis는 93개를 제안했다(*Paul's Use of the Old Testament*, reprint ed. [Grand Rapids: Baker, 1981], 11); Christopher Stanley, 74(not including the Pastorals and Ephesians) (*Paul and the Language of Scripture: Citation Technique in the Pauline and Contemporary Literature*, SMTSMS 69 [Cambridge: Cambridge University Press, 1992]).

58) 종교사학파에서 가장 잘 알려진 인물은 Richard Reitzenstein(*Hellenistic Mystery Religions: Their Basic Ideas and Significance* [ET Pittsburgh: Pickwick, 1978]; 독일어판의 마지막 수정판은 1927년에 나왔다)이다. 또한 Wilhelm Bousset, *Kyrios Christos*, reprint ed. (Nashville: Abingdon, 1970); Rudolf Bultmann (e.g., *Theology of the New Testament*, 2 vols. [New York: Charles Scribner's Sons, 1951-55], 1:187-352)을 참고하라.

을 조명하는 데 도움이 될 만한 개념들을 빌려 왔을 수도 있다고 짐작할 수도 있다.[59] 그러나 엄격한 의미에서 헬라 세계를 바울의 가르침의 근원으로 보는 것은 합당치 못하다. 그것은 가르침의 골격을 제공하지 못했으며 다만 그것을 덮을 덮개를 제공했다. 바울이 신비종교에서 그의 교훈을 빌려왔다는 주장은 더욱 터무니없는 주장이다.[60] 그 둘 사이에는 유사성이 거의 없으며, 차용했다고 주장되는 부분들은 다르게 설명하는 것이 훨씬 더 설득력이 있기 때문이다.[61]

⑥ 유대교

바울의 가르침을 그리스나 헬레니즘 세계를 배경으로 하여 해석하려는 경향에 대한 반작용으로, 많은 학자들은 바울의 세계가 유대적이고, 유대교가 바울의 가르침에 가장 큰 영향을 끼쳤다고 주장해왔다. 몬테피오르(C. G. Montefiore)는 다소에서 보낸 바울의 유년 시절의 헬라적 유대교가 핵심 요소라고 제안한다.[62] (바울은 다소에서 성장하지 않았고, 장년 시절 대부분을 디아스포라에서 보냈다.) 알버트 슈바이처는 종말론적 유대교가 바울의 가르침의 중요한 요소라고 생각하는 반면,[63] 데이비스(W. D. Davies)는 랍비적 유대교와 바리새주의를 강조한다.[64] 현대 학자들은 과거처럼 팔레스타인 유대교와 헬라파 유대교, 또는 랍비적 유대교와 바리새적 유대교를 구분하지 않는다. 이러한 구분들을 절대적으로 받아들이지 않고서도, 바울의 사고 세계는 그의 유대인으로서의 성장에 의해 형성되었음에 대체적으로 동의한다고 말할 수 있다. 바울의 "히브리인 중 히브리인"이요 바리새인이라는 주장이 이 문제에 결정적으로 중요하다는 것을 인정해야 한다. 바울의 기본적인 개념들은 구약성서에서 온 것이며, 바울은 그 시대의 유대교라는 상황에서 구약 성서를 배웠다. 그러나 바울의 회심은 그의 신앙들을 철저하게 재평가하게 만들었다. 그의 가르침 중에 유대교의 영향을 받은 것이 있다면, 그것은

59) 이 점은 T. Engberg-Pedersen, ed., *Paul in His Helenistic Context* (Minneapolis: Tortress Press, 1995)에서 강조되었다. 또한 Roetzel, Paul: *A Jew on the Marins*, 11-19을 보라.

60) 이 점에 대한 고전은 J. Gresham Machen, T*he Origin of Paul's Religions* (London: Hodder & Stoughton, 1921)이다. H. A. A. Kennedy, *St. Paul and the Mystery Religions* (London: Hodder & Stoughton, 1913)도 보라.

61) 일예로 Günter Wagner, *Pauline Baptism and the Pagan Mysteries* (Edinburgh: Oliver & Boyd, 1967)의 로마서 6장에 대한 연구를 보라.

62) C. G. Montefiore, *Judaism and St. Paul* (London: Goschen, 1914).

63) Albert Schweitzer, *The Mysticism of Paul the Apostle* (New York: H. Holt, 1931).

64) W. D. Davies, *Paul and Rabbinic Judaism,* 4th ed. (Philadelphia: Fortress, 1980).

무의식중에 그의 새로운 믿음으로 흘러들어간 것이 아니라 그의 의도적인 선택의 결과였다.

4. 바울과 유대교

바울의 신학이 발달하는 데에는 1세기 유대교가 중요한 역할을 했다. 바울은 엄격한 유대교 환경에서 자라고 교육을 받았을 뿐만 아니라, 그의 신학은 다양한 유대교의 관점과 유대교-기독교적 관점의 상호 작용에 의해서 결정적으로 형성되었다. 유대교적 기반은 갈라디아서와 로마서에서 가장 분명하게 나타나며, 정도는 다르지만 바울의 서신 전체에서 나타난다. 따라서 바울 및 그의 가르침을 정확하게 해석하기 위해서는 바울 시대의 유대교의 모습을 결정하는 것이 매우 중요하다. 바울의 신학은 하나님이 주신 계시에 의해서 획득한 바울 자신의 기독교적 신념들과 그 계시를 이해하고 적용한 틀과 배경이 된 유대교라는 두 개의 초점을 중심으로 하는 하나의 타원으로 비유할 수 있을 것이다. 초점들 중 하나의 변화, 그리고 타원의 형태의 변화도 가능하다.

1) "새로운 관점"

16세기 개신교 종교개혁자들은 바울의 유대교의 중심점에 대한 전통적인 이해에 결정적으로 영향을 미쳤다. 루터와 칼빈을 비롯한 개혁자들은 그 시대의 로마 가톨릭 교회의 구원에 대한 가르침 안에 있는 율법주의적 요소들에 반항하여, 유대교 안에서 바울이 갈라디아서와 같은 서신에서 반대한 것과 동일한 종류의 율법주의를 발견하려 했다. 바울 시대의 유대인들은 일종의 "행위-의"(works-righteousness)—"율법의 행위들", 하나님에게 은총과 축복을 강요하는 순종의 행위들을 실천함으로써 하나님과 더불어 바른 신분을 얻을 수 있다는 견해—를 고수했다는 것이 개혁자들의 생각이었다. 바울은 이러한 율법주의를 반대하여, 오직 그리스도의 완성된 사역에 대한 믿음에 의해서 하나님 앞에서 의롭다함을 얻는다고 선포했다. 그 믿음은 본질상 모든 종류의 순종의 행위들을 배제한다. 종교개혁자들은 그 시대의 로마 가톨릭 반대자들을 바울 시대의 유대인으로 가정하고 바울의 입장에서 칭의는 "오직 믿음"요 "오직 은혜"라고 선포했다.

바울은 이러한 율법주의를 반대하여, 오직 그리스도의 완성된 사역에 대한 믿음에 의해서 하나님 앞에서 의롭다함을 얻는다고 선포했다. 종교개혁자들은 바울의 입장에서 칭의는 "오직 믿음", "오직 은혜"라고 선포했다.

물론, 종교개혁의 상황에 대한 이러한 묘사는 지극히 단순화한 것이다. 실제로, 특히 소위 급진적 종교개혁을 고려할 때에 종교개혁자들의 관점에 여러 가지 상이한 뉘앙스가 있었듯이, 로마 가톨릭의 관점도 매우 다양했다. 그러나 예수께서 비판하셨으며 바울과 상호작용했던 1세기의 유대교를 율법주의적인 것으로 보는 일반적인 종교개혁의 경향이 전통적인 로마 가톨릭 학문을 포함하여 다양한 신약성서 연구 안에 깊이 묻혀 있었기 때문에, 현재 우리의 목적에는 개관만으로도 충분하다.[65] 엄청나게 많은 유대교 자료를 수집해 놓은 스트랙-빌러벡(Strack-Billerbeck)의 *Kommentar*처럼 신약성서 "배경"을 다룬 중요한 책들은 유대교 신학에 대한 이러한 견해에 정통성을 부여해준다. 유대교가 정당하게 묘사되지 못했다고 항의하는 주장들도 있지만, 전통적인 학문에서는 그것들을 완전히 무시한다.

그러나 1977년에 상황을 극적으로 변화시킬 책이 출판되었다. 샌더즈(E. P. Sanders)의 『바울과 팔레스타인 유대교』(*Paul and Palestinian Judaism*)는 유대교를 바울의 신학의 배경으로 여기는 해석들의 분수령이 된다.[66] 샌더즈는 새로운 것을 주장한 것이 아니며, 다만 신약신학 학자들이 1세기 유대교를 보는 방식이 크게 변화될 수 있는 계기가 되었다. 샌더즈의 기본적인 제안은 쉽게 받아들여졌고, 지난 25년 동안 여러 방면에서 학문의 가정의 결과로서의 위상을 획득했다. 그렇다면 샌더즈가 주장한 것은 무엇인가?

본질적으로, 샌더즈는 1세기의 유대교를 율법주의적 종교로 여기는 전통적인 견해가 옳지 않다고 주장한다. 샌더즈는 1세기 유대인들의 신앙에 대한 증거를 제시하는 듯한 유대교 자료들을 연구한 후에, 이러한 자료들이 거의 한결 같이 그가 "언약의 신율주의"(covenantal nomism)라고 칭한 구원론을 묘사하고 있다고 추론한다. 유대교의 구원관의 근본은 하나님께서 이스라엘 백성과 더불어 맺으신 언약이다. 하나님은 이스라엘을 택하셨고, 바울 시대의 유대인들은 그 최초의 은혜로우신 선택이 자기들의 구원의 기초라고 믿었다. 이러한 관점에서 보면, 유대인들은 이미 구원을 받았기 때문에, 구원받기 위해서 율법을 행할 필요가 없었다. 그들은 자신의 언약의 지위를 유지하기 위해서 율법에 순종했다. 샌더즈의 표현처럼, 유대인들은 구원에 "들어가기"(율법주의) 위해서보다는 구원 안에 "머물기"

---

65) 따라서 현대 학계에서 이 견해를 "루터교 정설(正說)"이라고 칭하는 것은 온당치 않다.

66) E. P. Sanders, *Paul and Palestinian Judaism: A Comparison of Patterns of Religion* (Philadelphia: Fortress Press, 1977).

(신율주의) 위해서 율법을 지켰다.

유대교에 대한 이러한 견해는 바울과 어떤 관계를 지니는가? 샌더즈의 최초의 연구는 주로 "팔레스타인 유대교"에 초점을 두었지만, 바울에 대해서도 다루었다. 샌더즈는 바울이 "배타적 구원론" 때문에 언약의 신율주의를 배격한다고 주장했다. 구원은 그리스도 안에서만 발견되어야 하므로, 율법 및 그 기초가 되는 언약은 구원의 방편이 될 수 없었다. 대부분의 학자들, 심지어 1세기 유대교에 대한 샌더즈의 묘사에 동의하는 학자들은 이러한 반응에 만족하지 못했다. 그들은 바울이 자신의 유산인 언약의 신율주의를 배격했을 신학적 이유들을 찾으려 했고, 다양한 주장이 제기되었다. 그것들 중 가장 과격한 것은 바울이 자신의 유산을 전혀 배격하지 않았다는 것이다. 그는 여전히 유대인들이 언약을 통해서 구원을 발견할 수 있다고 믿었다. 구원을 위해 그리스도를 필요로 하는 것은 이방인들이었다. 바울은 서신에서 유대인의 관점을 비판하지만, 언약의 신율주의를 비판하는 것이 아니라 이방인들에게 복음을 전하는 데 반대하는 유대인들을 비판한다.[67] 그러나 가장 만족스럽고 대중적인 제안은 던(James D. G. Dunn)이 제안하고 많은 학자들이 계속한 것이다.

던은 유대교에 관한 샌더즈의 견해가 바울 학문에 미친 영향을 묘사하기 위해서 "새로운 관점"이라는 표현을 처음으로 사용했으며, 그 명칭은 그 운동 전체를 묘사하는 방법으로 자리 잡았다.[68] 던의 제안은 바울에 대해서 오늘날 많은 학자들이 바울이 씨름한 실질적인 유대교라고 확신하고 있는 언약의 신율주의에 어울리는 포괄적인 해석을 제공한다. 본질적으로, 던은 바울이 반대한 것은 구원을 유대민족만의 것으로 제한하는 경향이라고 주장한다.[69] 바울이 유대교에서 발견한 잘못된 점은 개인적인 율법주의가 아니라 민족적 배타주의였다. 던의 견해와 바울에 대한 전통적인 해석의 차이점은 로마서 3:20("율법의 행위로 그의 앞에 의롭다

---

67) 이 견해를 옹호하는 주요한 학자들은 다음과 같다: Lloyd Gaston ("Israel's Misstep in the Eyes of Paul," in *The Romans Debate*, ed. Karl P. Donfried, rev. ed. [Peabody: Hendrickson, 1991], 309-26) and John G. Gager, *Reinventing Paul* (New York: Oxford University Press, 2000). 비판에 대해서는 다음을 보라: Frank Thielman, *From Plight to Solution: A Jewish Framework for Understanding Paul's View of the Law in Galatians and Romans*, NovTSup 61 (Leiden: Brill, 1989), 123-3.

68) "The New Perspective on Paul," *BJRL* 65 (1983): 95-122; reprinted in *Jesus, Paul and the Law: Studies in Mark and Galatians* (Louisville: Westminster John Knox, 1990), 183-214.

69) 던의 논거를 발견할 수 있는 가장 최근의 저서는 *The Theology of Paul the Apostle* (Grand Rapids: Eerdmans, 1998), esp. 334-89이다.

하심을 얻을 육체가 없나니")과 같은 본문들에 대한 그들의 상충되는 해석에서 분명히 찾아볼 수 있을 것이다(cf. 롬 3:28; 갈 2:16; 3:2, 5, 10). 종교개혁자들은 이 본문에서 유대인들의 "행위로 말미암는 의"에 대한 공격을 발견했다: 유대인들은 의롭다함을 얻기 위해서는 선행을 해야 한다고 주장하였으며, 바울은 이런 일이 발생할 가능성을 부인한다. 그러나 유대교에 대한 샌더즈의 견해에 의하면, 어느 유대인도 그러한 주장을 하지 않았다. 그렇다면, 바울이 반대하고 있는 것은 무엇인가? 던은 유대인의 인종적 배타주의라고 대답한다. "율법의 행위"라는 표현을 종교개혁자들이 행한 것처럼 단순히 "행위"라고 단순화할 수 없다. 이 구절에서 "율법"은 유대교의 토라를 의미하며, 그 구절에서 바울이 의미하는 것은 토라-신실함이며, 토라-신실함은 유대인들을 다른 모든 민족들보다 돋보이게 해주는 수단으로 이해된다. 그 구절은 이방인들의 지배와 적대행위 속에서 하나님이 주신 자신의 특성을 보존하려는 유대인들의 관심을 배경으로 이해되어야 한다. 그리스도께서 오시기 전 수세기 동안 열강들의 점령, 분산, 박해 등을 직면했던 유대인들은 하나님의 백성으로서의 자기들의 독특한 신분과 위상을 유지하기 위해서 율법의 실천, 특히 할례, 안식일, 음식법 등의 실천을 강조했다. (따라서 갈라디아서의 논의에서 이러한 독특한 습관들을 거론한 것은 우연한 일이 아니다.) 이 문맥은 바울이 "율법의 행위"라는 표현을 사용한 것 및 전반적으로 율법을 공격한 것을 알려준다. 바울이 로마서 3:20 및 다른 구절에서 반대하는 유대인의 주장은 사람이 자신의 행위에 의해서 의롭다함을 얻을 수 있다는 것이 아니라, 사람이 토라를 신봉하여 언약 상태를 유지함으로써 의롭다함을 얻는다는 주장이다.

던 및 그가 개척한 길을 따른 많은 사람들은 본질적으로 바울, 적어도 그의 신학의 몇 가지 중심 요소들을 해석하는 새로운 방법을 제공한다. 물론, "새로운 관점"을 지지하는 학자들도 특수한 본문들과 신학적 문제들에 관해서는 해석을 달리한다. 일반화는 때때로 필요한 것이지만, 특정 학자를 묘사하지 않을 수도 있는 경향들의 개관이 되어야 한다. 그럼에도 불구하고, 어떤 경향들은 "바울에 관한 새로운 관점"을 나타낸다.[70] 첫째, 바울의 신학은 구원사의 "이야기"를 배경으로 해석된다. 바울을 해석하는 이 새로운 방법의 주도적 옹호자는 리처드 헤이즈(Richard Hays)와 라이트(N. T. Wright)이다.[71] 그 취지는 전통적으로 개인적인 경험으

---

70) 이 운동의 중심인물이 다룬 가장 접근하기 쉬운 글은 N. T. Wright, *What Saint Paul Really Said* (Grand Rapids: Eerdmans, 1997)일 것이다.

71) 특히 다음을 보라: Hays의 갈라디아서에 관한 논문 (*The Faith of Jesus Christ: The Narrative*

로 해석되어온 많은 신학적 범주들을 이스라엘과 하나님의 백성의 집단 경험으로 제한하려는 것이다.72) 둘째(이것은 부분적으로 첫째 경향의 결과이기도 하다), 종교개혁자들이 "믿음"과 "행위"를 서로 반대되는 구원의 수단으로 간주한 것이 축소되거나 제거된다. 바울이 다루고 있는 중심적 차이점은 인간론적인 것(인간이 구원을 받는 방식)이 아니라 구원사적인 것(구원의 새 시대에 이방인들이 하나님의 백성에 추가될 수 있는 방식)이다. 셋째, 칭의에 대한 바울의 가르침의 초점은 수직적인 것("하나님 앞에서[*coram deo*]" 인간)에서 수평적인 것(하나님의 백성 안에 있는 동등한 파트너로서의 이방인)에게로 옮겨간다. 그러므로 일부 새로운 관점주의자들은 일반적으로 "의"라는 표현의 구약성서 배경에 주목하면서 바울에게서 "의롭다 함을 얻는다"는 것은 하나님의 백성이 된다는 것을 의미한다고 주장한다.73) 동시에, 바울은 사도로서 충분히 활동한 후에 유대주의자들과 논쟁하면서 그 교리를 주장했다고 주장함으로써 칭의는 바울 사상의 중심에서 밀려난다.74) "새로운 관점"은 이런 식으로 종교개혁 신학의 특징—오직 믿음, 오직 은혜로만 하나님 앞에서 의롭다함을 얻는다는 것—을 손상시키는 심각한 도전을 제공하려 한다.

"새로운 관점"은 이런 식으로 종교개혁 신학의 특징—오직 믿음, 오직 은혜로만 하나님 앞에서 의롭다함을 얻는다는 것—을 손상시키는 심각한 도전을 제공하려 한다.

2) 새로운 관점에 대한 반응

앞에서 보았듯이, 언약의 신율주의 및 그 결과로서 발생한 바울 신학의 재해석은 곧 학문의 주도적 요인이 되어, 관찰자들은 바울 해석에 있어서 "패러다임의 변화"에 대해 연구에 대해 이야기한다. 그럼에도 불구하고, 샌더즈의 『바울과 팔레스타인 유대교』가 출판된 이후로, 일부 학자들은 개별적으로 새로운 패러다

Substructure of Galatians 3:1-4:11, rev. ed. [Grand Rapids: Eerdmans, 2001]); Wright의 *The Climax of the Covenant*(Minneapolis: Fortress Press, 1993)과 *What Saint Paul Really Said*에 수록된 몇 편의 논문. 또 신약신학에 대한 그의 전반적인 접근방법을 보다 실용주의적으로 살펴본 Christian Origins and the Question of God series (*The New Testament and the People of God* [Minneapolis: Fortress Press, 1992]; *Jesus and the Victory of God* [Minneapolis: Fortress Press, 1996])을 보라. *Jesus and the Restoration of Israel*, ed. Carey C. Newman (Downers Grove: IVP, 1999)에서 라이트의 접근방법을 평가한 일련의 논문들도 보라..

72) 바울의 기본적인 신학적 범주들을 다소 "집단적"으로 해석하려는 움직임은 Krister Stendahl의 유명한 비평을 반영한다("The Apostle Paul and the Introspective Conscience of the West," *HTR* 56 [1963]: 199-215).

73) Richard B. Hays in *ABD* 3.1130-33을 보라.

74) 이 점에 있어서 새로운 관점주의자들은 Wrede와 Schweitzer를 따른다.

임의 한두 가지 요소에 대해 이의를 제기해왔다. 최근에 이러한 주장들이 일치된 주장으로 발전했다. 찰스 탈버트(Charles H. Talbert)의 표현처럼, "바울을 연구하는 많은 학자들이 샌더즈의 저서와 관련된 패러다임의 변화를 주장하는 동안, 마찬가지로 중요한 또 다른 변화가 발생하고 있다."[75] 다음 단원에서는 바울에 관한 새로운 관점에 대해서 질문들을 제기하는 이유를 설명하려 한다. 그러나 그러한 질문들 중 몇 가지를 상세히 열거하기 전에, 전반적으로 그 운동이 기여한 중요한 점들에 주목해야 한다.

다음에서 샌더즈의 비평 몇 가지를 살펴보겠지만, 그의 해석은 전통적인 학문에서 나타나는 유대교에 대한 잘못된 견해를 개선했다. 예를 들어, 1세기의 가르침에는 "여분의 공로를 쌓아 둔 창고"(treasury of merits)—위대한 유대인 성인들이 축적한 것으로서 다른 유대인들이 끌어내어 사용할 수 있는 공로—라는 것이 없었던 듯하다. 바울 시대의 유대인들은 전통적으로 묘사되는 것처럼 율법적이지 않았다. 왜냐하면, 전통적인 묘사에는 샌더즈가 강조한 것—유대인의 삶과 사상의 기초가 되는 언약의 중요성—이 빠져 있기 때문이다. 하나님께서 유대인들을 택하셨기 때문에, 유대인들은 자신이 특별한 백성이라고 생각했다. 따라서 유대교에는 하나님께서 처음으로 택하신 이스라엘에게 베푸신 은혜가 무척 많이 나타난다. 많은 유대인들은 이러한 언약이라는 상황 속에서 율법에 순종하는 것을 고려한다. 그들은 자기들의 순종을 특별한 공로로 주장하지 않았으며, 샌더즈가 주장한 것처럼 그것을 하나님의 백성 안에서 자기들의 신분을 유지하기 위한 수단으로 보았다. 동시에, 바울 사상과 교훈의 유대교적 모체에 관심을 돌리려는 새로운 관점 전체의 전반적인 경향은 바람직한 것이다. 바울에 대한 전통적인 연구에서는 때로 바울이 그리스도의 강림과 더불어 발생한 시대의 변화에서 발생하는 문제에 초점을 둔 분량을 등한시해왔다. 새 시대에 토라는 어떤 지위를 누렸는가? 어떤 근거에서 이방인들은 하나님의 백성으로 받아들여질 수 있었는가? 이방인들에게 권리를 부여한 것이 이스라엘에게 주신 하나님의 약속들에게 주는 의미는 무엇인가? 이것들은 1세기 교회에서 근본적으로 매우 중요한 질문들이었으며, 이러한 질문들에 대한 대답을 구하는 사람들에게는 이방인들에게 복음을 전하는 하나님의 대표자였던 바울이 필요했다. 바울에 대한 전통적인 해석들은 구원사보다는 인간론의 질문에 초점을 두어왔다. 그럼에도 불구하고, 유대교에 대한 샌더즈의 해석과 "새

---

75) Charles H. Talbert, "Paul, Judaism, and the Revisionists," *CBQ* 63 (2001): 4.

로운 관점"은 반대방향에서의 지나친 반응이다. 다음 단락에서는 언약의 신율주의에서부터 새로운 관점에 이르기까지 새로운 패러다임과 관련된 질문들을 제시한다.

1세기 유대교에 대한 하나의 포괄적인 설명인 샌더즈의 "언약의 신율주의"는 증명을 필요로 한다. 첫째, 언약의 신율주의가 1세기 유대교 내의 유일한 구원론적 패러다임이라는 주장은 문제시되어야 한다. 최근의 연구에서는 제2성전 시대의 유대교의 복잡한 것들 및 자료에서 발견되는 서로 다른 신학적 견해와 관점들을 드러내고 있다.[76] 샌더즈는 1세기 말의 유대교 묵시서인 에스라4서(4 Ezra)가 언약의 신율주의라는 패러다임에 어울리지 않음을 인정했다. 그 책은 바울 시대에 존재하던 관점을 제공하는 듯하다. 보다 심각한 것은 샌더즈가 사용한 방법일 것이다. 그는 유대교 문헌에서 율법주의처럼 보이는 단락들이 실제로는 율법주의가 아니라고 주장하려 한다. 그 이유는 ① 보다 큰 언약과 예정의 구조를 가정해야 하기 때문이거나, ② 그 단락들이 본질적으로 훈계적인 것들이기 때문이다. 먼저 두 번째 이유에 대해 살펴보면, 설교적인 단락들은 종종 신학이 이해되는 방식을 보여주는 중요한 단서가 제공된다. 현대의 비슷한 예를 들자면 다음과 같다: 특정 목사의 신학에 대한 보다 정확한 해석을 제공하는 것은 무엇인가, 교리적 진술인가, 아니면 그의 설교 중 하나를 복사한 것인가? 사려 깊게 생각해낸 교리적 진술이 우위를 차지한다고 주장할 수 있을 것이다. 그러나 설교자가 실제로 믿는 것을 보다 정확하게 표현해주는 것은 설교라고 주장할 수도 있을 것이다. 어쨌든, 설교체의 구절들을 고려의 대상에서 제외하는 것은 옳지 않다. 아마 샌더즈는 설교체의 구절들은 본질상 설교의 배후에 놓여 있는 신학을 포함하지 않기 때문에 배제되어야 한다고 생각한 듯하다. 전반적으로 그 요지는 근거가 확실하다. 특정의 신학적 진리들은 당연한 것으로 간주될 수 있기 때문에 그것들에 대해 언급할 필요를 느끼지 않는다. 그러나 만일 어느 설교체의 단락이 특징적인 신학이라고 주장되는 것과 반대되는 신학을 나타낸다면, 실제로 그 특징적인 신학을 존중해야 하는가에 대한 질문이 제기될 것이다. 랍비들의 저술들이 좋은 예를 제공한다. 샌더즈는 구원이 보상과 관련된 일—유대인들은 율법을 행함으로써 구원을 얻는다—이라는 것을 가르치기 위해서 문자 그대로의 의미로 취할 수도 있는 많은 구절에 주목한다. 그러나 그는 이러한 본문들은 언약을 통한 선택의 포괄적인 이론에 비추어 해석되어야

76) 특히 *Justification and Variegated Nomism*, vol. 1을 보라.

한다고 주장한다. 그러나 현재 이러한 본문들에 대한 하나의 중요한 연구에서 주장하는 바에 의하면, 랍비 문헌에서는 두 가닥의 구원론적 가르침—선택에 의한 구원과 "보상"에 의한 구원—이 두 가지 대안 구조로서 존재한다.[77] 또 신약 시대의 일부 유대교 저술들에는 샌더즈가 어디에든 존재한다고 주장하는 언약의 구조가 존재하지 않는다고 주장하는 학자들도 있다.[78]

1세기 유대교에 언약의 신율주의와 함께 율법주의가 존재했다고 생각하는 또 다른 근거는 1세기 유대교에 대한 일련의 중요한 문서, 신약성서에서 나타나는 증거이다. 위에서 살펴본 것처럼, 제임스 던 및 다수의 학자들은 갈라디아서와 로마서와 같은 주요한 바울의 편지들을 유대교 율법주의라는 비난의 흔적을 제거할 수 있도록 재해석해야 한다고 주장해왔다. 이러한 시도들의 성공 여부는 또 다른 문제이다. 그러나 비록 이러한 책에 나타난 증거가 여전히 의심스럽다 해도, 거의 대부분의 학자들은 신약성서의 책들은 일부 유대인들이 자기들의 구원의 기초를 율법에 둔다고 가르치거나 암시한다고 인정한다. 이 책들은 실제로 반대되는 관점에서 본 선전용 문헌들이기 때문에 1세기 유대교를 재구성하는 과정에서는 종종 배제된다. 또 일반적인 방법으로서, 우리는 한 집단 반대하는 사람들의 묘사에 의해서 그 집단의 견해를 결정해서는 안 된다. 그러나 정확하게 말해서 신약성서 기자들은 유대인들의 반대자들이 아니다. 최근 학계에서는 신약성서 기자들 및 다른 1세기 유대인들은 구약성서 신앙의 후계자들의 권리를 가진 사람이 누구인가에 대해서 유대교 내에서 폭넓은 대화를 하고 있다고 강조한다. 특히 우리처럼 신약성서 문서들의 정확성을 크게 존중하는 사람들이 1세기 유대교를 이해하려면 신약성서의 책들을 고찰해야 한다.

이러한 경향을 따라 마지막 요점을 정리할 수 있을 것이다. 모든 학자들은 1세기 유대교가 율법에 대한 순종을 크게 강조했음을 인정한다. 비록 현존하는 모든 신학적 자료들은 언약의 신율주의를 가르치지만, "거리의 유대인들" 가운데서

77) Friedrich Avemarie, *Tora und Leben: Untersuchungen zur Heilsbedeutung der Tora in der frühenrabbinischen Literatur*, TSAJ 55 (Tübingen: Mohr-Siebeck, 1996); idem, "Erwählung und Vergeltung: Zur optionalen Strucktur rabbinischer Soteriologie," *NTS* 45 (1999): 108-26. 특별한 미쉬나 본문에 관해서는 Charles L. Quarles, "The Soteriology of R. Akiba and E. P. Sanders' *Paul and Palestinian Judaism*," NTS 42 (1996): 185-95를 보라. Graham N. Stanton, "The Law of Moses and the Law of Christ," in *Paul and the Mosaic Law*, ed. James D. G. Dunn (Grand Rapids: Eerdmans, 2000 [1996]), 105-6도 보라.

78) 예를 들면, Talbert, "Paul, Judaism and the Revisionists," 7-10.

중요한 율법주의를 발견할 수 있을 것이다. 유대교처럼 순종을 강조하는 신앙은 오해나 교육의 부족으로 인해서 순종을 하나님께서 보상하셔야 하는 공로가 되는 것으로 간주하는 신봉자들을 만들어내는 듯하다. 율법을 그다지 강조하지 않는 기독교도 그러한 신봉자들을 만들어낸다. 신약성서에서 암시하는 것처럼, 1세기의 유대교도 그렇지 않았을까?

언약의 신율주의와 관련된 두 번째 일반적인 증명은 "언약"이라는 용어와 관련이 있다. 샌더즈 및 그의 추종자들은 이스라엘과 하나님의 언약이 유대인들이 율법에 순종하는 출발점이었다는 가정에 근거하여 1세기 유대교의 구원론을 해석한다. 그러나 그 시대에 활발하게 활동한 많은 유대교 분파들을 고려해보면, 이 가정에 문제들이 발생한다. 예를 들어, 쿰란 공동체 사람들은 자기들이 참 이스라엘을 대표한다고 주장하면서 "주류" 유대교를 공식적으로 저주했다. 분명 하나님과 이스라엘의 언약이 그들을 구별 짓는 요인이 될 수는 없었다. 예를 들어, 쿰란 공동체와 바리새파 모두 언약에 대해서는 완전히 동일한 지점에서 출발했다. 그렇다면, 쿰란 공동체 사람들이 자기들은 참 이스라엘 "안"에 있고 바리새파는 "밖"에 있다고 주장하게 만든 것은 무엇이었는가? 그 공동체의 가르침과 관습을 받아들임으로 말미암은 공동체에 대한 충실한 지지였다. 사실상, 바울 시대의 많은 유대교 집단들은 민족적인 선택 대신에 개인적인 선택의 형태를 받아들였다. 또 한 사람의 선택된 신분은 특별한 공동체가 해석하고 실천하는 토라에 대한 충성을 기초로 하여 결정되었다. 그러한 집단에게 있어서 "선택됨"은 단순히 언약 안에 계시된 하나님의 은혜의 문제가 아니라, 그 이상의 것이 포함되었으며, 최소한 인간의 행위도 포함되는 듯했다.[79] 하워드 마샬(Howard Marshall)은 그것을 다음과 같이 표현한다: "그들 및 다른 집단에게 있어서 문제는 언약의 백성 '안에 머무는 것'이 아니라 그 집단이 정한 적절한 조건들을 이행함으로써 자격을 회복하는 것이었다."[80]

셋째는 어떤 자료를 해석해도 1세기 유대교는 신인 협력적(synergistic)이라는 인식의 증거이다.[81] 1세기 유대교는 하나님의 은혜가 구원의 기초라고 믿었음

79) 여기에서 두 가지 중요한 연구서는 다음과 같다: Mark Adam Elliott, *The Survivors of Israel: A Reconsideration of the Theology of Pre-Christian Judaism* (Grand Rapids: Eerdmans, 2000); and Ellen Juhl Christiansen, *The Covenant in Judaism and Paul*, AGJU 27 (Leiden: Brill, 1995)

80) Marshall, "Salvation, Grace and Works in the Later Writings in the Pauline Corpus," *NTS* 42 (1996): 357 (그는 특히 Mark Elliott의 *Survivors of Israel*을 참조하고 있다).

을 부인하는 학자는 거의 없다. 그러나 샌더즈의 주장에 의하면, 1세기 유대교는 은혜로 말미암아 구원을 "얻은" 사람은 순종에 의해 그 안에 "머물어야" 한다고 믿었다. 그러므로 율법에 대한 순종의 특성과 일관성은 심판 날에 중요한 것이요, 또 궁극적으로 유대인을 유대인에게서 분리해주는 것이었다. 특히, 은혜가 작용하는 통로인 선택은 오래전에 발생한 집단적인 선택이었기 때문에 그러했다. 하나님은 한 민족으로서의 이스라엘을 선택하셨지만, 그 민족에 참여하는 것과 그 민족의 선택은 대체로 개별적으로 결정되어야 할 문제였다.[82] 그렇다면, 실제로 유대인들은 은혜와 행위를 통해서 구원받았다. 바울이 여러 구절에서 공격하고 있는 듯이 보이는 것은 바로 이 신인협력설이다. 언약의 신율주의의 기원에 대한 가장 포괄적인 검토의 결론 중 하나는 다음과 같다: "언약의 신율주의의 범주는 샌더즈가 원한 것, 즉 이 문헌들 중 일부가 행위로 얻는 의와 공로 신학을 받아들인다는 주장들을 막아주는 설명의 보루 역할을 하지 못한다. 왜냐하면 언약의 신율주의가 동일한 현상들을 받아들이기 때문이다."[83]

1세기의 유대교를 샌더즈와 같은 방식으로 평가하는 일은 당분간 계속될 것이다. 그러나 샌더즈의 언약의 신율주의는 처음에는 거의 전 세계적으로 받아들여졌지만 이제는 진지한 재평가를 받기 시작했다. 김세윤은 이 상황을 정확하게 요약한다:

> 제2성전 시대에 행위로 얻는 의의 모든 요소를 부인했던 것이 반대로 작용하기 시작했다. 결국 그것이 평형상태를 발견할 때에, 우리는 유대교를 행위로 얻는 순수한 의의 종교로 보는 전통적인 견해와 유대교 안에서 행위로 얻는 의라는 요소를 전적으로 부인하는 새로운 관점 모두 옳지 않으며, 유대교가 행위로 얻는

---

81) 예를 들어 다음을 보라: Robert H. Gundry, "Grace, Works, and Staying Saved: *Bib* 60 (1985): 19-20, 35-36; Stephen Westerholm, *Israel's Law and the Church's Faith* (Grand Rapids: Eerdmans, 1988), 143-50; Mark Seifrid, *Justification by Faith: The Origin and Development of a Central Pauline Theme*, NovTSup 68 (Leiden: Brill, 1992), 56-57, 71-81; Timo Laato, *Paulus und das Judentum: Anthropologische Erwägungen* (Åbo: Åbo Academy, 1991), 73-75, 195-211; Timo Eskola, *Theodicy and Predestination in Pauline Soteriology*, WUNT 100 (Tübingen: Mohr-Siebeck, 1998), 27-94; Lauri Thurén, *Derhetorizing Paul: A Dynamic Perspective on Pauline Theology and the Law*, WUNT 124 (Tübingen: Mohr-Siebeck, 2000), 146-48.

82) Philip S. Alexander, "Torah and Salvation in Tannaitic Literature," in *Justification and Variegated Nomism*, 1:261-301을 보라.

83) *Justification and Variegated Nomism*, 2:545

의라는 요소를 지닌 언약의 신율주의라는 것을 이해할 수 있을 것이다.[84]

우리가 주장해온 샌더즈의 언약의 신율주의의 조건들은 바울에 관해 "새로운 관점"을 취해야 할 한 가지 이유를 제거한다. 당시 일종의 율법주의를 신봉하는 유대인들이 있었으며, 바울은 그의 편지에서 직접적으로든 간접적으로든지 그들의 견해를 비판하고 있는 듯하다. 물론, 새로운 관점을 취하게 하는 동기들 중 하나를 제거한다고 해서 그것이 무효화되는 것은 아니다. 궁극적으로, 새로운 관점은 한 가지 문제를 기초로 하여 지지되거나 거부될 수 있다: 그것은 중요한 본문들에 대해서 경쟁적인 다른 학파들보다 더 나은 해석을 제공하는가? 이것은 이 책에서는 대답을 시작할 수도 없는 문제이다. 그러나 새로운 관점이 지닌 두 가지 특징인 항목에 대해서 간단히 살펴볼 수는 있을 것이다.

첫째, 믿음과 "율법의 행위"라는 안티테제이다. 바울서신에서 여덟 번, 그리고 갈라디아서와 로마서에서 한 번씩 등장하는 "율법의 행위"라는 표현에 대한 연구가 상당히 진행되어왔다. 이는 그 표현의 해석들이 해석의 전반적인 방향을 결정하기 때문이다. 앞에서 살펴본 것처럼, 던(Dunn) 및 새로운 관점을 옹호하는 학자들은 그 구절이 유대인들의 의기를 왕성하게 하고 이방인들을 분리하는 기능으로 이해된 율법에 대한 충성을 간단히 표현하는 역할을 한다고 생각한다. 그러므로 사람이 "율법의 행위"를 통해서 의롭다함을 얻을 수 있다는 것을 부인하는 것은 곧 그가 유대교의 토라의 언약을 통해서 의롭다함을 얻을 수 있다는 것을 부인하는 것이다. 던은 이 일반적인 문제가 바울이 갈라디아서와 로마서에서 율법과 "행위"에 대해 언급한 모든 것 안에 스며들어 있다고 주장한다. 그러나 그 방법은 주객이 전도된 것이다. 던은 사해 사본의 본문들을 인용했지만, 그 구절에 이러한 특별한 뉘앙스를 부여하는 것을 증명하지 못했다. 로마서 4, 9, 11장에 기록된 "행위"라는 단어를 "율법의 행위"의 생략형으로 보기보다는 "율법의 행위"를 일반적인 "행위"의 부분집합으로 보아야 한다. 바울이 이야기하는 상황에서 다루어야 했던 것은 이러한 형태의 "인간적인 행위들"에 대한 주장이었기 때문에, 그는 토라에 순종하는 유대인들의 행위를 언급한다. 그러나 이러한 본문들에서 바울이 "믿음과 행위", 그리고 "은혜와 공로"라는 보다 큰 문제를 언급하는 것은 그가 궁극적으로 이야기하는 보다 큰 문제들을 가리킨다(롬 4:4-5; 11:5-7).[85] 바울의 후기 서신들

---

84) Seyoon Kim, *Paul and the New Perspective: Second Thoughts on the Origin of Paul's Gospel* (Grand Rapids: Eerdmans, 2002), 83-84.

에서도 "행위"를 같은 방식으로 다룬다.[86] 따라서, 궁극적으로 종교개혁자들은 바울의 논거가 지닌 구원사적 뉘앙스와 함의들을 이해하지 못했지만, 바울의 글에서 하나님의 구원에 접근하는 수단인 인간의 행위와 믿음이라는 중요한 안티테제를 식별해낸 것은 옳은 일이다.

둘째, 언약이라는 동일명제와 하나님의 백성에 속하는 것에 의해서 칭의를 재정의하려는 시도 역시 동일한 문제에 직면한다: 즉, 일차적인 것과 이차적인 것이 역전된다. 바울의 칭의라는 표현은 분명히 구약성서와 유대교를 배경으로 해석해야 한다. 그러나 오늘날 일부 학자들은 바울이 그 표현을 사용한 것을 자료에 의해 확립된 요소들로 제한하려는 경향이 있다. 동시에, 현대 학자들은 구약성서에서 언약의 범주를 초월하는 의의 요소들을 경시하는 경향을 나타내왔다.[87] 바울은 구약성서의 표현을 취하지만, 인간의 상태를 보편화함으로써 그것을 다른 방향으로 이동시킨다. 그리스도 안에 나타난 하나님의 계시에 비추어 보면, 유대인들은 더 이상 하나님과 "좋은 상태"를 유지할 수 없다; 그들은 하나님의 백성 "밖"에 있으며, 이방인들과 마찬가지로 그 자격을 회복해야 한다(예를 들어 롬 1:16-17; 3:22-24을 보라). 하나님은 그리스도와 함께 하나님의 백성을 재창조하고 계시며, 믿음을 기초로 하여 하나님의 백성에 속하는 사람들을 확인하신다. 그러므로 칭의라는 표현은 우선적으로 하나님 앞에서의 인간을 언급한다. 칭의를 얻기 위해서는 우선적으로 하나님과 올바른 관계에 있어야 한다. 그러한 칭의의 결과는 그 사람이 하나님의 백성 안에 들어가는 것이다. 그러나 후자를 주된 것으로 삼으면, 바울의 글에서 진노하시는 하나님을 대면하고 있는 죄악된 인간이라는 문제의 중

---

85) 전통적인 견해를 지지하는 최근의 논문들은 다음과 같다: Mark A. Seifrid, ,"Blind Alleys in the Controversy over the Paul of History," *TynB* 45 (1994): 77-85; Thomas R. Schreiner, "'Works of Law' in Paul," *NovT* 32 (1991): 217-44; Douglas J. Moo, *The Epistle to the Romans*, NICNT (Grand Rapids: Eerdmans, 1996), 206-10; idem, "'Law,' 'Works of the Law' and Legalism in Paul," *WTJ* 45 (1983): 73-100; Stanton, "The Law of Moses," 183-85; Kim, *Paul and the New Perspective*, 57-75; J. C. de Roo, "The Concept of 'Works of the Law' in Jewish-Christian Literature," in *Christian-Jewish Relations through the Centuries*, ed. S. E. Porter and B. W. R. Pearson, JSNTSup 192 (Sheffield: Sheffield Academic Press, 2000), 116-47; R. Barry Matlock, "Sins of the Flesh and Suspicious Minds: Dunn's New Theology of Paul," *JSNT* 72 (1998): 79-80; Stephen Westerholm, *Perspectives Old and New on Paul: The "Lutheran" Paul and His Critics* (Grand Rapids: Eerdmans, 2004), esp. 297-340.

86) Marshall, "Salvation, Grace and Works," 339-58.

87) Mark A. Seifrid, "Righteousness Language in the Hebrew Scriptures and Early Judaism," in *Justification and Variegated Nomism*, 1:415-42를 보라.

요성을 강조한 것을 이해하지 못하게 된다.[88] 루터는 자신의 경험을 통해서 이 문제 안에서 바울의 복음의 핵심을 발견했는데, 그것은 옳은 행동이었다. 물론, 루터 역시 이신칭의를 바울 신학과 신약신학의 중심으로 삼았다. 이 점에 있어서 우리는 루터에게 동의하지 않을 수도 있다; 이신칭의가 바울의 중요한 교리로서 은혜와 복음의 능력을 모든 종류의 율법주의적이거나 신인협력적 조건으로부터 지켜주지만, 그것을 신약성서나 바울의 교리의 중심으로 삼을 수는 없을 것이다. 그러나 루터가 이신칭의의 교리를 바울의 중요한 교리로 지적한 것은 옳았다. 최근의 학자들은 새로운 관점을 옹호하는 사람들과는 달리 이신칭의가 처음부터 바울의 복음의 중요한 구성요소였다고 강조하는 경향이 있다.[89]

참고문헌

Philip S. Alexander, "Torah and Salvation in Tannaitic Literature," in *Justification and Variegated Nomism*, vol. 1: *The Complexities of Second Temple Judaism*, ed. D. A. Carson, Peter T. O'brien, and Mark A. Seifrid, WUNT 140 (Tübingen: Mohr-Siebeck/Grand Rapids: Baker, 2001), 261-301.

R. Dean Anderson Jr., *Ancient Rhetorical Theory and Paul* (The Hague: Kok Pharos, 1996).

W. P. Armstrong and J. Finegan, "Chronology of the New Testament," in *ISBE* 1.689-90.

Friedrich Avemarie, "Erwählung und Vergeltung: Zur optionalen Strucktur rabbinischer Soteriologie," *NTS* 45 (1999): 108-26; idem, *Tora und Leben: Untersuchungen zur Heilsbedeutung der Tora in der frühenrabbinischen Literatur*, TSAJ 55 (Tübingen: Mohr-Siebeck, 199).

Barry J. Beitzel, *The Moody Atlas of Bible Lands* (Chicago: Moody, 1985).

Wilhelm Bousset, *Kyrios Christos*, reprint ed. (Nashville: Abingdon, 1970.

F. F. Bruce, *Jesus and Paul* (Grand Rapids: Baker, 1974); idem, *New Testament History*, 2nd ed. (Garden City: Doubleday, 1971); idem, *Paul: Apostle of the Heart Set Free* (Grand Rapids: Eerdmans, 1977); idem, "Paul the Apostle," in *ISBE* 3.706; idem, *Tradition Old and New* (Grand Rapids: Zondervan, 1970).

Charles Buck and Greer Taylor, *Saint Paul: A Study of the Development of His Thought* (New York: Charles Scribner's Sons, 1969).

Rudolf Bultmann, "The Significance of the Historical Jesus for the Theology of Paul" in *Faith and Understanding* (New York: Harper & Row, 1969); idem, *Theology of the New Testament*, 2 vols. (New York: Charles Scribner's Sons, 1951-55).

---

88) Mark Seifrid, *Christ, Our Righteousness: Paul's Theology of Justification*, NSBT (Downers Grove: IVP, 2000)을 보라.

89) Martin Hengel and Anna Maria Schwemer, *Paul between Damascus and Antioch: The Unknown Years* (Louisville: Westminster/John Knox, 1997), 268-311; Kim, *Paul and the New Perspective*, 53-57, 85-100을 보라.

G. B. Caird, "Chronology of the New Testament," in *IDB* 1.604-5.

T. H. Campbell, "Paul's 'Missionary Journeys' as Reflected in His Letters," *JBL* 74 (1955): 80-87.

D. A. Carson, "Pseudonymity and Pseudepigraphy," in *Dictionary of New Testament Background*, ed. Craig A. Evans and Stanley E. Porter (Downers Grove: IVP, 2000), 856-65.

D. A. Carson, Peter T. O'brien, and Mark A. Seifrid, eds., *Justification and Variegated Nomism*, vol. 1: *The Complexities of Second Temple Judaism*, WUNT 140 (Tübingen: Mohr-Siebeck/Grand Rapids: Baker, 2001); vol. 2: *The Paradoxes of Paul* (Tübingen: Mohr-Siebeck/Grand Rapids: Baker, 2004).

Ellen Juhl Christiansen, *The Covenant in Judaism and Paul*, AGJU 27 (Leiden: Brill, 1995).

Andrew Das, *Paul and the Jews* (Peabody: Hendrickson, 2003).

W. D. Davies, *Paul and Rabbinic Judaism*, 4th ed. (Philadelphia: Fortress Press, 1980).

Roland Deines, "The Pharisees between 'Judaisms' and 'Common Judaism,'" in Justification and Variegated Nomism, 1:443-504.

J. C. de Roo, "The Concept of 'Works of the Law' in Jewish-Christian Literature," in *Christian-Jewish Relations through the Centuries*, ed. S. E. Porter and B. W. R. Pearson, JSNTSup 192 (Sheffield: Sheffield Academic Press, 2000), 116-47.

Christian Dietzfelbinger, *Die Berufung des Paulus als Ursprung seiner Theologie*, WMANT 58 (Neukirchen-Vluyn: Neukirchener, 1985).

James D. G. Dunn, "The New Perspective on Paul," *BJRL* 65 (1983): 95-122; reprinted in *Jesus, Paul and the Law: Studies in Mark and Galatians* (Louisville: Westminster John Knox, 1990), 183-214; idem, *The Theology of Paul the Apostle* (Grand Rapids: Eerdmans, 1998).

Mark Adam Elliott, *The Survivors of Israel: A Reconsideration of the Theology of Pre-Christian Judaism* (Grand Rapids: Eerdmans, 2000).

E. Earle Ellis, *Paul's Use of the Old Testament*, reprint ed. (Grand Rapids: Baker, 1981).

T. Engberg-Pedersen, ed., *Paul in his Hellenistic Context* (Minneapolis: Fortress Press, 1995; idem, ed., *Paul Beyond the Judaism/Hellenism Divide* (Louisville: Westminster John Knox Press, 2001).

Timo Eskola, *Theodicy and Predestination in Pauline Soteriology*, WUNT 100 (Tübingen: Mohr-Siebeck, 1998).

Gordon D. Fee, "Philippians 2:5-11: Hymn or Exalted Pauline Prose?" *BBR* 2 (1992): 29-46.

Robert W. Funk, "The Apostolic Parousia: Form and Significance," in Christian History and Interpretation, ed. W. R. Farmer, C. F. D. Moule, and R. R. Niebuhr (Cambridge: Cambridge University Press, 1966), 249-68.

John G. Gager, *Reinventing Paul* (New York: Oxford University Press, 2000).

K. S. Gapp, "The Universal Famine Under Claudius," *HTR* 28 (1935): 258-65.

Lloyd Gaston, "Israel's Misstep in the Eyes of Paul," in *The Romans Debate*, ed. Karl P. Donfried, rev. ed. (Peabody: Hendrickson, 1991), 309-26.

Robert H. Gundry, "Grace, Works, and Staying Saved," *Bib* 60 (1985): 1-38.

John J. Gunther, *Paul: Messenger and Exile* (Valley Forge, Pa.: Judson, 1972).

Richard Hays, *The Faith of Jesus Christ: The Narrative Substructure of Galatians 3:1-4:11*, rev. ed. (Grand Rapids: Eerdmans, 2001).

Klaus Hacker, *The Theology of Paul's Letter to the Romans* (Cambridge: Cambridge University Press, 2003).

Douglas Harink, *Paul Among the Postliberals: Pauline Theology Beyond Christendom and Modernity* (Grand Rapids: Brazos, 2003).

Richard B. Hays, *The Faith of Jesus Christ: The Narrative Substructure of Galatians 3:1-4:11*, rev. ed. (Grand Rapids: Eerdmans, 2001).

Colin J. Hemer, *The Book of Acts in the Setting of Hellenistic History*, WUNT 49 (Tübingen: Mohr-Siebeck, 1989); idem, "Tarsus," in ISBE 4.734-36.

Martin Hengel, *Judaism and Hellenism*, 2 vols. (Philadelphia: Fortress Press, 1974).

Martin Hengel and Anna Maria Schwemer, *Paul between Damascus and Antioch: The Unknown Years* (Louisville: Westminster John Knox, 1997).

Ronald F. Hock, *The Social Context of Paul's Ministry* (Philadelphia: Fortress Press, 1980).

A. M. Hunter, *Paul and His Predecessors*, rev. ed. (Philadelphia: Westminster, 1961).

Robert Jewett, *A Chronology of Paul's Life* (Philadelphia: Fortress Press, 1979).

Leander E. Keck, *Paul and His Letters, Proclamation Commentaries* (Philadelphia: Fortress Press, 1979.

H. A. A. Kennedy, *St. Paul and the Mystery Religions* (London: Hodder & Stoughton, 1913).

Seyoon Kim, *The Origin of Paul's Gospel* (Tübingen: Mohr-Siebeck, 1981); idem, *Paul and the New Perspective: Second Thoughts on the Origin of Paul's Gospel* (Grand Rapids: Eerdmans, 2002).

John Knox, *Chapters in a Life of Paul* (London: Adam & Charles Black, 1954).

Timo Laato, *Paulus und das Judentum: Anthropologische Erwägungen* (Åo: Åo Academy, 1991).

George Eldon Ladd, *A Theology of the New Testament*, rev. ed. Donald A. Hagnar (Grand Rapids: Eerdmans, 1993).

Kirsopp Lake, "The Chronology of Acts," in *The Beginnings of Christianity*, Part 1: *The Acts of the Apostles*, ed. F. J. Foakes Jackson and Kirsopp Lake, 5 vols. (London: Macmillan, 1920-33), 5.452-3; idem, "The Conversion of Paul," in ibid., 192-94.

Richard Longenecker, "Acts," in EBC 9; idem, *Paul, Apostle of Liberty*, reprint ed. (Grand Rapids: Baker, 1976); idem, ed., *The Road from Damascus: The Impact of Paul's Conversion on his Life, Thought, and Ministry* (Grand Rapids: Eerdmans, 1997).

Gerd Lüdemann, Paul, *Apostle to the Gentiles: Studies in Chronology* (Philadelphia: Fortress Press, 1984).

J. Gresham Machen, *The Origin of Paul's Religion* (London: Hodder & Stoughton, 1921.)

I. Howard Marshall, "Salvation, Grace and Works in the Later Writings in the Pauline Corpus," *NTS* 42 (1996): 339-58.

Ralph P. Martin, *Carmen Christi: Philippians 2:5-11 in Recent Interpretation and in the Setting of Early Christian Worship*, rev. ed. (Grand Rapids: Eerdmans, 1983).

J. Louis Martyn, *Galatians: A New Translation with Introduction and Commentary*, AB 33A (New York: Doubleday, 1997).

R. Barry Matlock, "Sins of the Flesh and Suspicious Minds: Dunn's New Theology of Paul," *JSNT* 72 (1998): 67-90.

Wayne A. Meeks, *The First Urban Christians: The Social World of the Apostle Paul* (New Haven: Yale University Press, 1983).

C. G. Montefiore, *Judaism and St. Paul* (London: Goschen, 1914).

Douglas J. Moo, *The Epistle to the Romans*, NICNT (Grand Rapids: Eerdmans, 1996); idem, "'Law,'Works of the Law' and Legalism in Paul," *WTJ* 45 (1983): 73-100.

Johannes Munck, *Paul and the Salvation of Mankind* (London: SCM, 1959).

Jerome Murphy-O'Connor, *Paul: A Critical Life* (Oxford: Clarendon Press, 1996); idem, *Paul the Letter-Writer: His World, His Options, His Skills* (Collegeville: Liturgical Press, 1995).

Carey C. Newman, ed., *Jesus and the Restoration of Israel* (Downers Grove: IVP, 1999).

Peter T. O'brien, "Was Paul Converted?" in *Justification and Variegated Nomism*, vol. 2.

George Ogg, *The Odyssey of Paul* (Old Tappan: Revell, 1968.)

John B. Polhill, *Paul and His Letters* (Nashville: Broadman & Holman, 1999).

Charles L. Quarles, "The Soteriology of R. Akiba and E. P. Sanders' Paul and Palestinian Judaism," *NTS* 42 (1996): 185-95.

William M. Ramsay, *The Cities of St. Paul: Their Influence on His Life and Thought* (London: Hodder & Stoughton, 1907); idem, *Saint Paul, the Traveller and Roman Citizen* (London: Hodder & Stoughton, 1897).

Bo Reicke, *Re-examining Paul's Letters: The History of the Pauline Correspondence* (Harrisburg: Trinity Press International, 2001).

Richard Reitzenstein, *Hellenistic Mystery Religions: Their Basic Ideas and Significance* (Pittsburgh: Pickwick, 1978).

Arnold Resch, *Der Paulinismus und die Logia Jesu*, TU 27 (Leipzig: Akademie, 1904).

Herman Ridderbos, *Paul: An Outline of His Theology* (Grand Rapids: Eerdmans, 1975).

Rainer Riesner, *Paul's Early Period: Chronology, Mission Strategy, Theology* (Grand Rapids: Eerdmans, 1998); idem, "The Pharisees between 'Judaisms' and 'CommonJudaism," in *Justification and Variegated Nomism*, 1:443-504.

Calvin J. Roetzel, *Paul: The Man and the Myth* (Columbia: University of South Carolina Press, 1998); idem, *Paul: A Jew on the Margins* (Louisville: Westminster John Knox Press, 2003).

Otto Roller, *Das Formular der paulinischer Briefe: Ein Beitrag zur Lehre vom antiken Briefe* (Stuttgart: Kohlhammer, 1933).

Anthony J. Saldarini, "Pharisees," *ABD* 5.289-303.

E. P. Sanders, *Paul and Palestinian Judaism: A Comparison of Patterns of Religion* (Philadelphia: Fortress Press, 1977).

Thomas R. Schreiner, "Works of Law" in Paul," *NovT* 32 (1991): 217-44.

Emil Schürer, *The History of the Jewish People in the Age of Jesus Christ* (175 B.C.-A.D. 135), new ed., vol. 1, rev. and ed. Geza Vermes and Fegus Millar (Edinburgh: T. & T. Clark, 1973).

Albert Schweitzer, *The Mysticism of Paul the Apostle* (New York: H. Holt, 1931).

Alan Segal, *Paul the Convert* (New Haven: Yale University Press, 1990).

Mark Seifrid, "Blind Alleys in the Controversy over the Paul of History," *TynB* 45 (1994): 73-95; idem, *Christ, Our Righteousness: Paul's Theology of Justification*, NSBT (Downers Grove: IVP, 2000); idem, *Justification by Faith: The Origin and Development of a Central Pauline Theme*, NovTSup 68 (Leiden: Brill, 1992).

E. Mary Smallwood, *The Jews Under Roman Rule*, SJLA 20 (Leiden: Brill, 1976).

Christopher Stanley, *Paul and the Language of Scripture: Citation Technique in the Pauline Epistles and Contemporary Literature*, SNTSMS 69 (Cambridge: Cambridge University Press, 1992).

Graham N. Stanton, "The Law of Moses and the Law of Christ," in *Paul and the Mosaic Law*, ed. James D. G. Dunn (Grand Rapids: Eerdmans, 2000 [1996]), 99-116; idem, *Jesus of Nazareth in New Testament Preaching*, SNTSMS 27 (Cambridge: Cambridge University Press, 1974).

Krister Stendahl, "The Apostle Paul and the Introspective Conscience of the West," *HTR* 56 (1963): 199-215; idem, *Paul Among Jews and Gentiles, and Other Essays* (Philadelphia: Fortress Press, 1976).

Peter Stuhlmacher, "'The End of the Law': On the Origin and Beginnings of Pauline Theology," in *Reconciliation, Law and Righteousness: Essays on Biblical Theology* (Philadelphia: Fortress Press, 1986), 134-54.

Charles H. Talbert, "Paul, Judaism, and the Revisionists," *CBQ* 63 (2001): 1-22.

Frank Thielman, *From Plight to Solution: A Jewish Framework for Understanding Paul's View of the Law in Galatians and Romans*, NovTSup 61 (Leiden: Brill, 1989).

Michael Thompson, *Clothed with Christ: The Example and Teaching of Jesus in Romans 12.1-15.13*, JSNTSup 59 (Sheffield: Sheffield Academic Press, 1991).

Lauri Thurén, *Derhetorizing Paul: A Dynamic Perspective on Pauline Theology and the Law*, WUNT 124 (Tübingen: Mohr-Siebeck, 2000).

W. C. van Unnik, *Tarsus or Jerusalem: The City of Paul's Youth* (London: Epworth, 1962).

Günter Wagner, *Pauline Baptism and the Pagan Mysteries* (Edinburgh: Oliver & Boyd, 1967).

David Wenham, *Paul: Follower of Jesus or Founder of Christianity?* (Grand Rapids: Eerdmans, 1995); idem, "Paul's Use of the Jesus Tradition: Three Samples," in *GP* 5.7-37; idem, *The Rediscovery of Jesu' Eschatological Discourse*, GP 4.

Stephen Westerholm, *Israel's Law and the Church's Faith* (Grand Rapids: Eerdmans, 1988); idem, *Perspectives Old and New on Paul: The "Lutheran" Paul and His Critics* (Grand Rapids: Eerdmans, 2004).

Ben Witherington III, *The Paul Quest: The Renewed Search for the Jew of Tarsus* (Grand Rapids: Eerdmans, 1998).

W. P. Workman, "A New Date-Indication in Acts," *ExpTim* 11 (1899-1900): 316-19.

N. T. Wright, "ἁρπαγμὸς and the Meaning of Philippians 2:5-11," *JTS* 37 (1987):321-52; idem, *The Climax of the Covenant* (Minneapolis: Fortress Press, 1993); idem, *Jesus and the Victory of God* (Minneapolis: Fortress Press, 1996); idem, *The New Testament and the People of God* (Minneapolis: Fortress Press, 1992); idem, *What Saint Paul Really Said* (Grand Rapids: Eerdmans, 1997).

R. J. Wyatt, "Pharisees," in *ISBE* 3.822-29.

제10장

로마서

1. 내용

로마서는 바울서신 중에서 가장 길고, 신학적으로 가장 중요하며, "가장 순수한 복음"(루터)이다. 이 서신은 편지 형식의 서론(1:1-17)과 결론(15:14-16:27)을 갖춘 신학적 논문 형태를 취한다. 서론은 일상적인 서두(1:1-7)와 감사(1:8-15)를 포함하며, 이 편지의 주제라고 할 수 있는 바, 오직 믿음으로만 경험할 수 있는 하나님의 의의 계시인 복음에 관한 언급(1:16-17)으로 끝맺는다.

믿음으로 말미암는 하나님의 의인 복음(1:18－4:25). 믿음으로 말미암는 하나님의 의가 이 편지 첫 부분의 주제이다. 바울은 이 주제를 위한 예비 작업으로 하나님께서 자신의 의를 나타내셔야 하는 이유, 그리고 인간들은 오직 믿음으로만 의를 체험할 수 있는 이유를 설명한다. 바울은 죄가 모든 사람을 사로잡았으며 오직 믿음을 통해 값없이 주시는 선물로서 경험되는 하나님의 행위만이 그 사슬을 끊을 수 있다고 주장한다(1:18-3:20). 하나님의 진노, 인간을 정죄하는 하나님의 거룩한 분노의 유출은 모든 죄인들에게 미치는데(1:18-19), 그것은 정당한 것이다. 하나님은 창조를 통하여 모든 사람에게 자신을 계시하셨기 때문에, 하나님을 떠나 다른 신들을 섬기는 사람들은 하나님 앞에 핑계할 수 없다(1:20-32). 율법 안에 하나님의 뜻이 분명하고 상세하게 진술되어 있기 때문에, 유대인들은 더욱 핑계할 수 없다. 단순히 율법을 소유하는 것이나 하나님의 언약의 외적 표시를 가지고 있는 것(할례)은 유대인들을 하나님의 진노로부터 보호해주지 못한다(2:1-3:8). 따라서 바울은 유대인이든 이방인이든 모든 인간은 절망적인 죄의 노예들이며, 그들의 행위로는 하나님과 관계를 가질 수 없다고 결론짓는다(3:9-20).

오직 하나님만이 이 비극적인 상황을 바꿀 수 있다. 하나님은 하나님 앞에서 의롭게 될 수 있는 수단인 독생자를 희생시킴으로써 이 일을 행하셨다(3:21-26). 바울은 이러한 칭의는 아브라함의 경우에 뚜렷이 나타난 것처럼 믿음으로만 가능하다고 강조한다(4:1-25).

구원을 위한 하나님의 능력인 복음(5:1－8:39). 바울은 죄악 된 인간이 어떻게 믿음으로 말미암아 하나님 앞에서 의롭다고 선포될 수 있는지 보여준 후에, 그 편지의 두 번째 중요한 단락에서 이러한 하나님의 행위가 미래의 심판이나 현재 이 땅에서의 삶에 얼마나 중요한가를 강조한다. 의롭다함을 받는 것은 "하나님과의 화평" 혹은 하나님과의 화목, 그리고 특히 심판 날의 변호에 대한 확실한 소망을 의미한다(5:1-11). 이 소망의 근거는 아담의 죄의 결과를 없애고 자기에게 속한 모든 자에게 영생을 주신 그리스도와 신자들이 관계를 갖는 것이다(5:12-21). 기독교인들은 그리스도, 의, 은혜, 생명 등이 다스리는 새로운 나라로 옮겨졌지만, 아직도 이 세상의 세력들 곧 율법, 죄, 죽음, 육체 등과 싸워야 한다. 그러나 우리는 그리스도께서 이러한 세력으로부터 우리를 자유롭게 하셨음을 알기 때문에 확신을 가지고 싸움에 임한다. 따라서 죄가 더 이상 우리를 다스릴 수 없다(6:1-14). 이제 하나님이 우리의 주인이시며, 우리의 삶은 그것을 반영해야 한다(6:15-23). 마찬가지로, 죄로 인하여 우리의 상황을 개선시키기는커녕 악화시킨 율법도 더 이상 신자들을 지배 못한다(7:1-25). 성령의 활동으로 말미암아, 기독교인들은 사망과 육체의 권세에 대한 최종적인 승리를 확신한다(8:1-13). 우리를 하나님의 자녀로 삼으시는(8:14-17) 성령은 하나님께서 우리 안에서 시작하신 일이 성공적인 결론에 이를 것이라는 또 다른 확신—칭의가 확실히 영화(榮化)로 이어질 것이라는 확신—을 주신다(8:18-39).

복음과 이스라엘(9:1－11:36). 로마서 1-8장의 중요한 주제는 율법과 복음, 유대인과 이방인, 옛 언약의 백성들과 새 언약의 백성들 사이의 관계에 대한 문제이며, 이것은 세 번째 주요 단락의 주제이기도 하다. 언약의 특권이 이스라엘에게서 교회로 옮겨졌다는 것은 하나님께서 이스라엘과의 약속을 저버리셨다는 의미인가(9:1-6a)? 바울은 그렇지 않다고 대답한다. 첫째, 하나님의 약속은 모든 이스라엘 백성이 태어나면서부터 구원을 받는다고 보장하지 않았다(9:6b-29). 둘째, 하나님께서 분명히 말씀하셨음에도 불구하고 그리스도 안에 나타난 하나님의 의를 받아들이지 않은 것은 이스라엘의 책임이다(9:30-10:21). 더욱이, 바울과 같은 일부 이스라엘 사람들은 구원을 받았고 그들 안에서 하나님의 약속이 성취되었다(11:1-10). 마지막으로, 바울은 이방인 신자들은 이스라엘을 통해서 구원을 받으며 이스라엘에게 하신 하나님의 약속이 완전히 실현되어 "온 이스라엘이 구원을 얻을" 날이 있다고 말함으로써 오만하게 뽐내는 이방인 신자들에게 경고한다(11:12-36).

복음과 삶의 변화(12:1-15:13). 바울의 신학적 논문의 마지막 주요 단락에서는 복음 안에서 이루어지는 하나님의 은혜의 실질적 성취를 다룬다. 바울은 최초의 요약 진술에서 독자들에게 이 하나님의 은혜의 자극을 받아 하나님을 섬기기 위해 자신을 희생해야 한다고 말한다(12:1-2). 하나님께서 자기 백성에서 주신 다양한 은사들이 발휘되듯이, 이 섬김도 다양한 형태를 취할 수 있다(12:3-8). 하나님께 대한 섬김의 여러 가지 구체적인 측면에는 사랑이 가득해야 한다(12:9-21). 하나님을 섬긴다는 것은 그리스도인들이 세속 정부의 합법적인 요구를 무시할 수 있다는 의미가 아니라고 바울은 경고한다(13:1-7). 또 비록 율법으로부터 자유로워졌지만, 이웃을 내 몸처럼 사랑하라는 율법의 대강령을 무시할 수는 없다(13:8-10). 기독교인은 구원의 날이 이미 우리의 길을 비추기 시작했고 우리의 삶은 그 빛을 반영해야 한다는 것을 인식하면서 하나님을 섬겨야 한다(13:11-14). 마지막으로, 바울은 로마 교회를 비롯하여 여러 교회에서 분쟁을 초래하는 문제, 즉 몇 가지 음식 규정과 의식의 준수에 관한 문제를 다룬다(14:1-15:13). 로마에 있는 일부 교인들은 자신들의 강한 믿음을 자랑하며, 아무 음식이나 먹거나 정한 예배 시간을 무시할 만큼 강력한 믿음을 갖지 못한 사람들을 무시했다. 이러한 신자들은 역으로 소위 믿음이 강한 자들을 타협주의자들이라고 정죄했다. 바울은 믿음이 강한 자들과 의견을 같이 하면서도, 서로 상대방의 의견을 존중하고 용납하는 법을 배우라고 요구한다.

이 서신의 결론은(15:14-16:27) 바울의 입장과 여행 계획(15:14-29), 그가 헌금을 예루살렘의 교인들에게 가져갈 준비를 하면서 요청하는 기도(15:30-33), 그리스도 안에 있는 한 자매에 대한 칭찬과 긴 문안 인사(16:1-16), 그리고 거짓 선지자들에 대한 마지막 경고, 개인적인 메모와 축복(16:17-27[25-27은 원본상 불확실한 점들이 있다])에 대해서 언급한다.

2. 저자

로마서는 바울이 기록했다고 주장되며(1:1), 이에 대해서는 별로 이의가 제기되지 않고 있다. 16:22에 언급된 더디오는 바울의 필기자이거나 서기였을 것이다. 바울이 때때로 필기자에게 그의 서신의 어법을 선택할 수 있는 어느 정도의 자유를 주었을 가능성은 있지만, 로마서에서도 그렇게 했다는 증거는 희박하다. 로마서의 일부가 다른 사람에 의해 기록되어 바울이 쓴 편지에 첨가되었을 것이라고 주장하는 사람들도 있지만, 이러한 주장은 설득력이 없다.

3. 기록 장소와 연대

바울이 로마서의 저자라는 것, 그리고 로마서를 저술한 일반적인 상황에 대해서는 그다지 논란이 없다. 15:22-29을 보면, 바울의 여행 계획에 세 곳—예루살렘, 로마, 스페인—이 등장한다. 바울이 가장 먼저 가려고 했던 곳은 예루살렘이었다. 15:30-33의 기도에서 드러나듯이, 바울은 매우 걱정스럽게 예루살렘으로의 여행을 준비하고 있었다. 그는 예루살렘에 있는 가난한 유대인 신자들에게 자신이 개척한 이방인 교회에서 모금한 헌금을 가지고 가면서 그들이 헌금을 어떻게 받아들일지 확신하지 못했다(15:25-27). 그 헌금을 유대인 신자들이 받아들이는 것, 그리고 그것이 유대인 신자들과 이방인 신자들의 관계를 굳게 하는 데 도움이 되는 것이 그의 희망이었다. 그러나 바울은 이 일에 대해 확신이 없었기 때문에, 로마의 기독교인들에게 기도를 부탁했다.

바울이 두 번째 목적지는 로마였는데, 스페인으로 가는 길에 잠깐 들릴 계획이었다(15:24, 28). 이것은 로마의 전략적 중요성을 경시하는 것이 아니라, 그리스도를 알지 못하는 곳에 복음을 전하려는 바울의 소명 의식을 반영한다(15:20). 바울은 지중해 동쪽 지방에서의 교회 개척 사명을 완수했기 때문에, 그의 시선은 멀리 스페인을 향하고 있었다. "이 일로 인하여 내가 예루살렘으로부터 두루 행하여 일루리곤까지 그리스도의 복음을 편만하게 하였노라"(15:19). 세 차례의 전도 여행의 결과로 이 지역 전체의 대도시에 세운 교회들이 왕성하게 성장하고 있었다.

바울이 미개척지에서 소명을 추구하는 동안, 이 교회들은 각기 그 지역에서 복음전도의 임무를 수행할 수 있었다.

이러한 내용들을 사도행전에 나타난 바울의 구체적인 행적과 비교해 보면, 바울은 제3차 전도여행을 끝낼 무렵에 로마서를 기록했음이 분명하다. 그 때에 바울은 로마를 다음 목적지로 삼고서 예루살렘으로 돌아갈 준비를 하고 있었다(행 19:21; 20:16). 로마서는 고린도에서 기록되었을 가능성이 가장 크다. 누가는 바울이 석 달을 헬라에서 머물었다고 했는데(행 20:3), 그가 머문 곳은 고린도일 가능성이 크다(고후 13:1, 10을 보라). 바울이 고린도 인근의 도시인 겐그레아의 여인을 칭찬한 것(16:1-2), 그리고 16:23에서 문안하는 가이오가 고린도에서 바울에게 세례를 받은 가이오(고전 1:14)와 동일인일 것이라는 사실 등은 고린도가 로마서를 기록한 장소였음을 확인해준다. 어떤 이들은 그 성의 재무 에라스도가 고린도에서 발견된 비문에 기록된 에라스도와 동일인일 것이라고 생각한다.[1)]

바울이 로마서를 기록한 연대는 바울이 헬라에 석 달간 머물었던 연대에 의존할 것이며, 이 연대를 추정하는 것은 바울의 생애와 사역 전반에 대한 연보(年譜)에 달려 있다. 정확하게 알 수는 없지만 주후 57년으로 보는 것이 가장 합당한 듯하다(제8장의 도표 6을 보라).[2)]

4. 수신자

우리가 가지고 있는 헬라어 성경과 영어 성경이 정확하다면, 로마서는 "로마에 있어 하나님의 사랑하심을 입고 성도로 부르심을 입은 모든 사람들"(1:7; cf. 1:15)에게 쓴 것이다. 로마에 있는 교회의 기원이나, 바울이 이 편지를 쓸 당시 그 교회의 조직에 대한 명확한 자료가 없다. 약 180년경에 이레내우스는 바울과 베드로가 로마 교회의 설립자라고 말했고(*Adv. Haer*. 3.1.2), 후대의 전승은 베드

1) David W. J. Gill, "Erastus the Aedile," *TynB* 40(1989): 293-302을 보라.

2) 대부분의 개론서들과 주석서들은 이 연대에 동의한다. Charles Buck과 Greer Taylor는 사도행전의 역사적 가치를 경시하면서 로마서의 저술 연대를 주후 47년으로 주장했다(*Saint Paul: A Study of the Development of His Thought* [New York: Charles Scribner's Sons, 1969], 170-71), Gerd Lüdemann은 51/52 나 혹은 54/55로 보는 반면(*Paul, Apostle to the Gentiles: Studies in Chronology* [Philadelphia: Fortress, 1984], .263), J. R. Richards는 내적 근거에서 볼 때 로마서가 고린도전서보다 먼저 기록되었어야 한다고 생각하기 때문에 52-54년으로 주장한다("Romans and I Corinthians: Their Chronological Relationship and Comparative Dates," *NTS* 13 [1966-67]: 14-30).

로마에 있는 교회의 기원이나, 바울이 이 편지를 쓸 당시 그 교회의 조직에 대한 명확한 자료가 없다. 그렇다면, 오순절에 회심한 유대인들이 로마에 복음을 처음 들고 들어갔다고 추측할 수 있다.

로가 로마 교회의 설립자요 첫 감독이었다고 언급한다(예를 들면, *Catalogus Liberianus* 주후 354년). 그러나 이 두 가지 전승은 받아들 수 없다. 이 편지 자체는 바울이 로마 교회와는 무관했음을 분명히 하며(1:10, 13; 15:22), 바울이 1:8-15에 묘사된 것처럼 베드로가 세운 교회를 방문할 계획을 세웠을 가능성도 없다. 또 베드로가 그렇게 일찍 로마로 가서 교회를 세웠을 가능성도 없다.[3] 로마에 있는 교회를 설립하는 데 관여한 사도가 없었으므로, 로마 사람들은 "사도들의 능력 행하는 것을 보지 않은 채 유대인의 의식에 따라 그리스도에 대한 믿음을 소유했다"[4]고 한 4세기의 암브로시아스터(Ambrosiaster)의 말에 동의할 수도 있다. 만일 그렇다면, 오순절에 회심한 유대인들이(행 2:10을 보라) 로마에 복음을 처음 들고 들어갔다고 추측할 수 있다.

암브로시아스터가 로마의 기독교는 유대인들 사이에서 시작되었다고("유대인의 의식에 따라") 본 것은 옳은 것 같다. 주전 1세기 말에는 많은 유대인들이 시민권을 획득하고 자리를 잡고 있었다.[5] 바울이 발견한 대로, 특히 오순절에 돌아간 순례자들이 처음으로 복음의 씨를 심었다면, 이곳은 복음을 심을 수 있는 가장 비옥한 온상이었다. 주후 49년경에 유대인 신자들이 로마에 있었다는 사실은 "유대인들이 크레스투스(Chrestus)의 선동을 받아 계속 폭동을 일으켰기 때문에" 로마의 황제 글라우디오(Claudius)가 유대인들을 추방했다는 수에토니우스(Suetonius)의 진술이 확인한다(*Life of Claudius* 25.2). 크레스투스는 헬라어 *Christos*(그리스도)의 전와(轉訛)이며, 수에토니우스의 언급은 예수님이 그리스도라는 주장으로 인한 로마에 있는 유대인들 사이의 논쟁을 가리킨다는 데 대부분이 의견을 같이 한다. 이 사건이 주후 49년에 발생했다는 5세기의 작가 오로시우스(Orosius)의 말이 확실한 것은 아니지만 "글라우디오가 모든 유대인을 명하여 로마에서 떠나라"고 했기 때문에 아굴라와 브리스길라가 이탈리아를 떠나 고린도로 왔다고 기록한 사도행전 18:2이 간접적으로 그 말을 확인해준다.[6]

---

3) Oscar Cullmann, *Peter: Disciple, Apostlem Martyr* (Philadelphia: Westminster, 1962), 72-157을 보라.

4) Ambroisiaster, *PL* 17, col.46.

5) Philo의 *Embassy to Gaius*를 보라. Harry J. Leon, T*he Jews of Ancient Rome* (Philadelphia: Jewish Publication Society, 1960), 4-9; Wolfgang Wiefel, "The Jewish Community in Ancient Rome and the Origins of Roman Christianity," in *The Romans Debate*, ed. Karl Donfried, rev. ed. (Peabody: Hendrickson, 1991), 85-96도 보라.

6) E. Mary Smallwood, *The Jews Under Roman Rule*, SJLA 20(Leiden: Brill, 1976), 210-16;

그 당시 로마인들은 유대인과 유대인 신자들을 구별하지 못했기 때문에 글라우디오의 추방은 양측 모두에게 영향을 미쳤을 것이다. 그러나 비슷한 다른 추방의 경우에서처럼, 이 추방 칙령이 오랫동안 유효하지는 않았을 것이다. 실제로 10년이 못되어 우리는 로마에서 브리스가와 아굴라를 다시 만난다(롬 16:3). 그러나 이 칙령이 시행되는 동안 로마에 있는 교회는 심각한 영향을 받았을 것이다. 유대인 신자들이 없는 동안에 기독교를 받아들인 이방인들이 교회를 맡아 다스리기 시작했을 것이고, 후에 돌아온 유대인 신자들은 소수파가 되어 압도적인 이방인들에 의해 밀려났을 것이다.[7)]

그렇다면, 바울이 편지를 쓸 때 로마에는 유대인 신자들과 이방인 신자들이 있어, 한 곳이 아니라 여러 집에서 모임을 가졌을 것이다.[8)] 바울은 이렇게 혼합된 공동체 전체에게 편지를 쓰고 있는가? 아니면, 공동체의 일부에게만 편지를 쓰고 있는가? 이 질문에 대한 대답은 서신의 내용을 통해 찾아볼 수밖에 없다.

그러나 로마서에는 서로 상충하는 자료들이 있다. 한편으로는 바울이 유대인 신자들을 염두에 둔 것 같은 내용들이 있다: (1) 바울이 유대인 신자인 브리스가와 아굴라, 그의 친척인 안드로니고, 유니아, 헤로디온에게 문안한 것(16:3, 7, 11); (2) 2장에서 바울이 어느 유대인에게 이야기하는 것(2:17); (3) 바울이 그의 독자들을 모세의 율법과 연관시키면서 "율법에 대하여 죽임을 당하였으므로"(7:4) "법 아래 있지 않다"고 한 것(6:14, 15)과 "내가 법 아는 자들에게 말하노니"(7:1)라고 말한 것; (4) 바울이 아브라함을 우리의 "조상"이라고 부르는 것(4:1); (5) 편지의 대부분이 유대인 신자들의 특별한 관심사인 유대인의 죄(2:1-3:8), 모세의 율법의 비적합성(3:19-20, 27-31; 4:12-15; 5:13-14, 20; 6:14; 7:1-8:4;

F. F. Bruce, "The Roman Debate-Continued," *BJRL* 64 (1982): 338-39. 다른 의견에 관해서는 Leon, *Jews*, 23-27을 보라. 일부 학자들은 Dio Cassius에게 기초를 두고서 그 추방이 비교적 소소의 유대인들에게 여행을 끼쳤다고 주장한다(Mark Nanos, *The Mystery of Romans: The Jewish Context of paul's Letter* [Minneapolis: Augsburg/Fortress, 1996], 372-81; Achtemeier /Green/Thompson, 303-4). 그러나 추방이 전반적으로 이루어졌다고 생각할 수 있는 확실한 이유들이 있다(Rainer Riesner, *Paul's Early Period: Chronology, Misssion Stretedge, Theology* [Grand Rapids: Eerdmans, 1998], 199-200).

7) Wiefel, "Jewish Community," 96-101을 보라.

8) 예를 들면 "교회"라는 단어가 로마서에는 빠져 있다: F. F. Bruce, *Paul: Apostle of the Heart Set Free* (Grand Rapids: Eerdmans, 1977), 385-89을 보라. 그렇다면 기독교 공동체는 로마에 있는 유대인 공동체의 특징이었던 중앙집권적인 체제의 결핍을 반영했을 수도 있다: Romano Penna, "Les Juifs a Rome au temps de l'apotre Paul," *NTS* 28(1982): 327-28; Leon, *Jews*, 135-70을 보라.

9:30-10:8)과 그리스도를 통한 성취(3:31; 8:4; 13:8-10), 이스라엘의 조상 아브라함의 중요성(4장), 구속사에 있어 이스라엘의 중요성(9-11장) 등을 다루고 있는 것.

반면에, 분명히 이방인 신자들을 대상으로 한 내용들도 있다. (1) 바울이 인사말에서 자신의 소명을 받은 사역 대상인 이방인들을 수신인에 포함시킨 것(1:5-6; 1:13; 15:14-21); (2) 11:13에서 "이방인인 너희에게"라고 직접 말한 것(11:14-24까지 이인칭 복수를 계속 사용했다); (3) 로마에 있는 기독교인들에게 "서로 받으라"(15:7)고 간청한 것이 특히 이방인들에게 한 말처럼 보이는 것(8-9절을 보라).

로마서에서 바울의 편지의 수신인들에 대한 상충되는 기록들을 이해하기 위한 몇 가지 대안이 있다. 첫째, 이방인 신자들이 수신인이라는 증거를 무시하고 유대인 신자들이 수신인이었다고 결론지을 수 있다.[9] 예를 들어, 1:6은 "그들 중에 있어 예수 그리스도의 것으로 부르심을 입은" 로마의 기독교인들을 의미한다거나, 5절의 τοῖς ἔθνεσιν(*tois ethnesin*)은 "이방인들"이 아니라 "민족들"을 의미한다고 주장된다. 그러나 이것들은 설득력이 없다. 바울의 사도직을 다루는 문맥에서 ἔθνη(*ethnē*)는 "이방인"을 가리키는 것이 거의 확실하며, 5절과 6절의 연결부분(ἐν οἷς ἐστε καὶ ὑμεῖς [*en hois este kai hymeis*]: "너희도 그들 중에")도 이 서신의 수신인들이 이방인들 중에 있었다는 것이 자연스러운 해석이다.[10]

이 구절들에 비추어 생각하면, 로마서는 오직 이방인 신자들을 위해서만 기록되었다고 결론지을 수도 있다.[11] 실제로 유대인 신자보다는 이방인 신자들을 위해 할 말이 더 많았다. 이 편지 전체의 수신자에 관한 1:5-6은 매우 중요할 뿐만 아니라, 유대인 신자들을 위해 기록되었다는 증거는 그리 강하지 못하다. 2장의 "유대인"

---

9) 이 견해는 처음에 F. C. Baur ("Über zweck und Verlassung des Römerbriefes und die damit zusammenh agenden Verhältnisse der römischen Gemeinde," in *Historisch-kritische Untersuchungen zum Neun Testament*, 2 vols. [Stuttgart: Friedrich Fromman, 1963], 1:147-266)에 의해 유명해졌다. 또한 Zahn 1:421-34를 보라.

10) Douglas J. Moo, *The Epistle to the Romans*, *NICNT* (Grand Rapids: Eerdmans. 1996), 53-54을 보라.

11) Johannes Munck, *Paul and the Salvation of Mankind* (London: SCM, 1959), 200-209; Walter Schmithals, *Der Römerbrief als historisches Problem*, SNT 9(Gütersloh: Gerd Mohn, 1975), 9-89; Jülicher, 112-15. Stowers는 로마 교회에 유대인들이 있었다는 것을 인정하면서도 이방인 신자들이 로마서의 수신인이었다고 주장한다 (*A Rereading of Romans: Justice, Jews, and Gentiles* [New Haven: Yale University Press, 1994], 29-33).

에 대한 언급은 편지의 수신인을 암시하는 것이 아니라 하나의 문학적 기교에 불과하다. 아브라함을 우리의 조상이라고 부르는 것(4:1)도 바울이 "우리"라는 말에 모든 독자들을 포함시킬 때에만 유대인들이 독자였다고 볼 수 있는데, 이것도 분명하지 않다. 바울은 자기 자신과 몇몇 유대인 신자들만 염두에 두었을 수도 있다. 바울은 편지를 받는 사람들이 모세의 율법에 대한 경험이 어느 정도 있었다고 암시하지만(6:14; 7:4), 바울에 의하면, 어떤 의미에서는 이방인들도 율법 아래 있었다. 더욱이 로마의 기독교 공동체 안에 있는 많은 이방인들은 이전에 하나님을 경외하던 사람들—할례를 받지 못해 언약의 공동체에 속하지는 못했지만 이스라엘의 하나님을 예배하던 사람들—이었을 것이다. 따라서 그들은 회당에서 모세의 율법에 대해 많은 것을 배웠을 것이다.[12] 마지막으로, 로마서의 많은 부분은 유대교와의 논쟁이지만, 그러한 논쟁이 이방인 독자들과 무관한 것이었는지는 분명하지 않다. 정반대로, 이방인들도 유대인 못지않게 그리스도를 통한 하나님의 계획의 성취가 구약의 하나님의 백성들 및 그들에게 주신 하나님의 약속 들, 그리고 그 시대의 유대인들의 역사적 상황과 어떻게 관련되는지 알아야 할 필요가 있었다. 이러한 면에서, 11:12-24에 기록된바 이스라엘의 미래에 관한 바울의 교훈이 특히 이방인들을 향한 것이었음을 관찰하는 것이 중요하다.

로마서의 수신인을 이방인으로 제한하는 것을 뒷받침하기 위해서 많은 말을 할 수 있지만, 유대인들을 완전히 배제할 수 있는지에 대해서는 의심의 여지가 있다. 바울은 "로마에 있어 하나님의 사랑하심을 입고 성도로 부르심을 입은 모든 자들에게"(1:7) 이 편지를 보낸다고 했는데, 로마에는 분명히 유대인 신자들이 있었다. 우리가 주장하는 대로 16장이 로마서의 원문의 일부라면, 적어도 거기에 언급된 유대인 신자들은 이 편지의 수신인에 포함되어야 한다. 또 14:1-15:13에서 바울이 언급하는 "믿음이 연약한 자"는 유대인 신자들의 분파로 볼 수 있다.

따라서 로마서는 유대인 신자들과 이방인 신자들을 대상으로 기록한 것으로 보인다. 이것은 바울이 어느 구절은 이방인들을 위해, 어느 구절은 유대인들을 위해 기록했다는 것을 의미한다고 볼 수 있다. 가장 구체적으로 이런 시도를 한 사람은 폴 미니어(Paul Minear)이다. 그는 로마에 있던 기독교 공동체 안에는 적어도 5개 이상의 집단이 있었으며, 로마서의 각 단락은 이 집단들 중 하나를 염두에 두고

---

12) Schmithals, *Römerbrief*, 69-82; J. D. G. Dunn, *Romans 1-8*, WBC (Waco, Tex.: Word, 1988), xlvii-xlviii.

기록된 것이라고 생각한다.13) 그러나 바울은 그처럼 많은 집단들의 존재를 분명히 밝히는 말을 한 적이 없다. 또 한두 구절(11:12-24)을 제외하고는, 이 서신이 로마의 기독교인들 중 특정한 사람들만 위해 기록되었을 것이라는 암시가 전혀 없다. 그러므로 우리는 바울이 로마서에서 유대인 신자들과 이방인 신자들이 혼합된 공동체를 다루고 있다고 결론을 내린다.14) 그러나 이방인 신자들이 주류를 이룰 정도로 규모가 컸기 때문에, 바울은 이들을 자신의 사역 대상인 이방인들의 범주 안에 있는 로마의 기독교 공동체 안에 포함시킬 수 있었다.

5. 통일성, 문학적 역사, 그리고 본문

지금까지 바울이 로마의 기독교인에게 보낸 편지는 현재 우리의 성경에 있는 대로 16장으로 이루어져 있었다는 가정 하에 로마서를 다루어왔다. 그러나 많은 학자들이 이에 대해 심각한 이의를 제기하므로, 이 가정에 대해 조사해 보아야 한다. 일부 학자들은 그들의 주장을 로마서의 내용에 국한하며, 로마서에는 두 개의 편지들을 합쳤거나, 아니면 편집자가 원래의 서신에 자기의 말을 첨가했다고 보아야 설명이 가능한 모순들이 있다고 주장한다.15) 이러한 이론들을 뒷받침하는 본문의 증거가 없을 뿐만 아니라, 그러한 이론을 주장하는 사람들은 수세기에 걸쳐 정확한 논리와 분명한 논거로 인해 찬사를 받아온 편지 안에서 모순들을 조작해낸다.16)

그러나, 로마서 본문 안의 일치하지 않는 점들에서부터 생겨나는 것으로서 로마서의 원래 형태와 문학적 역사에 대해서 진지하게 고려해야 할 이론들이 많다. 이러한 이론들 중 가장 중요한 것은 현대 번역본에서는 맨 끝에 기록되어 있는 송영의 위치이다(16:25-27). 이 송영은 어느 사본에는 빠져 있고 어느 사본에는 다른

---

13) Paul Minear, *The Obedience of Faith: The Purposes of Paul in the Epistle to the Romans* (London: SCM, 1971).

14) 이것은 대부분의 개론들과 주석들의 결론이다; 예: Kümmel, 309-11.

15) Schmithals는 1-11장과 15:8-13을 "로마서 A", 12:1-15:7; 15:14-32; 16:21-23 그리고 15:33을 "로마서 B"로 보고 다른 여러 삽입된 단편들로 구성된다고 가정했다(Römerbrief, 180-211의 요약을 보라). J. Kinoshita도 로마서가 두 개의 편지로 구성되었다고 했지만, 그는 Schmithals과는 전혀 다르게 구분한다("Romans-Two Writings Combined," *NovT* 7 [1964]: 258-77). 또 다른 가정은 로마서의 원문에 편집을 목적으로 삽입된 부분들이 많다고 주장한 J. C. O'Neill이다 (*Paul's Letter to the Romans*, PNCT [Baltimore: Penguin, 1975]).

16) Nigel M. Watson가 O'Neill의 주석에 대해 논평한 "Simplifying the Righteousness of God: A Critique of J. C. O'Neill's Romans," *SJT* 30(1970): 464-69를 보라.

곳에 기록되어 있기도 하다. 다음은 전통적인 헬라어 사본에 나타난 순서들이다.

1. 1:1-14:23; 15:1-16:23; 16:25-27	P^{61}(?), B, C, D, 1739 등
2. 1:1-14:23; 16:25-27; 15:1-16:23; 16:25-27	A, P, 5, 33, 104
3. 1:1-14:23; 16:25-27; 15:1-16:24	Y, 다수 필사본, sy^h
4. 1:1-14:23; 15:1-16:24	F, G, 629, [D의 원형?]
5. 1:1-15:33; 16:25-27; 16:1-23	P^{46}

일반적으로 송영은 서신의 끝에 기록되므로, 14장이나 15장 뒤에 송영이 기록된 것은 이 서신이 이곳에서 끝났던 적이 있었음을 보여준다. 이러한 가능성은 다른 증거들에 의해서 훨씬 커진다.

1. 라틴어 불가타 역본의 여러 사본들은 15:1-16:23을 완전히 생략한다.
2. 불가타의 또 다른 사본(Amiatinus)은 15:1-16:24을 포함하지만 그 단락의 요약 부분은 생략한다.
3. 터툴리안, 이레내우스, 키프리안 등은 만일 16장으로 된 원문을 가지고 있었더라면 언급했을 만한데도, 이 부분에 대해 언급하지 않았다.

이러한 자료들은 초대 교회에 14장으로 된 로마서가 존재했음을 암시하며, 어떤 학자들은 그것이 원본이었다고 결론을 내린다. 그들은 몇 개의 사본들(G와 OL g)이 1:7과 1:15의 로마에 관한 언급을 생략하고 있음에 주목하면서(1-14장의 다른 부분에서는 이 편지의 목적지에 관한 언급이 없다), 바울이 처음에는 1-14장을 일반적인 교리적 논문으로 기록했다가 후에 이 논문을 로마로 보낼 때 15-16장을 추가했다고 주장한다.17) 이러한 재구성은 그리 가능성이 없다. 14장과 15장의 밀접한 연결은 적어도 15장의 첫 부분이 없이 14장이 존재했을 가능성이 없음을 보여준다.18) 그렇다면, 14장으로 된 로마서는 어떻게 존재하게 되었는가? 라이

17) 예를 들면, Kirsopp Lake, *The Earlier Epistles of St. Paul* (London: Rivingstons, 1919), 350-66.

18) 예를 들어, William Sanday and Arthur C. Headlam, *A Critical and Exegetical Commentary on the Epistle to the Romans*, ICC (Edinburgh: T.&T. Clark, 1902), xci; Harry Gamble, Jr., *The Textual History of the Letter to the Romans: A Study in Textual and Literary Criticism* (Grand Rapids: Eerdmans, 1977), 84을 보라.

트풋은 바울 자신이 이 서신을 보급하기 위해 축약했을 수도 있다고 제안한다.[19] 그러나 이 제안도 14장과 15장 사이의 갑작스런 단절을 설명해주지 못한다.[20] 바울의 사후에 이 서신을 보다 일반적으로 적용할 수 있도록 축소했다는 갬블(Gamble)의 이론에 대해서도 같은 이의를 제기할 수 있다.[21] 가장 그럴 듯한 제안은 마르시온이 이 서신의 마지막 2장을 잘라버렸다고 보는 것이라고 생각한다.[22] 구약성서에 대해 편견을 가지고 있던 마르시온은 15:3과 15:9-12에 있는 구약의 인용문을 못마땅해 했을 것이고, 15:1이 그 부분을 잘라내는 데 가장 적합하다고 생각했을 수도 있다.

그러나 최근에 어떤 학자들은 원래 로마서에는 16장이 없었다고 주장한다. 초기의 중요 사본인 P^{46}에서 15장 뒤에 송영이 있는 것은 어떤 형태의 로마서는 거기서 끝냈을 수도 있다는 것을 암시하며, 특히 16장의 내용은 로마에 보내는 편지의 내용으로는 적합하지 않다고 주장된다. 1-15장에는 16:17-20에 기록된 경계해야 할 거짓 선생에 대한 언급이 전혀 없다. 더욱 중요한 것은 16장에서 바울이 스물다섯 명의 인물과 두 가족, 한 가정 교회, 그리고 여러 명의 형제들과 성도들에게 문안한다는 사실이다. 그것도 그가 한 번도 방문한 적이 없는 교회에! 그래서 16장은 원래 독립된 서신—어쩌면 뵈뵈를 추천하기 위한 편지[23]—이었거나, 바울이 로마서를 에베소 교회에 보낼 때 덧붙여 보낸 것이라고 보아야 한다.[24]

이 논제는 그 근거가 다소 빈약하다. 15장으로 된 편지를 뒷받침해주는 직접적인 본문의 증거가 전혀 없다. 거짓 교사들에 대한 경고는 3:8과 같은 구절들과 관계

---

19) J. B. Lightfoot, "The Structure and Destination of the Epistle to the Romans," in *Biblical Essays* (London: MacMillan, 1893), 287-320, 352-74; James Denny, "St. Paul's Epistle to the Romans," in *EGT* 2:576-82.

20) *Biblical Essays*, 321-51에서 Hort가 Lightfoot의 주장을 비판한 것을 보라.

21) Gamble, *Textual History*, 115-24.

22) 예를 들어 다음을 보라: Joseph A. Fitsmyer, *Romans: A New Translation with Introduction and Commentary*, AB 33 (New York: Doubleday, 1993), 55-65; Kümmel, 316; Guthrie, 421-22; Sanday and Headlam, *Romans*, lxvi.

23) Edgar J. Goodspeed, "Phoebe's Letter of Introduction," *HTR* 44(1951): 55-57; Schmithals, Römmerbrief, 125-51; Moffat, 135-39; Jülicher, 109-12. J. J. H. McDonald는 그와 같이 함축된 소개의 편지가 가능하다는 것을 보여주었다("Was Romans XVI a Separate Letter?" *NTS* 16 [1969-70]: 369-72).

24) 이 견해는 특히 T. W. Manson과 관계가 있다; 그의 "Letter to the Romans-and Others," *BJRL* 31 (1948): 224-40을 보라. 비슷한 견해를 수용하는 학자들 중에는 G. Zuntz, *The Text of the Epistles: A Disquisition upon the Corpus Paulinum* (London: British Academy, 1953), 276-77; McNeile, 154-58; Martin 2:194-96 등이 있다.

가 없지 않으며, 바울은 그의 서신들에서 종종 마지막 부분에 기억해야 할 내용을 기록하곤 했기 때문이다.[25] 또 16장의 문안 인사의 횟수가 로마를 목적지로 했다는 것과 상충한다고 보기도 어렵다. 바울이 문안 인사를 한 많은 사람들은 브리스길라와 아굴라처럼 로마에서 추방을 당한 후 여행길에 바울을 만났을 수도 있는 유대인 신자들이었다. 로마에서 온 신자들이 바울이 교회를 세우기에 여념이 없었던 곳, 로마의 영향을 많이 받은 동방의 도시들로 피난을 갔다고 보는 것은 매우 자연스러운 추측이다.

그러므로, 바울이 로마에 보낸 편지는 16장으로 되어 있었다고 결론을 내릴 충분한 이유가 있다.[26] 송영이 반드시 16장 끝에 기록되어야 하는지는 전혀 다른 문제이다. 일부 사본들에는 완전히 생략되어 있지만, 송영이 다양한 위치에 기록되어 있다는 사실은 초대 교회가 가지고 있던 편지의 교정본 중 하나에는 기록되어 있었음을 암시한다.[27] 게다가, 마지막 송영은 바울의 다른 서신에서 찾아볼 수 없는 것이고, 표현도 바울의 것이 아니다. 이러한 논거들은 결정적인 것이 아니며,[28] 우리는 16:25-27이 바울 자신이 쓴 이 서신의 끝맺음이었다고 생각한다.

6. 장르와 특징

로마서는 때때로 초(超)시간적인 영원한 논문, "기독교 교리의 요약"(멜란히톤)으로 받아들여져 왔다. 비록 로마서는 모든 세대의 기독교인들을 대상으로 하지만, 로마서의 메시지는 특정 상황에 있는 특수한 독자들을 위해 기록된 문서의 형태를 취한다. 간단히 말해서 로마서는 편지이다.

비록 로마서는 모든 세대의 기독교인들을 대상으로 하지만, 로마서의 메시지는 특정 상황에 있는 특수한 독자들을 위해 기록된 문서의 형태를 취한다. 간단히 말해서 로마서는 편지이다.

그러면, 어떤 종류의 편지인가? 고대 세계에는 집을 떠난 자녀가 돈을 요구하

---

25) Gamble, *Textual History*, 52; 16장이 원래 로마서의 일부였다고 주장하는 Ollrog도 16:17-20a는 바울 이후 시대에 삽입된 부분이라고 주장한다("Die Abfassungsverhältnisse von Röm 16," in *Kirche, Fs.* Günther Bornkamm, ed. D. Lührmann and G. Strecker [Tübingen: Mohr-siebeck, 1980.], 221-44).

26) Bruce N. Kaye, "To the Romans and Others' Revisited," *NovT* 18 (1976): 37-77을 보라.

27) Lake, *Earlier Epistles*, 343-46; Manson, "To the Romans and Others," 8.

28) Larry W. Hurtado, "The Doxology at the End of Romans," in *New Testament Textual Criticism: Its Significance for Exegesis, Fs.* Bruce M. Metzger, ed. E. J. Epp and G. D. Fee (Oxford: Clarendon, 1981), 185-99; I. Howard Marshall, "Romans 16:25-27- *An Apt Conclusion," in Romans and the People of God, Fs*. Gordon D. Fee, ed. Sven L. Soderlund and N. T. Wright (Grand Rapids: Eerdmans, 1999), 170-84.

는 간단한 요구의 편지에서부터 많은 독자를 의식한 장황한 논문 형식까지 많은 종류의 서신이 있었다(제8장을 보라). 바울의 서신들은 일반적으로 이 두 극단적인 형태의 중간에 위치하지만, 로마서는 다른 서신들보다는 후자 쪽에 가깝다(에베소서는 예외일 가능성이 있다). 로마서는 이 서신의 머리말과 끝맺는 말에 묘사된 상황에서 기록되었음이 분명하다(1:1-17; 15:14-16:27). 그러나 바울은 이러한 틀 안에서 복음의 내적 논리를 따라 논거를 전개하는데, 이것은 바울의 의제가 고린도 교인들의 요구와 질문들에 의해 설정된 고린도전서와 현저하게 대조적이다. 로마서에 나타난 문제들은(예를 들면 3:1, 5, 27; 4:1; 6:1, 15) 바울이 그의 논리를 전개해 나가는 일종의 문학적 기법들이다.[29] 1-13장에서 바울은 한 번도 로마의 교회 안에 있는 개인이나 특수한 상황을 언급하지 않는다. 그는 편지의 수신인들에 대해 언급할 때에도 어느 기독교 집단에나 적용될 수 있는 용어들, 즉 "형제들"(7:4; 8:12; 10:1; 11:25), "율법을 아는 자들"(7:1), "너희 이방인들"(11:13) 등의 용어를 사용한다. 14-15장도 로마의 특별한 상황을 염두에 둔 것이 아니다.[30]

그러므로, 로마서를 하나, 또는 여러 개의 신학적인 논거들로 이루어진 논문 형식의 서신이라고 볼 수 있을 것이다.[31] 이보다 더 구체적으로 장르를 확인하려는 것은 위험한 시도이다. 불트만을 비롯한 일부 학자들은 로마서를 견유학파와 스토와 학파 철학자들 사이에 잘 알려져 있던 통렬한 비평(diatribe), 즉 논쟁 형식의 장르로 비유했다.[32] 로마서에서 발견되는 통렬한 비평의 특징들은 상대방이나 반대자에 대해 직접적으로 언급한 것(2:1, 17), 수사학적 질문들, 그리고 이러한 수사학적인 질문들에서 발견되는 추론을 거부하기 위해서 "그럴 수 없느니라"(μὴ γένοιτο [*mē genoito*]; 3:3-4, 5-6; 6:1-2, 15; 7:7, 13; 9:14; 11; 1, 11)를 사용한 것이다. 불트만은 이 통렬한 비평이 논쟁을 위한 것이라고 보았지만, 최근의

29) 특히 Günther Bornkamm, "The Letter to the Romans as Paul's Last Will and Testament," in *The Romans Debate*, 28을 보라.

30) Robert J. Karris, "Romans 14:1-15:13 and the Occasion of Romans," in *The Roman Debate*, 75-99를 보라.

31) 다음을 보라: Richard N. Longnecker, "On the Form, Function, Authority of the New Testament Letters," in *Scripture and Truth*, ed. D. A. Carson and John D. Woodbridge (Grand Rapids: Zondervan, 1983), 104; Lightfoot, *Biblical Essays*, 315.

32) Rudolf Bultmann, *Der Stil der paulinischen Predigt und die kynisch-stoische Diatribe*, FRLANT 13(Göttingen: Vandenhoeck & Ruprecht, 1910).

연구는 그것의 교육적인 역할에 초점을 두며, 심지어 통렬한 비평을 하나의 장르로 간주해야 하는지에 대해 의심을 제기한다.[33] 어쨌든 바울은 분명히 통렬한 비평에서 사용하는 기법들을 사용하지만, 그것은 하나의 장르가 아니라, 여러 장르에서 사용할 수 있는 하나의 문체였다.

다른 학자들은 로마서를 고대의 문학 범주들에 맞추려 해왔다. 따라서 로마서에는 규약(memorandom),[34] 칭송의 편지(epideictic letter),[35] 대사의 편지(ambassadorial letter),[36] 권고의 편지(protreptic letter),[37] 수필 형식의 서신[38] 등의 명칭이 붙어져 왔다. 그러나 로마서가 이러한 문학 범주에 잘 맞는다고는 볼 수 없다. 로마서에는 이러한 장르들과 유사한 점들이 있지만, 이 사실은 단지 바울이 그의 메시지를 전달하기 위해서 당시에 알려져 있던 여러 다양한 문학적 기법들을 사용했다는 것을 보여줄 뿐이다.[39]

7. 목적

로마서의 논문 형식은 이 편지에 대해 가장 논란이 되는 질문들 중 하나를 제기한다: 바울이 로마의 기독교인들에게 이처럼 심각한 신학적 설명을 한 목적은 무엇인가? 이 편지 안에서 그 목적에 대한 분명한 진술들을 찾으려 한다면, 위의 질문에 대한 대답을 발견하는 것이 그리 쉽지 않다. 왜냐하면 바울은 로마서를 기록하는 이유에 대해서는 기록하지 않고 로마를 방문하려는 이유에 대해서만 기록하기 때

---

33) Stanley K. Stowers, *The Diatribe and Paul's Letter to the Romans*, SBLDS 57 (Chico, Calif.: SP, 1981).

34) Klaus Haacker, "Exegetische Probleme des Rōmerbriefs," *NovT* 20(1978):2-3.

35) Wilhelm Wuellner, Paul's Rhetoric of Argumentation in Romans: An Alternative to the Donfried-Karris Debate over Romans," in *The Romans Debate*, 128-46.

36) Robert Jewett, "Romans as an Ambassadorial Letter," *Int* 36(1982): 5-20.

37) Stanley K. Stowers, *Letter Writing in Greco-Roman Antiquity* (Philadelphia: Westminster, 1986), 113-14; Anthony J. Guerra, *Romans and the Apologetic Tradition: The Purpose, Genre and Audience of Paul's Letter*, SNTSMS 81 (Cambridge: Cambridge University Press, 1995); Christopher Bryan, *A Preface to Romans: Notes on the Epistle in its Literary and Cultural Setting* (New York: Oxford University Press, 2000), 18-29.

38) Martin Luther Stirewalt, Jr., "Appendix: The Form and Function of the Greek-Letter Essay," in *The Romans Debate*, 147-71.

39) James Dunn에 의하면, "이 서신의 독특성은 최근의 문학적, 수사학적 관습과의 유사성의 중요성을 능가한다"(*Romans* 1-8, p. lix).

문이다. "그러나 내가 너희로 다시 생각나게 하려고…더욱 담대히 대강 너희에게 썼나니"(15:15)라는 구절에서 유일하게 기록 목적을 밝히지만, 로마서를 기록한 목적이라고 하기에는 너무 일반적이므로 실질적으로 도움이 되지 못한다.

따라서 바울의 기록 목적을 결정하는 유일한 방법은 편지의 내용을 상황에 맞춰 보는 것이다. 바울이 로마서를 쓴 동기가 되는 특별한 상황은 목적에 대한 결론으로 이어질 것이다. 이 문제에 관한 견해들은 두 가지 상이한 방향을 취한다. 하나는 바울의 처한 상황과 궁핍함을 편지를 기록한 동기로 보는 것이고, 다른 하나는 로마에 있는 기독교 공동체의 상황을 직접적인 동기로 보는 것이다. 이 두 가지 요인 중 전자나 후자를 완전히 무시하는 해결책은 거의 없으며, 다만 각각의 요인에게 부여하는 중요성의 분량의 차이가 있을 뿐이다.

우선 바울이 처한 상황을 결정적인 것으로 보는 견해들을 다루어 보자. 편의상, 이 견해들은 바울의 주요 관심의 대상이었던 장소에 따라 구분할 수 있다.

스페인. 바울의 선교 계획은 복음이 들어간 적이 없었던 곳에 교회를 세우기 위해 스페인으로 가는 것이었다(15:24-29). 바울은 도중에 로마를 경유할 계획이었는데, 그 확실한 이유 중 하나는 로마에 있는 교회로부터 선교를 위한 지원을 받는 것이었다. 바울은15:24에서 "도중에 물질적인 도움을 받는다"는 의미를 함축하는 προπέμπω(*propempō*)라는 동사를 사용함으로써 이 희망을 암시한다. 그렇다면, 바울이 이 편지를 쓴 목적은 그의 방문과 지원 요청을 위한 준비 작업으로서, 자신을 로마 교인들에게 소개하기 위한 것이었을 수 있다. 실제로 어떤 학자들은 이것이 바울이 로마서를 기록한 주목적이라고 주장한다.[40] 그들은 이 편지의 전반적인 신학적인 경향은 바울이 정통에 속한 사람으로 지원을 받기에 합당하다는 것을 증명하려는 갈망에 기인한다고 주장한다.

로마서를 기록한 주요 원인은 스페인 선교를 준비하기 위해서였을 것이다. 그러나 그것이 유일한 이유라고 보기는 어렵다. 만일 이것이 로마서를 기록한 절대적인 목적이었다면, 15장보다 훨씬 앞에서 스페인에 대해 언급했어야 한다. 더욱이 로마서의 내용이 본질적으로는 신학적이지만, 몇 개의 한정된 주제들—율법과 복음, 유대인과 헬라인의 구속사적 구분 등—을 특정한 관점에서 다루고 있다. 바울

---

40) 예를 들면, Thorlief Boman, "Die dreifache Würde des Völke-apostels," *ST* 29(1975):63-69; Leon Morris, *The Epistle to the Romans* (Grand Rapids: Eerdmans, 1988), 7-17; Johnson, 343-44.

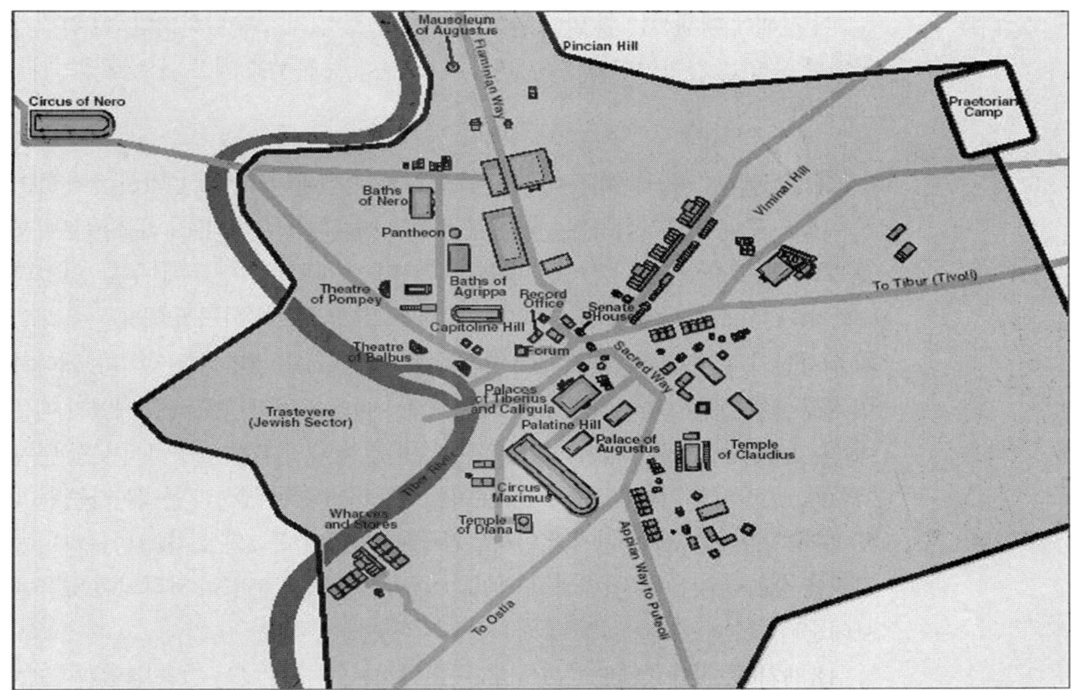

로마 시

이 로마서를 기록한 목적을 설명하려면, 바울이 자신을 소개하려는 갈망보다 더 구체적인 이유를 제시할 수 있어야 한다.

고린도/갈라디아. 바울이 로마서에서 유대인의 문제에 관심을 가진 것은 갈라디아와 고린도에서 그의 마음을 사로잡은 유대주의자들과의 갈등을 반영한다고 설명할 수 있을 것이다(갈라디아서; 고후 3:10-13). 이렇게 이해할 경우, 로마서를 기록한 목적은 마구잡이식 논쟁으로 인해 등장한 이러한 문제들에 대한 그의 성숙한 견해를 알리기 위한 것이 된다. 바울이 고린도에 머문 석 달이라는 기간은 나름의 문제들과 도전들을 지닌 새로운 단계의 선교 활동을 시작하기 전에 이러한 문제들을 요약해볼 기회를 제공했다. 이 견해는 바울이 로마서에서 율법, 할례, 유대교 등의 문제에 관해서 비교적 중립적인 자세를 취한다는 것이 이 견해를 뒷받침해준다.[41]

41) 이러한 접근 방법에 대해서는 특히 다음을 보라: Bornkamm, "Last Will and Testament," 16-28; Munck, *Paul and the Salvation of Mankind*, 199; Kümmel. 312-13; Manson, "To the Romans

이 견해에 대해서는 할 말이 많고 또 어느 정도 진리를 수반하지만, 이 견해가 답변할 수 없는 결정적인 질문은 '바울이 이 신학 적 논문을 왜 로마로 보냈는가?' 이다.42)

예루살렘. 로마서는 바울이 구제헌금을 가지고 예루살렘에 도착하여 행하려 한 연설을 구체화한 것이라는 견해에도 동일한 반론이 적용된다.43) 바울은 로마서를 기록하면서 앞으로 로마를 방문할 것 및 그 결과를 염두에 두고 있었다(15:30-33). 더욱이 바울이 로마서를 기록한 목적에 대한 이러한 이해는 유대인과 이방인의 관계와 관련된 문제에 바울이 몰두한 이유를 설명해줄 것이다. 왜냐하면 예루살렘 방문을 고려하고 있던 바울에게는 이것이 가장 중요한 문제였기 때문이다. 그러나 이 견해는 바울이 이 편지를 로마로 보낸 이유를 설명하지 못할 뿐만 아니라, 그 편지의 기록 목적을 그가 로마를 방문하려 했던 열정과 분리한다는 문제도 가지고 있다. 바울이 편지의 인사말과 끝맺는 말에서 그의 로마를 방문하려는 갈망을 강조한 것은 이 서신의 목적이 그의 방문 목적과 분명히 관련되어 있음을 보여준다.

18세기 초에 바우어(F. C. Baur)는 로마서를 새롭게 보는 길을 열었다. 그는 당시에 널리 알려져 있던 방법, 즉 로마서를 "초 시간적인 논문"으로 보는 방법을 거부하고, 로마서도 바울의 다른 서신들처럼 편지를 받게 될 교회에서 발생한 문제를 다루는 것으로 취급되어야 한다고 주장했다.44) 바우어의 일반적인 방법은 최근 수십 년 동안 다시 많은 관심을 받아왔다. 그러나 로마서가 유대인 신자들과의 논쟁을 위한 것이었다고 생각한 바우어와는 달리, 대부분의 현대 학자들은 바우어와 같은 방법을 사용하면서도 로마서의 주 관심사는 다른 것이었다고 생각한다. 이와 관련하여, 이들의 관심은 특히 바울이 로마 교회 내의 문제를 염두에 두고 있는 듯이 보이는 구절, 즉 14:1-15:13에 관심이 집중된다. 이 본문에서는 서로 용납하지 못한다는 이유로 믿음이 약한 자와 믿음이 강한 자를 책망하는데, 약한 자는

— and Others," 3; Kaye, "'To the Romans and Others' Revisited," 41-50.

42) Bernhard Weiss는 바울이 이 논문을 로마에 보낸 이유는 세계의 수도로서의 로마의 중요성 때문이었다고 했으나(1:300-307), 바울이 로마에 대해 그런 태도를 취했다는 암시가 전혀 없다.

43) 다음을 보라: Jacob Jervell, "The Letter to Jerusalem," in *The Romans Debate*, 61-74; Nils Alstrup Dahl, *Studies in Paul: Theology for the Early Christian Mission* (Minneapolis: Augsburg, 1977), 77.

44) Baur, "Zweck und Veranlassung des Römerbriefes," 153-60.

유대인 신자를, 강한 자는 이방인 신자를 가리키는 듯하다. 그들은 이 본문이 로마서의 핵심이라고 주장한다. 14-15장 이전의 내용은 이 책망에 필요한 신학적 근거를 제공한다. 따라서 이 편지 전체에서는 소수 집단으로 전락한 유대인 신자들을 오만하게 대하기 시작한 이방인 신자들을 책망하는 데 초점을 둔다.[45)]

14:1-15:13은 특수한 상황에 근거를 두지 않은 일반적인 윤리적 교훈이라는 근거에서 이러한 해석은 거부되어왔다.[46)] 그러나 그것은 설득력이 없다. 왜냐하면 그 부분은 로마 교회 내의 알려진 분쟁 때문에 기록된 것이라고 보는 것이 훨씬 더 자연스럽기 때문이다.[47)] 로마 교회 내의 이러한 분쟁을 치유하는 것이 바울의 한 가지 목적이었다. 그것이 바울의 주된 목적이었는지는 확실하지 않다. 만일 분쟁의 치유가 주목적이었다면, 바울이 14장에서 비로소 그의 신학을 실제로 적용한 이유를 이해하기 어렵다. 더욱이 바울이 1-11장에서 말하는 것의 대부분은 14:1-15:13의 권면의 기초가 될 수 없다. 또한 로마서가 바울이 기록한 다른 서신들과 동일한 방식으로 교회의 문제를 다루고 있다고 볼 필요도 없다. 결국, 로마서는 바울이 개척하거나 깊은 관계를 가지고 있던 교회에 보낸 것이 아닌 유일한 서신으로서, (골로새서를 제외한) 다른 서신들과 구분된다. 그리고 바울이 기록한 것일 수도 있고 기록하지 않았을 수도 있는 편지들에 대한 독단적인 판단을 정당화하기에는 우리가 가지고 있는 바울의 서신들이 너무 적다. 마지막으로, 로마 교회의 문제들을 특별히 언급하지 않는 신학적 논문이라도 로마 교회의 당면한 문제에 도움을 줄 수 있었음을 명심해야 한다. 분명한 신학적 안내를 필요로 하지 않는 교회가 어디 있겠는가?

로마서를 기록한 바울의 목적은 이제까지 다룬 특수한 제안들에 국한될 수 없으며, 로마서를 기록한 바울의 목적이 다수였다고 보는 것이 좋을 듯하다.[48)] 바울의 선교 상황은 몇 가지 엇갈리는 요소들로 이루어지며, 이러한 상황에서 바울은 로마서를 기록했다.[49)] 갈라디아와 고린도에서의 갈등, 다가올 예루살렘에서의

45) 이러한 일반적인 시도를 대변하는 중요한 인물은 다음과 같다: Marxsen, 92-104; W. S. Campbell, “Why Did Paul Write Romans?" *ExpTim* 85 (1974): 264-69; Hans-Werner Bartsch, "The Historical Situation of Romans, with Notes by W. Gray," *Encounter: Creative Theological Scholarship* 33 (1972): 329-38; Karl P. Donfried, "A Short Note on Romans 16," in *The Romans Debate,* 48-459.

46) Karris, "Occasion," 65-84.

47) Donfried, "False Presuppositions," 107-11.

48) A. J. M. Wedderburn, *The Reasons for Romans* (Edinburgh: T. & T. Clark, 1989)를 보라.

위기, 스페인 선교를 위한 선교 기지를 확보해야 할 필요성, 복음을 둘러싸고 발생한 교회 분열 치료의 중요성 등의 상황이 바울로 하여금 복음에 대한 그의 이해, 특히 유대인과 이방인, 율법과 복음, 옛것과 새것의 연속성과 불연속성 등에 대한 구원사적 질문과 관련하여 그의 이해를 밝히는 서신을 기록하게 했다.[50]

우리는 바울에게 영향을 주어 이러한 질문들에 초점을 두게 했을 또 다른 요인, 즉 그의 신학이 율법을 반대하는 것이며 유대인들을 반대하는 것이라고 공격한 논쟁에도 주목해야 한다. 바울이 갈라디아와 고린도에서 유대주의자들과 싸워야 했던 것 때문에, 이방인의 사도에 대한 이와 같은 잘못된 선입관을 갖게 되었을 수도 있다. 바울이 그의 교훈을 비난하는 자들에 대해 언급한 3:8은 그가 로마에서 그러한 비난에 맞서 자신을 변호해야 한다는 것을 알고 있었음을 암시한다.[51]

8. 로마서에 대한 최근 연구

로마서에 대한 최근의 연구는 로마서의 특징과 장르, 목적, 유대인들과 모세의 율법을 다룬 것 등 세 가지 문제에 집중되어왔다. 처음 두 문제에 대해서는 이미 살펴보았다. 로마서뿐만 아니라 바울의 신학과 관련하여 매우 중요하고 복잡하고 의미심장한 것이 세 번째 문제이다.

그러나 로마서에 대한 전통적인 해석을 기피하는 최근의 많은 로마서 연구서들은 이 문제와 깊이 관련되어 있다. 여기에서 세 사람을 언급할 필요가 있다. 스탠리 스토어즈(Stanley Stowers)는 로마서를 본래의 역사적/문화적 상황에서 해석하기보다 기독교 신학의 상황에서 해석하는 학자들의 세대를 주도한다. 그의 주장에 의하면, 로마서는 유대인의 법은 "자제"라는 옛 목표를 성취하는 방식이

---

49) L. Ann Jervis, *The Purpose of Romans: A comparative Letter Structure Investigation*, JSNTSup 55 (Sheffield: JSOT, 1991).

50) 이러한 일반적인 접근방법에 관해서는 다음을 보라: Wikenhauser, pp. 456-58; John Drane, "Why Did Paul Write Romans?" in *Pauline Studies, Fs*. F. F. Bruce, ed. D. A. Hagnar and M. J. Harris (Grand Rapids: Eerdmans, 1980), 212-23; A. J. M. Wedderburn, "The Purpose and Occasion of Romans Again," *ExpTim* 90(1979): 137-41; C. E. B. Cranfield, *A Critical and Exegetical Commentary on the Epistle to the Romans*, ICC, 2 vols. (Edinburgh: T. &T. Clark, 1975-79), 2:814; Dunn, *Romans 1-8*, lv-lviii.

51) Jülicher, 115-18; Bruce, "Romans Debate," 334-35; Peter Stuhlmacher, "The Apostle Paul's View of Righteousness," in *Reconciliation, Law and Righteousness: Essays in Biblical Theology* (Philadelphia: Fortress, 1986), 76-77.

아님을 이방인 신자들에게 납득시키기 위해 계획된 특수한 수사학적 전략을 나타낸다.[52] 둘째, 마크 나노스(Mark Nanos)는 스토어즈의 견해에 동의하여 로마서의 수신인이 이방인이라고 확인하지만, 바울이 로마서를 기록한 목적은 이방인 신자들로 하여금 하나님의 백성인 이스라엘의 역사적이고 신학적인 중요성을 존중해야 할 필요성을 납득시키려는 것이라고 생각한다. 그는 이러한 주제를 추구하면서 로마서의 주요 단락들에 대한 몇 가지 새로운 해석을 제공한다.[53] 마지막으로, 필립 에즐러(Philip Esler)도 로마서에 대한 편협한 신학적 접근방법을 비판하면서 사회적 정체성과 민족성에 초점을 둔다. 로마서에서 바울은 유대인들과 유대인이 아닌 사람들로 구성된 로마 교회 신자들에게 새로운 신분을 제공해주려 한다. [54]

9. 주제와 공헌

세월이 흐름에 따라 로마서의 주제에 관한 견해들은 관심의 초점을 로마서의 첫 부분에서 마지막 부분으로 옮겨가는 경향을 나타내왔다. 종교개혁자들은 루터를 본받아 특별히 1-4장에 현저하게 나타나는 이신칭의를 로마서의 주제로 여겼다. 그러나 20세기 초 알버트 슈바이처는 이신칭의는 바울이 유대주의자들과 싸우기 위해 사용했던 교리에 불과하며, 로마서의 참 주제는 6-8장의 그리스도와의 연합과 성령의 역사에 관한 가르침에게 발견된다고 주장했다.[55] 로마서 9-11장은 6-8장 다음으로 논란이 되는 부분이다. 일부 학자들은 이 부분에서 본문의 논점에 관한 상설을 발견해왔지만, 크리스터 스텐달(Krister Stendahl)과 같은 학자들은 로마서의 중심 주제라고 할 수 있는 구속사 및 그 역사 안에 있는 두 민족, 이방인과 유대인의 역사가 여기에서 발견된다고 주장한다.[56] 끝으로, 14:1-15:13의 연합을 위한 실질적인 권면이 이 서신의 핵심이라고 주장되기도 한다.

---

52) Stowers, *Rereading of Romans.*

53) Nanos, *Mystery of Romans.*

54) Ohilip F, Esler, *Conflict and Identity in Romans: The Social Setting of Paul's Letter* (Minneapolis: Fortress Press, 2003).

55) Albert Schweitzer, *The Mysticism of Paul the Apostle* (London: A. & C. Black, 1931). 이 일반적인 방법에 관해서 W. Wrede, *Paul* (London: Philip Green, 1907)을 보라.

56) 특히 Stendahl, "The Apostle Paul and the Introspective Conscience of the West," *HTR* 56 (1963): 199-215를 보라.

이러한 각각의 주장들은, 때로 수정되기도 하지만, 현재 학계에 존재하는 주장들이다. 예를 들면, 에른스트 케제만(Ernst Käsemann)은 이신칭의를 주제로 보지만, 하나님께서 자신을 위해 그의 창조를 회복하시고 그의 백성을 구원하기 위해서 역사에 개입하셨다는 의미로 해석되는 "하나님의 의"라는 큰 범주의 일면으로 보았다.[57] 샌더즈(E. P. Sanders)는 슈바이처의 뒤를 이어 로마서 5-8장에서 등장하는 "연합한 자"라는 용어를 강조하고,[58] 많은 학자들은 로마서가 구속사에서의 이스라엘의 역할을 다룬다고 생각한다.[59] 그 밖에 하나님,[60] 희망,[61] 구원[62] 등이 주제라고 보는 사람들도 있다.

로마서의 주제가 하나가 아닐 수도 있으므로, 우리가 할 수 있는 일은 몇 개의 독특한 주제들 안에서 반복해서 등장하는 모티프들을 살펴보는 것이다. 그러나 만일 하나의 주제를 지적해야만 한다면, "복음" 을 들 수 있다.

로마서의 주제가 하나가 아닐 수도 있으므로, 우리가 할 수 있는 일은 몇 개의 독특한 주제들 안에서 반복해서 등장하는 모티프들을 살펴보는 것이다. 그러나 만일 하나의 주제를 지적해야만 한다면, "복음"을 들 수 있다. 이 단어 및 동사형인 "복음을 전파하다"라는 단어는 편지 형식인 로마서의 인사말과 끝맺는 말에 두드러지게 나타나며, 이 부분에서 주요 주제가 발견되리라고 기대할 수도 있다. 종종 이 서신의 주제에 대한 진술이라고 간주되는 1:16-17에서도 "복음"이 가장 중요한 위치를 차지한다. 더욱이, 로마서는 주님께서 바울에게 맡기신 복음에 초점을 두고 있는 선교적 상황에서 기록된 글이다. 그러므로 로마서는 바울의 복음에 대한 진술이라고 말할 수 있다.[63]

논문 형식을 갖춘 이 복음의 요약은 수세기 동안 신학자들의 주된 연구 자료가 되어왔다. 로마서는 시간과 상황에 구애받지 않은 바울 신학의 요약이 아니지만,

---

57) Ernst Käsemann, "'The Righreousness of God' in Paul," in *New Testament Questions of Today* (Philadelphia: Fortress, 1969), 168-82; idem, *Commentary on Romans* (Grand Rapids: Eerdmans, 1980)를 보라.

58) Sanders, *Paul and Palestinian Judaism* (Philadelphia: Fortress Press, 1977), 434-42.

59) Hendikus Boers, "The Problem of Jews and Gentiles in the Marco-Structure of Romans," *Neot* 15(1981): 1-11; Jervell, "Letter to Jerusalem," 56; R. David Kaylor, *Paul's Covenant Community: Jew and Gentile in Romans* (Atlanta: John Knox, 1988), 18-19; Dunn, Romans 1-8, lxii-lxiii("the intergrating motif").

60) Leon Morris,"The Theme of Romans," in *Apostolic History and the Gospel*, ed. W. Ward Gasque and Ralph P. Martin (Grand Rapids: Eerdmans, 1970), 249-63.

61) John Paul Heil, *Romans: Paul's Letter of Hope*, AnBib 112(Rome: BIP, 1987).

62) J. Cambier, *L'évangile de Dieu selon l'épître aux Romains: Exégèse et théologie biblique*, vol. 1: *L'évangile de la justice et de la grace* (Brussels: Desclée de Brouwer, 1967), 34.

63) "복음"이라는 주제를 핵심으로 보는 주장에 관해서는, Ulrich Wilkens, *Der Brief an der Römer*, 3 vols., EKKNT (Neukirchen-Vluyn: Neukirchener, 1978-82), 1:91을 보라.

신약성경의 어떤 책보다 1세기의 특수한 상황에 얽매여 있지 않다. 따라서 로마서에서는 1세기 문화를 우리의 것으로 번역해야 할 필요성이 다른 성경만큼 심각하게 느껴지지 않는다. 제임스 데니(James Denny)가 말한 대로, 바울이 서신을 기록한 상황들을 역사적으로 정확하게 정의하려 할 때, 그러한 상황 안에는 시간과 공간을 초월한 것, 우발적이거나 우연한 특징이 아닌 원칙적인 특징을 이 서신에게 부여하는 것이 있지 않은가?"[64] 이 점에 관해서는 후대 비평가들보다 어거스틴과 루터와 칼빈이 더 정확하게 보았다.[65]

그럼에도 불구하고, 이 복음에 대한 이 진술은 1세기를 배경으로 한다. 이러한 배경에서 가장 중요한 요소는 초대 교회가 직면해야 했던 가장 중요한 문제이기도 하다: 하나님의 첫 약속과 나중 약속, 첫 약속의 백성 이스라엘과 나중 약속의 백성 교회의 연속성의 본질. 특히 이 점에 있어서 로마서는 신약 신앙 형성에 기여한다. 왜냐하면 구약과 신약, 율법과 복음, 이스라엘과 교회의 관계가 표현되는 방법—연속성과 불연속성의 분량—이 모든 기독교 신학 구조의 기초가 되기 때문이다. 로마서는 이러한 기초를 형성하는 주춧돌 역할을 한다.

9장에서 상세히 설명한 것처럼, 로마서에 대한 최근의 연구에서는 로마서의 "백성"(people)이라는 문제를 강조한다: 구원사와 교회에서 유대인들과 이방인들의 관계와 관련된 복음의 의미는 무엇인가? 이 강조는 일부 전통적인 접근 방법들이 이 문제를 등한시하는 것을 바로잡기 위해서 필요하지만, 지나친 방법이다. 바울의 복음은 이방인들과 유대인들의 관계와 관련하여 중요한 함축 의미들을 가지고 있다. 그러나 로마서 1-8장은 바울의 복음이 기본적으로 죄 아래 있어서 예수 그리스도 안에서만 발견할 수 있는 구속을 필요로 하는 개인을 대상으로 한다는 점을 분명히 한다. 이신칭의가 이 편지의 주제는 아니지만, 그것이 복음에 대한 바울의 논문의 중요한 구성요소라는 것을 잊어서는 안 된다. "의롭다 함을 받는 것"은 하나님과 더불어 옳은 관계에 있다고 선언되는 것이다. 바울은 이 판결은 하나님 편에서의 순수한 은혜의 표현이므로 죄악 된 인간들은 오직 믿음을 통해서만 그것을 얻을 수 있다고 주장한다. 현대 신학계는 종교개혁자들의 "이신칭의"에 대한 이해에 대해 여러 면에서 이의를 제기한다. 그러나 로마서를 주의깊게 읽어보면 그 진리가 재확인되며, 복음의 능력과 관련하여 그것의 중요성을 상기하게 된

---

64) Denny, "Romans," 570.

65) Westerholm, *Israel's Law*, 222.

다.

로마사의 중요성을 설명할 때에 신학 자체를 강조하는 경향이 있다. 이제까지 이보다 더 위대한 신학 작품이 기록된 적이 없으므로, 이러한 경향을 이해할 수 있다. 그러나 결론적으로 로마서에 의하면, 복음은 철저히 신학적인 동시에 철저히 실질적이라는 것을 기억해야 한다. 서두의 "믿어 순종케 하나니"(1:5)라는 표현이 암시하듯이, 바울이 로마서에서 제시하는 복음은 삶을 변화시키는 메시지이다. 그리스도에 대한 믿음에는 항상 주님이신 그리스도께 대한 순종이 동반되어야 한다.[66] 12-15장은 로마서의 부록이나 추가된 것이 아니다. 복음을 받은 사람이 변화되지 않는다면 그 복음은 이해된 것이 아니기 때문에 그 부분이 로마서에 존재하는 것이다. 그리스도의 지배와 성령의 내주하심은 필연적으로 우리의 사고방식을 변화시키며, 궁극적으로 생활방식을 변화시켜야 한다.

참고문헌

C. K. Barrett, *A Commentary on the Epistle to the Romans* (San Francisco: Harper & Row, 1957).

Karl Barth, *The Epistle to the Romans* (London: Oxford University Press, 1933).

Hans-Werner Bartsch, "The Historical Situation of Romans, with Notes by W. Gray," *Encounter: Creative Theological Scholarship* 33 (1972): 329-38.

F. C. Baur, "Über Zweck und Veranlassung des Römerbriefes und die damit zusammenhängenden Verhäntnisse der römischen Gemeinde," in *Historisch-kritische Untersuchungen zum Neuen Testament*, 2 vols. (Stuttgart: Friedrich Fromman, 1963), 1:147-266.

Hendrikus Boers, "The Problem of Jews and Gentiles in the Macro-Structure of Romans," *Neot* 15 (1981): 1-11.

Thorlief Boman, "Die dreifache Würde des Völkerapostels," *ST* 29 (1975): 63-69.

Günther Bornkamm, "The Letter to the Romans as Paul's Last Will and Testament," in *The Romans Debate*, ed. Karl Donfried, rev. ed. (Peabody: Hendrickson, 1991), 16-28.

F. F. Bruce, Paul: Apostle of the Heart Set Free (Grand Rapids: Eerdmans, 1977); idem, "The Romans Debate-Continued," *BJRL* 64 (1982): 334-59.

Christopher Bryan, *A Preface to Romans: Notes on the Epistle in its Literary and Cultural Setting* (New York: Oxford University Press, 2000).

Charles Buck and Greer Taylor, *Saint Paul: A Study of the Development of His Thought* (New York: Charles Scribner's Sons, 1969).

Rudolf Bultmann, *Der Stil der paulinischen Predigt und die kynisch-stoische Diatribe*, FRLANT

66) 논란이 되는 ὑπακοὴν πίστεως(*hypakoēn pisteōs*)에 대해서는 Moo, *Epistle to the Romans*, 51-53을 보라.

13 (Göttingen: Vandenhoeck & Ruprecht, 1910).
John Calvin, *Commentaries on the Epistle of Paul the Apostle to the Romans*, reprint ed. (Grand Rapids: Eerdmans, 1947).
J. Cambier, *L'évangile de Dieu selon l'épître aux Romains: Exégèse et Théologie biblique, vol. 1: L'évangile de la justice et de la grace* (Brussels: Desclée de Brouwer, 1967).
W. S. Campbell, "Why Did Paul Write Romans?" *ExpTim* 85 (1974): 264-69.
D. A. Carson, *Divine Sovereignty and Human Responsibility* (Atlanta: John Knox, 1981).
C. E. B. Cranfield, *A Critical and Exegetical Commentary on the Epistle to the Romans*, ICC, 2 vols. (Edinburgh: T. & T. Clark, 1975-79).
Oscar Cullmann, *Peter: Disciple, Apostle, Martyr* (Philadelphia: Westminster, 1962).
Nils Alstrup Dahl, *Studies in Paul: Theology for the Early Christian Mission* (Minneapolis: Augsburg, 1977.)
James Denney, "St. Paul's Epistle to the Romans," in *EGT* 2 Karl P. Donfried, "A Short Note on Romans 16," in *The Romans Debate*, 44-52.
John Drane, "Why Did Paul Write Romans?" in *Pauline Studies*, Fs. F. F. Bruce, ed. D. A. Hagnar and M. J. Harris (Grand Rapids: Eerdmans, 1980), 212-23.
James D. G. Dunn, "The New Perspective on Paul." *BJRL* 65 (1983): 95-122; idem, *Romans 1-8, Romans 9-16*, WBC 38A/B (Waco: Word, 1988).
Philip F. Esler, *Conflict and Identity in Romans: The Social Setting of Paul's Letter* (Minneapolis: Fortress Press, 2003).
Joseph A. Fitzmyer, *Romans: A New Translation with Introduction and Commentary*, AB 33 (New York: Doubleday, 1993).
Harry Gamble Jr., *The Textual History of the Letter to the Romans: A Study in Textual and Literary Criticism* (Grand Rapids: Eerdmans, 1977).
David W. J. Gill, "Erastus the Aedile," *TynB* 40 (1989): 293-302.
F. L. Godet, *Commentary on Romans*, reprint ed. (Grand Rapids: Kregel, 1977).
Edgar J. Goodspeed, "Phoebe's Letter of Introduction," *HTR* 44 (1951): 55-57.
R. H. Gundry, "Grace, Works, and Staying Saved in Paul," *Bib* 66 (1985): 1-38.
Klaus Haacker, "Exegetische Probleme des Römerbriefs," *NovT* 20 (1978): 1-21.
John Paul Heil, *Romans: Paul's Letter of Hope*, AnBib 112 (Rome: BIP, 1987).
Larry W. Hurtado, "The Doxology at the End of Romans," in *New Testament Textual Criticism: Its Significance for Exegesis*, Fs. Bruce M. Metzger, ed. E. J. Epp and G. D. Fee (Oxford: Clarendon Press, 1981), 185-99.
Jacob Jervell, "The Letter to Jerusalem," in *The Romans Debate*, 53-64.
Robert Jewett, "Romans as an Ambassadorial Letter," *Int* 36 (1982): 5-20.
Robert J. Karris, "Romans 14:1-15:13 and the Occasion of Romans," in *The Romans Debate*, 75-99.
Ernst Käsemann, *Commentary on Romans* (Grand Rapids: Eerdmans, 1980); idem, "'The Righteousness of God' in Paul," in *New Testament Questions of Today* (Philadelphia: Fortress Press, 1969), 168-82.
Bruce N. Kaye, "'To the Romans and Others' Revisited," *NovT* 18 (1976): 37-77.
David Kaylor, *Paul's Covenant Community: Jew and Gentile in Romans* (Atlanta: John Knox, 1988).

J. Kinoshita, "Romans—Two Writings Combined," NovT 7 (1964): 258-77.

Otto Kuss, *Der Römerbrief*, 3 vols. (Regensburg: Pustet, 1963-78).

Kirsopp Lake, *The Earlier Epistles of St. Paul* (London: Rivingstons, 1919).

Harry J. Leon, *The Jews of Ancient Rome* (Philadelphia: Jewish Publication Society, 1960).

J. B. Lightfoot, "The Structure and Destination of the Epistle to the Romans," in *Biblical Essays* (London: Macmillan, 1893).

Richard N. Longenecker, "On the Form, Function, and Authority of the New Testament Letters," in *Scripture and Truth*, ed. D. A. Carson and John D. Woodbridge (Grand Rapids: Zondervan, 1983), 101-14; idem, *Paul, Apostle of Liberty*, reprint ed. (Grand Rapids: Baker, 1976).

Gerd Lüdemann, *Paul, Apostle to the Gentiles: Studies in Chronology* (Philadelphia: Fortress Press, 1984).

J. I. H. McDonald, "Was Romans XVI a Separate Letter?" *NTS* 16 (1969-70): 369-72.

T. W. Manson, "Letter to the Romans—and Others," *BJRL* 31 (1948): 224-40.

I. Howard Marshall, "Romans 16:25-27—An Apt Conclusion," in *Romans and the People of God, Fs.* Gordon D. Fee, ed. Sven K. Soderlung and N. T. Wright (Grand Rapids: Eerdmans, 1999), 170-84.

Paul Minear, *The Obedience of Faith: The Purposes of Paul in the Epistle to the Romans* (London: SCM, 1971).

Douglas J. Moo, *The Epistle to the Romans*, NICNT (Grand Rapids: Eerdmans, 1996).

Leon Morris, *The Epistle to the Romans* (Grand Rapids: Eerdmans, 1988); idem, "The Theme of Romans," in *Apostolic History and the Gospel*, ed. W. Ward Gasque and Ralph P. Martin (Grand Rapids: Eerdmans, 1970), 249-63.

Johannes Munck, *Paul and the Salvation of Mankind* (London: SCM, 1959).

John Murray, *The Epistle to the Romans*, 2 vols., NICNT (Grand Rapids: Eerdmans, 1959-65).

Mark Nanos, *The Mystery of Romans: The Jewish Context of Paul's Letter* (Minneapolis: Augsburg/Fortress, 1996.

W.-H. Ollrog, "Die Abfassungsverhältnisse von Röm 16," in *Kirche, Fs. Günther Bornkamm*, ed. D. Lührmann and G. Strecker (Tübingen: Mohr-Siebeck, 1980), 221-44.

J. C. O'Neill, *Paul's Letter to the Romans* (Baltimore: Penguin, 1975.

Romano Penna, "Les Juifs à Rome au temps de l'aôtre Paul," *NTS* 28 (1982): 321-47.

Heikki Räisänen, *Paul and the Law* (Tübingen: Mohr-Siebeck, 1983).

J. R. Richards, "Romans and I Corinthians: Their Chronological Relationship and Comparative Dates," *NTS* 13 (1966-67): 14-30.

William Sanday and Arthur C. Headlam, *A Critical and Exegetical Commentary on the Epistle to the Romans*, ICC (Edinburgh: T. & T. Clark, 1902).

E. P. Sanders, *Paul and Palestinian Judaism* (Philadelphia: Fortress Press, 1977); idem, *Paul, the Law and the Jewish People* (Philadelphia: Fortress Press, 1983).

Walter Schmithals, *Der Römerbrief als historisches Problem*, SNT 9 (Gütersloh: Gerd Mohn, 1975).

Thomas R. Schreiner, *Romans*, BECNT (Grand Rapids: Baker, 1998).

Albert Schweitzer, *The Mysticism of Paul the Apostle* (London: A. & C. Black, 1931).

E. Mary Smallwood, *The Jews Under Roman Rule*, SJLA 20 (Leiden: Brill, 1976).

Sven K. Soderlund and N. T. Wright, eds., *Romans and the People of God*, *Fs.* Gordon D.

Fee (Grand Rapids: Eerdmans, 1999).

Krister Stendahl, "The Apostle Paul and the Introspective Conscience of the West," *HTR* 56 (1963): 199-215.

Martin Luther Stirewalt Jr., "Appendix: The Form and Function of the Greek Letter-Essay," in *The Romans Debate*, 147-71.

Stanley K. Stowers, *The Diatribe and Paul's Letter to the Romans*, SBLDS 57 (Chico: SP, 1981); idem, *Letter Writing in Greco-Roman Antiquity* (Philadelphia: Westminster, 1986); idem, *A Rereading of Romans: Justice, Jews and Gentiles* (New Haven: Yale University Press, 1995).

Peter Stuhlmacher, "The Apostle Paul's View of Righteousness," in *Reconciliation, Law and Righteousness: Essays in Biblical Theology*(Philadelphia:Fortress Press, 1986), 68-93.

Francis Watson, *Paul, Judaism, and the Gentiles: A Sociological Approach*, SNTSMS 56 (Cambridge: Cambridge University Press, 1986).

Nigel M. Watson, "Simplifying the Righteousness of God: A Critique of J. C. O'Neill's Romans," *SJT* 30 (1977): 464-69.

A. J. M. Wedderburn, "The Purposeand Occasion of Romans Again," *ExpTim* 90 (1979): 137-41; idem, *The Reasons for Romans* (Edinburgh: T. & T. Clark, 1989).

Stephen Westerholm, *Israel's Law and the Church's Faith* (Grand Rapids: Eerdmans, 1989).

Wolfgang Wiefel, "The Jewish Community in Ancient Rome and the Origins of Roman Christianity," in *The Romans Debate*, 85-101.

Ulrich Wilckens, *Der Brief an die Römer*, 3 vols., EKKNT (Neukirchen-Vluyn: Neukirchener, 1978-82).

W. Wrede, *Paul* (London: Philip Green, 1907).

Wilhelm Wuellner, "Paul's Rhetoric of Argumentation in Romans: An Alternative to the Donfried-Karris Debate over Romans," in *The Romans Debate*, 152-74.

G. Zuntz, *The Text of the Epistles: A Disquisition upon the Corpus Paulinum* (London: British Academy, 1953).

제11장

고린도 전•후서

1. 내용

고린도 전・후서는 특수한 사람들을 대상으로 하며 구체적인 문제를 다룬 특별한 서신이며, 편지 형식은 저자가 출판을 염두에 두고서 자신의 견해를 형성하는 데 사용한 문학적 장치가 아니다(종종 "논문 편지"라고 불린다). 이 서신들—특히 후서—의 각 부분들의 신빙성에 관해 많은 의문이 야기되어 왔으며, 이에 관해서는 아래 단원들에서 다루게 될 것이다. 본문에 나타난 대로 이 서신들은 두 권의 책이다.

1) 고린도전서

바울은 문안 인사(1:1-3)를 하고, 하나님께서 고린도 교회의 신자들 가운데 풍성하게 역사하심에 대해 감사한 후에(1:4-9), 이 서신의 첫 단락에서 교회 내의 심각한 분쟁과 교회 지도력의 본질에 대한 오해를 다룬다(1:10-4:21). "글로에의 집 편으로" 받은 보고(1:11)를 통하여, 바울은 교회의 여러 분파들이 특정한 지도자들과 관련시켜 서로 자기들의 우월한 지혜를 자랑하는 분쟁이 있음을 알게 되었다(1:10-17). 바울은 그들이 소위 지혜라고 부르는 것을 멸시한다. 그러한 지혜의 범주들은 바울이 소중히 여기는 모든 것을 대적하므로, 만일 그것들이 널리 보급된다면 복음 자체가 하나님의 미련한 것으로 간주될 수 있으며(1:18-25), 그리스도인이 되는 것은 미련한 자가 되는 것을 의미할 것이며(1:26-31), 유창한 언변이 없어 십자가에 달리신 메시아의 메시지의 능력과 신실함만 의지하고 복음을 전파하는 것은 가장 무지한 일이 된다(2:1-5). 반대로, 만일 하나님의 미련함이 세상의 지혜보다 지혜롭다면, 하나님께서 지혜 있는 자를 부끄럽게 하시고 그리스도만이 하나님으로부터 온 지혜임을 알게 하려고 어리석은 자를 택하신 것으로 인해 그리스도인들이 즐거워한다면, 그리고 만일 복음 전파에 있어서 바울이 말하는 것들이 근본적인 것들이라면, 고린도 교인들이 세상의 지혜를 추구하는 것은 그들의 신앙고백을 부정하는 것이 될 것이다.

이것은 기독교 복음이 전혀 지혜롭지 않다는 의미는 아니다. 하나님의 지혜는 공적인 무대에서 그리스도의 십자가 안에 계시될 뿐만 아니라, 성령에 의해 개인들에게 계시된다. 왜냐하면 그렇지 않으면 그들이 하나님의 지혜를 이해하지 못할 것이기 때문이다(2:6-16). 그러나 고린도 교인들은 부르심에 합당하게 살고 있지 않았고, 유명한 지도자들의 이름을 따라 나뉘어져 있어(3:1-4) 어린아이와 같았기 때문에, 바울은 신령한 사람들에게 하듯이 그들에게 말할 수 없었다. 따라서 바울은 기독교 지도자의 본질을 분명히 설명해 주어야 했다. 3장의 나머지 부분에서 바울은 이 문제에 대한 잘못된 인식을 제거하기 위해 농사(3:5-9a)와 건축(3:9b-15)에 관한 두 가지 비유를 통해 지도자들의 사역의 상호 보완적 관계와 훌륭한 사역을 위해서 하나님을 전적으로 의지해야 한다는 것을 강조한다. 이 부분은 교회를 망하게 하는 모든 사람들에 대한 경고로 발전된다(3:16-17).

바울은 다시 지혜와 미련한 것을 대조하면서 기독교 지도자에 대한 남은 오해들을 직접적으로 공격한다: 성경이 겸손을 장려하며 장성한 그리스도인은 그리스도 안에서 모든 지도자들이 그리스도인들의 유산의 일부가 된다는 사실을 인정하는데도, 고린도 교인들이 자기들의 파당적 정신을 지혜의 표식으로 생각하는 것은 스스로를 속이는 것이라고 강조한다(3:18-23). 바울은 기독교 지도자들 및 그들을 따르는 자들은 하나님만이 그들의 업적을 평가하고 시시비비를 가릴 수 있는 분이심을 인정해야 한다는 것을 보여줌으로써 결론을 내린다(4:1-7). 사실, 고린도 교인들은 자신들이 내세우는 구실들을 사도들이 세상의 더러운 것으로 취급하는 방식과 비교함으로써 쉽게 이 교훈을 얻을 수 있다(4:8-11). 그들은 그리스도 안에서 자기들의 아버지라고 볼 수 있는 사도 바울의 기독교적 행동을 본받으며, 다른 교회들의 규범들을 따라야 한다(4:14-17). 바울이 곧 그들을 방문할 것이라는 전망은 마지막 호소와 노골적인 책망이 될 것이다(4:18-21).

바울이 5-6장에서 다루는 보고도 글로에의 집 편으로 받은 것인지, 아니면 다른 사람들—어쩌면 스데바나와 브드나도와 아가이고(16:17)—에게서 받은 것인지는 확실하지 않다. 5-6장에서는 세 가지 주요 문제를 다룬다. 첫째는 근친상간의 문제로서(5:1-13), 이것은 바울로 하여금 전에 고린도 교인들에게 보낸 편지에서 의미했던 것을 분명히 밝히게 만든다(5:9-13). 둘째는 신자들 간의 소송 문제(6:1-11), 셋째 문제는 고린도 교인들 중에서 자기들의 영성을 잘못 이해해서 자유로이 혼외의 성적 결합을 할 수 있다고 생각하는 사람들과 관련된 것이다.

스데바나와 브드나도와 아가이고에 의해(16:17) 바울에게 전달된 듯한 고린도 교회로부터의 서면상의 질문에 대한 대답으로(7:1), 바울은 그들이 제기한 주제들을 다루기 시작한다. 첫째 주제는 결혼 및 그와 관련된 문제들이었다(7:1-40). 우상에게 제물로 바쳤던 음식에 대하여 다루는(8:1-11:1) 둘째 주제는 한두 번 주제에서 벗어나기는 하지만 전반적인 논리는 비교적 분명하다. 8:1-13에서, 바울은 우상에게 제물로 바쳤던 음식을 먹는 것과 관련된 문제로 발생한 의견 대립은 우월한 지식을 가졌다는 주장이 아니라 희생적인 사랑을 기초로 하여 해결되어야 한다고 주장한다. 바울 자신의 사도직을 변호하는 부분을 포함하고 있는 9장은 바울이 이 문제와 1-4장에서 다룬 분쟁의 문제가 연관되어 있음을 인식하고 있음을 보여주는데, 이 두 가지 분쟁에서는 지독한 승리주의(특정의 교리가 다른 교리보다 우수하다는 주장)가 나타났다. 바울은 이 악과 싸우며, 자기의 사도직의 특징은 자기 부인이라고 지적함으로써 두 가지 문제를 다룬다. 그는 사도로서 많은 권리를 가지고 있었음에도 불구하고, 되도록 많은 사람들을 그리스도께 인도하기 위해서 자발적으로 그 권리들을 포기했다. 이러한 절제와 자기 부인이 모든 기독교인들의 특징이 되어야 한다(9:24-27). 이스라엘의 부정적인 본보기는 직접적으로 좋은 예가 되어 시작하기는 쉽지만 참고 인내하지 못하여 하나님의 심판을 받게 된다는 사실을 보여준다(10:1-13). 우상숭배를 피하려면, 기독교인들은 이교 신전의 예배에 참여해서는 안 된다(10:14-22).

바울이 다음으로 다루는 세 가지 문제는 고린도 교인들의 공중 예배와 관련이 있다. 첫째 문제는 남자와 여자의 관계로서, 표면적으로는 여자가 머리에 수건을 써야 하는가에 대한 논쟁으로 표면화된다(11:2-16). 둘째 문제는 성찬식을 잘못 집행하는 문제이며(11:17-34), 셋째 문제는 성령의 은사의 분배와 활용(12:1-14:40), 특히 방언과 예언의 상대적인 가치에 대해 다룬다(14:1-25). 여기서 바울은 통일성 안에 있는 다양성(12장), 가장 탁월한 방법인 사랑의 필요성과 영원성(13장), 교회의 공적 모임에서 분별력과 이해력의 중요성(14:1-25), 그리고 은사를 발휘하는 것과 관련하여 교회의 집회의 질서(14:26-40) 등의 필요성을 주장했다. 바울은 가장 신학적인 부분에서 신자들의 부활에 대해 다루면서(15장), 그 원형은 예수 그리스도의 부활이라고 주장한다. 그는 이 두 가지 부활은 본질상 구분될 수 없다고 주장하며, 독자들로 하여금 궁극적으로 승리를 바라보고 갈망하게 만든다. 바울은 헌금에 관한 문제(16:1-11) 및 아볼로의 방문(16:12)에 관한 문제를 다루면서 고린도 교인들이 서면으로 요청한 문제들을 마무리한다.

이 서신은 마지막 권면과(16:13-18) 문안인사(16:19-24)로 끝난다.

2) 고린도후서

문안 인사(1:1-2) 후에 긴 감사가 이어지는데(1:3-11), 이처럼 문안 인사 뒤에 감사를 하는 것은 바울의 13개의 서신중 12개 서신을 포함한(갈라디아서는 제외됨) 헬라 서신 형식의 특징이라고 볼 수 있다. 하지만 이 서신의 감사 부분은 유난히 길고 감정적이며, 특히 바울 자신의 경험(특히 "큰 사망"의 경험, 1:10)에 초점을 둔다.

그 후에 바울은 자신의 여행 계획을 변호한다(1:12-2:13). 그는 자신이 세속적으로 행하거나 변덕스럽게 행한 적이 없었다고 말한다(1:12-14). 바울은 자기의 계획을 개관한 후에(1:15-22), 원래의 계획을 바꾼 이유는 고린도 교인들에게 이전에 방문할 때와 같은 근심을 주기를 원치 않았기 때문이라고 설명한다(1:23-2:4). 이어 바울은 자신을 대적하여 징계를 받고 교인들에게 피해를 준 사람을 어떻게 용서하고 위로할 것인가에 대해 가르친다(2:5-11). 그 다음에 그는 디도가 드로아에서 바울을 만나 고린도교인들에 대한 보고를 하지 못했기 때문에 바울이 사태를 파악하기 위해서 마케도니아를 향해 출발한 것을 포함하여 이 편지를 기록하게 된 사건들을 열거하기 시작한다(2:12-13). 그 다음에 갑작스런 찬양, 그리고 기독교 사역의 본질에 대한 관점을 분명히 언급하며, 이 입장을 시작된 종말론과 미래의 종말론 사이의 긴장에 대한 평가와 연결한다(2:14-7:4).

바울은 자기에게 이 사역을 감당할 수 있는 능력을 주신 분은 하나님이시며, 그것은 바울 주위의 사람들을 "구원 얻는 자들에게나 망하는 자들에게나 하나님 앞에서 그리스도의 향기"로 분류하게 만든다고 주장함으로써 이 긴 단락을 시작한다(2:14-3:6). 그 다음에 옛 언약 아래서의 사역과 새 언약 아래에서의 사역을 비교하고 대조한다(3:7-18). 바울은 하나님의 자비에 의해 새 언약의 사역을 받았으므로, 사람들이 그를 어떻게 생각하든 상관없이 "그리스도의 영광의 복음"을 전하는 데 진력한다(4:1-6). 그리스도는 보배이고, 그 보배를 담은 질그릇은 바울 자신과 그의 사역이다(4:7-18). 이것은 질그릇이 항상 보잘것없으며 못 쓰게 된다는 말이 아니다. 궁극적으로 "하늘에 있는 영원한 집"이 바울의 유한한 생명을 삼킬 때 변화가 임할 것이다(5:1-10). 이러한 기대가 있기 때문에, 바울의 삶과 사역의 동기는 그가 섬기는 자들이 아닌 그리스도를 기쁘게 하는 것이다. 이 복음과 사역에 대한 견해는 그가 듣는 사람들에게 무관심했다는 것을 암시하는 것이 아니라 그리스도의 사랑이 그를 강권하여 그로 하여금 그리스도의 사자가 되어 그리스도의 희생을 기초로 하는 화해와 새로운 시작을 선포하게 한다(5:16-21). 그러므로 바울은 고린도 교인들에게 하나님의 은혜를 헛되게 받지 않으려면 하나님과 하나님의 사자를 향해 마음을 열라고 권면한다(6:1-13). 그들은 하나님의 은혜에 대한 바른 응답은 오직 한 길뿐임을 알아야 한다(6:14-7:1). 이렇게 해서 바울은 그의 권고를 마친다(7:2-4).

여기에서 바울은 다시 디도가 돌아온 것 및 그의 보고가 큰 힘이 되었다고 이야기를 한다(7:5-16). 바울은 자신이 방문하거나 편지에 의해서 책망한 데 대해 고린도 교인들이 회개와 신령한 근심으로 반응했기 때문에 크게 안심한다. 이것은 바울이 당시 사역 단계에서 그의 끊임없는 관심사였던 것, 즉 예루살렘 교회의 신자들을 위한 구제 헌금 및 고린도 교회가 이에 동참할 것에 대해 언급할 수 있음을 의미한다(8:1-9:15). 마케도니아 교인들이 이미 헌신적인 구제헌금으로 높은 표준을 세워놓았고(8:1-6), 이에 대해 처음으로 응답한 고린도 교인들은 그들이 시작한 일을 완수하여 결실을 맺으라는 권면을 받는다(8:7-15). 디도의 사명은 이 사역을 촉진하고(8:16-24), 고린도 교인들로 하여금 몇몇 마케도니아 사람들을 동행할 가능성이 있는 바울의 방문을 준비하게 하는 것이었다(9:1-5). 바울은 이 구제 헌금을 복음과 하나님의 영광에 연관시키는 신학적 구조를 마련함으로써 결론을 내린다(9:6-15).

1-9장과 10-13장의 관계의 본질에 대해서는 많은 논란이 있지만, 10-13장은 고린도에 새롭게 등장한 반대 세력에 대한 바울의 반응을 묘사하는 듯하다. 바울은 순종하는 믿음을 요구하며(10:1-6), 어리석은 자랑과 지나치게 나서는 반대 세력

을 정죄한다(10:7-18). 11:1-15에서, 그는 교회의 권위를 찬탈한 거짓 사도들을 책망하고, 그들의 거짓 기준을 규탄한다. 그러고 나서 바울은 어리석은 자들의 미련함에 대한 답변으로, 자기 자신에 대해서, 즉, 그의 대적들이 가지고 있는 모든 기준을 뒤집고 그들이 경멸할 것들을 자랑한다(11:16-33). 실제로 바울은 자신의 연약함은 하나님의 능력이 그를 통해서 작용하는 조건이 된다고 이해하고 있기 때문에 연약함을 자랑한다(12:1-10). 그는 교회로 하여금 십자가의 합법성을 인정하지 않는 승리주의를 향하게 만드는 대적들에게 확실한 조처를 취하지 않는 고린도 교인들을 책망한다. 바울은 고린도 교인들에게 그들의 행적을 재고해 하라고 간청하며, 또 필요하다면 세 번째로 그들을 방문할 것이라고 경고함으로써 자기의 목적을 분명하게 나타낸다(13:1-10). 이 서신은 마지막 호소와 문안, 그리고 은혜를 비는 말로 끝을 맺는다(13:11-13).

2. 저자

고린도 전·후서의 서두에는 바울이 저자라고 기록되어 있으며, 이에 대해서 이의를 제기하는 사람은 거의 없다. 고린도후서를 여러 개로 나누는 다양한 학설들이 있지만, 그 단락들의 저자를 바울로 인정한다.

고린도 전・후서의 서두에는 바울이 저자라고 기록되어 있으며, 이에 대해서 이의를 제기하는 사람은 거의 없다. 고린도후서를 여러 개로 나누는 다양한 학설들이 있지만, 그럼에도 불구하고 그 단락들의 저자를 바울로 인정한다. 지속적으로 예외가 되는 부분은 고린도후서 6:14-7:1인데, 많은 학자들은 이 부분이 바울학파에 속하는 사람에 의해서 후대에 삽입된 것으로 본다. 고린도 교회와 바울의 관계의 재구성, 그리고 이러한 구분을 정당화하기 위해 개진된 문학적 증거들을 살펴봄으로써만 이 이론을 검증할 수 있다. 이러한 문제들에 대해서는 잠시 후에 다룰 것이다.

3. 수신자

고린도는 펠로폰네소스를 그리스와 연결해주는 지협에 위치해 있었다. 그곳은 남북 교역을 장악할 수 있는 이상적인 위치였을 뿐만 아니라 북쪽으로 1.5마일 떨어진 곳(고린도 만)에 레가욤(Lechaeum) 항구가 있고, 동쪽으로 약 7마일 정도 떨어진 사로닉 만에 겐그레아(롬 16:1)가 있었기 때문에 동서를 연결하는 결정적인 요지였다.

고대에 부유한 도시였던 고린도는 기원전 146년에 로마에 의해 완전히 파괴되었고, 주민들은 학살되거나 노예로 팔려갔다. 로마는 그 도시가 다시 재건되는 것을 금했던 것 같다. 그럼에도 불구하고, 1세기 후에 줄리우스 시저는 그 도시를 로마의 식민지로 재건했고, 기원전 29년부터 이 도시는 아가야 속주의 수도로서 총독부가 이곳에 소재했다. 이 새 도시는 로마 제국의 여러 지방 출신의 사람들이 거주하게 되었는데, 그중 다수는 제대한 군인들이었다. 스트라보(Strabo)의 주장에 의하면(*Geog*. 8.6.23c), 많은 사람은 로마 출신의 자유민들로서, 그들의 지위는 노예보다 약간 높았다. 유대인들도 이 도시의 새로운 시민들이었다(행 18:4를 확인해 주는 "히브리인의 회당"이라는 말이 기록된 비문 조각이 발견되었다). 이 도시의 시민 중에는 헬라인들도 있었지만, 그들의 법과 문화와 종교로 사회를 지배한 것은 로마인들이었다. 그러나, 로마 제국의 대부분이 헬라화 되었듯이, 공용어인 헬라어뿐만 아니라 종교적/철학적/문학적 기반들이 재빨리 재건되었다. 또 아시아와 이집트로부터 다양한 신비종교들도 유입되었다. 새 고린도에는 토지를 소유한 귀족들이 없었기 때문에, 부유층이 귀족 계급으로 부상하면서 가난한 사람들이 무시를 당하고 업신여김을 받았다(고전 11:17-22를 보라).

중요한 것은 옛 도시의 특징을 새 도시에서 찾으려 하지 않는 것이다. 옛 고린도는 악명 높은 도시로서, "고린도화 한다"는 것은 "간통"의 의미했고, "고린도 여자"는 창녀를 가리켰다. 인간의 생식기를 묘사한 진흙으로 된 봉헌도(圖)가 옛 도시에서 발견되었는데, 그것들은 성병에 걸린 생식기의 치유를 위해 치료의 신 아스클레피우스(Asclepius)에게 봉헌했던 것이다. 천 명의 성전 창기들에 관한 스트라보의 묘사는 옛 도시의 아프로디테(Aphrodite) 신전을 과장한 것인 듯 하지만,[1] 실제로 그러한 소문을 들을 수밖에 없을 만큼 타락했었을 것이다. 그러한 음란함이 새 도시에 그대로 전달되었다고 보기는 어렵지만, 그러한 전통들은 쉽게 없어지는 것이 아니기 때문에 새 고린도가 도덕적으로 깨끗하다는 평을 들었다고 보기는 더욱 어렵다(고전 6:12ff.를 보라).

---

1) H. Conzelmann, "Corinth und die Mädchen der Aphrodite: Zur Religionsgeschichte der Stadt Korinth," *NAG* 8(1967-68): 247-61; Jerome Murphy-O'Connor, *St. Paul's Corinth: Texts and Archeology* (Wilmington, Del.: Glazier, 1983), 55-57.

4. 저술 원인

1) 역사적 재구성

바울은 제2차 전도여행 때에 처음으로 고린도에서 복음을 전했다(행 18장). 바울은 로마에서 이사해 온 브리스길라와 아굴라와 함께 살면서, 장막을 만들거나 가죽 일로 자급했다(행 18:1-3). 바울은 이방인이든 유대인이든 회당에 참석한 모든 사람들에게 예수님이 약속된 메시아라고 확신하게 하려고 노력함으로써 사역을 시작했다(4절). 디모데와 실라가 합류한 후로 바울의 사역은 더욱 번창했는데, 그것은 부분적으로 그들이 마케도니아 교회로부터 가지고 온 헌금 덕분에 바울은 더 많은 시간을 전도에 할애할 수 있었기 때문이었다(5절). 그의 사역이 왕성해지면서 반대도 증대되었다. 그리하여 바울은 디도 유스도의 집으로 거처를 옮길 수밖에 없게 되었지만, 그의 전도 사역이 많은 열매를 맺어서 많은 이방인들뿐만 아니라 회당장이었던 그리스보와 온 가족이 예수 그리스도를 믿게 되었다(7-8절).

바울은 얼마 전에 빌립보에서 심한 매를 맞았고(행 16장), 베뢰아와 데살로니가에서도 비슷한 공격을 겨우 피했으므로(행 17장) "약하고 두려워하며 심히 떨면서" 고린도에 도착했지만(고전 2:3), 꿈을 통해 그리스도께서 그의 안전과 많은 결실을 보장하셨으므로 큰 힘을 얻었다(행 18:9-10). 바울은 거기서 유일한 기초인 예수 그리스도를 전하면서 일 년 반을 지냈다(고전 3:10-11). 교회가 제대로 자리 잡은 것을 본 후에, 바울은 브리스길라와 아굴라와 함께 배를 타고고린도를 떠나 에게 해를 건넜다(A.D. 51년 봄). 그는 브리스길라와 아굴라를 에베소에 남겨두고, 절기 전에(유월절이나 오순절) 예루살렘에 도착하기를 희망하며 예루살렘을 향했다(서방 사본의 행 18:21을 따르면). 그는 예루살렘에서 오래 머물지 않고 곧 안디옥에 있는 모 교회로 돌아가 잠시 머문 후에 에베소로 돌아갔다. 거기서 이년 반 동안 사역하면서(아마 52년 가을부터 55년 봄까지) 엄청난 결실을 거두었고, 그 동안에 고린도전서를 기록했다.

그 동안에 바울이 고린도에 놓은 토대 위에 다른 사람들이 집을 짓기 시작했다. 아볼로도 거기서 일했고(고전 3:6), 베드로도 사역한 듯하다.[2] 이들이나 다른 지도자들이 의도적으로 자기편을 만들기 위해서 교회 안에 분쟁을 조장했다는 증거

2) C. K. Barrett, "Cephas and Corinth," in *Abraham unser Vater: Juden und Chisten im Gespräch über die Bibel, Fs.* Otto Michel, ed. O. Bets, M. Hengel, and Schmidt, AGSU 5 (Leiden: Brill, 1963), 1-12.

는 없다. 그럼에도 불구하고 앞으로 살펴보아야 할 요인들 때문에, 영적으로 성숙하지 못했던 고린도 교인들은 이 지도자 저 지도자를 추종하는 분파를 형성했다(고전 1:11). 전체적으로 교회는 바울의 지도력에 그리 만족하지 못했고(고전 4:3, 15; 9:1-2), 교회 생활의 순수성도 성만찬 남용(11:17-34), 최소한 한 건의 음행(5:1-5; 6:12-20), 교인들 간의 소송 문제(6:1-8), 결혼의 위치에 대한 불확신(7장), 우상에게 제물로 드렸던 음식을 먹는 문제(8장), 서로를 사랑하기 위한 헌신 없이 눈에 보이는 카리스마적인 은사들에의 열중(12-14장), 부활에 대한 잘못된 견해(15장) 등으로 손상되어 있었다.

바울이 어떻게 이러한 문제들을 알게 되었는지는 확실히 알 수 없지만, 이러한 문제들에 대한 그들 간의 대화에 대한 답변으로서 바울은 지금은 실전(失傳)되어 내용을 알 수 없는 서신을 보냈다(고전 5:9에 언급됨).이 서신은 '이전의 서신'이라고 불리기도 하는데, 이제부터 고린도 A서라고 부르기로 한다. 대부분의 학자들은 이 서신이 현존하지 않는다는 데 동의한다. 아마 고린도 교인들이 교회의 치리에 관한 질문을 제기했고, 바울은 이 질문에 대한 답을 보냈는데, 일부 교인들은 이 대답을 넓은 의미로 해석하여 바울을 오해한 듯하다(고전 5:9-13).

바울은 에베소에서 사역하는 동안에 "글로에의 집 편"으로(1:11) 고린도 교회의 분쟁에 관한 소식을 들었다. 세 명의 공식적인 교회 대표, 즉 스데바나와 브드나도와 아가이고(16:17)가 고린도 교인들의 연보, 교회의 편지, 그리고 자신들이 직접 기록한 보고문을 바울에게 가지고 왔다. 바울은 이것들에 근거해서 고린도전서를 기록했다(고린도 B서라고 부를 수 있다).

바울은 고린도전서를 발송하면서 오순절까지(아마 주후 55년) 에베소에 머문 후에 에게 해를 건너 마케도니아로 가서 그곳의 교회들을 돌아보고 나서 남쪽으로 고린도에 가서 얼마동안—어쩌면 겨울을—그곳에서 지내려 했다(16:5-8). 그동안 바울은 고린도 교인들에게 디모데를 보내면서, 그를 따뜻하게 맞아주고 그를 평안히 보내어(고전 16:10-11; 행 19:22) 그로 하여금 바울에게 소식을 가져오도록 하라고 권면했다. 이 편지를 보낸 후에 바울은 계획을 약간 변경하여, 마케도니아로 가는 길에 한 번, 오는 길에 한 번 방문하기로 하고, 거기서 유대로 항해할 계획을 세웠다(고후 1:15-16). 그는 유대로 돌아가면서 기근과 핍박으로 어려움을 겪고 있는 예루살렘 신자들을 위해서 마케도니아와 아가야(고린도를 포함)가 헌금해주기를 바랐다.

바울이 이 계획을 세웠을 때에는 급히 고린도에 가야 할 필요성을 느끼지 못했던 것 같다. 어쨌든 에베소에 "광대하고 공효한 일을 이루는 문이 열려"(고전 16:9) 있었으므로, 바울은 에베소를 급하게 떠나려 하지 않았다. 그러나 디모데가 고린도에 도착했을 때에는 상황이 그가 감당할 수 없을 만큼 악화되어 있었다. 심지어 바울의 편지, 즉 고린도전서도 바울이 기대했던 만큼의 효력을 발휘하지 못했다. 디모데가 우울한 소식을 가져 왔던지, 아니면 바울이 다른 곳에서 긴박한 상황에 대한 소문을 들었던지, 어쨌든 바울은 더 이상 지체해서는 안 되겠다고 생각하고 즉시 고린도로 향했다. 이것이 바울이 고린도 교인들이 피해야 할 일이라고 경고한 괴로운 대면(고전 4:21), "근심스러운 방문"(고후 2:1)이라고 불리는 만남이 되었다. 고린도 B서(고린도전서)가 고린도 교인들이 많은 문제들을 해결하는 데 도움을 주었는지의 여부는 확실하지 않지만, 바울에 대한 반대가 여전히 강했는데, 이러한 반대는 고린도 교인들이 지지하거나 정죄하기를 거부한 한두 지도자를 중심으로 조성되었음을 분명히 알 수 있다. 동시에, 바울의 근심스러운 방문 이전에 기독교 지도자를 사칭하는 사람들이 교회에 침투해 들어왔다. 그들은 추천서를 가지고 왔고(고후 3:1-3) 스스로 사도라고 칭했다(고후 11:13-15). 그들은 그리스도를 알지 못하는 곳에 복음을 전하라는 사명을 그리스도에게서 받은 부활의 증인인 바울과 같은 의미에서의 사도들은 아니었다. 아마 그들은 일반적인 의미에서 어떤 사람들의 명령을 대신 수행한 대리인들이었던 것 같다. 어쩌면 그들은 교회를 유대교의 신앙과 관습으로 끌고 가려고 했던 유대주의자였을 수도 있다(고후 11:16을 보라).[3] 그들은 유대적 배경을 누리고 있음에도 불구하고 그레코-로마 생활에 깊이 빠져 있었을 가능성이 크다.

당시 바울의 관점에서 보면, "근심스러운 방문"은 완전한 실수였다. 적어도 그의 대적들 중 한 사람이 바울을 심하게 모욕했고(고후 2:5-8, 10; 7:12), 심지어 복음 사역이 엄청난 위기를 맞게 되었다. 그 시점에서 바울이 떠나난 이유는 확실치

3) "유대주의자"(Judaizer)라는 용어에는 문제가 있다. 최근에는 거의 대부분의 학자들이 이 용어를 한 편으로는 예수님을 메시아로 받아들였으면서도 이방인들이 예수께 대한 믿음을 갖기 전에 먼저 유대교로 개종해야 한다고 주장했던 유대인들을 위한 명칭으로 사용하고 있다(제10장의 갈라디아서를 보라). 그러나 1세기경에는 "유대주의자"란 유대인처럼 사는 것을 의미했으며(비록 유대인이 아니더라도), 따라서 이러한 의미에서 "유대주의자"란 유대인처럼 사는 이방인을 의미했을 것이다. 그러나 현대 사용도를 존중해서 우리는 현대적인 의미에서 이 용어를 사용했다. 반대자들이 유대주의자들이었다고 생각하는 사람들은 다음과 같다: Paul Barnett, *The Second Epistle to the Corinthians*, NICNT (Grand Rapids: Eerdmans, 1997), esp. 33-40, and Michael D. Goulder, *Paul and the Competing Mission in Corinth* (Peabody: Hendrickson, 2001).

않다. 아마 바울은 세월이 흐르면서 상처가 치유되고 고린도 교인들이 이성을 되찾기를 바랐을 수도 있고, 다른 급한 약속이 있었을 수도 있다. 어쨌든 그는 곧바로 돌아오지 않기로 결심했다. 그렇게 결정한 근본적인 이유는 또 다른 고통스러운 만남을 피하기 위해서였음에도 불구하고, 바울은 이 결심 때문에 변덕스럽다는 공격을 받게 되었다(고후 1:16ff.). 그러나 이것은 바울이 상황을 되어가는 대로 내버려둘 작정이었다는 것을 의미하는 것이 아니다. 그는 "고린도 C서"라고 부를 수 있는 또 다른 편지를 보냈다. "큰 환란과 애통하는 마음이 있어 많은 눈물로"(고후 2:4) 기록한 이 편지는 고린도 교인들에게 바울의 사랑을 확인시켜 주었다. 그는 교회에 기대하는 기준을 제시했으며, 그들이 이 기준을 지킬 수 있는지 결정할 것을 촉구했다(2:9). 이러한 이유 때문에 고린도 C서는 "눈물의 편지" 혹은 "혹독한 편지"라고 불린다. (디모데보다는 좀 더 적극적이었다고 생각되는)디도에 의해 전달된 이 편지에서는 바울을 모욕하고 대적한 지도자들을 처벌할 것을 요구했는데(2:3-9; 7:8-12). 십중팔구 이 편지도 실전(失傳)된 듯하다.[4)]

디도는 예루살렘을 위한 구제헌금을 모금하는 책임도 맡고 있었다(고후 8:6). 바울이 고린도 교인들이 헌금에 참여할 것이라고 기대할 수 있었다는 사실은 그의 고통스러운 방문에도 불구하고 그 교회를 배교한 것으로 간주하지는 않았다는 증거가 된다. 그는 그들이 부유하다는 것을 알고 있었으며 그들의 자원하는 마음을 디도뿐만 아니라(7:14) 마케도니아교인들에게도(9:2) 자랑했었다. 아마 바울은 그에 대한 증오심 때문에 경제적인 지원 계획에 협력하려는 마음을 약화시킬까 두려워했고, 재정 지원을 요구함으로써 예루살렘에 있는 가난한 성도들에게 가야 할 헌금이 다른 곳으로 흘러 나갈까 두려워한 듯하다.

한편, 에베소에서의 바울의 사역은 "사형선고를 받은 것처럼 심한 고생을 받아 살 소망까지 끊어지는" 위험과 도전에 직면했다(고후 1:8-10). 이에 대한 상세한 내용은 알려져 있지 않다. 데메드리오의 폭동(행 19:23-20:1) 직후에 바울은 에베소를 떠나 드로아로 향했다(고후 2:12, 13—드로아는 항구도시를 가리킬 수도

---

4) Philip E. Hughes(*Paul's Second Epistle to the Corinthians*, NICNT [Grand Rapids: Eerdmans, 1962], xxviii-xxx)에게는 미안하지만, "혹독한 편지"는 고린도전서이고 문제의 사람은 근친상간을 범한 자(고전 5:1ff)일 가능성이 훨씬 높다. 바울을 대적하는 사람들을 징계하라는 바울의 요구에 관한 고린도후서의 구절들은 한 개인의 음란을 가리키고 있지 않다. 그 구절들은 바울 개인에 대한 적대감을 나타내고 있고, 교회가 바울사도를 지지할 것인가 하지 않을 것인가 하는 심각한 문제가 관여되어 있었다(7:12). 더욱이 고린도전서는 고린도후서 2:4에 묘사된 것과 같은 긴장감이 돌지 않는다. 고린도C서가 실제로는 고린도후서 10-13장이라는 견해에 대해서는 "고린도 전·후서의 통일성"단원을 보라.

있고, 드로아가 위치한 드로아드 지역을 가리킬 수도 있다). 거기서 그는 복음을 전할 뿐만 아니라 고린도에서 소식을 가지고 돌아오는 디도를 만나기를 희망했다. 다행히도 첫째 희망은 실현되었다. 그는 "주께서 그를 위해 문을 여셨음을"(고후 2:12) 알았지만, "내 형제 디도를 거기서 만나지 못함으로 내 심령이 편치 못했다"(고후 2:13). 그래서 바울은 드로아를 떠나 마케도니아를 향했는데(2:13), 바울은 그곳에서 드로아에서 만나지 못한 디도를 만나기 위해 긴급 대책을 세웠다. 바울은 마케도니아에서 사역하면서(행 20:1-2) 예루살렘 교인들을 위한 구제 헌금을 모금했다(고후 8:1-4; 9:2). 이 교회들도 "환난의 많은 시련과 극한 가난"에 직면해 있었지만, 바울의 입장에서 더욱 고통스러운 것은 아직 디도를 만나지 못했기 때문에 그의 혹독한 내용의 편지를 고린도 교인들이 어떻게 받아들였는지 알 수 없다는 것이었다. "우리가 마게도냐에 이르렀을 때에도 우리 육체가 편치 못하고 사방으로 환란을 당하여 밖으로는 다툼이요, 안으로는 두려움이라"(7:5).

곧 디도가 도착했고, 바울의 고통은 큰 기쁨으로 변했다(고후 7:6-7). 바울은 혹독한 편지를 보낸 후에 혹시 자신이 고린도 교인들에게 과도하게 상처를 주었을까 염려했었는데, 디도의 보고를 받은 후에 그의 두려움은 기쁨으로 바뀌었다. 혹시 그의 편지가 그들에게 상처를 주었어도 그것은 잠깐뿐이었다(7:8). "하나님의 뜻대로 하는 근심은 후회할 것이 없는 구원에 이르게 하는 회개에 이르는 것"(7:10)임을 바울은 체험했다. 고린도후서 1-9장에 나타난 바울의 반응은 상처를 받았으나 이제 해결된 관계라는 분위기를 나타낸다. 최악의 상태가 지나간 후의 안도의 한숨이 표현되어 있다.

고린도후서 10-13장을 해석하는 데 어려움이 있다. 이 부분의 논조는 고린도 교회의 상태가 다시 위험하게 되었다고 가정하게 만든다.

그렇기 때문에 고린도후서 10-13장을 해석하는 데 어려움이 있다. 이 부분의 논조는 고린도 교회의 상태가 다시 위험하게 되었다고 가정하게 만든다. 따라서 이 이상의 역사적 재구성은 고린도 서신들의 통일성에 관한 문제와 관련되어 있다.

2) 사회적 상황의 재구성

최근까지 고린도 서신의 왜곡을 설명하기 위해서 제시되어온 주된 이론은 헬레니즘 유대교 내의 지혜라는 견해였다.[5] 헬레니즘 시대의 유대교 문헌에서는 고

---

5) 예를 들면, B. A. Pearson, The Pneumatikos-Psychikos *Terminology in 1 Corinthians: A Study in the Theology of the Corinthian Opponents of Paul and Its Relation to Gnosticism*, SBLDS 12 (Missoula: SP, 1973). R. A. Horsley는 필로에게서 발견되는 의인화된 지혜를 주장한다. 특히

린도 서신의 표현이라고 가정할 수 있는 매우 비슷한 표현들이 많이 발견된다. 그러나 적어도 고린도전서와 관련하여 이러한 병행구들 안에서 가장 설득력이 있는 것이 헬레니즘 유대교에 의해서 결정되는지, 또는 보다 일반적인 그리스의 이교 사상에 의해 결정되는지 질문해 보아야 한다. 바울의 염두에 둔 독자들이 실질적으로 유대인이었을 가능성은 거의 없다(6:9-11; 8:7; 12:2을 보라). 더욱이, 피(Fee)가 지적한 것처럼,[6] 바울은 유대인은 "표적"을 구하고 헬라인은 지혜를 찾는다고 표현했다(고전 1:22). 데이비스(Davis)의 견해에 의하면, 이러한 이분법이 바울의 웅변술의 한 가지 예에 불과하다는 이유로 간단히 처리할 수는 없다.[7] "이 진술은 웅변술로서도 지극히 명백하며, 이 단락이 지혜를 반대하는 유대교의 미드라쉬적 설교를 반영한다는 생각은 공론에 불과하다."[8] 지혜에 대한 고린도인들의 의심스러운 접근 방법의 기원은 그들 자신의 이교적 과거에 있는 듯하다.

고린도의 이교신앙의 철학적 뿌리를 구체적으로 상술하려는 시도들은 증거에 기초를 두지 않는 경향을 나타낸다. 윈터(Winter)는 고린도 교회의 한 가지 근원적인 문제는 소피스트 운동을 의존하는 것이었다고 주장했다.[9] 그의 주장에 의하면, A.D. 1세기에는 이미 "제2차 소피스트 운동"이 시작되었으며,[10] 그것의 특징은 대중의 존경을 받는 웅변 기술과 교육을 받은 웅변가들이었다. 이 시기에는 웅변가들이 신봉하는 특별한 철학은 그리 중요하지 않았다. 그것을 대중 앞에서 부연 설명하고 연설하며, 법이나 사업이나 종교나 정치적 상황에서 엄격한 인습에 따라서 설득력 있게 이야기하게 대중의 갈채를 획득하는 능력이 중요했다. 그들은 고린도뿐만 아니라 지중해 세계에서 엄청난 영향력을 발휘했다. 그들은 스스로 지혜롭다고, 지혜를 전달하는 자라고 생각했다. 윈터의 주장에 의하면, 바울은 특히 고린

"Pneumatikos vs. Psychikos: Distinctions of Spiritual Status Among the Corinthians," *HTR* 69 (1976): 269-88. 반대로, J. A. Davis는 쿰란의 "Torah Wisdom"과 시락서에서 가장 비슷한 것들을 발견한다. 그의 저서 *Wisdom and Spirit: An Investigation of 1 Corinthians 1.18-3.20 Against the Background of Jewish Sapiential Traditions in the Greco-Roman Period* (Lanham: UPA, 1984)을 보라.

6) Gordon D. Fee, *The First Epistle to the Corinthians*, NICNT (Grand Rapids: Eerdmans, 1987), 13-14.

7) Davis, *Wisdom and Spirit*, 189 n. 26.

8) Fee, *First Corinthians*, 14.

9) Bruce W. Winter, *Philo and Paul Among the Sophists*, SNTSMS 96 (Cambridge: Cambridge University Press, 1997).

10) 특히. G. W. Bowersock, *Greek Sophists in the Roman Empire* (Oxford: Oxford University Press, 1969)을 보라.

도전서 1-4장에서 소피스트들의 주장을 반박하기 위한 논거를 구성한다.

제2차 소피스트 운동이 시작된 연대를 그처럼 이르게 보는 것을 뒷받침하는 증거는 일 부 학자들이 생각하는 것만큼 설득력이 없다.11) 그럼에도 불구하고, 그 운동에서 발견되는 몇 가지 특징들이 고린도에서 성행했다. 그러나 과거 15년 동안 많은 학자들이 두 서신의 신학적 의의와 주요 요점에 대한 인식을 변화시키고 심화시켜왔다. 이 작업은 대부분은 1세기 고린도의 사회적 배경과 관련된 것이었으며, 바울이 대면하여 바로잡고 있었던 문제들을 이해하는 데 도움을 주어왔다. 이러한 문제들 중 어떤 것들은 오늘날 많은 신자들, 특히 서방의 신자들이 직면하고 있는 문제들과 무척 흡사하다.12)

재건된 고린도는 원래 로마인 정착민들을 중심으로 이루어졌기 때문에, 여러 면에서 그리스의 도시라기보다는 로마의 도시였다.13) 그러나 사방으로 이어지는 교역로를 장악하는 독특한 위치로 인해 상인들, 해방 노예들, 사업가, 선원 등이 고린도에 몰려들었다. 그곳은 재산을 모을 수 있고, 권력과 부와 영예를 얻을 수 있는 도시였다. 로마의 후견인 제도는 출세할 수 있는 길을 제공했지만, 어쩔 수 없이 부패했다. 권력이 있는 후견인들은 자신이 후원하는 사람들에게 돈과 연줄을 제공했으며, 피후견인들은 후견인에게 충성하며 그들의 명성을 진작시키며 계산된 승진 게임을 해야 했다. 후견인제도는 로마 제국 전역에서 시행되었지만, 고린도처럼 교역에 기초를 둔 신흥 도시에는 그 제도로 인해 사회적 출세를 추구하는 야심가들이 모여들었다.14) 고린도는 "사회적으로 야심을 가진 사람들…신분 상

---

11) 특히 Jerome Murphy-O'connor in *RevBib* 110 (2003): 423-33을 보라.

12) 특히 다음을 보라: Wolfgang Schrage, *Der erste Brief an die Korinther*, EKKNT, 4 vols. (Neukirchen-Vluyn: Neukirchener Verlag/Zürich: Benziger Verlag, 1991-2001); and Anthony C. Thiselton, *The First Epistle to the Corinthians*, NIGTC (Grand Rapids: Eerdmans, 2000). 일부 저술가들은 고린도의 사회적 구조 분석에 의존하여 고린도의 문제들을 분석하는 것을 비판해왔다. 특히 J. J. Meggitt, *Paul, Poverty and Survival* (Edinburgh: T. & T. Clark, 1998)을 보라. Gerd Theissen, "Social Conflicts in the Corinthian Community: Further Remarks on J. J. Meggitt, Paul, Poverty and Survival,?" *JSNT* 25 (2003): 371-91의 비평도 보라.

13) 다음을 보라: David W. J. Gill, "Corinth: A Roman Colony in Achaea," *BZ* 37 (1993): 259-64. Cf. David E. Garland, *1 Corinthians*, BECNT (Grand Rapids: Baker, 2003), 3: "When Paul visited, the city was geographically in Greece but culturally in Rome."

14) 특히 고린도에서의 후견인 제도의 본질에 대해서 알려면 특히 다음을 보라: Ben Witherington III, *Conflict and Community in Corinth: A Socio-Rhetorical Commentary on 1 and 2 Corinthians* (Grand Rapids: Eerdmans, 1995); A. D. Clarke, *Secular and Christian Leadership in Corinth: A Socio-Historical and Exegetical Study of 1 Corinthians 1-6*, AGJU

승을 갈망하는 사람들"을 끌어당기는 자석처럼 되었다.[15]

그레코-로마 세계에서 오랫동안 수사학을 강조한 것으로 말미암아 강연은 공적이고 정치적인 의사소통의 중요한 요소일 뿐만 아니라 바람직한 예술 형태로 자리 잡았다. 훌륭한 웅변가들은 타락한 동기들에 대해 경고했다: 단순히 청중을 즐겁게 해주는 웅변은 타락한 것으로 간주되었다.[16] 그럼에도 불구하고, 오늘날 영화배우들이 그렇듯이, 타락한 세상에서는 재능 있는 연사들이 존경받고 추종을 받았다. 포골로프(Pogoloff)를 비롯하여 여러 학자들은 고린도에서는 수사학적 전통의 이러한 본질적인 경향에 사회적 신분 상승 구조와 웅변가들을 영웅으로 만들고 청중을 팬으로 만드는 상태를 향한 욕구가 뒤섞여 있었음을 증명했다.[17]

이러한 종류의 사회적 압박요인들이 성숙하지 못한 고린도 교인들을 형성하고 있었다. 문제는 그들이 이교신앙으로 돌아가고 있었다는 데 있었던 것이 아니라, 그들의 기독교 신앙은 진지한 것이지만 그들이 주변 문화로부터 받아들인 세계관을 변화시키지는 못했다는 데 있었다. 그들은 십자가의 신학이 구원의 기초일 뿐만 아니라 삶과 봉사의 방법을 가르친다는 것을 아직 깨닫지 못하고 있었다. 또한 그러한 가르침은 근본적으로 사회적인 출세와 승진이 지배하는 세상과 반대되는 것이었다. 복음은 세상에는 "미련한 것"처럼 보였다. 뿐만 아니라 바울은 십자가에 비추어서 그가 염려하는 당파심과 분쟁은 반드시 제거되어야 한다고 주장한다(1:10-4:21): "누구든지 사람을 자랑하지 말라"(3:21). 남보다 앞서려고 다투는 태도는 당파심을 낳을 뿐만 아니라 성적인 문제들에 대해서 유행하는 일반적인 태도를 취하며(5:1-12; 6:12-20), 바울이 십자가에 비추어 서로 송사하는 태도를 취하는 신자들은 이미 구원을 잃은 사람이라고 주장함에도 불구하고(6:7) 신자들 간의 소송 인정한다(6:1-11). 고린도 교인들의 실질적인 사고방식에서는 승리주의 신학이 십자가의 신학보다 우위에 있었다: 그들에게 복음을 가져다준 사도들은 결국 다른 사람의 배설물을 먹고 사형선고를 받아 원형경기장에서 죽게 되었음에

---

18 (Leiden: Brill, 1993); J. K. Chow, *Patronage and Power: A Study of Social Networks in Corinth*, JSNTSup 75 (Sheffield: Sheffield Academic Press, 1992); Bruce W. Winter, *Seek the Welfare of the City* (Grand Rapids: Eerdmans, 1994).

15) Witherington, *Conflict and Community*, 24.

16) Quntilian, 2.2.9-12.

17) Stephen M. Pogoloff, *Logos and Sophia: The Rhetorical Situation of 1 Corinthians*, SBLDS 134 (Atlanta: SP, 1992); cf. Duane Litfin, *St Paul's Theology of Proclamation: 1 Cor 1-4 and Greco-Roman Rhetoric*, SNTSMS 79 (Cambridge: Cambridge University Press, 1994).

도, 그들은 자기들이 왕이라고 생각했다(4:8-13). 십자가의 신학을 갖지 않은 신자들은 자신의 태도가 연약한 신자들을 죽이고 있음에도 불구하고 자신의 지식을 자랑한다(8:1-11:1). 그들은 그리스도 안에 있는 형제자매를 사랑하는 것보다 자기들이 가진 카리스마적 은사를 훨씬 더 중요하게 여겼다(고전 12-13장).[18] 이처럼 웅변에 능한 사람들에게 열중한 사람들은 웅변으로 사람들에게 감명을 주기보다는 십자가에 달려 죽으신 그리스도의 메시지를 전달하는 데 관심을 가진 사도를 멸시하기 쉽다(고전 2:1-5; 고후 10:10; 11:6).[19]

사람들에게 감명을 주며 사회적 신분의 상승을 갈망하는 사람들이 가득한 교회는 영적으로 통일된 교회가 되지 못할 것이다. 바울은 다양성과 통일성이 어떻게 결합되는지를 설명하기 위해서 "몸"이라는 은유를 사용한다.[20] 당파심으로 인한 분열—"나는 바울에게", "나는 아볼로에게" 속하였다—때문에 바울은 시간을 내어 기독교 지도자들을 당파심이 강한 영웅으로 보지 않고 "그리스도의 일꾼이요 하나님의 비밀을 맡은 자"(4:1)로 여겨야 한다는 것을 가르쳐야 했다. 기독교 지도자들은 하나님의 밭에서 일하는 동역자들이요, 하나님의 성전을 함께 건축하는 사람들이다(고전 3장). 바울은 자기의 글을 읽을 사람들에게 자기를 본받으라고 말할 때에도 자신이 그리스도를 본받는 것처럼 하라고 말한다(11:1). 그리스도의 십자가, 그리스도의 죽음은 우리를 대속할 뿐만 아니라 자기 부인과 이웃을 향한 봉사의 기초를 세운다.[21]

결혼과 이혼과 관련된 복합적인 문제(고전 7장), 우상에게 바쳤던 고기와 관련

---

18) 바울이 고린도서신에서 십자가의 신학에 대해 다룬 것에 대해서 알려면 다음을 보라: Alexander R. Brown, *The Cross and Human Transformation: Paul's Apocalyptic Word in 1 Corinthians* (Minneapolis: Fortress Press, 1995); Raymond Pickett, *The Cross in Corinth: The Social Significance of the Death of Jesus*, JSNTSup 143 (Sheffield: Sheffield Academic, 1997); D. A. Carson, *The Cross and Christian Ministry* (Grand Rapids: Baker, 2003).

19) 물론, 이것은 바울이 전혀 "수사학적" 방법을 사용하지 않는다는 의미가 아니다. 훌륭한 전달자라면 누구나 그러한 방법을 사용하며, 의식적으로든지 무의식적으로든지 그 시대의 경향을 따른다. 다음을 보라: Margaret M. Mitchell, *Paul and the Rhetoric of Reconciliation: An Exegetical Investigation of the Language and Composition of 1 Corinthians*, HUT 28 (Tübingen: Mohr-Siebeck, 1991).

20) Dale B. Martin, *The Corinthian Body* (New Haven: Yale University Press, 1995)을 보라.

21) 다음을 보라: Jeffrey A. Crafton, *The Agency of the Apostle*, JSNTSup 51 (Sheffield: Sheffield Academic Press, 1991); contra Elizabeth A. Castelli, *Imitating Paul: A Discourse of Power* (Louisville: Westminster John Knox, 1991). Elizabeth A. Castelli는 바울이 고린도교인들에게 자기를 본받으라고 요구한 것은 권력과 관련된 것이며 본질적으로 불화를 일으키는 말이라고 생각한다.

된 올바른 자세(고전 8-10),[22] 기도하고 예언하는 여인들에게 적절한 머리 장식(11:2-16), 또는 카리스마적 은사에 대한 다양한 평가들(12-14장) 등과 관련하여 사도 바울이 해결하려고 노력한 문제들 중 다수는 교회의 견해가 양극화되어 있는 상황을 반영한다. 모든 경우에, 사도 바울은 어려운 문제들을 해결해야 했을 뿐만 아니라, 서로 싸우는 당파들 간의 화해를 위해 노력하면서 때로 그들의 성숙하지 못한 오만함에 대한 비판을 완화시켜야 했다. 더욱이 그는 이러한 문제들을 해결하면서 개인적인 편견 이상의 것을 근거로 삼았다. 비록 바울은 기독교인들이 "법 아래" 있지 않다고 주장하며(9:19-23), 그리스도와 그의 십자가가 근 본적인 태도들을 평가하는 기준이 되지만, 바울의 윤리적 권고의 실질적인 부분들은 구약 성서에 대한 그의 심오한 해석과 연결되어 있다.[23]

두 가지를 더 이야기해야 한다. 첫째, 당파심의 문제들 및 고린도 교인들이 바울 및 다른 지도자들과 관련하여 품었던 미숙한 기대라는 문제는 고린도후서 되풀이 된다.[24] 고린도후서에서도 바울은 여전히 십자가의 신학을 설명해야 한다고 여긴다: 하나님의 은혜는 연약함 속에서 완전하게 된다.[25] 둘째, 고린도 교인들이 항상 자신이 이미 누리는 것, 이미 얻은 영적 은사들, 자신이 이미 얼마나 성숙한지 등을 강조한 것은 그들이 일종의 과도하게 실현된 종말론을 받아들였다고 암시해준다. 그러한 종말론은 그들이 이미 누리고 있다고 생각하는 축복들을 지나치게 자신하며 다가올 축복들에 대해서는 지나치게 무지하고 기대하지 않는다.

3) 고린도 전서와 후서의 완전성

지금까지 전개된 역사적 · 사회적 재구성은 대체적으로 전폭적인 지지를 받고 있으며, 고린도전서와 고린도후서 1-9장의 통일성에 의존하고 있다. 만일 이 서신

---

22) 이에 대해서는 특히 다음을 보라: Paul D. Gardner, *The Gifts of God and the Authentication of a Christian: An Exegetical Study of 1 Corinthians 8-11* (Lanham: UPA, 1994); Khiok-Khing Yeo, *Rhetorical Interaction in 1 Corinthians 8-10*, BIS 9 (Leiden: Brill, 1995).

23) 특히 다음을 보라: Brian S. Rosner, Paul, *Scripture and Ethics: A Study of 1 Corinthians 5-7*, AGJU 12 (Leiden: Brill, 1994 / Grand Rapids: Baker, 1999); H. H. Drake Williams III, *The Wisdom of the Wise: The Presence and Function of Scripture Within 1 Cor. 1:18-3:23*, AGJU 49 (Leiden: Brill, 2001).

24) Jan Lambrecht, *Second Corinthians*, SacPag 8 (Collegeville: Liturgical Press, 1999), 6-7.

25) 특히 Timothy B. Savage, *Power Through Weakness: Paul's Understanding of the Christian Ministry in 2 Corinthians*, SNTSMS 86 (Cambridge: Cambridge University Press, 1996)을 보라.

들 중 일부가 다른 시기에 다른 사람들에 의해 기록되었다가 나중에 이 서신들에 포함되었다면, 지금까지의 역사적 재구성은 여러 부분에서 수정되어야 할 것이다. 가장 회의적인 해석을 따르면, 서로 연결되지 않은 단편들이 무척 많기 때문에 널리 신뢰되는 재구성을 한다는 것이 불가능하다.[26] 논란이 되는 요점들 중 몇 가지를 간단히 살펴보겠지만, 먼저 고린도후서 10-13장의 공헌에 대해 살펴보아야 한다.

① 고린도후서 10-13장의 위치

고린도후서 10-13장의 위치에 대해서도 의견이 일치하지 않는다. 이 문제와 관련하여 네 가지 중요한 학설이 있다.

1. 많은 학자들은 바울이 디도에게서 소식을 받고 기뻐서 즉시 고린도후서 1-9장(이것은 고린도 D서가 된다)을 기록해서 보냈다고 주장한다. 그들의 주장에 의하면, 고린도후서 10-13장은 고린도 C서, 즉 "혹독한 편지"로 간주해야 한다.[27]

이 학설의 장점은 고린도후서 1-9장과 10-13장 사이의 어조의 현격한 차이를 완전하게 설명할 수 있다는 것이다. 1-9장은 디도가 가져온 좋은 소식을 반영한다. 만일 바울이 여전히 자신의 동향에 대해 설명하고(1:15-2:13), 사도적 사역의 본질을 다시 요약해야 했다면(3:1-18), 그리고 고린도 교인들에게 구제 헌금을 할 것을 강력히 권해야 했다면(8장과 9장), 그는 억제할 수 없는 기쁨과 교회의 순종과 성숙함에 대한 확신을 가지고 그렇게 했을 것이다. 대조적으로 10-13장의 표현과 강조점은 분노, 상심, 그리고 통렬한 아이러니이다. 바울의 기쁨이 사라지고, 고린도 교인들의 성숙에 대한 바울의 확신도 사라졌다. 바울은 "내가 너희를 인하여 범사에 담대한 고로 기뻐하노라"(7:16)라고 말하지 않으며, "너희가 믿음에 있는가 너희 자신을 시험하고 너희 자신을 확증하라 예수 그리스도께서 너희 안에 계신 줄을 너희가 스스로 알지 못하느냐 그렇지 않으면 너희가 버리운 자니라"(13:5)라고 말해야 했다. 더욱이 이 학설을 주장하는 사람들은 1-9장의 몇 단

---

26) 주요한 대안들을 간단히 요약한 것으로 Frank J. *Matera, II Corinthians: A Commentary*, NTL (Louisville: Westminster John Knox, 2003), 24-32을 보라.

27) 예를 들면 다음과 같다: A. Plummer, *A Critical and Exegetical Commentary on the Second Epistle of St. Paul to the Corinthians*, ICC (Edinburgh: T. & T. Clark, 1915), 26-36; R. H. Strachan, *The Second Epistle of Paul to the Corinthians*, MNTC (London: Hodder & Stoughton, 1935), 19; R. Bultmann, *The Second Letter to the Corinthians* (ET Minneapolis: Augsburg, 1985), 18; H. D. Wendland, *Die Briefe an die Korinther*, NTD 7 (Göttingen: Vandenhoeck & Ruprecht, 1965), 8; W. Schmithals, *Gnosticism in Corinth: An Investigation of the Letters to the Corinthians* (ET Nashville: Abingdon, 1971), 96.

락은 10-13장에서 이미 언급된 진술들이라고 강조한다(예를 들면, 1:23/13:2; 2:3/13:10; 2:9/10:6; 4:2/12:16; 7:2/12:17). 또 만일 바울이 이 서신을 쓸 때 이미 그리스(구체적으로 마케도니아)에 있었다면, 어떻게 "너희 지경을 넘어"(10:16) 복음을 전하기를 기대할 수 있었겠느냐고 그들은 의문을 제기한다. 그는 "우리 지경을 넘어"라고 말했어야 하지 않았는가? 확실히 바울이 에베소에서 이 구절을 썼다고 생각하는 편이 이해하기 쉽고, 그렇게 되면 이 부분이 1-9장 이전에 기록되었다고 전제해야 한다.

그럼에도 불구하고, 이 학설은 몇 가지 문제점을 가지고 있다. 첫째, 고린도후서의 헬라어 사본 중에는 그 서신이 원래 9장에서 끝난다거나, 원래 바울이 이미 알고 있는 교회에 서신들을 보낼 때 사용하는 상투적인 인사말이 10-13장에 기록되어 있다고 암시하는 것이 전혀 없다. 물론 이것이 결정적인 문제는 될 수 없다. 고린도후서는 뒷부분이 첨부된 후에 출판되었다고 주장할 수도 있을 것이다. 그러나 이 경우에는 뒷부분을 고린도후서에 첨부한 데 대한 납득할 만한 이유를 제시할 수 있어야 한다. 둘째, "너희 지경을 넘어"(τὰ ὑπερέκεινα ὑμῶν[*ta hyperekeina hymōn*)라는 표현 때문에 바울이 그리스에서 그 편지를 쓴 것이 아니라고 볼 필요는 없다. 그는 아가야(고린도가 있는 곳)를 마케도니아와 완전히 구분되는 곳으로 생각했을 수도 있고, "너희(헬라인) 지경을 넘어"가 바울을 제외한 헬라인의 땅을 가리킨다고 볼 수도 있다(가령 폴란드 사람이 서쪽으로 프랑스로 가는 도중에 독일 땅에서 독일인에게 "너희 나라를 넘어" 간다고 말할 수 있다). 셋째, 10-13장에는 혹독한 편지에는 반드시 있어야 할 내용, 곧 범죄자를 처벌할 것을 요구하는 내용 빠져 있다(2:5-6; 7:12). 넷째, 10-13장에서는 곧 그곳을 방문하겠다고는 약속하지만(12:14; 13:1), 고린도C서 즉 혹독한 편지는 또 다른 고통스러운 방문 대신에 보낸 서신이다(1:23; 2:1). 다섯째, 12:18은 디도가 구제 헌금을 돕기 위하여 적어도 한 번은 고린도 교회를 방문했다고 가정한다. 다시 말해서, 8:6a나 8:16-19을 전제로 한다. 어쨌든, 이 두 구절이 포함되어 있는 1-9장이 12:18이 포함되어 있는 10-13장보다 나중에 기록되었다고 생각하기는 어렵다.

구제 헌금에 관해서도, 만일 바울이 구제헌금을 자신을 위해 사용한다는 비난을 받았다면(12:16), 어떻게 그가 나중에 디도와(7:14) 마케도니아 인들에게(9:2) 이 점에 대한 오해를 풀기 위한 아무런 암시도 없이 고린도 교인들의 호의에 대해 자랑할 수 있었겠는가? 이 첫 번째 학설은 문제를 해결하기보다는 오히려 더 많은 문제를 야기한다고 결론을 내리는 것이 옳을 듯하다.

2. 어떤 학자들은 고린도후서 전체가 한 번에 기록되었다는 근본적인 통일성을 주장한다.28) 이 학설은 본문의 증거와 일치한다. 1-9장과 10-13장의 어조가 현격하게 바뀐 이유는 얼마든지 제시할 수 있다. 어쩌면 바울은 10-13장을 쓰기 전에 한잠도 못 잤을 수도 있고, 이 두 부분은 바울의 기분의 기복을 가리킬 수도 있고, 바울이 이 문제들에 대해서 지금까지 억제해왔던 깊은 감정을 표현했을 수도 있다. 가장 그럴 듯한 제안은 휴즈(Hughes)의 것으로서 고린도후서의 두 부분의 어조의 차이가 지나치게 과장되었으므로 실제로 해결해야 할 문제가 없다는 것이다. 그는 1:13과 10:11; 1:17과 10:2; 2:1과 12:14, 21(13:1-2도 참고하라); 2:17과 12:19; 3:2과 12:11; 6:13과 11:2(12:14도 보라); 8:6, 8, 22과 12:17-18을 비교한다.29)

그러나 고린도후서 10-13장과 고린도전서 사이에도 비슷하게 비교할 수 있는 부분들이 있지만, 고린도후서 10-13장이 고린도전서의 일부였다는 것은 무모한 주장이다. 여기에는 다음과 같은 판단하기 어려운 질문이 포함되어 있다. "고린도후서의 두 부분은 동시에 동일한 상황에서 하나의 서신으로 기록되었다는 전제를 의심할 정도로 현격한 차이를 가지고 있는가?" 우리가 판단하기에는 어조와 강조점의 차이가 매우 강하기 때문에 어느 정도 설명이 필요하며, 심리학적 해결책들은 그리 만족스럽지 못하다. 과연 바울이 개종시킨 사람들을 대하는 목회적 자세에 심각한 영향을 끼칠 정도로 바울의 기질이 변덕스러웠는가? 바울이 정서적으로 성숙하지 못했고, 억제된 분노가 가득했기 때문에 자신을 제어하지 못하는 경향이 있었다는 증거가 있는가? 오히려 바울은 자신이 어떤 모습을 반영하고 있는지 항상 의식하고 염두에 두었다(고전 4:21을 보라). 고린도후서 1-9장에서 바울은 고린도 교인들을 격려하고, 그들의 이해에 방해가 되는 것은 제거함으로써 고린도 교인들과의 틈을 제거하는 일에 주력했다. 심지어 그의 책망조차도 이런 구상의

---

28) 예를 들면 다음과 같다: E. B. Allo, *Saint Paul: Seconde Épître aux Corinthiens* (Paris: Gabalda, 1956), lii-liii; H. Lietzmann, supplemented by W. G. Kümmel, *An die Korinther I, II*, HNT 9 (Tübingen: Mohr-Siebeck, 1969), 139-40; R. V. G. Tasker, *The Second Epistle of Paul to the Corinthians*, TNTC (Grand Rapids: Eerdmans, 1958), 30-35; Hughes, *Second Corinthians*, xxiii-xxxv; Kümmel, 287-93; W. H. Bates, "The Integrity of II Corinthians," *NTS* 12(1965-66): 56-59; Jan Lambrecht, *Second Corinthians*, 7-9; Paul Barnett, NAC (Nashville: Broadman & Holman, 2003), 33-44; James M. Scott, *2 Corinthians*, NIBC (Peabody: Hendrickson, 1998), 6-7.

29) Hughes, *Second Corinthians,* xxxi-xxxv.

일부였다. 반면에 10-13장에서 바울은 신랄한 아이러니와 무서운 위협을 전개한다. 이 부분에 수록된 위로의 내용조차도 이러한 구성의 일부이다.

해리스(Harris)는 이 학설을 약간 수정하였다.[30] 그의 주장에 의하면, 바울은 디도에게서 좋은 소식을 받고서 곧바로 고린도후서의 어느 부분을 기록한 것이 아니다. 그는 마케도니아에서의 목회 사역을 계속했고, 에그나티아 대로(Egnatian Way)를 따라 일루리곤(롬 15:19-21을 보라)까지 복음을 전파했다. 그는 마케도니아로 돌아온 후에 고린도 교회에 새로운 문제들이 생겼다는 소식을 듣고서 고린도후서 전체를 기록하였다. 이 수정안은 고린도후서 10-13장의 어조의 변화를 설명하는 데는 도움이 되지만, 잃는 것이 너무 많다. 우선 이 이론은 고린도후서 1-9장이 긍정적인 이유, 그리고 디도가 가져온 좋은 소식을 듣고(7:6-16) 바울이 크게 기뻐한 이유를 설명하는 데 어려움이 있다. 고린도후서의 근본적인 통일성을 주장하는 다른 이론들과 마찬가지로, 이 이론도 1-9장과 10-13장의 차이를 명쾌하게 설명해 주지 못한다.

그 외에도 다른 수정안들이 제기되어왔다. 매터라(Matera)는 바울이 두 가지 문제를 다루고 있다고 주장한다.[31] 하나는 이미 해결된 것("고통스러운 방문"과 고린도 교회의 범죄자를 다루는 것)이었고, 나머지 하나는 방해하는 거짓 사도들을 다루는 문제로서 아직 해결되지 못했기 때문에 바울은 10-13장에서 이 문제를 다룬다. 이 학설은 두 부분의 내용의 차이를 설명해줄 수는 있지만, 두 가지 위기에 도일한 사람들이 개입되어 있을 때에 바울이 상반된 반응을 나타낼 수 있었다고 가정하지 않는 한, 어조의 변화는 쉽게 설명하지 못한다. 고린도후서 7장의 기쁨은 매우 솔직한 것이며, 10-13장의 분노 역시 솔직한 것이다. 바넷(Barnett)의 설명은 만족스럽지 못하다.[32] 그의 주장에 의하면, 고대의 변증적인 편지들은 수신인의 공감을 구하는 데서부터 정서적 각성을 향한 강력한 시도로 이동할 수 있었으며, 바울이 행하는 것이 바로 그런 것이었다. 그러나 변증적 편지에서 추구하는 정서적 각성은 고린도후서 10-13장의 내용인 개인적인 대면과 책망과 위협이 아니라 어떤 사건의 불의에 대한 분노였다.

---

30) Murray J. Harris, "2 Corinthians," in *EBC* 10:305-6. 그러나 Harris는 최근의 고린도후서의 NIGTC 주석에서는 입장을 바꾸어 이 개론의 입장과 거의 같은 입장을 취했다. Harris, *The Second Epistle to the Corinthians*, NIGTC (Grand Rapids: Eerdmans, 2005), 29-51.

31) Frank J. Matera, *IICorinthians*, 30-32.

32) *The Second Epistle*, 17-18.

3. 최근 주해가들 사이에서 가장 널리 받아들여지는 이론은 10-13장이 1-9장보다 나중에 기록되었다는 것이다. 이 이론에 따르면, 10-13장은 또 다른 편지, 즉 고린도E서의 전체이거나 일부이다. 바울은 디도에게서 소식을 듣고서 바로 고린도D서(=고후 1-9장)를 써서 보냈다. 그러나 그 직후에 바울은 디도가 보낸 소식이 근본적으로는 긍정적인 것이었지만 쓸모없거나 미숙한 보고였음을 알게 되었다. 고린도 교인들은 다시 바울을 비판하기 시작했고, 침입자들의 미혹에 넘어가 복음의 순수성—복음의 교리적 규정들이나 십자가 밑에서의 윤리적 자세—을 위협하는 자세를 취했다. 고린도 교인들은 또다시 지도자들을 반대하는 결정적인 행동을 취했고, 소피스트들의 전형적인 지적, 문화적 교만에 굴복했다. 그리하여 바울은 고린도 교인들에게 다섯 번째 편지, 즉 고린도후서 10-13장을 썼다.[33)]

이 설명의 주된 장점은 고린도후서 1-9장과 10-13장 사이의 차이를 완벽하게 설명한다는 것이다. 이 이론은 12:19-13:10에서 바울이 세 번째 고린도 방문—엄한 심판이나 (바울이 소망하는) 기쁜 화해가 특징이 되겠지만 1-9장에서는 예견하지 않았고 적합하지도 않은 방문—을 계획한 이유를 설명한다. 어떤 학자들은 이 이론이 12:17-18에 기록된 디도의 행동에 대한 바울의 언급을 가장 잘 설명해준다고 주장한다. 12:17-18에서 바울은 부정적인 대답을 기대하면서 디도나 바울의 다른 수행원들이 구제 헌금과 관련하여 그들을 착취한 적이 있느냐고 묻는다. 이것은 바울이 곧 디도를 보내겠다고 독자들에게 말하는 8:6, 16-24과 9:3-5 이후에 10-13장이 기록되었음을 전제로 한다고 주장된다.

이 마지막 주장은 그리 설득력이 강하지 못하다. 왜냐하면 8:6의 첫 부분은 디도가 구제 헌금과 관련하여 이전에 고린도를 방문한 적이 있음을 증명하며, 12:17-18은 바로 이 방문을 가리킬 수도 있기 때문이다. 그렇게 하면 8:6, 16-24; 9: 3-5과 12:17-18 사이에 시간적 간격이 있다고 가정할 필요가 없어진다. 고린도후서가 두 개의 다른 편지였음을 지지하는 사본이 없다는 것은 결정적인 것은 아니지만 중요한 사실이다. 왜냐하면 두 편지가 함께 출판되었다고 주장할 수도 있기 때문이다. 그것들이 한 두루마리에 필사되었을 수도 있다고 주장하는 사람들도 있다. 만일 그렇다면, 고린도후서 1-9장의 끝부분과 고린도후서 10-13장의 문안 인사와 감사 부분은 왜 유실되었는가? 간단히 말해서, 이 이론이 가능한 것이며,

---

33) F. F. Bruce, *1 and 2 Corinthians* (London: Olipants, 1971), 166-70; Victor Paul Furnish, *II Corinthians*, AB 32A (Waco: Word, 1986), 40; Colin G. Kruse, *The Second Epistle of Paul to the Corinthians*, TNTC (Grand Rapids: Eerdmans, 1987), 29-35.

다른 두 이론보다 훌륭하지만, 초기 사본 전승 과정에서의 어리석은 서기의 실수에 지나치게 의존한다.

4. 세 번째 이론을 약간 수정한 이론이 더 나은 설명을 제시할 수도 있다. 만일 2:13이 제시하는 대로 바울이 디도의 소식을 애타게 기다렸다면, 디도의 소식을 듣고 곧바로 고린도 교인들에게 안도의 마음을 전했다고 보는 것이 가장 자연스럽다. 그는 자신의 혹독한 편지(고린도 C서)가 염려했던 것처럼 상처를 주지 않은 것을 인하여 감사했고, 고린도 교인들이 회개와 순종으로 반응했다는 사실이 기뻤으며, 가장 위험하고 사나운 대적들이 징계를 받았다는 사실에 위로를 받았다. 그러나 바울이 곧바로 편지를 기록하기 시작했다고 해서 바로 그 편지를 끝냈다고 보아야 할 이유는 없다. 이 서신은 상당히 길 뿐만 아니라, 당시 바울은 마케도니아에서 사역을 강행하고 있었다. 따라서 이 편지를 완성하는 데 몇 주 혹은 더 긴 시간이 소요되었다고 가정해도 부당한 것이 아니다. 오늘날도 편지를 완성하지 못하는 것은 쉽게 볼 수 있는 현상이 아닌가! 만일 그 동안에 바울이 고린도 교회의 상황에 관한 다른 정보를 받았고, 그 교회가 고린도후서 10-13장에 암시된 끔찍한 상태에 빠졌다는 것을 알았다면, 10:1부터 시작되는 갑작스런 어조의 변화가 설명될 것이다. 다시 말해서, 1-9장을 끝내고 이 편지를 완성하기 전에 바울은 고린도로부터 좋지 않은 소식을 받고서 서신의 마지막 부분에서 생각을 바꾸었다고 가정할 수 있다.

이 재구성에 대해 몇 가지 반론이 제기된다.

1. 만일 바울이 1-9장을 보내기 전에 고린도로부터 좋지 않은 소식을 들었다면 그 편지를 찢어 버리고 새 편지를 썼을 것이라는 주장이 있다. 그러나 이 주장은 1-9장 자체가 얼마나 귀중한 것인지를 간과하고 있다. 만일 바울이 고린도 교인들의 비참하게 돌아섰다는 새로운 소식을 들었다는 암시를 10-13장에 남겼다면, 고린도 교회의 독자들은 디도의 보고를 받고서 느낀 바울의 기쁨과 그들의 최근의 타락으로 인한 분노의 놀라운 차이를 의식했을 것이며, 그렇다면 1-9장은 은근한 책망의 효과를 가져 올 수도 있었다. 왜냐하면 이제 바울의 기쁨의 원인들—고린도 교인들의 회개, 순종, 열심—은 효과가 없기 때문이다.

2. 이 이론의 유일한 문제점은 바울이 고린도후서 10-13장에서 새로운 소식을 들었다고 명백하게 진술하지 않는다는 것이다. 이 문제는 고린도 E서가 고린도 D서와 합쳐져 고린도후서를 형성할 때에 그 부분이 유실되었다고 가정하는 세

번째 학설의 문제점이기도 하다. 그러나 바울이 새로운 정보를 받았다는 것을 직접 언급하지 않은 이유를 달리 설명할 수도 있다. 예를 들어, 많은 고린도 교인들이 거짓 사도들의 영향을 받아(고후 11:13-15) 바울이 참 사도가 되기에는 지나치게 온유하고 겸손하다고 비난한다는 소식을 들었다면, "…이제 그리스도의 온유와 관용으로 친히 너희를 권하고"라고 시작하는 고린도후서 10:1은 그가 최근의 소식을 들어 알고 있음을 알리기에 충분하다. 만일 바울의 대적들과 비교되어 바울의 공적 신임도에 대한 비난이 고린도 교회에 팽배해 있고(10:12-18), 그가 사례비를 거절했기 때문에 교사가 될 자격이 없다는 비난이 있었다면(11:7-12; 12:3), 그리고 다른 사람들은 강조하는 초자연적인 환상에 관해 바울이 많은 말을 하지 않기 때문에 그의 사도로서의 신분에 이의를 제기하는 사람들이 많았다면(12:1-10), 이러한 것들에 대해 그의 반응은 최근의 교회의 문제들이 바울의 귀에 들어왔음을 독자들에게 알리기에 충분할 수도 있다.

3. 어떤 학자들이 9장과 10장 사이에 공백이 있다고 가정해야만 디도의 동향을 설명할 수 있다고 생각한다는 것에 대해서는 이미 살펴보았다(cf. 8:6, 16-24; 9:3-5; 12:17-18). 그러나 12:7-18이 디도의 이전 고린도 방문을 가리킨다면(8:6a), 그리 문제가 되지 않는다.

4. 어떤 학자들은 고린도 교회가 그처럼 빨리 다시 타락했을 수 없다고 주장한다. 그러한 비평을 하는 사람들은 현대의 교회 생활을 주의 깊게 살펴보는 것이 좋을 듯하다. 더욱 중요한 것은 고린도전서와 후서 모두 이 교회가 안정된 교회였다고 생각하는 것을 장려하지 않는다는 것이다. 고린도 교인들은 여러 형태의 교만에 빠져 있었고, 여러 지도자들을 중심으로 파벌을 형성하는 경향을 지녔고, 자신의 영적 분별력에 대한 자만심에 빠져 있었고, 주변 문화와 타협하고 있었다. 40년 후에 로마의 클레멘트도 고린도 교인들에게 편지를 보내어 그들의 무질서와 분쟁을 책망해야 할 필요성을 느꼈다.

바울이 고린도에 보낸 편지가 상황을 바꾸는 데 일시적으로라도 도움이 되었는가? 바울은 자신이 위협했던 세 번째 방문이 실제로 이루어졌을 때, 로마서를 기록할 시간과 여유를 발견했다는 사실에서 낙관적인 대답을 기대해 볼 수 있다.

간단히 말해, 고린도후서 10-13장에 대한 결정적인 설명을 제공하기에 충분한 증거는 없다. 그러나 전체적으로 볼 때, 세 번째 이론이 처음 두 이론보다는 믿을 만하고, 네 번째 이론이 세 번째 이론보다는 약간 더 신빙성이 있다.

바울이 고린도에 보낸 편지가 상황을 바꾸는 데 일시적으로라도 도움이 되었는지 의문을 제기해 볼 만하다. 이 의문에 대해서도 결정적인 대답을 할 수 없다. 그러나 바울은 자신이 위협했던 세 번째 방문이 실제로 이루어졌을 때에(고후

13:2-3) 거기서 로마서를 기록할 시간과 여유를 발견했다는 사실에서 낙관적인 대답을 기대해 볼 수도 있다. 이 서신은 미래에 관한 약간의 염려를 나타내지만(롬 15:30-31), 당시의 상황에 대해서는 언급하지 않는다. 만일 바울이 고린도에 머물러야 한다고 생각했다면(고후 10:15-16a), 스페인 여행을 계획하지 않았을 것이다(롬 15:24-28). 그리고 고린도 교인들은 예루살렘의 가난한 신자들을 위한 구제헌금에 참여했다(롬 15:26-27). 그러나 그것이 바울과의 회복된 관계를 얼마나 반영하는지는 말할 수 없다.

② 고린도후서의 개찬(改竄)되었다고 주장되는 부분들

"문학적/역사적 가정들은 함께 존재하거나 와해된다"[34]는 것은 아무리 강조해도 지나치지 않는다. 다시 말해서, 고린도후서에서 개찬(改竄)된 부분들이 있다고 주장하는 사람들은 대체로 개찬되었다고 주장되는 부분을 설명하기 위해서 재구성된 역사를 제시한다. 개찬 부분에 바울의 동향에 대한 언급이 있을 때에는 더욱 그러하다.[35] 개찬에 대한 주요 이론들은 주로 다음의 세 구절에 초점을 둔다.

고린도후서 2:14-7:4. 어떤 학자들은 이 부분이(6:14-7:1은 제외됨) 하나의 완전한 편지이거나 그 편지의 일부일 것이라고 주장한다. 그들은 2:13 다음에 7:5를 읽으면 디도의 순회여행과 바울의 마케도니아 여행이 계속 이어져 문맥의 흐름이 완벽해진다고 본다. 또 어떤 이들은 2:14-7:4이 한때는 10-13장과 함께 "혹독한 편지"(고린도 C서)를 이루었다고 주장하고,[36] 혹은 이 부분이 고린도 교인들이 바울의 대적들에게 넘어가기 전, 즉 혹독한 편지 이전에 쓴 또 다른 편지의 일부라고 주장한다.[37]

그러나 주제와 관련된 관점에서 보면 7:5이 2:13 다음에 오는 것이 자연스럽지만, 다른 문학적인 요소들을 살펴 볼 때는 문제가 있다. 가령, 7:5의 첫 부분은("우

---

34) C. K. Barrett, *A Commentary on the Second Epistle to the Corinthians*, BNTC/HNTC (London: Black, 1973), 17.

35) 가장 최근에 집필된 Sze-kar Wan, *Power in Weakeness: Conflict and Retoric in Paul's Second Letter to the Corinthians* (Harrisburg: Trinity Press International, 2000)을 보라.

36) J. Weiss, *Earliest Christianity: A History of the Period, A. D. 30-150*, 2 vols. (New York: Harper & Row, 1959), 1:349; Bultmann, *Second Corinthians*, 18.

37) Wendland, *Briefe an die Korinther*, 9; Schmithals, *Gnosticism in Corinth*, 98-100; G. Bornkamm, "The History of the So-Called Second Letter to the Corinthians," *NTS* 8(1961-62): 259-60.

리가 마게도냐에 이르렀을 때에도…") 2:13의 주제("내가 저희를 작별하고 마게도냐로 갔노라")를 다루지만, 만일 2:13 바로 뒤에 기록되었다면 불필요하게 중복되었을 것이다. 이 부분은 바울이 자신이 다루고 있던 주제에서 벗어난 것을 알고 다시 그 주제로 돌아왔다고 보는 편이 낫다. 게다가 7:4과 7:5-7을 연결하는 단어들이 있다: παράκλησις(*paraklēsis*; 위로); χαρά/χαρῆναι(*chara/charēnai*; 기쁨/기뻐하다), θλῖψις/θλιβόμενοι(thlipsis/thlibomenoi; 환란/환란을 당하다). 실바(David deSilva)는 수사학적 구조에 기초를 두고서 1-9장의 통일성을 설득력 있게 정의했다.[38] 주제도 밀접하게 연결되어 있다. 예를 들면, "내가 너희를 향하여 하는 말이 담대한 것도 많고"(7:4)와 "내가 너희를 인하여 범사에 담대한 고로 기뻐하노라"(7:16)가 그것이다. 더욱이 2:14-7:4를 10-13장과 연결하려는 견해는 이 두 부분에 반영되어 있는 전혀 다른 목회적 자세와 관련된 문제들에 직면하게 된다.

2:14-7:4이 1-9장의 일부라고 주장하려면 2:13에서 7:5까지의 사고의 흐름이 어느 정도 단절되는 이유를 설명할 수 있어야 하며, 이에 관해서는 많은 제안이 있다. 그 중 어떤 것들은 설득력이 있지만, 대체로 상호 배타적인 것이 아니라 상호 보완해주는 것들이다. 많은 학자들은 디도의 이름을 언급한 것은(2:13) 디도가 왔을 때 바울이 느낀 안도감을 인하여 하나님께 감사하기 위해서,[39] 또는 바울과 고린도 교인과의 관계 회복의 기초를 신학적으로 표현하기 위해서 의도적으로 주제에서 벗어난 것이라고 주장한다. 1:8-11에서 인간의 연약함과 하나님의 능력을 대조하듯이, 2:12-13에서 바울이 자신의 약함을 인정하고서 2:14-17의 승리의 표현으로 옮겨 간 데서도 동일한 주제가 반복된다.[40] 또 다른 학자들은 고린도 교인들이 자기들 때문에 생긴 바울의 염려와 근심에 대해서 죄의식을 갖지 않게 하려는데 관심을 가지고 있었다고 주장한다. 따라서 바울은 자신의 근심을 인정한 후에 (2:12-13) 재빨리 (드로아를 포함해서) 모든 지역에 복음이 성공적으로 보급되고 있음을 강조함으로써, 그들이 책임감을 느껴야 할 만큼 그가 개인적으로 큰 패배를 맛본 것이 아님을 보여 주려 했다.[41] 어느 학자는 삽입된 2:14-7:4에 두번째 전통

38) "Measuring Penultimate Against Ultimate Reality: An Investigation of the Integrity and Argumentation of 2 Corinthians," *JSNT* 52 (1993): 41-70.

39) Plummer, *Second Corinthians*, 67; Kümmel, 291; Harris, "2 Corinthians," 303, 331; Allo, *Saint Paul*, 45.

40) P. Bachmann, *Der Zweite Briefe des Paulus an die Korinther* (Leipzig:Deichert, 1922), 126-27.

적인 감사 부분이라고 할 수 있는 2:14-16이 있음에 관심을 기울였다(하나를 제외한 모든 바울서신은 적어도 한 번 정도, 일반적으로 문안인사 다음에 감사 부분이 있다. 1:3-7을 보라). 전형적으로 이러한 감사 부분은 바울의 논증의 방향을 예시하는데, 그런 의미에서 2:14-16은 뒤에 전개될 내용을 예시해 준다.[42] 무엇보다도, 고린도후서 1-9장의 주요 주제들 중 하나는 환난 중에 주시는 하나님의 위로에 대한 확신인데, 이것은 삽입되었다고 주장되는 부분 전후만 아니라(1:3-11; 7:5-7, 12-13) 전체에 나타나 있다(4:7-5:8; 6:1-10; 7:4).[43] 한 마디로, 표면상의 탈문(脫文)을 설명할 수 있는 근거들이 충분한데, 구태여 2:14-7:4를 삽입된 것으로 보아야 할 이유가 없다.[44]

고린도후서 6:14-7:1. 2:14-7:4에서 이 여섯 절은 삽입 부분이고,[45] 바울이 기록한 것이 아닐 수도 있다는 주장이 있다.[46] 이 주장에서 가장 흔히 개진하는 이유들은 다음과 같다: (1) 그 구절은 고린도 교회의 상황을 명백하게 언급하지 않은 채 독립된 단락을 이룬다; (2) 여기에는 여섯 개의 저빈도 단어(*hapax legomena*: 신약성서에서 이 구절에서만 사용된 단어)가 포함되어 있다;[47] (3) 7:1에서 "육과 영"을 결합하여 언급한 것은 바울의 표현방식이 아니라고 주장된다. 왜냐하면 바울은 대체로 이 둘을 반대하기 때문이다; (4) 6:13에서 7:2로 바로 연결하면 의미가 한층 더 부드러웠을 텐데, 이 부분이 삽입되어 의미의 흐름이 단절된 듯하다; (5) 이 부분은 자유의 사도보다는 바리새파의 특징이라고 볼 수 있는 배타주의를 나타낸다; (6) 종말론적 이원론—의/불법; 그리스도/벨리알; 빛/어두움—은 바울보다는 쿰란의 전형적인 방식이다.

---

41) Zahn 3:343 n. 1; Hughes, *Second Corinthians*, 76-77.

42) Margaret E. Thrall, "2 Second Thanksgiving Period in II Corinthians," *JSNT* 16 (1982), 111-19.

43) Kruse, *Second Corinthians,* 37.

44) Linda L. Belleville, *2 Corinthians*, IVPNTC (Downwers Grove: IVP, 1996), 24-26.

45) 다음과 같은 학자를 비롯한 현대의 대다수의 학자들이 이렇게 주장한다: Wendland, *Brief an die Korinther*, 212; and Schmithals, *Gnosticism in Corinth*, 94-95.

46) Bultmann, *Second Corinthians*, 180 and n. 202; J. Gnilka, "2 Cor. 6:14-7:1 in Light of the Qumran Text and the Testaments of the Twelve Patriarchs," in *Paul and Qumran*, ed. J. Murphy-O'Connor (London: Chapman, 1968), 48-68 등을 포함한 소수의 현대학자들이 이렇게 주장한다.

47) 즉, ἑτεροζυγοῦντες(*heterozygountes*), μετοχή(*metochē*), συμφώνησις(*symphōnēsis*), Βελ-ιάρ(*Beliar*), συγκατάθεσις(*sugkatatheses*), μολυσμός(*molysmos*).

이 단락이 바울의 것이 아니라는 논거들은 언뜻 보이는 것처럼 그렇게 강력하지 못하다. "바울의 기록에 많은 저빈도 단어가 포함되어 있는 것이 그렇게 드문 일은 아니다(고전 4:7-13도 6개가 있고, 고후 6:3-10에 4개가 있다)"[48]라는 것을 관찰한 사람도 있다. 휴즈(Hughes)는 고린도후서에만 약 50개의 저빈도 단어가 있음을 관찰했다.[49] 또한 만일(피[Fee]가 제안하는 대로) 바울이 다른 곳에서와는 달리 이곳에서만 독특하게 사용한 단어는 "벨리알"뿐인데, 이 단어도 당시 유대 문헌에서 흔히 볼 수 있는 것이었기 때문에 바울이 이 단어를 알지 못했다고 생각할 수 없다.[50] 베츠(Betz)는 이 구절에 배타주의가 현저하게 나타나기 때문에[51] 이 구절이 바울의 것이 아니라고 판단한다. 로마서 8:9; 고린도전서 6:12-20; 10:14-22; 갈라디아서 1:8-9 등을 생각해 볼 때, 이것은 이상한 판단이다. 쿰란은 제4 복음서와 흡사한 이원론을 제시하지만, 오늘날 요한복음이 쿰란 단편들로 구성되었다고 여기는 사람은 없다. 따라서 이 단락이 미지의 기독교인에 의해 다듬어진 엣세네파의 작품이라고 보는[52] 피츠마이어(Fitzmyer)의 견해를 지지하기에는 증거가 매우 부족하다.[53] 또한 바울이 성령을 가리키는 곳에서는(예를 들면 갈 6:16-25), "육"(σάρξ; *sarx*)과 "영"을 대조하지만, 여기에서 "육과 영"이라는 표현은 한 인간을 가리킨다. 간단히 말해서, 이 부분이 바울이 직접 기록한 것이 아니라는 주장은 설득력이 없다.

그럼에도 불구하고, 이 구절의 독특함에 대해서는 설명이 필요하며, 이 부분이 바울의 다른 편지, 특히 "이전의 편지"(고전 5:9에서 언급된 고린도 A서)에서 발췌된 것이라는 주장은 결코 놀라운 것이 아니다.[54] 어떤 사람이(바울, 혹은 후대의 편집자) 그러한 단락을 이곳에 삽입한 이유를 상상하기 어려울 뿐만 아니라, "이전의 편지"는 부도덕하게 행동하는 신자들과의 교제를 삼가라고 가르치는 반면, 이

---

48) Martin, 192.

49) Hughes, *Second Corinthians,* 242.

50) Gordon D. Fee, "Ⅱ Corinthians vi. 14-vii. 1 and Food Offered to Idols," *NTS* 23 (1977): 144-45.

51) H. D. Betz, "2 Cor. 6:14-7:1:An Anti-Pauline Fragment?," *JBL* 92(1973): 88-108.

52) J. A. Fitzmyer, "Qumran and the Interpolated Paragraph in 2 Cor. 6:14-7:1," in *Essays on the Semitic Background of the New Testament* (London: Chapman, 1971), 205-17.

53) Bruce, *1 and 2 Corinthians*, 214을 보라. 그는 그러한 이원론이 쿰란에는 제외되어 있음을 지적한다.

54) Wendland, *Briefe an die Korinther*, 212; Strachan, *Second Corinthians*, 3-5; Schmithals, *Gnosticism in Corinth*, 94-95.

단락에서는 특히 우상숭배 문제에 있어 신자들이 불신자들과 교제하는 것을 금지한다(고전 10:14-22을 보라).

비록 이 단락의 갑작스런 시작과 끝맺음에 대한 설명은 다양하지만(이들이 서로 배타적인 것은 아니다), 많은 학자들은 이 단락의 신빙성과 통일성을 강력히 주장한다.[55] 7:2은 단순히 6:13의 연속이 아니라 6:13의 속개(續開)처럼 보이며, 따라서 6:14-7:1은 우발적인 탈선이 아님을 나타낸다고 주장하는 사람들도 있다. 어떤 이들은 6:13이 바울이 구술하다가 쉰 곳이라고 주장하고,[56] 배럿(Barrett)은 잠복해 있는 거짓 사도들을 의식한 바울이 고린도 교인들과 자신의 관계 회복을 촉구하기 위해 마음을 열었지만 여기에는 세상으로부터의 단절이 수반될 것이라고 경고한다고 제안했다.[57] 달(Dahl)의 견해도 이와 비슷하다(그는 이 단락이 쿰란 공동체에서 시작되어 바울에 의해 다듬어졌다고 생각한다).[58] 휴즈는 바울이 앞에서 자신의 영적 권위의 본질을 분명히 표현한 후에 이 단락에서는 이교 신앙의 항구적인 위협에 대해서 경고한다고 주장한다.[59] 피(Fee)는 고린도전서 10:14-22과 유사한 구절들을 비교 대조하면서, 이 단락에서도 우상에게 바쳤던 음식 문제를 다루고 있음을 주장하기 위한 논리를 재구성한다.[60] 가장 설득력이 있는 것은 빌(Beale)의 분석이다. 빌은 고린도후서 5:14-7:7이 새 창조를 배경으로 실행된 화해라는 주제에 의해 결합된 하나의 문학적 단위를 이룬다고 주장한다. 이 새 창조는 이사야 40-66장에 약속된 회복이 이루어지기 시작한 것으로 이해된다.[61] 만일 그의 분석이 옳다면, 개념적 논거 및 그 배경의 엄격함은 본문의 일부를 떼어내어 독립된 단편이라고 선언하는 분석을 방해한다. 간단히 말해, 현 시점에서는 고린도후서의 기본적인 통일성을 받아들이는 것이 다른 대안들보다 훨씬 문제가 적다.[62]

---

55) 예를 들면 다음과 같다: Plummer, *Second Corinthians*, xxiii-xxvi, 208; Lietzmann, *An die Korinther*, 129; Allo, Saint Paul, liii, 193-94; *Hughes, Second Corinthians,* 241-44; Bruce, *1 and 2 Corinthians*, 214; Barrett, *Second Corinthians*, 194, Harris, "2 Corinthians," 303.

56) Lietzmann, *An die Korinther*, 129; Harris, "2 Corinthians," 303.

57) Barrett, *Second Corinthians,* 194.

58) N. A. Dahl, "A Fragment and Its Context: 2 Corinthians 6:14-7:1," in *Studies in Paul* (Minneapolis: Augsburg, 1972), 62-69.

59) Hughes, *Second Corinthians,* 244.

60) Fee, "II Corinthians vi. 14-vii. 1."

61) G. K. Beale, "The Old Testament Background of Reconciliation in 2 Corinthians 5-7 and Its Bearing on the Literary Problem of 2 Corinthians 6.14-7.1," *NTS* 35 (1989): 550-81.

고린도후서 8-9장. 일부 학자들은 8장이나[63] 9장이 개찬(改竄)된 것이거나,[64] 아니면 8장과 9장이 각기 다른 편지로서 고린도후서에 삽입되었을 것이라고 주장한다.[65] 이것은 매우 복잡한 문제이기 때문에, 여기에서는 중요한 전환점들만 다루기로 한다.

1. 9장은 구제 헌금이라는 주제를 마치 이전에 전혀 언급한 적이 없었던 것처럼 소개하므로, 9장은 7장과 바로 연결되어야 하며, 8장은 결론 부분이 분실된 독립된 문서라고 주장된다(Weiss). 그렇다면, 바이스는 8장이 언제 기록되었는지 재구성해야 한다. 그는 8장이 디모데가 좋지 않은 소식을 가져오기 전에, 글로에의 집에서 사람들이 찾아오기 전에(1:11), 디도와 알려져 있지 않은 두 신자들을 추천했다고 생각한다. "고린도에서의 새로운 열정과 함께 이 문제를 적극 추진하도록 자극한 것은 마케도니아에 있는 신자들의 자발적인 열심이었다…고린도 교인들은 마케도니아 교인들보다 일 년 전에 구제에 동참하기를 원했을 뿐만 아니라 이미 구제를 시작했었다(10절). 그들은 이제 그들의 구상을 완성해야 했다."[66] 그러나 이 논리는 이치에 맞지 않는다. 배럿은 고린도후서 8:10은 고린도 교인들이 구제에 동참하기를 원했을 뿐만 아니라 이미 시작했음을 의미하지 않는 것이 아니라, 오히려 그들이 구제를 시작했을 뿐 아니라 원하기 시작했음을 가리키며, 그들의 처음 반응 및 이에서 비롯된 결심과 헌신의 자발성을 반영한다고 주장했다.[67] 더욱이 고린도전서 16장 1-4절 이전에 디도가 방문하여 구제 헌금을 권했다고 보기는 어렵다. 왜냐하면 거기에서는 디도가 언급되지 않았을 뿐만 아니라, 이 구절들은 구제헌금을 위한 바울의 계획이 아직 시작 단계임을 전제하고 있기 때문이다.

2. 9장을 시작하는 표현, "…에 대하여"(περὶ μὲν γάρ; *peri men gar*)는 종종 새로운 주제를 소개할 때 사용된 공식이었고, 따라서 8장(아마 9장도)은 개찬(改竄)된 것이라는 증거가 된다. 바울은 다른 곳에서 새 주제를 소개하기 위해 이 공식

62) 바울이 2:14에서 시작해서 6:13에서 끝나는 것(고린도 교인들에게 보낸 것)과 6:2까지의 부분에 6:14-7:4을 첨가해서(아가야 지방에 있는 교인들에게 보낸 것) 두 개의 서신을 만들었다는 J.-F.Collange, *Enigmes de la deuxième Épître de Paul aux Corinthiens,* SNTSMS 18 (Cambridge: Cambridge University Press, 1972), 282-84, 302-17 의 주장은 전혀 근거 없는 주장이고 이에 동의하는 사람은 없다.

63) Weiss 1:353.

64) Bornkamm, 260; Smithals, *Gnosticism in Corinth*, 97-98.

65) Hans Dieter Betz, *2 Corinthians 8 and 9, Hermaneia* (Philadelphia: Fortress, 1985).

66) Weiss, 1:353.

67) Barrett, *Second Corinthians,* 20.

과 일치하지는 않지만 비슷한 공식을 사용한다(고전 7:1; 8:1; 12:1; 16:1, "이제…에 관하여"[περὶ δέ; *peri de*]).

그러나, 이 논거는 몇 가지 중요한 사실을 고려하지 않고 있다. 첫째, 베츠(Betz)가 인정한 대로, 이 두 개의 구문은 전혀 다르며,[68] 후자(περὶ δέ, *peri de*)는 구체적으로 새 주제를 소개하는 데 사용되었는데, 이는 고린도 교인들이 편지에서 요청한 주제들을 바울이 순서대로 다루었기 때문이다(고전 7:1). 둘째, περὶ μὲν γάρ(*peri men gar*)를 "소개의 공식"이라고 칭하는 것 자체가 문제를 내포한다. 왜냐하면 그것은 독자들로 하여금 그 표현의 각 단어의 의미를 생각하게 하기보다는 전체로서 받아들이기를 촉구하기 때문이다(왜냐하면 그것은 하나의 공식이기 때문이다). 이 일련의 단어들이 1세기에 새 주제를 소개하기 위한 공식으로 사용되었다는 증거는 없다. 셋째, 베츠가 주장하는 바,[69] 대체로 하나의 절(clause)을 선행구나 절과 연결해주는 γάρ(*gar*; "대하여")은 이 경우는 3절의 δέ(*de*)를 가리키는 분사 μὲν(*men*)와 연결되어 있기 때문에 예외일 수 있다(잘못 번역하면, 그것은 "한편으로는…반면에"라는 뜻이 되어 "한편으로는 내가 너희에게 쓸 필요가 없다는 것을 알고 있지만…그러나 내가…보내노니"라는 뜻이 된다). 이것은 전혀 성립되지 않는다. μὲν…δέ(*men…de*) 구문은 나름대로 의미론적인 기여를 하고 있으며, 따라서 전치사 περὶ(*peri*; "관하여")는 주제(즉 성도를 섬기는 일)를 제시하며, γάρ(*gar*)는 선행 부분과 이 절(clause)을 연결하여 "내가 너희들에 대하여 자랑할 수 있는데, 이는…",[70] 또는 "내가 구제 헌금을 모금하는 사람들에 대해서만 말했는데, 이는 구제 자체에 대하여는 말할 필요가 없음이라"[71]라는 의미를 이룬다. 다시 말해, περὶ μὲν γάρ(*peri men gar*)을 소개의 공식으로 보아야 할 근거가 없다. 이 표현은 8:16-24에서 다룬 여행 계획을 요약하는 것, μὲν…δέ(*men…de*) 구문 때문에 그의 논거의 다음 단계를 준비하기 위한 요약 표현이라고 보는 것이 옳다.

3. 8장 15절과 9장 1-2절이 각기 다른 문서가 아니라면, 바울이 8:1-5에서 고린도 교인들을 자극하기 위해서 마케도니아 교인들을 언급한 것과 9:1-2에서

68) Betz, *2 Corinthians 8 and 9*, 90.

69) Ibid.; Hans Windisch, *Der Zweite Korintherbrief*, KEK 6 (1924: reprint, Göttingen: Vandenhoeck & Ruprecht, 1970), 286ff.

70) Barret, *Second Corinthians,* 232.

71) H. L. Goudge, *The Second Epistle to the Corinthians*, WC (London: Methuen, 1927), 86.

마케도니아 교인들을 자극하기 위해서 고린도 교인들을 언급한 것은 서로 상충한다는 주장이 있다. 이 주장은 전후관계를 나타내는 다양한 표식들을 인식하지 못하기 때문에 의심스럽다. 8장에서 바울은 고린도 교인들이 이미 시작한 일을 끝마칠 수 있도록 자극하기를 바라면서 마케도니아 교인들의 사명 완수에 관해 언급하고 있고, 9장에서는 마케도니아 교인들이 이미 완수한 일을 돌볼 수 있도록 하기 위해 바울이 어떻게 고린도 교인들의 의지와 열심에 호소했는지에 관해 언급하고 있다.

4. 이 두 장에서 분명히 표현된바 일꾼들을 보낸 목적이 다른 것은 그것들이 각기 다른 시기에 기록되었다는 증거라고 주장하는 사람들도 있다. 8장에서 바울은 구제에 관한 문제에 있어 부정의 의심을 피하기 위하여 평판이 좋은 일꾼을 보낸다고 했고, 9장에서는 바울 자신이 도착할 때쯤에는 모든 것이 잘 해결되기를 원하는 마음에서 그들을 보낸다고 했다. 그러나 바울이 일꾼들을 보낸 데에는 다른 이유들도 있었다고 가정하는 편이 훨씬 더 용이하다.

5. 8-9장의 통일성을 지지하기 위해, 9:3에서 "형제들"이라고 언급하는 것은 그들에 대한 신임이 이미 소개되어 있음을 전제로 한다.이 신임은 8장에서 소개되었다. 많은 주해가들은 8장과 9장이 현재 고린도후서에서 차지하는 위치가 사고의 논리적 전개에 부응한다는 것을 증명하기 위해 노력하고 있다.

한 마디로, 때때로 바울의 사고가 비약함에도 불구하고, 고린도후서 1-9장의 기본적 통일성을 지지하는 증거는 충분하다.

③ 고린도후서의 통일성

고린도전서가 바울에 의해 기록되었음에 대해서는 비교적 의심이 없다.[72] 어떤 이들은 14장 33b-35절이 바울이 아닌 다른 사람에 의해 개찬되어 삽입된 것이라고 주장한다. 또 어떤 사람들은 이 편지가 구체적으로 고린도 교인들을 위하여 기록되었기 때문에 "또 각처에서 우리 주, 곧 저희와 우리의 주 되신 예수 그리스도의 이름을 부르는 모든 자들에게"라는 말은 문맥에 맞지 않는다는 이유로 1장 2절을 개찬된 것이라고 주장해왔다.[73] 이것은 다음의 두 가지 이유에서 바울을 오해한 것이다.

첫째, 고린도 교회는 끊임없이 자신을 다른 교회들보다 우월하다고 생각하여

---

72) Raymond F. Collins, *First Corinthians,* SacPag (Collegeville: Liturgical Press, 1999), 10-14.

73) Schmithals, *Gnosticism in Corinth,* 258.

다른 교회들의 생각을 고려하지 않고 자유롭게 처신했었다. 따라서, 바울은 거듭 자신이 가르치는 것이 "내가 각처의 교회에서 가르치는 것"(4:17)과 같다는 것을 강조하고, "내가 모든 교회에서 이와 같이 명하노라"(7:17)라고 말한다. 따라서 바울의 가르침에 대해 논쟁하려는 자는 "우리에게나 하나님의 모든 교회에는 이런 규례가 없다"는 사실을 직면해야 했다(11:16; 14:33b도 참고하라). 이러한 관점에서 볼 때, 바울이 1장 2절에서 고린도 교회를 각처에 있는 모든 신자들과 확실하게 연결한 것은 중요한 의미가 있다.

둘째, 바울은 의식적으로 자신이 개척한 교회의 목회자보다 더 큰 권위를 가지고 편지를 썼고, 어떤 때는 편지의 내용이 "주님의 명령"(고전 14:37)과 다를 바 없었다는 증거가 있다.[74] 여기에는 적어도 한 지역의 교회를 초월하여 미치는 권위 있는 영향력의 잠재력이 나타나 있다.

그러나 어떤 학자들은 고린도전서의 신빙성을 의심하지 않지만, 그것이 바울의 단편적인 글들을 모아 놓은 것이라고 제안하기도 한다. 이러한 분석을 하게된 원인은 크게 다음의 세 가지 증거에서 찾을 수 있다: 5:9에서이전의 편지를 언급한 것, 고린도후서에 있는 다양한 분할 이론들의 영향, 그리고 고린도전서의 단편화된 특징 및 주제상의 특징 등이다. 많은 경쟁적인 이론들이 개진되어왔다.[75]

그것들을 상세하게 다루지는 못하지만, 그러한 이론들을 반박하는 요소들은 다음과 같다.

1. 고린도전서의 단편화된 특징은 "글로에의 집 편에", 그리고 스데바나와 브드나도와 아가이고 편에 받은 보고, 또한 여러 가지 질문을 제기한 고린도 교인들이 보낸 편지에 대해 바울이 응답하고 있다는 사실에 기인한다고 보는 것이 가장 합당하다.

2. 고린도전서에 관한 분할 이론들은 서로 일치하는 점이 거의 없고 지지하는 사람들도 거의 없기 때문에, 그 이론들은 모두 설득력이 없다고 결론내리는 것이 옳다.

3. 고린도전서를 구성하고 있는 부분들 사이에 있다고 가정되는 모순들, 즉

---

74) D. A. Carson, *Showing the Spirit: A Theological Exposition of 1 Corinthians 12-14* (Grand Rapids: Baker, 1987), 131-34을 보라.

75) C. K. Barrett, *A Commentary on the First Epistle to the Corinthians*, BNTC/HNTC, 2d ed (London: Black, 1971); Kümmel, 275-78을 보라. 최근의 이론들 중에서 가장 널리 논의되고 있는 것은 J. C. Hurd, *The Origin of 1 Corinthians*, 2d ed.(Macon, Ga.: Mercer University Press, 1983)인 듯하다.

분할 이론의 근거가 되는 모순들은 모두 해석학적 해결이 가능한 것들이다. 예를 들어, 8:1-13과 10:23-33, 그리고 11:2-16과 14:33b-36의 관계가 그러하다.

4. 콜린스(Collins)[76]와 피(Fee)[77]는 이 서신의 논리의 흐름의 부드럽지 못하다고 생각하는 것은 바울이 A-B-A 패턴을 사용하는 빈도를 인식하지 못하기 때문이라고 주장했다. 즉, 바울은 첫 번째 A부분에서 넓은 신학적 틀 안에서 한 주제를 다루고, B부분에서는 부분적으로 그의 논거의 핵심적인 요소에 대한 결정적인 설명을 하고, 두 번째 A부분에서 주제로 돌아와서 매우 구체적으로 그 주제를 다룬다.[78]

4) 고린도 전·후서에 등장하는 바울의 대적들의 특징

이 두 서신에 등장하는 바울의 대적들의 특징에 대한 이론들이 다양하기 때문에, 역사적 재구성과 관련하여 위에서 언급한 것들에 대해 몇 가지 논평을 추가해야 한다. 먼저 피해야 할 함정들을 열거하겠다.

1. 고린도후서의 상황을 염두에 두고 고린도전서를 읽어서는 안 된다. 최소한 몇 가지 특성을 관찰해야 한다. 특히, 바울이 고린도전서를 쓸 때 그 교회를 교회 밖에서 들어온 다른 지도자들이 장악하고 있었다는 증거는 없다. 그 일은 고린도후서 10-13장을 기록할 때에 발생했다.

2. 고린도전서의 배후에 있는 반대의 근본 원인이 유대주의자들의 영향이었다는 증거가 없다. 바울은 고린도후서 11:16 이전에는 유대주의자들의 중요성을 최소화하기 위해서 자신의 유대인 신분을 강조하지 않는다. 그것은 고린도전서를 기록할 때에는 등장하지 않았던 거짓 사도들을(고후 11:13-15) 대적하기 위해 제시된다. 더욱 중요한 것은 고린도전서의 논법은 유대인들, 특히 보수적인 배경을 가진 유대인들을 논박하는 경향을 나타내지 않는다는 점이다. 예를 들면, 사람들이 우상에게 바쳤던 고기를 먹으려 하지 않은 것은 유대인의 도덕관 때문이 아니라 그들 자신이 과거에 우상 숭배자였기 때문이며, 그렇기 때문에 우상에게 바쳤던

---

76) John J. Collins, "Chiasmus the 'A-B-A' Pattern, and the Text of Paul," in *Studiorum Paulinorum Congressus Internationalis Catholicus*, 1961, 2 vols., AnBib 17-18 (Rome: BIP, 1963), 2. 575-84.

77) Gordon D. Fee, *The First Epistle to the Corinthians*, 16-17.

78) 예를 들면 다음과 같다: (1) A:8:1-13, B: 9:1-27, C: 10:1-22; (2) A:1:10-2:5, B: 2:6-16, C: 3:1-23; (3) A: 12장, B: 1장, C: 14장.

것들을 피하려 한다(8:7; 즉 그들이 약한 양심을 가지고 있었기 때문이다). 이것은 그들이 회심하기 전에는 종교적으로 엄격한 유대인이 아니라 이교도였음을 의미한다. 고린도전서 8장에서 우상에게 바쳤던 고기를 거리낌 없이 먹으려 했던 사람들도 유대인들이었다고 보기 어렵다. 즉, 이 두 부류의 사람들 모두 비유대적 배경을 가지고 있었다. 또 많은 고린도 교인들이 부활의 실체를 믿지 못한 이유들도 사두개인들의 신학적 입장 때문이 아니라 특정한 형태의 헬라 철학에 물든 사상 때문이었다.

3. 슈미탈즈(Schmithals)[79]와 몇몇 학자들의 집요한 논증에도 불구하고,[80] 바울이 직면하고 있던 주요 문제가 2-3세기경에 전성기를 맞았던 영지주의였다는 주장은 만족할 만한 증거를 제시하지 못하고 있다(제23장을 보라). 지나치게 많은 증거들은 후기의 자료들을 가지고 신약성서를 읽도록 유도하고 있다.[81] 몸과 영을 나누는 이원론—이것은 신플라톤주의의 영향 때문이라고 볼 수 있다—을 제외하고는 고린도 서신에는 영지주의의 본질적인 특징이 나타나 있지 않다. 물론 이것이 후일 영지주의가 꽃 피울 수 있는 종류의 토양이었음에는 의심의 여지가 없지만, 문제의 시기에 관해서는 "이제는 고린도의 영지주의에 관해서는 그만 말해야 될 때이다"[82]라는 헹겔(Hengel)의 말이 옳다.

보다 적극적으로 바울의 대적들에 대하여 다음과 같은 몇 가지를 생각해 볼 수 있다.

1. 바울의 대적들은 자기들끼리도 분열해 있었으며, 또한 바울도 대적했다. 주석서에서는 습관적으로 전자가 강조된다. 1:10-4:21에서 공동체 내의 분열이

---

79) Schmithals, *Gnosticism in Corinth; idem, Paul and the Gnostics* (New York: Abingdon, 1972).

80) U. Wilkens, *Weisheit und Torheit* (Tübingen: J. C. B. Mohr, 1959); R. Jewett, *Paul's Anthropological Terms: A Study of Their Use in Conflict Settings* (AGJU 10 [Leiden: Brill, 1971]); Robert M. Grant, *Paul in the Roman World: The conflict at Corinth* (Louisville: Westminster John Knox, 2001).

81) 예를 들면 다음과 같다: R. M .Wilson, "How Gnostic were the Corinthians?" *NTS* 19 (1972-73): 65-74; B. A. Pearson, *The Pneumatikos-Psychikos Terminology in 1 Corinthians: A Study in the Theology of the Corinthian Opponents of Paul and Its Relation to Gnosticism*, SBLDS 12(Missoula, Mont.: SP, 1973), 51-81; Edwin M. Yamauchi, *Pre-Christian Gnosticism: A Survey of the Proposed Evidences*, 2d ed.(Grand Rapids: Baker, 1983); L. D. McCrary, "Paul's Opponents in Corinth: An Examination of Walter Schmithals' Thesis on Gnosticism in Corinth" (Ph. D. diss., Southwestern Baptist Theological Seminary, 1985).

82) Martin Hengel, *Crucifixion* (ET London: SCM, 1977),18 n. 10.

분명히 표면화된다. 만일 신자들이 서로 송사했다면(6장), 양쪽을 지지하는 세력이 교회 안에 있었다고 상상할 수 있다. 만일 일부 교인들이 성적으로 문란한 생활을 했다면(6:12-20), 사람들은 독신생활이 가장 좋다고 생각했을 것이다(7장). 어떤 사람들은 우상에게 바쳤던 고기를 먹어서는 안 된다고 생각했고, 또 어떤 사람들은 그것은 관심을 기울일 필요가 없는 문제라고 생각했고, 심지어 그것을 자신의 자유를 증명하는 수단으로 생각했다. 11:2-16에 제시된 균형이 잡힌 논거에 의하면, 교회 안에서 여자들이 머리에 수건을 쓰는 것이 옳은가 하는 문제로 의견이 갈라져 있었던 것 같다. 사회 경제적인 차이도 있었고(11:18-19), 다양한 영적 은사들의 상대적 위치에 대한 의견 차이도 있었다(12-14장). 이러한 내적 분쟁은 바울의 논거의 "그러하나"(yes, but)라고 불리는 형식에 대한 설명을 통해 알 수 있다(7:1-2; 8-9장; 8:1-6, 7; 14:5, 18-19).

반대로, 피(Fee)는 내부의 분열을 경시하고, 교회 전체가 바울을 대적했음을 강조했다.[83] 부분적으로는 바울의 사도직에 대한 변호(4, 9장), 바울의 권위에 순복할 것을 주장한 것(14:37-38), 모든 문제와 관련하여 교회 전체를 향해 말하고 교회로부터 편지를 받은 것(7:1ff.) 등을 살펴볼 때, 그 주장도 일리는 있다. 피(Fee)의 접근 방법은 상당히 유익하고, 또한 "고통스러운 방문", "혹독한 편지" 특히 고린도후서 10-13장에 암시되어 있는 바울과 고린도 교회의 괴로운 관계를 설명해준다. 그러나 고린도 교인들이 바울에게 편지를 보내어 여러 문제들에 대한 그의 의견을 물어보았고, 그가 고린도 교인들에게 거침없이 구제 헌금을 하라고 권했다는(16:1-4) 사실은 바울과 고린도 교인들이 사이가 완전히 와해된 것이 아니었음을 보여준다. 더욱 중요한 것은 내적 분열과 바울에 대한 근본적인 오해가 상관이 없는 과실은 아니라는 것이다. 피(Fee)는 후자를 너무 경시한 듯하다.

2. 고린도 교인들의 반대의 핵심은 몇 가지 서로 얽혀 있는 견해에 의존한다. 고린도 교인들은 자기들이 신령하다고 믿고 있었지만(특히 12-14장), 영성에 대한 그들의 견해는 바울이 주장하는 행동이나 윤리보다는 신분과 더 깊은 관계를 가지고 있었다. 그들은 세례와 성찬을 행위와는 상관없이 생명을 보장하는 거의 마술적인 의식으로 여기고 있었던 듯하다(10:1-5; 11:17-34). 그들은 교만하고 오만했다(4:6, 18; 5:2). 영적인 것에 관한 그들의 견해는 물질을 경시하는 신플라

83) Fee, *First Corinthians*, 5ff. 여기에서 그는 대체로 A. Robertson and A Plummer, *A Critical and Exegetical Commentary on the First Epistle of St. Paul to the Corinthians*, ICC (Edinburgh: T. & T. Clark, 1914)의 입장으로 되돌아간다.

톤주의의 영향을 받은 듯하다. 아마 이것이 일부 교인들로 하여금 창기와의 성적 교제를 도덕적으로 대수롭지 않은 일이라고 여기게 만들었으며(6:12-20), 부활에 관해 그러한 입장을 취하게 된 이유였을 것이다. 그들은 사두개인들과는 달리 미래의 부활을 부인하지 않았고, 예수께서 죽은 자 가운데서 부활하신 것도 부인하지 않았다. 오히려 그들은 자기들이 이미 부활했다고 생각했고, 그러한 부활은 현재의 영적 생존과 관련된 것이며 마지막 때에도 육체를 제외하고는 현재와 별로 다를 것이 없을 것이라고 믿었다. 자신의 영성에 대한 이러한 확신은 다가올 세대의 모든 축복이 이미 완전하게 자신에게 임했다고 전제하는 "지나치게 구체화된" 종말론과 깊이 연결된다.[84] 이것이 고린도전서 4:8-13에 나타난 바울의 통렬한 분노를 설명해주며, 또한 아직도 하나님과 복음을 대적하는 타락한 세상 질서 속에서 인내하고 자기를 부인해야 할 것을 강조한다는 이유로 바울 사도의 말에 귀를 기울이지 않는(9:3; 14:37-38) 오만함과 도덕적 무관심(4:6, 18; 5:2)을 설명해준다. 바울은 물론 현세에서 교회와 성도들의 삶에 임하는 성령의 임재와 능력을 경시하려 하지 않는다. 그러나 그에게 있어서 이것은 곧 육체는 성령의 전(殿)이며(6:19-20), 따라서 하나님을 온전히 섬겨야 한다는 것, 그리고 부활은 아직 임하지 않았음을 의미한다.

3. 이미 살펴본 대로, 고린도후서가 완성되었을 즈음에는 고린도 교회에는 외부인들이 침투해 들어와 있었다. 그들은 유대인들이었지만(고후 11:21ff.), (바울처럼) 헬라 세계를 잘 알고 있었고 그레코-로마 세계의 가치관과 수사학 방법들을 받아들였다.[85] 따라서 그들은 고린도와 같은 교회에서 잠시 신뢰를 얻었다. 그러나 바울은 그들의 가치관과 방법들이 복음에 해롭다고 판단하여 피했다(11:4). 따라서 고린도후서 10-13장은 일종의 새로운 유대화라고 부를 수 있는 것을 제시한다: 바울을 반대하지만 할례와 모세의 율법을 상세히 준수하는 것보다는 고린도 사회의 가치관과 일치하는 특권과 권력에 관심을 가진 헬라적 유대교 운동.[86] 바울

고린도후서 10-13장에 나타난 헬라적 유대교 운동에 대한 바울의 반응은 그의 모든 저술 중에서 가장 강력하고 뜻이 깊고 정서적이다.

---

84) A. C. Thiselton, "Realized Eschotology at Corinth," *NTS* 24(1977-78): 510-26.

85) 다음을 보라: E. A. Judge, "The conflict of Aims in NT Thought," *JCE* 9(1966): 32-45; idem, "Paul's Boasting in Relation to Contemporary Professional Practice," *AusBibRev* 16(1968): 37-50; S. H. Travis, "Paul's Boasting in 2 Corinthians 10-12," *SE* 6.527-32; D. A. Carson, *From Triumphalism to Maturity: An Exposition of 2 Corinthians 10-13* (Grand Rapids: Baker, 1984), 16-27. Jerry L. Sumney, *Identifying Paul's Opponents: The Question of Method in 2 Corinthians*, JSNSup 40 (Sheffield: Sheffield Academic Press, 1990).

86) Scott J. Hafemann, 2 *Corinthians*, NIVAC (Grand Rapids: Zondervan, 2000), 33-34을 보라.

의 반응(고후 10-13장)은 그의 모든 저술 중에서 가장 강력하고 뜻이 깊고 정서적이다.

5. 기록 연대

이 서신들의 기록 연대를 바울의 동향과 다른 서신들의 연대에 맞추려는 욕구 때문에 가해지는 제한 요소들을 떠나서, 한 가지 확실한 사실이 있다. 클라우디우스 황제가 델피의 주민들에게 보낸 포고령이 새겨진 비문이 있는데, 거기에는 클라우디우스가 황제로서 26번째 갈채를 받을 때에,[87] 다른 비문들에 의하면,[88] 주후 52년 1-7월에 갈리오가 아가야의 총독이었다는 내용이 있다.[89] 총독들의 임기는 대체로 7월 1일에 시작되는데, 이는 갈리오가 51년 7월 1일에 총독으로 부임했을 것을 의미한다. 그러나 그 포고령이 일곱 달 기간의 마지막 때에 발표된 것일 수도 있으며, 그럴 경우에 갈리오는 52년 7월에 부임했을 것이다. 후자의 경우, 그 포고령이 발표될 때까지 겨우 한 달의 여유밖에 남지 않으므로 전자가 맞을 확률이 높다.[90]

만일 갈리오의 총독 임기 초기에 유대인들이 연합하여 바울을 고발했다면(행 18:12), 그 시기는 51년 가을이었을 것이다. 그 사건이 기각된 후, 바울은 고린도에 잠시 머물렀다가(행 18:18) 52년 봄에 배를 타고 수리아를 떠났다. 바울이 에베소에 체류한 2년 반의 기간을 계산하면, 55년 가을이었을 것이다. 바울은 오순절 전에(16:8), 즉 55년 초에 에베소에서 고린도전서를 기록했고, 고린도후서는 다음 해에 완성되었다고 볼 수 있다. 그 때에 그는 마케도니아에 있었다(고후 2:12-13; 7:5; 8:1-5; 9:2). 갈리오가 총독이 된 시기를 정확히 알 수 없기 때문에, 위의 연대들은 일 년 앞당겨질 수도 있다.

---

87) E. M. Smallwood, *Documents Illustrating the Principates of Gaius, Claudius, and Nero* (Cambridge: Cambridge University Press, 1967), 105 no. 376을 보라.

88) *CIL* 3. 476; 6. 1256.

89) 바울의 연보(Chronology)에 관한 증거를 위해서는 제7장을 보라.

90) 갈리오가 두 번째 해에 총독으로 봉직했을 가능성도 있으나 그 가능성이 희박하다.

6. 본문

고린도전·후서의 본문의 전달에 관한 주장은 나머지 바울 서신들의 경우와 같다. 알렉산드리아 사본 양식은 체스터 비티 파피루스 P^{46}(몇 개의 서방 이문들도 포함됨), 대문자사본 ℵ, B, C, 그리고 몇 개의 소문자 사본들에 의해서, 서방 사본은 D, F, G, 고대-라틴어 사본, 그리고 서방 교회 교부들에 의해서 반영된다. 비잔틴 사본은 거의 대부분의 후기 문서들에 반영되어 있다.

항상 그렇듯이, 본문과 관련하여 결정해야 할 것이 많지만, 고린도전서와 후서의 본문은 비교적 양호하게 보존되었다. 고린도후서에 기록된 어려움의 일부, 특히 10-13장에 기록된 어려움은 바울이 엄청난 심리적 압박감을 받으면서 기록했기 때문에 바울 서신들 중에서 가장 난해한 헬라어를 반영한다.

고린도전서에서 14:34-35이 사본의 여백에 써 넣은 주해라는 주장은 피(Fee)가 최근의 주석에서 지지하기 전까지는 별로 중요한 입장이 아니었다.91) 본문비평가로서의 피(Fee)의 명성이 이 입장이 널리 받아들여지는 데 크게 기여했다. 일부 사본들은 34-35절을 40절 이후에 두지만, 이것이 생략된 사본은 하나도 없다. 따라서 피의 주장에도 불구하고, 일부 사본들이 이 구절을 40절 다음에 둔 이유뿐만 아니라 문맥상 그것을 어떻게 이해해야 하는가에 관해서도 설득력 있는 이유를 제시할 수 있다.92)

7. 정경으로의 채택

고린도전서는 1세기 말에 로마의 클레멘트에 의해서 인용되었고(*I Cle*. 37:5; 47:1-3; 49:5), 2세기 초에도 인용되었다(이그나티우스의 *Eph*. 16:1; 18:1; *Rom*. 5:1; *Phil*. 3:3). 이 서신이 정경으로 채택된 것에 대해서는 한 번도 논란이 없었다.

그러나 고린도후서의 경우는 상황이 매우 다르다.93) 디모데전서 2:13-15이

---

91) Fee, *First Corinthians*, 699-708.

92) 다음을 보라: D. A. Carson, "'Silent in the Churches': On the Role of Women in 1 Cor. 14:33b-36," in *Recovering Biblical Manhood and Womanhood*, ed. Wayne Grudem and John Piper (Westchester: Crossway, 1990), 140-153, 487-90.

93) Furnish, *II Corinthians*, 29-30.

고린도후서 11:1-3을 암시할 가능성이 있고, 이그나티우스가 고린도후서를 인용했을 가능성도 약간 있지만(*Eph*. 15:3 [고후 6:16]; *Trall.* 9.2 [고후 4:14]; *Phil.* 6:3 [고후 1:12; 11:9-10]), 『클레멘트 1서』에 있는 유일한 고린도후서의 증거는 논란의 대상이 되며,[94] 마르시온의 정경 이전에는(주후 140년) 고린도후서에 대한 분명한 증거가 없다. 2세기 중엽부터 고린도후서를 바울 서신의 일부로 본 확실한 증거들이 나타난다. 대부분의 학자들은 이 사실이 고린도후서의 신빙성을 의심하게 하지는 않으며, 분할이론(partition theories)을 정당화하기 위해 사용될 수는 없다고 주장한다.[95] 왜 고린도후서가 고린도전서처럼 빨리, 그리고 널리 보급되지 않았는지는 우리를 당황하게 만드는 질문이다.

8. 고린도 전후서에 대한 최근의 연구

이 서신들에 관한 학문적 연구는 대부분 이미 다루었던 종류의 문제들, 또는 특별한 구절에 대한 주해, 혹은 그러한 구절들의 구체적인 배경과 상황을 묘사하는 데 집중되어 있다. 이십 년 전부터 고린도전서와 고린도후서에 대한 적절한 그레코-로마의 사회적 분석을 확립하려는 움직임이 있었지만,[96] 과거 10-15년 동안 이러한 작업이 가장 훌륭하게 이루어졌다. 이 방대한 문헌을 새롭게 점검할 필요는 없으며, 고린도 서신에 관한 최근의 문헌에서 두드러지게 나타나는 세 분야에 대해서 간단히 살펴보려 한다.

1. 최근에 율법에 대한 바울의 견해에 관한 광범위한 논의가 진행되고 있으며(특히 이 책 8, 9, 11장을 보라), 이 논의에서 고린도 전・후서도 중요한 역할을 한다. 이는 이 문제에 대해 언급하는 몇 구절 때문이기도 하지만(특히 9:19-23), 대체로 바울이 다른 서신들에서는 율법에 대해 자유하다고 여기는 듯이 보이는

---

94) *1 Clement.* 5:5-6 (2 Cor. 11:25); 38:2 (2 Cor. 9:12; but cf. 1 Cor. 16:17). Donald A. Hagner, *The Use of the Old and New Testament in the Clement of Rome*, SuppNovT 34 (Leiden: Brill, 1973), 212-13.

95) Kümmel, 292은 이그나티우스가 갈라디아서에 대해서도 증언한 적이 없음을 지적한다.

96) 예를 들면 다음과 같다: Abraham Malherbe, *Social Aspects of Early Christianity* (Philadelphia: Fortress Press, 1983); Bruce J. Malina, *Christian Origins and Cultural Anthropology: Practical Models for Biblical Interpretation* (Atlanta: John Knox, 1986). Cf. Murphy- O'Connor, *St. Paul's Corinth*; Gerd Theissen, *The Social Setting of Pauline Christianity: Essays on Corinth* (ET Philadelphia: Fortress Press, 1982).

데 반해 이 서신들에서는 율법에의 복종을 은근히 강조하는 듯이 보인다는 인식에 기인한다.[97)]

2. 전 세계적으로 급성장하는 카리스마 운동의 영향으로, 고린도전서 12-14장 및 이와 관련된 문제들을 다룬 많은 책들과 논문들이 예언의 본질, χαρίσματα (*charismata*; 은혜-은사)의 위치, 그리고 성령 신학에 관한 새로운 기초를 찾고 있다.[98)]

3. 서구 세계의 다양한 여성해방운동 및 그에 대한 여러 반응의 영향으로, 고린도전서 11:2-16과 14:33b-36에 관한 문서들이 많이 출판되고 있다.[99)]

9. 고린도 전·후서의 공헌

고린도 전·후서에서 다루는 많은 주제들이 특별한 상황과 관련된 것이거나 문화적인 배경과 관련된 것들이기 때문에, 이 서신들은 1세기의 문화와 언어로 전달된 불변의 복음이 어떻게 변화하는 상황에 적용되었는지 관찰할 수 있는 기회를 제공한다. 예를 들면(Childs의 예를 들면, 275, 279-81), 고린도 교인들이 부활을 부인한 특별한 형태는 20세기에는 찾아보기 힘든 형태이지만(이와 비슷한 형태를 뉴 에이지 운동의 일부에서 수용한다), 바울이 예수님의 부활의 역사적 실체를 복음의 타협할 수 없는 핵심으로 강력하게 주장한 것은 많은 상황에 적용될 수 있다.

바울의 서신들 중에서 이 서신들만큼 인간 바울, 그리스도인 바울, 목사 바울, 사도 바울의 성격을 분명하게 묘사한 것은 없다. 바울은 그렇게 함으로써 그를 본받고 그럼으로써 그리스도를 본받으라는 권유의 핵심을 가르쳐 준다(고전 11:1).

바울은 고린도 전·후서에서 기독교의 윤리와 우선순위와 태도를 형성해주는

---

97) John W. Drane, *Paul: Libertine or Legalist?* (London: SPCK, 1975).

98) David E. Aune, *Prophecy in Early Christianity and the Ancient Mediterranean World* (Grand Rapids: Eerdmans, 1983); Wayne Grudem, *The Gift of Prophecy in the New Testament and Today*, 2nd ed.(Wheaton: Crossway, 2000); Carson, *Showing the Spirit*; Thomas W. Gillespie, *The First Theologians: A Study in Early Christian Prophecy* (Grand Rapids: Eerdmans, 1994).

99) Anthoinette Clark Wire, *The Corinthian Women Prophets: A Reconstruction Through Paul's Retoric* (Minneapolis: Fortress Press, 1991); Grudem and Piper, eds., *Recovering Biblical Manhood and Womanhood.*

십자가의 신학을 열정적으로 전개하기 때문에, 일반적으로 정통적인 신앙고백을 자기 진작을 위한 이교의 가치관들과 결합하려 하는 접근방법들과 직접적으로 대면한다. 십자가는 우리를 의롭다 할 뿐만 아니라, 살고 죽는 방법, 인도하고 따르는 방법, 사랑하고 섬기는 방법을 가르쳐준다. 그러므로 이 두 서신은 정통성을 자랑하면서도 21세기의 세속주의에 안주하는 현대의 서방 기독교에 많은 것을 가르쳐준다. 고린도전서에는 (5:1ff과 같은 구절에 암시된 것을 제외하고는) 교회 정치에 대한 내용은 거의 없지만, 교회의 교리—본질, 통일성, 다양성, 특징, 행동, 독립성, 치리—에도 크게 기여한다.

이 두 서신은 바울의 서신들 중에서 가장 확실하게 교만, 자랑, 자고, 자만을 정죄하며, 반대로 하나님께서 능력을 나타내시는 기반인 연약함, 순결, 자기부인, 섬김을 강조하며, 실질적인 용어로 그리스도인의 삶과 증거의 본질을 묘사한다. 사랑을 모든 그리스도인들이 추구해야 할 "가장 좋은 길"이라고 강조한 것이 이 서신들의 절정일 것이다.

참고문헌

E. B. Allo, *Saint Paul: Première Épiître aux Corinthiens*, EBib (Paris: Gabalda, 1934); idem, *Saint Paul: Seconde Épiître aux Corinthiens*, EBib (Paris: Gabalda, 1956).

David E. Aune, *Prophecy in Early Christianity and the Ancient Mediterranean World* (Grand Rapids: Eerdmans, 1983).

P. Bachmann, *Der zweite Brief des Paulus an die Korinther* (Leipzig: Deichert, 1922).

Paul Barnett, *The Second Epistle to the Corinthians*, NICNT (Grand Rapids: Eerdmans, 1997).

C. K. Barrett, "Cephas and Corinth," in *Abraham unser Vater: Juden und Christen im Gespräch über die Bibel*, Fs. Otto Michel, ed. O. Betz, M. Hengel, and P. Schmidt, AGSU 5 (Leiden: Brill, 1963), 1-12; idem, *A Commentary on the First Epistle to the Corinthians*, BNTC/HNTC, 2nd ed. (London: Black, 1971); idem, *A Commentary on the Second Epistle to the Corinthians*, BNTC/HNTC (London: Black, 1973).

G. K. Beale, "The Old Testament Background of Reconciliation in 2 Corinthians 5 and Its Bearing on the Literary Problem of 2 Corinthians 6.14-7.1," *NTS* 35 (1989): 550-81.

Linda L. Belleville, *2 Corinthians*, IVPNTC (Downers Grove: IVP, 1996).

H. D. Betz, "2 Cor. 6:14-7:1: An Anti-Pauline Fragment?" *JBL* 92 (1973): 88-108; idem, *2 Corinthians 8 and 9, Hermeneia* (Philadelphia: Fortress Press, 1985).

R. Bieringer, ed., *The Corinthian Correspondence*, BETL (Leuven: Leuven University Press, 1996).

Craig L. Blomberg, *1 Corinthians*, NIVAC (Grand Rapids: Zondervan, 1994).

G. Bornkamm, "The History of the Origin of the So called Second Letter to the Corinthians,"

NTS 8 (1961-62): 258-64.

G. W. Bowersock, *Greek Sophists in the Roman Empire* (Oxford: Oxford University Press, 1969).

Alexander R. Brown, *The Cross and Human Transformation: Paul's Apocalyptic Word in 1 Corinthians* (Minneapolis: Fortress Press, 1995).

F. F. Bruce, *1 and 2 Corinthians* (London: Oliphants, 1971); idem, *Paul: Apostle of the Heart Set Free* (Grand Rapids: Eerdmans, 1977).

R. Bultmann, *The Second Letter to the Corinthians* (ET Minneapolis: Augsburg, 1985).

D. A. Carson, *From Triumphalism to Maturity: An Exposition of 2 Corinthians 10-13* (Grand Rapids: Baker, 1984); idem, *Showing the Spirit: A Theological Exposition of 1 Corinthians 12-14* (Grand Rapids: Baker, 1987); idem, *The Cross and Christian Ministry* (Grand Rapids: Baker, 2003 [1993]); idem, "'Silent in the Churches? On the Role of Women in I Cor. 14:33b-36," in *Recovering Biblical Manhood and Womanhood*, ed. Wayne Grudem and John Piper (Westchester: Crossway, 1990), 140-153, 487-90.

Elizabeth A. Castelli, *Imitating Paul: A Discourse of Power* (Louisville: Westminster John Knox, 1991).

Brevard S. Childs, *The New Testament as Canon: An Introduction* (London: SCM, 1984).

J. K. Chow, *Patronage and Power: A Study of Social Networks in Corinth*, JSNTSup 75 (Sheffield: Sheffield Academic Press, 1992).

A. D. Clarke, *Secular and Christian Leadership in Corinth: A Socio-Historical and Exegetical Study of 1 Corinthians 1-2*, AGJU 18 (Leiden: Brill, 1993).

J.-F. Collange, *Enigmes de la deuxième Épiître de Paul aux Corinthiens*, SNTSMS 18 (Cambridge: Cambridge University Press, 1972).

John J. Collins, "Chiasmus, the 'ABA' Pattern and the Text of Paul," in *Studiorum Paulinorum Congressus Internationalis Catholicus* 1961, 2 vols., AnBib 17-18 (Rome: BIP, 1963).

Raymond F. Collins, *First Corinthians*, SacPag 7 (Collegeville: Liturgical Press, 1999).

H. Conzelmann, *1 Corinthians, Hermeneia* (Philadelphia: Fortress Press, 1975); idem, "Korinth und die München der Aphrodite: Zur Religionsgeschichte der Stadt Korinth," *NAG* 8 (1967-68): 247-61.

Jeffrey A. Crafton, *The Agency of the Apostle*, JSNTSup 51 (Sheffield: Sheffield Academic Press, 1991).

N. A. Dahl, "A Fragment and Its Context: 2 Corinthians 6:14-7:1," in *Studies in Paul* (Minneapolis: Augsburg, 1972), 62-69.

J. A. Davis, *Wisdom and Spirit: An Investigation of 1 Corinthians 1.18-3.20 Against the Background of Jewish Sapiential Traditions in the Greco-Roman Period* (Lanham: UPA, 1984).

David A. de Silva, "Measuring Penultimate Against Ultimate Reality: An Investigation of the Integrity and Argumentation of 2 Corinthians," *JSNT* 53 (1993): 41-70.

John W. Drane, *Paul: Libertine or Legalist?* (London: SPCK, 1975).

Gordon D. Fee, *The First Epistle to the Corinthians*, NICNT (Grand Rapids: Eerdmans, 1987); idem, "II Corinthians vi.14-vii.1 and Food Offered to Idols," *NTS* 23 (1977): 140-61.

J. A. Fitzmyer, "Qumran and the Interpolated Paragraph in 2 Cor 6:14-7:1," in *Essays on the Semitic Background of the New Testament* (London: Chapman, 1971), 205-17.

Victor Paul Furnish, *II Corinthians*, AB 32A (Garden City: Doubleday, 1984).

Paul D. Gardner, *The Gifts of God and the Authentication of a Christian: An Exegetical Study of 1 Corinthians 8-11* (Lanham: UPA, 1994).

David E. Garland, *2 Corinthians*, NAC (Nashville: Broadman & Holman, 2000).

David W. J. Gill, "Corinth: A Roman Colony in Achaea," *BZ* 37 (1993): 259-64.

Thomas W. Gillespie, *The First Theologians: A Study in Early Christian Prophecy* (Grand Rapids: Eerdmans, 1994).

J. Gnilka, "2 Cor 6:14-7:1 in Light of the Qumran Texts and the Testaments of the Twelve Patriarchs," in *Paul and Qumran*, ed. J. Murphy-O'Connor (London: Chapman, 1968), 48-68.

H. L. Goudge, *The Second Epistle to the Corinthians*, WC (London: Methuen, 1927).

Michael Goulder, *Paul and the Competing Mission in Corinth* (Peabody: Hendrickson, 2001).

Robert M. Grant, *Paul in the Roman World: The Conflict at Corinth* (Louisville: Westminster John Knox, 2001).

Wayne Grudem, *The Gift of Prophecy in the New Testament and Today*, 2nd ed. (Wheaton: Crossway, 2000).

Wayne Grudem and John Piper, eds., *Recovering Biblical Manhood and Womanhood* (Westchester: Crossway, 1990).

Scott J. Hafemann, *2 Corinthians,* NIVAC (Grand Rapids: Zondervan, 2000).

Donald A. Hagner, *The Use of the Old and New Testaments in Clement of Rome,* NovTSup 34 (Leiden: Brill, 1973).

Murray J. Harris, "2 Corinthians," in *EBC* 10 (Grand Rapids: Zondervan, 1976); idem, *The Second Epistle to the Corinthians*, NIGTC (Grand Rapids: Eerdmans, 2005), 29-51.

Martin Hengel, *Crucifixion* (ET London: SCM, 1977).

R. A. Horsley, "Pneumatikos vs. Psychikos: Distinctions of Spiritual Status Among the Corinthians," *HTR* 69 (1976): 269-88; idem, "Wisdom of Word and Words of Wisdom in Corinth," *CBQ* 39 (1977): 224-39; idem, *1 Corinthians*, ANTC (Nashville: Abingdon, 1998).

Philip E. Hughes, *Paul's Second Epistle to the Corinthians*, NICNT (Grand Rapids: Eerdmans, 1962).

R. Jewett, *Paul's Anthropological Terms: A Study of Their Use in Conflict Settings*, AGJU 10 (Leiden: Brill, 1971).

E. A. Judge, "The Conflict of Aims in NT Thought," *JCE* 9 (1966): 32-45; idem, "Paul's Boasting in Relation to Contemporary Professional Practice," *AusBibRev* 16 (1968): 37-50.

Simon J. Kistemaker, *1 Corinthians* (Grand Rapids: Baker, 1993).

Colin Kruse, *2 Corinthians,* TNTC (Grand Rapids: Eerdmans, 1987).

Jan Lambrecht, *Second Corinthians,* SacPag 8 (Collegeville: Liturgical Press, 1999).

H. Lietzmann, supplemented by W. G. Kümmel, *An die Korinther I, II*, HNT 9 (Tübingen: Mohr-Siebeck, 1969).

Duane Litfin, *St Paul's Theology of Proclamation: 1 Cor 1-2 and Greco-Roman Rhetoric*, SNTSMS 79 (Cambridge: Cambridge University Press, 1994).

L. D. McCrary, "Paul's Opponents in Corinth: An Examination of Walter Schmithals" *Thesis on Gnosticism in Corinth*? (Ph.D. diss., Southwestern Baptist Theological Seminary, 1985).

Abraham Malherbe, *Social Aspects of Early Christianity* (Philadelphia: Fortress Press, 1983).

Bruce J. Malina, *Christian Origins and Cultural Anthropology: Practical Models for Biblical Interpretation* (Atlanta: John Knox, 1986).

Peter Marshall, *Enmity in Corinth: Social Conventions in Paul's Relations with the Corinthians*, WUNT 23 (Tübingen: Mohr-Siebeck, 1987).

Dale B. Martin, *The Corinthian Body* (New Haven: Yale University Press, 1995).

Ralph P. Martin, 2 Corinthians, WBC 40 (Waco: Word, 1986).

Frank J. Matera, *II Corinthians: A Commentary*, NTL (Louisville: Westminster John Knox, 2003).

J. J. Meggitt, *Paul, Poverty and Survival* (Edinburgh: T. & T. Clark, 1998).

Margaret M. Mitchell, *Paul and the Rhetoric of Reconciliation: An Exegetical Investigation of the Language and Composition of 1 Corinthians*, HUT 28 (Tübingen: Mohr-Siebeck, 1991).

Leon Morris, *The First Epistle of Paul to the Corinthians*, 2nd ed., TNTC (Leicester: IVP, 1985).

Jerome Murphy-O'Connor, *St. Paul's Corinth: Texts and Archaeology* (Wilmington: Glazier, 1983).

B. A. Pearson, *The Pneumatikos-Psychikos Terminology in 1 Corinthians: A Study in the Theology of the Corinthian Opponents of Paul and Its Relation to Gnosticism*, SBLDS 12 (Missoula: SP, 1973).

Raymond Pickett, *The Cross in Corinth: The Social Significance of the Death of Jesus*, JSNTSup 143 (Sheffield: Sheffield Academic Press, 1997).

A. Plummer, *A Critical and Exegetical Commentary on the Second Epistle of St Paul to the Corinthians*, ICC (Edinburgh: T. & T. Clark, 1915).

Stephen M. Pogoloff, *Logos and Sophia: The Rhetorical Situation of 1 Corinthians*, SBLDS 134 (Atlanta: SP, 1992).

A. Robertson and A. Plummer, *A Critical and Exegetical Commentary on the First Epistle of St Paul to the Corinthians*, ICC (Edinburgh: T. & T. Clark, 1914).

Brian S. Rosner, *Paul, Scripture and Ethics: A Study of 1 Corinthians 5-7*, AGJU 12 (Leiden: Brill, 1994/ Grand Rapids: Baker, 1999).

W. Schmithals, *Gnosticism in Corinth: An Investigation of the Letters to the Corinthians* (ET New York: Abingdon, 1971); idem, *Paul and the Gnostics* (New York: Abingdon, 1972).

Wolfgang Schrage, *Der erste Brief an die Korinther*, EKKNT 7/1-4 (Neukirchen-Vluyn: Neukirchener Verlag/ Zürich: Benziger Verlag, 1991-2001).

James M. Scott, *2 Corinthians*, NIBC (Peabody: Hendrickson, 1998).

V. George Shillington, *2 Corinthians*, BCBC (Scottdale/Waterloo: Herald, 1997).

E. M. Smallwood, *Documents Illustrating the Principates of Gaius, Claudius, and Nero* (Cambridge: Cambridge University Press, 1967).

Graydon F. Snyder, *First Corinthians: A Faith Community Commentary* (Macon: Mercer University, 1992).

R. H. Strachan, *The Second Epistle of Paul to the Corinthians*, MNTC (London: Hodder & Stoughton, 1935).

Jerry L. Sumney, *Identifying Paul's Opponents: The Question of Method in 2 Corinthians*, JSNTSup 40 (Sheffield: Sheffield Academic Press, 1990).

R. V. G. Tasker, *The Second Epistle of Paul to the Corinthians*, TNTC (Grand Rapids: Eerdmans, 1958).

Gerd Theissen, *The Social Setting of Pauline Christianity: Essays on Corinth* (ET Philadelphia: Fortress Press, 1982); idem, "Social Conflicts in the Corinthian Community: Further Remarks on J. J. Meggitt, Paul, Poverty and Survival," *JSNT* 25 (2003): 371-91.

A. C. Thiselton, "Realized Eschatology at Corinth," *NTS* 24 (1977-78): 510-26.

Margaret E. Thrall, "A Second Thanksgiving Period in II Corinthians," *JSNT* 16 (1982): 101-24; idem, *The Second Epistle to the Corinthians,* ICC, 2 vols. (Edinburgh: T. & T. Clark, 1994-2000).

S. H. Travis, "Paul's Boasting in 2 Corinthians 10-12," *SE* 6:527-32.

Sze-kar Wan, *Power in Weakness: Conflict and Rhetoric in Paul's Second Letter to the Corinthians* (Harrisburg: Trinity Press International, 2000).

J. Weiss, *Earliest Christianity: A History of the Period A.D. 30-150*, 2 vols. (New York: Harper & Row, 1959).

H. D. Wendland, *Die Briefe an die Korinther*, NTD 7 (Göttingen: Vandenhoeck & Ruprecht, 1965).

U. Wilckens, *Weisheit und Torheit* (Tübingen: J. C. B. Mohr, 1959).

H. H. Drake Williams III, *The Wisdom of the Wise: The Presence and Function of Scripture Within 1 Cor. 1:18-3:23*, AGJU 49 (Leiden: Brill, 2001).

R. M. Wilson, "How Gnostic Were the Corinthians?" *NTS* 19 (1972-73): 65-74.

Hans Windisch, *Der zweite Korintherbrief*, KEK 6(Göttingen: Vandenhoeck & Ruprecht, 1924; reprint, 1970).

B. W. Winter, *Philo and Paul Among the Sophists*, SNTSMS 96 (Cambridge: Cambridge University Press, 1997); idem, *Seek the Welfare of the City* (Grand Rapids: Eerdmans, 1994).

Antoinette Clark Wire, *The Corinthian Women Prophets: A Reconstruction Through Paul's Rhetoric* (Minneapolis: Fortress Press, 1991).

Ben Witherington III, *Conflict and Community in Corinth: A Socio-Rhetorical Commentary on 1 and 2 Corinthians* (Grand Rapids: Eerdmans/Carlisle: Paternoster, 1995).

C. Wolff, *Der erste Brief des Paulus an die Korinther*, THNT 7 (Leipzig: Evangelische Verlagsanstalt, 1996).

Edwin M. Yamauchi, *Pre-Christian Gnosticism: A Survey of the Proposed Evidence*s, 2nd ed. (Grand Rapids: Baker, 1983).

Khiok-khing, Yeo, *Rhetorical Interaction in 1 Corinthians 8-10*, BIS 9 (Leiden: Brill, 1995).

Günther Zuntz, *The Text of the Epistles: A Disquisition upon the Corpus Paulinum* (London: Oxford, 1953).

제12장

갈라디아서

1. 내용

이 편지 서두의 인사는 바울의 사도로서의 지위에 관심을 둔다. 즉, 이 서신의 1장과 2장 전반부의 특징을 이루는 강조점을 미리 맛보게 해준다. 바울은 하나님의 보냄을 받은 사도로서의 자신의 신분을 강조하며, 인사말에서 독자들에게 "이 악한 세대에서" 우리를 구원하기 위해서 그리스도께서 자신을 부르셨다고 상기시킨다(1:1-5).

바울은 통상적인 감사를 위해 멈춤이 없이, 갈라디아 교인들이 복음뿐만 아니라 하나님 자신, "그리스도의 은혜로 너희를 부르신 이"를 버리고 있음에 대한 놀라움을 표현한다(1:6). 이는 갈라디아 사람들에게 전파된 복음은 사도들이나 천사들이라도 바꿀 수 없는 것이기 때문이다(1:6-10). 그는 자기의 복음이 그리스도에게서 계시에 의해 주어졌다고 주장하며, 자신이 기독교인을 박해한 행동들 및 자기의 복음이 자기보다 먼저 사도가 된 사람들이 말한 것에 의존하는 데서 유래된 것일 수 없다는 것을 보여주기 위해서 그들과 몇 번 접촉했음을 이야기한다(1:11-2:5). 또 이방인들이 유대인이 되어야 한다고 주장하는 예루살렘 지도자들과는 달리, 그들은 바울과 함께 예루살렘으로 간 디도가 할례를 받지 않아야 한다고 주장하는 바울의 의견에 동의했다(2:1-5). 바울과 예루살렘 지도자들은 사역의 분할에 동의하여, 베드로는 유대인의 사도로, 바울은 이방인의 사도로 부름을 받았다는 데 동의했다. 이것은 이방인들이 모세의 율법을 지킬 필요가 없다는 의미를 함축한다(2:6-10). 후일 안디옥에서 베드로가 아마 예루살렘의 반대자들의 압력 때문인 듯 이방인 신자들과의 식사를 거부했을 때, 바울은 베드로에게 이의를 제기하고 유대인이라도 율법의 행위에 의해 구원을 받는 것이 아니라 그리스도에 대한 믿음에 의해 구원을 받는다고 지적했다(2:11-14). 이것은 베드로도 동의했을 근본적인 관점이었다(cf. 행 10:1-11:18). 그리스도 안에서 의롭다함을 얻은 죄인들은 율법에 대해서 죽고 "하나님의 아들을 믿는 믿음"에 의해서 산다(갈 2:15-21). 사도 바울은 그리스도와 맞서는 것처럼 보이는 신학을 대적한다: 그는 "그리스도께서 헛되이 죽으셨다"는 생각을 용납할 수 없었다(2:21).

바울은 감정적으로 호소하면서 갈라디아 교인들에게 성령이 주어진 것은 그들이 율법을 잘 지켰기 때문이 아니라 그리스도 안에 있는 믿음 때문임을 상기시킨다(3:1-5). 아브라함은 믿음으로 의롭다함을 얻고(3:6-9), 그 자손 안에서 세상의 모든 민족들이 복을 받으리라는 약속을 받았다. 모세의 율법의 기능은 상이하다: 그것은 죄인들에게 저주, 그리스도께서 죄인들을 위해 받으신 저주를 가져온다(3:10-14). 어쨌든, 율법은 430년 전에 하나님께서 아브라함과 맺으신 약속의 언약보다 우월할 수 없고 그것을 대신할 수도 없다. 율법은 그리스도가 오실 때까지 몇 가지 부가적인 기능을 발휘한다(3:15-25). 즉, 죄를 실질적인 범죄로 전환시키며 율법이 가리키는 분이신 그리스도가 오실 때까지 하나님의 백성을 보호하는 기능을 발휘한다. 믿음이 제일이라는 것은 곧 하나님께 접근할 때에 모든 인간적인 차이점들이 제거된다는 것, 하나의 커다란 하나님의 가족이 존재한다는 것을 의미한다(3:26-29). 그리스도의 구속 사역은 신자들을 장성한 위치로 이끌었다. 다시 말해서, 그들은 장성하여 성인이 되었고, 이제 가정 노예의 지배를 받는 미성년자가 아니라 아들의 기능을 발휘할 수 있다. 실제로 이러한 아들의 특권은 이방인에게도 주어졌다(4:1-7).

갈라디아 교인들은 모세의 율법을 지킴으로써 이미 벗어난 종살이로 돌아가고 있었다. 따라서 바울은 그들에게 자신의 가르침을 저버리지 말라고 간곡히 부탁한다(4:8-20). 그는 복합적인 예표를 사용하여, 아브라함에게 하갈(여종)에게서 난 아들과 사라(자유인)에게서 난 아들이 있었음을 상기시킨다. 그는 이 두 아들이 두 개의 언약을 나타낸다고 주장한다. 갈라디아 교인들은 실제로 자유인의 자식임에도 불구하고 율법의 요구에 복종함으로써 옛 언약, 종의 언약으로 돌아가고 있었다(4:21-31). 그들은 그리스도께서 그들을 위해 성취하신 자유 안에서 살아야 하며, 종살이를 의미하는 할례를 행해서는 안 된다(5:1-12). 바울은 성령 안에서의 삶과 육체의 삶을 대조하는데(5:13-26), 이것은 바른 삶에 관한 교훈으로 이어진다(6:1-10). 바울은 직접 펜을 들어 할례나 무할례가 문제가 아니라 하나님의 새로운 창조가 문제임을 상기시키면서 편지를 끝맺는다(6:11-18).

2. 저자

이 서신은 바울에 의해 기록되었다고 주장하는데(1:1), 이 주장은 진실인 것처럼 보인다. 이것은 자신이 회심시킨 사람들 가운데서 발생한 가슴 아픈 거짓 교훈으로 인해 염려하는 전도자요 목사의 간절한 호소이다. 큄멜(Kümmel)이 말한 대로, "갈라디아서가 확실하고 신빙성 있는 서신이라는 데는 논란의 여지가 없다."[1] 바울이 이 편지를 쓰면서 자신을 유대인으로 여겼는지, 아니면 새로운 종교로 개종한 자로서 어떤 의미에서는 유대인이 아니라고 여겼는지는 논란이 많은 문제이다. 이 문제에 대해서 다음에서 간단히 살펴보려 한다.

3. 수신자

기원전 3세기에 일부 골(Gaul) 사람들이 소아시아 고원으로 이주하여 하나의 왕국을 세웠다. 이 왕국은 아민타스(Amyntas, B.C 1세기)의 통치 아래 비시디아, 라오디게아, 그리고 오늘날 터키 남부의 여러 지역까지 확장되었으며, 아민타스가 죽고(B.C 25년) 로마가 그 지역을 정복하여 갈라디아 속주로 삼을 때까지도 대부분의 이주민들이 남아 있었다. 우리가 가지고 있는 문제는 이 서신을 받은 "갈라디아인"들이 그 속주의 북쪽에 거주하던 민족인 갈라디아 인이었는가, 아니면 로마 속주에 포함된 다양한 인종들이 혼합된 남부 사람들이었는가 하는 것이다. 3세기 말에 남쪽 지방은 따로 분리되었고, 갈라디아 속주는 북쪽 지방으로만 축소되었다. 따라서 전통적으로 "갈라디아"는 북쪽 지방으로 이해되어왔다. 그러나 그것이 바울이 사용한 호칭의 의도일까? 바울은 제1차 전도여행 때에 남쪽 지방을 방문했다(행 13-14장). 그러나 많은 사람들인 사도행전 16:6과 18:23이 북부지

---

1) Kümmel, 304. 이는 반대자가 전혀 없었음을 의미하는 것이 아니다(Kümmel 자신도 Bruno Bauer, "The radical Dutch critics," and R. Steck을 인용한다). 바울이 갈라디아서의 3분의 2만 기록했다고 생각하는 J. C. O'Neill을 보라(*Recovery of Paul's Letter to the Galatians* [London: SPCK, 1972]). 그러나 최근에는 대부분의 학자들이 Kümmel과 의견을 같이 한다.

방을 방문했다는 의미라고 생각하지만, 그가 북쪽 지방을 방문했다는 것은 분명히 언급되지 않는다.

남쪽 갈라디아를 선호하는 주장에 대해서는 다음의 열 가지를 고려해 보라.

1. 바울이 알고 방문했던 남쪽 지방의 도시들과 사람들에 대한 정보는 있지만, 북쪽에 대해서는 아무런 정보도 없다(행 16:6과 18:23이 북쪽에서의 사역을 의미한다고 보더라도, 바울이 그곳에 교회를 세웠다는 기록은 없다). 이것은 바울의 다른 지역에서의 사역과 매우 대조적이다.[2] 만일 바울이 북쪽 지역의 사람들에게 편지를 쓰고 있었다면, 자신이 언젠가 그곳에 갔었다고 확실하게 언급했을 것이다. 그렇게 중요한 편지를 받을 교회에 관해 아무런 정보도 제시하지 않은 것은 이상한 일이다.

2. 바울이 여행하면서 통과한 "브루기아와 갈라디아 땅"이라는 특별한 표현(16:6)은 바울이 루스드라와 이고니온을 떠난 후에 갔던 곳(16:2), 즉 "브리기아-갈라디아 지방"[3]이라고 보는 것이 가장 합당하다. 북쪽 지방 설을 주장하는 사람들은 이 지역이 "브리기아와 갈라디아 지방"을 의미한다고 본다. 에른스트 핸첸(Ernst Haenchen)은 "φρυγία (브리기아)"는 두 접미사의 형용사이며 χώρα (*chōra*; 땅, 또는 영토)를 수식할 수 없다고 주장한다.[4] 그러나 헤머(C. J. Hemer)는 그것이 세 개의 접미사를 가지고 있으며, 따라서 이 단어를 수식할 수 있음을 결정적으로 증명했다.[5] 브루스(F. F. Bruce)는 이 표현은 "바울과 그의 동역자들이 루스드라를 떠나 통과한 지역, 곧 이고니온과 비시디아 안디옥이 있는 지역"[6]을 의미한다고 볼 수밖에 없다는 결론을 내렸다. 18:23의 비슷한 표현도 거의 같은 뜻을 가진다.[7]

---

2) 이전의 다른 주석가들과 마찬가지로 B. J. Lightfoot은 북쪽 갈라디아 설을 지지하면서도 다음과 같은 말을 했다: "고린도, 에베소, 빌립보, 데살로니가 등 바울이 세운 모든 중요한 교회들에 대해서는 언급이 있음에도 갈라디아에서의 바울의 설교와 관계된 그 어떤 사람의 이름이나 장소, 사건도 역사나 서신에 보존되지 않았다는 것은 매우 이상한 일이다."(*Saint Paul's Epistle to the Galatians* [London: Macmillan, 1902], 21).

3) τῆν φρυγίαν καί Γαλατικὴν χώραν(*tēn Phrygian kai Galatikēn chōran*).

4) Ernst Haenchen, *The Acts of the Apostles* (Oxford: Blackwell, 1971), 483.

5) C. J. Hemer, "The Adjective 'Phrygia,'" *JTS* 27(1976): 122-26; idem, "Phrygia: A Further Note," *JTS* 28(1977): 99-101.

6) F. F. Bruce, "Galatian Problems, 2. North or South Galatians?" *BJRL* 52(1970): 258.

7) Rainer Riesner, *Paul's Early Period: Chronology, Mission Strategy, Theology* (Grand Rapids: Eerdmans, 1998). 281-88.

3. 바울은 대체로 속주를 지칭할 때에 로마 제국의 명사들을 사용하며, "갈라디아인"이란 루가오니아와 인근 지역의 사람들을 언급하는 표현이었을 것이다. 물론 바울이 항상 로마의 명사를 사용하지는 않으며, 어쨌든 "갈라디아인"에는 북부의 골(Gaul) 민족들도 포함되었을 것이다.

4. "갈라디아인"이라는 단어는 제1차 전도여행 때에 방문한 도시들, 즉 루스드라, 이고니온, 더베의 주민들을 포함하는 데 사용할 수 있는 유일한 단어였다. 그렇다고 해서, 그 단어가 북쪽의 주민들을 언급하는 데 사용될 수 있다는 가능성을 배제하는 것은 아니다.

5. 바울은 예루살렘의 신자들을 위해 구제 헌금을 한 사람들 중에 "갈라디아 교회들"이 포함되었다고 말한다(고전 16:1). 사도행전 20:4에서 누가는 헌금을 한 것처럼 보이는 베뢰아 사람 한 명, 두 명의 데살로니가 사람, 두 명의 남 갈라디아 사람, 그리고 두 명의 아시아 사람들을 열거한다. 그러나 누가가 실제로 그렇게 말한 것이 아니며, 어쨌든 거기에는 고린도 교인들에 대한 언급이 없으므로 그 목록은 불완전한 것일 수도 있다.

6. 이 지역의 북쪽 지방은 무역이 성행했던 남쪽 지방만큼 개방된 곳이 아니었다. "육체의 약함을 인하여"(갈 4:13) 바울이 그러한 산악 지방에서 복음을 전했다고 보기는 매우 어렵다. 회복기의 환자는 여행하기 쉬운 곳을 찾게 마련이다.

7. 바울의 유대인 대적들이 이처럼 험난한 북부 지역까지 바울을 쫓아갔다기보다는 남쪽의 도시들로 쫓아갔을 가능성이 더 크다. 그러나 그들이 광적으로 흥분해 있었다.

8. "오직 나를 하나님의 천사와 같이, 또는 그리스도 예수와 같이 나를 영접하였도다"(갈 4:14)는 말은 바울이 루스드라에서 허메(Hermes)로 환영받은 것을 암시한다고 주장된다(행 14:12). 그러나 이 주장은 나중에 루스드라 사람들이 바울을 돌로 쳤다는 사실로 인해 어느 정도 손상된다(이것도 갈 6:17에 기록된 바울의 몸에 있는 "예수의 흔적"을 가리키는 것이라는 논거에 사용된다). 그가 천사처럼 영접을 받았다는 내용은 때로 반대되는 논거로 사용된다: 바울이 병이 들어 갈라디아에 왔다면, 결코 천사처럼 보이지 않았을 것이다.

9. 남쪽이라는 학설을 세우는 데 누구보다도 큰 공헌을 한 램지(Ramsey)는 교회는 언어 소통이 가능한 지역을 따라 발전해 나갔는데, 그곳은 북쪽이 아니라 갈라디아 남쪽이었다고 주장했다.[8)]

10. 바나바가 세 번 언급된 것은(2:1, 9, 13) 독자들이 그를 알고 있었음을 암시하는 듯하다. 그러나 바나나는 남쪽 갈라디아의 교회들을 개척했던 여행에서만 바울과 동행했다. 바나바가 고린도에 간 적이 있다는 증거가 없지만, 고린도전서 9:6에 바나바가 언급되었다고 반박하는 사람들도 있다. 또한, 베드로가 북쪽에 갔다는 증거가 없음에도 불구하고 그의 이름이 언급되었음을(갈 2:7-8) 염두에 두어야 한다. 따라서 이 주장은 별로 설득력이 없다.9)

북쪽 갈라디아에 대한 언급이라고 주장하는 사람들은 적어도 여덟 가지 이유를 제시해왔다.

1. 당시의 표현에서 "갈라디아"는 골 민족이 거주하던 북쪽 지방을 의미했다. 반대로, 갈라디아 속주 전체를 의미하기도 했다.

2. 사도행전에서 안디옥은 비시디아 안디옥이라고 불리며(행 13:14), 더베와 루스드라는 "루가오니아"의 도시들이라고 불렸다(행 14:6). 누가는 지리적인 위치를 나타내기 위해 그러한 용어들을 사용하였다고 한다. 따라서 누가가 "브루기아와 갈라디아 땅"(행 16:6)이라고 언급한 것은 지리적인 위치에서의 브루기아와 갈라디아, 즉 북쪽 갈라디아를 가리킨다고 보아야 한다.

3. 브루기아 사람들을 지칭하기 위해 "갈라디아"라는 단어는 사용하지 않았을 것이다. 왜냐하면 그 용어는 그들이 로마에 예속되어 있음을 상기시킬 것이기 때문이다. 그러나 이것은 타당성이 없다. 바울도 자신을 로마 시민이라고 언급했다. 어쨌든 "갈라디아"는 이미 언급된 모든 도시들을 포함할 수 있는 유일한 용어였다. 요즘의 상황에 비교해 본다면, 웨일즈 사람, 스코틀랜드 사람, 그리고 잉글랜드 사람을 통틀어 영국 사람이라고 해도 이의를 제기하는 사람이 없을 것이다. 그것만이 그들 모두를 포함시켜 부를 수 있는 유일한 용어이다. 고대 갈라디아도 마찬가지였다.

4. 이와 비슷한 반론은 다음과 같다: "바울이 루가오니아 사람들이나 비시디아 사람들에게 '어리석도다 갈라디아 사람아'(3:1)라고 말하지는 않았을 것이다. 왜냐하면 일반적으로 그러한 어법은 입증되지 않았기 때문이다."10) 그러나, 어떤

---

8) W. M. Ramsay, *The Church in the Roman Empire* (London: Hodder & Stoughton, 1893), 10-11. 그러나 Moffat는 루스드라에 관한 Ramsay의 질문을 인용한다: "어떻게 도회지에서만 활동하던 바울이 물결에 떠내려가는 나무조각처럼 고요한 정체된 물로 흘러들어갔는가?"(p. 99).

9) T. H. Champbell, "Paul's Missionary Journeys' as Reflected in His Letter," *JBL* 74 (1955): 80-87; Ben Witherington III, *Grace in Galatia: A Commentary on Paul's Letter to the Galatians* (Grand Rapids: Eerdmans, 1998), 10-13.

어법이 입증된 것인가? 이미 살펴본 대로, "갈라디아"는 갈라디아 속주의 주민들 모두를 언급하는 데 사용할 수 있는 유일한 용어였다.

5. 갈라디아 사람들의 변덕스럽고 미신적인 특성이 골 사람들과 일치한다. 그러나, 그러한 묘사가 갈라디아 사람들에게만 적용되는 것은 아니다. 예를 들어, 고린도 교인들은 어떠했는가?[11)]

6. "브루기아와 갈라디아 땅"(행 16:6; 18:3)은 "브루기아와 갈라디아 지방"[12)]을 의미하며, 갈라디아는 브루기아와는 다른 별개의 지역이었다(루가오니아처럼 다른 지역이었을 것이다). 그러나 이 표현의 가장 적합한 뜻은 "브루기아—갈라디아 지방"이며, 두 개의 지역을 가리키는 것이 아니다.

7. 바울은 "그 후에 내가 수리아와 길리기아 지방에 이르렀다"고 했는데(갈 1:21), 이에 대해 마르크센은 평하기를, "남쪽 갈라디아 설에 의하면 그는 분명히 그 때 그곳에 교회들을 개척했을 것이다. 그러나 이에 대한 언급이 없다"[13)]고 했다. 그러나 수리아와 길리기아는 갈라디아 속주에 속하지 않았으므로, 이러한 가정은 이치에 맞지 않다. 그 여행은 바울이 남쪽 갈라디아에서 교회를 개척한 여행(행 9:30에 해당하는 여행)과는 다른 것을 가리키는 듯하다.[14)]

8. 갈라디아서에는 바울이 갈라디아 지방의 도시들에서 복음을 전할 때에 반대를 받았다는 암시가 전혀 없다. 그러나 사도행전은 바울이 방문한 모든 도시에서 핍박을 받았음을 분명히 한다.

이상의 모든 논거들을 살펴볼 때, 북쪽 갈라디아 설이나 남쪽 갈라디아 설 모두 그것을 뒷받침하는 결정적인 증거는 없다. 완전하게 증명되지는 못하지만 남쪽 갈라디아 설을 지지하는 논거들이 북쪽 갈라디아 설을 지지하는 논거들보다 훨씬

완전하게 증명되지는 못하지만 남쪽 갈라디아 설을 지지하는 논거들이 북쪽 갈라디아 설을 지지하는 논거들보다 훨씬 설득력이 있는 듯하다.

---

10) Kümmel 298.

11) F. F. Bruce는 이 논거가 결국은 삼단논법이 된다는 것을 지적했다. "골 사람들은 변덕이 심했고 미신적이었다. 바울의 갈라디아 사람들도 변덕이 심하고 미신적이었다. 그러므로 바울의 갈라디아 사람들은 골 사람들이었다." 그는 덧붙여 말하기를 "변덕스러움과 미신적인 특징이 다른 나라 사람들은 아닌 골 사람들(그리고 갈라디아 사람들)만의 특징일 때에만 이 논리가 성립이 된다"고 했다. (*The Epistle to the Galatians* [Exeter: Paternoster; Grand Rapids: Eerdmans, 1982], 8).

12) Moffat는 18:23과 16:6의 "διέρχεσαι"가 단순한 여행이 아니라, 전도 활동을 암시한다고 주장한다 (p. 95). 이는 바울이 북 갈라디아에서 전도를 했음을 가리킨다.

13) Marxsen, 46.

14) F. F. Bruce는 그것을 이 시대에 둔다("Galatian Problems. 1. Autobiographical Data," *BJRL* 51 [1969]: 301-2).

설득력이 있는 듯하다.15)

4. 기록 연대

만일 북쪽 갈라디아 설을 채택한다면, 바울이 충분한 시간을 가지고 북쪽 지방에서 교회를 세우면서 지냈다면 기록된 선교 여행 과정의 절반에 이르지 못했을 것이므로, 갈라디아서를 기록한 연대는 바울이 로마서를 쓴 시기와 거의 같거나 약간 후대일 것이다. 만일 남쪽 갈라디아 설을 채택한다면, 다음과 같은 이유에서 이른 연대가 지지를 받는다.

1. 바울은 자신이 받은 거룩한 사명은 "사람에게서 받은 것이 아니라"라고 주장하면서(1:12), 예루살렘의 사도들과 만났던 일들을 열거한다. 거기에는 베드로를 방문한 것(1:18), "십 사년 후에" "계시를 인하여" 다시 방문한 것(2:1-2. "다시"는 두 번째 방문을 가리킨다)이 포함된다. 이 방문들은 사도행전 9:26; 11:28-30에 기록된 것과 일치한다. 바울이 자신의 방문을 열거한 것은 완전한 것이어야 한다. 그렇지 않으면 그의 논증은 무의미한 것이 된다(1:20을 보라).

2. 바울은 자신의 목적에 잘 부합되는 예루살렘 공회의 결정(행 15장)을 언급하지 않고 있다. 이것은 공회 이전에 예루살렘을 방문했음을 암시한다. 그러나 바울이 분명히 나중에 쓴 편지들에서 이 결정을 언급하지 않듯이, 이 점을 부당하게 강조해서는 안 된다.

3. 베드로가 이방인들과의 식사를 피한 사건(2:12)은 공회 이전의 사건일 가능성이 크다.

4. "나의 두 번의 방문 중 첫 번째"(NEB)라고 해석될 수도 있으며 따라서 바울의 제2차 전도여행 이후를 의미하는 "내가 처음에(τὸ πρότερον; *to proteron*) 너희에게 복음을 전했다"(4:13)는 말 때문에, 이 초기 기록설이 무효화되는 것은 아니다. 고대 헬라어에서는 이 표현이 두 경우 중에 첫 번째 경우를 가리키지만, 헬레니즘 시대의 헬라어에서는 "이전에, 과거에"(요 6:62; 9:8; 히 4:6 등에서처럼)를 의미한다.16) 어쨌든 바울은 첫 번째 여행 중에 남쪽 갈라디아의 교회들을

---

15) F. F. Bruce는 "증거의 비중을 살펴볼 때, 남 갈라디아설이 더 유력해 보인다"라고 결론을 내렸다 ("Galatian Problems. 2. North or South Galatians?" *BJRL* 52 [1970]: 266). J. A. T. Robinson도 학자적인 견해에서 볼 때 남 갈라디아설이 유력하다고 보는 학자이다(*Redating the New Testament* [Philadelphia: Westminster, 1976], 55).

두 번 방문했다(행 14:21). 따라서 그 헬라어 표현이 "나의 두 번의 방문 중 첫 번째"를 의미한다고 해도, 두 번째 방문은 나중의 방문이 아니라 제1차 선교여행 중 돌아오는 여행이었을 것이다(행 14:21-26).

대조적으로, 바울이 제3차 전도여행 중에 이 서신을 기록했다고 보는 학자들도 많다.[17] 북쪽 갈라디아 설을 주장하는 학자들은 초기 저작설을 인정하지 않는다. 왜냐하면 이 견해에 의하면, 바울은 그 때까지 갈라디아에 간 적이 없기 때문이다.[18] 후기 저작설을 뒷받침하는 논거들은 아래와 같다.

1. 갈라디아서의 문체와 사상은 고린도서신이나 로마서와 흡사하다. 따라서 갈라디아서는 그 서신들과 비슷한 시기에 기록되었을 것이다. 즉, 바울의 제3차 전도 여행 중 에베소에서, 또는 그 후 그리스를 여행하는 중에 기록되었을 것이다.[19]

2. 갈라디아서 2장에 기록된 예루살렘 방문은 사도행전 15장의 예루살렘 공회의 주제와 밀접하게 연결되어 있으므로, 이 두 가지 기록은 동일한 방문을 다룬 기사들로 간주되어야 한다(남쪽 갈라디아 설을 주장하는 사람들은 이 두 방문은 전혀 다른 것이며, 바울은 예루살렘 공회 이후에 갈라디아서를 기록했다고 주장한다). 후기 저작설을 주장하는 사람들은 바울이 갈라디아서 1:18-2:2에서 사도행전 11:30에 기록된 기근 구제 방문을 언급하지 않은 것은 그 당시 그의 관심은 사도들이 아니라 장로들에게 있었기 때문이라고 추론한다. 이 해석은 가능한 것이지만 설득력은 거의 없다. 분명히, 바울은 갈라디아서 1-2장에서 자신이 예루살렘을 방문한 여행의 완전한 목록을 제시하려 하며, 사도행전 11:30에 기록된 여행을

---

16) 이 구절에 대하여 BAGD는 "어휘적인 관점에서 볼 때, 바울이 처음 방문과 나중 방문을 구분하기를 원했다는 가설을 만드는 것이 불가능하다"(722)고 했다. 후기의 BAGD는 "첫번째"라는 해석을 선호하면서도 "당연히 '한때'라고 번역할 수도 있지만, 언어학적 관점에서 볼 때 바울이 초기의 방문과 후기의 방문을 구분하기를 원했다는 가설을 세울 수는 없다"고 인정한다(889).

17) 다음과 같은 학자들은 결단을 내리지 못하고 있다: Dieter Lührmann, *Galatians: A Continental Commentary* (Mineapolis: Fortress Press, 1992); Brown, 474-77; Ehrman, 331-33. Achtemeier/Green/Thompson, 372-75.

18) 반면에, Moisés Silva처럼 남쪽 갈라디아 설과 늦은 저작설을 채택할 수도 있다(*Interpreting Galatians: Explorations in Exegetical Method,* 2nd ed. [Grand Rapids: Baker, 2001], 129-39).

19) Lührmann은 바울이 고린도전서를 기록한 후에 갈라디아서를 기록했다고 구체적으로 명시한다(*Galatians*, 3). 이상하게도 J. Louis Martyn은 갈라디아서가 데살로니가 전서를 기록한 후, 그리고 고린도 서신을 기록하기 전에 기록되었다고 명시한다(*Galatians*, AB 33A[New York: Doubleday, 1997]).

생략한 것 때문에 그는 기록을 날조했다는 비난을 받게 된다. 더욱이, 사도행전 11장 30절을 그 때에 바울이 예루살렘에서 행한 모든 것에 대한 완전한 기사라고 볼 수 없다. 비록 바울의 방문 목적이 주로 기근 구제였다고 해도, 그가 다른 사도들을 만나지 않았을 것이라고 생각할 수는 없다.[20]

3. 바울은 이미 두 번 갈라디아를 방문했었다고 주장된다(4:13). 아마 사도행전 16:6과 18:23에 기록된 방문이 그것인 것 같다. 그러나 그 표현이 반드시 두 번의 방문을 의미하는 것은 아니며, 만일 그렇다고 해도 그 언급은 제1차 전도여행 도중의 방문과 돌아오는 길에 방문한 것일 수도 있다.

4. 고린도전서에는 박해에 관해 조금 언급되어 있고, 고린도후서에는 많이 언급되어 있다. 그러나 로마서에는 환난이 거의 지나간 듯 전혀 언급되어 있지 않다. 따라서 갈라디아서의 위치는 고린도후서와 로마서 사이가 적절하다.[21]

문제의 핵심은 바울이 이 서신을 쓴 것이 예루살렘 공회 이전인가, 이후인가에 있다(행 15장). 후기 저작설을 옹호하는 사람들은 바울이 공회 이후에 기록했다고 말하며, 그중 일부는 사도행전과 바울 서신 사이에 일치하지 않는다고 여겨지는 것을 강조한다. 그들은 사도행전에서 묘사하고 있는바 예루살렘 공회에서 결정한 것을 바울은 결코 받아들이지 않았을 것이라고 주장하며, 갈라디아서 2장에서 당시 발생한 것에 대한 바울의 회상을 찾아볼 수 있다고 한다. 그들이 지적하는 바는 비록 관점의 차이가 있기는 하지만, 이 두 개의 기록의 핵심이 되는 문제는 할례, 그리고 율법에 대한 그리스도인들의 관계였다는 것이다. 또 북쪽 갈라디아설을 받아들이는 사람들은 사도행전과 갈라디아서를 일치시킬 수 있지만, 여기에는 바울이 예루살렘 방문들 중 하나를 생략했다는 결론이 수반된다고 생각한다.

그러나, 두 개의 기록 모두를 인정하는 것이 더 단순하고 덜 자의적이다. 결국, 바울의 두 차례의 예루살렘 방문은 사도행전 9장과 11장에 기록된 것이며(이 견해에 따르면, 갈라디아서 2장은 기근 구제를 위한 방문 때의 개인적인 접촉을 언급한다; 베드로가 우유부단하게 행한 시기를 사도행전 15장 이후로 보기 어렵다), 그리

---

20) Klijin은 갈라디아서 2:1-10과 사도행전 11:25-30이 놀랍게 유사하다는 것을 발견한다(p. 94).

21) Lightfoot은 이를 주장하면서 얼마 전에 심한 시련을 당한 사람의 언어처럼 보이는 "이 후로는 누구든지 나를 괴롭게 말라 내 몸에 예수의 흔적을 가졌노라"(6:17)는 구절에 근거를 두고서, "… 이는 고린도후서에 나타난 고난의 소용돌이 이 후에 기록된 것이라고 보는 것이 자연스럽지 않는가?"라고 했다(*Galatians*, p. 51). Bruce는 갈라디아서와 다른 바울 서신의 관계를 주의깊게 조사하면서 갈라디아서가 바울의 가장 초기 서신이라는 견해와 모순되는 것을 하나도 발견하지 못했다고 했다(*Galatians*, 45-55).

고 바울은 예루살렘 공회 직전에 갈라디아서를 썼다.[22] 만일 공회가 개최된 시기를 주후 48년으로 본 것이 옳다면,[23] 그 해가 갈라디아서의 저술 연대가 된다. 바울이 그곳에서의 판결에 대해 언급하지 않는다는 사실은 이 서신이 예루살렘 공회 이전에 기록되었다는 것을 지적해주는 듯하다. 비록 바울은 그것을 주된 논거로 삼지 않았지만, 유대인의 토라를 수용하는 것을 반대하는 자신의 논거에 중요한 뒷받침이 되는 것을 전혀 언급하지 않은 이유를 이해하기 어렵다.

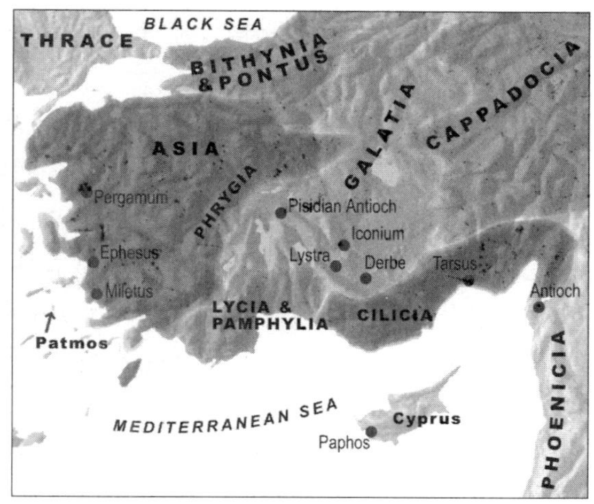

소아시아의 로마속주

5. 상황[24]

사도행전 13-14장을 근거로 하면, 바울과 바나바가 갈라디아 남쪽 지방에서 복음을 전하면서, 먼저 회당에 들어가 유대인과 하나님을 경외하는 이방인들에게 전도했음을 알 수 있다. 그러나 각 도시에서 유대인들이 반대했기 때문에 전도자들은 이방인들에게 복음을 전하여 개종시켰다. 만일 북쪽 갈라디아 설이 옳다면, 북

---

22) J. 낙스는 다음과 같이 말한다: “만일 우리가 바울의 예루살렘 방문에 대한 사도행전 기사의 정확성을 완전히 신뢰할 수 있다면, 초기 저작설을 부정할 수 없을 것이다”("Galatians," in *IDB*, 2.342). 초기 저작설을 부정할 수 없게 만들려면, 사도행전의 신빙성을 받아들여야 할 뿐만 아니라, 갈라디아서에 기록된 바울의 기사의 논리는 갈라디아서 2:1-10의 여행과 사도행전 11:25-30의 여행을 동일시한다고 설득력 있게 주장해야 한다. 만일 바울이 사도행전 11장의 여행을 언급한 것이 아니라는 신빙성 있는 이유들이 있다고 주장한다면, 후기 저작설이 가능하다.

23) 이것은 Geroge Ogg가 제시한 연대이다(*The Chronology of the Life of Paul [*London: Epworth, 1968], 200). 역시 이 연대를 지지한 다음과 같은 글을 보라: Ronald Y. K. Fung, *Epistle to the Galatians* (Grand Rapids: Eerdmans, 1988), 28; John W. Drane, *Paul: Libertine or Legalist?* (London: SPCK, 1975), 140-43.

24) Timothy George, *Galatians*, NAC 30 (Nashville: Broadman & Holman, 1994), 50-60은 주요한 대안들을 간결하게 요약하고 있다 .

쪽 지방의 복음전도도 거의 동일하게 이루어졌을 것이다. 그 지역 교회에는 이방인들이 현저하게 많았다.

그러나 바울과 바나바가 떠난 후에 일부 유대인 신자들이 이 지역에 들어와서 기독교의 구원을 얻으려면 유대인의 토라를 지켜야 한다고 가르치기 시작했다. 우리가 아는 바로는 그 지역의 유대인들은 이렇게 가르치지 않았고, 단순히 기독교인들을 대적했다.[25] 바울은 회중에게서 거짓 교사들을 구분했다(1:7; 4:17; 그들에게는 강력한 지도자가 있었을 수도 있다. 1:9; 5:10). 바울은 그들이 전혀 그리스도인들이 아니라고 암시하기도 한다(1:6-7). 모세의 율법을 지켜야 한다고 강조하는 것으로 보아 그들은 분명히 유대인이었을 것이다. 그들은 자신을 유대인 신자라고 생각했는데, 바울은 예수가 아닌 것이 구원에 필요하다고 주장하는 사람들을 과연 그리스도인이라고 부를 수 있느냐고 묻는다.

갈라디아서를 통하여 바울이 이전의 사도들보다 열등하다는 논거에 의해서 그의 권위가 흔들리고 있었음을 알 수 있는데, 바울은 이것을 처음부터 끝까지 염두에 두고 있었던 듯하다: "사람들에게서 난 것도 아니요, 사람으로 말미암은 것도 아니요, 오직 그리스도와 하나님 아버지로 말미암아 사도된"(1:1); "이후로는 누구든지 나를 괴롭게 말라 내가 내 몸에 예수의 흔적을 가졌노라"(6:17).

할례가 강조되었다. 그들은 저희로 하여금 "억지로 할례를 받게" 하였다(6:12; 5:2-6도 참고하라). 바울은 거짓 교사들이 어떻게 말하든지 간에 할례를 받아들이는 것은 곧 율법 전체를 행할 의무(5:3)를 받아들이는 것을 의미한다고 지적한다. 율법을 지키는 것은 강조되었다. 왜냐하면 바울은 "너희가 날과 달과 절기와 해를 삼가 지키니"(4:10)라고 기록하기 때문이다.[26] 그는 또한 개종자들

---

25) 여기에서 Mark D. Nanos의 이론을 언급해야 한다(*The Irony of Galatians: Paul's Letter in First-Century Context* [Minneapolis: Fortress Press, 2002]). 나노스는 반대자들이 "유대인 신자들"이었다고 반박하며, 갈라디아 지방 회당 출신의 유대인들이 풋내기 이방인 신자들에게 영향을 미치면서, 그들이 황제 숭배를 버렸어도 유대교의 관습을 받아들인다면 위험을 피할 수 없으며 기존의 합법적 종교 아래서의 특권들을 모두 누리지 못할 것이라고 말했다고 한다. 그러나 그 당시 갈라디아 지방의 신자들을 로마가 박해했다는 본문상의 증거가 전혀 없는 듯하다. 실제로, 그 무렵 예루살렘에서 유대인들이 기독교인을 박해했다고 주장할 수 있으며(Markus Bockmuehl, "Thessalonians 2:14-16 and the Church in Jerusalem," *TynB* 52 [2001]: 1-31을 보라), 이것은 부분적으로나마 선동자들의 열정 및 바울과 베드로 사이의 갈등을 설명해줄 수도 있다(2:11-14). 게다가 나노스의 주장은 강력하기는 하지만 설득력이 없다(예를 들어, 그는 단수형인 εὐαγγελίον [euangelion]이 "복음"을 의미하는 것이 아니라 보다 넓은 의미에서 "기쁜 소식"을 언급한다고 주장한다. 또 바울이 유대인을 위한 언약과 이방인을 위한 언약이라는 두-언약 신학을 지지했는지도 분명하지 않다.

이 "율법 아래"(4:21) 있기를 원하고, "율법 안에서 의롭다 함을 얻으려 한다"(5:4)고 말한다. 이 모든 것을 종합해 볼 때, 거짓 교사들은 기독교를 일종의 수정된 유대교로 보았고, 하나님과 언약 관계를 가지려면 율법이 요구하는 것들을 지켜야 한다고 가르친 듯하다. 그러므로, 그들은 갈라디아 사람들에게 그리스도 안에서의 자유를 누리기보다는 율법의 가르침에 순종하라고 설득하고 있었다.

최근에 일부 학자들은 이 침입자들이 갈라디아 교인들에게 강요한 율법 전체, 또는 율법의 대부분은 기존의 "경계표들"—특별히 할례, 음식법, 안식일처럼 유대인들을 다른 사람들과 구분해주는 관습들—이라고 주장해왔다. 바울은 유대인들과 이방인들로 구성된 통일된 교회를 세우려 했는데 그러한 경계표들이 구분을 유발하기 때문에 어쩔 수 없이 그것들을 없애려 했다.[27] 바울은 끊임없이 유대인 신자들과 이방인 신자들을 연합하기 위해 노력했다. 그럼에도 불구하고, 바울에 관한 이 "새로운 관점"은 지나치게 편협하다. 바울은 율법의 기능을 경계표, 특히 율법이 지닌 범죄를 확증하는 능력(3:19) 이상의 포괄적인 것으로 판단하며, 자신의 논의의 핵심을 그리스도의 십자가는 우리를 하나님 앞에서 의롭다고 선언할 수 있다는 절대적인 선언과 결합한다.[28] 이 논의는 바울이 자신을 어느 정도 유대인으로 여기는지, 그리고 자신의 운동을 유대교라는 울타리 안에 있는 일종의 분파로 여기는지, 또는 반대로 그 자신을 실질적으로 하나의 새로운 종교에 속한다고 보는지에 대한 논의를 일으켰다.[29]

바울의 시각에서 거짓 교사들이 기독교인이건 아니건 간에, 그들은 분명히 유대-기독교인 진영의 사람들이었다. 이 기독교인들은 베드로를 대적했고(행

---

26) 이것은 "행성계의 힘이나 천문학적 12궁(zodiac)"을 가리킬 수도 있다(Martin, 2:153). 유대인(4:3)과 이방인(4:9)이 종노릇한 στοιχεῖα(*syoicheia;* 초등학문)은(4:9) "삶의 원리로서의 율법주의"라는 의미에서 이해되는 것이 가장 바람직하다(Bruce, *Galatians*, p. 203).

27) 특히 James D. G. Dunn, *The Epistle to the Galatians*, BNTC (Peabody: Hendrickson, 1993)을 보라. 이것은 특히 "율법의 행위"라는 표현이 그러한 경계표들을 언급한다는 던의 과거의 견해와 연결되어 있다. 보다 최근에 그는 "철저히 유대적 요구를 유지하려는 생각을 가지고 모든 율법을 지키는 것"과 비슷한 것을 선호했다. 그의 저서, *The Theology of Paul's Letter to the Galatians*, NTT (Cambridge: Cambridge University Press, 1993), 84-87 and passim도 보라..

28)특히 본서 제9장을 보라. Cf. D. A. Carson, Peter T. O'Brien, and Mark A. Seifrid, eds., *Justification and Variegated Nomism* (Tübingen: Mohr-Siebeck/Grand Rapids: Baker, 2001-2004), esp. vol. 2, *The Paradoxes of Paul*; and Stephen Westerholm, *Perspectives Old and New on Paul: The "Lutheran" Paul and His Critics* (Grand Rapids: Eerdmans, 2004).

29) 특히 Peter T. O'Brien, "Was Paul Converted?" in *Justification and Variegated Nomism*, vol.2을 보라.

11:2-3), 얼마 후에 야고보는 "유대인 중에 믿는 자 수만 명이 있으니 다 율법에 열심 있는 자라"고 말했다(행 21:20). 분명히 이처럼 열심 있는 사람들의 집단이 있었다. 그들은 적어도 유대에서 안디옥으로 옮겨가며 새로 개종한 자들에게 "모세의 법대로 할례를 받지 아니하면 구원을 받지 못하리라"(행 15:1)고 가르쳤을 때처럼, 때에 따라 적극적인 포교 활동을 할 수 있는 사람들이었다. 그들이 바울을 따라서 안디옥으로 갔다면, 갈라디아까지 따라갔을 가능성도 있다. 바울이 "적은 누룩이 온덩이에 퍼진다"(5:9)고 말한 것을 봐서 그들의 수효가 많은 것은 아니었던 것 같다. 바울의 반대자들은 할례를 받은 이방인들로서 다른 사람들도 할례를 받기를 원했다는 주장도 있지만, 그러한 주장은 율법을 크게 강조한 유대인 신자들이 있었다는 증거를 능가하지 못한다. 하워드(G. Howard)는 엄격한 의미에서 그들은 바울의 대적이 아니었고 오히려 바울의 교훈을 자기들의 교훈이었다고 주장했을지도 모른다고 생각했는데,30) 바울이 격렬하게 그들을 반대하고 대적하는 것으로 보아 그의 주장은 가능성이 없다.

방탕함이 5:13 이하의 "자유로 육체의 기회를 삼지 말라", "너희가 성령을 좇아 행하라 그리하면 육체의 욕심을 이루지 아니하리라"는 권면에서 감지된다. 그러나 이것은 그리스도 안에서 신자들은 자유하다는 바울의 가르침을 왜곡한 것으로 보는 편이 낫다. 어느 시대를 막론하고, 은혜로 구원을 받는다면, 사는 방식은 문제가 되지 않는다고 추론하기 쉽다. 선동자들은 바울의 가르침이 도덕적 고결함을 제대로 보호하지 못한다고 비방하고 있다고 생각되기도 한다. 그러나 만일 이 계속되는 도전에 대한 해결책이 모세의 율법-언약으로 돌아가는 것이라면, 희생이 너무 크다. 그것은 율법이 구속사의 영역 전체에서 어떤 기능을 발휘하는지 이해하지 못하고 있음을 드러내준다.

바울에 대한 비판이 있었던 듯하다. "내가 지금까지 할례를 전하면"(5:11)은 바울이 디도의 할례를 반대했지만(2:1-5), 형편이 좋을 때에는 할례를 전한다는 비난을 받고 있었음을 의미하는 듯하다(행 16:3의 디모데의 할례를 보라). "이제

30) 그래서 Howard는 "갈라디아의 훼방자들은 유대파 그리스도인들과 갈라디아인들에게 할례 받을 것을 강요하고 율법을 지키라고 했던 예루살렘에서 온 유대주의자들이었다. 그들은 그들 스스로 바울을 대적하지는 않았지만 그들처럼 바울도 할례를 가르쳤다"고 주장했다(*Paul: Crisis in Galatia* [Cambridge: Cambridge University Press, 1979], 19). "유대주의자"라는 용어의 사용에 대해서는 제11장의 각주 3번을 보라.

내가 사람들에게 좋게 하랴 하나님께 좋게 하랴 사람들에게 기쁨을 구하랴"(1:10)는 말은 바울이 사람들에게 인정받는 데 관심을 가지고 있다고 말하는 사람들이 있었음을 암시한다. 유대인에게 복음을 전하기 위해서는 유대인과 같이 되고 "여러 사람에게 내가 여러 모양이" 되었던(고전 9:20-22) 사람의 삶에는 반대자들에게 일관성이 없다는 빌미를 줄 수 있는 사건들이 있었을 것이다.[31)]

복음이 이 새로운 가르침에 의해 심각하게 더렵혀졌다. 바울은 그의 독자들이 "다른 복음"을 따르고 있다고 불평하면서, "다른 복음은 없다"고 덧붙인다(1:6-7). 갈라디아인들은 기독교의 의미에 새로운 흥미로운 통찰들을 추가하는 것이 아니라, 율법-언약으로 돌아가서 복음의 완전한 승리를 암암리에 문제 삼고 있었다.

바울은 갈라디아 교인들에게 구원의 믿음으로 돌아오라고 간절히 호소했다. 이 생동력 있는 서신은 그리스도 안에 있는 믿음에 의한 구원의 의미의 전형적인 표현이 되었다.

갈라디아서는 바울이 이러한 사건들에 대한 소식을 듣고 쓴 서신이다. 그는 자기가 개종시킨 사람들이 행하고 있는 일이 기독교의 핵심을 부인하는 것임을 인식했기 때문에, 상황을 바로잡기 위해서 곧바로 서신을 썼다. 그는 올바른 편지 형식의 세부 사항을 준수하지 않고 갈라디아 교인들에게 구원의 믿음으로 돌아오라고 간절히 호소했다. 이 생동력 있는 서신은 그리스도 안에 있는 믿음에 의한 구원의 의미의 전형적인 표현이 되었다.

6. 본문

갈라디아서에는 그리 중요하지 않은 이문(異文)들이 많이 포함되어 있지만, 전체적으로 이 서신의 본문에 대한 심각한 의문을 제기되지 않는다. 1:18; 2:9, 11, 14에서 아람어 명사인 게바와 헬라어 명사인 베드로 사이에 약간의 혼동이 있지만, 각 경우 모두 친숙하지 않은 아람어 이름 대신에 더 잘 알려진 헬라어 이름을 사용한 것에 불과한 듯하다. 1:6에서 "은혜" 뒤에 "그리스도의"가 따라와야

31) 예를 들어 디모데에게는 할례를 행하고, 디도의 할례를 거부한 것은 표면적으로 보면 분명히 일관성이 없는 행동이었다. 그러나 바울의 관점에서 보면, 두 가지 행동 모두 원칙에 의거한 행동이었다. 만일 할례를 받으면 유대인 메시아를 받아들이기 위해서는 진정한 유대인이 되어야 한다는 데 동의한다는 것의 신호가 될 수 있으며, 또 그리스도의 절대적인 능력을 위태롭게 할 수도 있는 기독교적 상황에서, 그는 디도의 할례를 반대했다. 그러나, 바울이 사람들을 그리스도께 인도하려고 노력하고 있지만 아무도 기독론적인 의미를 깨닫지 못하고 있던 유대 회당이라는 상황에서, 디모데의 할례는 단지 그가 "여러 사람에게 내가 여러 모양이 된 것은 아무쪼록 몇몇 사람들을 구원코자 함이니"(고전 9:22)라고 말하는 데 표현된 그의 의지의 일부에 불과하다.

하는지, 1:16에서 "기뻐하다"라는 동사 앞에 "하나님"이라는 주어가 있어야 하는지 확실하지 않다. 그러나 이러한 이문(異文)들은 의미에 크게 영향을 미치지 않는다. 전반적으로 현재의 갈라디아서는 바울이 쓴 그대로라고 본다.

7. 정경으로의 채택

갈라디아서는 매우 초기에 받아들여졌다. 바나바서, 클레멘트 1서, 폴리캅, 저스틴 마터 및 1세기말부터 2세기 초까지 활동한 여러 작가들의 글에 이 서신을 상기시키는 듯한 표현들이 있다. 이 서신의 바울의 것이라는 점에 대해서는 초기부터 전혀 논란이 없었다. "갈라디아서만큼 확실하게 바울의 것이라고 여겨지는 서신은 없다"[32]고 한 버튼(Burton)의 견해를 인정하지 않을 수 없다. 몇몇 바울 서신 목록에서(예를 들면 마르시온의 것) 이 서신을 제일 먼저 열거한 것은 그것의 신빙성뿐만 아니라 중요성도 인정하는 것이다.

8. 갈라디아서에 대한 최근의 연구

갈라디아서의 저술 연대 및 그 서신의 최초의 독자들의 위치에 대해 계속되는 논란에 대한 언급은 생략할 수도 있다.

바울이 대적하는 거짓 교사들의 정체에 대한 논의가 계속되고 있으며, 최근 일부 학자들은 "유대주의자들"이라는 용어 자체에 의문을 제기한다. 그들이 유대인이 아니라 바울에 의해 개종한 사람들 중 일부가 바울이 소개한 구약 성서를 연구하다가 율법을 지키는 것이 불가피하다고 생각하게 되었을 것이라고 보는 소수의 학자들도 있다.[33] 이 모든 것은 결국 바울이 하나 이상의 집단을 대적하고 있는지, 아니면 하나의 통일된 논거를 다루고 있는지에 대한 질문을 제기한다. 바울이 대적한 집단이 다수라고 주장하는 일부 학자들의 논쟁점들에도 불구하고, 갈라디아서에는 바울이 두 개의 전선에서 싸우고 있었다는 증거가 없다. 바울의 적은 하나의 집단이었던 듯하다. 거짓 교사들은 유대인들, 또는 외부에서 들어와서 몇 가지 유

---

32) E. de Witt Burton, *A Critical and Exegetical Commentary on the Epistle to the Galatians*, ICC (Edinburgh: T. & T. Clark, 1921), lxv.

33) J. Munck, *Paul and the Salvation of Mankind* (Richmond: John Knox, 1959), 87ff.

대교 형태를 옹호한 유대인 신자들이었을 것이다.[34]

수사비평(rhetorical criticism)에 대한 관심이 증가하면서 이 서신의 문학적 장르에 관한 질문이 제기되어왔다. 따라서 베츠(H. D. Betz)는 갈라디아서를 "'변증적 서신'이라는 장르"의 전형이라고 보았다. 그는 고대 수사학은 "진리와는 상관없으며, 사람들로 하여금 어떤 것을 진리로 믿게 만드는 기술을 익히는 것"이라고 말한다. 이것이 바울의 행동을 공정하게 묘사한 것인지 살펴보는 것은 쉬운 일이 아니다. 진리에 대한 그의 깊은 관심은 각 장에서 찾아볼 수 있다. 갈라디아서가 "마술적인 편지"이라는 베츠의 주장은 더욱 받아들이기 어렵다. 바울은 거짓 전도자들을 저주하고(1:9), "이 규례를 행하는 모든 자들"(6:16)을 축복했다. 베츠는 이것을 이 서신 자체가 축복과 저주를 품고 있다는 의미로 본다.[35] 그러나 고대에 "마술적인 편지"라는 범주를 인정했는지 의심스럽고, 혹 있었다 할지라도 바울이 그것을 사용했는지는 더욱 의심스럽다. 바울만큼 마술을 대적했던 사람을 찾아보기 어렵다.[36] 바울의 웅변술이 과열되어 있으며 그것이 유대인과 기독교인의 분열의 주된 원인이었다는 퍼킨스(Pheme Perkins)의 논거는 바울이 구약성서를 해석한 방식에 대한 호의적인 이해보다는 오늘날 다원주의에 몰두하는 태도에 기인한다.[37]

최근의 논의는 크게 샌더즈(E. P. Sanders) 및 그의 영향을 받은 학자들이 제안한 논거들에 중심을 둔다.[38] 샌더즈는 그 시대의 유대인들은 율법을 지키는 것이 구원을 확보하는 수단이라고 보았다는 사상을 배격한다. 그의 주장에 의하면, 팔레스타인의 유대인들은 보편적으로 "언약의 신율주의"(covenantal nomism), 즉 유대인들은 하나님과 언약을 맺은 백성에 속해 있기 때문에 은혜로 구원을 받았

34) E. P. Sanders는 "그들은 창세기 17:9-14과 같은 구절을 강조했을 극우파 유대인 신자였을 가능성이 크다"고 했다(*Paul, the Law, and the Jewish People* [Philadelphia: Fortress, 1985], 18).

35) H. D. Betz, *Galatians, Hermeneia* (Philadelphia: Fortress, 1979), 14, 24, 25.

36) 차일즈(Childs)는 "여기에서 베츠의 논거는 대단히 약하다. '마술적 편지'라는 범주가 본질적으로 매우 의심스러운 것일 뿐만 아니라, 그것을 갈라디아서에 적용했을 가능성은 극도로 빈약하다"고 말한다(p. 302). 베츠가 그레코-로마 세계의 비슷한 것들을 절제없이 의존한 것과 관련된 보다 넓은 범주의 문제들에 대해서 알려면 다음을 보라: Philip H. Kern, *Rhetoric and Calatians: Assessing an Approach to Paul's Epistle*, SNTSMS 101 (Cambridge: Cambridgd University Press, 1998).

37) Phem Perkins, *Abraham's divided Children: Galatians and the Politics of Faith* (Harrisburg: Trinity Press International, 2001).

38) 특히 다음을 보라: E. P. Sanders, *Paul and the Palestinian Judaism* (Philadelphia: Fortress, 1977); idem, *Paul, the Law, and the Jewish People.*

으며, 율법을 신봉하는 것은 그들이 그 백성 안에 머무는 수단이 된다고 주장한다. 이 주장은 1세기 유대인들의 믿음에 관한 시대착오적인 견해들을 바로잡는 데 기여했지만, 수정되어야 할 문제가 있다. 구체적으로, 샌더즈는 의에 대한 상급과 죄의 형벌에 대한 유대인의 가르침을 진지하게 다루지 않을 뿐 아니라,[39] 바울에 대한 그의 해석도 비판을 면할 수 없다는 반론이 제기된다.[40] 샌더즈가 일부 과거의 견해들에게 유익한 교정책을 제공했지만, 널리 지지를 받을 수 있는 해결책을 제시했다고 보기는 어렵다.[41]

샌더즈는 바울과 유대교의 근본적인 차이가 칭의에 있는 것이 아니라 기독론에 있다고 생각한다. 기독교인들은 예수님을 메시아로 받아들였지만, 대부분의 유대인들은 그렇지 않았다. 샌더즈는 바울이 사람은 절대로 율법을 지킬 수 없음을 의미했다는 일반적인 견해를 부인했다. "이 논거의 핵심은 하나님의 계획에는 의가 율법에 의해 이루어지도록 의도된 적이 없었고…율법에 있어서의 문제는 그것이 성취될 수 없다는 것이 아니었다. 바울은 하나님의 의도는 율법에 의한 의를 배제한다는 견해를 가지고 있었다." 유대인들은 일반적으로 하나님의 백성이 되고자 하는 자는 완전한 개종자가 되어 모세의 율법을 받아들여야 한다고 주장했다. 그러나 바울은 "율법의 행위 아래 있는 자들"은 "저주 아래" 있다고 여긴다(갈 3:10).[42]

샌더즈의 주장은 대중화되었고, 여러 계층에서 새롭게 연구되었다. 평론가들은 "갈라디아서가 바울의 행위를 반대하는 이신칭의의 복음의 분명하고 신중한 표현이라는 개신교의 이해"에 대해 의문을 제기했다.[43] 고든(Gordon)은 그리스도 안에 있는 믿음보다는 토라에 대한 반대를 강조하면서, "하나님의 백성은 토라에 의해 확인될 것인가, 아니면 그리스도에 의해 확인될 것인가?"[44]라고 질문한다. 이렇게 하면서, 그는 매우 중요한 진리에 관심을 끌어가지만, 갈라디아서는

---

39) 특히 *Justification and Variegated Nomism*, vol. 1을 보라.

40) R. H. Gundry, "Grace, Works, and Staying Saved in Paul," *Bib* 66 (1985):1-38; Westerholm, *Perspective Old and New; and Justification and Variegated Nomism,* vol. 2.

41) 이 책 제9장을 보라.

42) Sanders에 의하면, "하나님께서는 그리스도를 보내셨는데, 이는 의를 제공하시기 위해서였다. 만일 율법에 의한 의가 이미 가능했다면, 이것은 의미가 없었을 것이다(2:21); 율법은 의를 위해 주어진 것이 아니었다"(*Paul, the Law, and the Jewish People*, 27).

43) 예를 들면, T. David Gordon, "The Problem at Galatia," *Int* 41(1987):32.

44) Ibid., 40.

분명히 "율법의 행위"(2:16; 3:11)에 의해서가 아니라 그리스도 안에서 의롭게 되는 것(2:17), 혹은 믿음으로 의롭게 되는 것(2:16; 3:8, 11, 24)을 중요하게 다루고 있음을 잊지 말아야 한다. 그리스도와 토라의 차이를 간과하며 단순히 믿음과 행위를 대조하는 견해를 바로잡으려면, 그리스도 안에서의 믿음에 의한 칭의는 본질상 토라나 다른 것의 행위로 말미암는 칭의와 반대 된다는 점을 간과해서는 안 된다.

샌더즈의 연구가 비판도 없이 받아들여지든 아니든, 그는 최근의 바울 연구의 새로운 기점을 마련했기 때문에 최근 연구의 상당량이 대체로 그의 연구 결과를 의존하여 발전시켜 나간다. 예를 들어, 바클레이는 그의 최근 논문에서 갈라디아서에 나타난 바울의 윤리를 주의 깊게 살펴보았다.[45] 갈라디아서 5장과 6장의 여러 부분에 대한 바클레이의 해석은 매우 신중하고 자극적이다. 그러나 그 부분을 갈라디아서의 나머지 부분과 연결하는 방식은 대체로 샌더즈의 구조를 비판 없이 그대로 받아들인 것이다. 대조적으로, 틸만(Thielman)은 결정적으로 샌더즈의 입장에 반대한다.[46] 샌더즈는 바울의 견해에 있어서 (회심하지 않은) 유대인과 기독교인의 근본적인 차이는 기독론이라고 생각한다. 따라서 죄와 은혜와 용서 등의 문제들에 있어서 바울은 이미 해답을 알고서, 즉 예수가 해답이라는 것을 알고 있으면서 "해결책에서 문제점으로" 논증해 나간다. 틸만의 주장에 의하면, 바울은 갈라디아서나 로마서에서 문제(즉 죄, 혹은 하나님과 그의 율법에 대한 반항)를 제시하고 해결책을 소개할 때, 교육적인 기술에 의존하는 것이 아니라 단지 당시 유대교나 구약성서 안에 있는 기본 양식을 사용한다.

샌더즈의 영향 때문에 갈라디아서에 대한 논의의 다른 주제들을 간과해서는 안 된다.[47] 최근의 논의들에 의해 무색해진 많은 견해들에 대해서도 언급되어야 한다. 예를 들면, 바울은 자신의 사도직 및 그것의 중요성을 강조하면서 서신을 시작한다. 슈미탈스(W. Schmithals)는 사도직의 본질에 많은 관심을 가졌으며 당시에 바울을 대적한 영지주의 사도들이 있었다고 주장했다.[48] 그의 주장의 문제

---

45) John M. G. Barclay, *Obeying the Truth:A Study of Paul's Ethics in Galatians* (Edinburgh: T. & T. Clark, 1988).

46) Frank Thielman, *From Plight to Solution: A Jewish Framework for Understanding Paul's View of the Law in Galatians and Romans*, SuppNovT 611 (Leiden: Brill, 1989).

47) 다루어지는 주제들의 범위에 대해서는 특히 다음을 보라: Mark D. Nanos, ed., *The Galatians Debate: Contemporary Issues in Rhetorical Interpretation and Historical Interpretation* (Peabody: Hendriction, 2002).

점은 바울 시대에 영지주의가 발달했다는 증거가 없다는 것이다. 바울은 자기의 사도직을 높이 평가했으며, 그가 반대에 직면했다는 것도 분명하다. 그러나 우리가 가지고 있는 자료에 의하면, 거기에 영지주의가 개입되었을 가능성은 희박하다.[49)]

코스그로브(Cosgrove)는 바울이 이 서신에서 다루는 질문은 갈라디아서 3:5에 분명히 표현되어 있다고 주장했다: "너희에게 성령을 주시고 너희 가운데서 능력을 행하시는 이의 일이 율법의 행위에서냐 듣고 믿음에서냐?" 다시 말해서, 바울과 그의 독자들은 동일한 카리스마적인 배경을 가지고 있었으며, 갈라디아서에서 다루고 있는 주요 질문은 성령 안에 있는 그리스도인의 삶의 근거이다.[50)] 코스그로브는 자신이 갈라디아서 3:5을 그 서신의 주제의 중요한 표현으로 선택한 것을 정당화하려 하지만, 그의 방법론적인 설명은 전혀 설득력이 없다. 더욱이 갈라디아 교인들이 회심이 아니라 전적으로 성령 안에서의 삶의 성장과의 관계에서 율법에(할례와 같이 근본적인 문제까지 포함해서) 관심을 가졌다고 보기는 매우 어렵다. 그럼에도 불구하고, 코스그로브의 연구에는 유익한 종말론적인 의식이 포함되어 있다.[51)]

논의의 세 가지 초점들에 대해 간단히 언급하려 한다.

첫째, 갈라디아서의 이러한 문제들에 관해 채택하는 입장과 상관없이, 이러한 문제들은 필연적으로 한 쌍의 관련된 질문들과 연결되어 있다: "갈라디아서와 로마서는 어떻게 관련되는가?", 그리고 "갈라디아서에서 바울은 자신이 전파하는 복음과 율법의 계속성을 어느 정도 지지하는가?" 그러나 폭넓은 공감대는 이루어지지 않고 있다.[52)] 둘째, 헤이즈(Richard B. Hays)는 πίστις Χριστοῦ(*pistis*

48) W. Schmithals, *The Office of Apostle in the Early* Church (Nashville: Abingdon, 1969).

49) John W. Drane는 "여기에서 Schmithals의 논거 전체는(또 그의 연구 전체) 하나의 체제로서의 영지주의가 기독교 이전에 존재했다는 가정에 근거한다"고 했다. 그는 계속해서 "이 신념은 현재 알려져 있는 그 어느 증거의 지지도 받지 못한다"고 말한다(*Paul: Libertine or Legalist?* 17).

50) Charles H. Cosgrove, *The Cross and the Spirit:A Study in the Argument and Theology of Galatians* (Macon, Ga.: Mercer University Press, 1989).

51) 비슷한 것으로 Walter Bo Russell III, *The Flesh/Spirit Conflict in Galatians* (Lanham: UPA, 1997)을 보라.

52) Vincent M. Smiles, *The Gospel and the Law in Galatia: paul's Response to Jewish-Christian Seperatism and the Treat of Galatian Apostasy* (Collegeville: Liturgical Press, 1998); idem, "The Concept of 'Zeal' in Second-Temple Judaism and Paul's Critique of It in Romans 10:2," *CBQ* 64 (2002): 282-99.

Christou)와 같은 표현들 및 그와 비슷한 것들은 목적 소유격("그리스도 안에 있는 믿음")이 아니라 주격 소유격 "그리스도의 믿음"으로 이해되어야 한다는 견해에 대한 가장 포괄적인 변호를 개진해왔다.[53] 이 견해가 유행했음에도 불구하고, 건전한 언어학 이론, 그리고 표면적으로 비슷한 것들에 대한 세심한 연구에서는 목적 소유격을 강력히 지지한다.[54] 물론, 문제는 언어학적인 것에 한정되지 않는다. 이 문제에 대한 결론은 부분적으로 그 표현이 등장하는 각각의 문맥에서 "예수 그리스도의 이야기"가 주로 예수님의 신실하심을 제시하는 것을 목표로 하는지, 아니면 예수님을 다른 사람들의 신앙의 대상으로 삼는 데 있는지에 따라 결정된다. 셋째, 갈라디아서 3:26-29에 기록된 범주들의 소멸은 필연적으로 여권주의를 지향하는 다양한 입장을 채택하는 많은 논문들과 서적들을 생성해냈다.[55]

9. 갈라디아서의 공헌

이 짧은 서신은 그 길이에 상관없이 매우 중요한 위치를 차지한다. 사람들은 구원이 자신의 노력에 의해 이루어진다고 생각하려는 경향이 있다. 구원을 이해하는 방식도 다양하고, 따라서 구원에 필요하다고 여기는 업적의 종류도 다양할 수 있다. 그러나 그들의 영원한 운명이 그들의 손에 달린 것처럼 보이는 것은 설명이 필요 없을 만큼 자명한 일이다. 기독교는 종종 성례 제도를 준행하고, 특정한 표준을 따르며, 교회 안에 있는 다른 사람들과 좋은 관계를 맺는 등의 일종의 도덕적 제도 정도로만 이해되기도 했다. 따라서 칭의는 그리스도 안에 있는 믿음으로만 가능하다는 진리를 솔직하게 제시하는 바울의 이 서신은 항상 필요하다. 이 서신은 토라에 따른 행위나 다른 업적의 중요성을 강조하는 사람들에게 반드시 해주어야

이 짧은 서신은 그 길이에 상관없이 매우 중요한 위치를 차지한다. 칭의는 죄인의 행위가 아니라, 그리스도 안에 있는 믿음으로만 가능하다는 진리를 솔직하게 제시하는 바울의 이 서신은 항상 필요하다.

---

53) R. B. Hays, *The Faith of Jesus Christ: The Narrative Substructure of Galatians 3:1-4-4:11,* 2nd ed. (Grand Rapids: Eerdmans, 2002). 그 이전에도 많은 학자들이 그러한 주장을 했다. 예를 들면 다음과 같다: Richard N. Longenecker, *Galatians,* WBC 41 (Dallas: Word Books, 1990), 89-99.

54) 특히 다음을 보라: R. Barry Matlock, "Detheologizing the πίστς Χριστοῦ Debate: Cautionary Remarks from a Lexical Semantic Perspective," *NovT* 42 (2000): 1-23; idem, "Πίστος in Galatians 3.26: Neglaected Evidence of 'Faith in Christ'?" *NTS* 49 (2003): 433-39; Moisés Silva, "Faith Versus Works of the Law," in *Justification and Variegated Nomism*, 2.217-48.

55) 특히 다음을 보라: Richard Hove, *Equality in Christ? Galatians 3:28 and the Gender Dispute* (Wheaton: Crossway Books, 1999); Troy W. Martin, "The Covenant of Circumcision (Genesis 17:9-14) and the Situational Antitheses in Galatians 3:28," *JBL* 122 (2003): 111-25.

할 말이다.

기독교는 죄인의 행위가 아니라 하나님께서 그리스도 안에서 행하신 것을 강조한다. 의식을 지키거나 도덕적인 향상 등 인간의 업적에 의해서 하나님의 행동을 개선할 수 없다. 십자가는 구원의 유일한 길이며, 성경에서 갈라디아서만큼 확실하게 이 진리를 선포하는 책이 없다.[56)]

우리는 아브라함에 대한 바울의 언급의 중요성을 파악해야 한다(3:6-29). 이것은 독자들을 율법이 주어지기 이전 시대로 거슬러 올라가게 만든다. 왜냐하면 아브라함과의 언약은 율법 이전의 일이기 때문이다(3:17). 율법은 하나님의 약속을 무효화할 수는 없다. 하나님의 약속에 단순히 의존하기를 거부한 자들은 하나님의 정하신 길에서 벗어나 율법의 의미를 오해한 자들이다(3:19). 만일 갈라디아에 있는 바울의 친구들이 아브라함의 예를 신중히 생각했다면, 토라에 의존하는 심각한 오류를 범하지 않았을 것이다.[57)] 만일 우리가 많은 유대인들이 생각하듯이 아브라함이 율법을 지켜야 했다는 시대착오적인 생각을 하지 않고 아브라함과 그의 믿음을 구속사 안에서의 적절한 위치에 있는 이야기로 해석한다면, 하나님의 길은 언제나 약속과 믿음의 길이었음이 분명해진다. 간단해 말해서, 갈라디아서는 기독교인들이 성경책들을 종합하는 방법에 공헌한다. 게다가 바울은 그리스도께서 종살이를 하는 죄인들을 대속하기 위해서 정해진 때에 오셨다고 주장한다(4:4-5). 또 그리스도께서 "우리를 위한 저주가 되심으로"(3:13) 구속 사역을 이루셨다고 명시한다. 이것은 속죄에 대한 이해에 중요한 기여를 한다.

바울은 그리스도 안에 있는 믿음으로 말미암는 칭의, 그리고 그리스도인의 자유를 강조한다: "그리스도께서 우리로 자유케 하시려고 자유를 주셨으니"(5:1). 신자들은 성령 안에서 행해야 한다(5:16). 그리스도 안에서 믿음으로 의롭다함을 받은 사람들도 때때로 자신이 쉽게 제도의 노예가 되는 것을 본다. 바울의 말은 그리스도 안에 있는 모든 자들의 유산인 자유에 대한 표준적인 표현이다.

---

56) Cf. Johnson의 질문: "하나님은 궁극적으로 그의 피조물들의 상대적인 공적이나 계산하는 데 관심이 있고 세상을 지으신 후에 그대로 방치해 두신 소극적인 회계원에 불과한가? 아니면 매순간 모든 것의 근원을 새로 지으시고 구원하시고 성화시키시고 모든 것의 방향을 인도하시는 분이신가? 하나님은 희귀하고 예측 불허한 방법으로 행하시는가? 아니면 당신의 과거에 매여 있는가?"(305).

57) "그의 논증을 아브라함의 믿음에 근거를 둠으로 바울은 그 논쟁을 단순한 우발적인 역사의 영역으로부터 끌어낸다. 갈라디아 교인들은 단순히 인간적으로 잘못 판단한 것이 아니라 그들 스스로 그들의 믿음의 조상과의 연관성을 끊어 버리는 길을 택한 것이다"(Childs, 308).

갈라디아서는 기독교적 삶에 있어서 믿음이 의미하는 바를 이해하는 것이 얼마나 중요한 일인지 항상 상기시켜준다. 심지어 베드로와 바나바도 정도에서 벗어날 수 있었을 것이다. 바울은 그들의 신학에 대해 불평한 것이 아니라 "할례를 받은 무리에 속한 자들이 베드로와 바나바로 하여금 이방인들과 함께 식사를 하다가 물러나게 만들었을 때에 그들의 관습에 대해 불평했다(2:11-14). 이 서신은 십자가를 통한 구원이 함축하는 바를 실생활에서 실천하는 것의 중요성을 어떤 서신보다 분명하게 밝혀준다.

참고문헌

John M. G. Barclay, *Obeying the Truth: A Study of Paul's Ethics in Galatians* (Edinburgh: T. & T. Clark, 1988).

Markus Barth, "The Kerygma of Galatians," *Int* 21 (1967): 131-46.

H. D. Betz, *Galatians, Hermeneia* (Philadelphia: Fortress Press, 1979); idem, "The Literary Composition and Function of Paul's Letter to the Galatians," *NTS* 21 (1974-75): 353-79.

A. C. M. Blommerde, "Is There an Ellipsis Between Gal. 2,3 and 2,4?" Bib 56 (1975): 100-102.

Markus Bockmuehl, "1 Thessalonians 2:14-16 and the Church in Jerusalem," *TynB* 52 (2001): 1-31.

P. Borgen, "Paul Preaches Circumcision and Pleases Men," in *Paul and Paulinism*, Fs. C. K. Barrett, ed. M. D. Hooker and S. G. Wilson (London: SPCK, 1982), 37-46.

Udo Borse, *Der Brief an die Galater*, RNT (Regensburg: Friedrich Pustet, 1984).

F. F. Bruce, "'Abraham Had Two Sons? A Study in Pauline Hermeneutics," in *New Testament Studies*, Fs. Ray Summers, ed. H. L. Drumwright and C. Vaughan (Waco: Word, 1975), 71-84; idem, *Commentary on Galatians*, NIGTC (Grand Rapids: Eerdmans, 1982); idem, "The Conference in Jerusalem—Galatians 2:1-10," in *God Who Is Rich in Mercy*, *Fs*. D. B. Knox, ed. P. T. O'brien and D. G. Peterson (Homebush West, NSW: Anzea, 1986), 195-212; idem, "The Curse of the Law," in *Paul and Paulinism*, Fs. C. K. Barrett, ed. M. D. Hooker and S. G. Wilson (London: SPCK, 1982), 27-36; idem, "Galatian Problems," *BJRL* 51 (1968-69): 292-309; 52 (1969-70): 243-66; 53 (1970-71): 253-71; 54 (1971-72): 250-67; 55 (1972-73): 264-82; idem, "Paul and the Law of Moses," *BJRL* 57 (1974-75): 259-79.

E. de Witt Burton, *A Critical and Exegetical Commentary on the Epistle to the Galatians*, ICC (Edinburgh: T. & T. Clark, 1921).

T. H. Campbell, "Paul's 'Missionary Journeys' as Reflected in His Letter," *JBL* 74 (1955): 80-87 D. A. Carson, "Pauline Inconsistency: Reflections on I Corinthians 9.19?3 and Galatians 2.11-14," *Churchman* 100 (1986): 6-45.

D. A. Carson, Peter T. O'brien, and Mark A. Seifrid, eds., *Justification and Variegated Nomism*, vol. 1: *The Complexities of Second Temple Judaism* (Tübingen: Mohr-Siebeck/Grand Rapids: Baker, 2001), Vol. 2: *The Paradoxes of Paul* (Tübingen: Mohr- Siebeck/Grand Rapids: Baker, 2004).

Charles H. Cosgrove, *The Cross and the Spirit: A Study in the Argument and Theology of Galatians* (Macon: Mercer University Press, 1989); idem, "The Law Has Given Sarah No Children (Gal. 4:21-330)," *NovT* 29 (1987): 219-35.

Charles B. Cousar, *Galatians, Interpretation* (Atlanta: John Knox, 1982).

John W. Drane, *Paul: Libertine or Legalist?* (London: SPCK, 1975).

J. D. G. Dunn, *The Epistle to the Galatians,* BNTC (Peabody: Hendrickson, 1993); idem, *The Theology of Paul's Letter to the Galatians*, NTT (Cambridge: Cambridge University Press, 1993); idem, "Once More-Gal 1 18: ἱστορῆαι Κηφᾶν: In Reply to Otfried Hofius," *ZNW* 76 (1985): 138-39; idem, "The Relationship Between Paul and Jerusalem According to Galatians 1 and 2," *NTS* 28 (1981-82): 461-78 idem, "Works of the Law and Curse of the Law," *NTS* 31 (1984-85): 523-42.

Gerhard Ebeling, *The Truth of the Gospel: An Exposition of Galatians*, trans. David Green (Philadelphia: Fortress Press, 1985).

Philip F. Esler, *Galatians* (London: Routledge, 1998).

W. Foester, "Die Δοκοῦντεζ in Gal. 2," *ZNW* 36 (1937): 286-92.

Ronald Y. K. Fung, *The Epistle to the Galatians* (Grand Rapids: Eerdmans, 1988); idem, "Justification, Sonship, and the Gift of the Spirit: Their Mutual Relationships as Seen in Galatians 3-4," *CGSTJ* 3 (1987): 73-104.

Timothy George, *Galatians,* NAC (Nashville: Broadman & Holman, 1994).

T. David Gordon, "The Problem at Galatia," *Int* 41 (1987): 32-43.

R. H. Gundry, "Grace, Works, and Staying Saved in Paul," *Bib* 66 (1985): 1-8.

Ernst Haenchen, *The Acts of the Apostles* (Oxford: Blackwell, 1971).

G. Walter Hansen, *Galatians,* IVPNTC (Downers Grove: IVP, 1994).

Richard B. Hays, "Christology and Ethics in Galatians: The Law of Christ," *CBQ* 49 (1987): 268-90; idem, *The Faith of Jesus Christ: The Narrative Substructure of Galatians 3:1-4:11,* 2nd ed. (Grand Rapids: Eerdmans, 2002).

C. J. Hemer, "The Adjective 'Phrygia,' *JTS* 27 (1976): 122-26; idem, "Phrygia: A Further Note," *JTS* 28 (1978): 99-101.

J. D. Hester, "The Rhetorical Structure of Galatians 1:11-2:14," *JBL* 103 (1984): 223-33.

D. Hill, "Salvation Proclaimed: IV. Galatians 3:10-14," *ExpTim* 93 (1981-82): 196-200.

O. Hofius, "Gal 1:18: "ἱστορῆαι Κηφᾶν," *ZNW* 75 (1984): 73-75.

M. D. Hooker, "Paul and 'Covenantal Nomism,'" in *Paul and Paulinism*, 47-46.

Richard Hove, *Equality in Christ? Galatians 3:28 and the Gender Dispute* (Wheaton: Crossway Books, 1999).

G. Howard, *Paul: Crisis in Galatia* (Cambridge: Cambridge University Press, 1979).

J. J. Hughes, "Hebrews ix 15ff. and Galatians iii 15ff.: A Study in Covenant Practice and Procedure," *NovT* 21 (1979): 27-26.

L. Ann Jervis, *Galatians*, NIBC (Peabody: Hendrickson, 1999).

R. Jewett, "The Agitators and the Galatian Congregation," *NTS* 17 (1970-71): 198-212.

Philip H. Kern, *Rhetoric and Galatians: Assessing an Approach to Paul's Epistle*, SNTSMS 101 (Cambridge: Cambridge University Press, 1998).

G. D. Kilpatrick, "Peter, Jerusalem, and Galatians 1:13-2:14," *NovT* 25 (1983): 318-26.

J. B. Lightfoot, *Saint Paul's Epistle to the Galatians* (London: Macmillan, 1902).

Andrew T. Lincoln, *Paradise Now and Not Yet*, SNTSMS 43 (Cambridge: Cambridge University Press, 1981).

Bruce W. Longenecker, *The Triumph of Abraham's God: The Transformation of Identity in Galatians* (Edinburgh: T. & T. Clark, 1998).

Richard N. Longenecker, *Galatians*, WBC 41 (Dallas: Word, 1990).

Dieter Lührmann, *Galatians: A Continental Commentary* (Minneapolis: Fortress Press, 1992).

D. J. Lull, "'The Law Was Our Pedagogue? A Study in Galatians 3:19?5," *JBL* 105 (1986): 481-98.

Troy W. Martin, "The Covenant of Circumcision (Genesis 17:9?4) and the Situational Antitheses in Galatians 3:28," *JBL* 122 (2003): 111-115.

J. Louis Martyn, *Galatians: A New Translation with Introduction and Commentary*, AB 33A (New York: Doubleday, 1997).

Frank J. Matera, *Galatians*, SacPag 9 (Collegeville: Liturgical Press, 92).

R. Barry Matlock, "Detheologizing the πίϖστιξ Χριστοῦ Debate: Cautionary Remarks from a Lexical Semantic Perspective," *NovT* 42 (2000): 1-23; idem, "Πίϖστιξ in Galatians 3.26: Neglected Evidence for 'Faith in Christ'?" *NTS* 49 (2003): 433-39.

Scot McKnight, *Galatians*, NIVAC (Grand Rapids: Zondervan, 1995).

D. J. Moo, "'Law, 'Works of the Law,' and Legalism in Paul," *WTJ* 45 (1983): 73-100.

J. Munck, *Paul and the Salvation of Mankind* (Richmond: John Knox, 1959).

Mark D. Nanos, *The Irony of Galatians: Paul's Letter in First-Century Context* (Minneapolis: Fortress Press, 2002); idem, ed., *the Galatians Debate: Contemporary Issues in Rhetorical and Historical Interpretation* (Peabody: Hendrickson, 2002).

Peter T. O'brien "Was Paul Converted?" in D. A. Carson, Peter T. O'brien and Mark A. Seifried, *Justification and Variegated Nomism*, 2.361-91.

George Ogg, *The Chronology of the Life of Paul* (London: Epworth, 1968).

J. C. O'Neill, *The Recovery of Paul's Letter to the Galatians* (London: SPCK, 1972).

Pheme Perkins, *Abraham's Divided Children: Galatians and the Politics of Faith* (Harrisburg: Trinity Press International, 2001).

W. M. Ramsay, *The Church in the Roman Empire* (London: Hodder & Stoughton, 1893).

P. Richardson, "Pauline Inconsistency: I Corinthians 9:19-23 and Galatians 2:11-14," *NTS* 26 (1979-80): 347-62.

Rainer Riesner, P*aul's Early Period: Chronology, Mission Strategy, Theology* (Grand Rapids: Eerdmans, 1998).

J. A. T. Robinson, *Redating the New Testament* (Philadelphia: Westminster, 1976).

Walter Bo Russell III, *The Flesh/Spirit Conflict in Galatians* (Lanham: UPA, 1997).

E. P. Sanders, "On the Question of Fulfilling the Law in Paul and Rabbinic Judaism," in *Donum Gentilicium, Fs.* D. Daube, ed. E. Bammel, C. K. Barrett, and W. D. Davies (Oxford: Oxford University Press, 1980), 103-26; idem, *Paul and Palestinian Judaism* (Philadelphia: Fortress Press, 1977); idem, *Paul, the Law, and the Jewish People* (Philadelphia: Fortress Press, 1985).

T. R. Schreiner, "Is Perfect Obedience to the Law Possible? A Re-examination of Galatians 3:10," *JETS* 27 (1984): 151-60; idem, "Paul and Perfect Obedience to the Law: An Evaluation of the View of E. P. Sanders," *WTJ* 47 (1985): 245-78.

Moisés Silva, *Interpreting Galatians: Explorations in Exegetical Method*, 2nd ed. (Grand Rapids: Baker, 2001); idem, "Faith Versus Works of the Law," in *Justification and Variegated Nomism*,

2.217-48.

Vincent M. Smiles, *The Gospel and the Law in Galatia: Paul's Response to Jewish-Christian Separatism and the Threat of Galatian Apostasy* (Collegeville: Liturgical Press, 1998); idem, "The Concept of 'Zeal' in Second-Temple Judaism and Paul's Critique of It in Romans 10:2," *CBQ* 64 (2002): 282-99.

G. M. Taylor, "The Function of πίϖστιξ Χριστοῦ in Galatians," *JBL* 85 (1966): 58-76.

Frank Thielman, *From Plight to Solution: A Jewish Framework for Understanding Paul's View of the Law in Galatians and Romans*, NovTSup 61 (Leiden: Brill, 1989).

P. Vielhauer, "Gottesdienst und Stoicheiadienst im Galaterbrief," in *Rechtfertigung, Fs*. E. Käsemann, ed.

J. Friedrich, W. Pöhlmann, and P. *Stuhlmacher* (Tübingen: Mohr-Siebeck, 1976), 543-55.

Stephen Westerholm, *Perspectives Old and New on Paul: The "Lutheran" Paul and His Critics* (Grand Rapids: Eerdmans, 2004).

M. Wilcox, "The Promise of the 'Seed' in the New Testament and the Targums," *JSNT* 5 (1979): 2-20.

Sam K. Williams, *Galatians,* ANTC (Nashville: Abingdon, 1994); idem, "Justification and the Spirit in Galatians," *JSNT* 29 (1987): 91-100.

R. M. Wilson, "Gnostics-in Galatia?" *SE* 4: 358-67.

Ben Witherington III, *Grace in Galatia: A Commentary on Paul's Letter to the Galatians* (Grand Rapids: Eerdmans, 1998).

N. H. Young, "Paidagogos: The Social Setting of a Pauline Metaphor," *NovT* 29 (1987): 15-76.

제13장

에베소서

1. 내용

바울은 문안 인사 후에(1:1-2), 그리스도 안에 있는 하나님의 예정하시고 대속하시는 활동, 하나님의 영광스러운 은혜를 찬양한다(1:3-14). 아버지께서 우리에게 모든 신령한 복을 주셨고, 창세전에 그리스도 안에서 우리를 택하셨고, 사랑 안에서 우리를 예정하셨다(1:3-5). 아버지께서 주신 모든 복은 그의 사랑하시는 자, 하늘 보좌에 앉아계신 "그리스도 안에서" 우리에게 임했다. 이 복들 중에는 우리가 "인치심", 즉 약속된 성령을 받았다는 사실도 포함되어 있다(1:13). 바울은 당연히 감사와 이 편지를 받는 사람들을 위한 기도를 한다(1:15-23).

2장에서는 그들의 죄악됨과 은혜에 의한 구원을 상기시킨 후에(2:1-10), 그리스도께서 유대인들과 이방인들 사이에 가져다주시는 평화와 통일성을 하나님이 새 인류를 지으시는 것으로 언급한다(2:11-22). 바울은 이방인들이 하나님의 옛 백성 이스라엘과 한 몸이 되는 "그리스도의 비밀"에 관해 말하고(3:1-6), 그리스도 안에서 하나님의 영원한 목적들이 이루어진 방법에 관해 이야기한다(3:7-13). 편지를 받는 사람들을 위한 기도에 이어, 그리스도께서 믿음으로 말미암아 그들의 마음에 거하실 것과 그리스도 안에서 그들을 향한 하나님의 사랑의 규모를 파악하게 해달라고 기도한 후에 송영으로 마친다(3:14-21).

바울은 하나님께서 교회에게 주신 선물로서 사랑 안에서 자랄 수 있게 해주는 것(4:7-16), "성령의 하나 되게 하신 것"을 힘써 지키는 일의 중요성을 강조한다

(4:1-6). 빛의 자녀답게 살라고 권면한다(4:17-5:21). 이 권면에는 최고의 신학적 유인들이 포함되어 있다. 예를 들어, 독자들은 자녀로서 도덕적으로 아버지의 성품을 반영해야 하므로, "하나님을 본받는 자"가 되라고 권면하며(5:1), "그리스도께서 너희를 사랑하사 우리를 위하여 자신을 버리신" 사랑의 길을 따르라고 촉구한다(5:2). 그 다음에는 가정을 위한 지침을 준다: 남편과 아내에게 주는 권면(5:22-33. 여기에는 한편으로는 남편과 아내, 다른 면으로는 그리스도와 교회 사이의 강력한 예표론적 관계가 포함된다), 부모와 자녀에게 주는 권면(6:1-4), 그리고 주인과 종에게 주는 권면(6:5-9). 바울은 독자들에게 하나님의 전신갑주를 입으라고 권하며(6:10-18), 자기를 위해 기도해달라고 부탁한다(6:19-20). 이 편지는 마지막 문안인사로 끝을 맺는다(6:21-24).

2. 저자

에베소서가 확실한 바울의 서신이라는 것이 전통적인 견해였는데, 최근에는 많은 사람들이 이를 부인한다. 바울이 이 서신을 기록했다는 견해를 지지하는 논거들은 다음과 같다.[1)]

1. 이 서신의 서두에서 뿐만 아니라(1:1) 본론에서도(3:1) 바울이 저자라고 주장한다. 고대로부터 전해 내려오는 편지는 강력한 반대 증거가 없는 한 그 편지에 언급된 저자의 것으로 보아야 한다. 이 서신에는 개인적인 내용들이 많다. 예를 들면, 저자가 에베소 교인들의 믿음과 사랑에 대해 소문을 들었다는 것(1:15), 그들을 위하여 감사하고 기도하는 것(1:16), 자신을 예수 그리스도를 위하여 갇힌 자라고 부른 것(3:1; 4:1), 독자들에게 기도를 부탁한 것(6:19-20) 등이다. 만일 바울이 저자가 아니라면, 6:21의 논평은 앞뒤가 맞지 않는다. 이런 것들은 증거는 아니지만, 바울이라고 주장하는 사람이 독자들에게 알려져 있었고, 그의 주장이 받아들여질 것이라는 확신이 있었음을 가리킨다.

2. 초기부터 이 서신은 널리 보급되었고, 이 서신의 신빙성에 대한 의심이 없었

---

1) 표준적인 개론서들이나 주석들 외에 다음을 보라: A. van Roon, *The Authenticity of Ephesians,* SuppNovT 39 (Leiden: Brill, 1974); A. T. Lincoln, *WTJ* 40 (1977-78): 172-75(그러나 Lincoln은 뒤에 생각을 바꾸었다. viz. Ephesians, *WBC* 42[Dallas: Word Books, 1990]); Clinton E. Arnold, "Introducing Ephesians: Establishing Believers in Christ," *SWJT* 39 (1966): 4-13; idem, "Ephesians, Letter to the," *DPL,* 238-46.

던 것처럼 보인다. 마르시온은 이 서신을 (라오디게아에 보내는 서신으로) 받아들였다. 이 서신은 무라토리 정경에서 발견되며, 정통 교회뿐만 아니라 이단들도 이 서신을 사용했다. 이그나티우스, 폴리캅, 로마의 클레멘트, 헤르마스, 그리고 다른 속사도 교부들은 이 서신을 분명히 바울의 것으로 여겼다. 바울이 이 서신의 저자라는 것에 대해서는 지금까지는 아무도 의문을 제기한 것 같지 않다.[2)]

초기부터 이 서신은 널리 보급되었고, 이 서신의 신빙성에 대한 의심이 없었던 것처럼 보인다. 바울이 이 서신의 저자라는 것에 대해서는 지금까지는 아무도 의문을 제기한 것 같지 않다.

3\. 이 서신에는 바울의 특징들이 많이 나타나 있다. 이 서신의 구조는 확실한 바울 서신들의 구조와 비슷하고, 다른 신약성경에서는 찾아볼 수 없고 바울 서신에서만 볼 수 있는 단어들과 용어들이 이 서신에 많이 사용되었다.[3)] 캐드버리(H. J. Cadbury)는 다음과 같은 흥미로운 질문을 했다: "1세기에 바울을 모방한 사람이 90-95퍼센트 정도 바울의 문체와 흡사하게 기록했다는 것과, 바울이 5-10퍼센트 정도 자신의 문체에 변화를 주었다고 보는 것 중 어떤 것이 더 그럴듯한가?"[4)] 로버트 그랜트(Robert Grant)는 이 질문을 자기 나름대로 다음과 같이 바꾸었다: "90-95퍼센트가 바울의 문체와 일치하는 이 서신의 신빙성을 인정할 수 있다고 주장하는 것과 없다고 주장하는 것 중 어느 것이 더 그럴듯한가?" 이 질문에는 답이 가능한 것 같다. 우리는 판단할 수 있는 입장에 있지 않다. 따라서 부정할 수 있는 근거가 없는 한, 이 서신의 신빙성을 인정해야 한다.[5)]

4\. 골로새서와의 관계는 다른 여러 가지 방법으로 설명할 수 있다. 바울을 저자로 인정하지 않는 사람들은 한 사람이 그와 같이 흡사한(예를 들면, 두기고에 관한 말; 엡 6:21-22과 골 4:7-8을 보라) 동시에 엄청난 차이가 있는(예를 들면, "비밀"은 엡 3:3-6에서는 그리스도 안에서 이방인과 유대인이 하나가 되는 것이고, 골 2:2에서는 그리스도 자신을 가리킨다) 두 개의 편지를 기록하는 것이 불가능하다고 주장한다. 그러나 바울이 저자라고 주장하는 사람들은 "상호 의존하면서도 서로 독립된 두 개의 서신을 두 사람이 기록했다고 볼 수 없다"고 주장한다.[6)] 에베소서는 골로새서의 몇 부분을 복사한 것이 아니라, 그것을 발전시킨 것이다. 거기에

---

2) Harold W. Hoehner, *Ephesians: An Exegetical Commentary* (Grand Rapids: Baker, 2002), 2-20을 보라. 그는 70-80퍼센트의 학자들이 이 서신이 바울의 것이 아니라는 견해를 수용한다는 브라운의 주장이 잘못된 것임을 증명한다.

3) "모방자가 바울의 글들과 유사하게 모방하면서도 그처럼 섬세하고 깔끔하게 기록할 수 있다고 믿을 수가 없다. 당시에 바울과 같은 정신을 가졌고 바울처럼 생각이 깊었던 영적 천재가 교회에 또 있었다고 믿기가 어렵다"(Clogg, 96).

4) H. J .Cadbury, "The Dilemma of Ephesians," *NTS* 5 (1958-59):101.

5) Grant, 202

6) Guthrie, 511.

비슷한 어휘들이 있을 수 있지만, 흥미로운 차이점들도 있다. 바울이 특수한 상황을 염두에 두고 골로새서를 기록하고, 얼마 후에 보다 광범위한 목적을 가지고 에베소서를 기록했다고 생각할 수도 있다. 또 그가 두 서신 중 하나를 기록할 때, 필기자를 사용하면서 그에게 어느 정도 자유를 주었을 수도 있다. 그러나 이 이론에 대해서는 다른 바울 서신들은 필기자에게 그러한 자유(적어도 이 이론이 요구하는 정도의 자유 한계)를 허용한 적이 없다는 것이 문제가 된다. 바울이 왜 이 서신만 다른 서신들과 다르게 취급했겠는가?[7)]

5. 요한계시록에는 바울이 언급되지 않지만, 특히 에베소 교회에게 하는 말이 기록되어 있다(계 2:1; 벧후 3:15). "익명을 사용한 저자가 사도 바울이 존경받고 있다는 증거가 없는 지역에 편지를 보내면서 그의 이름을 언급해야 할 이유가 있는가?"[8)]라고 반문할 수도 있을 것이다. 어쨌든, 일부 학자들이 주장하는 대로, 초대 교회에서는 다른 사람의 이름으로 편지를 쓰는 것이 일부 학자들의 주장처럼 널리 시행되고 있었던 것은 아닌 듯하다.(제8장의 "익명사용"을 보라.)

6. 에베소서의 많은 주제들은 분명한 바울 서신들의 주제와 매우 흡사하다. 예를 들면, 이신칭의, 은혜의 위치, 구속함을 받지 못한 자들은 육체의 지배를 받는다는 것, 화목제로서의 그리스도의 사역, 유대인과 율법의 위치 등이다. 바울이 저자라는 것을 반대하는 사람들은 이것이 바울을 흉내 낸 것이라고 하는데, 이것도 증명되어야 할 것이다. 이 서신에는 분명히 바울의 교훈들이 들어 있다.

7. 이 서신이 주장하는 대로, 바울은 이 서신을 기록할 당시 감옥에 갇혀 있었다(3:1; 4:1). 이 서신에는 초기 서신들로부터 발전된 내용들이 있는데, 이것은 인생의 마지막을 앞둔 바울로서는 지극히 당연한 일이다. 이 서신은 신앙의 중요한 측면들에 관해 더 많은 가르침이 필요하다고 생각되는 교회에게 보낸 것이라고 이해하는 것이 자연스럽다. 이것이 이 서신을 이해하는 다른 방법들보다 설득력이 있다. 이것이 위서(僞書)라는 주장은 바울이 마지막으로 감옥에 있으면서 기록했다는 견해만큼의 설득력을 갖지 못한다.

그러나 현대의 많은 학자들은 위의 논거들을 받아들이지 않는다. 그들은 바울

---

7) Johnson은 골로새서를 모방한 사람이 이 서신을 기록했다는 주장의 두 가지 취약점을 지적한다. "만일 골로새서를 그처럼 주도면밀하게 따랐다, 동일한 단어들을 흥미로울 정도로 다르게 사용한 이유는 무엇이겠는가? 그리고, 만일 날조자가 바울의 진짜 서신들을 소유할 수 있었다면, 왜 그것들을 더 효과적이고 설득력 있게 이용하지 못했겠는가?"(369).

8) 에베소서가 위서(僞書)라고 주장하는 대부분의 학자들은 늦게는 요한계시록이 기록되었을 시기와 그리 멀지 않은 시기, 즉 바울이 죽고 30년 후에 이 서신이 기록되었다고 본다.

이 아닌 다른 사람이 기록했다는 증거가 더 많다고 주장한다.

1. 에베소서의 신학은 바울의 신학이라고 보기 어렵다. 이신칭의에 대한 분명한 진술처럼 바울의 특징들이 있지만(2:5-8), 교회의 보편적 기능(3:10)과 실현된 종말론을 강조한 것 등 확실한 바울의 서신들에서 입증되지 않는 강조점들이 있다. 더욱이, 저자는 에베소 신자들이 "사도들과 선지자들의 터 위에 세우심을 입은 자"라고 주장하지만(2:20), 분명한 바울의 서신에서 바울은 그리스도가 유일한 터라고 이해한다(고전 3:11).

분명, 몇 가지 발전이 이루어졌지만, 이러한 발전이 바울이 생전에 도달할 수 있었던 것을 능가하는 단계를 대변한다는 것, 또는 비록 이 서신에서 환기시키는 특별한 상황을 고려한다고 해도, 여기에서 강조된 주제들은 바울이 강조할 것이라고 기대할 수 있는 종류가 아니라는 것을 증명하는 것은 별개의 문제이다. 예를 들어, 아놀드(Arnold)는 그리스도의 우주적인 기능들 및 실현된 종말론을 강조한 것은 독자들에게 "정사들과 권세들"[9]을 대적하여 싸울 힘을 주려는 저자의 갈망 때문이라고 주장한다. 링컨은 에베소서에 미래주의 종말론이 얼마나 많이 표면화되어 있는지 증명했다.[10] 더욱이, 이 서신에서 그리스도는 "모퉁이 돌"이 되시는데(2:20), 이것은 고린도전서의 구절들과 일치한다.

또 에베소서에서 ἐκκλησία(*ekklēsia*)는 항상 보편 교회를 언급하지만, 일반적으로 바울은 지역 회중을 언급할 때에 그 단어를 사용한다는 주장도 있다. 그러나 이 서신에서 바울이 사용한 그 단어가 언급하는 것이 그 지역 교회의 범위를 넘어서는 것이 사실인 한, 이것이 아시아에 있는 로마의 속주에 있는 많은 교회에 보내기 위해 기록된 일반적인 편지라면, 그것은 그리 놀라운 것이 아니다. 어떤 학자들은 분명한 바울의 편지에서 언급되는 그리스도의 재림이 이 편지에서는 언급되지 않는다는 점에 주목한다(이것은 1:14; 4:30; 5:6; 6:8을 공정하게 다룬 것인가?). 이 서신에서는 바울이 교회 안에서 유대인과 이방인들의 일치를 이루는 사명을 가지고 있다고 묘사하는데 반해(3:2-6), 역사적인 바울은 자신을 이방인의 사도로 여겼다고 주장된다. 비평가라면, 차이점들이 본문들에서 억지로 끌어낸 것이 아닐까 의심하지 않을 수 없다. 바울은 로마서 11:17-24에서 유대인들과 이방인들이 한

9) Clinton E. Arnold, *Ephesians: Power and Magic. The Concept of Power in Ephesians in Light of Its Historical Setting*, SNTSMS 63 (Cambridge: Cambridge University Press, 1989).

10) Lincoln, *Ephesians,* lxxxix-xc.

감람나무 안에 있다고 말한다. 에베소서에서는 그리스도와 교회의 연합을 결혼으로 묘사하는데(5:22-33), 결혼이 이처럼 고귀한 예표론적 관계를 보증할 수 없다고 여긴다고 주장되는 고린도전서 7장의 저자는 그렇게 묘사하지 않을 것이다. 그러나 이것이 불가능한 일이라면, 구약성서에서 일부 본문들은 이스라엘을 야훼의 신부라고 묘사하고, 다른 본문들은 성적인 문제에 관한 규정을 세우는 것도 불가능한 일일 것이다. 결국 독신생활을 χάρισμα(*charisma*)라고 부르는 고린도전서 7장에서도, 결혼을 χάρισμα 라고 부를 수도 있다(고전 7:7). 이런 종류의 비평은 저자가 어떤 구절에서도 결혼에 대해 생각하는 모든 것을 말한 것이 아니라는 점을 인정하지 않는다. 또 두 구절의 견해가 서로를 배제하는지 전혀 분명하지 않다. 어떤 사람은 전혀 생각할 수 없다고 생각되는 것이라도, 바울처럼 광범위하고 독창적인 정신을 가진 사람은 생각할 수 있다고 여기는 학자들도 있다.[11)]

2. 에베소서에는 ἀσωτία(*asōtia:* "방탕", 딛 1:6을 비교해 보라), πολιτεία (*politeia:* "시민권")처럼 바울의 다른 서신에서는 찾아볼 수 없는 단어들이 있다.[12)] 이 논거는 해리슨의 저빈도 단어(*hapax legomena*: 신약의 다른 곳에서는 나타나지 않는 단어)에 대한 연구에 의해서 어느 정도 약화되었다. 그는 에베소서에 저빈도 단어가 한 페이지에 평균 4.6개(고린도후서에는 5.6개, 빌립보서에는 6.2개)가 있다고 했다.[13)] 이 서신에는 동일한 것을 나타내기 위해서 상이한 표현들을 사용하고 있다는 것도 지적된다. 예를 들어, 바울은 다른 서신에서는 천국을 말할 때 οἱ οὐρανοί(*hoi ouranoi*)를 사용하지만, 에베소서에서는 ἐν τοῖς ἐπουρανίοις(*en tois epouraniois*)도 사용한다. 또 이 서신에서는 그리스도를 ὁ ἠγαπημένος (*ho ēgapēmenos*: "하나님이 사랑하는 자", 엡 1:6)라고 부르며, 일반적으로 χάριν δίδωμι(*charin didōmi*: "내가 은혜를 준다")를 사용하던 곳에서 χαριτόω(charitoō: "은혜를 입다")를 사용한다. 바울은 일반적으로 "사단"이라는 말을 사용하는데, 이 서신에서는 "마귀"라는 단어를 사용한다. 이러한 차이점들은 흥미롭기는 하지만, 바울처럼 다재다능한 작가의 경우에는 충분히 가능한 일이며, 바울의 저작

---

11) F. W. Danker는 "Theology"라는 항목의 서두에서 " 이 서신은 분명히 다른 바울서신들과 같은 범주 안에 있다"고 말하며 바울서신들을 언급하면서 이것을 증명한다 ("Ephesians," in *ISBE* 3.113-14).

12) 대조적으로 어떤 이들은 에베소서가 지극히 바울적이라고 생각한다. "이 서신은 바울의 서신들을 생각나게 하는 부분들이 너무 많다"(G. Johnston, "Ephesians," in *IDB* 2:110-11).

13) P. N. Harrison, *The Problem of the Pastoral Epistles* (London: Oxford University Press, 1921), 20.

을 부인하는 증거가 되기에는 미흡하다.[14] 아마 이러한 단어들 중 일부가 속사도 교부들에 의해 사용되었다는 사실을 지지하는 말이 약간 더 많을 것이며, 이것은 이 편지의 저술 연대를 늦게 보는 것을 뒷받침하는 증거로 삼을 수 있을 것이다. 그러나 대부분의 학자들은 로마의 클레멘트와 이그나티우스를 포함하여 초기 교부들이 에베소서를 알고 있었고 또 인용했기 때문에 "에베소서의 어휘가 이 작가들에게 영향을 주었을 가능성을 진지하게 고려해보아야 한다"고 인정한다.[15]

3. 보다 중요한 것은 이 서신의 문체이다. 특히 긴 문장들이 주목할 만하다.[16] 현대 번역본에서는 이 긴 문장들이 끊겨 있기 때문에 독자들이 그 길이를 인식할 수 없다. 그러나 1:3-14, 1:15-23, 3:1-7은 모두 한 문장이다. 이 문체는 용어(冗語)법 - 군더더기 표현(pleonasm)이라고 불리며, 전치사절, 관계절, 분사, 많은 동의어를 가진 문장들을 일컫는다(예를 들어, 1:19에서는 "힘"을 지칭하기 위해서 네 개의 단어가 사용된다). 슈나켄부르그(R. Schnackenburg)는 "바울 서신에서 이와 비교될 만한 것이 없다"고 주장한다.[17] 그러나, 차이점은 어느 정도 과장되어 있다. 용어법은 이 편지의 전반부에서만 주도적으로 사용되며, 후반부에서는 일반적인 바울 서신의 문체가 사용된다. 이 서신의 전반부와 후반부의 저자가 각기 다른 사람이라고 가정하지 않는 한, 전반부의 특이한 문체에 대한 설명은 그 내용에서 찾아야 할 것이다. 이 부분의 문체는 송영, 기도, 그리고 포괄적인 신학적 주제들과 조화를 이룬다. 분명한 바울의 편지에서 비슷한 주제들을 다룰 때, 문체가 비슷하게 화려해질 수 있다(cf. 롬 8:28-39; 11:33-36).

4. 많은 학자들은 에베소서를 "초기 공교회" 문서로 간주한다. 저자는 사도들을 폐쇄된 집단으로 회고하며(2:20; 3:5), 전혀 바울이 관심을 갖지 않았을 다양한 사역들에 대해 언급하고 있다고 주장한다(4:11;그러나 고전 12:28-30은 어떻게 이해하려는가?). 그러나 사도들과 선지자들을 "거룩하다"(ἅγιοι, *hagioi*, 3:5)고 묘사하는 것은 거의 변칙적인 것이 아니다. 바울은 모든 기독교인들에게 그 용어를 사용한다. 사도들과 선지자들은 하나님의 집의 터라고 표현되지만(2:20), 저자는

---

14) L. Cerfaux는 어떻게 위서자가 "자신의 관심을 나타내는 암시들, 어색한 표현들, 중복된 단어들을 통해 자기 자신을 감출 수 있겠는가? 고대의 위서자들이나 도용자들은 우리에게 익숙한 그런 기술들이 없었다. 그들에게 그러한 기술이 부족했음을 보여주는 한 예로 소위 라오디게아서라고 하는 서신을 읽어보라!"고 반문한다(Robert/Feuillet, 503).

15) Arnold, "Introducing Ephesians," 5.

16) 예를 들면, Achtemeier/Green/Thompson, 381.

17) Rudolf Schnackenburg, *The Epistle to the Ephesians* (Edinburgh: T. & T. Clark, 1991), 26.

무대에서 사라진 사람들에 대해서는 아무 말도 하지 않는다. 그리고 결국 그리스도는 그들을 교회에 주시는 분이시므로, 이 근본적인 역할은 그리스도의 절대적인 권위를 위협하지 않는다(4:11-12). 논란이 없는 확실한 바울의 편지에서도, 바울은 종종 자신의 사도적 권위에 대한 의식에 대한 의심을 거의 남기지 않는다(예를 들면 고전 14:37).

5. 골로새서와의 관계를 살펴볼 때, 동일한 사람이 이 두 서신을 썼다고 볼 수 없다.[18] 그러나 일반적으로 서로를 상쇄하는 두 가지 이유가 개진된다.

첫째, 보통 골로새서는 진정한 바울의 서신이라고 주장되지만, 에베소서는 골로새서에 기록된 바울의 사상과 어휘를 사용한 어느 모조자의 작품이라고 생각된다. 어찌하여 저자가 한 지역에 골로새서를 보낸 직후에 비슷한 편지를 다시 보내려 했겠는가? 그보다는 에베소서가 20년, 혹은 30년 뒤에 다른 사람에 의해 기록된 것이라고 가정하는 편이 사리에 맞다. 그러나 의존한 분량은 과장되어왔다고 말할 수 있다. 두기고를 천거하는 것에 관한 두 구절(엡 6:21-22와 골 4:7-8)은 연속되는 29개의 단어들이 동일하다. 이 두 구절 외에, 일곱 단어가 같은 절이 세 쌍, 다섯 단어가 같은 절이 두 쌍이 있다. 물론, 공통된 주제들이 많고 공통된 어휘들도 있다. 그럼에도 불구하고, 만일 어떤 사람이 생각하는 것처럼 에베소서가 골로새서를 직접적으로 의존하고 있다면, 그것이 표절본이 아니라는 것에 놀라게 될 것이다. 예를 들어, 라이케(Reicke)는 다음과 같이 말한다. "만일 에베소서가 골로새서를 표절한 것이라면, 골로새서에서는 저자가 바울의 공동저자로 디모데를 언급하면서(1:1), 에베소서에서는 언급하지 않은 이유는 무엇이겠는가? 또 골로새서에서 언급된 이름 중에서 두 서신 모두에서 바울이 수신인들에게 보낸 사자라고 묘사되는 두기고를 제외한 이름이 에베소에 언급되지 않는 이유는 무엇인가(골 4:7-8; 엡 6:21-22)? 표절 이론은 이에 대해 적절한 설명을 제공하지 못한다."[19] 많은 학자들은 동일한 사람이 골로새서를 쓰고 나서 얼마 후에 동일한 생각을 가지고 최근에 표현했던 아이디어들을 보다 일반적으로 적용하면서 에베소서를 썼다는 것을 가장 훌륭한 설명으로 여긴다.

둘째, 어떤 학자들은 골로새서가 확실히 바울의 서신이라고 인정하면서, 골로

---

18) 이 논거는 특히 미튼에게 중요하다. C. L. Mitton, *Ephesians* (London: Oliphants, 1976), 11-13. and to Lincoln, *Ephesians,* xlvii-lvi.

19) Bo Reicke, *Re-examining Paul's Letters: The History of the Pauline Correspondence* (Harrisburg: Trinity Press International, 2001), 79.

새서의 선례를 그리 따르지 않는 에베소서의 신빙성을 의심한다. 예를 들면, 이따금 동일한 단어가 상이한 의미나 지시어로 사용된다(예를 들면, μυστήριον [*mystērion*]; cf. 엡 3:2-13과 골 1:25-2:3). 그러나 확실한 바울의 서신에서(예를 들면 롬 11:25-26과 고전 2:7) "비밀"(mystery)이 언급하는 것들의 범위를 관찰해 보면, 이 반론을 진지하게 받아들일 수 있다. 더욱이, 에베소서의 신빙성에 대한 이러한 의심들은 에베소서가 골로새서 다음에 기록되었으며, 어느 정도 골로새서를 의존하고 있다는 가정에 기초를 두고 있다. 그러나 이 주장도 의문의 여지가 없는 것은 아니다. 일부 학자들은 거꾸로 골로새서가 에베소서를 의존하고 있다고 주장했으며, 어느 중요한 연구서에서는 두 서신이 공통적으로 사용했던 실전된 자료가 있다고 가정한다.[20]

골로새서와 에베소서가 모두 바울의 것이 아니라고 간주할 수도 있으며, 일부 학자들이 그렇게 주장해왔다. 그러나 그럴 경우에 골로새서의 저자는 그 서신을 바울의 것처럼 보이기 위해 빌레몬서를 사용했고, 에베소서는 같은 위서자(僞書者)에 의해서 만들어진 또 다른 작품인 듯이 보인다. 그러나 그는 개인의 언급을 하지 않으며 약간 별난 문체를 도입했다는 결론이 되는데, 이러한 주장은 전혀 개연성이 없다.

간단히 말해서, 신빙성을 결정하는 데 있어서 골로새서와 에베소서의 관계는 그리 결정적인 요인이 아닌 듯하다.[21]

마르쿠스 바르트(Markus Barth)는 오늘날 네 가지 학파가 있다고 말한다: 바울을 저자로 인정하는 학파, 바울이 원저자이나 편집자가 수정했다고 보는 학파,[22] 바울의 저작을 부인하는 학파, 그리고 아직 결정을 내리기에는 증거가 불충분하다고 보는 학파 등이다.[23] 그는 다른 견해들의 장점을 인정하면서도 "다른 견해들보다는 이 서신의 신빙성을 지지하고, 이 서신이 바울의 것이라는 것을 토대로 이해하라고 권장하는"[24] 논거를 전개한다.

---

20) van Roon, *The Authenticity of Ephesians*, 426.

21) 에베소서와 골로새서의 표면적 관계에서 비롯된 복잡한 문제에 관해서는 Ernest Best, *A Critical and Exegetical Commentary on Ephesians*, ICC (Edinburgh: T. & T. Clark, 1998), 20-25을 보라. 또 거기서 인용된 문헌에 대해서는 Peter T. O'Brien, *The Letter to the Ephesians*, PNTC (Grand Rapids: Eerdmans, 1999), 8-21을 보라.

22) Cf. "누가가 사도 바울의 후원 아래 이 서신을 출판했다"는 Martin 의 견해. 또 에베소서는 바울의 초기 저술을 부연하고 상술한 것이지만 최종 저자가를 밝히지 않았다고 보는 John Muddiman, *The Epistle to the Ephesians,* BNTC (London: Continuum, 2001), 20-24를 참조하라.

23) Markus Barth, *Ephesians,* AB(New York: Doubleday, 1974), 38.

3. 기록 장소

이 서신은 골로새서와 같은 장소에서 기록된 듯하며, 그곳에 관해서는 골로새서에서 다루었다.

4. 기록 연대

이 서신에서는 바울이 감옥에 있다고 말한다(3:1; 4:1). 이것은 바울이 말년에 로마에서 감옥에 갇혀 있던 때를 언급하는 것으로 간주되는데, 그럴 경우 이 서신의 저술 연대는 60년대 초가 된다. 바울이 저자임을 부인하는 사람들은 에베소서의 저술 연대를 바울의 서신들이 모두 수집된 시기인 70-90년대로 본다. 만일 이 서신이 바울이 기록한 것이 아니라면, 분명히 사도 시대 직후에 기록되었겠지만 정확한 시기를 판단할 수 있는 기준이 없다. A.D. 96년에 서신들을 썼다고 생각되는 로마의 클레멘트가 에베소서를 언급하는 것을 보아, 이 서신이 90년보다 훨씬 뒤에 기록되지는 않았을 것이다.

5. 수신자

1장 1절의 "에베소에 있는"이라는 말이 일부 가장 훌륭한 사본들(p^{46}, ℵ, B, 424^{c}, 1739), 바실과 오리겐, 마르시온(그는 이 서신을 라오디게아서라고 불렀다), 그리고 터툴리안에게서는 발견되지 않는다는 사실이 큰 문제가 된다. 이 서신의 논조는 개인 감정을 나타내지 않으며, 어느 부분은 마치 저자가 독자들을 알지 못하고 있는 것 같은 인상을 준다. 예를 들면, "주 예수 안에서 너희 믿음과 모든 성도들을 향한 사랑을 나도 듣고…"(1:15), "…너희가 들었을 터이라"(3:2; 4:21). 그러나 바울은 에베소에서 복음을 전했고, 꽤 오랫동안 그들과 함께 지냈었다(행 19:8, 10; 20:31). 서로를 향한 그들의 뜨거운 사랑은 그들의 작별 인사에 분명히 나타난다(행 20:17-38, 특히 36-37절). 바울이 그처럼 사랑하는 친구들에게 이처럼 냉정하고 비정한 서신을 보냈다고 상상하기 어렵다. 그러나 "에베소에 있는"이라는 표현은 거의 모든 사본들과 모든 고대 역본에 포함되어 있고, 심지어 이 표현이 없는

---

24) Ibid., 41.

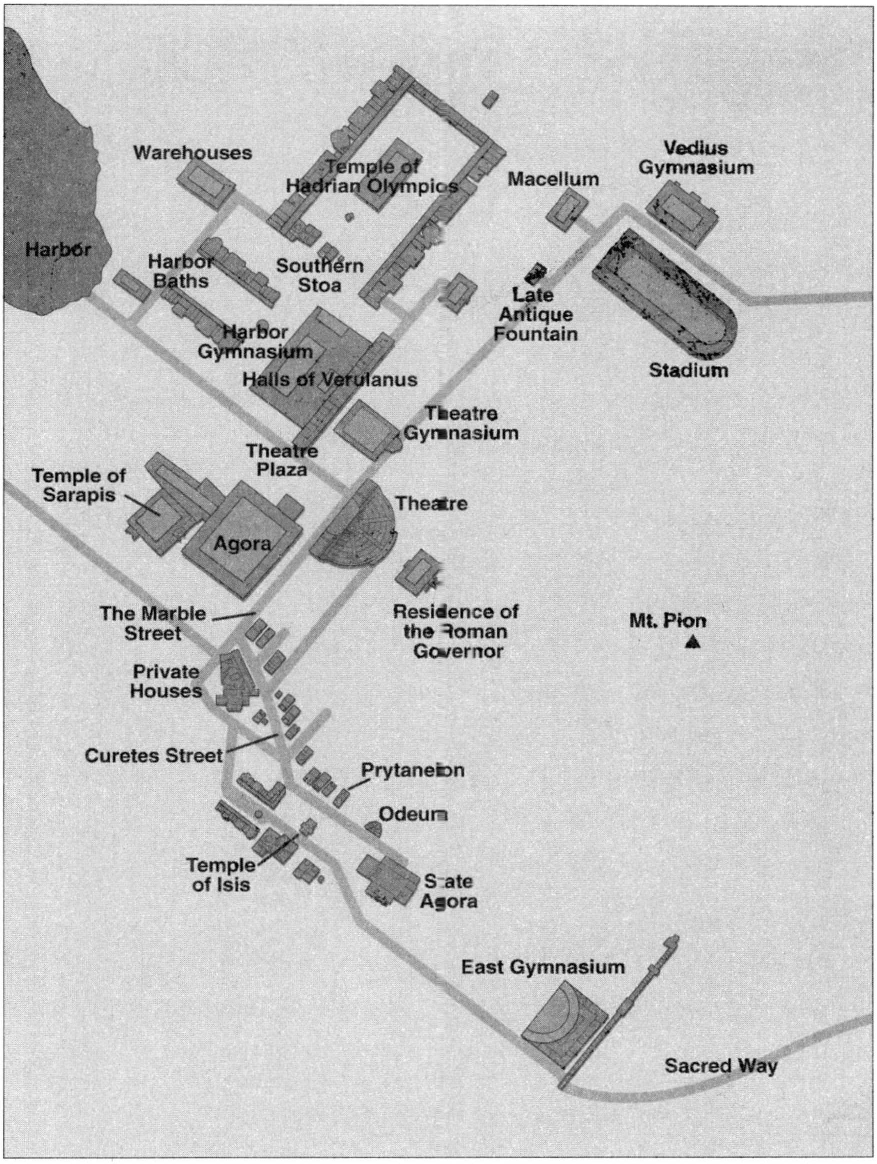

에베소 도시

사본들도 제목에는 "에베소인들에게"라는 표현을 사용한다.[25]

25) Kümmel은 "이 표제는 바울의 서신들을 수집할 때에 처음 나타난다. 그러므로 이것은 단지 이 서신의 수신자에 대한 초기 기독교의 해석을 전달할 뿐이다"(353)라고 말했다. 이 주장이 옳을 수도 있지만, 그것을 어떻게 알 수 있겠는가? 우리는 바울 서신들을 수집할 당시의 사본들을 갖고

따라서 이 서신은 원래 여러 교회에 회람될 것을 목적으로 기록되어 두기고가 전달한 것으로서, 두기고가 자신의 논평을 추가했다고 주장된다(엡 6:21). 에베소서의 사본이라고 생각되는 것은 현존하는 거의 모든 사본들의 전신이다. 이 견해의 수정안으로는 수신자가 기록되지 않은 서신이 에베소 교회에 보관되어 있었는데, 어느 시기에 그것을 에베소에 보낸 편지라고 가정하게 되었다는 주장이 있다. 어느 특정 문제나 논쟁에 대한 언급이 없다는 점은 회장(回章)이라는 가설과 일치한다.

하나의 서신이 여러 교회에 보내졌다는 견해를 반대할 결정적인 이유가 없지만, 몇 가지 반론이 제기된다. 한 가지 중요한 것은 이름이 첨부되지 않은 회장(回章)은 사진복사기에 익숙한 시대에나 있음직한 이야기지, 손으로 일일이 필사해야 했던 시대에는 가능한 것이 아니라는 것이다. 만일 서신 전체를 손으로 써야 했다면, 그 교회의 이름을 나타내는 두 단어를 생략할 이유가 없는 듯하다.[26) 시간 절약이라는 이유는 전혀 말이 되지 않는다. 또 이 이름이 생략되어 있는 사본들에는 지역 이름뿐만 아니라 " …에"라는 단어도 생략되어 있음을 염두에 두어야 한다. 회장의 사본들에는 "…에"라는 단어가 남아 있었을 것이다. 더욱이 회장의 사본들 중에서 특정의 한 교회에 보낸 것만 남아 있다는 것은 대단히 이상한 일일 것이다. 심지어 "에베소에 있는"이라는 말이 빠진 사본들에는 다른 명칭이 삽입되지 않았다. 어떤 비평가들은 에베소 지방의 교회들을 위한 회장이었다면, 일반적인 문안 인사가 있었어야 한다고 주장한다. 동시에, 에베소서의 개별적인 특징에도 관심을 기울인다. 과연 바울이 모든 교회에 보내는 편지에서 "그러므로 너희에게 구하노니 너희를 위한 나의 여러 환란에 대하여 낙심치 말라 이는 너희의 영광이니라"(3:13)는 말을 할 수 있겠는가?[27)]

아마 회장 서신이라는 학설의 가장 훌륭한 형태는 바울이 골로새서를 보낼 때 두기고 편에 그러한 편지를 같이 보냈고, 그 편지가 복사되어 에베소에서부터 회람되었다고 보는 것이다. 그것이 회장이었기 때문에 수신자의 이름이 기록되지 않았

있지 않다. 따라서 그 당시나 그 이전의 표제들에 대한 정보가 없다. 어쨌든, 이러한 초기 기도교의 견해를 어느 정도 존중해야 하지 않겠는가? 이것은 에베소인들에게 보내진 서신임을 인정하라는 주장이 아니라, 증거를 사용함에 있어서 신중해야 한다는 주장이다.

26) "수신자에 대한 언급이나 표제에 공백을 두는 것은 고대 서신 양식이 아니다"(Kümmel, 355).

27) Francis Lyall은 에베소서에서 발견한 법률적인 암시로부터 논리를 전개한다. 그는 에베소가 로마의 법이 잘 알려져 있던 로마 정부의 요지였음을 지적하며 "에베소 외곽에 있던 작은 교회에 보낸 골로새서에는 에베소서처럼 많은 법률적 암시가 없다"고 주장했다 (*Slaves, Citizens, Sons,* [Grand Rapids: Zondervan, 1984], *232).*

지만, 이 서신이 에베소와 관련이 있음을 알았기에 나중에 에베소라는 이름이 붙여졌다고 볼 수도 있다.[28)]

또 다른 제안은 이 서신은 마르시온의 생각처럼 라오디게아 교인들을 위해 기록된 서신이라는 것이다. 만일 이 서신이 회장의 라오디게아 사본이라고 주장한다면, 위에 언급한 모든 반론을 면할 수 없다. 수신인이 에베소로 된 사본들은 많이 있지만, 라오디게아로 된 사본은 하나도 없다. 만일 이 서신이 골로새서 4:6에 언급된 서신이라면, 에베소서와 골로새서가 서로 매우 비슷하기 때문에 교회들이 그 서신들을 교환하는 과정을 거쳐야 했던 이유가 무엇인지 생각해보게 된다. 어쨌든 대부분의 학자들은 에베소서가 골로새서보다 나중에 기록되었다고 보며, 만일 이 주장이 옳다면 골로새서 4장 16절은 또 다른 서신을 가리킨다고 보아야 한다.

굿스피드(E. J. Goodspeed)는 이 서신이 바울 서신 전체의 서론으로 기록되었다고 주장했다. 그의 주장에 의하면, 어떤 바울의 신봉자가 처음으로 바울 서신들을 수집했을 때, 바울의 사상을 독자들에게 소개하기 위해 그가 사랑하는 스승의 문체로 이 서신을 기록했다는 것이다. 이 서신들의 수집이 처음에 에베소에서 이루어졌기 때문에 많은 사본들의 수신이 성명이 에베소로 되어 있다고 주장했다.[29)]

이 가설에는 많은 문제가 있다. 우선, 바울 서신들의 수집물에 에베소서가 제일 앞에 있었다는 기록이 없다. 바울의 서신들의 순서는 다양하지만, 에베소서는 서신들 전체의 서론의 위치를 차지하지 않는다. 또 에베소서와 골로새서의 유사성도 문제가 된다. 바울의 서신들 중에 이 두 서신만큼 유사한 서신들이 없다. 만일 누군가가 서론을 썼다면 이 서신에 그처럼 큰 관심을 기울인 이유는 무엇인가? 또 두기고에 대한 말(6:21-22)이 포함된 이유는 무엇인가? 그 부분은 한 교회에 보낸 서신이나 두기고가 전달된 회장에는 꽤 어울리지만, 서론에 이 부분이 포함되었다고 보기는 어렵다. 이러한 종류의 대부분의 가설들은 바울의 서신들이 무시되다가 사도행전이 출판되면서 이 위대한 사도에 대한 관심이 증가되었다고 주장한다. 그러나 바울의 서신들이 등한시되었다거나, 사도행전의 출판이 교회 전체에 영향을 미쳐서 나중에 바울 서신을 수집하게 되었다는 증거는 없다. 이 이론은 설득력이 있다고 말할 수 없다.

결국, 이 서신이 원래 누구를 대상으로 기록된 것인지는 확실히 알지 못한다고

28) Wikenhauser가 이 제안을 한다(426).
29) Harrison은 설득력 있는 몇 가지 반론에 주목하면서, 이 견해에 대해 논한다(337-39).

결론지어야 할 듯하다. 많은 사본들의 증거, 그리고 다른 모든 주장들의 성립 불가능성은, 이 서신이 에베소 교회를 위해 기록된 것으로 보게 한다. 바울 서신의 특징인 다정한 표현의 부재, 그리고 바울이 에베소처럼 오랜 시간을 보낸 교회에 보내는 편지라면 당연히 있어야 할 구체적인 상황을 언급하지 않는 것을 고려하면, 이것이 회장이었다고 볼 수도 있다. 어떤 견해를 취하든지 문제가 있다.[30)]

6. 목적

대부분의 바울 서신들은 특별한 상황에 특별한 목적을 가지고 기록된 것이지만, 이 서신을 기록하게 된 특별한 상황을 찾아보기 어렵 다

이 서신의 목적을 이해하는 데 있어서 모든 사람이 의견을 같이 하는 것은 아니다. 독자들에게 교훈을 주려는 의도였음은 분명하지만, 일반적으로 바울 서신에서 볼 수 있는 방법으로 교훈이 주어지지 않는다. 대부분의 바울 서신들은 특별한 상황에 특별한 목적을 가지고 기록된 것이지만, 이 서신을 기록하게 된 특별한 상황을 찾아보기 어렵 다.[31)] 어떤 사람들은 이것을 과연 서신이라고 해야 하는지 의심한다.[32)] 그러나 달(N. A. Dahl)은 그런 견해들을 거부한다. "그것은 사적인 대화보다는 공적인 연설을 대신하는 유형의 헬라 서신에 속한다."[33)]

그러나 이 공적인 연설을 하게 된 원인은 무엇인가? 어떤 사람들은 유대인 신자들과 이방인 신자들 사이에 있었을 긴장을 지적하면서, 바울이 통일을 확보하려고 노력하고 있다고 생각하고, 또 어떤 사람들은 이방인 개종자들에게 새로운 믿음의 중요한 요소들을 가르치기 위해서라고 주장한다. 또 바울 이후의 서신으로 보는 사람들은 초기 공교회주의의 교회적 관심을 고조시키기 위해 기록되었다고 주장한다. 초대 기독교인들이 믿는 몇 가지 위대한 진리들을 상설(詳說)하려는 시도였다고 주장하는 사람들도 있다. 이러한 다양성에 직면하여, 일부 학자들은 하나의

---

30) ἐν Ἐφέσῳ(*en Ephesō*, "in Ephesus")라는 구절의 신빙성에 대한 결정이 이 서신이 소아시아 서부 지역에서 회장이 되었다고 판단할 것인지의 여부를 절대적으로 결정하지 않는다. 오브라이언은 이 구절이 원본이 아니라고 생각하며(*Ephesians*, 47-49), 아놀드는 그것이 믿을 만한 것이라고 생각하며(*DPL*, 244-45), 두 사람 모두 이 서신이 곧 회장 역할을 했다고 생각한다.

31) 일부 학자들은 로마서와 같은 서신들을 "논문 서신"으로 분류한다. 다음을 보라: Richard N. Longnecker, "On the Form, Function, and Authority of the New Testament Letters," in *Scripture and Truth,* ed. D. A. Carson and John D. Woodbridge (Grand Rapids: Zondervan, 1983), 101-14.

32) "저자는 특정 교회를 염두에 두지 않았을 것이다. 그는 묵상하면서 정리한 특정의 생각들을서신의 형태로 기록했다", "이것은 진짜 서신이 아니라, 논문이었거나 교훈서였다"(Marxsen, 192).

33) N. A. Dahl, "Ephesians," in *IDBSup*, 268. 또한 그는 "에베소서는 바울 사상의 완숙한 결실로, 그의 사상이 왜곡되는 첫 단계로, 아니면 영감 있는 재해석으로 간주되어왔다"고 말했다(ibid.).

목적을 찾는 것을 포기하고 이 서신의 배후에 여러 목적이 있다고 주장한다.

이 모든 것은 이 서신이 엄숙한 서신이라는 것을 의미하며, 상론(詳論)의 부재는 그것이 신자들에게 유익한 것을 일반적으로 분명하게 표현한 서신임을 보여준다. 이 서신이 구체적인 상황이나 문제에 대해서만 언급하고 있다고 말해서는 안 된다. 골로새서는 하나의 이단을 반박하고 있지만, 에베소서에서는 구체적인 거짓 교훈에 대한 반박을 목표로 하지 않는다. 지금까지 개진되어온 다양한 이론들이 집중하는 몇 가지에 주목할 필요가 있다. 주로 이방인 신자들을 염두에 두고 있다; 이 서신을 쓰게 된 구체적인 위기가 언급되어 있지 않지만, 바울은 독자들에게 통일성과 기독교 윤리를 추구하라고 권면할 필요가 있다고 생각했다; 그리스도 안에서의 우주적 화해가 강조된다(cf. 1:9-10, 20-23; 2:10-22; 3:6);[34] 일반적으로 바울의 독자에게 분명한 기독교적 정체성을 부여하려는 노력이 있다. 에베소서는 100년이 넘도록 크게 필요로 해왔을 복음에 대한 중요한 진술이라고 말할 수 있다.

7. 본문

이미 살펴본 대로, 1장 1절에 있는 "에베소에 있는"이라는 표현을 포함시켜야 하는지의 여부와 관련된 해결할 수 없는 실제적인 문제가 있다. 그러나 이 한 구절을 제외한 본문은 상당히 직선적이다. 물론 3장 9절의 πάντας(*pantas*: "모든 사람") 나 4장 28절의 ἰδίαις(*idiais*: "스스로")와 같이 대단히 불확실한 이문들이 약간 있지만, 모두 사소한 것들이다. 서두의 수신자에 관한 부분을 제외하고는, 이 서신의 내용에 대해 의심할 만한 부분이 없다고 볼 수 있다.[35]

8. 정경으로의 채택

에베소서의 정경성에 대해 초대 교회에서 이의를 제기했다는 기록은 하나도

---

34) On this point, see Max Turner, "Ephesians," in *New Bible Commentary,* ed. D. A. Carson, R. T. France, J. A. Mootyer, and G. J. Wenham (Downers: IVP, 1994), 1223; O'Brein, *Ephesians,* 56-57.

35) T. K. Abbott는 중요한 사본들에 나타난 가장 중요한 부분들과 한 두 개의 사본에 나타난 독특한 부분들을 비교하여 그 차이점을 열거하였다 (*A Critical and Exegetical Commentary on the Epistles to the Ephesians and to the Colossians*, ICC [Edinburgh: T. & T. Clark, 1897], xl-xlv).

없다. 수신자에 관해서는 논란이 있었다. 마르시온은 그것이 라오디게아 교회에 보낸 것이라고 했고, 후일 바실(Basil)은 고대 사본에서 이 서신은 에베소가 아니라 그리스도 예수 안에 있는 신실한 자들에게 보낸 것이라고 주장한다. 로마의 클레멘트는 저자를 언급하지 않은 채 이 서신에 대해 언급했다. 이그나티우스나 폴리캅 등 여러 사람들이 에베소서를 인용했다. 이 서신은 마르시온의 정경에 등장하며 (라오디게아에 보낸 편지로), 무라토리 정경에도 등장한다.[36] 교부들로부터 지금까지 이 서신의 신빙성에 대해서는 심각한 의심이 없었다.

9. 에베소서에 대한 최근 연구

한 세대 전에, 일부 학자들은 대부분의 신약성서 저술들의 배후에서 영지주의 요소들을 발견하려는 경향을 나타냈으므로, 여기에서 그러한 경향을 발견하게 되는 것은 그리 놀라운 일이 아니다. 따라서 불트만은 4:8-10에서 "영지적 대속자 신화"(Gnostic Redeemer-myth)와 "대속자의 하강과 재상승"을 발견한다. 그는 시편 68:19을 인용한 부분에서 (골 2:15에서도 발견되는 우주적 세력들에 대한 승리라는 사상과) "그가 하늘로 올라가는 여정에 의해서 악한 영적 세력들을 정복하셨다는 사상"을 발견한다.[37] 저자가 언급한 "공중의 권세 잡은 자"(2:1; 1:21; 3:10)와 "하늘에 있는 악의 영들"(6:12)은 "영지주의 용어"이다.[38] 그러나 πλήρ ωμα (*plēmrōma*, "충만", 1:23 등)는 영지주의 문헌에서 자주 발견된다. 저자가 때때로 후기 영지주의자들에게서도 발견되는 영어를 사용했다는 사실은 부인할 수 없지만, 영지주의나 그와 반대되는 저술의 혜택을 입었다는 것은 증명되지 않았다. 완전히 성숙한 영지주의는 2세기에 발달한 현상이므로, 이 서신을 그러한 경향에 따라서 이해하는 것은 바람직하지 못하다.[39]

최근 연구에서 저자 문제에 관심을 기울여왔다. 골로새서와의 관계도 상세히 조사되어왔고, 에베소서와 쿰란 문서들의 유사성에 대한 새로운 고찰도 이루어져왔다. 이것은 일부 유대교 진영과 일부 초기 기독교인들이 공유하던 전승들이 있음

---

36) Hoehner, *Ephesians,* 2-6에서 가장 잘 요약되었다.

37) Rudolf Bultmann, Theology of the New Testament (London: SCM, 1952-55), 1.175.

38) Ibid., 1.173.

39) "심지어 이것을 옹호하는 사람들도 에베소서의 기초가 되는 전승들의 해석을 영지주의의 영향을 받은 것으로 제한할 수 없다는 데 점차 동의하게 되었다"(Childs, 318).

을 지적해주며,40) 최근의 많은 학자들은 골로새서와 에베소서의 기초가 되는 공통의 전승을 발견한다. 이것은 이 두 서신의 유사성들은 반드시 표현을 직접적으로 빌려 썼다는 것만으로 설명되는 것이 아니라, 같은 전승을 독립적으로 사용했을 수도 있다는 것을 의미한다. 이것이 모든 유사성들을 설명해주지는 않을 것이며, 결국 보다 직접적인 관계가 있겠지만, 그것은 문제를 상이한 관점에 둔다.

이 서신에서는 분명히 교회를 강조한다. 에베소서는 바울의 다른 서신들보다도 교회에 대한 이야기를 많이 한다. 이것이 많은 연구의 대상이 되어왔다. 많은 사람들은 이렇게 교회에 초점을 두는 것은 자연스럽고 용납할 만한 현상으로 여기지만, 특히 캐제만(Käsemann)은 그것을 참된 기독교의 메시지의 왜곡으로 여긴다. 그는 다음과 같이 말한다: 에베소에서 "복음은 받아들여졌다", "세상은 복음의 영역이 될 수는 있으나, 단지 교회라는 그림을 넣는 틀일 뿐이다." 그는 계속해서 에베소서에서 "기독론이 교회론과 결합되어…그리스도는 기독교가 성장하면서 지향하는 목표가 되었고, 엄밀한 의미에서 교회의 재판관이 되는 기능을 상실했다"고 불평한다.41) 그러나 어떤 면에서 이것은 지나치게 편협한 관점이다. 서로를 대적하고 하나님을 대적하여 싸우는 인간들을 화해시키기 위해서 함께 일어서는 새로운 인류, 하나님의 새 가족(엡 2장)—이것은 모두 하나님의 예정하시는 사랑(1:3-4)과 무조건적인 은혜(2:8-10)의 산물이다—은 자기 백성을 조직하시며(롬 9-11) 그들에게 화해의 사역을 주시는(고후 5장) 하나님의 주권에 대한 바울의 강조점들과 완전히 일치한다.42)

신학적으로 보다 설득력이 있는 것은 에베소서의 독특한 강조점들을 찾아내어, 바울의 서신들의 중심 주제들과 연결하는 연구들이다. 예를 들어, 링컨은 그리스도 예수 안에서 함께 하늘에 앉힌다는 것이(엡 2:6) 무엇을 의미하는지를 살펴보고, 그것은 공간적으로 시작된 종말론과 대등한 것이라고 결론짓는다.43) 카라구니스

---

40) Markus Barth는 구약과 신구약 중간 시기의 유대교, 쿰란, 초대 교회 예배, 초대 교회의 송영과 윤리, 이방인의 기원과 특징 등에 관한 전통이 반영된 에베소서 구절들을 열거한다("Traditions in Ephesians," *NTS* 30[1984]: 3-25). 분명히 많은 전승들이 이 서신에 반영되어 있다. Peter T. O'Brien은 에베소서에 나와 있는 기도에 관한 언어가 쿰란 문서에 나와 있는 것과 유사함을 지적했다("Ephesians 1: An Unusual Introduction to a New Testament Letter," *NTS* 25 [1978-79]: 515).

41) Ernst Käsemann, *Jesus means Freedom* (Philadelphia:Fortress, 1972), 89.

42) Contra Margaret Y. MacDonald(*Colossians and Ephesians*, SacPag 17 [(Collegeville: Liturgical Press, 2000])은 대체로 사회 과학적 근거에 입각하여 골로새서와 에베소서가 바울의 우주적이고 보편주의적인 개념들을 확장한 것이라고 주장한다. 실제로 강조의 변화가 있지만, 이 두 서신의 주된 신학적 주제들은 모두 확실한 바울의 서신에서 발견되는 것들이다.

(Caragounis)[44]와 보크뮤엘(Bockmuehl)[45]은 바울의 서신들, 특히 에베소서에 자주 나타나는 "비밀"이라는 용어를 주의 깊게 연구했다. 1세기의 계시의 본질에 대한 이해를 배경으로 한 보크뮤엘의 연구는 특히 시사하는 바가 많다. 더욱이, "정사와 권세들"을 대적하는 우주적 싸움—이 싸움에서는 하나님의 전신갑주를 입어야 한다—은 순수히 추상적인 개념에서 시작하여 귀신론을 거쳐 문학적 의인화에 이르는 위험한 대적들의 세계를 묘사한다. 그 환상의 폭은 기독교적 싸움의 본질에 큰 의의를 부여해 주며, 하나님과 그의 복음이 유일한 위로와 소망을 공급한다는 확신을 제공한다.[46]

10. 에베소서의 공헌

이 서신은 구원에 있어서 하나님의 역할을 크게 강조하는 단락으로 시작한다. 바울은 신자들이 누리는 그리스도 안에 있는 영적인 복들을 언급하고, 계속해서 하나님께서 창세전부터 이 신자들을 택하셨다고 말한다(1:4; 11절도 보라). 구원은 그들이 얻은 것이 아니라 하나님께서 계획하신 것이라는 이 진리는 하나님의 뜻과 기쁨(1:5), 그리고 그의 계획과(1:11) 연결되어 있는 예정이라는 것으로 표현한다. 이 모두(冒頭)에는 그리스도를 통한 아들됨, 그의 보혈을 통한 구속, 그리고 성령으로 인치심(1:5, 7, 13)에 대한 언급도 포함되어 있다. 이처럼 신적인 위치를 크게 강조한 것은 은혜에 관한 언급으로 확장된다.[47]

첫머리에서는 기독론의 핵심이라고 할 수 있는 그리스도의 구속 사역이 강조된

---

43) Andrew Lincoln, *Paradise Now and Not Yet: Studies in the Role of the Heavenly Dimension in Paul's Thought, with Special Reference to His Eschotology*, SNTSMS 43(Cambridge: Cambridge University Press, 1981).

44) Chrys C. Caragounis, *The Ephesians Μυστήριον: Meaning and Content* (Lund: Gleerup, 1977).

45) Markus N. A. Bockmuehl, *Revelation and Mystery in Ancient Judaism and Pauline Christianity*, WUNT 36 (Tübingen: Mohr-Siebeck], 1990).

46) 다음을 보라: Arnold, *Ephesians: Power and Magic*; Chris Forbes, "Pauline Demonology and/or Cosmology? Principalities, Powers and the Elements of the World in Their Hellenistic Context," JSNT 85 (2002): 51-73; and Peter T. O'Brien, "Principalities and Powers: Opponents of the Church," in *Biblical Interpretation and the Church: An International Study*, ed. D. A. Carson (Exeter: Paternoster, 1984), 110-50.

47) 헬라어 χάρις(*charis*: 은혜)는 에베소서에 열두 번 기록되었다. 신약성경에서 이보다 많이 기록된 곳은 사도행전, 로마서, 고린도후서뿐인데, 이들은 모두 에베소서보다 훨씬 길다.

다. 이 서신 전체에서 이것이 계속 강조된다. 즉, 그리스도는 누구이며, 무엇을 행하는가 하는 것이 기독교의 핵심이라는 것이 이 서신 전체에서 분명히 드러난다. 그리스도는 교회 안에서 적대감을 깨뜨리시고 유대인과 이방인들을 화목하게 하시는 분이시다(2:11-22). 그리스도는 "우리의 화평"(2:14)이 되시는데, 이것은 인간의 적대감을 극복한 것보다 큰 것이다. 그리스도의 사역에는 "하늘에 있는 것이나 땅에 있는 것이 다 그리스도 안에서 통일되게 하는 것(1:10)"이 포함된다. 하늘의 권세들은 교회로 말미암아 하나님의 각종 지혜를 알아야 한다(3:10). 그리스도의 구속 사역에는 측량할 수 없는 중요함이 있고, 교회의 존재에도 우리가 이해할 수 없는 중요성이 있다.48)

에베소서는 그리스도인들의 지식의 성장의 중요성을 강조하는데, 이것이 다양한 방법으로 표현된다. 어떤 때는 바울이 하나님께서 "그 뜻의 비밀을 우리에게 알리셨다"(1:9. cf. 6:9의 "복음의 비밀")고 말한 것처럼, 지식에 대한 단순한 진술로 표현된다. 여기서 "비밀"(μυστήριον[*mystērion*])이란 이해하기 어려운 것을 의미하는 것이 아니라, 하나님이 드러내주셔야만 이해할 수 있는 것을 의미한다. 우리가 자력으로는 결코 이해할 수 없었던 것을 하나님께서 알게 해주셨다(cf. 3:3. 3:10의 하나님의 "각종 지혜"를 알게 하신 것). 따라서 "비밀"(*mystērion*)이라는 단어가 신약성서의 다른 책에서보다 에베소서에서 더 많이 등장한다는 것이 중요하다: 이 서신은 신적인 계시를 강조한다. 동일한 기본 사상이 조명의 개념을 수반할 수도 있다: "너희 마음 눈을 밝히사…너희로 알게 하시기를 구하노라"(1:18-19)는 이방인들의 어두움을 배경으로 이해해야 한다(4:18). 독자들은 "주 안에서 빛"이며, "빛의 자녀들처럼" 살고, "주께 기쁘시게 할 것"을 찾아야 한다(5:8-10). 또한 "주의 뜻이 무엇인가 이해" 해야 한다(5:17). 이 서신의 사상을 알기 위해 씨름한 사람이라면, 이 서신에 나타난 지식의 성장의 중요성을 부인하지 않을 것이다.

독자들이 알아야 할 중요한 것 중 하나는 그들이 "사랑 가운데서 뿌리가 박히고", "지식에 넘치는 그리스도의 사랑을 알아 그 넓이와 길이와 높이와 깊이가 어떠함을 알 수 있기를 원한다"는 기도에 표현되어 있다(3:17-19). ἀγάπη(agapē: 사랑)라는 단어는 신약성서에서 요한일서와 고린도전서를 제외하고는 이 서신에서

48) Clogg은 이것이 현대 상황에 부합한다고 본다. 우리는 자신이 "방대한 구조와 냉혹한 물리법칙 등에 사로잡혀 있음을 느끼고, 인간의 자유는 우주의 힘 앞에서 무의미한 것처럼 보인다. 우리는 이 서신으로부터 이 모든 것은 영적 목적을 위해 존재한다는 것, 또 영적 목적은 그리스도 안에서 요약된다는 것을 알게 된다"(101).

가장 많이 사용된다. 독자들은 기독교의 사랑이 얼마나 놀라운 것인지, 그리고 그 사랑을 알지 못하는 세상에서 사랑으로 살아가는 것의 중요성을 보게 된다.

교회는 "주 안에서 성전", 그리스도께서 "모퉁이 돌"이 되시는 건물이요 "성령 안에서 하나님의 거하실 처소"이다(2:20-22). 또 다른 관점에서 보면, 교인들은 "성도들과 동일한 시민이요 하나님의 권속" (2:19; cf. 1:5), 그 이름이 아버지께로부터 나오며 천국뿐만 아니라 이 땅에도 있는(3:14-15) 권속들이다. 유대인과 이방인들이 한 몸의 지체가 되는 것은 비밀(3:4-6), 우리 중 누구도 이해할 수 없었지만 이제 하나님에 의해 계시된 감추어진 깊은 진리이다.[49] 또 신자들이 유지하기 위해 애써야 할 통일성이 있다(4:3). 비록 교회 안에는 사도와 선지자 등의 다양한 은사가 있지만(4:11-13), 바울은 일련의 통일성들을 나열하면서 성령도 하나요, 주도 하나요, 아버지 하나님도 한분이시며, 한 몸과 한 소망과 한 세례가 있다고 말한다(4:4-6). 에베소서 저자는 비록 다양한 인종의 지체들이 교회 안에 있어서, 이 교회가 세상에서 중요한 사역을 감당하도록 하나님께서 무장시키셨지만, 주 안에서 철저하게 하나가 된 한 교회에 대한 놀라운 비전을 독자들이 소유하기를 원한다.

이 서신의 많은 부분은 하나님께서 신자들에게 주신 구원에 합당하게 사는 생활의 중요성을 강조한다. 이방인들의 삶은 신자들이 영위하는 새로운 삶과 대조를 이루며(4:17-5:21), 구습의 어두움이 주님 안에 있는 빛과 대조를 이룬다(5:8). 이 부분은 특수한 집단들—아내와 남편, 자녀와 부모, 종과 상전—을 위한 중요한 교훈들을 수반한다(5:22-6:9). 아내들은 남편들에게 순복해야 하지만, 바울은 결혼관계에서 의무가 남편들에게 있음을 더 많이 말한다. 남편들은 그리스도께서 교회를 사랑하신 것같이 아내를 사랑해야 한다. 이것은 자기를 희생하며 상대방의 유익을 위하는 것을 의미한다. 그러한 사랑은 과거에 남자가 그 부모를 연결하던 것과 같은 다른 유대들보다 우월하다. 이런 종류의 사랑은 바울로 하여금 " 이 비밀이 크도다 내가 그리스도와 교회에 대하여 말하노라"라고 말하게 한다(5:21). 그리스도인의 전신갑주를 다룬 부분은 마음을 다한 그리스도인의 봉사를 독려할 뿐만 아니라, 기독교의 봉사에 참여하는 자들을 위한 만반의 준비가 갖추어져 있음을 상기시킨다(6:10-18).

---

49) 그럼에도 불구하고 어떤 의미에서 이 계시는 (로마서 16:25-27에서처럼) 성경 안에 있는 새로운 통찰과 연결되어 있다. Cf. Thorsten Moritz, *A Profound Mystery: The Use of the Old Testament in Ephesians*, NovTSup 85 (Leiden: Brill, 1996).

이 서신에서는 죄인들의 무가치함에도 불구하고 구원을 이루시는 하나님의 탁월한 위치에 대해서 언급한다는 것을 간과할 수 없다. 또 그리스도의 위대하심, 또는 하나님께서 그의 위대한 목적을 성취하시는 데 있어서 그의 몸 된 교회가 중요한 위치를 차지한다는 사실도 간과할 수 없다.

참고 문헌

T. K. Abbott, *A Critical and Exegetical Commentary on the Epistles to the Ephesians and to Colossians*, ICC(Edinburgh: T. & T. Clark, 1897).

Clinton E. Arnold, *Ephesians: Power and Magic: The Concept of Power in Ephesians in Light of Its Historical Setting*, SNTSMS 63 (Cambridge: Cambridge University Press, 1989); idem, "Ephesians, Letter to the," *DPL*, 238-46; idem, "Introducing Ephesians: Establishing Believers in Christ," *SWJT* 39 (1996): 4-13.

Markus Barth, *Ephesians,* AB 34-34A (Garden City: Doubleday, 1974); idem, "Traditions in Ephesians," *NTS* 30 (1984): 3-25.

P. Benoit, *Les épîtres de saint Paul aux Philippiens, á Philémon, aux Colossiens, aux Ephésiens*, 2nd ed. (Paris: Cerf, 1953).

E. Best, *A Critical and Exegetical Commentary on Ephesian*s, ICC (Edinburgh: T. & T. Clark, 1998); idem, "Ephesians 1:1 Again," in *Paul and Paulinism*, ed. M. D. Hooker and S. G. Wilson (London: SPCK, 1982), 273-79.

Rudolf Bultmann, *Theology of the New Testament*, 2 vols. (London: SCM, 1952-55).

H. J. Cadbury, "The Dilemma of Ephesians," *NTS* 5 (1958-59): 91-102.

D. A. Carson, ed., *The Church in the Bible and the World* (Grand Rapids: Baker, 1987).

H. Conzelmann, *Der Brief an die Epheser*, NTD (Göttingen: Vandenhoeck & Ruprecht, 1965).

F. L. Cross, ed., *Studies in Ephesians* (London: Mowbray, 1956).

Chris Forbes, "Pauline Demonology and/or Cosmology? Principalities, Powers and the Elements of the World in their Hellenistic Context," *JSNT* 85 (2002): 51-73.

E. J. Goodspeed, *The Key to Ephesians* (Chicago: University of Chicago Press, 1956); idem, *The Meaning of Ephesians* (Chicago: University of Chicago Press, 1933).

P. N. Harrison, The Problem of the Pastoral Epistles (London: Oxford University Press, 1921).

E. Käsemann, *Jesus Means Freedom* (Philadelphia: Fortress Press, 1972).

Walter L. Liefeld, *Ephesians*, IVPNTC (Downers Grove: IVP, 1997).

A. T. Lincoln, *Ephesians*, WBC 42 (Dallas: Word Books, 1990); idem, review of *The Authenticity of Ephesians*, by A. van Roon, WTJ 40 (1977-78): 172-75.

A. Lindemann, "Bemerkungen zu den Adressaten und zum Anlass des Epheserbriefes," *ZNW* 67 (1976): 235-51.

Richard N. Longenecker, "On the Form, Function, and Authority of the New Testament Letters," in *Scripture and Truth*, ed. D. A. Carson and John D. Woodbridge (Grand Rapids: Zondervan, 1983), 101-14.

Francis Lyall, *Slaves, Citizens, Sons* (Grand Rapids: Zondervan, 1984).

Margaret Y. MacDonald, *Colossians and Ephesians*, SacPag 17 (Collegeville: Liturgical Press, 2000).

Ralph Martin, *Ephesians, Colossians, and Philemon, Interpretation* (Atlanta: John Knox, 1991).

C. Leslie Mitton, The Epistle to the Ephesians (Oxford: Clarendon Press, 1951).

Thorsten Moritz, *A Profound Mystery: The Use of the Old Testament in Ephesians*, NovTSup 85 (Leiden: Brill, 1996).

P. T. O'brien, *The Letter to the Ephesians*, PNTC (Grand Rapids: Eerdmans, 1999); idem, "Ephesians 1: An Unusual Introduction to a New Testament Letter," *NTS* 25 (1978-79): 504-16; idem, "Principalities and Powers: Opponents of the Church," in *Biblical Interpretation and the Church: An International Study*, ed. D. A. Carson (Exeter: Paternoster, 1984), 110-50.

Arthur G. Patzia, *Colossians, Philemon, Ephesians*, GNC (San Francisco: Harper & Row, 1984).

Pheme Perkins, *Ephesians,* ANTC (Nashville: Abingdon, 1997).

J. Armitage Robinson, *St. Paul's Epistle to the Ephesians*, 2nd ed. (London: Clark, 1922).

M. Santer, "The Text of Ephesians 1:1," *NTS* 15 (1968-69): 247-48.

R. Schnackenburg, *Ephesians: A Commentary* (Edinburgh: T. & T. Clark, 1991).

E. F. Scott, T*he Epistles of Paul to the Colossians, to Philemon, and to the Ephesians*, MNTC (New York: Harper, 1930).

Klyne Snodgrass, *Ephesians,* NIVAC (Grand Rapids: Zondervan, 1996).

Max Turner, "Ephesians," *New Bible Commentary*, ed. D. A. Carson, R. T. France, J. A. Motyer, and G. J. Wenham (Downers Grove: IVP, 1994), 1222-44.

A. van Roon, *The Authenticity of Ephesians*, NovTSup 39 (Leiden: Brill, 1974).

B. F. Westcott, *St. Paul's Epistle to the Ephesians* (London: Macmillan, 1906).

제14장

빌립보서

1. 내용

바울은 서두에서 일상적인 문안 인사 후에(1:1-2), 빌립보 교인들을 인하여 하나님께 감사하고 그들을 위해 기도한다(1:3-11). 이어서 자신이 감옥에 갇힌 것이 복음의 진보가 되었다고 지적하며(1:12-18), 그들의 기도에 대한 응답으로 석방될 것을 고대한다(1:19-26). 그는 비록 고난을 의미할지라도, 그리스도인답게 살라고 권한다(1:27-30). 실제로 기독교인들은 고난을 받으라는 부름을 받았다. 바울은 그의 위대한 찬송에서 "근본 하나님의 본체시나" 사람이 되어 십자가에서 죽으신 그리스도를 본받고 겸손하라고 독자들에게 부탁한다. 하나님은 그리스도를 지극히 높이셨다(2:1-11). 이것은 신실하게 하나님을 섬기라는 한층 대담한 권면으로 이어진다(2:12-18).

바울은 속히 디모데를 그들에게 보내기를 원하며, 자신도 그들에게 가기를 원한다는 희망을 표현한다(2:19-24). 또 병들어 죽게 되었다가 회복한 에바브로디도를 보내는 것에 대해서도 말한다(2:25-30). 바울은 할례를 옹호하는 자들게 경고한다. 바울 자신도 유대인으로서 인생에서 자랑할 것이 많았지만, 그리스도 예수를 아는 것이 중요하기 때문에 "그를 위하여 모든 것을 잃어버리고 배설물"로 여긴다고 고백한다(3:1-11). 바울은 자신이 아직 완전함에 이른 것은 아니며, 아직도 목표를 향해 가고 있음을 분명히 한다. 그는 빌립보 교인들에게 주 예수의 재림을 기대하면서 그리스도와 연합하며, "그리스도의 십자가의 원수"로 징계를 받은 사람들의 본을 따르지 말라고 권한다(3:12-4:1).

이 서신의 본문이 끝난 후, 바울은 자신과 함께 일했던 사람들에게 인사하고(4:2-3), 아무 것도 염려하지 말고 하나님의 평안이 그들을 지켜 주실 것이라는 확신을 가지고 기도하며 주님 안에서 기뻐하라고 말하고(4:4-7), 또 기독교의 덕을 전심으로 실천하라고 말한다(4:8-9). 바울은 계속해서 어려움을 겪고 있는 자신을 도와준 유일한 교회인 빌립보 교인들에게 감사하고(4:10-20), 마지막 인사와 그리스도의 은혜를 기원하는 말로 끝을 맺는다(4:21-23).

2. 저자

이 서신은 바울이 기록한 것이라고 주장되며, 이 주장에 대해 큰 이의가 제기되지 않는다. 이 서신의 문체는 바울의 문체이며, 정확하게 바울의 생애 중 어느 시점에서 기록되었는지는 알 수 없지만, 가정된 상황은 참인 것처럼 보인다.

이 서신 전체는 거의 보편적으로 바울의 것으로 인정되지만, 빌립보서 2:5-11의 "찬송"[1]의 기원에 대해서는 폭넓은 논의가 이루어지고 있다. μορφή(*morphē*: "형체", 6, 7절), ἁρπαγμός(*harpagmos*: "품다" 6절), ὑπερυψόω(*hyperypsoō*: "그를 지극히 높여", 9절) 등 몇 개의 단어들은 생소한 것들이며, 또 바울 서신의 다른 곳에서는 발견되지 않는 단어들이 있고, 운율이 있는 문체는 종교적인 히브리 시(詩)에서는 발견되지만 바울에게서는 흔히 찾아볼 수 없는 것이다. 만일 이 구절이 히브리어나 아람어로 된 글을 헬라어로 번역한 것이라면, 그러한 어휘와 리듬이 잘 맞을 것이다.[2] 이 구절에서는 그리스도를 "종"이라고 말하는데(7절), 빈센트

1) "찬송"이라는 용어가 정확한 것인지에 대해 의심이 제기되기도 하지만, 여기에서는 계속 그 용어를 사용할 것이다. 이 범주 및 이 구절에서 그것의 성취에 대해서는 다음을 보라: Peter T. O'Brien, *The Epistle to the Philippians: A Commentary on the Greek Text*, NIGTC (Grand Rapids: Eerdmans, 1991), 186-202. 이것이 찬송이 아니라는 견해에 대해서는 다음을 보라: Gordon D. Fee, "Philippians 2:5-11: Hymn or Exalted Pauline Prose?" *BBR* 2 (1992): 29-46; idem, *Paul's Letter to the Philippians*, NICNT (Grand Rapids: Eerdmans, 1995), 40-43.

2) R. P. Martin은 이 구절을 상세히 연구했고, "이 시인의 모국어는 셈어였다"는 E. Lohmeyer의 견해를 지지하며 인용했다: "Lohmeyer는 이 헬라어 원문은 원래 셈어에 근거한 것임을 증명하려 했다"(*Carmen Christi*, SNTSMS 4 [Cambridge: Cambridge University Press, 1967], 46). Martin은 저자에 관한 최초의 언급에서 균형 있는 논거들을 제시하지만(45), 자세한 주해 후에 바울이 이미 존재하던 찬송을 사용했다고 결론을 내렸다. 그는 이 구절이 유대기독교를 초월해서 세상에 복음을 전하고, 온 우주의 주님이신 만유의 그리스도가 그레코-로마 세계의 종교적인 탐구에 참된 해답이 된다고 보았던 일부 기독교인들의 선교적 선언서였다"고 믿었다(298-99).

테일러(Vincent Taylor)는 이것은 이 구절이 바울 이전의 글임을 입증해 주는 가장 강력한 논거라고 주장한다.[3] 이 찬송 앞뒤에서 바울은 빌립보 교인들에게 옳은 행위를 권한다. 바울이라면 그러한 도덕적 권면 중간에 그처럼 훌륭한 노래를 짓고, 즉시 권면을 계속하지는 않았을 것이라고 주장된다. 또 바울이라면 십자가를 통한 구속, 부활, 교회의 위치 등의 특징적인 주제들을 생략하지도 않았을 것이다.

일부 학자들은 이러한 추론에 근거하여 이 찬송이 바울 이전의 것, 아마 초기 팔레스타인 교회의 것이라고 생각한다. 그러나 바울이 자주 사용하지 않는 단어들이 많이 등장하며, 운율적인 문체를 가지고 있음에도 불구하고 바울의 글이 확실한 구절들도 많다는 반론도 있다(고전 1:26-31; 고후 11:21-29). 초기 팔레스타인의 글이라는 주장에 대해서도, 바울의 모국어가 아람어였기 때문에(행 22:2; 고후 11:22), 이것이 바울의 저작임을 배제하지 못한다. 바울은 "종의 신학"(servant theology)을 사용하지 않는데 이 구절에서는 그것을 사용하고 있다는 주장에 대한 반론은 이 구절에서 전형적인 바울의 표현인 "십자가의 죽음"을 언급한다는 것이다(8절—이것은 전형적인 바울의 표현이며, 이 찬송 전체의 바울 저작을 부인하는 사람들조차도 이 부분은 바울이 삽입한 것이라고 주장한다). 일련의 권면 중간에 다른 부분이 삽입되었다고 해서 바울이 저자가 아니라는 견해를 진지하게 받아들이기는 쉽지 않다. 바울의 서신들에서는 종종 예기치 않은 방향전환이 이루어지며, 또 한 서신이 항상 주어진 방침을 벗어남이 없이 따를 것이라고 기대하는 것은 합리적인 태도가 아니다. 더욱이 이 견해는 바울이 이전에 지었던 찬송을 이 지점에 삽입했을 가능성을 고려하지 않고 있다. 바울의 특징적인 주제들이 없다는 사실은 그리 중요한 것이 아니다. 바울은 어디에서도 그러한 주제들을 모두 언급하지는 않는다. 그는 항상 당면한 필요성에 의해서 주제들을 선택하는데, 이 시점에서 그는 다른 곳에서는 중요하다고 생각했던 주제들을 선택하지 않았을 것이다.

이 구절의 구조와 중심이 되는 논거와 관련해서도 비슷한 논쟁이 제기된다. 과거에는 이것을 바울의 엄숙한 교리적 선언으로 간주하며 성육신의 신성포기 이론의 기초로 삼았었다. 최근에는 그것의 형식에 보다 많은 관심을 기울여왔으며, 이제는 그것을 시와 전례기도, 간단히 말해서 하나의 찬송으로 보아야 한다는 것이

---

3) Vincent Taylor, *The Person of Christ in New Testament Teaching* (London: Macmillan, 1959), 63. 다른 곳에서 Taylor는 "사사기 52장 13-53에 기록된 종의 개념을 바울이 비교적 무시한 편"이라고 언급한 적이 있다(*The Atonement in New Testament Teaching* [London: Epworth, 1945], 65).

널리 합의된 견해이다.4) 그러나 여기에 절이 셋인지, 넷인지, 다섯인지, 여섯인지, 또는 여섯 개의 대구로 여겨야 하는지에 대해서는 견해가 일치하지 않는다. 각각의 견해들은 단어들과 절들을 부차적으로 추가된 것, 바울이 자신의 논거에 맞추어 원본을 개작할 때에 추가된 것으로 다룸으로써 유지되는 경향이 있다.5) 오늘날 많은 학자들은 1세기의 기독교 찬송이 현대의 시형(詩形)의 표준에 일치해야 한다고 지나치게 강력하게 주장한다는 결론을 거부하기 어렵다.

이 구절은 빌립보 교인들이 그리스도를 닮아야 하며, 특히 겸손하게 살아야 한다고 주장하는 논증 안에 위치한다. 일반적으로 이해되는 그 찬송은 그리스도의 삶을 그의 선재(先在)와 지상생활과 승천으로 구분하는 최초의 예라고 지적된다. 그러나 일부 학자들은 이 분석을 반박한다. 예를 들어, 던컨(G. S. Duncan)은 6절을 "'그는 하나님의 형상이셨다'(즉 참된 인간이셨다; 창 1:26)"라고 이해하는 것을 정당화하기 위해서 페쉬타(Peshitta, 5세기 초의 시리아역 성경)를 지적한다.6) 이렇게 이해하면, 그 구절은 의도적으로 비천한 길을 취하신 예수와 큰 재앙으로 이어지는 자기 과시의 길을 추구한 아담을 대조한다. 그러나 다른 연구에서는 빌립보서 2:6은 그리스도가 지닌 하나님과의 동등함은 그의 힘으로 얻은 것이 아니라는 의미도 이해되어야 한다고 주장한다. 즉, 그러한 동등함은 본질적으로 그리스도의 것이지만, 그리스도는 매우 겸손하시며 아버지의 뜻에 순종하셨기 때문에, 그것을 자기의 공적으로 취하려 하지 않고 자기를 낮추시고 인간이 되셔서 십자가에서 죽는 길을 취하셨다는 것이다.7)

바울이 이미 존재하고 있던 찬송을 사용했다는 것이 인정되고 있다. 또 일부 학자들은 바울이 그 찬송을 지었다고 주장하지만, 바울이 다른 사람이 지은 찬송을

---

4) cf. 위의 주 1.

5) 그것이 찬송이라는 데 동의하는 데 불과하다. "비록 이 구절들에 대해서 많은 글들이 저술되어왔지만, 논의되는 주제가 이 단락의 정확한 형태, 그 저자, 이 서신에서의 위치와 목적, 저술에 사용된 전거 등인지에 대해서는 거의 합의를 이루지 못한다. (Gerald F. Hawthorne, *Philippians*, WBC [Waco: Word, 1983], 76). 호손은 삽입된 것들에 관해 의견이 일치하지 않기 때문에 그것을 원래의 찬송의 일부로 다룬다.

6) G. S. Duncan, "Philippians," in *IDB*, 3.791. James D. G. Dunn은 이 구절에서는 그리스도의 선재를 가르치지 않는다는 자신의 결론을 정당화하기 위해서 아담-기독론을 의지한다 (*Christology in the Making* [London: SCM,1980], 114-21).

7) 다음을 보라: Roy W. Hoover, "The Harpagmos Enigma: A Philological Solution," *HTR* 64 (1971): 95-119; and esp. N. T. Wright, "ἁρπαγμός and the Meaning of Philippians 2:5-11," *JTS* 37 (1986): 321-52. 그리스도는 "하나님과의 동등함을 자기의 유익을 위해 사용할 수 있는 것으로 간주하지 않으셨다"(Hoover, "Harpagmos Enigma," 118).

자신의 목적에 맞게 개작했다는 것이 보다 일반적인 견해이다. 이것은 바울이 그것을 어떻게 개작했는가에 대한 추측으로 이어진다. 예를 들어, 쾨스터(H. Koester)는 그 찬송의 기독론의 배경은 "유대교의 사변적 지혜안에서 발달한 고난 받는 종(Suffering Servant)이라는 주제를 변형시킴으로써 마련되었다"고 주장한다. 바울은 원래 지혜에 대해 기록된 것을 그리스도에게 적용했다. 이것은 많은 산문체 구절을 삽입하여 그 찬송을 어느 정도 개작했음을 의미했으며, 그것은 곧 "원래의 시적인 형태를 재구성할 수 없다는 것"을 의미한다.[8] 여기서 우리는 모르나 후커(Morna Hooker)의 지혜로운 조언을 상기하게 된다.[9]

랠프 마틴(Ralph Martin)은 대체로 케제만(E. Käsemann)[10]의 연구에 기초를 두고서, 그 찬송이 겸손에 대한 교훈으로 사용된다는 일반적으로 받아들여지는 견해를 거부한다. 그의 견해에 의하면, 그것은 "너희 안에 이 마음을 품으라 곧 그리스도 예수의 마음이니"보다는 "그리스도 예수 안에 있는 자들에게 합당하게 행동하라"는 말로 이해되어야 한다. 바울의 윤리의 지배적인 주제는 "본받음이 아니라 죽음과 부활이다." 더욱이, 영광과 존귀를 받으시는 그리스도를 표현하는 그 찬송의 끝부분에서 이상한 방법으로 다시 겸손을 가르친다. 마틴은 그 찬송이 "너희의 행동과 교회 관계 안에서 영광의 주님의 자기 비하와 죽음과 존귀에 의해서 자기의 몸 된 교회 안에 자리 잡은 사람들의 전형이 되라"는 의미로 여긴다.[11] 반대로, 물(C. F. C. Moule)은 "나는 그 구절 전체가 그리스도의 본을 따르라는 권면으로 본다"고 말한다.[12] 훌던(J. L. Houlden)은 그 구절을 다룬 논문의 제목을 "겸손의 본이신 그리스도"(Christ the Model of Humility)라고 붙였다.[13] 그 점에 관해서

---

8) H. Koester, "Philippians," in *IDBSup*, 666.

9) 아래 주 16을 보라.

10) E. Käsemann, "A Critical Analysis of Philippians 2:5-11," in *God and Christ: Existence and Province*, ed. Robert W. Funk, *JTC* 5 (New York: Harper & Row, 1968), 45-88. (Käsemann originally wrote this article in 1950, in German.)

11) Martin, *Carmen Christi*, 288, 291. Martin은 그 찬송이 세례와 관련된 상황에서 사용되었을 것이라고 생각한다. 또한 그는 그것이 "구원론적 드라마"를 묘사한다고 주장한다. 이 구절들은 "그리스도가 누구이신가에 대한 우리의 질문에 답변하는 기독론적 고찰의 일부가 아니라 그리스도께서 행하신 것을 선언하는 일련의 중요한 구원의 사건들에 대한 기록이다"(295).Martin의 *Philippians*, NCB (Greenwood: Attic, 1976)에 수록된 이 찬송에 대한 논의를 보라. 물론 이것은 이 모든 것을 성취할 수 있었던 분의 본성에 대해 어떤 결론을 이끌어낼 수 없으리라는 의미는 아니다.

12) C. F. D. Moule, "Further Reflexions on Philippians 2, 5-11" in *Apostolic History and the Gospel*, ed. W. Ward Gasque and Ralph P. Martin (Grand Rapids: Eerdmans, 1970), 269.

13) J. L. Houlden, *Paul's Letters from Prison* (London: SCM, 1977), 67.

의견이 통일되었다고 말할 수는 없지만, 최근의 연구에서는 케제만이 제시한 해석의 요소의 단점을 다소 설득력 있게 드러냈다.[14] 어쨌든, 바울이 겸손의 중요성을 역설하고 있다는 사실은 쉽게 부인할 수 없다.

옥크스(Oakes)는 케제만-마틴 계열을 비판하지만(이 점에 있어서 그가 옳다고 생각된다), 그리스도-찬송이 이 서신의 중심 주제이며,[15] 그리스도와 황제 제의를 대조하려는 의도로 자료를 구성했다고 주장함으로써 다른 경향의 증거를 과장한다. 후자를 뒷받침해주는 증거는 가정에 불과하다. 기독교인들이 그리스도와 경쟁이 되는 황제를 대조했는지의 여부와는 상관없이, 모든 곳의 기독교인들은 그 찬송의 기독론을 좋아했다,

바울이 그 구절을 직접 썼는지, 아니면 초대 교회에 잘 알려져 있는 것을 취한 것인지에 대한 논증들은 꽤 균형을 이루고 있다. 그 구절은 너무 짧기 때문에, 어떤 방향으로든 설득력 있는 이유들을 제시할 수 없다. 그러나 만일 그 구절이 바울이 쓴 것이 아니라면, 누가 그것을 썼는지 전혀 상상할 수 없다(엄청나게 많은 제안이 있겠지만, 모두 순수한 공론에 불과하다). 더욱이 바울이 그것을 인용했다고 가정한다면, 그 구절은 바울이 말하고자 하는 종류의 내용을 전하고 있기 때문에 인용했을 것이며, 그것은 곧 우리가 그것을 바울의 틀 안에서 해석해야 한다는 것을 의미한다.[16]

---

14) 특히 Wright, "ἁρπαγμός"를 보라.

15) Peter Oakes, *Philippians: From People to Letter*, SNTSMS 110 (Cambridge: Cambridge University Press, 2001). 이 점에 있어서 Oakes는 PeterWick, *Der Philipperbrief: Der formale Aufbau des Briefs als Schlüssel zum Verständnis seines Inhalts*, BWANT 135 (Stuttgart: Kohlhammer, 1994), 58-81을 따른다. 이것은 Jeffrey T. Reed, *A Discourse Analysis of Philippians: Method and Rhetoric in the Debate over Literary Integrity*, JSNTSup 136 (Sheffield: Sheffield Academic Press, 1997), 362-64에서 심각하게 비판된다.

16) Cf. Morna D. Hooker, "Philippians 2:6-11," in *Jesus und Paulus, Fs*. Werner Georg Kümmel, ed. E. Earle Ellis and Erich Grässer, 2nd ed. (Göttingen: Vandenhoeck & Ruprecht, 1978), 152: "만일 그 찬송이 바울 이전의 것이라면, 우리는 그것의 의미를 이해하는 데 도움을 줄 수 있는 지침을 갖지 못하게 된다. 주석가들은 배경에 대해서 논할 수 있겠지만, 우리는 바울 이전의 기독교에 대해서 거의 알지 못하며, 그 구절이 처음 저술된 상황에 대해서는 전혀 알지 못한다. 그러므로 먼저 현재의 문맥에서 그 구절들의 기능을 살펴보고 바울 자신의 저술들 안에 있는 대등한 구절들을 찾는 편이 유익할 것이다." 후커의 글은 Fee, *Paul's Letter to the Philippians*, 46에 인용된다.

3.기록 장소

이 서신을 기록할 때 바울은 감옥에 있었다(1:7, 13, 17). 그는 자기가 당하는 곤경의 결과로 죽을 수도 있다는 것을 인정하지만(1:20; 2:17), 전체적으로 보면 곧 석방되어 빌립보에 있는 친구들을 다시 만나기를 기대한다(1:25-26; 2:23-24). 이러한 사실들은 흥미롭지만, 감옥의 위치에 대해서는 아무것도 말해 주지 않는다.

바울은 가이사랴에 2년간 갇혀 있었고(행 23:33; 24:27), 로마에서도 갇혀 있었다(행 28:16). 사도 자신도 그가 다른 사람보다 더 많이 감옥에 갇혔었다고 고백하는 것으로 보아(고후 11:23), 사도행전에 언급된 것보다 더 자주 감옥에 갇혔던 것이 틀림이 없다(로마의 클레멘트는 바울이 일곱 번 감옥에 갇혔다고 말한다[*1 Clem*. 5:6]). 따라서 이 서신의 저술 장소와 관련하여 세 가지 가능성이 있다: 그가 가이사랴에 갇혔을 때, 로마에 갇혔을 때, 또는 기록이 남아 있지 않는 이유로 감옥에 갇혀 있을 때에 빌립보서를 썼다고 볼 수 있다.

이 서신을 기록할 때 바울은 감옥에 있었다. 그러나 감옥의 위치에 대해서는 아무것도 말해주지 않는다. 이 서신의 저술 장소와 관련하여 세 가지 가능성이 있다: 가이사랴에 갇혔을 때, 로마에 갇혔을 때, 또는 기록이 남아 있지 않는 이유로 감옥에 갇혀 있을 때에 빌립보서를 썼다고 볼 수 있다.

전통적으로 빌립보서는 바울이 로마 감옥에 갇혀 있을 때 기록했다고 주장되어 왔다. "시위대"(Praetorium, 1:13)는 로마에 본부가 있던 시위대를 가리킨다고 이해된다. 바울은 그곳에서 그를 지키는 군인과 함께 셋집에서 살았다(행 28:16, 30-31). 이것은 빌립보 교회의 상황이나, 바울을 통해 안부를 전한 "가이사 집 사람"에 대한 언급과 일치한다(4:22). 이 서신을 통해서 바울이 그의 동역자들을 조직하는 지위—예를 들면, 디모데와 에바브로디도를 빌립보로 보낸 것(2:19, 25)—에 있었다는 것을 알 수 있으며, 이것은 로마에서의 상황과 일치한다. 형제 중 다수가 바울의 매임을 인하여 하나님의 말씀을 더욱 담대히 말하게 되었다는 것 역시 로마의 상황과 일치하며(1:14), 그것은 그곳에 기초가 튼튼한 교회가 있었음을 의미하는 듯하다. 마르시온의 서론도 이 서신의 기록장소가 로마라고 주장하는 초기 증거로 종종 인용된다. 또 다른 논증에서는 바울이 빌립보서에서 사형이나 석방을 앞두고 있었다고 주장하지만(1:20), 수도인 로마가 아닌 다른 곳에서는 잘못된 판결에 대해 황제에게 항소할 수 없었다.

이 모든 것은 로마가 기록장소임을 지지해주는데, 빌립보서의 기록 장소가 로마였다는 판단은 그리 놀라운 것이 아니다. 그러나 이 서신에서 언급되거나 암시된 여행에서 하나의 문제가 제기된다. 빌립보 교인들에게 바울이 감옥에 갇혔음을 알리기 위한 하나의 여행이 필요하고, 에바브로디도가 바울에게 빌립보 교인들의 선물을 전달하기 위한 여행이 또 한 번 필요하고(2:25), 에바브로디도가 병들었음을 빌립보에 알리기 위한 세 번째 여행, 그리고 빌립보 교인들의 염려를 병자에게 알린(2:26) 네 번째 여행이 있어야 한다. 바울은 가까운 장래에 세 차례 여행할 것을 계획한다: 디모데를 빌립보로 보내어 그곳 소식을 가지고 돌아오는 것(2:19), 그리고 에바브로디도의 여행(2:25). 빌립보는 로마에서 멀리 떨어져 있기 때문에(약 1200마일), 그러한 여행에는 여러 달이 소요되었을 것이므로, 바울이 갇힌 장소는 로마보다는 빌립보와 훨씬 가까운 곳이었을 것이다.

빌립보 사람들은 바울이 감옥에 갇혔다는 소식을 이미 들어 알고 있었다고 가정할 필요가 없다고 생각하면, 위에서 열거된 여행의 숫자를 줄일 수 있다: 빌립보 사람들은 바울이 가이사에게 상소했으며 에바브로디도를 로마에 보내어 그를 기다리게 했다는 소식을 들었을 수도 있다. 바울이 탄 배가 파선하여 멜리데 섬에서 겨울을 보냈으므로 시간적으로는 위의 추측이 충분히 가능하다. 그러한 가능성은 인정할 수도 있겠지만, 추측에 불과하다. 일부 학자들은 여행들에 관한 논증이 중요하다고 판단한다. 어떤 학자들은 지리적인 증거에 비중을 둔다. 따라서 실바(Moisés Silva)는 빌립보서를 저술할 당시, 세 번 이상의 의사소통이 이루어졌음을 관찰하면서(그중 한 번은 바울이 로마에 도착하기 전에 발생했을 것이다), 어림잡아 한 번 여행에 두 달이 소요되었다고 인정하며, 최소한 4-6개월이 필요하다고 결론짓는다. 실바는 지리와 관련된 논거를 버려야 한다고 주장한다.[17)]

만일 석방될 경우에 빌립보로 가려 한 바울의 의도와 관련하여, 또 다른 반론이 제기된다(2:24). 그는 로마에 있는 교회에 편지를 쓰면서 그들을 방문한 후에 스페인으로 가려 한다고 말했다(롬 15:24, 28). 그가 계획을 변경했을 수도 있지만, 만일 그렇다면, 그러한 계획의 변경에 대해 언급했을 것이다. 또 빌립보 교인들에게는 바울에게 선물을 보낼 기회가 없었다가 마침내 기회가 주어졌고, 바울은 그로 인해 그들에게 감사한다고 한 말에 주의를 기울여야 한다(4:10). 만일 바울이 죽음을 앞두고 로마에서 이 서신을 썼다면, 그 말은 매우 이상한 말이 된다.[18)]

로마를 기록 장소로 보는 견해에 대한 반론들은 매우 중요하기 때문에, 많은 학자들은 다른 장소를 뒷받침해주는 증거를 찾기 시작하여 가이사랴와 에베소를 기록 장소로 제시했다. 가이사랴가 기록 장소로 간주되는 것은 바울이 그곳에 2년

---

17) Philippians, *WEC* (Chicago: Moody, 1988), 5-8).

18) "만일 그가 로마에서 이 서신을 보냈다면 그들이 선물을 보내고 나서 십년 후가 되는데, 그렇게 오랫동안 선물을 보낼 기회가 없었다는 것은 매우 이상하다. 더욱이 그 기간 동안 바울은 두 번이나 빌립보를 거쳐 지나갔다(행 20:1, 3, 6)."(Clogg, 77)

동안 갇혀 있었기 때문이다(행 24:27).[19] 바울이 가이사랴로 호송되어 갇혀 있던 시위대는 헤롯의 시위대였을 수도 있다(행 23:35). 또한 거짓 교사들에 대한 논쟁도 바울의 초기 서신들에 나타난 유대주의자들[20]에 대한 논쟁과 비슷하며, 따라서 빌립보서도 초기에 기록된 것이 분명하다는 주장도 있다. (로마서에는 이런 논쟁이 없으며, 바울이 로마에 갔을 때는 유대주의자들이 적극적으로 활동하지 않았던 듯하다.). 가이사랴와 빌립보 사이의 거리는 가이사랴를 기록 장소로 여기는 것을 반대하는 증거가 된다. 로마가 기록 장소라는 가설에서와 마찬가지로, 여행을 이해하는 데도 문제가 있다. 바울이 이 서신을 기록한 도시의 교회가 분명히 어느 정도 큰 규모였다는 논거도 난제가 된다. 왜냐하면 가이사랴에 그렇게 큰 교회가 있었다고 생각할 근거가 없기 때문이다. 또한 가이사랴에서의 투옥이 로마에서의 투옥 직전에 있었다는 사실을 고려하면, 유대주의자들에 대한 주장이 설득력을 잃는다. 이는 바울이 대적하던 거짓 교사들이 변화될 만큼 충분한 시간적 여유가 없기 때문이다. 가이사랴를 기록 장소로 주장할 납득할 만한 이유가 없는 듯하다.[21]

에베소가 기록 장소라고 강력히 주장하는 사람들도 있다. 바울이 에베소에서 투옥되었었다는 분명한 진술은 없지만, 여러 차례 감금되었었다는 바울 자신의 말(고후 11:23)에 비추어보면, 분명히 묘사된 투옥 외에도 여러 번 투옥되었다는 것을 알 수 있다. 바울은 분명히 빌립보에서 심각한 어려움에 직면했는데(고전 15:32; 고후 1:8-11), 그것은 특히 감옥에서 보낸 시간을 의미한다고 볼 수 있다. 에베소는 빌립보에서 그리 멀지 않았으므로(100마일 정도), 이 서신에서 언급된 여행은 그리 어려운 여행이 아니었을 것이다. 실제로 그 여행 중 하나는 사도행전에 기록된 것일 수도 있다. 왜냐하면 바울이 디모데를 에베소에서 마케도니아로 보낸 적이 있기 때문이다(행 19:22. 우리가 아는 바로는 디모데는 바울과 함께 로마에 있지 않았다). 또 바울 자신도 에베소에서 마케도니아로 갔었다(행 20:1. 이것은 그가 빌 2:24에 언급한 소원을 이룬 것일 수도 있다). 빌립보서는 후기의 서신인

---

19) L. Johnson은 옥중서신들이 이 기간에 기록되었다고 주장한다("The Pauline Letters from Caesarea," *ExpTim* 68 [1956-57]: 24-26). 그러나 최근에는 투옥되어 있는 장소를 미해결의 상태로 놓아두었다(Johnson, 369).

20) 이 용어의 모호함에 관해서는 제11장 주 3을 보라.

21) Gerald F. Hawthorne은 어느 도시를 결정적으로 지적하는 증거를 발견하지 못하지만, "빌립보서에 대한 이해와 설명을 위해서는 이 서신이 어디에서 기록이 되었는가를 결정하고, 그 결정에 의해 본문을 해석하는 것이 가장 최선의 방법으로 보인다. 그러므로 이 주석에서는 빌립보서가 가이사랴에 있는 감옥에서 바울에 의해 기록되었다고 전제한다"고 주장한다 (*Phillippians,* WBC [Waco, Tex.: Word, 1983], xliii). 반대로, Childs는 "가이사랴일 가능성이 없다"고 했다(331).

에베소서와 골로새서보다는 갈라디아서, 고린도서, 로마서 등과 유사하다고 주장된다.[22] 유대화(Judaizing) 논쟁이 이 서신의 배경에 있으며, 그것은 바울이 로마에 있던 시기보다 이전의 시기에 적합하다는 주장에 대해서도 비슷한 논평을 할 수 있다. 왜냐하면 후기에 이루어진 유대주의자들의 활동에 대해서는 우리가 아는 바가 거의 없기 때문이다. 에베소에 시위대가 주둔하고 있었다는 것을 보여주는 비문들에 주목하게 되는데, 그것은 시위대에 대한 언급이 에베소에 어울릴 것이라는 의미가 된다. 에베소에 있던 황제의 사절들은, 바울이 가이사의 집 사람들을 언급할 때(4:22) 염두에 두었던 사람들이었던 듯하다. 어떤 학자들은 빌립보서의 특정 부분들은 바울이 그곳에 교회를 세운 이후로 다시 그 도시로 돌아가지 않았음을 보여준다고 주장하는데(1:30; 4:15-16; 그리고 1:26; 2:12, 22도 보라), 이것은 로마에 갇혀 있었던 시기에는 맞지 않는 주장이다(행 20:1-6). 어떤 학자들은 빌립보서가 그렇게 많은 것을 증명하지는 않는다고 생각한다. 다양하게 평가되는 또 다른 요소는 로마에서 바울과 함께 지낸 누가에 대한 언급이 빌립보서에는 없다는 것이다(딤후 4:11). 누가에 대한 언급이 없는 것은 사도행전에 있는 "우리" 단락 중 하나에 바울의 에베소에서의 사역이 포함되지 않는다는 사실과 연결된다.[23]

이것은 바울이 감옥에 갇힌 곳으로서 에베소를 제시하는 강력한 진술이기는 하지만, 결정적인 것은 아니다. 바울이 에베소에 있을 때, 예루살렘의 가난한 성도들을 위한 구제헌금을 크게 강조했다는 반론이 제기된다. 그는 그 시기에 기록되었다고 알려진 모든 편지에서 그것에 대해 언급하지만, 빌립보서에서는 그것을 언급하지 않는다. 더욱이, 바울은 그 편지를 쓴 도시의 교회가 분열되어 어떤 사람들은 그를 지지하고 어떤 사람들은 그를 대적했다고 말하지만(빌 1:15-17), 바울이 직접 세운 에베소 교회는 그 당시 그를 강력하게 지지한 것으로 보인다(행 20:36-38). 그 증거는 반드시 한 가지 방식으로만 해석되는 것이 아니며, 이 도시나 다른 도시가 기록 장소라고 주장할 결정적인 근거는 없다. 전통적인 견해를 지지하는 사람들이 많지만,[24] 에베소를 지지하는 사람들도 많다. 로마보다는 에베소를 지지하는 편이

---

22) Frank S. Thielman, "Ephesus and the Literary Setting of Philippians," in *New Testament Greek and Exegesis, Fs.* Gerald F. Hawthrone; ed. Amy M. Donaldson and Timothy B. Sailors (Grand Rapids: Eerdmans, 2003), 205-23.

23) G. S. Duncan은 *St. Paul's Ephesian Ministry*(New York: Scribners, 1929)에서 이 경우를 강력히 주장했다: 그는 "Were Paul's Imprisonment Epistles Written from Ephesus?" *ExpTim* 67 (1955-56): 163-66에서 그의 입장을 약간 수정하여 발표하였다.

24) Markus Bockmuel, *The Epistle to the Philippians*, BNTC (Peabody: Hendrickson, 1998),

약간 더 많다는 것 외에는 말할 수 없다.[25]

4. 기록 연대

이 서신의 연대를 정하는 것은 이 서신을 기록한 바울이 감옥에 갇혀 있던 시기를 확인하는 데 달려 있다. 만일 이 서신이 로마에 연금되어 있을 때에 기록된 것이라면, 61-62년에 기록되었다고 보아야 한다. 만일 가이사랴에서 기록한 것이라면, 그것보다는 약간 이른 59-60년으로 보아야 할 것이다. 만일 이것이 에베소나 고린도에서 기록되었다고 확신할 수 있다면, 그보다 몇 년 더 이른 시기에 기록되었을 것이다. 따라서 불확실하기는 하지만 50년대 중반부터 60년대 초 사이에 기록되었다는 것 이상은 말하기가 어렵다.

5. 상황

바울이 이 서신을 기록하게 된 몇 가지 개인적인 요인을 생각해 볼 수 있다. 첫째는 에바브로디도의 일이다. 에바브로디도는 바울을 돕기 위해서 빌립보 교회에서 파송한 사람이었다(빌 2:25). 그는 임무를 완수했지만, 중병이 들어 죽게 되었다. 빌립보 교인들은 이 소식을 들었고, 에바브로디도는 이로 인해 매우 상심했다(2:26-27). 빌립보 교인들은 에바브로디도의 병이 얼마나 중한지 알지 못했고, 어떤 사람들은 그가 오래 바울과 함께 머무는 것을 비판했다. 그래서 바울은 사람들에게 "이와 같은 자들을 존귀히 여기라"고 말한다(2:29). 또한 바울이 에바브로디도를 빨리 보내지 않고 데리고 있는 것을 비난하는 사람들이 있었을 수도 있다. 정확히 어떤 상황이었는지는 모르지만, 바울은 빌립보 교인들에게 그들이 보낸 사람이 임무를 완수했으나 병들어 죽게 되었다는 것을 확실하게 알리기 위해 편지를 써서 칭찬과 함께 그를 빌립보 교인들에게 돌려보냈다.

둘째, 빌립보 교인들이 바울에게 선물을 보냈다는 사실이다(4:14-18, cf.

25-32.

25) 로마를 선호하는 Guthrie는 에베소에 대해 "이 증거의 점증적 효과는 무척 강력하지만 증명이 부족하다. 만일 로마를 주장하는 가설이 적합하지 않은 것으로 증명된다면, 에베소가 그 대안이가 될 것이다"라고 한다 (555). 그러나 Kümmel은 "에베소일 가능성은 매우 희박하다"고 한다 (235).

2:25). 바울이 이에 대해 서신의 마지막에 언급하는 것으로 보아, 바울이 감사를 표현한 것은 이번이 처음이 아닌 듯하다. 그러나 그들의 관대함에 대한 뜨거운 표현을 보면, 이 교회의 도움에 대해 바울이 고맙게 생각하고 있었음이 분명하다. 빌립보 교인들이 바울을 위해 행한 모든 일에 대한 진정한 감사가 바울이 서신을 쓴 이유의 일부이다.26)

셋째, 바울은 자신의 새로운 환경에 대한 소식을 빌립보 교인들에게 전한다(1:12ff.). 빌립보 교인들은 그를 위해 계속 기도해왔고(1:19), 바울은 그들을 복음의 동역자로 인정한다(1:5). 따라서 그는 자신에게 일어나고 있는 일들에 의해서 복음이 진보된 방식을 그들에게 알리기 위해서 자신의 상황을 그들에게 충분히 알려준다.

이 서신을 기록한 또 다른 이유는 그들에게 디모데를 천거하며 바울 자신의 방문을 준비하려는 데 있었을 수도 있다(2:19-24). 바울이 디모데를 천거한 것은 빌립보 교인들이 그를 잘 알지 못하고 있었음을 암시한다. 바울은 자신의 젊은 동역자가 빌립보에 가서 환영을 받기를 원했다.27)

그러나 이러한 개인적인 동기들 외에 보다 광범위한 목회적 관심사가 있었다. 전반적으로 빌립보 교회는 영적으로 왕성하게 성장하는 공동체처럼 보이지만, 몇 가지 문제를 가지고 있었다. 그 교회의 신자들은 외부인들로부터 몇 가지 도전을 받고 있었고(1:28-30), 바울은 그들이 하나가 되어야 할 필요성을 인식했으며(2:1-4), 특히 두 여인이 서로 화목할 것을 권한다(4:2). 전심으로 봉사하라는 권면(1:27-2:18)은 그 교회의 상황에 완전히 좋지는 않다는 인식과 연결되어 있을 수도 있다. 바울은 거짓 교사들(3:2-4), "그리스도 십자가의 원수들"(3:18)에게 경고한다. 그러나, 이러한 관심사 중 하나를 그 서신의 나머지 부분을 지배하는 주제로 삼는 것은 증거 밖의 일이다.28)

---

26) G. W. Peterman, *Paul's Gift from Philippi: Convention of Gift-Exchange and Christian Giving*, SMTSM 92 (Cambridge: Cambridge University Press, 1997).

27) Loveday C. A. Alexander, "Hellenistic Letter-Forms and the Structure of Philippians," *JSNT* 38 (1989): 87-110에서는 바울이 자신과 빌립보 교회 사이의 유대를 공고히 하기 위해서 진심에서 우러난 사랑의 편지를 쓰고 있다고 주장한다. Bockmuel, *The Epistle to the Philippians*(33)에서도 비슷한 견해를 취한다.

28) 예를 들어, Paul A. Holloway, *Consolation in Philippians: Philosophical Sources and Rhetorical Strategy*, SNTSMS 112 (Cambridge: Cambridge University Press, 2001)에서는 감옥에 갇힌 바울이 여러 가지로 고난을 당하고 있는 기독교인들에게 편지를 쓰면서 "위로"를 주고 있다고 주장한다. 그 서신에 서 고난과 위로가 다루어진다는 것은 부인할 수 없지만, 이것이 바울의 지배적 주제를 이루는지는 분명하지 않다.

6. 본문

약 1세기 전에 마빈 빈센트(Marvin R. Vincent)는 "이 서신은 본문에 관한 중요한 문제들을 제기하지 않는다"고 말했다.[29] 어느 면에서 보면, 그 이후로 이 선언을 뒤엎을 만한 일이 발생하지 않았다. 그러나 빈센트의 시대 이후로 본문비평 연구가 무척 정교해졌기 때문에, 따로 떼어 놓고 보면 비교적 하찮은 것으로 판단되는 이문(異文)들도 사본이나 원문 형태의 이문(異文) 양식에 맞추어 놓으면 해석학/본문 전승의 일부로서 중요한 의미를 갖게 된다. 최근의 연구는 NA26에 보고된 112개의 이문들을 분류하였다.[30]

7. 정경으로의 채택

이 서신의 정경성에 대해서는 전혀 논란이 제기되지 않는다. 『클레멘트 1서』와 이그나티우스가 이 서신을 언급하며, 폴리캅은 바울이 빌립보 교회에 서신들을 보냈다고 말한다(*Phil.* 3:2). 마르시온의 정경에도 이 서신이 포함되어 있으며, 이것이 바울 서신의 일부라는 데 대해 의심을 품은 사람이 있었다는 증거가 없다.

8. 빌립보서에 대한 최근의 연구

빌립보서 2장의 "그리스도 찬송"에 관한 지속적인 논의와 세부 내용을 다루는 많은 기사들 외에, 최근 이 서신 연구에서는 다음과 같은세 가지 영역이 크게 다루어지고 있다: 바울이 이 서신을 쓸 때에 갇혀 있던 장소에 대한 질문, 그 서신의 통일성, 그리고 바울의 대적들의 신원 확인. 이 주제들 중 어느 것에 대해서도 견해가 통일되지 않고 있다. 바울이 갇혀 있던 장소에 대해서는 이미 충분히 다루었으므로, 나머지 두 가지에 대해 간단히 살펴보고, 특별히 흥미로운 두세 가지 전문화된 연구로 이 단원을 마치려 한다.

---

29) Marvin R. Vincent, *A Critical Exegetical Commentary on the Epistles to the Philippians and to Philemon*, ICC(Edinburgh: T. & T. Clark, 1897), xxxvii.

30) Silva, *Philippians,* 22-27.

1) 서신의 통일성

비교적 최근까지 빌립보서의 통일성에 대해서는 그리 크게 논의되지 않았다. 문맥의 전후관계가 어색한 부분들이 발견되었지만, 그것들은 바울과 같은 사람이 구술하여 쓴 편지에서 예상할 수 있는 것으로 받아들여져 왔다. 그러나 지난 반세기 동안, 통일체로 간주되어온 이 서신 안에 둘, 심지어 세 개의 서신이 섞여 있다고 여기는 경향이 나타나기 시작했다(Childs는 이 경향이 1950년부터 시작되었다고 본다). 이 가설을 지지하는 논거들은 다음과 같다.

1. 특히 3:1과 4: 9 등 몇 곳에서 의미의 단절이 현저하게 나타난다. 3:1은 편지의 끝으로 이어지는 것처럼 보이는데, 3:2에서는 갑자기 거짓 교사들에 대해 경고한다. 그렇다면, 이것은 다른 바울 서신의 일부가 아니겠는가? 많은 학자들은 4:9에서 4:10로 넘어가는 데 대해서도 설명이 필요하다고 여긴다.

2. 2:25-30에서 에바브로디도가 병들어 죽게 되었다고 했는데, 4:18에서는 같은 사람에 대해 언급하면서 이것을 지적하지 않는다. 이것은 그의 건강 상태가 달라졌다는 의미이며, 그렇게 되기 위해서는 세월이 흘렀다고 전제해야 한다.

3. 서신 전체에서 바울의 대적들이 동일하지 않다. 3: 2-4에 거짓 교사들에 대해 무자비할 만큼 신랄한 경고가 있지만, 그 앞부분에 이러한 경고를 기대하게 할 만한 언급이 전혀 없다. 따라서 하나 이상의 편지의 단편들을 결합한 것이라는 결론이 도출된다.[31)]

4. 어떤 학자들은 4:1-9, 20-23에서 몇 개의 단편들을 식별해낸다. 이 두 부분 모두 원래의 서신들의 결론 부분에 속한다고 추론된다.

5. 폴리캅은 바울이 빌립보에 "서신들"을 보냈다고 말한다(*Phil*. 3:2). 이것은 그러한 서신을 하나 이상 썼다는 증거이며, 따라서 몇 개의 서신들을 모아 현재의 빌립보서를 형성했다고 가정할 수 있다.

많은 학자들은 이러한 종류의 증거를 기초로 하여 익명의 편집자가 둘, 혹은 세 개의 서신들을 결합했다는 결론을 내린다.[32)] 따라서, 4:10-20(빌립보 교인들의

---

31) 그러나 T. E. Pollard는 3장을 이 서신의 나머지 부분과 비교하면서 "3장 전체와 나머지 부분들 사이에 문자적으로 현저하게 일치하는 점들이 있다"고 결론을 내렸다("The Integrity of Philippians," *NTS* 13 [1966-67]: 66).

32) "이 서신은 2:19; 3:2; 4:2, 10에서 갑자기 끊어진다. 빌립보서는 바울이 빌립보 교회에 여러 번에 걸쳐 보낸 글들을 모아 편집한 것일 가능성이 있지만 증명할 수는 없다"(Wikenhauser, 437). 그는 계속해서 "어쨌든 이 서신은 전체가 다 바울의 언어와 문체라는 흔적이 있다"고 말한다.

선물에 대한 감사)을 첫 번째 서신으로, 1:1-3:1; 4:4-7, 21-23(분쟁에 대한 경고)을 두 번째 서신으로, 그리고 3:2-4:3, 8-9(거짓 교사들에 대한 공격)를 세 번째 서신으로 볼 수도 있다.

그러나 그 증거는 전혀 설득력이 없다.33) 갑작스런 의미의 단절은 바울의 저술에서 전혀 생소한 것이 아니며(롬 16:16-27에 나타난 몇 차례의 단절을 보라), 빌립보서에 등장하는 단절들은 바울이 기록한 서신에서라면 예상할 수 있는 것들이다. 이 논거는 하나의 주제를 따르는 데 있어서 바울이 항상 보여주는 것 이상의 일관성을 요구한다. 빌립보서는 갑자기 주제들이 변화되는 하나의 편지로 보는 편이 옳다. 에바브로디도에 대한 언급의 순서에도 문제가 없다. 그에 대해서 언급할 때마다, 그가 병에 걸렸음을 언급해야 할 이유가 없다. 4장에 이 서신의 끝 부분에 어울림직한 것들이 많다고 해서 그것들이 의도적으로 그렇게 사용되었음을 의미하는 것은 아니다. 폴리캅이 말하는 서신들이 반드시 결합되지는 않았을 것이며, 그것들 중 하나만 현존하고 있다고 가정하는 데 그쳐야 한다. (대부분의 바울의 서신들은 유실된 것이 확실하다. 바울처럼 강력하게 글을 쓸 수 있는 사람이 전체 사역 기간 중에 열세 편의 서신만 기록했다고 볼 수는 없다).34)

최근에 제프리 리드(Jeffrey Reed)는 빌립보서의 문학적 통일성을 가려내기 위해서 담화분석(discourse analysis)을 시도했다. 증명할 수 있는 것과 증명할 수 없는 것, 그리고 어느 정도의 개연성이 있는지에 대한 그의 결론들은 상상력이 풍부한 사람들에게 유익한 경고를 제공해준다.35)

2) 바울의 대적들

바울은 "투기와 분쟁으로 그리스도를 전파하며"(빌 1:15) 바울에게 "괴로움

33) David E. Gerald, "The Coposition and Unity of Philippians: some Neglected Literary Factors," *NovT* 27 (1985): 141-73.

34) B. S. Mackay는 빌립보서가 세 개의 서신으로 이루어졌다는 설을 강하게 부인한다("Further Thoughts on Philippians," *NTS* 7[1960-61]: 161-70).

35) Jeffrey T. Reed, *A Discourse Analysis of Philippians*. 리드 이전의 몇 가지 논문들은 이 서신의 통일성을 논하기 위해서 수사학이나 담화분석에 호소했다. 예를 들어 다음을 보라: Duane F. Watson, "A Rhetorical Analysis of Philippians and Its Implications for the Unity Question," *NovT* 30 (1988): 57-88; V. Koperski, "Textlinguistics and the Integrity of Philippians: A Critique of Wolfgang Schenk's Arguments for a Compilation Hypothesis," *EphThLov* 68 (1992): 331-67; David Alan Black, "The Discourse Structure of Philippians: A Study in Textlinguistics," *NovT* 37 (1995): 16-49.

을 더하게 하려는"(1:17) 대적들에 대해 쓴다. 이러한 언급은 그들이 교회의 구성원들인 것처럼 보이게 하지만, 조금 뒤에 그는 그들을 교회를 대적하는 자들이라고 언급하며 독자들이그리스도를 위해 고난 받는다고 말한다(1:28-29). 3장 2절에서는 대적들을 "개들"이라고 말한다. 그 후에 할례나 유대인으로서의 바울의 육체적 자격에 대한 언급은 그들이 일종의 유대주의자들이었음을 지적해준다. 바울은 계속해서 자신이 온전함에 이르지 못했다고 말하므로(3:12), 전혀 필요 없는 추론이지만 최소한 거짓 교사들이 온전함을 얻었다고 주장했을 가능성이 있다. 바울은 나중에 "십자가의 원수들"에 대해 말하면서 "저희의 신은 배요 그 영광은 저희의 부끄러움에 있다"고 주장한다(3:18-19).

이 모든 것은 한 집단에 대한 언급일 가능성이 있다. 클리진(Klijin)은 여러 종류의 대적들이 있었음을 부인하면서 다음과 같이 말한다: "이 문제에 대한 가장 그럴듯한 해결책은 여기에 언급된 사람들이 유대인들이라고 가정하는 것이다."[36] 이 견해는 널리 받아들여지지 못했다. 오히려 바울과 맞서고 있는 사람들은 일종의 기독교인들이라고 보는 편이 더 그럴 듯하다.[37] 그렇지 않다면 비록 악의적이긴 하지만, 그들이 어찌 복음을 전할 수 있었겠는가(1:15)? (클리진은 이 구절을 그의 논거에 끌어들이지 않는다.) 자유의지론("그들의 신은 배요")과 완전주의에 대한 언급은 일종의 영지주의나 영지주의의 원시 형태를 나타낸다는 주장도 있다. 2세기의 완전히 성숙한 영지주의를 도입할 경우에 후자는 가능하지만, 바울 시대에 그것이 존재했다는 증가는 희박하다. 또 다른 견해는 이 대적들이 유대주의자들이었으며, "그들의 신은 배"라는 표현은 유대교의 음식에 관한 율법을 가리킨다는 것이다. 현재의 복잡한 논쟁에서는 단지 몇 개의 가능성이 논의되고 있다는 것밖에는 말할 수가 없다. 가장 믿음직한 한 가지 방법에서는 바울의 대적들을 분명히 파악하기 위해서 바울의 수사학적 논증의 본질을 분석한다.[38]

바울이 염두에 두고 있는 대적의 종류는 하나 이상이라고 볼 수도 있다. 그는 자신의 복음 전파에 동의하지 않는 교회 내부의 적, 그리고 교회 전체를 괴롭게 한 교회 외부의 대적들과 싸우고 있는 듯하다. 유대인의 관습에 대한 언급들은 후일

---

36) Klijn, p. 110. 그는 "그러므로 바울의 대적들은 자신의 선교 영역에서 바울을 용납하려 하지 않은 유대인들이다"라고 지적하면서 논의를 종결한다.

37) H. Koester는 3장에 나타난 대적들은 "유대인 혈통과 배경을 가진 기독교 선교사들이었다"고 주장했다("The Purpose of the Polemic of a Pauline Fragment," *NTS* 8 [1961-62]:331).

38) 예를 들면, David A. deSilva, "No Confidence in the Flesh: The Meaning and Function of Philippians 3:2-21," *TrinJ* 15 (1994): 27-54.

영지주의의 체계로 받아들여진 몇 가지 견해들을 주장하던 유대주의자들나 유대인들이 관련되어 있었음을 보여준다.[39)]

9. 빌립보서의 공헌

바울의 많은 서신들은 기존 교회의 문제를 바로잡고 거짓 교훈을 대적하고, 방종한 행실을 바로잡아야 할 필요성 때문에 기록되었다. 그러나 빌립보서는 드물게 바울이 기뻐하는 교회, 자신이 세운 교회에 보낸 편지이다. 바울이 빌립보 교회가 자신과 자신의 사역을 도와준 것을 회상하면서 표현한 무언의 감사에는 그가 주위 문화의 기대를 어떻게 반영하는지, 또는 얼마나 반대하는지는 물론이요, 건전하고 덕을 세워주는 것, 주고받음에 대한 그의 가르침에 대해서 은근히 탐색하는 것이 있다. 이 서신은 바울이 개종시킨 사람들이 믿음 안에서 성장하는 데 대한 바울의 만족을 드러내준다. 바울은 다른 서신에서처럼 이 서신에서도 거짓 교훈을 대적하지만, 이 서신의 주된 취지는 다른 데 있다. 그는 이 서신을 기록하면서 자신과 빌립보 교인들이 직면하고 있는 대적들에 대해 약간 언급하지만, 대부분은 기분 좋은 일들을 다룬다.

바울의 많은 서신들은 기존 교회의 문제를 바로잡고 거짓 교훈을 대적하고, 방종한 행실을 바로잡아야 할 필요성 때문에 기록되었다. 그러나 빌립보서는 드물게 바울이 기뻐하는 교회, 자신이 세운 교회에 보낸 편지이다.

물론, 2장 6-11절의 찬송은 매우 훌륭하다. 이 찬송에 대해서 논란이 있지만, 이 구절은 그리스도의 위대하심과 우리의 구원을 위하여 자신을 낮추심에 대한 분명한 메시지를 전달한다. 바울은 그리스도가 하나님의 본체시나 구원을 이루기 위하여 가장 낮은 자리를 취하여 십자가에서 돌아가신 분이라고 생각했다. 이제 그분은 가장 높은 곳으로 오르셨으며, 바울은 모든 무릎을 그에게 꿇게 하시고 모든 입으로 그리스도를 주로 고백하는 그 날을 고대한다. 그리스도께서 무죄가 입증되셨듯이, 그 백성들도 무죄로 입증될 것이며, 이 사실을 계속 추진해야 할 강력한 자극이 된다(2:12-13). 더욱이 이 찬송은 초기의 것—적어도 빌립보서만큼 오래되었거나 그보다 더 오래되었다—으로서, 초기 교회생활에 이처럼 고귀한 기독론적 고백이 있었음을 보여주는 강력한 증거가 된다.

이 서신은 또한 자기 마음에 들지 않는 방법으로 복음을 전하는 사람들을 발견한 기독교인들에게 위로도 된다. 복음 전파라는(1:12-18) 사실을 확실히 규정한

---

39) Johnson은 그들이 바울의 대적이 전혀 아니었을 수 있으며, 그의 서신을 받는 자들에게 그렇게 해서는 안 된다는 것을 가르쳐 주기 위한 본보기일 수 있다고 보았다.

것은 영구적인 가치가 있다. 바울은 이 서신 전체에서 기쁨을 표현한다(명사인 χαρά[*chara*]가 5번, 동사인 χαίρειν[*chairein*]이 9번 나타난다). 그리스도인들은 기뻐하는 백성이라는 것이 중요하다.

또 바울이 "복음의 동역자"(1:5)라고 부르는 것도 중요하다. 이 서신 전체에 독자와 저자 사이의 조화가 나타나 있고, 그리스도를 위해 함께 일하는 것이 어떤 것인지에 대한 일련의 설명이 있다. 바울은 친구들을 격려하고, 그들에 대한 자신의 사랑을 확인시키고, 자신의 처지를 통해 그들을 교훈하고, 그리스도인의 길에 관한 지식을 더해준다. 그는 그들을 위해 기도하며, 거짓 교훈에 대해 경고하고, 그리스도인의 생활에 충실할 것을 권면하고, 디모데를 그들에게 보낸다. 빌립보 교인들이 이 관계에 어느 정도 기여했는지는 알 수 없지만, 그들이 바울에 대한 관심과 사랑을 가지고 있었고, 바울이 어려움에 처했을 때 그를 돕기 위해 한 사람을 보냈고, 다른 교회가 그를 돕지 않을 때에 그에게 선물을 보냈고, 그의 지도에 순종했음을 분명히 알 수 있다. 이것은 기독교적 조화의 아름다운 모습이다.

이 서신에는 "육체를 신뢰하는 것"(3:4)과 반대되는 본질적인 것들에 집중하는 일의 중요성을 강조하는 부분이 있다. 바울은 기독교의 구원에 있어서 십자가와 부활의 위치를 강조하며, 그리스도인의 고난도 이것과 일치한다. 바울은 복음이 그의 고난을 통해 진보된 방식에 관심을 기울이며(1:14-18; 2:16-17), 빌립보 교인들의 고난을 그들을 향한 하나님의 선물로 본다(1:29-30).[40] 중요한 것은 그리스도의 섬김이다. 그는 편지의 마지막에 "나의 하나님이 그리스도 예수 안에서 영광 가운데 그 풍성한 대로 너희 모든 쓸 것을 채우시리라"(4:19)는 엄청난 확신을 기록한다.

참고 문헌

Loveday A. Alexander, "Hellenistic Letter-Forms and the Structure of Philippians," *JSNT* 37 (1989): 87-110.

F. W. Beare, *The Epistle to the Philippians*, HNTC (New York: Harper & Bros., 1959).

David Alan Black, "The Discourse Structure of Philippians: A Study in Textlinguistics," *NovT* 37 (1995): 16-49.

L. Gregory Bloomquist, *The Function of Suffering in Philippians*, JSNTSup 78 (Sheffield: JSOT Press,

40) L. Gregory Bloomquist, *The Function of Suffering in Philippians*, JSNTSup 78 (Sheffield: JSOT Press, 1993)을 보라.

1993).

Markus Bockmuehl, *The Epistle to the Philippians*, BNTC (Peabody: Hendrickson, 1998).

P. Bonnard, *L'épître de saint Paul aux Philippiens et l'épître aux Colossiens*, CNT (Neuchâel: Delachaux & Niestlé 1950).

F. F. Bruce, *Philippians,* GNC (San Francisco: Harper & Row, 1983); idem, "St. Paul in Macedonia: 3. The Philippian Correspondence," *BJRL* 63 (1981): 260-84.

C. O. Buchanan, "Epaphroditu's Sickness and the Letter to the Philippians," *EQ* 36 (1964): 157-66.

G. B. Caird, *Paul's Letters from Prison* (Oxford: Oxford University Press, 1976).

D. A. Carson, *Basics for Believers: An Exposition of Philippians* (Grand Rapids: Baker Book House, 1996).

W. J. Dalton, "The Integrity of Philippians," *Bib* 60 (1979): 97-102.

David A. de Silva, "No Confidence in the Flesh: The Meaning and Function of Philippians 3:2-21," *TrinJ* 15 (1994): 27-54.

S. Dockx, "Lieu et date de l'épître aux Philippiens," *RevBib* 80 (1973): 230-46.

G. S. Duncan, *St. Paul's Ephesian Ministry* (New York: Scribner's, 1929); idem, "Were Paul's Imprisonment Epistles Written from Ephesus?" *ExpTim* 67 (1955-56): 163-66.

James D. G. Dunn, *Christology in the Making* (London: SCM, 1980).

Gordon D. Fee, *Paul's Letter to the Philippians*, NICNT (Grand Rapids: Eerdmans, 1995).

G. Friedrich, *Der Brief an die Philipper*, NTD (Göttingen: Vandenhoeck & Ruprecht, 1962).

David E. Garland, "The Composition and Unity of Philippians: Some Neglected Literary Factors," *NovT* 27 (1985): 141-73.

Joachim Gnilka, *Der Philipperbrief*, HTKNT (Freiburg: Herder, 1976).

Gerald F. Hawthorne, *Philippians,* WBC (Waco: Word, 1983).

Paul A. Holloway, *Consolation in Philippians: Philosophical Sources and Rhetorical Strategy,* SNTSMS 112 (Cambridge: Cambridge University Press, 2001).

Morna D. Hooker, "Philippians 2:6-11," in *Jesus und Paulus*, Fs. Werner Georg Kümmel, ed. E. Earle Ellis and Erich Gr" *SEr*, 2nd ed. (Göttingen: Vandenhoeck & Ruprecht, 1978), 151-64.

Roy W. Hoover, "The Harpagmos Enigma: A Philological Solution," *HTR* 64 (1971): 95-119.

J. L. Houlden, *Paul's Letters from Prison* (London: SCM, 1977).

R. Jewett, "Conflicting Movements in the Early Church as Reflected in Philippians," *NovT* 12 (1970): 362-90.

L. Johnson, "The Pauline Letters from Caesarea," *ExpTim* 68 (1956-57): 24-26.

E. Käsemann, "A Critical Analysis of Philippians 2:5-11," in *God and Christ: Existence and Province*, ed. Robert W. Funk, *JTC* 5 (New York: Harper & Row, 1968), 45-88.

H. Koester, "The Purpose of the Polemic of a Pauline Fragment" *NTS* 8 (1961-62): 317-32.

V. Koperski, "Textlinguistics and the Integrity of Philippians: A Critique of Wolfgang Schenk's Arguments for a Compilation Hypothesis," *EphThLov* 68 (1992): 331-67.

J. B. Lightfoot, *St. Paul's Epistle to the Philippians* (1868; reprint, Grand Rapids: Zondervan, 1965).

B. S. Mackay, "Further Thoughts on Philippians," *NTS* 7 (1960-61): 161-70.

A. J. Malherbe, "The Beasts at Ephesus," *JBL* 87 (1968): 71-80.

Ralph P. Martin, *Carmen Christi*, SNTSMS 4 (Cambridge: Cambridge University Press, 1967); idem, *Philippians,* NCB (Greenwood, S.C.: Attic, 1976).

Richard R. Melick Jr., *Philippians, Collossians,Philemon*, NAC (Nashville: Broadman, 1991).

C. F. D. Moule, "Further Reflections on Philippians 2, 5-11," in *Apostolic History and the Gospel*, ed. W. Ward Gasque and Ralph P. Martin (Grand Rapids: Eerdmans, 1970), 264-76.

Peter Oakes, *Philippians: From People to Letter*, SNTSMS 110 (Cambridge: Cambridge University Press, 2001).

Peter T. O'brien, The Epistle to the Philippians: A Commentary on the Greek Text, NIGTC (Grand Rapids: Eerdmans, 1991).

Carolyn Osiek, *Philippians, Philemon*, ANTC (Nashville: Abingdon, 2000).

G. W. Peterman, *Paul's Gift from Philippi: Conventions of Gift-Exchange and Christian Giving*, SNTSMS 92 (Cambridge: Cambridge University Press, 1997).

T. E. Pollard, "The Integrity of Philippians," *NTS* 13 (1966-67): 57-66.

B. D. Rahtjen, "The Three Letters of Paul to the Philippians," *NTS* 6 (1959-60): 167-73.

Jeffrey T. Reed, *A Discourse Analysis of Philippians: Method and Rhetoric in the Debate over Literary Integrity*, JSNTSup 136 (Sheffield: Sheffield Academic Press, 1997).

Wolfgang Schenk, *Die Philipperbrief des Paulus: Kommentar* (Stuttgart: Kohlhammer, 1984).

Moisés Silva, *Philippians,* WEC (Chicago: Moody, 1988).

Vincent Taylor, *The Atonement in New Testament Teaching* (London: Epworth, 1945); idem, *The Person of Christ in New Testament Teaching* (London: Macmillan, 1959).

Frank S. Thielman, "Ephesus and the Literary Setting of Philippians," in *New Testament Greek and Exegesis, Fs.* Gerald F. Hawthorne, ed. Amy M. Donaldson and Timothy B. Sailors (Grand Rapids: Eerdmans, 2003), 205-223.

Marvin R. Vincent, *Critical and Exegetical Commentary on the Epistles to the Philippians and to Philemon*, ICC (Edinburgh: T. & T. Clark, 1897).

Duane F. Watson, "A RhetoricalAnalysis of Philippians and Its Implications for the Unity Question," *NovT* 30 (1988): 57-88.

Peter Wick, *Der Philipperbrief: Der formale Aufbau des Briefes als Schlüssel zum Verständnis seines Inhalts*, BWANT 135 (Stuttgart: Kohlhammer, 1994).

N. T. Wright, "ἁρπαγμός and the Meaning of Philippians 2:5-11," *JTS* 37 (1986): 321-52.

제15장

골로새서

1. 내용

바울은 서두의 문안 인사(1:1-2)에 이어 골로새 교인들의 믿음과 사랑에 대한 감사를 표현한다(1:3-13). 그 다음에 그리스도의 위대하심을 다룬 장엄한 단락에서 "보이지 아니하시는 하나님의 형상이요" 만물의 창조에 참여하신 분이며(신약성서에서 유일하게 만물이 그를 위해 창조되었다고 말한다), 교회의 머리라는 진리를 발표한다(1:15-20). 그는 계속해서 그리스도의 화목의 사역에 대해 이야기하고(1:21-23), 그가 그리스도를 위해 일하다가 당하는 고통, 그리고 그가 만난 적이 없는 골로새나 라오디게아 교회의 신자들을 위해 노력한 것에 대해 이야기한다(1:24-2:5).

바울은 독자들에게 그리스도 안에서 살라고 권면하고, "철학과 헛된 속임수"에 사로잡히지 말라고 경고한다(2:6-8). 그는 다시 "신성의 모든 충만한 것이 거하시는" 그리스도의 위대함을 이야기하고, 그리스도께서 이루신 구원을 상기시킨다(2:9-15). 이러한 관점에서, 음식에 관한 법이나 종교적인 절기와 관련된 문제에 있어서 사람의 생각을 따라서는 안 된다고 경고한다(2:16-23). 이어서 신자들이 "그(그리스도) 안에서 함께 일으키심을 받았다"는 진리를 이야기하고, 이 위대한 사실에 합당하게 살라고 말한다. 계속해서 바울은 피해야 할 것과 행해야 할 것에 대하여 어느 정도 구체적으로 설명하고(3:1-17), 남편과 아내, 자녀와 부모, 종과 상전들에게 주는 교훈과 함께 그리스도인들이 가정에서 어떻게 살아야 할 것인가에 대해 지시한다(3:18-4:1). 그는 기도하며 외부 사람들에 대해 지혜롭게 대처하라는 명령으로 이 단락을 마무리한다(4:2-6).

그는 두기고와 오네시모가 골로새 교인들에게 자기에 관한 소식을 전해 줄 것이라고 말한다. 그 다음에는 바울과 함께 있는 많은 사람들이 골로새 교인들에게 보내는 안부를 전한다(4:7-15). 이 서신을 읽은 후에 라오디게아 교인들에게 보낸 편지와 교환해 읽으라고 아킵보에게 명령한 후(4:16-17), 바울의 일상적인 간단한 끝맺음을 덧붙인다(4:18).

2. 저자

이 서신의 저자 문제는 많은 논의의 주제가 되어왔다. 19세기까지는 바울이 저자라는 데 대해 심각한 질문이 제기되지 않은 듯하며, 그 이후에도 소수 학자들만이 이의를 제기했었다. 20세기에 있었던 두 차례의 전쟁 사이의 기간에 불트만을 비롯한 여러 학자들이 골로새서를 "제2 바울서신"(deutero-Pauline)이라고 말하기 시작했고, 이 경향은 1945년 이후로 증대되어왔다. 이 서신이 바울과 관련이 있다는 것은 분명하지만, 최근의 많은 학자들은 바울이 아니라 바울의 제자 한 사람이 이 서신을 기록했다고 생각한다. 새로운 증거가 제시되지는 않았지만, 전통적인 견해에 반대하는 논증들이 더 큰 비중을 차지하게 되었다. 큄멜(Kümmel), 물(Moule), 브루스(Bruce), 오브라이언(O'Brien), 갈랜드(Garland) 등의 학자들은 여전히 바울이 저자라고 주장하지만,[1] 다른 사람들은 "제2 바울서신"(deutero-Pauline)이라고 하는 것이 더 타당하다고 생각한다.[2]

그러나 이 서신은 서두에서(1:1), 1장 23절의 "나 바울은"과 "나 바울은 친필로 문안하노니"(4:18. cf. "이는 편지마다 표적이기로 이렇게 쓰노라"[살후 3:17])에

1) Kümmel, 340-46; C. F. D. Moule, *The Epistles of Paul, the Apostle to the Colossians and to Philemon* (Cambridge: Cambridge University Press, 1962); F. F. Bruce, *The Epistles to the Colossians, to Philemon, and to the Ephesians*, NICNT (Grand Rapids: Eerdmans, 1984); Peter T. O'Brien, *Colossians, Philemon*, WBC(Waco, Tex.: Word, 1982); David E. Garland, *Colossians/Philemon*, NIVAC (Grand Rapids: Zondervan, 1998).

2) 예를 들면 다음과 같다: Charles Masson, *L'épître aux Colossiens*, CNT (Paris: Delachaux & Niestlé (1950); E. Lohse, *Colossians and Philemon,* Hermeneia (Philadelphia: Fortress, 1971); E. Schweizer, *The Letter to the Colossians: A Commentary* (Minneapolis: Augsburg, 1982; German original, EKKNT, 1976); Joachim Gnilka, *Der Kolosserbrief,* HTKNT (Freiburg: Herder, 1980); Marxsen, 176-86; Perrin/Duling, 207-18; cautiously, Brown, 610-17.

서 바울에 의해 기록되었다고 주장한다. 이 주장은 수세기 동안 수용되어 왔지만, 최근에 언어, 신학, 에베소서와의 관계 등 세 분야에서 논란이 되고 있다.[3)]

1) 언어와 문체

골로새서에는 상당히 많은 저빈도 단어(hapax legomena)가 있지만, 바울 서신들 모두에서 많은 저빈도 단어가 사용되므로 이것은 이 서신의 신빙성을 반대하는 강력한 증거는 되지 못한다. 해리슨(Harrison)은 이러한 점에서 골로새서가 정상적인 바울 서신의 범주에 들어간다는 것을 증명했다.[4)] "지혜와 총명"(1:9), "가르치며 권면하고"(3:16)처럼 동의어를 결합하여 사용하여 장황하게 설명하는 것은 바울의 문체가 아니라고 주장된다. 그러나 이 주장은 약간 주관적이다. 이것이 일반적으로 바울의 것으로 인정된 서신들에서 발견되는 문체와 얼마나 다를 수 있는지를 규정하는 것은 위험한 일이다. 골로새서에는 신약성서 중에서 바울에게서만 찾아볼 수 있는 문체상의 특징들도 있다는 점에서 더욱 그러하다.[5)] 어휘의 차이점들은 바울이 새로운 이단을 대적하는 데 필요한 단어들을 사용한 데 원인이 있다고 설명할 수 있고, 문체상의 차이는 그가 시적인 형태를 사용하기 때문이라고 볼 수 있다. 더욱이, 대부분의 학자들은 이 서신에서는 전통적인 문제를 많이 다루고 있다고 주장하는데, 그것이 일부 특이한 단어들과 특이한 문체가 사용된 원인을 설명해줄 것이다.

골로새서에는 상당히 많은 저빈도 단어가 있지만, 바울 서신들 모두에서 많은 저빈도 단어가 사용되므로 이것은 이 서신의 신빙성을 반대하는 강력한 증거는 되지 못한다.

---

3) 이 서신의 신빙성을 부인하는 특이한 한두 가지 이유가 개진된다. 예를 들어, Marxsen은 1:21-23과 에바브라에 대한 언급의 연결에서 바울의 저작에 대한 결정적인 의문을 발견한다: "다른 사람에게 권한을 부여하기 위해서 바울의 권위가 주장되었다." Marxsen은 사도직의 계승에 관한 교리를 위해서 사도와의 대등성을 이 서신이 강조했음을 언급한다(180). 이 주장은 매우 흥미롭다. 사도라는 말을 사용한 유일한 곳은 1:1이고, 에바브라에 대해 언급한 곳은 1:7("우리와 함께 종된 너희를 위한 그리스도의 신실한 일군")과 4:12("그는 너희에게로부터 온 그리스도의 종이요 너희에게 문안하느니라")뿐이다. 이는 사도 계승과 같은 교리를 세우기에는 너무 빈약한 근거이며, 바울을 저자로 보는 데 아무런 문제도 제시하지 않는다. 하지만 E. Lohse는 바울의 저작은 주장하지 않은 채 "골로새서의 교훈들은 '사도들의 계승자들의 교훈이 아닌, 모든 교회의 권면'으로 묘사된다"고 주장했다: "교회는 어느 직분이나 직분들에 구속되지 않는다"("Pauline Theology in the Letter to the Colossians," *NTS* 15[1968-69]:216).

4) P. N. Harrison, *The Problem of the Pastoral Epistles* (London: Oxford University Press, 1921), 20-22.

5) Kümmel은 διὰ τοῦτο(*dia touto*; 1:9) 뒤에 나오는 용언(冗言)적인 καί(*kai*), οἱ ἅγιοι αὐτοῦ(*hoi agioi autou*; 1:26), ἐν μέρει(*en merei*; 2:16) 등을 열거하면서, "그러므로 골로새서의 문체와 언어는 이 서신이 바울의 서신임을 의심하게 할 단한 원인을 제공하지 않는다"라고 말한다(241).

2) 신학

여기에서의 반론은 두 가지 형태로 나타난다. 하나는 이 서신에 중요한 바울의 개념이 나타나지 않는다는 것이요, 또 하나는 바울이 다른 곳에서는 사용하지 않은 개념들이 나타난다는 것이다. 첫 번째 반론에 속하는 것은 칭의, 율법, 구원 등 바울의 특징적인 용어가 없다는 것이다. 그러나 바울의 다른 서신들에서도 비슷한 현상이 발견되므로, 이것은 거의 입증되지 않는다. 바울이 모든 편지에서 자신의 모든 개념이나 용어를 사용할 필요가 없었다. 실제로, 이 논거는 바울이 저자라고 주장하는 데 사용될 수도 있다. 바울은 각각의 서신에서 자신의 특징적인 교리 중 몇 가지를 생략했지만, 바울의 이름으로 편지를 쓴다고 공언하는 사람이 바울의 주제들을 모두 생략했다는 것은 납득하기 어렵다. 그런 상황에서는 사도의 가장 특징적인 교리를 사용하는 것이 기본적으로 유의해야 할 사항이었을 것이다.

두 번째 형태의 반론에 대해 생각해 보자면, 이 서신은 그리스도의 보편적인 특징들(1:16-19; 2:9-10)과 몸 된 교회의 머리되심(1:18; 2:19)에 대해 언급한다. 또 1:15-20이 초기 기독교의 찬송을 개작한 것이라고 주장되는데, 이것은 그리 문제가 되지 않는다. 왜냐하면 만일 초기 기독교의 찬송을 개작하거나 통합한 것이라면, 그렇게 한 사람이 바울이기 쉽기 때문이다.

우주적 그리스도에 관해서 골로새서에 기록된 것은 확실한 바울의 서신들에서 발견되는 것보다 진보된 것이지만, 그 개념의 출발점은 "만물이 그로 말미암고 우리도 그로 말미암았느니라"(고전 8:6), "하늘에 있는 자들과 땅에 있는 자들과 땅 아래 있는 자들로 모든 무릎을 예수의 이름에 꿇게 하시고"(빌 2:10; cf. 그리스도께서 모든 믿는 자들을 자유케 하신 *στοιχεῖα*[stoicheia] "초등학문"[갈 4:3, 9]) 등에서 찾아볼 수 있다. 골로새서에는 진보된 개념이 있지만, 그 근원은 바울의 초기 저술들에 있다. 더욱이, 바울은 그의 여러 서신에서 교회를 몸이라고 여긴다(롬 12:4-5; 갈 3:28. 이 개념은 고전 12장에서 더욱 발달된다). 그리스도가 몸의 머리라는 개념은 이 개념에서 한 걸음 더 나아간 것에 불과하다.[6] 따라서 이러한 반론들은 결정적인 것이라 볼 수 없다.

---

6) 그럼에도 불구하고, 교회를 몸으로 보고, 그 몸의 지체는 성령에 의해서 생명을 받은 교회의 교인으로 보는 것에서 교회를 머리이신 그리스도의 지체로 보는 것으로 발전한 것은 독특한 단계임에 틀림이 없다. Edmund P. Clowney, "Interpreting the Biblical Models of the Church: A Hermeneutical Deepening of Ecclesiology," in *Biblical Interpretation and the Church*, ed. D. A. Carson (Exeter: Patermoster, 1984), 64-109를 참고하라.

아마 가장 신빙성이 없었던 신학적 논거는 종말론과 관련된 것이다. 많은 학자들은 2:12-13과 3:1("너희가 세례로 그리스도와 함께 장사한 바 되고 또 죽은 자들 가운데서 그를 일으키신 하나님의 역사를 믿음으로 말미암아 그 안에서 함께 일으키심을 받았느니라…너희를 하나님이 그와 함께 살리시고…그러므로 너희가 그리스도와 함께 다시 살리심을 받았으면") 을 기초로 하여 골로새서가 바울의 특징인 "이미"(already)와 "아직(not yet) 사이의 긴장을 파괴하는 실현된 종말론의 형태를 드러낸다고 주장해왔다.[7] 이에 대한 존슨(Luke Timothy Johnson)의 반박은 지극히 옳다:

> 저자가 얼마나 많은 견해의 자유를 누려서 그러한 자기모순에 도달했는지에 상관없이, 그리고 논란이 없는 확실한 서신에서 종말론적 강조점이 다소 분명한 변화한 것에 불과하다. 2:20과 3:1-4를 보면, 세례 안에서 죄에 대해 죽는 것은 영광스러운 "부활의 생명"이 아니라 믿음에 속한 부활의 생명으로 이어지며, 그것은 골로새 교인들의 행위의 변화를 요구한다. 그들의 "생명은 그리스도와 함께 하나님 안에 감추어져 있다." 마지막 때에 "우리 생명이신 그리스도께서 나타나실 그 때에" 그들은 "영광"의 상태로 나타날 것이다(3:4). 이것은 표현은 약간 다르지만, 로마서 6:1-14에서 발견되는 사상과 실질적으로 동일하다. 또 비록 그 표현은 믿음과 세례를 통해서 발생하는 인간적 성품을 변화—옛 생명에 대해서 죽고 새 생명으로 일으킴을 받는다—를 강조하지만, 그것을 종말론에 대한 진술로 여겨서는 안 될 것이다.[8]

일부 저자들은 비록 바울이 그 서신을 친필로 쓴 것으로 인증했지만, 1:1에서 거론되는 디모데가 꽤 많은 재량권을 가지고 바울의 서기 역할을 했다고 주장해왔다(4:18).[9] 그렇게 주장할 수도 있지만, 이 서신에서 바울 자신을 자주 일인칭으로 언급한 것을 감안하면, 이 경우에 서기에게 주어진 재량권은 제한된 것일 수 있다(1:23-25; 1:29-2:5; 4:3-18).[10] 이 이론은 복원할 수 있는 "신빙성 있는 단편들"[11]

---

7) Petr Pokorný, *Colossians: A Commentary* (Peabody: Hendrickson, 1991), 126-35.

8) Johnson, 394-95.

9) 예를 들면, Schweizer, *The Letter to the Colossians, 23-24*; James D. G. Dunn, *The Epistles to the Colossians and Philemon*, NIGTC (Grand Rapids: Eerdmans, 1996), 35-39.

10) Pokorný, *Colossians: A Commentary*, 18(그러나 Pokorný 는 이것이 위작이라는 주장을 선호한다).

11) Markus Barth and Helmut Blanke, *Colossians,* AB 34B (Garden City: Doubleday, 1994), 125-26을 보라.

이 있다고 주장하면서도 현재의 골로새서가 바울의 것이 아니라는 판단을 선호한다. 이것은 많은 형태의 자료비평의 주관적인 판단의 신빙성에 관한 주관적인 판단의 불확실성들을 훌륭하게 결합한 이론이다.

3) 에베소서와의 관계

에베소서와 골로새서는 밀접한 관계를 가지고 있다. 어떤 학자들은 한 사람이 이처럼 비슷한 서신을 두 번 기록할 리가 없으며, 이 서신들 중 하나는 나머지 하나를 모방하여 쓴 것이라고 주장한다. 이것은 매우 주관적인 주장이다. 이에 대해서, 이 두 서신은 한 사람이 기록한 것으로서 크게 다르지 않은 상황에 처해 있는 두 지역의 수신인에게 동일한 생각 중 일부를 반복해서 표현하여 보낸 것이라고 반론을 제기할 수도 있다. 어쨌든, 바울의 다른 서신과 흡사하기 때문에 바울의 것이 아니라는 것은 기이한 주장이다.

그러므로 이 서신이 바울의 것이 아니라는 논거들은 결정적이지 않은 듯하다. 그것들은 바울과 같은 정신을 가진 사람이라면 이전의 개념이나 어휘가 자신의 욕구를 충족시켜 주지 못할 때에는 새로운 용어와 개념을 채택하고, 새로운 상황에 맞추어 개작할 수 있었다는 사실을 충분히 고려하지 않고 있다.[12] 또한 그것들은 중요하지 않은 도시 골로새에 그 편지를 보낸 이유를 제시하지 못한다.[13] 만일 누군가가 바울의 이름으로 서신을 썼다면, 라오디게아나 히에라폴리스처럼 중요한 도시를 선택했을 것이다. 이 서신이 주장하는 것이나 이 서신에 나타난 분명한 바울의 특징들을 고려할 때, 이것을 진정한 바울의 서신으로 받아들여야 한다.

이 견해는 거의 모든 학자들이 진정한 바울의 서신으로 여기는 빌레몬서와 연결되는 점이 많다는 사실에 의해 뒷받침된다. 두 서신 모두 바울이 서신들을 기록할 때 함께 있었던 아리스다고스, 마가, 에바브라, 누가, 데마의 안부를 전한다(골

---

12) L. Cerfaux는 다음과 같이 평했다: "사도 바울의 사상처럼 급격히 변화되어 새롭게 합성되어 나타나는 독창적이고 강력한 사상의 잠재력을 우선적으로 제한하려 하는 것은 지혜롭지 못하다. 골로새의 혼합주의에 대한 반작용이 바울의 사상에 강력한 자극제가 되었을 가능성이 있다" (Robert/Feuillet, 490).

13) 많은 학자들은(예를 들면, Arthur G. Patzia, *Ephesians, Collosians, Philemon*, NIBC 10[Peabody: Hendrickson, 1990], 3) 헬레니즘 시대와 로마 시대에 골로새라는 도시의 중요성이 쇠퇴했으며 바울 시대에는 (서쪽으로 10마일 떨어져 있는) 라오디게아와 (북서쪽으로 16마일 떨어져 있는) 히에라폴리스 때문에 가장 하찮은 도시였다고 지적해왔다. 실제로 골로새는 A.D. 61년 지진에 의해 파괴된 후 재건되지 않았다.

4:10-14; 몬 23-24). 빌레몬서의 중심을 차지하는 오네시모는 두기고와 함께 그들에게 보내졌고, "너희 중 하나"라고 언급된다(골 4:9). "우리의 동료 군사"(몬 2)인 아킵보에게는 "그가 주님 안에서 받은 일을 완수하라"는 메시지가 주어진다(골 4:17). 이러한 언급들에 비추어 보면, 골로새서가 바울에 의해 기록된 것이 아니라고 주장하기 어렵다.[14]

3. 기록 장소

이 서신을 쓸 때 바울은 감옥에 있었다(골 4:3, 10, 18). 로마, 가이사랴, 혹은 에베소일 것이라는 일반적인 가능성에 대해서는 빌립보서에 대한 논의(제12장, "기록 장소"단원은 보라)에서 이미 다룬 바 있다. 에베소서와 골로새서와 빌레몬서는 같은 장소에서 기록되었을 가능성이 있다. 앞 단락에서 언급했던 개인적인 유대(紐帶)들은 골로새서와 빌레몬서가 거의 같은 시기에 기록되었다는 분명한 증거이며, 에베소서의 경우는 골로새서와의 일반적인 유사성에 의존하고 있다. 그러나 빌립보서에는 그러한 개인적인 유대나 일반적인 유사함이 없으며, 빌립보서는 다른 장소에서 기록되었을 것이다.[15]

"처소를 예비하라"는(몬 22) 바울의 요청은 에베소가 골로새서와 빌레몬서의 기록 장소일 가능성을 뒷받침해준다. 왜냐하면 골로새는 에베소에서 그리 멀리 떨어져 있지 않았고, 만일 바울이 로마에 있었다면 처소를 예비하는 것이 시기상조일 수도 있기 때문이다. 이에 대한 반증은 바울이 이 서신을 기록할 때, 마가와 누가가 함께 있었다고 언급되지만 사도행전의 "우리" 구절에 에베소의 사역이 포함되어 있지 않고, 마가는 제2차 전도여행 때에 바울과 함께 있지 않는다는 사실이다(행 15:36-41). 도망친 노예 오네시모는 감옥에서 바울을 알게 되었다. 그는 골로새에서 에베소로 도망가는 것이 로마로 가는 것보다는 쉽다는 것을 발견했을 것이다. 그러나 어쩌면 그는 거리상으로 더 멀고 복잡하여 아무도 자기를 알아보지 못할

---

14) 실제로, 어떤 학자들은 골로새서의 신빙성을 받아들이는 가장 강력한 근거는, 그것이 솔직하게 빌레몬서와 연결된 것이라고 주장해왔다. 예를 들어, Murray J. Harris, *Colossians and Philemon*, EGGNT (Grand Rapids: Eerdmans, 1991), 3-4를 보라.

15) Bo Reike는 빌립보서는 로마에서 기록되었고, 나머지 세 서신은 가이사랴에서 기록되었다고 주장한다("Caesarea, Rome, and the Captivity Epistles," in *Apostolic History and the Gospel, Fs.* F. F. Bruce, ed. W. Ward Gasque and Ralph P. Martin [Exeter: Patermoster, 1970], 277-86).

로마로 가기를 원했을 수도 있다. 만일 에베소서가 골로새서와 같은 시기에 기록되었다면, 바울이 에베소의 감옥에 갇혀 있으면서 에베소 교회에 편지를 보냈을 가능성은 희박하다. 그러나 에베소서는 원래 회장(回章)이었기 때문에 어디에서든지 기록될 수 있었다고 반론을 제기할 수도 있다. 따라서 에베소를 기록장소로 보는데 대한 찬반의 논거들은 각기 강력하다.[16)]

가이사랴도 기록 장소일 가능성이 있지만, 오네시모가 그 곳으로 도망간 이유를 생각하기 어렵다. 더욱이, 바울이 가이사랴에서도 로마에서처럼 자유로이 복음을 전할 수 있었는지 알 수 없다(행 28:30-31. 행 24:23을 참고하라). 또 바울이 가이사랴에서 처소를 준비하라고 요청하지는 않았을 듯하다. 왜냐하면 바울은 골로새서를 기록하면서 속히 석방이 될 것을 기대하고 있었는데, 바울이 가이사랴 감옥에서 석방될 수 있는 유일한 희망은 가이사에게 항소하는 것이었기 때문이다. 게다가, 만일 가이사랴에서 골로새서를 기록했다면, "이런 사람들이 나에게 위로가 되었느니라"(골 4:11; cf. 행 21:8)라고 언급된 유대인 중에 빌립이 포함되리라고 기대할 수 있을 것이다.

이러한 반론들은 결국 로마를 기록 장소로 생각하게 만든다. 일부 학자들은 바울이 로마를 떠나서 골로새를 향하지 않고 스페인으로 갈 계획이었다고 반박한다. 그럼에도 불구하고, 바울이 그 계획을 포기했을 수도 있으며, 만일 목회서신들을 바울이 마지막으로 로마에서 감옥에 갇히기 전, 처음 로마에 갇혔던 후에 기록한 것으로 여기는 것이 목회서신에 대한 가장 훌륭한 해석이라고 주장한다면, 목회서신들은 바울의 글이 소아시사에서 다시 회람되었다는 증거를 제공한다.[17)] 더욱이, 누가는 바울과 함께 로마에 있었고(행 28:14; 딤후 4:11) 아리스다고스도 바울과 함께 있었다(행 27:2; cf. 골 4:10). 어디가 기록 장소였는지 알 수 있는 확실한 증거는 없지만, 다른 곳보다는 로마가 가장 가능성이 있는 장소라고 생각한다.

4. 기록 연대

기록 연대를 보여주는 증거는 많지 않으며, 바울이 감옥에 갇힌 장소에 대한 결론에 크게 의존한다. 만일 로마를 기록 장소로 여긴다면, 60년대 초, 아마 61년으

---

16) Martin은 에베소 근처의 감옥이라고 주장한다(2:216-22).

17) 이 책 제17장을 참조하라.

로 보아야 할 것이다. 왜냐하면 그 이후 골로새는 지진으로 황폐해졌기 때문에, 동정심이 많은 저자가 그 소식을 알고 있으면서 그 사실을 언급하지 않으리라고 상상할 수 없기 때문이다.[18] 만일 바울이 로마가 아닌 다른 곳에서 그 서신을 기록했다면, 기록 연대는 50년대 말로 거슬러 올라갈 수 있을 것이다.

5. 상황

골로새 교회는 바울이 세운 교회가 아니었다(2:1). 에바브라가 복음을 그 도시에 전한 전도자인 듯하다(1:7). 바울은 그를 "너희를 위하여 그리스도의 신실한 일군이라"(1:7)고 했는데, 이는 바울이 그를 골로새로 보낸 적이 있음을 의미하는 듯하다. 바울이 모든 곳에서 전도할 수는 없었기 때문에, 자기가 갈 수 없는 곳에는 신뢰하는 동역자를 보내어 복음을 전파하게 했을 것이다. 그렇다면, 바울은 그러한 교회들의 성장에 관심을 가졌을 것이고, 이 서신은 그러한 관심에서 기록된 것이라고 볼 수 있다. 사도는 거짓 교사들이 골로새로 왔다는 소식을 듣고서, 갓 태어난 교회가 해를 입지 않게 하기 위해서 그들의 잘못된 가르침을 논박하기 위해서 편지를 썼다.

거짓 교훈의 정확한 본질은 분명히 알 수 없지만(교훈 자체는 없고, 그에 대한 반박만 있을 경우에 늘 그렇듯이), 거의 확실하게 알 수 있는 것이 몇 가지 있다. 바울이 그리스도의 주권을 강조하는 것으로 보아(1:15-19), 거짓 교사들은 기독론을 훼손한 듯하다. 그들은 그리스도는 시작에 불과하며, 영적으로 계속 성장하기 위해서는 그들의 규례와 규범을 지켜야 한다고 생각했다. 그들은 그리스도를 높이 평가하는 말을 했지만, 결국 그리스도를 피조물로, 즉 하나님보다 못한 존재로 보았다. 그러한 가르침에 직면하여, 바울은 그리스도는 "보이지 않는 하나님의 형상"이요 만물을 창조하신 아버지의 대리인이라고 주장한다(1:15-16). 모든 피조물은 그에게서 났다. 심지어 이 거짓 교사들이 예배하라고 권하는 하늘의 세력들도 그리스도로 말미암아 존재하게 되었다. 모든 하나님의 충만이 그리스도 안에 거하신다(1:19; 2:9). 그분은 만물 위에 뛰어나신 분이시며, 그를 떠나서는 영적으로 성장할

---

18) Bo Reicke, *Re-examining Paul's Letters: The History of the Pauline Correspondence* (Harrisburg: Trinity Press International, 2001), 76에는 다음과 같이 기록되어 있다: "골로새가 A.D. 61년의 지진으로 문화적 중요성을 상실했음을 증명하는 문서들로 말미암아, 골로새서를 A.D. 70-100년에 기록된 제2의 바울 서신으로 보려는 시도들은 모두 무효화된다."

수 없다.

바울은 "헛된 속임수와 철학"(2:8)에 대해서도 언급한다. 안타깝게도 바울은 이것이 무엇을 의미하는지 설명하지 않는다. 골로새 교인들은 이것이 무엇인지 잘 알았을 텐데, 무엇 때문에 구태여 그가 설명을 했겠는가?

거짓 교훈은 헬레니즘의 특징을 지니고 있었던 듯하다. "금욕주의"(2:23)와 "충만"(πλήρωμα[*plērōma*], 1:19처럼, "지혜와 지식"(2:3)의 어원은 헬라어인 듯하다. 2장 8, 20절에는 "기초적인 영적 세력"(τά στοιχεία τοῦ κόσμου: *ta stoicheia tou kosmou*), "기초적인 영들", 또는 "초등 학문"(히 5:12 참조)이라고 번역되는 영문 모를 표현이 있다.[19] "기초적인 영들"은 거짓 교훈이 영들을 섬기게 할 기회를 발견했다는 의미이고, "초등 학문"이란 골로새 교인들의 신앙이 성장하지 못하고 여전히 기초적인 것들에 얽매여 있었다는 것을 의미할 것이다.

그러나 할례에 대한 언급은(골 2:11; 3:11) 그 교회 안에 유대교적인 요소가 있음을 보여주므로, 이 오류가 단순히 그리스의 영향을 받은 것이라고만 볼 수는 없다.[20] "사람의 유전"(2:8)은 유대교의 가르침, 아마 장로들의 유전을 가리키는 것일 수 있다. 유대인들은 천사를 숭배하지는 않았지만 천사들에게 관심은 많았다. "천사 숭배"(2:18)는 이러한 천상의 존재들에 대한 유대 사상이 발전된 것일 수도 있다. 안식일을 지키는 것(2:16)은 분명히 유대교적이었고, 절기와 월삭의 기원도 역시 유대교에 있을 수 있다. 음식 규정들은 유대교의 것일 수 있으나, 다른 많은 종교들도 그러한 규정들을 가지고 있기 때문에 절대적이라고 볼 수는 없다.

---

19) τό στοιχεῖον(*to stoicheion*)은 원래 "줄(row)의 하나"라는 의미로 일반적으로 기초적인 교훈을 유도하는 알파벳(한 줄로 늘어선 글자들)과 같은 것들에 사용되었다. 즉 글자는 단어를 이루는 구성 요소이며, 따라서 이 단어는 우주를 구성하고 있는 요소들(벧후 3:10, 12의 "체질들")을 가리키는 의미로 사용되었다. Bruce는 이곳과 갈라디아서에서 우리는 "하나님의 섭리 가운데는 어린 아이가 장성할 때까지 돌보아야 하는 하인처럼 *stoicheia*가 하나님의 백성들의 삶 가운데서 돌보는 역할을 하던 때가 있었다"고 생각해야 한다고 주장한다. 하나님 백성 시대의 도래는 그리스도에 대한 믿음의 도래와 일치했다: 그 이후에 *stoicheia*의 통치 아래 남아 있는 것은 영정 미성숙의 표시가 되었다"(*Epistles*, 100). O'Brien이 이 용어를 아주 명석하게 다루었다. *Colossians, Philemon,* 129-32.

20) G. Bornkamm은 몇 가지 요소를 발견했다: "그것은 유대교적인 요소와 이란-페르시아적인 요소가 갈대아의 점성술과 뒤섞여서 기독교와 병합된 영지주의적 유대교에서 유래되었다" ("The Heresy of Colossians," in *Conflict at Colossae*, ed. Fred O. Francis and Wayne A. Meeks [Missoula, Mont.,: SP, 1975], 135). 이 입장은 Andrew J. Bandstra로 하여금 "Bornkamm을 비롯한 여러 학자들이 묘사하는 혼합적인 종교의 본질은 정말로 그런 종교가 존재했느냐고 반문할 수밖에 없을 만큼 희귀하지 않는가?"라는 질문을 하도록 했다("Did the Colossian Errorists Need a Mediator?" in *New Dimensions in New Testament Study*, ed. Richard N. Longenecker and Merrill C. Tenney [Grand Rapids: Zondervan, 1974], 330).

거짓 교훈에 대한 최선의 이해는 헬라의 교훈과 유대교의 교훈이 혼합된 것이라고 보는 것이다.[21] 이러한 혼합주의는 고대 세계의 특징이므로 그런 것이 나타난 것은 놀랄 일이 아니며, 오히려 제대로 훈련을 받지 못한 새 기독교인들에게는 상당히 매력적인 것이었다. 그것은 1세기 사람들을 매료시킨 가르침이었다.[22] 실제로, 모르나 후커(Morna D. Hooker)는 이러한 혼합주의의 유행 때문에 골로새 교회에 이단이 있었는지의 여부에 대해 질문했다. 그녀의 주장에 의하면, 만일 현대의 어느 목사가 그리스도는 어떤 점성학적인 요소보다 위대하다고 가르치거나 기독교인들이 신문에서 운세를 읽는 것은 현대 사회의 압력에 굴복하는 것이라고 말한다고 해도, 교회가 거짓 교사들의 침입을 받았다고 생각하지 않는다.[23] 그녀는 골로새 교회의 상황이 이와 비슷했으리라고 생각한다. 바울이 골로새 교인들에게 바른 규범과 바른 사고를 강조할 정도로 그 교회에 대해 염려했지만, 그 교회가 위험한 상태에 있다고 생각한 것은 아니다. 골로새 교인들에 대해 그가 대체적으로 만족하고 있었음이 그의 서신에 반영되어 있다(1:3-5; 2:5; 3:7). 후커의 주장이 옳든 그르든, 바울은 골로새 교인들이 당시 유행하던 혼합주의의 위험에 놓여 있다고 판단하여 그 위협에서 그들을 보호하기 위해 이 서신을 썼다고 확신할 수 있을 것이다.

거짓 교훈에 대한 최선의 이해는 헬라의 교훈과 유대교의 교훈이 혼합된 것이라고 보는 것이다.

6. 본문

현재 우리가 소유하고 있는 골로새서의 본문은 바울이 기록한 그대로임을 의심할 이유는 없다. 바른 해석이라고 확신할 수 없는 곳이 몇 곳 있지만, 전체의 의미에

---

21) 소위 골로새서의 이단이라고 불리는 것에 대한 의견들을 유용하게 요약해 놓은 것으로 다음을 보라: O'Brien, *Colossians, Philemon*, xxx-xli; David M. Hay, *Colossians*, ANTC (Nashville: Abingdon, 2000), 173-77. Clinton E. Arnold, *The Colossian Syncretism*, WUNT 77 (Tübingen: Mohr-Siebeck, 1995)도 보라.

22) Martin Dibelius는 "교회는 종교 역사에 있어서 중대한 시기에 번성했던 소아시아 지방의 많은 사교 중 하나였던 혼합주의 운동의 위험성에 의해 위협을 받았다"고 주장한다(*A Fresh Approach to the New Testament and Early Christian Literature* [London: Ivor Nicholson & Watson, 1936], 167).

23) Morna D. Hooker, "Were there False Teachers in Colossae?" in *Christ and Spirit in the New Testament, Fs*. C. F. D. Moule, ed. B. Lindars and S. S. Smalley (Cambridge: Cambridge University Press, 1973), 315-31. Kirsopp과 Silva Lake는 얼마 전에 다음과 같이 말했다. "바울이 이방인 기독교인들을 대적하여 논쟁을 하는지—다시 말해 이단에 대해—아니면 기독교인들로 하여금 자기들처럼 사고하도록 만들려고 애쓴 이방인들을 대적하여 논쟁을 하는지에 관해서는 의심의 여지가 있다. 이 점을 충분히 다루지 않고 지나친 경향이 있고, 학자들은 골로새 교회의 '이단'에 대해 너무 가볍게 생각하고 있는 듯하다"(Lake, 151).

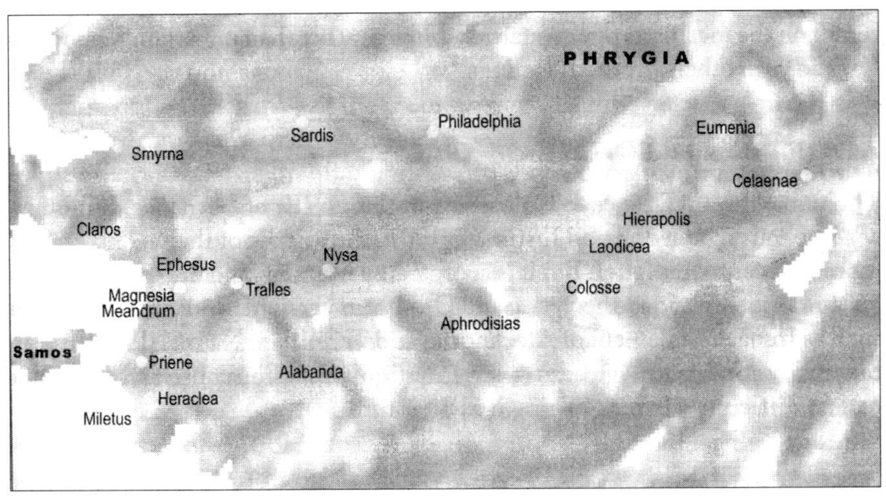

골로새 주변 지역

영향을 주는 것들은 아니다. 예를 들면, 3장 6절에서 몇몇 사본에는 "하나님의 진노가 임하느니라"는 표현 다음에 "불순종한 자에게"라는 표현이 추가된다. 추가된 말들이 에베소서 5: 6을 기억하고 있는 서기가 첨가한 것인지, 아니면 나중에 필사 과정에서 실수로 우연히 생략된 것인지 결정을 내리기가 쉽지 않다. 그러나 어느 해석을 택해도 의미는 동일하다. 2장 18, 23절에 문제가 있지만, 그것은 본문의 불확실성에 대한 것이 아니라, 특별한 어휘의 의미와 관련된 문제인 듯하다. 논란이 되고 있는 다른 해석들도 모두 마찬가지다.[24)]

7. 정경으로의 채택

『바나바 서신』(*Epistle of Barnabas*)에 골로새서에 대한 언급이 있을 수도 있다. 그렇지 않다면, 이 서신에 대한 최초의 언급은 2세기 중반의 순교자 저스틴에게서 찾아볼 수 있다. 그러나 이 서신은 마르시온에 의해서 채택되었고, 무라토리 정경에 포함되어 있고, 시리아 역본과 고대 라틴어 역본에서 발견되고, 이레내우

24) Enslin이 왜 "이 서신의 원문은 아주 형편없이 보존되었다"고 말했는지는 이해하기가 어렵다(292). 그는 자신의 견해를 뒷받침하기 위해서 골로새서 2장 18-19절만 인용한다. O'Brien은 여기에서 세부적인 내용에 대한 의견의 차이를 인정하면서도, "바울 사상의 일반적인 흐름이 비교적 분명하다"고 했다(*Colossians, Philemon*, 141). Ralph Martin도 "이 구절들은 개념상의, 그리고 언어학적/개념적 난제들을 가지고 있지만 바울의 사고의 흐름은 분명하다"고 동의했다(*Colossians and Philemon*, NCB [London: Oliphants, 1974], 92).

스, 알렉산드리아의 클레멘트, 터툴리안에 의해서도 인용되었다. 고대에 이 서신의 정경성에 대해 의심이 제기되지 않았던 듯하며, 교회는 지금까지 이 서신을 성경으로 받아들이는 데 문제가 없었던 듯하다.

8. 골로새서에 대한 최근 연구

일부 학자들은 이 서신의 실제 저자가 누구인지는 중요하지 않다고 강력하게 주장한다. 적어도 이 서신이 바울과 관련이 있었다는 것, 저자는 적어도 헌신적인 바울의 추종자였으며, 이 서신에 바울의 관점을 제시했다는 데는 의견이 일치한다. 그러한 학자들은 이 서신에서 저자가 자신이 처해 있는 상황에 바울의 입장을 적용하는 방식에 큰 관심을 기울인다.

차일즈(Childs)가 강조하는 대로, "골로새서는 사도 바울이라는 한 인간과 그가 전파한 복음에 닻을 내리고 있다."[25] 그는 바울이 이 서신을 기록했다고 주장하는 것이 아니라, 그가 썼든지 쓰지 않았든지, 이 서신과 사도 바울 사이에 긴밀한 관계가 있다고 주장한다. 그는 디모데나 에바브라를 이 서신의 저자라고 생각할 수 없으며, 이 서신의 서론과 결론 및 본론에서 바울을 저자라고 증언하고 있다고 주장한다(1:23-2:5). 그는 골로새 교인들에게 바울이 전하는 전통 안에 머물라고 권하는 방식을 지적한다. 차일즈는 보수적인 학자들은 너무 쉽게 바울의 저작설을 주장했다고 말했다. 그는 "골로새서에서 거짓 교훈이 복음의 진리에 대한 새롭고 긍정적인 증거를 전개하는 투명한 통로로 사용된 사도의 특수한 반응을 유도해 낸 것"이 중요하다고 말했다.[26]

골로새 교회 내의 거짓 교훈에 대해서도 많은 관심을 보여 왔다. 문제는 잘못된 교훈에 대해서 바울이 말하는 모든 것을 일관성 있는 체계로 만드는 방식에 있다. 한 세대 전에는 골로새서가 어떤 형태의 영지주의에 반대된다고 보았는데, 영지주의가 여러 전거들을 수집해 모은 혼합주의적인 것이었기 때문에 한층 더 그렇게 보았다. 실제로 컴멜은 이렇게 말한다: "오늘날 기본적인 견해에는 거의 차이점이 없다. 바울은 이단적인 가르침 속에서 혼합주의적인 은밀한 지혜인 영지주의를 보았다(2:8, 18). 그런데 그것은 유대교의 의식주의와 천사들에 대한 사상을 금욕

25) Childs, 344.
26) Ibid., 346.

적이고 의식주의적인 요소들과 결합한 것이다."[27] 그러나 이것은 지나치게 포괄적이다. 오늘날에 완전히 성숙한 영지주의는 2세기에 발달한 현상으로 널리 인정된다. 어쨌든 혼합주의는 영지주의가 등장하기 전에도 존재했었다.[28]

성숙한 영지주의는 2세기 발렌티누스(Valentivus)와 바실리데스(Basilides)와 같은 위대한 교사들에 의해 전파된 일련의 체계이다. 그것은 많은 천상의 중개자들, 또는 에온들(aeons), 지고선이신 신과 물질적 창조 사이의 틈을 이어주는 신으로부터의 방사체들(emanations)을 크게 다룬다. 선한 영과 악한 물질이 대조되었다. 영지주의는 절충주의적이어서 다양한 자료들로부터 교훈들을 수집하였으며, 1세기에 그러한 가르침 중 일부가 발견되었지만, 방금 언급했던 것과 같은 특징적인 가르침들은 발견되지 않았다.[29] 골로새서의 배후에는 후일 일부 영지주의 형태에서 발견되는 가르침들이 들어 있지만, 그것은 영지주의가 골로새의 문제였다는 의미가 아니다. 차일즈는 다음과 같이 말한다: "비록 유대교 혼합주의의 형태가 반영되어 있다는 것에 대해 대체로 의견이 일치하지만, 반대의 정확한 본질에 대해서는 계속 일치하지 않고 있다."[30] 더욱이, 바울이 대면하고 있는 유대교적인 측면들은 간과될 수 없다. 라이트(N. T. Wright)는 마치 또 다른 반대되는 견해를 세우려는 듯, "골로새서에서 바울의 논쟁의 모든 요소들은 유대교에 대한 경고로서 이해된다"고 주장한다.[31]

문제는 바울이 대적하고 있는 모든 특징들을 결합했던 교사들에 대해 우리가 알지 못한다는 데 있다. 어느 학자가 특정의 특징들을 선택하고서 그것들이 필수적인 것들을 제공한다고 말할 수도 있지만, 다른 학자들은 그러한 선택에 동의하지 않을 것이다. 골로새 교인들은 새로운 신자들이 아니었다. 그들은 이교 신앙을 버린 지 얼마 되지 않았고, 기독교인이 되기 전에 익숙해져 있었던 사고방식이나 관습으

---

27) Kümmel, 239.
28) 특히 Arnold, *The Colossians Syncretism*을 보라.
29) 본서 제23장을 참조하라.
30) Childs, 343.
31) N. T. Wright, *The Epistles of Paul to the Colossians and to Philemon*, TNTC (Grand Rapids: Eerdmans, 1986), 27. 라이트는 바울이 과거에 이교도였던 사람들에게 유대교의 위험을 경고하기 위해서 이 서신을 썼다고 주장한다. 그러나, 이것은 유대교적인 요소들에 대해서는 설명해 주지만, 헬레니즘적 요소와 마술적 요소들에 대한 취급은 어느 정도 강화되는 듯하다. Thomas J. Sappington, *Revelation and Redemption at Colossae*, JSNTSup 53 (Sheffield: Sheffield Academic Press, 1991)에서는 유대교적인 측면에 거의 절대적으로 초점을 두면서, 바울이 유대교 묵시주의에 뿌리를 둔 금욕적/신비적 경건을 대면하고 있다고 주장한다.

로 돌아가기 쉬웠다. 그들은 여전히 그러한 사고방식에 접하고 있었으며, 그 매력을 거부할 수 없었다.

최근의 논의의 또 다른 특징은, 저자가 논거를 전개하기 위해 사용한 전통적이고 의식적인 자료로 간주되는 것에 대한 관심이다. 특히 그리스도와 그의 기능에 대한 중요한 가르침을 제시하기 위해서 저자가 개작한 찬송으로 간주되는 1장 15-20절에 관심이 집중되고 있다.[32)]

9. 골로새서의 공헌[33)]

거짓 교사들은 하나님과 하나님의 백성 사이에 장벽을 세웠다. 그들은 방해하는 영들, 금욕주의의 길을 통해서만 하나님께 접근하도록 허락하는 기초적인 영들이 있다고 생각했다. 이러한 주장에 대해서, 바울은 "보이지 않는 하나님의 형상"이요, 창조를 이루시고 결합하시는 분, 모든 피조물 위에 뛰어나시고 만물 안에 서 탁월하신 그리스도의 주권을 강조한다. 그분은 십자가에서 흘리신 피로 화목을 이루신 분, "몸 된 교회의 머리"이시다(1:15-20). 그리스도의 위대하심과 믿는 자들을 위한 그의 구속사역의 결합이 이 서신 전체에 흐르고 있다. 이 서신은 그의 백성들을 하나님께로 인도하는 데 다른 세력이 개입되었다는 주장이나, 금욕주의 공로가 되는 관습들에 의해서 하나님께 갈 수 있다는 주장은 모두 허튼 것임을 보여준다.

그리스도는 신자들을 화목하게 하셨다(1:22). 그리스도는 신자들 안에 계신 "영광의 소망"(1:27)이시다. 바울은 구속을 특별한 방식으로 바라보면서 하나님께서 "우리를 거스리고 우리를 대적하는 의문에 쓴 증서를 도말하시고 제하여 버리사 십자가에 못 박으시고"(2:14)라고 한다. 그러나 여기에 나타난 사상은 바울이 갈라디아서 3장에서 율법을 다룬 것과 그리 다르지 않다. 또 그리스도 안에 "지혜와 지식의 모든 보화가 감추어져 있고"(2:3), "신성의 모든 충만"이 육체로 그 안에 거하며(2:9), 믿는 자들은 "그리스도 안에서 충만해졌다"(2:10). 하나님께서는 범죄로 죽었던 그들을 그리스도와 함께 살리셨다(2:13). 그들은 그리스도와 함께 "세

32) Contra J. C. O'Neill, "The Source of the Christology in Colossians," *NTS* 26 (1979-80): 87-100.

33) John M. G. Barclay, *Colossians and Philemon,* NTG (Sheffield: Sheffield Academic Press, 2001), 75-96.

상의 초등학문에서" 죽었고(2:20), 그리스도와 함께 다시 살리심을 받았다(3:1). 그리스도는 "만유시요 만유 안에 계시며"(3:11), 그들은 "하나님의 택하신 백성" 이다(3:12). 그들은 그리스도를 통하여 아버지 하나님께 감사한다(3:17). 이 서신 전체의 주제는 그리스도의 탁월하심, 그리고 십자가에서 자기 백성을 위해 죽음으로써 이루신 구원의 완성이다. 다른 곳에서는 이 주제들이 이런 식으로 표현되지 않으며, 골로새서에서는 독특한 것에 대해 말한다.

이 서신 전체 주제는 그리스도의 탁월하심, 십자가에서 자기 백성을 위해 죽음으로써 이루신 구원의 완성이다. 다른 서신에는 이 주제들이 나타나지 않는 독특한 주제를 다루고 있다.

바울은 골로새 교인들이 크게 존중하여 다루는 모든 초자연적인 세력들보다 그리스도가 훨씬 탁월하다고 주장한다. 우리는 골로새인들처럼 그런 들을 믿지 않기 때문에 바울이 말하는 것의 당위성을 제대로 인식하지 못할 수도 있다. 그러나 서구에서 비밀교(occultism)가 출현함에 따라, 골로새서의 당위성에 대한 회의론적인 태도는 조롱을 당하고 있다. 어쨌든, 우리는 전통과 환경의 피조물이며, 결코 그러한 세력들의 손아귀에서 진정으로 자유로워질 수 없다는 신념이 현 시대에 점점 널리 확산되고 있다는 것이 종종 지적되어왔다. 그리스도 안에서 무엇이든 극복할 수 있다는 것이 골로새서의 메시지의 일부이다. 십자가는 하나님의 목적을 거스르는 모든 세력을 제거하는 것을 의미하며(2:15), 이것은 기독교에 중요한 부분으로 남아 있다.

바울은 골로새에 가거나, 그곳 교인들을 만난 적이 없었기 때문에(2:1), 이 서신의 각 구절에 나타나 있는 사랑과 깊은 관심은 한층 더 중요하다. 이 서신은 아마 신약 성경의 다른 책에서는 강조하지 않는 것, 모든 신자들이 한 교회를 이룬다는 진리를 표현한다. 바울은 교회 안에는 "헬라인과 유대인이나 할례당과 무할례당이나 야인이나 스구디아인이나 종이나 자유인이 분별이 있을 수 없나니 오직 그리스도는 만유시요 만유 안에"(3:11) 계시다고 역설한다. 그리스도의 몸의 지체인 우리는 모두 하나이며, 다른 지체의 관심과 염려에 무관심할 수 없다. 이 서신은 우리가 속해 있는 작은 부분만 아니라 교회 전체에 대한 관심의 중요성을 분명히 해준다.

그러나 이 서신에서는 교회의 하나 됨을 강조하는 동시에 신자들 사이에 차이점들이 있다고 가르치고 있음을 명심해야 한다. 바울은 남편과 아내, 아버지와 자녀, 종과 상전들에게도 지침을 준다(3:18-4:1). 모든 사람들은 그리스도의 종들이며 그 신분에 맞게 살아야 하지만, 그렇다고 해서 사회적 관계를 무시해도 된다는 의미는 아니다. 우리의 위치는 모두 다르다. 그리고 우리 모두에게는 믿음으로 살아야 하는 공통된 의무가 있으나, 구체적인 형태는 상황에 따라 달라진다.

어느 시대든지 기독교인들은 그 시대의 철학을 따라 가려는 유혹을 받는다. 우리 사회가 가장 현명한 사고라고 여기는 것에서 벗어나는 것은 결코 쉬운 일이 아니다. 그러나 그 사고가 우리 모두를 지으신 하나님을 거스를 수도 있음을 잊지 말아야 한다. 따라서 "사람의 유전과 세상의 초등학문을 의존하는 철학과 헛된 속임수"(2:8)에 대한 바울의 경고는 결코 시대에 뒤떨어진 경고가 아니다. 동시에 우리는 마음을 산만하게 만드는 종교적 관습들, 핵심에서 벗어난 종교적 절기(2:16), 그리고 규칙들을 종교의 본질로 삼는 습관(2:10-21) 등에 대한 경고에 귀를 기울여야 한다. 그러한 관습들은 거짓된 겸손을 일으키며, 유물적인 태도를 조장한다(2:18). 머리와의 관계를 상실하는 것은 무엇으로도 보상할 수 없다(2:19).

참고 문헌

T. K. Abbott, *The Epistles to the Ephesians and to the Colossians*, ICC (Edinburgh: T. & T. Clark, 1897).

Clinton E. Arnold, *The Colossian Syncretism: The Interface Between Christianity and Folk Belief at Colosse*, WUNT 77 (Tübingen: Mohr-Siebeck, 1995).

E. Bammel, "Versuch zu Col 1:15-20," *ZNW* 52 (1961): 88-95.

Andrew J. Bandstra, "Did the Colossian Errorists Need a Mediator?" in *New Dimensions in New Testament Study*, ed. Richard N. Longenecker and Merrill C. Tenney (Grand Rapids: Zondervan 1974), 329-43.

John M. G. Barclay, *Colossians and Philemon*, NTG (Sheffield: Sheffield Academic Press, 1997).

Markus Barth and Helmut Blanke, *Colossians*, AB 34B (Garden City: Doubleday, 1994).

G. Bornkamm, "The Heresy of Colossians," in *Conflict at Colossae*, ed. Fred O. Francis and Wayne A. Meeks (Missoula: SP, 1975), 123-45.

F. F. Bruce, *The Epistles to the Colossians, to Philemon, and to the Ephesians*, NICNT (Grand Rapids: Eerdmans, 1984).

G. B. Caird, *Paul's Letters from Prison* (Oxford: Oxford University Press, 1976).

C. C. Caragounis, *The Ephesian Mysterion: Meaning and Content* (Lund: Gleerup, 1977).

W. Carr, "Two Notes on Colossians," *JTS* 24 (1973): 492-500.

Edmund P. Clowney, "Interpreting the Biblical Models of the Church: A Hermeneutical Deepening of Ecclesiology," in *Biblical Interpretation and the Church: Text and Context*, ed. D. A. Carson (Exeter: Paternoster, 1984), 64-109.

Martin Dibelius, *A Fresh Approach to the New Testament and Early Christian Literature* (London: Ivor Nicholson & Watson, 1936).

James D. G. Dunn, *The Epistle to the Colossians and Philemon*, NIGTC (Grand Rapids: Eerdmans, 1996).

J. Ernst, *Pleroma und Pleroma Christi: Geschichte und Deutung eines Begriffs der paulinischen Antilegomena*, BU 5 (Regensburg: Pustet, 1970).

Fred O. Francis and Wayne A. Meeks, eds., *Conflict at Colossae* (Missoula: SP, 1975).

David E. Garland, *Colossians/Philemon*, NIVAC (Grand Rapids: Zondervan, 1998).

Joachim Gnilka, *Der Kolosserbrief*, HTKNT (Freiburg: Herder, 1980).

Murray J. Harris, *Colossians and Philemon*, EGGNT (Grand Rapids: Eerdmans, 1991).

P. N. Harrison, *The Problem of the Pastoral Epistles* (London: Oxford University Press, 1921).

Morna D. Hooker, "Were There False Teachers in Colossae?" in *Christ and Spirit in the New Testament, Fs.* C. F. D. Moule, ed. Barnabas Lindars and Stephen S. Smalley (Cambridge: Cambridge University Press, 1973), 315-31.

S. E. Johnson, "Unsolved Questions About Early Christianity in Anatolia," in *Studies in New Testament and Early Christian Literature, Fs.* Allen P. Wikgren, ed. D. E. Aune, NovTSup 33 (Leiden: Brill, 1972), 181-93.

E. Käsemann, *Essays on New Testament Themes* (London: SCM, 1964), 149-68.

J. B. Lightfoot, *Saint Paul's Epistles to the Colossians and to Philemon*, 9th ed. (London: Macmillan, 1890).

Eduard Lohse, *Colossians and Philemon, Hermeneia* (Philadelphia: Fortress Press, 1971); idem, "Pauline Theology in the Letter to the Colossians," *NTS* 15 (1968-69): 211-20.

Margaret Y. MacDonald, *Colossians and Ephesians*, SacPag 17 (Collegeville: Liturgical Press, 2000).

G. H. C. Macgregor, "Principalities and Powers: The Cosmic Background of St Paul's Thought," *NTS* 1 (1954-55): 17-28.

Ralph P. Martin, *Colossians and Philemon*, NCB (London: Oliphants, 1974).

Charles Masson, *L'épître aux Colossiens*, CNT (Paris: Delachaux & Niestlé, 1950).

C. F. D. Moule, *The Epistles of Paul the Apostle to the Colossians and to Philemon* (Cambridge: Cambridge University Press, 1962).

Peter T. O'brien, *Colossians, Philemon*, WBC (Waco: Word, 1982).

J. C. O'Neill, "The Source of the Christology in Colossians," *NTS* 26 (1979-80): 87-100.

Arthur G. Patzia, *Ephesians, Colossians, Philemon*, NIBC (Peabody: Hendrickson, 1990).

Petr Pokornya, *Colossians: A Commentary* (Peabody: Hendrickson, 1991).

T. E. Pollard, "Colossians 1:12-20: A Reconsideration," *NTS* 27 (1980-81): 572-75.

Bo Reicke, "Caesarea, Rome, and the Captivity Epistles," in *Apostolic History and the Gospel, Fs.* F. F. Bruce, ed. W. Ward Gasque and Ralph P. Martin (Exeter: Paternoster, 1970), 277-86.

Thomas E. Sappington, *Revelation and Redemption at Colossae*, JSNTSup 53 (Sheffield: Sheffield Academic Press, 1991).

Eduard Schweizer, *The Letter to the Colossians: A Commentary* (Minneapolis: Augsburg, 1982; German orig., EKKNT, 1976).

Robert W. Wall, *Colossians and Philemon*, IVPNTC (Downers Grove: IVP, 1993).

H. Weiss, "The Law in the Epistle to the Colossians," *CBQ* 34 (1972): 294-314.

N. T. Wright, *The Epistles of Paul to the Colossians and to Philemon*, TNTC (Grand Rapids: Eerdmans, 1986).

제16장

데살로니가 전·후서

1. 내용

이 두 서신은 데살로니가라는 중요한 도시(지금의 살로니카)에 새로 세운 교회로 보낸 편지이다. 데살로니가는 에게 해 북쪽의 가장 훌륭한 자연 항구 중 하나로서, 네 개의 주요 도로가 만나는 곳에 위치해 있었다. 바울 시대에 이 도시는 인구 십만 명의 복잡한 상업도시였다. 지리학자인 스트라보(Strabo)는 그곳이 "마케도니아의 중심지"[1]라고 한다. 바울은 빌립보의 감옥에서 석방된 후(행 17:1-9), 제2차 선교여행 때인 A.D. 48년이나 49년에 이 도시를 방문했다. 바울이 데살로니가에 머무는 동안은 무척 소란스러웠다. 바울과 그의 동역자 실라는 안식일에 세 번 회당에서 복음을 전했는데, 일부 유대인들이 선동하여 이들을 대적하는 소동이 발생했다. 바울과 실라, 그리고 이들과 함께 지낸 데살로니가 주민 야손은 체포되었다가 보석금을 내고 석방되었다. 그러나 상황이 심각했기 때문에, 바울과 실라는 그곳을 떠날 수밖에 없었다.

일부 학자들은 바울이 자신의 서신들에서 데살로니가 방문에 대해 언급한 것들과 누가의 기록을 비교해보고서 누가의 기록의 역사성에 대해 의심을 품게 되었다. 특히 문제가 되는 것은, 누가가 새로운 개종자들 안에 유대인들을 포함시킨 것, 그리고 바울과 실라가 데살로니가에서 약 3-4주 동안만 지냈다는 주장이라고 생각된

1) Rainer Riesner, *Paul's Early Period: Chronology, Mission Strategy, Theology* (Grand Rapids: Eerdmans, 1998), 337-41은 이 도시에 대해 간결하게 묘사한다.

다. 바울이 이전의 유대인들이나 하나님을 경외하는 사람들을 "우상을 버리고 하나님께로 돌아온" 사람들이라고 묘사하지 않았을 것이라고 주장된다. 또 바울이 데살로니가에 머문 데 대한 몇 가지 상세한 내용은 3-4주라는 짧은 체류기간에 이루어질 수 없는 것들이다. 가령, 모범을 보일 정도로 오랫동안 일했다는 주장(살전 2:9), 그리고 바울이 데살로니가에 있는 동안 빌립보 교인들이 두 차례 돈을 보내준 것을 칭찬한 것(빌 4:15-16)을 예로 들 수 있다.[2] 그러나, 그러한 비평은 근거 없는 것이다. 최근에 리스너(Riesner)가 지적한 것처럼 유대인들의 시각에서 볼 때, 개종자들의 대부분을 이루고 있었던 하나님을 경외하는 사람들은 이방인들이었다. 기독교 신앙을 받아들인다는 것은 실제로 우상을 버리고 참 하나님께로 돌아서는 것이었을 것이다.[3] 바울이 데살로니가에 체류한 기간과 관련하여 두 가지를 지적해야 한다. 첫째, 누가는 체류 기간에 대해 대단히 모호하게 기록한다. 누가는 바울과 실라가 회당에서 세 번 안식일에 복음을 전했으며, 그로부터 얼마 후에 유대인들이 폭동을 일으켰다고 주장한다. 2-4개월 동안 체류했을 가능성이 전혀 없지는 않다.[4] 둘째, 바울이 데살로니가 서신에서 언급한 모든 활동은 대략 1개월이라는 기간에 포함시킬 수 있을 것이다.[5] 누가의 기록은 분명히 요약된 것이지만, 바울이 데살로니가에서 중단한 짧은 체류에 관한 기본적인 사실들을 정확하게 표현하고 있다.

데살로니가 전·후서의 기본 구조에 대해서는 전반적으로 의견이 일치한다. 그레코-로마의 수사학 범주들이 그 서신들의 전개 과정을 설명하는 데 도움이 될 것이라고 생각하는 학자들은 그 기본 구조를 다양하게 가다듬은 형태들을 제공해 왔다.[6] 그러나 바울의 서신들에 대한 그러한 수사학적 분석이 가능한지 증명되지

---

2) 이러한 비평에 대해서는 Charles A. Wanamaker, *The Epistles to the Thessalonians*, NIGTC (Grand Rapids: Eerdmans, 1990), 6-7을 보라.

3) Riesner, *Paul's Early Period*, 348-49.

4) William M. Ramsay, *Saint Paul, the Traveller and Roman Citizen* (London: Hodder & Stoughton, 1897), 227-28; Riesner, *Paul's Early Period*, 363-64; Wikenhauser, 363.

5) 빌립보서 4:15-16의 구문을 참작하면, 빌립보 교인들의 선물이 한 차례만 데살로니가에 보내졌을 것이다(Peter T. O'Brien, *The Epistle to the Philippians: A Commentary on the Greek Text*, NIGTC [Grand Rapids: Eerdmans, 1991], 535-36). 다음을 보라: I. Howard Marshall, *1 & 2 Thessalonians*, NCB (Grand Rapids: Eerdmans, 1983), 5; Leon Morris, *The First and Second Epistles to the Thessalonians*, rev. ed., NICNT (Grand Rapids: Eerdmans, 1991), 3-4.

6) 예를 들면 다음과 같다: F. W. Hughes, "The Rhetoric of 1 Thessalonians," in *The Thessalonian Correspondence*, ed. Raymond F. Collins, BETL 87 (Leuven: Leuven University Press, 1990), 94-116. 그의 뒤를 이은 사람은 다음과 같다: Karl Donfried, "The Theology of 1

않았다(제8장을 보라).

1) 데살로니가전서

이 서신은 바울과 실라와 디모데가 그 편지를 보낸다고 언급하는 전형적인 인사말로 시작된다(1:1-3). 그 다음에 바울은 데살로니가 교인들에 대한 감사, 그리고 바울이 전한 메시지에 그들이 전심으로 헌신한 것에 대한 감사를 표현한다(1:4-10). 편지의 본문은 분명히 두 단락으로 나뉜다. 첫 단락인 2:1-3:13은 바울과 데살로니가 교인들의 상호작용에 초점을 두며, 두 번째 단락인 4:1-5:11은 바울이 데살로니가 교인들에게 주는 권면에 초점을 둔다. 바울은 먼저 자신이 데살로니가에서 사역할 때의 상황을 자세히 언급한 후에(2:1-12), 자신이 복음을 전파한 방식을 떠나 데살로니가 교인들이 그것을 받아들인 방식에 대해 언급하고, 그들이 말씀을 받아들인 데 대해 감사하며, 그들이 당하는 고난은 그들의 헌신과 하나님이 인정하신다는 증거라고 상기시킨다(2:14-16). 동일한 박해 때문에 바울은 데살로니가 체류를 갑자기 중단하게 되었으며, 데살로니가 사람들의 강인함을 염려하게 되었다(2:17-3:5). 그러나 디모데가 도착하여 모든 일이 잘 되었다고 보고했다(3:6-13).

바울은 데살로니가 교인들이 "하나님께 기쁘시게 하도록" 살기 위해 필요한 세 가지 중요한 방식을 상기시킴으로써 권면을 시작한다(4:1). 즉, 음란을 버리고, 서로 사랑하며, 손으로 일하기를 힘쓰라고 권면한다(4:3-12). 그 후에 데살로니가 교회에 큰 슬픔을 초래하고 있는 문제, 몇몇 형제들의 죽음을 다룬다. 그는 장차 그리스도께서 재림하실 때 그리스도 안에서 죽은 자들이 누릴 유익을 강조하며(4:13-18), 주께서 재림하실 날을 대비하여 모범된 생활을 하라고 권한다(5:1-11). 이 서신은 간단한 마지막 권면, 소원을 비는 기도, 기도 요청, 마지막 인사 등으로 끝을 맺는다(5:12-28).

2) 데살로니가후서

데살로니가후서의 인사말에서도 바울은 실라와 디모데를 개입시킨다(1:1-2).

Thessalonians," in *The Theology of the Shorter Pauline Letters* (Cambridge: University Press,1993), 3-4.

감사의 내용(1:3-12)에 이어, 데살로니가 교회의 중요한 문제인 박해에 대면하여 용기를 북돋아준다. 이 박해로 인해 데살로니가 교인들은 주의 날의 임재에 대해 잘못된 생각을 갖게 되었을 것이며, 바울은 2:1-12에서 이러한 생각을 바로잡아준다. 그 다음에는 믿음 안에 견고히 서라고 권면하고, 그들이 용기를 얻도록 기도한다(2:13-17). 이어서, 바울 자신과 실라와 디모데가 사역에 충성하며, 박해자들로부터 안전할 수 있도록 기도해달라고 부탁한다(3:1-5). 데살로니가전서 4:11-12에서 언급했던 게으름의 문제가 악화되었으므로, 바울은 그 주제에 대해 장황한 권면을 시작한다(3:6-15). 이 서신은 간단히 소원을 비는 기도, 바울이 친필로 그 편지를 썼다는 확인, 그리고 은혜를 기원하는 말로 끝 맺는다(3:16-18).

2. 저자

저자와 관련하여 세 가지 서로 관련이 있으면서도 독립된 문제들을 논의해야 한다: (1) 그 서신들의 공동 저작설; (2) 데살로니가전서에 개찬(改竄)된 것들이 있다는 주장, (3) 바울이 데살로니가후서를 기록했다는 주장.[7]

1) 공동 저작설

위에서 보았듯이, 이 두 서신에서는 바울과 실라와 디모데를 저자로 지적한다. 그러나 전통적으로 이 서신의 저자는 바울 한 사람이라고 간주되는데, 그것은 올바른 견해인가? 많은 학자들은 그렇지 않다고 대답한다. 그들은 두 서신에서, 심지어 인사말에서 다른 사람의 이름을 언급하는 세 개의 서신(고린도전서, 빌립보서, 빌레몬서)을 포함하여, 대부분의 바울 서신들과는 달리 감사의 단락에서도 일인칭 복수형이 두드러지게 사용된다는 점에 주목한다.[8] 고대 세계에서는 편지의 인사말에 한 사람 이상을 포함시키는 것은 아주 이례적인 현상이었다. 아마 독자들은 복수형인 "우리"가 실제로 저자를 나타낸다고 해석했을 것이다.[9] 그러나, 이 결론

7) 일부 학자들은 편찬설들을 개진해왔는데, 그러한 견해에 의하면 현재의 데살로니가전서는 두 개 이상의 원본 편지와 단편들의 합성물이다(예를 들면, Walter Schmithals, *Paul and the Gnostics* [Nashville: Abingdon, 1972], 123-181; Earl J. Richards, *1 and 2 Thessalonians*, SacPag 13 [Collegeville: Liturgical Press, 1995], 11-19).그러나 그 이론들은 매우 불확실한 것이다.

8) F. F. Bruce, *1 & 2 Thessalonians*, WBC (Waco: Word, 1982), xxxii-xxiii.

9) Jerome Murphy-O'Connor, *Paul the Letter-Writer: His World, His Options, His Skills*

을 도출하기 전에 잠시 생각해보아야 할 근거가 있다. 두 서신 모두에서 갑자기 일인칭 단수형 언급들이 나타난다(살전 2:18; 3:5; 5:27; 살후 2:5; 3:17). 만일 그 서신들이 공동 저자의 것이라면, 그러한 언급들은 매우 이상한 현상이다. 그러므로 일인칭 복수형은 그 서신들의 교훈적 형식에 적절한 문학적 장치에 불과할 수 있다.[10)] 가장 좋은 해결책은 중도적인 것인 듯하다. 디모데와 실라가 데살로니가 교인들과 긴밀한 관계를 가지고 있었기 때문에, 그들에 대한 바울의 언급은 진지하게 다루어져야 하지만, 주 저자는 바울이다. 우리가 그 두 서신에서 듣는 것은 바울의 음성이며, 따라서 그 서신들을 바울의 것으로 간주하는 것이 정당하다.

디모데와 실라에 대한 바울의 언급은 진지하게 다루어져야 하지만, 주 저자는 바울이다. 우리가 두 서신에서 듣는 것은 바울의 음성이며, 그 서신들을 바울의 것으로 간주하는 것이 정당하다.

2) 데살로니가전서에 포함되어 있는 개찬된 부분

튀빙겐 학파는 데살로니가전서의 저자가 바울이라는 것을 거부했지만, 그들의 주장을 따른 학자들은 거의 없었다. 데살로니가전서는 진정한 바울 서신 정경에 포함되어 있으며, 바울의 것으로 간주되는 일곱 개의 서신들 중 하나이다. 그러나 학자들은 데살로니가전서에 개찬(改竄)된 부분—원본에 추가되었다고 추정되는 부분들—이 있다고 주장한다. 2:1-10과 5:1-11을 개찬된 것으로 여기는 학자들이 있지만, 강력하게 입증되는 부분은 2:13-16뿐이다. "노하심이 끝까지 저희(유대인)에게 임하였느니라"라는 주장은 분명히 예루살렘 멸망을 반영하므로, 이 부분은 예루살렘 멸망 이후에 기록되었음이 분명하다. 더욱이, 유대인의 최종적인 구원에 대한 부정적인 평가는 "온 이스라엘"의 구원을 바라는 바울의 소망과 양립하지 않는다.[11)] 이 부분의 가혹함과 로마서 11장과 상충되는 점에서의 문제점은 과소평가해서는 안 되겠지만, 이 부분이 데살로니가 전에서 부재했었다는 사본상의 증거가 없다. 초기 기독교인들이 자기들이 수집한 바울 서신들 안에 쉽게 일부 구절을 삽입해 넣을 수 있었으리라는 생각은 역사적으로 정당화할 수 없으며, 서신이 완성되기까지의 과정의 흐름을 고려할 때, 극복할 수 없는 난제들을 만나게 된다.[12)]

(Collegeville: Liturgical Press, 1995), 16-19을 보라.

10) Abraham J. Malherbe, *The Letters to the Thessalonians: A New Translation with Introduction and Commentary*, AB (New York: Doubleday, 2000), 86-89.

11) 이러한 논거들에 대해서는 특히 다음을 보라: B. A. Pearson, "I Thessalonians 2:13-16: A Deutero-Pauline Interpolation," *HTR* 64 (1971): 79-94.

12) 예를 들어 Bo Reicke, *Re-examining Paul's Letters: The History of the Pauline Correspondence*, ed. David P. Moessner (Harrisburg: Trinity Press International, 2001), 30-34을 보라. 또 데살로니가전서 2:13-16에 삽입된 것이 있다는 것을 반대하는 논거에 대해서는

더욱이, 이 부분은 그 문맥에서 훌륭히 이해된다. 데살로니가 사람들이 하나님의 말씀과 그들이 경험하고 있는 박해에 대한 권면을 받아들인 태도를 칭찬한 것은 2:1-12의 주제와 조화를 이룬다. 또 하나님의 노하심이 유대인에게 임했다는 주장은, 유대인들이 메시아이신 예수를 거부한 것이 이스라엘이 범죄하고 하나님의 말씀을 듣는 것을 거부한 데서 절정에 달했다는 신약성서의 다른 주장과 일치한다(마 23:32; 행 7:51-53).

3) 바울이 데살로니가후서를 기록했다는 주장

바울과 실라와 디모데에 의해 기록되었다고 주장하는 데살로니가후서와 관련하여, 우리는 한층 더 중요한 문제에 대면하게 된다. 더욱이, 바울은 그 편지 끝에서 "나 바울은 친필로 문안하노니 이는 편지마다 표적이기로 이렇게 쓰노라"(3:17)라고 자신이 개입되어 있음을 증명한다. 초대 교회의 신뢰할 수 있는 권위자들은 데살로니가후서의 저자가 바울임을 의심하지 않았다. 이 서신은 마르시온의 정경과(A.D. 140년경), 무라토리 정경(c. 180-200?[13])에 바울의 서신으로 포함되어 있다. 폴리캅, 이그나티우스, 저스틴 등 초기의 교부들은 이 서신을 알고 있었던 듯하다. 이레내우스는 이 서신의 이름을 인용한다. 이 강력한 전승에도 불구하고, 현대의 많은 학자들은 바울이 이 서신을 썼다는 사실을 부인한다.

바울의 저작설에 대한 질문들은 19세기 초에 처음으로 제기되었으며, 19세기 중반에 바우어(F. C. Baur)가 그것들을 옹호하면서 중요하게 다루어졌다. 그러나, 바우어의 급진주의는 데살로니가후서에 대한 그의 논거들의 힘을 무디게 만드는 경향을 나타냈으며, 소수의 학자들만이 바울이 저자라는 주장을 지지했다. 그러나 1957년의 메이슨(C. Mason)의 논증과 1972년의 볼프강 트릴링(Wolfgang Trilling)의 논증은 학문의 흐름을 그 서신의 바울 저작설을 반대하는 방향으로 바꾸어놓았다.[14] 그 결과, 일반적으로 데살로니가후서는 현대의 비평적 정설에서

Wanamaker, *The Epistles to the Thessalonians*, 30-33을 보라. Carol J. Schlueter, *Filling Up the Measure: Polemical Hyperbole in 1 Thessalonians 2.14-16*, JSNTSup 98 (Sheffield: JSOT, 1994)도 보라.

13) 무라토리 단편의 연대에 대해서는 제4장 주 7번을 보라.

14) Charles Masson, *Les deux épîtres de Saint Paul aux Thessaloniciens*, CNT (Neuchâtel: Delachaux & Niestlé, 1957); Wolfgang Trilling, *Untersuchungen zum zweiten Thessalonicherbrief* (Leipzig: St. Benno, 1972).

정경 안에 포함되는 일곱 개의 바울의 정경적 서신에 포함되지 않는다.

여러 해 동안 데살로니가후서의 바울 저작설을 반대하는 몇 가지 논거들이 개진되어왔다. 데살로니가후서의 어휘와 문체는 확실한 바울의 서신들과 구분된다고 주장되어왔다.[15] 그러나 바울의 공동 저자들이나, 서기가 그 서신의 헬라어에 미쳤을 영향력을 고려해야 할 필요성 및 그러한 분석을 통해서 학자들이 도달한 다양한 결론들은 그러한 논거들의 수효와 효율을 감소시키는 경향이 있었다. 이 서신의 신빙성을 반대하는 또 다른 논거는 바울 이후 시대를 반영한다고 간주되는 세부 내용들에 초점을 둔다. 예를 들어, 초점이 "유전"(παραδόσεις [*paradoseis*])에서 데살로니가 교인들에게로 옮겨간 것(2:15)은 역시 바울 시대 이후의 것이라고 주장되는 목회서신에서 "건전한 가르침"을 강조한 것과 비슷하다. 데살로니가후서의 종말론은 1세기말의 책인 계시록의 종말론과 매우 흡사하다고 주장된다.[16] 2:1-11의 "불법의 사람"에 대한 묘사는 A.D. 68년에 네로 황제가 사망한 이후 널리 유포된 "네로 환생"(*Nero redivivus*) 설화를 반영한다고 한다. 심지어 일부 학자들은 "실현된 종말론"(2:1ff.)과 게으름(3:6-14)의 결합은 1세기말의 영지주의를 반영한다고 주장한다.[17] 그러나 오늘날 학계에서는 이러한 논거들을 그리 중요시하지 않는다. 현대의 종말론 분석에서는 바울의 "불법의 사람"을 네로와 동일시하는 데 함축되어 있는 역사적 언급을 경시하는 경향이 있다. 데살로니가후서의 종말론적 가르침에는 1세기 중엽의 유대-기독교 세계에서 통용될 수 없었던 것이 포함되지 않는다. 신약성서의 모든 거짓 교훈 체계의 배후에서 영지주의자들을 찾아내려는 열기는 사라졌다. 또 데살로니가후서 2:16에서 "유전"을 언급한 것은 일반적으로 바울의 저술로 인정되는 로마서 6:17의 "교훈"에 대한 언급과 다르지 않다.

데살로니가후서의 신빙성을 반대하는 현대의 논증에서는 일견 역설적인 것처럼 보이는 다음과 같은 두 가지 요점에 초점을 둔다: 데살로니가후서는 데살로니가전서와 매우 흡사하기 때문에 바울이 썼다고 보기 어렵다; 데살로니가 후서는 데살로니가전서와 너무 다르기 때문에 바울이 썼다고 보기 어렵다. 각각의 논거를 풀이한 후에 평가하려 한다.

---

15) A. Q. Morton and James McLeman, *Christianity and the Computer* (London: Hodder & Stoughton, 1964)

16) 이 두 가지 요점에 대해서는 Brown, 594를 보라.

17) Marxsen, 37-44.

도표 7: 데살로니가전서와 후서의 문자적 유사성

데살로니가전서	데살로니가후서
1:1a ,"바울과 실루아노와 디모데는 하나님 아버지와 주 예수 그리스도 안에 있는 데살로니가인의 교회에 편지하노니"	1:1a "바울과 실루아노와 디모데는 하나님 우리 아버지와 주 예수 그리스도 안에 있는 데살로니가인의 교회에 편지하노니"
1:3 "너희의 믿음의 역사"(τοῦ ἔργου τῆς πίστεως; *tou ergou tēs pisteōs*)	1:11 "믿음의 역사"(ἔργου τῆς πίστεως; *ergon pisteōs*)
1:3 "믿음…사랑…인내"(ὑπομονή; *hypomonē*)	1:3-4 "믿음…사랑…인내"(ὑπομονή; *hypomonē*)
1:4 "하나님의 사랑하심을 받은 형제들"	2:13 "주의 사랑하시는 형제들"
2:9 "형제들아 우리의 수고와 애쓴 것을 너희가 기억하리니 너희 아무에게도 누를 끼치지 아니하려고 밤과 낮으로 일하면서 너희에게 하나님의 복음을 전파하였노라"	3:8 "오직 수고하고 애써 주야로 일함은 너희 아무에게도 누를 끼치지 아니하려 함이니"
4:1 "종말로 형제들아"	3:1 "종말로 형제들아"
4:5 "하나님을 모르는"	1:8 "하나님을 모르는"
5:28 "우리 주 예수 그리스도의 은혜가 너희에게 있을지어다"	3:18 "우리 주 예수 그리스도의 은혜가 너희 무리에게 있을지어다"

데살로니가전서와의 유사점들. 여기에서 근본적인 논거는 다음과 같다: 어느 저자라도 같은 수신인에게 편지를 보낸 직후, 또 다시 편지를 쓰면서 먼저 번 편지의 자료를 되풀이하지 않을 것이며, 이것은 바울이 데살로니가전서와 후서 모두를 기록했다고 볼 경우에도 적용될 것이다. 두 서신들 사이의 몇 가지 일치점들은 도표 7에 나타나 있다.

물론 이 일치점들 중 일부는 다소 하찮은 것들이지만, 나머지 것들은 중요하다. 예를 들어, 데살로니가전서와 후서 서두의 인사말의 어법은 바울 서신들 중에서 쌍을 이루는 다른 서신들보다 더 흡사하다. 그러나 문자적 유사성보다 더 중요한 것은 구조적인 유사성이다. 데살로니가전서의 모든 주요 단락에 상응하는 것이 데살로니가후서에 있다고 주장된다. 두 서신 모두 바울의 특별한 이중 감사(살전 1:2과 2:13; 살후 1:3과 2:13)와 전환점에서의 축복을 특징으로 한다(살전 3:11-13; 살후 2:16-17). 어네스트 베스트(Ernest Best)는 그 논거를 "데살로니가후서의 구조는 데살로니가전서의 구조와 매우 흡사하며 바울의 다른 서신들의 구조와는 상이하므로, 누군가가 의도적으로 데살로니가전서를 본보기로 하여 만들어낸 것일 수 있다"[18]고 표현한다.

데살로니가전서와 다른 점. 데살로니가전서와 후서 사이에는 유사한 점들이 있지만, 현저한 차이점들도 있다. 소수의 학자들은 어휘상의 불일치점에 주목해왔고,[19] 다른 학자들은 데살로니가후서의 어조가 데살로니가전서의 어조보다 더 "공식적"이라고 주장한다. 그러나 관심은 주로 두 서신의 종말론에 대한 가르침에 초점을 둔다. 바울은 데살로니가전서에서 아주 초기 교회의 전형적인 특징이라고 주장되는 강력한 절박감을 나타낸다. 그는 재림 때에 자신이 살아있을 것이라고 가정하며(4:17 – "우리 살아남은 자도"), 독자들에게 "때와 시기"를 계산하려 하지 말라고 경고한다(5:1-4). 재림이 임박했고, 예측할 수 없는 듯하다. 그러나 데살로니가후서의 저자는 재림이 임박했다고 생각하는 것에 대해 경고한다. 실제로, 그는 주님이 재림하기 전에 반드시 있어야 할 사건들—"배도하는 일"과 "불법의 사람"의 나타남—을 열거한다(2:1-4). 만일 데살로니가전서가 바울의 종말론을 반영한다면, 데살로니가후서는 분명히 다른 사람의 종말론을 반영한다고 주장된다.

이와 같은 유사성과 불일치점들은 이 두 서신의 저자가 동일하다는 것을 부인할 수 있는 충분한 근거가 된다고 여기는 사람들에게는 몇 가지 대안이 있다. 하르낙은 데살로니가전서는 그 교회 내의 이방인들에게 쓴 것이고, 데살로니가후서는 유대인들에게 쓴 것이라고 주장함으로써, 이 두 서신이 바울의 것이라고 주장하려 했다.[20] 엘리스(E. Earle Ellis)는 데살로니가전서는 교회 전체에게 쓴 것이요, 데살로니가후서는 바울의 동역자들에게 쓴 것이라고 주장했다(살후 1:3의 "형제들").[21] 그러나 두 서신의 수신자가 다르다는 것을 뒷받침하는 증거가 부족하며, 하르

18) Ernest Best, *A Commentary on the First and Second Letter to the Thessalonians*, HNTC (New York: Harper & Row, 1972), 50 (그러나 Best는 궁극적으로 그 논거를 납득하지 못하며, 데살로니가후서의 저자가 바울이라고 생각한다). 예를 들어 Brown, 592를 보라.

19) D. D. Schmidt는 데살로니가후서의 문체가 데살로니가전서보다는 에베소서와 골로새서의 문체와 흡사하다고 결론짓는다("The Syntactical Style of 2 Thessalonians: How Pauline Is It?" in *The Thessalonian Correspondence*, 383-93).

20) Adolf von Harnack, "Der Problem des zweiten Thessalonicherbriefes," in Sitzungesberichte der königlichen preussischen Akademie des Wissenschaften zu Berlin 31 (1910): 560-78. Harnack의 주장은 Kirsopp Lake (cf. *The Earlier Epistles of St. Paul: Their Motive and Origin* [London: Rivingstons, 1911], 83-85)에 채택되어 있다.

21) E. Earle Ellis, "Paul and His Co-Workers," *NTS* 17 (1970-71): 449-51.

낙과 엘리스의 주장을 따르는 학자들은 거의 없다. 다른 학자들은 바울의 동료 한 사람이 데살로니가후서의 주된 발언자였을 것이라고 주장하는데, 가장 가능성이 있는 사람은 디모데이다.[22] 차일즈는 데살로니가후서는 데살로니가전서보다 훨씬 뒤에 바울의 지시를 받은 사람이 기록한 것으로서 바울이 서명하여 그 서신을 인증했을 것이라고 생각한다.[23] 그러나, 차일즈는 그처럼 후대에 서신을 써야 했던 상황에 대한 설득력 있는 설명을 제공하지 못한다. 바울이 두 서신을 기록했을 리가 없다고 확신하는 대부분의 학자들은 바울의 이름을 도용했다는 견해를 선택한다. 그들은 바울의 추종자 한 사람이 1세기 후반 어느 시기에 바울의 이름으로 데살로니가후서를 썼다고 주장한다.[24] 고대 세계에서 과거의 위대한 교사의 권위와 영향력을 이어가는 방법으로써, 그러한 과정을 받아들일 수 있었다고 주장된다.

이러한 논증들에도 불구하고, 많은 학자들은 여전히 바울이 데살로니가후서의 저자라고 주장한다.[25] 그들은 두 서신의 관계가 서로 다른 저자를 요구한다는 것을 납득하지 않으며, 데살로니가후서의 기원에 대한 다른 기사들도 받아들이지 않는다. 이 책에서도 그들의 주장에 동의한다. 우리는 위에서 살펴본 반론들에 반응함으로써, 그리고 바울의 이름을 사용한 위서(僞書)라는 이론 안에 내재한 극복할 수 없는 문제점들로 보이는 것을 제시함으로써, 바울이 저자라는 주장을 세우려 한다.

데살로니가전서와 후서 사이에는 분명히 유사한 것들이 있다. 그러나 이것들은 분명히 과장되었다. 정확하게 문자적으로 유사한 것들은 극소수이며, 주로 두 서신의 시작 부분과 끝부분, 즉 정형화된 표현이 반복될 것이라고 기대할 수 있는

---

22) 예를 들면, Donfried, "The Theology of 2 Thessalonians," in *The Theology of the Shorter Pauline Letters*, 86-87.

23) Childs, 370.

24) 예를 들어 다음을 보라: Masson, *Les deux épîres de Saint Paul aux Thessaloniciens*; Trilling, *Untersuchungen zum zweiten Thessalonicherbrief*; J. A. Bailey, "Who Wrote II Thessalonians?" *NTS* 25 (1979): 131-45; G. Holland, "'A Letter Supposedly from Us': A Contribution to the Discussion about the Authorship of 2 Thessalonians," in *The Thessalonian Correspondence*, 394-402; Richards, *1 and 2 Thessalonians*, 19-24; Frank W. Hughes, *Early Christian Rhetoric and 2 Thessalonians*, JSNTSup 30 (Sheffield: JSOT, 1989).

25) 특히 다음의 학자들에게서 확고한 논증들이 발견된다: Best, *The First and Second Epistles to the Thessalonians*, 37-59; Morris, *The First and Second Epistles to the Thessalonians*, 17-23; Wanamaker, *The Epistles to the Thessalonians*, 17-28; Malherbe, *The Letters to the Thessalonians*, 364-7; Robert Jewett, *The Thessalonian Correspondence: Pauline Rhetoric and Millenarian Piety* (Philadelphia: Fortress Press, 1986), 3-18.

부분에서 발견된다. 구조적으로 매우 비슷하다고 주장되는 부분도 마찬가지이다. 심지어, 두 서신을 대충 읽어보아도 중요한 차이점들이 드러난다. 예를 들어, 첫 번째 편지에서 발견되는 바울의 데살로니가 사역과 그들과의 상호작용에 관한 긴 단락과 비슷한 것이 두 번째 편지에는 전혀 없다(2:1-3:13). 존재하는 유사한 부분들을 가장 훌륭하게 설명하는 방식과 관련된 문제가 더 적절하다. 다음 중 어느 것이 더 그럴듯한가? 알려져 있지 않은 바울의 추종자가 몇 개의 구절과 구조적 요소를 선택하여 복사했다는 것인가? 아니면, 바울 자신이 몇 달의 간격을 두고서 동일한 어휘와 형식을 사용하여 동일한 동료들과 함께 동일한 교회에 두 개의 서신을 썼다는 것인가? 후자가 전자보다 더 개연성이 있는 듯하다.

두 서신의 차이점을 고찰해보면, 하나의 다른 문제가 발생한다. 이미 살펴보았듯이, 주된 차이점은 신학에 있으며, 여기에서 우리는 후대의 어느 "바울주의자"가 새 시대의 욕구에 맞추어 사도 바울의 원래의 종말론을 의도적으로 변경했을 가능성에 직면한다. 그러나 바울이 거의 같은 시기에 두 서신에서 종말론 견해들을 제시했을 수 없다고 가정해야만, 이 가능성이 가능해진다. 그러나 우리에게는 이것을 부인할 근거가 없다. 앞에서 보았듯이, 주된 문제는 데살로니가전서에서는 종말이 임박했으며, 그 시기를 헤아릴 수 없다고 가르치는 데 반해, 데살로니가후서에서는 종말이 임박했다는 주장에 대해 경고하며, 종말이 오기 전에 어떤 "징조들"이 있을 것이라고 주장한다는 데 있다. 그러나 많은 유대교 묵시록에도 임박성과 경고의 징조들이 혼합되어 있다. 복음서들의 종말론에서도 이러한 혼합물을 발견할 수 있다. 예를 들어, 마태복음 24:33("이와 같이 너희도 이 모든 일을 보거든 인자가 가까이 곧 문 앞에 이른 줄 알라")과 마태복음 24:44b("생각지 않은 때에 인자가 오리라")를 비교해보라. 바울이 데살로니가전서에서 재림의 긴박성에 초점을 둔 것과 데살로니가후서에서 재림 이전의 사건들에 초점들 둔 것은 그가 언급하는 상이한 목회 상황에서 비롯된 것이다. 바울이 자신의 전반적인 종말론의 일부로서 두 가지 견해를 동시에 주장했을 수도 있다는 것을 부인할 근거가 없다. 두 서신에서 상이한 문제를 다룬 것은 바울이 자신의 안정된 종말론적 가르침의 상이한 측면들을 강조한 데 기인한다.26)

또 다른 요인이 작용하기 시작한다. 데살로니가후서의 종말론은 바울 및 초기 신자들이 종말이 임박했다는 강력한 교리—몇 년 안에 그리스도가 재림할 것이라

---

26) Johnson, 287-8을 보라.

는 교리—를 고수하게 된 대중적인 시나리오에 위배되므로, 바울이 그러한 종말론을 가르쳤을 수 없다고 많은 비평가들은 확신한다. 그러한 희망은 제2 세대에 가서야 감소하여 재림의 연기에 대한 "초기 공교회" 개념이 등장했다. 그러나 여기에서는 그 문제를 추적하지 않고, 이 훌륭하게 발달된 시나리오에 이의를 제기할 충분한 이유가 있다. 비평가들은 예수와 초대 교회의 "재림의 임박성"의 개념을 과장하면서도 후기 기독교 저술에서의 재림의 임박성의 중요성은 무시했다. 비록 다니엘서와 예수님의 가르침을 의존한 듯이 보이지만, A.D. 50년경에 바울이 데살로니가후서 2장의 종말론을 가르칠 수 없었다고 볼 이유를 우리는 발견하지 못한다. 최근에 니콜(Nicholl)은 두 서신이 동일한 종말론적 위기의 두 단계에 대해 응답하고 있다는 그럴듯한 시나리오를 제시했다.[27] 만일 그의 주장이 옳다면, 두 서신 사이의 유사성과 차이점들, 그리고 두 서신이 작성된 기간이 짧다는 것도 이해된다.

만일 학자들이 데살로니가후서가 바울의 저술이라는 것을 거부하는 이유가 설득력을 갖지 못한다면, 그 편지의 기원에 대한 다른 주장들에 대한 설명은 한층 더 설득력을 갖지 못한다. 학자들은 습관적으로 고대 세계에서는 다른 사람의 이름으로 편지를 쓰는 것이 일반적으로 인정되고 받아들여진 관습이었다고 주장하지만, 그것을 뒷받침해주는 증거가 없다. 특히 유대 세계의 묵시문학 장르에서는 가명의 저술들이 매우 흔했지만, 가명의 서신들을 뒷받침해주는 증거는 매우 부족하다. 따라서 어느 바울의 추종자가 속이려는 의도가 없이 순진하게 바울의 이름으로 기록했을 것이라는 일반적인 개념은 심각한 난제들에 직면한다. 그러나 데살로니가후서 3:17("나 바울은 친필로 문안하노니 이는 편지마다 표적이기로 이렇게 쓰노라")을 고려해 보면, 난제들은 기하급수적으로 증가한다. 브라운(Brown)은 만일 "저자가 필법의 신빙성이 아니라, 메시지의 신빙성을 상징적으로 강조하고 있다면"[28] 위서 이론이 보호받을 수 있다고 주장하지만, 그는 편지의 끝부분에 있는

---

27) Colin R. Nicholl, *From Hope to Despair in Thessalonica: Situating 1 and 2 Thessalonians*, SNTSMS 126 (Cambridge: Cambridge University Press, 2004). 니콜의 주장에 의하면, 바울은 데살로니가전서에서 재림이 임박했다고 믿고 있는 교회에게 이야기하고 있다. 그런데 그 교회 교인 몇 사람의 예기치 못한 죽음은 그들로 하여금 남은 사람들 중 몇 사람이 예정되지 못한 자들에 속하는지 의아하게 만든다고 생각했기 때문에 그들은 기뻐하기보다는 두려워했다. 바울은 두 번째 편지에서 한층 더 긴박한 상황을 발견한다: 거짓 예언, 또는 바울이 보낸 것이라고 주장하는 편지로 말미암아 그 교회는 재림이 이미 지나갔다고 생각하고서 공동체 전체가 낙심하게 되었다. 이 분석이 가장 개연성이 있다고 생각하는지의 여부보다는 두 서신에서 다루는 문제들이 비슷하면서도 구분된다는 점을 인식하는 것이 더 중요하다.

28) Brown, 593.

이런 종류의 어법을 이런 식으로 해석할 수 있다는 증거를 제공하지 못한다. 말허비(Malherbe)는 정확하게 판단한다: 과거의 구전이나 성문화된 바울의 가르침을 언급하고(2:2, 15), 그러한 주장을 삽입하는 가명의 저자는 "상상을 초월할 정도로 철면피일 것이다."[29]

데살로니가후서가 바울의 저술임을 배격하는 근거들은 강력하지 못하며, 위서라는 대안은 신빙성이 부족하므로, 데살로니가후서는 사도 바울의 서신으로 받아들여져야 한다.

데살로니가후서가 바울의 저술이 아니라고 하는 근거들은 강력하지 못하며, 익명의 대안은 신빙성이 부족하므로, 데살로니가후서는 바울의 서신으로 받아들여져야 한다.

3. 상황, 서신들의 전후관계, 그리고 연대

바울은 자신이 데살로니가 교인들과 떨어져 지낸 것을 얼마나 후회하는지 알게 하려는 마음에서 자신이 데살로니가를 떠난 후의 동향을 어느 정도 상세히 언급한다(살전 2:17-3:13). 그들을 "잠시 떠나 있었기" 때문에(2:17), 바울은 박해를 받고 있는 데살로니가 사람들에게 돌아가 위로하기를 간절히 원했지만, "사단이 막았다"(2:18). 바울은 아테네에 홀로 머물면서(3:1), 데살로니가 교회의 상황을 알기 위해서 디모데를 파견했다고 언급한다(3:2). 디모데가 교회의 상태에 대해 좋은 소식을 가져온 것이 그 편지를 쓰게 된 원인이다(3:6). 사도행전의 역사성을 의심하는 학자들은 이 정보에 기초하여 그 서신의 기록연대를 바울의 사역 기간 중으로 간주하려 한다. 이러한 학자들 중 일부는 그 서신들로부터 도출해낸 바울의 연대표를 사용하여 바울이 40년대 초에 데살로니가전서를 썼을 것이라고 간주한다.[30] 사도행전을 다소 존중하는 또 다른 방법을 사용하는 학자들은 데살로니가전서가 바울의 제3차 선교여행 때인 50년대 중반에 기록되었다고 여긴다.[31]

그러나 바울의 활동에 대한 누가의 기록의 정확성을 거부할 이유가 없으며(제7장을 보라), 대다수의 학자들은 바울에 데살로니가전서에서 제공하는 정보는 사도행전 17-18장에 기록된 마케도니아와 아가야에서의 바울의 사역에 대한 기사와

---

29) Malherbe, *The Letters to the Thessalonians*, 373; cf. also McNeile, 117. Robert Jewett은 "데살로니가후서가 바울의 저술임을 분명히 증명할 가능성이 어느 정도 있지만, 위서가 아닐 가능성은지극히 높다"고 말한다(*Thessalonian Correspondence*, 17-18; cf. 3-18).

30) 예를 들어 Richards, *1 and 2 Thessalonians*, 7-8; Donfried, "The Theology of 1 Thessalonians," 9-12을 보라.

31) Schmithals, *Paul and the Gnostics,* 181-91; Achtemeier/Green/Thompson, 438-39에서는 이 연대를 중요한 가능성으로서 미결의 상태로 둔다.

훌륭히 조화를 이룬다고 추론한다. 누가는 바울과 실라로 하여금 갑자기 데살로니가를 떠나 베뢰아로 가게 만든 돌연하면서도 심각한 박해에 대해 묘사한다(17:5, 9, 10). 데살로니가의 유대인들이 바울과 실라를 대적하여 선동하러 왔기 때문에, 형제들은 밤에 바울을 아테네로 보냈고, 실라와 디모데는 베뢰아에 머물러 있었다(17:13-14). 바울은 아테네에서 디모데와 실라를 기다리면서, 우상숭배가 성행하는 것을 보고 자극을 받아 시장에서 복음을 전했다. 그리하여 그는 아레오파고에서 가르쳐 달라는 요청을 받았다. 얼마 후에, 바울은 고린도로 갔고(18:1), 그곳에서 디모데와 실라와 다시 합류했다(18:5). 이러한 세목들과 데살로니가전서에 묘사된 바울의 불완전한 묘사는 매우 조화를 이룬다. 어떤 전승들은 바울이 데살로니가전서를 기록한 곳이 아테네라고 제시하지만,[32] 데살로니가전서 1:8에서 바울이 아가야를 언급한 것과 사도행전 18:5는 데살로니가전서의 기록 장소가 고린도라는 결정적인 근거가 된다. 가장 일반적인 바울의 연대표를 따르자면, 데살로니가전서는 A.D. 50년, 바울이 데살로니가에서 사역하고 나서 4-6개월 후인 고린도 체류 초기에 기록되었을 것이다.[33]

데살로니가후서를 다루기 전에, 다음과 같은 한 가지 중요한 문제를 해결해야 한다: "데살로니가후서"라는 명칭이 그 서신을 표현하는 정확한 명칭인가? 신약성서의 책들의 제목들은 그것들이 수집될 때에 추가된 것일 뿐, 원본의 일부가 아님을 기억해야 한다. 초대 교인들은 하나의 서신을 데살로니가전서라고 하고 다른 서신을 데살로니가후서라고 하면서, 그 서신들의 연대적 관계를 판단한 듯하다. 그 서신들에 숫자를 붙인 것은 서신의 길이에 기초한 정경적 순서를 반영할 뿐이다. 이것은 옳은 판단인가? 일부 학자들은 그렇지 않다고 생각한다. 여러 해 동안 일부 학자들은 데살로니가후서가 데살로니가전서보다 먼저 기록되었다는 견해를 주장해왔으며,[34] 최근에 찰스 워너메이커(Charles Wanamaker)도 자신의 주요한 주석서에서 이러한 견해를 개진했다. 워너메이커는 두 서신의 기록 순서를 뒤집는 것을 뒷받침하는 몇 가지 이유를 제시하는데, 그중 가장 중요한 것들은 다음과 같다: (1) 데살로니가후서에서는 박해가 현재의 일로 다루어지는데(살후 1:4-7), 데살

32) 그러한 전승은 마르시온의 서언들과 몇몇 사본들의 표제에서 발견된다(cf. Malherbe, *The Letters to the Thessalonians*, 71-72).

33) 연대표에 관해서는 특히 Riesner, *Paul's Early Period*, 364-66을 보라.

34) 특히 T. W. Manson, "St. Paul in Greece: The Letters to the Thessalonians," *BJRL* 35 (1952-53): 428-47을 보라.

로니가전서에서는 과거의 일로 다루어진다(살전 2:14); (2) 데살로니가후서가 그 교회에 보낸 바울의 첫 번째 편지라고 보면, 데살로니가후서 3:17의 친필 서신임을 인증하는 서명을 제대로 이해할 수 있다; (3) 데살로니가후서는 데살로니가전서 3:1-5에서 바울이 데살로니가에 파견된 디모데의 사역에 대해 평한 것과 놀랍게도 조화를 이룬다; (4) 데살로니가후서 2:1-2가 이미 기록되어 있었다고 가정할 때에, 데살로니가전서 5:1에서 바울이 종말의 시기에 대해서 데살로니가 교인들에게 가르칠 필요가 없다고 주장한 것이 제대로 이해된다.[35)]

통상적으로 두 서신의 순서는 전승과 역사적/문학적 추론에 기초를 두므로, 순서를 뒤집어도 신학적인 문제가 발생하지는 않는다. 그럼에도 불구하고, 일반적인 순서를 유지해야 할 확고한 근거들이 있다. 첫째, 순서를 뒤집는 것을 지지하는 논거들은 결코 결정적인 것들이 아니다. 데살로니가전서 2:14는 반드시 바울이 박해가 끝난 후에 그 서신을 썼다는 것을 지적하는 것은 아니다. 그는 단지 과거에 소문으로 들은 박해를 언급하고 있다. 데살로니가후서의 자신의 친필임을 인증하는 서명은 아마 바울을 이름을 도용한 위서들이 존재하고 있었기 때문에 추가되었을 것이다(2:2). 데살로니가전서 3:1-5는 데살로니가후서의 내용을 묘사하는 것일 수 있지만 매우 애매하다. 그리고 만일 바울이 디모데 편에 편지를 보냈다면, 그 일을 언급했을 것이다(cf. 고전 5:9). 마지막으로, 데살로니가전서 5:1-2은 바울이 데살로니가에 있을 때에 데살로니가후서와 관련하여 말로 가르친 것을 언급하는 것이기 쉽다. 둘째, 그 서신들의 통상적인 순서를 지지하는 강력한 논거를 두 가지 열거할 수 있다. 데살로니가후서 2:15는 바울이 이미 데살로니가 사람들에게 편지를 쓴 적이 있다고 가정하는 듯하다. 그 일에 포함된 짧은 기간을 감안하면, 그 편지는 분명히 데살로니가전서일 것이다. 또 데살로니가전서의 친근한 어조는 최근에 개종한 무리에게 보내는 최초의 서신임을 암시한다.[36)]

만일 그 서신들의 통상적인 순서를 유지한다면, 데살로니가 전서와 후서의 긴밀한 관계를 감안할 때에 데살로니가전서를 쓴 직후에, A.D. 50년말이나 51년초에 데살로니가후서가 기록되었을 것이다.

---

35) Wanamaker, *Epistles to the Thessalonians*, 37-45.

36) 이에 관해서는 특히 Jewett, *The Thessalonian Correspondence*, 26-30; Malherbe, *The Letters to the Thessalonians*, 361-64를 보라.

4. 대적들과 목적

데살로니가전서의 내용은 바울이 그 서신을 기록한 기본적인 목적이 세 가지였음을 보여준다: 바울이 황급하게 데살로니가를 떠난 것으로 인해 야기된 그의 동기에 대한 오해를 제거하려는 것(1-3장); 데살로니가 교인들의 새로운 믿음이 지닌 중요한 윤리적 의미를 상기시키는 것(4:1-12); 데살로니가 교회의 일부 신자들의 죽음과 관련하여 그들을 위로하려는 것(4:13-5:11). 데살로니가전서 2:1-2에 기록된바, 바울이 데살로니가인들에게 복음을 전한 동기와 방법에 대한 바울의 방어적 자세는 활발한 논쟁을 불러 일으켰다. 그 구절에서 바울이 유대인이라고 생각되지만(cf. 행 17:5)[37] 영적 광신자들[38]이나 영지주의자들[39]이라고 확인되기도 하는 대적들과 싸우고 있다는 증거를 발견하는 사람들이 있고, 바울이 순수하게 교훈적인 관심 때문에 자신의 예를 언급한다고 생각하는 사람들이 있다. 후자의 견해를 옹호하는 주된 인물은 말허브(Malherbe)이다. 그는 일련의 논문과 주석에서 바울이 자신의 동기와 방법들에 대해 묘사한 것과 (바울 시대의 사람으로서 바울보다 젊은) 디오 크리소스톰과 같은 고대 철학자/교사들의 것 사이의 유사성에 주목한다. 말허브의 주장에 의하면, 바울은 디오 및 자신의 동기의 순수성을 주장하기 위해서 정반대의 문체를 사용하는 사람들의 방식을 따른다. 어떤 종류의 대적들도 긍정적으로 가정되고 있지 않다.[40] 그러나, 만일 데살로니가전서에 분명한 대적들이 있음을 뒷받침하는 증거가 없다는 말허브의 주장이 옳다 해도, 데살로니가후서 2:1-12에 변증적 동기가 없다고 주장한 것은 지나친 것이다. 말허브를 비롯한 학자들이 지적한 것처럼, 특히 고대 철학자들이 돈을 받은 것과 관련하여 동기가 순수하다는 주장은 그들이 소피스트들처럼 부도덕하고 파렴치한 방랑하는 교사들로부터 거리를 두어야 할 필요성에서 발생한다.[41] 바울이 처음 박해의 조짐이 있어 데살

37) James Everett Frame, *A Critical and Exegetical Commentary on the Epistles of St. Paul to the Thessalonians*, ICC (Edinburgh: T. & T. Clark, 1912), 9-20.

38) Jewett, *The Thessalonian Correspondence*, 149-70.

39) Schmithals, *Paul and the Gnostics*, 136-55.

40) 특히 다음을 보라: Malherbe, "Gentle as a Nurse: The Cynic Background to 1 Thess. 2," *NovT* 12 (1970): 203-17 (republished in *Paul and the Popular Philosophers* [Minneapolis: Fortress Press, 1989], 35-48); idem, *Paul and Thessalonians: The Philosophical Tradition of Pastoral Care* (Philadelphia: Fortress Press, 1987); idem, *The Letters to the Thessalonians*, 81-86, 153-56.

41) 예를 들어, Bruce W. Winter, "The Entries and Ethics of Orators and Paul (1 Thessalonians 2:1-12)," *TynB* 44 (1993): 54-74를 보라.

로니가를 떠났을 때에 데살로니가에 있는 몇몇 사람들, 특히 복음을 반대하는 사람들이 바울이 이러한 소피스트들 중 하나에 불과하다고 비난함으로써 그의 메시지를 비하할 기회를 잡으려 한다는 것을 바울은 잘 알고 있었을 것이다. 그러므로 2:1-12에서 바울이 특수한 반대자들을 대상으로 하지 않으면서도 자신의 사역을 장황하게 옹호한 것은 그 도시에서 유포되고 있다고 알고 있는 이 일반적인 비평을 겨냥한 것이었을 것이다.[42)]

4:13-5:11에서 기록된 바울의 종말론적 가르침은 동료 신자들의 죽음으로 인해 슬퍼하는 데살로니가 교인들을 위로하기 위한 것이다(4:13, 18, 5:11). 4:13-18에서 연대표에 초점을 둔 것은, 그리스도께서 영광 중에 재림하실 때, 죽은 형제들이 살아있는 신자들에 비교할 때 불리할 것이라고 데살로니가 교인들이 생각했음을 강력히 시사한다. 구체적으로 그들의 오해가 어떤 것이었는지에 대해서 활발하게 논의되고 있다. 어떤 학자들은 바울은 사역 초기에는 그리스도의 재림이 가깝다고 확신했기 때문에 신자들의 부활에 대해 가르치려고 애쓰지 않았다고 생각한다.[43)] 그러나, 초대 교회에서 임박한 재림을 강조했다는 것이 지나치게 과장되어 왔다. 어쨌든, 바울이 복음을 전파하면서, 부활과 같은 기본적인 기독교의 가르침을 생략했을 리가 없다. 그럼에도 불구하고, 바울은 박해 때문에 갑자기 데살로니가를 떠나야 했다. 아마 바울은 데살로니가를 떠나기 전에는 신자들의 부활에 대한 가르침을 언급하지 않았던 듯하다.[44)] 그러나, 그 구절은 바울이 처음으로 신자들의 부활에 대해 가르치고 있었다는 느낌을 주지 않으며, 재림 때에 살아있는 신자들과 이미 죽은 신자들의 종말론적인 관계를 강조한다. 당시 데살로니가 교인들은 죽은 신자들의 부활과 살아있는 신자들의 휴거에 대해 알고 있었지만, 이들이 서로 어떻게 관련되는지는 알지 못했던 듯하다. 그들은 죽은 신자들이 궁극적으로는 부활하겠지만, 주님이 재림하실 때 주님과의 즐거운 연합의 기회를 놓칠 것이라고 생각하여 슬퍼했다.[45)]

---

42) 특히 다음을 보라: Winter, "Entries and Ethics"; Riesner, *Paul's Early Period*, 368-70; Jeffrey A. D. Weima, "The Function of 1 Thessalonians 2:1-12 and the Use of Rhetorical Criticism: A Response to Otto Merk," in *The Thessalonians Debate: Methodological Discord or Methodological Synthesis?* ed. Karl P. Donfried and Johannes Beutler (Grand Rapids: Eerdmans, 2000), 114-31; Traugott Holtz, "On the Background of 1 Thessalonians 2:1-12," in *The Thessalonians Debate*, 69-80.

43) 예를 들어, Gerd Luedemann, *Paul: Apostle to the Gentile: Studies in Chronology* (Philadelphia: Fortress Press, 1984), 212-38을 보라.

44) Marshall, *1 & 2 Thessalonians*, 120-22; Riesner, *Paul's Early Period*, 384-86을 보라.

그러므로 데살로니가전서에서 바울은 새로 개종한 사람들의 믿음을 강화하려 한다. 이를 위하여 그는 그들이 하나님이 주신 강력하고 확실한 말씀에 의해 변화되었다는 것을 상기시키고, 기독교의 기본적인 윤리 표준을 고수하라고 격려하며, 죽은 형제자매들에 대해서 위로한다. 데살로니가후서에서, 바울은 동일한 기본적인 목적을 추구하며, 특히 새로 발생한 박해로 인해 발생한 문제들에 초점을 둔다. 그는 데살로니가의 박해를 종말론적인 관점에 두며(1장), 데살로니가 교회의 고난으로 인해 발생했을 두 가지 문제를 다룬다: 주의 재림이 이미 도래했다는 것(2:1-12)과 그들의 나태한 경향(3:6-15).

5. 데살로니가 전·후서에 관한 최근의 연구

학자들은 위에서 간단히 살펴본 전통적인 연구 분야—저자 문제, 상황, 신학—를 계속 연구한다. 그러나 학자들은 최근의 신약성서 연구 동향의 특징을 나타내는 사회학적 연구, 문학적 분석, 그리고 발달 신학적 제안 등 세 가지 일에 초점을 두어 왔다.

현대 학자들은 신약성서 문서들을 이해하려다면 그 문서들을 그것들이 속한 사회적 환경에 두어야 한다고 주장한다. 이러한 관심과 관련하여 일부 학자들은 데살로니가에서의 바울의 원래의 사역 및 그 교회에 보낸 그의 서신들을 이해하는 데 도움을 주기 위해서 1세기 사회의 요소들을 분석해왔다.[46] 예를 들어, 웨인 믹스(Wayne A. Meeks)와 그의 뒤를 이른 말허비(Malherbe)는 '인술라(*insula*, 데살로니가와 같은 로마의 도시에서 거리를 향해 늘어선 상점들)'가 바울 전도의 중요한 배경이라고 여긴다.[47] 바울은 자신이 데살로니가 인들에게 복음을 전파하는

45) Best, *The First and Second Epistles to the Thessalonians*, 180-84; Wanamaker, *The Epistles to the Thessalonians*, 165-66; Malherbe, *The Letters to the Thessalonians*, 283-85.

46) 예를 들어 Gene L. Green, *The Letters to the Thessalonians*, PNTC (Grand Rapids: Eerdmans, 2002), 1-47을 보라. Todd D. Still은 사회적 상황이 바울과 데살로니가 교인들이 경험한 갈등의 본질을 조명해줄 수 있을 것이라고 주장한다(*Conflict at Thessalonica: A Pauline Church and Its Neighbours*, JSNTSup 183 [Sheffield: Sheffield Academic Press, 1999]). 반면에 J. R. Harrison은 데살로니가전서의 종말론은 로마 황제를 지원하기 위해 제시된 우주적이고 구원론적인 주장에 대한 응답으로 작성되었을 것이라고 주장한다("Paul and the Imperial Cult at Thessaloniki," *JSNT* 25 [2002]: 71-96).

47) Wayne A. Meeks, *The First Urban Christians* (New Haven: Yale University Press, 1983); Malherbe, *The Letter to the Thessalonians*, 64-67.

동안 천막을 만드는 직업을 가졌었다고 분명히 밝힌다(살전 2:9). 바울이 지나가는 사람들에게 복음을 전하기 위해서 자신이 일하는 상점을 이용했을 것이라고 상상할 수 있다.

데살로니가 서신에서 언급된 사회-종교적 상황은 특별히 그 서신에 적절한 현대의 상황들과 비교할 수 있었을 것이라는 주장은 한층 더 논란이 된다. 예를 들어, 로버트 주잇(Robert Jewett)은 데살로니가 서신의 배후에 "천년왕국설 모델"이 있다고 가정한다.[48] 물론, 신약 서신들의 수신인 및 언급된 문제들과, 현대의 청중들 및 문제들 사이에는 유사한 점들이 있다. 그러나 수세기 동안 사회학적 분석은 극히 조심스럽게 진행되어왔으며, 엄청나게 많은 변수들과 미지수들이 있다.

대부분의 학자들은 데살로니가전서를 바울의 서신 중 첫 번째 서신으로 간주하므로, 그 형태와 장르가 연구의 주제가 되었다.

신약성서 연구에서의 문학적 방향전환으로 말미암아 데살로니가전서에 학문적 관심을 기울이게 되었다. 대부분의 학자들은 데살로니가전서를 바울의 서신 중 첫 번째 서신으로 간주하므로, 그 형태와 장르가 연구의 주제가 되었다. 1939년에 폴 슈버트(Paul Schubert)가 이 방법을 처음으로 시도했지만,[49] 활발하게 된 것은 지난 10년 동안이다. 특히 데살로니가전서의 구성요소들과 그레코-로마 세계의 수사학 범주 사이에 존재할 수 있는 유사성에 초점을 두었다. 다른 학자들은 그 서신이 속하는 일반적인 수사학 범주에 대해 논하는데, 가장 대중적인 범주는 "위로의 편지"[50]와 "친교의 편지"[51]이다. 그 서신에서 작용하고 있는 일반적인 수사학적 범주에 대해 논의되고 있으며, 일부 학자들은 그 서신에서 칭찬과 나무람을 강조한 것을 고려하여, 그것을 사회적 토론의 범주에 두며,[52] 다른 학자들은 윤리적 권면을 강조한다.[53] 그 서신의 문학적 특징들을 분석하고, 현존하는 그레

---

48) Jewett, *The Thessalonian Correspondence*을 보라.

49) Paul Schubert, *Form and Function of the Pauline Thanksgiving* (Berlin: Töpelmann, 1939).

50) 특히 다음을 보라: Abraham Smith, *Comfort One Another: Reconstructing the Rhetoric and Audience of 1 Thessalonians* (Louisville: Westminster John Knox, 1995), 42-60; Donfried, "The Theology of 1 Thessalonians," 38-41. J. Chapa 는 그 서신을 공식적으로 위로의 편지로 분류할 수 없다고 생각한다("Is First Thessalonians a Letter of Consolation?" *NTS* 40 [1994]: 150-60)

51) Johannes Schoon-Janssen, "On the Use of Elements of Ancient Epistolography in 1 Thessalonians," in *The Thessalonians Debate*, 179-90; Malherbe, *Paul and the Thessalonians*, 68-78.

52) Steve Walton, "What has Aristotle to do with Paul? Rhetorical Criticism and 1 Thessalonians," *TynB* 46 (1995): 229-30

53) Wanamaker, *The Epistles to the Thessalonians*, 60-61; Malherbe, *The Letters to the Thessalonians*, 81-86.

코-로마 세계의 범주들과 비교해보면, 그 서신의 논거가 진행되는 방식을 파악할 수 있지만, 대부분의 비교 연구는 그리 유익하지 못한 듯하다.[54)]

데살로니가 서신들의 초기 저작설 역시 그 서신들을 다른 종류의 연구, 즉 그 서신들의 신학적인 내용을 후대의 바울 서신들과 비교하게 만든다. 그러한 비교는 데살로니가 서신에서 발견되는 신학의 원시적 본질을 드러내주는 동시에, 바울이 비교적 후기에 자신의 신학의 특징을 나타내줄 핵심 요소들을 얼마나 많이 발달시켰는지 드러내준다. 이런 점에서 특히 두드러진 것은 이신칭의의 교리인데, 데살로니가 서신에는 이것이 존재하지 않는다고 한다. 그러나 최근 두 권의 중요한 저서에서, 이러한 발달 가설에 대해 심각하게 도전을 시도한다. 마틴 헹겔(Martin Hengel)과 안나 마리아 슈베머(Anna Maria Schwemer)는 『다메섹과 안디옥 사이의 바울』(*Paul Between Damascus and Antioch*)에서 이신칭의와 십자가의 중요성과 같은 핵심이 되는 바울의 교리들이 데살로니가전서에는 다른 곳보다 다소 약한 형태로 존재한다는 것을 증명했다.[55)] 또 리즈너(Riesner)는 자신의 저서 『바울의 사역의 초기』(*Paul's Early Years*)에서 바울은 사역 초기에 데살로니가전서를 기록한 것이 아니라, 적어도 15년 동안 복음을 전파한 후에 기록했다고 말한다. 바울이 데살로니가전서에 포함된 내용을 결정하는 데 영향을 미친 것은 상황이었다. "데살로니가전서에 분명히 나타난 바울의 신학을 후에 기록한 서신들의 신학과 비교해보면, 그것은 단순히 발달의 초기 단계의 신학의 특징이라고 할 수 없다. 그것은 상황에 의해서 결정된 것이며, 바울의 목회적 관심에 의해서 필요하다고 간주된 특별한 주제들만이 전면에 드러난다."[56)] 바울은 데살로니가를 떠나고 나서 몇 달 후에 데살로니가전서를 썼기 때문에, 자신이 그곳에 있을 때에 가르친 신학적 요점들을 되풀이할 필요가 없었다.

---

54) 다음을 보라: A. Vanhoye, "La Composition de 1 Thessaloniciens," *The Thessalonian Correspondence*, 73-86; B. C. Johanson, *To All the Brethren: A Text-Linguistic and Rhetorical Approach to 1 Thessalonians*, ConBNT 16 (Stockholm: Almquist & Wiksells, 1987), 187-88.

55) Martin Hengel and Anna Maria Schwemer, *Paul Between Damascus and Antioch: The Unknown Years* (Louisville: Westminster/John Knox, 1997), 302-7.

56) Riesner, *Paul's Early Years*, 394-403 (quotation on 403).

6. 데살로니가 서신의 공헌

데살로니가 서신의 독특한 공헌을 생각한다면, 종말론을 생각하게 된다. 확실히, 그 서신들은 바울과 신약성서의 종말론 가르침에 관한 기본적 자료들이다. 종말론에 관한 가르침은 데살로니가전서 4:13-5:11과 데살로니가후서 2:1-12에 집중적으로 나타나지만, 바울은 데살로니가전서에서 예수를 "장래 노하심에서 우리를 건지시는"(1:10) 분이라고 확인함으로써 그 서신들의 중요성을 암시한다. 바울은 데살로니가전서 4:13-18에서 재림 때에 산 자들과 죽은 자들의 관계에 대한 오해를 고려하여 데살로니가 교인들을 위로하기 위해서 사건들의 정확한 순서에 관해서 다른 곳에서보다 상세히 기록한다. 재림 때에 하나님께서는 특별한 순서에 따라서 모든 성도들을 예수님과 함께 다시 모으실 것이다: "그리스도 안에서 죽은 자들이 먼저 일어나고"(4:16), "그 후에 우리 살아남은 자도 저희와 함께 구름 속으로 끌어 올려 공중에서 주를 영접하게 하실 것이다"(4:17).

이 본문은 죽은 신자들의 부활에 대한 신약성서의 가르침을 확인해줄 뿐만 아니라 그 시기를 재림 때로 정확히 규정하며, "휴거"—주님이 재림하실 때에 살아 있는 신자들이 "공중으로 끌려 올라감"—의 교리를 가르친다. 많은 학자들은 이 본문에서 바울을 비롯한 초기 신자들이 임박한 재림을 믿었다는 사상에 대한 중요한 확인을 발견한다. 이 결론의 정확성은 "임박한"이라는 단어의 의미에 대한 이해에 달려 있다. 위에서 살펴본 것처럼, 바울이 주님이 재림하실 때에 살아 있을 사람들을 언급하기 위해서 "우리"라는 단어를 사용했다고 해서 재림 때에 그가 살아 있을 것이라고 확신했다는 의미는 아니다. 또 만일 그것이 "재림이 임박했다"는 것의 의미라면, 바울이 과연 그렇게 가르쳤는지 질문해야만 한다. 그러나 그는 분명히 그리스도께서 재림하실 때에 자신이 살아 있을 수도 있다는 가능성을 희망을 가지고 언급한다. 그러므로 만일 "임박"이라는 것을 재림이 아주 짧은 기간 안에 발생할 수도 있다는 기대를 의미한다고 보면, 데살로니가전서는 실제로 임박한 재림을 가르친다고 말할 수 있다.

그 다음 단락(5:1-11)에서는 임박한 재림이 밤에 도적 같이 이를 것이라고 강조하여 말한다(2절). 그럼에도 불구하고, 여기에서 바울이 주님이 오실 때 불시에 잡힐 것이라고 주장하는 사람들은 불신자들이다. 신자들은 주님이 재림하시는 날이 다가오고 있다는 것을 알기 때문에, 이미 시작된 그날에 합당하게 생활함으로써 대비할 것이다(7-8절). "주의 날"의 현존과 장래에 임할 것을 나란히 열거한 것은 신약성서의 특징인 "시작된 종말론"을 반영한다.

바울은 데살로니가후서에서는 매우 상이한 상황을 대면하기 때문에, 자신의 종말론의 다른 측면에 초점을 둔다. 여기에서는 두 가지 중요한 점이 등장한다. 첫째, 바울은 지금 데살로니가 교인들을 괴롭히고 있는 사람들에게 임할 장래의 심판의 실체를 분명히 한다(1:6-10). 둘째, 주의 날, 하나님께서 자기 백성들을 구하시고 원수들을 심판하기 위해 예수를 통해서 개입하시는 날은 예비적 사건들—배도와 불법의 사람의 출현(2:3)—이 있은 후에 발생할 것이다. 소수의 해석자들은 바울이 A.D. 70년의 예루살렘 멸망을 언급하는 것일 수도 있다고 생각하지만, 그보다는 재림 직전에 발생할 사건에 초점을 두고 있을 가능성이 더 크다. 바울의 표현은 특히 최후의 적그리스도에 초점을 둔 전반적인 종교적 배교의 발생을 가리키는 듯하다. 그 구절의 또 다른 측면, 즉 최종적인 악의 발발을 저지하고 있는 "막는 자"에 대한 언급은 꽤 논란이 된다(7-8절). 이 "막는 자"의 정체에 대해서는 수십 가지 제안이 제공되어왔지만, 가장 일반적이고 그럴 듯한 것은 세속 정부와 성령이다.

그러나 데살로니가 서신들이 단지 종말론에 대한 이해에만 공헌한다고 생각하는 것은 잘못일 것이다. 특히 두 가지 다른 주제들에 유의해야 한다. 첫째, 데살로니가 전서는 하나님의 말씀을 크게 강조한다. 데살로니가전서 1-2장에서 바울은 다양한 공식을 사용하면서 말씀, 또는 복음의 메시지를 아홉 번 언급한다. 또 1-2장에서 바울이 복음을 전파하는 동기와 방법에 대한 묘사를 논의할 때에 종종 말씀의 중심성(1:5, 6, 8; 2:2, 4, 8, 9, 13)과 그 말씀에 대한 자연스럽고 알맞은 반응인 믿음을 놓쳐버린다. 1-2장에서 바울의 목적은 본질적으로 자신이 하나님의 말씀에 방해되지 않으려고 최선을 다해 노력한다는 것을 보여주는 것, 그것을 풀어놓음으로써 그들의 삶에 충분히 영향을 미치게 하려는 데 있다. 말씀을 전파하는 인물 바울이 중요한 것이 아니라, 선포되는 메시지가 중요하다. 바울은 그 메시지를 "하나님의 말씀"과 동일시하며, 데살로니가 교인들이 그것을 "사람의 말로 아니하고 하나님의 말씀, 너희 믿는 자 속에서 역사하는 말씀"(2:13)으로 받아들이는 데 대해 감사한다. 이 구절은 하나님의 말씀, 즉 복음의 메시지의 적극적이고 강력한 본질을 상기시켜 준다. 헹겔과 슈베머의 말처럼, 우리는 데살로니가전서에서 특히 강력한 "하나님의 말씀 신학"(Word of God theology)[57]을 발견한다.

57) Hengel and Schwemer, *Paul Between Damascus and Antioch*, 304; cf. also Donfried, "The

데살로니가전서의 최종적인 공헌은 특히 새로운 개종자들의 믿음을 강화하려는 종합적인 목적에서 비롯된다. 바울은 적대적이고 다원주의적 환경—우리 시대의 교회가 직면하고 있는 상황과 그리 다르지 않은 환경—에 처한 신생 기독교 공동체를 양육하기 위해서 이 서신을 기록한다.[58] 데살로니가전서는, 예를 들면 가족과 친구들로부터의 소외와 처음에 지녔던 영적 열심이 식는 것 등 새로운 개종자들이 직면하는 많은 문제들을 다룬다. 회심한 직후에 발생한 박해는 그들이 경험하는 소외의 직접적이면서도 고통스러운 상징이었다. 바울은 그러한 박해는 일반적으로 예상되는 것이며(2:14-16; cf. 살후 1:5), 하나님의 말씀에 뿌리를 둠으로써 견고하게 견딜 수 있을 것이라고 상기시켜 준다(1:6; 2:13). 또 바울은 그리스도 안에 있는 믿음이 기독교인들을 영적이고 영원한 새로운 가정에 속하게 해준다는 것을 상기시키기 위해서 가정과 관련된 이미지들을 사용한다. 바울 자신은 회중들을 양육하는 아버지(2:1)와 어머니(2:7) 역할을 했다. 물론 기독교인들은 "형제자매"(2:1, 14, 17; 3:7; 4:1, 6, 10, 13; 51, 4, 12, 14, 25)이며, 가정의 특징인[59] 서로를 향한 사랑을 나타내야 한다(4:9-10).

참고문헌

J. A. Bailey, "Who Wrote II Thessalonians?" *NTS* 25 (1978-79): 131-45.

G. K. Beale, *1-2 Thessalonians*, IVPNTC (Downers Grove: IVP, 2003).

E. Best, *A Commentary on the First and Second Epistles to the Thessalonians*, HNTC (London: Adam & Charles Black, 1977).

H. Boers, "The Form-Critical Study of Paul's Letters: 1 Thessalonians as a Case Study," *NTS* 22 (1975-76): 140-58.

F. F. Bruce, *1 & 2 Thessalonians*, WBC 45 (Waco: Word, 1982); idem, "St. Paul in Macedonia: 2. The Thessalonian Correspondence," *BJRL* 62 (1980): 328-45.

J. Chapa, "Is First Thessalonians a Letter of Consolation?" *NTS* 40 (1994): 150-60.

Raymond F. Collins, "Apropos the Integrity of I Thes.," *EphThLov* 55 (1979): 67-106.

L.-M. Dewailly, La jeune église de Thessalonique: Les deux premières èpîtres de Saint Paul (Paris: Cerf, 1963).

Martin Dibelius, *A Fresh Approach to the New Testament and Early Christian Literature* (London: Ivor Nicholson & Watson, 1936).

Karl Paul Donfried, "The Cults of Thessalonica and the Thessalonian Correspondence," *NTS* 31 (1985):

Theology of 1 Thessalonians," 55.

58) Donfried, "The Theology of 1 Thessalonians"을 보라.

59) Riesner, Paul's Early Period, 371-72을 보라.

336-56; idem, "The Theology of 1 Thessalonians," in *The Theology of the Shorter Pauline Letters* (Cambridge: Cambridge University Press, 1993).

K. G. Eckart, "Der zweite echte Brief des Apostels Paulus an die Thessalonicher," *ZTK* 58 (1961): 30-44.

E. Earle Ellis, "Paul and His Co-Workers," *NTS* 17 (1970-71): 437-52.

J. E. Frame, *A Critical and Exegetical Commentary on the Epistles of St. Paul to the Thessalonians*, ICC (Edinburgh: T. & T. Clark, 1912).

Charles H. Giblin, *The Threat to Faith: An Exegetical and Theological Re-examination of 2 Thessalonians 2*, AnBib 31 (Rome: Pontifical Biblical Institute, 1967).

Gene L. Green, *The Letters to the Thessalonians*, PNTC (Grand Rapids: Eerdmans, 2002).

Adolf von Harnack, "Der Problem des zweiten Thessalonicherbriefes," in *Sitzungesberichte der königlichen preussischen Akademie des Wissenschaften zu Berlin* 31 (1910): 560-78.

J. R. Harrison, "Paul and the Imperial Cult at Thessaloniki," *JSNT* 25 (2002): 71-76.

Martin Hengel and Anna Maria Schwemer, *Paul Between Damascus and Antioch: The Unknown Years* (Louisville: Westminster John Knox, 1997).

W. Hendriksen, *Exposition of I and II Thessalonians* (Grand Rapids: Baker, 1955).

R. F. Hock, "The Workshop as a Social Setting for Paul's Missionary Preaching," *CBQ* 41 (1979): 438-50.

G. Holland, "'A Letter Supposedly from Us': A Contribution to the Discussion about the Authorship of 2 Thessalonians," in *The Thessalonian Correspondence*, ed. Raymond F. Collins, BETL 87 (Leuven: Leuven University Press, 1990), 394-402.

Traugott Holtz, "On the Background of 1 Thessalonians 2:1-12," in *The Thessalonians Debate: Methodological Discord or Methodological Synthesis?* ed. Karl P. Donfried and Johannes Beutler (Grand Rapids: Eerdmans, 2000), 69-80.

Frank W. Hughes, *Early Christian Rhetoric and 2 Thessalonians*, JSNTSup 30 (Sheffield: JSOT Press, 1989); idem, "The Rhetoric of 1 Thessalonians," in *The Thessalonian Correspondence*, ed. Raymond F. Collins, BETL 87 (Leuven: Leuven University Press, 1990).

Jacob Jervell, *Die Apostelgeschichte*, KEK (Göttingen: Vandenhoeck & Ruprecht, 1998).

Robert Jewett, *The Thessalonian Correspondence: Pauline Rhetoric and Millenarian Piety*(Philadelphia: Fortress Press, 1986).

B. C. Johanson, *To All the Brethren: A Text-Linguistic and Rhetorical Approach to 1 Thessalonians*, ConBNT 16 (Stockholm: Almqvist & Wiksell, 1987).

Edwin A. Judge, "The Decrees of Caesar at Thessalonica," *RTR* 30 (1975): 1-7.

Bruce N. Kaye, "Eschatology and Ethics in 1 and 2 Thessalonians," *NovT* 17 (1975): 47-57.

Kirsopp Lake, *The Earlier Epistles of St. Paul: Their Motive and Origin* (London: Rivingstons, 1911).

A. Lindemann, "Zum Abfassunszweck des Zweiten Thessalonicherbriefes," *ZNW* 68 (1977): 35-47.

R. N. Longenecker, "The Nature of Paul's Early Eschatology," *NTS* 31 (1985): 85-95; idem, "On the Form, Function, and Authority of the New Testament Letters," in *Scripture and Truth*, ed. D. A. Carson and John D. Woodbridge (Grand Rapids: Zondervan, 1983), 101-14.

Gerd Luedemann, *Paul: Apostle to the Gentiles. Studies in Chronology* (Philadelphia: Fortress Press, 1984).

A. Malherbe, "Gentle as a Nurse: The Cynic Background to 1 Thess. 2," *NovT* 12 (1970): 203-17 (republished in *Paul and the Popular Philosophers* [Minneapolis: Fortress Press, 1989], 35-48); idem, *The Letters to the Thessalonians: A New Translation with Introduction and Commentary*, AB (New York: Doubleday, 2000); idem, *Paul and the Thessalonian: The Philosophical Tradition of Pastoral Care* (Philadelphia: Fortress Press, 1987).

T. W. Manson, "St. Paul in Greece: The Letters to the Thessalonians," *BJRL* 35 (1952-53): 428-47.

Howard Marshall, *1 and 2 Thessalonians*, NCB (Grand Rapids: Eerdmans, 1983).

Charles Masson, *Les deux épîtres de Saint Paul aux Thessaloniciens*, CNT (Neuchâel: Delachaux & Niestlé, 1957).

C. L. Mearns, "Early Eschatological Development in Paul: The Evidence of I and II Thessalonians," *NTS* 27 (1980-81): 137-57.

Wayne Meeks, *The First Urban Christians* (New Haven: Yale University Press, 1983).

Leon Morris, *The First and Second Epistles to the Thessalonians*, rev. ed., NICNT (Grand Rapids: Eerdmans, 1991).

A. Q. Morton and James McLeman, *Christianity and the Computer* (London: Hodder & Stoughton, 1964).

Jerome Murphy-O'Connor, *Paul the Letter-Writer: His World, His Options, His Skills* (Collegeville: Liturgical Press, 1995).

Colin R. Nicholl, *From Hope to Despair in Thessalonica: Situating 1 and 2 Thessalonians*, SNTSMS 126 (Cambridge: Cambridge University Press, 2004).

B. A. Pearson, " 1 Thessalonians 2:13-16: A Deutero-Pauline Interpolation," *HTR* 64 (1971): 79-04.

William M. Ramsay, *Saint Paul, the Traveller and Roman Citizen* (London: Hodder & Stoughton, 1897).

Bo Reicke, *Re-examining Paul's Letters: The History of the Pauline Correspondence*, ed. David P. Moessner (Harrisburg: Trinity Press International, 2001).

Earl J. Richards, *1 and 2 Thessalonians*, SacPag 11 (Collegeville: Liturgical, 1995).

Earl Richards, Edgar Krentz, Robert Jewett, and Jouette M. Bassler, "The Theology of the Thessalonian Correspondence," in *Pauline Theology*, vol. 1, *Thessalonians, Philippians, Galatians, Philemon*, ed. Jouette M. Bassler (Minneapolis: Fortress Press, 1991), 37-85.

Rainer Riesner, *Paul's Early Period: Chronology, Mission Strategy, Theology* (Grand Rapids: Eerdmans, 1998).

B. Rigaux, *Les épîtres aux Thessaloniciens* (Paris: Gabalda, 1956).

Carol J. Schlueter, *Filling Up the Measure: Polemical Hyperbole in 1 Thessalonians 2.14-16*, JSNTSup 98 (Sheffield: JSOT Press, 1994).

D. D. Schmidt, "The Syntactical Style of 2 Thessalonians: How Pauline Is It?" in *The Thessalonian Correspondence*, ed. Raymond F. Collins, BETL 87 (Leuven: Leuven University Press, 1990).

W. Schmithals, "Die Thessalonicherbriefe als Briefkompositionen," in *Zeit und Geschichte, Fs.* R. Bultmann, ed. E. Dinkler (Tübingen: Mohr-Siebeck, 1964), 295-315; idem, *Paul and the Gnostics* (Nashville: Abingdon, 1972).

Johannes Schoon-Janssen, "On the Use of Elements of Ancient Epistolography in 1 Thessalonians," in *The Thessalonians Debate: Methodological Discord or Methodological Synthesis?* ed. Karl P. Donfried and Johannes Beutler (Grand Rapids: Eerdmans, 2000), 179-90.

P. Schubert, *Form and Function of the Pauline Thanksgiving* (Berlin: Töpelmann, 1939).

Abraham Smith, *Comfort One Another: Reconstructing the Rhetoric and Audience of 1 Thessalonians* (Louisville: Westminster John Knox, 1995).

Todd D. Still, *Conflict at Thessalonica: A Pauline Church and its Neighbours*, JSNTSup 183 (Sheffield: Sheffield Academic Press, 1999).

Wolfgang Trilling, *Untersuchungen zum zweiten Thessalonicherbrief* (Leipzig: St. Benno, 1972).

A. Vanhoye, "La Composition de 1 Thessaloniciens," in *The Thessalonian Correspondence*, ed. Raymond F. Collins, *BETL* 87 (Leuven: Leuven University Press, 1990), 73-86.

Steve Walton, "What has Aristotle to do with Paul's Rhetorical Criticism and 1 Thessalonians," *TynB* 46 (1995): 229-50.

Charles A. Wanamaker, *The Epistles to the Thessalonians*, NIGTC (Grand Rapids: Eerdmans, 1990).

Jeffrey A. D. Weima, "The Function of 1 Thessalonians 2:1-12 and the Use of Rhetorical Criticism: A Response to Otto Merk," in *The Thessalonians Debate: Methodological Discord or Methodological Synthesis?* Karl P. Donfried and Johannes Beutler (Grand Rapids: Eerdmans, 2000), 114-31.

Jeffrey A. D. Weima and Stanley Porter, *An Annotated Bibliography of 1 and 2 Thessalonians* (Leiden: Brill, 1998).

Bruce W. Winter, "The Entries and Ethics of Orators and Paul (1 Thessalonians 2:1-12)," *TynB* 44 (1993): 54-74.

제17장

목회서신

1. 다른 바울 서신들과의 관계

흔히 디모데 전·후서와 디도서는 목회서신으로 분류된다. 이 명칭은 1703년에 베르돗(D. N. Berdot)에 의해 붙여졌고, 1726년에 폴 앤톤(Paul Anton)이 계속 사용하였다.[1] 이 명칭은 최근 이 서신들에 대한 연구에서 보편적으로 사용된다. 이 서신들은 목회적인 의무를 다룬 것이 아니므로, 그 명칭이 적합하지 않다는 반론이 제기된다. 그러나 이 서신들은 목회적 책임을 가진 사람들과 목회자를 임명하는 임무를 가진 사람들을 대상으로 한 것이기 때문에, 그 명칭에 대해 반론이 있을 수 없다. 이 세 서신은 목회적 책임을 가진 개인들에게 쓴 유일한 신약 서신이라는 점에서 한 단위를 이룬다(빌레몬서도 개인에게 쓴 것이지만, 디모데서나 디도서와 같은 위치가 아니다).

이 세 개의 서신들 사이에는 유사한 점들이 많지만, 그 서신들이 동일한 시기에, 또는 동일한 장소에서, 또는 이 서신들이 함께 연구되게 하려는 의도에서 기록되었다는 것을 결정적으로 증명해주는 것은 없다. 현대 학자들은 상습적으로 이 세 서신들을 한 단위로 다루므로, 최근 연구에 발맞추려면 이것들을 함께 다루어야 한다. 그러나 이 세 서신 사이에는 중요한 차이점들이 있다. 예를 들어, 디모데전서는 교회의 사역에 관해 많이 언급하지만, 디모데후서에는 이 주제에 관한 것이 하나도

1) Donald Guthrie, *The Pastoral Epistles* (London: Tyndale, 1957), 11.

없고, 디도서에는 아주 약간만 언급한다. 또 세 서신 모두 거짓 교훈을 대적하는데, 일반적으로는 이 서신들이 모두 동일한 것을 다루는 듯하지만,[2] 과연 그것이 사실인지 생각해 보아야 한다. 다른 각도에서, 존슨은 데살로니가 서신들도 다른 바울 서신들에서 분리시켜 한 단위로 취급한다면 다르게 보일 수도 있다고 지적한다. 그는 역(逆)의 입장을 이렇게 설명한다. "만일 디도서를 다른 여행 서신들과 함께 취급하거나, 디모데후서를 다른 옥중서신들과 함께 취급한다면 조금 덜 이상할 것이다."[3] 이 세 서신에서 발생하는 문제점을 논의할 때, 이 서신들을 따로 연구하거나 다른 서신들과 묶어서 연구한다면, 그 결과가 매우 다를 것이라는 점을 염두에 두어야 한다.

현대의 정통 비평가들은 목회서신들이 사도 시대 이후에 바울이 아닌 다른 사람에 의해 기록되었다고 주장한다. 많은 학자들은 문체, 어휘, 교회 질서에 대한 관심, 정통 교리와 이단적 가르침에 대한 태도 등을 들어 이 서신들이 바울의 세계에 맞지 않는 위서들이라고 주장한다. 그러나 이러한 차이점이 있음에도 불구하고 바울의 가르침과 연결되는 부분들이 많기 때문에, 일반적으로 확신을 가진 바울주의자의 것이라고 주장된다. 저자는 바울로부터 많은 영향을 받은 사람으로서, 그 시대의 문제들을 자기 나름의 방식으로 이야기한다. 그는 바울이 그 시대와 같은 상황에 처했을 경우에 말했으리라고 생각하는 것을 다른 사람들에게 말해 주려고 노력하고 있다. 다음의 고찰들이 중요하다.

1) 어휘와 구문

세 개의 목회서신들과 바울의 것으로 간주되는 열 개의 바울 서신들 사이의 어휘의 차이를 근거로 한 가지 강력한 논거가 제기된다. 해리슨(P. N. Harrison)은 이전 시대 학자들의 연구에 기초를 두고서 인상적인 통계를 작성했다.[4] 그는 목회

---

2) 이 견해는 최근의 학계가 이 세 개의 목회서신에 맞는 확실하고 신빙성 있는 배경을 형성하기 위한 지속적인 노력의 일부이다. 이것을 주장하는 여러 사람들은 다음과 같다: David C. Verner, *The Household of God: The Social World of the Pastoral Epistles*, SBLDS 71(Chico, Calif.: SP, 1983); Gordon D. Fee, *1 and 2 Timothy, Titus*, GNC (San Francisco: Harper & Row, 1984); Philip Towner, *The Goal of Our Instruction: The Structure of Theology and Ethics in the Pastoral Epistles*, JSNTSupp 34 (Sheffield: Sheffield Academic Press, 1989). 반대로, 이 세 서신 모두를 망라하는 많은 일반화를 완강히 거부하는 학자들도 있다.

3) Johnson, 424.

4) P. N. Harrison, *The Problem of Pastoral Epistles* (London: Oxford University Press, 1921), 20ff.

서신에서는 902개의 단어가 사용되는데 그중 54개가 고유명사라고 지적한다. 나머지 848개의 단어 중 306개가 다른 바울서신에서는 찾아볼 수 없는 단어들이며, 306개 중 175개는 신약성서의 어느 곳에도 없는 단어들이다. 이 논거는 두 가지 방법으로 발전될 수 있다.

첫째, 이 통계에 의하면 바울서신과 목회서신에서 공유되는 단어는 542개이고, 그 중 50개가 다른 신약성서 기자들이 사용하지 않는다는 의미에서 바울의 특징적인 단어이다. 목회서신, 나머지 바울서신, 나머지 신약성서 등 세 곳에서 모두 발견되는 492개의 단어 중에는 모든 기독교인 작가들이 반드시 사용할 단어들, 그리고 글을 쓰는 데 절대적으로 필요한 단어들이 있다(예를 들면, "형제", "사랑", "믿음"). 또 어떤 단어들은 각각의 책에서 각기 다른 의미로 사용된다. 예를 들어, 바울은 ἀντέχομαι(*antechomai*)를 "붙들어주다", "도와주다"(살전 5:14)라는 의미로 사용하며, 목회서신은 "지키다"(딛 1:9)라는 의미로 사용하고, 바울에게 있어 κοινός(*koinos*)는 "속된 것"(롬 14:14)을 가리키는 반면에 목회서신에서는 "같은"("같은 믿음": 딛 1:4)을 가리킨다.

둘째, 문제가 되고 있는 많은 단어가 2세기 초의 변증학자들이나 속사도 교부들에게서 발견된다. 다른 바울 서신에는 없지만, 목회서신에는 있는 306개의 단어 중에 211개가 이 2세기의 저술들에서 발견된다.[5] 이러한 추론은 많은 사람들로 하여금 목회서신의 저자는 바울이 아니라, 1세기말이나 2세기 초에 살았던 사람이라는 결론에 이르게 한다. 바울이 노년에 새로운 단어들, 그것도 후대에 발견되는 단어들을 갑자기 사용하기 시작했다고 생각하는 것은 비합리적이라는 주장이다.

셋째, 학자들은 열 개의 바울 서신에서 발견되는 214개의 헬라어 불변화사(不變化詞) 중에서 112개가 목회서신에는 존재하지 않는다는 점을 지적한다. 많은 학자들은 이것을 근거로 하여 목회서신의 문체가 비교적 빈약하다고 추론한다. 목회서신의 결합 조직들은 열 개의 바울 서신의 결합조직과 매우 다르다.

이 논거는 매우 인상적인 것 같지만, 그리 설득력이 있는 것은 아니다. 예를 들어, 이를 주장하는 사람들은 2세기 저자들과 목회서신이 공용하는 대부분의 단어들이 A.D 50년 이전의 저술에서도 발견된다는 것을 항상 인식하는 것은 아니다.[6] 바울

---

5) Ibid., 70.

6) Donald Guthrie (*The Pastoral Epistles and the Mind of Paul* [London:Tyndale, 1956], 9), citing among others F. R. M. Hitchcock, "Tests for the Pastorals," *JTS* 30 (1928-29): 272-79; idem, "Philo and the Pastorals," *Hermatheua* 56(1940): 113-35.

이 그것들을 알지 못했을 것이라고 주장할 수 없으며, 또한 열 개의 바울 서신에 사용된 단어(2,177개)가 바울이 사용한 전체 어휘였다고 주장할 수도 없다. 만일 바울이 2,177개의 단어를 사용했다면, 당시 통용되고 있던 306개의 단어를 더 사용했다고 가정할 수 있으므로, 바울이 노년에 수백 개의 새로운 단어를 사용했다고 주장할 필요가 없다. 일부 단어들이 다른 의미로 사용되는 것은 문맥의 차이를 나타낸다. 또 바울은 열 개의 서신에서 단어들을 문맥에 따라 다른 의미로 사용한다.

목회서신에는 열 개의 바울 서신에 존재하지 않는 306개의 단어가 있다고 말하면, 판단을 그르칠 수 있다. 해리슨의 통계에 의하면, 306개 중에서 디모데전서에만 나타나는 것이 127개, 디모데후서에만 나타나는 것이 81개, 그리고 디도서에만 나타나는 것은 45개이다.[7] 이것은 거의 대부분의 단어들이 목회서신 중 한 서신에서만 발견된다는 것, 그리고 세 개의 서신들끼리도 바울의 다른 서신과 다른 만큼의 (혹은 그 이상의) 차이가 있다는 것을 의미한다. 그렇다면, 가명을 사용한 세 명의 작가가 있었다는 말인가? 위의 통계는 한 사람의 저자를 지지하는 인상적인 논거가 되지 못한다. 만일 위의 통계가 이 세 개의 목회서신이 한 사람에 의해 기록되었다는 것을 보여준다면, 저자가 바울일 수도 있다는 것을 보여준다.

해리슨은 112개의 분사와 전치사와 대명사들이 열 개의 바울 서신에는 등장하지만, 세 개의 목회서신에는 등장하지 않는다는 사실을 충분히 활용한다.[8] 그는 "동일한 저자가 몇 년 안에 그 목록에 있는 단어들을 하나도 사용하지 않고서 세 개의 서신을 썼을 가능성은 없으며, 그것들 중 어느 것이 지금까지 바울이 기록한 모든 글에 평균 아홉 번 나타났다"고 본다.[9] 그는 또 다시 설득력이 있는 것처럼 보이는 논거를 제시했다. 그러나 거스리(Guthrie)는 그가 모든 증거를 고찰한 것은 아니라고 지적한다. 또, 93개의 분사와 전치사와 대명사들이 목회서신에서는 단 한 번 등장하고, 바울 서신에서는 일곱 번 등장한다. 그는 이것들을 해리슨의 목록에 추가하며, 205번 중에서 92번이 목회서신에서 등장하는데, 그것은 로마서에 131번, 고린도후서에 113번, 빌립보서에 86번 등장하는 것과 비교된다. 그는 "해리슨이 결합 조직에서 추론한 것들은 논리적으로 모순이다"라고 결론짓는다.[10]

---

7) Harrison, *Problem*, 137-39. 신약성서의 다른 곳에는 없고 디모데전서에만 존재하는 단어가 75개이고, 디모데전서와 바울서신이 아닌 다른 신약성경에 나오는 단어가 52개, 디모데후서의 경우는 48+33개, 디도서는 30+15개가 된다.

8) Harrison, *Problem*, 36-37.

9) Ibid., 35.

10) Guthrie, *The Pastoral Epistles and the Mind of Paul*, 13.

이와 관련된 논거들을 제안할 때에 이것을 염두에 두어야 한다. 예를 들어, 바울은 성령에 대해 90번 언급하지만, 목회서신에는 겨우 6번밖에 언급하지 않음이 지적되는데, 이것은 이 서신들 안에 바울이 성령에 대해서 반드시 언급해야 할 곳이 있는지의 여부에 관한 질문을 불러일으킨다. 바울은 적절한 여섯 번의 경우에 성령에 언급하며, 바울이 열 개의 다른 서신에서는 그보다 더 자주 성령을 언급했을 것이라고 말할 수는 없다. 또 열 개의 서신 안에 성령에 대한 언급들이 고르게 분포되어 있는 것이 아니다. 우리는 바울이 생각하고 있었던 것을 모두 알 수 있다는 입장을 취하지 않도록 조심해야 한다.

최근 수십 년 동안 목회서신의 어휘에 근거를 둔 논거들은 한층 더 복잡해져왔다. 그레이스톤(Grayston)과 허단(Herdan)은 해리슨의 결론들을 강화하려 하면서, 복잡한 통계학적 집계를 시작했다.[11] 또 다른 학자들은 문장의 길이, 어순, 이야기의 다양한 부분들의 상대적 빈도, 분사들의 위치 등 구문론적 구조에 관심을 기울여왔다.[12] 그러나 이 분야에서도 논거들이 빈약한 것으로 증명되었다. 통계학자들은 서신들의 간결함 및 통계학적 통제 수단의 부족을 지적한다. 주목할 만한 차이점들이 있는 곳에서도, 통계는 그러한 차이점들이 존재하는 이유를 말해주지 못한다.[13] 그러한 차이점이 존재하는 것은 저자들이 다르기 때문인가, 아니면 주제들이 다르기 때문인가, 아니면 이 서신들은 매우 상이한 도전에 직면한 교회들에게 보낸 것이 아니라 특정의 도전에 직면한 개인들에게 보낸 것이 때문인가, 또는 필기자들이 다르기 때문인가?[14]

---

11) K. Grayston and G. Herdan, "The Authorship of the Pastoral Epistles in the Light of Statistical Linguistics," *NTS* 6 (1959-60): 1-15. 보다 최근에 A. Q. Morton과 그의 동료들은 바울의 문장들의 끝맺는 단어, 문장의 길이, 상이한 유형의 접속사들의 전개 등의 특징 등에 대한 통계학적 분석을 시도했다. 특히 그의 저서 *Literary Detection* (Bath: Bowker, 1978)을 보라. 이 저서는 Anthony Kenny, *A Stylometric Study of the New Testament* (Oxford: Clarendon, 1986)에서 훌륭하게 평가되었다.

12) 예를 들면 다음과 같다: D. L. Mealand, "Computers in New Testament Research: An Interim Report," *JSNT* 33 (1988): 97-115; idem, "Positional Stylometry Reassessed: Testing a Seven Epistle Theory of Pauline Authorship," *NTS* 35 (1989): 266-86; idem, "The Extent of the Pauline Corpus: A Multivariate Approach," *JSNT* 59 (1995): 61-92; K. Neumann, *The Authenticity of the Pauline Epistles in the Light of Stylo-statistical Analysis* (Atlanta: SP, 1990).

13) 특히 다음을 보라: A. E. Bird, "The Authorship of the Pastoral Epistles—Quantifying Literary Style," *RTR* 56 (1997): 118-37; J. J. O'Rourke, "Some Considerations About Attempts at Statistical Analysis of the Pauline Corpus," *CBQ* 35 (1973): 483-90; T. A. Robinson, "Grayston and Herdan's 'C' Quantity Formula and the Authorship of the Pastoral Epistles," *NTS* 30 (1984): 282-88; Kenny, *Stylometric Study*.

2) 수사학적 문체

문체와 관련된 논거는 서신들과 구성 방식에 의해 개진된 논거들을 포함한다. 어느 작가는 다음과 같이 추론한다. "감정적인 토로, 대화형식의 사고, 실제의 적이나 가상의 대적들과 반론들의 소개, 그리고 은유와 비유의 사용 등을 동반한 바울의 논법은 특정의 진지하고 반복되는 문체로 대신할 수 있다는 점에 주목하는 사람도 있다."15) 흔히 주목되는 차이점들의 종류에는 디모데전서와 디도서의 서두에 감사하는 부분이 없다는 것(디모데후서에는 한 번 있고, 갈라디아서에는 하나도 없다), 디모데전서와 디도서에 개인적인 자료가 비교적 부족하다는 것, 그리고 목회서신에서 거듭되는 "이 말이여 모든 사람들이 받을만하도다"16)(이것은 목회서신에서만 발견된다)와 같은 표현을 포함하는 특별한 형태의 논거들 등이다.

차이점들은 분명히 있으며, 문제는 그것들을 어떻게 설명하는가에 있다.

차이점들은 분명히 있으며, 문제는 그것들을 어떻게 설명하는가에 있다. 저자가 가명을 사용했다고 생각한다면 차이점들은 설명되지만, 일련의 새로운 문제점들이 등장한다. 우리는 저자가 가명을 사용했다고 가정하지 않고서도 차이점들이 설명될 수 있는지 질문해야 한다. 바울의 문서 전체에서 나타나는 것처럼 거의 25년이라는 기간 동안 다양한 사람들과 집단들에게 편지를 보낸 한 사람의 저자에게서 발견되는 표현의 범위를 면밀히 조사하는 설득력 있는 연구서는 극히 드물다. 목회서신과 바울의 열 편의 서신들 사이의 문체의 차이가 신뢰하는 동역자들에게 보낸 사적인 편지와, 주로 특수한 어려움에 대해 언급하는 교회들에게 보낸 공적인 편지들 사이에서 기대할 수 있는 차이보다 큰 것인지 알고 싶을 것이다. 또 인정된 차이점들로부터 어떤 추론들을 도출해내야 하는지 확신하기 어렵다면, 마찬가지로 주요하지 않은 유사성들로부터 어떤 추론을 도출해내야 하는지 확신하기도 어려울 것이다.17)

---

14) 예를 들어 George K. Barr, "Two Styles in the New Testament Epistles," *LLC* 18 (2003): 235-48에서는 바울 서신들 중 처음 네 편과 목회서신의 차이점들은 저자들이 다르다는 사실을 지적하는 것이 아니라 한 저자의 작품들 안에서 발견될 수 있는 문체의 차이점을을 지적한다고 주장한다.

15) J. C. Beker, "Pastoral Letters" in *IDB*, 3.670.

16) 특히 다음을 보라: L. R. Donelson, *Pseudepigraphy and Ethical Argument in the Pastoral Epistles*, HUT 22 (Tübingen: Mohr-Siebeck, 1986); B. Fiore, *The Function of Personal Example in the Socratic and Pastoral Epistles*, AnBib 105 (Rome: Pontifical Biblical Institute, 1986).

17) Thomas D. Lea and Hayne P. Griffin Jr., *1, 2 Timothy, Titus*, NAC 34 (Nashville: Broadman Press, 1992), 40에서는 목회서신의 바울은 디도서 1:12에서 중요하지 않은 헬라 시인

만일 필기자가 미쳤을 영향을 고려한다면, 불확실성들이 증가할 것이다. 물(C. F. D. Moule)은 목회서신에서 등장하는 바울 특유의 용어가 아닌 많은 것들이 누가에게서 발견된다는 점에 주목하면서, 누가가 바울의 필기자였을 수 있다고 주장했다(적어도 딤후 4:11에서 누가는 분명히 바울과 함께 있다).[18] 이 논거는 스테픈 윌슨(Stephen G. Wilson)이 개진한 것이다. 그러나 그는 누가복음과 사도행전의 저자인 문제의 누가가 1세기 말에 목회서신을 저술했는대, 그는 바울의 동반자였던 누가가 아닌 다른 사람이었다고 생각한다.[19] 대부분의 논거들이 바울의 동반자였던 역사적 누가와 1세기 말에 저술한 가상의 누가를 지지하므로, 최근의 일부 주석가들은 역사적 누가가 바울의 필기자였다는 견해를 취해왔다.[20] 이것은 가능한 해결책이지만, 대체로 필기자가 기록한 열 개의 바울 서신들의 분위기는 정확하게 목회서신의 분위기와 같지 않으므로, 최소한 목회서신이 경우에 바울은 과거에 필기자들에게 주었던 것보다 더 많은 자유를 누가에게 주었기 때문에 그 과정이 어느 정도 달랐을 것이라고 추론해야 할 것이다. 그러나, 열 개의 서신들의 통일성을 지나치게 크게 가정한다는 점에서 이 반대 논거는 경감될 수 있다. 실제로, 마이클 프라이어(Michael Prior)는 다른 근거에서 필기자 이론을 뒤집는다. 그는 목회서신이 열 개의 바울 서신들과 어느 정도 다르다는 것은 인정하지만, 그 이유는 그것들이 위서이기 때문이 아니라, "두 가지 의미에서 사적인 서신들"—그것들은 개인

(Epimenides)의 글을 인용하며, 사도행전 17:28에 묘사된 바울 역시 중요하지 않은 이교 자료들(Menander)을 인용한다는 점에 주목한다. 목회서신에서 바울은 때때로 개인의 이름에 그의 직업을 덧붙이며(예를 들면, 딤후 4:4의 "구리 장색 알렉산더", 디도서 3:13의 "교법사 세나"), 바울의 다른 글에서도 그렇게 표현한다(예를 들면, 롬 16:23의 "이 성의 재무 에라스도"; 골 4:14의 "사랑을 받는 의원 누가).

18) "The Problem of the Pastoral Epistles: A Reappraisal," *BJRL* 47 (1965): 430-52 (reprinted in C. F. D. Moule, *Essays in New Testament Interpretation* [Cambridge: Cambridge University Press, 1982], 113-32).

19) Stephen G. Wilson, *Luke and the Pastoral Epistles* (London: SPCK, 1979). 실제로, 윌슨은 목회서신이 누가의 세 번째 책이라고 주장한다. Jerome D. Quinn, "The Last Volume of Luke: The Relation of Luke-Acts and the PE," in *Perspectives on Luke-Acts*, ed. C. Talbert (Macon: Mercer University Press, 1978), 62-75도 보라. Quinn은 *The Letter to Titus*, AB 35 (New York: Doubleday, 1990), 19에서는 조금 더 조심하는 듯하며, 그의 주장은 Jerome D. Quinn and William C. Wacker, *The First and Second Letters to Timothy*, ECC (Grand Rapids: Eerdmans, 2000), 20에서 반복된다.

20) Gordon D. Fee, *1 and 2 Timothy, Titus*, NIBC (Peabody: Hendrickson, 1988), 26; George W. Knight, *The Pastoral Epistles: A Commentary on the Greek Text*, NIGTC (Grand Rapids: Eerdmans, 1992), 50-52. E. Earle Ellis, *Pauline Theology: Ministry and Society* (Grand Rapids: Eerdmans, 1989), 104-11도 보라.

들에게 쓴 것일 뿐만 아니라, 필기자를 고용하지 않고 바울이 직접 쓴 것들이다—이기 때문이라고 주장한다. 바울은 열 편의 서신들 중 대부분, 또는 전체를 기록할 때에 필기자를 사용했다. 열 편의 편지 중에서 여섯 편은 디모데가 공동 저자로 열거된다. 그러나 프라이어의 주장에 의하면, 목회서신은 모두 바울이 직접 썼으며, 이 것이 차이점들을 설명해준다.[21] 이 해결책도 지금까지 제시되어온 다른 해결책들과 마찬가지로 공정하지 못하다. 그럼에도 불구하고, 이 주장이 옹호될 수 있다는 사실은 우리가 얼마나 무지한지를 증명해주며, 또 위서라는 주장이 제공하는 설명을 쉽게 받아들이기 전에 조심스럽게 행하도록 자극해준다.

만일 문체에 대한 논의를 문학적 장르와 관련된 것으로 확대한다면, 더 많은 이야기를 해야 한다. 존슨(Johnson)을 비롯한 학자들은 디모데전서와 디도서가 명령의 서신 장르에 어울리며, 디모데후서는 유언의 장르에 속한다고 주장해왔다. 두 가지 장르 모두 바울의 상황에 훌륭히 어울리며, 매우 흔한 장르였기 때문에 바울이 충분히 알았을 수 있지만, 몇 십 년 뒤에 그의 이름으로 편지를 쓰는 사람에게는 약간 맞지 않았을 것이다. 따라서 문학적 장르에 관한 세심한 고찰은 바울 저작설을 입증한다.[22] 특히 상관이 하위 관리에게 대리인으로서의 책임을 가르치는 명령의 편지에서는 대리인의 의무에 대한 가르침과 그 대리인의 특성에 초점을 둔 단락이 교대로 등장한다. 파송된 대리인이 사람들에게 편지를 읽어줄 때에 수석 관리인의 뜻이 분명이 드러날 것이며, 대리인에게 기대되는 표준들은 대리인으로 하여금 충성하게 해주는 동시에 대리인이 사칭하는 변덕스러운 권리로부터 독자들을 보호해주는 문서가 되어 불평할 수 있는 정당한 근거를 제공해줄 것이다. 이것은 약간 지나친 설명이다. 이집트의 관료체계를 반영하는 편지들을 사도 바울이 디모데나 디도에게 보낸 편지에 조심성 없이 적용해서는 안 될 것이다. 다시 말해서, 명령의 서신들은 신빙성을 옹호하는 압도적인 논거가 되지 못한다.[23] 그럼에도 불구하고, 그것들은 디모데전서와 디도서가 개인적인 문서로 해석될 때, 그 안에 암시되어 있는 권위 구조와 위임에 상응할 가능성이 있는 것을 제공한다.

---

21) Michael Prior, *Paul the Letter-Writer and the Second Letter to Timothy*, JSNTSup 23 (Sheffield: JSOT Press, 1989), 37-59.

22) Luke Timothy Johnson, *Letters to Paul's Delegates: 1 Timothy, 2 Timothy, Titus, The New Testament in Context* (Valley Forge: Trinity Press International, 1996), 106-8, passim을 보라.

23) M. Mitchell, "PTebt 703 and the Genre of 1 Timothy: The Curious Career of a Ptolemaic Papyrus in Pauline Scholarship," *NovT* 44 (2002): 344-70을 보라.

3) 역사적 문제

많은 학자들은 목회서신에 묘사된 상황을 사도행전과 바울 서신들을 통해서 알게 된 바울의 생애에 맞출 때에 직면하는 어려움에 관심을 기울인다.[24] 그들은 그러한 시도는 불가능하며, 따라서 이 서신들의 저자가 역사적 배경이라는 인상을 줄 수 있는 간접적인 언급을 했다고 주장한다. 예를 들어, 알려져 있는 바울과 그레데 섬과의 유일한 접촉은 죄수로서 로마로 호송되는 도중에 잠시 그곳에 머문 것인데(행 27:7-13), 이것은 디도서 1:5("내가 너를 그레데에 떨어뜨려 둔 이유는")와 쉽게 일치하지 않는다. 우리에게는 바울이 니고볼리에서 겨울을 지낸 것을 확인해 줄 전거가 전혀 없다(딛 3:13). 마찬가지로, 디모데 서신에 등장하는 사건들은 우리가 바울의 사역에 대해 알고 있는 것과 쉽게 일치하지 않는다. 물론, 일부 학자들은 바울이 석방된 후에 2-3년 동안 사역하다가 결국 로마에서 순교했다는 가정 하에, 그것들이 사도행전 28장에 기록되어 있는바 바울이 로마에서 갇혀 지낸 일 이후에 발생했다고 주장함으로써 이 사건들이 발생할 수 있는 여유를 둔다. 결국 클레멘트 1서 5:7은 바울이 "서방의 바깥 경계"(스페인?)까지 여행했다고 보고하는데, 그 일은 사도행전 28장의 사건 이후에만 발생할 수 있었을 것이다. 그러나 클레멘트 1서와 사도행전은 특히 "[땅 끝까지] 복음을 전파하는 사명의 목표가 바울이 처음이자 마지막으로 감옥에 갇히기 전에 성취되었다는 데 일치하기"[25] 때문에, 비평가들은 이 점에 있어서 클레멘트 1서가 옳다고 확신하지 못한다.[26] 따라서, "서방 바깥 경계"는 로마를 언급하며 바울은 로마를 처음이자 마지막으로 로마를 방문하여 그곳에서 사망했다고 믿는 것이 가장 타당하다.

이러한 반론들에 대해서 두 가지로 응답할 수 있다. 일부 학자들은 목회서신에 반영되어 있는 역사적 자료들은 바울의 알려져 있는 사역 범위에 적합한 것일 수 있다는 것을 증명하려 해왔다. 결국, 그 시기에 바울이 행한 것에 대해서 우리가 알고 있는 것은 극히 적으며, 다른 사건들을 삽입해 넣을 수 있는 큰 공백이 있다. 그는 언제 자주 감옥에 갇히고, 유대인들에게서 다섯 번 매를 맞고, 세 번 파선하고, 또 단 한번만 언급하는 다른 고난을 당했는가(고후 11:23-27)? 혹자는 "나는 목회서신에 언급된 사건들을 바울의 이전의 삶에 어떻게 일치시켜야 할지 알 수 없다"

---

24) 예를 들면, Kümmel, 377-78.

25) Martin Dibelius and Hans Conzelmann, *The Pastoral Epistles, Hermeneia* (Philadelphia: Fortress Press, 1972), 3 (emphasis theirs).

26) Kümmel, 377-78.

고 말하겠지만, "그러한 사건들을 바울의 초기의 삶에 일치시킬 수 없다"고 말하지는 않을 것이다. 예를 들어, 사도행전 20:31을 토대로 하여 바울이 에베소에서 삼 년을 지냈다는 것을 알 수 있다. 고린도후서 1:23-2:1을 토대로 하면 바울이 이 기간에 고린도를 방문했다는 것을 알 수 있지만, 사도행전에서는 이 기간의 바울의 여행에 대해서는 전혀 기록하지 않는다. 이 기간에 바울이 행한 여행 중에서 사도행전에 기록되지 않은 여행은 어떤 것일까? 우리에게는 그에 대한 충분한 정보가 없다. 특히 만일 목회서신을 한 단위로 보지 않고 개별적인 서신들로 간주한다면, 역사적 자료들은 바울의 저작설에 대해 극복할 수 없는 문제를 제기하지 않는다.[27]

물론, 바울은 두 차례 로마에서 투옥되었으며, 그중 첫 번째 사건만 사도행전에 기록되었을 가능성이 있다. 사도행전은 바울이 로마의 감옥에 갇혀 있는 내용으로 끝나지만, 바울은 자신이 석방되리라고 기대하고 있었음을 기억해야 한다. 베스도는 바울이 "죽일 죄를 범한 일이 없다"고 생각했으며(행 25:25), 아그립바는 만일 바울이 가이사에게 상소하지 않았으면 석방될 수 있었을 것이라고 주장했다(행 26:32). 로마에서도 "바울은 자기를 지키는 한 군사와 함께 따로 있도록" 허락되었고(행 28:16), "자기 셋집에 유하며 자기에게 오는 사람을 다 영접했고"(행 28:30), 자유로이 유대인 지도자들을 소집하여 모임을 가졌다. 이것은 사형집행을 앞둔 준비인 것 같지 않다. 바울이 석방되어 목회서신에서 상상하는 것과 같은 활동을 했을 가능성이 있다. 더욱이 클레멘트 1서에서 "서방의 바깥 경계"를 언급한 것은 로마 제국 내의 로마보다는 스페인을 언급하는 것으로 해석하는 것이 훨씬 더 자연스럽다. 마지막으로, 많은 교부들의 저술들은 바울이 로마의 감옥에서 석방되어 다시 동방에서 사역했다고 명시한다.[28] 실제로, 일부 학자들은 바울이 석방된 후의 상세한 여정을 작성했다.[29] 물론, 증거가 충분하지 못하기 때문에 그러한 이론

---

27) 다른 자료들을 통해서 우리가 바울의 활동에 대해 알고 있는 것에 목회서신에 기록된 정보를 얼마나 일치시킬 수 있는지에 대한 제안으로는 특히 다음을 보라: J. A. T. Robinson, *Redating the New Testament* (Philadelphia: Westminster, 1976), 67-85, and the literature there cited; C. Spicq, *Les épîtres Pastorales*, 4th ed., 2 vols. (Paris: Gabalda, 1969); S. de Lestapis, *L'énigme des Pastorales de Saint Paul* (Paris: Gabalda, 1976); Philip H. Towner, *1 and 2 Timothy, Titus*, IVPNTC (Downers Grove: IVP, 1994); Bo Reicke, *Re-examining Paul's Letters: The History of the Pauline Correspondence* (Harrisburg: Trinity Press International, 2001), 51-59, 68-73, 85-91.

28) 즉, 무라토리 정경, 유세비우스, 아타나시우스, 에피파니우스, 제롬, 몹수에tm타의 데오돌, 펠라기우스, 데오도렛 등. Knight, *The Pastoral Epistles*, 17-19을 보라.

29) 두 가지 매우 상이한 여정을 알려면 다음을 보라: W. Metzger, *Die letzte Reise des Apostels Paulus* (Stuttgart: Calwer, 1976); and Jerome Murphy-O'Connor, *Paul: A Critical Life*

들을 입증할 수는 없다. 그러나 가명을 사용했다는 이론의 변형을 옹호하는 마샬(Marshall)은 다음과 같이 추론한다: "그것이 진정한 바울 서신의 일부이거나, 신빙성 있는 편지의 단편들이거나, 묘사된 시나리오(즉, 바울이 감옥에서 석방되어 다시 체포되기 전까지 몇 년 동안 동양에서 사역했다는 것)의 역사적 가능성을 방해하는 극복할 수 없는 장애물은 존재하지 않는다."30)

또 비난할 것을 비난하며 목회서신 안의 개인적인 회상들을 그 서신들을 위서라고 여기는 사람들이 상상하는 구조에 맞추는 데서 발생하는 어려움들을 직면하는 것도 그에 못지않게 중요하다. 그렇다면, 바울의 외투와 두루마리들을 살펴보아야 할 이유는 무엇인가(딤후 4:13)? 아니면, 마케도니아로 가면서 디모데를 에베소에 남겨둔 것(딤전 1:3), 또는 지체될 수도 있지만 곧 디모데를 만나러 가기를 바라는 그의 소망(딤전 3:14-15)을 살펴보아야 하는 이유는 무엇인가? 바울이 로마에 있을 때에 오네시보로가 자주 찾아왔다는 말의 취지는 무엇인가(딤후 1:16-17)? 또는 교법사 세나와 아볼로를 도와주라고 디도에게 말한 것의 취지는 무엇인가(딛 3:13)? 그 서신들이 1세기말이나 2세기 초에 바울의 상황을 알지 못하는 저자가 쓴 것이라는 이론을 근거로 하면, 이러한 언급들을 어떻게 생각해야 할지 파악하기가 쉽지 않다. 분명, 그러한 저자라면 자신의 회상하는 것을 바울의 생애에 대해 알려져 있는 것에 맞추려 할 것이다. 이러한 본질을 지닌 가상의 상황을 만들어냈다는 주장을 입증할 설득력 있는 이유가 제시되지 못하고 있다. 더욱이, 이 세 서신에 있는 그러한 언급들은 모두 역사적 특징의 흔적을 가지고 있으며, 2세기의 『바울행전』(*Acts of Paul*) 의 특징인 터무니없는 가필과 같은 것은 전혀 없다. 목회서신은 초대 교회에 보급되었던 알려져 있는 가명의 문서들보다는 바울의 것으로 받아들여진 서신들과 더 흡사하다.

4) 거짓 교사들

일반적으로 이 세 서신에서는 동일한 거짓 교훈을 다룬다고 가정된다. 이것은 사실일 수도 있고 그렇지 않을 수도 있지만, 그 중 일부에는 강력한 유대적 요소가

(Oxford: Clarendon, 1996). I. Howard Marshall, *A Critical and Exegetical Commentary on the Pastoral Epistles*, ICC (Edinburgh: T. & T. Clark, 1999), 68-71에 그것들이 훌륭히 요약되어 있다.

30) Marshall, *Pastoral Epistles*, 71.

포함되어 있다. "율법 선생"(딤전 1:7), "할례당"(딛 1:10), "유대인의 허탄한 이야기"(딛 1:14), "분쟁과 율법에 대한 다툼"(딛 3:9) 등에 대한 언급이 있다.

또 "신화와 끝없는 족보"(딤전 1:4; 4:7; 딛 3:9)에 관한 언급과 아울러 영지주의적 사고를 가리킨다고 보는 "거짓되이 일컫는 지식"(딤전 6:20)에 대한 경고도 있는데, 이것은 금욕적 행위를 언급하는 구절들의 뒷받침을 받는다(예를 들면, 딤전 4:3). 그러나 영지주의의 전성기는 2세기인데, 이 서신들은 2세기의 것들이 아니다. 이 서신들에 묘사된 거짓 교훈 중에 바울의 사역 기간 동안 알려져 있지 않았던 것들은 하나도 없다(예를 들면, 골로새서).[31]

5) 교회 조직

많은 학자들은 이 서신들이 전제로 하는 교회생활에 대한 이해가 바울의 생전에 나타날 수 없었을 것이라고 여긴다. 특히, 그들은 이 서신들에서 안수하여 임명하는 사역을 지닌 강력한 조직을 갖춘 교회의 모습을 본다.

먼저 바울이 사역에 어느 정도 관심을 가지고 있었음을 주시해야 한다. 왜냐하면, 바울과 바나바는 제1차 전도여행 때에도 자기들이 갓 개척한 교회에 장로들을 세웠기 때문이다(행 14:23). 또 빌립보서 첫머리에서 바울은 그 교회의 성도들은 물론이요 집사들과 감독들에게 인사한다(빌 1:1).

둘째, 목회서신에서 사역에 대한 관심을 찾아보려면, 디모데후서를 제외해야 한다. 왜냐하면 디모데후서에는 안수하여 임명하는 사역이나 교회 조직의 형태에 관한 언급이 전혀 없기 때문이다. 바울은 자신이 안수할 때에 디모데에게 있었던 하나님의 은사(χάρισμα, charisma)에 관해 말하지만(딤후 1:6), 이것은 처음 임명보다는 나중의 안수례(按手禮)를 의미할 수도 있다(이것은 기독교 사역뿐만 아니라 기독교인의 삶과 관련이 있는 "능력과 사랑과 근신하는 마음"을 생각하게 한다). 디도서에는 "각 성에 장로를 세우라"는 명령(딛 1:5), 그리고 장로나 감독(이 두 용어는 동일한 직무를 지칭하는 듯하다)이 될 자격이 있는 사람에 대한 말씀이 기록되어 있다. 사역에 대한 많은 가르침은 디모데전서에서 얻을 수 있다. 디모데전서에는 감독과 집사들이 갖추어야 할 자질이 언급되어 있다(3장). 또 장로들은 존경받는 사람으로서 그에 합당한 대접을 받아야 하며, 수고에 대한 삯을 받아야 한다고

---

31) Kümmel은 이 서신들에서 다룬 이단은 "바울의 생애에 있음직한"것이었다고 말한다(267).

기록되어 있다(5:17-20). 디도서 1: 5-7에서는 장로와 감독이 동일시되며, 나머지 두 서신에는 다른 체계에 대한 암시가 없다. 일부 학자들의 추론에도 불구하고, 목회서신에서는 빌립보서 1:1의 " 감독들과 집사들" 보다 더 많은 조직을 요구하지 않는다. 또 "과부들의 명부"가 있지만(딤전 5:9), 이것이 무엇을 의미하는지는 분명하지 않다(어쨌든 과부들은 초기부터 특별한 위치를 차지하고 있었던 듯하다 [행 6:1]). 이것들은 비교적 초기에 교회에 출현할 수 있었으리라고 생각되는 것에 불과하다.

6) 신학

많은 학자들은 이 세 서신에는 구원 사건을 표현하는 헬라 용어들, 바울이 사용하지 않았을 용어들이 다수 포함되어 있다고 주장한다. 즉, "이제는 우리 구주 그리스도 예수의 나타나심으로 말미암아 나타났으니 저는 사망을 폐하시고 복음으로써 생명과 썩지 아니할 것을 드러내신지라 "(딤후 1:10), "하나님과 사람 사이에 중보도 한 분이시니 "(딤전 2:5), "모든 사람에게 구원을 주시는 하나님의 은혜"(딛 2:11) 등이 그것들이다. 그러나 이 표현들 및 그러한 다른 표현들은 종종 바울의 용어들과 혼합되며, 비록 상이한 방법으로 사용되었지만 바울의 것임이 분명하다. 또, 그리스도께서 죄인들을 구원하기 위하여 오심(딤전 1:15), 우리의 행위가 아닌 하나님의 자비로 인한 구원(딛 3:5), 그리스도 안에서의 믿음(딤전 3:13)과 하나님의 택하심(딛 1:1)과 은혜(딤후 1:9)의 중요성 등 바울이 평소에 사용하는 용어들도 많다. 이러한 경향의 논의는 결정적인 것이 아니다. 바울이 아닌 다른 저자를 생각하는 사람들은 새로운 용어들과 새롭게 사용된 옛 용어들이 많다는 사실에 관심을 갖는다. 반면에, 바울이 이 세 서신의 저자라고 생각하는 사람들은 다른 서신들과의 공통된 용어들을 정당한 용도의 변화로 보는데, 그것은 다양한 상황에서 편지를 쓰는 사람의 특징이다.

"사람이 율법을 법 있게 쓰면 율법은 선한 것인 줄 우리는 아노라 알 것은 이것이니 법은 옳은 사람을 위하여 세운 것이 아니요 오직 불법한 자와 복종치 아니하는 자며"(딤전 1:8-9)라는 말씀을 고찰함으로써 문제를 예증할 수 있을 것이다. 이 구절에 대하여 물(Moule)은 "바울이 생애의 어느 단계에서 율법의 선함에 대해 이 구절에서 제공된 정의를 제공했다고 간주할 수 있다면 그것은 참으로 놀라운 일이다"[32]라고 말한 논평한다. 반면에, 잔(Zahn)은 바울의 저작설을 입증하기 위해서 동일한 구절을 인용하며, 나아가 "의인, 그리고 구주의 자비로 말미암아 의로워진 죄인에게는(딤전 1:13-16) 율법이 필요 없다는 과감한 진술(딤전 1:9)"에 대해 이야기한다.[33] 이처럼 동일한 구절에 대해서 다양한 해석을 할 수 있다면, 그 구절은 바울의 저작을 부인하는 데 결정적인 역할을 할 수 없다. 이러한 논증은 다른 진술들에도 적용될 수 있을 것이다. 동일한 진술이 바울의 저작을 반대하는 사람들에 의해서 바울이 저자일 수 없다는 것을 입증하는 것으로 제시되기도 하고, 다른 학자들에 의해서는 바울이 기록한 것으로 받아들여진다.

그러나 단순히 용어 문제뿐만 아니라, 목회서신 전반에 나타난 경건이 전혀 다른 것이라고 주장하는 사람들도 있다. 목회서신에는 "경건"(εὐσέβεια [*eusebeia*], 딤전 2:2), 바른 교훈(딤전 6:3), 특히 바른 교리(딤후 4:3)에 대한 요구가 나타나 있다. 큄멜은 이것을 "기독교적 삶과 기독교의 요구에 대한 합리적이고 윤리적인 묘사"라고 말하며, "이 세상에 정착하면서 강력하게 헬레니즘적 표현을 말하는 이 기독교를 '브르조아' 기독교"라고 부른 디벨리우스(M. Dibelius)와 그것을 "일종의 쇠퇴한 바울주의(Paulinism)"라는 입장을 피력한 불트만을 인용했다.[34] 이 서신들의 강조점에 차이가 있음을 부인하는 것은 아니지만, 이러한 학자들이 과장하고 있지는 않은지가 문제이다. 속도에 변화가 있다 하더라도, 바울이 경건(고후 1:12), 바른 교훈(롬 6:17), 바른 교리(그가 지식을 강조한 것, "나는 너희가 모르기를 원치 아니하노니"라고 반복한 것, 거짓 교리를 신랄하게 비판한 것을 보라)와 같은 것들을 추구했음을 부인할 수 있을까? 더욱이, 확실한 바울의 서신들도 때때로 바울의 다른 저술에서는 발견되지 않는 윤리적 논증의 형태들을 자랑한다(예를 들면, 고린도전서 7장의 "없는 자 같이 하며"). 이 서신들의 저자가 가명을 사용했다고 간주하려면, 많은 기이한 논증이나 말을 할 것이다. 여기서 우리는 또 다시 막다른 골목에 도달한다. 어떤 학자들은 목회서신의 일반적인 논조가 열 개의 바울 서신과 양립할 수 없다고 여기지만, 다른 학자들은 그것을 단지 상황의 변화에 따라 전개된 현상으로 여긴다.[35]

---

32) Moule, *Problem*, 432.

33) Zahn 2:121. Zahn은 "이 서신들 어디에서도 고린도전서 7장 19절처럼 비-바울적인 문장을 찾아볼 수 없고, 갈라디아서 5장 6절처럼 바울의 교훈과 그 반대되는 것을 혼동한 실수를 찾아볼 수 없다"고 했다(ibid.)

34) Kümmel, 270. 이와 같이 그 내용에 상상력이 결핍되었다고 보는 견해는 이 서신들의 신빙성을 지지하는 데 사용되기도 한다. 위서를 만들어낼 만큼 상상력이 풍부한 사람이 이런 종류의 서신을 기록할 수 있겠는가?

이 서신들의 어떤 부분들은 보편적으로 바울의 것이라고 인정되며, 일부 학자들은 이 서신들의 저자가 원래 바울이 기록한 단편들을 이용하여 이 서신을 작성했다고 주장한다. 예를 들어, 해리슨(P. N. Harrison)은 그러한 단편이 다섯 개가 있다고 여기지만,36) 그 가설은 많은 지지를 얻지는 못했다. 누구도 단편들이 보존된 데 대한 설득력 있는 근거를 제시하지 못한 듯하다(그 단편들이 속해 있던 원래의 서신들에게 어떤 일이 발생했는가? 왜 그 부분들만 보존되었는가?). 또한 제안된 위치에 단편들을 삽입해야 했던 이유도 분명치 않다. 단편들이 바울의 생애의 어느 부분에 대해서 우리가 알고 있는 것과 일치한다는 것이 단편들을 확인하는 주요 이유라는 것은 큰 문제가 된다. 과연 그것이 충분한 기준이 될 수 있는가? 그 단편들이 포함되어 있는 특별한 서신이 그 당시에 완전한 서신으로 기록되었다고 볼 수 없는 이유가 있는가? 그 단편들은 바울의 생애의 다른 부분들과 일치하지 않는가? 비록 그러한 단편들이 실질적으로 바울의 것임을 증명할 수 있지만, 쿡(Cook)은 문체와 어휘에 있어서, 그것들은 바울서신 안의 나머지 자료들과 구분될 수 없음을 증명했다.37) 이 가설은 그다지 훌륭한 가설이라고 볼 수 없다.

이 서신들을 위서라고 주장하는 견해가 문제이다. 차일즈에 의하면, "목회서신을 위서로 구분하는 문학적 분류로 말미암아, 그 서신의 목적은 매우 편파적으로 취급되고 있다. 그 의미는 본문의 문자적 의미에서 파악되는 것이 아니라, 의도적으로 감추어진 저자의 '참 의도'를 재구성함으로써 파악되어야 한다…따라서 본문의 선포적(kerygmatic) 증언이 무시되며, 그 해석은 인과관계에 의한 외적 요소들에 의존한다."38) 위서 저자의 정확한 상황에 대한 통일된 의견이 없고, 그가 직면했던 문제들, 그 문제들을 직면한 시기, 또는 그러한 문제들을 야기한 교회의 상황 등은 확실치 않다. 그렇다면, 어떻게 저저가 하는 말의 진정한 의미를 찾을 수 있겠는가?39)

---

35) 이것은 "초기 공교회주의"에 대한 전반적인 문제를 불러일으킨다. "초기 공교회주의"에 대해서는 제5장의 "누가복음에 대한 최근 연구" 단원을 보라. 또 Moisés Silva, "The Place of Historical Reconstruction in New Testament Criticism," in *Hermeneutics, Authority, and Canon*, ed. D. A. Carson and John D. Woodbridge (Grand Rapids: Zondervan, 1986), 105-33, 383-88도 보라.

36) Harrison, *Problem*, 115-27. 후에, Harrison은 세 개의 단편만 포함시키는 것으로 수정했다. 다른 사람들은 이 서신들에 들어 있는 진정한 바울의 글들을 찾아보았으나, 일치하는 견해는 전혀 없다. 따라서 그러한 시도 는 매우 의심스럽고 주관적임이 증명된다.

37) D. Cook, "The Pastoral Fragment Reconsidered," *JTS* 35 (1984): 120-31.

38) Childs, 382-83. Childs는 이 서신들에 대한 위서로서의 이해에 크게 공감한다.

최근, 목회서신이 바울의 것이 아님을 주장하는 강력한 논거들 중 하나는, 목회서신에 반영되어 있는 바울에 대한 묘사는 바울이 직접 쓴 것일 수 없다는 것이다. 목회서신에서 "바울"은 자신을 사도일 뿐만 아니라 복음을 전파할 유일한 권위를 가진 사람, 본받아야 할 모범, 기독교 개종자의 원형 등으로 제시한다. 그러나 이 논거는 전혀 설득력이 없다. 바울은 고린도 서신을 쓰면서 독자들에게 자신을 본받으라고 말한다(고전 11:1). 그는 다른 곳에서도 자신을 본받아야 할 모범으로 제시하며(예를 들면 빌 3장), 독자들에게 그의 교리뿐만 아니라 그리스도 안에 있는 생활방식을 상기시킨다. 더욱이, 이 논거를 뒤집을 수 있다. 왜냐하면 목회서신에서 언급한 것 중에는 후일 바울을 존경하는 사람이 쓴 것 같지 않은 부분이 있기 때문이다. 바울을 존경하는 사람이 바울을 죄인의 괴수라고 부를 수 있었겠는가(딤전 1:15)? 바울이 죽고 오랜 세월이 지난 후에 그가 "핍박자요 포행자"였다는 사실을 들추어내려 했겠는가(딤전 1:13)? 또, 그러한 사람이 결정적인 순간에 이 위대한 사도의 곁에 아무도 없었다는 사실을 사람들에게 상기시키려고 했다는 것도 의심스럽다(딤후 4:16). 목회서신 안에 있는 모든 역사적인 언급들은 바울의 생애에 관한 진술들로서 진실인 것처럼 보이지만, 바울이 죽고 나서 오래된 후에 기록된 것이라고 볼 수는 없다.[40]

목회서신 안에 있는 모든 역사적인 언급들은 바울의 생애에 관한 진술들로서 진실인 것처럼 보이지만, 바울이 죽고 나서 오래된 후에 기록된 것이라고 볼 수는 없다.

---

39) 이것은 히브리서처럼 익명으로 된 신약성서 문서들과 관련된 일반적인 불확실성을 넘어선다. 왜냐하면, 이러한 문서들은 본래 다른 사람의 이름으로 글을 쓰려 한 것이 아니기 때문이다. 브라운(Brown, 668-70)은 위서라는 주장을 옹호하면서도 "만일 목회서신의 저자가 가명을 사용했다고 인정한다면, 그 서신들과 관련된 모든 문제를 재고해야 한다"고 인정한다. 그는 여기에 목회서신의 권위, 그 서신들이 한 단위로서 작성되었는지의 여부, 그 서신에서 언급된 여행들 및 지리적 언급들의 역사성 등을 포함시킨다. 일단 허구의 영역에 들어선 후에는, 어디에 경계선을 그어야 할지 알기 어렵다. 예를 들어 Jouette M. Bassler, *1 Timothy 2 Timothy Titus*, ANTC (Nashville: Abingdon, 1996), 30에서는 2세기말의 위서인 『바울행전』(*Acts of Paul*)에 주목한다. 그런데 바울행전은 바울이 독신생활을 옹호하며, 어느 유명한 여인을 회심시켜 가족들을 버리게 했다고 묘사한다. 배즐러의 주장에 의하면, 바울이 목회서신에서 대면하는 대적들은 바울에 대한 유사한 전설들을 사용하여 자신의 입장을 옹호했을 것이다. "만일 그렇다면, 목회서신의 저자는 가명이라는 수단을 사용하여 바울의 것으로 알려진 서신에 의해서 바울에 대한 전설들을 역습했을 것이다"(30). Dennis R. MacDonald, *The Legend and the Apostle: The Battle for Paul in Story and Canon* (Philadelphia: Westminster, 1983)도 비슷한 견해를 나타낸다. 따라서, 거짓 교훈을 바울의 것이라고 생각한 믿음은 거짓 서신들에 의해 역전된다. 이 재구성의 특징을 능가하는 것은 그것의 불가능성뿐이다.

40) Johnson은 다른 관점에서 다음과 같이 말한다. "나처럼 이 서신들이 바울이 직접 기록한 것이라고 확신하지 못하는 사람들도 이 서신이 위서임을 주장하기 위해 제시된 몇 가지 이유는 설득력이 없다고 생각한다"(423). 또한 Johnson은 이 서신들 사이의 차이점을 문제점으로 지적한다. "내적으로 일관성이 있지만 나머지 두 서신에서 다루는 상황과 일치하기 어려운 편지들을 기록한 이유는 무엇인가? 여기에서 우리는 한 기존 교회(에베소)나 (그레데에 있는) 새 교회와 비슷한 상황을 교묘하게 만들었으나, 활용할 수 있는 바울 서신을 설득력 있게 모방할 수는 없었던 한 위조자를

목회서신의 바울 저작설을 부인하는 사람들은 초대 교회에서는 가명을 사용한 서신들이 자연스럽게 받아들여졌다고 가정한다. 이 견해는 1세기에는 다른 종류의 위서(예를 들면, 묵시록)가 널리 받아들여졌고, 2세기에는 가명을 사용한 복음서와 "행적들"이 널리 받아들여졌다는 사실의 지원을 받는다. 그러나, "널리 받아들여졌다"는 것은 표준적인 책들의 목록을 편찬한 책임 있는 사람들이 그것들을 받아들였다는 의미가 아니다. 어느 장르에 속한 것이든지 위서를 교부들이 정경으로 받아들인 예가 없다. 또 가명을 사용한 서신들이 역사적 위치도 지극히 애매하다. 어쨌든, 이것은 간단한 주제가 아니며, 이 책 제8장에서 상세히 다룬 바 있다.

2. 최근의 목회서신 연구

저자, 기록 장소, 연대 등과 관련된 문제들은 여러 가지 관점에서 추적할 수 있기 때문에, 최근에 목회서신에 관한 서적들과 논문들 중 다수가 그러한 문제들을 다루고 있음은 그리 놀라운 일이 아니다. 그러나 이러한 주제들에 대해서는 이미 충분히 다루었으므로, 여기에서는 관심을 끌어온 몇 가지 다른 분야에 대해 언급하려 한다.[41]

교회의 제도화에 관한 논의에서는 주로 연대 문제를 언급하며, 그렇기 때문에 간접적으로 저자 문제를 다룬다. 그러나 몇 권의 저서들은 언급되는 직무들의 관계에 대해 다소 상이한 이론들을 제공한다. 영(Young)은 장로와 감독이 동일한 직무가 아니며, 장로는 전승을 유지하고 가르치는 사람이요 특히 감독을 임명하고 조언하는 일종의 통치위원회를 구성하는 원로들이라고 주장한다.[42] 이것은 디도서 1:5-9에 대한 명확한 해석이 아니며, 또 장로들이 감독들을 임명한다는 주장은 다소 공상적이다. 이 분야에서 가장 상세한 최근의 연구에서 로버트 켐벨(Robert Campbell)은 "장로"라는 용어는 공동체 내의 원로들을 언급하는 것이지 직무를 지칭하는 호칭이 아니라고 주장한다. 켐벨의 주장에 의하면, 초대 교회에서 각각의 장로는 가정 교회의 "감독"이었으며, 지역 내의 가정교회들을 다스리기 위해서 감독들이 모였다고 한다. 켐벨의 말에 의하면, 우리가 목회서신에서 발견하는 것은

만난다"(430).

41) 특히 I. Howard Marshall, "Recent Study of the Pastoral Epistles," *Themelios* 23/1 (1997): 3-29을 보라.

42) Frances Young, "On EPISKOPOS and PRESBUTEROS," *JTS* 45 (1994): 124-48

한 지역에 가정 교회들의 장로들과 감독들의 합법적인 지도자로서 한 명의 "감독"(ἐπίσκοπος, *episkopos*)이 필요하다는 것이다.[43] 이 견해에 의하면, 디도는 각 성에 한 명의 감독을 임명하라는 명령을 받고 있으며, 목회서신은 단일감독제(monoepiacopacy)라고 부를 수 있는 것을 반영한다. 켐벨은 용어 사용에서의 혼동이 이그나티우스 시대까지 계속되었다고 주장한다. 감독이었던 이그나티우스는 독립성을 유지하려고 노력하는 장로들의 세력을 억제하려 했다. 그러나, 이것도 디도서 1:5-9을 해석하는 분명한 방법이 아니며, 베드로전서 5:1-5의 용어 사용과 쉽게 조화를 이룰 수 없다.

이 서신들의 구조에 접근하는 방법들은 매우 다양하다. 일부 주석가들은 종합적인 구조가 없다고 주장한다. 각 단락이 모든 단락들과 어떻게 관련되는지를 보여주려고 지나치게 노력하지 않으면서 각 단락을 확인하고 분류하고 설명하는 것이 가장 좋은 방법이다.[44] 어떤 학자들은 각각의 목회서신들과 고대 세계의 편지를 쓰는 다양한 관습들 사이에서 비슷한 점을 발견한다. 또 어떤 학자들은 각각의 문서들이 어떻게 조화를 이루어 하나의 논거, 깊이 생각된 표현을 이루는지 보다 세밀하게 설명하기 위해서 담화 분석의 도구들을 사용해왔다.[45] 이 서신들을 주의 깊게 다시 읽어보면 그것들이 "질서 정연한 구성물들"임을 확인할 수 있다.[46]

한 단위로서의 목회서신의 신학에 대한 가장 철저하게 연구한 사람은 필립 타우너(Philip Towner)일 것이다.[47] 타우너는 이 문서들의 독특한 윤리는 그것들의 기독론과 구원론과 종말론에 근거를 두고 있음을 보여준다.[48] 이 세 분야에 대해서는 거듭 연구되어왔다. 그중 하나에 대해서 언급하자면 다음과 같다: 많은 주석가들은 목회서신에서 거듭 분명하게 하나님을 구주로 지칭한다는 점에 주목한다(예를 들면, 딤전 1:1; 2:3; 딛 1:3). 그러나 그리스도의 가치가 경시되는 것이 아니다.

---

43) Robert Alastair Campbell, *The Elders: Seniority within Earliest Christianity*, SNTW (Edinburgh: T. & T. Clark, 1994).

44) Fee, *1 and 2 Timothy, Titus*; A. T. Hanson, *The Pastoral Epistles*, NCB (Grand Rapids: Eerdmans, 1982).

45) J. Banker, *A Semantic Structure Analysis of Titus*, ed. J. Callow (Dallas: SIL, 1987); R. C. Blight, *A Literary-Semantic Analysis of Paul's First Discourse to Timothy*, ed. J. Beekman (Dallas:SIL, 1997).

46) 이것은 Marshall, "Recent Study," 18의 표현이다.

47) Towner, *The Goal of Our Instruction*.

48) Walter L. Liefeld, *1 and 2 Timothy, Titus*, NIVAC (Grand Rapids: Zondervan, 1999), 29-38을 보라.

그리스도는 유일한 중재자로 제시될 뿐만 아니라(딤전 2:5-5), 마지막 심판에서 하나님과 연결되며(딤후 4;1), 또 구주로 지칭되며, 그의 "나타나심"(ἐπιφανεία, *epipaneia*)이 강조된다(예를 들면, 딤후 1:10).49) 실제로 어느 구절에서는 그리스도를 "우리의 크신 하나님 구주"라고 부른다(딛 2:13; cf. 3:4).

마지막으로, 어떤 면에서 목회서신들은 신약성서의 다소 흔한 행위에 관한 "가족법"(household codes)을 반영하지만, 다른 곳에서는 분명히 적용되지 않는 것을 교회 안에서 적용한다. 가장 논란이 되는 구절은 여인들 및 여인들이 해야 할 것과 하지 말아야 할 것을 언급하는 디모데전서 2:9-15이다. 이 구절을 다룬 많은 문헌들은 세 부류로 구분할 수 있다. 첫째 부류는 오늘날은 발견할 수 없는 1세기의 특별한 상황이나 저자의 편지를 받을 교회 너의 이단을 보여주는 증거를 발견함으로써, 오늘날 적용 가능한 것들을 받아들이거나 제한해왔다.50) 두 번째 것은 성서 주석의 상세한 자료들에 초점을 두며, 바울은 신학적 원리와 관련된 것으로서 남자와 역할 구분을 강조한다고 말하며, 1세기에는 오늘날 그러한 본문들의 타당성을 무시하는 것을 정당화해주는 애매한 문화적 특징들이 없었다고 주장한다.51) 세 번째 집단의 주요 주장은 두 번째 집단과 동일하여, 바울이 여자와 남자의 역할을 구분한다고 말하지만, 이 점에서 바울은 그 시대의 도덕적 편견에 물들어 있었으므로 오늘날 사리를 아는 사람들은 그가 제한한 것들은 무시해야 할 뿐만 아니라, 적극적으로 그것을 뒤집어야 한다고 말한다.52) 논란은 지금도 계속되고 있다.

3. 디모데전서

1) 내용

문안 인사(1:1-2)에 이어 "하나님의 경륜을 이룸보다 도리어 변론을 내는" 거

49) 특히 Andrew Y. Lau, *Manifest in Flesh: The Epiphany Christology of the Pastoral Epistles*, WUNT 86 (Tübingen: Mohr-Siebeck, 1996)을 보라.

50) 예를 들면, Fee, *1 and 2 Timothy, Titus*, 35-38; Liefeld, *1 and 2 Timothy, Titus*, 97-114; and esp. Linda L. Belleville, *Women Leaders and the Church: ThreeCrucial Questions* (Grand Rapids: Baker, 2000), 162-80.

51) 예를 들면, Knight, *Pastoral Epistles*; and esp. Andreas J. Köstenberger, Thomas R. Schreiner, and H. Scott Baldwin, *Women in the Church: A Fresh Analysis of 1 Timothy 2:9-15* (Grand Rapids: Baker, 1995).

52) 예를 들면, U. Wagener, *Die Ordnung des "Hauses Gottes": Der Ort von Frauen in der Ekklesiologie und Ethik der Pastoralbriefe*, WUNT 65 (Tübingen: Mohr-Siebeck, 1994).

짓 선생들에 대해 경고한다(1:3-11). 바울은 하나님의 자비와 은혜가 자기에게서 역사하시는 방식에 대해 감사를 표현한다(1:12-17). 이 서신은 선한 싸움을 싸우는 디모데를 도와주기 위한 것이다(1:18-20). 바울은 모든 사람, 특히 높은 지위에 있는 사람들을 위하여 기도하여 사람들이 구원에 이를 수 있는 상황을 조성하도록 하라고 권한다(2:1-7). 그는 바른 정신으로 기도할 것을 권한 후에, 여자들의 옷차림과 생활방식에 대해 언급한다(2:8-15). 그 후에 감독들과(3:1-7) 집사들(3:8-10, 12-13)의 자격에 대해 논하며, 집사의 부인이나 여자 집사에 관해서도 간단하게 언급한다(3:11). 그는 하나님의 집에 대한 자신의 관심에 대해 설명하고 성육신에 대한 짧은 시(詩)를 인용한다(3:14-16). 다시 거짓 선생들에 대해 경고한 후에(4:1-5), 디모데가 그리스도의 선한 일꾼이 되어 안수 받을 때 받은 은사를 무시하지 말라고 권면한다(4:6-16). 바울은 늙은이와 젊은이, 늙은 여자와 젊은 여자, 그리고 과부를 대하는 방법에 대해 충고하며(5:1-16), 장로들(5:17-20)과 디모데의 행위(5:21-25)와 종들(6:1-2)에 대한 특별한 교훈을 준다. 바울은 다시 거짓 선생들과 돈을 사랑하는 것의 위험에 대해 경고하고(6:3-10), 그런 것들을 멀리하고 바르게 살라고 권한다(6:11-16). 부자들에게 선을 행하여 올바른 곳에 보물을 쌓아 놓도록 명할 것을 권한다(6:17-19). 이 서신은 바울의 젊은 동역자에게 믿음에 굳게 설 것을 권한 후(6:20-21a) 은혜를 비는 말로 끝맺는다(6:21b).

2) 기록 장소

기록 장소를 확실히 알 수 있을 만큼 많은 정보가 알려져 있지 않다. 가장 그럴듯한 것은 이 서신이 마케도니아에서 기록되었다는 것이다. 바울은 자신이 그곳에 있을 때에 그 서신을 기록했다고 분명하게 말하지는 않지만 "네가 마게도냐로 갈 때에 너를 권하여 에베소에 머물라고 한 것은"(1:3)이라고 말한 것은, 그가 디모데와 함께 에베소에 있다가 그를 거기에 남겨두고 자기는 마케도니아로 갔다는 의미인 듯하다. 바울은 마케도니아에서 자신이 에베소를 떠날 때에 디모데에게 준 교훈을 되풀이하면서 이 서신을 쓴다.

3) 기록 연대

만일 바울이 로마 감옥에서 풀려난 후, 마지막 사역 기간 중에 이 서신을 기록했다면, 그 기록 연대를 60년대, 또는 60년대 초로 추정해야 한다. 전통적으로 바울은 네로(주후 68년에 사망) 시대에 순교했다고 주장된다. 그의 생애에 대한 연보(年譜)가 확실치는 않지만, 사도행전에 기록된 대로 바울은 주후 59-61년 사이에 로마에 도착했다고 생각된다. 바울이 로마에서 2년 동안 연금 상태에 있었다면(행 28:30), 62년경에 석방되었을 것이다. 로마서에는 그가 스페인에 가기를 원했다는 언급이 있으며, 그는 석방된 직후에 스페인에 갔다가 후에 마케도니아로 갔거나, 아니면 동쪽으로 갔다가 얼마 후에 스페인을 향해 떠났을 것이다. 많은 현대 학자들은 바울이 네로의 박해의 절정기인 64년에 사망한 것으로 생각한다. 그렇다면, 디모데전서는 1-2년 전에 기록되었을 것이다. 유세비우스는 바울이 67년에 죽었다고 말하는데, 그것이 사실이라면 이 서신의 기록 연대는 65년이나 66년이다.

또, 바울이 마케도니아로 떠난 데 대한 언급(1:3)은 사도행전 20장 1절에서 언급된 것, 에베소에서 폭동이 발생한 후의 것으로 보아야 한다는 주장이 있다. 사도행전 20장 4절에서도 디모데는 바울과 함께 있었지만, 사도행전 20장 2절은 상당한 시간적인 간격을 요하기 때문에, 사도행전 20장 1절과 사도행전 20장 4절 사이에 서신이 기록했을 수도 있다. 로빈슨(J. A. T. Robinson)은 디모데전서에는 바울이 제자들을 모아놓고 권면했던 내용(행 20:1)의 요점이 담겨 있을 수도 있다고 생각한다. 그래서 그는 디모데가 젊기 때문에 바울이 이 서신에서 주는 교훈들이 필요했던 주후 55년 가을에 이 서신이 기록되었다고 생각한다(로빈슨은 고전 16:10-11도 같은 해에 기록되었다고 본다).[53] 이 논거에 동의하는 사람들이 많지는 않으나(대부분의 학자들은 이 연대가 너무 이르다고 생각한다), 가능성이 없는 것은 아니다.

이 서신을 위서로 보는 사람들은 일반적으로 이것이 1세기말이나 2세기에 기록되었다고 본다. 큄멜은 "2세기 초"라고 생각하는데, 이는 그보다 늦은 연대는 강력한 바울의 가르침 및 "저항을 받는 영지주의의 초등학문"이라고 여기는 것과 어긋나기 때문이다.[54] 그러나 마르크센(Marxsen)은 조금 더 후기에 기록된 것으로 본다. 그는 이 세 목회서신 모두 "2세기 중반이나 후반"에 기록된 것으로 여긴다.[55] 만일 이 서신을 바울의 생애에서 분리시켜 생각한다면, 정확한 연대를 측정할 만큼 확실한 것이 하나도 없다. 그렇다면, 모든 것은 이 서신에 가정된 상황에

---

53) Robinson, *Redating*, 82-83.
54) Kümmel, 272.
55) Marxsen, 215.

대한 주관적인 판단에 의존하며, 다양한 2세기의 연대들이 제시된다.

전체적으로 이 서신이 60년대 중반에 기록되었다는 첫 번째 제안이 가장 크게 호응을 받는다. 로빈슨의 제안의 가능성도 염두에 두어야 한다. 만일 이 서신이 바울의 사역 초기에 기록되었다고 판단한다면, 50년대 중반이라는 주장도 다른 것 못지않게 훌륭한 주장이다.

4) 수신자

이 서신은 디모데의 스승이 디모데에게 교회의 감독으로서 사역하는 데 필요한 것을 가르치기 위해 보낸 개인적인 서신이다. 이 서신을 위서로 보는 사람들은 오히려 높은 지위에 있는 사람들에게 주는 일반적인 교훈이요, 또한 일반 기독교인들에게 합당한 기독교의 도에 대한 일반적인 교훈 정도로 생각한다. "은혜가 너희와 함께 있을지어다"(6:1)는 복수형이기 때문에, 어떤 이들은 이 서신이 디모데가 아닌 다른 사람들을 위한 것이라고 주장하기도 한다. 이에 대해서, 바울이 이 서신에 포함된 교훈을 디모데가 그의 회중들에게 전달할 것을 기대했으며 그들 모두를 위해 이 짧은 기도를 기록했다고 반박한다. 이 서신 전체가 일반 대중을 위해 기록되었다고 보기는 어렵다. 그럴 경우에 "내 아들 디모데야"(1:18), "내가 속히 네게 가기를 바라나"(3:14), "누구든지 네 연소함을 업신여기지 못하게 하고"(4:12), "물만 마시지 말고"(5:23) 등의 표현을 어떻게 이해할 것인가? 이 서신을 받은 사람이 그 가르침을 어떤 공적인 용도로 사용하기를 기대했든지 간에, 이 서신은 개인에게 보낸 개인적인 편지이다.

디모데전서를 받은 사람이 그 가르침을 어떤 공적인 용도로 사용하기를 기대했든지 간에, 이 서신은 개인에게 보낸 개인적인 편지이다.

5) 본문

목회서신에 대한 가장 상세한 본문비평 연구서는 엘리옷(Elliott)의 것이다.[56] 현재까지 그만큼 포괄적으로 다룬 연구서는 없다. 지엽적인 차원에서, 오캘러한(O'Callaghan)을 비롯한 여러 사람의 주장은 쿰란 7Q4 단편에 디모데전서의 일부가 포함되어 있다는 주장을 함으로써 상당한 논쟁을 야기했다.[57] 그러나, 그 단편

---

56) J. K. Elliott, *The Greek Text of the Epistles to Timothy and Titus*, SD 36 (Salt Lake City: University of Utah Press, 1968).

57) 그의 여러 논문 중에서 특히 J. O'Callaghan, "Les papyrus de la grotte 7 de Qumrân," *NRT* 95 (1973): 188-95를 보라. 오캘러한은 그것이 디모데전서의 일부가 확실하다고 보며, Carsten

은 21개의 서신들만 제시하는데, 그것들 중 셋은 판독하기 어렵고, 둘이나 셋은 불확실하며 이문들이 있다고 가정해야 한다. 실제로 오늘날 오켈러한의 주장이 타당하다고 생각하는 사람은 없다.[58]

물론, 디모데전서에는 상이한 이문(異文)들이 있지만, 대체로 본문이 잘 보존되어 있다. 가장 잘 알려진 문제는 3장 16절에서 ὅς(*hos*: "누구")로 읽을 것인가, 아니면 Θεός(*theos*: "하나님")으로 읽을 것인가 인데, 일반적으로 전자가 옳다고 간주된다. 또 다른 흥미로운 이문이 1장 15절과 3장 1절에서 발견되는데, 대부분의 편집자들은 πιστός(*pistos*: "미쁘다")로 읽지만, 어떤 사본들은 ἀνθρώπινος (*anthrōpinos:* "인간")라고 증언한다. 비록 3장 1절에서 D사본이 이를 지지하지만, 위의 이문을 지지하는 사본들은 거의 대부분 라틴어 사본들이다. "인간"이라고 보는 입장은 목회서신의 다른 곳에서 "미쁘다"는 말이 여러 번 언급되며, 필기사가 거기에 맞추려는 유혹받았을 것이라고 주장하지만, 이 견해는 πιστός(*pistos*: "미쁘다")에 대한 확실한 사본 상의 지지를 압도하지는 못한다. 메츠거는 17개의 구절에 대해 논하는데, 그것인 이 정도 분량의 서신을 다루는 데 있어서 그리 많다고 볼 수 없다.[59]

6) 정경으로의 채택

이 서신은 폴리캅, 아테나고라스(Athenagoras), 그리고 다른 후기 저자들에 의해 인용되었다. 이 서신은 바울이 기록한 것으로 널리 간주되었고 정경으로 받아들여졌다. 타티안(2세기 후반)은 그러한 사실을 배격한 듯하지만, 그의 견해는 지극히 개인적인 것으로서 그 당시 널리 받아들여지던 견해를 대표한다고 볼 수 없다. 마르시온도 다른 목회서신들과 함께 이 서신의 정경성을 부인했다(아마 구약에 대한 이 서신의 입장 때문인 듯하다).[60] 그러나 그는 다른 사람들이 정경으로 채택한 많은 책들을 거부했으므로, 그의 정경 목록에 빠진 것을 그 시대 교회의 일반적인 태도로 받아들일 수는 없다. 이러한 특정한 경우를 제외하고는, 디모데전서는 보편적으로 바울의 서신으로 받아들여진 듯하다. 최근에 이 서신과 나머지 목회서신들

P. Thiede, *the Earliest Gospel Manuscript? The Qumran Fragment 7Q5 and Its Significance for New Testament Studies* (Carlisle: Paternoster, 1993)는 가능하다고 본다.

58) Marshall, *Pastoral Epistles*, 10-11을 보라.

59) Metzger, 639-44.

60) Tertullian, *Adv.Marc.* 5.21.

의 신빙성에 대해 심각한 이의가 제기되어왔지만, 이것은 고대에 널리 취해졌던 견해와 일치하지 않는다.[61]

7) 디모데전서의 공헌

이 서신은 아주 개인적인 편지이다. 우리는 신약성서의 다른 곳을 통해서 바울이 디모데를 매우 사랑했다는 것을 알 수 있다. 그는 이 젊은이에 대한 그의 사랑, 그리고 그가 신실한 사람이라는 확신을 이야기한다(고전 4:17). 또 바울은 디모데가 고린도 교인들에게 바울의 생활방식을 상기시켜 줄 수 있다고 말하는데, 이는 디모데가 바울과 무척 친밀했고 또 바울이 그를 신뢰했음을 보여준다. 이것은 그가 자신과 디모데의 관계를 아버지와 아들의 관계로 비유한 것(빌 2:22), 그리고 그를 형제(또는 동역자, 살전 3:2)라고 부른 것과 일치한다. 비울은 여섯 편의 서신에서 디모데와 함께 문안 인사를 하는데(고후 1:1; 빌 1:1; 골 1:1; 살전 1:1; 살후 1:1; 몬 1), 이는 그가 바울이 신뢰하는 동역자였음을 보여준다. 바울은 고린도 교인들에게 그들을 방문하는 디모데가 두려움 없이 지낼 수 있게 해달라고 부탁하는데(고전 16:10), 이는 이 젊은이에 대한 약간의 망설임을 나타내는 듯하다. 그는 디모데를 데살로니가에 보내어 그들을 "굳게 하고 믿음에 대하여 위로" 하게 했고(살전 3:2), "너희 사정을 진실히 생각할 자가 이밖에 없어"(빌 2:20)라고 설명하면서 디모데를 빌립보에 보낼 계획을 세웠다.

이 모든 것은 "믿음 안에서 참 아들 된 디모데에게"(딤전 1:2)라는 바울의 인사에 의미를 부여한다. 이 서신은 사도가 깊이 사랑했고 여러 해 동안 중요한 사역을 맡겼던 젊은 동역자에게 쓴 것이다. 바울이 여기서 말하는 것은, 그리스도인들이 주님께 대한 봉사 안에서 서로 연결되어 있고, 서로 중요한 도움을 줄 수 있고, 도움을 주어야 한다는 진리를 보여준다.

이 서신은 또한 교회의 사역을 조명해준다는 의미에서도 중요하다.[62] 역사적으로 교회의 사역은 매우 중요한 위치를 차지해 왔고 다양한 형태를 취해왔다. 매우 권위주의적인 형태이지만 평등주의 형태를 취하기도 하고, 계급주의적 형태를 취

---

61) Marshall, *Pastoral Epistles,* 2-8.

62) J. B. Lightfoot의 고전적인 논문 "The Christian Ministry" 는 많은 관심을 끌고 있으며 목회서신에 있는 교훈에 대해 많은 것을 가르쳐 준다 (*Saint Paul's Epistle to the Philippians* [London: Macmillan, 1885], 181-259).

하기도 하고 계급주의를 배격하기도 했다. 어떻게 이해되었건 간에, 사역은 교회 조직의 핵심으로 간주되어왔다. 놀랍게도, 목회서신을 제외하고는 신약성서에서는 사역에 대해 거의 언급하지 않는다(간혹 언급할 때도 가장 좁은 정의의 의미에서는 더 이상 존재하지 않는 사도나 선지자의 형태에 관해 언급한다). 따라서 디모데전서가 목회자들에 관해 많은 언급을 하고 있다는 것, 신약성서의 어떤 책보다 더 많이 언급한다는 사실은 매우 중요하다.

만일 바울이 "전에 너를 지도한 예언"(1:18)이나 "장로의 회에서 안수 받을 때에" 받은 은사(4:14)에 관해 말하면서 성직 임명을 염두에 둔 것이 아니라면, 이 서신에서 바울은 그 일에 대해 아무 것도 말하지 않는다. 이 두 구절 모두 성직임명을 가리키는 것일 수 있지만, 이것들은 성직 임명에 관해 말하는 것은 아니며, 다르게 설명될 수도 있다. 이 구절들을 어떻게 이해하든, 바울에게 중요한 것은 목회에 종사하는 사람들은 정직하고 책망 받을 것이 없는 성품을 소유한 지도자여야 한다는 것이다. 그래서 그는 감독(ἐπίσκοπος[*episkopos*], 3:1-7)에 관해 교훈한다. TNIV성경에서 이 헬라어를 "관리자"(overseer)라고 번역한 것을 올바는 것이다. 왜냐하면 신약 시대에 그 직분이 오늘날 감독이 수행하는 기능을 감당했다고 주장할 근거가 없기 때문이다. 그러나 TNIV 성경은 이 직분이 얼마 후에 거의 절대적인 권력을 갖는 감독직으로 발전했다는 사실을 희석시켰다. 신약 시대의 "감독"이 구체적으로 무슨 기능을 했는지 알지 못한다는 것이 사역의 역사와 관련하여 우리가 직면하는 문제 중 하나이지만, 그것은 "장로"나 "목사"를 대신하는 호칭인 듯하다(딛 1:5-6을 보라). 바울은 디모데의 교회 조직과 관련된 활동보다는 인품에 더 관심을 가지고 있었다. 교회는 종종 이 둘의 우선순위를 뒤집어왔으며, 디모데전서는 기독교적 삶의 질은 교회 안의 직무에 합당한 사람들을 분별하는 데 있다는 것을 지적한다는 점에서 영속적인 가치가 있다.

이 시기의 교회에서는 장로와 감독이 동일한 직분이었다는 데 대체로 의견을 같이 한다. 바울은 디도서 1장 5-7절에서와는 달리 이 서신에서는 이 두 직분을 명시적으로 동일시하지 않지만, 그렇다고 구분하는 것도 아니다. 따라서 5장 17-19절이 3장에 언급된 감독이 아닌 다른 직분을 가리킨다고 보아야 할 이유가 없다. 비록 장로들의 지도가 어떤 형태를 취하였는지는 진술되지 않았지만, 그들이 적극적으로 교회 업무를 감독했음을 알 수 있다. 어떤 사람들은 행정적인 임무를 맡았고, 어떤 사람들은 설교하고 가르치는 일을 맡았는데, 후자는 특별히 존경을 받을 자격이 있다고 인정되었다. 바울은 장로들이 그들의 수고에 대한 삯을 받아야 한다는 진리를 표현하기 위해 예수님의 가르침과 구약의 가르침을 결합한다(5:18; cf. 신 25:4; 눅 10:7). 또 경솔하게 장로를 비난해서는 안 된다고 가르친다(5:19).

바울은 집사에 대해서도 이야기하는데, 이 경우도 인품(3:8-10)과 가정생활의 중요성을 강조한다(3:12). 이 두 가지 언급 사이에 집사의 부인들이나 여 집사를 가리키는 듯한 구절이 있다(3:11). 바울은 집사도 감독이나 장로들처럼 "가르치기를 잘해야"(3:2) 한다고 규정하지는 않는다. 그러나 두 경우 모두 인품과 행동을 강조한다.

교회는 종종 이 중요한 것을 무시해왔다. 어떤 이들은 폭넓은 권위를 행사하기 위해 애쓰고 어떤 사람들은 이 권위를 거부하면서 싸움이 계속되어왔다. 한 교회의 목회자들이 다른 교회의 목회자들을 인정해야 하는가 하는 문제가 계속 논란이 되어왔고, 교단들의 정당성은 주된 관심사였다. 현대의 에큐메니칼 운동의 깊은 관심사는 사역들에 대한 인식이다. 이 서신에서는 "교단들의 정당성"이라는 용어에 함축되어 있는 모든 것을 완전히 무시하는 것과 연결하여 성품을 크게 강조한 것이 중요하다. 이것은 목회 사역들을 인정하는 데 필요한 적절한 제도를 무시해도 된다는 의미가 아니다. 그러나 바울은 직분을 맡기 위한 적절한 제도보다 더 중요한 요소들이 있다는 것을 교회 전체에게 가르치고 있다.

바울은 목회의 소명을 받은 사람들이 생활 방식에 대해서 많은 말을 하면서도, 교회 안에 있는 다른 사람들의 품행에 대해서도 침묵하지 않는다. 바울은 기도의 중요성을 강조한다(2:8). 그리고 여자들(2:9-15), 일반 신자들(3:14-15), 젊은이와 노인(5:1-2), 과부들(5:3-16), 종들(6:1-2), 부자들(6:17-19) 등을 포함하여 모든 신자들의 행동 방식도 강조한다. 사람들에게는 신분에 따라 각기 다른 임무가 있지만, 그리스도인이라 고백하는 모든 사람들은 삶에서 그들의 교리를 반영하기 위해 노력해야 한다. 이 서신은 고결한 그리스도인의 삶의 중요성을 계속해서 상기시킨다.

디모데전서는 불필요한 논쟁들에 대한 항변이기도 하다. 여기에는 "신화와 끝없는 족보에 착념하는"(1:4; "허탄한 신화", 4:7) 사람들에 대한 경고가 있다. 결혼을 금하고 음식에 관한 율법을 주장하는 사람들을 정죄하며(4:3), "변론과 언쟁… 투기와 분쟁과 훼방과 악한 생각"(6:4)에 대해 경고한다. 일부 현대 교인들은 "경건을 이익의 재료로 생각하는 사람들"(6:5)에 대한 경고에 주의를 기울여야 하며,

현대 교회는 "돈은 일만 악의 뿌리가 된다"(6:10)는 말씀의 거의 전형적인 본보기이다.

이 서신에서 흥미롭고 영속적인 가치가 있는 것은, 과거는 미래를 위한 안내를 제공한다고 언급한 것이다. 따라서, 그는 자신이 디모데와 함께 지낸 시간 및 그 때에 디모데에게 준 교훈을 회고하면서 그 때에 권면한 대로 계속 살아가라고 권면한다(1:3-11). 다른 곳에서도 마찬가지이다: 과거에 디모데에게 준 교훈들이 디모데로 하여금 장래에 바로 행할 수 있게 해 줄 것이다(3:14-15). 이 서신의 저자가 바울임을 부인하는 사람들은 확실한 교리(교훈)를 강조한 것은 지나치게 편협하다는 반론을 제기한다. 그러나 바울이 염두에 두고 있었던 이 확실한 교리는 복음의 본질적인 것들 안에 기초를 둔다. 그는 "이 교훈은 내게 맡기신 바 복되신 하나님의 영광의 복음을 좇음이라"(1:11)고 말한다. 그는 예수님은 "하나님과 사람 사이의 유일한 중보"이며, "모든 사람을 위하여 자신을 속전으로 주셨다"고 언급한다. 바울은 이 메시지를 전파하기 위해서 "전파하는 자와 사도로…믿음과 진리 안에서 이방인을 위한 스승으로 세움을 입었다"(2:5-7). 저자는 복음을 구성하는 사건들이 기독교 메시지 전체의 기초를 이룬다고 확신한다. 디모데가 처한 상황에 어떤 것이든 간에, 바울이 전파했고 온 교회의 삶의 중심인 복음이 디모데가 전하는 메시지를 형성해야 한다.

이 서신을 위서로 보는 많은 사람들조차도 저자가 바울을 의존하고 있다는 의견을 제시한다. 이 서신은 영원히 존속하는 몇 가지 진리가 있음을 상기시킨다. 그리스도의 복음의 의미는 바울의 상황과 아주 다른 상황에서의 삶의 이해관계 때문에 변질되어서는 안 된다.

4. 디모데후서

1) 내용

이 서신은 바울이 자신의 죽음을 생각하면서 쓴 것이기 때문에(4:6-8), 유언의 명령이라는 특징을 지닌다. 또 그러한 상황에서 기록된 편지가 지니는 특별한 엄숙함이 나타나 있다. 이 서신은 일상적인 문안 인사로 시작되어(1:1-2), 감사와 위로가 이어진다(1:3-7). 그 후에 바울은 디모데에게 자신이 복음을 부끄러워하지 않으므로 자기를 인하여 부끄러워하지 말라고 권면한다(1:8-14). 몇 가지 역사적인 회상 후에(1:15-18), 디모데에게 그리스도의 은혜 안에서 강하라고 부탁하고(2:1-7), 복음의 본질들을 상기시킨다(2:8-13). 그는 디모데에게 부끄러워하지 말고 신실하게 가르치는 일꾼이 되라고 권하는데, 이것은 거짓 선생들에 대한 경고와 바른 삶을 위한 권면과 연결된다(2:14-26). 바울은 온갖 방식의 악이 성행할 "마지막 날"의 환난에 대해 예언한다(3:1-9). 그는 자신이 어려움을 당할 때 주께서 보호해 주셨음을 감사하는 마음으로 고백하고(3:10-13), 디모데에게 그가 어려서부터 배운 교훈, 특히 하나님의 영감으로 된 귀중한 성경의 교훈 안에 머물라고 부탁한다(3:14-17). 이어서 꾸준히 복음을 전하라고 명한다(4:1-5). 바울은 자신의 임박한 죽음과 그에 대한 준비에 대해서 말한다(4:6-8). 마지막으로, 몇 사람들에 대한 소견(4:9-15)과 바울이 처음 변명할 때에 모두 바울을 버렸던 일(4:16-18)에 대해 언급하고, 마지막 인사와 은혜를 빌면서 끝맺는다(4:19-22).

디모데후서는 전반적으로 매우 개인적인 것이기 때문에, 세 편의 목회서신 중 위서라고 주장하기가 가장 어려운 서신이다.

2) 기록 장소

바울은 자신의 삶이 거의 끝나간다는 것을 의식하면서 이 서신을 기록했다(4:6). 그가 사용한 "변명"(ἀπολογία[*apologia*], 4:16)이라는 단어는 종종 법정에서 변호할 때 사용된다. 그러므로 바울이 감옥에 갇혀서 처형을 앞두고 있다고 생각해야 할 듯하다. 오네시보로가 로마에서 그를 찾아왔다는 말을 감안하면(1:16-17), 그곳이 그 당시 바울이 갇혀 있던 장소였을 가능성이 있다. 바울은 디모데에게 "네가 올 때에 마가를 데리고 오라"고 부탁하므로(4:11), 이 로마에서의 수감 생활이 사도행전에서 말하는 것이 아님을 알 수 있다(바울이 골로새를 쓸 때에 디모데와 마가는 바울과 함께 있었고[골 1:1; 4:10; 몬 24], 일반적으로 이 두 서신은 로마에서 기록되었다고 주장된다.) 바울이 드로아에 겉옷을 두고 온 것(4:13), 에라스도가 고린도에 머문 것, 그리고 병든 드로비모를 밀레도에 두고 온 것(4:20) 등에 대해 말한 것으로 보아, 바울은 이 서신을 기록하기 얼마 전에 소아시아로 갔었던 듯하다. 사도행전을 보면, 바울은 로마로 이송되기 전에 가이사랴 감옥에 2년 동안 감금되어 있었고(행 24:27), 로마로 이송될 때 그레데와 밀레도를 경유했다. 따라서, 바울은 꽤 오랫동안 소아시아 간 적이 없었다. 또 바울이 체포되었을 때 드로비모가 바울과 함께 예루살렘에 있었고(행 21:29) 디모데도 바울과 함께 있었으므로(행 20:4), 바울이 가이사랴의 감옥에서(소아시아에 관한 언급과는 일치할 수도 있다) 이 서신을 기록했다고 보기는 어렵다.[63] 오히려 바울은 사도행전에 언급된 감옥 생활에서 석방되어 다시 체포되기 전까지 선교 사역에 종사했다고 보는 것이 옳을 듯하다. 디모데후서는 이 두 번째 로마 감옥 생활 기간에 기록되었을 가능성이 높다.

3) 기록 연대

이 서신의 기록 연대에 관한 증거들은 이미 "기록 장소"에 관한 단원에서 거의 다루었다. 우리는 이 서신이 사도행전에 기록된 로마에서의 수감 생활 이후의 수감 생활 중에 기록되었을 것이라는 사실을 살펴보았는데, 그렇다면 저술연대는 60년대 초나 중반이다. 만일 바울 주후 67년에 순교했다는 유세비우스의 견해를 따른다면, 디모데후서는 그 해, 또는 일 년 전에 기록되었을 것이다. 그러나 오늘날 대부분의 학자들은 바울이 64년이나 65년에 처형되었다고 생각하므로, 이 서신도 그 때에 기록되었을 가능성이 크다.

이 서신이 바울의 저작임을 부인하는 사람들은, 그것을 다른 목회서신들과 함께 분류하며 1세기말이나 2세기에 기록되었다고 생각한다. 대체로 이 세 서신들은 함께 논의 되므로, 논증들은 디모데전서에 대한 논증과 동일하다.

4) 수신자

이 서신은 디모데에게 보낸 것이라고 주장되며(1:1-2), 내용이 이를 뒷받침해준다. 로이스와 유니게에 대한 언급(1:5)처럼 사적인 내용은 그러한 서신에는 지극히 자연스러운 것이며, 다른 방법으로는 설명하기 어렵다. 디모데의 눈물(1:4), 바울이 그에게 안수한 것(1:6), 그리고 바울이 버림을 받은 것에 대한 언급들(1:15; 4:10)도 같은 맥락에서 생각해 볼 수 있다. 오네시보로가 어렵게 바울을 찾아왔다는 정보와 그를 위한 바울의 기도, 그리고 에베소에서의 활동에 관한 언급(1:16-18) 등은 사적인 서신에서 예상할 수 있는 내용들이다. 디모데에게 준 개인적인 권면들(2:1-2, 22-26; 3:14; 4:2, 5), 바울이 친구들의 소식 및 자신에 관한 정보를 한담(閑談)처럼 전해 주는 것도(4:9-22) 역시 사적인 편지임을 보여준다. 이 서신은 전반적으로 지극히 개인적인 것이기 때문에, 세 편의 목회서신들 중에서 위서라고 주장

---

63) Robinson은 이 서신이 가이사랴에서 기록되었다고 주장한다(*Redating*, 67-82). 그러나 그는 누가가 두기고와 드로비모를 혼동했음을 입증해야 하는데(76), 이에 대한 증거가 없다.

하기가 가장 어려운 서신이다.

이 서신의 수신자가 디모데가 아니라고 생각하는 사람들은 마지막의 은혜를 비는 말이 복수로 표현되어 있음을 지적한다. 그러나 이것은 바울이 이 서신을 기록할 당시 디모데와 함께 있던 모든 그리스도인들에게 안부를 전한 것에 불과하다. 위서설을 주장하지 않는 한, 디모데가 아닌 다른 사람이 수신자였다고 할 만한 이론적인 근거는 전혀 없는 듯하며, 위서설의 경우는 이 서신의 수신자가 누구인지 모른다고 말할 수밖에 없다.

5) 본문

목회서신 전체에 관한 중요한 연구에 대해서는 디모데전서의 본문 항목을 보라. 이 서신의 본문은 비교적 잘 보존되어 있다. 그다지 큰 문제는 없으며, 메츠거(Metzger)가 4:22의 은혜를 기원하는 형식에 대해 상세히 논의했다는 것이 중요하다. 그는 열다섯 개의 이문(異文)들을 살펴보았는데, 그 중에 중요한 의미의 차이를 제공하는 이문은 하나도 없었다. 웨스트콧(Westcott)과 홀트(Hort)는 1장 13절에 기록된 ὢν(*hōn*: "which")이 근본적인 전와(轉訛)라고 생각하지만,[64] 그들의 제안을 받아들인다 해도 "내게 들은바 바른 말을 본받아 지키고"라는 의미가 크게 변화되지는 않는다.

6) 정경으로의 채택

논란이 되기는 하지만 『클레멘트 1서』와 이그나티우스의 서신에(2세기초) 이 서신에 대한 암시가 있는 듯하며, 폴리캅이 몇 구절을 인용한 것은 확실하다. 이레내우스가 바울이 디모데에게 보낸 글이라고 하면서 이 서신을 인용했다는 데는 전혀 의심이 없다. 알렉산드리아의 클레멘트도 이 서신을 언급했다. 이 서신은 이렇게 초기부터 거의 보편적으로 받아들여졌다. 타티안(Tatian)은 디모데전서와 이 서신을 인정하지 않은 듯하다. 마르시온은 다른 여러 신약의 책들도 정경목록에서 제외했기 때문에, 목회서신 전체를 그의 정경에 포함시키지 않은 것이 그리 놀라운 일은 아니다. 그는 이 서신에서 구약성경을 높이 평가하는 것을 좋아하지 않은 것 같다. 주후 200년경의 체스터 비티 파피루스 p^{46}(Chester Beatty Papyrus

---

64) WH, 135.

P[46])에서는 목회서신들을 발견할 수 없지만, 이 사본은 불완전한 것이며 원래는 그 서신들이 포함되어 있었을 수도 있다. 만일 그렇지 않다면, 거기에는 빌레몬서도 포함되어 있지 않기 때문에, 그 사본은 교회들에게 보낸 편지들만 모은 것일 수도 있다. 무라토리 정경에는 이 세 서신이 모두 포함되어 있다. 일반적으로 교회는 디모데후서를 망설임 없이 받아들였다.

7) 디모데후서의 공헌

이 서신에 대해 논할 때에는, 기독교 신앙 때문에 죽게 되었다는 저자의 확신(4:6-8)을 염두에 두어야 한다. 바울은 자신이 디모데나 다른 누구에게도 더 이상 서신을 보낼 수 없으리라고 생각했다. 그는 죽기 전에 디모데가 자기에게 오기를 희망했다(4:9). 그의 겉옷과 두루마리 책을 가져오라고 부탁한 것은(4:13) 그가 처형당하기까지 어느 정도 시간이 있을 것을 예상했음을 보여준다. 그럼에도 불구하고, 이 서신은 단두대의 그늘 아래서 기록되었고, 따라서 바울이 중요하다고 생각하여 신뢰하는 후배에게 마지막 보낸 소식으로 간주되어야 한다. 이 서신의 가치는 기독교 순교자가 죽음을 직면하는 방법을 보여준다는 데 있다. 안전한 공동체에서 편안하게 사는 사람들은 이 점을 결코 가볍게 생각하지 말아야 할 것이다. 왜냐하면, 기독교를 반대하는 많은 국가에서는 신앙 때문에 많은 사람들이 죽기 때문이다. 실제로, 지난 150년 동안 순교한 사람들이 과거 18세기 동안 순교한 사람들을 합한 것보다 더 많다. 신앙으로 인한 순교는 대부분의 서구 기독교인들이 깨닫고 있는 것보다 훨씬 흔하게 발생하다. 따라서 그리스도를 위한 죽음을 대하는 바울의 태도—다가올 일에 대한 냉정한 명상과 자기에게 필요한 일에 대해 열심히 행하여온 모든 것을 뒷받침해준 그의 차분한 믿음—의 진가를 인정해야 할 것이다. 여기에는 광신주의나 인기를 얻기 위한 행동이 없다. 사도 바울은 겸손한 자세로 이 서신을 기록하면서, 그리스도인들이 신앙을 위해 죽는 방법의 본을 보여준다. 또한, 그는 비록 고난의 길일지라도 그리스도인들이 신앙을 위해 살아야 한다는 것을 보여준다(예를 들면, 1:8).

또한, 바울은 그리스도인들의 유업의 중요성도 강조한다. 그는 "네게 부탁한 아름다운 것"(1:14; 동일한 단어가 12절에서도 거의 같은 의미로 사용된다)에 대해서 말한다. 아울러, 바울은 하나님이 하신 일들, 즉 복음, 하나님의 능력, 구원, 거룩한 삶으로의 부르심, 창세전에 그리스도 안에서 주어지고 이제 우리의 구세주 안에 계시된 은혜, 죽음의 멸망, 생명의 선물과 불멸 등(1:8-10)—이 세 구절에는 엄청나게 많은 내용이 실려 있다—에 대해 할 말이 많았다. 하나님을 섬기기 위해서 해야 하는 일에 대한 교훈의 목록을 주지 않고 신자들 스스로 찾아내게 한 것이 매우 중요하다. 그리스도인의 삶의 기초는 하나님께서 이미 행하신 것이다. 바울은 그리스도인들이 해야 할 일은 하나님의 구원하시는 행동의 결과를 실천하는 것임을 분명히 설명한다. 하나님께서 "능력과 사랑과 근신의 영"(1:7)을 주셨으므로, 그들은 두려움 없이 이 일을 할 수 있다. 같은 맥락에서, 사도는 "다른 사람들을 가르칠 수 있는 충성된 사람들"(2:2)을 가르치라고 디모데에게 권한다. 기독교 신앙에는 이미 "주어진" 것이 있다. 그것은 우리의 구원을 위한 하나님의 활동이 시작되는 순간부터 우리가 유업으로 받은 것이며, 이 세상이 끝날 때까지 계속 전해져야 한다. 바울은 신자들이 이 세상에 살면서 주위에서 일어나는 일들과 사고에 무감각해야 한다고 주장하지 않으며, 또 골동품에 관심을 가진 골동품 수집가처럼 되어야 한다고 주장하지도 않는다. 그는 기독교 신앙의 본질에는 타협할 수 없는 것이 있다고 말하며, 그리스도인들은 어떤 희생을 하더라도, 하나님께서 행하시고 말씀하신 것을 고수해야 한다. 우리는 성경에 관한 그의 중대한 발언을 염두에 두어야 한다(3:16-17). 하나님께서 말씀하셨으나 우리는 위험하게도 하나님께서 하신 말씀을 무시한다.

바울은 제자가 되기 위해서는 큰 희생을 치러야 할 수도 있다고 말한다. 그는 자신과 다른 신자들의 고난에 대해 언급한다(1:8, 12; 2:9, 12; 3:11-12). 그는 또한 그리스도인의 섬김을 군인, 농부, 운동선수의 노력에 비유한다(2:3-6). 그리고 구원은 하나님께서 거저 주시는 선물이지만 벅찬 것이기도 하다는 것을 디모데에게 분명하게 밝힌다. 그렇게 살기 위해서는 믿는 자들은 어려움을 당할 것이고, 아들을 십자가에 죽게 하시기 위해 보내주신 하나님을 섬기는 데는 항상 희생이 따른다는 것을 알게 될 것이다. 바울은 큰 집는 값비싼 것과 싼 것, 귀히 쓰이는 것과 천히 쓰이는 것 등 다양한 그릇이 있다는 예증을 사용하면서, 신자는 귀히 쓰이는 그릇이 되어야 한다고 역설한다(2:20-21). 깨끗하게 하는 데에는 희생이 필요하다.

그리스도인은 반대에 직면할 것인데, 때로는 그리스도인이라 고백하는 사람들의 반대에 직면할 것이다. 이 서신이 지닌 또 다른 가치는 진리를 떠나 방황하는 사람들에 대한 경고이다(2:14-18). 특히 우리도 바울처럼 경건의 모양은 있으나, 그 능력을 부인하는 사람들이 나타날 "마지막 날"에 살고 있기 때문에 그렇다

(3:1-5). 이와 관련해서 바울은 귀가 가려워서 자기의 사욕을 좇을 스승을 많이 둘 (4:3) 사람들이 거부할 "바른 교훈"(1:13)의 중요성을 강조한다. 바울은 죽은 정설을 고수하라고 주장하는 것이 아니라, 하나님께서 흔들리지 않는 "견고한 터"(2:19)를 세우셨다고 주장한다.

5. 디도서

1) 내용

서두의 문안 인사는 바울의 일상적인 인사보다 약간 길며(1:1-4), 하나님께서 영생을 약속하시고 미구에 실현되도록 하셨음을 상기시키는 내용이 포함되어 있다. 바울은 교회의 질서를 세우기 위해서 디도를 그레데에 남겨 두었는데, 이제 그에게 각 성에 장로를 세우라고 명하면서 그 직분을 맡는 데 필요한 자격에 대해 이야기한다(1:5-9). 그레데에는 복종하지 않는 자들이 많았으므로 바울은 그들을 조심하라고 디도에게 경고한다(1:10-16). 그는 구체적으로 젊은 여자들과(2:3-5) 젊은 남자들(2:6-8), 그리고 종들(2:9-10)을 가르칠 늙은 남자들(2:2)과 여자들에게 가르쳐야 할 것을 상세히 이야기한다. 신자들은 "크신 하나님 우리 구주 예수님의 영광스러운 나타남"을 기다리며 바르게 살아야 하고(2:11-15), 권세 잡은 자들에게 복종해야 한다(3:1-2). 사람들이 기독교인이 되기 전의 생활방식과 그들 안에 나타난 그리스도의 구원하시는 역사를 따르는 선한 생활에는 차이가 있어야 하며 (3:3-8), 어리석은 분쟁을 피해야 한다(3:9-11). 이 서신은 다양한 사람들에 관한 교훈과 작별 인사로 끝맺는다(3:12-15).

2) 기록 장소

바울은 자신이 디도를 그레데에 남겨둔 이유를 상기시킨다(1:5). 신약성서에서 그레데에 대해 이곳 외에 언급된 곳은 사도행전 27장에 언급된 로마를 향한 항해, 바울이 잠시 미항에 머물렀던 때뿐이지만(행 27:8), 이때에 바울이 그 섬에서 복음을 전파했다고 생각할 수 없다. 그러나 1장 5절을 보면, 바울은 반드시 해야 할 일을 완수하게 하기 위해 디도를 그곳에 두고 떠났는데, 이는 바울이 그곳에서 일단 일을 시작한 후에 디도를 그곳에 남겨두어 그 일을 마치게 했음을 암시하는 듯하다. 안타깝게도 이 일이 언제 일어났는지에 대한 정보는 전혀 없다. 이 편지를 쓸 때, 바울은 겨울을 보내려고 니고볼리에 있었거나 그곳으로 가는 도중이었지만(3:2), 그 시기가 언제였는지 알지 못한다. 바울의 전도여행들에 대한 사도행전의 이야기에는 상당한 공백이 있지만, 만일 바울이 이 서신에서 가정하는 것과 같은 일을 그레데에서 행했다면, 그 내용 전체가 생략되었을 리가 없다는 주장은 설득력이 있다. 확실히는 알 수 없지만, 디모데전・후서의 경우처럼, 바울이 사도행전에서 기록된 대로 로마 감옥에서 석방된 후에 다시 선교 사역을 했을 것으로 생각해야 할 듯하다. 디모데후서는 바울이 다시 수감된 것을 전제하는 반면, 디도서는 활동적인 선교 사역 시기에 기록된 것 같다.

3) 기록 연대

바울이 이 서신의 저자이며 처음 로마의 감옥에 갇혔을 때 처형되었다고 확신하는 학자들은 디도의 활동을 달리 재구성하여 제시한다. 왜냐하면 그의 활동이 이 서신의 저술 연대에 영향을 미치기 때문이다. 이러한 학자들은 로마서가 기록되었을 때에 디도는 고린도에서 구제헌금을 거두고 있었고(고후 8; 12:17-18), 또 로마서 16장 21-23의 문안 인사에 디모데의 이름은 언급되지만 디도의 이름이 언급되지 않은 것으로 보아서, 디도가 로마에 바울과 함께 있지는 않았다고 여긴다. 바울이 구제 헌금 모으는 일을 혼자 마무리 지었으므로(롬 15:28), 바울은 디도가 고린도에서 봉사한 후에 그를 그레데로 보냈고, 그를 그곳에 남겨 두고 자신은 예루살렘을 향해 출발했을 수도 있다. 따라서 로빈슨(Robinson)은 바울이 예루살렘으로 가던 도중, 즉 57년에 디도서를 기록했을 것이라고 생각한다.[65] 만일 이 서신이 사도행전에 묘사된 바울의 사역 기간 중에 기록된 것으로 여긴다면, 로빈슨의 주장은 상당히 일리가 있다. 그레데 교회는 장로들이 없는 신생 교회였다는 사실이 이 주장을 뒷받침해준다(딛 1:5).

그러나 대부분의 학자들은 이 연대에 동의하지 않는다. 사도행전에 의하면 바울은 그레데나 니고볼리에 간 적이 없으므로, 이 서신도 다른 목회서신들과 마찬가지로 바울이 처음 로마의 감옥 생활에서 풀려난 후에 기록된 것이라고 보는 것이 옳을 듯하다. 그렇다면, 이 서신은 디모데후서보다는 이르고 디모데전서와는 거의

---

65) Robinson, *Redating*, 8182.

같은 시기에, 즉 60년대 중반에 기록되었다.

이 서신을 위서로 보는 사람들은 이 서신이 1세기말이나 2세기 초에 기록된 것으로 본다(위의 디모데전서에 관한 부분을 보라).

4) 수신자

다른 두 목회서신을 다루면서 말한 것 외에 다른 것을 추가할 필요가 거의 없다. 이 서신의 수신자는 디도이며, 디도가 수신자라는 사실에 일치하지 않는 내용은 없다. 디모데 전・후서처럼 사적인 언급은 많지 않지만, 끝부분에 기록된 내용들은 사실이다(3:12-15). 디도는 믿을 만한 조력자였고, 바울은 그가 책임 있게 행하기를 기대한다.

5) 정경으로의 채택

로마의 클레멘트가 디도서 3장 1절을 인용한 듯하고, 터툴리안과 이레내우스를 포함하여 일부 2세기의 작가들이 디도서를 인용했다. 이상하게도, 타티안은 디모데 전・후서는 부인하면서도 디도서는 그의 정경에 포함시켰다. 다른 목회서신들과 마찬가지로, 디도서는 마르시온 정경에 빠져 있고, 무라토리 정경에는 포함되어 있다. 2세기 말부터는 정경으로 널리 받아들여졌다. 이 서신이 사본 P^{46}에 빠져 있는 이유에 대해서는 디모데후서에 관한 논평을 참조하라.

6) 디도서의 공헌

이 서신은 교회의 교화 기능이라고 부를 수 있는 것을 소개한다. 디도는 장래가 매우 불확실한 상황에 있는 개척교회를 맡았다. 그 교회에는 장로가 없었기 때문에 디도가 장로를 임명해야 했다(대조적으로 디모데가 섬기던 교회는 자리가 잡힌 교회였고, "회심한 지 얼마 되지 않는 사람"은 감독이 될 수 없었다[딤전 3:6]). 디도가 맡은 그레데 교회에서는 감독 후보자가 회심하지 않은 자녀를 두었거나 "거칠고 불순종한"(1:6) 자녀를 두었을 가능성이 있다. 감독은 "제 고집대로 하지 아니하며 급히 분내지 아니하며 술을 즐기지 아니하며 구타하지 아니하며 더러운 이를 탐하지 아니하는" 사람이어야 한다(1:7). 또 감독은 그레데인 중에 어떤 사람이 "그레데인들은 항상 거짓말쟁이며 악한 짐승이며 배만 위하는 게으름쟁이라"(1:12)고 표현한 사회—바울도 분명히 이 진술에 동의한다—에서 제 기능을 발휘해야 한다. 이러한 상황에서 바울이나 디도는 교회를 개척하는 데 대해서 조금도 망설임이 없었던 듯하다. 교회는 신중하고 존경받을 만한 중산층의 환경에서만 기능을 발휘하는 것이 아님을 이 서신은 분명히 증언한다. 복음은 가장 미래가 보장되지 않은 사람들을 위한 것이다.

교회는 신중하고 존경받을 만한 중산층의 환경에서만 기능을 발휘하는 것이 아님을 디도서는 분명히 증언한다. 복음은 가장 미래가 보장되지 않은 사람들을 위한 것이다.

회심한 사람들에게 주는 교훈에도 이것이 잘 나타나 있다. 늙은 여자는 술의 종이 되지 말며(2:3), 젊은 여자들은 그 남편과 자녀를 사랑하며(2:4), 종들은 상전의 것을 떼어 먹지 말고(2:10), 사람들은 권세 잡은 자들에게 순종하고 선한 일을 행하며 훼방하지 말아야 한다(3:1-2). 놀랍게도 이 모든 것이 기독교인들에게 주어진 교훈이다. 이 사실이 보여주는 것은 그레데인들은 장래가 유망한 사람들이 아니었다는 것, 그럼에도 불구하고 바울은 그들에게서 성숙한 그리스도인의 성품을 기대했다는 것이다.

더욱이, 거짓 선생들의 강한 대적에도 불구하고 복음은 이러한 사람들에게 전파되어야 했다. 실제로 그들의 반대가 성공한 때도 있었다. 그들은 더러운 이를 취하려고 마땅치 아니한 것을 가르쳐 집들을 온통 엎드러쳤다(1:11). 이들의 거짓 교훈에는 유대교의 요소들이 있었다. 그들은 "할례당"에 속해 있었고(1:10), "유대인의 허탄한 이야기"(1:14)를 가르쳤으며, 하나님을 시인하나 행위로는 부인했고(1:16), 어리석은 변론과 율법의 다툼에 착념했다(3:9). 그러나 이 서신은 그러한 반대의 본질과 힘이 문제가 아님을 분명히 한다: 기독교인 교사들은 복음전도의 임무와 회심한 사람들로 하여금 하나님께 영광을 돌리는 생활을 하게 하는 일을 강행해야 한다.

바울은 자신을 높이지 않고 모든 것이 "우리 구주 하나님의 자비와 사랑하심", 특히 하나님께서 그리스도를 통하여 하신 일에서 비롯된 것임을 고백한다(3:3-7). 그가 그레데 인들에게 최고의 표준을 제시하는 이유는 "모든 사람에게 구원을 주시는 하나님의 은혜가 나타났기 때문"(2:11)이다. 이 서신은 기독교의 도는 사람들로 하여금 스스로의 힘으로 전진하라고 촉구하는 것이 아니라, 하나님의 은혜를 의지하도록 권면하는 것임을 확실하게 보여준다. 이 은혜가 우리를 양육하며(2:12), 그레데인들과 같은 사람들도 교육한다.

바울이 "복스러운 소망과 우리의 크신 하나님 구주 예수 그리스도의 영광이 나타나심"(2:13; 여기서 그가 그리스도에 관해 하는 말을 주의 깊게 보라)을 기다린다고 한 주님의 재림에 관한 언급에도 주목해야 한다. 이 서신은 하나님께서 구원을 이루기 위해 행하신 일, 그리고 그리스도께서 다시 오실 때에 있을 그 구원의 절정의 확실성을 강조한다.

참고 문헌

H. R. Balz, "Anonymität und Pseudepigraphie im Urchristentum," *ZTK* 66 (1969): 403-36.

J. Banker, *A Semantic Structure Analysis of Titus*, ed. J. Callow (Dallas: SIL, 1987).

George K. Barr, "Two Styles in the New Testament Epistles," *LLC* 18 (2003): 235-48.

C. K. Barrett, *The Pastoral Epistles*, NClarB (Oxford Clarendon, 1963).

Jouette M. Bassler, *1 Timothy 2 Timothy Titus*, ANTC (Nashville: Abingdon, 1996).

Linda L. Belleville, *Women Leaders and the Church: Three Crucial Questions* (Grand Rapids: Baker, 2000).

J. H. Bernard, *The Pastoral Epistles* (Cambridge: Cambridge University Press, 1899).

A. E. Bird, "The Authorship of the Pastoral Epistles-quantifying Literary Style," RTR 56 (1997): 118-37.

R. C. Blight, *A Literary-Semantic Analysis of Paul's First Discourse to Timothy*, ed. J. Beekman (Dallas: SIL, 1997).

M. M. Bourke, "Reflections on Church Order in the New Testament," *CBQ* 30 (1968): 493-511.

L. H. Brockington, "The Problem of Pseudonymity," *JTS* 4 (1953): 15-22.

Norbert Brox, *Die Pastoralbriefe*, RNT, 4th ed. (Regensburg: Pustet, 1969).

Rudolf Bultmann, *Theology of the New Testament*, 2 vols. (London: SCM, 1952-55), 2:95-118.

Robert Alastair Campbell, *The Elders: Seniority within Earliest Christianity*, SNTW (Edinburgh: T. & T. Clark, 1994).

P. Carrington, "The Problem of the Pastoral Epistles: Dr. Harrison's Theory Reviewed," *ATR* 21 (1939): 32-39.

Raymond F. Collins, *1 & 2 Timothy and Titus*, NTL (Louisville: Westminster John Knox, 2002).

S. de Lestapis, *L'énigme des Pastorales de Saint Paul* (Paris: Gabalda, 1976).

M. Dibelius and H. Conzelmann, *The Pastoral Epistles, Hermeneia* (Philadelphia: Fortress, 1972).

Lewis R. Donelson, *Pseudepigraphy and Ethical Argument in the Pastoral Epistles*, HUT 22 (Tübingen: Mohr-Siebeck 1986).

E. Earle Ellis, *Pauline Theology: Ministry and Society* (Grand Rapids: Eerdmans, 1989).

Gordon D. Fee, *1 and 2 Timothy, Titus*, GNC (San Francisco: Harper & Row, 1984).

B. Fiore, *The Function of Personal Example in the Socratic and Pastoral Epistles*, AnBib 105 (Rome: Pontifical biblical Institute, 1986).

K. Grayston and G. Herndon, "The Authorship of the Pastorals in the Light of Statistical Linguistics," *NTS* 6 (1959-60): 1-15.

Donald Guthrie, "Pastoral Epistles," in *ISBE* 3:679-87; idem, *The Pastoral Epistles* (Grand Rapids: Eerdmans, 1957); idem, *The Pastoral Epistles and the Mind of Paul* (London: Tyndale, 1956).

A. T. Hanson, "The Domestication of Paul: A Study in the Development of Early Christian Theology," *BJRL* 63 (1981): 402-18; idem, *The Pastoral Epistles*, NCB (Grand Rapids: Eerdmans, 1982); idem,

Studies in the Pastoral Epistles (London: SPCK, 1968).

P. N. Harrison, "The Authorship of the Pastoral Epistles," *ExpTim* 67 (1955-56): 77-81; idem, *Paulines and Pastorals* (London: Villiers, 1964); idem, *The Problem of the Pastoral Epistles* (London: Oxford University Press, 1921).

F. R. M. Hitchcock, "The Pastorals and a Second Trial of Paul," *ExpTim* 41 (1929-30): 20-23; idem, "Philo and the Pastorals," *Hermatheua* 56 (1940): 113-35; idem, "Tests for the Pastorals," *JTS* 30 (1928-29): 272-79.

J. L. Houlden, *The Pastoral Epistles: I and II Timothy, Titus*, PNTC (London: Penguin, 1976).

M. R. James, *The Apocryphal New Testament* (Oxford: Clarendon, 1926).

Luke Timothy Johnson, *The First and Second Letters to Timothy: A New Translation with Introduction and Commentary*, AB 35A (New York: Doubleday, 2001).

R. J. Karris, "The Background and Significance of the Polemic of the Pastoral Epistles," *JBL* 92 (1973): 549-64.

J. N. D. Kelly, *A Commentary on the Pastoral Epistles*, HNTC (New York: Harper, 1963).

Anthony Kenny, *A Stylometric Study of the New Testament* (Oxford: Clarendon, 1986).

Andreas J. Köstenberger, *Thomas R. Schreiner, and H. Scott Baldwin, Women in the Church: A Fresh Analysis of 1 Timothy* 2:9-15 (Grand Rapids: Baker, 1995.)

Andrew Y. Lau, *Manifest in Flesh: The Epiphany Christology of the Pastoral Epistles*, WUNT 86 (Tübingen: Mohr-Siebeck, 1996).

Thomas D. Lea and Hayne P. Griffin Jr., *1, 2 Timothy Titus*, NAC 34 (Nashville: Broadman Press, 1992).

Walter L. Liefeld, *1 and 2 Timothy, Titus*, NIVAC (Grand Rapids: Zondervan, 1999).

J. B. Lightfoot, "The Date of the Pastoral Epistles," in *Biblical Essays* (London: Macmillan, 1904), 397-410; idem, *Saint Paul's Epistle to the Philippians* (London: Macmillan, 1885).

W. Lock, *A Critical and Exegetical Commentary on The Pastoral Epistles*, ICC (Edinburgh: T. & T. Clark, 1924).

Dennis R. MacDonald, *The Legend and the Apostle: The Battle for Paul in Story and Canon* (Philadelphia: Westminster, 1983).

I. Howard Marshall, *A Critical and Exegetical Commentary on the Pastoral Epistles*, ICC (Edinburgh: T. & T. Clark, 1999); idem, "Recent Study of the Pastoral Epistles," *Themelios* 23/1 (1997): 3-9.

D. L. Mealand, "Computers in New Testament Research: An Interim Report," *JSNT* 33 (1988): 97-115; idem, "Positional Stylometry Reassessed: Testing a Seven Epistle Theory of Pauline Authorship," *NTS* 35 (1989): 266-86; idem, "The Extent of the Pauline Corpus: A Multivariate Approach," *JSNT* 59 (1995): 61-92.

Wayne A. Meeks, "'To Walk Worthily of the Lord': Moral Formation in the Pauline School Exemplified by the Letter to the Colossians," in *Hermes and Athena: Biblical Exegesis and Philosophical Theology*, ed. Eleonore Stump and Thomas P. Flint, University of Notre Dame Studies in the Philosophy of Religion 7 (Notre Dame: University of Notre Dame Press, 1993), 37-58.

W. Metzger, *Die letzte Reise des Apostels Paulus* (Stuttgart: Calwer Verlag, 1976).

Margaret Mitchell, "PTebt 703 and the Genre of 1 Timothy: The Curious Career of a Ptolemaic Papyrus in Pauline Scholarship," *NovT* 44 (2002): 344-70.

A. Q. Morton, *Literary Detection* (Bath: Bowker, 1978).

C. F. D. Moule, "The Problem of the Pastoral Epistles: A Reappraisal," *BJRL* 47 (1965): 430-52.

Jerome Murphy-O'Connor, *Paul: A Critical Life* (Oxford: Clarendon Press, 1996).

K. Neumann, *The Authenticity of the Pauline Epistles in the Light of Stylo-statistical Analysis* (Atlanta:

Scholars Press, 1990).

J. O'Callaghan, "Les papyrus de la grotte 7 de Qumrân?," *NRT* 95 (1973): 188-95.

J. J. O'Rourke, "Some Considerations About Attempts at Statistical Analysis of the Pauline Corpus," CBQ 35 (1973): 483-90.

Michael Prior, *Paul the Letter-Writer and the Second Letter to Timothy*, JSNTSup 23 (Sheffield: JSOT Press, 1989).

Jerome D. Quinn, *The Letter to Titus*, AB 35 (New York: Doubleday, 1990); idem, "The Last Volume of Luke: The Relation of Luke-Acts to the Pastoral Epistles," in *Perspectives on Luke-Acts*, ed. C. Talbert (Macon: Mercer University Press, 1978), 62-75.

Jerome D. Quinn and William C. Wacker, *The First and Second Letters to Timothy: A New Translation with Notes and Commentary*, ECC (Grand Rapids: Eerdmans, 2000).

W. M. Ramsey, "Historical Commentary on the First Epistle to Timothy," *Exp* 7 (1909): 481-94; 8 (1910): 1-21, 167-85, 264-82, 339-57, 399-416, 557-68; 9 (1910): 172-87, 319-43, 433-40.

Bo Reicke, *Re-examining Paul's Letters: The History of the Pauline Correspondence* (Harrisburg: Trinity Press International, 2001).

M. Rist, "Pseudepigraphy and the Early Christians," in *Studies in New Testament and Early Christian Literature*, ed. D. E. Aune (Leiden: Brill, 1972), 75-91.

J. A. T. Robinson, *Redating the New Testament* (Philadelphia: Westminster, 1976).

T. A. Robinson, "Grayston and Herdan's 'C' Quantity Formula and the Authorship of the Pastoral Epistles," *NTS* 30 (1984): 282-88.

E. F. Scott, *The Pastoral Epistles*, MNTC (London: Hodder & Stoughton, 1936).

Moisés Silva, "The Place of Historical Reconstruction in New Testament Criticism," in *Hermeneutics, Authority, and Canon*, ed. D. A. Carson and John D. Woodbridge (Grand Rapids: Zondervan, 1986), 105-33, 383-88.

C. Spicq, *Epîtres Pastorales*, 4th ed., 2 vols. (Paris: Gabalda, 1969).

J. Stevenson, *A New Eusebius* (London: SPCK, 1963).

Carsten P. Thiede, *The Earliest Gospel Manuscript? The Qumran Fragment 7Q5 and Its Significance for New Testament Studies* (Carlisle: Paternoster, 1993).

Philip H. Towner, *1-2 Timothy & Titus*, IVPNTC (Downers Grove: IVP, 1994); idem, *The Goal of Our Instruction: The Structure of Theology and Ethics in the Pastoral Epistles*, JSNTSup 34 (Sheffield: Sheffield Academic Press, 1989).

David C. Verner, *The Household of God: The Social World of the Pastoral Epistles*, SBLDS 71 (Chico, Calif.: SP, 1983).

U. Wagener, *Die Ordnung des "Hauses Gottes? Der Ort von Frauen in der Ekklesiologie und Ethik der Pastoralbriefe*, WUNT 65 (Tübingen: Mohr-Siebeck, 1994).

S. G. Wilson, *Luke and the Pastoral Epistles* (London: SPCK, 1979).

Michael Wolter, "Die anonymen Schriften des Neuen Testaments: Annäherungsversuch an ein literarisches Phänomen," *ZNW* 79 (1988): 1-16.

Frances Young, "On EPISKOPOS and PRESBUTEROS," *JTS* 45 (1994): 124-48.

제18장

빌레몬서

1. 내용

빌레몬서는 바울의 서신 중에서 가장 짧고(헬라어 원문은 335개의 단어로 이루어져 있다) 가장 개인적인 서신이다. 바울은 민감한 문제에 대해서 자신의 "사랑을 받는 자"(1절)인 빌레몬에게 편지한다. 빌레몬의 종인 오네시모는 로마에 갇혀 있는 바울을 만나 회심했다(10절). 바울은 로마법에 따라서 오네시모를 그 주인인 빌레몬에게 보내려 한다. 바울은 빌레몬에게 이러한 상황을 설명하고, 오네시모를 "형제"로 다시 받아들이라고 권하며(16절), 은근히 빌레몬이 또 다른 호의—빌레몬이 오네시모를 자유인으로 만들어 바울에게 돌려보내는 것—를 베풀 것을 암시하기 위해서 이 편지를 쓴다(21절). 이 서신은 매우 개인적인 것이지만, 단순히 개인적인 것 이상의 분위기를 띤다. 바울은 혼자 이 편지를 쓰는 것이 아니라 디모데와 함께 쓰며(1절), 받는 이는 빌레몬뿐만 아니라 압비아와 아킵보이다(2절). 그러므로 빌레몬서는 단순한 사적인 편지와 많은 청중을 대상으로 하는 공적인 편지 사이에 속한다.[1)]

빌레몬서는 일반적인 바울 서신의 구조를 따라 인사말(1-3절), 감사(4-7절), 본문(8-20[또는 22]절), 그리고 끝맺는 말(21[또는 23]-25절)로 이루어진다. 인사말에서는 "그리스도 예수를 위하여 갇힌 자 된" 바울과 "형제 디모데"가 그 서신을 보낸다고 밝힌다. 이 서신은 빌레몬과 압비아(아마 벨리몬의 아내인 듯하다),

---

1) Markus Barth and Helmut Blanke, *The Letter to Philemon: A New Translation with Notes and Commentary*, ECC (Grand Rapids: Eerdmans, 2000), 112-15를 보라.

그리고 아킵보에게 보낸 것이다. 소수의 학자들은 아킵보는 빌레몬과 압비아 부부의 아들일 수도 있다고 추측하지만, 그 진위를 확인할 방법이 없다. 인사말은 일상적으로 은혜와 평화를 기원하는 기도로 마친다(3절). 바울의 감사는 빌레몬의 모범적인 기독교적 성품에 초점을 둔다(4-5, 7). 또 그는 빌레몬이 적극적으로 자신의 믿음에 동참하게 해달라고 기도한다(6절). 7절 끝부분에는 바울이 빌레몬에게 강력하게 호소하기 위해서 정교하게 그 서신을 작성한 방식을 드러내준다. 그는 빌레몬이 성도들의 마음을 평안하게 해주었다고 칭찬한다. 20절에서 바울은 빌레몬에게 "내 마음이 그리스도 안에서 평안하게 하라"고 요청한다.

이 서신의 본문은 네 부분으로 나뉜다. 바울은 첫 부분(8-11절)에서 그 편지의 중심 주제를 소개한다. 그는 "아들 오네시모"를 위해서 빌레몬에게 호소한다(10절). 바울은 오네시모를 "갇힌 중에서 낳은 아들"이라고 말하는데, 이것은 바울로 말미암아 오네시모가 그리스도께 오게 되었음을 의미한다. 이 부분은 서신 전체의 특징인 미묘한 호소의 분위기를 지닌다. 바울은 빌레몬에게 자신이 원하는 대로 행하라고 명할 수도 있었겠지만, 빌레몬이 강요받는 느낌을 받지 않고 사랑으로 행동하게 만들려 한다(8-9절). 11절의 특징은 또 다른 언어유희이다. 오네시모는 "유익한"을 의미하며, 바울은 오네시모가 과거에는 그 이름에 합당하게 살지 못했었지만 이제 회심했기 때문에 그 이름에 합당하게 행동할 것이라고 주장한다.[2)]둘째 부분(12-16절)에서, 바울은 자신이 오네시모를 빌레몬에게 보내려 한다고 설명하며, 빌레몬에게 원하는 행동을 분명히 암시한다. 즉, 오네시모를 바울에게 돌려보내어 자신의 사역에 동참하는 것을 허락해 달라고 밝힌다(13절). 그러나, 이번에도 바울은 명령을 하지 않고, 빌레몬이 자유의지에 따라서 행동하기를 원한다(14절). 그러면서도 그는 빌레몬이 오네시모와 화해하기를 원한다. 실제로 그를 새로운 신분에 합당하게, 즉 종이 아니라 형제로 대해 주기를 원한다(16절). 셋째 부분에서, 바울은 빌레몬에게 오네시모를 동료 신자로 환영해달라는 부탁을 반복하며(17절), 오네시모로 인해 빌레몬이 입은 손해가 있으면 바울이 갚아주겠다고 덧붙여 말한다(18-19절). 바울은 빌레몬의 회심에 자신이 개입되어 있음을 암시하면서 빌레몬이 "자신으로" 바울에게 빚진 것을 상기시킨다. 그리고 7절의 표현을 다시 사용하는 마지막 호소로 그 편지의 본문을 마친다(20절).

---

2) 오네시모라는 이름은 명백한 이유에서 종종 종들에게 주어졌지만, 종이 아닌 사람들에게도 그 이름이 주어졌다(*NewDocs* 4.96).

일부 주석가들은 21-22절이 본문의 마지막 부분이라고 생각하지만, 그보다는 끝맺는 말의 시작부분이라고 생각하는 편이 나을 듯하다. 바울은 편지의 본문에서 빌레몬에게 호소한 후에, 이제 빌레몬이 자기의 부탁을 들어줄 것이라는 확신을 표현한다(20-21절). 실제로, 바울은 빌레몬이 바울의 "말보다 더 행할 줄을" 확신한다고 말한다. 이것은 빌레몬이 오네시모를 바울에게 돌려보낼 뿐만 아니라 자유를 주기를 원한다는 암시일 수도 있다. 이 서신은 끝맺는 말의 전형적인 요소들—여행 계획에 대한 언급(22절), 동역자들과 친구들이 전하는 안부(23-24절), 은혜를 기원하는 말(25절)—로 끝맺는다.

2. 저자

저자에 대해서는 여기에서 그리 말할 필요가 없다. 튀빙겐 학파의 급진적인 비평가들만이 빌레몬서의 저자가 바울임을 부인했다. 현대 학자들은 바울이 빌레몬서의 저자라는 데 대해 이의를 제기하지 않는다.

3. 상황

빌레몬서에서 가정하는 상황에 대한 전통적인 설명은 다음과 같다. 빌레몬의 종 오네시모가 주인의 물건을 훔쳐서 도망쳤다(cf. "저가 만일 네게 불의를 하였거나 네게 진 것이 있거든"[18절]). 그는 도망치다가 어떻게 해서 감옥에 갇혀 있거나 집에 연금되어 있는 바울을 만났다. 바울은 오네시모를 그리스도께 인도했지만, 한 가지 딜레마에 직면한다. 오네시모가 어려운 처지에서 바울에게 보내진 하나님의 선물이었고 바울은 그를 데리고 있고 싶었지만, 로마법에 의하면 오네시모를 주인에게 돌려보내야 했다. 따라서 바울은 법에 따라서 오네시모를 빌레몬에게 돌려보내면서, 자신이 잘 알고 있는 빌레몬에게 오네시모에게 자유를 주어 자신에게 다시 보내달라고 부탁한다.

이 전통적인 설명은 하나의 중요한 어려움에 직면한다: 어떻게 오네시모가 자기 주인을 알고 있으며, 감옥에 갇혀 있는 사람과 우연히 만날 수 있단 말인가?

이 전통적인 설명은 다음과 같은 중요한 어려움에 직면한다: 어떻게 오네시모가 우연히 만난 감옥에 갇혀 있는 사람이 그의 주인을 알고 있을 수 있단 말인가? 그러한 우연은 실제의 역사보다는 디킨슨의 소설에 더 어울리는 듯하다. 이 이상한 만남을 설명하고 그 외에 가정되는 다른 난제들에 대해 답변하기 위해서, 상황을 몇 가지로 재구성해왔다. 그중 가장 초기의 가장 정교한 것은 1935년에 존 낙스(John Knox)가 제안한 것이다.[3] 낙스는 자기의 스승인 굿스피드(E. J. Goodspeed)의 사상의 일부에 기초를 두고서, 물(C. F. D. Moule)이 "매력적인 탐정 이야기"[4]라고 부른 것 안에서 빌레몬서라고 부르는 서신은 실제로는 아킵보에게 보낸 것이라고 주장한다. 아킵보는 오네시모의 주인이었으며, 그가 오네시모를 바울이게 보냈는데, 이제 바울이 리쿠스 계곡에 있는 교회들의 감독인 빌레몬 편에 오네시모를 돌려보내려 한다는 것이다. 그러나 바울은 또 오네시모를 석방하여 기독교를 위해 봉사하게 해 달라고 요청하고 있다. 골로새서 4:17에 의하면, 이것은 아킵보가 완수해야 할 사역이다. 그러므로 이 서신은 궁극적으로는 아킵보에게 보내진 것이지만, 빌레몬이 거주하던 라오디게아로 보내졌다. 따라서, 빌레몬서는 바울이 골로새서 4:16에서 언급하는 것, 라오디게아에 보낸 신비한 편지이다. 낙스는 역시 굿스피드의 주장을 따라서 오네시모가 결국 에베소의 유력한 감독이 되었고(이그나티우스는 이 "오네시모"를 언급한다), 자신의 "자유 헌장"이 신약성서에 포함되기를 원했기 때문에 빌레몬서를 정경에 포함시켰다고 제안한다.

낙스의 제안은 독창적이며 빌레몬서가 지닌 몇 가지 당황스러운 특징들을 설명해줄 수 있지만, 많은 지지를 받지 못했다. 많은 학자들은 빌레몬서의 오네시모와 이그나티우스가 언급한 오네시모가 동일인일 수도 있다는 가능성을 인정하며,[5] 또 낙스의 일반적인 재구성이 지닌 극복할 수 없는 문제들을 지적해왔다. 바울이 "직분"이라는 단어를 일반적으로 사용한 용도를 고려해보면, 골로새서 4:17의 "직분"은 단순히 종의 석방을 말하는 것일 수 없다. 바울이 빌레몬서를 저술하면서 보여주는 세심함은 골로새서 4:17에서 그 서신을 라오디게아 교회에게 보내달라고 부탁하듯이, 그 서신을 공개적으로 낭독하는 것과 양립하지 않는다. 또 빌레몬서에서 사용되는 2인칭 단수형 대명사들의 선행사는 낙스가 주장하는 아킵보가 아니라 빌레몬이다. 빌레몬의 집에서 교회가 모였고(2절), 서신 전체에서 바울이 호소하는 대상이 빌레몬이다.[6]

---

3) *Philemon Among the Letters of Paul*; a second edition appeared in 1959 (New York: Abingdon).

4) *The Epistles of Paul the Apostle to the Colossians and to Philemon*, CGTC (Cambridge: Cambridge University Press, 1968), 14.

5) 예를 들면, Moule, *Colossians and Philemon*, 21; Peter T. O'Brien, *Colossians, Philemon*, WBC (Waco: Word, 1982), 268.

6) Moule, *Colossians and Philemon*, 16-18을 보라.

가정을 성소로 간주할 수 있다는 로마법의 규정에 기초를 두고서 평범한 시나리오를 한층 더 적절하게 수정할 수 있다. 오네시모는 자기의 주인인 빌레몬에게서 바울에 대한 이야기를 들었었다. 또 그는 도망친 노예의 신분 때문에 목숨이 위태로울 때에 바울이 (연금되어 있는) 집으로 도망쳐서 보호를 요청했다.7) 그러나, 법적으로 오네시모는 "도망자"나 도망친 종이 아니라(아마 자금을 횡령하여; 18절 참조), 주인과의 관계가 원만하지 못했기 때문에 "주인의 친구"(*amicus domini*)인 바울의 중재를 구한 종이었다는 주장이 가장 많은 지지를 받고 있다.8) 이 가설은 도망친 종이 어떻게 바울을 만날 수 있었느냐 하는 심각한 어려움을 피할 수 있으며, 또 이 서신에서 화해에 초점을 둔 것도 훌륭히 설명해준다. 이 가설이 지닌 한 가지 난제는, 바울이 로마에서 빌레몬서를 썼다고 생각할 경우에 오네시모가 중재자를 찾기 위해서 로마까지 갔다는 것은 설득력이 없다는 점이다.

이 마지막 시나리오와 전통적인 시나리오 중 하나를 택하는 것은 쉽지 않은 일이다. 그러나 오네시모가 중재를 구하기 위해서 로마까지 갔다고 생각하는 데서 야기되는 어려움이 바울과 오네시모의 만남을 설명하는 어려움보다 더 큰 듯하다. 우리는 여러 가지 가능성을 상상할 수 있다. 예를 들어, 로마까지 도망치는 데 성공한 오네시모가 자신이 도망친 것에 대해 재고하고 바울을 찾아가서 피난처와 도움을 구했을 수도 있다.

4. 기록 장소와 연대

빌레몬서를 기록한 장소와 연대를 결정하는 일은 빌레몬서와 밀접하게 연결되어 있는 골로새서의 기록장소와 연대에 대한 결정과 연결되어 있다. 두 서신 모두

---

7) E. R. Goodenough, "Paul and Onesimus," *HTR* 22 (1929): 181-83; F. F. Bruce, *Paul, Apostle of the Heart Set Free* (Grand Rapids: Eerdmans, 1977), 397-98. 또 아킵보가 오네시모를 바울에게 보냈고, 바울은 오네시모가 자신에게 와서 사역을 계속할 수 있도록 그에게 자유를 주라고 요청하는 편지를 교회에 썼다는 주장도 있다(Sara C. Winter, "Paul's Letter to Philemon," *NTS* 33 [1987]: 1-15). 그러나 이 가설은 극복할 수 없는 난제들에 직면한다(특히 James D. G. Dunn, *The Epistles to the Colossians and to Philemon*, NIGTC [Grand Rapids: Eerdmans, 1996], 301을 보라).

8) 특히 다음을 보라: P. Lampe, "Keine 'Sklavenflucht' des Onesimus," *ZNW* 76 (1988): 135-37; Brian M. Rapske, "The Prisoner Paul in the Eyes of Onesimus," *NTS* 37 (1991): 187-203; cf. Dunn, *Colossians and Philemon*, 304-5; Joseph A. Fitzmyer, *The Letter to Philemon: A New Translation with Introduction and Commentary*, AB 34C (New York: Doubleday, 2000), 16-23.

디모데가 공동발신인이며; 에바브라(골 1:7; 몬 23)와 아킵보(골 4:17; 몬 2)가 언급되며; 마가, 아리스다고, 데마, 그리고 누가가 바울의 동역자에 포함되어 있고(골 4:10; 몬 24); 골로새서에서는 오네시모를 언급한다(4:9). 또 오네시모는 골로새 주민이므로(골 4:9), 빌레몬도 골로새 주민이었다고 가정하는 것이 안전하다. 따라서, 두 서신 모두 동일한 시기에 동일한 장소에서 기록되어 함께 골로새로 보내진 것이 거의 확실하다. 두 서신을 쓸 때에 바울은 감옥에 있었다. 제15장에서 살펴보았듯이, 학자들은 바울이 갇힌 곳이 에베소인지(A.D. 55, 또는 56년) 가이사랴인지(A.D. 57-59; cf. god 23:23-26-26:32), 또는 로마인지(A.D. 60-62; cf. god 28:14-31)에 대해 논의한다. 오늘날 학자들은 일반적으로 가이사랴는 논의에서 배제하며, 에베소를 선호하는 경향을 나타낸다.[9] 빌레몬서의 두 가지 언급은 그 서신이 에베소에서 기록되었음을 뒷받침한다고 생각된다: 오네시모는 멀리 떨어진 로마보다는 가장 가까운 도시로 도망쳤을 것이요, 바울이 빌레몬에게 자기를 위해 처소를 준비해달라고 요청한 것(몬 22)은 바울이 여행할 수 있는 적당한 거리에 있었다고 보아야만 이해된다.

그러나 이 두 가지 논거 모두 설득력이 없다. 오네시모가 되도록 골로새에서 멀리 도망치려 했을 수도 있고, 관리의 눈을 피해 숨기에는 인구가 많은 로마가 유리했을 것이다. 바울이 머물 곳을 준비해달라고 요청한 데 기초를 둔 논거가 보다 강력하다. 그러나 만일 바울이 로마의 감옥에서 석방되었다면, 약 5주 후에 골로새에 도착했을 수 있으며, 그가 곧 도착할 것이라는 언급은 빌레몬으로 하여금 바울의 요청에 응하게 하기 위한 압박으로 간주할 수 있다. 그러므로, 빌레몬서가 로마에서 기록되었을 가능성을 부인한 근거가 없으며, 골로새서(그리고 에베소서)가 60년대 초에 로마에서 기록되었다고 여길 수 있는 이유들은 이미 살펴본 바 있다(13장과 15장을 보라).[10]

---

9) 예를 들어 다음을 보라: Brown, 507-8; Eduard Lohse, *Colossians and Philemon, Hermeneia* (Philadelphia: Fortress Press, 1971), 188; N. T. Wright, *The Epistles of Paul to the Colossians and to Philemon: An Introduction and Commentary*, TNTC (Grand Rapids: Eerdmans, 1986), 165; Fitzmyer, *Philemon*, 9-11.

10) 빌레몬서가 로마에서 기록되었다고 주장하는 데 대해서는 다음을 보라: McDonald/Porter, 480; F. F. Bruce, *The Epistles to the Colossians, to Philemon, and to the Ephesians*, NICNT (Grand Rapids: Eerdmans, 1984), 193-96; O'Brien, *Colossians, Philemon*, xlix-liii, 269; and Barth/Blanke, *The Letter to Philemon*, 121-26.

5. 최근의 빌레몬서 연구

노먼 피터슨(Norman R. Peterson)의 빌레몬서 분석서인 『바울의 재발견: 바울의 설화 세계의 사회학과 빌레몬』(*Rediscovering Paul: Philemon and the Sociology of Paul's Narrative World*)[11]에는 사회적 배경 및 사회적 관계의 중요성에 대한 새로운 관심이 나타나 있다. 그러나 최근의 빌레몬서 연구는 (1) 그 서신의 배후에 있는 역사적/사회적 상황; (2) 기독교 정경에 기여한 그 서신의 본질 등 두 가지 문제에 집중한다. 전자에 대해서는 위해서 살펴보았으며, 후자에 대해서는 다음 항목에서 살펴볼 것이다.

6. 빌레몬서의 공헌

빌레몬서의 간략함 및 개인적인 것에 초점을 둔 것으로 인해 "왜 이 서신이 정경에 포함되었는가?"라는 문제가 제기된다. 굿스피드와 낙스, 그리고 그 이후의 많은 학자들은 개인적인 상황들이 그것이 정경에 포함된 이유를 설명해준다고 주장해왔다: 즉, 후대에 에베소의 감독이 된 오네시모가 자신의 영향력을 발휘함으로써 정경에 포함시켰다. 비록 이 제안이 어느 정도 사실일 수 있다 해도, 성경의 전반적인 목적과 보다 긴밀하게 관련된 다른 이유들을 찾아야 한다(딤전 3:16). 이런 관점에서, 특히 빌레몬서의 두 가지 중요한 공헌에 주목할 수 있을 것이다.

빌레몬서는 그리스도의 몸의 특징이어야 하는 호혜적인 사랑과 존경을 아름답게 묘사한다.

첫째, 그 서신은 그리스도의 몸의 특징이어야 하는 호혜적인 사랑과 존경을 훌륭하게 묘사한다. 바울은 자신의 사도로서의 권위를 행사하기를 거부하고, 동료 신자들에게 기독교인으로서 호소한다. 그는 자신의 요구 때문이 아니라 옳은 일이기 때문에 빌레몬이 사랑에서 우러나 행동하기를 원한다(8절). 순진하게 바울이 빌레몬으로 하여금 자신이 원하는 것을 행하도록 압박한 몇 가지 교묘한 방법을 무시해서는 안 되겠지만, 결정은 빌레몬에게 달려 있었다. 빌레몬이 사랑으로 행동해야 하듯이, 바울은 이미 이타심의 본보기를 보여 주었다. 바울이 감동적으로 분명히 하는 것처럼 오네시모는 바울에게 귀중한 사람이 되었다(12절). 그를 빌레몬에게 돌려보내어 빌레몬으로 하여금 그의 운명에 대한 최종적인 결정을 하게 한 것은 매우 어려운 결심으로서 법적인 요구 때문만 아니라, 신자들의 관계를 지배해야

11) Philadelphia: Fortress Press, 1985.

하는 호례적인 사랑과 존경에 의해 이루어진 것이었다. 마지막으로, 오네시모는 대단히 어려운 일을 해야 했다는 것, 즉 주인에게 돌아가 당당하게 판단을 받아야 했음을 잊어서는 안 된다. 그러므로 이 서신에 등장하는 세 명의 등장인물은 각기 동료 신자들의 이익을 위해 자신의 이익을 희생하고, 그럼으로써 "오직 겸손한 마음으로 각각 자기보다 남을 낫게 여기고 각각 자기 일을 돌아볼 뿐더러 또한 각각 다른 사람들의 일을 돌아보라"(빌 2:3-4)는 바울의 권면을 실천해야 한다.

둘째, 빌레몬서는 노예제도와 같은 사회적인 문제들에 대한 기독교적인 접근 방법을 이해하는 데 공헌한다. 이 문제에 관해서 빌레몬서가 무엇을 가르치는지에 대해서는 논란이 되고 있다. 바울은 이 서신이나 다른 서신에서 노예제도를 공격하지 않는다. 이는 그 제도가 문화에 깊이 뿌리를 내리고 있었기 때문에, 그러한 공격은 생각할 수도 없고 무모한 것이었기 때문인 듯하다.[12] 그러나, 그는 오네시모가 회심했기 때문에 주인인 빌레몬과의 관계가 완전히 새로워졌음을 분명히 하지 않는다. 바울은 빌레몬이 오네시모를 "종과 같이 아니하고 종에서 뛰어나 곧 사랑받는 형제로" 환영하기를 원한다(16절). 여기에서 바울이 "비록 오네시모가 당신의 종이지만 형제로 대접해야 한다"거나, "형제 오네시모를 더 이상 종으로 생각하지 말라"고 말하고 있는지는 분명하지 않다. 그러나 한 사람을 다른 사람이 소유한다는 노예제도의 본질은 기독교인의 교제의 특징이어야 하는 평등과 양립하지 않는 것으로 나타날 것이다. 바울이 의도한 것은 후자일 것이다. 그러므로 마샬은 "여기에서 바울의 가르침이 함축하는 의미는 기독교 신앙은 노예를 소유하는 것과 양립할 수 없다는 것이다"[13]라고 말한다. 그러므로 이 서신은 노예제도 자체를 공격하지 않으면서도 "노예제도가 약화되고 사라질 수밖에 없는 분위기로 우리를 인도한다."[14] 그 일이 이루어지기까지 오랜 세월이 필요했다는 사실은 기독교인들이 복음에 함축된 의미들을 깨닫지 못한 데서 발생한 안타까운 일이다.

---

12) John M. G. Barclay, "Paul, Philemon and the Dilemma of Christian Slave- Ownership," *NTS* 37 (1991): 161-86을 보라. 후일 Barclay는 이 결론을 멀리 한다. Idem, *Colossians and Philemon*, NTG (Sheffield: Sheffield Academic Press, 2001), 119-26을 보라.

13) I. Howard Marshall, "The Theology of Philemon," in *The Theology of the Shorter Pauline Letters* (Cambridge: University Press, 1993), 188-90 (190)을 보라.

14) Bruce, *Paul*, 401.

참고 문헌

John M. G. Barclay, "Paul, Philemon and the Dilemma of Christian Slave-Ownership," *NTS* 37 (1991): 161-86; idem, *Colossians and Ephesians*, NTG (Sheffield: Sheffield Academic Press, 2001).

S. Scott Bartchy, "Slavery (New Testament)," *ABD* 6.65-73.

Markus Barth and Helmut Blanke, *The Letter to Philemon: A New Translation with Notes and Commentary*, ECC (Grand Rapids: Eerdmans, 2000).

F. F. Bruce, *The Epistles to the Colossians, to Philemon, and to the Ephesians*, NICNT (Grand Rapids: Eerdmans, 1984); idem, Paul: *Apostle of the Heart Set Free* (Grand Rapids: Eerdmans, 1977).

J. Duncan M. Derrett, "The Functions of the Epistle to Philemon," *ZNW* 79 (1988): 63-91.

James D. G. Dunn, *The Epistles to the Colossians and to Philemon*, NIGTC (Grand Rapids: Eerdmans, 1996).

Joseph A. Fitzmyer, *The Letter to Philemon: A New Translation with Introduction and Commentary*, AB 34C (New York: Doubleday, 2000).

E. R. Goodenough, "Paul and Onesimus," *HTR* 22 (1929): 181-83.

H. Greeven, "Prüfung der Thesen von J. Knox zum Philemonbrief," *TLZ* 79 (1954): 373-78.

John Knox, *Philemon Among the Letters of Paul* (London: Collins, 1960).

P. Lampe, "Keine 'Sklavenflucht' des Onesimus," *ZNW* 76 (1988): 135-37.

J. B. Lightfoot, *St. Paul's Epistles to the Colossians and to Philemon* (London: Macmillan, 1876)

Eduard Lohse, *Colossians and Philemon, Hermeneia* (Philadelphia: Fortress Press, 1971).

F. Lyall, "Roman Law in the Writings of Paul: The Slave and the Freedman," *NTS* 17 (1970-71): 73-79.

Ralph P. Martin, *Colossians and Philemon*, NCB (London: Marshall, Morgan & Scott, 1974).

I. Howard Marshall, "The Theology of Philemon," in *The Theology of the Shorter Pauline Letters* (Cambridge: University Press, 1993).

C. F. D. Moule, *The Epistles of Paul the Apostle to the Colossians and to Philemon* (Cambridge: Cambridge University Press, 1968).

Peter T. O'brien, *Colossians, Philemon*, WBC (Waco: Word: 1982).

Norman R. Peterson, *Rediscovering Paul: Philemon and the Sociology of Paul's Narrative World* (Philadelphia: Fortress Press, 1985).

Brian M. Rapske, "The Prisoner Paul in the Eyes of Onesimus," *NTS* 37 (1991): 187-203.

William J. Richardson, "Principle and Context in the Ethics of the Epistle to Philemon," *Int 22* (1968): 301-16 .

W. Schenk, "Der Brief des Paulus an Philemon in der neueren Forschung (1945-87)" *ANRW* 2.25.4 (1987), 3439-95.

Peter Stuhlmacher, *Der Brief an Philemon*, EKKNT (Zürich: Benziger Neukirchen-Vluyn: Neukirchner, 1975).

W. L. Westermann, *The Slave Systems of Greek and Roman Antiquity* (Philadelphia: American Philosophical Society, 1955).

Sara C. Winter, "Paul's Letter to Philemon," *NTS* 33 (1987): 1-5.

N. T. Wright, *The Epistles of Paul to the Colossians and to Philemon: An Introduction and Commentary*, TNTC (Grand Rapids: Eerdmans, 1986).

제19장

히브리서

1. 내용

히브리서는 요한일서를 제외한 모든 신약성서 서신들의 특징이요 그레코-로마 세계 서신의 일반적인 형식이었던 문안 인사 및 저자의 이름과 수신자에 대한 언급이 없이 시작되지만, 축도, 개인적인 언급, 작별 인사 등 전형적인 서신 형식으로 끝맺는다(13:20-25). 더욱이, 이 서신의 특징인 구체적인 경고들이나 도덕적 권면들에 의해서 판단해보면, 저자는 특수한 독자들을 염두에 두고 있다(5:12; 6:10; 10:32을 보라). 13장 12절에서 저자가 (저자는 "서신" 또는 "편지"라고 부르지 않았지만) 히브리서 전체를 언급하고 있다고 보는 것이 자연스럽다.[1] 교회사에서 이 책을 서신으로 분류했기 때문이 아니더라도, 이 책을 서신으로 보는 것이 합당한 듯하다.[2]

신약 시대에 "서신"의 범주는 매우 넓었다(제8장을 보라). 히브리서에는 수사학적 기법이 풍부하기 때문에, 이것은 원래 설교나 설교 시리즈였는데, 이상한 서신의 형태로 출판되었다고 주장되어왔다.[3] 서신의 서두가 유실되었다거나 현재의 결론 부분은 후에 삽입된 것이라는 주장보다는, 이 주장이 훨씬 더 설득력이 있다. 어쨌든 13장이 히브리서 전체에 빠질 수 없는 부분이라는 사실은 계속 입증되어왔다.[4]

---

1) 그러나 NIV성경에서는 "형제 여러분, 몇 마디의 짧은 편지를 써서 보냅니다"라고 표현한다.
2) 특히 C. Spicq, *L'épîre aux Hébreux*, 2 vols., EBib (Paris: Gabalda, 1952-53), 1:19-20을 보라.
3) F. F. Bruce는 히브리서를 "끝에 개인적인 언급을 덧붙인 성문화된 설교"라고 불렀다(*The Epistle to the Hebrews*, NICNT, rev. ed. [Grand Rapids: Eerdmans, 1990], 389.

히브리서의 일반적인 주제가 천사나 인간이 도전할 수 없는 하나님의 아들 예수 그리스도의 절대적인 주권이라는 데에는 이의가 없다. 이와 관련하여, 그가 개시한 언약은 선행하는 어느 언약보다 우월하며, 그의 제사장직은 레위의 제사장직 위에 있고, 그가 드린 희생제물은 모세의 율법 아래 드린 어느 희생제물보다 귀하다. 실제로 이전의 계시들의 목적은 곧 그를 예언하고 그 자신 및 그가 가져온 축복을 가리키는 것이었다. 그리스도의 주권이라는 이 주제는 추상적인 논문의 하찮은 주제가 아니다. 독자들로 하여금 기독교 신앙을 버리고 이전에 알던 형태의 경건으로 되돌아가지 않도록 경고하려는 의도를 지닌 교훈적인 구절들(2:1-4; 3:7-4:11; 4:14-16; 5:11-6:12; 10:19-39; 12:1-13:17)은 거듭 이 주제의 목적을 드러내준다.

히브리서가 신중하게 구성되었다는 데 대해서는 대체로 의견이 일치하며, 구조의 형태에 대해서는 의견이 일치하지 않는다. 어떤 학자들은 주제의 변화에 초점을 두고서, 예수님과 기독교 신앙의 우월성에 대한 논증은 1:1부터 10:18까지이고, 그 후에는 권면들이(10:19-13:25) 이어진다고 결론을 내린다.[5] 대부분의 학자들은 이 주장이 히브리서의 앞부분에 권면들이 많고 후반부에서도 논증이 계속된다는 사실을 제대로 파악하지 못한 것이라고 생각한다. 또 어떤 학자들은 중요한 단어와 문학적 삽입 등에 관심을 두면서, 이 책의 본론은 도입부분과(1:1-4) 결론(13:20-21) 사이에 자리 잡고 있으며, 결론 부분에는 동봉하는 편지에 대한 해설이 추가되어 있다는 것(13:19, 22-25), 그리고 크게 다섯 부분으로(1:5-2:18[천사보다 높은 이름]; 3:1-5:10[자비로운 대제사장 예수]; 5:11-10:39[멜기세덱의 반차를 따른 대제사장 예수]; 11:1-12:13[믿음과 인내]; 12:14-13:19[의의 평화로운 열매]) 이루어져 있다고 주장한다.[6] 이 주장은 약간 인위적이라는 것이 증명되었으며,[7] 또 히브리서의 열정을 제대로 설명하지 못한다. 또 긴 서언(1:1-4:13)과 긴 결론(10:19-13:25) 사이에 대제사장이신 예수님에 대한 두 차례의 설명

---

4) Harold W. Attridge, *The Epistle to the Hebrews,* Hermeneia (Philadelphia: Fortress, 1989), 13-21.

5) Guthrie, 717-21; idem, *The Letter to the Hebrews*, TNTC (Grand Rapids: Eerdmans, 1983), 58-59.

6) A. Vanhoye, *La structure littéraire de l'épître aux Hérbeux,* SN 1 (Paris: Desclée de Brouwer, 1963); Hugh Montefiore, *A Commentary on the Epistle to the Hebrews*, HNTC(San Francisco: Harper, 1964).

7) Attridge, *Hebrews,* 15-16.

(4:14-6:20; 7:1-10:18)이 있다고 생각하는 사람들도 있다.[8] 또 다양한 잡다한 개요들을 정당화하기 위해서, 수사학적인 방법에 호소하는 학자들도 있다.[9] 그 중에는 이 책의 구조는 나뉘어진 각 부분의 처음과 끝에 대등하게 위치하는 교훈 구절이 지배한다는 견해처럼 별로 설득력이 없는 것들도 있다(컴멜이 제시하는 구조는 1:1-4:13; 4:14-10:31; 10:32-13:17, 그리고 서신적인 결론으로 이루어진다). 그러나 이러한 교훈 구절들이 구태여 구분되어야 하는지 전혀 분명하지 않고(예를 들면, 10:26-31과 10:32-39가 서로 다른 부분에 속해야 하는가?), 그럼으로써 어떤 교훈 구절들은 무시된다(예를 들면, 2:1-4).

대부분의 작은 단위들은 훌륭하게 구분되었고 그것들에 대해서는 거의 논란이 없다는 애트리지(Attridge)의 관찰은 옳다.[10] 문제는 어떻게 이 작은 단위들로 결합하여 커다란 구조를 만드는가에 있다. 그는 "담화를 구성하는 정적인 원리들"과 "동적이고 발전적인 특징들", 즉 사고의 움직임 사이의 균형을 찾으려 했지만, 이 서신이 반복해서 제시하는 구체적인 차이점들을 축소시키는 결과를 초래했다.[11] 예를 들면, 애트리지는 1:5-2:18은 고난을 통해서 영광스럽고 완전한 신분을 얻은 대제사장이신 영원한 아들 그리스도를 소개한다고 말하는데, 이 경우 그리스도와 천사들을 비교한 것은 이 주제를 전개하기 위해 사용된 "피상적인" 항목에 불과하다.

거스리(Guthire)가 제시하는 개요가 가장 상세하고 일관성이 있는 듯하다.[12] 그는 여러 가지 주장들을 관찰한 후에 이 문서 전체에 등장하는 설명과 권면의 복잡한 상호작용에 주목하기 위해서 담화분석의 도구들을 사용한다. 그의 논문에서는 부분적인 중복과 같은 세밀한 구분을 허락한다. 그는 나중에 출판한 주석서에서 실질적이고 신빙성 있게 자신의 주장을 표현한다.[13] 간혹 우리는 그 구조가 약간 완고한 것이 아닌가 생각하게 되며, 그의 주장은 히브리서의 수사학에 대한 인식이 보완되어야 한다.[14]

---

8) Hans Windisch, *Der Hebräerbrief*, HNT 14, 2d ed.(Tübingen: Mohr, 1931).

9) Barnabas Lindars, "The Rhetorical Structure of Hebrews," *NTS* 35(1989): 382-406.

10) Attridge, *Hebrews,* 14.

11) Ibid., 17-21.

12) George H. Guthrie, *The Structure of Hebrews: A Text-Linguistic Analysis,* NovTSup 73 (Leiden: Brill, 1997).

13) George H. Guthrie, *Hebrews,* NIVAC (Grand Rapids: Zondervan, 1998).

14) 특히, David A. deSilva, *Perseverance and Gratiitude: A Socio-Rhetorical Commentary on the Epistle "to the Hebrews"* (Grand Rapids: Eerdmans, 2000); and Andrew H. Trotter Jr.,

히브리서의 구조에 관한 계속적인 논란에 비추어 보면, 아래의 요약은 각 단위들의 체계를 형성하는 최상의 방법에 관해 가능한 몇 가지 판단을 사용하여 사고의 흐름을 살펴본 것이다.

서론(1:1-4)은 하나님의 아들 예수 그리스도 안에 나타난 하나님의 계시의 우월성과 결말을 강조한다. 4절은 과도적인 구절로서, 천사들보다 우월한 아들의 우월성이라는 논리(1:5-14)를 전개하기 위한 길을 예비한다. 그 다음에 첫 번째 경고, 또는 권면 부분이 등장한다. 만일 이 계시가 우월하다면, 이 계시가 나타내는 복음에서 떨어져 나가지 않는 것이 절대적으로 중요하다. 특히 그보다 덜 중요한 이전의 계시를 무시한 사람들에게 임했던 무서운 심판을 생각해볼 때 더욱 그렇다(2:1-4). 2장에서는 독자들로 하여금 인간의 운명이 천사들의 운명을 초월한다는 것, 그리고 그 운명을 인류에게 가져다주기 위해서 예수님은 타락하고 유한한 인간들과 동일하게 되었다는 것을 상기시키기 위해서(2:5-18) 예수님과 천사들을 간단하게 비교한다(2:5, 9). 간단히 말해서, 예수님은 그들을 위해 "하나님의 일에 자비하고 충성된 대제사장"(2:17)이 되셨다.

히브리서 기자는 대제사장이라는 주제를 다루기 전에 예수님이 어떤 의미에서 충성하셨는가를 보여주며, 그럼으로써 또 다른 비교를 도입한다. 모세와 예수님은 모두 하나님의 일에 충성했지만, 예수님은 아들로서 충성하셨다(3:1-6). 모세가 하나님의 집에서 행한 일에 대한 언급은 모세의 세대의 많은 사람들처럼 불신앙에 빠지지 말라는 엄한 경고를 유도한다(3:7-19). 이 부분은 시편 95:7-11(히 3:7-11)에 대한 주해와 시편의 독자들이 초대된 안식, 가나안 땅에 들어가는 것의 본질인 안식, 그리고 하나님께서 창조사역을 완성하실 때부터 누리신 안식의 관계로 제시된다(3:7-4:11). 여호수아는 백성들을 약속의 땅으로 인도했지만, 후대의 성경 기자들이 안식을 약속했다는 사실은 그 땅을 소유한 것이 궁극적인 "안식"이 될 수 없음을 입증한다. 예수께서 제공하시는 안식은 여호수아 시대의 안식보다 탁월한 것이며, 하나님의 "안식"의 한 부분이다. 따라서 이 계시에서 인식되는 권위를 벗어나려는 것은 지극히 어리석은 생각이다(4:12-13).

저자는 다시 대제사장이신 예수라는 주제를 다루면서, 그리스도인들이 자신의 연약함에 공감하실 수 있는 분께 나아갈 때에 누리는 위로를 강조한다(4:14-16). 옛 언약의 대제사장들에게 적용되었던 것과(5:1-4) 동일한 자격 조건들이 우리의

Interpreting the Epistle to the Hebrews (Grand Rapid: Baker, 1997)를 보라.

위로를 위하여 그리스도 안에서 발견된다(5:5-10). 이 부분은 "멜기세덱의 반차를 따른 대제사장"이신 예수를 언급함으로써 끝나지만, 저자는 이 칭호의 중요성을 설명하기 전에 다시 엄한 경고를 행한다(5:11-6:20): 그는 영적 미성숙을 정죄하고(5:11-6:3), 배교자는 다시 회복될 수 없음을 경고하고(6:5-8), 하나님의 약속의 확실함에 비추어(6:13-20) 인내할 것을 권한다(6:9-12).

저자는 다시 멜기세덱의 제사장직이라는 주제를 취하여(7:1-28) 멜기세덱의 제사장직이 레위의 제사장직보다 우월하다는 것을 보여 주고, 예수님은 멜기세덱의 제사장직에 속한다는 것을 증명하기 위하여 창세기 14:18-20과 시편 110편을 연결한다. 이 논거는 예수님의 희생의 영속적 유효성이라는 중요한 취지로 이어진다. 아무것도 완전하게 만들지 못한 옛 언약의 희생제물과는 달리(7:19), 예수님의 희생은 "자기를 힘입어 하나님께 나아가는 자들을 온전히 구원하실 수"(7:25) 있다. 이 서신에서 완전함은 본질적으로 완성, 특히 하나님의 구원 계획의 완성이다.[15] 그러한 면에서, 구약의 선지자들이 예언한 대로 레위 지파의 대제사장과 옛 성전은 새 언약과 새 대제사장의 그림자에 불과하다(히 8:1-13; 렘 31:31-34). 실제로, 새 언약의 선포는 모세의 언약을 쓸모없는 것으로 만들었다(8:13). 이 진리는 그리스도의 희생은 구약의 희생이 이룰 수 없는 영속적인 유효성을 성취했음을 보이기 위하여(9:11-28) 성막에 관한 예식, 특히 속죄일에 관한 설명(9:1-10)으로 이어진다. 옛 언약은 새 언약에 의해 소개될 실체의 그림자 역할을 하도록 되어 있었다(10:1-10). 새 대제사장이 보좌에 앉으신 것은, 그의 희생 사역의 영속적인 유효성과 완성을 증거한다.

이후에 다시 독자들에게 기독교 신앙고백을 끝까지 지키라는 긴 권면의 단락이 등장한다(10:19-11:39). 새 언약의 절대적인 능력에 비추어 볼 때, 곁길로 가는 것은 매우 위험하다. 견인하는 믿음이 요구되는데, 이것 또한 성경에서 그 모범들을 찾아볼 수 있다(11:1-40). 독자들은 믿음의 (창시자가 아니라) 주요 온전케 하시는 이인 예수님—하나님께로 나아가는 길을 여시고 필요한 모든 것을 온전케 하신 분—을 바라보아야 한다(12:1-3). 이런 관점에서 그들은 직면하는 모든 시험을 하나님의 사랑의 손에서부터 오는 징계로 여겨 인내해야 한다(12:4-11). 인내가 부족하여 변절하는 사람은 에서와 같은 자들이다(12:12-17). 저자는 인내를 증대시키

---

15) David Peterson, *Hebrews and Perfection: An Examination of the Concept of Perfection* in the "Epistle to the Hebrews," *SNTSMS* 47(Cambridge: Cambridge University Press, 1982).

기 위해서 새 언약과 옛 언약을 좀 더 비교하려는 마음에서 그리스도인들이 지향하는 천국의 시온과 옛 언약에 속한 세상의 시내 산을 비교하면서 성경적인 해석과 권면을 결합한다(12:18-29).

최종적인 권면은(13:1-17), 초기의 타락이 나타난 특별한 방식에 대처하려는 의도로 기록되었다. 여기에는 순종하라는 윤리적 명령도 포함되어 있다(13:1-6). 독자들은 처음에 그들을 복음으로 인도한 사람들을 본받고(13:7-8), 현재 지도자들에게 복종해야 한다(13:17). 이러한 실질적인 격려에는 옛 언약의 제사와 대조를 이루는 "찬미의 제사"를 드리라는 권면이 섞여 있는데, 이는 옛 언약의 제사는 "영문 밖에서" 예수님의 제사를 통해 완성되었기 때문이다(13:9-16). 이것이 그분의 치욕에 동참하는 것을 의미한다면, 그렇게 해야 한다. 그의 치욕에 동참하는 것이 그의 은혜에서 이탈하는 것보다 훨씬 낫기 때문이다.

저자는 기도를 위한 부탁(13:18-19), 기도와 송영(13:20-21), 몇 가지 개인적인 이야기(13:22-23), 작별인사와 축도(13:24-25)로 이 서신을 끝맺는다.

2. 저자

우리에게 전해진 가장 고대의 사본인 P^{46}(3세기 초)에는 이 서신이 바울 서신 중 하나로 로마서 다음에 놓여 있다.[16] 이것은 몇몇 저명한 알렉산드리아 학자들의 조심스러운 평가에 의존하고 있던 동방교회의 신념을 반영한 것이다. 알렉산드리아 학자들의 견해는 대부분 유세비우스에 의해 보존되었다. 특히 알렉산드리아의 클레멘트(주후 150-215)와 오리겐(185-253)은 어려움이 있음을 인정하면서도, 바울이 히브리서의 저자라는 전통을 고수했다. 히브리서의 헬라어는 바울의 헬라어보다 훨씬 더 세련된 것이며 수사학적인 수준은 매우 훌륭하다. 히브리서의 헬라어와 누가복음-사도행전의 헬라어의 유사성 때문에, 클레멘트는 바울이 히브리서를 히브리어로 기록했다고 가정하며, 우리가 가지고 있는 헬라어 본문은 누가의 번역본이라고 주장했다(*H.E.* 6.14.2). 클레멘트는 바울의 서명이 빠져 있는 것은 그에 대해 좋지 않은 선입관을 가지고 있던 히브리인들에게 이 글을 보냈기 때문이라고 설명했다. 오리겐은 히브리서의 내용이 바울의 것으로 인정된 다른 서신의 내용보다 열등하지 않다고 주장하면서(*H.E.* 6.25.12), 바울의 제자 중 한 사람이

16) 사본들에서의 위치의 다양성에 관해서는, Metzger, 661-62를 보라.

바울이 말한 것을 메모했다가 그 자료들을 모아 이 서신을 만들었다고 주장했다 (*H.E.* 6.14.13). 오리겐은 어떤 사람들은 이 익명의 제자가 누가라고 생각하고, 다른 사람들은 로마의 클레멘트라고 생각한다는 것을 알고 있었지만, 오리겐 자신은 그런 추측을 거부했다: "누가 이 서신을 기록했는지는 하나님만 아신다"(*H.E.* 6.25.14).

서방교회에서는 4세기 후반까지 바울의 저작설을 부인했다. 무라토리 정경, 이레내우스, 로마의 힙폴리투스 등은 모두 바울이 저자가 아니라는 데 동의했다. (2세기에) 유일한 대안은 터툴리안의 것이었다. 그는 히브리서가 저자의 명성 때문에 헤르마스의 『목자』(*Shepherd*)보다 더 큰 권위를 가지고 있었다고 주장했다. 그는 마치 자기가 속해 있는 집단들에서 일반적으로 인정되는 견해를 제시하는 듯이 저자를 바나바라고 했다(*On Modesty* 20). 유세비우스가 저술할 때에(325년경) 로마에 있던 많은 사람들은 히브리서를 바울의 서신이라고 생각하지 않았다.

서방교회의 견해를 바꾸어 놓은 것은 제롬과 어거스틴의 혼합된 견해였다. 여기에서 그들을 설득시켰던 것은 문학 비평의 비중이 아니라, 어떤 책을 정경으로 채택하는 데에는 사도의 저작이라는 인정이 크게 도움이 된다는 사실이었다. 제롬(*Epistle* 129.3)과 어거스틴(*Forgiveness of Sins* 1.50)은 동방교회의 유명한 견해를 언급했다. 제롬은 서방교회의 많은 사람들이 아직도 의심하고 있음을 인정하면서, 이 책이 "교회에서 날마다 읽힘으로 인정을 받고 있으므로" 저자가 누구인지는 중요하지 않다고 말했다. 바울의 저작을 인정하는 이런 압도적인 지지에도 불구하고, 서방교회 종교회의들은 히브리서와 바울서신들을 구분했다. 힙포 종교회의(Synod of Hippo, 주후 393년)와 제3차 카르타고 종교회의(Third Synod of Carthage, 397)는 "사도 바울의 서신은 13개이고, 히브리인에게 전한 사도의 서신은 하나"라고 열거했다. 제6차 카르타고 종교회의(419)에서 바울 서신이 14개라고 결정했는데, 이후부터 서방교회에서는 히브리서를 바울의 저술로 인정했다. 그럼에도 불구하고 대부분의 유식한 주해가들은 이에 이의를 제기했다. 따라서 토마스 아퀴나스는 누가가 이 서신을 훌륭한 헬라어로 번역했다고 주장했다.[17]

종교개혁 때에 무수한 고대 전승들에 대한 의문이 제기되면서 비로소 이 주장에 대한 강력한 재검토가 이루어졌다. 칼빈은 (13:23에 관해 다루면서) 로마의 클레멘트나 누가가 저자라고 주장했고, 루터는 아볼로라고 주장했다. 트렌트 공의회는

---

17) Thomas Aquinas, *Preface to the Epistle to the Hebrews*, Spicq, *Hébreux* 1:198 n. 1에 인용됨

바울의 서신이 14개라고 주장함으로써 이에 대응했다(오늘날 이 견해를 지지하는 가톨릭 학자는 거의 없다).

바울이 히브리서의 저자임을 변호하는 마지막 주요한 변론서는 약 반세기 전에 저술되었다.

바울이 히브리서의 저자임을 변호하는 마지막 주요한 변론서는 약 반세기 전에 저술되었다.[18] 오늘날은 아무도 그러한 시도를 되풀이하려 하지 않을 것이다.[19] 그 자체가 바울의 저작을 부인하는 것이 아니라, 그다지 가능한 대안이 될 수 없게 해주는 어휘와 헬라 문체, 그리고 수사학의 차이점들 외에도, 이 서신의 서두에 자신을 밝히는 문안인사—바울이 일반적으로 행하는—가 빠져 있다는 사실은 바울이 이 서신을 기록했다고 믿기 어렵게 만든다. 더욱이 일반적인 바울의 주제들이 빠져 있고, 히브리서의 핵심이라고 할 수 있는 그리스도의 대제사장직은 바울의 서신들의 특징이 아니다. 무엇보다도 바울이 자신을 주님에게서 복음을 직접 듣지 않고, 주님에게서 들은 자를 통해 들은 사람들 중 한 사람으로 간주한다는 것은 믿을 수 없는 일이다(2:3; cf. 갈 1:11-12).

오늘날 누가와 로마의 클레멘트를 저자라고 생각하는 사람들은 많지 않다. 누가복음과 히브리서 사이의 관계를 보여 주는 점들은 누가의 저작설을 지지하기에는 너무 희박하다. 로마의 클레멘트가 여러 곳에서 히브리서를 인용한 듯하다는 사실뿐만 아니라, 그가 다루고 있는 몇몇 주제들이 히브리서의 접근 방법과 상당히 차이가 있다는 점에서도 그가 저자일 가능성은 거의 없다. 예를 들면, 그는 교회 사역의 본질에 관한 논리를 세우기 위해서 구약의 의식법에 호소하는데, 이것은 히브리서의 논거와 완전히 상충되는 것이다.

적어도 바울, 누가, 로마의 클레멘트를 저자로 보는 경우는 히브리서와 비교해 볼 수 있는 문서가 있다. 그러나 다른 사람을 저자로 지지하는 경우는, 우리에게

---

18) William Leonard, *The Authorship of the Epistle to the Hebrews: Critical Problem and Use of the Old Testament* (Rome: Vatican Polyglot Press, 1939). 이 책은 다음의 저서를 크게 의존한 것이다: Charles Forster, *The Apostolical Authority of the Epistle to the Hebrews: An Inquiry, in Which the Received Title of the Greek Epistle Is Vindicated, Against the Cavils of Objectors, Ancient and Modern, from Origen to Sir J. D. Michaëlis, Chiefly upon Grounds of Internal Evidence Hitherto Unnoticed: Comprizing a Comparative Analysis of the Style and Structure of This Epistle, and of the Undisputed Epistles of St. Paul, Tending to Throw Light upon Their Interpretation* (London: James Duncan, 1838).

19) 다음과 같은 두 개의 예외가 있다: Eta Linnemann, "Wiederaufnahme-Prozess in Sachen des Hebräerbriefes," *Fundamentum* 21 (2000): 101-12; 22 (2001): 52-65, 88-110 (and nicely refuted by Rainer Riesner, "Der Hebräer-Brief nach altkirchlichen Zeugnissen" *EuroJTh* 11/1 [2002]: 15-29); and David Alan Black, "On the Pauline Authorship of Hebrews," *Faith & Mission* 16/2 (1999): 32-51; 16/3 (1999): 78-86.

전해진 확실한 그들의 문서가 없기 때문에 완전히 상황에 의한 추측일 뿐이다. 여기에는 네 가지 주요한 대안들이 있다.

1. 바나바가 저자라고 주장하는 사람들은, 그가 구브로에서 난 레위인이었으며(행 4:36), 따라서 예루살렘 교회의 헬라파에 속한 사람이었음을 지적한다.[20] 이러한 이유에서, 그는 스데반과 함께 반-성전 관점을 지녔을 것이라고 주장된다(행 7:48-50). 그가 한 때 바울의 동역자였고(행 9:27; 11:30; 13:1-14:28), 또 그가 υἱός παρακλήσεως(*huios paraklēsōs*: 권위자, 행 4:36)라고 불린 것으로 미루어 보아 그가 τὸν λόγον τῆς παρακλήσεως(*ton logon tes paraklēseōs:* 권면의 말, 히 13:22)를 기록했으리라고 보는 것이 합당하다.

그러나 παράκλησις(*paraklēsis:* 위로 혹은 권면)는 신약에서 흔히 볼 수 있는 단어이기 때문에, 유일하게 한 사람만 사용한 용어라고 제한할 수는 없다. 히브리서는 성경적 제의의 원칙이 쇠퇴해감을 보여 주는 데 관심을 기울일 만큼 반-성전적이지 않다. 바나바가 헬라파 유대인이었다는 사실은 70인 역과 깊은 관련을 가진 기독교 문서를 기록했으리라는 가능성을 제공해주지만, 그가 히브리서의 저자라고 볼 수는 없다.

2. 아볼로가 저자라는 루터의 주장은 어느 정도 지지를 받아왔다.[21] 그는 ἀνὴρ λόγιος(*anēr logios*: "유식한 사람"), "성경에 능한 자"(행 18:24)라고 묘사되었다. 그는 알렉산드리아 출신이었는데, 많은 사람들은 히브리서와 알렉산드리아의 필로(Philo of Alexandria)의 저술 사이에 유사점이 많음을 발견했다. 고린도서신에 의해 판단해보면(특히 고전 1-4장) 그는 바울의 선교와도 관련이 있었다.

루터의 제안은 그럴 듯한 추측이지만, 입증할 증거가 부족하다. 더욱이 많은 학자들은 히브리서와 필로의 글에 공통된 어휘가 사용되지만, 히브리서 저자의 사상의 기본적인 요소들은 필로에게 막대한 영향을 미친 스토아주의나 신플라톤주의와는 거리가 멀다는 사실을 지적한다.[22] 물론 아볼로가 기독교에 대한 지식이

---

20) Spicq, *Hébreux* 1:199 n. 8의 첨가된 참고문헌들을 보라. A. T. Robinson, *Redating the New Testament* (Philadelphia: Westminster, 1976), 200-220도 보라. 이 문제를 가장 훌륭하게 다룬 책은 Brooke Foss Westcott, *The Epistle to the Hebrews,* 3rd ed. (London: Macmillan, 1909), lxxx-lxxxiv이다

21) Attridge, *Hebrews*, 4의 참고문헌을 보라. Paul Ellingworth, *The Epistle to the Hebrews: A Commentary on the Greek Text*, NIGTC (Grand Rapids: Eerdmans, 1993), 3-21 (the name of Apollos "is perhaps the least unlikely of the conjectures which have been put forward"[p. 21])도 보라.

22) Ronald Williamson, *Philo and the Epistle to the Hebrews*, ALGHJ 4 (Leiden: Brill, 1970).

증가하면서 자신이 교육받은 범주들을 바꾸었을 수도 있겠지만, 이것은 추측에 추측을 더하는 것에 불과하다.

3. 하르낙 이후로 많은 학자들은 브리스길라가 남편 아굴라의 도움을 받아 히브리서를 기록했다고 주장했다.[23] 이는 히브리서에서 "우리"와 "나"가 번갈아 사용된 것 때문인 듯하다("우리"가 더 자주 사용되었다). 그들은 아볼로의 가르침을 충분히 알고 있었고(행 18:26), 또 그들처럼 고린도와 에베소에서 바울과 함께 일한 적이 있는 디모데도 알고 있었을 것이다(행 18:5; 19:22;고전 16:10, 19). 저자의 이름이 빠진 것은 교회의 반-여권주의적 경향 때문이었을 수도 있다. 그러나 이것 역시 입증할 만한 증거가 없다. 무엇보다도 11장 32절에서 저자가 자신을 남성 단수형으로 언급하기 때문에 이 가설은 배제된다.

4. 저자를 실라, 디모데, 에바브로, 빌립 집사, 예수님의 어머니 마리아로 보는 이론들에 대해서도 비슷한 반론들이 제기될 수 있다.

오히려 우리의 무지를 인정하는 것이 가장 바람직하다. 최초의 독자들은 저자가 누구인지 알았겠지만, 우리는 누가 히브리서를 기록했는지 알지 못한다. 저자는 기독교인이 된 헬라파 유대인, 2세대 신자였을 가능성이 크다(히 2:3). 그는 70인역에 심취해 있었고(그가 사용한 많은 구약성서 인용문들은 히브리어에 의존하지 않는다), 그의 탁월한 어휘력과 헬라 문체를 볼 때, 높은 수준의 교육을 받았을 것이다.

3. 기록 장소

히브리서의 저자를 확실히 알 수 없다면, 기록된 장소에 대해서는 더욱 알 수 없다. 유일하게 분명한 단서는 13장 24절("이달리아에서 온 자들도 너희에게 문안하느니라")에서 발견된다. 안타깝게도 이 표현은 분명하지 못하다. 그것은 고국을 떠난 이달리야 신자들이 고향에 문안인사를 보낸 것일 수도 있고(이 경우 히브리서는 이달리야로 보낸 것이지만, 어디에서 보낸 것인지는 알 수 없다),[24] 아니면 이달리아에 있는 신자들을 가리킬 수도 있다(이 경우 저자가 이달리아에서 쓰는 것이지

---

23) Adolph von Harnack, "Probabilia über die Addresse und den Verfasser des Hebräerbriefs," *ZNW* 1 (1900): 16-41; Ruth Hoppin, *Priscilla: Author of the Epistle to the Hebrews* (New York: Exposition, 1969).

24) RSV "이탈리아에서 온 자들"을 보라.

만 목적지가 어디였는지는 알 수 없다).[25] 그 의미를 분명히 알 수 없기 때문에, NEB 성경의 "우리 이달리아 친구들이 너희에게 문안하노라"는 번역이 매력적이다.

설령 저자가 누구인지 어느 정도 확실히 알 수 있다 해도, 저자가 (바울처럼) 여기 저기 순회했을 가능성도 있으므로 정확한 기록 장소를 말하기는 어려울 것이다. 내용의 논쟁적이고 교훈적인 성격을 볼 때, 이 서신의 논거는 대체로 저자의 개인적인 관심보다는 독자들의 중요한 욕구에 대한 저자의 인식에 의해 형성되었을 가능성을 인정해야 한다. 그럴 경우, 이 서신의 개념상의 범주들에 관한 분석은 저자에 관한 것보다는 이 서신이 의도한 독자들에 관해 더 많은 것을 드러내 줄 것이다.

이 서신의 개념상의 범주들에 관한 분석은 저자에 관한 것보다는 이 서신이 의도한 독자들에 관해 더 많은 것을 드러내 줄 것이다.

4. 기록 연대

히브리서의 기록 연대를 정확히 알 길이 없다. 연대에 관한 논의의 주요 쟁점들은 다음과 같다:

1. 이 서신의 저자와 수신자들이 제2 세대 기독교인에 속한다는 것은(2:3) 그리 구체적인 정보를 제공해주지 않는다. 왜냐하면 "제2 세대"는 연대적인 것이 아니라 계통적인 것으로 이해해야 하기 때문이다. 이 서신은 주후 50년 이전에는 기록되지 않았다고 추론해야 하며, 대부분의 학자들은 60년 이전을 주장한다.

2. 클레멘트 1서에 인용된 히브리서 구절 중 몇 가지는 논란이 되지만, 클레멘트 1서 36:1-6에서 거듭 히브리서를 언급하고 있음을 부인하기는 어렵다.[26] 대부분의 학자들은 클레멘트 1서의 저술 연대를 주후 96년으로 본다. 만일 이 연대를 받아들인다면, 히브리서의 연대를 추정하는 데 결정적인 역할을 하게 된다. 그러나 클레멘트 1서의 저술 연대를 정확하게 추정하는 주된 이유는 1장에 기록된 "우리에게 임한 갑작스럽고 반복된 불행과 재앙"이 도미티안 황제 시대에 발생한 기독교인들에 대한 박해를 가리킨다고 보았기 때문임을 인정해야 한다. 그러나, 그러한 핍박이

25) Alexander Nairne은 "이탈리아에 있는 자들이 이탈리아에서 나와 함께 문안하느니라"라고 번역했다(*The Epistle of Priesthood* [Edinburgh: T. & T. Clark, 1913]), 433.

26) Donald A. Hagner, *The Use of the Old and New Testaments in Clement of Rome*, SuppNovT 34 (Leiden: Brill, 1973), 179-95; Paul Ellingworth, "Hebrews and 1 Clement: Literary Dependence or Common Tradition," *BZ* 23(1979): 437-40; Herbert Braun, *An die Hebräe*, HNT (Tübingen: Mohr-Siebeck, 1984), 3, 32.

있었음을 입증하는 증거가 매우 희박하다(제24장의 "연대"를 보라). 그것을 인정하지 않을 경우에 클레멘트 1서의 저술연대는 70년경[27]에서 140년경[28] 사이일 가능성이 있다. 그러나 알렉산드리아의 클레멘트가 클레멘트 1서를 권위 있는 자료로 인용한 적이 있으므로, 140년일 가능성이 희박하고, 96년이 가장 그럴 듯하다고 볼 수 있지만, 이에 대한 우리의 지식의 한계를 인정해야 한다.

3. 만일 히브리서 13장 23절에 언급된 디모데가 바울의 젊은 동역자였다면, 히브리서는 바울의 생전에 기록된 것이 분명하다. 바울은 주후 49년경에 그를 선교사역에 동참시켰는데, 당시 디모데가 몇 살이었는지는 알 수 없다. 그렇더라도, 히브리서의 저작 연대의 상한선은 전통적으로 추정되는 클레멘트 1서의 저작 연대의 상한선과 비슷하게 주후 100년경으로 볼 수 있다.

4. 많은 사람들은 히브리서 12장 4절("너희가 죄와 싸우되 아직 피 흘리기까지는 대항치 아니하고")을 네로 시대의 박해로 이어지는 특별한 박해 시대와 연결하려 해왔다. 그러나 만일 여기 사용된 언어가 비유적인 것으로서 단순히 죄에 대한 격렬한 저항을 가리킨다면, 이 구절은 히브리서의 저술 연대와 전혀 관계가 없다. 그러나 비록 이 구절이 순교자들의 죽음을 언급한다고 이해하더라도, 확실한 추론들을 끌어내기는 어렵다. 예를 들면, 네로의 박해 기간이나 그 직후에 기독교인들이 목숨을 잃었으므로, 그 시기의 로마 교회가 배제된다고 결론을 내릴 수 있다. 그렇다면, 네로의 박해(주후 64년) 이전을 저작 연대로 보아야 한다. 그렇지 않으면, 이 서신은 네로 치하에서 동료 신자들이 고난당했다는 말은 들었지만 직접 박해를 당하지는 않은 로마 제국내의 다른 곳에 거주하는 신자들에게 보낸 것이라고 가정할 수 있을 것이다. 그럴 경우, 히브리서는 네로 시대 이후에 기록되었다. 도미티안의 통치와 관련해서도 비슷한 논쟁들이 이루어진다. 특히, 1세기에는 회당으로부터의 반대가 주후 30년 이후부터 거의 매 10년마다 여기저기서 발생했기 때문에, 히브리서 12장 4절을 특정 연대를 지적하기 위해서 사용하는 것은 위험한 일이다.

5. 가장 빈번하게 제시되는 논거들 중 하나는 의식과 관계된 현재형 동사들의 존재이다(7:8; 9:6-7, 9, 13; 13:10). 영역본에서 그것들은 저자가 히브리서를 기록할 당시에도 의식들이 계속 진행되고 있었던 것처럼 해석된다. 이 논거에는 두

---

27) Robinson, *Redating,* 327-34는 대체로 G. Edmundson, *The Church in Rome in the First Century*, BL (Oxford: Oxford University Press, 1913), 188-202에 의존했다.

28) Elmer T. Merrill, *Essays on Early Christian History* (London: Macmillan, 1924), 217-41; Laurance L. Welborn, "In the Date of 1 Clement," *BR* 29(1984): 35-54.

가지 결점이 있다. 첫째, 헬라어에서 현재시제는 직설법에서조차도 반드시 현재를 가리키는 것은 아니다. 심지어 헬라어 문법에 대한 전통적인 이해도 헬라어의 역사적 현재라는 것이 자주 사용되었음을 인정한다. 동사의 애스팩트(aspect) 이론에 호소하는 언어학적인 접근방법에서는 (형태적인) "현재 시제"가 시간과 직접적인 관계가 있는지 의심한다.[29] 둘째, 예루살렘의 멸망 이후에 글을 쓴 로마의 클레멘트도 비슷한 의식들을 현재형으로 묘사했고(*1 Clem.* 41), 요세푸스도 성막과 성막의 기구(*Ant.*4.102-50), 그리고 제사장의 의복에 관해(*Ant*. 4.151-87) 논하면서 과거형과 현재형을 섞어 사용하였다. 또한 어떤 사람들은 히브리서는 성전을 구체적으로 언급하지 않으며 성경적인 성막에 초점을 둔다는 것을 지적하면서, 이는 두 번째 성전의 멸망이 저자의 큰 관심사가 아니었음을 의미한다고 주장한다. 따라서 성전 멸망을 언급하지 않은 것이, 이 서신의 초기 저작설의 증거가 될 수는 없다.

언어학적 논증이 결정적인 것은 아니지만, 또 다른 형태의 이러한 논증은 매우 설득력이 있다. 가령, 요세푸스는 성막, 기구, 제사장의 의복 등을 묘사하면서 히브리서의 논거의 핵심인 바 그것들의 폐지, 즉 그에 상응하는 새 언약의 실체에 의한 완전한 대치에 대한 신학적 논증을 벌이지 않았다. 히브리서의 저자는 새 언약에 관한 예레미야의 예언을 인용하면서(렘 31:31-34; 히 8:7-12), 이 언약을 새롭다 하심으로 하나님께서는 예레미야를 통하여 "처음 것은 낡아지게 하신 것이니 낡아지고 쇠하는 것은 없어져 가는 것"(8:13)으로 만드셨다고 결론을 내린다. 율법의 언약은 "해마다 드리는 것 같은 제사로는 나오는 자들을 언제든지 온전케 할 수 없느니라 만일 그렇다면 어찌 드리는 일을 그치지 아니하였으리요?"(10:1-2). 저자가 이 구절을 기록할 때에도 제사가 계속 드려지고 있었다고 결론을 내리지 않을 수 없다. 비록 직접적으로 성전을 언급하지는 않지만, 성전에서 드리는 제사와 성막을 위해 제정된 것들의 근본적인 연속성을 이해하지 못했다면, 그렇게 말할 수 없었을 것이다. 더욱이, 만일 성전에서의 제사가 종식되었다면(A.D. 70년에 끝났던 것처럼),[30] 저자가 이에 대해 전혀 언급하지 않은 것은 이해가 되지 않는다. 린다스(Lindars)가 지적하는 대로, 그의 수사학의 핵심은 그리스도의 희생제물의 완성을

29) Stanley E. Porter, *Verbal Aspect in the Greek of the New Testament*, SBG 1(Bern: Peter Lang, 1989)을 보라.

30) Kenneth W. Clark, "Worship in the Temple After A.D. 70," *NTS* 6 (1959-60): 269-80에서 제목이 말하는 바를 증명하려고 했던 시도는 전혀 설득력이 없다. Otto Michel, *Der Brief an die Hebräer*, KEK, 12th ed.(Göttingen: Vandenhoeck & Ruprecht, 1966), 56-58도 마찬가지이다. Cf. Robinson, *Redating,* 202-3.

강조하는 것이요,[31] 독자들로 하여금 그들이 처음 그리스도인이 되었을 때 버렸던 옛날의 제사 제도로 되돌아가지 않도록 하는 것이었다. 만일 성전 제사가 이미 중지되었다면, 그의 논증은 다른 형태를 취했을 것이다. 이 논증은 침묵으로부터의 논쟁이다. 그러나 저자의 논쟁의 본질을 감안할 때, 시끄럽고 요란할 것이 기대되므로, 침묵으로부터의 논증은 훨씬 더 힘이 있다. 만일 저자가 성전 멸망 이후에 기록했다면, 어떻게 그 문제에 관해 침묵할 수 있었는지 상상하기 어렵다. 결정적인 것은 아니지만, 이것은 히브리서가 70년 이전에 기록되었음을 강력히 지지한다.[32]

6. 후기 저작설을 주장하는 가장 강력한 논증에서는 이 서신이 초기 기독교 발전의 궤도 중 어디에 속하는지를 결정하려 한다. 예를 들면, 히브리서의 기독론은(특히 1-3장) 누가복음-사도행전, 베드로전서, 또는 목회서신에서 볼 수 있는 고차원적인 기독론을 반영한다고 주장되는데, 그것들은 모두 75-90년에 기록되었다고 추정된다. 그러나 이 문서들의 저술 연대에 대해서도 논란이 있어 많은 학자들은 이 문서들 중 하나 이상이 70년 이전에 기록된 것으로 주장한다. 더욱 중요한 것은 히브리서 1:1-3의 기독론은 고린도전서 8:6, 빌립보서 2: 6-11, 혹은 골로새서 1:15-20에서 볼 수 있는 기독론보다 더 발달된 것이 아니라는 사실이다. 그러나 압도적으로 많은 학자들은 이 구절들이 70년 이전의 글이라고 인정하고, 그들 중 다수는 이것들이 바울 이전의 사상을 반영한다고 생각한다.

따라서, 주후 60-100년 사이에 기록되었을 가능성도 완전히 배제할 수 없지만,[33] 모든 증거를 살펴볼 때 70년 이전이라고 보는 것이 옳은 것 같다.[34]

---

31) Lindars, "Rhetorical Structure."

32) 주후 70년 이전의 연대를 지지하는 현대 학자들은 다음과 같다: Bruce, Hebrews, 20-22; George Wesley Buchanan, *To the Hebrews*, AB (Garden City: Doubleday, 1972), 261; August Strobel, *Der Brief an die Hebräer*, NTD (Göttingen: Vandenhoeck & Ruprecht, 1975), 83; Philip Edgcumbe Hughes, *A Commentary on the Epistle to the Hebrews* (Grand Rapids: Eerdmans, 1977), 30-32; Donald A. Hagner, *Hebrews*, GNC (San Francisco: Harper, 1983), xviii-xix.

33) 많은 주석가들이 이렇게 생각하며, 예를 들면 다음과 같다: Craig R. Koester, *Hebrews: A New Translation with Introduction and Commentary*, AB 36 (New York: Doubleday, 2001), 50-54.

34) William L. Lane, *Hebrews*, WBC 47A-B (Dallas: Word Books, 1991), lxvi은 이 서신의 저술 연대를 "로마 대화재(A.D. 64) 직후부터 A.D. 68년에 네로가 자살한 시기 사이"로 추정한다.

5. 수신자

저자가 독자들의 삶에서의 경험들을 언급하는 것으로 보아(예를 들면, 10:32-34), 특수한 집단을 염두에 두고 이 글을 기록했다고 보는 것이 옳다. 많은 고대 주석가들과 최근의 몇몇 학자들은 수신자들이 팔레스타인 지방, 어쩌면 예루살렘에 살았다고 생각한다.[35] 이 견해의 장점은 제의가 거듭 언급된다는 사실에 의존한다. 그러나 성전에 대해서는 전혀 언급이 없는 것은, 이 주장을 어느 정도 약화시킨다. 이 서신은 세련된 헬라어로 기록되었고, 구약 인용문이나 구약을 암시하는 내용들도 히브리어나 아람어에 의존한 것이 하나도 없다. 이것은 저자가 셈어를 알지 못했거나, 아니면 만일 독자들이 예루살렘과 인근 지역에 거주하기로 한 헬라어를 사용하는 국외 거주자였을 것임을 암시한다. 어쨌든, 로마 제국 여기저기에 흩어져 살다가 명절 때, 특히 유월절에는 예루살렘을 방문한 유대인들이 많았던 것을 감안할 때, 팔레스타인에 살지는 않았지만 하나님과의 안전한 관계와 정결을 위해 예루살렘에서의 의식을 중요하게 생각하는 유대인들이 엄청나게 많았다. 그렇다면, 히브리서에서 로마제국의 다른 곳이 아닌 팔레스타인이나 예루살렘을 지지하는 증거를 찾기 어렵다.

이외에도, 알렉산드리아, 안디옥, 비두니아와 본도, 가이사랴, 골로새, 고린도, 구브로, 에베소, 사마리아 등 많은 지역이 이 서신의 수신지로 제시되었지만, 가장 큰 지지를 받는 지역은 로마이다.[36] 우리에게 전해져온 문헌에서, 이 서신이 최초로 알려진 곳이 로마였다(로마의 클레멘트의 글에서). 로마 교회, 그리고 일반적으로 서방교회가 바울을 저자로 인정하는 데 오랜 시간이 걸렸다는 사실은 바울이 이 서신을 기록하지 않았다는 정보를 그들이 가지고 있었음을 의미할 수도 있다. 또한 이 견해는 "이달리야에서부터 온 자들"(히 13:24)이 이달리야를 떠나서 이 서신이 기록될 당시 여기저기 흩어져 살던 사람들(브리스길라와 아굴라처럼)을 가리킨다는 주장을 수반하는데, 헬라 원어로는 이렇게 번역하는 것이 가능하다.

---

35) 예를 들어, Buchanan, *Hebrews*, 255-56; Hughes, *Commentary*, 19. Sir William Ramsay는 바울이 가이사랴 감옥에 갇혀 있으면서 예루살렘 교회에 보낸 편지가 히브리서이며, 바울의 동행자중 한 사람—아마도 전도자 빌립—이 대서했을 것이라고 주장했다(*Luke the Physician* [London: Hodder & Stoughton:1908], 301ff.).

36) 해석가들은 확신의 정도 차이가 있지만 대체로 로마를 지지한다; Bruce, *Hebrews*, 10- 14; Robinson, *Redating,* 205-13; Simon J. Kistemaker, *Exposition of the Epistle to the Hebrews,* NTC (Grand Rapids: Baker, 1984), 17-18; Ramond E. Brown and John P. Meier, *Antioch and Rome* (New York: Paulist, 1983), 139-58을 보라. 또한 바로 다음 두 개의 각주를 보라.

하르낙은 수신자들이 로마에 있는 가정 교회였다고 주장하고,[37] 맨슨은 거기에 있던 보수 유대-기독교인들이었다고 주장했는데,[38] 두 사람 모두 이 이론을 로마에서의 기독교 초기 역사와 연결하려 했다.

로마를 기록 장소로 보는 것은 훌륭한 추측에 불과하다. 다행히 주해상의 문제들은 수신자의 지리적 위치의 결정에 거의 의존하지 않는다. 이 서신을 기록하게 된 상황이 훨씬 더 중요하다.

6. 목적

히브리서의 목적에 대한 평가는 수신인이 누구인가에 대한 이해와 연결되어 있다. 수신인에 대한 몇 가지 사실을 가정하지 않고서 목적을 논할 수 없고, 반대로 목적 없이 수신자에 관해 논할 수 없다. 우리에게 전해진 가장 오래된 사본인 $\mathbf{P}^{46}$에는 이 책에 Πρὸς Ἑβραίους(*Pros Hebraious*: "히브리인들에게")라는 표제가 붙어 있다. 주후 180년경에 저술한 알렉산드리아의 클레멘트가 이 서신이 "히브리인들을 위해"(*H.E.* 6.14.3-4) 기록된 것임을 알고 있었던 것으로 보아, 그도 이 표제를 알고 있었음이 분명하다. 대부분의 학자들은 이 명칭이 편의상 붙여진 편집상의 명칭이기 때문에 수신자를 알아내려는 우리의 노력에 영향을 줄 수는 없다고 가정하는데, 이것 역시 매우 회의적이다(본서 제3장 마태복음의 저자에 관한 논평을 보라). 어쨌든, 비록 그 명칭이 원래의 명칭이라 할지라도 애매한 점이 있기 때문에(이 명칭은 모국어가 히브리어나 아람어였던 유대 기독교인들[행 6:1]을 가리킬 수도 있고, 유대인으로 태어났지만 모국어를 등한시했던[빌 3:5] 그리스도인들을 가리킬 수도 있다), 논의의 방향을 최종적으로 결정하는 것은 이 서신의 내용이어야 한다.[39]

이 서신이 자신의 신앙고백을 지켜야 했던 신자들을 위해 기록되었다는 데에는 모든 사람들이 의견을 같이 한다(3:6, 14; 4:14; 10:23). 오히려 그들의 인종적 배경이 논란이 된다. 이 서신이 구약성서의 인유(引喩)들과 레위 의식에 심취하지만, 저자나 독자가 반드시 유대인 신자이어야 하는 것은 아니다. 분명히 일부 이방인

37) Harnack, "Probabilia."

38) William Manson, *The Epistle to the Hebrews: An Historical and Theological Reconsideration* (London: Hodder & Stoughton, 1951).

39) Zahn 2:296.

신자들은 헬라어 구약 성경에 심취해 있었다. 종종 저자가 가지고 있는 유대 의식에 대한 지식도 그가 자신의 독자들에 대해 가정하는 것처럼 예루살렘에서의 성전 의식에 참여했거나 관찰해서 얻은 지식이 아니라, 구약성경이나 유대 문서를 통해 얻은 문학적 지식이라는 점이 지적되며, 많은 학자들이 이 입장을 지지한다.[40] 일부 학자들은 "살아 계신 하나님으로부터"(3:12) 떨어지는 것에 대한 경고는, 만약 다시 유대교로 되돌아가더라도 여전히 조상의 살아 계신 하나님을 섬겼을 유대인들보다는 배교의 위험성을 가지고 있던 이방인 신자들에게 적합하다고 주장한다. 또 다른 학자들은 그리스도의 절대적인 교훈을 버리고 "유대화" 논쟁의 변형인 유대주의에 깊이 빠져들 위험에 처해 있던 이방인 신자들이었다고 주장한다. 어떤 학자들은 히브리서는 유대교의 종말론을 유대 상황에 맞추려 하거나, 잘못된 성례전적 경건을 없애려 한다고 생각한다.

이러한 경향의 추론으로는 모든 학자들을 설득시킬 수는 없다. 저자는 "살아 계신 하나님으로부터"(3:12) 떨어져 나가는 데 대해 경고하면서, 모세의 지도 아래 있으면서 하나님을 떠났던 이스라엘 백성을 본보기로 제시했다. 그러한 표현을 고대 이스라엘 백성에게 적용한다면, 1세기 유대인들에게는 적용될 수 없는 이유를 상상하기 어렵다. 6장 1절의 "도의 초보"는 유대교의 배경을 전제하며, 옛 언약이 새 언약에 의해 완성되었다고 강력하게 강조한 것은 독자들이 아직도 옛 언약 아래 살려 한다거나, 아니면 그들이 그것을 초월했었으나 정당하게 되돌아 갈 수 있다고 생각한다고 가정해야만 이해된다. 게다가 브루스(Bruce)가 지적하는 대로,[41] 이 서신에는 저자가 직면하고 있는 문제가 유대화(Judaizing) 운동이었음을 암시하는 내용이 전혀 없다.[42] 특히 이 서신이 유대인 신자들에게 보낸 것이라면 할례를 언급하지 않은 것이 이해되지만, 만일 독자들이 소위 유대주의자들에게 미혹될 위험이 있는 이방인 신자들이었다면 할례를 언급하지 않은 것은 크게 놀라

---

40) Marcus Dods, "The Epistle to the Hebrews," in *EGT*; J. Moffat, *A Critical and Exegetica Commentary on the Epistle to the Hebrews*, ICC (Edinburgh:T. & T. Clark, 1924); Windisch, Hebräerbrief; E. F. Scott, *The Epistle to the Hebrews* (Edinburgh:T. & T. Clark, 1922); G. Vos, *The Teaching of the Epistle to the Hebrews* (Grand Rapids: Eerdmans, 1956); Ernst Käsemann, *The Wandering People of God: An Investigation of the Letter to the Hebrews* (ET Minneapolis: Augsburg, 1984 [from 2d ed., 1957]); Gerd Theissen, *Untersuchungen zum Hebräerbrief*, SNT 2 (Gütersloh: Mohn, 1969); deSilva, *Perseverance and Gratitude* (2000); Craig R. Koester, *Hebrews* (2001).

41) Bruce, *Hebrews*, 6 n. 13.

42) "유대화"와 "유대주의자들"이라는 용어와 관련된 문제들에 관하여는 제11장의 각주 3번을 참고하라.

운 일이다.

또한, 저자는 마치 독자들이 헬라어 구약성서의 권위를 인정할 것이라고 가정하는 듯이 그것을 인용한다. 이것은 기독교로 개종한 헬라파 유대인들에게 해당될 것이다. 왜냐하면, 비록 그들이 기독교 신앙의 일부 요소들을 수정하고 어느 정도 과거로 돌아가려는 유혹을 받았다 해도, 구약성경에 대한 확신은 흔들리지 않았을 것이기 때문이다. 기독교로 개종한 이교도들은 다시 이방 종교로 돌아가려는 유혹을 받는다면, 그들이 기독교인이 되는 데 기여한 성경에 복종하는 태도를 포기하라는 유혹도 받았을 것이다. 또한 예수님의 탁월하심에 대한 저자의 많은 논증들은 시내 산 법전의 의식 규정들이 궁극적인 것이라는 가정에 도전한다(7:11). 이런 식의 논증은 이방 종교로 복귀하려는 위험에 빠진 신자들에게 필요한 것이 아니라, 유대교로 되돌아가려는 사람들에게 필요했을 것이다.

히브리서에서 의도하는 독자들이 유대인 신자들이라고 생각하는 학자들 중 다수는 유대인 중에서도 특정한 집단이라고 간주하려 했다. 본호이저(Bornhäuser)는 5:12을 토대로 하여(독자들이 선생이 되어야 한다는 저자의 주장) 그들은 일반 유대인 신자들이 아니라, “믿음에 복종한 허다한 제사장 무리”(행 6:7)라고 추론한다.[43] 스픽크(Spicq)는 처음에는 이 이론에 동의했으나,[44] 그들이 이전에 쿰란 공동체에 속했던 사람들을 포함한 엣세네파 신자들이라는 수정안을 발표했다.[45] 몇몇 학자들은 이 주제를 변형하여 주장했다.[46] 그러나 독자들의 유대적 배경은 팔레스타인의 보수적인 랍비 전통 안에 있는 것이 아니라 일반적 규범을 따르지 않는 다양한 유대 분파들—엣세네파도 하나의 예라고 볼 수 있다—의 영향을 받은 헬라파 유대교 안에 있다고 말하는 것이 가장 합리적이다.[47]

어떤 학자들은 독자들이 기독교와 관련이 없는 유대교 신앙과 관습의 형태에 매료된 것이 아니라, 저자가 인정하는 것보다는 더 보수적인 유대 기독교 형태에 매료되었다고 생각한다.[48] 이것은 어떤 의미에서는 옳고, 또 어떤 의미에서는 거

---

43) Karl B. Bornhäuser, *Empfänger und Verfasser des Briefes an die Hebräer*, BFCT 35/3 (Güterloh: Bertelsmann, 1932).

44) Spicq, Hébreux 1:226ff.

45) C. Spicq, L'épître aux Hebreux: Appolos, Jean-Baptiste, les héllenistes, et Qumrân," *RevQ* 1 (1958-59): 365-90, 특히 390.

46) Hans Kosmala, *Hebräer-Essener-Christen*, SPB 1 (Leiden: Brill, 1959); Hughes, *Commentary*, 10-15.

47) F. F. Bruce, "'To the Hebrews' or 'To the Essenes'?" *NTS* 9 (1962-63): 217-32. 개념적인 배경에 관해서는 R. M. Wilson, *Hebrews*, NCB (Grand Rapids: Eerdmans, 1987), 18-27를 보라.

짓이다. 독자들이 자신을 배교자로 생각했다는 결정적인 증거가 없다는 점에서, 그것은 맞는 말이다. 그들은 기독교 복음을 버리고 유대교로 돌아가려 하지 않았을 것이다. 그런 의미에서, 독자들은 저자가 인정하는 것보다 더 보수적인 "유대적 기독교" 형태를 향하고 있다. 그러나 저자의 관점은 독자들이 위험하게도 받아들이려 하는 것은 엄밀한 의미에서 기독교가 아니라는 것이다. 그것은 분명히 배교였기 때문에, 강력한 윤리적 교훈의 구절들을 기록했다. 윤리적 교훈과 뒤얽혀 있는 장황한 설명은 이러한 판단의 근거를 제공한다. 다시 옛 언약의 제의적 구조들을 의존하는 것은 구속사에서 그것들이 그리스도를 상징한 사실을 무시하는 처사일 뿐만 아니라, 그것들에게 구속적 유효성을 부여하는 것이고, 동시에 그리스도와 그의 희생의 절대적 중요성을 경시하는 처사이다.

독자들이 일종의 유대교로 돌아가려 한 이유는 상세히 설명되지 않고 암시 되었을 뿐이다. 예를 들면, 그들은 자기들의 제의적 유산의 주류에서 벗어난 삶의 부끄러움을 감당하는 데 지쳐 있었고(13:13), 사도적 복음을 버리고(13:7-8), 이상한 교훈(13:9)에 빠질 위험에 처해 있었다. 또 두려움이 동기가 되었을 가능성도 있다. 왜냐하면 로마인들은 유대교는 인정했지만 기독교는 인정하지 않았기 때문이다. 따라서 유대교의 울타리 안으로 돌아가는 것이 국가 권력으로부터의 박해의 위협을 완화시킬 수 있었을지도 모른다. 어쨌든 그들이 정기적인 집회에 참석하지 않으면서 그리스도인들의 훈련도 점점 약해졌다(10:25;이것은 독자들이 교회의 나머지 지체들과는 만나지 않는 가정교회에 속해 있었음을 보여줄 수도 있다). 이유가 무엇이든 간에, 저자의 관심은 이유가 아니라 결과에 있다: 그리스도, 그의 희생, 그리고 그의 제사장으로서의 사역이 상대적인 것이 되어 부인되었고, 배교가 눈앞에 와 있었다. 그러한 재앙을 예방하려는 것이 저자가 이 서신을 기록한 목적이다.

7. 본문

애트리지[49]와 바이스[50]는 중요한 증거들을 훌륭히 제시한다. 약간 특이하기

---

48) J. V. Dahms, "The First Readers of Hebrews," *JETS* 20 (1977): 365-75; Brown and Meier, *Antioch and Rome,* 151-58.

49) Attridge, *Hebrews*, 31-32.

50) Hnas-Friedrich Weiss, *Der Brief and die Hebräer*, KEK (Görringen-Vandenhoeck & Ruptecht, 1991), 127-32.

는 하지만, 사본 전승은 바울의 서신들과 별로 다르지 않다. 가장 중요한 증거들은 압도적으로 알렉산드리아의 것들이다.51) 비잔틴 전승은 언셜체 K와 L(이 둘은 9세기의 것이다)과 많은 후기 소문자 문서들이 대표한다. 서방 사본 형태는 D(6세기경의 Codex Claromontanus)와 고대 라틴어 사본(Old Latin)이 대표한다. 어려운 결정을 내려야 할 구절이 몇 개 있지만(1:8; 11:17, 37; 12:3, 7), 전체적으로 히브리서의 본문은 잘 보존되어 있다.

8. 정경으로의 채택

"저자" 단원에서 살펴본 대로, 히브리서는 서방교회에서 널리 알려져 있었고 인용되었지만, 처음부터 정경으로 채택되지는 않았다. 로마의 클레멘트의 증거 외에도 많은 초기 서방교회 교부들이 이 서신을 언급하거나 인용했지만(이그나티우스, *Phil.* 9:1; *Shepherd of Hermas* 2.3.2; 저스틴 마터, *Dial.* 116.1), 아무도 이것을 사도의 것이나 정경으로 취급하지 않았다. 무라토리 정경에도(주후 170-80년) 히브리서는 제외되어 있다.

이 서신은 2세기에 알렉산드리아에서 바울의 서신 집성에 포함되면서 비로소 정경의 지위를 인정받았다. 저자에 관해서는 의심이 제기되었지만(오리겐과 다른 여러 사람들에 의해서), 알렉산드리아와 동방교회에서는 이 서신의 정경성을 의심한 적이 한 번도 없었다. 유세비우스(*H.E.* 3.3.5)는 서방교회에서 의심을 제기한다는 것을 알면서도 히브리서를 "인정된" 책들 속에 포함시켰고, 시리아의 교부들도 이 서신의 정경성을 의심하지 않았다. 결국 제롬과 어거스틴의 영향력 덕분에 동방교회의 신념들이 서방교회에서 자리 잡았다.52)

9. 최근의 히브리서 연구

이 서신을 기록하게 된 상황과 배경을 계속 탐구하는 연구 외에도, 다음 분야에 학자들이 지대한 관심을 보이고 있다고 말할 수 있다.

---

51) Frank W. Beare, "The Text of the Epistle to the Hebrews in P^{46}," *JBL* 63(1944): 379-96; Spicq, *Hébreux* 1:412-32.

52) 종교개혁의 반응들에 관한 간단한 개관을 위해서는 Hughes, 23-24; Bruce, *Hebrews*, 24-25를 보라.

1. 많은 학자들은 히브리서의 특별한 기독론적 강조점들에의 관심을 기울인다.[53] 분명히 요한이나 바울과 연관된 부분이 있지만(예를 들면, "아들"이라는 표현 및 히 1:1-3의 고급 기독론), 이 세상과 천국에서 그리스도의 제사장직에 대한 설명은 신약성경의 어디보다 더 완전하다. 또한 히브리서는 역사적 예수에 대해서도 깊은 관심을 나타낸다.[54]

2. 특히 이 서신에서 멜기세덱에 대해 말하는 것과 사해문서를 비롯한 다른 유대 전승에 나타난 멜기세덱에 관한 부분을 비교하는 데 많은 관심을 쏟는다.[55]

3. 이 서신에서 멜기세덱에게 대한 관심은 많은 구약성경 본문들에 대한 구체적인 호소의 핵심이다. 이 서신이 인용하는 구약성서 본문들의 범위와 해석상의 복잡성을 고려할 때, 신약성경에서는 마태복음만이 이 서신에 버금갈 뿐이다. 필연적으로, 많은 학자들이 이 현상에 주목해왔다.[56]

4. 케제만은 『방랑하는 하나님의 백성』(*The Wandering People of God*)에서 히브리서 안에 있는 순례자라는 주제를 소개한다. 오늘날 히브리서의 독자들의 윤곽을 묘사하려는 지속적인 시도에는 종종 사회학적 분석의 전제들이 가미된다.[57] 가장 포괄적이고 미묘한 논법은 허스트(Hurst)의 것이다.[58]

---

53) Attridge, *Hebrews*, 25 n. 197의 참고문헌을 보라; 특히 William R. G. Loader, *Sohn und Hoherpriester: Eine Traditionsgeschichtliche Untersuchung zur Christologie des Hebräerbriefes*, WMANT 53 (Neukirchen-Vluyn: Neukirchener, 1981)을 보라.

54) Bertram L. Melbourne, "An Examination of the Historical-Jesus Motif in the Epistle to the Hebrews," *AUSS* 26(1988):281-97.

55) Fred L. Horton, *The Melchizedek Tradition: A Critical Examination of the Sources to the Fifth Century A.D. and in the Epistle to the Hebrews*, SNTSMS 30 (Cambridge: Cambridge University Press, 1976); Paul J. Kobelski, *Melchizedek and Melchireša'*, CBQMS 10 (Washington, D.C.: Catholic Biblical Association, 1981); Marie E. Issacs, *Sacred Space: An Aproach to the Epistle to the Hevrews*. JSNTSup 73 (Sheffield: JSOT Press, 1992).

56) Simon J. Kistemaker, *The Psalm Citations in the Epistle to the Hebrews* (Amsterdam: Soest, 1961); Friedrich Schröger, *Der Verfasser des Hebräerbriefes als Schriftausleger,* BU 4 (Regensburg: Pustet, 1968)Dale F. Leschet. *Hermeneutical Foundation of Hebrews: A Study in the Validity of the Epistle's Interpretation of Some Core Citations from the Psalms*, NABPRDS 10 (Lewiston: Edwin Mellen Press, 1994). George H. Guthrie, "'Hebrews' Use of the Old Testament: Recent Trends in Research," *Current in Biblical Research* 1 (2003): 271-94를 보라.

57) 예를 들면, Richard W. Johnson, *Going Outside the Camp: The Sociological Function of the Levitical Critique in the Epistle to the Hebrews*, JSNTSup 209 (Sheffield: Sheffield Academic Press, 2001).

58) Lincoln D. Hurst, *The Epistle to the Hebrews: Its Background and Thought*, MSTSMS 65 (Cambridge: Cambridge University Press, 1990).

5. 히브리서의 몇 가지 주제들은 신약성서의 다른 곳에서보다 히브리서에서 더 현저하게 나타나기 때문에, 또는 히브리서에서는 그것들이 매우 미묘하게 다루어지기 때문에, 학자들은 계속 그것들에게 관심을 기울인다. 그러한 주제들 중에는 완전,[59] (안식일)—안식(히 4장),[60] 믿음(히 11장),[61] 새 언약[62] 등이 포함되어 있다. 새 언약에 대해서는 존 휴즈(John Hughes)의 저서를 참고해야 한다. 그는 히브리서 9장에서 διαθήκη(*diathēkē*)라는 용어는 "유언"을 의미하는 것이 아니라 "계약"을 의미하는 것으로 이해되어야 한다는 것을 설득력 있게 증명했다.[63]

10. 히브리서의 공헌

히브리서는 특히 예수님의 제사장직, 그의 희생제사의 궁극성, 그의 아들됨의 본질, 성육신의 중요성, "선구자" 로서의 역할 등과 관련해 신약의 기독론을 풍요하게 해준다.

히브리서의 정경으로서의 공헌은 이 책의 독특한 강조점들에 있으며, 그것들은 학자들의 관심을 끌고 있다. 히브리서는 특히 예수님의 제사장직, 그의 희생제사의 궁극성, 그의 아들됨의 본질, 성육신의 중요성(제2장을 보라), "선구자"(ἀρχηγός: *archēgos*)로서의 역할 등과 관련해 신약의 기독론을 풍요하게 해준다.

이와 비슷하게, 이 서신은 구약 성서 본문들을 광범위하게 사용하기 때문에, 구약성서를 해석하는 방법을 보다 훌륭히 학습하기 위해서, 1세기 기독교인들의 성경해석학적 가정들을 탐구할 수 있게 해준다. 예표론(typology)의 본질, 단순한 문자적 예고(prediction)를 초월한 예언(prophecy)에 대한 이해, 특수한 본문들의 해석과 구속사의 속박의 상호관계 등이 히브리서에 예증되어 있다. 또한, 성경신학을 발전시키는 데 작용하는 많은 요소들을 제공한다.

---

59) Peterson, *Hebrews and Perfection.*

60) Otfried Hofius, *Katapausis: Die Vorstellung vom endzeitlichen Ruheort im Hebräerbrief*, WUNT 11 (Tübingen: Mohr-Siebeck, 1970); A. T. Lincoln, "Sabbath, Rest, and Eschotology in the New Testament," in *From Sabbath to Lord's Day:A Biblical, Historical, Theological Investigation*, ed D. A. Carson (Grand Rapids: Zondervan, 1982), 197-220; Jon Laansma, *"I will Give You Rest". The Rest Motif in the New Testament with Special Reference to Mt 11 and Heb 3-4,* WUNT 98 (Tübingen: Mohr-Siebeck, 1997).

61) E.g., Erich Grässer, *Der Glaube im Hebräerbrief* (Marburg: elwert, 1965).

62) E.g., Sudanne Lehne, *The New Covenat in Hebrews*, JSNTSup 44 (Sheffield: JSOTPress, 1990); John Dunnill, *Covenant and Sacrifice in the Letter to the Hebrews*, SNTSMS 75 (Cambridge: Cambridge University Press, 1992); Knut Backhaus, *Der Neue Bund und das Werden der Kirche: Die Diatheke-Deutung des Hebräebrief im Rahmen der früchristlichen Theologiegeschichte,* NTAbh 29 (Münster: Aschendorff, 1996).

63) John H. Hughes, "Hebrews ix 15ff.: A Study in Covenant Practice and Procedure.: *NovT* 21 (1979): 27-29. He has been followed by, inter alios, Lane, Hebrews, 226-52.

이 서신은 다른 신약성경(갈라디아서와 사도행전)들과 함께 이스라엘을 시내 산 율법-언약의 속박을 받는 하나님의 백성의 중심으로 이해하는 것에서부터 교회를 예수 그리스도의 죽으심과 부활에 의해 인침을 받은 언약의 속박을 받는 하나님의 백성으로 이해하는 것으로의 이동(발달)에 대한 독립적인 관점을 제공한다. 끝으로, 히브리서는 성도들의 견인의 문제와 배교의 본질과 위험성에 관심을 가지고 있는 신약성경의 다른 책들(예를 들면, 요한일서)과도 밀접한 관계를 가지고 있다. 이것은 "하나님의 경영하시고 지으실 터가 있는 성"(히 11:10)을 추구하는 대신에, 극단적인 종교적 형식주의가 제공하는 위로를 추구하는 사람들에게 중요하다.

참고 문헌

Harold W. Attridge, *The Epistle to the Hebrews, Hermeneia* (Philadelphia: Fortress Press, 1989).

Knut Backhaus, *Der Neue Bund und das Werden der Kirche: Die Diatheke-Deutung des Hebräerbriefs im Rahmen der früchristlichen Theologiegeschichte*, NTAbh 29 (Münster: Aschendorff, 1996).

Frank W. Beare, "The Text of the Epistle to the Hebrews in p46," *JBL* 63 (1944): 379-96.

Samuel Bénétreau, *L'Épître aux Hébreux*, CEB, 2 vols. (Vaux-sur-Seine: Édifac, 1989-90).

David Alan Black, "On the Pauline Authorship of Hebrews," *Faith & Mission* 16/2 (1999): 32-51; 16/3 (1999): 78-86.

Karl B. Bornhäuser, *Empfänger und Verfasser des Briefes an die Hebräer*, BFCT 35/3 (Gütersloh: Bertelsmann, 1932).

Herbert Braun, *An die Hebräer*, HNT 14 (Tübingen: Mohr-Siebeck, 1984).

Raymond E. Brown and John P. Meier, *Antioch and Rome* (New York: Paulist, 1983).

F. F. Bruce, *The Epistle to the Hebrews*, NICNT, rev. ed. (Grand Rapids: Eerdmans, 1990); idem, "'To the Hebrews' or 'To the Essenes?" *NTS* 9 (1962-63): 217-32.

George Wesley Buchanan, *To the Hebrews*, AB 36 (Garden City: Doubleday, 1972).

Kenneth W. Clark, "Worship in the Jerusalem Temple After A.D. 70," *NTS* 6 (1959-60): 269-80.

J. V. Dahms, "The First Readers of Hebrews," *JETS* 20 (1977): 365-75.

Franz Delitzsch, *Commentary on the Epistle to the Hebrews*, 2 vols. (Edinburgh: T. & T. Clark, 1871; reprint, Minneapolis: Klock & Klock, 1978).

David A. deSilva, *Perseverance in Gratitude: A Socio-Rhetorical Commentary on the Epistle "To the Hebrews"* (Grand Rapids: Eerdmans, 2000).

Marcus Dods, "The Epistle to the Hebrews," in *EGT* vol. 4.

John Dunnill, *Covenant and Sacrifice in the Letter to the Hebrews*, SNTSMS 75 (Cambridge: Cambridge University Press, 1992).

G. Edmundson, *The Church in Rome in the First Century*, BL (Oxford: Oxford University Press, 1913).

Paul Ellingworth, *The Epistle to the Hebrews: A Commentary on the Greek Text*, NIGTC (Grand Rapids: Eerdmans, 1993); idem, "Hebrews and 1 Clement: Literary Dependence or Common Tradition," *BZ* 23 (1979): 437-40.

Charles Forster, *The Apostolical Authority of the Epistle to the Hebrews* (London: James Duncan, 1838).

David Gooding, *An Unshakeable Kingdom: The Letter to the Hebrews for Today* (Grand Rapids: Eerdmans, 1989).

Robert Gordon, *Hebrews, Readings* (Sheffield: Sheffield Academic Press, 2000).

Erich Grässer, *Der Glaube im Hebräerbrief* (Marburg: Elwert, 1965); idem, "Der Hebräerbrief, 1938-1963," *ThR* 30 (1964): 138-226.

Rowan A. Grier, *The Captain of Our Salvation* (Tübingen: Mohr-Siebeck, 1973).

Donald Guthrie, *The Letter to the Hebrews*, TNTC (Grand Rapids: Eerdmans, 1983).

George H. Guthrie, *The Structure of Hebrews: A Text-Linguistic Analysis*, NovTSup 73 (Leiden: Brill, 1994); idem, *Hebrews*, NIVAC (Grand Rapids: Zondervan, 1998); idem, "Hebrews' Use of the Old Testament: Recent Trends in Research," *Currents in Biblical Research 1* (2003): 271-94.

Donald A. Hagner, *Hebrews, GNC* (San Francisco: Harper, 1983); idem, *The Use of the Old and New Testaments in Clement of Rome*, NovTSup 34 (Leiden: Brill, 1973); idem, *Encountering the Book of Hebrews: An Exposition* (Grand Rapids: Baker, 2002).

Adolph von Harnack, "Probabilia über die Addresse und den Verfasser des Hebräerbriefes," *ZNW* 1 (1900): 16-41.

Jean Héring, *The Epistle to the Hebrews* (London: Epworth, 1970).

Otfried Hofius, Katapausis: *Die Vorstellung vom endzeitlichen Ruheort im Hebräerbrief*, WUNT 11 (Tübingen: Mohr, 1970).

Ruth Hoppin, *Priscilla: Author of the Epistle to the Hebrews* (New York: Exposition, 1969).

Fred L. Horton, *The Melchizedek Tradition: A Critical Examination of the Sources to the Fifth Century A.D. and in the Epistle to the Hebrews*, SNTSMS 30 (Cambridge: Cambridge University Press, 1976).

Graham Hughes, *Hebrews and Hermeneutics: The Epistle to the Hebrews as a New Testament Example of Biblical Interpretation*, SNTSMS 36 (Cambridge: Cambridge University Press, 1979).

John J. Hughes, "Hebrews ix 15ff. and Galatians iii 15ff.: A Study in Covenant Practice and Procedure," *NovT* 21 (1979): 27-96.

Philip Edgcumbe Hughes, *A Commentary on the Epistle to the Hebrews* (Grand Rapids: Eerdmans, 1977).

Lincoln D. Hurst, *The Epistle to the Hebrews: Its Background and Thought*, SNTSMS 65 (Cambridge: Cambridge University Press, 1990).

Marie E. Isaacs, *Sacred Space: An Approach to the Theology of the Epistle to the Hebrews*, JSNTSup 73 (Sheffield: JSOT Press, 1992).

Richard W. Johnson, *Going Outside the Camp: The Sociological Function of the Levitical Critique in the Epistle to the Hebrews*, JSNTSup 209 (Sheffield: Sheffield Academic Press, 2001).

Ernst Käsemann, *The Wandering People of God: An Investigation of the Letter to the Hebrews* (ET Minneapolis: Augsburg, 1984 [from 2nd ed., 1957]).

Simon J. Kistemaker, *Exposition of the Epistle to the Hebrews*, NTC (Grand Rapids: Baker, 1984); idem, *The Psalm Citations in the Epistle to the Hebrews* (Amsterdam: Soest, 1961).

Paul J. Kobelski, *Melchizedek and Melchireša'* CBQMS 10 (Washington, D.C.: Catholic Biblical Association, 1981).

Craig R. Koester, *Hebrews: A New Translation with Introduction and Commentary*, AB 36 (New York: Doubleday, 2001).

Hans Kosmala, *Hebräer-Essener-Christen*, SPB 1 (Leiden: Brill, 1959).

Jon Laansma, *"I Will Give You Rest": The Rest Motif in the New Testament with Special Reference to Mt 11 and Heb 3-4*, WUNT 98 (Tübingen: Mohr-Siebeck, 1997).

William L. Lane, *Hebrews*,WBC 47A-B, 2 vols. (Dallas: Word Books, 1991).

Susanne Lehne, *The New Covenant in Hebrews*, JSNTSup 44 (Sheffield: JSOT Press, 1990).

William Leonard, *The Authorship of the Epistle to the Hebrews: Critical Problem and Use of the Old Testament* (Rome: Vatican Polyglot Press, 1939).

Dale F. Leschert, *Hermeneutical Foundations of Hebrews: A Study in the Validity of the Epistle's Interpretation of Some Core Citations from the Psalms*, NABPRDS 10 (Lewiston: Edwin Mellen Press, 1994).

A. T. Lincoln, "Sabbath, Rest, and Eschatology in the New Testament," in *From Sabbath to Lord's Day: A Biblical, Historical, and Theological Investigation*, ed. D. A. Carson (Grand Rapids: Zondervan, 1982), 197-220.

Barnabas Lindars, "The Rhetorical Structure of Hebrews," *NTS* 35 (1989): 382-406.

Eta Linnemann, "Wiederaufnahme-Prozess in Sachen des Hebräerbriefes," *Fundamentum* 21 (2000): 102-12; 22 (2001): 52-65, 88-110.

William R. G. Loader, *Sohn und Hoherpriester: Eine traditionsgeschichtliche Untersuchung zur Christologie des Hebräerbriefes*, WMANT 53 (Neukirchen-Vluyn: Neukirchener, 1981).

William Manson, *The Epistle to the Hebrews: An Historical and Theological Reconsideration* (London: Hodder & Stoughton, 1951).

Elmer T. Merrill, *Essays on Early Christian History* (London: Macmillan, 1924).

Otto Michel, *Der Brief an die Hebräer*, KEK, 12th ed. (Göttingen: Vandenhoeck & Ruprecht, 1966).

J. Moffatt, *A Critical and Exegetical Commentary on the Epistle to the Hebrews*, ICC (Edinburgh: T. & T. Clark, 1924).

Hugh Montefiore, *A Commentary on the Epistle to the Hebrews*, HNTC (San Francisco: Harper, 1964).

Alexander Nairne, *The Epistle of Priesthood* (Edinburgh: T. & T. Clark, 1913).

David Peterson, *Hebrews and Perfection: An Examination of the Concept of Perfection in the "Epistle to the Hebrews,"* SNTSMS 47 (Cambridge: Cambridge University Press, 1982.)

Victor C. Pfitzner, *Hebrews*, ANTC (Nashville: Abingdon Press, 1997).

William Ramsay, *Luke the Physician* (London: Hodder & Stoughton: 1908).

Rainer Riesner, "Der Hebräer-Brief nach altkirchlichen Zeugnissen," *EuroJTh* 11/1 (2002): 15-29.

J. A. T. Robinson, *Redating the New Testament* (Philadelphia: Westminster, 1976).

Friedrich Schröger, *Der Verfasser des Hebräerbriefes als Schriftausleger*, BU 4 (Regensburg: Pustet, 1968).

E. F. Scott, *The Epistle to the Hebrews* (Edinburgh: T. & T. Clark, 1922).

C. Spicq, *L'épître aux Hébreux*, 2 vols., EBib (Paris: Gabalda, 195253); idem, "L'épître aux Héreux: Apollos, Jean-Baptiste, les héllenistes, et Qumrân," *RevQ* 1 (1958-59):365-90.

Ray C. Stedman, *Hebrews*, IVPNTC (Downers Grove: IVP, 1992).

August Strobel, *Der Brief an die Hebräer*, NTD (Göttingen: Vandenhoeck & Ruprecht, 1975).

James Swetnam, *Jesus and Isaac: A Study of the Epistle to the Hebrews in the Light of the Aqedah*, AnBib 94 (Rome: Pontifical Biblical Institute, 1981).

R. V. G. Tasker, *The Gospel in the Epistle to the Hebrews* (London: Tyndale, 1950).

Gerd Theissen, *Untersuchungen zum Hebräerbrief*, SNT 2 (Gütersloh: Mohn, 1969).

Andrew H. Trotter Jr., *Interpreting the Epistle to the Hebrews* (Grand Rapids: Baker, 1997).

A. Vanhoye, *La structure littéraire de l'épître aux Héreux*, SN 1 (Paris: Desclée de Brouwer, 1963).
G. Vos, *The Teaching of the Epistle to the Hebrews* (Grand Rapids: Eerdmans, 1956).
Hans-Friedrich Weiss, *Der Brief an die Hebräer*, KEK (Göttingen: Vandenhoeck & Ruprecht, 1991).
Laurance L. Welborn, "On the Date of 1 Clement," *BR* 29 (1984): 35-54.
Brooke Foss Westcott, *The Epistle to the Hebrews*, 3rd ed. (London: Macmillan, 1909).
Ronald Williamson, *Philo and the Epistle to the Hebrews*, ALGHJ 4 (Leiden: Brill, 1970).
R. M. Wilson, *Hebrews*, NCB (Grand Rapids: Eerdmans, 1987).
Hans Windisch, *Der Hebräerbrief*, HNT 14, 2nd ed. (Tübingen: Mohr-Siebeck, 1931).

제20장

야고보서

1. 내용

14세기 초에, 정경에서 히브리서 다음의 일곱 개의 편지들을 공동서신(Catholic Epistles)이라고 부르게 되었다(Eusebius, *H.E.* 2.23.25를 보라). 이 서신들은 바울 서신들과는 달리 하나의 회중이 아니라 교회 전체를 대상으로 하는 것처럼 보였기 때문에 이러한 명칭이 주어졌다. 현대 학자들은 일반적으로 이러한 가정에 대해 의심을 나타내며, 이 서신들은 각기 하나의 회중에게 보내진 것은 아니라고 해도, 최소한 범위가 정해진 특정 지역에게 보내진 것이라고 주장한다.

야고보서도 예외가 아니다. 이 서신은 일반적으로 "흩어져 있는 열 두 지파에게"(1:1) 보낸 것이지만, 아마 팔레스타인 동부와 북부에 있는 한정된 기독교 회중들을 위해 쓴 것인 듯하다. 그러나 어떤 의미에서 "공동"(catholic) 서신, 또는 "일반"(general) 서신이라는 범주는 야고보서에 적합하다. 그 서신에는 특수한 지역적인 문제나 개인에 대한 언급이 없으며, 엉성하게 연결된 일련의 설교들로 이루어져 있다. 부분적으로는 이 이유 때문에, 이 서신은 구조적으로 분명히 구분할 수 없다. 실제로, 야고보서에 대해 그리 좋게 평하지 않은 루터는 그 서신의 저자가 "자료들을 무질서하게 그러모았다"고 비난했다.[1] 이 판단은 양식비평가들의 인정을 받았다. 그들은 야고보서를 윤리적 교훈들을 엉성하게 연결하여 모은 것으로 취급했다.[2] 그러나, 최근에 일부 학자들은 이 서신이 다소 빈틈없는 구조를 지녔다

---

1) Luther, "Preface to the New Testament" (1522), in *LW* 33.397.

2) 특히 Martin Dibelius, *Commentary on the Epistle of James*, rev. by H. Greeven, Hermeneia

고 주장했다. 데이비즈(Davids)는 프랜시스(F. O. Francis)가 확인한 서신 구조를 채택하여,[3] 야고보서에서 하나의 면밀한 문학적 구조를 찾아낸다: "두 번의 서두 진술"(1:2-27), 본론(2:1-5:6), 그리고 끝맺음(5:7-20). 그는 각 단락에서 그 서신의 세 가지 기본 주제—시험, 지혜/깨끗한 말, 그리고 가난/부—가 되풀이 된다고 주장한다.[4] 프랑케묄레(H. Frankemölle)는 수사학적 분석을 사용하여, 1:2-18은 머리말(*exordium*)이요, 5:7-20은 마무리(*peroratio*)라고 밝힌다. 이 부분들은 비슷한 주제들과 어법을 나타내며, 서신의 본문을 둘러싸는 틀의 역할을 한다. 서두 부분에서는 그 서신의 핵심 주제들을 알려주므로, 구조적으로 야고보서 취하는 각각의 주제들은 1:2-18에서 발견되는 간략한 권면 중 하나에 첨부될 수 있다.[5]

만일 루터와 디벨리우스(Dibelius)가 이 서신에서 충분한 구조를 발견하지 못한 것이 비난받아야 할 일이라면, 데이비즈와 프랑케묄레는 실제로 존재하는 것 이상의 구조가 있다고 주장한 것으로 인해 비난받아야 할 것이다.[6] 야고보의 중요한 관심사인 몇 가지 핵심적인 모티프들을 인정하는 것이 가장 좋을 듯하지만, 종종 그것들이 우리의 마음에 들 만큼 산뜻하게 분류될 수 없는 단락들 안에서 다른 주제들과 섞여 있다는 것을 인정해야 한다. 예를 들어, 그 서신의 서두(1:2-4, 12)와 끝부분(5:7-11)에서 "시험"이 두드러지게 나타난다. 시험을 당하는 것이 이 서신 전체의 주제는 아니지만, 야고보의 주장에 의하면 그것이 이 서신을 이해하는 배경이 된다. 시험은 여러 가지 형태를 취하지만(1:2), 특히 이 서신의 많은 독자들이 당하고 있는 가난과 학대 안에 나타난다(2:6-7; 5:4-5).

이 서신은 그리스 서신의 전형적인 형태인 세 부분을 나타낸다: 서두(1:1), 본론(1:2-5:11), 그리고 맺는 말(5:12-20). 이 서신의 본론은 네 단락으로 나뉜다.

(Philadelphia: Fortress Press, 1976), 1-7을 보라.

3) "The Form and Function of the Opening and Closing Paragraphs of James and 1 John," *ZNW* 61 (1970): 110-26.

4) Peter Davids. *The Epistle of James*, NIGTC (Grand Rapids: Eerdmans, 1982), 22-29.

5) H. Frankemölle, "Das semantische Netz des Jakobusbriefes: Zur Einheit eines unstrittenen Briefes," *BZ* 34 (1990), esp. 190-93(and cf. the chart on p. 193). 또한 W. H. Weellner, "Der Jakobusbrief im Kicht der Rhetorik und Textpragmatic," *Linguistica Biblica* 44 (1978-79): 5-66; J. H. Elliott, "The Epistle of James in Rhetorical and Social Scientific Perspective: Holiness-Wholeness and Patterns of Replication," *BTB* 23 (1993): 71-81을 보라.

6) 만일 적절한 수사학적 구조가 상황의 필요성을 충족시켜주지 못한다면, 그러한 구조의 부재는 결점이 될 수 없다(Richard Bauckham, *James: Wisdom of James, Disciple of Jesus the Sage* [London: Routledge, 1999], 62-63.

시험과 그리스도인의 성숙(1:1-18). 수신자에 관한 언급과 문안 인사 후에(1:1), 야고보는 몇 가지 문제를 공략하는데, 그 중 가장 중요한 것이 그리스도인의 고난(시험)이다(1:2-18). 그는 독자들에게 그들이 당하는 고난에서 의미와 목적을 찾고(1:2-4), 지혜를 위해 믿음으로 기도하고(1:5-8), 기독교의 세계관을 가난과 부에 적용하라고(1:9-11) 권한다. 다시 시험이라는 주제를 다룬 후(1:12)에 유혹에 관한 문제로 넘어가는데(1:13-15), πειράζω(*peirazō*)와 πειρασμός(*peirasmos*)는 모두 "시험"(trials)이나 "유혹"(temptations)을 의미할 수 있다는 사실이 주제의 전환을 쉽게 해준다. 이 단락은 은사를 주시는 하나님의 선하심을 상기시킴으로써 끝을 맺는다(1:16-18).

행위를 통해 나타난 참 기독교 신앙(1:19-2:26). 이 서신의 두 번째 단락은 "하나님의 말씀"(1:19-27), "율법"(2:1-13), "행위"(2:14-26) 등 세 개의 상관된 단어에 초점을 둔다. 야고보는 말과 성냄에 대해 경고한 후에(1:19-20) "마음에 심긴 도"(1:21)를 받으라고 권하고, 하나님의 말씀을 진심으로 받는 데에는 행함이 포함된다고 교훈한다(1:22-27). 야고보는 "말씀을 행하는 것"의 중요한 예로 그리스도인들이 사람들을 공평하게 대해야 할 필요성을 언급한다. 그렇게 해야만 "최고한 법"을 이루고 심판을 면할 것이다(2:1-13). 심판을 피하는 데 있어서 그리스도인의 행위의 중요성은 행위와 믿음에 대한 야고보의 유명한 논의를 불러일으킨다(2:14-26). 참 믿음의 특징은 순종이며, 그처럼 행위로 입증된 믿음이 구원을 가져올 것이라고 야고보는 주장한다.

교회 내의 분쟁(3:1-4:12). 이 서신의 세 번째 단락을 구분해주는 확실한 분기점은 없다. 그러나, 부적절한 말에 대한 야고보의 경고는(3:1-12; 4:11-12) 교회 내의 분쟁이라는 문제와 그 근원인 질투에 초점을 두는 인클루지오(*inclusio*)를 지적하는 것으로 볼 수 있을 것이다. 야고보는 이미 다룬 문제를 다시 다루면서(1:19-20, 26), 혀의 위력과 위험성에 대해 경고하기 위해 생생하고 기억에 남을 일련의 표현을 사용한다(3:1-12). 그런 후에 계속 분쟁의 문제를 다루면서 그러한 외적인 불안은 그릇된 지혜(3:13-18)와 욕망의 좌절(4:1-3)에서 기인한 것이라고 주장한다. 4장 4-10절에서는 타협하는 기독교에 대해 엄히 경고하고 독자들에게 회개할 것을 촉구한다. 이 단락은 말에 관한 마지막 권면으로 끝맺는다(4:11-12).

기독교적 세계관의 함축하는 의미들(4:13-5:11). 이 단락은 가장 애매한 단락이지만, 일반적인 주요 주제는 기독교적 세계관이다. 이 세계관이 함축하는 한 가지 의미는 우리가 모든 계획을 세울 때에 하나님을 기억해야 한다는 것이다(4:13-17). 또 다른 하나는 주님의 재림 때에 하나님께서 악한 부자를 심판하시고(5:1-6), 의인에게는 상 주실 것(5:7-11)을 인식하는 것이다.

마지막 권면들(5:12-20). 이 서신의 결말에서 이 단락들에서 종종 발견된 많은 특징들이 발견되지 않는다는 사실은(예를 들면, 여행 계획, 인사말, 개인적인 기도 요청 등) 야고보서가 보다 공식적인 서신임을 암시한다. 야고보는 맹세하지 말 것(5:12), 특히 육체적인 치유를 위해 기도하라는 명령(5:13-18), 그리고 모든 신자들이 서로 영적 건강을 돌보라는 호소(5:19-20) 등에 초점을 둔다.

2. 저자

이 서신의 저자 야고보는 성서에 네 명이 있다. 요한의 형제 세베데의 아들 야고보; 알패오의 아들 야고보; 유다의 아버지 야고보; 예수님의 동생. 이 네 사람 중 예수의 동생 야고보가 이 서신의 저자일 가능성이 가장 크다.

이 서신은 "하나님과 주 예수 그리스도의 종 야고보"(1:1)에 의해 기록되었다고 주장한다. 상세한 설명이 없기 때문에 자연히 잘 알려진 야고보를 저자로 생각하게 되며, 신약성서에서 야고보라는 이름으로 언급된 사람들을 먼저 생각하게 된다. 신약 성서에는 적어도 네 명의 야고보가 있다. (1) 열두 사도 중 한 사람이요 요한의 형제였던 세베데의 아들 야고보(막 1:19; 5:37; 9:2; 10:35; 14:33); (2) 역시 열두 사도 중 한 사람이었던 알패오의 아들 야고보(막 3:18; 막 15:40의 작은 야고보와 동일인인 듯하다); (3) 유다의 아버지 야고보(눅 6:16; 행 1:13);[7] (4) 초대 예루살렘 교회의 지도자였던 예수님의 동생(갈 1:19) 야고보(행 12:17; 15:13; 21:18).

이 네 사람 중에 마지막 사람이 야고보서의 저자일 가능성이 가장 크다.[8] 유다의 아버지 야고보는 너무 알려져 있지 않기 때문에 심각하게 고려할 수 없고, 알패오의 아들 야고보도 정도의 차이는 있지만 마찬가지이다. 한편 세베대의 아들 야고보는 열두 사도 중에 중요한 역할을 했지만, 그가 순교한 연대—주후 44년경(행 12:2를 보라)—를 고려해 볼 때, 이 서신과 연결 지을 수 없다. 그렇다면, 초대 교회에서

7) Ἰούδαν Ἰακώβου(*Ioudan Iakōbou*: "야고보의 유다":눅 6:16)라는 표현에서, 소유격 Ἰακώβου(*Iakōbou*)는 "…의 아들(야고보의 아들 유다)"을 가리키는 것 같지만 "…의 형제"를 의미할 수 있다.

8) 그러나 17세기 이후 일부 스페인 저술가들은 그들의 수호성인인 세베대의 아들 야고보가 저자라고 주장했다. 칼빈(p. 277)은 알패오의 아들 야고보가 그 서신을 썼을 가능성이 있다고 주장한다.

가장 중추적인 역할을 했던 예수님의 동생 야고보만 남게 된다.

야고보서의 헬라어와 사도행전 15장 13-21절에 기록된 야고보의 설교의 헬라서의 유사성이 이 결정을 확증해준다.[9] 또 이 서신에서 빈번하게 예수님의 가르침을 언급한 것, 이 서신의 유대적 분위기, 저자가 "흩어져 있는 열두 지파"에게 라고 말하면서 취한 권위 등도 이 결정을 뒷받침해준다. 이 점에 관하여 초기 기독교의 증언이 완전히 일치하지는 않지만, 대체적으로 의견을 같이 했다. 오리겐은 "사도 야고보"를 저자라고 했는데,[10] 루피니우스(Rufinius)가 번역한 별로 신빙성이 없는 오리겐의 라틴어 번역본에서만 분명히 주님의 형제를 언급한다. 유세비우스는 일반적으로는 이 서신을 주님의 동생이 기록했다고 보지만, 이에 동의하지 않는 사람들도 있다고 했다(*H.E.* 3.25.3; 2.23.25).[11]

그러므로, 주님의 동생 야고보를 이 서신의 저자로 보는 논거가 매우 설득력이 강하다. 그럼에도 불구하고 저자에 관한 몇 가지 고려해 보아야 할 이론들이 있으므로 이에 대해 다루려 한다.[12]

1. 소수의 학자들은 이 서신의 저자가 미지의 야고보라고 주장해왔다.[13] 이것은 가능한 주장이다. 그 서신의 내용과 상충되지 않겠지만, 저자의 신원에 대해 언급이 없는 것은 그가 유명한 인물이었음을 지적하며, 그러한 인물이라면 신약성서에서 언급되었을 것이다.

2. 가장 중요한 대안은 이 서신이 위서로서 미지의 초대 교인이 야고보의 이름으로 기록하였다는 것이다.[14] 이 견해를 지지하는 사람들은 서두의 문안인사에 등장

---

9) 이러한 대등한 구절들과 논의에 관하여는 특히 J. B. Mayor, *The Epistle of St. James* (London: Macmillan, 1913), iii-iv를 보라.

10) Origen, *Comm. on John*, frag. 126.

11) Guthrie, 723-26.

12) 두 가지 이론을 언급할 수 있다. R. Eisenman은 쿰란 문헌을 통해서 알려진 의로운 교사를 저자라고 여긴다("Eschatological 'Rain' Imagery in the War Scroll from Qumran and in the Letter of James," *JNES* 49 [1990]: 173-84); 이에 대한 간단한 반응을 알려면, Painter, *Just James*, 230-34, 277-88을 보라. 19세기에 두 명의 학자들은 원래의 유대교 문서가 예수에 대한 피상적인 두 가지 언급(1:1; 2:1)을 더하여 "기독교화 되었다고 주장했다(L. Massebieau, "L'épître de Jacques—est-elle l'oeuvre d'un Chrétien?" Revue de l'Histoire des Religions 32 [1895]: 249-83; F. Spitta, "Der Brief des Jakobus," *Zur Geschichte und Literatur des Urchristentums* [Göttingen: Vandenhoeck & Ruprecht, 1896], 2:1-239). A. Meyer는 이 원래의 유대교 문서는 야곱이 열두 아들에게 준 "유언"(창 49장)에 기초를 둔 것이라고 주장했다(*Der Rätsel des Jacobusbriefes* [Berlin: Töpelmann, 1930]).

13) 예를 들면 Erasmus; Luther; Hunter, 168-69); J. Moffat, *The General Epistles: James, Peter, and Judas* (London: Hodder & Stoughton, 1928), 2.

14) 이 중요한 견해를 소개하는 사람들은 다음과 같다: Kümmel, 411-14; James Hardy Ropes, *A*

하는 야고보가 주님의 동생 야고보를 가리킨다는 데 동의하지만, 이 야고보가 이 서신을 기록했을 리 없다고 본다. 이러한 결론은 다음의 네 가지 논거에 근거한다.

첫째, 주님의 동생이라면 이러한 서신을 쓰면서 그리스도와 자신의 특별한 관계나 부활하신 주님을 만났던 사실(cf. 고전 15:7)을 암시하지 않았다고 생각할 수 없다. 이 반론은 초대 교회에서는 그리스도와의 혈육관계가 크게 존중되었다는 전제에 기초를 둔다. 그러나 특히 그리스도와의 혈연관계로부터 영적 유익을 얻은 것이 없는 야고보가 그러한 관계를 존중했는지 확실하지 않다(요 7:1-5를 보라). 이러한 점에서 사도행전의 저자가 야고보를 "주님의 형제"라고 부르지 않는다는 사실에 주목할 만하다. 그리스도와의 혈육 관계의 중요성은 교회사에서 나중에 가서야 강조되었으므로, 이 서신이 이 사실에 대해 침묵하는 것은 초기 저작설을 뒷받침해주는 유리한 증거가 될 수 있다.[15)]

둘째, 이 서신이 주님의 동생 야고보의 것임을 부인하는 또 다른 근거는, 이 서신의 언어와 문화적 배경이다. 이 서신은 수준 높은 헬레니즘 시대의 그리스어로 기록되었고, 어휘와 문체의 선택에서도 문학적 필치가 나타나 있다(예를 들면, 1:17의 불완전한 헥사미터[6步格]). 더욱이 저자는 그리스 철학과 종교에서 유래된 개념들을 언급한다(예를 들면, 3:6의 ὁ τροχός τῆς γενέσεως[*ho trochos tēs geneseōs*]: 생의 바퀴). 보수적인 유대인 신자라는 평판을 받고 있는 갈릴리 출신 유대인, 우리가 아는 한 팔레스타인을 떠난 적이 없는 유대인이 그처럼 유창하게 헬라어를 구사할 수 있었을까? 많은 사람들은 그럴 수 없다고 대답한다.

그러나 다음과 같은 세 가지 이유에서 이것은 옳은 대답이 아니다. 첫째, 이 서신의 헬라어는 매우 세련된 것이지만, 그 질이 과장되어서는 안 된다. 로프스(Ropes)는 "고급 수준의 헬라 문학 양식들을 알고 있었다고 암시해주는 요소가 전혀 없다"고 말한다.[16)] 야고보서의 문체는 아테네 문학의 문체가 아니라, 그 당시 『열두 족장의 유언』(*Testaments of the Twelve Patriarchs*)이나 시락서 등 다른 헬레니

Critical and Exegetical Commentary on the Epistle of St. James, ICC (Edinburgh: T. & T. Clark, 1916), 43-52; Martin Dibelius, *Commentary on the Epistle of James, Hermeneia,* rev. by H. Greeven (Philadelphia: Fortress, 1976), 11-21; Sophie Laws, *A Commentary on the Epistle of James*, HNTC (San Francisco: Harper & Row, 1980), 38-42.

15) 다음을 보라: Gerhard Kittel, "Der Geschichtliche Ort des Jakobusbriefes," *ZNW* 41(1942): 73-75; R. Bauckham, *Jude and the Relatives of Jesus in the Early Church* (Edinburgh: T & T Clark, 1990), 125-30.

16) Ropes, *James*, 25. Zahn은 헬라어의 질을 더 낮게 본다(1:112).

즘- 유대교에 속한 작품에서 발견되는 것이었다. 둘째, 1세기에 팔레스타인에 거주하던 유대인들이 헬라어에 정통하고 있었음을 과소평가해서는 안 된다. 최근에 새로 발견된 사실들을 보면, 헬라어는 팔레스타인 지방에서 널리 사용되었으며, 야고보 같은 사람도 헬라어에 능통할 수 있는 기회가 있었을 것이다.17) 실제로 세벤스터(J. N. Sevenster)는 헬라어가 팔레스타인에 미친 영향을 연구하는 데 선례가 되는 사례로 야고보서를 이용하고, 예수님의 동생 야고보가 이 서신을 충분히 기록할 수 있었을 것이라고 결론을 내렸다.18) 셋째, 야고보서에 언급된 종교적/ 철학적 개념들은 당시 일반인들에게 널리 보급되어 있었던 개념이었을 것이다.19) 그렇다면, 이 서신의 언어는 예수님의 동생을 저자로 보는 데 장애가 되지 않는다고 결론을 내릴 수 있다.

셋째, 예수의 동생이 이 서신을 기록했을 리 없다고 생각하는 보다 신학적인 이유는 이 서신에서 구약의 율법과 유대교를 취급한 방법과 관련이 있다.20) 갈라디아서(2:12)와 사도행전(21:17-25)에서는 야고보가 보수적인 유대인 신자들을 대표한다고 주장된다. 야고보가 율법에 열심이 있었기 때문에 그 시대의 많은 유대인들의 존경을 받았다는 후기의 전설은 이와 같은 특징을 확대시킨다.21) 그러나, 이 서신은 율법의 요구들을 무시하며, "자유하게 하는 온전한 율법"(1:25; 2:12)이라고 부르는 등 율법에 대해 어느 정도 진보적인 견해를 취한다.

이 논증에 대한 반응은 위의 두 가지 주장이 모두 과장되었다는 것이다. 한편으로는 야고보를 완고한 유대인 전통주의자로 묘사하는 전설들은 편향적인 듯하다.22) 또 야고보의 신학적 입장에 대한 신약성서의 증거도 그리 뚜렷하지 않다.

---

17) J. N. Sevenster, *Do You Know Greek? How Much Greek Could the First Jewish Christians Have Known?* (Leiden: Brill, 1968).

18) Ibid., p. 191; J. H. Moulton, W. F. Howard, and Nigel Turner, *A Grammar of New Testament Greek*, 4 vols. (Edinburgh: T. & T. Clark, 1908-76), 4:114를 보라.

19) Martin Hengel은 1세기 팔레스타인에 헬라 개념들이 어느 정도 보급되어 있었는지를 증명했다 (*Judaism and Hellenism* [Philadelphia: Fortress, 1974]). 야고보서에 관해서는 다음을 보라: Hengel, "Der Jakobusbrief als antipaulinische Polimik," in *Tradition and Interpretation in the New Testament, Fs.* E. Earle Ellis, ed. G. F. Hawthorne and Otto Bets (Grand Rapids: Eerdmans, 1987), 252.

20) Dibelius는 이것을 전통적인 입장을 반박하는 결정적인 논증이라고 했다(*James*, 17-18).

21) 우리는 유세비우스(*H.E.* 2.23)에 기록된 대로 야고보의 죽음에 관한 Hegesippus의 기록에 의존한다.

22) J. B. Lightfoot, *The Epistle of St. Paul to the Galatians* (London: Macmillan, 1890), 366; R. B. Ward, "James of Jerusalem in the First Two Centuries," *ANRW* (2.26.1 (1992), 799-810.

갈라디아서 2:12는 단순히 안디옥에 있는 유대주의자들이 야고보에게서 왔다고 주장했다고 말하고, 사도행전 21장 17-25절은 극단적인 유대인들의 견해를 제시하고 있지 않다. 또 다른 한편으로는, 사도행전 15장에서는 야고보의 모습이 매우 다르게 묘사되어 율법과 할례에 관한 문제에 대해 비교적 진보적인 입장을 취한다. 또 야고보서는 의식법에 순종할 것을 권하지도 않지만, 금하지도 않는다. 이것이 야고보와 그의 독자들에게는 그리 심각한 문제가 아니었다고 가정할 수 있다. 또 이 서신에 나타난 율법에 대한 견해는 우리가 가정해볼 수 있는 야고보의 견해와 전혀 상충하지 않는다.

야고보서를 위서라고 생각하는 마지막 근거는 칭의의 교리에 관련하여 바울과 야고보서의 관계와 관련되어 있다. 잘 알려진 대로, 이 문제와 관련하여 야고보는 많은 사람들이 바울과 견해를 달리한다는 접근방식을 취한다. 또한 야고보가 말하는 것은 바울의 입장을 바로 이해하지 못한 것이라고, 즉 야고보는 이 문제에 있어서 오전(誤傳)되거나 오해된 형태의 바울의 가르침과 논쟁을 벌이고 있다고 보는 것이 일반적인 견해이다. 야고보서가 바울 이후 오랜 세월이 흐른 후에 기록되었다고 가정해야만 이러한 상황들을 설명할 수 있다고 주장된다. 큄멜은 이 점을 다음과 같이 간결하게 요약했다: "바울신학에 대한 제2 단계의 오해를 포함한 2장 14절 이하의 논쟁은 연대적으로 바울과 거리가 꽤 멀 뿐 아니라—야고보는 62년에 사망했다, 55/56년경에 예루살렘에서 바울을 만났던(행 21:18ff) 야고보의 서신이라고 하기에는 바울신학의 논쟁적인 의도에 대한 철저한 무지를 나타낸다."[23]

야고보서 2:14-26과 바울의 교훈의 관계는 이 서신에서 가장 성가신 신학적 문제이며, 이 문제에 대해서는 후에 다루도록 한다("야고보서의 공헌"단원을 보라). 그러나 야고보서 2장과 바울의 관계를 위에 묘사된 대로 전제할 때(즉 바울의 가르침에 대한 오해에 대응한 것으로), 상황을 달리 설명할 수 있다. 바울의 가르침이 교회에 영향을 미치기 시작했을 때에 야고보서가 기록되었는데, 그때까지 바울은 칭의에 대한 자신의 가르침의 의미에 대해서 야고보와 논의할 기회가 없었던 것은 아닐까?[24] 상황이 그렇다면, 야고보가 바울이 독특하게 칭의를 강조한 것을 염두에 두고 있었지만, 그 교리의 핵심을 완전히 파악하지는 못했을 것 같다는 사실이 설명될 것이다. 다시 말해, 야고보는 바울의 가르침을 오해하여 이신칭의의 교리

---

23) Kümmel, 413.

24) 이 주장에 관해서는 특히 Kittel, "Der geschichtliche Ort," 96-97을 보라; 또한 Walter Wessel, "James, Letter of," in *ISBE* 2:965를 보라.

를 도덕적 해이의 구실로 간주했던 사람들을 통해 간접적으로 바울의 교리에 접했다. 야고보는 이 교리가 무엇을 의도하는지 바울에게서 직접 들을 기회를 갖기 전에 이 서신을 기록했으므로, 이 왜곡된 바울의 가르침에 대응한 것이 된다. 만일 이 상황이 가능한 것이라면(바울의 서신들을 소유하고 있는 사람이 그를 심각하게 오해했다고 가정하는 것보다는 야고보서 2장을 이렇게 이해하는 것이 훨씬 더 일리가 있다), 주님의 동생이 이 서신을 기록했다고 보는 것이 전혀 문제될 것이 없다.

3. 야고보서의 저자에 대한 세 번째 일반적인 견해에서는, 이 서신의 저자를 주님의 동생이라고 보는 것을 지지하는 증거와 그에 반대하는 반론들의 증거 모두 설득력이 있다고 인정한다. 그리하여 중재적인 견해를 취하는데, 그 견해에 의하면 야고보의 가르침이 그 서신의 근저에 깔려 있지만, 후대에 편집되어 현재 우리가 소유하고 있는 형태가 되었다.[25] 이 견해에 대한 주된 반론은 그런 주장이 불필요하다는 것이다. 이 서신의 저자가 주님의 동생 야고보가 아니라는 주장이 조리가 닿지 않는다는 점에 대해서는 이미 살펴보았다. 그렇다면, 야고보를 현재 우리가 소유하고 있는 형태의 서신의 저자로 보는 편이 본문상의 증거나 확실한 역사적인 증거가 없는 편집설을 가정하는 것보다는 훨씬 간단하다.

따라서, 우리는 야고보서의 저자가 주님의 동생 야고보라고 결론을 내린다. 이것이 이 서신 자체의 주장이 함축하고 있는 자연스러운 의미이며, 신약성서와 초대교회의 증거에 의해 확인되는 것이며, 또 이에 반대되는 결정적인 논거도 없다.[26] 더욱이, 이 서신이 위서라는 학설은 고대 세계에서 가명의 서신들이 받아들여짐과 관련된 심각한 반론에 직면한다.[27]

---

25) Peter Davids, *The Epistle of James*, NIGTC (Grand Rapids: Eerdmans, 1982), 12-13; Ralph P. Martin, *James,* WBC (Waco, Tex.: Word, 1988), lxix-lxxviii; Wiard Popkes, *Adressaten, Situation, und Form des Jakobusbriefe*, SBS 125/126 (Stuttgart: Katholisches Bibelwerk, 1986), 184-88.

26) 최근의 학자 중 Luke T. Johnson은 이 편지가 예루살렘의 야고보에 의해서 작성되었을 것이라고 결론짓는다(*The letter of James*, AB37A [Garden City: Doubleday, 1995]) 또한 T. C. Penner, *The Epistle of James and Eschatology: Re-Reading an Ancient Christian Letter* (Sheffield: Sheffield Academy Press, 1996), 35-103; Hengel, "Der Jakobusbrief als antipaulinische Polemik," 252; Bauckham, *James,* 11-23을 보라.

27) 특히 다음을 보라: L. R. Donelson, *Pseudepigraphy and Ethical Argument in the Pastoral Epistle*, HUT 22(Tübingen: Mohr-Siebeck, 1986); S. E. Porter, "Pauline Authorship and the pastoral Epistles: Implications for Canon," *BBR* (1995): 105-23; 그리고 이 책 제8장의 익명 사용과 가명 사용 단원을 보라.

3. 기록 장소

야고보서의 저자를 알지 못한다면, 기록 장소도 알 수 없다. 예를 들어, 로스(Laws)는 로마에서 기록된 서신들—베드로전서, 클레멘트 1서, 헤르마스—과 야고보서의 유사성에 주목하면서, 이 서신이 로마에서 기록되었을 수도 있다고 생각한다.[28] 만일 저자가 주님의 동생이라면, 그가 예루살렘에 있는 교회의 지도자로 있을 때에 예루살렘에서 이 서신을 기록했다고 볼 수도 있다(야고보가 예루살렘의 초대 감독이라는 전승이 있다). 저자 못지않게 독자들에 관해서도 할 말이 많다. 이 서신에 나타난 사회적/경제적 배경도 팔레스타인을 기록장소로 보는 데 적합하다: 이익을 얻기 위해 멀리 여행을 떠나는 상인(4:13-17), 땅이 없는 가난한 사람들의 노동력을 착취하는 부재 지주들(2:5-7; 5:1-6), 격앙된 종교적 논쟁(4:1-3).

4. 기록 연대

야고보서 2:14-26의 가르침과 바울의 관계에 대해 위에서 제공된 설명을 근거로 하면, 바울의 가르침이 영향력을 발휘하기 시작한 후부터 바울과 야고보가 예루살렘 공회에서(행 15장) 만나기 전 사이의 어느 시기에 야고보서가 기록되었을 것이다. 바울은 회심한 이후(주후 33년경) 가르치고 전파하는 사역에 종사했고, 예루살렘 공회는 48년이나 49년경에 개최되었다. 그렇다면, 이신칭의의 교리가 발전하고 알려지는 데 필요한 기간을 감안할 때, 야고보서는 40년대 초나 중반에 기록되었을 가능성이 높다.[29] 이 연대는 야고보서의 상황이나 이 서신이 강조하는 것들과도 일치한다. 이 서신에는 예루살렘 공회 이후에 기록된 것이라면 기대해야 할 유대인 신자들과 이방인 신자들 사이의 갈등에 대한 암시가 없고, 이 서신의 신학은 비교적 발달되지 못한 편이며,[30] 또 이 연대는 야고보가 예수님에 대한 전승들을 사용하는 방식과도 조화를 이룬다.[31]

---

28) Laws, *James,* 2 5-26.

29) 이 연대에 관해서는 특히 다음을 보라: Zahn 1:125-28; Guthrie, 749-53; Mayor, *James,* cxliv-clxxvi Wessel, “James," 965; Kittel, "Der geschichtliche Ort," 71-102.

30) 야고보는 결코 “비신학적”이지 않다. 예를 들어 Luke Timothy Johnson, *Brother of Jesus, Friends of God: Studies in the Letter of James* (Grand Rapids: Eerdmans, 2004), 245-48을 보라.

31) Penner, *The Epistle of James and Eschatology,* 264-77; P. J. Hartin, *James and the Q Sayings*

이 연대를 대신하는 두 가지 대안이 있다. 이 서신의 저자를 주님의 동생 야고보라고 보는 일부 학자들은 그가 말년에 이 서신을 기록했을 것이라고 본다(그는 62년에 순교했다). 이 연대를 지지하는 근거로 다음과 같은 두 가지가 제시된다: (1) 야고보가 바울의 가르침에 대해 응답할 수 있으려면 바울의 서신이 널리 알려져 있었어야 한다; (2) 야고보가 이 서신에서 다루고 있는 제2 세대 신자들의 전형적인 문제였던 세속화.[32] 그러나 세속화 되는 데 시간이 필요한 것도 아니고, 야고보가 바울을 만난 적이 없다고 가정해야 야고보서 2장 14-26절은 이치에 맞는다. 두 번째 대안은 이 서신이 1세기말에 기록되었다는 것으로서, 일반적으로 이 서신을 위서라고 여기는 사람들에 의해 받아들여진다.[33]

5. 수신자

야고보서는 특정 교회에게 보낸 것이 아니기 때문에 공동서신(General Epistles)에 포함되어왔다. 그러나 이 서신은 분명히 특정의 청중을 염두에 두고 있다. 무의식적으로 구약성경을 언급한 방식(1:25; 2:8-13), 모임 장소를 회당이라고 한 것(2:2), 구약성서와 유대교의 은유를 많이 사용한 것 등 몇 가지 특징은 이 서신의 수신자가 유대인 신자였음을 분명히 해준다.[34] 더욱이 5장 1-6절과 같은 구절은 독자들의 대부분이 가난했음을 암시한다. 물론 1:9-11, 2:1-4, 그리고 4:13-17에서는 독자들 중에 부유한 신자들이 있었다고 가정한다고 반론을 제기할 수도 있다.

"온 나라에 흩어져 있는 열두 지파에게"(1:1)라는 이 서신의 인사말은 다소 구체적인 정보를 제공한다. 그러나 이 명칭은 너무 일반적이기 때문에, 수신자들의 신원을 확인하는 데 그리 도움이 되지 못한다. "열두 지파"는 교회를 하나님의 새

---

of Jesus, JSNTSup 47 (Sheffield: JSOT Press, 1991), 148-64.

32) J. A. Hort, *The Epistle of James* (London: Macmillan, 1909), xxv; R. V. G. Tasker, *The General Epistle of James*, TNTC (Grand Rapids: Eerdmans, 1956), 31-33; Hengel, "Jakobusbrief," 252.

33) Kümmel, 414.

34) 일부 학자들은 모든 신자들이 이 편지의 수신인에 포함된다고 생각한다(예를 들면, M. Klein, *"Ein vollkommens Werk": Vollkommenheit, Gesetz und Gericht als theologische Themen des Jakobusbriefes* [Stuttgart: Kohlhammer, 1995], 185-90; F. Vouga, *L'épître de S. Jacques* [Geneva: Labor et Fides, 1984], 24-26; E. Baasland, "Literarische Form, Thematik und geschichtliche Einordnung des Jakobusbriefes," *ANRW* 2.25.5 [1988], 3676-77).

언약의 백성이라고 지칭하기 위해서 구약성서에서 취한 많은 표현들 중 하나일 수 있기 때문에 반드시 유대인 신자들을 지칭하는 것은 아니다.[35] "온 나라에 흩어져 있는"으로 번역된 단어—διασπορά(*diaspora*)—는 팔레스타인 외부에 살고 있는 유대인들과 그들이 거주하던 지역을 지칭하는 데 사용되었다(요 7:35을 보라). 그러나 그 단어는 비유적인 의미로서 참된 본향인 하늘나라를 떠나 살고 있는 그리스도인들의 특징을 나타내기도 했다(벧전 1:1). 야고보서의 유대적 특징과 초기 기록설은 문자적인 의미를 선호한다.[36] 야고보도 그 전의 다른 유대인 저자들과 마찬가지로 흩어진 하나님의 언약의 백성에게 위로와 권면을 보낸다.[37]

diaspora라는 단어는 어쩌면 좀 더 구체적인 의미를 지닐 수도 있다. 사도행전은 핍박 때문에 예루살렘으로 "흩어져"(διασπείρω[*diaspeirō*]. 야고보서 1:1의 디아스포라와 어원이 같다), "베니게와 구브로와 안디옥까지 이르러 도를 유대인에게만" 전한 신자들에 관해 말해 준다(행 11:19).[38] 야고보의 독자들을 이 초기 유대인 신자들이라고 보면, 이 서신의 저술 연대와 조화를 이루며 이 서신을 기록해야 했던 상황도 설명할 수 있다. 예루살렘 교회의 지도자였던 야고보는 흩어져 있는 양들을 서신에 의해 돌보아야 했다. 이 제안은 가설이기는 하지만, 이 서신의 상황을 설명하는 데 있어서 다른 것보다 좋은 제안이다.

6. 특징과 장르

야고보서는 전형적인 서신 형식으로 시작된 반면, 일반적으로 편지에 등장하는 추신이 결여되어 있다. 더욱이 문안인사나 여행 계획, 기도 요청 등의 사적인 요소도 없다. 이 모든 것은 야고보서를 문학적 서신으로 간주해야 한다는 것을 암시한다.[39] 이 서신은 흩어진 교인들이 정착한 몇 개의 공동체에게 보낸 것일 수도

35) 포로기 이후에는 열두 지파가 실제적으로 존재하지는 않았다. 이 표현은 마지막 날에 다시 모인 하나님의 백성들을 지칭하는 방법이 되었다(겔 47:13; 마 19:28; 계 7:4-8; 21:12을 보라).

36) 예를 들어 다음을 보라: Achtemeier/Green/Thompson, 497-98; Mayor, *The Epistle of St. James*, 30-31; F. J. A. Hort, *The Epistle of St. James* (London: Macmillan, 1909), xxiii-xxiv; J. B. Adamson, *The Epistle of James*, NICNT (Grand Rapids: Eerdmans, 1976), 49-50.

37) D. J. Verseput, "Wisdom, 4Q185, and the Epistle of James," *JBL* 117 (1998): 700-3; Buckham, *James*, 14-16.

38) Tasker는 이 유사성에 관심을 모은다(*James*, 39).

39) Peter H. Davids, "The Epistle of James in Modern Discussion," *ANRW* 2.25.5 (1988), 3628-29.

있다. 야고보서의 장르에 대한 좀 더 구체적인 결정을 하려면, 다음과 같은 이 서신의 네 가지 특징을 살펴보아야 한다.

첫째, 야고보서에 스며있는 목회적 권면들이다. 야고보서에서는 신약성서의 다른 책들보다 명령형의 동사가 더 자주 사용된다. 야고보는 독자들을 꾸짖고 권면하는데, 그가 가르치는 신학은 모두 이 절대적인 목적과 연결된 것이다.

두 번째 특징은 치밀하지 못한 구조이다. 앞에서 이 서신을 네 부분으로 나누는 것을 제안했었다. 그러나 이 서신에 대해서 제안된 개요의 다양성에서 분명하게 드러나듯이, 그러한 구분은 결코 분명한 것은 아니다. 야고보가 갑작스럽게 한 주제에서 다른 주제로 이동하며, 때로는 한 주제에 관해 한 문단을 소요하지만(예를 들면: 2:1-13, 14-26; 3:1-12), 겨우 몇 절 언급하고 다른 주제로 넘어가는 경우가 더 많다는 사실에서 어려움이 발생한다.

세 번째 특징은 은유들과 비유들을 광범위하고 효과적으로 사용한다는 것이이다. 야고보가 자신의 의사 전달을 위해 사용한 비유들—요동하는 바다, 시들어버린 꽃, 나무를 태우는 불—은 보편적인 호소력을 지니며, 이 서신을 유명하게 만들었다.

이 서신의 네 번째 특징은 야고보가 그 시대의 다른 문학 작품이나 교훈에 나타난 사상과 어휘를 사용한 것이다. 이러한 자료 중에서 가장 중요한 것은 예수님의 교훈이다. 야고보가 (아마 구전 형태의) 예수님의 가르침을 철저히 알고 있었기 때문에 그것이 야고보의 견해와 태도 형성에 영향을 주었다고 가정한다면, 야고보서에 예수님의 가르침과 유사한 것들이 많은 이유가 설명된다.[40] 그러나 야고보는 특히 『열두 족장들의 유언』이나 시락서와 같은 초기 유대교 저서들에 나타난 개념과 어휘도 사용하고, 그보다는 적지만 『솔로몬의 지혜』나 필로와 비슷한 어휘와 개념도 사용한다. 이러한 유사한 것들은 본질적으로 직접 인용한 것이 아니라, 야고보가 이러한 작품들의 저자들과 비슷한 배경을 가지고 있었음을 암시해준다.

이러한 특징들은 야고보서의 장르를 확실히 결정하는 데 도움을 주는가? 롭스(Ropes)는 일부 그리스 저자들이 교훈이나 논쟁에 즐겨 사용했던 양식인 디아트리베(*diatribe*, 통렬한 비난)가 야고보서의 장르라고 주장한다.[41] 그러나 야고보서를 "윤리적 권면"(*parenesis*)으로 보는 사람들이 더 많다. 야고보서를 윤리적

---

40) 예수님의 가르침과 야고보서의 유사점들에 대한 목록은 Davis, *James,* 47-48에서 찾아볼 수 있다.

41) Ropes, *James*, 10-16.

권면이라고 주장하는 학자인 디벨리우스(Dibelius)는 다음과 같은 이 장르의 네 가지 특징이 야고보서에서 발견된다고 주장한다: 절충주의(eclecticism: 전통적인 자료들을 인용함), 도덕적 교훈들을 체계 없이 엮은 것, 반복, 보편적 적용성.[42] 이러한 특징들이 야고보서에 있는 것은 분명한 사실이지만, 그것들을 특정한 문체나 장르에 국한시켜야 하는지는 의심이 간다. 야고보서의 장르로서 윤리적 권면을 대신하는 가장 대중적인 것은 '금언'이다.[43] 실제로, 오늘날 많은 학자들은 윤리적 권면을 금언의 한 가지 구성 요소로 보아야 한다고 주장한다.[44] 그러나 금언은 결코 야고보서 전체의 중심이 아니다. 실제로, 이 서신의 대부분은 지혜서에서 친숙하게 등장하는 간단한 "잠언들"로 구성되어 있지 않다. 이러한 주장은 크게 우리가 금언을 얼마나 폭넓게 이해하는가에 달려 있다. 현대 학계에서는 그러한 구조 아래 많은 것을 포함시키는 경향이 있다. 금언을 광범위한 정의해야만 야고보서 전체를 금언으로 분류할 수 있지만, 그처럼 광범위한 정의를 정당화할 수 있는지 확신할 수 없다. 야고보서는 하나의 설교나 일련의 설교로서 목회자와 떨어져 있는 신자들에게 보내기 위해서 서신의 형태로 표현한 것이라고 보는 것이 좋을 듯하다.[45]

7. 정경으로의 채택

야고보서는 1세기 후반의 저서들에 많은 영향을 준 듯한데, 그중에는 헤르마스의 『목자』(*Shepherd of Hermas*)와 『클레멘트 1서』도 있다.[46] 알렉산드리아의 클레멘트는 야고보서 주석을 저술했다고 알려져 있으나, 그러한 작품은 남아 있지 않다.[47] 야고보서를 성경으로 처음 인용한 사람은 오리겐이고, 그 외에도 3세기

---

42) Dibelius, James, 5-11; L. G. Perdue, "Paraensis and the Epistle of James," *ZNW* 72(1981): 241-56.

43) 다음을 보라: Brown, 740; H. 44 Frankemölle, *Der Brief des Jakobus* (Gütersloh: Gütersloher, 1994), 80-88; W. R. Baker, *Personal Speech-Ethics in the Epistle of James*, WUNT 68 (Tübingen: Mohr-Siebeck, 1995), 7-12; Ben Witherington III, *Jesus the Sage: The Pilgrimage of Wisdom* (Minneapolis: Fortress, 1994), 238-47.

44) J. G. Gammie, "Paraenetic Literature: Toward the Morphology of a Secondary Genre," *Semeia* 50 (1990): 43-51; Hartin, *James and the Q Sayings of Jesus*, 21-80.

45) G. H. Rendall, *The Epistle of St. James and Judaistic Christianity* (Cambridge: Cambridge University Press, 1927), 33; Davids, *James*, 23; Wessel, "James," 962.

46) Mayor, *James*, lxix-lxxi, lxxxviii-cix를 보라. 그는 신약성경과 초기 기독교 문서에서 야고보서에 대한 많은 언급이 있음을 발견하는데, 그것들의 대부분은 간접적인 것들이다.

47) B. F. Westcott, *A General Survey of the History of the Canon of the New Testament* (London:

저자들도 야고보서에 대해 알고 있었다. 유세비우스는 야고보서를 정경으로 인정하고 자주 인용했다. 그러나, 그는 이 서신을 "논란이 되는 책들" 중 하나로 분류함으로써 당시 이 서신의 정경성에 대해 의심을 제기되었음을 시사했다(*H.E.* 3.25.3을 보라). 그는 모든 공동서신들을 정경으로 채택하기를 주저했던 시리아 교회의 일부 교인들을 염두에 두었던 듯하다. 그러나 야고보서는 시리아어 역 페쉬타(Peshitta)에 포함되어 있고, 크리소스톰(407년 사망)과 테오도렛(Theodoret, 458년 사망)에 의해서 긍정적으로 인용되었다. 초기 서방교회에서도 약간 늦게 야고보서를 정경으로 받아들였지만 상황은 비슷했다. 무라토리 정경과 몸젠 목록(Mommsen Catalogue, 아프리카 정경을 나타낸다. 360년경)에서는 야고보서가 발견되지 않는다.[48] 야고보서에 대한 가장 초기의 분명한 언급들은 4세기경부터 나타나기 시작한다(프와티에의 힐라리와 암브로시애스터). 제롬(Jerome)이 야고보서를 완전히 받아들인 것은 서방교회에서 야고보서를 정경으로 받아들이는데 결정적인 역할을 했다.

그리하여 야고보서는 고대 교회 전체에서 정경으로 인정되었으며, 일부 진영에서는 그것을 정경으로 받아들이기를 망설이기도 했지만, 노골적으로 부인한 사람은 없었다. 이러한 망설임은 야고보서의 위치에 의문을 제기하는가? 그렇지 않다. 아마 망설임은 저자의 신분에 대한 불확실함(어느 야고보?)과 이 서신이 비교적 경시되고 있다는 사실이 결합된 결과였을 것이다. 이 서신은 실제적이고 유대적 색채가 강했기 때문에, 초대 교회의 교리적 논쟁에서 널리 사용되지 않았을 것이다.

루터는 야고보서를 신랄하게 비판했다. 루터는 믿음으로만 의롭게 된다는 바울의 교리를 성경의 핵심으로 여겼기 때문에 야고보서를 받아들이기 어려웠다. 따라서, 그는 이 서신을 유다서와 히브리서, 그리고 계시록과 함께 신약성서에서 부차적인 책들로 분류했다. 그러나 루터는 야고보서를 정경에서 제외하지 않았고, 신랄하게 비판하면서도 긍정적으로 자주 인용했다.[49] 루터는 이신칭의를 분명하게 가르친 "핵심적인 책들"과 비교하여 야고보서를 "지푸라기 서신"(즉, 지푸라기로 만들어진 서신; 고전 3:12를 암시한 듯하다)으로 여겼다. 그러나 그는 "야고보

Macmillan, 1889), 357-58.

48) 그러나 어떤 사람들은 무라토리 정경의 원문이 훼손되었기 때문에 야고보서가 무라토리 정경에서 빠진 것은 우발적인 것이라고 본다(Westcott, *History of the Canon*, 219-20). 반대되는 의견을 위해서는 Franz Mussner, *Der Jakobusbrief* (Freiburg: Herder, 1981), 41을 보라.

49) D. Stoutenberg, "Martin Luther's Exegetical Use of the Epistle of St. James," M. A. Thesis, Trinity Evangelical Divinity School, 1982), 51.

서에는 좋은 내용들이 많기 때문에 이 서신을 높이 평가하거나 정경에 포함시키는 것을 막고 싶지는 않다'"고 말한 적도 있다.[50] 우리는 야고보서에 대한 루터의 비판을 경시하는 것을 원치 않는다. 루터는 분명히 야고보서를 이해하는 데 어려움이 있었으며, 이 어려움은 그의 논쟁적인 상황에서 비롯된 편파적인 관점 때문에 생긴 것이다. 보다 공정하게 살펴볼 때, 야고보서는 바울이나 다른 성경 저자들과 전혀 상충함이 없이 기독교 신학과 실천에 대한 이해에 중요하게 기여한다고 볼 수 있다. 역사적/신학적 근거에서 야고보서는 충분히 정경으로 인정될 가치가 있다.

8. 야고보서에 대한 최근 연구

현대 신약학 분야에서 문학적 접근방법을 지향하는 일반적인 경향은 야고보서를 고대 수사학 범주들에 따라서 분류하고 분석하려는 시도로 나타난다.[51] 야고보가 부자들을 강력하게 정죄한 것(특히 5:1-6) 때문에, 다양한 형태의 해방신학을 주창하는 사람들은 이 서신을 선호하게 되었다.[52] 그러나 가장 흥미로운 것은 이 서신의 사회적 배경에 대한 관심이다. 일반적으로 신약학에서 이 문제에 대한 새로운 관심이 고조되면서 학자들은 이 서신의 역사적/사회적 배경을 확인하고, 그렇게 함으로써 만들어진 재구성을 해석의 열쇠로 사용하려 해왔다. 그러한 재구성 중 하나는 야고보서를 결국 열심당 운동으로 이어진 혁명적 철학에 매료된 가난하고 억압받은 유대인 신자들을 대상으로 기록된 서신이라고 본다. 야고보는 억압받은 가난한 사람들의 권리와 목적을 옹호하지만(특히 5:1-6), 동시에 그들의 상태를 완화하기 위하여 폭력적인 방법을 사용해서는 안 된다고 경고한다(4:1-3).[53] 이러한 재구성들은 문제에 대한 설명을 제공할 수 있지만, 본문이 의도하는 것 이상의 의미를 부여하지 않도록 조심하지 않으면, 이 서신을 엉뚱한 틀에 억지로 맞추는 결과를 초래할 수 있다.[54]

---

50) *LW* 35:397.

51) Wesley Hiram Wachob, *The Voice of Jesus in the Social Rhetoric of James*, SNTSMS 106 (Cambridge: Cambridge University Press, 2000)을 보라.

52) P. V. Maynard-Reid, *Poverty and Wealth in James* (Maryknoll, N.Y.: Orbis, 1987); E. Tamez, *The Scandalous Message of James: Faith without Works Is Dead* (New York: Crossroad, 1990).

53) Martin, *James*, lxii-lxix.

54) 이러한 재구성들의 주관성은 또 다른 학자들이 야고보의 배경을 전혀 다르게 정의한다는 사실(야

9. 야고보서의 공헌

야고보의 주된 공헌은 참 기독교 신앙은 행위를 통해 나타나야 한다는 주장에 있다. 그는 신자들에게서 흔히 볼 수 있는바 이 세상과 다음 세상에서 최선의 것을 소유하려 하는 냉담하고 타협하는 믿음에 만족하는 경향을 단호히 대적한다. 야고보는 두 마음을 품는 것을 근본적인 죄로 여기고(1:8; 4:8), 신자들에게 그 죄를 회개하고 하나님께서 원하시는 온전하고 완전한 성품을 되찾으라고 촉구한다.

특히 야고보가 칭의를 행위와 연결하려 할 때, 이 점에 관한 야고보의 강력한 주장은 이 서신의 신학적 관점에 관한 질문들을 야기한다(2:14-26). 왜냐하면 이 점에서 야고보는 오직 믿음으로만 의롭게 된다는 바울의 주장과 상충하는 듯하기 때문이다(롬 3:28을 보라). 많은 학자들은 여기에서 신약성서 내의 다양성의 표시를 찾는 데 만족하면서, 사람이 어떻게 하나님 앞에서 의롭게 되는가 하는 데 대해 바울과 야고보가 서로 다른 이야기를 한다고 생각한다.[55] 그러나 그처럼 파괴적인 견해를 받아들일 필요가 없다. 야고보는 2장 이전에서 이미 구원은 하나님이 주도하시는 일임을 분명히 했다.[56] 또 야고보서 2장의 가르침은 적어도 두 가지 상이한 방식으로 바울의 가르침과 조화를 이룬다고 볼 수도 있을 것이다. 첫째는 야고보가 "사람들 앞에서 변호한다"는 의미에서 "의롭게 하다"(δικαιόω[dikaioō])라는 동사를 사용하고 있다는 주장으로서 두 가지 주장 중에서 더 대중적이다(눅 7:29에서도 이 동사는 그런 의미로 사용되었다). 그렇다면, 바울과 야고보는 서로 다른 것에 관해 말하고 있다. 즉, 바울은 우리의 의의 선포에 관해 말하고 있고, 야고보는 우리의 의를 증명하는 것에 대해 말하고 있다. 두번째 가능성은 야고보서의 "의롭게 하다"라는 동사가 "마지막 심판 때에 변호하다"를 의미한다고 보는 것으로서, 유대교에서 종종 이러한 의미로 사용된다(마 12:37). 이 경우에, 바울과 야고보는 모두 하나님 앞에서의 죄인의 의에 대해 말하고 있지만, 바울은 그 의를 처음으로 받아들이는 것에 초점을 두며, 야고보는 심판 때에 하나님 앞에서 그 상태의 정당성

고보서의 독자들은 바울의 영향을 받아 세워진 헬라파 교회의 교인들이었다)을 통해서도 분명히 알 수 있다(Popkes, *Adressaten, Situation, und Form des Jakobusbriefes*, 71).

55) James G. D. Dunn, *Unity and Diversity in the New Testament* (Philadelphia: Westminster, 1977), 251-52.

56) Douglas J. Moo, *The Letter of James*, PNTC (Grand Rapids: Eerdmans, 2000), 44-48, 108-16; Timo Laato, "Justification according to James: A Comprison with Paul," *TrinJ* 18 (1997): 47-61.

이 입증되는 방법에 초점을 둔다.[57]

이러한 신학적 조화는 절대적으로 필요하다고 생각하지만, 동시에 바울이나 야고보가 독자적으로 제시하는 중요한 신학적 공헌을 무시해서는 안 된다. 종교개혁 시대에 그랬던 것처럼, 구원의 기초를 인간의 행위에 두려 하는 율법주의를 대할 때에는 바울의 말에 귀를 기울여야 한다. 그러나 웨슬리 시대에 강조된 대로, 행위가 기독교인들에게는 필요하지 않다는 태도를 가진 정적주의(Quietism)를 대할 때에는 야고보에게서 배워야 한다.

참고 문헌

J. B. Adamson, *The Epistle of James*, NICNT (Grand Rapids: Eerdmans, 1976).

E. Baasland, "Literarische Form, Thematik und geschichtliche Einordnung des Jakobusbriefes," *ANRW*2.25.5 (1988), 3676-77.

W. R. Baker, *Personal Speech-Ethics in the Epistle of James*, WUNT 68 (Tübingen: Mohr-Siebeck, 1995).

Richard Bauckham, *James: Wisdom of James, Disciple of Jesus the Sage* (London: Routledge, 1999); idem, *Jude and the Relatives of Jesus in the Early Church* (Edinburgh: T. & T. Clark, 1990).

Christoph Burchard, *Der Jakobusbrief*, HNT 15/1 (Tübingen: Mohr-Siebeck, 2000).

John Calvin, *Commentaries on the Catholic Epistles*, reprinted. (Grand Rapids: Eerdmans, 1948).

J. Cantinat, *Les épîtres de Saint Jacques et de Saint Jude* (Paris: Gabalda, 1973).

Bruce Chilton and Jacob Neusner, eds., *The Brother of Jesus: James the Just and His Mission* (Louisville: Westminster John Knox, 2001).

Peter Davids, *The Epistle of James*, NIGTC (Grand Rapids: Eerdmans, 1982); idem, "The Epistle of James in Modern Discussion," *ANRW* 2.25.5 (1988) 3628-29.

Martin Dibelius, *Commentary on the Epistle of James*, rev. by H. Greeven, Hermeneia (Philadelphia: Fortress Press, 1976).

L. R. Donelson, *Pseudepigraphy and Ethical Argument in the Pastoral Epistles*, HUT 22 (Tübingen: Mohr-Siebeck, 1986).

James G. D. Dunn, *Unity and Diversity in the New Testamen*t (Philadelphia: Westminster, 1977).

David Hutchinson Edgar, *Has God Not Chosen the Poor? The Social Setting of the Epistle of James*, JSNTSup 206 (Sheffield: Sheffield Academic Press, 2001).

R. Eisenman, "Eschatological 'Rain' Imagery in the War Scroll from Qumran and in the Letter of James," *JNES* 49 (1990): 173-84.

J. H. Elliott, "The Epistle of James in Rhetorical and Social Scientific Perspective: Holiness-Wholeness and Patterns of Replication," *BTB* 23 (1993): 71-81.

F. O. Francis, "The Form and Function of the Opening and Closing Paragraphs of James and 1 John," *ZNW* 61 (1970): 110-26.

57) 특히 Moo, *James,* 37-43을 보라.

H. Frankemölle, *Der Brief des Jakobus* (Gütersloh: Gütersloher, 1994); idem, "Das semantische Netz des Jakobusbriefes: Zur Einheit eines unstrittenen Briefes,“ *BZ* 34 (1990): 161-97.

J. G. Gammie, "Paraenetic Literature: Toward the Morphology of a Secondary Genre," *Semeia* 50 (1990): 43-51.

P. J. Hartin, *James and the Q Sayings of Jesus,* JSNTSup 47 (Sheffield: JSOT Press, 1991).

Martin Hengel, "Der Jakobusbrief als antipaulinische Polemik," in *Tradition and Interpretation in the New Testament, Fs.* E. Earle Ellis, ed. G. F. *Hawthorne and Otto Betz* (Grand Rapids: Eerdmans, 1987), 248-78; idem, *Judaism and Hellenism*, 2 vols. (Philadelphia: Fortress Press, 1974).

F. J. A. *Hort, The Epistle of St. James* (London: Macmillan, 1909).

Luke Timothy Johnson, *The Letter of James*, AB 37A (Garden City: Doubleday, 1995); idem, *Brother of Jesus, Friend of God: Studies in the Letter of James* (Grand Rapids: Eerdmans, 2004).

Gerhard Kittel, "Der geschichtliche Ort des Jakobusbriefes," *ZNW* 41 (1942): 71-105.

M. Klein, *"Ein vollkommens Werk: Vollkommenheit, Gesetz und Gericht als theologische Themen des Jakobusbriefes* (Stuttgart: Kohlhammer, 1995).

R. J. Knowling, *The Epistle of St. James*, 2nd ed. (London: Methuen, 1910).

Timo Laato, "Justification according to James: A Comparison with Paul," *TrinJ* 18 (1997): 47-61; idem, *Rechtfertigung bei Jakobus: Ein Vergleich mit Paulus* (Saarijärvi: Gummerus Kirjapaino Oy, 2003).

Sophie Laws, *A Commentary on the Epistle of James*, HNTC (San Francisco: Harper & Row, 1980).

Ralph P. Martin, *James,* WBC (Waco: Word, 1988).

L. Massebieau, "L'épître de Jacques—est-elle l'oeuvre d'n Chrédien?" Revue de l'Histoire des Religions 32 (1895): 249-83.

P. V. Maynard-Reid, *Poverty and Wealth in James* (Maryknoll: Orbis, 1987).

J. B. Mayor, *The Epistle of St. James* (London: Macmillan, 1913).

A. Meyer, *Der Rästel des Jakobusbriefes* (Berlin: Töpelmann, 1930).

C. L. Mitton, *The Epistle of St. James* (Grand Rapids: Eerdmans, 1966).

J. Moffatt, *The General Epistles: James, Peter, and Judas* (London: Hodder & Stoughton, 1928).

Douglas J. Moo, *The Letter of James*, TNTC (Grand Rapids: Eerdmans, 1985); idem, *The Letter of James*, PNTC (Grand Rapids: Eerdmans, 2000).

J. H. Moulton, W. F. Howard, and Nigel Turner, *A Grammar of New Testament Greek*, 4 vols. (Edinburgh: T. & T. Clark, 1908-76).

Franz Mussner, *Der Jakobusbrief*, HTKNT (Freiburg: Herder, 1981).

J. Painter, *Just James: The Brother of Jesus in History and Tradition* (Columbia: University of South Carolina Press, 1997).

T. C. Penner, *The Epistle of James and Eschatology: Re-Reading an Ancient Christian Letter* (Sheffield: Sheffield Academic Press, 1996).

L. G. Perdue, "Paraenesis and the Epistle of James," *ZNW* 72 (1981): 241-56.

Wiard Popkes, *Adressaten, Situation, und Form des Jakobusbriefe*, SBS 125/126 (Stuttgart: Katholisches, 1986); idem, *Der Brief des Jakobus*, THNT (Leipzig: Evangelische Verlagsanstalt, 2001).

S. E. Porter, "Pauline Authorship and the Pastoral Epistles: Implications for Canon," *BBR* 5 (1995): 105-23.

G. H. Rendall, *The Epistle of St. James and Judaistic Christianity* (Cambridge: Cambridge University Press, 1927).

James Hardy Ropes, *A Critical and Exegetical Commentary on the Epistle of St. James*, ICC (Edinburgh: T. & T. Clark, 1916).

J. N. Sevenster, *Do You Know Greek? How Much Greek Could the First Jewish Christians Have Known?* (Leiden: Brill, 1968).

F. Spitta, "Der Brief des Jakobus," *Zur Geschichte und Literatur des Urchristentums*, vol. 2 (Göttingen: Vandenhoeck & Ruprecht, 1896), 1-239.

E. Tamez, *The Scandalous Message of James: Faith without Works is Dead* (New York: Crossroad, 1990).

R. V. G. Tasker, *The General Epistle of James*, TNTC (Grand Rapids: Eerdmans, 1956).

D. J. Verseput, "Wisdom, 4Q185, and the Epistle of James," *JBL* 117 (1998): 691-707.

F. Vouga, *L'épître de S. Jacques* (Geneva: Labor et Fides, 1984).

Wesley Hiram Wachob, *The Voice of Jesus in the Social Rhetoric of James*, SNTSMS 106 (Cambridge: Cambridge University Press, 2000).

R. B. Ward, "James of Jerusalem in the First Two Centuries," *ANRW* 2.26.1 (1992), 799-810.

Walter Wessel, *James,* Letter of," in ISBE 2:959-65.

B. F. Westcott, *A General Survey of the History of the Canon of the New Testament* (London: Macmillan, 1889).

Ben Witherington III, *Jesus the Sage: The Pilgrimage of Wisdom* (Minneapolis: Fortress, 1994).

W. H. Wuellner, "Der Jakobusbrief im Licht der Rhetorik und Textpragmatic," Linguistica Biblica 44 (1978-79): 5-66.

제21장

베드로전서

1. 내용

베드로의 첫 번째 편지는 신앙 때문에 고난을 받고 있는 소아시아의 신자들에게 쓴 것이다. 그는 그리스도의 죽으심과 부활 때문에 그들이 누리는 구원의 견고한 소망을 상기시키면서 그들을 위로하며, 박해자들에게 주는 증거로서 거룩한 삶의 높은 표준을 유지하라고 말한다. 종종 신학적 관점을 전개한 후에 적용하는 바울과는 달리, 베드로는 서신의 처음부터 명령법과 직설법을 혼합하여 사용한다. 실제로, 1:3-9의 감사하는 부분과 2:4-10의 "돌"에 관한 내용을 제외하면, 베드로전서의 모든 구절은 명령, 기초를 세우기 위해 도입된 신학을 가진 명령으로 시작된다.

이 서신의 인사말의 특징은(1:1-2) 베드로가 이중으로 독자들을 소개함으로써 그 서신의 중요 모티프들을 소개하는 방식에 있다. 이 신자들은 한편으로는 하나님의 "택하심을 입은 자들"이다. 하나님은 그들을 자기 백성으로, "제사장들"로서 하나님을 대변하며 하나님 앞에서 중재하는 자들로 택하셨다(2:5, 9-10). 따라서, 그들은 구약성서에서 하나님의 백성에게 주신 중요한 명령, "내가 거룩하니 너희도 거룩할지어다"(1:15-16)를 따라야 하며, 택함을 입은 자들에게 알맞은 "행실"(ἀναστροφή, 이 서신의 핵심 단어; cf. 1:15, 18, 2:12, 3:1, 2, 16)을 구체적으로 표현해야 한다. 한편, 이 신자들은 이 세상의 "나그네"들이기도 하다(1:1). 그들은 하나님의 택하심을 받았으며 택함을 받은 자로서 살기 때문에, 함께 살고 있는 불신자들의 놀라움(4:4)과 적대심을 초래한다(4:4; 1:6; 3:13-17). 구주이신 예수 그리스도를 본받으며 의를 위해 고난을 받음으로써 하나님의 영광과 선하심을 증명하는 것이 하나님의 백성들의 운명이므로(2:19-25; 3:9, 15-16), 그들에게는 그러한 고난이 놀라운 것이 아니다(4:12). 한 구절에서 베드로는 독자들에게 하나님을 영화롭게 하며 적대적인 세상에 증거하는 수단으로서 고난을 당할 때에 믿음을 나타내라고 권한다.

문안인사(1:1-2)에 이은 베드로전서의 본론(1:3-5:11)은 세 부분으로 나뉘는데, 2:11과 4:12에서 "사랑하는 자들아"(ἀγαπητοί)라고 수신인을 나타낸다. 첫 부분(1:3-2:10)은 하나님의 백성의 특권과 책임에 초점을 둔다. 베드로는 독자들의 신생이 확실한 소망과 유업, 즉 장래의 구원을 공급해주었음을 상기시킴으로써 그들을 권면하기 위해서 전형적인 서신의 감사 형식을 사용한다(1:3-9). 베드로는 잠시 주제에서 벗어나서(1:10-12) 선지자들이 구원을 예고했고 천사들도 그것을 이해하기를 원한다고 언급함으로써 구원의 중요성을 강조한다. 1:13-2:3에서는 독자들의 신생에 뿌리를 두고 있으며 그리스도 안에서 그들을 대속하신 하나님의 행위에 의해 자극을 받은 거룩한 행실을 나타내라고 촉구하는 등 하나님의 백성의 책임을 주도적으로 다룬다. 그들이 바라는 구원은 그리스도의 사역으로 말미암아 그들에게 제공되었지만, 그들은 행위에 의해서 "구원에 이르도록" 자라야 한다(2:2). 이 단락의 결론부분에서(2:4-10), 베드로는 독자들에게 하나님을 찬미해야 하는 하나님의 백성으로서의 새로운 신분을 상기시키기 위해서 그리스도를 "돌"로 비유한다.

1:1의 인사말을 되풀이하여 독자들이 하나님의 택함을 받은 백성이라는 것을 상기시킨 후(2:9-10), 그들이 세상에서 "나그네와 행인"이라고 경고함으로써 다음 단락이 시작된다. 이 단락에서는 독자들이 살고 있는 적대적인 세상과는 상이하지만 매력이 있는 생활방식을 나타냄으로써 이 명칭에 합당하게 살라는 명령이 두드러진다(2:11-12). 그들은 먼저 "순복" 해야 한다—이것은 2:13-3:7의 중심사상이다. 베드로는 일반적으로 그들이 "인간에 세운 모든 제도"(2:13)에게 복종하라고 명하고, 그러한 제도들 중 몇 가지를 구체적으로 언급한다. 신자들은 국가에 복종하고(2:14-17), 종들은 상전에게 복종하고(2:18-25), 아내들은 남편들에게 복종해야 한다(3:1-7). 여기에서 베드로는 독자들이 회심했다고 해서 이 세상에 대한 의무들로부터 면제된 것이 아님을 상기시키기 위해서 헬레니즘 세계의 "가족법"을 수정하여 적용한다. 그러나 이러한 의무들은 그리스도의 모범(2:21-25)과 그 의무들의 목적에 의해서, 즉 하나님의 능력과 선하심을 증거하기 위해서 변형되

었다(3:1).

3:8의 "마지막으로 말하노니"라는 표현은 "순복"에 관한 단락의 마지막 단계를 나타낸다. 여기에서 베드로는 모든 신자들에게 신자들 및 가능하다면 불신자들과 조화롭게 살아야 할 책임을 상기시킨다(3:8-12). 3:13-17에서는 고난이라는 주제가 표면에 등장한다. 베드로는 신자들이 대면하고 있는 적대 행위에 대해 담대한 증거와 아름다운 행동으로 반응해야 할 필요성에 초점을 둔다. 바르게 행동하라는 이 명령에 또 하나의 기독론적인 구절이 첨부되는데, 이것은 베드로전서의 전형적인 특징이다(3:18-22). 이 구절의 해석에 대해서는 논란이 많다. 일부 학자들은 베드로가 여기에서 그리스도께서 죽어 부활하시기 전에 죽은 자들에게 복음을 전하기 위해서 지옥에 내려가신 것을 묘사한다고 생각하며,[1] 또 다른 학자들은 베드로가 노아를 통해서 복음을 전파하시는 성육하기 이전의 그리스도를 묘사한다고 생각한다.[2] 그러나 베드로가 그리스도가 악한 세력들을 정복하시고 승리하신 분이심을 선언하기 위해서 구약성서(창 6장)와 유대 전승들(특히 에녹 1서)을 사용하고 있다는 것이 학자들의 어느 정도 일치된 견해이다.[3] 베드로는 신자들에게 박해자들을 두려워하지 말라고 요구하며(3:14) 그리스도께서 악한 영적 존재들까지도 정복하셨음을 상기시키므로, 그러한 해석이 문맥에 적합하다. 두 번째 주요 단락은 구분되는 행실을 나타내라는 요구(4:1-6)와 종말이 가깝다는 데 기초를 둔 일련의 권면으로 끝맺는다(4:7-11).

세 번째 단락은 고난에 대한 바른 반응에 대한 마지막 권면으로 시작된다(4:12-19). 그 단락의 마지막 구절에서는 베드로의 핵심적인 요구가 되풀이 된다: 신자들은 "하나님의 뜻대로 고난을 받으며", "미쁘신 조물주께" 복종하며, 계속 "선을 행해야" 한다. 베드로는 5:1-5에서 공동체의 지도자들에게 올바른 동기를 가지고 책임을 행하라고 권면하며, 공동체의 다른 사람들에게는(예를 들면, "젊은 자들") 장로들에게 순복하라고 권한다. 이 서신의 본문은 박해를 받을 때에 담대하고 하나님께 완전히 복종하라는 마지막 권면으로 끝맺는다(5:7-11).

---

1) 초대 교회에서는 이러한 견해가 널리 보급되어 있었다.
2) 특히 다음을 보라: Wayne A. Grudem, *The First Epistle of Peter*, TNTC (Grand Rapids: Eerdmans, 1988), 203-39; John S. Feinberg, "1 Peter 3:18-20: Ancient Mythology and the Intermediate State," *WTJ* 48 (1986): 303-36.
3) 예를 들어 다음을 보라: Paul J. Achtemeier, *1 Peter*, Hermeneia (Philadelphia: Fortress, 1996), 252-62; John H. Elliott, *1 Peter: A New Translation with Introduction and Commentary*, AB 37B (New York: Doubleday, 2000), 637-710.

이 서신의 마지막 인사에서는(5:12-14) 베드로의 동역자로서 이 서신을 쓰는 데 도움을 준 실루아노와 마가를 언급하며, 또 "바벨론에 있는 교회"(아마 로마 교회일 것이다)가 문안한다고 언급한다.

2. 상황

지금까지 간략히 살펴보았듯이, 베드로전서를 쓰게 된 원인은 고난이다. 그런데, 그 고난의 본질은 무엇인가? 실질적으로 그 문제는 그 서신의 모든 구절의 배후에 놓여 있지만, 베드로는 세 개의 본문에서 독자들의 고난을 직접 언급한다. 1:6에서는 단순히 "여러 가지 시험"을 언급한다. 3:13-17에서는 전반적으로 고난을 언급하지만(14, 17절), 구체적으로 신자들을 "욕하는 자들"도 언급한다(16절). 마지막으로 4:12-19에서 베드로는 독자들이 겪고 있는 고난을 "불시험"이라고 표현하고(12절), 그들이 그리스도의 고난에 참예하고 있다고 말하며(13절), 그들이 그리스도의 이름을 달고 있기 때문에 고난을 당한다고 주장한다(14, 16절). 이러한 언급들은 이 신자들이 당하고 있는 고난이 일상생활의 고난(질병, 가난, 죽음)이 아니라 일종의 박해였음을 암시해준다. 이 박해가 무엇인지 확인할 수 있다면, 이 서신을 이해하고 그 특수한 역사적 배경을 확인하는 데 도움이 될 것이다.

우리는 악트마이어(Achtemeier)를 본받아 다음과 같은 세 가지 표제 아래 가능성들을 상설(詳說)할 수 있다: 전반적인 공식적 박해, 공식적인 지역적 박해, 또는 비공식적인 지역적 박해.[4] 베드로가 독자들을 "세상에 있는 너희 형제들도 동일한 고난을 당한다"(5:9)고 언급한 것 때문에, 과거에 많은 학자들은 전반적인 공식적 박해를 선호해왔다. 그러나 그와 같이 전반적이고 공식적인 박해와 관련된 세 가지 가능성—네로 시대의 박해(64-65년), 도미티안 시대의 박해(90-95년), 그리고 트라얀 시대의 박해(97-111년)—은 모두 제국 전체에서 이루어졌다는 납득할 만한 증거가 없기 때문에 배제되어야 한다. 베드로 서신의 독자들이 소 플리니(Pliny the Younger)와 트라얀 황제가 주고받은 서신에서 언급된 박해(110년경에 발생)로 인해 고난을 당하고 있었다는 것이 다소 매력적이다. 플리니는 (베드로전서의 수신장소에 포함된 속주들 중 하나인) 비두니아의 행정적 혼란 상태를 바로잡기 위해서 파견되었었다. 그는 트라얀 황제에게 보낸 서신에서 기독교인들에 대한

---

4) Achtemeier, *1 Peter,* 28-36.

박해를 언급하면서, 전반적인 정책에 대한 조언과 자신이 추진하는 과정을 위한 특별한 지침을 요구한다. 그러나 사도 베드로가 응답했다고 보기에는 이 박해가 너무 후대에 발생했다는 문제 외에도 베드로전서의 내용도 공식적인 박해를 가리키지 않는다. 그보다는 전반적인 로마 제국의 박해로 인해 기독교인들이 직면했었다고 알려진 적대감을 언급한다. 기독교인들은 공식적인 로마 정부를 중심으로 한 준(準) 종교적인 관습들을 받아들이기를 거부했고, 당시 유행하던 일부 제국의 관습들을 단호하게 대적했으며, 자주 자기들끼리 모여 주의 만찬을 기념했기 때문에, 의심과 적대감의 대상이 되었다. 아마도 베드로전서의 독자들은 비난과 조롱, 차별을 받았으며, 심지어 날조된 죄목으로 법정에 섰을 것이다. 이 상황은 5:10을 포함하여 베드로전서에 언급된 고난에 대한 언급들을 충분히 설명해 준다. 왜냐하면, 제국 전역에서 기독교인들이 이와 동일한 대접을 받고 있었기 때문이다. 4:14, 16에서 독자들은 그리스도를 따른다는 이유로 고난을 당하고 있다. 최근 베드로전서를 연구하는 학자들은 이 서신의 독자들이 이러한 종류의 고난을 당하고 있었다는 데 거의 의견이 일치한다.[5] 그렇다면, 이 서신이 구체적인 역사적 상황을 명확하게 정의하는 데 있어서 실질적인 도움을 얻을 수 없다.

3. 자료와 구성

신약성서의 서신 중에서 전통적인 자료를 가장 크게 의존하는 서신이 베드로전서라고 주장된다. 어떤 자료들은 명백하고 확실하다. 예를 들어, 베드로전서에서는 구약성서를 여덟 번 인용하며(1:24-25a=사 40:6-8; 2:6=사 28:16; 2:7=시 118:22; 2:8=사 8:14; 2:22=사 53:9; 3:10-12=시 34:12-16; 4:18=잠 11:31; 5:5=잠 3:34), 자주 암시적으로 언급하고, 구약성서의 개념들과 어휘들이 가득하다. 학자들은 신약성서에서 히브리서와 요한계시록을 제외하고는 베드로전서가 구약성서를 가장 크게 의존하고 있다고 평가한다. 베드로는 분명히 다양한 초기 기독교 전승들을 의존하고 있다. 일부 학자들은 베드로가 예수님의 말을 의존하고

학자들은 신약성서에서 히브리서와 요한계시록을 제외하고는 베드로전서가 구약성서를 가장 크게 의존하고 있다고 평가한다.

5) 예를 들면, J. N. D. Kelly, *A Commentary on the Epistles of Peter and of Jude*, HNTC (New York: Harper & Row, 1969), 5-11; Brown, 713-14; Achtemeier, *1 Peter*, 28-36; Elliott, *1 Peter*, 97-103. 그러나 F. W. Beare는 국가가 지원한 공식적인 박해만이 베드로전서의 자료들을 설명할 수 있다고 주장한다(*The First Epistle of Peter*, 2nd ed. [Oxford: Blackwell, 1958], 29-34).

있음을 보여준다고 생각하지만, 다른 학자들은 그렇게 확신하지 않는다.[6] 베드로전서가 바울 서신들, 특히 로마서와 에베소서를 알고 있으면서 그것들을 사용하여 기록한 서신이라는 합의는 40년 전에 이루어졌다.[7] 그러나 대부분의 현대 학자들은 이러한 서신들과의 유사성들은 문학적 의존에 기인하는 것이 아니라 초기 기독교 전승을 공통적으로 사용한 데 기인한다고 주장한다.[8]

보다 거창하게 베드로전서의 배후에 특수한 전례 문서, 또는 요리문답 문서가 있다고 주장하는 이론들이 있으나, 그것들은 그리 인기가 없다. 전례 문서가 있다는 가설을 최초로 주장한 사람은 페르델비츠(Richard Perdelwitz)이다. 그는 1:3-4:11이 베드로가 차용하여 사용한 세례식 설교라고 주장했다.[9] 프라이스커(H. Preisker)는 이 이론을 한 단계 더 발전시켜서 1:3-4:11은 특히 로마 교회의 세례 예전을 결합한 것이며 4:12-5:11은 공동체 전체를 대상으로 하는 일반적인 설교라고 주장한다.[10] 이 이론의 궁극적인 형태는 크로스(F. L. Cross)에게서 발견된다. 그는 πάσχω(*paschō*, "고난")을 자주 언급하는 데 주목하면서, 1:3-4:11은 부활절 세례예식에 참여하는 자들의 몫이었다고 주장한다.[11] 1:1-4:11과 5:12은 박해의 위협을 받는 신자들에게 보낸 편지이고, 4:12-5:14은 이미 고난당하고 있는 사람들에게 보낸 서신이라는 물(C. F. D. Moule)의 논거가 더 그럴 듯하다.[12]

의심스럽기는 하지만, 4:12이 중요한 분기점이라는 인식은 이 이론들을 가동

---

6) Robert H. Gundry, "'*Verba Christi*' in 1 Peter," *NTS* 13 (1966-67): 336-50; idem, "Further Verba on *Verba Christi*," Bib 55 (1974): 211-32; Ernest Best, "1 Peter and the Gospel Tradition," *NTS* 16 (1969-70): 95-113을 보라.

7) 예를 들어 Beare, *The First Epistle of Peter,* 9을 보라. Ernest Best는 베드로전서의 저자는 로마서를 간접적으로 알고 있고 에베소서는 더 직접적으로 알고 있다고 생각한다(*1 Peter*, NCB [Grand Rapids: Eerdmans, 1982], 32-36). 반면에, J. Ramsay Michaels는 베드로전서는 신약성서 중에서 로마서만 의존하고 있다고 생각한다(*1 Peter,* WBC [Waco: Word, 1988], xliii-xliv).

8) Eduard Lohse, "Paranesis and Kerygma in 1 Peter."는 초점의 변화를 보여주는 중요한 논문이다. 이 논문은 1957년에 독일어로 처음 출판되었고, 현재 *Perspectives on First Peter*, ed. Charles Talbert (Macon: Mercer University Press, 1986), 37-59에 수록되어 있다.

9) R. Perdelwitz, *Die Mysterienreligion und das Problem des I Petrusbriefes* (Giessen: Töpelmann, 1911.

10) Appendix by H. Preisker in H. Windisch and H. Preisker, *Die katholischen Briefe*, HNT, rev. ed. (Tübingen: Mohr, 1951), 152-62. Beare, *The First Epistle of Peter*, 6-8도 보라. 그는 1:1-4:11은 세례식 설교이고 4:12-5:11은 진정한 서신이라고 주장한다(1:1-2과 5:12-14도 서신에 속한다). M.-E. Boismard, *Quartre hymnes baptismales dans la première épître de Pierre* (Paris: Cerf, 1961)도 보라

11) F. L. Cross, *I Peter, A Paschal Liturgy* (London: Mowbray, 1954).

12) C. F. D. Moule, "The Nature and Purpose of I Peter," *NTS* 3 (1956-57): 1-11.

시킨다. 이 구절 앞에서는 고난이 가능성으로서 다루어지지만(특히 3:14을 보라), 4:12에서 "불 시험"이 등장한다. 이와 같은 돌연한 변화를 설명하려면, 일종의 분할 이론이 필요하다고 생각되어왔다. 그러나 4:12에서의 구분이 과도하게 인식되어왔다는 것이 대부분의 현대 학자들의 의견이다. 고난은 이 서신 전체에서 독자들이 경험하고 있는 실체이다(1:6; 2:18-25; 3:13-17; 4:5). 분할 이론을 뒷받침하는 본문상의 증거가 전혀 없다. 전례 문서가 배후에 있다는 가설들은 특히 비평을 받기 쉽다. 서신 전체에서 세례 의식이 다양한 은유로 언급된다는 주장은 결코 정당화될 수 없으며, 이 서신에서 세례는 단 한 번 언급된다(3:21). 또 베드로의 편지를 읽는 사람들이 로마교회의 전례에 대해 듣는다고 해서 얼마나 유익을 얻을 것인지도 분명하지 않다. 베스트(Ernest Best)의 표현처럼, "소아시아에 전례의 필요성을 선언하는 상황이 있었다거나, 로마에 그러한 서신을 쓰게 만든 상황이 있었다고 상상할 수 없다."[13] 현대 학계에서는 전혀 이의가 없이 베드로전서의 문학적 통일성을 주장한다.

4. 저자

초대 교회는 교묘하게 이 서신에 "베드로의 첫 번째 서신"(*Petrou A'*)라는 명칭을 부여했다. "예수 그리스도의 사도 베드로"가 저자로 언급되며(1:1), 베드로후서는 "내가 이제 이 둘째 편지를 너희에게 쓰노니"(벧후 3:1)라고 확인하는데, 이것은 베드로전서를 언급하는 듯하다. 이 서신 및 저자가 베드로임을 입증하는 초기의 강력한 증언이 있다. 일부 학자들은 A.D. 96년에 로마에서 저술된 『클레멘트 1서』에 베드로전서가 인용되어 있다고 생각하지만, 이것은 그리 가능성이 없는 주장이다. 일반적으로 135년경에 폴리캅이 빌립보 교회에 보낸 서신은 그가 베드로전서를 알고 있었음을 드러낸다는 것이 통일된 견해이다. 베드로전서라는 명칭을 처음으로 언급한 최초의 교부는 2세기말의 이레내우스이다. 공동서신 중에서 유세비우스가 "논란이 없는" 확실한 신약성서의 책으로 분류한 것은 베드로전서뿐이다(*H.E.* 3.3.25). 이 서신은 무라토리 정경에는 포함되어 있지 않지만, 그 문서는 훼손되어 있으므로 원래는 베드로전서가 포함되어 있었을 수도 있다. 마이클의 결론처럼 "사 복음서와 바울의 서신들을 제외하고, 신약성서의 다른 책들보다 베

13) Ernest Best, *1 Peter*, NCB (Grand Rapids: Eerdmans, 1982), 22.

드로전서를 뒷받침하는 증거가 가장 강력하다."[14]

이처럼 저자에 대해 강력하게 입증된 주장에도 불구하고, 현대의 많은 학자들은 여러 가지 이유를 내세우면서 베드로가 이 서신의 저자임을 부인한다. 과거에 꽤 인기가 있었던 두 가지 이유, 즉 (1) 이 서신이 베드로의 사후에 발생했을 수 있는 국가의 지원을 받는 세계적인 박해를 반영한다는 것; (2) 그리고 베드로가 생전에 알지 못했을 바울 서신들을 의존한다는 것이 현재 일반적으로 무시되고 있다. 앞에서 살펴보았듯이, 현재 대부분의 학자들은 이 두 논거의 전제들에 대해 의심을 제기한다. 그러나, 베드로가 저자가 아님을 입증하는 데 충분하다고 생각되는 다른 이유들이 있다.

1. 만일 베드로가 그 서신을 저술했고, 5:13의 "바벨론"이 저술 장소인 로마를 언급한다면, 베드로는 A.D. 64-65년에 사망하기 직전에 이 서신을 썼음이 분명하다. 그러나 이 시기에 로마 교회에서 활동하고 있었던 바울이 로마서나 로마에서 쓴 서신들(에베소서, 골로새서, 빌레몬서, 빌립보서, A.D. 60-62)에서 베드로를 언급하지 않았으므로, 이 시기에 베드로가 로마에 있었다고 생각하기 어렵다.

2. 이 서신은 소아시아의 다섯 속주에 있는 이방인 신자들에게 쓴 것이다. 그러나 40년대 말에 베드로와 바울이 예루살렘에서 만났을 때, 바울은 이방인들에게 전도하고 베드로는 야고보와 요한과 함께 유대인들을 중심으로 전도하기로 합의했었다(갈 2:1-10). 또 바울은 베드로전서 1:1에서 언급된 속주들 중에서 적어도 두 곳(갈라디아와 아시아; 갈라디아서와 행 19장을 보라)에서 복음을 전했다. 그러므로 베드로가 신약성서에서 바울의 지역에 배치한 신자들과 관련이 있었다고 생각하기 어렵다.

3. 베드로전서 5:1-5에서 전제로 하는 교회의 질서는 베드로가 사망한 후의 시대를 반영한다. 그리스도는 목자들을 거느린 "목자장"으로 묘사된다. 그리고 베드로가 장로들의 탐욕에 대해 경고하는 것을 보면, 장로들은 유급직이었다.

4. 만일 베드로가 이 서신의 저자라면, 예수님이 세상에 계실 때 지녔던 밀접한 관계에 기초를 둔 회상 내용이 있어야 할 것이다.

5. 베드로전서의 신학은 매우 "바울적"이므로, 바울과 신학적인 문제로 논란을 벌인 베드로가 썼다고 보기 어렵다(갈 2:11-14).

6. 이 서신의 구약성서 인용문들은 70인 역을 따르고 있다. 베드로의 배경을

---

14) Michaels, *1 Peter,* xxxiv.

감안할 때에, 그가 헬라어 구약성서 본문을 사용했다고 생각할 수 없다.

7. 이 서신에서 사용된 헬라어는 유창하고 수사학적이다. 사실상, 이 서신은 히브리서와 누가복음-사도행전과 함께 신약성서에서 가장 훌륭한 헬라어를 구사하고 있다. 과거 학계에서는 사도행전 4:13에서 "학문 없는"(ἀγράμμᾰτος) 범인으로 분

류된 갈릴리 출신의 어부 베드로는 헬라어를 전혀 알지 못했을 것이라고 주장하는 경향이 있었다. 그러나 최근 1세기 팔레스타인의 언어에 대한 연구에 의하면, 헬라어가 널리 사용되었음이 드러났다. 아마 베드로는 생선을 구매하는 사람들과 대화하기 위해서 헬라어를 사용하면서 성장했을 것이다. 그러나 현대 학자들은 베드로가 헬라어를 알고 있었을 가능성을 충분히 의식하면서도, 이 서신이 증명하는 것처럼 헬라어를 쉽고 유창하게 사용할 수는 없었을 것이라고 주장한다. 악트마이어(Achtemeier)는 다음과 같이 진술한다:

> 베드로전서에서 발견되는 헬라어의 유형은 저자가 헬라인으로 태어났는지의 여부와는 상관없이, 어느 정도 공식적인 교육을 받았음을 드러내준다. 저자는 수사학이나 철학 분야에서 고등 교육을 받지는 않았더라도, 지리학, 수학 음악 및 호머와 같은 고전 작가들의 글을 읽는 것을 포함하는 중등 교육을 받았을 것이다. 공식적인 교육을 받지 못한 1세기 팔레스타인의 어부들도 어느 정도 유창하게 헬라어를 구사할 수 있었을 것이라고 가정할 수 있지만, 이 서신에서 발견되는 헬라어는 그러한 수준을 넘어선다.[15)]

현대의 대부분의 학자들은 이러한 논거들은 베드로가 이 서신의 저자일 수 없음을 충분히 입증할 수 있다고 결론짓는다. 따라서, 그들은 베드로전서는 베드로의 사후에 "베드로 학파"에 속한 사람이 쓴 위서라고 주장한다.[16)]

그럼에도 불구하고, 베드로 저작설에 대한 이러한 반론들을 주의 깊게 고찰해 보면, 대부분의 반론들이 근거 없는 것이며 결정적인 반론이 전혀 없음이 드러난다.

---

15) Achtemeier, *1 Peter*, 4-5을 보라

16) 이 가설에 대한 대표적인 최근의 진술은 Elliott, *1 Peter*, 118-30에서 발견된다. 또한 다음을 보라: Best, *1 Peter,* 49-63; Achtemeier, *1 Peter*, 1-43; R. P. Martin, "The Theology of James, 1 Peter, and 2 Peter," in *The Theology of the Letters of James, Peter and Jude* (Cambridge: Cambridge University Press, 1994), 91-92; M. L. Soards, "1 Peter, 2 Peter, and Jude as Evidence for a Petrine School," *ANRW* 2.25.5 (1988), 3827-49; Brown, 718-19; McDonald/Porter, 535-37.

1. 바울의 생애를 재구성해보면, 그는 A.D. 60-62년에 감옥에서 석방된 후에 지중해 동부에서 사역하기 위해서 로마를 떠났다(제17장을 보라). 따라서 바울은 적어도 1년쯤 로마에 없었을 것이며, 그 기간에 베드로가 로마에 와서 그의 이름이 붙여진 서신을 충분히 쓸 수 있었을 것이다. 심지어 학자들은 베드로전서와 로마서의 비슷한 점들은 베드로가 로마에 체류하는 동안에 로마서를 알게 된 데 기인하다고 주장했다. 어쨌든, 신뢰할 수 있는 전승에 의하면 베드로와 바울이 네로의 박해 기간에 순교한 A.D. 64-65년에 이 두 사람이 로마에 있었다는 시나리오를 가정해야 한다.

2. 인종에 의해서 선교 영역을 구분하는 데 합의한 것은 결코 절대적이거나 영구적인 것으로 의도된 것이 아니었다. 바울은 방문하는 모든 도시에서 유대인들에게 복음을 전했다. 고린도전서 1장은 베드로가 고린도에서 지낼 때에는 주로 이방인 신자들이 그를 따랐다고 암시한다. 1:1의 속주들의 목록이 의도하는 것이 어떤 지역인가에 대해 논란이 되고 있지만, 그것은 소아시아의 중부와 북부지방, 바울이 한 번도 방문한 적이 없는 지역을 언급하는 것일 가능성이 크다.

3. 베드로전서 5:1-4에는 60년대 초에 존재하지 않았던 교회 질서를 반영하는 것이 전혀 없다. 더욱이, 사역의 "계급"(예를 들어 집사와 장로)에 대한 언급이 없는 것은 이 서신이 초기에 저술되었음을 지적할 수도 있기 때문에, 그 논거에는 장단점이 있다.[17]

4. 이 서신에서는 예수님이 세상에 계실 때에 베드로가 예수님과 친밀한 관계가 있었다고 분명하게 언급하지는 않지만, 많은 학자들은 그러한 관계를 암시하는 표현들이 있다고 생각한다(특히 5:1과 2:23을 보라).[18] 그러나, 아무리 좋게 보아도 증거가 애매하다(5:1의 "증인"은 "어떤 사실을 증명하는 사람"이라는 의미일 수 있다). 베드로가 기록한 어느 서신에서 세상에서 자신과 예수님의 관계를 분명히 언급했는지의 여부가 보다 설득력이 있는 논점이다. 베드로후서 1:16-18을 보면, 베드로가 자신의 목적에 합당한 곳에서는 그렇게 할 수 있었으리라는 것이 분명히 드러난다. 그러나 논증에 전혀 필요하지 않음에도 불구하고, 그러한 언급을 했을 것이라고 기대할 근거는 없다. 더욱이, 때때로 비평가들은 이 점에 있어서 다음과 같은 상반되는 주장을 한다. 베드로전서에는 역사적 예수에 대한 언급이 없으므로,

---

17) Achtemeier, *1 Peter*, 37을 보라.

18) 예를 들면, E. G. Selwyn, *The First Epistle of St. Peter* (London: Macmillan, 1949), 28; Grudem, *The First Epistle of Peter*, 21.

그 서신은 베드로가 저술한 것일 수 없다; 베드로후서에는 그러한 언급이 포함되어 있으므로 베드로가 쓴 것일 수 없다.

5. 베드로전서의 신학이 바울의 신학과 흡사하다는 주장은 과거에는 인기가 있었지만, 이제는 상당히 많은 뉘앙스를 지닌다. 베드로는 많은 핵심적인 사상과 표현을 바울과 공유한다. 이는 그들이 공통된 기독교 전승을 의존하는 데 기인하는 듯하다. (베드로와 바울이 신학적으로 의견이 일치하지 않는 수준이 크게 과장되어왔다.[19]) 그러나, 베드로는 바울과는 매우 다른 방식으로 이러한 사상들과 표현들을 사용한다.

6-7. 이 논거들은 모두 이 서신의 헬라어와 관련되어 있으므로 함께 다룰 수 있다. 또 이것들은 저자 문제에 대한 논증의 열쇠가 될 수도 있다. 심지어 베드로가 저자라는 사실에 대해 비평적인 학자들도 인정하듯이, 1-5번까지의 다섯 가지 논거들 모두는 아니더라도 대부분은 결정적인 것이 되지 못한다.[20] 베드로전서가 칠십인 역을 의존하고 있다는 것과 그 서신의 분명하고 유식한 헬라어는 문제가 될 수 없다. 문제는 이것들이 이 서신의 저자로서 베드로를 배제하기에 충분한 근거가 되는가의 여부에 있다. 베드로가 저자임을 옹호하는 사람들은 이 서신의 헬라어 문체와 관련하여 필사자가 개입되어 있을 것이라고 주장한다. 흔히 5:12에서 "실루아노로 말미암아 너희에게 간단히 써서 권하고"라고 언급된 실루아노가 그 필사자라고 확인된다. 이 실루아노는 "실라"라고도 불리며, 바울의 중요한 동역자로서 (cf. 행 15:22-24, 40; 16:19, 25, 29; 17:14-15; 18:15; 고후 1:19) 데살로니가 전・후서의 공동저자로도 언급된다(살전 1:1; 살후 1:1). 그러므로 이 서신의 훌륭한 헬라어와 "바울주의"는 실루아노에게서 기인한 것일 수 있다.[21] 그러나, 바울의 저술임을 비판하는 사람들과 옹호하는 사람들 모두 이 가설을 비판한다. 문제는 베드로전서 5:12의 "실루아노로 말미암아 써서"(διά Σιλουανοῦ…ἔγραψα)는 필사자가 개입되어 있음을 언급하는지, 아니면 그 서신을 가지고 간 사람을 언급하는지의 여부에 있다.[22] 이 용어가 서신을 기록한 사람을 언급한 예가 적어도 하나가

---

19) N. Brox, *Der erste Petrusbrief*, EKKNT, 2nd ed. (Zürich: Benziger Verlag, 1986), 51.

20) 특히 Achtemeier, *1 Peter*, 2-43을 보라.

21) 다음을 보라: C. A. Bigg, *A Critical and Exegetical Commentary on the Epistles of St. Peter and St. Jude*, 2nd ed. (Edinburgh: T. & T. Clark, 1902), 5; Wikenhauser, 505-6; Selwyn, *The First Epistle of St. Peter*, 10-17 (Selwyn은 베드로전서와 데살로니가 전・후서 사이의 유사점들에 호소한다).

22) 두 번째 안을 주장하는 학자들의 예를 들면 다음과 같다: Grudem, *The First Epistle of Peter,*

있는 듯하지만,[23] 일반적으로는 편지를 전달하는 사람을 나타내는 듯하다.[24] 그럼에도 불구하고, 이 증거는 결코 베드로전서의 헬라어가 어느 정도는 필사자의 작품이라는 가설을 제거하지 못한다. 1세기에 서신을 쓴 사람들은 대부분 필사자들을 고용했고, 그들에게 나름대로의 표현의 자유를 부여했다. 따라서 서신에 이름이 언급되어 있는지의 여부와는 상관없이, 베드로도 필사자를 고용했을 가능성이 있으며,[25] 그 필사자가 실루아노였을 가능성이 있다. 왜냐하면 5:12이 실루아노가 그 서신을 전달한 사람으로 언급한다고 결론짓는다고 해서 그가 그 서신을 기록한 사람일 수 없다는 의미는 아니기 때문이다. 베드로전서의 유창한 헬라어가 필사자의 것이라는 가능성이 유효하다.

그러나 필사자를 고용했다는 가설 외에도, 이 서신의 헬라어가 분명히 베드로의 것일 수 없는지에 대해서도 질문할 수 있다. 분명히, 베드로는 공식적인 교육을 받지 못했을 것이다. 그러나 공식적인 교육을 받아야만 이 서신에 표현된 유창한 헬라어를 구사할 수 있었을까? 태생이 비천하고 공식적인 교육을 거의 받지 못했음에도 불구하고 박식했던 작가들의 예는 이 가정에 대해 이의를 제기하는 듯하다. 만일 베드로가 저자라면, 예수님의 죽음과 부활, 그리고 베드로전서를 기록했으리라고 생각되는 시기 사이의 30년 동안에 베드로의 헬라어가 얼마나 훌륭한 수준에 도달했는지 우리는 알지 못한다.

만일 위서임을 증명하는 미미한 논거가 있었다면, 그것은 이 서신에 관한 것이다.

그러므로 베드로가 이 서신의 저자임을 반대하는 논거는 결코 강력하지 못하다. "만일 위서임을 증명하는 미미한 논거가 있었다면, 그것은 이 서신에 관한 것이다"[26]라고 말한 하워드 마셜(I. Howard Marshall)의 주장에 우리는 동의한다. 신빙성을 방해하는 것은 언어의 문제뿐이며, 이 문제보다는 초대교회 내에서는 가명의 서신이 작성되고 받아들여졌다고 생각하는 문제가 훨씬 중요하다.[27]

23-24 (베드로 저작설을 옹호함) and Achtemeier, *1 Peter*, 7-9 (베드로 저작설에 대해 비판적임).

23) Eusebius, *H.E.* 4.23.11에서 클레멘트를 클레멘트1서의 저자로 언급할 때.

24) Elliott, *1 Peter*, 872-73을 보라.

25) Peter H. Davids, *The First Epistle of Peter*, NICNT (Grand Rapids: Eerdmans, 1990), 6-7을 보라.

26) I. Howard Marshall, *1 Peter* (Leicester: IVP, 1991), 21.

27) Achtemeier는 교사의 권위와 "건전한 거짓말"에 호소함으로써 그 과정을 정당화하려는 대단히 취약한 시도에 의해서 위서 가설의 본질적 문제를 드러낸다(*1 Peter*, 39-41).

5. 기록 장소

"바벨론에 있는 교회"(5:13)가 문안한다는 말은 베드로가 바벨론이라고 부르는 장소에서 이 서신이 기록되었음을 암시한다. 구약성서에서 종종 언급되는 메소포타미아의 역사적인 도시 바벨론에는 베드로의 시대에는 유대인들이 거주하지 않았고(요세푸스의 *Ant.* 18.371-79을 보라), A.D. 115년에 트라얀 황제가 방문했을 때에는 거의 황폐해져 있었으므로, 베드로가 이 도시에서 서신을 썼다고 생각하는 사람은 거의 없다. 또 베드로의 시대에 이집트에 "바벨론"이라고 불리는 대단히 작은 로마의 군사 식민지가 있었지만, 이곳도 베드로전서의 기록장소일 가능성은 매우 희박하다.[28] 현대 학자들은 "바벨론"은 구약성서에서 이스라엘과 비교한 바벨론에서 유추한 세속적인 세력을 나타내는 상징이라는 데 의견을 같이 한다. 소수의 학자들은 그것이 단지 유랑생활을 하는 하나님의 백성을 언급하는 방법이라고 주장했지만,[29] 대부분의 학자들은 요한계시록의 바벨론을 적용하여 베드로가 그 시대에 세속적 세력의 중심지였던 로마를 언급한다는 데 동의한다. 따라서 "바벨론에 있는 교회"는 로마에 있는 교회(ἐκκλησία, 여성형 단어)일 것이다.

6. 기록 연대

베드로전서가 위서라고 생각하는 학자들은 플리니와 트라얀 황제 사이에 오간 서신에 그 서신을 쓰게 된 상황을 알 수 있는 단서가 있다고 생각하기 때문에, 그 서신이 2세기 초에 기록되었다고 추정할 것이다.[30] 그러나 일반적으로 이 서신이 베드로 학파의 것이라고 추정하는 현대 학자들은 이 서신이 70년부터 100년 사이의 어느 시기에 기록된 것으로 여기는 경향이 있다.[31] 베드로가 이 서신의 저자라고 가정한다면, 이 서신은 분명히 A.D. 62-63년에 기록되었을 것이다. 베드로는 60년대에 로마에 도착했다고 보아야 하므로, 그보다 더 일찍 기록되었다는 주장은 설득력이 없다. 이 서신은 교회생활과 신학에 관해 "확실한 상황"을 반영하는 듯하

---

28) 신약시대의 바벨론에 대해서는 Duane F. Watson in *ABD* 1.565-66을 보라.
29) 예를 들면, Martin, "The Theology of James, 1 Peter, and 2 Peter," 93.
30) 예를 들면, Beare, *The First Epistle of Peter*, 11-19; F. Gerald Downing, "Pliny's Prosecutions of Christians: Revelation and 1 Peter," *JSNT* 34 (1988): 105-23.
31) Best, *1 Peter*, 63-64; Achtemeier, *1 Peter*, 43-50; Elliott, *1 Peter*, 134-38; Brown, 721-22.

므로, 베드로가 이 서신을 쓸 때 바울은 로마에 있지 않았을 것이다.[32] 베드로가 순교하기까지 어느 정도의 시간이 흘렀다고 본다면, 베드로후서는 A.D. 63년 이후에 기록되었다고 볼 수 없다.[33]

7. 수신자

이 서신에서 베드로가 유대인 선교(cf. 갈 2:7)에 초점을 두고 구약성서를 많이 인용하고 언급한 것 때문에, 특히 초대 교회 내의 일부 해석자들은 이 서신의 수신인이 주로 유대인이라고 생각한다.[34] 그러나 베드로가 독자들에게 이방인이 수신인이라고 강력하게 제시하는 구절은 다음과 같다: 1:18("너희 조상의 유전한 망령된 행실"); 2:10("너희가 전에는 백성이 아니더니"); 4:3("너희가 음란과 정욕과 술 취함과 방탕과 연락과 무법한 우상 숭배를 하여 이방인의 뜻을 좇아 행한 것이 지나간 때가 족하도다"). 1:18은 그리스도 안에 있는 하나님의 약속의 성취와 상관이 없이 헛된 생활을 하는 유대인을 묘사한다고 생각할 수 있다. 그러나 "백성이 아니더니"라는 표현은 이방인을 가리키며(cf. 롬 9:24-25; 엡 2:11-12), 4:3에 열거된 죄들 역시 이방인을 가리킨다. 많은 학자들은 이와 같이 상충되는 자료들을 접하고 또 베드로전서를 보낸 지역에 많은 유대인들이 거주하고 있었음을 인정하고서, 이 서신의 수신인에 유대인과 이방인이 섞여 있다고 결론짓는다.[35] 그러나 위에서 언급했던 분명한 언급들에 의하면, 교회들의 구성원이 누구였든지 간에 베드로가 의도한 수신인은 주로 이방인이었다고 생각된다.[36]

이 신자들은 (오늘날 터키가 차지하고 있는) 소아시아의 다섯 지역인 본도, 갈

32) 이 점에 관해서는 Selwyn, *The First Epistle of St. Peter*, 40-41을 보라.

33) 특히 Grudem, *The First Epistle of Peter*, 35-37을 보라. 만일 합의된 전승과는 달리 베드로가 바울과 같은 시기에 순교하지 않았다면, 다른 연대들을 선택할 수 있다. 예를 들어, 데이비즈는 실루아노가 바울이 사망한 후에 베드로와 함께 사역하기 시작하여 64-68년에 베드로가 이 서신을 작성하는 데 도움을 주었을 수 있다고 주장한다(*The First Epistle of Peter*, 10-11). 또 Michaels는 베드로가 네로의 박해 때에 살아남아 70년대에 이 서신을 기록했을 수 있다고 생각한다(*1 Peter*, lvii-lxvii).

34) Selwyn (*The First Epistle of St. Peter*, 42)의 주장에 의하면, 대부분의 헬라 교부들이 이 견해를 취했다.

35) 예를 들면, Selwyn, *The First Epistle of St. Peter*, 42-44; Grudem, *The First Epistle of Peter*, 37-38.

36) 이방인들이 우세했다는 견해로는 다음을 보라: Kelly, *A Commentary on the Epistles of Peter and Jude*, 4; Davids, *The First Epistle of Peter*, 8; Achtemeier, *1 Peter*, 50-51.

라디아, 갑바도기아, 아시아, 그리고 비두니아에 살고 있었다. 이 명칭들은 지리적인 지역을 지칭하는 것일 수 있다. 일부 학자들은 바울이 복음을 전파했던 지역들을 배제하는 경향이 있기 때문에 그것을 지지한다.[37] 그러나 그것은 로마의 속주들에 대한 언급일 가능성이 크다. 이 결론이 반드시 베드로가 바울의 영역을 침범하고 있었다는 의미는 아니다. 베드로는 이 속주들 내의 모든 지역을 언급할 필요가 없었다. 아마 그는 갈라디아와 갑바도기아 북부와 아시아의 동북부 지방만 염두에 둔 듯하다. 그러나 베드로 시대에 하나의 속주로 결합되어 있었던 본도와 비두니아가 분리되어 언급되기 때문에 속주에 대한 언급으로 해석하는 데 어려움이 있다. 그러나 베드로는 그 서신을 가지고 간 사신이 통과했을 순서대로 속주들을 열거기 때문에, 두 지역이 분리되었을 수도 있다.[38] 베드로가 "복음을 전하는 자들"(1:12)이라고 언급한 것은 그가 개인적으로 이들에게 복음을 전하지 않았음을 암시한다.

8. 베드로전서에 대한 최근의 연구

현대 신약학계의 베드로전서에 대한 최근의 연구에서는 일반적으로 세 가지 경향이 두드러지게 나타난다. 첫째, 사도적 "학파들"의 존재, 즉 유력한 스승이 사망한 후에 그의 정신을 계승하여 따르며, 전통적으로 이러한 사도들의 것으로 간주되어온 몇 권의 책들과 관련되었을 열성적인 사람들이 있었다고 가정하려는 경향이다. 요한 학파는 많은 관심을 받아왔지만, 최근에는 바울 학파와 베드로 학파의 존재도 긍정적으로 가정되어왔다. 사도들의 인품과 사역이 그 추종자들에게 강력한 흔적을 남겼음은 의심할 수 없다. 그러나 그러한 학파들의 존재를 입증해주는 1세기의 증거가 없다. 어쨌든, 비록 가명의 작가가 자신이 도용하는 스승과 아무리 밀접한 관계를 가지고 있었다고 해도, 이러한 학파가 존재했다는 가설을 옹호하는 사람들은 1세기에는 가명의 서신이 유효한 문학적 관습으로 인정되지 못했다는 반론을 아직 극복하지 못했다.

베드로전서와 관련하여 표면화된 두 번째 경향은 신약성서의 책들이 연결되는 방식에 대한 세심한 분석이다. 예를 들어, 슈터(W. L. Schutter)는 베드로전서에

37) Guthrie, 783.

38) 특히 Colin Hemer, "The Address of 1 Peter," *ExpTim* 89 (1977-78): 239-43을 보라. Hemer의 주장은 그보다 앞선 F. J. A. Hort의 주장을 다듬은 것이다.

존재하는 구약성서 자료의 밀도를 고려하면, 그 서신은 "교훈적 미드라쉬", 즉 권면하고 가르치기 위해서 구약성서를 사용한 목양 문서로 규정할 수 있다고 주장한다.[39] 실제로, 베드로전서에는 구약성서를 암시적으로 인용한 표현들이 가득하다. 그러나 그 서신의 특징을 미드라쉬로 규정할 정도로 베드로가 구약성서에 초점을 두었는지 의심스럽다. 이 서신의 의사전달 방법에 깊은 관심을 기울이는 또 하나의 저서는 켐벨(Barth L. Campbell)의 논문이다. 이 논문에서는 고대 수사학의 표준과 명예와 수치를 강조하는 그레코-로마 세계의 문화에 따라서 이 서신을 분석한다.[40] 이 서신의 "가족법"(2:18-3:6)의 기능과 목적을 연구한 데이비드 밸치(David Balch)의 저서도 이 범주에 해당된다. 밸치는 이 법은 기독교인들이 "해방된 윤리" 때문에 사회적 무질서를 장려했다는 소문을 불식시키기 위해 고안된 호교론적 장치라고 주장했다. 따라서 베드로는 크게 유행하는 문화적 관습들의 흡수를 권하기 위해서 이 법을 사용한다.[41] 그러나, 기독교의 "해방"을 지나치게 열광적으로 해석하는 것이 초대 교회의 문제였지만(고린도전서를 보라), 밸치가 베드로전서에서 다루는 자료는 성경적 가르침에 굳게 기초를 두고 있다. 그것은 단순히 문화에 대한 동화라고 간주할 수 없으며, 또 그 서신 전체가 그러한 동화적인 접근방식을 주장하지도 않는다.[42]

보다 넓은 학문 영역에서 최근의 베드로전서 연구가 따르는 세 번째 방법은, 독자들의 사회적 지위에 대한 관심에서 발견된다. 이런 점에서, 베드로전서에 관한 엘리옷(John H. Elliott)의 저서는 그 서신의 연구뿐만 아니라 사회학 연구의 방법론을 발달시키는 데에도 기여했다. 그는 1981년에 발표한 논문, *A Home for the Homeless*에서 베드로가 자신의 독자들의 특성을 규정하기 위해서 사용한 핵심 용어들은 신학적으로 이해하지 말고 사회학적으로 이해해야 한다고 주장했다. 엘리옷은 πάροικος/παροικία(*paroikos/paroikia;* 2:11; 1:17)와 παρεπίδημος (*parepidēmos;* 1:1; 2:11)에 초점을 둔다. 그는 그 용어들은 독자들이 그리스도께

39) W. L. Schutter, *Hermeneutics and Composition in First Peter*, WUNT 30 (Tübingen: Mohr, 1989).

40) Barth L. Campbell, *Honor, Shame and the Rhetoric of 1 Peter*, SBLDS 160 (Atlanta: SP, 1998).

41) D. L. Balch, *Let Wives Be Submissive: The Domestic Code in 1 Peter*, SBLMS 26 (Chico: SP, 1981); idem, "Hellenization/Acculturation in Peter," in *Perstpctives on I Pete*r, 79-102.

42) 특히 다음을 보라: John H. Elliott, "1 Peter, its Situation and Strategy: A Conversation with David Balch," in *Perspectives on 1 Peter*, 61-78; Bruce W. Winter, *Seek the Welfare of the City: Christians a s Benefactors and Citizens* (Grand Rapids: Eerdmans, 1995), 13-17.

회심한 결과로서 획득한 영적 신분을 가리키는 것이 아니라, 회심 이전의 사회적 신분을 가리킨다고 주장한다. 베드로의 독자들은 참 본향이 천국이기 때문에 이 세상에서 나그네가 아니었다. 그들은 법적/사회적 신분 때문에 주위 사회로부터 소외된 외인들이요 유랑자들이었다.[43] 그러므로, 베드로는 독자들을 격려하기 위해서 기독교 공동체 안에 참된 "본향"(οἰκία)을 소유한다고 상기시킨다. 엘리옷의 논제는 신약성서의 서신들을 1세기의 세계의 것으로 간주해야 할 필요성을 상기시키지만, 그리 크게 받아들여지지는 않았다. 그의 논제에 가장 해로운 것은, πάροικος/παροικία와 παρεπίδημος가 세속에서 사용된 헬라어에서는 발견되지 않고 칠십인역 성경에서만 발견된다는 사실이다. 이러한 배경은 그 표현의 법적/사회적 중요성보다는 신학적인 중요성을 가리킨다.[44]

9. 베드로전서의 공헌

베드로전서는 바울 서신의 그늘에 가려져 있기 때문에 신약신학에 대한 이 서신의 공헌이 간과되는 경향이 있다. 또 베드로전서에 관심이 주어질 때에도, 종종 후대에 바울신학을 추출한 것으로 간주된다. 물론, 베드로가 초기 기독교의 가르침을 크게 의존한 것은 그가 독창적으로 공헌한 점이 거의 없음을 의미한다. 더욱이 그의 신학은 그의 윤리적인 호소와 뗄 수 없이 결합되어 있다. 그러나 베드로전서에서 언급해야 할 신학적/윤리적 강조점 세 가지가 있다.

베드로전서는 바울 서신의 그림자에 가려져 있기 때문에 신약신학에 대한 이 서신의 공헌이 간과되는 경향이 있다.

첫째, 베드로는 고난당하는 신자들에게 보내는 서신답게 소망을 강조한다.[45] 그는 서두에서 하나님을 찬송한 직후에 신생의 결과인 "산 소망"을 언급한다(1:3). 베드로는 "기업"(4절)과 구원(5, 9절)이라는 개념에 의해서 이 소망을 설명한다. 베드로전서에서 구원은 신약성서의 전형적인 종말론적인 긴장인 "이제/아직"(now/not yet)의 형태를 공유하지만(3:21을 보라) 미래 지향적이다. 그것은 "말세

---

43) John H. Elliott, *A Home for the Homeless: A Sociological Exegesis of 1 Peter, Its Situation and Strategy* (Philadelphia: Fortress, 1981). 그의 주석서인 *1 Peter*, 94, 101-2도 보라.

44) 다음을 보라. Moses Chin, "A Heavenly Home for the Homeless: Aliens and Strangers in 1 Peter," *TynB* 42 (1991): 96-112; Achtemeier, *1 Peter*, 71; Steven Richard Bechtler, *Following in His Steps: Suffering, Community, and Christology in 1 Peter*, SBLDS 162 (Atlanta: SP, 1998), 64-83.

45) 베드로전서에서의 "소망"에 관해서는 Martin, "The Theology of James, 1 Peter, and 2 Peter," 88-89을 보라.

에 나타내기로 예비하신" 구원이다(1:5; cf. 1:9; 2:2). 또한 은혜는 신자들이 이미 누리고 있는 것이지만(4:10), 역시 미래에 초점을 두고 있다. 그것은 "예수 그리스도의 나타나실 때에" 가져올 것이다(1:13). 기독교인들은 "그의 영광을 나타내실 때에 즐거워하고 기뻐하려면"(4:13; 5:1; 5:4) 선한 것을 증거하고 굳게 붙들어야 한다. 베드로는 우리의 고난은 "잠간"이며(1:6; 5:10), 이 세상은 무상하며 곧 사라질 것이라고 상기시킨다(4:7). 종말론적인 스케줄에서 기독교인들이 이 세상에서 점유하는 지점을 상기시킴으로써, 사회적 압박에 맞서서 기독교적인 행위를 유지하는 데 대한 헌신을 강화시킬 수 있다.

베드로전서의 두 번째 공헌은 기독교인들이 조상 대대로 내려오는 하나님의 백성에 속한다고 거듭 주장한 점에 있다. 신약성서의 다른 문서들은 구약성서의 이스라엘이라는 용어를 기독교인들에게 이만큼 단호하게 적용하지 않는다.[46] 신자들은 이스라엘 백성에게 주신 하나님의 약속을 암시하는 용어인 "기업"을 소유한다(1:4). 기독교인들에게는 하나님의 마지막 구원과 영광이 약속되어 있다. 베드로는 이 구원이 구약 시대의 선지자들이 약속한 것임을 상기시킨다(1:10-12). 하나님의 백성인 신자들은 하나님의 언약의 파트너에게 요구되는 "행위"(ἀναστροφή)의 법—본질상 하나님이 거룩하신 것처럼 신자들로 거룩할 것을 요구하는 법—을 따라야 한다(1:15-16). 이사야의 말처럼, 하나님의 말씀이 우리에게 전파되고 우리를 거듭나게 해주었다(1:23-25). 기독교인 아내들은 사라와 "전에 하나님께 소망을 두었던 거룩한 부녀들"을 본받아야 한다(3:5-6). 이제 기독교인들은 "하나님 집"을 준비한다(4:17). 이 주제의 절정은 2:4-10이다. 이 부분에서 베드로는 기독교인들을 새로운 성전—"신령한 집"(5절), 새로운 제사장직(5, 9절), 하나님의 놀라운 역사를 선포하라는 부르심을 받은 "거룩한 국가", "택함을 받은 백성"으로 묘사한다. 베드로의 서신을 받는 수신인들이 주로 이방인이었음을 기억하면, 이 표현은 한층 더 놀랍게 여겨진다. 그러나 베드로가 이 점을 강조함에도 불구하고, 특권들과 호칭들을 이스라엘에게서 교회에게로 "양도하는 것"을 이야기한다고 여기는 것은 공정하지 못하다. 베드로는 이스라엘 민족의 상태에 대해서는 전혀 언급하지 않으며, 오직 주로 이방인들로 이루어진 신자들이 역사적인 하나님의 백성에 포함되는 것을 강조할 뿐이다. 베드로는 거듭 이 점을 주장함으로써 고난당

46) 특히 다음을 보라: Victor Paul Furnish, "Elect Sojourners in Christ: An Approach to the Theology of I Peter," *Perkins School of Theology Journal* 28 (1975): 1-11; Michaels, *1 Peter*, xliv-lv; Achtemeier, *1 Peter*, 69-72.

하는 신자들을 위로한다. 우리는 이 세상에서는 외인이요 나그네이지만, 하나님의 집에 공격할 수 없는 안전한 집을 소유하고 있다.

마지막으로, 베드로전서에는 광범위한 기독론이 담겨 있다. 이 기독론은 행동의 기독론으로서 한 구절에서만 가르치는 것이 아니라 거듭 반복함으로써 가르친다. 서신 전체에 예수님의 죽음, 부활, 승천, 재림 등이 마치 중심 사상처럼 흐른다. 베드로는 거듭 신자들이 지금 누리는 축복, 또는 그리스도의 죽음과 부활을 누리게 될 소망을 추적한다(1:3, 18-21; 2:24-25; 3:18; 4:1). 예수님이 승천하시면서 선포하신 악한 영적 존재들에 대한 승리는 신자들이 그들의 세력을 두려워할 필요가 없음을 의미한다(3:14, 19-22). 또 영광중에 이루어지는 예수님의 재림은 하나님의 백성을 위해 구원과 축복의 시대의 도래를 알려줄 것이다(1:7, 13; 5:4). 예수님의 행위들은 신자들이 지금, 그리고 장래에 하나님의 은혜를 경험할 수 있는 기초를 제공해주며, 또 신자들이 본받아야 할 본보기가 되기도 한다. 주님이 고난을 받으시고 영광에 들어가셨듯이(1:11), 신자들도 박해하는 자들을 욕하지 않고 자신을 하나님께 맡기신 주님을 본받아야 한다(2:21-23).

궁극적으로, 이 세 가지 신학적인 초점들은 서로 얽혀져 있다: 베드로는 하나님의 백성인 신자들의 현재의 신분 및 궁극적으로 축복을 받으리라는 확실한 소망—이 둘은 모두 그리스도의 죽음과 부활과 승리에 뿌리를 두고 있다—을 상기시킴으로써 고난당하는 신자들을 격려한다.

참고 문헌

Paul J. Achtemeier, *1 Peter, Hermeneia* (Philadelphia: Fortress Press, 1996).

D. L. Balch, *Let Wives Be Submissive: The Domestic Code in 1 Peter*, SBLMS 26 (Chico: SP, 1981); idem, "Hellenization/Acculturation in 1 Peter," in *Perspectives on First Peter*, ed. Charles Talbert (Macon: Mercer University Press, 1986), 79-102.

F. W. Beare, *The First Epistle of Peter*, 2nd ed. (Oxford: Blackwell, 1958).

Steven Richard Bechtler, *Following in His Steps: Suffering, Community, and Christology in 1 Peter*, SBLDS 162 (Atlanta: SP, 1998).

Ernest Best, *1 Peter*, NCB (Grand Rapids: Eerdmans, 1982); idem, "I Peter and the Gospel Tradition," *NTS* 16 (1969-70): 95-113.

C. A. Bigg, *A Critical and Exegetical Commentary on the Epistles of St. Peter and St. Jude*, 2nd ed. (Edinburgh: T. & T. Clark, 1902).

M.-E. Boismard, *Quartre hymnes baptismales dans la premiére épître de Pierre* (Paris: Cerf, 1961).

N. Brox, *Der erste Petrusbrief*, EKKNT, 2nd ed. (Zürich: Benziger Verlag, 1986).

Barth L. Campbell, Honor, *Shame and the Rhetoric of 1 Peter*, SBLDS 160 (Atlanta: SP, 1998).

A. Casurella, *A Bibliography of Literature on First Peter, New Testament Tools and Studies 16* (Leiden: Brill, 1996).

Moses Chin, "A Heavenly Home for the Homeless: Aliens and Strangers in 1 Peter," *TynB* 42 (1991): 96-112.

H. J. B. Combrink, "The Structure of 1 Peter," *Neot* 9 (1975): 34-63.

F. L. Cross, *1 Peter: A Paschal Liturgy* (London: Mowbrays, 1954).

W. J. Dalton, *Christ's Proclamation to the Spirit: A Study of 1 Peter 3:18-4:6*, AnBib 23, rev. ed. (Rome: Pontifical Biblical Institute, 1989).

Peter H. Davids, *The First Epistle of Peter*, NICNT (Grand Rapids: Eerdmans, 1990).

J. H. L. Dijkman, "Peter: A Later Pastoral Stratum?" *NTS* 33 (1987): 265-71.

F. Gerald Downing, "Pliny's Prosecutions of Christians: Revelation and 1 Peter," *JSNT* 34 (1988): 105-23.

John H. Elliott, *1 Peter: A New Translation with Introduction and Commentary*, AB 37B (New York: Doubleday, 2000); idem, "Peter, its Situation and Strategy: A Conversation with David Balch," in *Perspectives on First Peter*, ed. Charles Talbert (Macon: Mercer University Press, 1986), 61-78; idem, *The Elect and the Holy: An Exegetical Examination of 1 Peter 2:4-10 and the Phrase basileivan iveravteuma*, NovTSup 12 (Leiden: Brill, 1966); idem, *A Home for the Homeless: A Sociological Exegesis of 1 Peter, Its Situation and Strategy* (Philadelphia: Fortress Press, 1981); idem, "The Rehabilitation of an Exegetical Step-Child: 1 Peter in Recent Research," *JBL* 95 (1976): 243-54.

John S. Feinberg, "Peter 3:18-20: Ancient Mythology and the Intermediate State," *WTJ* 48 (1986): 303-36.

Victor Paul Furnish, "Elect Sojourners in Christ: An Approach to the Theology of I Peter," *Perkins School of Theology Journal* 28 (1975): 1-11.

L. Goppelt, *Der erste Petrusbrief*, KEK (Göttingen: Vandenhoeck & Ruprecht, 1978).

Wayne A. Grudem, *The First Epistle of Peter*, TNTC (Grand Rapids: Eerdmans, 1988).

R. H. Gundry, "Further Verba on Verba Christi," *Bib* 55 (1974): 211-32; idem, "Verba Christi in 1 Peter," *NTS* 13 (1966-67): 336-50.

C. J. Hemer, "The Address of 1 Peter," *ExpTim* 89 (1977-78): 239-43.

F. J. A. Hort, *The First Epistle of St Peter I.1-II.17* (London: Macmillan, 1898).

J. N. D. Kelly, *A Commentary on the Epistles of Peter and of Jude*, HNTC (New York: Harper & Row, 1969).

Eduard Lohse, "Paranesis and Kerygma in 1 Peter," in *Perspectives on First Peter*, ed. Charles Talbert (Macon: Mercer University Press, 1986), 37-51.

I. Howard Marshall, *1 Peter* (Leicester: IVP, 1991).

R. P. Martin, "The Theology of James, 1 Peter, and 2 Peter," in *The Theology of the Letters of James, Peter and Jude* (Cambridge: Cambridge University Press, 1994).

J. Ramsey Michaels, *1 Peter*, WBC 49 (Waco: Word, 1988).

Leon Morris, *The Cross in the New Testament* (Grand Rapids: Eerdmans, 1965).

C. F. D. Moule, "The Nature and Purpose of 1 Peter," *NTS* 3 (1956-57): 1-11.

W. Munro, *Authority in Peter and Paul*, SNTSMS 45 (Cambridge: Cambridge University Press, 1983).

F. Neugebauer, "Zur Deutung und Bedeutung des 1. Petrusbriefes," *NTS* 26 (1979-80): 61-86.

R. Perdelwitz, *Die Mysterienreligionen und das Problem des I. Petrusbriefes*, RVV 11.3 (Giessen: Töpelmann, 1911).

K. H. Schelkle, *Die Petrusbrief, der Judasbrief*, HTKNT, 5th ed. (Freiburg: Herder, 1980).

W. L. Schutter, *Hermeneutics and Composition in First Peter*, WUNT 30 (Tübingen: Mohr-Siebeck, 1989).

E. G. Selwyn, *The First Epistle of St. Peter* (London: Macmillan, 1949).

M. L. Soards, "Peter, 2 Peter, and Jude as Evidence for a Petrine School," *ANRW* 2.25.5 (1988), 3827-49.

Alan M. Stibbs and Andrew F. Walls, *The First Epistle General of Peter* (London: Tyndale, 1959).

C. H. Talbert, ed., *Perspectives on First Peter* (Macon: Mercer University Press, 1986).

H. Windisch and H. Preisker, *Die katholischen Briefe, HNT*, 3rd ed. (Tübingen: Mohr-Siebeck, 1951).

Bruce W. Winter, *Seek the Welfare of the City: Christians as Benefactors and Citizens* (Grand Rapids: Eerdmans, 1994).

제22장

베드로후서

1. 내용

베드로의 두 번째 편지의 틀은 은혜와 지식이다:

1:2: "하나님과 우리 주 예수를 앎으로 은혜와 평강이 너희에게 더욱 많을지어다"(cf. 3, 5, 8절의 "앎").
3:18a: "오직 우리 주 곧 구주 예수 그리스도의 은혜와 저를 아는 지식에서 자라가라."

3:18에서 분명히 드러나듯이, 베드로의 목적은 독자들이 그리스도 안에 있는 하나님의 은혜를 이해하고 실천하는 일에 장성하게 자라도록 용기를 주는 데 있다. 그러기 위해서, 그들은 그리스도를 더 잘 알아야 한다. 이 서신의 내용은 독자들이 그러한 성장을 중단시킬 수도 있는 가르침의 위협을 받고 있기 때문에, 그리스도에 대한 지식 안에서 자라야 할 필요성을 드러내준다. 베드로의 전반적인 목적은 영적 성장을 장려하려는 긍정적인 것임에도 불구하고, 이 때문에 이 서신에서는 거짓 교사들에 대한 경고와 부정적인 묘사들이 우세하다. 이 서신의 전체적인 구조는 교차 대칭적(chiastic)으로 배열되어 있다. 1:1-15과 3:14-18에서, 베드로는 긍정적으로 독자들이 영적 순례에서 진보하기 위해서 "힘쓰라"(σπουδή; *spoudē*)고 권면한다(1:5; 3:14). 1:16-21과 3:1-13에서는 세상을 심판하기 위해서 그리스도

께서 재림하실 것이라고 확신해야 할 필요성을 강조하는데, 이것은 거짓 교사들이 조롱하는 신념이다. 이 편지의 중심은 구약성서의 예증과 비유를 사용하여 거짓 교사들을 묘사하고 고발한다.

위에서 구분한 다섯 단락을 전형적인 그리스 서신 형식에 비추어볼 수도 있다. 1:1-15는 서두이고 3:14-18은 끝인사이며, 1:16-3:13은 본문으로서 이 단락은 다시 세 단락으로 나뉜다. 인사말(1:1-2)에서는 저자를 "예수 그리스도의 종과 사도인 시몬 베드로"라고 확인하며, 독자들에 대해서는 신학적으로만 묘사하고, 은혜를 기원하는 말로 끝맺는다. 그 다음에는 신약 서신들의 전형적인 형식인 감사 대신에, 하나님께서 자기 백성에게 주신 선물과 약속에 기초를 둔 서두의 권면이 따른다(1:3-11). 이어서 서두에서 본론으로 넘어가는 효과를 나타내는 단락이 등장한다(1:12-15). 베드로는 마치 임종을 앞둔 사람처럼 편지를 쓰면서, 독자들이 받아들여야 할 진리를 마지막으로 상기시킨다. 본론을 시작하는 단락에서는 그리스도의 재림에 초점을 둔다(1:16-21). 베드로는 회의주의자들에 맞서서 신자들은 그리스도께서 다시 오실 것을 절대적으로 확신할 수 있다고 주장한다. 그리스도께서 변모하실 때, 베드로 및 함께 있던 제자들은 이미 영광중에 오시는 그리스도를 보았다. 그리고 선지자들은 동일한 진리를 확인하는데, 성령께서 그들을 통해서 말씀하시므로 그것을 절대적으로 신뢰할 수 있다.

2장에서 베드로가 거짓 교사들을 고발한 부분은 네 단락으로 나눌 수 있다. 첫 단락(2:1-3a)에서는 거짓 교사들을 소개하고, 그들에 대한 기본적인 묘사를 제공한다. 2:3b-10a에서는 거짓 교사들을 정죄하지만, 동시에 일련의 구약성서에서 취한 예를 사용하면서 독자들의 마지막 운명에 대해 위로한다. 이어서 거짓 교사들의 오만과 음탕함에 초점을 둔 묘사가 제공된다(2:10b-16). 베드로는 마지막 묘사와 정죄로서 거짓 교사들에 대한 정죄를 종결짓는다(2:17-22).

본론의 세 번째 단락에서, 베드로는 다시 직접 독자들을 향하여 말하면서, 이것이 그들에게 쓴 두 번째 편지임을 상기시키고, 재림과 심판 날을 분명히 예고한 주님과 선지자들의 가르침을 "기억하라"(이것은 이 서신의 중요한 개념이다)고 권한다(3:1-13). 베드로는 창조와 홍수를 하나님의 직접적인 개입의 중요한 본보기로 인용함으로써 거짓 교사들의 회의주의를 비판한다. 하나님은 심판 날에 다시 개입하실 것이다.

베드로는 바울의 서신들에 호소함으로써 보강된 마지막 권면으로 이 서신을 끝낸다(3:14-18).

2. 문학적 유사성

먼저, 베드로후서와 신약성서의 다른 저술들과의 관계를 분석해볼 필요가 는데, 이것은 다른 문제들에 대한 논의의 준비단계이며 그 자체로서 흥미로운 주제이다. 특히 베드로후서와 유다서의 관계가 중요하다. 이 두 서신 모두 거짓 교사들을 비난하는 데 치중하며, 표현도 매우 비슷하다. 다음과 같은 이 두 서신 사이의 대등한 구절들에 주목하라:

유다서	베드로후서
4 거짓 교사들은 옛적부터 "정죄되었음"	2:3
4 그들은 "주 예수 그리스도"를 부인한다	2:1
6 심판 때까지 갇혀 지내는 천사들 (ζόΘος[zophos; '어두움']이라는 단어에 주목하라)	2:4
7 큰 악에 대한 심판의 예인 소돔과 고모라	2:6
8 그들은 권위를 업신여긴다(유다서) 주관하는 이를 멸시한다(벧후)	2:10
9 천사장 미가엘은 모욕적인 말로 단죄하지 못한다(유다서) 천사들은 비방하는 고발을 하지 아니한다(벧후)	2:11
12 거짓 교사들은 "망치는 암초"	2:13
12 "바람에 밀려다니면서 비를 내리지 않는 구름"(유다서) "물 없는 샘이요, 폭풍에 밀려 가는 안개"(벧후)	2:17
18 경건하지 못한 욕정을 따라 사는 조롱하는 자들(유다서) 자기들의 욕망대로 살면서 조롱하는 자들(벧후)	3:3

이 대구들은 모두 특별히 길지 않지만 인상적이다. 대부분은 성경의 다른 곳에서 발견되지 않는 단어들과 표현들을 포함하고 있으며, 위의 개요에서 볼 수 있듯이 두 서신에서 대구들의 순서도 동일하다.

순서의 유사성 및 성경의 다른 곳에서 사용되지 않는 표현을 사용한 것으로 미루어볼 때에, 이 두 서신 사이에 어떤 문학적 관계가 존재한다고 볼 수 있을 것이다. 그러한 관계가 있다는 것을 입증하게 위해서 네 가지 설명이 제공되어왔다. 첫째, 일부 학자들은 동일한 저자가 이 두 서신에 관련되어 있다고 주장해왔다. 예를 들어, 베드로가 서신을 쓰면서 유다를 필기자로 사용했는데, 유다가 베드로의 경고에 자신의 주석을 추가했다는 매력적인 가설이 있다.[1] 그러나 유다서와 베드로후서의 관계를 입증할 증거가 없으며, 또 이 가설은 유다가 자신의 서신을 쓴 이유를 설명하기 어렵다. 따라서, 대부분의 학자들은 베드로와 유다가 각기 자신의 서신을 쓰면서 상대방의 글을 표절했을 것이라고 생각한다. 이 일은 세 가지 방식으로 발생했을 수 있다: (1) 베드로가 유다의 편지를 차용했을 수 있고, (2) 유다가 베드로후서를 표절했을 수 있고, (3) 베드로와 유다가 현재 존재하지 않는 또 다른 문서를 표절했을 수 있다.

마지막 대안은 마이클 그린이 주장한 것으로서, 거의 가능성이 없는 제안이다.[2] 그 제안에 의해서는 실질적으로 아무 것도 얻어내지 못하는 듯하며, 따라서 보다 단순한 해결책들을 선택해야 한다. 일반적으로 교부들은 유다가 베드로후서를 표절했다고 주장했지만, 그렇게 결론을 내린 근거는 어떤 확실한 전승에 있는 것이 아니라 베드로의 사도적 위상에 있는 듯하다. 반면에, 대부분의 현대 학자들은 베드로가 유다서를 사용했다고 생각한다. 그들은 베드로가 유대서를 부연하여 상술하기를 원했을 것이라고 생각하면 완전히 이해가 되지만, 베드로후서가 이미 존재하는데 유다서가 필요했던 이유를 상상하기 어렵다고 주장한다. 베드로가 유다서를 사용했다고 주장하는 사람들은 세 가지를 지적한다: (1) 유다서에서 발견되는 비정경적인 책들에 대한 언급을 베드로가 포함시키지 않은 것은 그 서신이 후대에, 교회의 "정경에 대한 의식"이 더 강력할 때에 기록되었음을 암시한다; (2) 유다서의 빈틈없는 구조는 그 서신이 다른 문서에 기초를 두지 않고 자유로이 저술되었을 가능성을 제시한다; (3) 베드로후서에서 대적하는 거짓 교훈은 유다서에서 대적한 것보다 후대의 것인 듯하다.[3] 이 세 가지 논거들 모두가 설득력이 있는 것은

---

1) J. A. T. Robinson, *Redating the New Testament* (London: SCM, 1976), 193-99; and R. Riesner, "Der Zweite Petrus-Brief und die Eschatologie," in *Zukunftserwartung in Biblischer Sicht. Beiträge zur Eschatologie*, ed. G. Maier (Giessen: Brunnen, 1984),130-31.

2) 특히 Michael Green, *The Second Epistle General of Peter and the General Epistle of Jude*, TNTC (Grand Rapids: Eerdmans, 1968), 50-55을 보라.

3) 특히 다음을 보라: Kümmel, 430-31; Richard J. Bauckham, *Jude, 2 Peter*, WBC (Waco: Word,

아니다. 분량이 적은 책이 항상 시대적으로 먼저 저술된 것은 아니다. 저자가 다른 책에서 자신의 상황에 알맞은 내용을 발췌하기를 원할 수도 있는 상황을 쉽게 상상할 수 있다. 거짓 교사들이 누구인지를 확인하기 어렵기 때문에, 거짓 교사들에 대한 논증들은 대단히 불안정하다. 또 두 서신 중 하나가 "정경 의식"이 발달한 후대에 저술되었을 가능성은 없다. 반면에 구조와 관련된 논증은 어느 정도 가치가 있다.4)

오늘날 학계에서 그리 찬성을 받지 못하는 가정, 즉 유다가 베드로후서를 사용했다는 가정에 대해서도 진지하게 고려해 보아야 한다.5) 상황을 이렇게 해석한다면, 베드로는 특수한 공동체 내의 거짓 교사들을 혹평하는 서신을 썼고, 유다는 베드로후서에서 자신이 공동체 내에서 다루고 있었던 비슷한 거짓 교훈과 관련된 부분을 자유로이 표절했다. 베드로후서 3:3과 유다서 17-18을 비교해보면, 이처럼 유다가 베드로후서를 표절했다는 주장이 입증될 수도 있다:

> 벧후 3:3: "먼저 이것을 알지니 말세에 조롱하는 자들이 와서 자기의 정욕을 따라 행하며 조롱하여."
>
> 유 17-18: "사랑하는 자들아 너희는 우리 주 예수 그리스도의 사도들이 미리 한 말을 기억하라 그들이 너희에게 말하기를 마지막 때에 자기의 경건하지 않은 정욕대로 행하며 조롱하는 자들이 있으리라 하였나니."

유다서 17-18은 베드로후서 3:3을 인용한 듯하다. 그러므로 두 가지 표절 가설 사이의 증거는 균형을 이룬다. 가장 건전한 결론은 두 서신 사이의 표절이 어느 방향으로 이루어졌는지 알 수 없다는 것이다.

3. 상황

베드로가 이 서신을 쓴 주된 이유는 공동체 내에 발생한 거짓 교사들의 출현이다(2:1-3). 이 거짓 교사들이 누구인지 확인할 수 있다면, 이 서신을 기록한 상황과

1983), 141-43.

4) Duane F. Watson, *Invention, Arrangement, and Style: Rhetorical Criticism of Jude and 2 Peter*, SBLDS 104 (Atlanta: SP, 1988), 163-67을 보라.

5) 예를 들어 Zahn, 2.238-55; Charles Bigg, *A Critical and Exegetical Commentary on the Epistles of St. Peter and St. Jude*, ICC (Edinburgh: T. & T. Clark, 1902), 216-2-24; Guthrie, 924을 보라.

베드로가 이 서신을 쓴 주된 이유는 공동체 내에 발생한 거짓 교사들의 출현이다. 이 거짓 교사들이 누구인지 확인할 수 있다면, 이 서신을 기록한 상황과 시기를 규정하는 데 도움이 될 것이지만, 그에 대해서 언급하는 것 보다는 거짓 교훈을 정죄하는 데 더 관심을 가지고 있으므로, 그것은 쉽지 않은 일이다.

시기를 규정하는 데 도움이 될 것이다. 그러나 베드로는 그것을 묘사하는 것 보다는 거짓 교훈을 정죄하는 데 더 관심을 가지고 있으므로, 그것은 쉽지 않은 일이다. 표면화된 분명한 교리적 문제는 종말론적 회의론뿐이다(벧후 3:3-4). 그 외에는 베드로는 주로 거짓 교사들의 악한 생활방식에 관심을 기울인다: 그들은 방탕한 생활방식을 위한 구실로 하나님의 은혜를 사용하고(벧후 2:19-20), 모든 종류의 권위를 거부하고(특히 천사들과 같은 영적 권세들(벧후 2:10-11), 모든 종류의 "육체의 죄"(동성애를 포함한 부정한 성관계; 무절제하게 먹고 마시는 것, 금전욕—벧후 2:13-16, 18-20)에 빠져 있었다.

가장 대중적인 제안은 이 거짓 교사들을 영지주의자들로 보는 것이다. 그러나 본질적으로 영지주의가 후대에 등장했다는 사실 외에도, 이원론과 같은 독특한 영지주의 교리들이 나타나지 않으므로, 이 가설은 가능성이 없다.[6] 따라서, 최근의 많은 해석자들은 "초기 영지주의"[7]가 문제였을 수 있다고 주장한다. 이 주장은 개요가 너무 애매하기 때문에, 이 서신의 특수한 상황을 정확히 규정하는 데 전혀 도움이 되지 못하지만, 그럼에도 불구하고 정확한 주장일 수 있다. 당시 그레코 로마 세계에서 유행하던 철학인 에피쿠로스주의가 거짓 교사들에게 영향을 주었을 수도 있다는 제롬 네이리(Jerome Neyrey)의 주장도 역시 애매하다. 에피쿠로스주의자들은 특히 섭리, 내세, 또는 하나님의 심판 등을 부인한다고 알려져 있었으며, 3장에 의하면 거짓 교사들이 취한 것이 바로 그러한 견해였다. 종종 에피쿠로스주의와 동의어처럼 간주된 방탕한 생활이 대중적으로 풍자되지만, 그들이 섭리와 일상생활에서 신들의 활동을 부인한 것은 쉽게 그러한 생활로 이어질 수 있었다.[8]

이와 같이 서로 상충되는 제안들은 베드로후서의 배후에 있는 거짓 교사들의

---

6) 예를 들어 다음을 보라: Michel Desjardins, "The Portrayal of the Dissidents in 2 Peter and Jude: Does It Tell Us More About the 'Godly' than the 'Ungodly'?" *JSNT* 30 (1987): 92-95; Bauckham, *Jude, 2 Peter*, 15657.

7) Cf. J. N. D. Kelly, *A Commentary on the Epistles of Peter and of Jude*, HNTC (New York: Harper, 1969), 227-31.

8) Jerome H. Neyrey, *2 Peter, Jude: A New Translation with Introduction and Commentary*, AB 37C (New York: Doubleday, 1993), 122-28. 네이리는 로마의 도덕주의자인 Lactantius의 말을 인용한다: 만일 해적이나 산적이나 강도들의 두목들이 부하들에게 폭력 행위에 대해 권면하고 있다면, 에피쿠로스가 다음과 같이 말한 것과 동일한 말을 할 수 밖에 없을 것이다: 즉 신들은 주목하지 않을 것이며, 노염이나 친절한 감정의 영향을 받지 않으며, 육신이 죽은 후에 영혼은 죽으며 형벌에는 미래의 상태가 전혀 없으므로 장래의 상태에 대한 형벌을 두려워할 필요가 없다고 말할 것이다(*Inst.* 3.17).

정체를 확인할 증거가 없음을 암시해준다. 실제로, 그들을 특정 집단과 동일시하려는 것은 잘못된 것일 수 있다. 고대 세계에도 우리 시대와 마찬가지로 상이한 시각에서 비롯된 사상들과 관점들이 많았다. 그들이 자기들의 궁극적인 신념들과 생활습관의 정확한 종교적/철학적 근원을 항상 구분할 수 있었던 것은 아니다. 다시 말해서, 거짓 교사들은 에피쿠로스주의의 폭넓은 철학적 분위기와 초기 영지주의의 영향, 그리고 다른 운동들의 영향을 받았을 수도 있다.

4. 저자

이 서신의 첫 구절에서개인적인 회상에 기초를 두고서(1:13-14와 1:15-16) "예수 그리스도의 종이며 사도인 시몬 베드로"가 이 서신을 썼다고 주장함에도 불구하고, 대부분의 현대 학자들은 사도 베드로가 이 서신을 썼다고 생각하지 않는다. 실제로, 신약성서의 책 중에서 저자로 언급된 사람이 실제로 저자일 수 없다고 가장 크게 합의되는 책이 베드로후서이다. 학자들은 여섯 가지 주된 논거를 열거한다.[9]

1. 이 서신의 헬라어는 사도 베드로가 사용했다고 볼 수 없는 것이다. 이 서신의 어휘와 문체는 베드로전서와 매우 다르다. 또 베드로전서가 필기자를 고용했거나 가명을 사용한 것이기 때문에 그 서신의 헬라어가 베드로의 것이 아니라 해도, 베드로후서의 헬라어는 베드로의 것이라고 볼 수 없다. 베드로후서의 어휘는 신약성서의 다른 곳에서 발견되는 것과 다르다: 신약의 다른 성경에서는 찾아볼 수 없는 57개의 단어 중 32개는 70인 역에서도 발견되지 않는다. 이들 단어 중 일부는 그레코 로마 세계의 종교와 철학에서 취한 것인 듯하다. 이 서신의 문체는 반복적이고 성가시며, 켈리의 표현처럼 "허풍스럽게 정교하다."[10] 따라서, 대부분의 학자들은 베드로후서의 저자는 그레코 로마 세계의 공식적인 교육을 받은 사람이며, 갈릴리 출신의 어부 베드로가 그 서신을 썼을 수 없다고 확신한다.

2. 이 서신에서 공격하는 거짓 교훈은 2세기의 영지주의이다.

---

9) 이 점에 관해서는 특히 다음을 보라: Kümmel, 430-33; Joseph B. Mayor, *The Epistle of St. Jude and the Second Epistle of St. Peter: Greek Text with Introduction, Notes and Comments* (Grand Rapids: Baker, 1979 [=1907]), cxv-cxlv; Bauckham, *Jude, 2 Peter,* 158-62; Ernst Käsemann, "An Apologia for Primitive Christian Eschatology," in *Essays on New Testament Themes* (Philadelphia: Fortress Press, 1982), 169-77.

10) Kelly, *A Commentary on the Epistles of Peter and of Jude*, 228.

3. 베드로후서 3:15-16에서, 저자는 바울의 서신들이 "성경"(αἵ γραφαι; hai graphai)의 범주에 속한다고 암시한다. 일부 학자들은 그 본문이 바울 서신들의 완전한 집록을 암시한다고 생각하는데, 베드로의 생전에 그러한 집록은 존재할 수 없었을 것이다. 본문은 하나의 집록을 암시하는 것이 아니라, 정확하게 수효를 알 수 없는 바울의 서신들을 언급할 뿐이다. 그럼에도 불구하고, 신약성서의 서신들은 베드로의 시대 이후에 비로소 정경으로 간주되었다고 주장되므로, 베드로가 저자라는 데 대한 문제는 여전히 존재한다.

4. "조상들"(가장 초기의 기독교 세대로 해석됨)의 죽음에 대한 언급들, 사도들의 전승의 중요성(cf. 3:2, 16), 그리고 재림이 오랫동안 지체될 수도 있다는 가르침(3:8) 등은 이 서신이 후대에, 임박한 재림의 소망이 사라지고 확고한 교회의 권위에 대한 소망이 출현한 시기에 기록되었음을 나타낸다. 이 두 가지 요인들은 일부 학자들이 "초기 공교회주의"(early Catholicism)라고 부르는 운동의 특징 중 일부에 불과하다. 예수님의 가르침에 기초를 둔(예를 들면, 막 9:1; 13:30) 초대 교회의 기대—주님이 가까운 미래에 재림하실 것이라는 희망—가 사라졌으므로, 일련의 신학적/실질적 조정이 이루어졌다. 갑자기 교회의 질서와 사도들의 가르침을 전달하는 것이 역사적으로 오랜 기간 동안 교회의 건강을 확보하는 중요한 수단이 되었다. 윤리적인 요구보다는 문화에 "적응하는 것"이 더 근본적인 것이 되었다. 학자들은 신약성서의 많은 책에서 이러한 경향을 찾아내며, 그것을 속사도 교부 시대의 것으로 간주한다. 그것들 중에서 두드러진 것이 베드로후서이다.[11]

5. 초대교회에서는 이 서신을 강력하게 증언하지 않는다. 켈리의 주장에 의하면, "신약성서의 문서 중에서 베드로후서만큼 오랫동안 힘든 싸움을 거쳐서 받아들여진 문서는 없다."[12] 오리겐 이전의 교부들 중에서 이 서신을 인용한 사람이 없다고 주장되며, 이 서신은 무라토리 정경(c. 180-200[13])에 빠져 있고, 유세비우스는 그 책을 "논란이 되는" 책들로 분류하며 그 신빙성에 대한 의심을 표현했고(*H.E.* 3.3.1), 제롬도 베드로가 "공동서신이라고 하는 두 편의 서신을 기록했는데 그중 두 번째 서신의 문체가 첫 번째 서신의 것과 다르기 때문에 많은 사람들이 베드로의 것이 아니라고 여긴다"(*De vir. ill.* i)고 말했다.

6. 베드로의 임박한 죽음을 언급한 것과 베드로의 가르침을 기억하라는 데 초점

---

11) 초기 공교회주의와 베드로후서에 대해서는 특히 Küsemann, "Apologia," 169-95를 보라.
12) Kelly, *A Commentary on the Epistles of Peter and of Jude*, 224.
13) 이 정경의 연대에 대해서는 제4장 주 7번을 보라.

을 둔 것(1:12-15)은 이 서신이 유언의 형태를 취하고 있음을 드러내준다. 창세기 49장에서 야곱이 열두 아들에게 준 마지막 유언을 모방한 이 형식은 제2 성전 시대의 유대교에서 유행했다(가장 잘 알려진 것은 『열두 족장의 유언』이다). 그러나 이러한 "유언들"은 항상 가명을 사용했다.

이러한 논증들을 신뢰하는 학자들은 베드로후서가 위서로서 "베드로 학파"[14]의 작품일 것이라고 결론짓는다. 이 가설 중 가장 매력적인 것은 베드로후서의 저자가 사람들을 속이려는 의도가 없이 "유언"이라는 잘 알려져 있는 문학적 방법을 사용했다는 것이다.[15]

그럼에도 불구하고, 비록 소수이기는 하지만, 일부 학자들은 계속 베드로가 이 서신의 저자라고 주장한다. 그들은 위에서 제기된 여섯 가지 항목에 대해 다음과 같이 반박한다.

1. 베드로후서의 헬라어는 분명히 독특하지만, 많은 학자들이 주장하는 것만큼 독특하지는 않다. 일부 학자들은 이 서신의 저자가 의식적으로 소위 "아시아의"(Asiatic) 문체, 당시 인기가 있었던 수사학적 연설의 형태를 모방한 것일 수도 있다는 점에 주목한다.[16] 베드로가 자신의 글을 읽는 독자들과 되도록 공통되는 근거를 만들어내기 위해서 그러한 문체를 채택했다고 볼 수는 없을까? 갈릴리 출신의 어부가 고기잡이를 그만 두고 나서 그 서신을 쓸 때까지 삼십 년이 넘는 세월을 어떻게 보냈는지에 대해서 우리가 지금 알고 있는 것 보다 더 많이 알지 못한다면, 갈릴리 출신의 어부가 그 서신에 기록된 것과 같은 헬라어를 구사할 수 없었다는 주장은 성립할 수 없다. 베드로는 소아시아, 그리스, 로마 등지에서 사역하면서 충분히 헬라어, 그리고 교실에서 배우는 것과 비슷하거나 우월한 수사학적 문체를

---

14) "베드로 학파" 가설에 관해서는 특히 다음을 보라: M. L. Soards, "1 Peter, 2 Peter, and Jude as Evidence for a Petrine School," *ANRW* 2.25.5 (1988), 3827-49.

15) 특히 다음을 보라: Bauckham, *Jude, 2 Peter*, 131-35, 158-62; also H. Paulsen, *Der zweite Petrusbrief und der Judasbrief* (Göttingen: Vandenhoeck & Ruprecht, 1992), 93-95; Achtemeier/Green/Thompson, 527-29. David Meade도 비슷한 견해를 취하면서, 많은 책들의 서두에서 베드로와 같은 사람들을 언급한 것은 그가 저자라고 주장하려는 것이 아니라, 그 책이 그 이름과 관련된 전승을 전달한다고 주장하려는 의도였다고 말한다(David G. Meade, *Pseudonymity and Canon: An Investigation Into the Relationship of Authorship and Authority in Jewish and Earliest Christian Tradition*, WUNT 39 [Tübingen: Mohr-Siebeck, 1986]; cf. 179-86 on 2 Peter).

16) 예를 들면 다음과 같다: Green, *The Second Epistle of Peter*, 18; Bo Reicke, *The Epistles of James, Peter, and Jude*, AB 37 (New York: Doubleday, 1964), 146-47; Watson, *Invention, Arrangement, and Style*, 144-46.

배웠을 수 있다.

2. 위에서 살펴보았듯이, 거짓 교사들이 영지주의자였을 가능성은 매우 희박하다. 특정의 이단을 가르치고 있었다고 확인할 수 없으므로, 그것을 기초로 하여 이 서신이 기록된 연대를 추정할 수도 없다. 분명히 거짓 교사들이 선전한 것은 베드로가 살았던 시대에 맞출 수 없는 것이 아니다.

3. 우리는 신약성서의 책들이 얼마나 일찍 정경으로 간주되었는지 확실히 알 수 없다. 그러나 사도들이 자기의 말이 성경과 동등한 권위를 지닌다고 간주했음을 알고 있다(예를 들면, 고전 5:3; 고후 10:11; 살후 2:15; 3:14). 그들은 자기들이 선지자들에게 영감을 주었던 성령과 동일한 성령의 감화를 받는다고 생각했다(벧전 1:10-12). 그들은 자기들의 서신이 교회에서 구약성서와 대조적으로 읽혀지기를 기대했다(cf. 골 4:16).[17] 더욱이, 바울은 예수님의 말을 "성경"으로 인용한다(딤전 5:18. 그러나 많은 학자들인 이 서신 역시 후기의 작품이라고 간주한다). 그러므로, 약간 예상치 못한 것이기는 하지만, 바울의 생의 말년에 바울의 서신들을 "성경"으로 묘사할 수 있었을 것이다.

4. 베드로후서는 종종 "초기 공교회주의"의 진열장소로 선별되지만, 실제로 이 서신은 거기에 그리 어울리지 않는다. 그 서신은 제도로서의 교회를 강조하거나 전통적인 가르침의 형태들을 이단에 대한 응답의 기초로서 강조하지 않는다. 버크험(Baukham)은 "'초기 공교회주의'라는 명칭은 베드로후서를 이해하는 데 도움이 되지 못한다"[18]고 말한다. 그 서신의 연대를 나타내는 것으로서 지적된 특수한 요소들을 실제로 그러한 것으로서 받아들여야 하는지가 더 중요한 문제이다. 3:4의 "조상들"은 이전 기독교인들의 세대를 언급하는 것일 수 있지만, 유대 민족이 조상들, 특히 아브라함과 이삭과 야곱 등의 족장들을 언급할 수도 있다. 5-7절에서 분명히 나타나듯이 "조롱하는 자들"은 재림을 의심하는 증거로서 창조 이래의 세상의 불변성을 언급하고 있다. 베드로가 예수 그리스도의 "명하신 것"(3:2)과 바울의 편지들(3:15-16)에 호소한 것이 불변의 전승의 존재를 암시하지는 않는다. 재림에 대한 베드로의 가르침은 신약성서의 전반적인 취지와 일치한다: 재림의 시기는 알 수 없으므로(3: 8, 10), 신자들은 언제라도 임할 수 있는 그날을 대비해야 한다(3:9, 11-12).

17) Green, *Second Epistle of Peter*, 29-30을 보라.
18) Bauckham, *Jude, 2 Peter*, 153.

5. 베드로후서의 증언과 관련된 문제는 과장되어왔다. 2세기의 많은 저술가들이 그 서신의 영향을 받았음을 나타내는 듯하며, 『베드로 묵시록』(*The Apocalypse of Peter*, 110-40)은 거의 확실히 그러한 영향을 나타낸다.19) 무라토리 정경에 (베드로전서와) 이 책이 빠진 것은 그 사본의 불완전한 상태에 기인하는 듯하다. 또 유세비우스는 그 시대의 일부 사람들이 그 서신의 신빙성에 대해 의심하고 있다고 말했지만, 유세비우스 자신은 신빙성을 인정했다. 그러므로 그린(Green)의 말처럼, "교부들 사이에서 베드로후서만큼 빈약하게 입증된 책이 없으며", 동시에 "정경에서 제외된 책 중에서 이 책만큼 중요한 보증을 소유한 책이 없다."20) 보다 중요한 것은 베드로후서를 소홀히 한 데 대한 훌륭한 설명이 있다는 것이다. 베드로의 이름을 도용한 위작들이 많았기 때문에, 교부들은 이러한 의심스러운 책들로부터 베드로후서를 분리함에 있어서 신중히 행동했다.21)

6. 베드로후서와 유대의 "유언" 형식 사이에는 분명히 유사한 점들이 있다. 그러나 베드로후서가 크게 서신의 범주에 속한다는 사실을 망각해서는 안 된다. 또 우리가 가지고 있는 증거에 의하면, 1세기나 2세기에는 가명의 서신이 그리 흔하지 않았고, 또 우리가 알고 있는 몇 권의 책들은 위작으로 배격되었다. 도넬슨(L. R. Donelson)은 초기 기독교 시대의 증거를 철저히 연구하고서, "위작이라고 알려진 문서를 종교적으로나 철학적으로 규범적인 것으로 받아들인 사람은 없는 듯하다. 내가 아는 한 그러한 예는 전혀 없다"22)는 결론을 내렸다. 따라서 베드로후서가 정경으로 받아들여졌다는 사실은, 그러한 결정을 내린 초기 기독교인들은 베드로가 그 서신을 썼다고 확신하고 있었다고 가정하게 한다.23) 그 서신이 위서라는 것과

---

19) Robert E. Picirilli, "Allusions to 2 Peter in the Apostolic Fathers," *JSNT* 33 (1988): 57-83; Bauckham, *Jude, 2 Peter*, 162; Riesner, "Der Zweite Petrus-Brief und die Eschatologie," 127.

20) Green, *The Second Epistle of Peter*, 13. Granted the strength of the early evidence, Michael J. Kruger는 초기의 강력한 증거를 인정하면서 그 서신의 신빙성을 부인하는 사람이 자신의 주장을 입증해야 한다고 결론짓는다. 그의 주장에 의하면 우리는 "베드로후서가 4세기 교회의 합의에 의해서 인정되었음을 고려할 때, 어떤 이유에서 그 서신을 정경에서 제외해야 하는가?"를 질문해야 한다("The Authenticity of 2 Peter," *JETS* 42 [1999]: 651).

21) 특히 Green, *The Second Epistle of Peter*, 14-15을 보라.

22) L. R. Donelson, *Pseudepigraphy and Ethical Argument in the Pastoral Epistles*, HUT 22 (Tübingen: Mohr-Siebeck, 1986), 11. 초기 기독교인들은 가명을 사용한 책들도 비난했다고 생각할 충분한 근거가 있다. 그린은 『베드로 복음』(*The Gospel of Peter*)과 『바울과 테클라의 행적』(*The Acts of Paul and Thecla*)에 대한 강력한 반작용에 주목한다(*The Second Epistle of Peter*, 32). 이 책 제8장의 가명 사용에 대한 논의를 보라.

23) Stanley E. Porter, "Pauline Authorship and the Pastoral Epistles: Implications for Canon,"

수용성을 보존하기 위한 방법으로서 "유언" 형식에 호소하는 것은 배격되어야 한다.

그러므로 우리는 그 서신이 사도 베드로가 기록한 것이라는 명백한 주장을 받아들이거나, 아니면 그것을 정경의 위치에 합당하지 못한 위작으로 보아야 한다. 베드로의 저작임을 반대하는 일반적인 논증들은 궁극적으로 결정적인 것이 되지 못하므로,[24] 우리는 전자를 택한다.

5. 기록 연대와 장소

베드로후서를 위서로 간주하는 학자들은 일반적으로 그 서신이 2세기 초에 기록되었으며, 시간적으로 사도들의 세대와 바울 서신들이 수집된 이후의 것이라고 주장한다.[25] 그러나 만일 베드로가 이 서신을 썼다면, 신빙성 있는 초기의 전승에서 베드로가 네로 황제에 의해 로마에서 발생한 기독교인들에 대한 박해 때에 순교했다고 기록한 A.D. 65년 이전에 이 서신을 기록했을 것이다. 소수의 해석자들은 베드로후서가 베드로전서보다 먼저 기록된 것으로 여긴다.[26] 그러나, 이 서신 자체에서는 베드로가 죽기 직전에 이 서신을 썼다고 주장한다. 1:13-14에서 베드로는 주님이 요한복음 21:18-19에서 자신의 죽음에 대해 예언한 것을 언급하면서, 자신이 세상을 떠날 날이 임박했다고 말한다(1:13-14). 베드로는 네로의 박해가 진행되고 있을 때에 로마에서[27] 이 서신을 썼음이 거의 분명하다. 베드로는 자신의 순교에 대한 주님의 예언이 성취될 때가 되었음을 감지하고서, 죽기 전에 마지막으로 충고와 경고의 말을 기록한다.

BBR 5 (1995): 105-23에서는 저자 문제와 정경성의 관계를 다룬다.

24) Michael J. Gilmour는 베드로후서의 저자 문제에 대한 역사적 논증들이 결정적인 것이 아니라고 결론짓는다("Reflections on the Authorship of 2 Peter," *EQ* 73 [2001]: 291-309).

25) 예를 들어 다음을 보라: Brown, 767; Kümmel, 305; H. Balz and W. Schrage, Die *"katolischen" Briefe: Die Briefe des Jakobus, Petrus, Johannes, und Judas*, NTD, 12th ed. (Göttingen: Vandenhoeck & Ruprecht, 1980), 12228. 그러나 Bauckham은 훨씬 이른 연대인 A.D. 80-90을 선호한다(*Jude, 2 Peter*, 157-58).

26) 예를 들면, Zahn, 2.209-10; Riesner, "Der Zweite Petrus-Brief und die Eschatologie," 129, 133-35.

27) 베드로는 이 서신을 쓰기 직전에 로마(=5:12의 바벨론)에서 베드로전서를 썼고, 우리는 그가 로마에서 순교했다고 알고 있다.

6. 수신자

베드로는 "우리 하나님과 구주 예수 그리스도의 의를 힘입어 동일하게 보배로운 믿음을 우리와 함께 받은 자들에게" 편지한다(1:1). 상세한 내용이 부족하기 때문에, 과거에는 베드로후서를 "공동서신"으로 분류하고, 이 서신이 전 세계의 교회에게 쓴 것이라고 생각되었다. 그러나 이 서신은 수신인이 분명하고 제한되어 있음을 암시한다. 베드로는 특수한 거짓 교훈의 위협을 받고 있는 신자들에게 편지를 쓰고 있으며, 그들은 바울에게서 최소한 두 차례의 편지를 받았거나, 그러한 편지를 알고 있었다(3:15). 아마, 동일한 지역에 있는 교회들에게 쓴 것인 듯하다.[28] 만일 "내가 이제 이 둘째 편지를 너희에게 쓰노니"(3:1)가 베드로전서를 언급한다고 확신할 수 있다면, 수신인에 대해서 보다 정확히 알 수 있을 것이다. 왜냐하면, 베드로전서는 분명히 소아시아 중부와 북부 지역의 기독교인들에게 쓴 것이기 때문이다. 소수의 학자들은 여기에서 고려되는 것이 베드로전서인지 의심하지만,[29] 그렇다고 생각된다.[30] 만일 그렇다면, 베드르후서의 독자들도 베드로전서의 독자들처럼 주로 이방인들이었다고 추정할 수 있다. 베드로후서안의 증거가 이와 같은 추정을 뒷받침해준다. 베드로가 1:1에서 독자들의 믿음을 "우리의" 믿음과 비교하는데, "우리"는 유대인 신자들을 언급할 것이다. 또 "정욕 때문에 세상에서 썩어질 것을 피하라"는 베드로의 경고는 유대인 신자들보다는 이방인 신자들에게 적합하다. 2장에서 구약성서와 유대 전승을 많이 언급했기 때문에, 일부 학자들은 이 서신이 유대인 신자들에게 보낸 것이라고 주장한다.[31] 그러나, 우리가 아는 바로는 이방인 개종자들은 구약성서를 잘 알고 있었으며, 또 이러한 지식을 가진 사람들은 베드로가 언급한 것들을 이해할 수 있었을 것이다. 이 서신의 어휘도 동일한 방향을 가리킨다. 위에서 살펴보았듯이, 많은 학자들은 베르도후서에서 발견되는 철학적이고 종교적인 용어 중에는 베드로가 사용했다고 믿기 어려운 것들이 있다고 여긴다. 그러나 그것은 베드로가 자기의 메시지를 수신인들에게 맞추어 조정했다

많은 학자들은 베드로후서에서 발견되는 철학적이고 종교적인 용어 중에는 베드로가 사용했다고 믿기 어려운 것들이 있다고 여긴다. 그러나 그것은 베드로가 자기의 메시지를 수신인들에게 맞추어 조정했다는 증거로 간주해야 할 것이다.

---

28) Bauckham, *Jude, 2 Peter*, 165-66.

29) 예를 들면, Green, *The Second Epistle of Peter*, 123-24.

30) G. H. Boobyer는 베드로후서 3:1-4과 베드로전서 사이의 몇 개의 유사한 구절을 포함하여 두 서신 사이에 많은 유사성이 있다고 확인한다("The Indebtedness of 2 Peter to 1 Peter," in *New Testament Essays: Studies in Memory of T. W. Manson*, ed. A. J. B. 31 Higgins [Manchester: University of Manchester Press, 1959], 34-53).

31) Zahn, 2.194-209.

는 증거로 간주해야 할 것이다. 베드로는 독자들이 친숙히 알고 있는 종교적 용어를 사용함으로써, 그들의 욕구를 충족시키기 위해서 복음을 상황에 맞추어 설명한다.

7. 베드로후서에 대한 최근의 연구

교부들은 베드로후서를 자주 언급하지 않았다. 이는 이 서신이 간결하고 거짓 교훈에 초점을 두기 때문에 신학적으로 그리 공헌하지 못하기 때문인 듯하다. 이러한 요인들과 이 서신에 붙여진 "초기 공동서신"이라는 명칭은 베드로후서에 관한 학문적 연구가 비교적 부족한 이유를 설명해준다. 로버트 월(Robert Wall)은 베드로후서를 상대적으로 경시하는 것을 성경적-신학적으로 간명하게 비난하며, 그 서신은 베드로전서의 신학을 보완해주는 중요한 문서라고 주장한다.32) 그러나, 신약성서의 다른 책들에 대해서만큼 많은 연구가 이루어지지는 않았지만, 최근에 베드로후서를 다룬 서적들과 기사에서는 최근의 신약학의 전형적인 강조점을 채택해왔다. 왓슨(Duane F. Watson)은 *Invention, Arrangement, and Style: Rhetorical Criticism of Jude and 2 Peter*라는 논문에서 유다서와 베드로후서에 수사비평을 적용했다. 또 두 뚜와(du Toit)는 수사학에 대한 현대적 이해에 따라서 베드로후서의 논쟁을 설명하려 한다.33) 신약성서의 책들을 그 자체의 사회적 배경 안에 두는 데 대한 현대의 관심은 제롬 네이리(Jerome Neyery)의 주석에서 예증된다. 그는 저자, 기록 연대, 장소, 수신인 등 신약개론서에서 일반적으로 다루는 것들을 무시하고, 그 서신이 그 자체의 사회적 환경 안에서 전달되는 방식에 초점을 둔다. 이 목적을 위해서, 네이리는 명예/수치, 후견인/피보호자 관계, 순수/오염 등 1세기의 중요한 문화적-사회적 관심사들을 구분해내고, 그 서신에 대한 새로운 접근방식을 제공하기 위해서 여기에 현대 사회학의 통찰들(예를 들면, 유형적인 집단과 사회적인 집단의 관계)을 연결한다. 신약성서의 문서들은 그 자체의 사회적 환경에 비추어 해석되어야 한다는 것을 상기시키는 것은 유익한 것이며, 네이리는 그 서신에 대한 몇 가지 귀중한 통찰들을 제공한다. 그럼에도 불구하고, 사회학

32) Robert W. Wall, "The Canonical Function of 2 Peter," *BI* 9 (2001): 64-81. A. du Toit, "Vilification as a Pragmatic Device in Early Christian Epistolography," *Bib* 75 (1994): 403-12.

33) A. du Toit, "Vilification as a Pragmatic Device in Early Christian Epistolography," *Bib* 75 (1994): 403-12.

비평은 전통적인 역사적/비평적 접근방법을 대신하는 것이 아니라, 보완해주는 것으로 간주되어야 한다.

8. 베드로후서의 공헌

베드로후서는 특히 세 가지 방식으로 믿음을 이해하는 데 공헌한다.

첫째, 거짓 교사들을 대적하는 논쟁은 도덕이나 신학에 있어서 믿음에서 벗어나는 것의 심각함을 상기시켜 준다. 베드로가 언급하는 거짓 교사들은 재림과 다가올 심판을 의심함으로써 신학적으로 정도에서 벗어났다(1:16-21; 3:3-4). 베드로후서 2장에서 생생하게 정죄한 그들의 부도덕한 생활방식은 신학적으로 잘못된 믿음의 결과였을 것이다. 청산해야 할 날이 없다면, 도덕에 대해 걱정할 이유가 없지 않은가? 베드로후서는 신학적인 오류가 곧바로 도덕적 오류로 이어진다고 암시한다. 동시에 베드로가 강력하게 정죄를 선언한 것은(2:4, 9, 12, 13, 17, 20-21) 신학적이고 도덕적인 오류가 심각한 문제였다는 사실을 상기시켜준다.

둘째, 베드로는 3:7-13에서 주의 날에 대한 적극적인 가르침을 통해서 성경적 종말론에 대한 이해를 강화해준다. 본문상의 어려움, 해석상의 어려움, 신학적인 어려움들이 많지만, 베드로가 말하는 요지는 이 세상은 불에 의해 멸망하고 새 하늘과 새 땅이 나타날 것이라는 점이다(3:13). "새 하늘과 새 땅"의 약속은 이사야 65:17과 66:22에서 유래된 것이며, 이것은 계시록 21:1에서도 채택된다. 마지막 큰 불에 대한 베드로의 주장에 대해서는 논란의 여지가 있다. 많은 학자들은 이 사상이 스토아주의에서 온 것이라고 생각한다. 그러나 스토아주의자들은 세상이 여러 번 멸망하고 재창조될 것이라고 생각하는데, 이것은 단 한 번의 결정적인 사건을 이야기하는 베드로의 묘사와는 거리가 먼 사상이다. 베드로가 주의 날과 불을 연결하는 구약성서의 비유적 표현, 유대교의 묵시록에서 더 자주 등장하는 표현에서 그 사상을 취했다고 여기는 것이 더 그럴 듯하다(사 30:30; 66:15-16; 나 1:6; 습 1:18; 3:8). 물론, 일부 학자들은 베드로가 이 구절에서 인간들에 대한 심판을 나타내는 은유로서 불에 의한 멸망을 사용한다그 생각한다. 그러나 5-6에서 유형적인 세상에 초점을 둔 것과 "하늘과 땅"에 대한 언급은 유형적인 우주를 언급하기 위해서 의도적으로 선택된 것인 듯하다(5절을 보라).

신약성서에서는 계시록만이 주의 날의 우주적 결과에 대해 직접적으로 이야기한다. 이 세상에서부터 "새 하늘과 새 땅"으로의 이동을 베드로가 어떻게 생각하고 있는지는 분명하지 않다. 그는 새것이 옛 것을 대신할 것이라고 생각하는가? 아니면 옛것이 새것으로 변화될 것이라고 생각하는가? 10-12절에서 멸망을 나타내는 "풀어지다"라는 표현은 전자를 가리키는 듯하지만, 성경의 다른 본문들은 변화를 가리키는 듯하다(마 19:28; 행 3:21; 롬 8:19-22). 또 성경에서 "멸망하다"라는 표현이 멸절을 암시하는 것이 아니라, 심판을 언급할 수도 있다. 예를 들면, 7절에서 베드로가 언급한 "경건치 아니한 사람들의 멸망"이 그러하다. 베드로의 표현으로는 그 문제를 확실히 해결할 수 없다. 현재의 하늘과 땅에서 새 하늘과 새 땅으로의 이동에는 불연속성도 있고 연속성도 있을 것이다.[34]

셋째, 기독교인의 삶에서 "기억"의 중요성을 강조한 것이다. 베드로는 "진실한 마음을 일깨워 생각하게 하여 기억하게 하려고"(3:1-2) 두 서신을 썼다고 주장한다. 이 서신에서, 특히 도입 부분에서 본론으로 넘어가는 부분(1:12, 13, 15)과 결론 부분(3:5, 8)에서 기억이라는 개념과 반대되는 "망각"이 중요한 역할을 한다. 베드로가 "유언" 형식을 사용한 것은 이러한 강조점과 어느 정도 관계가 있다. 그는 자신의 영적 명령의 마지막 부분에서 새로운 가르침에 초점을 두지 않고, 신자들에게 이미 받은 가르침을 기억하라고 권하는 데 초점을 둔다. 물론 여기에서 "기억"은 단순히 지적인 행위가 아니다. 그것은 의지의 행위, 즉 하나님의 진리를 마음과 정신에 새겨 실질적인 결과로 나타나게 만드는 것을 의미한다. 베드로는 거짓 교사들이 선전하는 새로운 것 대신에, 사도들이 가르친 옛 진리를 거듭 주장한다.

참고 문헌

Richard J. Bauckham, *Jude, 2 Peter*, WBC 50 (Waco: Word, 1983).

H. Balz and W. Schrage, *Die "katolischen" Briefe: Die Briefe des Jakobus, Petrus, Johannes, und Judas, NTD,* 12th ed. (Göttingen: Vandenhoeck & Ruprecht, 1980).

Charles Bigg, *A Critical and Exegetical Commentary on the Epistles of St. Peter and St. Jude*, ICC (Edinburgh: T. & T. Clark, 1902).

G. H. Boobyer, "The Indebtedness of 2 Peter to 1 Peter," in *New Testament Essays: Studies in Memory of T. W. Manson*, ed. A. J. B. Higgins (Manchester: University of Manchester Press, 1959), 34-53.

J. D. Charles, *Virtue Amidst Vice: The Catalog of Virtues in 2 Peter 1*, JSNTSup 150 (Sheffield: Sheffield Academic Press, 1997).

---

34) 이에 대해서는 Murray Harris, *Raised Immortal: Resurrection and Immortality in the New Testament* (Grand Rapids: Eerdmans, 1983), 168-70을 보라.

Michel Desjardins, "The Portrayal of the Dissidents in 2 Peter and Jude: Does It Tell Us More About the 'Godly' than the 'Ungodly'" *JSNT* 30 (1987): 89-102.

L. R. Donelson, *Pseudepigraphy and Ethical Argument in the Pastoral Epistles*, HUT 22 (Tübingen: Mohr-Siebeck, 1986).

Anders Gerdmar, *Rethinking the Judaism-Hellenism Dichotomy: A Historiographical Case Study of Second Peter and Jude*, ConBNT 36 (Stockholm: Almqvist & Wiksell, 2001).

Michael J. Gilmour, "Reflections on the Authorship of 2 Peter," *EQ* 73 (2001): 291-309; idem, "Second Peter in Recent Research: A Bibliography," *JETS* 42 (1999): 673-78.

Michael Green, *The Second Epistle General of Peter and the General Epistle of Jude*, 2nd ed. (Grand Rapids: Eerdmans, 1987); idem, *2 Peter Reconsidered* (London: Tyndale, 1961).

E. Käsemann, "An Apologia for Primitive Christian Eschatology," in *Essays on New Testament Themes* (Philadelphia: Fortress Press, 1982), 169-95.

J. N. D. Kelly, *A Commentary on the Epistles of Peter and of Jude*, HNTC (New York: Harper, 1969).

R. Knopf, *Die Briefe Petri und Judä*, KEK, 7th ed. (Göttingen: Vandenhoeck & Ruprecht, 1912).

Steven J. Kraftchick, *Jude, 2 Peter,* ANTC (Nashville: Abingdon, 2002).

Michael J. Kruger, "The Authenticity of 2 Peter," *JETS* 42 (1999): 645-71.

Richard N. Longenecker, "On the Form, Function, and Authority of the New Testament Letters," in *Scripture and Truth*, ed. D. A. Carson and John D. Woodbridge (Grand Rapids: Zondervan, 1983), 101-14.

Joseph B. Mayor, *The Epistle of St. Jude and the Second Epistle of St. Peter: Greek Text with Introduction, Notes and Comments* (Grand Rapids: Baker, 1979 [=1907]).

David G. Meade, *Pseudonymity and Canon: An Investigation Into the Relationship of Authorship and Authority in Jewish and Earliest Christian Tradition*, WUNT 39 (Tübingen: Mohr-Siebeck, 1986).

Douglas J. Moo, *2 Peter and Jude*, NIVAC (Grand Rapids: Zondervan, 1996).

Jerome H. Neyrey, *2 Peter, Jude: A New Translation with Introduction and Commentary*, AB 37C (New York: Doubleday, 1993); idem, "The Apologetic Use of the Transfiguration in 2 Peter 1:16-21," CBQ 42 (1980): 504-19. idem, "The Form and Background of the Polemic in 2 Peter," *JBL* 99 (1980): 407-31.

H. Paulsen, *Der zweite Petrusbrief und der Judasbrief* (Göttingen: Vandenhoeck & Ruprecht, 1992).

Robert E. Picirilli, "Allusions to the 2 Peter in the Apostolic Fathers," *JSNT* 33 (1988): 57-83.

Stanley E. Porter, "Pauline Authorship and the Pastoral Epistles: Implications for Canon," *BBR* 5 (1995): 105-23.

Bo Reicke, *The Epistles of James, Peter, and Jude*, AB 37 (New York: Doubleday, 1964).

R. Riesner, "Der Zweite Petrus-Brief und die Eschatologie," in *Zukunftserwartung in Biblischer Sicht: Beiträge Zur Eschatologie,* ed. G. Maier (Giessen: Brunnen, 1984).

K. H. Schelkle, *Die Petrusbriefe, der Judasbrief*, HTKNT (Freiburg: Herder, 1961).

E. M. Sidebottom, *James, Jude, and 2 Peter*, NCB (London: Thomas Nelson, 1967).

M. L. Soards, "Peter, 2 Peter, and Jude as Evidence for a Petrine School," *ANRW* 2.25.5 (1988), 3827-9.

A. Vögtle, "Die Schriftwerdung der apostolischen Paradosis nach 2 Petr. 1,12-15," in *Neues Testament und Geschichte, Fs.* O. Cullmann, ed. H. Baltensweiler et al. (Zürich: TVZ; Tübingen: Mohr-Siebeck, 1972), 297-306.

Robert W. Wall, "The Canonical function of 2 Peter," *BI* 9 (2001): 64-81.

Duane F. Watson, *Invention, Arrangement, and Style: Rhetorical Criticism of Jude and 2 Peter*, SBLDS 104 (Atlanta: SP, 1988).

제23장

요한 1, 2, 3서

1. 내용과 구조

1) 요한일서

요한일서도 히브리서와 마찬가지로 1세기에 헬라어로 기록된 서신들이 가지고 있는 일반적인 서두의 특징들을 갖추지 않고 있다. 그럼에도 불구하고 사적인 언급들, 저자와 수신자의 유대, 그리고 관련된 역사적인 일들에 대한 언급(예를 들면, 2:19) 등을 미루어 볼 때, 이 글이 추상적인 논문이나 소책자,[1] 또는 모든 지역에 있는 모든 그리스도인들을 위한 소논문으로 의도된 것이 아니다.[2] 그것은 하나의 회중, 또는 다수의 회중들에게 보낸 목회서신으로 의도된 것이었다. 이 서신의 비전형적인 양식은 각 회중에게 보내는 사적인 메모를 동봉해서 여러 회중에 보내려고 했던 저자의 의도를 반영한다는 견해에 대해서 언급해야 한다. 요한이서도 그러한 메모로서 우리에게 전해져온 유일한 것일 수 있다(요한삼서는 여기에 잘 맞지 않는다).

요한은 많은 주제를 취하여 그것들을 조금씩 달리 결합하여 계속 반복하기 때문에, 요한일서의 구조에 대해서는 논란이 있다. 요한은 단순히 사상들을 연결함으로써 여러 단락들을 연결하므로, 어떤 구조도 신빙성이 없다는 마샬(Marshall)의 제안은 이 서신의 실제 흐름보다 더 무질서한 말로 들린다.[3] 또한 대부분의 학자들

---

1) Stephen S. Smalley, *1, 2, 3 John*, WBC (Waco: Word, 1984), xxxiii. 요한일서의 문학적 장르에 대한 논의에 대해서는 R. E. Brown, The Epistles of John, AB 30 (Garden City: Doubleday, 1982), 86-92을 보라.

2) Contra Kümmel, 437.

은 서언(1:1-4)과 결론(5:14-21) 사이에 있는 두 개의 큰 단락(1:5-2:29; 3:1-5:13)이 여러 개의 소 단락으로 나뉘어졌다고 보는데, 세 단락으로 나누는 슈나켄부르그(Schnackenburg)의 제안이 더 합당한 듯하다. 첫 단락에서는 하나님과의 교제를 빛 가운데서 행하며 것으로 다루고(1:5-2:17), 둘째 단락에서는 이 서신을 보낼 교회나 교회들의 상황을 직접적으로 다루고(2:18-3:24), 세 번째 단락에서는 이 서신에 제시된 시험에 의하여 하나님께 속한 사람과 "세상"을 구분한다(4:1-5:12).[4] 요한이 다음과 같은 세 가지 평가 기준을 제시하고 있음에는 거의 모든 진영의 학자들이 의견을 같이 한다. (1) 참 신자는 예수님이 육신으로 오신 참 그리스도이심을 믿어야 한다; (2) 이 믿음은 의를 통해 실천되어야 한다; (3) 이 믿음은 사랑을 통해 실천되어야 한다.

2) 요한이서와 요한삼서

이 두 개의 짧은 서신이 편지 형식을 갖추고 있다는 것에는 대체로 의견을 같이 한다. 요한이서는 표면적으로는 "택하심을 입은 부녀들과 자녀들에게 보낸" 것이지만, "예수 그리스도께서 육체로 임하심을 부인하는" 미혹하는 자들이 포함되어 있는 순회 전도자들에게 내재되어 있는 위험을 경고하기 위해서(7절) 또 다른 회중—같은 도시에 있는 가정교회였는지 다른 도시에 있는 교회였는지는 분명하지 않다—에게 보낸 서신이다. 그러나 여기에서도 요한은 "너희가 처음부터 들은 바와 같이"(6절)라는 명령과 함께 참 신자는 진리뿐만 아니라 서로를 향한 사랑으로 행해야 함을 강조한다. 이 메시지는 서론(1-3절)과 결론(12-13절) 사이의 중심 단락을 이룬다.

예수 그리스도 외에 다른 이름을 언급하지 않는 요한이서와는 달리, 요한삼서는 "으뜸 되기를 좋아" 할 뿐만 아니라(9절) 권력을 장악하여, 이 서신을 쓴 사람이 보낸 사신들을 배격하고 온건한 방침을 택한 사람들을 교회에서 쫓아낸 디오드레베의 활동에 관하여 가이오에게 보낸 편지이다. 요한은 가이오(디오드레베가 관할하는 교회에 속한 인물인 듯하다)에게 데메드리오의 본을 받으라고 권하고, 자신이 디오드레베를 쫓아내기 위하여 곧 갈 것이라고 경고한다.

---

3) I. Howard Marshall, *The Epistles of John*, NICNT (Grand Rapids: Eerdmans, 1978), 22-27.

4) R. Schnackenburg, *The Johannine Epistles: A Commentary* (New York: Crossroad, 1992), 11-13.

2. 저자

외적 증거는 일관성이 있으며 간단하게 진술할 수 있다. 1세기 말과 2세기 초의 많은 문서에서 이 서신을 언급했다고 생각되는 것들이 발견된다. 가장 그럴 듯한 것들은 다음과 같다:

(1) 로마의 클레멘트는 하나님의 택하신 백성을 "사랑 안에서 완전해진 자들"이라고 묘사한다(클레멘트 1서 49:5; 50:3; cf. 요일 2:5; 4:12, 17-18).

(2) 디다케(*Didache*:주후 90년에서 120년 사이로 추정된다)에도 비슷한 표현이 있다(10:5). 여기에서는 그 다음 구절에서 사라져가는 세상을 언급한 것이 인상적이다(10:6; cf. 요일 2:17).

(3) 바나바 서신(c. 130)은 예수님을 "육체를 입고 오신 하나님의 아들"로 묘사했다(5:9-11; 12:10; cf. 요일 4:2; 요이 7절).

(4) 속이는 거짓 형제들에 대한 폴리캅의 경고—"예수 그리스도께서 육체를 입고 오셨다는 믿음을 고백하지 않는 자는 적그리스도이다"(*Phil*. 7:1, c. 135)—는 확실히 요한이서 7절과 요한일서 4장 2-3절에 의존한 것이다(cf. 요일 2:22).

이외에도 여러 가지 다른 제안들이 있지만, 위의 것들만큼 확실하지는 않다.[5]

2세기 중엽에 히에라폴리스(Hierapolis)의 파피아스(Papias)는 요한 서신들이 요한의 작품이라고 구체적으로 언급한 최초의 인물이다. 유세비우스의 말에 의하면(*H.E*. 3.39.17), 그는 "요한의 이전 서신에서 발췌한 증언들을 사용했다." 그러나 "이전"이라는 말은 파피아스의 말이 아니라 유세비우스의 말임을 잊지 말아야 한다. 즉, 이 말에서 파피아스가 하나 이상의 요한서신에 대해 알고 있었다고 추론할 수는 없다. 이레내우스 시대에(주후 180년경) 적어도 요한일서와 이서는 분명히 제4 복음서의 저자요 예수님의 제자인 요한이 기록한 것으로 알려져 있었다(*Adv. Haer*. 3.16.18). 같은 시대에 활동한 알렉산드리아의 클레멘트가 "더 위대한 서신"에 대해 언급하면서 그 서신의 저자를 사도 요한이라고 한 것으로 보아 그는 적어도 하나 이상의 요한서신을 알고 있었다(*Strom*. 2.15.66; cf. 3.4.32; 3.5.42; 4.16.100). 그 후로 외적 증거가 풍부해졌다.[6]

---

5) A. E. Brooke, *A Critical and Exegetical Commentary on the Johannine Epistles*, ICC (Edinburgh: T. & T. Clark, 1912), liiff에 증거가 상술되어 있다. 증거에 대해 다소 회의적인 견해로는 Brown, *Epistles of John*, 6ff.을 보라.

6) Colin G. Kruse, The Letters of John, PNTC (Grand Rapids: Eerdmans, 2000), 11-14에 이 증거가 훌륭히 요약되어 있다.

요한이서와 삼서에 대한 외적 증거는 요한일서만큼 강력하지 못하다. 그러나, 이 세 서신 중 어느 것도 세배대의 아들 요한이 아닌 다른 사람의 저술로 간주되지 않는다.

요한이서와 삼서에 대한 외적 증거는 요한일서만큼 강력하지 못하다. 그 이유는 한편으로는 이 두 서신은 너무 짧고 신학적인 요소에 초점을 맞추지 않고 있기 때문에 자주 인용되지 않았다는 사실에 있다. 이미 살펴본 대로, 이레내우스는 요한이서를 요한일서와 연결했고 클레멘트는 한 개 이상의 요한서신을 알고 있었다. 현재 우리가 가지고 있는 기록에 의하면, 이 세 개의 요한서신을 모두 언급한 최초의 인물이 오리겐이지만(주후 253년 사망), 유세비우스에 의하면(*H.E.* 6.25.10) 오리겐이 이 서신들을 언급한 것은 요한이서와 삼서의 권위를 모든 사람이 받아들이는 것은 아님을 인정하기 위해서였다. 오리겐의 제자인 알렉산드리아의 디오니시우스(Dionysius: 주후 265년 사망)는 사도 요한이 제4 복음서와 요한일서를 기록했고(계시록은 기록하지 않았다), 요한이서와 삼서에 대해서는 알고 있었다고 주장했다(아래의 "정경으로의 채택" 단원을 보라). 이 세 서신 중 어느 것도 세배대의 아들 요한이 아닌 다른 사람의 저술로 간주되지 않는다.

내적 증거에 관해서 살펴보자면, 요한서신들 중 어느 곳에서도 분명하게 특정한 저자를 언급하지 않는다. 모든 논증들은 결국 이 서신들과 제4 복음서와의 관계에 의존한다. 방법적인 면에서 볼 때, 먼저 요한일서와 제4 복음서의 관계를 다루고 나서 요한이・삼서와 요한일서의 관계를 살펴보는 것이 가장 쉽다.

제4 복음서와 요한일서를 피상적으로 읽어 보아도, 주제나 어휘, 그리고 구문이 크게 흡사한 것을 알 수 있다.[7] 또 빛과 어두움, 생명과 죽음, 진실과 거짓, 사랑과 미움 등 다른 대안이 없는 완전히 대립되는 표현들도 같다. 두 문서 모두에서 대구법의 특징적인 성향과 결합된 비교적 간단한 구문이 발견된다. 포이트레스(Poythress)는 이 두 문서에 접속사의 생략이 잦은 것과 문장 중간의 접속사 사용이 흔치 않은 것은 이 문서들이 동일 저자의 것임을 입증한다고 주장했다.[8] 스토트(Stott)는 요한일서와 요한복음에 동일한 "구원 계획"이 있음을 증명했다.[9] 그 중에 몇 가지 예를 들면 다음과 같다: 구속받지 못한 상태의 우리는 "마귀에게 속했으며"(요일 3:8), "처음부터" 범죄하고 거짓말 하고 살인했다(요 8:44); 우리는 "세

7) 언어학적으로 유사한 점들과 유사하지 않은 점들을 가장 포괄적으로 열거한 것은 다음과 같다: Brooke, *Johannine Epistles*, i-xix, 235-42, and in Robert Law, *The Tests of Life* (1914; reprint, Grand Rapids: Baker, 1979), 341-63.

8) Vern Poythress, "The Use of the Intersentence Conjunctions *De, Oun, Kai*, and Asyndeton in the Gospel of John," *NovT* 26 (1984): 312-34; idem, "Testing for Johannine Authorship by Examining the Use of Conjunctions," *WTJ* 46 (1984): 350-69. Cf. 이 책 제6장을 참고하라.

9) John R. W. Stott, *The Letters of John*, TNTC (Grand Rapids: Eerdmans, 1988), 21-23.

상에 속해" 있으므로(2:16; 4:5/8:23; 15:19) 죄를 짓고(3:4/8:34), 죄를 가지고 있고(1:8/9:41), "어두운 가운데 행하며" (1:6; 2:11/8:12; 12:35), 죽은 자들이다(3:14/5:25). 하나님은 우리를 사랑하시기 때문에 우리를 살리기 위해서(4:9/3:16) 자기 아들을 "세상의 구주"로 보내셨다(4:14/4:42). 우리는 그를 믿거나, 그의 이름을 믿음으로써(5:13/1:12) 사망에서 생명으로 옮겨간다(3:14/5:24). 하나님의 아들 안에 생명이 있으므로(5:11-12/1:4; 14:6),우리에게 생명이 있다(5:11, 12/3:15, 36; 20:31). 이것이 곧 "하나님에게서 난다"는 의미이다(2:29; 3:9; 5:4, 18/1:13). 이외에도 이와 같은 것들이 무척 많다.

이 두 문서의 저자가 다르다고 주장하는 사람들은 주로 다음과 같은 세 가지 현상에 호소한다.10)

1. 요한복음과 요한일서는 형식적으로는 비슷한 것 같지만, 교리와 어휘에 있어서 미묘하고 중요한 차이점들이 있다. 예를 들어, 요한복음에서 λόγος (*logos*; 말씀)는 인격적인 것이며(요 1:1, 14를 보라), 요한일서 1:1-4에서 "말씀"은 "생명의 말씀"이며, 그 생명은 인격적인 것이다. 제4 복음서에서는 성령이 παράκλητος (*paraklētos*; 보혜사, 요 14-16장)인 데 반해, 요한일서 2장 1절에서는 예수님 자신이 성령이시다. 요한복음은 "하나님은 영이시다"라고 말하지만, 요한일서에서는 하나님이 빛이요(1:5) 사랑이시다(4:8, 16). 제4 복음서에서 예수의 죽음은 그가 들리우고 영화롭게 되는 것으로 제시된 반면, 요한 서신에서 예수의 죽음은 화해의 죽음이다(2:2; 4:10). 또 제4 복음서의 종말론은 실현된 종말론인 데 반해(즉, 사람들은 이미 영생을 맛보고 있다), 요한일서에서는 장래에 있을 예수님의 재림에 더 큰 비중을 둔다고 주장된다(2:28; 3:2; 4:17).

자세히 관찰해 보면, 이런 반론들이나 이와 유사한 반론들은 그리 중요한 것이 아니다. 요한복음 서론에서는 로고스가 성육신 이전의 하나님의 아들을 가리키지만, 이 복음서의 여러 곳에서 이 단어가 "메시지"라는 보다 일반적인 의미로 사용되며(예를 들면, 8:31). 어떤 학자들은 요한일서에서도 이 단어가 인격적인 용법으로 사용된다고 주장한다(예를 들어, 그들은 나타난 것은 "생명"이 아니라 "생명의 말씀"이라고 이해한다). 요한일서에서 예수가 παράκλητος(보혜사)라고 불린 것

10) 특히 다음을 보라: C. H. Dodd, *The Johannine Epistles*, MNTC (London: Hodder & Stoughton, 1946), esp. xlviiff.; Georg Strecker, *The Johannine Letters, Hermeneia* (Minneapolis: Fortress Press, 1996), xxxv-xlii; or, at a more popular level, D. Moody Smith, *First, Second, and Third John, Interpretation* (Louisville: John Knox Press,1991), 11-15.

은 그리 놀라운 일이 아니다. 왜냐하면 요한복음에서 예수님은 자신이 또 다른 보혜사(요 14:16)를 보낸다고 말씀하시기 때문이다. 이 부분은 이 두 문서의 저자가 한 사람임을 주장하는 데 사용될 수도 있다. 하나님은 영이시라고 기록한 사람은 하나님을 빛과 사랑이라고 기록하지 않았을 주장하는 것은 표면적으로도 매우 어리석은 주장이 아닐 수 없다. 제4 복음서가 예수님의 죽으심을 "영화롭게 됨" 혹은 "들리움"으로 보는 것은, 한편으로는 역사적인 예수에 초점을 두기 때문이고, 또 다른 한편으로는 유대인들이 생각하는 것처럼 십자가가 패배가 아님을 보여 주려는 의도 때문이다. 만일 요한일서가 예수님의 죽으심을 화목제라는 관점에서 다룬다면, 이는 그의 논쟁적인 목적 때문이다. 즉, 죄는 심각한 결과를 초래하며, 하나님의 섭리에 의해서만 그것을 제거할 수 있다는 것을 나타내는 것이 이 서신의 관심사이다. 어쨌든, 요한복음에서는 예수님의 죽으심에 대해서만 이야기하는 것은 아니다. 이 복음서에는 다른 주제들도 포함되어 있으며, 그중에는 요한일서와 중복되는 것들도 있다(요 1:29; 3:14-16, 36; 6:51; 10:11,15; 11:49-52를 보라). 우리는 이것을 서로 반대되는 것으로 여기지 말고, 비전과 사상의 상호보완성, 적용의 차이로 보아야 한다. 마지막으로, 이 두 문서의 종말론적 강조점이 같지는 않지만, 상호보완적인 진리가 이 두 문서에서 발견된다. 제4 복음서는 미래적인 종말론을 위한 여백을 남겨 두고 있는 반면(5:28-29; 6:39-40, 44, 54; 11:24-26; 12:48; 14:3), 요한일서는 믿는 자들은 영생을 현재의 소유로 경험한다고 확신할 수도 있음을 주장한다.

2. 요한복음에 나타나는 단어와 표현들이 요한일서에 나타나지 않고, 그 반대의 현상도 나타난다(Brooke의 주석의 목록을 보라). 오늘날 대부분의 학자들은 결정적인 것들은 이 목록에 기초를 둘 수 없음을 인정한다. 다양한 어휘의 유사성은 동일한 저자의 것으로 알려진 누가복음과 사도행전, 또는 에베소서와 골로새서, 또는 디모데전서와 디도서 사이의 유사성보다 더 크다. "변형된 표현들이 있다는 것은 자주성이 없는, 또는 의도적인 모방이라기보다는 동일한 저자의 글임을 암시한다."[11]

3. 신약성서의 요한의 글들이 "요한 학파"와 관련이 있다고 확신하는 학자들은 그 "학파"에 속한 각기 다른 사람들이 각기 다른 부분을(예를 들면, 요한복음, 요한서신, 그리고 요한계시록) 저술했다고 여기는 경향이 있다.[12] 실제로, 제4 복음서

---

11) Brooke, *Johannie Epistles*, xvi.

의 저자의 신빙성을 입증하는 "우리"(요 21:24)는 요한일서의 배후에 놓인 "우리"(예를 들면 요일 1:1-5)와 동일할 것이다.[13] 그러나 존재 여부가 확실하지 않고 의심스러운 추론들에 불과한 "요한 학파", 그리고 신약성서의 다양한 문맥에서 등장하여 다양한 것을 언급하는 "우리"라는 용어에 의존하여 결정하는 것은 무리한 일이다.

일부 학자들은 요한이서와 삼서는 요한일서를 저술한 사람이 아닌 다른 사람의 글이라고 주장하지만, 그렇게 확신하는 사람은 많지 않다. 그러한 주장을 정당화하기에는 서로 연결된 어휘와 주제가 무척 많다(예를 들면, "예수 그리스도께서 육체로 임하심"[요이 7/요일 4:2]; "미혹하는 자요 적그리스도"[요2 7/요일 2:22]; "선을 행하는 자는 하나님께 속하고"[요3 11/요일 3:10; 4:4-7]).

전통적인 견해에 의하면, 요한이서와 삼서의 저자가 자신을 "장로"(ὁ πρεσβύτ-ερος)라고 언급한 이유를 설명하기 어렵다. 이것은 유세비우스의 주장, 그리고 그의 주장을 따라서 제4 복음서와 요한 서신들이 사도 요한이 아닌 장로 요한에 의해 기록되었다고 여기는 사람들의 주장을 정당화해주지 못한다. 그러나, 어느 사도가 자신을 장로라고 지칭하는 것은 전혀 이상한 일이 아님을 주목하라(벧전 5:1; cf. Papias). 더욱이, "장로"라는 용어는 노인을 언급할 수도 있다(같은 어원을 가진 πρεσβύτης를 사용한 빌레몬 9절을 보라).[14] 만일 저자가 사도들 중 마지막 인물인 세베대의 아들 요한이라면, 그가 이중으로 빗대어 언급한다는 것은 부적절하지 않다. 요한이 자신을 "장로"라고 언급했다는 기사를 관찰함으로써 이 해석이 강화될 수 있을 것이다. 비록 그가 열두 사도들 중 마지막까지 생존한 사람이라고 해도, 자신을 "사도"라고 언급하는 것은 약간 건방지게 들렸을 것이므로, 그렇게 언급할 수 없었을 것이다. 그는 그저 한 사도에 불과했다(바울이 롬 1:1에서 사용한 것과 베드로가 벧전 1:1에서 사용한 것에 주목하라). 그러나 그는 평범한 장로가 아니었기 때문에, 에베소 지역의 장로였을 수 있다.

사도 요한이 저자라는 주장을 뒷받침하는 또 다른 두 가지 요인이 있다.[15]

---

12) John Painter, *1, 2, 3 John*, SacPag 18 (Collegeville: Liturgical Press, 2002), 44-51; R. Alan Culpepper, *The Gospel and Letters of John*, IBT (Nashville: Abingdon, 1998), esp. chap. 3, "The Gospel and Letters as the Literature of a Community."

13) Painter, *1, 2, 3 John*, 45-46.

14) 어떤 학자들은 *πρεσβύτερος*(*presbyteros*)가 주로 노인을 언급한다고 주장한다.

15) 다음과 같은 주석가들이 이것들에 대해 상세히 논한다: B. F. Westcott (*The Epistles of St John* [1892; reprint, Appleford: Marcham Manor, 1966]; Marshall (*Epistles of John*), and Stott

1. 요한 서신의 대부분의 "우리" 구절에서 그 대명사에는 기독교인 독자들이 포함되며, "세상"에 속한 "저희"(즉, 이단자를 포함한 비기독교인들—예를 들면, 2:3; 3:2, 11; 4:19)와 대조되지만, 몇 구절의 매우 합리적인 주석에서는 "우리"는 기독교인 독자들인 "너희"와 대조적으로 저자 및 그의 동료 증인들을 언급한다고 주장한다. 특히 1:1, 3; 4:14; 5:6-7에서 그러하다. 이에 반대하는 강력한 항의들이 있지만, 이러한 구절들에서 저자는 기록자인 자신을 독자들과 구분하고, 목격자로서의 자신을 제2 세대 신자들과 구분하며, 권위 있는 교사로서의 자신을 가르침을 받는 자들로부터 구분한다.

2. 마지막 구분(권위 있는 교사와 가르침을 받는 자)에 대해서는 상술할 필요가 있다. 비록 저자의 권위의 범위와 상태가 인상적이기는 하지만(예를 들면, 2:1-2, 8, 15, 17, 23, 28; 3:6, 9; 4:1, 8, 16; 5:21),특히 그가 특정의 사람들은 거짓말쟁이요 미혹하는 자요 적그리스도라고 비난할 때에 문제가 되는 것은 그것이 아니다(cf. 갈 1:8, 9). 그보다는 그가 여러 회중들을 대상으로 할 때에 문제가 된다(요한 2, 3서). 이 사실이 케제만으로 하여금 요한서신의 저자가 사도 요한이 아니라, 절대적인 권능을 소유한 감독들 중 최초의 인물이라고 주장하게 만들었다. 이그나티우스는 절대적인 감독이 있는 곳에 교회가 존재한다고 주장했다.16) 물론, 이것은 디오드레베가 원시 지역 교회의 자율성을 보존하려 했다는 것을 의미한다. 케제만의 견해에 동의하는 학자들은 거의 없다: 디오드레베가 실력 행사를 한 분명한 동기는 으뜸이 되기를 좋아한 데 있다(요삼 9절). 이것은 고대 교회나 현대 교회에서도 볼 수 있는 현상이다(고후 10-13장을 보라). 그러나 이 사실은 결국 지역 회중을 초월한 권위에 대한 가장 확실한 설명은 이 서신들의 저자가 사도일 때 가능하다는 것을 의미한다. 왜냐하면 장로들은 본질적으로 그런 권위를 가지고 있지 못했기 때문이다.

오늘날 이 서신들이 요한의 것임을 부인하는 가장 근본적인 이유들은 강력한 증거나 이미 설 자리를 잃어버린 자료설17)에 의존하기보다는 요한 "공동체", "학파" 등의 발달의 재구성에 의존한다. 이 재구성은 현대의 논의에서 큰 통제력을

(*Letters of John*).

16) E. Käsemann, "Ketzer und Zeuge," *ZTK* 48 (1951): 292-311.

17) 특히, J. C. O'Neill, *The Puzzle of 1 John* (London: SPCK, 1966); Rudolf Bultmann, *The Johannine Epistles*, ET Hermeneia (Philadelphia: Fortress Press, 1973); W. Nauck, *Die Tradition und der Charakter des ersten Johannesbriefes*, WUNT 3 (Tübingen: Mohr-Siebeck, 1957). Cf. Marshall, Epistles of John, 27-30.

발휘하기 때문에, 사도 요한의 저작일 가능성은 일찍이 배제된다. 이 문제들은 제4 복음서를 다룬 제6장에서 상세히 다루어졌으며, 이 서신들의 목적에 대한 이해에도 관련이 있다.

3. 기록 장소

이 서신들을 사도 요한의 저작으로 보든지 요한 학파의 저작으로 보든지, 기록 장소는 에베소인 것이 거의 확실하다. 세베대의 아들 요한(그리고 빌립과 그의 딸들)이 유대 전쟁(주후 66-70) 때에 에베소로 이주해서 거기서 죽었다는 증거는 압도적이지는 못하지만 견실하다. 그것은 대체로 주후 190년경 로마의 감독이었던 빅토(Victor)에게 편지를 보낸 에베소의 감독 폴리크라테스(Polycrates)의 증언과(유세비우스도 그렇게 증언한다. *H.E.* 3.31.3; 5.24.2) 이레내우스의 증언(*Adv. Haer*. 3.1.1)에 의존하는데, 이 두 사람은 파피아스와 폴리캅을 알고 있었다. 빌립과 그의 딸들, 그리고 사랑받은 제자의 무덤을 가리키는 증거들도 여럿 있다(제6장과 제24장을 보라).

외적 증거들이 후대의 것으로서 신빙성이 없다고 주장하는 사람들은, 에베소나 다른 중심지들에서 기록되었다고 생각되는 이 문헌들과의 개념적 관계에 기초를 두고서, 요한 서신들과 그 지역들과의 관계를 부인한다. 따라서 이 서신들이 제4 복음서와 관련이 있다는 것, 그리고 제4 복음서가 원래 시리아에서 저술되었다고 생각되는 『솔로몬의 송가』(*Odes of Solomon*)와 개념적으로 연결되는 점이 있다는 것에 근거하여, 큄멜은 시리아를 요한 서신들의 기록장소로 제안했다.18) 방법론적으로, 이러한 접근방법은 구체적인 역사적인 증거들을 지나치게 의지하며 근접한 개념적 연관을 찾는 우리의 능력을 지나치게 과대평가하는 듯하다(『솔로몬의 송가』가 1세기말에 얼마나 널리 유포되었는지에 대해 전혀 아는 바가 없음은 언급하지 않겠다).

4. 기록 연대

요한 서신들의 기록 연대는 제4 복음서의 연대 및 그 복음서와의 관계와 관련되

18) Kümmel, 246-47, 445.

어 있다. 이미 살펴본 대로, 소수의 학자들은 요한복음의 연대를 주후 70년 이전으로 여기고, 대부분의 학자들은 1세기의 마지막 10년으로 여기지만, 우리는 80-85년경이라고 제안했었다. 그렇다면, 문제는 요한 서신들이 복음서보다 먼저 기록되었는가, 아니면 나중에 기록되었는가에 있다.

기록 연대를 확실하게 아는 것은 불가능하지만, 그 결정은 궁극적으로 제4 복음서와 요한 서신들의 목적에 대한 이해에 달려 있다. 요한 서신들은 제4복음서와는 달리 원-영지주의(proto-Gnosticism)로 인한 논쟁 속에서 그리스도인들의 믿음을 세우고 장려하기 위해서 기록되었다고 생각된다("목적" 단원을 보라). 이러한 움직임은 1세기 말에 우세해지기 시작했으므로(2세기에 전성기를 맞았다), 서신들의 기록연대를 제4 복음서 이후로 보는 것이 좋을 듯하다. 이를 뒷받침하는 증거로는 일부 영지주의 이단자들이 그들의 목적을 위해 제4 복음서를 사용했음을 들 수 있다. 2세기의 영지주의자들은 요한복음을 좋아했다(요 1:14의 "말씀이 육신이 되어"는 그들의 신념에 치명적인 상처를 줌에도 불구하고). 따라서 제4 복음서의 출판과 요한 서신들의 출판 사이에는 적어도 요한이 자신의 복음서가 교회 안에 분쟁을 일으킬 만큼(요일 2:19을 보라) 잘못 사용되고 있음을 인식할 만큼의 공백기간이 있었다고 생각된다. 일부 사도 직후 시대의 교부들이 분명히 요한일서를 언급하고 있음을 고려해볼 때, 요한 서신들의 저작 연대는 90년대 초로 보는 것이 바람직하다.

최근 어느 주석가는 요한2서와 3서가 A.D. 100년경에 기록되었고, 요한일서와 요한복음은 2세기 중반 이전에 출현했다고 주장한다.[19] 이 주석가가 매우 추측적인 재구성들에 관여했다는 사실 외에도, 요한복음 18장을 포함하고 있으며 일반적으로 125년의 것으로 간주되는 P^{52}의 연대 결정을 문제시해야 한다. 그는 이것과 다른 초기의 증거를 "경건한 전설들의 창조의 영역"[20]에 속하며 A.D. 200년이나 그 이후의 것들이라고 간주한다. 교부 시대의 증거도 비슷하게 다루어진다. 증거를 신용하지 않으며 기술적으로 복잡한 학문에 대해 그처럼 적극적인 태도를 취하기는 어렵다.

19) Strecker, *The Johannine Letters*, xxxv-xlii.
20) Ibid., xli n. 78.

5. 수신자

요한일서에는 수신자에 대한 언급이 없고, 특수한 문안인사나 공식적인 감사도 없고, 1세기 서신의 특징인 공식적인 언급도 없다. 요한 이서는 "택하심을 받은 부녀와 그의 자녀"에게 보낸다고 했는데, 이는 어느 존경받는 여성 신자와 그녀의 가족이 아니라, 지역 교회를 가리킨다. "택하심을 입은 네 자매의 자녀"로부터의 문안 인사는 다른 회중들로부터의 인사라고 보아야 하므로, 이 서신이 보편 교회에 보낸 서신이었다고 생각할 수 없다. 보편교회에는 자매가 없다. 설령 있다 하더라도, 단지 상징적인 관계뿐만 아니라 몇 교회가 회람해서 볼 수 있을 만큼 유연성이 있어야 했기 때문에, 저자가 이런 형태로 수신자를 표현했을 가능성이 있다.[21] 요한삼서는 가이오라는 사람에게 보냈는데, 이 가이오는 고린도의 가이오도 아니요(고전 1:14;롬 16:23), 마게도냐의 가이오도 아니요(행 19:29), 더베의 가이오(행 20:4)도 아니다. 그러나 4세기의 문서인 『사도헌장』(*Apostolic Constitutions* 7.46.9])에서는 마지막 가이오와 연결한다. 그러나 그 문서는 후기의 것이고, 가이오라는 이름은 로마제국에서는 매우 흔한 이름이었다.

이 서신들의 도착지는 그 문서들의 기록 장소에 대한 재구성으로부터 추정될 수밖에 없다. 따라서 이 서신들은 계시록 2-3장의 일곱 교회들을 중심으로 한 에베소 지역의 교회들(혹은 개인)에게 보낸 것일 듯하다.

이 서신들의 도착지는 그 문서들의 기록 장소에 대한 재구성으로부터 추정될 수밖에 없다. 따라서 이 서신들은 계시록 2-3장의 일곱 교회들을 중심으로 한 에베소 지역의 교회들(혹은 개인)에게 보낸 것일 듯하다.

6. 목적

소수의 학자들은 요한일서가 논쟁적인 것이 아니라 목회적인 것이라고, 즉 이단자들의 집단이나 분리파들을 재구성할 필요가 없다고 주장한다. 요한일서는 신자들의 확신을 증진시키고, 궁극적으로 분쟁을 야기할 수 있는 신학의 발달을 막기 위해서 기록되었다.[22] 만일 문제가 있었다면, 그 문제는 예언의 은사를 무절제하게 사용한 데서 기인한 것이었다.[23]

---

21) Judith M. Lieu, *The Second and Third Epistles of John* (Edinburgh: T. & T. Clark, 1986), 64-68.

22) Judith M. Lieu, "'Authority to Become Children of God' A Study of 1 John," *NovT* 23 (1981): 210-28.

23) F. Büchsel, *Die Johannesbriefe*, THNT (Leipzig: Deichert, 1933), 4-5; cf. G. M. Burge, *The Anointed Community: The Holy Spirit in the Johannine Tradition* (Grand 24 Rapids:

요한은 실제로 독자들을 교훈하려는 의도를 가지고 있었지만, 대부분의 학자들은 이 견해를 증거를 부적절하게 설명한 것으로 여겨서 거부한다. 어떤 신자들은 이미 분리되어 나간 상태였고(요일 2:18-19), 요한은 독자들을 적극적으로 미혹하려 하고 있는 거짓 선생들에 대해 경고하기 위해서 편지를 쓰고 있다(2:26). 바울이 에베소의 장로들에게 예언했고(행 20:29-30), 디모데에게 다시 상기시켰던(딤후 3:1-7; 4:3-4) 예언이 실현되고 있었다. "흉악한 이리들"이 양떼를 아끼지 아니하리라고 했는데, 요한은 이들을 "거짓 선지자"(요일 4:1), "미혹하는 자"(요이 7), "적그리스도"(요일 2:18; 4:3; 요이 7)라고 명명했다. 그들이 분리해나간 원인은 그들이 속해 있던 교회의 많은 사람들을 자기의 편으로 만들지 못했기 때문이었던 것 같다(요일 2:18-19). 많은 신자들을 진리를 고수함으로써 그들을 물리쳤다(요일 4:4). 그러나 요한은 신자들을 안심시키고, 두 집단의 차이점을 강력한 용어로 설명함으로써 열등하며 영적으로 위협을 받고 있다고 느끼는 그들에게 하나님 앞에서 그들의 확신과 신뢰의 근거를 제공해야 했다(요일 5:13).

요한의 독자들과 요한의 대적의 차이는 매우 크다. 분리론자들은 예수가 그리스도이심을 부인했다(2:22). 이것은 예수님이 구약에 예기된 메시아였음을 부인했다는 의미가 아니라, 인간 예수님이 참으로 아들이시요 그리스도이심을 부인했다는 의미이다(2:23; 4:15; 요이 9). 그들은 그리스도가 육신을 입고 오셨음을 부인했다(4:2; 요이 7). 요한일서 1장 6-10절에 의하면, 그들은 자기들이 죄의 지배를 받거나 죄에 예속되어 있음을 부인했다. 즉, 죄는 본래부터 그들의 본성 안에 있지 않았고 그들의 행위에 나타나거나 하나님과의 교제를 방해하지 않는다고 주장했다. 한편 그들의 행동은 매우 거만하고 사랑이 없고 분파적이었다. 그들은 자기들만이 이해한다고 주장하는 복음을 부인했고, 교회에 남아 있으나 망설이는 사람들로 하여금 자기들이 과연 성령을 받았는지 의심하도록 조장하기도 했다(2:26-27을 보라).

그렇다면, 이런 오류의 기반을 무엇으로 설명할 수 있는가? 현대의 대다수의 주석가들은 외적 증거들은 다음과 같은 세 가지 운동 중 하나를 원인으로 가정하게 한다고 주장한다.

Eerdmans, 1987).

1) 영지주의

이 신지학(神知學)적 잡집(雜集)은 물질(악)과 영(선) 사이의 이분법을 조장하는 신플라톤주의적 이원론에 뿌리를 두고 있다. 3세기의 자료로부터 전승된 전통적인 영지주의 이론에 의하면,[24] 궁극적인 아버지(Father)가 있었으며, 그에게서 여러 종류의 영적 존재들이 유출된다. 이러한 영적 존재들 중 하나인 지혜(Wisdom)는 또 다른 영적 존재인 생각(Thought)과 연합하여 행동했고, 본의 아니게 지혜의 아들인 이알다보아스(Ialdaboath)라는 사생아를 낳았다. 이알다보아스는 지혜의 힘을 도둑질하여 이 세상을 다스리는 영적 세력들의 창조자가 되었고, 그들의 도움을 받아 아담과 이브를 포함한 물질적 우주를 만들었다. 영지주의자들은 이러한 변화들을 수용할 수 있도록 성경 이야기들을 수정했다. 예를 들면, 타락 이야기(창 3장)는 악한 창조자의 행동에 의해 악한 물질에 갇힌 자들에게 참 지식(gnosis)을 전해주려는 시도로 바뀌었다. 마침내 아담은 어느 정도 깨끗한 영을 지닌 셋(Seth)을 낳는다. 이것이 인류를 둘로 구분하게 되어, 어떤 이들은 영적 생명에 그들의 근원을 가지게 되고, 어떤 이들은 물질에 불과하게 된다. 후일 수정된 신화에서는 "택함을 받은 자들"(하나님께 택함을 받은 자들이 아니라, 원래 영적 생명을 소유하고 있기 때문에 택함을 받았고, 그 때문에 해방시키는 이 지식을 받을 능력이 있는 자들)에게 그들의 근원을 설명하는 영지적 구원자에 관해 언급한다.

영지주의 신화들의 구조는 매우 다양하다.[25] 2세기에 발렌티누스(Valentinus)는 하나님이 남녀 한 쌍으로 이루어진 30개의 이온(aeon)들로 이루어져 있다고 가르쳤다. 그들 중에서 지성(Intellect)과 진리(Truth)가 말씀(Word)과 생명(Life)을 생성했고, 말씀과 생명이 사람과 교회를 만들었다. 정확하게 그들이 어떤 구조를 가지고 있었던지 간에, 일부 학자들은 요한 일서와 이서에 가정된 이단자들이 영지주의의 영향을 받았고 지식을 획득함으로써 육체로부터 해방되는 것에 깊은 관심을 가지고 있었다고 주장한다.

---

24) *DBI*, 264-66을 보라.

25) 특히 James M. Robinson, ed., *The Nag Hammadi Library*, rev. ed. (San Francisco: HarperSanFrancisco, 1990)을 보라. 그는 처음에 *The Apocryphon of John* (104-23)과 *Eugnostos the Blessed*를 *The Sophia of Jesus Christ* (220-43)와 병행하여 제시한다.

2) 가현설

가현설(docetism; "…인 듯이 보이다"를 의미하는 δοκέω에서 파생된 용어)이라고 알려진 이 영지주의 분파는 성육신을 부인하는 데 같은 논리를 적용했다. 가현설에서는 "영적 존재로서 본질적으로 선한 '그리스도' 혹은 '하나님의 아들'이 어떻게 본질적으로 악한 육신이 될 수 있는가?"라고 묻는다. 그러한 영적 존재가 일시적으로 육신을 취할 수는 있지만, 실제로 육신이 될 수는 없다는 것이다. 가현설을 주장하는 사람들은 악의 참 위치를 바로 깨닫지 못했기 때문에 결국 범죄하고 영지적 교만에 빠졌다.

3) 세린투스의 이단

세린투스(Cerinthus)에 대해서는 주로 이레내우스와 유세비우스를 통해 알게 된다. 예를 들면, 유세비우스는 사도 요한이 에베소의 목욕탕에서 세린투스를 만났는데, 하나님께서 언제라도 "진리의 원수"를 심판하실 수 있다고 생각하여 목욕탕에서 도망쳐 나왔다는 폴리캅의 기록을 보유하고 있다(*H.E.* 3.3.4; cf. 3.28.6; 4.14.6). 이레내우스는 인간 예수님을 신이신 그리스도로부터(이단에 대한 에피파니우스의 보고에 따르면[*Hae*r. 28.1] 성령으로부터) 분리한 세린투스의 이단적인 주장에 대해 언급했다(*Adv. Haer*. 1.16.1; 3.2.1, 7, 8). 그리스도(혹은 성령)는 예수께서 세례를 받으실 때 임했다가 혼자 십자가에서 고난을 받도록 버려두시고 떠나셨다는 것이다(그 이유는 그리스도/성령은 고통을 느낄 수 없기 때문이다).

위에 제안된 배경들의 설득력은 크지만, 조심해야 한다. 예를 들면, 마샬(Marshall)은 세린투스에 관해 우리의 아는 것은(예를 들면, 예수님이 열등한 창조주-신의 아들이었다는 그의 믿음) 요한 서신들에는 반영되어 있았으며, 서신들이 대적하는 것들은(예를 들면 무죄하다는 주장) 세린투스와 관련이 없음을 지적한다.[26] 슈나켄부르그(Schnackenburg)는 10년이나 20년 뒤에 이레내우스가 대적한 가현설이 배경이라고 주장하지만(예를 들면, *Smyr*. 1-3; *Magn*. 11; *Trall,* 9-11), 매우 중요한 차이점들이 있음을 인정했다. 예를 들면, 이그나티우스가 대적한 가현설은 유대교의 신앙이나 의식과 연결되어 있는데, 요한 서신에서는 그런 요소를 찾아볼 수 없다.[27]

---

26) Marshall, *Epistles of John*, 18.

무엇보다도 영지주의의 연대 자체가 논란이 된다. 완전히 성숙한 영지주의는 유대교와 기독교와 이방 종교의 혼합물, 즉 신약시대 이후에 전성기를 맞았을 뿐만 아니라 다양한 형태로 나타났기 때문에 보편화시키기가 어려운 무정형의 운동이었다. 따라서 가장 그럴 듯한 결론은 요한이 그의 서신들을 기록할 때에 이 운동은 그 세력을 확장하고 있었는데, 그 운동이 취한 특별한 형태의 윤곽이 이 서신들을 통하여 어느 정도 드러났다는 것이다. 이 형태는 독립적으로 전해져온 다른 형태의 영지주의와 동일시될 수 없다. 문제는 보존되어 있는 것이 너무 적다는 데 있다. 따라서 우리가 할 수 있는 최선의 말은 적어도 요한의 서신들이 대적하고 있는 분이 가능한 오류들과 지독한 관습들은 우리가 지극히 적은 부분만 알고 있는 가현설이나 세린투스주의와 공통점이 많다는 것이다.

그러나 많은 현대 신학자들은 이러한 외적 증거에는 그리 관심을 기울이지 않고 두 가지 다른 방식 중 하나를 취한다. 어떤 학자들은, 요한일서의 설명은 그 수사학에 있는데 그것을 제대로 이해한다면 대적들을 확인하는 데 많은 노력을 기울일 필요가 없다고 생각한다. 그들은 이 서신의 수사학은 논쟁적인 것이 아니라 자기를 정당화하는 것이라고 주장한다.[28] 또 다른 학자들은 주로 이 서신들에 나타난 복잡한 상황의 궤적들을 제4 복음서로부터(혹은 제4 복음서에 나타난 구분이 가능한 전승들로부터) 끌어냄으로써 "요한의 기독교"의 다양한 흐름을 추적하려 한다.[29] 이 모든 학자들은 요한이 대적들에게 공감했던 것보다 더 크게 공감하며, 때로는 요한보다는 오히려 요한의 대적들에게 더 크게 공감한다.

요한의 서신들에 호의적인 스맬리(Smalley)는 그 당시 교회에서는 이단과 정통의 구분이 이루어지지 않았다고 주장한다. 바울이 거의 반세기 전에 그것들을 구분했음을 고려할 때, 이것은 지극히 이상한 판단이다(갈 1:8-9; 고후 11:4; 요 14:6; 행 4:12을 보라). 훌든(Houlden)은 제4 복음서가 모험적이고 사색적이라고 생각하며, 요한 서신들은 전통적 교리를 거듭 주장하기 위한 보수적인 "지연 작전"

---

27) Schnackenburg, *The Johannine Epistles*, 17-24.

28) 예를 들면 다음과 같다: John Painter, *1, 2, and 3 John*, passim; Ruth B. Edwards, *The Johannine Epistles*, NTG (Sheffield: Sheffield Academic Press, 1996); Judith Lieu, *The Theology of the Johannine Epistles* (Cambridge: Cambridge University Press, 1991).

29) 예를 들면 다음과 같다: Brown, *Epistles of John*; Smalley, *1, 2, 3 John*; Kenneth Grayston, *The Johannine Epistles*, NCB (Grand Rapids: Eerdmans, 1984); J. L. Houlden, *The Johannine Epistles*, BNTC (London: Black, 1973); Pierre Bonnard, *Les épîtres johanniques*, CNT (Geneva: Labor & Fides, 1983); Georg Strecker, *The Johannine Letters*.

인 데 반해, "반대자들"은 같은 방향으로 더 나아가기를 원했다고 판단한다. 스맬리는 세 집단—예수의 인성을 부인하는 집단, 예수의 신성을 부인하는 집단, 그리고 분리주의자들(다른 사람들과 중복될 수도 있다)—을 가정하는데, 이들은 모두 전통적 입장을 취하지 않았다.

브라운은 제4 복음서의 권위의 인정에 있어서가 아니라 그 복음서의 해석에 있어서 견해를 달리하는 두 집단의 윤곽을 파악하기 위해서 상당한 억측과 무절제한 추론을 적용한다. 한 집단은 분리되어 나간 집단이며, 나머지 한 집단은 적어도 요한일서와 이서를 기록한 집단이다. 이 두 집단은 기독론, 윤리학, 종말론, 그리고 성령론 분야에서 근본적으로 견해를 달리 했다(그의 주석은 처음의 두 분야에 초점을 맞추고 있다). 브라운은 어느 집단이 제4 복음서를 바르게 이해했는지를 역사가가 판단할 수 있다고 생각하지 않는다. 이러한 자세 때문에 브라운은 분리주의자들이 예수님의 인성을 부인한 것이 아니라(그들은 요 1:14에 권위를 부여했으므로), 예수님의 인성이 계시나 구원에 중요한 의미가 있다는 사실을 부인했다고 주장한다. 그러나 본문들은 그렇게 말하지 않으며, 그의 주장은 양측이 모두 제4 복음서를 인정했다는 가정을 지나치게 의존한 데서 비롯된 것이다. 브라운은 갈등의 결과로 분리주의자들은(그는 이들을 이단자들로 생각하지 않는다) 후기 이단 운동(세린투스주의, 몬타누스주의, 가현설)으로 빠졌고, 남은 사람들은 "대 교회"(Great Church)에 흡수되었다고 본다.[30]

지면 관계상 구체적인 평가는 불가능하다. 방법론적으로 문제의 핵심은 단순히 가능한 추론들을 열거하는 것(제6장과 아래의 "요한 서신의 최근 연구" 단원을 보라), 그리고 외적 증거들을 지나치게 무시하려는 경향이다. 따라서 요한은 이 서신에서 원-영지주의, 이제 막 시작된 가현설, 또는 이미 기독교인들을 분리시킨 세린투스주의와 싸우고 있다고 결론을 내리는 것이 가장 바람직하다. 요한이 볼 때는 비기독교적인 대적들의 주장과는 대조적으로, 요한은 예수님이 육체를 입고 오신 그리스도라는 것, 그리고 이 예수님에 대한 믿음은 하나님의 명령에 대한 순종과 하나님의 백성들을 향한 사랑을 이루어 낸다는 진리를 강조한다.

만일 이것이 어느 정도 맞는다면, 요한이서의 주목적은 그러한 거짓 교훈을 전하는 순회 교사들을 받아들이지 못하도록 회중이나 가정 교회에 경고하려는 데 있다. 많은 학자들이 요한삼서의 배후에서(디오드레베나 혹은 저자에게서) 이와

---

30) Brown, *Epistles of John*, 103.

비슷한 이단을 찾으려 했지만, 이 서신 자체는 그러한 것들을 드러내지 않는다. 아마 지역적인 권위를 사칭하려 하는 사람에 대한 사도적 경고였을 것으로 판단된다. 그렇다 할지라도, 이 서신은 나머지 두 서신에 의해 세워진 것을 배경으로 하여 기록되었다고 결론을 내리는 것이 옳을 듯하다. 그러므로 디오드레베가 세력 기반을 구축하기 위해서 이단의 위험을 이용했다고 추측할 수도 있다. 그러나 디오드레베가 이단자였다면 요한은 분명히 그 사실을 비난했을 것이므로, 디오드레베가 이단자였다고 생각하기는 어렵다.

7. 본문

암푹스(Amphoux)[31]에 의해 보완된 리차즈(Richards)의 상세한 저서[32]는 요한 서신들의 본문은 어떤 사람들이 주장하는 대로 둘이나 혹은 네 종류의 사본이 아닌 세 종류의 사본—알렉산드리아 사본(세 개의 소집단을 가지고 있다), 비잔틴 사본(7개의 소집단), 그리고 복합된 것(세 개의 소집단)의 지지를 받고 있음을 증명했다.

주해상 중요한 이문(異文)들을 포함하고 있는 구절은 극소수인데, 그 중 가장 난해한 것은 요한일서 5장 7-8절에 첨가된 "삼위일체의 증거"에 관한 구절이다: "하늘에서 증거하는 이가 셋이니 곧 성부와 말씀과 성령이라 이 셋은 하나이며, 땅에서도 증거하는 이가 셋이라"(KJV). 물론 이것은 주석이다. 이 부분은 아주 후대에 다른 사람이 행간에 써넣은 것으로 보이는 11세기경의 사본과 12세기경의 사본을 제외하고는, 14세기 이전의 헬라어 사본에서는 발견되지 않는다. 초기 헬라 교부들은 이 표현을 인용하지 않았다. 만일 그들이 이러한 표현을 알고 있었다면 삼위일체에 관한 논쟁에서 그것을 사용했을 것이다. 초기 불가타 판을 포함한 고대의 역본들은 모두 이 주석을 뒷받침해주지 않는다. 이 표현은 4세기 라틴어 논문에 처음으로 등장하며, 그 이후 일부 라틴 교부들이 그 표현을 사용하기 시작했다.

31) Amphoux, "Note sur le classement des manuscrits grecs de 1 Jean," *RHPR* 61 (1981): 125-35.
32) W. L. Richards, *The Classification of the Greek Manuscripts of the Johannine Epistles*, SBLDS 35 (Missoula: SP, 1977).

8. 정경으로의 채택

요한서신에 대한 최초의 증언들에 대해서는 이미 살펴보았다.[33] 이 세 서신 전체에 대한 최초의 언급은 요한이서와 삼서를 정경에 포함시키기를 망설였다고 보고하는 글에서 찾아볼 수 있다. 오리겐(주후 231년경)은 요한이 "짧은 서신을 남겼는데, 그것이 요한이서와 요한삼서일 수 있다. 그러나 그것들이 정말로 요한의 서신인지에 대해 모두 동의하는 것은 아니다"라고 기록했다(*H.E.* 6.25.10). 유세비우스, 325년경)는 그것들이 사도 요한에 의해 기록되었든지 같은 이름을 가진 다른 사람에 의해 기록되었든지(이것은 분명히 "장로 요한"이라는 이론을 언급하는데, 그것은 부분적으로나마 파피아스에 대한 잘못된 이해에 기인한다; 제6장의 "저자" 단원을 보라) 대부분의 사람들에게 잘 알려져 있고 인정을 받고 있다고 말했지만, 요한일서를 인정된 정통(*homologoumena*)에 포함시키고, 요한이서와 삼서는 반대가 있는 것(*antilegoumena*)에 포함시켰다(*H.E.* 3.25.2-3). 유세비우스 자신은 이 세 서신이 모두 사도 요한에 의해 기록되었다고 믿었다(*H.E.* 6.25.10). 무라토리 정경은 요한의 두 서신을 언급하는데, 요한이서와 삼서가 아니라 요한일서와 이서를 가리키는 듯하다.

요한일서는 흔히 공동(catholic) 서신, 혹은 일반(general) 서신이라고 불리는 신약성서의 서신들에 속한다. 그 이유는 특정한 교회나 개인을 대상으로 기록된 것이 아니기 때문이다. 오리겐은 "공동"이라는 용어를 요한일서에 적용했고 (*Comm. on Matt*. 17:19), 알렉산드리아의 감독이었던 그의 제자 디오니시우스 (Dionysius)는 요한일서는 요한이서와 삼서와는 달리 요한의 공동서신이라고 말했다(*H.E.* 7.25.7.10). 얼마 후에 요한이서와 삼서도 일곱 개의 공동 서신(야고보서, 베드로 전·후서, 요한 일서, 요한 이서, 요한 삼서, 유다서—유세비우스 *H.E.* 2.23.25)의 일부로 인식되었고, "공동"이란 말은 거의 "정경"이라는 의미를 지니게 되었다. 요한의 세 서신은 아타나시우스의 27권의 신약성경 목록에 포함되었고 (A.D. 367), 이 목록은 힙포 공의회 (393)와 카르타고 공의회(397)에서 인정을 받았다. 페쉬타(Peshitta)에는 요한일서는 포함되지만 요한이서와 삼서는 포함되지 않았다. 그 다음 세기에 필록세니아 판(philoxenian)이 출판되면서(508), 이 짧은 두 서신은(베드로후서, 유다서, 계시록과 함께) 시리아어 신약 성경에서 포함

33) Lieu, *Second and Third Epistles*, 5-36.

되었다. 종교개혁 시대에 요한이서와 삼서의 저자에 대한 논의가 가톨릭측(카제탄)과 개혁측(에라스무스)에서 다시 제기되었으나 정경성에 관한 논쟁은 없었다.

9. 요한 서신들에 대한 최근 연구

몇 가지 예외가 있지만,[34] 십년 전까지 요한 서신 연구의 배후에 있는 추진력은 요한 공동체의 윤곽—특히 변화하는 형태의 궤적들—을 묘사하려는 시도에 있었다.[35] 그러나 이것이 잘못이었음은 이미 언급한 바 있다.[36] 이는 이 서신들을 받을 공동체들에 대해 유익한 말을 할 수 없다는 것이 아니라, 그러한 공동체들에 대해 가능한 추론들이 주해를 좌우해서는 안 된다는 것이다. 브라운에 대한 브레바드 차일즈(Brevard Childs)의 많은 비평들은 최근의 많은 주석에 적용될 수 있으리라고 본다.[37] 차일즈에 의하면, 브라운의 요한서신 주석은 요한의 대적들의 신학과 동기를 포함해서 그 대적들에 대한 상세한 재구성에 완전히 의존하므로, 구성 전체가 불확실하다. 브라운은 이 서신들의 관점과 분리주의자들의 관점의 차이는 제4복음서에 대한 해석의 차이 때문이라고 주장하기 때문에, 항상 그는 양측의 교리적인 입장과 이에 대한 반론을 재구성하려 한다. 그러나 "역사적 조사를 목적으로 하는 것은 실제로 역사적 통제 수단을 거의 갖지 못한 독창적인 상상력의 발휘일 수 있다."[38] 실제로 역사적 예증을 요구하는 구절(예를 들면 2:19) 뿐만 아니라, 요한 일서의 모든 구절이 역사적으로 예증되었다. 그 결과는 주해의 무미건조함으로 나타나, 모든 구절들이 논쟁적이 되었고, 주해상의 선택의 여지가 없게 되었고, 모든 역사적 재구성에 필요한 순환성(circularity)이 오염될 위험에 처했다. 예를 들면, 사망에 이르는 죄(5:16-17)는 분리주의자들의 죄와 동일시되었다. 역사적 재구성을 다루는 데 있어 덜 사변적이면서도 신학적/정경적인 관계를 보다 심오하

---

34) 예를 들면, Richards, *Classification*; Lieu, *Second and Third Epistles*; Edward Malatesta, *Interiority and Covenant: A Study of* εἶναι ἐν *and* μένειν ἐν *in the First Letter of Saint John*, AnBib 69 (Rome: BIP, 1978).

35) 예를 들면, Brown, Smalley, and Strecker의 주석서들 및 다음과 같은 책들: John Bogaert, *Orthodox and Heretical Perfectionism*, SBLDS 33 (Missoula: SP,1977); D. Bruce Woll, *Johannine Christianity in Conflict*, SBLDS 60 (Chico: SP, 1981); Rodney A. Whitacre, *Johannine Polemic: The Role of Tradition and Theology*, SBLDS 67 (Chico: SP, 1982).

36) 특히 이 책 제6장을 보라.

37) Childs, 482.

38) Ibid., 483.

게 반영하는 쪽으로 요한 서신들을 다루어야 할 필요가 있다.

요한 공동체의 윤곽과 역사에 초점을 두는 추세가 감소되는 기미가 없었음에도 불구하고, 과거 십여 년 동안에 연구의 초점이 확대되어왔다. 요한 서신 연구는 신약성서 본문들의 문학적/수사학적 특징에 관심을 둔다.[39] 위에서, 수사학을 강조하는 일부학자들은 요한일서를 비 논쟁적으로 해석하려 했다는 점을 살펴보았다. 그리피스(Griffith)는 수사학의 기능을 그리 크게 강조하지 않으면서도 비슷한 결론을 내린다. 즉, 그는 요한일서는 결코 논쟁적인 책이 아니라 단순히 훈계조의 논문이라고 주장하며, 요한은 누구와도 싸우지 않고 갈라디아서의 논쟁의 배후에 있는 것과 같은 유대인들의 공격에 맞서 복음 안에서 참고 견디라고 권면한다고 주장한다.[40] 누군가가 진지하게 그러한 주장을 할 수 있다는 사실은 우리로 하여금 우리가 행하는 얼마나 많은 재구성들이 확실치 않은 추론들에 기초를 두고 있는지 생각하게 해주며, 기초를 점검할 것을 요구한다. 그러나 이 경우에 요한일서 2:18-19 및 전후 구절들과 관련하여 그 구절이 함축하는 의미에 비추어보면, 요한일서가 논쟁적이라는 사실을 부인하기 어렵다. 또 요한은 원-영지주의의 위협이 아니라 유대교로 돌아가려는 위험에 대해 경고하고 있다는 견해는 역사적으로 이상하게 여겨진다. 그것은 그레코-로마 세계의 구조를 그리 면밀히 조사하지 않고, 또 요한일서의 본질과 강조점이 갈라디아서나 히브리서(이 두 서신에서는 그리스 피스가 말하는 위험과 비슷한 것을 다룬다)와 다른 이유도 설명하지 않는다. 약간 독립적인 다른 주장들로 살펴볼 가치가 있다. 이 책 제17장에서 켐벨(R. Alastair Campbell)의 공헌에 대해 살펴보았는데, "장로들"에 관한 그의 도발적인 저서는 요한이서와 삼서에 대한 언급과 함께 적용할 수 있다.

39) 예를 들면 다음과 같다: Hans-Josef Klauck, "Zur rhetorischen Analyse der Johannesbriefe," *ZNW* 81 (1990): 205-24; Duane F. Watson, "1 John 2:12-14 as Distributio, Conduplictio, and Expolitio: A Rhetorical Understanding," *JSNT* (1989): 97-110; idem, "A Rhetorical Analysis of 2 John According to Greco-Roman Conventions," *NTS* 35 (1989): 104-30; idem, "A Rhetorical Analysis of 3 John: A Study in Epistolary Rhetoric," *CBQ* 51 (1989): 479-501; idem, "Amplification Techniques in 1 John: The Interaction of Rhetorical Style and Invention," *JSNT* 51 (1993): 99-123.

40) Terry Griffith, *Keep Yourselves from Idols: A New Look at 1 John*, JSNTSup 233 (Sheffield: Sheffield Academic Press, 2002).

10. 요한 서신의 공헌

모든 것을 종합해 볼 때, 요한 서신들은 복음 계시의 불변의 요소들에 의해 복음을 다시 표현하려는 모든 시도를 시험해 보아야 할 중요성을 증명해 준다. 요한의 대적들은 자기들이 기독교의 교훈 안에 있다고 생각했다(요 2:9). 대조적으로, 요한은 "처음부터" 있었던 것, 처음 목격자들의 증언, 논란의 여지가 없는 기독론적 사실들, 서로 사랑하라는 옛 계명의 영구적인 새로움, 참 신앙과 순종 사이의 논박할 수 없는 관계로 돌아간다. 이러한 자세는 교회가 어느 교훈에 귀를 기울일 것인가와 관련이 있다(요이). 실질적으로 요한삼서의 배후에 이단이 있는지의 여부와 상관없이, 이 전체적인 비전은 사도의 권면과 권위에 순복하려 하지 않는 하찮은 지도자들을 위한 자리가 교회에는 없음을 강조한다.

요한 서신은 복음 계시의 불변의 요소들에 의해 복음을 다시 표현하려는 모든 시도를 시험해 보아야 할 중요성을 증명해 준다.

요한 서신들은 보증(assurance)이라는 교리에 중요한 기여를 한다(요일 5:13을 보라). 신약성경의 다른 책들이 하나님 앞에서 우리가 갖는 보증의 객관적인 근거가 그리스도와 우리를 위한 그의 죽으심과 부활에 있다는 것, 즉 그리스도인의 보증을 참 신앙의 부산물로 간주하고 있다면, 이 서신들은 참 신앙과 거짓 신앙을 명백하게 구분한다. 거짓 믿음은 하나님 앞에서의 보증을 요구할 권한이 없고, 참 믿음은 그 대상의 확실함(이 경우 예수님이 육체를 입고 오신 그리스도이심을 믿는 믿음)뿐만 아니라 개인에게서 나타나는 변화—참 신자들은 서로 사랑하고 진리에 복종하는 법을 배운다—에 의해서 신빙성이 인증될 수 있다. 요한이 언급하는 그리스도인의 보증은 추상적인 선이 아니다. 그것은 예수 그리스도 안에서 자신을 계시하신 언약의 하나님과의 지속적이며 변화시키는 관계이다.

요한 서신들은 적어도 속사도 시대의 마지막을 향하는 신약 시대 교회의 한 부분을 이해할 수 있는 좋은 기회를 제공한다. 비록 특정의 주제들이 특이하게 다루어지지만, 아버지와 함께 있었고 아들에 의해서 중재되어진 영생(요일 1:2), 아들의 대속(2:1-2; 3:8; 4:10; 5:6), 그리고 성령(2:20-27; 3:24-4:6)이 신중하게 강조된다. 이 문서들은 1세기말의 교회와 신약성서 중 가장 초기의 저술에 반영된 교회를 구분할 수 있는 기회를 제공하며, 사도 직후 시대의 교부들 및 교부 시대를 향해 뻗어나가는 원동력이 된다.

참고문헌

Chr. B. Amphoux, "Note sur le classement des manuscrits grecs de 1 Jean," *RHPR* 61 (1981): 125-35.

John Bogaert, *Orthodox and Heretical Perfectionism*, SBLDS 33 (Missoula: SP, 1977).

Pierre Bonnard, *Les épîtres johanniques*, CNT (Geneva: Labor & Fides, 1983).

A. E. Brooke, *A Critical and Exegetical Commentary on the Johannine Epistles*, ICC (Edinburgh: T. & T. Clark, 1912).

Raymond E. Brown, *The Epistles of John*, AB 30 (Garden City: Doubleday, 1982).

F. Büchsel, *Die Johannesbriefe*, THNT (Leipzig: Deichert, 1933).

Rudolf Bultmann, *The Johannine Epistles*, ET Hermeneia (Philadelphia: Fortress Press, 1973).

G. M. Burge, *The Anointed Community: The Holy Spirit in the Johannine Tradition* (Grand Rapids: Eerdmans, 1987).

R. Alan Culpepper, *The Gospel and Letters of John*, IBT (Nashville: Abingdon Press, 1998).

C. H. Dodd, *The Johannine Epistles*, MNTC (London: Hodder & Stoughton, 1946).

Ruth B. Edwards, *The Johannine Epistles*, NTG (Sheffield: Sheffield Academic Press, 1996).

Kenneth Grayston, *The Johannine Epistles*, NCB (Grand Rapids: Eerdmans, 1984).

Terry Griffith, *Keep Yourselves from Idols: A New Look at 1 John*, JSNTSup 233 (Sheffield: Sheffield Academic Press, 2002).

Martin Hengel, *The Johannine Question* (London: SCM, 1989).

J. L. Houlden, *The Johannine Epistles*, HNTC (San Francisco: Harper, 1973).

E. Käsemann, "Ketzer und Zeuge," *ZTK* 48 (1951): 292-311.

Hans-Josef Klauck, *Der erste Johannesbrief*, EKKNT 23/1 (Zürich: Benziger/Neukirchen-Vluyn: Neukirchener Verlag, 1991); idem, *Der zweite und dritte Johannesbrief*, EKKNT 23/2 (Zürich: Benziger/Neukirchen-Vluyn: Neukirchener Verlag, 1992); idem, "Zur rhetorischen Analyse der Johannesbriefe," *ZNW* 81 (1990): 205-24.

Colin G. Kruse, *The Letters of John*, PNTC (Grand Rapids: Eerdmans, 2000).

Robert Law, *The Tests of Life* (1914; reprint, Grand Rapids: Baker, 1979).

Judith M. Lieu, "'Authority to Become Children of God? A Study of 1 John," *NovT* 23 (1981): 210-28; idem, *The Second and Third Epistles of John* (Edinburgh: T. & T. Clark, 1986); idem, *The Theology of the Johannine Epistles* (Cambridge: Cambridge University Press, 1991).

Edward Malatesta, *Interiority and Covenant: A Study of εἶναιei ἐν and μένειν ἐν in the First Letter of Saint John*, AnBib 69 (Rome: BIP, 1978).

I. Howard Marshall, *The Epistles of John*, NICNT (Grand Rapids: Eerdmans, 1978).

W. Nauck, *Die Tradition und der Charakter des ersten Johannesbriefes*, WUNT 3 (Tübingen: Mohr-Siebeck, 1957).

J. C. O'Neill, *The Puzzle of 1 John* (London: SPCK, 1966).

John Painter, *1, 2, and 3 John*, SacPag 18 (Collegeville: Liturgical Press, 2002).

Vern Poythress, "Testing for Johannine Authorship by Examining the Use of Conjunctions," *WTJ* 46 (1984): 350-69; idem, "The Use of the Intersentence Conjunctions De, Oun, Kai, and Asyndeton in the Gospel of John," *NovT* 26 (1984): 312-34.

David Rensberger, *1 John 2 John 3 John*, ANTC (Nashville: Abingdon Press, 1997).

W. L. Richards, *The Classification of the Greek Manuscripts of the Johannine Epistles*, SBLDS 35 (Missoula, Mont.: SP, 1977).

James M. Robinson, ed., *The Nag Hammadi Library*, rev. ed. (San Francisco: Harper SanFrancisco, 1990).

Rudolf Schnackenburg, *The Johannine Epistles: A Commentary*, 3 vols. (New York: Crossroad, 1992).

Stephen S. Smalley, *1, 2, 3 John*, WBC 51 (Waco: Word, 1984).

D. Moody Smith, *First, Second, and Third John, Interpretation* (Louisville: John Knox Press, 1991).

John R. W. Stott, *The Letters of John*, TNTC (Grand Rapids: Eerdmans, 1988).

Georg Strecker, *The Johannine Letters, Hermeneia* (Minneapolis: Fortress Press, 1996 [German orig. 1989]).

Duane F. Watson, "John 2:12-14 as Distributio, Conduplictio, and Expolitio: A Rhetorical Understanding," *JSNT* (1989): 97-110; idem, "A Rhetorical Analysis of 2 John According to Greco-Roman Conventions, NTS 35(1989): 104-30; idem, "A Rhetorical Analysis of 3 John: A Study in Epistolary Rhetoric," *CBQ* 51 (1989): 479-501; idem, "Amplification Techniques in 1 John: The Interaction of Rhetorical Style and Invention," *JSNT* 51 (1993): 99-123.

B. F. Westcott, *The Epistles of St John* (1892; reprint, Appleford: Marcham Manor, 1966).

Rodney A. *Whitacre, Johannine Polemic: The Role of Tradition and Theology*, SBLDS 67 (Chico: SP, 1982).

D. Bruce Woll, *Johannine Christianity in Conflict*, SBLDS 60 (Chico: SP, 1981).

제24장

유다서

1. 내용

유다서는 간략하면서도 치밀하다. 저자의 산문은 감소하고 신랄하며 상세한 설명이 많지 않으며, 그렇기 때문에 많은 자료를 짧은 지면에 담을 수 있었다. 더욱이, 이 서신은 세심하고 의도적인 구성을 따른다. 서두(1-4절)에는 일반적인 저자에 대한 확인—"예수 그리스도의 종이요 야고보의 형제인 유다"와 수신인에 대한 언급이 담겨 있다. 역시 공동서신인 베드로후서와 비슷하게, 유다는 수신인을 지리적 소재지보다는 신학적 정체성에 의해서 언급한다: "부르심을 받은 자 곧 하나님 아버지 안에서 사랑을 얻고 예수 그리스도를 위하여 지키심을 받은 자들"(1:1). 유다는 이렇게 인사한 후에, 서두의 마지막 두 구절에서 편지의 본문으로 이동한다. 그는 자신이 원래 긍정적으로 격려의 편지를 쓰려 했다는 것을 지적하고 나서, 이 서신을 쓴 이유, 즉 거짓 교사들이 교회 안에 들어왔음을 이야기한다.

서신의 본문의 대부분은 거짓 교사들에 대해 언급한다(5-16절). 이 부분은 세 단계로 진행된다(5-10절, 11-13절, 14-16절). 이 세 단계는 몇 개의 대구들을 제시한다: 각 단계에서는 거짓 교사들에게 임할 정죄를 묘사하거나 선언하기 위해서 구약성서와 유대 작가들에서 취한 예증들과 인용문들을 사용하며, 각기 "이 사람들"(οὗτοι)라는 단어를 사용하면서 전통적인 자료를 거짓 교사들에게 적용한다. 유다는 첫 단계에서 모세오경에서 취한 하나님의 심판의 예들을 인용하고(광야 세대, 범죄한 천사들[cf. 창 6:1-3], 소돔과 고모라 사람들), 거짓 교사들을 그들과 동일한 범주에 집어넣는다(8-10절). 둘째 단계에서는 거짓 교사들에게 "화"를 선포한 후에 그들을 구약성서의 세 명의 악한 죄인들—각기 나름의 방식으로 하나님을 배반한 가인, 발람, 고라(cf. 민 16:1-35)와 연결한다. 연이어, 거짓교사들의 악한 행위와 특성을 묘사한다(12-13절). 거짓 교사들에 관한 단락의 셋째 단계는 다시 전통적인 언급으로 시작되는데, 이번에는 구약성서가 아니라 구약 위경의 글을 언급한다. 14-15절에서는 거짓 교사들의 정죄를 알리기 위해서 에녹1서 1:9를 인용한다(60:8과 93:3도 암시적으로 인용한다). 그리고 이 악한 사람들에 대해 다시 간단하게 묘사하는 것으로 마친다.

17-19절은 거짓 교사들에 대한 묘사와 정죄에서부터 성도들에게 주는 직접적인 권면으로 이동한다. "사랑하는 자들아"(ἀγαπητοί)라는 인사말로써 초점의 변화를 알린 뒤에 다시 전승을 인용하는데, 이번에는 조롱하는 자들이 일어날 것에 대한 사도들과 주 예수 그리스도의 예고들을 인용한다. 이 거짓 교사들이 바로 조롱하는 자들이다. 20-21절에서는 신자들에게 두 가지 권면을 하는데, 그중 두 번째 권면—"하나님의 사랑 안에서 자신을 지키며"—은 "예수 그리스도를 위하여 지키심을 받은 자들"을 반향한다.[1] 22-23절은 축어적으로 대단히 난해하지만, 대부분의 현대어 역본들은 이 본문에는 신자들에게 거짓 교훈의 영향을 받는 사람들과 연락을 취하라고 권하는 세 가지 권면이 담겨 있다고 여긴다.[2]

이 서신의 결론에서는 전형적인 마지막 인사말, 동역자와 여행계획, 기도 요청 등을 피하고 유명한 송영으로 마친다.

2. 상황

유다는 이 서신을 기록하게 된 상황을 분명히 밝힌다: "가만히 들어온" 거짓 교사들이 신자들 가운데 있었기 때문이다. 유다는 그들에 대해 묘사하면서 주로 그들의 방탕한 생활방식을 정죄한다. 그들은 자랑하는 말을 내며(16절), 이기적이

---

1) Carroll D. Osburn은 유다서의 구조에 인클루지오(*inclusio*. 감싸기 구조)가 나타난다는 것을 증명했다("Discourse Analysis and Jewish Apocalyptic in the Epistle of Jude," in *Linguistics and New Testament Interpretation*, ed. David Alan Black [Nashville: Broadman, 1992], 288.89).

2) Sakae Kubo, "Jude 22-23: Two Division Form or Three?" in *New Testament Criticism: Its Significance for Exegesis, Fs*. Bruce M. Metzger, ed. E. J. Epp and Gordon D. Fee (Oxford: Clarendon Press, 1981), 239-53은 이 본문에 세 가지 권면이 포함되어 있음을 훌륭히 변호한다.

고(12절), 권위를 멸시하고(8-10절), 탐욕스럽고(12절), 음란하다(4, 8절). 그들은 스스로 공동체의 지도자라고 주장하지만 그들의 가르침에는 내용이 없다(12-13절). 이 거짓 교사들은 베드로후서에서 묘사되고 정죄된 거짓 교사들과 매우 흡사하다. 그러나 한 가지 중요한 차이점에 지목해야 한다: 유다는 베드로후서에서 정죄하고 있는 거짓 교사들의 문제의 핵심인 종말론적 회의론을 직접적으로 언급하지 않는다. 따라서 일부 학자들은 베드로후서와 유다서에 묘사된 거짓 교사들을 총괄적으로 다루는 것에 대해 경고한다.[3] 그러나, 유다는 종말론적 회의론을 명시적으로 언급한 적이 없지만, "조롱하는 자들"에 대한 예수님과 사도들의 예언을 거짓 교사들이 성취한다는 주장은 이 신학적 오류를 가리키는 것일 수 있다. 그러므로 유다서와 베드로후서에서 다루어지는 거짓 교사들의 강조점에는 약간의 차이가 있을 수 있지만, 이 두 서신에서는 동일한 거짓 교훈의 운동에 대해 기록하고 있다.

그러나 이 운동이 어떤 것이었는지를 결정하려 할 때에, 우리는 베드로후서에서 직면하는 것과 동일한 문제—거짓 교사들에 대한 묘사가 매우 모호하기 때문에 그들의 정체를 정확하게 확인할 수 없다는 사실—에 직면한다. 여기에서도 학자들은 영지주의자들이나 "원-영지주의자들"[4]을 지적하지만, 유다서에서는 영지주의의 특징적인 교리가 전혀 언급되지 않는다. 유다서의 자료들은 "지나치게 실현된"[5] 종말론의 영향을 받은 듯한 일종의 도덕률폐기론자들의 집단을 암시한다.[6] 이 문제를 더 이상 정확하게 확인할 수는 없다. 유다서와 관련된 대부분의 문제들이 그렇듯이, 이 편지를 기록하게 된 원인은 불확실한 상태로 남아있을 수밖에 없다.

---

3) 특히 Richard Bauckham, *Jude, 2 Peter*, WBC (Waco: Word, 1983), 154-57을 보라.

4) 예를 들면 다음과 같다: H. Balz and W. Schrage, *Die "katolischen" Briefe: Die Briefe des Jakobus, Petrus, Johannes, und Judas*, NTD, 12th ed. (Gottingen: Vandenhoeck & Ruprecht, 1980), 224-25; H. Paulsen, *Der zweite Petrusbrief und der Judasbrief* (Gottingen: Vandenhoeck & Ruprecht, 1992), 46-49 (?).

5) Jerome H. Neyrey, 2 Peter, Jude, AB 37C (New York: Doubleday, 1993), 31- 32를 보라.

6) 예를 들어 다음을 보라: G. Sellin, "Die Haretiker des Judasbriefes," *ZNW* 76-77 (1985-86): 207.25. 일부 학자들은 그 집단이 급진적인 바울주의자였을 수도 있다고 주장한다(E. Earle Ellis, "Prophecy and Hermeneutic in Jude," in *Prophecy and Hermeneutic in Early Christianity*, WUNT 18 [Tubingen: Mohr-Siebeck/Grand Rapids: Eerdmans, 1978], 230-32; Bauckham, *Jude, 2 Peter*, 163-68).

3. 저자

헬라어 Ἰουδάς는 영어로는 "Jude", "Judas", "Judah"로 번역된다. 구약성서의 족장 유다(및 그의 이름을 딴 지역) 외에도, 신약성서에서 유다라는 이름으로 언급되는 인물이 다섯 명이다. 예수를 배반한 "가룟 유다", 악명 높은 혁명가였던 "갈릴리 유다"(행 5:37), 열두 제자 중 하나인 "야고보의 아들 유다"(눅 6:16; 행 1:13), 초기 기독교 예언자인 "바사바라 하는 유다"(행 15:22, 27, 32), 그리고 예수님의 형제 유다(막 6:3; 마 13:55). 위의 다섯 사람들 중 마지막 세 사람 중 한 사람이 1절에서 언급되었을 수 있다. 그러나 1절의 유다는 "예수 그리스도의 종이요 야고보의 형제인 유다"라고도 묘사된다(1:1). 이 야고보는 초대 교회의 유명한 지도자가 된 사람이며(행 15:13-21; 21:18; 갈 2:9), 신약성서의 야고보서를 기록한 사람이다. 또 이 야고보는 "주의 형제"였으므로(갈 1:19; 막 6:3/마 13:55; 요 7:5도 보라) 유다서 1절의 유다는 복음서들에서 언급된 주의 형제이다.

이 결론은 초대교회의 증언에 의해서 확인된다. 무리토리 정경(A.D. 180-200?[7])에 이 서신이 포함되어 있고, 터툴리안과 알렉산드리아의 클레멘트는 이 서신을 정경으로 간주한다. 유세비우스(*H.E.* 2.23.25; 3.25.3)는 "의심되는 저술들"에 유다서를 포함시키지만, 그 이유는 이 서신에서 비정경적인 저술들을 언급하는 데 있는 듯하다. 그럼에도 불구하고, 현대의 많은 학자들은 주의 형제 유다가 이 서신을 기록했을 수 없다고 주장한다. 소수의 학자들은 신약성서의 다른 곳에서 언급되지 않은 유다가 이 서신을 기록했을 수도 있다고 주장해왔는데,[8] 이것은 거의 가능성이 없는 주장이다. 주의 형제 유다가 이 서신을 기록했을 리 없다고 생각하는 많은 학자들은 이 서신이 가명을 사용한 위서라고 추정한다.[9] 우리는 유다에 대해서 아는 것이 거의 없으며, 유다가 기록한 다른 저술이 없으므로, 이 서신의 신빙성을 반대하는 일반적인 논증들의 대부분은 타당성이 없다. 그러나 흔히 유다가 이 서신을 기록했을 리가 없다고 생각하는 세 가지 이유가 제시된다.[10] 첫째,

---

7) 이 정경의 연대에 대해서는 제4장 주 7을 보라..

8) 고대의 예루살렘의 감독들의 목록에서 언급된 유다라는 감독이거나 알려져 있지 않은 유다(후자를 지지하는 견해로는 A. R. C. Leaney, *The Letters of Peter and Jude* [Cambridge: Cambridge University Press, 1967], 83을 보라. Kümmel, 427-28에서는 후자를 언급하지만 지지하지는 않는다).

9) J. N. D. Kelly, *The Epistles of Peter and of Jude* (New York: Harper & Row, 1969), 232-34.

10) Kelly, *The Epistles of Peter and of Jude*, 233-34에 이것들이 간단히 요약되어 있다.

갈릴리 출신의 유대인이 썼다고 보기에는 이 서신의 헬라어가 너무 훌륭하다고 주장된다. 그러나 이 책에서 여러 번 살펴보았듯이, 우리는 전혀 알지 못하는 사람의 언어 표현 능력을 측정할 수는 없다. 갈릴리 출신이라고 해서 헬라어를 효율적으로 사용할 수 없다고 생각할 수는 없다.11) 둘째, 이 서신에서 사도들의 가르침(17절)과 "성도에게 단번에 주신 믿음"(3절)을 언급한 것은 후대의 "초기 공교회"의 상황, 사도적 전승이 정통을 판단하는 시금석으로 소중히 간주되어온 시대를 반영한다고 주장된다. 그러나 17절은 전통적인 교훈의 통일체를 언급하는 것이 아니라, 사도들과 예수님의 예언들을 언급한다. 그것은 유다가 사도가 아님을 암시하는 것이 아니며, 확실한 전승에 대해서도 전혀 암시하지 않는다. 또 본문은 사도들이 과거의 사람이어야 한다고 요구하지도 않는다. "이 특정 교회의 설립에 있어서 과거에 속하는 것은 사도들이 아니라 그들의 선교 활동이다."12) 또 "믿음"이 "실존적 신앙"(*fides qua creditur*)이 아니라 "이론적인 신앙"(*fides quae creditur*)이라는 의미로 사용되었다고 해서, 그것이 연대적으로 후대를 가리키는 것은 아니다. 초기 신약성서의 책에서는 그러한 용법이 확립되어 있었다(예를 들면, 갈 1:23; 고전 16:13). 셋째, 유다가 자신이 예수의 형제임을 언급하지 않은 것이 그가 저자임을 반대하는 증거라고 주장된다. 그러나 이 논증에는 장단점이 있다. 리처드 버크험(Richard Buckham)은 팔레스타인 기독교 공동체 내에서 예수님의 형제들이 유명한 인물들이었음을 입증했다.13) 따라서, 후대의 작가가 유다를 언급함으로써 자신의 저술에 권위를 부여하기 위해서 그러한 관계를 발설했을 수도 있다. 유다의 편지를 받는 교회들의 삶에서 야고보가 중요한 인물이었으며, 그렇기 때문에 유다가 그를 언급했다고 추측할 수도 있다. 그러나 오래 전 알렉산드리아의 클레멘트가 지적했듯이, 이 서신의 목적으로 보아, 유다가 주의 "형제"보다는 예수 그리스도의 "종"이라고 자신을 밝힌 것이 더 중요하다.14)

유다를 저자로 보지 않는 논거는 매우 미약하므로, 이 서신의 주장을 문자 그대로의 의미로 받아들여 저자가 주의 형제라고 추정하지 않을 이유가 없다.15)

---

11) Bauckham, *Jude, 2 Peter*, 15-16을 보라.

12) Ibid., 13.

13) Richard Bauckham, *Jude and the Relatives of Jesus in the Early Church* (Edinburgh: T. & T. Clark, 1990), 45-133.

14) Bigg, *A Critical and Exegetical Commentary on the Epistles of St. Peter and St. Jude*, ICC (Edinburgh: T. & T. Clark, 1901), 318.

15) 다음을 보라: Bauckham, *Jude, 2 Peter*, 14-16; Michael Green, *The Second Epistle General*

4. 저술 연대, 장소, 수신자

유다서가 위서라고 생각하는 사람들은 일반적으로 이 서신이 A.D. 100년경에 저술되었다고 여긴다.[16] 그러나, 위에서 주장했듯이, 만일 주님의 형제 유다가 저자라면, 예수님의 동생의 사망 시기를 가장 늦게 잡는다고 해도 이 서신의 기록 연대를 A.D. 90년 이후로 볼 수 없다. 반대로, 연대를 이르게 잡는다면, 어느 시기가 되겠는가? 리처드 버크햄은 그 서신의 유대교 종말론을 선호하는 분위기를 인용하면서 50년대 초라고 강력히 주장한다.[17] 이와 같은 이른 연대를 주장하는 사람들은 베드로후서와 유다서의 문학적 관계는 유다서가 선행하는 문서라고 보아야 설명된다고 가정하는데, 이것이 학문적으로 우세한 견해이다(제21장을 보라). 그러나 반대로 유다가 베드로후서를 사용했을 수도 있다. 만일 그렇다면, 유다서는 베드로후서보다 늦게, 아마 A.D. 64-65년에 기록되었을 것이다. 어쨌든, 두 서신에서 거짓 가르침에 대해 비슷하게 묘사한 것들은 이 서신들이 거의 같은 시기에 기록되었음을 암시한다.[18] 유다서도 60년대 중반에서부터 말 사이에 기록되었다고 보아야 할 것이다.

유다서는 전통적으로 "공동" 서신으로 분류되지만, 이 서신은 분명히 특정의 교회나 교회들에게 쓴 것이다.

이 서신이 기록된 장소나 수신지에 대해서 분명히 결정할 수 있는 것은 아무것도 없다. 유다서는 전통적으로 "공동" 서신으로 분류되지만, 이 서신은 분명히 특정의 교회나 교회들에게 쓴 것이다. 또 예수의 형제 유다가 다른 형제 야고보처럼 팔레스타인에 남아 있었다고 추론할 수도 있지만, 바울이 고린도전서 9:5에서 "주의 형제들"을 언급한 것은 적어도 예수의 형제들 중 몇 사람은 널리 여행했었음을 시사해준다. 유다가 편지를 보낸 교회들의 소재지로 짐작되는 곳에는 이집트,[19] 소아시아,[20] 그리고 안디옥[21]이 포함된다. 더욱 중요한 것은 이 서신에서 추론할

of Peter and the General Epistle of Jude, TNTC (Grand Rapids: Eerdmans, 1968), 42-46; Achtemeier/Green/Thompson, 533; Guthrie, 902-5; McDonald/Porter, 542.

16) 예를 들면 다음과 같다: Leaney, *The Letters of Peter and Jude*, 82; Kelly, *The Epistles of Peter and of Jude*, 233-34; Balz/Schrage, *Die "katholischen" Briefe*, 226; Paulsen, *Der zweite Petrusbrief und der Judasbrief*, 44-45; Kümmel, 429; Brown, 757-58.

17) Jude, *2 Peter*, 13-14.

18) Bigg, *The Epistles of St. Peter and St. Jude*, 316.

19) Kelly, *The Epistles of Peter and of Jude*, 237; J. J. Gunther, "The Alexandrian Epistle of Jude," *NTS* 30 (1984): 549-62.

20) Ellis, "Prophecy and Hermeneutic in Jude," 235-36; Bauckham, *Jude, 2 Peter*, 16 (as a "Strong possibility").

21) Green, *The Second Epistle of Peter and the Epistle of Jude*, 48; Guthrie, 914.

수 있는 독자들의 윤곽이다. 소수의 학자들은 거짓 교사들이 가르친 도덕률폐기론은 수신인이 이방인이었음을 암시한다고 주장했다. 그러나 이방인들만이 도덕률폐기론를 주장한 것이 아니며, 저자가 가정하는 것처럼 수신인들이 구약성서뿐만 아니라 유대교 전승들도 잘 알고 있었다는 사실은 수신인이 이방 문화 속에 처한 유대인 신자들이었음을 지적한다.[22)]

5. 유다서에 대한 최근의 연구

유다서는 신약성서에서 "가장 등한시된 책"이라고 불려왔다.[23)] 이것이 지금도 사실일 수도 있지만, 학자들은 이 책에 더 깊은 관심을 기울이기 시작하고 있다. 많은 신약성서 책들에 대한 학문의 분명한 경향에 따라, 최근에는 유다서의 수사학적인 본질에 관심을 기울여왔다. 왓슨(Duane F. Watson)은 이 서신이 전통적인 수사학적 구조를 사용하고 있다고 주장했다: 서론(*exordium*: 논의될 문제—3절), 주제 진술(*narratio*—4절), 논증(*probatio*: 주제를 뒷받침하기 위한 예증과 논증—5-16절), 그리고 논증의 결론(*peroratio*: 요약 및 감정에의 호소—17-22절).[24)] 유다가 의식적으로 고대 수사학 모델을 채택한 것인지, 아니면 단순히 그 시대 문화에서 통용되던 논증 방식들을 반영한 것인지는 말할 수 없지만, 이 네 단계들은 이 서신의 논법을 다소 정확하게 묘사해준다. 투렌(Lauri Thurén)은 수사학을 해석하는 현대적인 접근방법을 채택하고서 때때로 본문들을 "해체해야" 할 필요가 있다고 인식하면서, 거짓 교사들에 대한 유다의 표현들 중 대부분은 실제로는 거짓교사들에 대해서 그리 많은 것을 말해주지 않을 수도 있다고 경고한다.[25)] 찰스(J. Daryl Charles)는 유다서에 대한 자신의 연구를 요약한 논문에서 그 서신의 논법의 구조와 순서에 대한 귀중한 통찰들을 제공했다.[26)]

---

22) Bauckham, *Jude, 2 Peter, 16*; Guthrie, 914.

23) The title of the 1975 article on Jude by Douglas J. Rowston (NTS 21 [1975]: 554-63).

24) Duane F. Watson, *Invention, Arrangement, and Style: Rhetorical Criticism of Jude and 2 Peter*, SBLDS 104 (Atlanta: SP, 1988), 29-79; cf. also Stephan J. Joubert, "Persuasion in the Letter of Jude," *JSNT* 58 (1995): 75-87.

25) Lauri Thurén, "Hey Jude! Asking for the Original Situation and Message of a Catholic Epistle," *JSNT* 43 (1997): 451-65.

26) J. Daryl Charles, *Literary Strategy in the Epistle of Jude* (Scranton: University of Scranton Press, 1993).

6. 유다서의 공헌

사람들은 부정적인 것에 대해 길게 논하는 것을 좋아하지 않는다. 그것이 바로 유다서가 등한시된 한 가지 이유일 수도 있다. 그러나 우리는 부정적인 것을 들어야 할 필요가 있다: 거짓 교사들이 존재한다는 것, 그들의 가르침이 매력적이면서도 위험하다는 것, 그리고 그들이 분명히 정죄되었다는 것 등을 알아야 한다. 유다서는 이러한 요점들을 분명히 한다. 유다가 이러한 요점들을 분명히 하는 데 매우 효과적인 전략을 사용한다. 그는 거짓 교사들을 구약성서와 유대 전승에 등장하는 죄인들, 반역자들, 이단자들 등과 결합함으로써 참된 계시와 건전한 도덕에서 벗어나는 일이 모든 세대에 발생할 수 있음을 효과적으로 상기시켜준다. 오늘날 교회가 처해 있는 포스트모던주의라는 환경은 우리가 "관용"이라는 구실 하에 이단을 받아들이라는 유혹에 넘어가지 않고 깨어 지킬 것을 요구한다.

유다서가 비정경적인 전승들을 언급한 것은 정경에 대한 우리의 이해에 어떻게 공헌하는가? 그 서신에서는 두 가지의 그러한 언급이 발견된다: 9절에서 미가엘이 모세의 시체에 대하여 마귀와 다투어 변론한 것(알렉산드리아의클레멘트와 오리겐의 주장에 의하면 이것은 『모세의 승천』[*The Assumption of Moses*]에서 발견된다); 그리고 14-15에서 에녹1서를 인용한 것. 유다가 구약성서를 언급하면서 이 자료를 포함시킨 것으로 인해, 많은 학자들은 유다의 시대에 구약성서 정경이 확정되지 않았었다고 추정한다. 그러나 신약성서의 다른 책들에는 이 시기에 구약성서 정경이 닫혔다는 것을 지적하는 내용들이 있다. 그렇다면, 유다서에 있는 이러한 언급들을 어떻게 해석해야 하는가? 그는 그 시대에 다른 사람들보다 더 큰 범주의 정경을 주장하고 있는가? 이러한 문제들에 대해서 명확하게 답변할 수는 없지만 두 가지를 지적해야 한다. 첫째, 유다는 이 책들을 "성경"으로서 인용하지 않으며, 그러한 본문을 소개하기 위해 전통적인 공식들을 사용하지도 않는다. 분명히, 유다는 에녹이 "예언"했다고 주장하지만(14절), 그것은 그가 에녹을 선지자로 간주했다는 의미라기보다는 그가 사용하고 있는 책에서 에녹이 예언하고 있는 것으로 묘사되었다는 의미이다. 둘째, 유다가 이러한 본문들을 언급한 것은 그 본문들이 수록된 책들에 대한 그의 견해에 대해서는 아무 것도 암시하지 않는다. 그는 모세의 시체와 에녹의 예언에 대한 이야기가 참이라고 믿었을 수도 있지만, 그렇다고 해서 그가 그 책들에 수록되어 있는 모든 것을 참으로 간주했다는 의미는 아니다. 또 유다서의 독자들이 이 자료들을 잘 알고 있었기 때문에, 유다가 이 자료들을 그 신빙성에

대해 언급하지 않은 채 인용했을 수도 있다.[27)]

참고문헌

H. Balz and W. Schrage, *Die "katolischen" BRiefe: Die Briefe des Jakobus, Petrus, Johannes, und Judas*, NTD, 12th ed. (Göttingen: Vandenhoeck & Ruprecht, 1980).

Richard J. Bauckham, *Jude and the Relatives of Jesus in the Early Church* (Edinburgh: T. & T. Clark, 1990); idem, *Jude, 2 Peter, WBC* (Waco: Word, 1983); idem, "The Letter of Jude: An Account of Research," *ANRW* 2.25.5 (1988), 3791-3826.

C. Bigg, *A Critical and Exegetical Commentary on the Epistles of St. Peter and St. Jude*, ICC (Edinburgh: T. & T. Clark, 1901).

J. Daryl Charles, *Literary Strategy in the Epistle of Jude* (Scranton: University of Scranton Press, 1993).

M. Desjardins, "Portrayal of the Dissidents in 2 Peter and Jude: Does It Tell Us More About the 'Godly' Than the 'Ungodly'" *JSNT* 30 (1987): 89-102.

E. Earle Ellis, "Prophecy and Hermeneutic in Jude," in *Prophecy and Hermeneutic in Early Christianity*: New Testament Essays, WUNT 18 (Tübingen: Mohr-Siebeck/Grand Rapids: Eerdmans, 1978), 221-36.

I. H. Eybers, "Aspects of the Background of the Letter of Jude," *Neot* 9 (1975): 113-23.

Michael Green, *The Second Epistle General of Peter and the General Epistle of Jude*, TNTC, 2nd ed. (Grand Rapids: Eerdmans, 1987).

J. J. Gunther, "The Alexandrian Epistle of Jude," *NTS* 30 (1984): 549-62.

R. Heiligenthal, "Der Judasbrief: Aspekte der Forschung in den letzten Jahrzehnten," *ThR* 51 (1986): 117-29; idem, *Zwischen Henoch und Paulus: Studien zum theologiegeschichtlichen Ort des Judasbriefes* (Tübingen: Franke, 1992).

Stephan J. Joubert, "Persuasion in the Letter of Jude," *JSNT* 58 (1995): 75-87.

J. N. D. Kelly, *A Commentary on the Epistles of Peter and Jude*, HNTC (New York: Harper & Row, 1969).

Steven J. Kraftchick, *Jude, 2 Peter*, ANTC (Nashville: Abingdon, 2002).

Sakae Kubo, "Jude 22-23: Two Division Form or Three?" in *New Testament Criticism: Its Significance for Exegesis. Essays in Honour of Bruce M. Metzger*, ed. E. J. Epp and Gordon D. Fee (Oxford: Clarendon Press, 1981), 239-53.

A. R. C. Leaney, *The Letters of Peter and Jude* (Cambridge: Cambridge University Press, 1967).

J. B. Mayor, *The Epistle of St. Jude and the Second Epistle of Peter* (London: Macmillan, 1907).

Douglas J. Moo, *2 Peter and Jude*, NIVAC (Grand Rapids: Zondervan, 1996).

Jerome H. Neyrey, *2 Peter, Jude*, AB 37C (New York: Doubleday, 1993).

Carroll D. Osburn, "Discourse Analysis and Jewish Apocalyptic in the Epistle of Jude," in *Linguistics and New Testament Interpretation,* ed. David Alan Black (Nashville: Broadman, 1992), 287-319.

H. Paulsen, *Der zweite Petrusbrief und der Judasbrief* (Göttingen: Vandenhoeck & Ruprecht, 1992).

Ruth Anne Reese, *Writing Jude: The Reader, the Text, and the Author in Constructs of Power and Desire*,

---

27) 찰스가 지적한 것처럼, 유다서의 독자들은 분명히 종말론에 몰두해 있었기 때문에, 유다가 이 자료를 선택한 것일 수도 있다(*Literary Strategy in the Epistle of Jude*, 160-61)

BIS 51 (Leiden: Brill, 2000).

Bo Reicke, *The Epistles of James, Peter, and Jude*, AB 37 (New York: Doubleday, 1964).

Douglas J. Rowston, "The Most Neglected Book in the New Testament," *NTS* 21 (1974-75): 554-63.

K. H. Schelkle, *Die Petrusbriefe, der Judasbrief*, HTKNT (Freiburg: Herder, 1961).

G. Sellin, "Die Häretiker des Judasbriefes," *ZNW* 76-77 (1985-86): 207-25.

Lauri Thurén, "Hey Jude! Asking for the Original Situation and Message of a Catholic Epistle," *JSNT* 43 (1997): 451-65.

Duane F. Watson, *Invention, Arrangement, and Style: Rhetorical Criticism of Jude and 2 Peter*, SBLDS 104 (Atlanta: Scholars, 1988).

F. Wisse, "The Epistle of Jude in the History of Heresiology," in *Essays on the Nag Hammadi Texts, Fs.* Alexander Böhlig, ed. M. Krause (Leiden: Brill, 1972), 133-43.

제25장

요한계시록

1. 내용

요한계시록의 구조는 격론의 대상이 되고 있는데, 그 이유는 주로 이 문제에 관한 결론들이 이 책의 역사적 지시대상들과 종말론에 대한 이해에 근본적인 영향을 미치기 때문이다. 이 책은 의미심장하게 반복되는 표현에 기초를 두고서 구분된다. 1:1, 1:19, 4:1, 22:6에서는 "반드시 속히 될 일"이나 그와 비슷한 것에 대해 언급한다. 또 다른 그러한 언급은 "성령에 감동하여"라는 표현이다(1:10, 4:2, 17:3, 21:10).[1] 이러한 문학적 표지(標識)들은 1장 1-20절(혹은 1:1-8)이 서론이요, 22장 6-21절이 결론 부분이고, 2-3장의 일곱 교회에 보낸 서신은 하나의 독립된 단위임을 암시한다. 이렇게 구분하는 근거는 1장 19절에 있는 듯하다. 즉 "네 본 것"은 1장에 언급된 환상을 가리키고, "이제 있는 일"은 2-3장에 언급된 서신들을 가리키며, "장차 될 일"은 4장 및 그 뒤의 일들을 가리킨다고 볼 수 있을 듯하다.[2]

---

1) 예를 들어 다음을 보라: Richard Bauckham, *The Climax of Prophecy: Studies on the Book of Revelation* (Edinburgh: T. & T. Clark, 1993), 4-5; Christopher R. Smith, "The Structure of the Book of Revelation in Light of Apocalyptic Literary Conventions," *NovT* 36 (1994): 373-93.

2) 그러나, "네 본 것"은 계시록에 등장하는 모든 환상들을 언급한다고 볼 수 있으며 거기에는 "이제 있는 일" 과 "장차 될 일"이 포함된다(특히 G. K. Beale, *The Book of Revelation: A Commentary on the Greek Text*, NIGTC [Grand Rapids: Eerdmans, 1999], 152-70을 보라). 또는 그 표현들과 그 책의 여러 부분들 사이에는 아무런 관계가 없을 수도 있다(Jan Lambrecht, "A Structuration of Revelation 4, 1-22, 5," in *L'Apocalypse johannique et l'apocalyptique dans le Nouveau Testament*, ed. J. Lambrecht, BETL 53 [Louvain: Louvain University Press, 1980], 79-80).

4:1- 22:5의 자료의 구조를 제시하는 방법은 여러 가지이다. 가장 간단한 것은 환상의 양상이 중단되는 곳과 저자가 "와 보라"는 초대를 받은 부분에 주목하는 것이다. 이 경우에는 4:1-16:21, 17:1-21:8, 21:9-22:5의 세 부분으로 나눌 수 있다. 또 어떤 사람들은 크게 두 부분으로 나누며 12-22장은 1-11장의 내용을 반복한다고 주장한다.[3] 요한계시록을 7막 7장의 연극으로 본 사람도 있고,[4] 교차배열법 구조로 이해한 사람들도 있다.[5] 종종 세 가지의 칠중주(septet)—인(6:1-17; 8:1), 나팔(8:2-9:21; 11:15-19), 대접(15:1-16:21)—를 구조의 기초로 사용하기도 한다. 이 경우에, 4-5장(혹은 4장)은 그 뒤에 등장하는 것들의 경향을 밝혀주는 서막이 되고, 17:1-22:5은 종말론적 대단원의 세부 사항을 제시하는 역할을 하는 것으로 이해될 수 있다. 사건의 연속이 끊겨진 부분들—즉 여섯째 인과 일곱째 인 사이(7장), 여섯째 나팔과 일곱째 나팔 사이(10:1-11:14), 일곱째 나팔과 접시들 사이(12:1-14:20)—은 일곱 부분으로 이루어진 심판에 관한 관점을 독자들에게 제시하는 환상들이라는 견해도 있다. 이 마지막 견해는 계시록의 구조를 이해하는 데 가장 좋은 접근 방법이라고 생각되며, 그 접근 방법을 따라 내용을 요약해 보면 다음과 같다.[6]

서언(1:1-20). 이 책은 간단한 도입(1:1-3), 수신자와 문안 인사(1:4-8), 영광스러운 그리스도의 환상(1:9-20)으로 시작한다(어떤 이들은 이 환상을 2-3장과 연관시켜 일곱 교회에 보내는 편지의 서론으로 본다).

일곱 교회에 보내는 메시지(2:1-3:22). 부활하신 그리스도께서는 요한에게 에베소(2:1-7), 서머나(2:8-11), 버가모(2:12-17), 두아디라(2:18-29), 사데(3:1-6), 빌라델비아(3:7-13), 라오디게아(3:14-22) 등 아시아에 있는 로마의 속주의 일곱 도시에 있는 일곱 교회에게 메시지를 전하라고 명하신다. 각 서신에는 다음과 같은 일곱 가지가 포함되어 있다: (1) 그 교회의 ἄγγελς(천사 혹은 사자)에게 보내는 인사; (2) 1장 9-20절의 환상에서 본 부활하신 그리스도에 대한 묘사;

3) Henry Barclay Swete, *The Apocalypse of St. John*, 3rd ed. (London: Macmillan, 1911), xxxvii-xliv.

4) John Wick Bowman, "Book of Revelation," in *IDB* 4.64-65.

5) Elisabeth Schüssler Fiorenza, *The Book of Revelation: Justice and Judgment* (Philadelphia: Fortress Press, 1985), 174-77.

6) 이 개요와 관련하여 다음을 보라: Leon Morris, *The Revelation of St. John*, TNTC, rev. ed. (Grand Rapids: Eerdmans, 1987), 43-44.

(3) 교회에 대한 칭찬(라오디게아에 보낸 편지는 예외임); (4) 교회에 대한 책망(서머나 교회와 빌라델비아 교회는 예외임); (5) 경고; (6) "귀 있는 자는…"으로 시작하는 권면; (7) 약속.

하늘에 관한 환상(4:1-5:14). 요한은 "성령에 감동하여" 하늘로 들려 올라가서 보좌에 앉아 경배를 받으시는 높으신 하나님을 본다. 이 환상에 묘사된 하나님의 초월성이 이제 전개될 드라마의 무대가 된다. 요한은 하나님의 손에 봉인된 두루마리가 있는 것을 보는데, "일찍 죽임을 당한" 것 같은 어린 양만이 그 인봉을 떼기에 합당하다(5:1-14).

일곱 인(6:1-8:5). 요한은 어린 양이 일곱 인을 뗄 때마다 자기가 보는 것을 묘사한다: 정복(6:1-2), 도살(6:3-4), 기근(6:5-6), 죽음(6:7-8), 정의를 호소하는 순교자들(6:9-11), "어린 양의 진노"를 상징하는 자연 재해들(6:12-17). 일곱째 인을 떼기 전에 요한은 수많은 사람들, 하나님의 인침을 받은 이스라엘 지파의 십사만 사천 명(7:1-8)과 큰 환란에서 나온 많은 무리들(7:9-17)을 본다. 일곱째 인을 뗄 때에 하늘이 고요해지고, 일곱 나팔이 소개된다(8:1-5).

일곱 나팔(8:6-11:19). 요한은 환상 중에 천사들이 나팔을 불 때마다 다음과 같은 재앙이 땅에 임하는 것을 본다: 우박과 불이 땅에 쏟아짐 (8:7), 큰 산이 바다에 던져짐 (8:8-9), 큰 별이 하늘에서 떨어짐 (8:10-11), 천체의 변화(8:12-13), 파괴적인 황충들(9:1-12), 그리고 엄청난 마병대(9:13-21). 일곱 인을 볼 때와 마찬가지로, 요한은 일곱째 나팔과 관련된 사건들을 이야기하기 전에 두 개의 환상을 본다. 하나는 그에게 작은 두루마리를 먹으라고 하는 천사이고(10:1-11), 또 하나는 예언을 하고 죽임을 당했다가 다시 부활한 두 증인이다(11:1-14). 일곱째 나팔은 구체적인 사건을 내포하지는 않지만 하나님의 승리와 심판을 찬양하는 찬송을 시작한다(11:15-19).

일곱 가지 중요한 이적(12:1-14:20). 요한은 일련의 환상을 소개하기 위해서 그의 칠중주를 잠시 중단한다. 그러나 물론 계시록의 기본인 일곱이라는 숫자를 포기하지는 않는다. 왜냐하면 이 환상들에서 서술되는 사건들도 일곱 가지이기 때문이다: 여자가 아이를 배어 해산함 (12:1-6); 미가엘과 그의 사자들이 용(사탄)으로 더불어 싸우며 용이 하늘에서 쫓겨남(12:7-12); 용이 여인과 아이를 대적하여 싸움(12:13-13:1a); 바다에서 나온 짐승을 향한 세상 사람들의 경배(13:1b-10); 십사만 사천 명으로부터 찬양을 받는 어린 양(14:1-5); "인자와 같은" 이와 천사가 땅의 곡식을 추수함(14:14-20). 처음 두 가지 칠중주에서와 마찬가지로, 이 일련의 환상에서도 여섯 번째 환상과 일곱 번째 환상 사이에 또 다른 환상이 삽입된다(14:6-13을 보라).

일곱 대접(15:1-16:21). 요한은 이제 "하늘에 크고 이상한 다른 이적을 보매 일곱 천사가 일곱 재앙을 가졌으니 곧 마지막 재앙"을 본다(15:1). 일곱 재앙을 가진 일곱 천사가 성전으로부터 나올 때(15:5-8), 짐승을 이긴 자들이 하나님을 찬양한다(15:2-4). 이 재앙들은 천사들이 땅에 쏟아 붓는 대접으로 묘사된다(16:1). 그 대접을 땅에 쏟으매 "짐승의 표를 받은 사람들과 그 우상에게 경배하는 자들에게" 악하고 독한 헌데가 생기고(16:2), 바다가 피 같이 되고(16:3), 물 근원과 강이 피로 변하고(16:3-7), 해가 불로 사람들을 태우고(16:8-9), 짐승의 나라가 파괴되고(16:10-11), 유브라데 강이 마르고 아마겟돈에서 "전능하신 하나님의 큰 날의 전쟁"을 준비하는 악한 영들이 나오고(16:12-16), 마지막으로 이 땅의 완전한 멸망이 임한다(16:17-21).

전능하신 하나님의 승리(17:1-20:15). 이 환상들은 4장에서 요한이 하늘에서 보았던 하나님의 주권이 세상에 나타난 것으로서, 이 세상과 다음 세상에서의 하나님의 승리를 묘사하고 찬양한다. 요한은 악인에게 임할 심판과 의인이 받을 상을 묘사한다. 첫 번째 환상은 "큰 음녀", "땅의 임금들을 다스리는 큰 성"의 악과 운명을 계시한다(17:1-18). 하나님의 백성을 억압하는 불경건한 압제자를 암시하는 바벨론이고 불린 이 큰 성이 정죄를 받아 멸망하며, 그 성으로부터 유익을 얻던 자들은 슬퍼한다(18:1-19:5). 그러나 심판 중에 구원이 있어 요한은 어린양의 혼인 잔치에 초대받은 큰 무리의 찬송 소리를 듣는다(19:6-10). 그 다음에 요한은 백마를 탄 사람이 짐승들과 만국을 이기는 장면을 묘사한다(19:11-21). 다음에 유명한 "천년"(즉 천년왕국)이 묘사되는데, 이때에 사단이 결박되고 첫째 부활과 둘째 부활이 구분된다(20:1-6). 이어서, 요한은 사단의 마지막 반란과 멸망(20:7-10), 그리고 하나님께서 크고 흰 보좌 앞에서 모든 죽은 자들을 심판하시는 것을 묘사한다(20:11-15). 처음 땅이 사라지면서, 요한은 "새 하늘과 새 땅"에 관한 환상을 본다. 여기서 하나님은 그의 백성들과 함께 거하시며(21:2-5), 의인들은 악인들로부터 분리된다(21:6-8).

새 예루살렘(21:9-22:9). 이 부분에는 17:1-19에 기록된 천사들의 환상과 비슷한 것들이 많다.[7] 요한은 환상 중에 새 예루살렘으로 표현된 "신부 곧 어린 양의 아내"를 보며, 그 도시의 특징과 규모가 상세히 묘사된다(21:9-11). 그곳에는 하나님과 어린 양이 거하시므로 성전이 필요 없고, 해도 달도 필요 없을 것이며, 악이 존재하지 않을 것이다(21:22-22:5). 다음 내용으로 이동하는 부분에서, 요한은 주님이 곧 다시 오시겠다는 약속을 인용하며, 마지막으로 자신의 환상적 경험을 언급한다(22:6-9).

에필로그(22:10-21). 요한은 자신이 본 환상에 포함된 메시지가 "신실하고 참되며", 신실하고 참된 자들에게는 상이 있으리라는 약속을 받는다. 이 상은 "속히 오실" 예수님이 친히 가지고 오신다.

2. 저자

1) 초기 기독교 시대의 증거

2세기 중엽에 계시록은 "그리스도의 사도들 중 하나"인 요한의 기록으로 간주되었다(Justin, *Dial*. 81). 사데 교회의 감독이었던 멜리토(Melito)가 저술했지만 현존하지 않는 계시록에 관한 주석(c. A.D. 165; 유세비우스 *H.E*. 4.26.2를 보라), 이레내우스(180년경. *Adv. Haer*. 3.11.1, 4.20.11, 4.35.2), 그리고 무라토리 정경(2세기 후반) 등 다른 2세기의 작가들과 저서들도 동일하게 주장한다. 이들보다 더 초기의 인물인 파피아스도 위의 목록에 포함시킬 수 있는지는 논란이 되지만, 그가 계시록을 알고 있었으며 그것을 요한의 저작으로 보았음은 충분히 입증할 수 있다.[8] 이들 중 두 사람(파피우스를 포함하면 셋)은 직접 목격한 사람들이라는 점에서 이들의 증언은 특히 강력하다. 멜리토가 감독으로 있었던 사데는 계시록에 언급된 교회들 중 하나이다(1:11; 3:1-6). 이레내우스도 계시록에 언급된 서머나 교회 출신이었고(1:11; 2:8-11), 사도 요한과 직접 대화를 나누었던 폴리캅의 말을

---

7) 특히 David E. Aune, *Revelation 1-5*, WBC 52A (Dallas: Word, 1997), xcv-xcvii을 보라.

8) 특히 Gerhard Maier, *Die Johannesoffenbarung und die Kirche*, WUNT 25 (Tübingen: Mohr-Siebeck, 1981), 1-69을 보라.

들었다고 주장한다. 파피아스는 요한을 개인적으로 알고 있었다. 이러한 초기 전승은 3세기의 교부인 터툴리안, 힙폴리투스(Hippolytus), 그리고 오리겐에 의해서 확증되었다. 이들은 요한이 계시록을 저술했다고 간주했을 뿐만 아니라, 반대되는 주장이 있었다는 기록을 전혀 남기지 않았다. 게르하르트 마이어(Gerhard Maier)는 신약성경 중에서 저자 문제에 있어서 계시록만큼 고대 전승의 강력한 지지를 받는 책은 없다고 추정했다.[9]

그럼에도 불구하고, 사도 요한과 계시록을 연결하는 주장은 초기에 널리 퍼져 있었지만 모든 사람들이 인정한 것은 아니다. 마르시온은 계시록을 인정하지 않았다(그는 요한복음을 비롯하여 대부분의 신약성경을 인정하지 않았다). "반-로고스주의자"(*Alogoi*)라고 불리는 2세기의 집단도 사도 요한의 계시록 저작설을 부인하면서 세린투스(Cerinthus)가 계시록을 기록했다고 주장했다. 사도 요한이 저술했다는 전승을 확실하고 강력하게 부인한 사람은 3세기 알렉산드리아의 감독이었던 디오니시우스(Dionysius)였다. 유세비우스의 기록에 의하면(*H.E.* 7.25.7-27), 디오니시우스는 다음과 같은 세 가지 이유에서 사도 요한이 계시록의 저자가 아니라고 주장했다: (1) 요한복음의 저자가 자신을 "사랑받은 제자"라고 한 것과는 달리, 계시록의 저자는 자신을 사도나 목격자라고 주장하지 않으며 자신에 대해 아무런 묘사도 하지 않고 있다; (2) 계시록의 개념들과 배열은 요한복음이나 요한일서와 전혀 다르다; (3) 계시록의 헬라어는 요한복음이나 요한일서의 헬라어와는 판이하게 다르다. 그렇다면, 만일 (디오니시우스가 생각했던 대로) 사도 요한이 요한복음과 요한일서를 기록했다면, 그가 계시록을 기록했을 리가 없다. 계시록은 분명히 요한이라는 이름을 가진 다른 사람이 기록했을 것이다. 실제로 디오니시우스는 에베소에 요한이라는 이름을 가진 두 명의 중요한 그리스도인들의 무덤이 있다는 말을 들은 적이 있었다.

현대의 많은 학자들이 디오니시우스의 주장에 동조하고 있기 때문에, 그의 논거들을 살펴보려 한다. 우선, 고대 전거로서의 그의 증언의 가치는 그리 크지 않다. 디오니시우스는 자신이 고대 전승을 전하고 있다는 주장을 한 적이 없다. 그는 순전히 계시록의 내용에 근거한 논거들을 기초로 하여 요한의 저작설을 부인한다. 게다가 그의 논거들 자체도 신학적인 편견에 의한 것이다. 몇몇 고대 교부들(예를 들면, 저스틴, 이레내우스, 터툴리안)은 계시록 20장 1-6절을 그리스도께서 이 땅에 천

9) Ibid., 107.

년 왕국을 건설하실 것이라는 교리, 소위 천년왕국설(chiliasm: 오늘날은 전천년설이라고 불린다)로 해석했다. 그러나 다른 교부들은 이 교리가 유대교에 뿌리를 두고 있으며 유물론을 주장한다고 여겨 그리 탐탁하게 생각하지 않았다. 디오니시우스도 그 중 한 사람으로서, 그가 요한이 계시록의 저자임을 부인한 것은 천년왕국에 관한 가르침을 불신임하도록 하는 데 그 목적이 있었다.10) 이것은 디오니시우스의 견해가 그르다거나 그의 논거들이 설득력이 없다는 의미가 아니다. 이는 다른 전승과는 상관이 없이 논쟁적인 관심에 의해 야기된 그의 견해의 가치는 그것을 뒷받침하기 위해 그가 사용하는 논거들로서의 가치에 불과하다는 의미이다.

알렉산드리아의 디오니시우스가 요한이 계시록의 저자임을 부인한 것은 천년왕국에 관한 가르침을 불신임하도록 하는 데 그 목적이 있었다.

2) 현대의 논의

① 내적 증거

계시록은 "요한"에 의해 기록되었다고 주장한다(1:1, 4, 9; 22:8). 저자는 독자들에게 자신을 "너희 형제요 예수와 환란과 나라와 참음에 동참하는 자라"(1:9)고 소개한다. 그러나 자신에 관해 다른 주장을 하지 않는 것으로 보아, 저자는 독자들에게 잘 알려진 사람이었던 듯하다. 믿을 만한 초대 교회의 전승은 사도 요한이 말년을 에베소에서 보냈다고 증거하는데, 1세기 말에 소아시아의 교회들에게 사도 요한보다 더 잘 알려진 다른 요한이 있을 수 있는가? 독자들에게 권위가 있는 예언의 말씀을 전한다는 저자의 주장은(예를 들면, 22:9, 18-19) 사도 요한을 저자로 지적하는 자료로 간주된다.11) 이 논거는 꽤 가치가 있지만, 초대 교회에서는 사도가 아닌 사람들도 예언의 은사를 받았다는 것, 권위, 심지어 성경적 권위도 사도의 신분에만 의존한 것이 아니라는 것(예를 들면, 마가, 누가, 히브리서 기자), 그리고 계시록의 권위는 저자 자신이 아니라 저자에게 환상들을 계시해 주신 분에게서 나온다는 것 등을 인정해야 한다. 그럼에도 불구하고, 저자는 자신이 이야기하는 것을 독자들이 그의 이름에 근거해서라도 받아들일 것이라고 가정하는데, 이것은 그가 사도였음을 가리킨다.

---

10) Ibid., 96-107을 보라. 거기서 Maier는 디오니시우스의 판단의 동기는 교회 정치와 교의학에 있다는 점에 주목했다. 또 Ned B. Stonehouse, *The Apocalypse in the Ancient Church* (Goes: Oosterbaan & Le Cointre, 1929)도 보라.

11) Guthrie, 936.

② 사도 요한의 저작설을 반대하는 논증들

이 내적 증거에도 불구하고, 대부분의 현대 신학자들은 사도 요한이 계시록을 기록했음을 부인한다. 그 이유들은 본질적으로 디오니시우스의 것과 동일하다.

사도적 주장의 결여. 첫째, 사도가 저자일 수 없다고 주장된다. 저자는 결코 자신이 사도라고 주장하지 않으며, 복음서의 사건들을 암시하지 않고, 또 그리스도와의 특별한 관계를 주장하지도 않는다. 더욱이, 18:20과 21:14처럼 사도들의 중요한 역할들을 암시하는 구절들은 저자가 열두 사도들 중 하나가 아니었음을 보여준다.[12]

이 논거는 영향력이 거의 없다. 저자가 자신의 사도적 지위를 언급하지 않은 것은 이 글을 읽을 사람들에게 잘 알려져 있었기 때문에 자신의 신분 확인이 필요 없었기 때문일 수도 있다. 계시록과 같은 책에는 예수님 생애의 사건들, 또는 저자와 예수님과의 개인적인 관계에 대한 언급이 부적절할 것이다. 또한 사도들에게 주어진 중요성은 에베소서 2장 20절(마 16:17-19을 보라)과 같은 구절에 기록된 것보다 크지 않다.

신학적인 차이점. 사도 요한이 계시록의 저자임을 반대하는 다른 두 가지 중요한 논거들의 정당성은 사도 요한이 제4 복음서와 요한 서신들을 기록했다는 가정에 의존한다. 따라서 사도 요한이 제4 복음서와 요한서신을 기록했음을 부인하는 많은 현대 비평가들은 이 논거들이 설득력이 없다고 여긴다. 그러나 본서에서는 사도 요한이 그 책들을 기록했다고 주장해왔으며, 또 요한의 책들의 저자를 통일하려 할 때에 직면하는 문제점들을 고려해 보아야 한다.

첫째 문제는 계시록의 신학이 제4 복음서나 요한1서의 신학과는 판이하게 다르다는 것이다. 이 문제는 특히 순수한 신학, 기독론, 종말론 등의 세 교리에서 두드러지게 나타난다. 제4 복음서와 요한서신의 하나님은 사랑의 하나님인 데 반해, 계시록의 하나님은 주권과 심판의 하나님이라고 주장된다. 기독론에서도 비슷한 대조가 발견된다: 복음서는 계시자 혹은 구속자이신 그리스도에 초점을 두는 데 반해, 계시록은 정복하는 용사와 통치자이신 그리스도를 묘사한다. 제4 복음서는

---

12) 예를 들면, R. H. Charles, *A Critical and Exegetical Commentary on the Revelation of St. John*, ICC (Edinburgh: T. & T. Clark, 1920), 1.xliii-xliv; Aune, *Revelation 1-5*, li.

역사와 영원과 관련하여 그리스도의 성육신과 죽으심과 부활 안에서 "마지막 일들"이 완전히 실현되었다고 이해하는 소위 "실현된 종말론"이라고 불리는 것을 종종 강조하는 반면, 계시록은 주로 역사의 마지막에 오실 그리스도에 초점을 둔다. 따라서 동일한 저자가 이처럼 신학적인 관점이 다른 두 책을 기록하지 않았을 것으로 추정된다.13)

그러나 이 차이점들은 지나치게 과장되었으며 많은 것을 증명하지 못한다. 제4 복음서와 계시록은 모두 하나님이 사랑하시는 분인 동시에 심판하시는 분이시고, 그리스도는 구속자인 동시에 다스리시는 주님이시고, "마지막 일들"은 예수님의 죽음과 부활 안에서 실현되었으며 동시에 역사의 종말에 완성될 것을 기다리고 있다고 가르친다. 제4 복음서를 편협하고 일방적으로 해석함으로 말미암아, 이러한 점들에 관한 제4 복음서와 계시록의 차이점들이 확대되었다. 제4 복음서와 계시록의 신학적인 강조점이 다르다는 것은 부인할 수 없다. 그러나 이 두 책의 상이한 배경과 목적은 강조점의 차이를 적절하게 설명해준다. 이러한 이유로, 한 사람이 두 책을 모두 기록했다고 생각하지 못할 이유가 없다. 오히려 같은 저자의 것임을 암시하는 증거가 많다. 두 책에서 예수님을 "말씀"(요 1:1; 계 19:13), 어린양(요 1:29; 계 5:6 및 여러 곳—비록 다른 헬라 단어를 사용하기는 했지만), 그리고 목자로 묘사한 것; 성전을 대신한다는 주제(요 4:21; 계 21:22); 대조법을 즐겨 사용한 것(어두움과 빛, 진실과 거짓) 등이 그런 것들이다.14)

문체의 차이점. 제4 복음서와 계시록의 저자가 동일인임을 부인하는 디오니시우스의 세 번째 논거인 헬라어의 차이점은 가장 그럴 듯하다. 찰스(R. H. Charles)가 논평했듯이 계시록의 헬라어는 "이 세상의 어떤 사람이 사용한 헬라어와도 다르다."15) 특히 두드러진 것은 많은 문법적 파격어법(solecism)이나 불규칙성이다. 한 가지 예를 들면, 1장 4절에서처럼(ἀπὸ ὁ ὢν καὶ ὁ ἦν καὶ ὁ ἐρχόμενος: "이제도 계시고 전에도 계시고 장차 오실 이") 전치사 이후의 바른 용법을 무시하는 것이다.

---

13) 예를 들면, Kümmel, 472.

14) 특히 F. Godet, *Commentary on the Gospel of St. John*, 3 vols. (Edinburgh: T. 15 & T. Clark, 1899-1900), 1.182-90을 보라. AndréHeinze는 요한의 다른 책들과 계시록 사이에서 중요한 차이점들은 물론이요 많은 유사한 점을 발견한다(*Johannesapokalypse und johanneische Schriften: forschungs-und traditionsgeschichtliche Untersuchungen*, BWANT 142 [Stuttgart: Kohlhammer, 1998]).

15) Charles, *Revelation* 1.xliv. 계시록의 헬라어를 철저하게 연구한 것으로 Aune, *Revelation* 1.clxvii-cxi을 보라.

찰스는 이것이 기록은 헬라어로 하면서 히브리어로 생각하는 사람의 헬라어라고 추정했다.[16] 스테픈 톰슨(Stephen Thompson)은 저자에게 영향을 준 것은 성경 이후의 히브리어나 아람어가 아니라 성경적인 히브리어와 아람어이며, 계시록은 히브리어나 아람어로 된 원본을 번역한 것이 아님이 거의 확실하다고 주장했다.[17] 대조적으로, 제4 복음서의 헬라어는 간단하며, 셈 어 어법을 사용하고 있으면서도[18] 분명하고 정확하다.[19] 대부분의 현대 신학자들은 디오니시우스와 의견을 같이 하여, 한 저자가 이 두 권을 기록했을 수는 없다고 주장한다.[20]

그럼에도 불구하고, 많은 학자들은 두 책이 한 저자의 저술이라는 주장에 양립할 수 있도록 차이점들을 설명하려 해왔다. 홀트(Hort)와 웨스트콧(Westcott)은 두 책의 저술에는 많은 시간적 거리가 있다고 보아, 요한이 60년대 말에 계시록을 쓰고 제4 복음서는 90년대에 썼다고 제안했다.[21] 그러나 이 두 책의 저술 연대에 시간적으로 그처럼 긴 공백 기간이 있다고 믿을 수 없으며, 또 시간적인 공백이 문체상의 차이점들을 설명해 주지도 못한다. 또 어떤 학자들은 차이점들은 요한이 밧모섬에 유배되어 있었기 때문에 복음서나 서신들을 기록할 때와는 달리 필기자의 도움 없이 계시록을 기록했다는 사실에 기인한다고 주장한다.[22] 그것은 그럴 듯한 제안이지만, 계시록의 헬라어를 언어에 대한 부적절한 지식의 탓으로 규정할 수 있는지 의심스럽다. 왜냐하면 저자는 문법 규칙에서 어긋남에 있어서도 전혀 일관성을 보이지 않기 때문이다. 예를 들어, 위에 인용한 예에서 저자는 같은 구절에서 동일한 전치사 다음에 올바른 격(格)을 사용한다(ἀπὸ τῶν ἑπτὰ πνευμάτων: “일곱 영으로부터”). 찰스가 계시록의 문법에 관한 철저한 연구에서 밝혔듯이, 저자는 나름대로의 규칙들을 따르고 있고, 그의 어법 위반들은 의도적인 것인 듯하다. 따라

16) 다음을 보라: Charles, *Revelation* 1.cxvii-clix; Swete, *Apocalypse*, cxx-cxxx.

17) Stephen Thompson, *The Apocalypse and Semitic Syntax*, SNTSMS 52 (Cambridge: Cambridge University Press, 1985). 그러나 Thompson은 증거를 과대평가했다는 비난을 받아왔다; Stanley E. Porter, *Verbal Aspect in the Greek of the New Testament, with Reference to Tense and Mood*, SBG 1 (Berne: Peter Lang, 1989), 111-56 및 거기서 인용된 문헌들을 보라.

18) 이 책 제2장 주 14를 보라.

19) Charles는 차이점들을 분명히 요약한다(*Revelation* 1.xxix-xxxii).

20) Ibid. 1.xxix and G. R. Beasley-Murray, *The Book of Revelation*, NCB (London: Marshall, Morgan & Scott, 1974), 35-36.

21) F. J. A. Hort, *The Apocalypse of St. John I-III* (London: Macmillan, 1908), xii; B. F. Westcott, *The Gospel According to St. John* (reprint, Grand Rapids:Eerdmans, 1971), lxxxvi.

22) George Eldon Ladd, *A Commentary on the Revelation of John* (Grand Rapids: Eerdmans, 1972), 7-8; Morris, *Revelation*, 39.

서 많은 학자들은 저자가 환상으로 경험한 것들의 임박성을 강조하기 위해서,23) 또는 상류층에 대한 일종의 항의로서24) 의도적으로 그런 헬라어를 사용했다고 생각한다. 제4 복음서와 계시록의 장르의 차이도 염두에 두어야 할 요인이다. 계시록을 어느 장르로 간주하든지, 그 형태에 있어서 제4 복음서와 크게 차이가 있으며, 이것이 헬라어 문체에도 영향을 미쳤을 것이다. 이유가 무엇이든 간에, 계시록의 저자가 의도적으로 그렇게 기록했다면, 제4 복음서를 기록한 사람이 계시록을 썼다고 볼 수 없는 이유가 분명하지 않다. 케어드(G. B. Caird)의 말처럼, "어떤 사람이 히브리식 헬라어를 썼다고 해서, 그가 그런 헬라어만 쓸 수 있다고 보아야 할 필요는 없다."25) 이제 언어에 관한 이 문제에 대한 언급을 마치기 전에, 이 두 책의 신학에 유사한 점들이 많듯이, 헬라어 문체도 많은 유사점이 있음을 지적해야 한다.26)

3) 결론

헬라어 문체의 차이가 문제가 되지만, 우리는 디오니시우스나 후기 그의 추종자들의 논거들은 동일인이 제4 복음서와 계시록을 기록다고 볼 수 없게 만든다고 확신할 수 없다. 따라서 우리는 이 문제들에 대해 알 만한 입장에 있었던 사람들의 증언을 받아들이는 쪽으로 기울며, 그래서 "사랑하는 제자", 사도 요한이 이 두 책을 모두 기록했다고 여긴다.27)

만일 사도 요한이 저자라는 견해를 거부한다면, 네 가지 가능성이 남는다. 첫째, 계시록은 초대 교회에 잘 알려진 또 다른 요한에 의해 기록되었을 수 있다. 디오니시우스는 마가 요한을 제안한 후에,28) 에베소에 묻힌 제2의 요한을 언급했는데, 이

---

23) Zahn 3.432.33; Ibson T. Beckwith, *The Apocalypse of John: Studies in Introduction* (New York: Macmillan, 1919), 355.

24) Adela Yarbro Collins, *Crisis and Catharsis: The Power of the Apocalypse* (Philadelphia: Westminster, 1984), 47.

25) G. B. Caird, *A Commentary on the Revelation of St. John the Divine* (New York: Harper & Row, 1966), 5.

26) 유사점들의 목록을 보려면, Charles, *Revelation* 1.xxix-xxxvii을 보라.

27) 사도 요한이 저술했다는 것을 분명히 받아들이지 않은 학자들은 다음과 같다: Guthrie, 932.48; Robert H. Mounce, *The Book of Revelation*, NICNT (Grand Rapids: Eerdmans, 1977), 25-31; John F. Walvoord, The Revelation of Jesus Christ (Chicago: Moody, 1966), 11-14. Beale은 그것이 가능하다고 생각한다(The Book of Revelation, 34-36).

28) 그러나 J. N. Sanders는 그 개념을 옹호하는 듯하다("St. John on Patmos," NTS 9 [1962-63]: 75-85).

요한은 종종 파피아스가 언급한 "장로 요한"과 동일시되며(유세비우스, *H.E.* 3.39.4-5을 보라), 이 장로 요한이 계시록을 기록했다고 주장하는 사람들도 있다.[29] 그러나 파피우스가 요한이란 이름을 가진 두 사람을 언급하고 있다고 보기는 어렵고(제6장의 "저자" 단원을 보라), 이 주장은 가능성이 희박하다. 초대교회에 잘 알려진 또 다른 요한은 세례 요한이었다. 마싱벌드 포드(J. Massyngberde Ford)는 이 요한이 계시록을 기록했을 가능성이 많다고 제안했으나,[30] 그의 이론은 너무 무리한 것이어서, 다른 사람들의 동의를 얻지 못한다(아래의 "구성과 장르" 단원을 보라).

둘째 가능성은 계시록이 다른 유대 묵시록처럼 미지의 인물이 요한의 이름으로 기록한 위서라는 것이다. 그러나 찰스는 이 가설이 불합리함을 증명했고,[31] 현재는 거의 주장되지 않고 있다.

최근에 인기를 얻고 있는 것이 세 번째 가능성이다: 다른 요한의 책들과 마찬가지로 요한 학파나 요한 공동체에 속한 익명의 인물이 계시록을 기록했다는 주장이다. 이러한 가정은 요한의 책들의 차이점과 유사점을 설명해야 하는 문제에 대해 그럴 듯한 해결책을 제공하는 듯하다.[32] 그러나, 콜린스(A. Y. Collins)의 말처럼 이 가정은 "세심한 역사-비평적 연구의 결과가 아니라, 연구의 결과를 정하기 위한 선행 가정에 불과하다."[33] 우리는 다른 곳에서도 "학파" 혹은 "공동체" 가설을 지지할 수 없음을 밝힌 바 있다(특히 제6장의 "문체의 통일성과 요한의 공동체" 단원을 보라).

그렇다면, 사도 요한이 저자라는 견해를 대신할 수 있는 유일한 견해는 미지의 요한이 저술했다는 것인데, 전통적인 견해를 반대하는 대부분의 학자들이 이것을 지지한다.[34] 그러나 1세기 아시아의 교회 생활에 관한 풍부한 자료에서 전혀 언급

---

29) 이 견해는 그 시대에는 꽤 인기가 있었지만, 최근에는 인기를 얻지 못하고 있다. 다음을 보라: John J. Gunther, "The Elder John, Author of Revelation," *JSNT* 11 (1981): 3-30; Martin Hengel, *The Johannine Question* (Philadelphia: Trinity Press International, 1989), 127 (as one possibility).

30) J. Massyngberde Ford, *Revelation*, AB 38 (Garden City: Doubleday, 1975), 3-37.

31) Charles, *Revelation* 1.xxxviii-xxxix.

32) 이 견해의 초기 주창자는 Johannes Weiss, *Offenbarung des Johannes*, FRLANT 3 (Göttingen: Vandenhoeck & Ruprecht, 1904), 146-64이다.

33) Collins, *Crisis and Catharsis*, 33;Fiorenza, *Book of Revelation*, 85-113도 보라.

34) 예를 들면, Kümmel, 469-72; Wikenhauser, 648-53; Collins, *Crisis and Catharsis*, 33. Charles는 그를 "선지자 요한"이라고 부른다(*Revelation* 1.xxxviii-l); Aune, *Revelation* 1-5, xlviii-lvi.

된 적이 없는 어느 요한이 신약 성경의 다른 책들과 엄청난 차이를 가지고 있는 이런 종류의 책을 자신의 이름으로 기록할 만한 위치에 있었을지 의심해볼 수 있다. 특히 그 시대에 이 지역에는 요한이란 이름을 가진 잘 알려진 인물들이 있었기 때문에 이것은 가능성이 없는 듯하다. 거스리는 다음과 같은 적절한 질문을 제기한다: "아시아의 교회들에는 당시 이름만 말해도 누구를 가리키는지 알 수 있을 만큼 훌륭한 요한이라는 이름을 가진 사람들이 많았는가?"[35]

2. 기록 장소

요한은 에게 해에 있는 에베소에서 남서쪽으로 약 40마일쯤 떨어진 곳에 위치하며, 남북이 약 16km, 동서 10km 주위 약 60km 되는 울퉁불퉁하고 바위가 많은 밧모 섬에서 기록했다. 로마 정부는 이 섬을 유배지로 사용했고(플리니의 *Nat. Hist*. 4.23을 보라), 요한은 자신이 그곳에 있는 이유를 다음과 같이 말한다: "하나님의 말씀과 예수의 증거를 인하여"(1:9).[36] 고대 전승은(예를 들면,오리겐) 로마 황제가 요한을 밧모로 유배했다고 하지만, 소아시아 지방에서의 요한의 광범위한 사역을 생각해 볼 때, 그 지역의 로마 관원이 요한을 밧모로 보냈다고 보는 편이 바람직하다.[37]

도표 8: 초대 기독교의 증거

황제	통치기간	황제에 의한 계시록 연대 추정의 전거
클라우디우스	41-54	에피파니우스, *Haer*. 51.12
네로	54-68	시리아어 역 계시록
도미티안	81-96	이레내우스(*Adv. Haer*. 5.30.3, "도미티안 통치 말기); 빅토리누스, *Apoc*. 10.11; 유세비우스, *H.E*. 3:18; 알렉산드리아의 클레멘트(*Quis div*. 42)와 오리겐(Matt. 16.56)은 "폭군", 아마도 도미티안 시대에 계시록이 기록되었다고 주장한다.
토라얀	98-117	98-117 도로테우스의 것으로 간주되는바 선지자들의 삶과 죽음 일람표

35) Guthrie, 946.
36) 일부 학자들은 이 말은 요한이 선교를 위해 그곳을 방문한 것이 아니라는 의미일 수도 있다고 생각한다.
37) Sanders, "St. John on Patmos," 76.

3. 기록 연대

1) 초기 기독교의 증거

초기 기독교 저자들은 계시록의 기록 연대를 네 명의 로마 황제 중 한 사람의 시대로 규정한다(도표 8을 보라).

2) 현대의 논의

도표 8에서 볼 수 있듯이, 도미티안 시대, 아마 그의 통치 말년(95-96년쯤)을 계시록의 저작 연대로 보는 것이 초대 교부들로부터 가장 큰 지지를 얻었다. 이 전승의 중요한 근원이라고 할 수 있는 이레내우스는 이 문제에 관해 직접적인 정보를 확보할 수 있는 위치에 있었다. 대부분의 학자들은 도미티안의 통치 말년을 계시록의 기록 연대로 본 이레내우스의 주장을 따르는 경향이 있다. 클라우디우스나 트라얀 시대는 너무 이르거나 너무 늦고, 실질적으로 이를 지지하는 사람들은 거의 없다. 그러나 네로 황제의 시대 직후(68-69년)로 보는 견해는 상당한 지지를 받고 있으며, 도미티안의 시대로 보는 견해를 대신할 수 있는 주된 견해이다.[38] 기록 연대를 결정하는 데 있어서 고찰해야 할 중요한 증거의 영역은 여섯 가지이다.

기독교인들에게 가해진 박해. 요한의 글을 받는 기독교인들이 어느 정도 박해를 받았는지에 대해서는 논란이 되고 있다. 많은 학자들은 그 책이 공식적으로 공표된 광범위하고 심각한 박해를 전제로 한다고 생각해왔지만, 최근 대부분의 학자들은 보다 신중한 태도를 취한다. 실제로 박해가 발생하지 않았으며, 요한이 로마 사회에 대한 적대감 때문에 마치 박해가 발생하고 있었던 것처럼 말했다는 극단적인 견해도 있다.[39] 그러나, 실제로 많은 기독교인들이 박해를 받고 있었다는 것, 그

---

38) 이른 연대를 옹호하는 중요한 학자들은 다음과 같다: Hort, *Apocalypse I-III*, xii-xxxiii, and J. A. T. Robinson, *Redating the New Testament* (Philadelphia: Westminster, 1976), 221-53. 또한 다음을 보라: Albert A. Bell Jr., "The Date of John's Apocalypse: The Evidence of Some Roman Historians Reconsidered," *NTS* 25 (1979): 93-102; Kenneth L. Gentry Jr., *Before Jerusalem Fell: Dating the Book of Revelation* (Tyler: ICE, 1989); Christopher Rowland, *The Open Heaven* (New York: Crossroad, 1982), 403-13; J. C. Wilson, "The Problem of the Domitianic Date of Revelation," *NTS* 39 (1995): 587-605; P. E. Hughes, *The Book of Revelation*, PNTC (Grand Rapids: Eerdmans, 1990), 10.

39) 예를 들면, Collins, *Crisis and Catharsis*, 69-73; Leonard L. Thompson, *The Book of Revelation: Apocalypse and Empire* (Oxford: Oxford University Press,1990).

박해는 유대인들과 일반 대중에게서 왔다는 것, 그 박해의 배후에 국가가 있었을 수도 있다는 것, 그리고 가까운 장래에 박해가 심해질 것이라고 요한이 예측했다는 것에 대해 의견이 일치해가는 듯하다.40) 계시록이 도미티안 시대에 기록되었다고 주장하는 학자들은 일반적으로 95-96년에 박해가 심했다고 묘사하는 초기 기독교 전승에 호소했다. 그보다 이른 시기에 저술되었다고 주장하는 사람들은 이 박해의 가능성이 약하다는 증거를 지적한다. 가장 분명한 증거는 후대의 작가들이 제공한다(오로시우스, 유세비우스, 술피키우스, 세베루스); 기독교인이건 이교도이건 도미티안 시대 사람들은 기독교인들에 대한 체계적인 박해에 대해서 전혀 언급하지 않는다.41) 반대로, 네로 시대에 기독교인들에 대한 박해가 있었다는 증거는 반박할 수 없을 만큼 분명하다. 네로의 박해가 로마 너머로 확대되었다는 증거는 없지만, 만일 소아시아의 기독교인들이 박해를 받았을 가능성이 있는 기간을 찾는다면, 그것은 박해가 있었는지 확신할 수 없는 시기보다는 다른 곳에서 기독교인들이 박해를 받고 있었던 기간이 적절할 듯하다.

이른 기록 연대를 옹호하는 주장도 어느 정도 타당성이 있다: 많은 학자들은 도미티안 시대의 기독교인 박해를 입증하는 증거를 과장해왔다. 도미티안이 통치 말년에 자기의 권력에 도전할 가느엉이 있는 로마의 귀족들을 숙청했다고 암시하는 증거가 있다. 이때에 처형된 귀족 플라비우스 클레멘스(Falvius Clemens)의 부인으로서 숙청된 도미틸라(Domililla)는 기독교인이었을 것이다. 그러나 그녀의 신앙 때문에 그녀가 숙청되고 남편이 처형되었는지는 확실하지 않다.42) 그러나, 로마에서 벌어진 네로의 기독교인 박해가 지속적인 영향을 미쳤거나 속주들로 확대되었다는 증거는 거의 없다. 따라서 위의 두 연대 중 어느 것도 찬성하지 않는 사람들은 소아시아에서 발생한 박해를 입증하는 확실한 증거에 호소할 수 있다. 우리가 할 수 있는 것은 가정에 불과하며, 네로 시대에 소아시아 지방에서 기독교인들에 대한 박해가 있었다는 가정은 도마티안 시대의 비슷한 박해가 있었다는 가정과 마찬가지로 지지하기 어렵다.

황제 숭배. 바로 앞에서 도달한 결론은 또 다른 가능성, 즉 황제 숭배가 기독교인

---

40) Beale, The Book of Revelation, 12-15을 보라.
41) 예를 들어 다음을 보라: S. R. F. Price, *Rituals and Power: The Roman Imperial Cult in Asia Minor* (Cambridge: Cambridge University Press, 1984).
42) Dio Cassius, *Hist. Rom*. 68.1을 보라. 또 M. R. Charlesworth, "The Flavian Dynasty," *CAH* 11 (1936): 41-42에 수록된 상황에 대한 간략한 묘사를 참고하라.

들에게 문제가 되었다는 계시록의 가정(13:4, 15-16; 14:9-11; 15:2; 16:2; 19:20; 20:4)에 의해 수정되어야 한다.[43] 황제들이 자신을 숭배할 것을 요구한 연대를 입증하는 확실한 증거는 없지만, 도미티안이 자신을 *dominus et deus*("주와 신")이라고 부르라고 명하면서 자신의 신성을 강조했다는 분명한 증거가 있다.[44] 도미티안은 이 고백을 자신에 대한 충성심을 시험하는 기준으로 삼았다. 일부 기독교인들이 그러한 곤경을 모면하기 위해서, 그때까지 유대인들을 위한 일부 법적 예외가 허용되었던 회당을 피난처로 삼았을 가능성이 있다. 이것은 일곱 교회에 보낸 편지에 분명히 나타나는 유대인과 기독교인 사이의 긴장을 설명하는 데 도움이 된다.[45] 이러한 추론에 대해서, 보다 이른 연대를 주장하는 사람들은 아우구스투스(Augustus, A.D. 14년 사망) 이후로 황제들이 신성을 주장했다는 사실에 호소하면서, 네로의 성품으로 보아 그도 그런 주장을 했을 가능성이 있다고 반박한다. 그러나 도미티안의 말년이 기독교인들이 황제 숭배의 주장들과 충돌했을 가능성이 가장 높은 시기였다는 강력한 증거가 있다.

교회들의 상태. 일곱 교회에 보낸 편지의 몇 가지 요소들—일부 교회들의 영적 침체; 라오디게아 교회의 부요함(이 도시는 60-61년에 지진에 의해 파괴되었다); 서머나 교회의 존재(그 교회는 60-64년 이전에는 존재하지 않았던 듯하다); 에베소에서 오랫동안, 어쩌면 64년까지 사역했을 바울에 대한 언급이 없는 점—은 이 서신이 60년대보다는 90년대에 기록되었음을 뒷받침해준다. 이 요소들이 모두 동등하게 설득력이 있는 것은 아니지만,[46] 콜린 헤머(Colin Hemer)는 교회들의 지역적인 배경들을 철저히 연구한 후에 자신이 발견한 것들은 도미티안 시대를 지지한다고 주장했다.[47]

네로 환생 신화. 네로의 사후에 그에 대한 대중적인 증오와 두려움으로 인해

---

43) 여기에서 우리는 계시록을 과거 시제로 해석해야 한다고 가정하고 있지 않다. 그러한 해석에 의하면, 계시록에 기록된 모든 일은 요한의 시대에만 적용된다. 이러한 본문들 중 일부는 순수히 예언적인 것으로서 1세기에는 우세하지 않았던 상황을 상상하는 것일 수 있다. 그럼에도 불구하고 어떤 본문들은 문제점은 요한의 독자들에게 절실한 것이었다고 암시한다(cf. Mounce, *Revelation*, 33).

44) Cf. Suetonius, *Domitian* 13; Charlesworth, "Flavian Dynasty," 41-42.

45) Colin J. Hemer, *The Letters to the Seven Churches of Asia in Their Local Setting*, JSNTSup 11 (Sheffield: JSOT Press, 1986), 7-12.

46) 반증으로는 Robinson, *Redating*, 229-31을 보라.

47) Hemer, *Letters to the Seven Churches*, 2-11.

그가 파르티아 군대를 이끌고 로마로 돌아올 것이라는 이야기가 유포되었다. 치명적인 상처를 입고도 다시 회복하는 짐승에 대해 이야기하는 계시록의 구절은(예를 들면, 13:3-4) 네로 환생 신화를 암시한다고 주장되며, 그러한 신화가 퍼져서 널리 알려지려면 어느 정도의 시간이 필요했을 것이다. 그러나 네로 신화는 계시록에 나오는 짐승 묘사와 많이 다르기 때문에, 이 주장은 별로 설득력이 없다. 더욱이 13장 18절에 기록된 숫자 666이 은밀하게 네로를 언급한다고 주장하는 많은 사람들은 이러한 연결이 그러한 신화와는 전혀 관계가 없다고 주장한다.

예루살렘 성전의 존재. 요한계시록 11장 1-2절은 계시록이 기록된 시기에 예루살렘 성전이 건재하고 있었음을 전제로 한다고 주장된다.[48] 이 논거는 설득력이 없는 것은 아니지만, 다음과 같은 두 가지 근거에 의해서 그 비중이 감소된다: 요한이 어느 자료를 사용했다는 가능성, 그리고 더 중요한 것은 요한이 예수님 시대의 성전이 아니라 재건된 성전이나 상징적인 성전을 가리킬 가능성.

요한계시록 17장 9-11절. 이 구절에서 언급하는 일곱 왕은 분명히 로마의 황제

계시록의 일곱 교회

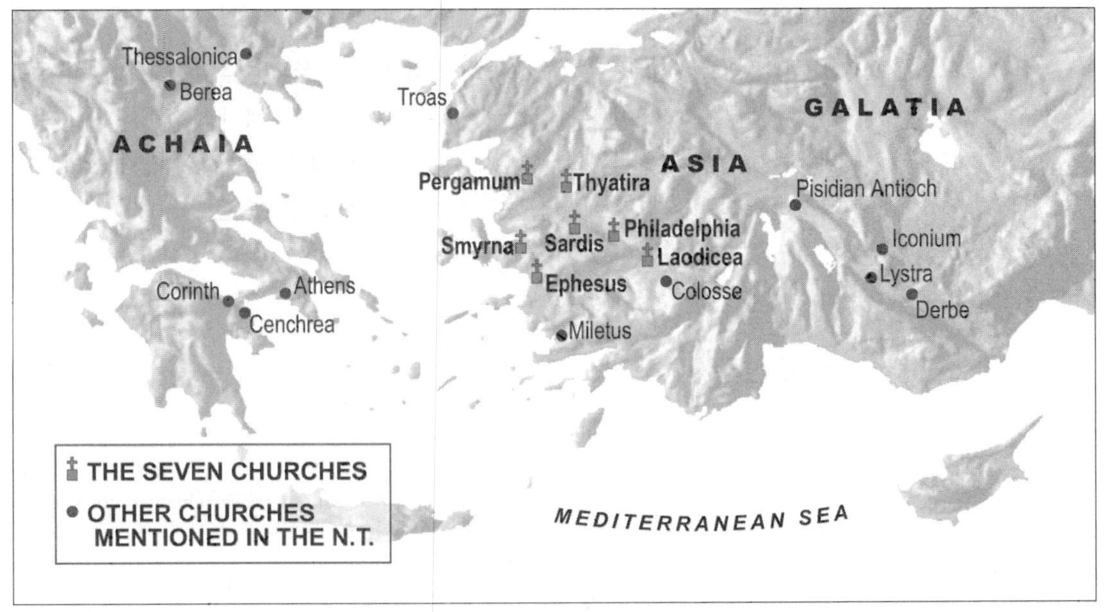

48) Robinson, *Redating*, 238-42.

들을 의미한다고 보아야 한다(9절의 "일곱 산"은 분명히 로마를 가리킨다). 요한은 "다섯은 망하였고 하나는 있고 다른 이는 아직 이르지 아니하였으나 이르면 반드시 잠간 동안 계속하리라 전에 있었다가 시방 없어진 짐승은 여덟째 왕이니 일곱 중에 속한 자라 저가 멸망으로 들어가리라"고 말한다. 본문은 현재 여섯째 왕이 권세를 잡고 있다고 가정한다. 이 자료들을 근거로 하여 로마의 초대 황제인 아우구스투스에서 시작하여 네로 이후에 잠시 통치한 갈바(Galba)에 이르게 된다. 그렇다면, 객관적으로 계시록이 기록된 시기는 68-69년이 된다.[49)]

이 논거는 어느 정도 설득력이 있지만, 본문이 그리 분명하지 않으므로 결정적이지 못하다. 이것은 요한 시대의 황제들을 가리키는가, 아니면 미래의 왕들을 가리키는가? 이 황제들을 아우구스투스로부터 계산해야 하는가, 아니면 처음으로 황제의 권리를 주장한 줄리우스 시저로부터 계산해야 하는가, 아니면 최초로 기독교인을 핍박한 황제인 칼리굴라(Caligula)에게서 시작해야 하는가?[50)] 68-69년 사이에 단기간 다스렸던 세 명의 황제들도 포함시켜야 하는가? 그 어떤 질문에 대해서도 확실하게 답변하기 어렵다.[51)]

3) 결론

논란이 되는 사소한 점들이 많지만,[52)] 주요 논거들은 모두 다루었다. 마지막 두 요소는 네로 직후의 연대를 선호하는 듯하지만, 계시록에서 가정하는 일반적인 상황은 초기보다는(두 번째와 세 번째 주장) 도미티안 시대의 상황일 가능성이 크다. 따라서 우리는 가장 오래된 전승을 따라 계시록의 연대를 도미티안의 말년으로 본다.

4. 수신자

---

49) Hort, *Apocalypse I-III*, xxvi; Robinson, *Redating*, 242-48.

50) 마지막 대안에 대해서는 다음을 보라: A. Strobel, "Abfassung und Geschichtstheologie des Apokalypse nach Kp. 17, 9-12," *NTS* 10 (1963-64): 433-45.

51) Collins, *Crisis and Catharsis*, 58-64를 보라.

52) Charles (*Revelation* 1.xlvi-l)을 비롯한 학자들은 초기의 전승들은 요한이 A.D. 64-70년 사이에 순교했음을 지적해준다고 주장해왔다. 그러나 이 전승은 요한이 에베소서에 노년이 되기까지 사역했다고 제시하는 전승보다 훨씬 열등하다(Leon Morris, *Studies in the Fourth Gospel* [Grand Rapids: Eerdmans, 1969], 280-83; Beckwith, Apocalypse, 362-93).

요한은 그의 환상에 대한 기록을 아시아에 있는 로마의 속주—소아시아의 서쪽 삼분의 일을 차지하는 지역—에 있는 일곱 교회에게 보냈다. 이 교회들은 요한이 그 지역에서 사역할 때부터 개인적으로 알았던 교회들이었던 것 같다. 이 일곱 교회들을 택하여 계시록에 기록된 대로 순서를 정한 것은 지리적 위치와 교통과 관련이 있는 듯하다. 오래 전에 램지(Ramsay)가 지적했듯이, 이 교회들이 위치한 도시들은 모두 통신과 교통의 요지로서 계시록을 각 도시에 전달한 사자는 아마도 밧모를 떠나 에베소에 도착한 후에 이차 도로로 북쪽의 서머나와 버가모로 갔고, 거기서 다시 로마 대로로 동쪽을 향해 두아디라와 사데, 빌라델비아, 그리고 라오디게아로 갔을 것이다.[53]

5. 구성과 장르

1) 구성의 자료와 이론들

계시록은 신약성서의 어느 책보다도 구약을 많이 차용한다.[54] 구약에 대한 대부분의 언급은 직접적인 인용이 아니라 인유(引喩)와 개념적인 차용이 많다. 또 요한은 보통 생각하고 있는 만큼은 아니지만 유대 묵시록도 인용한다. 일부 학자들은 요한이 신약성서의 여러 책들에 대한 지식을 나타낸다고 생각했다. 찰스는 마태복음, 누가복음, 데살로니가전서, 고린도 전·후서, 골로새서, 에베소서를 열거했다.[55] 그러나 거의 대부분의 유사점들은 예수님의 삶과 가르침 및 일반적인 초기 기독교의 가르침에 대한 요한의 지식에서 비롯된 것일 수 있으므로, 그것은 그리 분명하지 않다. 그러나 요한이 계시록을 기록할 때에 적어도 마가복음과 누가복음은 읽었을 가능성이 있기 때문에(그것들의 연대에 대해서는 제3장과 제4장의 "연대" 단원을 보라), 직접 차용했을 가능성도 허용해야 한다.

19세기 말과 20세기 초, 성경에 대한 자료 분석 전성기에, 많은 학자들은 정경인 계시록 배후에 있는 자료들에 대한 증거를 발견했다. 예를 들어, 찰스는 계시록

---

53) William Ramsay, *The Letters to the Seven Churches of Asia* (London: Hodder & Stoughton, 1904), 171-96. Hemer, *Letters to the Seven Churches*, 14-15; Barry J. Beitzel, *The Moody Atlas of Bible Lands* (Chicago: Moody, 1985), 185도 보라.

54) 다음의 저서들에 수록된 대구들의 목록을 보라: Charles, *Revelation* 1.lxviii-xxxiii; Swete, *Apocalypse*, cxxxix-clii; and esp. G. K. Beale, *John's Use of the Old Testament in Revelation*, JSNTSup 166 (Sheffield: Sheffield Academic Press, 1998).

55) Charles, *Revelation* 1: lxxxiii-lxxxvi.

의 오분의 일이 헬라어와 히브리어로 된 기독교와 유대교 문서들에 의존하고 있다고 생각한다.[56] 그는 또한 저자가 계시록의 대부분을 기록했지만 완성하지 못한 채 죽었고, "충실하지만 명석하지 못한" 제자가 20장 4절-22장 21절을 삽입해서 완성했는데, 그 순서가 원래 저자가 의도했던 것과는 근본적으로 달라졌다고 주장했다.[57] 그러나 찰스의 재구성은 문제를 해결하기는 커녕 오히려 더 많은 문제를 야기하며, 그가 확인한 자료들도 그것을 그리 뒷받침해주지 못한다. 계시록은 언어학적인 면에 있어서 자료에 관한 어떤 추론도 허용하지 않는 일관성 있는 문체를 드러낸다. 더욱이, 이 책에는 전통적인 언어와 개념들이 철저히 스며들어 있기 때문에 그러한 수단들을 통해서는 자료들을 밝힐 수 없다. 자료들을 입증하는 증거는 종종 이중어(二重語, doublet)들의 존재, 또는 대충 병행하는 것처럼 보이는 구절들에서 발견된다. 그러나 계시록에서 자료의 반복은 본질적인 것이다.

이러한 난관에도 아랑곳 않고, 많은 학자들은 더 나아가서 계시록이 둘 혹은 그 이상의 큰 자료들로 이루어졌다고 주장한다. 보이스마르드(Boismard)는 두 개의 유사한 묵시록이 결합되었다고 생각한다.[58] 마싱버드 포드(Massingberde Ford)는 4-11장은 세례 요한이 기록한 것이요, 12-22장은 요한의 제자가 기록한 것이며, 1-3장; 22:16a, 20b; 21장은 유대 기독교인 제자가 첨가한 것이라고 주장한다.[59] 이러한 이론들은 긍정적인 증거가 있는 것은 아니고, 개연성이 없는 상상적인 관계와 추론에 의지한다(특히 포드의 경우). 최근에 데이비드 온(David Aune)는 두 단계 구성 과정을 지지하는 상세한 논증을 제시했다. 그는 A.D. 70년경에 출판된 그 책의 초판은 1:7-12a와 4:1-22:5을 포함하며 매우 묵시적인 경향을 나타냈다고 생각한다. 나머지 단락들을 추가하고 전체를 편집한 보다 예언적이고 교훈적인 "제2판"은 트라얀의 통치 초기에 완성되었다.[60] 그러나, 자료들이 두 단계의 과정을 필요로 하는지 의심스럽다. 어쨌든 그렇게 되면, 그 책에 기록된 환상들이 밧모 섬에서 받은 것이라는 요한의 주장에 정면으로 반대된다.

---

56) Ibid., lxii-lxv.

57) Ibid., l-lv.

58) M. E. Boismard, "The Apocalypse," in Robert/Feuillet, 701-7.

59) Ford, *Revelation*, 3-37. Fiorenza, *Book of Revelation*, 159-80에서는 자료에 대한 유익한 개관과 편찬 가설들을 발견할 수 있다.

60) Aune, *Revelation* 1-5, cv-xxxiv.

2) 장르

비즐리 머레이(Beasley Murray)가 지적한 대로, 계시록의 서두는 "계시"(1:1), "예언"(1:3), "편지"(1:4) 등의 세 가지 장르를 암시하는 듯하다.[61] 각각의 장르마다 계시록의 복잡한 문학적 현상 속에서 나름대로의 역할을 담당하며, 그것을 옹호하는 사람들이 있다.

계시록의 장르를 "묵시록"(apocalypse) 혹은 "묵시적인 것"(apocalyptic)이라고 보는 견해는 "묵시록"이 무엇인가에 대한 계속되는 논란에 의해 혼란을 겪고 있다: 그것은 종말론의 일종인가, 아니면 문학적인 장르인가, 아니면 둘 다인가? 최근 연구가들은 대체적으로 둘 다를 의미한다고 보지만, 우리는 둘을 구분하여 "묵시적인 것"은 종말론의 일종을 가리키는 것으로, "묵시록"은 일종의 문학적 장르를 가리키는 것으로 생각한다.

"묵시록"이라는 문학적 장르는 주전 2세기에 박해와 학대에 대한 반응으로 나타나기 시작했다. 묵시록의 저자들은 천사나 다른 영적 존재에 의해 그들에게 계시된 하늘의 비밀들을 전한다고 주장했다.[62] 묵시록들은 전형적으로 과거 이스라엘의 위대한 인물들(아담, 모세, 에녹 등)의 이름으로 기록된 위서들이었다. 묵시록의 저자들은 자신을 과거에 투입함으로써, 자기 백성과 세상을 다루시는 하나님에 대한 역사적 개관들을 예언의 형태로 표현했다. 모든 묵시록에 나타나는 것은 아니지만 대부분의 묵시록에 나타나는 이 역사적인 개관들은 가까운 미래에 임할 하나님의 나라의 도래에서 절정을 이룬다.

묵시 문학의 저자들은 대체로 그들의 역사적 개관에 많은 상징을 사용한다. 이러한 책들에서 발견되는 종말론을 "묵시적인 것"이라고 부른다. 그것은 역사에 대한 이원론적 개념을 특징으로 한다: 하나님의 백성에 대한 핍박, 하나님께 대한 배반, 죄 등이 가득한 현세와 하나님께서 그의 나라를 세우실 때 임할 세계가 날카로운 대조를 이룬다.[63] 이 시점에서 "묵시적인 것"은 새로운 세계의 출현을 통해 표현

---

61) Beasley-Murray, *Revelation*, 12.

62) Christopher Rowland는 이것이 묵시록의 핵심이라고 판단한다(*The Open Heaven* [London: SPCK, 1982], 14, 21, 356-57).

63) A collection of apocalypses in English translation can be found in J. H. Charlesworth, ed., *The Old Testament Pseudepigrapha*, vol. 1 (Garden City: Doubleday, 1983)에 영어로 번역된 묵시록들이 수록되어 있다. 묵시록을 다룬 중요 저서들은 다음과 같다: H. H. Rowley, *The*

되는 것이 아니라 이 세상의 과정들을 통해서 표현되어야 할 하나님의 구원을 고대한다고 주장되는 "예언"과 대조된다. 종종 선지자는 직접 하나님으로부터 직접 음성을 듣고 말한다는 점에서 종말론적 세계의 종말을 예언하는 사람들과 구분된다.

계시록이 위에서 묘사한 특징들 중 다수를 포함하고 있음은 쉽게 알 수 있다. 계시록의 메시지는 천사들이 주는 환상들을 통해서 임한다. 그것은 상징들을 방대하게 사용함으로써 전달되며, 이 세상과 다음 세상을 예리하게 대조하며, 가까운 장래의 구원을 고대한다. 이와 같은 유대 묵시와의 유사성들과 1장 1절의 주장("예수 그리스도의 계시")을 생각해볼 때, 많은 학자들이 계시록은 "묵시록"이라는 문학적 장르에 속한다고 확신하는 것은 이상한 일은 아니다. 그럼에도 불구하고, 계시록을 묵시문학으로 보는 데에는 문제점들이 있다. 가장 현저한 문제는 계시록이 다른 유대 묵시록과는 달리 위서가 아니라는 것이다. 요한은 자기의 이름을 밝혔다. 만일 가명을 사용하는 것이 묵시록이라는 장르에 필수적인 것으로 간주된다면, 계시록은 분명히 묵시록이 될 수 없다.[64] 그러나, 가명 사용이 그 장르에 필수 조건은 아니며, 계시록은 "차이점을 가진" 묵시록이라고 주장하는 사람들도 있다. 또 하나 중요한 차이가 있다. 물론 묵시적 세계의 종말을 예언하는 사람들은 미래의 사건에 희망을 둔 반면, 요한은 계시록에서 과거에 "죽임을 당한 어린 양"이신 예수 그리스도의 희생에 희망을 둔다.[65] 이것은 계시록이 묵시문학이 아니라는 의미는 아니다. 왜냐하면 묵시적 관점을 포기하지 않고서도 기본적인 묵시적 구조를 수정할 수 있기 때문이다. 그러나 이러한 문제들은 적어도 다른 장르일 가능성도 고려해 보아야 한다는 점을 암시한다.

Relevance of Apocalyptic, 2nd ed. (London: Lutterworth, 1947); D. S. Russell, *The Method and Message of Jewish Apocalyptic* (London: SCM, 1964); Klaus Koch, *The Rediscovery of Apocalyptic* (London: SCM, 1972); Paul D. Hanson, *The Dawn of Apocalyptic*, 2nd ed. (Philadelphia: Fortress Press, 1979); and Leon Morris, *Apocalyptic* (London: Tyndale, 1973). 중요한 논문들의 집록은 다음과 같다: *Semeia* 14 (1979); Paul D. Hanson, ed., *Visionaries and Their Apocalypses* (Philadelphia: Fortress Press, 1983); and D. Helmbold, ed., *Apocalypticism in the Mediterranean World and the Near East* (Tübingen: Mohr-Siebeck, 1983).

64) 예를 들어 다음을 보라: Bruce W. Jones, "More About the Apocalypse as Apocalyptic," *JBL* 87 (1968): 325-27. 묵시론적인 것으로 분류하는 것의 타당성을 의심하는 것으로 다음을 보라: James Kallas, "The Apocalypse: An Apocalyptic Book?" *JBL* 86 (1967): 69-80.

65) 컴멜은 계시록이 "역사에 대한 묵시론적 견해를 유대교의 틀에서 끌어내어 기독교적인 틀로 변화시키는 것"을 나타낸다"고 주장한다(461).

그러나 계시록이 속하는 다른 장르를 찾는 것은 쉬운 일이 아니다. 요한은 자신이 예언자 역할을 하고 있다고 분명히 주장했고, 최근 학계에서는 계시록을 예언서로 보는 경향이 있다. 그러나 계시록에서 예언적인 요소와 묵시적인 요소가 모두 있다고 보는 것이 더 나은 주장이다.[66] 일부 학자들의 주장에도 불구하고, 예언과 묵시를 뚜렷하게 구분하는 것은 불가능하다. 구약성서의 많은 책들(예를 들면, 다니엘, 이사야, 스가랴), 그리고 예수님의 감람산 설교에도 이 둘이 결합되어 있다.[67] 자신이 권위와 영감을 받았음을 의식하고 있었음을 볼 때, 요한은 예언자이다. 그러나 그의 예언은 당시 유대 묵시록에서 널리 사용되는 형태를 사용한다.

계시록의 복잡한 특성을 고려할 때에 그것을 한 장르의 범주에 말쑥하게 적용해서는 안 될 듯하다. 예언, 묵시, 서신 등의 요소들이 다른 문학에서 볼 수 없을 정도로 밀접하게 결합되어 있다.

고찰할 수 있는 또 하나의 장르는 서신이다. 처음에는 이상하게 보일지 모르나, 서신은 매우 폭넓은 장르이다(제8장을 보라). 계시록은 수신자에 대한 언급과 문안 인사로 시작하며(1:4-5, 9-11) 소아시아에 있는 일곱 교회에 보낸 회장(回章)이라고 증거한다. 그럼에도 불구하고, 계시록 전체의 내용은 전혀 서신의 범주에 어울리지 않는다. 그러므로 계시록의 복잡한 특성을 고려할 때에 그것을 하나의 장르에 완벽하게 적용할 수 없을 듯하다. 거기에는 예언, 묵시, 서신 등의 요소들이 다른 문학에서 볼 수 없을 정도로 밀접하게 결합되어 있다.[68]

6. 본문

쿠르트 알란트(Kurt Aland)와 바바라 알란드(Barbara Aland)는 "계시록에서는 본문의 장면과 역사가 신약성경의 나머지 책들과 판이하게 다르다"[69]고 주장한다. 이는 다음의 두 가지 요인에 기인한다. 첫째, 다른 신약성서의 책보다 계시록

---

66) 예를 들어 다음을 보라: John J. Collins, "Pseudonymity, Historical Reviews, and the Genre of the Revelation of John," *CBQ* 39 (1977): 329-43; Fiorenza, *Book of Revelation*, 133-58; Aune, *Revelation* 1.5, lxx-xc.

67) 특히 George Eldon Ladd, "Why Not Prophetic-Apocalyptic?" *JBL* 76 (1957): 192-200을 보라.

68) 여러 장르가 혼합된 것으로 여기는 학계의 추이를 알려면 다음을 보라: Fiorenza, *Book of Revelation*, 164-70; Richard Bauckham, *The Theology of the Book of Revelation* (Cambridge: Cambridge University Press, 1993), 1-17; J. Ramsey Michaels, *Interpreting the Book of Revelation* (Grand Rapids: Baker, 1992), 29-33; Wilfrid J. Harrington, *Revelation*, SacPag 16 (Collegeville: Liturgical, 1993), 1-8; Jürgen Roloff, *The Revelation of John* (Minneapolis: Fortress Press, 1993), 5-8; Beale, *The Book of Revelation*, 37-43.

69) Kurt Aland and Barbara Aland, *The Text of the New Testament*, 2nd ed. (Grand Rapids: Eerdmans, 1989), 246.

의 헬라어 사본이 적다. 계시록은 원래 신약성서의 책들과는 상관없이 유포되었고, 방대한 양의 헬라어 사본들을 만들어낸 동방교회가 계시록을 의심한 데다가 그 내용상 특징 때문에 필사본이 많이 만들어지지 않았다. 현존하고 있는 것은 다섯 개의 파피루스 사본(가장 긴 것이 8장으로 되어 있다: P^{47}, 3세기)과 11개의 대문자 사본(uncials)뿐이다. 대문자 사본 중 여섯 개는 본문의 중요한 부분을 보유하고 있고, 겨우 세 개가 그 책의 내용을 완전히 담고 있다(4세기의 시내 사본[א]; 5세기의 알렉산드리아 사본[A];그리고 10세기의 046). 따라서 본문 비평가들은 결정의 기초가 되는 증거를 충분히 보유하고 있지 못하다. 적어도 계시록의 몇 구절을 입증해주는 헬라어 사본이 없었기 때문에 라틴어 역본인 불가타를 다시 헬라어로 번역해야 했던 에라스무스(Erasmus)보다는 현대 비평가들이 많은 사본들을 가지고 있다.70)

계시록의 본문을 특이하게 만드는 두 번째 요인은 활용할 수 있는 증언들의 가치이다. 대부분의 신약성경에서는 시내 사본이 알렉산드리아 사본보다 우월한 본문을 보유하고 있다고 보지만, 계시록의 경우는 반대로 에프라임 사본(C)과 결합된 알렉산드리아 사본이 현존하고 있는 최고의 사본으로 간주된다.71) 신약성서 사본으로 가장 존중되는 대문자 사본인 바티칸 사본(B)에 계시록이 포함되어 있지 않기 때문에, 이러한 대문자 사본을 의존하는 것이 한층 더 중요하다. 증언이 거의 없다는 것과 다양한 사본 형태들이 있다는 것 때문에, 계시록의 본문에 대한 결정들은 그 자체의 특이한 상황에 알맞은 방법에 기초를 두어야 한다.72)

7. 정경으로의 채택

계시록은 이그나티우스(주후 110-117)와 바나바(135년 이전)에 의해 암시적으로 인용되었을 가능성이 있고, 『헤르마스의 목자』(*Shepherd of Hermas*, c. 150)의 저자도 계시록을 인용했던 적이 있었던 듯하다.73) 위의 "저자" 단원에서

70) Bruce M. Metzger, *The Text of the New Testament: Its Transmission, Corruption, and Restoration*, 2nd ed. (New York: Oxford University Press, 1968), 99-100을 보라.

71) Charles, *Revelation* 1.clx-clxvi; Aland and Aland, Text, 247.

72) J. Delobel, "Le text de l'Apocalypse: Problèmes de méthode," in *L'Apocalypse johannique*, 151-66. 계시록 원문에 대한 주요한 두 권의 연구서는 다음과 같다: H. C. Hoskier, *Concerning the Text of the Apocalypse*, 2 vols. (London: Bernard Quaritch, 1929); Josef Schmid, *Studien zur Geschichte des griechischen Apokalypsetextes*, 3 vols. (Munich: Kaiser, 1955-56).

지적한 대로, 계시록은 파피아스(130년 사망), 저스틴(2세기 중반), 이레내우스(180)에 의해 권위 있는 책으로 인용되었고, 무라토리 정경(2세기 말)에도 포함되어 있다. 마르시온은 그의 정경에서 계시록을 제외했지만(터툴리안, *Adv. Marc*. 4.5을 보라), 그는 구약성서나 유대교를 생각나게 하는 신약성서의 책은 모두 거부했는데, 계시록에는 구약성서에 대한 언급이 가득 하므로, 이는 놀라운 일이 아니다. 유세비우스는 2세기 초 로마 교회의 지도자였던 가이오가 계시록을 거부했다고 언급한다(*H.E*. 3.27.1-2). 그가 부인한 이유는 예언과 종말의 임박성을 강조한 기독교 분파인 몬타누스파가 계시록을 사용했기 때문인 것 같다. 가이오는 그들에게 매우 중요한 책들 중 하나인 계시록의 정경성을 부인함으로써 그 운동을 신빙성이 없게 만들기를 바랐을 수도 있다.[74] 반(反)로고스주의자(*Alogoi*)라고 알려진 집단이 계시록을 거부한 배후에도 동일한 이유가 있는 듯하다. 어쨌든, 이와 같은 서방교회에서의 산발적인 거부는 계시록의 정경성에 영향을 미치지 못했으며, 그 이후로 서방교회에서 계시록의 정경성을 의심한 적이 없었다.

동방교회에서의 상황은 매우 다르다. 파피우스와 저스틴이 부여한 계시록의 권위는 알렉산드리아의 클레멘트와 오리겐와 같은 3세기 학자들의 지지를 받았다. 그러나 이집트의 감독 디오니시우스는 동의하지 않았다. 이미 살펴본 대로, 그는 계시록의 권위를 약화시키기 위해서 사도 요한이 저술했다는 것을 문제시했다. 그의 질문들은 동방교회의 다른 학자들로 하여금 계시록의 정경성을 의심하게 만들었는데, 그 당시 많은 사람들이 계시록의 정경성을 의심했다고 말한 유세비우스도 그 중 한 사람이었다(*H.E*. 3.25.1-4). 라오디게아 공의회(360년)는 계시록을 정경으로 인정하지 않았고, 가장 초기의 시리아어 페쉬타(Siriac Peshitta)에는 이 책이 빠져 있다.

언뜻 보기에는 계시록에 대한 이러한 의심들이 약간 혼란을 야기하는 듯하다. 그러나 자세히 살펴보면 그러한 의심들은 정경성과는 상관이 없는 것들임을 알 수 있다. 마이어(Maier)가 상세하게 설명했듯이, 계시록에 대한 의심들은 신중한 논증이나 역사적인 지식에서 비롯된 것이 아니라 계시록의 종말론에 대한 혐오의 결과였다.[75] 많은 동방교회의 교부들이 볼 때에 계시록은 세상적인 것에 초점을 두고 물질주의적인 마지막 일들에 대한 교리를 가르치는 것으로 보였고, 실제로

---

73) Guthrie, 929-30.

74) 제6장의 "저자" 단원과 Maier, *Johannesoffenbarung*, 79-85를 보라.

75) Maier, *Johannesoffenbarung*, passim.

동방교회 교부들은 그렇게 해석했다. 우리는 계시록의 정경성을 평가할 때에 그러한 것들의 영향을 받아서는 안 된다. 계시록을 다룬 후기 비평가들에 대해서도 비슷한 논리가 적용되어야 한다. 예를 들어, 마틴 루터는 계시록을 신약의 이차적인 책으로 분류하면서, "나의 영혼 자체가 이 책에 적응할 수 없다. 내가 그 책을 존중하지 않는 이유는 그리스도를 가르치지도 않고 인정하지도 않기 때문이다"[76]라고 말했다. 혹자는 루터가 읽은 계시록이 현재 우리의 성경에 있는 것과 동일한 책, "죽임을 당한 어린양"을 역사의 종말과 역사를 위한 하나님의 계획의 주축으로 보는 책과 동일한 것이었는지 의심할지도 모른다. 어쨌든, 이러한 신학적 편견이 정경에서의 계시록의 위치를 판단하는 데 영향을 미쳐서는 안 된다.

8. 계시록에 대한 최근의 연구

신약학의 일반적인 경향에 따라 계시록 연구의 관심도 역사적 배경과 자료에서부터 완성된 문학적 작품과 그 배경으로 옮겨졌다.[77] 따라서 계시록의 장르와 일곱 교회에 보낸 편지들의 장르,[78] 그리고 그 책의 구조와 문학적 기법에 관심을 기울여왔다.[79] 계시록이 기록된 사회적-신학적 배경도 연구되고 있는데, 한 가지 흥미로운 이론은 계시록을 기독교 "예언자 집단"의 작품으로 보는 것이다.[80] 콜린스(Collins)는 요한이 그의 독자들로 하여금 새로운 정체성을 발견하고, 자기들이 기대에 미치지 못했다는 실패감에 대처하는 법을 가르치기 위해서 계시록을 기록했다고 주장하기 위해서 사회학 이론들을 이용했다.[81] 또 계시록의 사회적 배경에

---

76) 루터의 1522년 성경 서문에서.

77) Fiorenza, *Book of Revelation*, 20-21을 보라. 그녀의 논문 "Research Perspectives on the Book of Revelation"(pp. 12-32) 은 그 분야에 대한 유익한 개관을 제공한다. U. Vanni, "L'Apocalypse johannique: Etat de la question," in *L'Apocalypse johannique*, 21-46, and Jon Paulien, "Recent Developments in the Study of the Book of Revelation," *AUSS* 26 (1988): 159-70도 보라.

78) John T. Kirby, "The Rhetorical Situations of Revelation 1-3," *NTS* 34 (1988): 197-207; D. E. Aune, "The Form and Function of the Proclamations to the Seven Churches (Revelation 2-3)," *NTS* 36 (1990): 182-204.

79) 예를 들면, Fiorenza, *Book of Revelation*, 159-80; Lambrecht, "Structuration," 77-104.

80) 다음을 보라: David E. Aune, "The Social Matrix of the Apocalypse of John," *BR* 26 (1981): 16-32; idem, "The Prophetic Circle of John of Patmos and the Exegesis of Revelation 22:16," *JSNT* 37 (1989): 103-16; Fiorenza, *Book of Revelation*, 133-56.

81) Collins, *Crisis and Catharsis*.

대한 관심과 언어와 수사학에 대한 특별한 관점을 결합하는 학자들도 있다.[82] 이러한 학자들은 요한이 살았던 실제 세계와 그가 계시록에서 인식하고 만들어낸 세계를 구분하려 한다. 그들은 계시록을 "해체하여" 요한이 자신의 환상을 해석하면서 도입한 특별한 편견들을 제거한다. 또 계시록 연구는 묵시적 종말론에 대한 지속적인 연구의 영향을 받고 있는데, 현재 그것은 그 운동의 보다 넓은 차원들과 그 사회적 기반에 초점을 두고 있다.[83]

보다 전통적인 측면에서의 연구도 진행되고 있다. 요한의 헬라어는 계속 관심 있는 주제가 되고 있으며, 최근에 그 주제에 관한 두 개의 소논문이 출판되었다.[84] 앨런 제임스 비글리(Alan James Beagley)는 계시록에 기록된 교회의 원수들에 관한 소논문에서 유대인과 그리스도인 사이의 적대감이 이 책에서 중요한 역할을 한다고 추정한다.[85] 계시록에 관한 연구서 중에서 특히 다음의 두 가지가 두드러진다. 첫째는 계시록의 일곱 교회들의 배경에 관한 콜린 헤머(Colin J. Hemer)의 연구서로서, 본문을 새롭게 조명해주는 풍부한 배경 자료들을 제공한다.[86] 두 번째는 교회사에서 계시록에 대한 해석과 태도를 연구한 게르하르트 마이어(Gerhard Maier)의 논문이다.[87] 그의 논문은 계시록의 정경으로서의 위치와 사도 요한이 저자임을 깎아 내리려는 경향이 있는 많은 이론들을 잠재웠다.

9. 계시록의 공헌

1) 해석 방법들

계시록이 그리스도와 복음에 대한 우리의 이해에 어느 정도 공헌하는지를 평가하는 일은 어느 정도 그 책의 주제와 기본적인 의도에 대한 결정에 의존한다. 요한이

---

82) 예를 들어 다음을 보라: Thompson, *The Book of Revelation*; Stephen D. O'Leary, *Arguing the Apocalypse: A Theory of Millennial Rhetoric* (New York: Oxford University Press, 1994); E. S. Fiorenza, *Revelation: Vision of a Just World* (Minneapolis: Fortress Press, 1991) ("비평적인 여권주의적-정치적" 해석)

83) 예를 들어 Helmbold, *Apocalypticism*을 보라.

84) G. Mussies, *The Morphology of Koine Greek as Used in the Apocalypse of John*, NovTSup 27 (Leiden: Brill, 1971); Thompson, *Semitic Syntax*.

85) Alan James Beagley, *The "Sitz im Leben" of the Apocalypse, with Particular Reference to the Role of the Church's Enemies*, BZNW 50 (Berlin: de Gruyter, 1987).

86) Hemer, *Letters to the Seven Churches*.

87) Maier, *Johannesoffenbarung*.

본 환상들은 무엇을 가리키는가? 그것들로부터 무엇을 배워야 하는가? 이 점에 관해서 교회는 전혀 의견의 일치를 보인 적이 없었다. 게르하르트 마이어(Gehard Maier)는 여러 해석들을 연구한 후에 계시록은 "해석학의 탁월한 연습장이었다"[88]라고 말했다. 대부분의 해석들은 크게 네 범주로 분류할 수 있을 것이다.[89]

과거적 해석법(The preterist approach). "당시의 역사에 기인하는"(*zeitgeschichtlich*) 방법이라고도 불리는 이 접근방법은 오늘날 가장 보편화된 방법이다. 이 방법은 요한의 환상들이 요한 시대의 사건들에서 비롯된 것으로서 그러한 사건들을 묘사한다고 주장한다. 환상에 나타난 상징들은 모두 그 시대에 세상에 있었던 사건들, 사람들, 나라들을 가리키며, 요한의 목적은 독자들로 하여금 하나님께서 그들을 구원하여 영원한 나라로 인도해주시기를 기다리면서 그리스도에게 신실하라고 권면하는 데 있다.

역사적 해석법(The historical approach). 중세 시대의 몇 가지 운동은 천년왕국이 곧 임할 것이라는 확신에 의해서 발생했다. 그들은 자기들의 신념을 뒷받침하기 위해서 계시록에서 그리스도 시대에서부터 자기들의 때까지의 역사의 흐름에 대한 묘사를 찾았다. 이 접근 방법(*kirchengeschichtlich*)은 계시록의 짐승을 교황제도와 동일시하려 했던 종교개혁가들에게도 인기가 있었다.

미래학파의 해석법(The futurist approach). 미래학파(*endgeschichtlich*)는 계시록 4장부터 끝까지 묘사된 모든 사건들은 인류 역사의 마지막 때에 이루어질 것이라고 주장한다. 이 견해는 약간 온건한 형태를 취하여 계시록 4장부터 마지막 장까지의 사건들 중 일부는(특히 앞부분에 기록된 것) 역사의 종말 이전에 일어난다고 주장한다.

이상주의적 해석법(The idealist approach). 일부 학자들은 요한의 환상에 묘사된 사건들을 확인하려는 것은 완전히 잘못된 것이라고 확신한다. 그들의 주장에 의하면, 상징들은 우리로 하여금 사건들의 흐름을 상세히 나타낼 수 있게 하기 위한 것이 아니라, 하나님의 위격과 세상을 주관하시는 방법을 이해하는 데 도움을 주기

---

88) Ibid., 622.

89) 예를 들어 다음을 보라: Merrill Tenney, *Interpreting Revelation* (Grand Rapids: Eerdmans, 1957), 135-46. R. H. Charles, *Apocalypse*, 2nd ed. (Edinburgh: T. & T. Clark, 1915), 7-78은 20세기초까지의 해석사를 훌륭히 다룬다..

위한 것이다. 그렇다면, 계시록은 "특별한 사건들을 가르치는 것이 아니라 위대한 원칙들의 작용"[90]을 가르친다.

최근의 일부 주석가들처럼,[91] 우리는 이 네 가지 견해 모두에서 어떤 진리를 발견하지만, 계시록의 본질과 목적을 가장 공정하게 다룬 것은 미래학파의 해석법이라고 생각된다. 이미 살펴 본 대로, 계시록은 묵시적 관점을 수용하여 수정하였다. 유대 묵시문학 작가들은 하나님의 영원한 나라의 역사의 돌입을 역사의 절정으로 묘사하기 위해서 시간 속에서 자신의 모습을 그려 보았다. 요한은 자기의 이름을 언급함으로써 역사적 개관을 포기하고 역사 안에서의 그리스도의 통치의 확립이라는 정교한 환상을 가지고 독자들을 대면한다. 계시록은 역사가 아니라 종말에 관한 것이다.[92]

그럼에도 불구하고, 초대 교회의 특수한 종말론적 자세를 고려해보면, 우리는 요한이 당시 역사적인 사건들을 배경으로 하여 이 종말론적 절정을 묘사하고 있음을 무시할 수 없다. 예를 들면, 멸망할 "큰 음녀", "바벨론"에 관한 요한의 묘사는 (18:1-4) 그 당시의 로마 제국을 암시하는 것 같고, 계시록에 기록된 무서운 핍박은 요한의 독자들에게 당시 그들이 받는 압제를 상기시켜 주었을 것이다. 따라서 요한은 종말에 대해 묘사하면서도 어느 정도까지는 1세기 상황을 배경으로 그것을 묘사한다. 그러나 이것은 신약성서와 구약성서에 기록된 전형적인 성경적 예언이다. 하나님은 역사를 위한 자기의 계획을 계시하시면서도, 종종 그 시간은 계시하지 않으셨다. 그래서 성경의 선지자들은 언제나 "여호와의 날," 종말을 그들의 시간에 의해서 묘사했다. 더욱이 역사 자체가 종말의 예상상(豫想像)을 많이 포함하고 있다. 요한은 "적그리스도가 이르겠다 함을 너희가 들은 것과 같이 지금도 많은 적그리스도가 일어났으니"(요일 2:18)라고 말한다.[93]

2) 계시록의 공헌

신약성서의 다른 책들과는 달리, 계시록은 하나님의 주권에 대한 의식을 보여준다.

계시록은 신약신학의 여러 분야에 중요한 공헌을 한다. 신약성서의 다른 책들과는 달리, 계시록은 하나님의 주권에 대한 의식을 보여준다. 보좌에 앉으신 하나님

90) William Milligan, *The Revelation of St. John*, 2nd ed. (London: Macmillan, 1887), 153.
91) 예를 들면, Morris, *Revelation*, 15-22; Mounce, *Revelation*, 41-45; Tenney, *Interpreting Revelation*, 145-46.
92) Fiorenza, *Book of Revelation*, 46.
93) 이 접근방법에 대해서 특히 Ladd, *Revelation*, 10-14을 보라.

과 그가 받으시는 경배에 관한 환상은 이 세상의 환경을 넘어 하늘과 땅의 주를 보게 해주고, 궁극적으로 하나님만이 찬양과 헌신을 받으시기에 합당하신 분이심을 상기시켜 준다. 리처드 버크햄(Richard Buckham)의 표현처럼 "요한이 본 환상들의 효과는 독자들의 세계를 공간적으로(천국으로), 그리고 시간적으로(종말론적인 미래로) 확대하는 것, 다시 말하자면 하나님의 초월성에 대해서 그들의 세계를 개방하게 하는 것"[94]이라고 말할 수 있을 것이다.

계시록에서 예수님은 항상 하나님께만 적용할 수 있는 용어로 묘사된다는 점에서, 계시록은 차원 높은 기독론을 제공한다. 비즐리 머래이(Beasley Murray)가 지적한 대로, 이러한 의미에서 계시록의 첫 번째 환상은 성부 하나님이 아닌 예수 그리스도에 관한 것이었으며(1:12-20), 성부 하나님과 예수 그리스도 모두 "알파와 오메가"라고 불린다(1:8; 22:13).[95] 요한은 주권자이신 하나님이 하나님 자신이신 아들을 통해서 세상에서 자신의 목적들을 성취하고 계시다는 것을 이런 식으로 분명히 한다.

그러나 계시록은 그리스도의 영광과 능력, 그리고 심판에서의 역할에 초점을 두면서도 십자가를 무시하지 않는다. 백마를 탄 강력한 기사는 끊임없이 "죽임을 당한" 어린양을 상기시킨다. 요한은 그리스도의 십자가의 죽으심을 생각하지 않으면서도, 인류의 역사를 마무리 짓기 위해 그리스도께서 하시는 모든 것의 근원이 그의 희생의 죽음에 있음을 분명하게 밝힌다. 요한은 기독론에 초점을 두고서 전형적인 유대교의 묵시적 관점을 재구성했다.[96]

위에서 주장한 것처럼, 만일 계시록이 역사의 종말에 초점을 두고 있다면, 계시록이 가장 크게 공헌하는 부분은 종말론 분야이다. 종말에 있을 사건에 대해 이보다 더 상세하게 묘사한 곳은 없다. 많은 해석가들이 요한의 환상에서 사용된 상징들 안에서 그것들이 허용하는 것 이상의 구체적인 상황들을 찾아내고 자기들이 처한 환경이 그 구체적인 상황에 적합하다고 주장하는 오류를 범했지만, 우리는 그 반대 방향으로 치중하여 요한이 비교적 분명히 밝히는 구체적인 상황들을 무시해서는 안 된다.

그러나 종말론을 단순히 마지막 때에 일어날 일이라는 의미로 여기는 것은 근시안적인 생각이다. 왜냐하면 성경적인 사고에 의하면, 종말이 현재와 과거를 형성하

94) *The Theology of the Book of Revelation*, 7.
95) Beasley-Murray, *Revelation*, 24.
96) Childs, 311-12을 보라.

기 활기를 불어넣어 주기 때문이다. 역사가 어떻게 끝날 것인지 알면, 지금 어떻게 거기에 맞출 수 있는가를 이해하는 데 도움이 된다. 특히 신약성경은 지금도 우리가 "말세에" 있음을 분명히 해주기 때문에 더욱 그러하다. 따라서 계시록은 역사 안에 활동하는 마귀의 세력, 그리고 악의 실체와 잔인함을 알려준다. 비즐리-머레이는 다음과 같이 통찰력 있게 논평한다. "신학적으로 마귀와 적그리스도의 죽음을 증언해온 이 시대가 인류 역사상 가장 적극적인 마귀의 정치적 수단과 치열한 전쟁, 기독교 신앙에 대한 가장 폭넓은 억압을 경험했다는 것은 모순이 아닐 수 없다."[97] 동시에, 계시록이 신자들에게 강력하게 권면한다는 것도 경시해서는 안 된다. 2-3장에 기록된 일곱 교회에 보낸 편지들이 드러내주듯이, 요한의 편지를 받는 신자들 모두가 신실한 것은 아니었다. 계시록에는 교회와 세상의 갈등뿐만 아니라 교회내의 갈등도 있다.[98]

요한의 환상들은 하나님의 심판의 실체를 분명하게 드러낸다. 하나님께서 진노를 쏟아 부으시는 날, 죄에 대해 설명해야 하는 날, "어린양의 생명책"에 이름이 기록되었는가의 여부에 의해 각 사람의 운명이 결정될 날이 올 것이다. 동시에 인내의 말씀을 지키고 마귀와 이 땅에 있는 그의 추종자들을 죽기까지 단호히 대적한 자들에게 하나님께서 상을 예비하셨음도 분명하다. 요한의 환상들은 어느 시대나 고난과 핍박을 받는 신자들에게 위로의 근원이 된다.

참고문헌

Kurt Aland and Barbara Aland, *The Text of the New Testament*, 2nd ed. (Grand Rapids: Eerdmans, 1989).

D. E. Aune, "The Form and Function of the Proclamations to the Seven Churches (Revelation 2-3)," *NTS* 36 (1990): 182-204; idem, Revelation 1-5, *WBC* 52A (Dallas: Word, 1997); idem, *Revelation* 6-16, WBC 52B (Dallas: Word, 1998); idem, *Revelation* 17-22, WBC (Dallas: Word, 1998); idem, "The Social Matrix of the Apocalypse of John," *BR* 26 (1981): 16-32; idem, "The Prophetic Circle of John of Patmos and the Exegesis of Revelation 22:16," *JSNT* 37 (1989): 103-16.

Margaret Barker, *The Revelation of Jesus Christ* (Edinburgh: T. & T. Clark, 2000).

Richard Bauckham, *The Climax of Prophecy: Studies on the Book of Revelation* (Edinburgh: T. & T. Clark, 1993); idem, *The Theology of the Book of Revelation* (Cambridge: Cambridge University Press, 1993).

Alan James Beagley, *The "Sitz im Leben" of the Apocalypse, with Particular Reference to the Role of*

---

97) Beasley-Murray, *Revelation*, 43.

98) 예를 들어 다음을 보라: Michaels, *Interpreting Revelation*, 40-41; Beale, *The Book of Revelation*, 28-33.

the Church's Enemies, BZNW 50 (Berlin: de Gruyter, 1987).

G. K. Beale, *The Book of Revelation: A Commentary on the Greek Text, NIGTC* (Grand Rapids: Eerdmans, 1999); idem, *John's Use of the Old Testament in Revelation*, JSNTSup 166 (Sheffield: Sheffield Academic Press, 1998).

G. R. Beasley- Murray, *The Book of Revelation*, NCB (London: Marshall, Morgan & Scott, 1974).

Ibson T. Beckwith, *The Apocalypse of John: Studies in Introduction* (New York: Macmillan, 1919).

Barry J. Beitzel, *The Moody Atlas of Bible Lands* (Chicago: Moody, 1985).

Albert A. Bell Jr., "The Date of John's Apocalypse: The Evidence of Some Roman Historians Reconsidered," *NTS* 25 (1979): 93-102.

Wilhelm Bousset, *Die Offenbarung Johannis*, rev. ed. (Göttingen: Vandenhoeck & Ruprecht, 1906).

John Wick Bowman, "Book of Revelation," in *IDB,* 4.58-71.

G. B. Caird, *A Commentary on the Revelation of St. John the Divine*, HNTC (New York: Harper & Row, 1966).

R. H. Charles, *A Critical and Exegetical Commentary on the Revelation of St. John*, 2 vols., ICC (Edinburgh: T. & T. Clark, 1920); idem, *Studies in the Apocalypse*, 2nd ed. (Edinburgh: T. & T. Clark, 1915).

J. H. Charlesworth, ed., *The Old Testament Pseudepigrapha*, vol. 1 (Garden City: Doubleday, 1983).

M. R. Charlesworth, "The Flavian Dynasty," *CAH* 11 (1936): 41-42.

Adela Yarbro Collins, *Crisis and Catharsis: The Power of the Apocalypse* (Philadelphia: Westminster, 1984).

John J. Collins, "Pseudonymity, Historical Reviews, and the Genre of the Revelation of John," *CBQ* 39 (1977): 329-43.

J. Delobel, "Le text de l'Apocalypse: Problémes de méthode," in *L'Apocalypse johannique et l'apocalyptique dans le Nouveau Testament*, ed. J. Lambrecht, BETL 53 (Louvain: Louvain University Press, 1980), 151-66.

A. Feuillet, *The Apocalypse* (Staten Island: Alba House, 1965).

Elisabeth Schüssler Fiorenza, *The Book of Revelation: Justice and Judgment* (Philadelphia: Fortress Press, 1985); idem, *Revelation: Vision of a Just World* (Minneapolis: Fortress Press, 1991).

J. Massyngberde Ford, *Revelation*, AB 38 (Garden City: Doubleday, 1975).

Kenneth L. Gentry Jr., *Before Jerusalem Fell: Dating the Book of Revelation* (Tyler: ICE, 1989).

John J. Gunther, "The Elder John, Author of Revelation," *JSNT* 11 (1981): 3-20.

Paul D. Hanson, *The Dawn of Apocalyptic*, 2nd ed. (Philadelphia: Fortress Press, 1979); idem, ed., *Visionaries and Their Apocalypses* (Philadelphia: Fortress Press, 1983).

Wilfrid J. Harrington, *Revelation,* SacPag 16 (Collegeville: Liturgical Press, 1993).

André Heinze, *Johannesapokalypse und johanneische Schriften: Forschungs-und traditionsgeschichtliche Untersuchungen*, BWANT 142 (Stuttgart: Kohlhammer, 1998).

D. Helmbold, ed., *Apocalypticism in the Mediterranean World and the Near East* (Tübingen: Mohr-Siebeck, 1983).

Colin J. Hemer, *The Letters to the Seven Churches of Asia in Their Local Setting*, JSNTSup 11 (Sheffield: JSOT Press, 1986).

William Hendriksen, *More than Conquerors: An Interpretation of the Book of Revelation*, 6th ed. (Grand Rapids: Baker, 1952).

F. J. A. Hort, *The Apocalypse of St. John I-III* (London: Macmillan, 1908).

H. C. Hoskier, *Concerning the Text of the Apocalypse*, 2 vols. (London: Bernard Quaritch, 1929).

Philip Edgcumbe Hughes, The Book of Revelation: A Commentary, PNTC (Grand Rapids: Eerdmans, 1990).

Dennis E. Johnson, *Triumph of the Lamb: A Commentary on Revelation* (Phillipsburg: Presbyterian and Reformed, 2001).

Bruce W. Jones, "More About the Apocalypse as Apocalyptic," *JBL* 87 (1968): 325-27.

James Kallas, "The Apocalypse: An Apocalyptic Book," *JBL* 86 (1967): 69-80.

Craig S. Keener, *Revelation,* NIVAC (Grand Rapids: Zondervan, 2000).

John T. Kirby, "The Rhetorical Situations of Revelation 1-3," *NTS* 34 (1988): 197-207.

Simon J. Kistemaker, *Exposition of the Book of Revelation,* NTC (Grand Rapids: Baker, 2001).

Klaus Koch, *The Rediscovery of Apocalyptic* (London: SCM, 1972).

Judith L. Kovacs and Christopher Rowland, *Revelation: The Apocalypse of Jesus Christ* (Oxford: Blackwell, 2003).

George Eldon Ladd, *A Commentary on the Revelation of John* (Grand Rapids: Eerdmans, 1972); idem, "Why Not Prophetic-Apocalyptic?" *JBL* 76 (1957): 192-200.

Jan Lambrecht, "A Structuration of Revelation 4,1-22,5," *L'Apocalypse johannique*, 77-104.

Gerhard Maier, *Die Johannesoffenbarung und die Kirche*, WUNT 25 (Tübingen: Mohr-Siebeck, 1981).

Bruce J. Malina and John J. Pilch, *Social-Science Commentary on the Revelation* (Minneapolis: Fortress Press, 2000).

Bruce M. Metzger, *The Text of the New Testament: Its Transmission, Corruption, and Restoration*, 2nd ed. (New York: Oxford University Press, 1968).

J. Ramsey Michaels, *Interpreting the Book of Revelation* (Grand Rapids: Baker, 1992).

William Milligan, *The Revelation of St. John*, 2nd ed. (London: Macmillan, 1887).

Paul S. Minear, *I Saw a New Earth* (Washington, D.C.: Corpus, 1968).

Leon Morris, *Apocalyptic* (London: Tyndale, 1973); idem, *The Revelation of St. John,* TNTC, rev. ed. (Grand Rapids: Eerdmans, 1987).

Robert H. Mounce, *The Book of Revelation*, NICNT (Grand Rapids: Eerdmans, 1977).

G. Mussies, *The Morphology of Koine Greek as Used in the Apocalypse of John*, NovTSup 27 (Leiden: Brill, 1971).

Stephen D. O'Leary, *Arguing the Apocalypse: A Theory of Millennial Rhetoric* (New York: Oxford University Press, 1994).

Grant R. Osborne, *Revelation,* BECNT (Grand Rapids: Baker, 2002).

Jon Paulien, "Recent Developments in the Study of the Book of Revelation," *AUSS* 26 (1988): 159-70.

Stanley E. Porter, *Verbal Aspect in the Greek of the New Testament, with Reference to Tense and Mood*, SBG 1 (Berne: Peter Lang, 1989).

Vern Poythress, *The Returning King: A Guide to the Book of Revelation* (Phillipsburg: Presbyterian and Reformed, 2000).

S. R. F. Price, *Rituals and Power: The Roman Imperial Cult in Asia Minor* (Cambridge: University Press, 1984).

William Ramsay, *The Letters to the Seven Churches of Asia* (London: Hodder & Stoughton, 1904).

Matthias Rissi, *Time and History: A Study of the Revelation* (Richmond: John Knox, 1966).

J. A. T. Robinson, *Redating the New Testament* (Philadelphia: Westminster, 1976).

Jürgen Roloff, *The Revelation of John* (Minneapolis: Fortress Press, 1993).

Christopher Rowland, *The Open Heaven* (New York: Crossroad, 1982).

H. H. Rowley, *The Relevance of Apocalyptic,* 2nd ed. (London: Lutterworth, 1947).

D. S. Russell, *The Method and Message of Jewish Apocalyptic* (London: SCM, 1964).

J. N. Sanders, "St. John on Patmos," *NTS* 9 (1962-63): 75-85.

Josef Schmid, *Studien zur Geschichte des griechischen Apokalypsetextes,* 3 vols. (Munich: Kaiser,1955-6).

Christopher R. Smith, "The Structure of the Book of Revelation in Light of Apocalyptic Literary Conventions," *NovT* 36 (1994): 373-93.

Ned B. Stonehouse, *The Apocalypse in the Ancient Church* (Goes: Oosterbaan & Le Cointre, 1929).

A. Strobel, "Abfassung und Geschichtstheologie des Apokalypse nach Kp. 17, 9-12," *NTS* 10 (1963-64): 433-5.

Henry Barclay Swete, *The Apocalypse of St. John,* 3rd ed. (London: Macmillan, 1911).

Merrill Tenney, *Interpreting Revelation* (Grand Rapids: Eerdmans, 1957).

Leonard L. Thompson, *The Book of Revelation: Apocalypse and Empire* (Oxford: Oxford University Press, 1990).

Stephen Thompson, *The Apocalypse and Semitic Syntax,* SNTSMS 52 (Cambridge: Cambridge University Press, 1985).

U. Vanni, "L'Apocalypse johannique: Etat de la question," in L'Apocalypse johannique, 21-46.

John F. Walvoord, *The Revelation of Jesus Christ* (Chicago: Moody, 1966).

Johannes Weiss, *Offenbarung des Johannes,* FRLANT 3 (Göttingen: Vandenhoeck & Ruprecht, 1904).

J. C. Wilson, "The Problem of the Domitianic Date of Revelation," *NTS* 39 (1995): 587-605.

Ben Witherington III, *Revelation*, NCBC (Cambridge: Cambridge University Press, 2003).

제26장

신약성서 정경

1. 서론

어원학적으로 "정경"(κανών)은 원래 "갈대"를 의미하는 셈어에서 유래한 것으로서 "치수를 재는 갈대"를 의미하게 되었고, 여기에서 "척도" 또는 "표준", 또는 "규범"을 의미하게 되었다. 세월이 흐르면서, 그것은 "도표"나 "목록"이라는 순전히 형식적인 의미를 갖게 되었다. 그것은 교회에서는 처음 3세기 동안 기독교 신앙의 규범적인 교리적/윤리적 내용을 가리키는 단어로 사용되다가, 4세기에 신약성서와 구약성서의 책들의 목록을 의미하게 되었다.[1] 오늘날은 후자의 의미가 우세하여, "정경"은 권위 있는 성경을 이루는 문서들의 완성된 수집물을 가리키게 되었다.

물론 최초의 기독교인들은 신약성서 정경을 소유하고 있지 못했고, 사도나 다른 사람들이 전파하는 복음과 현재 구약성서 정경이라고 부르는 책들에 의존했다. 따라서 신약성서 정경에 대한 역사적인 질문은 현재 우리가 가지고 있는 신약성경을 이루는 27권이 어떻게 다른 책들과는 달리 권위 있고 특별한 책들로 인정되었는가 하는 것이다. 이 질문에 대한 대답은 교부들의 글을 주의 깊게 읽는 데 의존한다. 앞에서 신약성서의 각 책이 정경으로 채택된 경위를 간단히 다루면서 피상적으로 이 문제를 다루었다. 이 문제에 대한 주요 연구 서적들은 위의 자료들을 종합해서 상세히 다룬다.[2]

---

1) H. W. Beyer, "κανών," in *TDNT* 3.596-602를 보라.

2) 특히 다음을 보라: Theodor Zahn, *Geschichte des neutestamentlichen Kanons*, 4 vols. (Erlangen: A. Deichert'che Verlagsbuchhandlung, 1888-92); Brooke Foss Westcott, *A*

그러나 정경에 관한 신학적인 문제들은 여러 면에서 역사적인 질문보다 훨씬 더 중요하고 논란이 많다. 정경과 권위의 관계는 무엇인가? 정경으로서의 위치가 우선인가, 기능적인 권위가 우선인가? 본문의 권위와 정경으로서의 위치를 인정하는 교회의 권위의 관계는 무엇인가? 정경의 윤곽과 관련하여 초대 교회가 채택한 근거들이 오늘날 우리에게도 구속력이 있는가? 만일 그렇지 않다면, 그들이 내린 결론 자체가 위기에 처해 있는 것은 아닌가? 이 단원에서는 어떤 주제도 엄격하게 다루려 하지 않으며, 최근의 논의에서 가장 중요한 점들 중 일부 및 그 증거가 인도하는 방향을 간단하게 제시하고자 한다.

2. 구약성서 정경의 타당성

신약개론은 구약성서 정경의 발달에 관한 복잡한 문제들을 검토하는 곳이 아니다. 그러나 우리가 신약성서 정경의 형성을 인식하는 방식과 관련된 한 가지 논쟁점은 거론되어야 한다: 신약 정경을 형성하는 데 있어서 본보기가 될 수 있는 완성된 구약성서 정경이 이미 존재하고 있었는가?

최근까지 지난 2세기 동안 합의된 견해는 구약성서는 히브리정경의 세 구분에 따라 세 단계를 거쳐 정경으로 인정되었다는 것이었다. 토라(여기서는 모세오경으로 이해된다)는 주전 5세기말에 정경으로 인정되었고, 선지서는 주전 200년경에, 그리고 성문서는 주후 1세기말 얌니아 공회에서 정경으로 채택되었다.

현재 이 통일된 견해가 무너지고 있다. 논의에 있어서 중요한 전환점들은 다음과 같다:

1. 얌니아 공회의 역할(심지어는 존재까지도)이 의심을 받고 있다. 1세기의 마지막 10년에 있었던 랍비들의 모임인 얌니아 공회의 묘사를 3-4세기 전승들의 상

General Survey of the History of the Canon of the New Testament, 7th ed. (London: Macmillan, 1896); Bruce M. Metzger, *The Canon of the New Testament: Its Origin, Development, and Significance* (Oxford: Clarendon Press, 1987); David G. Dunbar, "The Biblical Canon," in *Hermeneutic, Authority, and Canon*, ed. D. A. Carson and John D. Woodbridge (Grand Rapids: Zondervan: 1986), 297-360, 424-46; R. P. Meye, "Canon of the NT," in *ISBE* 1.601-606; Eckhard Schnabel, "History, Theology and the Biblical Canon: An Introduction to Basic Issues," *Themelios* 20/2 (1995): 16-24; Arthur G. Patzia, *The Making of the New Testament: Origin, Collection, Text and Canon* (Leicester: IVP, 1995). 현대의 논의의 범위를 완전히 나타내주는 것으로 Lee Martin McDonald and James A. Sanders, *The Canon Debate* (Peabody: Hendrickson, 2002)을 보라.

상적인 산물로 본 라이트스톤(Lightstone)의 주장은 지나친 것일 수도 있다.[3] 그러나 현재 얌니아에 랍비들의 아카데미가 있었다 해도, 그것이 중요한 문제들을 결정한 권위 있는 공회는 아니라 하나의 협회요 입법적 모임에 불과했다고 보는 것이 일반적으로 받아들여지는 의견이다. 예를 들어, 라이만(Leiman)의 주장에 의하면, 얌니아 공회가 전도서나 아가서가 영감되어진 글인가의 여부를 의논했지만, 그것은 구속력이 있는 결정이 아니라 신학적 연구의 일환이었다. 그렇기 때문에 1세기 후에 같은 주제들이 다시 논의되었다.[4] 실제로, 이 책들이 1세기에 그처럼 논의되었다는 사실은 그것들이 이미 정경으로서 널리 인정을 받았음을 증명해준다고 주장할 수도 있다. 만일 그렇지 않았다면, 그것이 문제가 되지 않았을 것이다. 야고보서의 위상에 대한 루터의 의문을 생각해 볼 수도 있다. 루터의 역사적, 신학적 탐구는 결국 야고보서가 정경이라는 합의된 가정 위에서 이루어졌다. 현재 우리가 가지고 있는 자료에 의하면, 얌니아 공회가 인정받지 못했던 어느 책에 정경성을 부여했다거나 정경으로 인정되었던 책을 거부했다는 증거가 없다.

2. 요세푸스(*Contra Ap*. 1.37-42)나 필로(*De Vita Contemp*. 3.25), 그 밖의 다른 자료들은 1세기에 히브리 정경이 셋으로 구분되어 있었음을 증거하지만, 정경이 형성되는 과정이 이 세 가지 구분에 따라 순서대로 되었다는 가정을 뒷받침해 주는 증거는 거의 없다. 모세오경이 가장 먼저 완성된 정경이라고 보는 것이 지극히 합리적이지만, 성경의 책들이 일관성 있게 분류되었다는 증거가 거의 없기 때문에 그 나머지 과정에 관한 것은 추측에 불과하다.

3. 모세오경이 B.C. 400년경에 정경으로 인정되었고 선지서는 200년경에 정경이 되었다는 견해를 주장하는 사람들이 가장 흔히 인용하는 논거는 사마리아인들이 모세오경만 정경으로 인정했다는 사실에 있으며, 사마리아가 분리된 것은 B.C. 4세기 말로 본다. 그러나 이 견해는 유대인과 사마리아가 분열하기 전에는

---

3) Jack N. Lightstone, "The Formation of the Biblical Canon in Judaism of Late Antiquity: Prolegomenon to a General Reassessment," *SR* 8 (1979): 141-42. 또 다음을 보라: Jack P. Lewis, "What Do We Mean by Jabneh?" *JBR* 32 (1964): 125-32; Robert C. Newman, "The Council of Jamnia and the Old Testament Canon," *WTJ* 38 (1976): 319-49; David E. Aune, "On the Origins of the 'Council of Javneh' Myth," *JBL* 110 (1991): 491-93; and cf. the literature cited by Gerhard Hasel, "Proposals for a Canonical Biblical Theology," *AUSS* 34 (1996): 23-33.

4) Sid Z. Leiman, *The Canonization of the Hebrew Scriptures: The Talmudic and Midrashic Evidence* (Hamden: Archon, 1976), 121-24. Roger Beckwith, *The Old Testament Canon of the New Testament Church and Its Background in Early Judaism* (Grand Rapids: Eerdmans, 1985), 276-77도 보라.

정경에 관한 그들의 견해가 일치했다고 가정하는데, 그것은 전혀 증거가 없는 가정이다. 더욱이 많은 사람들은 사마리아인들의 교리가 신학적으로 발달하기 시작한 결정적인 시기는 주전 3세기에서 A.D. 1세기 사이라고 주장한 코긴스(Coggins)와 의견을 같이 하려 한다.[5)]

4. 성문서(Writings)의 정경 확립을 후대로 주장하는 확실한 논거들 중 하나는 다니엘서에 기록된 마카비 연대와 다니엘서가 선지서가 아닌 성문서에 포함되어 있다는 사실이다. 그러나 많은 보수적인 학자들이 다니엘서가 6세기의 것이라고 주장한다는 사실과는 상관없이, 존 발톤(John Barton)은 최근에 모세오경을 제외하고는[6)] 구약성경의 책들의 인정된 순서라는 것은 없었다는 설득력 있는 주장을 했다. 이 책들이 독립된 두루마리에 기록되었다는 사실은 책들의 순서가 정돈되어 있지 않았음을 의미한다는 것이다. 우리에게 전해져온 다양한 분류는 정경으로 인정된 책들의 묶음에 의해서가 아니라 주제에 의해서 이루어졌음을 보여준다. 그리고 유대교에서 다니엘서를 선지서에서 제외한 것은 유대인들이 선지자들을 트라덴트(*tradents*)"—"역사적으로 계속 이어져오면서 한 세대에서 다음 세대로 전승을 전해준 사람들"[7)]—로 보려 했다는 사실과 관련이 있다. 이것이 소위 역사서라고 불리는 책들이 선지서들과 함께 열거된 이유이다.

5. 그럼에도 불구하고, 유대교나 기독교의 일부 문서에는 다니엘이 예언자로 간주되었다는 증거들이 많다(시편이 성문서에 속하는 데도 불구하고 다윗이 선지자로 간주된 것처럼).[8)] 이에 대한 가장 간단한 설명은 "예언"과 "예언자"는 예언의 내용, 하늘의 비밀들에 대한 접근, 주어진 계시로 백성들을 돌아오게 하는 것 등 여러 각도에서 이해될 수 있다는 것이다.

6. 그러나 1세기에 선지서와 성문서가 성서로, 따라서 권위 있는 말씀으로 인정

---

5) R. J. Coggins, *Samaritans and Jews: The Origins of Samaritanism Reconsidered* (Oxford: Blackwell, 1975), 164.

6) 이것을 제외한 것은 너무 크게 양보하는 것일 수 있다. 예루살렘에 있는 그리스 관구의 장서 중 사본 54에 보존되어 있는 고대 히브리어-아람어로 된 구약성경의 책들의 목록은(J.-P. Audet, "A Hebrew-Aramaic List of Books of the Old Testament in Greek Transcription," *JTS* 1 [1950]: 135-54을 보라) 다음과 같은 순서로 되어 있다: 창세기, 출애굽기, 레위기, 여호수아, 신명기, 민수기, 룻기, 욥기, 사사기 등. Paul E. Kahle은 이것이 우리가 사용할 수 있는 가장 오래된 목록일 것이라고 생각한다(*The Cairo Geniza* [Oxford: Blackwell, 1959], 218). Leon Morris, *Ruth*, TOTC (London: Tyndale, 1968), 231도 보라.

7) John Barton, *Oracles of God: Perception of Ancient Prophecy in Israel After the Exile* (London: DLT, 1986), 15.

8) 특히 ibid., 35-37을 보라.

되었음에도 불구하고, 정경이란 완성된 목록을 의미하기 때문에, 정경으로 간주되지는 않았다고 결론을 내리는 것은 지나친 일이다. 토라만 정경으로 간주되었고, 누구도 율법서에 다른 책을 더할 수 없었다.

물론 완성된 정경 목록이라는 개념은 권위 있는 책들의 기록이 끝났거나 정지되었다고 가정한다. 그러나 그것은 1세기의 일반적인 신념의 일부였다. 요세푸스는 이미 인용한 글에서 1세기 유대교는 많은 거룩한 책들을 가지고 있던 주변의 종교들에 대항해서 이미 완성된 정경을 가지고 있다고 강력히 증거했다. 성경의 책들이 독립된 두루마리에 기록되어 회람되었다는 사실은 분명한 순서가 없었음을 암시하며, 그것은 그러한 책들을 기록하는 일이 중지되었다는 것, 즉 정경이 완성되었다는 인식을 배제하지 않는다.

7. 실제로 기독교 이전의 유대교에서는 표준적인 예언이 끝났다고 주장했다는 증거들이 상당히 많다. 마카비 1서 9:23-27(c. 100 B.C.)은 예언이 끝났음을 슬퍼하며, 요세푸스는 정경의 완성을 선지자들의 계통이 끊어졌다는 사실과 연결지었다. 쿰란 맹약자들이 성경 주석만 썼다는 사실은 그들이 성경을 독립된 범주로 여겼음을 암시한다. 온(Aune)이 지적하듯이, 요세푸스와 여러 사람들이 정경의 완성 이후에도 일부 개인들을 선지자라고 언급하였지만,[9] 온 자신은 "정경적이고 종말론적인 예언은 신구약 중간 시대의 예언 활동과 구분되는 특별한 지위에 있었음"을 인정한다.[10] 다시 말해, "선지자"와 "예언"은 항상 동일한 힘을 갖는 전문 용어가 아니었으며, 히브리 정경을 완성시킨 현상을 언급하기 위해서 사용되었을 때와 마찬가지로, 1세기에 "예언"은 이미 정지된 활동이며 종말론적인 약속이 성취되기 전에는 회복되지 않을 것으로 간주되었다. 구약성서 정경의 완성 연대에 대한 견해들은 주전 500년경부터(율법과 선지서) 200년까지 매우 다양하다.[11] 그러나 주전 1세기 이후를 완성 연대로 보는 것은 많은 증거들에 역행하는 견해이다.

8. 주후 4-5세기경부터 사본으로 전해져온 70인 역에 외경이 포함되어 있는 것은[12] 디아스포라 유대교, 또는 최소한 알렉산드리아 유대교가 다른 정경을 가지

---

9) David E. Aune, *Prophecy in Early Christianity and in the Ancient Mediterranean World* (Grand Rapids: Eerdmans, 1983), 103-52.

10) Ibid., 368 n. 2.

11) David Noel Freedman and A. C. Sundberg이 각기 극단적인 주장을 대변한다. Barton, *Oracles*, 27-29을 보라.

12) B (바티칸 사본, 4세기)에는 마카비1, 2서를 제외한 외경 전체가 포함되어 있고, 시내 사본(4세기)에는 토빗, 유딧, 마카비1, 2서, 지혜서, 집회서가 포함되어 있고, 알렉산드리아 사본(5세기)에는

고 있었다는 증거가 된다. 또 대부분의 초대 교인들은 헬라어 구약성경(70인 역이나 그와 매우 흡사한 것)을 가지고 있었기 때문에, 정경을 묘사하기 위해서 셈어 자료를 의지하는 것은 무익하다고 주장하는 사람들이 있다. 그러나 선드버그(Sundberg)를 비롯한 여러 학자들은 이 논거에 대해 강력한 이의를 제기한다.[13] 그들은 70인 역을 뒷받침하는 우리의 증거는 후기의 것이고(주후 4-5세기나 그 이후), 기독교인 서기들의 영향을 받았으며, 알렉산드리아나 디아스포라 유대인들의 신앙에 관한 독립된 증언의 지지를 받지 못하고 있음을 지적한다. 더욱이, 알렉산드리아의 교부인 오리겐과 아타나시우스의 글을 자연스럽게 해석하면, 그들이 전통적인 유대 목록과 그리 차이가 없는 유대 정경을 고수했음을 알게 된다.[14] 선드버그는 1세기의 히브리어 자료나 헬라어 자료 안에 있는 성문서의 정경성을 부인한다. 이 특별한 문제에 있어 그와 의견을 같이 하든지 같이 하지 않든지, 대부분의 학자들은 알렉산드리아 정경설에 대한 그의 입장을 확신해왔다.[15]

9. 신약 성경의 저자들이 구약성경을 구성하는 대부분의 책들을 성서로 인용했다는 증거는 풍부하지만, 신약의 기자들이 구약 성경을 완성된 정경으로 보았다는 확실한 증거는 없다. 물론 그것은 그들이 그렇게 보지 않았다는 의미는 아니지만, 침묵으로부터의 논거들은 다루기 힘들 수 있다. 또 그들이 완성된 정경을 인정하고 있었음을 암시하는 일련의 증거들이 신약에 있다.

첫째, 신약성서의 인용문 패턴들은 대체로 정경의 형태를 보여주는 유력한 유대 증거와 일치한다. 신약 기자들은 모세오경(사마리아 형태가 아닌 유대 형태) 안에 있는 모든 책 및 다수의 정경으로 인정된 책들, 선지서(열왕기서, 이사야서, 예레미야서, 에스겔서, 소선지서들), 그리고 성문서(시편, 욥기, 잠언, 다니엘서, 역대서)를 인용한다. 또한 몇 권의 구약의 책들은 신약성서에서 분명히 인용되지

외경 전체와 마카비 3, 4서, 그리고 솔로몬의 지혜서(*Psalms of Solomon*)가 포함되어 있다.

13) Albert C. Sundberg Jr., *The Old Testament of the Early Church* (Cambridge: Havard University Press, 1964).

14) *H.E.* 4.26 (Origen as cited by Eusebius), and *Ep. List.* 39

15) Martin Hengel, *The Septuagint as Christian Scripture: Its Prehistory and the Problem of Its Canon* (Edinburgh: T. & T. Clark, 2002)은 예외이다. 그러나 Hengel은 자신의 논거를 위해서 예언이 완전히 중지되었다는 것을 완강하게 부인하며, 외경과 외경뿐만 아니라 요세푸스와 필로까지 포함시킬 과격한 "정경"에 호소한다(126-27). 정경에 대한 그의 견해는 Harold Bloom의 견해와 흡사하다. Andrew Shead (*Themelios* 28/3 [2003]: 59.61)와 James A. Sanders (*BBR* 13 [2003]: 271.74)을 보라.

는 않고 암시적으로 언급된다(예를 들면, 히 13:5에서 수 1:5; 히 11:32에서 삿 13:5).

둘째, 현재 인정된 구약 정경이 아닌 다른 문헌이 인용될 때는(예를 들면, 행 17:28에서 클레안테스; 고전 15:33에서 메난더; 딛 1:12에서 에피메니데스; 유 14-15에서 에녹 1서), 성서(γραφή)라고 부르지 않았고, 성령이나 하나님을 궁극적인 저자로 보지 않았다.

셋째, 신약 성경 저자들이 구약 정경을 기독교 신앙의 발달과 부합하지 않는 것으로 여겨 버리기를 원했다는 암시가 없다. 바울은 "성경"은 기독교인들을 가르치고 권면하기 위해서 기록되었다고 말했다(롬 15:3-6; 고전 10:11; 딤후 3:14-17; 벧전 1:10-12; 히 11:39-40).

넷째, 전통적인 유대교 신학을 부인하고 수정하기 위해 기록된 많은 신약 성경 구절들조차도 양쪽이 공통적으로 가지고 있는 것, 즉 합의된 성경들에 호소하고 있다(예를 들면, 막 7:6-7, 10-13; 11:17; 12:10-11, 24; 눅 4:16-21; 요 6:45; 10:34-35; 15:25; 행 17:2-3, 11; 29:23; 18:28; 24:14-15; 26:22; 롬 3:1-2; 갈 3장).

다섯째, 확실하지는 않지만, 아벨에서부터 바라갸의 아들 스가랴에 이르기까지 모든 피에 대한 예수님의 언급은(마 23:35) 히브리 정경에서 죽임을 당한 최초의 인물에서부터 마지막 인물(대하 24:20, 22에 나타난 여호야다의 아들 스가랴)을 가리킨다. 연대적으로 볼 때 분명히 스가랴는 마지막으로 죽임을 당한 사람은 아니다. 구약 성경이 다루는 기간 안에서 연대적으로 마지막으로 죽임을 당한 사람은 스마야의 아들 우리야일 것이다(렘 26:20-23). 만일 역대하 24:22의 스가랴가 예수께서 언급하신 인물이라면, 그가 언급된 이유는 인정된 정경에서의 그의 위치 때문이라고 보아야 한다.

신약 성서의 정경 형성에 있어서 표본 역할을 한 완성된 정경이 존재했다는 견해를 지지하는 적절한 증거들이 있다고 보는 것이 옳다.

그렇다면, 신약성서의 정경 형성에 있어서 표본 역할을 한 완성된 정경이 존재했다는 견해를 지지하는 적절한 증거들이 있다고 보는 것이 옳다. 혹시 이것이 논란이 된다 해도, 1세기에 토라와 선지서가 완성된 수집물로 간주되었음을 보여주는 확실한 증거가 있다.

3. 신약 정경의 형성

만일 신약성서 정경을 인정된 책들의 완성된 목록으로 본다면, 주된 전환점들은 이미 잘 알려져 있으며 그리 크게 논란이 되지 않는다. 우리에게 전해져온 최초의 완성된 목록은 마르시온 정경이다. 시리아의 이원론의 영향을 크게 받은 마르시온은 구약성서 전체를 거부하고, 오직 한 복음서—많이 수정된 누가복음—와 목회서신을 제외한 10개의 바울서신만 인정한다. 마르시온의 정경이 최초의 목록이기는 하지만, 기독교의 성경이라는 개념을 마르시온의 업적이라고 보는 것은 지나친 생각이다.16) 바울의 서신들은 이미 모두 수집되어 보급되고 있었고, 정경적인 네 복음서도 보급되고 있었던 듯하다. 더욱 중요한 것은 2세기 초에 확실하게 자리를 굳힌 신약 성서에 대한 사상은 일종의 정경상의 제한을 전제로 한다는 사실이다.

마르시온의 작업 및 다른 이단자들의 작업은 결국 교회로 하여금 보다 종합적이고 독특한 목록을 만들도록 자극했다. 같은 맥락에서 예언의 소리를 교회 안에서 최고 권위의 수준(바울의 때에도 이르지 못했던 수준: 고전 14:37-38)으로 끌어올리려 했던 몬타누스 운동도 교회로 하여금 정설(正說)의 표준에 관한 공적인 결정을 내리게 하는 데 기여했다. 2세기 말의 무라토리 정경은 그것이 가리키는 신약성경의 책들의 기원을 안내하는 지침으로는 가치가 없지만, 현재 우리의 것과 별로 다르지 않은 신약 정경을 인정하는 대 교회의 견해를 반영한다. 이 정경은 단편적이기 때문에 마태복음과 마가복음이 나타나지는 않지만, 누가복음을 제3 복음서, 요한복음을 제4 복음서라고 한 것으로 보아서 그 두 복음서가 전제되어 있다. 또 누가를 "모든 사도들의 행적"의 저자로 인정했고, 열세 개의 서신을 바울의 것으로 인정했다. 이 정경 목록에는 라오디게아서(*Epistle to the Laodiceans*)와 알렉산드리아 인들에게 보낸 편지(어떤 이들은 이것이 히브리서라고 한다)가 포함되어 있고, 두 개의 요한서신과 유다서도 포함되어 있다. 또 요한의 것으로 간주되는 계시록과 베드로서의 것으로 여겨지는 묵시록도 포함되어 있지만, 베드로의 묵시록에 대한 공적인 해석에 어느 정도 반대가 있음을 인정했다. 『헤르마스의 목자』(*Shepherd of Hermas*)도 포함되었지만, 그것은 후기 저작이라는 이유 때문에 공

---

16) F. F. Bruce, "New Light on the Origins of the New Testament Canon," in *New Dimensions in New Testament Study*, ed. Richard N. Longenecker and Merrill C. Tenney (Grand Rapids: Zondervan, 1974), 12에서는 H. von Campenhausen, *The Formation of the Christian Bible* (Philadelphia: Fortress Press, 1972), 148의 사상에 반대한다.

적인 목적이 아닌 사적인 목적으로만 사용할 수 있다는 전제로 허용했다. 영지주의, 마르시온, 몬타누스파의 문서들은 모두 부인되었으나, 특이하게도 솔로몬의 지혜서를 정경으로 인정하는 구절이 있다.

교부들이 신약의 책들을 성경으로 인용하는 예들은 본서에서 간단히 다루었으나, 그러한 예들은 신약의 정경이 하나의 완성된 목록으로 인정된 확실한 시기를 보여주는 것은 아니다. 그러한 "완성된 목록"에 대한 논의에 대해서는 앞으로 더 고찰되어야 한다. 바튼(Barton)은 자신의 독창적인 저서에서 정경과 관련된 문제들을 새로운 관점에서 다루려 했다.[17] 그는 "정경"이라는 단어는 종종 인정되지 않은 다의(多義)를 지닌다는 점을 지적한다(위의 주 15을 보라). 그것은 "신앙의 규범"을 지지하는 책을 언급함으로써 더 많은 책들을 포함할 수도 있는 상당히 넓은 범주를 의미하거나, 본질적으로 배타적인 "확정된 목록"을 의미할 수도 있다. 바튼은 신약 정경이 형성된 상이한 연대를 개진하는 논거들 중 일부—잔(Zahn, 1세기), 하르낙(2세기), 선드버그(4세기)—를 간단히 살펴보며, 이 네 가지 주장에서 "정경"은 약간 다른 것을 의미하기 때문에 생각하는 것만큼 다른 것은 아니라고 주장한다.

또 바튼은 신약 정경에 속하는 책을 결정하는 데 사용되는 많은 논거들은 그 책들이 교부들에 의해 인용된 방식에 의존하거나, 아니면 여러 상이한 목록에 그것들이 포함되는지의 여부에 의존한다는 점을 지적한다. 그러나 종종 두 가지 중요한 증거가 간과되어왔다. 첫째, 바튼은 스툴호퍼(Stuhlhofer)의 저서를 의존하면서,[18] 각 책의 길이에 비례하여 교부들이 실제로 신약성서의 책들을 몇 번이나 인용했는지 계산하고서, 그 책들을 세 가지 범주로 분류했다: 빈번하게 인용된 책들(즉, 네 복음서와 주요 바울 서신들), 그리 빈번하게 사용되지 않은 책들(신약성서의 나머지 책들), 그리고 거의 인용되지 않은 책들(즉, 정경에서 제외된 책들). 다시 말해서, 실제로 사용된 빈도에 있어서 신약성서의 책들과 다른 모든 책들 사이에는 분명한 구분이 있다: 실질적인 사용량이 정경을 확정하는 기준이 되었다. 둘째, 기독교인들은 일찍이 두루마리보다는 사본(즉, 오늘날의 책처럼 제본된 책들)을 채택했다. 그 결과 그들은 많은 신약성서의 책들을 종합할 수 있었고, 몇 가지 예외

---

17) John Barton, *Holy Writings, Sacred Text: The Canon in Early Christianity* (Louisville: Westminster John Knox, 1997).

18) F. Stuhlhofer, *Der Gebrauch der Bibel von Jesus bis Euseb: eine statistische Untersuchung zur Kanongeschichte* (Wuppertal: Brockhaus, 1988).

가 있지만 현재 우리가 가지고 있는 27개의 신약 문서들이 다양한 형태로 제본되었다는 초기의 증거가 있다.[19)]

그럼에도 불구하고, 이러한 문제들에 대한 교부들의 말을 이해해야 한다. 그들이 채택한 목록들에 대한 정보를 알 수 있는 가장 중요한 전거는 알렉산드리아의 교부인 클레멘트와 오리겐에게서 많은 영향을 받은 가이사랴의 유세비우스(c. 260-340)이다. 유세비우스는 신약성서 정경에 대해 논하면서 다음과 같은 세 가지 분류를 사용했다: 정경으로 인정된 책들(*homologoumena*), 논란이 되는 책들(*antilegomena*), 그리고 이단자들이 사도들의 이름으로 천거했지만 유세비우스가 정통이라고 부르는 사람들이 부인한 책들. 유세비우스는 첫째 범주에 사 복음서, 사도행전, 14개의 바울서신(그는 로마 교회가 히브리서를 바울의 것이라고 간주하지 않음을 알면서도 히브리서를 포함시켰다), 베드로전서, 요한일서, 그리고 계시록을 포함시켰다. 그는 논란이 된 책들을 다시 분류하여 일반적으로 받아들여진 책들과(야고보서, 유다서, 베드로후서, 요한이서, 요한삼서) 일반적으로 진위가 의심스러운 것들(바울행전, 헤르마스의 목자, 베드로 묵시록, 바나바서, 디다케, 그리고 어쩌면 계시록)로 나누었다.[20)] 셋째 범주는 이단적 문서들이 분명한 것들로서 베드로복음, 도마복음, 안드레와 요한의 행전 및 이와 비슷한 문서들이 포함되어 있다(*H.E.* 3.25).

다시 말해서, 네 복음서, 사도행전, 13개의 바울서신, 베드로전서, 그리고 요한일서는 일반적으로 아주 초기에 받아들여졌고, 유세비우스 시대에는 신약 정경의 나머지 윤곽이 어느 정도 확립되었다. 주후 360년경에 북아프리카의 견해들을 반영한다고 생각되는 첼튼험(Cheltenham) 사본에는 히브리서와 야고보서, 그리고 유다서를 제외한 모든 신약의 책들이 포함되어 있다. 현재 우리가 가지고 있는 신약성경처럼 27권만 수록된 최초의 목록은 367년에 아타나시우스가 기록한 부활절

19) J. K. Elliott, "Manuscripts, the Codex and the Canon," *JSNT* 63 20 (1996): 105-23을 보라. 은 후에 Elliott의 비난을 받았지만, David Trobisch, *The First Edition of the New Testament* (New York: Oxford University Press, 2000)도 2세기 중반에 신약 정경이 형성되었다고 추론하기 위해서 비슷한 논거들 및 그리 설득력이 없는 논거들을 열거한다.

20) 유세비우스가 묵시록을 어느 범주에 넣었는지 불확실한 것은 그의 혼란스러운 표현 방식에 기인한다. 2세기에 묵시록은 거의 보편적으로 성경으로 인정되었음에도 불구하고, 동방교회에서는 의문시되었다. 유세비우스는 처음에는 묵시록을 사도 요한의 저서로 받아들였지만, 이단자인 세린투스가 위조한 것으로 여겨 완전히 거부했고, 그 후에는 사도 요한의 저술이라는 것은 부인하면서도 정경으로 인정했다. Robert M. Grant, *Eusebius as Church Historian* (Oxford: Clarendon Press, 1980), 126-37을 보라.

서신(Easter Letter)의 것이다. 이 서신은 알렉산드리아 교회를 위해 신약성경들을 묘사하는 서신이라기보다는 그것들을 공인하는 서신이라고 보는 것이 옳다. 라오디게아 공회(363년경)의 60번째 정경에도 계시록을 제외한 27권이 모두 포함되어 있지만, 사본 상의 증거를 살펴볼 때 이 정경은 후대에 추가된 것일 수도 있다(4세기일 가능성이 가장 크다).[21] 어거스틴이 참석했던 제3차 카르타고 공의회(Carthage Council, 397년경)는 신약성경 27권을 인정했으며, 그 이후로 서방교회에서는 이 입장에 큰 변함이 없었다.

적어도 시리아어 역본(Peshitta)에 반영된 바에 의하면, 동방교회는 베드로후서, 요한2, 3서, 유대서, 그리고 계시록을 포함시키지 않았으며, 오늘날(헬라어를 사용하는 교회와 반대되는) 토착 시리아 교회도 이것을 따른다. 그러나 동방교회의 교부들 중에 현재 우리가 가지고 있는 정경을 구성하는 27권의 책을 정확하게 인정한 교부들이 적지 않다는 것을 인정해야 한다.[22] 반대로, 이디오피아 교회는 표준적인 27권을 인정할 뿐만 아니라,교회의 질서를 다루는 여덟 권의 책을 추가한다.[23] 그럼에도 불구하고 다음과 같은 던바(Dunbar)의 결론이 옳다:

> 그럼에도 특정 지역의 기독교인들이 신약성서의 범위를 알려 했고 보다 큰 교회와 터놓고 대화하려는 정신으로 이 지식을 추구한 곳에서는, 일반적으로 의견의 일치가 이루어졌다고 말할 수 있다. 따라서 개신교 종교개혁의 지도자들이 정경 문제를 다시 거론함으로써 로마 가톨릭이 사용하는 구약 정경의 범위를 좁히면서도 신약성경의 범위는 좁히지 않았다는 것이 중요하다.[24]

사실, 중세 시대의 교황제도처럼 어떤 결정을 강요하는 교회 조직이 없었음에도 불구하고, 전 세계적으로 교회가 거의 보편적으로 똑같은 27권의 신약성경을

---

21) Metzger, Canon, 210.

22) Westcott, *History of the Canon*, 445-48.

23) R. W. Cowley, "The Biblical Canon of the Ethiopian Orthodox Church Today," *ÖstK* 23 (1974): 318-23.

24) Dunbar, "Biblical Canon," 317-18. Dunbar는 각주에서 논란이 되는 책(*antilegomena*) 에 대해 강력한 질문들을 제기했던 마틴 루터에게도 이것이 적용된다고 지적한다(p. 432 n. 117). 종종 루터가 번역한 성경의 목차에서는 히브리서, 야고보서, 유다서, 그리고 계시록을 나머지 책들로부터 분리한다(예를 들면, Meye, "Canon," 605); 1522년 판에는 이렇게 배열했지만, 그 이후의 판에서는 이러한 배열 및 이 책들에 대한 그의 부정적인 판단들이 생략되었다. 야고보서에 대한 부정적인 판단은 루터의 말년까지 존속했다. Paul Althaus, *Theology of Martin Luther* (ET Philadelphia: Fortress Press, 1966), 83-85을 보라.

인정했다는 사실에 주목해야 한다. 교회가 정경을 선택은 것이 아니라, 정경이 정경을 선택한 것이다. 이 점은 자주 거론되었지만 다시 반복할 필요가 있다.

> 결과가 억지로 만들어진 것이 아님을 생각할 때, 실질적으로 전체 교회가 27권을 정경으로 인정했다는 사실은 참으로 놀라운 일이다. 로마제국 전역에 흩어져 있는 여러 교회들이 할 수 있었던 일이란 그 문서들과 관련된 자신의 체험을 증거하고 그것들의 특징과 근원에 대한 지식을 서로 나누는 것뿐이었다. 문화적 배경의 다양성과 기독교 신앙의 본질적인 것들에 대한 태도의 다양성을 고려할 때, 신약성경에 속한 책들에 대해 그들이 일치된 의견을 가졌다는 사실은 이 최종 결정이 순전히 인간 차원에서 비롯된 것이 아님을 보여준다.[25]

핍박, 역사적 예수로부터의 거리, 몬타누스주의의 압력, 영지주의와 그 밖의 여러 운동들이 출현하여 성경을 거부한 것 등을 포함해서 교회로 하여금 정경 목록을 만들도록 압력을 가한 것이 무엇이든 간에, 어느 책이 정경이 되어야 하는가를 결정하기 위해 교회가 사용한 기준은 주로 다음의 세 가지였다:[26]

1. 정경으로 인정받기 위한 한 가지 기본적인 조건은 "믿음의 규범"(ὁ κανὼν τῆς πίστεως, 라틴어로는 *regula fidei*)과의 일치, 문서와 정설의 일치, 즉 교회에서 규범으로 인정한 기독교 진리와의 일치이다. 사도 시대 직후에 "정설"과 "이단"의 명확한 구분이 없었다고 주장하는 학자들도 많지만, 신약성서만 보아도 갈라디아서 1:8-9, 골로새서 2:8ff., 디모데전서 6:3ff., 그리고 요한일서, 요한이서 등에서 그런 구분의 근원을 찾을 수 있다. 또한 이그나티우스 때에도 참과 거짓을 구분하는 데 큰 관심이 있었다. 세월이 흐르면서 이 관심은 급속도로 고조되었다.

2. 교부들에 의해서 가장 자주 언급된 기준은 "사도성"(apostolicity)으로서, 여기에는 사도들과 직접 접촉이 있었던 사람들이 포함된다. 따라서 마가복음은 베드로와 연결된다고 이해되었고, 누가는 바울과 연관이 있는 것으로 이해된다. 무라토리 단편이 『헤르마스의 목자』를 공적으로 읽는 것을 거부한 이유는 그 책이 너무 최근의 것이라는 것, 그리고 선지자들이나 사도들에게서(여기서 선지자는 구약 성경을 사도는 신약성경을 가리킨다) 그 연관성을 찾아볼 수 없다는 것에 있다. 동일한 이유로 교부들은 위서라는 의심이 있는 책은 인정하지 않았다.

---

25) Barker/Lane/Michaels, 29.

26) Metzger, *Canon*, 251-54을 보라.

이미 살펴본 대로, 신약성서는 원칙적으로 위서들을 거부했다(특히 살후 2:2; 3:17). 교부들은 일반적으로 성경의 권위를 갖는 문서들의 범주에 위서들을 받아들일 수 없다고 인정한다. 이 사실은 가명을 사용하는 것이 고대 시대에는 널리 인정된 관습이었다는 최근 주장의 가능성을 희박하게 한다. 위서로 된 묵시록들이 많았다는 것은 증명이 가능하다. 그러나 가명의 서신이 많았음을 지지하는 증거가 없고, 위서가 고의적으로 신약 정경에 받아들여졌다는 것을 부인하는 증거가 있다.[27]

3. 하나의 문서가 모든 지역의 교회들에 의해 널리 받아들여지고 사용되었다는 것은 그리 중요한 기준이 아니다. 따라서 제롬은 "누가 히브리서를 기록했는지는 중요하지 않다. 왜냐하면 어쨌든 그것은 '교회-저자'(*ecclesiastici viri*, 첫 번째 기준을 약간 변형시킨 것으로서, 교회에서 가르친 진리와 일치하는 것을 기록한 사람을 의미한 듯하다)의 작품이며, 교회에서 계속 읽히고 있기 때문이다"라고 주장한다(*Epist*. 129). 서방 교회들은 히브리서 인정하기를 주저했고, 동방 교회들은 계시록 인정하기를 주저했지만, 부분적으로는 많은 고대 저자들이 이 둘을 정경으로 인정했기 때문에, 제롬도 이 둘을 인정한다.[28]

4. 신약성서 정경의 중요성

교회가 신약 성경을 이루는 문서들의 권위를 인정하는 데 매우 오랜 시간이 걸렸다는 생각은 잘못된 것이다. 정경에 대한 논의는 권위 있는 책들의 완성된 목록에 관한 논의이다.

정경에 대한 이와 같은 다소 전통적인 접근 방법은 교회가 신약 성경을 이루는 문서들의 권위를 인정하는 데 매우 오랜 시간이 걸렸다는 인상을 줄 위험이 있는데, 이것은 잘못된 생각이다. 정경에 대한 논의는 권위 있는 책들의 완성된 목록에 관한 논의이다. 그 책들은 훨씬 전부터 교회에서 보급되고 있었고, 그것들 대부분은 전체 교회로부터 권위 있는 책으로 인정받았으며, 교회의 큰 흐름에서는 그것들 모두가 인정을 받았다.[29]

처음부터 권위 있는 메시지가 있었다. 예수께서는 이미 사역 초기에 자신을 구약 성서와 동등한 권위로서, 그리고 어떤 의미에서는 구약성서를 성취하는 자로

---

27) 이 책 제8장 "익명 사용과 가명 사용"을 보라.

28) 교부들은 "영감" 및 이와 관련된 표현들을 비정경적인 책들에게도 서슴없이 적용했기 때문에, 영감 되었다는 것을 정경으로 인정하는 기초로 여기지 않았다(Metzger, *Canon*, 254-57)을 보라. 현대의 신학적 논의에서 "영감"은 많은 중요한 역사적/신학적 구조에서 끌어낸 신학적 구조물이며, 일반적으로 1세기의 융통성 있는 용법보다는 더 엄격하게 정의된다.

29) Theo Donner, "Some Thoughts on the History of the New Testament Canon," *Themelios* 7/3 (1983): 23-27.

부각시키셨다(마 5:17-48, 특히 21ff.). 좋은 소식의 계시, 하나님의 사랑하는 아들의 복음은 이 "좋은 소식"을 복음이라고 불리게 한 예수님의 생애, 사역, 죽으심, 부활과 밀접하게 연결되어 있다. 이 좋은 소식은 사도들에 의해 계속 전해졌다. 사도행전 2장에서 누가는 초대 교회의 신자들이 사도들의 가르침에 전념했다고 주장한다. 고린도후서 3장 14절에서 바울은 옛 언약의 성경을 읽는 유대인들에 관해 기록한다.[30] 예레미야에 의해 예고되고(특히 31:31-34; cf. 히 8장) 예수께서 잡히시던 날 밤에 성찬을 제정하시면서 하신 말씀("이 잔은 나의 피로 세운 새[31] 언약이라")을 통해 선포된 새 언약이 암암리에 나타나기 시작했다. 새 언약의 성경도 이와 그리 다르지 않다. 히브리서는 계시의 이전 시대와 하나님께서 아들 안에 자신을 계시하신 "이 모든 날 마지막에" 일어난 것을 비교함으로써 시작된다(히 1:1-3). 모든 권위 있는 새 언약 계시의 중심과 근원은 결국 아들에게 있다. 좁은 의미에서 볼 때,[32] 사도들은 그러한 계시를 교회에 전달해준 사람들로 간주되었다. 그러나 그 계시는 실제의 역사 안에 나타나셨던 예수님과 묶여 있었기 때문에, 그 주장에는 암시적인 종결이 담겨 있다. 만일 그런 계시들이 실제 역사에 친히 나타나시고 처음 증인들과 사도들에 의해 신앙의 대상으로 고백된 예수님으로부터 분리된다면, 예수님에 대한 끊임없는 "계시들"의 흐름이 있을 수 없었을 것이다.

따라서 처음부터 특별한 권위와 암시적인 종결이 인정되었다. 정경이 아닌 문서에서 이 두 사실을 인정한 최초의 예는 이그나티우스에게서 찾아 볼 수 있다. 복음서에는 있지만 "우리의 고대 기록"(구약성서?)에서는 없는 것을 믿기를 거부하는 어떤 사람들이(유대인이었던 듯싶다) 공격했을 때, 이그나티우스는 "그러나 내게는 예수 그리스도가 나의 기록이며, 그의 십자가, 죽으심과 부활, 그리고 그를 통한 믿음이 곧 거룩한 기록이다"(*Phil.* 8:2)라고 대답했다. 신약 정경의 기원은 궁극적으로는 예수 그리스도를 배후에 둔 "복음"과 "사도"[33]에게 호소하는 데 있다.

그렇다면, 만일 언제 어떻게 정경이 완성되었는지를 묻는 질문 대신에 언제 어떻게 신약의 여러 책들이 복음에 대한 권위있는 증언으로 받아들여졌는가와 관련된 질문을 한다면, 후대에 교부들에 의해 만들어진 완성된 목록이 아니라 초대 교부

---

30) 이것은 구약 성경 전체가 아니라 토라를 언급하는 듯하다. 15절을 보라.

31) 누가와 바울(1 Cor. 11:23-26)은 "새"라는 단어를 그대로 두었지만, 마태와 누가는 생략했다.

32) D. A. Carson, *Showing the Spirit* (Grand Rapids: Baker, 1987), 88-91을 보라.

33) Donald Robinson, *Faith's Framework: The Structure of New Testament Theology* (Sutherland, NSW: Albatross, 1985)을 보라.

들이 신약 성경을 언제 어떻게 사용했는가를 살펴보아야 한다. 그렇게 한다면, 대부분의 논란이 되는 책(*antilegomena*)들도 널리 인용되었음을 발견하게 될 것이다. 예를 들면, 히브리서는 클레멘트 1서(주후 90-110년경)에 광범위하게 인용되었고, 야고보서는 클레멘트 1서와 헤르마스의 목자(2세기 중엽)에 의해 입증되었다. 심지어 신약 성경 안에서 구약 성경과 복음서의 내용이 나란히 인용되어 "성경에 일렀으되"(딤전 5:18)라는 말로 소개된다. 이 인용문이 기록된 복음서에서 인용한 것이 아니라 해도, 이 구절은 적어도 예수의 가르침이 구약 성경과 동일하게 권위 있는 위치를 누리고 있었다는 증거가 된다. 베드로후서 3장 16절에서 바울서신은 성경으로 인정된다.

다음과 같은 세 개의 증거도 중요하다:

1. 성문화하기 전, 전승의 초기 단계에는(눅 1:1-4을 보라) "전승"은 구두로 전해졌다. 자주 인정되는 것처럼,[34] 신약성서에서 "전승"(παράδοσ)이 반드시 부정적인 의미를 지니는 것은 아니다. 예를 들면, 바울에게 있어서 전승은 완전히 인간적이거나 복음을 떠났을 때에는(갈 1:14;골 2:8) 나쁜 의미로 사용되었지만, 전승이 인정된 사자에 의해 전달된 복음일 경우에는 소중히 여기고 굳게 붙잡아야 했다(고전 11:2; 살후 2:15; 3:6).

2. 그러나 이것은 구전 전승이 얼마 후에 회람되기 시작한 문서들보다 더 우월한 것으로 간주되었다는 의미는 아니다. 구전 전승이 소중하게 취급되었다는 인식을 정당화하기 위해서 모든 사람들이 인용하는 구절은 유세비우스에 의해 기록된 파피아스의 진술인데(*H.E.* 3.39.4), 캄펜하우젠(Campenhausen)의 번역에 의하면, 다음과 같다: "책을 통해 전달된 것은 내게는 살아 있는 말로 시작하는 것들만큼 유용하지 않은 것 같다."[35] 여기서 파피아스는 주님의 말씀의 실제 내용이 아니라 그 말씀에 대한 자신의 주석 때문에 구전 전승의 중요성을 과장했다는 설득력 있는 주장이 있다.[36] 책들을 잠깐 언급한 것은 당시 파피아스가 행한 것과 같은 일—전승된 주님의 말씀을 자기 나름대로의 신학적인 관점에서 주석하는 일—을 하고 있던

---

34) 특히 다음을 보라: F. F. Bruce, "Scripture in Relation to Tradition and Reason," in *Scripture, Tradition, and Reason: A Study in the Criteria of Christian Doctrine, Fs*. Richard P. C. Hanson, ed. Richard Bauckham and Benjamin Drewery (Edinburgh: T. & T. Clark, 1988), 35-64.

35) Campenhausen, *Formation*, 130ff: Bruce, "Scripture," 37-3을 보라.

36) J. B. Lightfoot, *Essays on the Work Entitled Supernatural Religion* (London: Macmillan, 1893),156ff.에서 이러한 경향의 해석이 시작된 듯하다.

이단자들의 저술들을 가리키는 듯하다. 실제로 파피아스의 반응은 그가 주님의 말씀에 대한 전통적인(구전의) 해석을 계속 사용하기를 선호한다는 것이다. 실제로 파피아스는 마가복음이 연대순으로 기록되어 있지 않음에도 불구하고 마가복음에 오류가 있음을 부인하는데, 만일 파피아스가 모든 기록된 문서들을 소홀히 여겼다면 이것은 어색한 일이 아닐 수 없다.

3. 우리는 신약성경의 책들의 일부가 처음으로 수집된 시기와 방법에 대해서 알지 못한다. 그러나 늦어도 2세기 중엽에는 "마태복음", "마가복음" 등으로 불린 네 개의 복음서가 함께 보급되었음을 알고 있다. 아마 그 이전에 이미 바울 서신들이 널리 보급되었을 수도 있다. 이러한 문서들이 보급되는 과정은 기독교인들이 코덱스(Codex) 형태의 사본을 사용했기 때문에 가능했다. 그 이전에는 중요한 문서들은 두루마리 형태로 보존되었다. 코덱스(최근의 책들처럼 책장들의 가장자리를 풀로 붙이거나 꿰매는 방법)를 채택함으로써 책들을 사용하기 쉽게 만들었으며, 또 한 권에 여러 책을 함께 출판할 수 있게 되었다.[37)]

바울이 기록한 서신들 중에는 우리들에게 전해지지 않은 것들이 있다(고전 5:9; 골 4:16을 보라). 그러나 선정의 원칙이나 책들을 수집한 사람들에 대해서는 우리가 가진 어느 자료에서도 확인되지 않았다. 그럼에도 불구하고, 신중하게 도출된 많은 추론들을 근거로 생각해 볼 때, 바울의 순교한 직후에 디모데와 같은 바울의 동료들이 그 서신들을 종합했다고 볼 수 있다.[38)]

마지막으로 정경의 중요성에 대한 최근의 네 가지 접근 방법에 대해서 간단하게 언급해야 할 필요가 있다.

1. 쾨스터(H. Koester)와 같은 학자들은 정경이라는 개념을 없애야 한다고 주장했다. 그들에 의하면, 신약 성경의 책들과 다른 초기 기독교 문서들 사이에는 질적인 차이가 없다. 초대 기독교 운동을 조명한 것은 어떤 자료라도 동일하게 취급되어야 하므로, 예를 들어 야고보가 로마의 클레멘트보다 더 권위 있는 것처럼 다루어서는 안 된다.

정경을 권위 있는 책들의 완성된 목록으로 보는 개념뿐만 아니라, 성서라는 개념도 거부할 때에만, 이것은 그럴 듯한 견해가 될 것이다. 또 이 견해는 교회의 확립된 유산을 쉽게 포기하려는 안일한 생각, 그리고 특히 몇몇 정경적인 책들을 우리에

---

37) Moule, 239-41을 보라.
38) Guthrie, 986-1000을 보라.

게 전해져온 다른 많은 초기 기독교 전거들보다 늦게 완성된 위서로 여기는 비판적 인 견해의 도움을 받았다.

2. 현재 "정경 안의 정경"의 가능성에 대한 복잡한 논쟁이 벌어지고 있다. 루터와 칼빈이 베드로전서나 계시록보다 로마서와 갈라디아서에 더 많은 관심을 보였듯이, 우리는 정경의 어느 부분을 다른 부분들보다 더 의지하려는 경향이 있다. 그렇다면, 사람들마다 정경 중에서 각자에게 절대적이라고 생각되는 부분들을 구분할 자유와 필요성을 인정하지 못할 이유가 없지 않은가? 이 이론을 약간 온건하게 수정시킨 사람들은 정경을 외곽에서부터(야고보서, 베드로후서) 점차 참 기독교의 진수(요한복음, 로마서)를 향해 안으로 들어가는 나선형으로 보아야 한다고 주장한다.39)

그러나 성경과 정경의 개념들은 이런 접근을 금한다. 설교자들은 자기들이 다루는 상황에 직접적으로 더 크게 관련이 있다고 판단하여 어느 부분을 다른 부분들보다 더 강조할 수 있을 것이다. 신약 성경의 어떤 부분들은 그 내용이 길고 포괄적이기 때문에 지속적으로 더 큰 영향을 끼칠 수도 있다. 그러나 독단적인 목회적 선택이나 정경 구성의 우연성들을 정경을 상대화하는 의무로 간주하는 것은 곧 우리의 목회적 선택의 시금석이 되어야 할 정경이 있음을 부인하는 행위이다.

3. 전통적인 로마 가톨릭 신학에서는 종종 정경을 형성하는 데 있어서의 교회의 역할에 대해 이야기해왔는데, 그것은 교회의 권위에 대해서 개신교와는 다소 다른 견해를 야기한다. 개신교는 성경을 복음의 저장소로 보는 데 반해, 보수적인 가톨릭 교회에서는 교회는 믿음의 저장소요 성경은 그 저장소의 한 요소로 본다.

가톨릭 교회와 개신교 모두 엄청난 변혁을 겪고 있기 때문에 오늘날 이 논란들이 사라지고 있다. 그러나 신중하게 성서와 정경의 구분을 유지한다면, 개신교의 입장과 관련된 문제들은 대체로 완화될 수 있다. 교회의 역할은 어떤 책들이 성서를 구성하는지를 확증하는 것이 아니다. 성서의 책들은 권위와 폭넓게 사용됨에 의해서 번창한다. 교회의 역할은 특정한 책들만이 교회의 충성과 복종을 명령한다는 사실을 인정하는 것이다. 이것은 정경, 즉 권위 있는 성경의 완성된 목록을 구성하는 효력을 지닌다.

4. 소위 "정경 비평"(canon criticism)의 발생에 많은 관심이 주어져왔다. 이

39) C. K. Barrett, "The Centre of the New Testament and the Canon," in *Die Mitte des Neuen Testaments: Einheit und Vielfalt neutestamentlicher Theologie, Fs*. Eduard Schweizer, ed. Ulrich Luz and Hans Weder (Göttingen: Vandenhoeck & Ruprecht, 1983), 5-21.

연구 분야에는 많은 형태가 있지만,40) 그 핵심은 결국 우리가 알고 있는 성경을 형성하는 데 작용한 자료들과 압력들이 무엇이었든지 간에, 현재의 본문은 교회가 성경 안의 관계들에 의해 형성된 특별한 해석을 포함하여 전승을 다루는 방식을 반영한다는 것이며, 이것들은 교회의 규범으로 받아들여져야 한다.

이러한 운동에는 많은 긍정적인 요소들이 있다. 이 운동은 성경을 전체로 보고, 성경적인 책들을 완성된 산물로 보려는 노력을 반영한다. 그러나 실제로는 정경비평을 옹호하는 일부 학자들은 본문 전체에서 추론될 수 있는 추상적인 진리들은 받아들이지만 역사적 지시대상을 가지고 있는 성경의 많은 주장을 거부하려는 경향을 지닌다. 이러한 모순은 일종의 어설픈 신앙주의(종교적 진리는 이성이 아닌, 신앙으로써만 파악할 수 있다는 입장)를 유발시켜 입증될 수 없는 정경에 집착하고, 입증될 수 있는 것들에 대한 판단은 유보하는 오류를 범하게 된다. 이런 형태의 신앙주의는 종종 정경비평이 본질적으로 불안정하게 행해지는 결과를 초래한다.

간단히 말해서, 하나님은 역사적인 인물인 메시아 예수 안에서 자신을 계시하시고 말씀하시고 언약을 지키시며, 정경의 필요성 및 그 완성을 확증하신다. 정경의 개념은 정경의 일부만을 교회의 지배적인 표준으로 보려는 의식적인 시도를 금한다. 따라서 그런 행위는 결국 정경을 비정경화하는 모순이다. 정경은 궁극적으로 하나님의 은혜로운 자기 계시에서 비롯된 권위를 가진 책들로 구성되기 때문에, 정경을 확립한다는 것보다는 정경을 인정한다는 표현이 더 낫다. 또한 정경의 신학은 하나님의 계시와 실제 역사를 결합하는 난해한 질문으로부터 분리될 수 없다.

참고문헌

Paul Althaus, *Theology of Martin Luther* (ET Philadelphia: Fortress Press, 1966).

J.-P. Audet, "A Hebrew-Aramaic List of Books of the Old Testament in Greek Transcriptions," *JTS* 1 (1950): 135-54.

David E. Aune, *Prophecy in Early Christianity and in the Ancient Mediterranean World* (Grand Rapids: Eerdmans, 1983); idem, "On the Origins of the 'Council of Javneh' Myth," *JBL* 110 (1991): 491-93.

C. K. Barrett, "The Centre of the New Testament and the Canon," in *Die Mitte des Neuen Testaments: Einheit und Vielfalt neutestamentlicher Theologie, Fs.* Eduard Schweizer, ed. Ulrich Luz and Hans Weder (Göttingen: Vandenhoeck & Ruprecht, 1983), 5-21.

John Barton, *Oracles of God: Perception of Ancient Prophecy in Israel After the Exile* (London: DLT,

40) 예를 들면, Childs; James A. Sanders, *From Sacred Story to Sacred Text* (Philadelphia: Fortress Press, 1987).

1986); idem, *Holy Writings, Sacred Text: The Canon in Early Christianity* (Louisville: Westminster John Knox, 1997).

Richard Bauckham, "Tradition in Relation to Scripture and Reason," in *Scripture, Tradition, and Reason: A Study in the Criteria of Christian Doctrine, Fs.* Richard P. C. Hanson, ed. Richard Bauckham and Benjamin Drewery (Edinburgh: T. & T. Clark, 1988), 117-45.

Roger Beckwith, *The Old Testament Canon of the New Testament Church and Its Background in Early Judaism* (Grand Rapids: Eerdmans, 1985).

F. F. Bruce, "New Light on the Origins of the New Testament Canon," in *New Dimensions in New Testament Study*, ed. Richard N. Longenecker and Merrill C. Tenney (Grand Rapids: Zondervan, 1974), 3-18; idem, "Scripture in Relation to Tradition and Reason," in *Scripture, Tradition, and Reason*, 35-64.

H. von Campenhausen, *The Formation of the Christian Bible* (Philadelphia: Fortress Press, 1972).

R. J. Coggins, *Samaritans and Jews: The Origins of Samaritanism Reconsidered* (Oxford: Blackwell, 1975).

Theo Donner, "Some Thoughts on the History of the New Testament Canon," *Themelios* 7/3 (April 1983): 23-27.

David G. Dunbar, "The Biblical Canon," in *Hermeneutics, Authority, and Canon*, ed. D. A. Carson and John D. Woodbridge (Grand Rapids: Zondervan: 1986), 297-360, 424-46.

J. K. Elliott, "Manuscripts, the Codex and the Canon," *JSNT* 63 (1996): 105-23.

Robert M. Grant, *Eusebius as Church Historian* (Oxford: Clarendon Press, 1980).

F. W. Grosheide, *Some Early Lists of the Books of the New Testament* (Leiden: Brill, 1948).

Gerhard F. Hasel, "Proposals for a Canonical Biblical Theology" *AUSS* 34 (1996):23-33.

Martin Hengel, *The Septuagint as Christian Scripture: Its Prehistory and the Problem of Its Canon* (Edinburgh: T. & T. Clark, 2002).

Paul E. Kahle, *The Cairo Geniza* (Oxford: Blackwell, 1959).

Sid Z. Leiman, *The Canonization of the Hebrew Scriptures: The Talmudic and Midrashic Evidence* (Hamden: Archon, 1976).

Jack P. Lewis, "What Do We Mean by Jabneh?" *JBR* 32 (1964): 125-32.

J. B. Lightfoot, *Essays on the Work Entitled Supernatural Religion* (London: Macmillan, 1893).

Jack N. Lightstone, "The Formation of the Biblical Canon in Judaism of Late Antiquity: Prolegomenon to a General Reassessment," *SR* 8 (1979): 135-42.

Lee Martin McDonald and James A. Sanders, ed., *The Canon Debate* (Peabody: Hendrickson, 2002).

Bruce M. Metzger, *The Canon of the New Testament: Its Origin, Development, and Significance* (Oxford: Clarendon Press, 1987).

Leon Morris, *Ruth,* TOTC (London: Tyndale, 1968).

Robert C. Newman, "The Council of Jamnia and the Old Testament Canon," *WTJ* 38 (1976): 319-49.

Arthur G. Patzia, *The Making of the New Testament: Origin, Collection, Text & Canon* (Leicester: IVP, 1995).

Donald Robinson, *Faith's Framework: The Structure of New Testament Theology* (Sutherland, NSW: Albatross, 1985).

James A. Sanders, *From Sacred Story to Sacred Text* (Philadelphia: Fortress Press, 1987).

Eckhard Schnabel, "History, Theology and the Biblical Canon: An Introduction to Basic Issues," *Themelios* 20/2 (1995): 16-24

F. Stuhlhofer, *Der Gebrauch der Bibel von Jesus bis Euseb: Eine statistische Untersuchung zur*

Kanongeschichte (Wuppertal: Brockhaus, 1988).

Albert C. Sundberg Jr., *The Old Testament of the Early Church* (Cambridge: Harvard University Press, 1964).

David Trobisch, *The First Edition of the New Testament* (New York: Oxford University Press, 2000).

Brooke Foss Westcott, *A General Survey of the History of the Canon of the New Testament*, 7th ed. (London: Macmillan, 1896).

Theodor Zahn, *Geschichte des neutestamentlichen Kanons*, 4 vols. (Erlangen: A. Deichert'sche Verlagsbuchhandlung, 1888-92).

인명색인

주제별 색인

㉣

㉧

ⓩ

ⓚ

ⓣ

ⓟ